Vorwort

GRUNDLAGEN, STILE, GESTALTEN DER DEUTSCHEN LITERATUR wendet sich an eine literarisch interessierte Leserschaft und in der Schule vor allem an die gymnasiale Oberstufe. Das Werk setzt sich die Aufgabe, Literatur aus ihrer Geschichtlichkeit heraus zu begreifen und alle wesentlichen literarischen wie außerliterarischen Bedingungen darzustellen, die zu ihrem besseren Verständnis beitragen. Es verfolgte dieses Ziel schon, als es vor drei Jahrzehnten in der Auseinandersetzung um eine zeitgemäße Literaturbetrachtung erschien, und tut dies auch mit der vorliegenden Neubearbeitung. Daher blieb die bewährte Grundkonzeption weitgehend erhalten: Im Mittelpunkt der Darstellung stehen nach wie vor Autor/inn/en und ihr Werk, eingebettet in die jeweilige Epoche und damit geprägt von einer Reihe außer- wie innerliterarischer Faktoren.

Um das literarische Leben einer Epoche genauer zu erfassen und das vielschichtige Ineinander, Gegeneinander und Nacheinander literarhistorischer Vorgänge besser zu verdeutlichen, wird zu Beginn einer jeden Großepoche über ein Panorama in die Zeit eingeführt. Im literaturgeschichtlichen Bereich leistet es die Darstellung des Gesamtgefüges wesentlicher am literarischen Prozess beteiligter und ihn bestimmender Faktoren. Literatur ereignet sich nicht im luftleeren Raum. Ihre Schöpfer sind Mitglieder einer Gesellschaft, von der sie geprägt werden und auf die sie wiederum als Künstler bewusstseinsverändernd einwirken. Literaturgeschichtliche Prozesse sind daher nur zu verstehen, wenn sie auch außerliterarische Vorgänge in ihre Betrachtung mit einschließen. Dabei können in einer einbändigen Darstellung freilich nur die bedeutsamsten Faktoren, Ereignisse und Entwicklungen berücksichtigt werden, die auf die Dichtung der jeweiligen Zeit zurückwirkten.

Den Kern des Buches bildet die Darstellung von Leben und Werk ausgewählter Schriftsteller und Autoren. Erst die Kenntnis der Biografie dieser Frauen und Männer vermittelt uns einen Einblick in ihre Schreibmotive und künstlerischen Intentionen. Dass eine Literaturgeschichte, die die Entwicklung der deutschen Dichtung von ihren Anfängen bis zur Gegenwart darstellen will, dabei eine Auswahl treffen muss, versteht sich von selbst. Abgesehen von der Vorgabe eines ungeschriebenen, zugleich sehr wirksamen Kanons, wie ihn Literaturgeschichtsschreibung und literarische Kritik setzen, sind dabei vor allem pragmatische Gründe wie Umfang und Lesbarkeit des Werkes maßgebend. Zudem sind die Bearbeiter der Neuausgabe eher darauf bedacht, bei Autorenporträts biografische Zusammenhänge abgerundet zu präsentieren und bei Werkanalysen die Verknüpfung von inhaltlichem Abriss und interpretatorischen Hinweisen in sich geschlossen darzustellen, als möglichst viele Autoren und Texte aufzulisten. Nur bei Goethe, Schiller und einigen Großschriftstellern des 20. Jahrhunderts wird auf ein einheitliches Autorenporträt verzichtet und der jeweilige Lebensabschnitt dem prägenden geschichtlichen Zusammenhang zugeordnet.

Die Autoren dieser Neubearbeitung bemühen sich um eine verständliche Darstellung auch komplexer Zusammenhänge. GRUNDLAGEN, STILE, GESTALTEN DER DEUTSCHEN LITERATUR fungiert gleichsam als eine „Grammatik“ des literarhistorischen Literaturverständnisses und will nicht zuletzt dem kollektiven Gedächtnisverlust entgegenwirken.

Darüber hinaus erfüllt das Werk mit seinem übersichtlichen Druckbild, der ansprechenden Illustrierung, den instruktiven Bildlegenden und dem ausführlichen Register alle Erfordernisse, die an eine moderne Literaturgeschichte gestellt werden. Die zahlreichen Querverweise dienen dazu, das enge Beziehungsgeflecht des literarischen Lebens sichtbar zu machen und an die Tatsache zu erinnern, dass Literatur auch von Literatur lebt.

I
Die althochdeutsche Literatur 750–1060

1 Panorama

1.1 Die politischen und gesellschaftlichen Bedingungen

Vom fränkischen Großreich zum Ostfrankenreich. Nach den Stürmen der Völkerwanderung schufen Merowinger (482–714) und Karolinger (714–843) das fränkische Großreich, das mit KARL DEM GROSSEN (768–814) seine größte Ausdehnung und seine höchste geistig-kulturelle Blüte erreichte. Der Kaiser regierte diesen zentral verwalteten Staat und machte seinen Hof in Aachen zum Mittelpunkt des Geisteslebens seiner Zeit. Dort versammelte er die bedeutendsten Gelehrten, die durch ihre Arbeit dem kulturellen Leben der nachfolgenden Jahrzehnte lang anhaltende Impulse vermittelten. Im Laufe des 9. Jh. zerfiel das karolingische Großreich. Schließlich schlossen sich die Stämme der Franken, Sachsen, Alemannen und Bayern im Ostreich zusammen, vereint durch die gemeinsame Aufgabe der Abwehr äußerer Feinde. Dieses deutsche Reich bildete seit dem 10. Jh. den politischen Rahmen für die Geschichte des nächsten Jahrtausends.

Aus Adel und Klerus kamen im Mittelalter die wichtigsten Führungskräfte, welche die Struktur von Staat und Herrschaft sowie das kulturelle Leben bis zum Ende der Epoche bestimmten. Beide Stände waren personell aufs engste miteinander verwoben. Sie stellten die Kulturträger des Mittelalters. Die Stätten des Geisteslebens aber waren

die Klöster. Sie übernahmen die wichtigsten Aufgaben: das Christentum auszubreiten, hierfür eine volkssprachliche Schriftkultur zu schaffen und die antike lateinische Literatur sowie die christliche Theologie des Altertums zu überliefern und zu bewahren. Der von BENEDIKT VON NURSIA gegründete Orden (529 n. Chr.) wurde zum Träger der karolingischen Kultur. Mit seinen Ordensregeln schuf dieser Außenseiter seiner Zeit eine bislang in Europa unbekannte Lebensform, indem er Gebet und Arbeit *(ora et labora)* systematisch miteinander verband. Die Voraussetzung für das Ordensleben bildete in dieser mobilen Gesellschaft die *stabilitas loci,* die „Ortstreue“. Im Mittelpunkt des klösterlichen Lebens stand der Lobpreis Gottes im gemeinsamen Gebet der Mönche. Körperliche und geistige Arbeit aber dienten der Frömmigkeit und sittlichen Bewährung. Erst bei den Benediktinern lernte die frühmittelalterliche Gesellschaft mit der Zeit zu wirtschaften und methodisch zu arbeiten. So wurde die Arbeit sakral legitimiert und bildete mit geistlicher Lesung und Gebet die produktivste Lebensordnung Europas.

Die christliche Buchreligion. Die von Gott geoffenbarte Wahrheit ist dem Buch der Bücher anvertraut. In ihm ist das heilige Wort aufbewahrt. Um den Glauben zu verstehen und zu praktizieren bedarf es des rechten Verständnisses des Gottesworts. Aller Dienst am Wort ist zugleich sakraler Dienst. Die Voraussetzungen für den rechten Umgang schufen

die Skriptorien, die Schreibstuben, jene Herzstücke der Klöster, Orte der Ruhe und Beschaulichkeit. Sie bildeten die Grundpfeiler der Schriftkultur. Schreibkundige Mönche kopierten die Heilige Schrift und gestalteten liturgische Texte: Hymnen (feierliche Lobgesänge), Sequenzen (lat. Chorgesänge), Psalter (Psalmensammlungen), Perikopenbücher (*perikope* = Abschnitt, festgelegte Leseabschnitte aus den Evangelien für jeden Tag im Kirchenjahr) und Evangeliare (*liber evangeliarum*: Evangelienbücher). Sie verfassten auch Kommentare zu Gottes Wort, fertigten Urkunden aus und schrieben Briefe. Skriptorien und Klosterbibliotheken blieben während des ganzen Mittelalters Zentren der Literatur: „monasterium sine libris est mensa sine cibis“ (Ein Kloster ohne Bücher gleicht einem Tisch ohne Speisen).

***Skriptorium** der Benediktinerabtei Echternach.*
In dem zwischen Trier und Luxemburg gelegenen Kloster Echternach entstand das Perikopenbuch (1039–1043) des salischen Kaisers Heinrich III. (1039–1056). Am Ende der Handschrift verewigten sich die beiden Schreiber, ein Laie und ein Mönch, in einer Miniatur. Am oberen Bildrand begrenzt eine Inschrift die Komposition. Sie verrät den Geist der beiden Männer : O REX ISTE TUUS LOCUS EFTERNACA VOCATUS/ EXPECTAT VENIAM NOCTE DIEQUE TUAM (O König, dieser Dein Ort, Echternach genannt, wartet auf Deine Gnade Tag und Nacht).

Pergament und karolingische Minuskel. Der gebräuchlichste Beschreibstoff für Bücher und Urkunden war seit dem 4. Jh. n. Chr. das Pergament. Dieses kostbare, aus Schafs-, Ziegen- oder Kalbsfell gewonnene Material – für 370 Pergamentblätter mussten 150 Kälber geschlachtet werden! – besaß gegenüber dem spröden, klimaanfälligen Papyrus manche Vorzüge: es war haltbarer, geschmeidiger, bot eine glatte Schreibfläche, die den Gebrauch kalligraphischer Schriftformen begünstigte und lieferte die ideale Grundlage für die mittelalterliche Buchmalerei; denn auf eine künstlerisch vollendete Präsentation des Gotteswortes wurde größter Wert gelegt. Die Handschriften wurden mit ornamentalen und illustrativen Miniaturen ausgestattet, die Initialen (Anfangsbuchstaben eines Abschnitts; → S. 43) durch Größe, Farbe und künstlerische Gestaltung hervorgehoben. Diese Arbeiten besorgten die in den Großklöstern eingerichteten Malschulen. Die Pergamentblätter, lagenweise und mit Schnüren geheftet, wurden dann zwischen zwei Holzdeckel gebunden und bildeten so den Kodex, das mittelalterliche Buch.
Karl der Große hatte 780 die Minuskelschrift als verbindliche Hofschrift im Fränkischen Reich eingeführt. Diese Schriftform setzte sich bald in ganz Europa durch und bildete das Fundament der europäischen Schriftkultur bis zum Hohen Mittelalter; dann wurde sie durch die gotische Frakturschrift ersetzt.

1.2 Die geistige Struktur der Epoche

Die *septem artes liberales*, die sieben freien Künste, lieferten die Voraussetzungen für die mittelalterliche Bildung. Als einzige Erkenntnisquelle wurde die Bibel angesehen. So wird das rechte Verständnis des göttlichen Wortes die zentrale interpretatorische und gestalterische Aufgabe der mittelalterlichen Kultur in Wort, Bild und Plastik.
Die Bibel enthüllt den Schöpfungs- und Heilsplan Gottes. Alles von Gott Geschaffene entstammt seinem Willen, trägt Zeichen seines Geistes, ist also bedeutungshaltig. Das Wesen des Wortes und das Wesen der Dinge zu ergründen ist die vornehmste Aufgabe des Studiums. Beides geschieht durch die *septem artes liberales*, die sieben Bildungsfächer, denen sich schon in der Antike der freie Mann gewidmet hatte. Jetzt beschäftigten sich die Mönche mit ihnen.
Das Trivium, der Dreiweg, tritt in den Dienst der Wortbedeutungskunde. Die Grammatik vermittelt die sprachlichen Grundkenntnisse, die Rhetorik beschäftigt sich mit den Mitteln der schönen, wirkungsvollen Rede, die Dialektik schult im Gebrauch der formalen Logik. Das Quadrivium, der Vierweg, umfasst die vier rechnenden

und messenden Wissenschaften: Arithmetik, Geometrie, Astronomie und Musik. Diese Disziplinen waren nicht Wissenschaften im modernen Sinne, sondern dienten als geistige Instrumente, die Dinge nach ihren Form- und Zahlenverhältnissen innerhalb der als Kosmos begriffenen Schöpfung zu erhellen. Sie fungierten als „Dingbedeutungskunde", lieferten so die Voraussetzung für eine differenzierte Deutung der Wirklichkeit: „omnia in numero pondere et mensura disposuisti" (Alles hast du (Gott) in Gewicht, Zahl und Maß verteilt. Thomas von Aquin).

Die Grundlagen für den Wissenschaftsbetrieb in Kloster- und Domschulen bot der Afrikaner Martianus Capella (420 n. Chr.) mit seiner Schrift *Die Hochzeit des Merkurs mit der Philologie* (d. h. die Verbindung der Beredsamkeit mit der Weisheit). Isidor von Sevilla (560–636 n. Chr.) sammelte in einer zwanzigbändigen *Etymologiae* das reichhaltige Wissen der Antike. Schließlich gehörte das Werk des römischen Staatsmanns und Philosophen Boethius (480–524 n. Chr.) *De consolatione philosophiae* (Vom Trost der Philosophie) zu den Autoritäten der mittelalterlichen Bildung.

Das mittelalterliche Denken, dem die *artes* Hilfsdienste leisteten, beruhte auf der Grundvorstellung, dass die Welt ein von Gott geschaffenes, sinnvolles Ganzes, eine teleologische (zweckgerichtete) Ordnung, ein Kosmos, sei: Dinge, Mensch und Natur dienen der Verherrlichung Gottes. Alle Aussagen über Gott entstammen dem endlichen Sein und werden auf sein unendliches Sein in der Form der Analogie (*analogon:* nach Verhältnis) übertragen. Das Sein Gottes wird durch Vergleich und Entsprechungen (Analogien) eines anderen erschlossen, nicht durch kausales Denken. Das analogische Denken ist ein Beziehungsdenken; es war d i e Denkform des Mittelalters.

Die Allegorie ist angewandte Analogie. In ihr geht es um die Enthüllung des bei der Schöpfung in der Kreatur versiegelten Sinns der Sprache Gottes.

Der geistige Sinn des Wortes. Die alles beherrschende geistliche Aufgabe im Mittelalter war das Verständnis des einzigartigen heiligen Buches, der Bibel. Während profane (weltliche) Texte das Wort nur vordergründig verwendeten, Wortklang *(vox)* und Ding *(res)* umfassten, haben die im göttlichen Wort benannten Dinge einen höheren Sinn, eine *significatio* (Bedeutung). Die *septem artes* dienten der Ergründung und Erschließung des geistigen Sinns eines Wortes, waren „Wegbereiter des Schrifttums... Durch das Wort spricht der Mensch zum Menschen, durch das Ding spricht Gott zu den Menschen und das Wort Gottes in den Dingen gilt es zu verstehen" (F. Ohly).

Der vierfache Schriftsinn. Die Grundlage des Verständnisses eines heiligen Textes lieferte der Buchstabensinn. Er bildete die Grundschicht verschiedener Sinnebenen: der allegorischen, der moralischen oder tropologischen (anweisenden) und der anagogischen (hinführenden). So ist z. B. Jerusalem im Wortsinn eine Stadt in Palästina, allegorisch die christliche Kirche, moralisch die Seele des Gläubigen und anagogisch das himmlische Jerusalem, die Gottesstadt.

Die Rezeption der Antike und des Alten Testaments. Die heilsgeschichtliche Welt- und Lebensauffassung des Christentums prallte auf die germanische Naturreligion, der die Missionare damit begegneten, dass sie entweder die heidnischen Götter christlich interpretierten (*interpretatio christiana*) oder dämonisierten. Sehr viel schwieriger war es, den Koloss der antiken Literatur für die eigenen Absichten zu nutzen. Das antike Schrifttum war dem neuen, christlichen weit überlegen. Antike Autoren blieben den Geistlichen verdächtig, weil sie auch beim Gebrauch zu Lehrzwecken zumindest indirekt das Wertsystem einer nichtchristlichen Hochkultur vermittelten. Es gab nur einen Weg, dieses Schrifttum in die eigenen Glaubensvorstellungen zu integrieren: Kleriker bedienten sich der Allegorese, einem Deutungsverfahren, das hinter dem Wortsinn eine tiefere Bedeutungsschicht zu erkennen glaubt. Dabei spielte vor allem die Typologie eine entscheidende Rolle, eine Interpretationsmethode, die Personen und Ereignisse im Alten Testament als Vorabbildungen und Vorausdeutungen der entsprechenden Personen und Ereignisse im Neuen Testament sieht (Adam=Typus, *figura*, Christus erscheint als Antitypus Adams). Diese „heilsgeschichtliche Betrachtungsweise der Typologie setzt zeitlich getrennte Ereignisse nach dem Prinzip der Analogie und der vergleichenden Unterscheidung zueinander in einen Sinnbezug" (H. Weddige). So sehen die mittelalterlichen Autoren in der antiken Mythologie „verhüllte, verhüllende Vorformen der Offenbarung".

1.3 Der Literaturbetrieb und die Bedeutung der mittellateinischen Sprache

Litterati und Illitterati bezeichnen die beiden grundverschiedenen Bildungsschichten des Mittelalters. *Litterati* (*littera:* der Buchstabe, die Schrift) waren die schreib- und lesekundigen Kleriker, die sich hauptsächlich der mittellateinischen Sprache bedienten. Der Kreis der *Illitterati*, der volkssprachlichen Analphabeten, umfasste Könige, Adlige und den gemeinen Mann gleichermaßen; denn Schreiben war in jenen Jahrhunderten keine notwendige Kulturtechnik. Schriftlichkeit oder Mündlichkeit spielte in den verschiedenen Bildungswelten eine unterschiedliche Rolle. Nicht zu vergessen ist eine besondere Rezipientenschicht: die Frauen des hohen Adels. Als gebildete Leserinnen schenkten sie lateinischen wie volkssprachlichen Werken ihre Aufmerksamkeit. Vor allem der *Psalter* begleitete sie durchs ganze Leben. Wie sehr Bücher auch eine Angelegenheit der Frauen waren, zeigt der Umstand, dass sie ihnen im Erbfall anheimfielen.

Orte der Literatur waren die Klöster, Domschulen und die *capella regis*, die königliche Hofkapelle (Hofkanzlei). Allein die Geistlichen waren es, die mittellateinische Texte abfassten und volkssprachliche, pastorale Gebrauchsliteratur sowie die Bibeldichtung auf dem Pergament festhielten. Die Kirche bediente sich der Volkssprache um die christliche Botschaft auch dem Adel näher zu bringen. Vulgärsprachliche Texte hatten „die Aufgabe jenen anfänglichen Abgrund zwischen den Kulturwelten der pfaffen unde leien zu überbrücken" (Hugo Kuhn). Freilich, das eigentliche Medium des Glauben war das

Mittellatein. Das mittelalterliche Latein war eine über den Volkssprachen stehende Kultursprache, hervorgegangen aus dem spätantik-christlichen Latein. Im Mittelalter war es nicht mehr „die natürlich erlernte Muttersprache, sondern schulmäßig angelerntes Väteridiom" (D. Kartschoke). Die einzigartige Bedeutung dieser Weltsprache des Mittelalters ohne Volk besteht darin, dass sie über ein Jahrtausend den europäischen Völkern als Verkehrs- und Schriftsprache diente. Latein war die Sprache der Heiligen Schrift, es war Kultsprache der Kirche, Wissenschaftssprache und bis ins 13. Jh. Kanzleisprache. Es diente auch als Umgangssprache der Gebildeten in dem volkssprachenreichen europäischen Kulturraum. Nicht zuletzt war es Dichtersprache, aus der neue Schöpfungen, wie etwa Sequenz und Hymne, das geistliche Spiel und der Roman, hervorgegangen sind. Das literarische Leben von der Karolingerzeit bis zum Barock wäre ohne den unerschöpflichen Vorrat an antiken Formen und Gattungen, Metaphern und Topoi (Topos: vorgeprägte Wendungen, Bilder, Motive) schwerlich denkbar gewesen.

2 Die althochdeutsche Literatur

2.1 Der Charakter des Althochdeutschen und die Gebrauchsliteratur

Die Missionsarbeit ließ sich nur dann erfolgreich durchführen, wenn Mönche die Sprache der christianisierten Stämme für ihre Arbeit benutzten um Getaufte mit den Geboten des neuen Glaubens vertraut zu machen. Die sich herausbildende Schriftsprache nennen wir das Althochdeutsche (Ahd.). Es ist die Sprache der mittel- und oberdeutschen Stämme: der Franken, Alemannen und Baiern, welche die zweite Lautverschiebung (6. Jh.) mitgemacht hatten und deren Dialekte sich vor allem durch Vokal- und Endungsreichtum auszeichnen. Die althochdeutsche Literatur umfasst das katechetische, wissenschaftliche, rechtliche und dichterische Schrifttum, wie es uns handschriftlich in der Zeit von 750 bis 1060 überliefert wurde.

Der besondere Charakter dieser Literatur besteht darin, dass hier volkssprachliche, mündlich überlieferte Texte den Weg aufs Pergament fanden. Die wenigen Texte zeigen erste tastende Versuche innerhalb der alles beherrschenden mittellateinischen Sprache der karolingischen Klosterkultur das eigene Idiom zur Geltung zu bringen. Langsam entwickelte sich ein allgemeines, überregionales Sprachbewusstsein. In diesem Zeitraum wurden christliche Wahrheiten allmählich rezi-

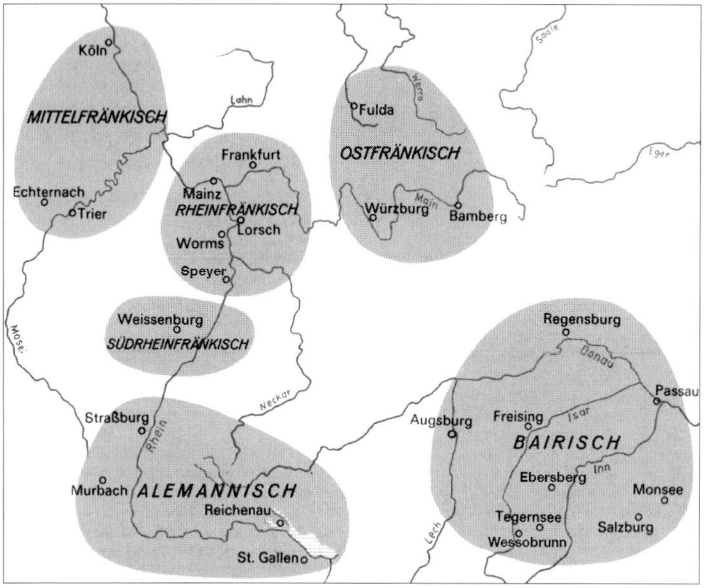

*„Das **Althochdeutsche** ist die älteste schriftlich überlieferte Sprachform der Völker, die sich als **deutsch** bezeichnen. Althochdeutsch: **alt** im Gegensatz zu Mittel- und Neuhochdeutsch, **hoch** als geographischer Terminus im Gegensatz zu Niederdeutsch heute, bzw. Altsächsisch und Altniederfränkisch im frühen Mittelalter. Alle damaligen Stammesdialekte und heutigen Mundarten, die Anteil haben an der zweiten oder althochdeutschen Lautverschiebung, sind dadurch hochdeutsch (alem., bairisch, ostfränk., rheinfränk., mittelfränk.)" (W. König). Zwischen den einzelnen Schreib-und Überlieferungsorten bestand ein engmaschiges Netz von Beziehungen. Handschriften wurden ausgeliehen und abgeschrieben, sodass ahd. Texte häufig eine Mischung verschiedener Dialekte darstellen.*

piert. Germanische Anschauungen von Herrschaft und Recht verschmolzen mit den neuen religiösen Vorstellungen. Der Schwerpunkt dieser Literaturepoche lag auf der kirchlichen Gebrauchsliteratur: Es war die literarische Geburtsstunde der Volkssprache.

Übersetzungstechniken. Die ersten volkssprachlichen Schriftzeugnisse waren Übersetzungshilfen: Glossen, Interlinearversionen und Wörterbücher erleichterten es Klosterschülern und Mönchen, in die Sprache der Heiligen Schrift einzudringen. Glossen sind die im lateinischen Text beigeschriebenen deutschen Entsprechungen. Sie stehen am Blattrand (Marginal- oder Randglossen) oder sie sind zwischen den Zeilen (Interlineargiossen) eingefügte deutsche Wörter. Glossare sind lateinisch-deutsche Wörterverzeichnisse. Das älteste, *Abrogans* genannt, wurde um die Mitte des 8. Jh. im oberdeutschen Sprachgebiet abgefasst. Mit ihm beginnt die umfangreiche Tätigkeit der Glossatoren. Eine Interlinearversion besteht aus einer zwischen dem lateinischen Grundtext angeordneten Form-für-Form-Übertragung in die ahd. Zielsprache. Sie setzt Wort für Wort der Grundsprache um ohne sie dem Sinn nach in ein neues Sprachsystem einzufügen. Sie bleibt die älteste Stufe in der Geschichte deutscher Übersetzungen, bildet die erste tragfähige Brücke vom Lateinischen zum Deutschen.

Pastorale Gebrauchsliteratur. Karl der Große hatte 789 in der *Admonitio generalis* (allgemeine Mahnung) angeordnet, dass die ahd. Dialekte eingesetzt werden sollten um den Schriftunkundigen die wichtigsten Glaubensinhalte zu erklären. So finden wir Niederschriften von Taufgelöbnissen, Glaubensbekenntnissen, Vaterunsergebeten, Katechismusfragen und Beichtspiegeln in den verschiedenen Klosterdialekten. Die Bekehrten sollten durch diese pastorale Praxis im rechten Glauben bestärkt und ihr Gewissen sensibilisiert werden. Es ist der Beginn des Individualisierungsprozesses in der europäischen Kultur.

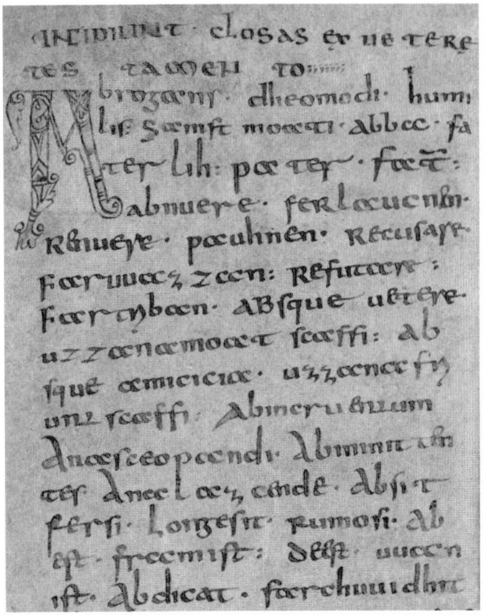

*Das **Abrogans-Glossar**, Handschrift aus St. Gallen, Ende 8. Jh.*

Incipiunt closas ex uetere testamento..... [Beginn der Glossen aus dem Alten Testament]
Abrogans. dheomodi. [demütig] humilis: sanftmoati. [sanftmütig] abba. faterlih [väterlich] pater. fater. [Vater]

*Der **Abrogans**, so genannt nach dem ersten Lemma (Stichwort), ist die Übersetzung eines lateinischen Synonymenwörterbuchs ins Althochdeutsche. Nach den Lemma folgt das ahd. Interpretament (Entsprechung). Dieses „erste deutsche Buch" diente als Text erschließendes Glossar zum besseren Bibelverständnis.*

Als eine große Übersetzungsleistung ist die *Evangelienharmonie* des Syrers TATIAN (2. Jh. n. Chr.) anzusehen, die im Kloster Fulda unter der Leitung des Abtes Hrabanus Maurus angefertigt wurde.

2.2 Die Heldendichtung

Neben kirchlicher Gebrauchsliteratur und pragmatischen Texten lebte in mündlicher Überlieferung an den adligen Höfen die Poesie der Vorzeit weiter. Sie kündet von einer ganz anderen Weltsicht und stand jetzt in einer scharfen Konkurrenz zur vorherrschenden Literatur des Christentums. Welche Rezeptionsmotive die Skriptoren bewogen diese antichristlichen Gesänge zwischen religiösen Texten dem kostbaren Pergament anzuvertrauen, wissen wir nicht.

Die Epoche der Völkerwanderung war die heroische Zeit der germanischen Heldendichtung, des Heldenliedes und der Heldensage. Dabei bedienten sich Autoren literarischer Handlungsschemata, mit denen sie den geschichtlichen Vorgang umstilisierten, so etwa, wenn Theoderichs Eroberung Oberitaliens in der Dietrichsage nach dem Exilschema interpretiert wurde: der Usurpator erscheint in der Sage als der vertriebene, rechtmäßige Herrscher, der aus dem Exil in sein Reich zurückkehrt. Auf diese Weise entstanden die heroischen Heldenlieder in der Spannung zwischen Ereignis und epischem Schema, einem literarischen Gestaltungsverfahren, das der Legitimation von Herrschaft diente.

In der Zeit der Heldendichtung handelten die Helden nach den typischen Verhaltensweisen der ständisch gebundenen Konventionen. Gleichviel, ob sie ihre Rachsucht oder ihren unbezähmbaren Geltungsdrang befriedigen wollten, die Taten erregten stets die Bewunderung ihrer Gefolgschaft, die sich mit ihnen identifizierte und deren Lobpreis das Zusammengehörigkeitsgefühl festigte.

Der Skop, der Vortragskünstler, gehörte zur Gefolgschaft hoher Herren. Er trug vor dem anspruchsvollen adligen Publikum seine zumeist in einer langen mündlichen Tradition stehenden Texte vor und begleitete sich selbst auf einer Harfe oder Leier.

Oral poetry, die mündlich überlieferte Dichtung jener Zeit, beruhte auf dem ausgezeichneten Gedächtnis der Gesellschaft. Dementsprechend war auch der Stil der Heldendichtung auf diese Existenzweise ausgerichtet: konventionalisierter Wort- und Bilderschatz, stereotype Beschreibungs- und Handlungsmuster erleichterten es dem Sänger ein Thema zu improvisieren und zu variieren. Der parataktische Satzbau ermöglichte es, Gleiches leicht wiederzuerkennen, formelhafte Wendungen setzten Ruhepunkte im Vortrag und einfache, wiederholbare Melodien begünstigten Vortrag und Überlieferung.

Das *Hildebrandslied* ist das einzige erhaltene Denkmal germanischer Heldensage in ahd. Zeit.

Zwei Mönche haben dieses Lied zwischen 830 und 840 im Kloster Fulda auf einer theologischen Handschrift eingetragen.
Hildebrand hatte Frau und Sohn verlassen und war zu Dietrich geflüchtet. Jetzt kehrt er heim und sieht sich von seinem Sohn herausgefordert. Hildebrand und Hadubrand stehen sich kampfbereit zwischen den beiden Heeren gegenüber. Hildebrand versucht vergebens seinen Sohn von dem Glauben abzubringen, sein Vater sei bereits tot. Der Sohn glaubt den Beteuerungen des alten Kriegers nicht, schilt ihn einen schlauen Hunnen. Der Vater steht nun vor der unausweichlichen Entscheidung zwischen Vaterliebe und Kriegerehre. Um seiner Ehre willen ist er gezwungen mit seinem Sohn zu kämpfen.
Die Verse lassen nur den mutmaßlichen Ausgang ahnen: Der Vater wird den Sohn töten. Hildebrand vernichtet sein eigenes Geschlecht, der Sohn wird zum Vatermörder: eine ausweglose Tragik.
Die 68 stabreimenden Langzeilen des Fragments verraten eine sehr bewusste künstlerische Gestaltung: Der Stabreimvers, diese kunstvoll geregelte Alliteration, bindet An- und Abvers und eignet sich „als hochstilisierte, nachdrücklich gesteigerte Prosarede“ besonders gut dem Zuhörer diesen tragischen Vorgang eindringlich zu vergegenwärtigen. Es ist ein Lied, das von barbarischer Ethik und von illusionslosem Verhängnis kündet.

Fürstenpreis: das *Ludwigslied*. Im Gegensatz zum schicksalhaften Ausgang des Hildebrandsliedes steht ein christliches Heldenlied, das an Stelle des Fatums (des blinden Schicksals = *wewurt*) die Gnade Gottes setzt. Als Ludwig III. von Westfranken 881 die Normannen bei Saucourt besiegt hatte, verfasste ein Angehöriger des Hofkreises in rheinfränkischem Dialekt ein Preislied auf den Schlachtensieger. 54 binnengereimte Langzeilen verbinden Fürstenpreis und Gotteslob.

2.3 Die geistliche Dichtung

Zauber und Segen. In allen archaischen Kulturen finden wir Beschwörung und Zauber als Ausdruck eines magischen Bewusstseins. Der Zaubernde möchte Macht über übernatürliche Kräfte gewinnen und ihnen seinen Willen aufzwingen. Die Kraft der Magie beruht auf der Kraft des gesprochenen Wortes. Gerade wegen ihres beschwörenden Charakters sind die Sprüche sorgsam und eindringlich komponiert: Wiederholung, Dreizahl und gleich laufende Glieder zeichnen diese Kurzverse aus. Meist richten sich Zaubersprüche auf Heilung von Krankheiten, Schutz vor Unheil, Abwehr des Bösen. Im 9. Jh. schrieb ein Geistlicher in einen theologischen Kodex zwei aus germanisch-heidnischer Vorzeit stammende Sprüche, die nach ihrem Fundort, dem Kloster Merseburg, die *Merseburger Zaubersprüche* (840) genannt werden. Der erste Spruch handelt von einem Lösezauber zur Befreiung von Gefangenen. Der zweite Spruch beschwört einen verrenkten Pferdefuß, den Wotan schließlich mit seiner Zauberformel heilt.
In der Zeit der Christianisierung lebten germanisch-heidnische Vorstellungen und Praktiken, die sorgsam gehüteten magischen Sprachformeln lange in mündlicher Tradition weiter. Das Christentum rezipierte diese magischen Sprüche, indem es diese nach seinen Vorstellungen interpretierte: der heidnische Zauber wurde vom christlichen Wunderglauben überlagert. So wird im rheinfränkischen *Lorscher Bienensegen* (10. Jh.) Christus angefleht, er möge doch das ausgeschwärmte Bienenvolk wieder gesund zurückkehren lassen.

Heilsgeschichtsdichtung: Schöpfung und Weltuntergang. Eine erste über die reine Gebrauchsfunktion hinausgehende Heilsdichtung erkennen wir im *Wessobrunner Gebet*, so genannt nach dem Handschriftenfundort, dem bayerischen Kloster Wessobrunn. Es wurde vermutlich um 800 im Kloster St. Emmeram in Regensburg im bairischen Dialekt abgefasst und mit niederdeutschen Elementen durchsetzt.
Dieser Weltschöpfungshymnus bietet durch die enge Verklammerung von Chaosschilderung (Zeit der Missionierung), allmächtigem Gott (Frühzeit der Christianisierung) und Prosagebet „gleichsam eine komprimierte Missionierungs- und Christianisierungsgeschichte für den germanischen Bereich“ (J. Janota).

Gegen Ende des 9. Jh. hat ein unbekannter Verfasser auf der leeren Anfangs- und Schlussseite eines lateinischen Prachtkodex aus der Bibliothek König Ludwigs des Deutschen in St. Emmeram in Regensburg ein Endzeitgedicht eingetragen,

das nach dem Rätselwort *Muspilli* (Weltenzertrümmerung) genannt wird. Das 103 Zeilen umfassende Gedicht ist in einer fränkisch-bairischen Mischsprache geschrieben, metrisch uneinheitlich, der Stabreim nicht mehr klar, sondern schon mit Endreimzeilen durchsetzt. Es kündet vom Ringen der Engel und Teufel um die Einzelseele (V 1–30), dann vom Kampf des Elias gegen den Antichrist (V 31–62), der den Weltenbrand auslöst, und schließlich vom Jüngsten Gericht.
Diese Zeilen gestalten ein Leitthema des frühen Mittelalters: das Schicksal des Menschen nach seinem Tode und der Welt am Ende aller Tage. Zeitgenössische Anspielungen auf korrupte, adlige Rechtspraxis ebenso wie theologische Auseinandersetzungen sind in die Darstellung eingegangen. Deutlich zeigt der Autor die Hinfälligkeit weltlicher Größe und Macht gegenüber dem letzten Gericht; er verband das *Memento mori* (Gedenke des Todes) mit der Weltuntergangsthematik.

Bibelepik. Die Christianisierung verlangte neben dem religiösen Basiswissen *(Kredo, Vaterunser)* auch eine Vertiefung der Glaubenswahrheiten. Leben und Lehre Jesu, des neuen Helden, wurden jetzt das höchste Thema der Dichtkunst. Keine Gattung eignete sich besser als die Großform des Epos die Taten Christi in einer nacherzählenden Paraphrase (erläuternden Übertragung) in Verse umzusetzen und sie plastisch und szenisch den Zuhörern oder Lesern zu vergegenwärtigen. Dabei bot sich die Möglichkeit die Erzählung mit Einschüben zu kommentieren, sie typologisch (→S. 13) zu interpretieren um die „Süße“ (die *dulcedo*, ahd. *suazi*) des erbaulichen Gehalts herauszustellen.

Der erste Autor, der die Tradition der lateinischen, christlichen Bibelepik aufgriff und mit der mündlich überlieferten sächsischen Epik verschmolz, war ein anonymer, theologisch hochgebildeter und mit dem heimischen Liedgut vertrauter Dichter. Um 830 n. Chr. verfasste er den *Heliand* (Heiland). In 6000 stabreimenden, altsächsischen Langzeilen schildert er das Leben Jesu von der Geburt bis zur Himmelfahrt, gestützt auf die ahd. Übertragung von Tatians *Evangelienharmonie*. Dabei verfuhr er missionstaktisch sehr klug: Er griff auf die mündliche heimische Epiktradition zurück, übernahm Lebensumstände und Wertvorstellungen des sächsischen Adels (Standesethos, Gefolgschaftstreue, Repräsentation), die er bewusst einsetzte. Diese gezielte Anpassung an die heimische Kultur führte jedoch nicht zu einer Germanisierung christlicher Vorstellungen: Der Kern der Bergpredigt, die absolute Gewaltlosigkeit, bleibt unangetastet. Der Kleriker erzählt in einer breit fließenden, variationsreichen, hypotaktischen Epensprache, deren Hakenstil das Satzende erst im ersten Anvers der nächsten Zeile setzt.
Die besondere literarische Leistung des Verfassers besteht darin, dass er die Botschaft des Christentums in das neue Medium der Volkssprache und in die Vorstellungswelt der Rezipienten mühelos übersetzte. Freilich war es auch das erste und letzte seiner Art. Auf die Dauer ließ sich die christliche Lehre nicht mit den literarischen Mitteln der unterworfenen Kultur transportieren. Die neue Religion drängte auch in der Literatur zu neuen Formen.

Der erste deutsche Autor, der uns namentlich begegnet, ist der Benediktiner OTFRID VON WEISSENBURG (um 800–870). Der Leiter des Skriptoriums und der Klosterbibliothek in dem unterelsässischen Kloster Weißenburg verfasste Bibelkommentare. Sein großes Lebenswerk ist das *Liber evangeliorum theodisce conscriptus*, das in der Volkssprache verfasste *Evangelienbuch* (863–871), die bedeutendste Leistung der althochdeutschen Literatur. Der Elsässer schrieb diese Evangelienharmonie, eine aus den vier Evangelien zusammengestellte, harmonisierende Darstellung des Lebens Jesu. Das streng komponierte Werk gliedert sich in fünf Bücher, diese in Kapitel und die Kapitel wiederum in Strophen. In den Erzählvorgang sind Sonderkapitel eingeschoben, in denen Otfrid das Erzählte nach dem mehrfachen Schriftsinn (S. → 13) deutet um den Geheimnissen des Glaubens näher zu kommen. Der gelehrte Theologe orientierte sich ganz an der spätantiken christlichen Literatur. Er brach mit der germanischen mündlichen Tradition der Heldendichtung (Stabreim) um die christliche Botschaft aus ihren literarischen Voraussetzungen zu deuten. Otfrid begründete sein Unterfangen dieses *Evangelienbuch* in der Volkssprache zu schreiben. Vergleichsmaßstab waren für ihn die vollendeten Werke der Griechen und Römer, denen es die mutigen und tapferen Franken gleichtun sollten; denn die fränkische Sprache ist durchaus den drei heiligen Sprachen, dem Hebräischen, Griechischen und Lateinischen, ebenbürtig. Nicht weil sie über die gleiche sprachliche Vollkommenheit verfügt wie diese *edilzungun*, sondern weil Gott dem demütig-frommen Christen den Zugang zu seiner Botschaft auch in der Volkssprache ermöglicht. Um Gottes Botschaft vollendet wiederzugeben bedarf es einer vollendeten Verskunst; denn die Ordnung der Verse muss der Ordnung der Gedanken Gottes entsprechen:

> In gotes gibotes **suazi** laz gangan thine **fuazi**
> In der Süße von Gottes Gebot lass deine Versfüße wandeln. (V 47)

Die binnengereimten Langzeilen wurden in diesem Werk zum ersten Mal in unserer Literatur als Grundlage einer umfangreichen Darstellung verwendet. Ausgangspunkt für diese Neuerung waren die ambrosianischen Hymnen, eine Lyrikform, die der Mailänder Bischof AMBROSIUS (gest. 397 n. Chr.) geschaffen hatte, und zwar in ihrer irisch-angelsächsischen Form. Mit dem *Evangelienbuch* zieht der Endreim für das nächste Jahrtausend in unsere Literatur ein. „Dies ist die markanteste und folgenreichste Zäsur in der deutschen Versgeschichte überhaupt" (W. Hoffmann). Das in südrheinfränkischem Dialekt geschriebene *Evangelienbuch* ist dem lateinischen Sprach- und Stilideal verpflichtet, besonders was Reim- und Versgestaltung sowie den Periodenbau betrifft.
Dieses vielschichtige, beziehungsreiche Werk des Weißenburger *Poeta doctus* richtete sich sowohl an ein rein geistliches Publikum wie an die adlige Oberschicht an den Bischofshöfen und am Königshof. Mit dem selbstbewussten Lob der Franken förderte der Autor die Ausbildung eines ostfränkischen Identitätsbewusstseins.

Die Literaturszene im Zeitalter der Ottonen (919–1024). Zu Beginn des 10. Jh. verstummte die volkssprachliche Literatur für eineinhalb Jahrhunderte. Mit dem Dynastienwechsel änderte sich das kulturelle Klima. Die Ottonen verfolgten den Ausbau eines Universalreiches: die Idee der *Translatio imperii*, d. h. der Weiterführung des römischen Imperiums durch die deutschen Könige, bestimmte ihre Politik. Diese gestraffte, auf der aktiven Mitwirkung der Reichskirche beruhende Herrschaft entzog der volkssprachigen Literatur die kulturelle Grundlage. Die Kirchen- und Amtssprache Latein beherrschte ausschließlich das Feld.

Dramatisierte Legende. In dem hochadlig-sächsischen Damenstift in Gandersheim lebte die tiefgläubige Kanonisse (Nonne ohne Gelübde) HROTSVIT (um 935– nach 970), die vom Zauber antiker Dichtung tief beeindruckt war. Doch die frivolen heidnischen Texte störten sie. Zu stark provozierten sie ihre religiöse Überzeugung. Hrotsvits Leben bestimmte der Glaube an die Allmacht und die Gnade Gottes. Im Kampf der Guten mit den Mächten des Bösen bewähren sich nur die Vorbildgestalten der Märtyrer, die ohne ernsthaft gefährdet zu sein den Sieg davontragen („Legendendenken"). In ihrem Legendenbuch (959–962), acht Legenden u. a. über Gongolf, Agnes, Pelagius, in leoninischen Hexametern zur Erbauung ihrer Mitschwestern verfasst, werden die Märtyrer immer wieder mit Hilfe Gottes vor dem Verderben gerettet. Vor allem die Terenz-Komödien, die wegen ihrer witzigen Dialoge im Dialektikunterricht gelesen wurden, übten einen schlechten Einfluss aus. Deshalb wollte die fromme Stiftsdame „in derselben Dichtart, in der die schändliche Buhlerei schamloser Weiber vorgetragen wird, die preiswürdige Keuschheit heiliger Jungfrauen verherrlichen". In ihren Dramen (nach 962 u. a. *Abraham, Pafnutius, Sapientia, Dulcitius*), dialogisierten Legenden in Reimpaaren, gelangen ihr gewandte Dialoge, humorvolle Figuren, burleske Szenen, aber auch zarte Zeichnungen von Seelenregungen. Für das Kaiserhaus verfasste sie die *Gesta Ottonis*, die „Taten Ottos I." (vor 968), gleichsam eine Familienlegende, in der sie den Kaiser als eine verklärte Idealgestalt darstellt.
In der Literaturgeschichte gilt Hrotsvit nicht nur als erste deutsche Dichterin und Geschichtsschreiberin, sondern auch als erste bedeutende mittellateinische Autorin und als erste Dramatikerin der christlichen Welt.

Das Epos. Im Kloster des hl. Gallus schrieb vermutlich im 10. Jh. ein in den heimischen Hel-

densagen bewanderter, Vergils Stil imitierender Mönch das Epos *Waltharius manu fortis* (Walter mit der starken Hand) in 1456 Hexametern. Die Erzählung war für den Vortrag vor geistlichen Mitbrüdern bestimmt. Der Autor benutzte die Waltersage aus der Völkerwanderungszeit und berichtet über das Schicksal zweier Fürstensöhne, die vom Hofe des Hunnenkönigs Attila fliehen, mit dem Frankenkönig Gunther in Streit geraten und sich im Kampf gegenseitig verstümmeln: Gunther verliert ein Bein, Hagen ein Auge und Walter die rechte Hand, sodass sie gezwungen sind sich zu versöhnen.
Der geistliche Verfasser distanziert sich vom heroischen Ethos der Sage, nimmt die Helden spielerisch auseinander, allegorisiert die Protagonisten (sie verkörpern Laster und Ideale: Gunther die *superbia*, den Hochmut; Hagen die *patientia*, die Geduld) und betrachtet das Geschehen aus satirischer Perspektive. Mehr noch: mit ironischen Wortspielen und sarkastischem Spott demontiert der Mönch die Heroik der Heldensage. Das Werk ist „ein Virtuosenstück mitchristlicher Didaxe".
St. Gallen gehörte im 10. Jh. zu den geistig produktivsten Klöstern. Das ganze Jahrhundert hindurch zeigten schöpferische Kleriker hervorragende Leistungen auf literarischem Gebiet.

Sequenz. Im sakralen Raum erwuchs aus den liturgischen Texten eine neue Lyrik. Nach 850 entstanden die Marienhymne *Ave stella maris* (Meerstern, ich dich grüße) und die Anrufung des Schöpfergeistes *Veni creator spiritus* (Komm, Heiliger Geist), worin Goethe einen „Appell ans Genie" sehen wollte. Der St. Gallener Mönch NOTKER I. BALBULUS (der Stammler, 840–912) entwickelte aus der jubelnden Allelujamelodie durch Textunterlagen eine neue lyrische Form, die Sequenz. Die zunächst an die Melodie gebundenen Worte (jede Silbe für einen Ton) lösten sich allmählich von ihr und wurden zur selbstständigen Form des lyrischen Preisens. In knappen, sinnträchtigen Worten, im berückenden Wohlklang der Sprache und in den vielfältigen Metaphern gestaltete das religiöse Empfinden des frühen Mittelalters das Innigste, was einen Gott preisenden Menschen bewegt.

Spätalthochdeutsche Übersetzungskunst. NOTKER III. (950–1022), *Teutonicus* (der Deutsche) oder *Labeo* (der Großlippige), wie ihn seine Zeitgenossen nannten, wirkte in St. Gallen, bis ihn die Pest hinwegraffte. Notker war ein leidenschaftlicher, gründlicher Theologe, Philologe und vor allem Pädagoge. Die Beschäftigung mit den *septem artes liberales* war für den Mönch nicht Selbstzweck, sondern Instrument zum besseren Verständnis biblischer Texte. Seine sprachbildende Kraft zeigt sich in den zahlreichen Wortschöpfungen und begrifflichen Unterscheidungen, die das Althochdeutsche bereicherten.
Die Literaturgeschichte erblickt in diesem gelehrten Benediktiner einen „einsamen Sprachmeister und Bildungsvermittler über die Volkssprache" (St. Sonderegger). Er war schließlich der letzte Vertreter einer weltoffenen, christlich erfüllten Bildungswelt karolingisch-ottonischer Prägung.

II
Die frühmittelhochdeutsche Literatur 1060–1180

1 Panorama

1.1 Die politischen und gesellschaftlichen Voraussetzungen der Literatur

Als Schwellenzeit des Mittelalters sind die Zeit des Investiturstreits und das 12. Jh. anzusehen. Die tiefen Erschütterungen in Kirche, Staat, Gesellschaft und Kultur beendeten die Epoche des frühen Mittelalters. Sie führten zu neuen Verhältnissen auf allen Lebensgebieten, sodass man vom „Scheitelpunkt des Mittelalters" (K. Bosl) sprechen kann.

Die kirchlichen Reformbewegungen des 11. und 12. Jh. bekämpften die Verstrickungen der Kirche in weltlich-politische Angelegenheiten, die zum Nachteil des religiösen Lebens ausgeschlagen waren. Das Kloster Cluny (910) wurde zum Zentrum der Kirchenreform. Es errichtete eine Kongregation von Klöstern und unterstellte sie direkt dem Papst. Man besann sich wieder auf die Regeln Benedikts: Weltabkehr, Armut und besondere Pflege der Liturgie erneuerten und verinnerlichten das Klosterleben. Die Erneuerung von innen sollte durch ein Reformpapsttum abgesichert werden. Der kompromisslose Gregor VII. forderte für die Päpste die geistliche Weltherrschaft, die den Kaiser als Vollstrecker des göttlichen Willens ersetzen sollte, die totale Unterwerfung der weltlichen Macht unter die geistliche. Der Investiturstreit (1059–1122), der Kampf um das Recht der Einsetzung der Bischöfe, beendete das frühmittelalterliche Kaisertum. Es entstand ein kräftezerstörender Gegensatz zwischen Kaiser und Papst.

Der Herrschaftsausbau. Die eigentlichen Nutznießer dieser Auseinandersetzung waren die Reichsfürsten. Um sich gegen geistliche und weltliche Große behaupten zu können festigten die Könige ihre Herrschaft in ihren Kronländern, indem sie alle Hoheitsrechte zusammenfassten, Burgen bauten, Städte gründeten und eine Verwaltung einrichteten. Die Reichsfürsten beschritten denselben Weg um ihre Herrschaft zu stabilisieren. Die Treue zur Person (Personenverbandsstaat) wurde allmählich ersetzt durch territoriale Machtkonzentration (Territorialisierung).

Der neue Stand: die Ministerialen. Um diesen Herrschaftsumbau durchführen zu können bedienten sich Könige und Hocharistokratie einst Unfreier, die sie zum Waffendienst, zu Verwaltungsaufgaben und zu persönlichen Diensten heranzogen. Die unfreie Herkunft gewährte eine besonders enge Bindung an den Herrn. Für ihre Dienste empfingen die Ministerialen ein Dienstlehen. Sie wurden zu unentbehrlichen Helfern der geistlichen und weltlichen Herrschaftsträger.

Die Bedeutung der Kreuzzüge für Gesellschaft und Kultur kann im Hinblick auf die Entfaltung der mittelalterlichen Literatur und Philosophie gar nicht hoch genug veranschlagt werden. Die Kreuzzüge wurde zum Hauptinstrument der Päpste ihren „hierokratischen" (die Priesterherrschaft betreffenden) Weltanspruch durchzusetzen. Theologen rechtfertigten diesen Kampf ideologisch mit dem Argument des *bellum iustum*, des gerechten Krieges, den der *miles christianus*, der Gottesritter, für die Sache Gottes führe. Die Kreuzzugsideologie entwickelte eine stark integrierende Kraft: religiöser Vasallendienst und eigene Kriegserfahrungen förderten ein kollektives Sendungsbewusstsein. Erst die Kreuzzüge führten zum neuen Stand der europäischen Ritterschaft. Ein Jahrhundert lang prägten die Fahrten der Ritterheere übers Meer Politik und Kultur

Europas. Die Ritterheere erlebten auch den Zauber des Orients, seinen feinen Geschmack und seine kultivierte Erotik.

1.2 Das Geistesleben der Zeit

Spanien, Süditalien und Konstantinopel wurden zu Einfallspforten der arabisch-jüdischen sowie der antiken Medizin und Naturwissenschaft, Literatur und Philosophie. Erst durch spanisch-arabische Vermittlung gelangte Aristoteles' Werk nach Westeuropa und entfaltete eine tief greifende geistige Sprengkraft.

Die Wandlungen im politischen wie im geistigen Bereich führten zu einschneidenden Veränderungen: Der Kampf um Ansprüche von Kirche und Staat rückte Theologie und Rechtswissenschaft immer stärker in den Vordergrund, weil Forderungen auch theologisch und rechtlich abgesichert und begründet werden wollten. Zudem führte die Territorialisierung zum Aufbau einer Verwaltung. Die Kathedralschulen erlebten einen Aufschwung. Mehr noch, es entstand eine ganz neue Institution:

Die Universität. Diese öffentlich-rechtliche Körperschaft der Lehrenden und Lernenden sprengte das bisher gültige soziale und hierarchische Gefüge. Die autonome, von Feudalherren unabhängige, überregionale Gemeinschaft mit eigener Gerichtsbarkeit innerhalb der Stadtmauern schuf Freiräume, in denen die Wissenschaften gedeihen konnten. Die Klöster verloren ihr Bildungsmonopol und die Hohen Schulen übernahmen die Führung in den geistigen Auseinandersetzungen der folgenden Jahrhunderte. So wurde Bologna (1119) zur Metropole der Juristen, Paris (1175) zum Mekka der Theologen. Es folgten die Gründungen von Oxford (1163), Salamanca (1218), Padua (1222), Cambridge (1229) und Toulouse (1229). Auf dem Reichsgebiet wurde erst 1348 in Prag die erste Universität gegründet (→ S. 55).

Die Scholastik entwickelte sich in den geistigen Kämpfen der Epoche. Mit ihrer Methode sollte eine höhere Einsicht in Glaubenswahrheiten erzielt werden. Die Vernunft wurde zur *ancilla theologiae*, zur Dienstmagd der Theologie, sodass wir eigentlich von einer philosophischen Theologie sprechen können. Ihre Aufgabe war es, die durch kirchliche Autorität gesicherten Offenbarungswahrheiten mit Hilfe der Vernunft einsichtig zu machen, Heilswahrheiten in eine systematische Ordnung zu bringen und Einwände mit stichhaltigen philosophischen Argumenten zu widerlegen. Der Scholastiker (*scholasticus*: Lehrer, *scholaris*: Schüler) sucht einzusehen, was er glaubt (*fides quaerens intellectum* – Der Glaube verlangt nach Erkenntnis), oder wie es Anselm von Canterbury (1090–1134) formulierte: „Credo, ut intellegam – Ich glaube, damit ich verstehe." Diese denkerische Durchdringung des Glaubens bediente sich der dialektischen Gegenüberstellung von Gründen und Einwänden, die dann in einer Synthese zusammengefasst werden. Zu den wichtigsten Denk- und Ausdrucksformen der Scholastik gehörten vor allem die Meditatio, das tiefere, selbstständige Eindringen in die Wahrheit eines Problems, sowie die Disputatio, das gelehrte Streitgespräch, in dem Scharfsinn, Schlagfertigkeit und Wortgewandtheit kultiviert wurden. In der zeitgenössischen volkssprachigen Literatur hinterließen sie unübersehbare Spuren.

1.3 Das Mittelhochdeutsche als Schriftsprache und der Literaturbetrieb

Auf dem Weg zur volkssprachigen Schriftlichkeit. Die Verbindung der Volkssprache mit der Schriftlichkeit ist Ausdruck einer sich entfaltenden Laienkultur. Im 12. Jh. gelang es der deutschen Sprache literarisch zu werden. Die anwachsende volkssprachige Literatur zeigt das gesteigerte Selbstbewusstsein, das größere Informations- und Repräsentationsbedürfnis einer unabhängiger und kritischer werdenden Laienschicht. Ihre geistlich-seelsorgerische Betreuung erforderte eine eingehendere religiöse Belehrung.

Das Mittelhochdeutsche. Die neu einsetzende volkssprachige Literaturproduktion erfolgte in einer weiterentwickelten, aus dem Althochdeutschen hervorgegangenen Sprache: dem Mittelhochdeutschen. Die erste Stufe, das Frühmittelhochdeutsche (1060–1170), zeigt den eingetretenen Sprachwandel:

> *Althochdeutsch:* Gilaub**iu** in got fater almaht**igon** scepph**ion** himiles enti erda Endi in heilenton Christ suno sin**an** ein**agon** truhtin unser**an**.

Frühmittelhochdeutsch: Ich geloub**e** an got vater almaeht**igen** schephaer himels unde der erde unde an Jesum Christ sun sinen ein**igen** herren unser**en**.

(Ich glaube an Gott Vater, den Allmächtigen, Schöpfer des Himmels und der Erde, und an Jesus Christus, seinen einzigen Sohn, unseren Herrn.)

Die Unterschiede zum Ahd. sind offensichtlich: So wird die Schreibung *sk* zu *sch (scephion>schephaer)* verändert; die Nebensilben, Vor- und Endsilben werden im Mhd. zu tonlosem *e* abgeschwächt. In den Tonsilben tritt Umlaut ein, sofern die Vokale umlautfähig sind. Ein *i* in der folgenden Silbe bewirkt den Umlaut der vorhergehenden: *zugi>züge*; *sconi>schoene*; *mahtig>maehtig*. Besonders die Flexionssilben werden bis zum völligen Vokalverlust abgeschwächt. Artikel, Präpositionen und Personalpronomen gleichen den Endungsverfall aus (*hilfu>ich hilfe*). Die syntaktischen (satzbaumäßigen) Bezüge sowie der Tempusgebrauch sind noch undifferenziert. Aussagen stehen häufig blockartig nebeneinander.

Orte der Schriftlichkeit, Autoren und Publikum. Die Werke der frühmhd. Literatur entstanden zumeist an den gleichen Orten wie die ahd.: in den Klöstern und Stiftsschulen, an Bischofshöfen und der *capella regis* (Königskanzlei) sowie im Laufe des Jahrhunderts auch an den Fürstenhöfen. Überall waren es die gleichen Autoren: Pfaffen und Priester (= Kleriker ohne kirchliches Amt), Weltpriester, Stiftsherren und *scholastici*

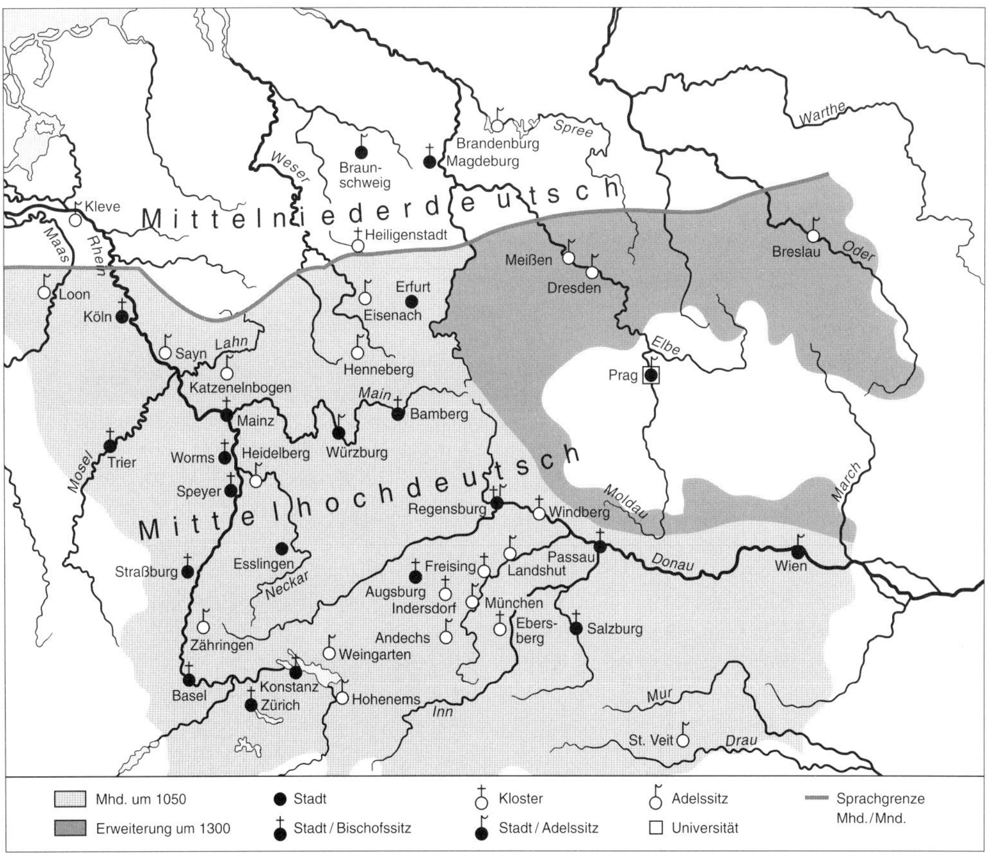

Sprachraum, literarische Zentren und Schreiborte des Mittelhochdeutschen: Das ***Mittelhochdeutsche*** *(Mhd.) umfasst den Zeitraum der deutschen Sprache zwischen der vorhergehenden Periode des Althochdeutschen und der nachfolgenden des Neuhochdeutschen (1050–1350);* ***hoch*** *grenzt den ober- und mitteldeutschen Sprachraum gegen den niederdeutschen ab.*

(Gelehrte). Die Verfasser wandten sich an die eigenen Konvente, vor allem aber an ministeriale Gemeinschaften, an kleine Adelssitze oder auch an Fürsten- und Bischofshöfe, wo man eine aufgeschlossene Hörer- bzw. Leserschaft finden konnte. Besonders die adligen Haus- und Sippengemeinschaften wollten ihre eigene Vergangenheit in Chroniken festgehalten und in literarischen Werken überhöht sehen.

Überlieferung. Noch immer finden wir kleine Gedichte auf lateinischen Kodizes als Blattfüllsel eingetragen. Doch der Neueinsatz der volkssprachigen Literatur zeigt ein gewandeltes literarisches Bewusstsein: Jetzt werden Sammelhandschriften angefertigt. Die Texte werden in den heilsgeschichtlichen Gesamtplan von der Schöpfung bis zum himmlischen Jerusalem eingeordnet und zusammengestellt in der Absicht die Werke auf dem Pergament dauerhaft aufzubewahren. So wird eine literarische Kontinuität laikaler Schriften als wertvolle Darstellung der eigenen Lebensprobleme gesichert. Die bekanntesten frühmhd. Dichtungssammlungen finden wir in der Wiener, der Millstätter, der Straßburger und der Vorauer Handschrift, die fast ein Drittel der frühmhd. Literatur enthalten.

2 Die Dichtung der neuen Frömmigkeit

Die Heilsgeschichte steht am Beginn der frühmhd. Literatur, die sich vor allem an die neu entstehende Schicht der Ministerialen wandte. Auch die religiöse Reformbewegung entwickelte neue Bedürfnisse und veränderte die literarischen Interessen. Der Kanoniker Ezzo schuf zwischen 1057–1063 einen Hymnus auf Christus, den Gnadenbringer der Menschheit, das *Ezzolied*. Geschult an der Klarheit lateinischer Texte reiht er Strophe an Strophe und preist in klangvoller, feierlich gehobener Sprache die Heilstaten Gottes vom Beginn der Schöpfung bis zur Erlösung durch Christus. Das Lied mündet in einen Kreuzeshymnus. Es wendet sich zum ersten Mal an eine adlige Zuhörerschaft, die die schriftliterarische Verwendung der Volkssprache zur Fixierung von Heilsgewissheiten zu schätzen wusste. Das Lied wurde auch auf Kreuzzügen gesungen.

Bußdichtung. Vermutlich aus dem Reformkloster Zwiefalten stammt die erste asketische Bußpredigt, das *Memento Mori* (Denk daran, dass du sterben musst, 1070); sie wird einem gewissen Noker von Zwiefalten zugeschrieben. Im Mittelpunkt steht das Seelenheil des Menschen, das Machtstreben und Besitzgier gefährden. Eindringlich fordert der Prediger ganz im cluniazensischen Geist die Rückkehr zur Nächstenliebe und erinnert an den alle gleich machenden Tod („der tot … er ist eine ebenare").

Gegen Ende der Epoche (1160) wetterte der Moralist Heinrich von Melk gegen die Hauptlaster seiner Zeit. In zwei Reimpredigten – *Von des todes gehugede* (Vom Bedenken des Todes) und dem *Priesterleben* – wandte er sich nicht mehr allgemein an die Zeitgenossen mit dem Ruf zur Umkehr. Vielmehr verband er Bußpredigt und Streitschrift in seinen Schmähschriften miteinander und richtete seine Angriffe vor allem gegen Priesterstand und neuen Adel. Mit seinen Schriften begann die Satire in deutscher Sprache. In seinem *Priesterleben* tadelt er die Laster der „pfaffheit": Völlerei, Unzucht, Besitzgier und Eitelkeit. Bei seinen Angriffen bedient er sich der Technik der *vulgarisatio*: mit anschaulichen, drastischen, wirklichkeitsgesättigten Bildern und Vergleichen beschwört er eindringlich seine laikalen Zuhörer, wobei einzelne Bilder sich zu dramatischen Szenen ausweiten. Die standesinterne Kritik, die Reformprediger in Latein ihren tadelnswerten Mitbrüdern vorgetragen hatten, wurde jetzt durch den Einsatz der Volkssprache in eine breite Öffentlichkeit getragen. Der Laie war nicht mehr allein Objekt der Zurechtweisung, sondern wurde zu einem ernst zu nehmenden Dialogpartner. Dies ist Ausdruck seiner Emanzipation und des Entstehens einer literarischen Öffentlichkeit.

Marienlyrik. Der religiöse Eifer der asketisch-weltverneinenden Reformbewegung vertiefte auch das Gefühlsleben breitester Volksschichten. Die einhergehende Steigerung der Marienverehrung ist als sublime Gegenbewegung zur harten cluniazensischen Mönchsmoral anzusehen. Vornehmlich die neu gegründeten Orden der Praemonstratenser und Zisterzienser förderten die Verehrung ihrer Schutzheiligen in Liturgie und Predigt. Maria, die leidgeprüfte Mittlerin, bot den Bedrängten Zuflucht. Zugleich verkörperte die Gottesmutter das Ideal der Frau: Mariendichtung war Hymnus und Klage. Die Autoren knüpften an lateinische Sequenzen (→S. 20) an, bedienten sich des reichen Bilder- und Symbolschatzes des *Alten Testaments*, besonders des *Hohen Liedes*, und schufen innige, von zartem Gefühl getragene Marienlieder: Das älteste, das *Melker Marienlied* (1130/40 im Kloster Melk bei Wien), verwendet zum ersten Mal die Hymnenstrophe in einem volkssprachlichen, frühmhd. Lied. Das *Arnsteiner Mariengebet* (um 1150 in Arnstein bei Limburg) preist die Himmelskonigin als sittliches Vorbild. Das vollkommenste Werk ist die *Mariensequenz aus Muri* (Aargau, Schweiz) um 1180, in dem ein Beter in seiner Bedrängnis zur Gottesmutter fleht und Trost und Frieden von ihr erbittet.

Die gleichzeitig und unabhängig von der frühen weltlichen Liebesdichtung entstandenen Marienlieder boten aus ihrem reichen Bilder- und Motivschatz der Lyrik der Hohen Minne religiös vorgeprägte Muster des Frauenpreises (*genaden rîche, saelic wîp, reine maget* = *reine frouwe*) und des Frauenideals. Maria erscheint als Vorbild weiblicher Vollkommenheit.

3 Anfänge der volkssprachigen Geschichtsepik

3.1 Die Geschichtsvorstellung der Zeit

Genealogie und Exempel. Die Geschichte wurde im Mittelalter als eine kontinuierliche Abfolge von Geschehnissen begriffen, wobei der Mensch sich gleichbleibt und auf ein Ziel zubewegt. Da ihm das Verständnis für die Andersartigkeit vergangener Ereignisse fehlte, fasste er geschichtliche Vorgänge als zeitgleich auf. So vermochte er Vergangenes mit Gegenwärtigem gleichzusetzen (Äneas = mittelalterlicher Ritter). Die Genealogie (Geschlechter- und Abstammungslehre) spielt eine zentrale Rolle für dieses Geschichts- und Heilsverständnis. Die in der Gegenwart bestehenden Institutionen des Reiches und der Kirche sowie politisch-gesellschaftliche Vorgänge werden auf den göttlichen Schöpfungsplan bezogen: Als oberste Legitimation gilt die Anciennität (Altersprinzip, Altersfolge). Geschlechter und Dynastien werden auf den Urahn zurückgeführt und in die bisherige nach dem Heilsplan abgelaufene Geschichte einbezogen. Die Bedeutung der Handelnden richtet sich nach ihrer Beispielhaftigkeit: entweder gehören sie ins Reich des Bösen oder sie kämpfen für den Glauben. Die vorbildlichsten Helden sind die Heiligen, deren mustergültige Lebensläufe den Menschen erstrebenswerte Handlungsmodelle anbieten. Die Verbindung der Vorstellung der Zeitgleichheit mit dem genealogischen Denken und den exemplarischen Gestalten bestimmt die mittelalterliche Geschichtsepik. Die erzählerischen Darstellungen dienten dem Adel als literarischer Legitimationsversuch seiner Lebens- und Herrschaftsform.

3.2 Geschichtsepische Werke

Das Annolied (*liet* = Darstellung in metrisch gebundener Form, in Reimpaarversen) macht eine Persönlichkeit der Zeitgeschichte zum Gegenstand einer dichterischen Darstellung: Anno, den Erzbischof von Köln. Vermutlich hat ein kenntnisreicher Mönch des Klosters Siegburg das Lied um 1077 verfasst. Besonders bemerkenswert an dieser Darstellung ist der Umstand, dass dieses Lied drei Perspektiven in sich vereinigt: Um die herausragende Stellung dieses Kirchenfürsten gebührend zu würdigen zeichnet der erste Teil einen Abriss der Heilsgeschichte bis zum Beginn von Annos Wirken; der zweite schildert den Gang der Profangeschichte von den vier Weltreichen bis zur *Translatio imperii*. Der letzte Teil berichtet vom Leben und von den Wundern des Erzbischofs nach seinem Tode. Anno krönt die bisherige Profan- und Heilsgeschichte in seiner Person. Die Dichtung bietet eine legendarische Erhöhung seiner Existenz, zeichnet das Geschehen aus reichsorientierter Perspektive und verherrlicht in der deutschen Literatur zum ersten Mal die Stadt Köln.

Die Kaiserchronik bietet erstmals in der Volkssprache eine große Darstellung der Weltgeschichte. Auftraggeber war der Bayernherzog Heinrich der Stolze (1126–1139), der erste fürstliche Förderer deutschsprachiger Literatur. Diese „Chronik" erzählt die Geschichte von den Anfängen des Römerreiches bis zur Gegenwart, der Herrschaft Kaiser Lothars III. Das umfangreiche Schlüsselwerk (17283 Verse) verfasste wahrscheinlich ein Kleriker am Regensburger Herzoghof. Als äußeres Ordnungsprinzip dient die

Chronologie. Der wahre Sinn der Weltgeschichte liegt in der Entstehung und Entfaltung des römischen Weltreichs, das den Willen Gottes auf Erden vertritt. Wesentlich für die Gesamtkonzeption dieser Darstellung sind die zwischen die einzelnen Herrscherviten eingefügten Sagen und Legenden. Sie weisen über die reinen Fakten hinaus und präsentieren eine tiefere Wahrheit. So zeigt etwa die in Kaiser Tarquinius' Biografie eingefügte Lukretia-Sage das rechte Verhalten hoher Herrinnen.

Die Kaiserchronik bot den Führungsschichten ein reichsorientiertes Handlungsmodell, das ein Zusammenwirken von Kaiser und Papst fordert. Das Werk fand beim weltlichen Adel großen Anklang.

Das Alexanderlied. Unter den Herrschern der Weltgeschichte faszinierte keiner mehr als Alexander der Große. Seine Persönlichkeit bot sich ebenso als Demonstrationsgestalt höchster Machtsteigerung an wie als Beispiel für die Hinfälligkeit menschlichen Strebens. Zum ersten Mal griff hier ein Autor, der PFAFFE (=Kleriker) LAMPRECHT, auf einen antik-heidnischen Stoff zurück und übernahm die Alexander-Geschichte einer altfranzösischen Vorlage, die er zuerst ins Lateinische übersetzte und dann 1150 ins Frühmittelhochdeutsche übertrug. Der makedonische Feldherr bietet das Beispiel eines rastlos tätigen, ruhmsüchtigen Herrschers, dessen Motive Hochmut und Stolz (*superbia*) sind. Sein frevelhafter Übermut gegen Gott steigert sich bis zu seiner Vermessenheit das Paradies zu erobern. Eindringlich werden Machtgier und Ruhmsucht verworfen. Alexanders Schicksal offenbart die Zweigesichtigkeit vorchristlicher Herrschergröße. Mit dem Bild richtiger Herrschaftsausübung endet die Darstellung.

Das Rolandslied gilt als das „monumentalste Werk der deutschen Geschichtsepik" (M. Wehrli). Entstanden ist diese Erzählung am Hofe Heinrichs des Löwen in Regensburg, vermutlich kurz vor Aufbruch des Herzogs ins Heilige Land 1172. Seine Gattin Mathilde,Tochter des englischen Königs Heinrich II., hatte die französische Vorlage besorgt. Der PFAFFE KONRAD, ein Hofkleriker, übertrug das *Chanson de Roland* zuerst ins Lateinische, ehe er die deutsche Fassung niederschrieb. In 9094 Verszeilen berichtet der Autor über den Kriegszug Karls des Großen gegen die Mauren in Spanien, von der List des heidnischen Königs Marsilie, dem Verrat des Gefolgsmannes Genelun, von Rolands Tapferkeit, der in einer Vernichtungsschlacht die Heiden besiegte und im Kampfe fiel, von Karls Gericht über den Verräter Genelun. In dieser Darstellung schimmert die Realität des 12. Jh. durch: die „Karlsfaszination", die Loyalitätskonflikte der Gefolgsleute des Kaisers, Probleme der Vasallität, Treueverrat und die Kreuzzugsideologie, die Herrschafts- und Kreuzzugslegitimation.

4 Die Spielmannsepik

Neben Geschichtsepen und geistlicher Literatur behauptete sich die bis dahin mündlich überlieferte Dichtung. Heldensagen, volksepische Balladen und Lieder drängten von ihrer mündlichen Überlieferungsform zur Schriftlichkeit und eroberten das Pergament. Diese Werke fassten Gelehrte unter der Bezeichnung Spielmannsepik zusammen, weil sie lange der romantischen Vorstellung anhingen, Fahrende, Spielleute, die Nachfahren des Skop (→ S. 16) hätten diese Stoffe zur Unterhaltung vorgetragen. Doch diese Spielmannstheorie erwies sich als nicht stichhaltig. Es waren vielmehr Kleriker, welche diese unterhaltsamen, volkstümlichen, bis dahin noch nicht buchfähigen Erzählstoffe in die Schriftlichkeit überführten. Gewisse Gemeinsamkeiten rechtfertigen die Verwendung der eingebürgerten Sammelbezeichnung. So stammt der Held der Erzählungen immer aus königlichem Geschlecht, bewährt sich im Kampf durch Tapferkeit, List und Klugheit. Das Motiv der Brautwerbung ermöglicht die individuelle Bewährungssituation mit dem allgemeinen Aspekt der Politik zu verbinden, die Herrschaft durch den Fortbestand der Dynastie zu sichern und durch Heidenbekehrung den christlichen Glauben zu verbreiten. Ort der Handlung ist meistens ein märchenhafter Orient (Kreuzzüge). Stilistische Gemeinsamkeiten dieser Werke, formelhafte Wahrheitsbeteuerungen, Publikumsanrede, hyperbolische (übertreibende) Ausdrucksweise, eine gewisse altertümliche Sprache und derbe Komik weisen auf die mündliche Erzähltradition zurück.

4.1 Legendenromane

nennen wir drei Werke, in denen die Brautwerbung und die damit verbundene Heidenmission nur durch unmittelbares, wiederholtes Eingreifen Gottes ins Geschehen zum gewünschten Ziel führt. Alle drei Erzählungen: *Sanct Oswald*, *Orendel*, *Salomon und Morolf* kennen wir nur in anonymen Fassungen aus dem 15. Jh., obwohl sie eindeutig im 12. Jh. entstanden sind.

Im Mittelpunkt der ersten Geschichte steht der englische König Oswald, der Schutzpatron des Hochadels und der Kreuzfahrer. Dieser Herrscher möchte die heidnische Prinzessin Pamige heiraten um seine Dynastie zu sichern. Die insgeheim dem Christentum anhängende Braut wird vom listenreichen Oswald befreit. Das für ein adliges Publikum aktualisierte Heiligenleben zeigt einen diesseitsgerichteten König und seine Gehorsamsbereitschaft gegenüber dem absoluten Anspruch Gottes, auf dessen Unterstützung er stets angewiesen bleibt.

Im *Orendel* wird die Geschichte eines Königssohns aus Trier erzählt, der sich auf den Weg macht um Bride, die Königin von Jerusalem, als Frau heimzuführen. Nach abenteuerlichen Fahrten gewinnt er die Braut und entdeckt in einem gefangenen Wal den grauen Rock Christi, den er in seine Heimat bringt. Die Geschichte trägt den Charakter eines frommen Märchens. Der Glaube versetzt Berge: In jeder Notlage folgt auf das Gebet die prompte Unterstützung des Himmels.

Salomon und Morolf berichtet vom Leben des Königs von Jerusalem Salomon und seiner Frau Salman, einer getauften Heidin, und von Morolf, dem Bruder des Königs. Es gelingt dem listigen Morolf die mehrmals entführte Salman aufzuspüren und wieder zurückzubringen. Die bunte Welt des Orients und die zahlreichen Abenteuer sind in spielmännischer Manier erzählt.

4.2 Der historisierende Roman

Zwei Werke thematisieren an Hand von reichsgeschichtlichen Vorgängen aktuelle Gegenwartsfragen für ein adliges Publikum.

Ein unbekannter Geistlicher verfasste den Roman *König Rother* (1150). Rother ist Pippins und Karls sagenhafter Vorfahre und residiert in Bari. In dieser farbigen Erzählung überstrahlt Rother alle anderen Helden. Seine Überlegenheit beruht nicht mehr auf der körperlichen Gewandtheit, sondern auf den Tugenden des idealen christlichen Herrschers: auf Klugheit, Freigebigkeit und Demut.

In dem Versroman *Herzog Ernst* (1170/80) griff der Autor, vermutlich ein Bamberger Kleriker, auf zwei reichsgeschichtliche Vorgänge zurück: auf die Empörung Liudolfs, des Herzogs von Schwaben, 953 gegen seinen Vater Otto und auf die Auflehnung Herzogs Ernst von Schwaben 1027 gegen seinen Stiefvater König Konrad II. Er verschmolz sie zu einer Geschichte, deren Thema von einer hochaktuellen politischen Krise handelt.

Herzog Ernst gehört zu den beliebtesten Stoffen der mittelalterlichen Literatur. Eine lateinische Version sowie eine Volksbuchfassung sicherten das Interesse an dieser Heldengestalt.

5 Die Tierepik

5.1 Die allegorische und literarische Funktion des Tieres

Theologische Naturkunde. Die Naturbetrachtung im Mittelalter erfolgte ausschließlich aus theologischer Sicht. Das wichtigste und am weitesten verbreitete Bestiarum (Tierkundebuch) war der *Physiologus* (Naturforscher), ein im 2. Jh. n. Chr. in Alexandrien entstandenes Büchlein, das im 4. Jh. ins Lateinische übersetzt worden war und um 1070 im Kloster Hirsau ins Frühmittelhochdeutsche übertragen wurde. In den 28 Beschreibungen exotischer wie einheimischer Tiere (Löwe, Pelikan, Igel usw.) wurden zuerst ihre vermeintlichen fabulösen oder wirklichen Eigenschaften geschildert und dann typologisch gedeutet, auf die Vorgänge des Heilsgeschehens bezogen (drei Tage lang ist das Löwenjunge nach der Geburt leblos: Christus war ebenfalls drei Tage im Grab). Nicht was die Tiere s i n d, interessierte, sondern was sie in der Heilsordnung b e z e i c h n e n. Die Tierallegorien dieses „christlichen Zoologiebuches" waren auch eine Fundgrube für die bildende Kunst.

Die Funktion der Maske. Tierdichtungen sind eine Urform der Weltliteratur. Gleichviel ob wir Äsops Fabeln lesen oder in George Orwells *Animal Farm* den Kampf der Schweine verfolgen – in diesen Werken werden Tiere als Träger menschlicher Eigenschaften verwendet, hinter ihrer Maske gesellschaftliche Zustände der Zeit gegeißelt. Die Beliebtheit dieses poetischen Verfahrens ist verständlich: der Leser erkennt die Absicht der versteckt vorgetragenen Kritik, dem Autor bietet die fiktive Form die Möglichkeit zur distanzierten Betrachtung und zum Schutz vor Unannehmlichkeiten und Verfolgung. Überträgt man das Verhalten einzelner Gruppen auf die Tierebene, dann wird der Einzelne nicht als Individuum angeprangert, sondern als Vertreter eines Standes, dessen Normen er verletzt. Tierdichtung ist politisch, weil sie Institutionen und Einzelne als Träger einer Funktion zur Zielscheibe ihrer Satire macht.

5.2 Von der Fabel zum satirischen Epos

Jeder Klosterschüler war aus dem Lateinunterricht mit den Fabeln des griechischen Sklaven Äsop (um 550 v. Chr.) vertraut. Der Schritt von Fabel und Schwank zum Epos wurde im Kloster vollzogen. Zwei Motive gesellten sich hinzu und führten zum Epos: der Hoftag des kranken Löwen und der Wolf als Mönch. Um 1150 schrieb ein Kleriker das Tierepos *Ecbasis cuiusdam captivi* (Flucht eines Gefangenen) in 1200 Hexametern für seine Mitbrüder im Kloster St. Asper in Toul. Der Satiriker erweiterte die Äsop-Fabel von der Heilung des kranken Löwen, verband sie mit einer episch breit angelegten Außenfabel, sodass ein vielschichtig strukturiertes Epos entstand: Ein Kälbchen (Mönch) flieht, gerät in die Hände des Wolfs (Teufel) und wird schließlich von der Herde unter Führung des Fuchses (Sinnbild des klugen Mönchs) dem Wolf entrissen. Die Satire ist beißend, die Laster des Mönchslebens werden bloßgestellt.

Der Genter Kleriker Nivardus schrieb um 1150 das Großepos *Ysengrimus* (Wolf), das mit 6592 Versen als Meisterwerk der mittellateinischen Literatur gilt. Nivardus bricht mit der herkömmlichen Reihung von Tierschwänken; er bringt sie in eine episch aufeinanderfolgende Ordnung, setzt mit dem Tod des Wolfs einen Schlusspunkt, sodass das Erzählgeschehen finalen (auf das Ende hin orientierten) Charakter erhält. Abenteuer um Abenteuer lockt Reinhardus, der Fuchs, Ysengrim in sein Verderben: die Gefräßigkeit wird dem Wolf schließlich zum Verhängnis. Klugheit triumphiert über Dummheit, Fortuna lenkt das Schicksal. Unerbittlich geißelt der Genter Domherr Habgier, Unwissenheit und Trägheit der Mönche. Hinter Frömmigkeit und religiösem Eifer verbirgt sich Heuchelei. Egoismus und Profitgier tragen den Sieg davon. „Formvollendeter, gewandter und skrupelloser hat sich die intellektuelle Opposition des Hohen Mittelalters schwerlich anderswo artikuliert“ (F. P. Knapp).

Beide Tiersatiren richteten sich an ein gebildetes, klerikales Publikum. Die erst um ihre Literaturfähigkeit ringende Volkssprache war jedoch noch nicht im Stande Ironie und Satire differenziert und gezielt einzusetzen. Es ist daher um so erstaunlicher, dass um 1190 der Elsässer Heinrich Glichezaere (der Gleißner) das erste mittelhochdeutsche Tierepos *Reinhart Fuchs* (1192) schrieb. Nicht mehr die Klosterwelt hatte der Kritiker im Visier, als er dafür Pierre de Saint-Clouds *Roman de Renart*, eine Sammlung locker verbundener Schwänke, auswertete. Vielmehr ging es um den Königshof und die Politik der Staufer. Das zeigt sich schon am Wandel der Tiergestalten: Reinhart Fuchs ist jetzt die Zentralfigur, die alle Episoden zusammenhält. Das Erzählgeschehen ist sinnvoll auf das Ende hin strukturiert. Die einzelnen Vorfälle illustrieren die verheerende, alles vernichtende Macht der Untreue. Ihr Repräsentant Reinhart nützt die Torheiten anderer rücksichtslos aus und dringt in Lebensbereiche ein, deren Ordnung er auf den Kopf stellt. Die ganze Tierwelt verkörpert eine korrupte feudale Gesellschaft. „*Reinhart Fuchs* ist vor Gottfrieds *Tristan* die geschlossenste literarische Entlarvung der höfischen Welt“ (Fr. Heer).

6 Die Vagantenlyrik

Memento vivere! „Gedenke (richtig) zu leben!“, so könnte man im Gegensatz zum *Memento mori* der cluniazensischen Bewegung den Lebensgrundsatz einer intellektuellen Minderheit formulieren: der *clerici vagantes*, der fahrenden Scholaren. An den Hohen Schulen zu Paris und Bologna entstand eine neue Intellektuellenschicht, aus der die Vaganten des 12. und 13. Jh. hervorgingen: Diese fahrenden Scholaren, Kleriker waren höchst unkonventionelle, diesseitszugewandte Bohemenaturen. Sie verstanden es die literarischen „Freiräume“ der kirchlichen Kultur zu nutzen, huldigten Bacchus, dem Spielgott Decius, priesen die Freuden eines ungehemmten Liebeslebens, ignorierten ritterliche Lebensführung und Minnesang und verspotteten mit ihren beißenden Satiren und entlarvenden Parodien soziale Missstände, Geiz und Wucher der Kurie. Virtuos beherrschten sie den reichen Formenschatz der mittellateinischen Literatursprache und bedienten sich in ihren Liedern des Hymnenverses. Ovid, Horaz, Catull und Martial waren ihre Vorbilder. Mythologische Figuren der Antike dienten zur Gestaltung ihrer Vorstellungen.

Lyriker. Nur drei dieser Poeten kennen wir mit Namen: so den französischen Grammatiklehrer Magister Hugo von Orléans (1093 – nach 1160) und den Domherrn Walther von Châtillon (1135 – um 1179). Am bekanntesten aber wurde der Archipoeta, der Erzpoet, (geb. um 1130), ein genialer Vagant im Gefolge Friedrichs I. Von seiner Poesie behauptete man, „sie habe dem Lateinischen Klänge abgewonnen, die die Antike nicht kannte“. Im *Kaiserhymnus* verherrlichte der Erzpoet Barbarossa und unterstützte mit diesem panegyrischen (schmeichlerischen) Gesang die Italienpolitik des Herrschers. Seine Vagantenbeichte enthält die Quintessenz ihrer Lebensphilosophie.
Die meisten Vagantenlieder verdanken wir der im Kloster Benediktbeuren (Oberbayern) aufgefundenen, aus der ersten Hälfte des 13. Jh. stammenden Handschrift *Carmina Burana*, der umfangreichsten Sammlung mittellateinischer weltlicher Lyrik.
Die Trinklieder der Vaganten lebten weiter in den Kommersliederbüchern späterer Studentenverbindungen. Der Komponist Carl Orff (1895–1982) verwertete ihre Frühlings-, Liebes- und Trinklieder in seiner 1937 geschriebenen szenischen Kantate *Carmina Burana. Cantiones Profanae* (weltliche Gesänge).

Das Eingangsblatt der ***Carmina Burana*** *zeigt die Miniatur Rota Fortunae (Rad des Schicksals). Dieses Titelbild enthüllt symbolisch ein Grundthema der Epoche und der in der Sammlung enthaltenen Lieder: Das Ausgeliefertsein des Menschen an die unberechenbaren Launen der Glücksgöttin. Vier Gestalten verkörpern die einzelnen Phasen des Aufstiegs und Niedergangs der Mächtigen. Links klammert sich ein Mann ans Rad, das ihn nach oben trägt, ihm winkt die Macht (***regnabo:*** *Ich werde regieren). Oben thront stolz ein Herrscher mit Krone und Szepter (***regno:*** *Ich herrsche). Doch dann folgt sein Sturz vom Gipfel der Macht (***regnavi:*** *Ich habe geherrscht). Der Gescheiterte gerät unters Rad (***sum sine regno:*** *Ich bin ohne Macht). In der Mitte thront teilnahmslos die Schicksalsgöttin Fortuna.*

III
Die Literatur des Hochmittelalters 1180–1230

1 Panorama

1.1 Die politischen und gesellschaftlichen Grundlagen der Ritterdichtung

Die staufische Reichspolitik. Nach dem Ende des Investiturstreites, der die sakrale Einheit von Kirche und Staat zerbrochen hatte, suchte die Dynastie der Staufer eine neue Rechtfertigung des kaiserlichen Amtes. FRIEDRICH I. (1152–1190) definierte die Reichsidee dahingehend, dass die weltliche Gewalt gottunmittelbar und der Kaiser die natürliche Stütze der weltlichen Ordnung sei. Demgegenüber pochten die Päpste auf die Höherwertigkeit ihres Amtes. Sie wollten ihren geistlichen Weltherrschaftsanspruch auch mit der Waffe des Banns und der Exkommunikation durchsetzen. In ihrem Machtstreben entfernten sie sich jedoch immer mehr von ihrer religiösen Aufgabe und trafen dabei auf den Widerstand der staufischen Herrscher, die um Festigung und Expansion ihrer Herrschaft nach außen und innen kämpften. Ihre zahlreichen Italienzüge sowie die Kreuzzüge dienten der Verwirklichung ihrer imperialen Pläne: der Sicherung ihrer Macht in Ober- und Mittelitalien. Im Innern suchten sie ihre Machtbasis durch Erweiterung des Kronlandes zu festigen, trafen aber auf den erbitterten Widerstand der Fürsten, die die Erblichkeit der Kaiserwürde verhindern wollten. Kaiser Friedrich I. zerschlug die bisherigen Stammesherzogtümer, verkleinerte sie (Bayern, Sachsen) und schuf neue (Österreich, Steiermark), nachdem er aus der Auseinandersetzung mit dem mächtigsten Herzog, Heinrich dem Löwen, als Sieger hervorgegangen war. Mit dem Tod HEINRICHS VI. (1190–1197) war der letzte große Versuch der Staufer gescheitert Sizilien als feste Stütze des Kaisertums ins Imperium zu integrieren, die Erblichkeit der Königswürde durchzusetzen und Deutschland staatlich zu einigen. Die Doppelwahl Friedrichs von Schwaben und Ottos IV. von Braunschweig 1198 bot Innozenz III. die Möglichkeit sich als Schiedsrichter bei der Regelung der Nachfolge aufzuwerfen. Die Thronstreitigkeiten erschütterten das Reich von 1198 bis 1208. Friedrich II. gewährte den Landesherren weitgehende Zugeständnisse. Schließlich hatte sich deren Territorialherrschaft als konstanter Machtfaktor der Reichspolitik endgültig etabliert. Stützen und Träger der Kaiserpolitik sowie der Reichsfürsten waren die Ministerialen (→ S. 21).

Der neue Ritterstand. Diese unentbehrlichen Helfer der weltlichen und geistlichen Grundherren erfüllten zahlreiche Aufgaben: Sie kämpften in den Kaiser- und Fürstenheeren, nahmen an den Kreuzzügen teil, übten Hofämter aus, verwalteten die Reichsgüter in Italien und versahen Wach- und Verwaltungsarbeiten auf den Burgen. Diese vielfältigen Verpflichtungen steigerten ihr Ansehen. Der in vielen Feldzügen dezimierte alte Adel erblickte in den aufgestiegenen Dienstmannen ernsthafte Konkurrenten seiner Machtposition. Die Ministerialen eiferten in ihrem Lebensstil dem des Geburtsadels nach, strebten nach sozialer Gleichstellung, nach „Gesellschaftsfähigkeit". Rechtliche Unfreiheit und errungener sozialer Status führten zu Spannungen und schließlich zur Forderung als Dienstadel dem Geburtsadel gleichgestellt zu werden. Es war ein dreifacher Dienst, der ihre herausgehobene Stellung begründete: Gottesdienst, Herrendienst und Frauendienst. Bezeichnete ursprünglich der Begriff des Ritters den zu Pferde kämpfenden, gepanzerten Krieger, so erweiterte der Begriff in der 2. Hälfte des 12. Jh. seinen Bedeutungsinhalt: er umfasste jetzt alle Adligen, ohne Rücksicht, auf welcher Stufe sie in der Heerschildordnung standen. Hochadel und Ministeriale, welche die gleichen Aufgaben verbanden, bildeten eine geschlossene Gruppe, die hierarchisch-geburtsständische Unterschiede überbrückte. Ihr Standesbewusstsein war zu diesem Zeitpunkt schon so gefestigt, dass sie Aufstieg und Legitimation auf dem Gebiet der volkssprachigen Literatur ideologisch rechtfertigten.

Die höfische Gesellschaft. Höfe bildeten das Zentrum des neu formierten Adels. Das Leben auf eng umgrenztem Raum, die gestufte Abhängigkeit der Amtsträger, die Anwesenheit von Frauen gleichen Standes zwangen zur Ausbildung strenger Verhaltensweisen, verfeinerter, affektkontrollierter Umgangsformen („Der Zwang zum Selbstzwang“ – N. Elias). Die höfische Gesellschaft entfaltete eine gemeinsame, friedfertige Geselligkeit und eröffnete den Frauen die Möglichkeit sich Geltung zu verschaffen. Imponierende Pracht und zur Schau gestellter Luxus waren Mittel der Repräsentation, das Prestigebedürfnis des Herrschers zu befriedigen und seine gesellschaftliche Stellung zu legitimieren. Am Hof, dem Lebens-, Repräsentations- und Festraum, entwickelte die Adelsgesellschaft eine neue Standeskultur mit einer neuen

ritterlichen Standesethik. Ritter sein hieß nun mehr als nur im Dienste verschiedener Herren zu kämpfen. Der neue Stand schuf ein neues Persönlichkeitsideal: ein vollendetes Leben war für ihn nur in der höfischen Form möglich. Streng abgehoben von den verachteten Bauern *(dörper, tölpel)* und den gering geschätzten, erwerbstätigen Bürgern vollzog sich das Ritterdasein in Turnier, Spiel, Fest und Minnedienst. Die für das Kriegerhandwerk erforderlichen Eigenschaften der Kraft, Ausdauer, körperlichen Gewandtheit und List wurden zu Standestugenden verfeinert und in den Dienst des Herrendaseins gestellt. Erst wer sie beherrschte, bei wem sie gleichsam zur zweiten Natur geworden waren, konnte als vollendeter Ritter gelten. Die kämpferischen Fähigkeiten zeigten sich in der *arebeit* (Anstrengung, Mühe), der *staete* (Beständigkeit), der *triuwe* (Vertragstreue, Festigkeit in zwischenmenschlichen Beziehungen). Sie wurden ergänzt durch die Tugenden der Gesinnung: *kiusche* (Reinheit, Lauterkeit des Empfindens) und *milte* (Freigebigkeit). Zur *höve*-*scheit* oder *courtoisie* gehörte die Beherrschung richtiger Umgangsformen. *hövescheit* zeigt sich in feinen Reden, angenehmer Geselligkeit, im Verehren der Damen. Um dies zu erreichen waren *zuht* (Anstand) und *fuoge* (rechtes Verhalten) Voraussetzung. Unverzichtbar war die *êre* (gesellschaftliches Ansehen). Als Haupttugend aber galt die *mâze* (Selbstzucht, Maßhalten in allen Dingen). Individualität und Originalität waren in dieser formbeherrschten höfischen Welt als formsprengende Kräfte verpönt. Nur wer sich ganz in diese Welt einfügte, konnte des *hohen muotes* (Hochgefühl) teilhaftig werden und die *vreude* (Zustand festlicher Erregtheit) genießen. Diese aristokratische Standeskultur umfasste besonders seit den Kreuzzügen auch den religiösen Bereich. *werlde* bedeutete für die Ritter ausschließlich die höfische Gesellschaft. Mit den Grundvorstellungen der Vasallität deuteten sie ihre Beziehung zu Gott und Welt.

*Der **Bassenheimer Reiter**, ein Sandsteinrelief um 1240 in der Bassenheimer Pfarrkirche bei Koblenz, ist ein Werk des Bildhauers des Naumburger Doms. Es veranschaulicht eine ritterliche Grundtugend: die milte, die Freigebigkeit. Der heilige Martin verrichtet ein Werk der Barmherzigkeit, als er zu Pferd einem frierenden Bettler hilft, dem er die Hälfte seines Reitermantels mit dem Schwert abtrennt. – Die naturalistisch anmutende Darstellung des abgemagerten Bettlers steht in starkem Gegensatz zum vornehmen Ritter, dessen überlanges Schwert seine Macht symbolisiert. Diese kraftvoll gezeichneten Figuren zeigen eine idealtypisch gestaltete soziale Rollenverteilung.*

Die französische Adelskultur: Vorbild für Deutschland. Der neue Ritterstand war durch Kreuzzüge zu einer internationalen Schicht zusammengewachsen, in der Frankreich seit dem 12. Jh. die führende Rolle auf vielen Gebieten übernommen hatte. Die Entfaltung der deutschen höfischen Ritterkultur war deshalb ohne das französische Vorbild schwerlich denkbar.
Der französische Kulturimport erfolgte auf verschiedenen Wegen: Kleriker und Scholaren studierten an den Kathedralschulen in Laon, Chartre, Orléans und Paris und kehrten mit modernen Ideen und wertvollen Kodizes zu ihren Klöstern und Höfen zurück. Nicht zuletzt aber waren die dynastischen Verbindungen des Hochadels, die französischen Gattinnen deutscher Fürsten, maßgeblich an der Aufnahme neuer, eleganter Moden, ritterlich-höfischer Umgangs- und Gesellschaftsformen, moderner Gesellschaftsideale und der avantgardistischen Literatur beteiligt.
Was in Frankreich gelebte Wirklichkeit war, musste beim östlichen Nachbarn erst aufgenommen und umgesetzt werden. So berücksichtigten Autoren die Wünsche ihres literaturbeflissenen Publikums. Die literarischen Adaptionen (Bearbeitungen) französischer Stoffe tragen überwiegend ethisierende und idealisierende Züge. Auffallend, doch verständlich ist der Umstand, dass deutsche Autoren nur die für die eigene kulturelle und literarische Situation bedeutsamen Formen rezipierten: die Minnekanzone (→ S. 46) und den höfischen Versroman (→ S. 33), während andere französische Literaturformen unbeachtet blieben.

1.2 Der Literaturbetrieb in höfischer Zeit

unterschied sich grundsätzlich von dem früherer Epochen. Zwar beherrschte weiterhin das Mittellatein in Kirche, Wissenschaft und Verwaltung das Feld, doch die Ritter suchten ihr ideologisches und ethisches Selbstverständnis in volkssprachigen Werken zu gestalten. Das literarische Leben verlagerte sich jetzt von den Klöstern und Domschulen an die Fürstenhöfe, die auf dem Gebiet der Laienliteratur seit dem Beginn des 12. Jh. zunehmend mit der Kirche wetteiferten.

Als **literarische Auftraggeber** in hochhöfischer Zeit treten mächtige Fürsten in Erscheinung. Der „fahrende“ Kaiserhof pflegte vor allem den Minnesang. Wegen des ständigen Ortswechsels war er der Epik eher abträglich. Vor allem einige große weltliche Herrscher übernahmen als Literaturmäzene eine Schlüsselrolle: Sie allein besaßen eine Kanzlei und verfügten über die erforderlichen materiellen Voraussetzungen. Sie erteilten den Dichtern Aufträge, besorgten die lateinischen und französischen Vorlagen, beeinflussten mitunter Thema und Gestaltung, finanzierten die Abschriften auf kostbarem Pergament und nahmen die Künstler während der Zeit ihrer Arbeit in ihr Hofgesinde auf. Der Preis dieses Privilegs war eine weitgehende Abhängigkeit. Man war auf Huld und Gunst des Mäzens angewiesen. Der Konkurrenzkampf der Territorialherren untereinander um Prestige und kulturellen Einfluss belebte den literarischen Kreislauf.

Literaturzentren. In jenen Jahrzehnten blühten am Welfenhof in Regensburg ein reges Geistesleben und die mittelhochdeutsche Epik. Besonders Heinrich der Löwe und seine Gemahlin Mathilde ragten als Mäzene heraus *(Rolandslied, Kaiserchronik, Lucidarius)*. Der Babenberger Hof zu Wien indes bildete das erste Zentrum des deutschen Minnesangs. In Südwestdeutschland traten die Zähringer, die um Freiburg ihr Herrschaftsgebiet ausgebaut hatten, als Mäzene hervor. Der berühmteste Musenhof in höfischer Zeit aber war die Wartburg der Thüringer Landgrafen in Eisenach, vergleichbar in ihrer literaturhistorischen Bedeutung mit dem benachbarten Weimar der Goethezeit. Auch Bischöfe förderten die volkssprachige Literatur: so der Erzbischof zu Köln *(Straßburger Alexander)* und Wolfger von Erla, der Passauer Oberhirte und Patriarch von Aquilea (Walther, *Nibelungenlied*).

Autoren. Ritterdichtung war Standesdichtung. Die Verfasser der Minnelieder und Artusromane entstammten dem Ritterstand. Epiker besaßen meist eine klerikale Bildung und arbeiteten jahrelang nach französischen und lateinischen Vorlagen. Sie betrieben das literarische Handwerk meist berufsmäßig, wobei ihnen beim Tod ihres Gönners das Ende als höfischer Autor drohte, falls sie den Nachfolger nicht für sich zu gewinnen verstanden. Ausschließliche Domäne der Adligen war der Minnesang, den Hochadlige und Ministeriale gleichermaßen pflegten. Am schlechtesten stellten sich die fahrenden Sänger. Da sie keine feste Bleibe besaßen, waren sie rechtlos. Sie vertraten die Spruchdichtung, lobten die hohen Herren (Panegyrik) oder verspotteten sie (Satire, Polemik) mit ihren Versen. Sie dichteten ausschließlich um materiellen Lohn (*guot umbe êre nemen*: Lohn statt Ansehen empfangen).

Das höfische Publikum. Die Ritterdichtung gedieh in der Lebensluft höfischer Geselligkeit. Der fürstliche Mäzen, Hofgeistliche und die Inhaber oberster Hofämter bildeten die aufgeschlossene Zuhörerschaft. Vor allem adlige Damen zeigten ein reges Literaturinteresse und waren dankbare Zuhörerinnen und Leserinnen der epischen Werke. Da sie weitaus gebildeter waren als die übrigen Mitglieder der Hofgesellschaft, verfügten sie über ein sicheres Gespür literarische Leistungen sachgemäß zu beurteilen. Zudem waren die Minnelieder an sie gerichtet. Die Werke wurden meist in geselliger Runde hörend aufgenommen, Geschichten wurden vorgetragen, Lieder gesungen. Die höfische Literatur verfolgte nämlich das Ziel gesellschaftsstiftend und gesellschaftsstabilisierend zu wirken sowie ein ideales Selbstverständnis im Medium der Poesie zu bieten.

Die höfische Literatursprache ist die in den Werken der hochmittelalterlichen Dichtung fassbare Hochsprache, ein alemannisch geprägtes Oberdeutsch, jedoch nicht die Umgangssprache höfischer Kreise. Die kulturellen Ambitionen der feudalen Gesellschaft förderten die Ausbildung dieses Literaturidioms (*Idiom*: sozial bestimmte Sprech- bzw. Schreibweise). Der neue Stand hatte das Bedürfnis seine eigene, von der kirchlich-klerikalen Lebensform unterschiedene Weltsicht in sprachlich vollendeten Kunstwerken zu gestalten und sich vom Latein, der das ganze Mittelalter „überdachenden Schriftsprache schlechthin", zu emanzipieren.

Die im Frühmittelhochdeutschen erkennbaren Tendenzen setzten sich fort (→ S. 23). Der Wortschatz wurde umfangreicher. Höfische Autoren schieden altes poetisches Wortgut (*wigant, recke*: Kämpfer) aus und verzichteten auf alltagssprachliche Wendungen. Sie erweiterten die Bedeutung zahlreicher Begriffe und nahmen französische Lehnwörter und Wortbildungselemente (Suffixe: *ieren*: hofieren; *ie*: partie) in ihre Sprache auf. Ferner achteten sie auf eine meist dialektfreie Reimpraxis um eine weite, überregionale Verbreitung ihrer Werke zu sichern. Überdies erzwang die strenge Formgebundenheit von Artusepik und Minnesang eine stark stilisierte Sprache. Der höfische Sprachstil orientierte sich an lateinischer Rhetorik und Poetik.

Die von Adligen für Adlige entwickelte Kunstsprache besaß eine schmale soziale Basis in der feudalen Oberschicht. Diese von überregionalen Normen geprägte Schriftsprache verlor mit dem Untergang der Staufer um 1250 ihre begrenzte soziale Geltung. Damals brach die Geschlossenheit des oberdeutschen Sprachraums auseinander. Damit endete die Glanzzeit der höfischen Literatursprache. Dieses Ausdrucksmittel förderte den Prozess der ständig sich erweiternden volkssprachigen Verschriftlichung. Ihre sprachschöpferische Leistung ist durchaus mit der Luthers und der Klassik vergleichbar.

2 Die höfische Epik

2.1 Die Geburt des Romans

Wegbereiter der neuen Romankunst war HEINRICH VON VELDEKE (um 1150 – ca. 1200), ein Ministeriale mit klerikaler Bildung aus der Umgebung von Maastricht, einer hoch entwickelten Kulturlandschaft und „Schnittpunkt des deutsch-französischen Geisteslebens". Eine bahnbrechende Leistung vollbrachte er mit seinem Antikenroman *Eneid*. Veldeke rezipierte Vergils römisches Nationalepos *Äneis* nach dem altfranzösischen *Roman d'Eneas* eines unbekannten normannischen Autors und schuf das Gründungswerk der höfischen Literatur, das auch der von Barbarossa angestrebten *renovatio imperii*, der Erneuerung des Weltreichs, durch eine Übertragung ins Deutsche dienen wollte. Zeitgenossen empfanden Veldekes Kunst als etwas unerhört Modernes. Zum ersten Mal war ein antiker Stoff in einer französischen Bearbeitung nach Deutschland gebracht worden. Dieser Epiker gestaltete mit einem bislang unbekannten Gefühl für den Versrhythmus Fragen vorbildlicher Etikette und der Macht der Minne. Sein etymologisch reiner Reim, der alle mundartlichen Wendungen vermied, wurde richtungweisend für die höfische Epik.

Stoff und Thematik der Artusepik. Die Theben-, Äneas- und Trojaromane der Zeit standen am Übergang zur Artusepik und bereiteten die epische Selbstdarstellung der höfischen Gesellschaft vor. Der bedeutendste französische Epiker des Mittelalters CHRETIEN DE TROYES (vor 1150 bis nach 1190) vollzog die Wende: Er löste sich aus der bisherigen Erzähltradition und schuf mit seinem *Erec et Enide* (1170) eine Großerzählung, in der allein das freie Spiel der Fantasie das Sinngefüge der erzählten Handlung in einem eigenen Strukturmodell festlegte. Das weder raum- noch zeitgebundene Märchenreich des Königs Artus bot den notwendigen Spielraum für die erzählerische Gestaltung der höfischen Utopie.
An Hand keltischer Mythen um den sagenumwobenen König Artus – im Kern wohl die historische Gestalt eines bretonischen Heerführers aus dem 6. Jh. –, der mit seiner Gemahlin Ginevra Hof hielt, entwickelten die Epiker eine eigene, autonome, ritterliche Weltvorstellung. Die Artusepik entstand in einer Krisenzeit, in der die Kaiser einen verschärften Kampf gegen den konkurrierenden Hochadel führten. König Artus wurde zum verfeinerten Wunschbild der feudalhöfischen Gesellschaft. Seine nur aus auserwählten Ritterbürtigen bestehende Tafelrunde verkörpert die idealisierte Standesbeziehung zwischen König und Großvasallen, deren vorbildhafte Ranggleichheit eine literarische Utopie darstellt. Alle innerständischen Spannungen sind vom Artushof verbannt und in eine märchenhafte, dämonisierte, bedrohliche, doch abwendbare Außenwelt projiziert. In den *âventiuren,* den kämpferischen Bewährungssituationen, denen der Artusritter entgegenreitet, ohne im Einzelnen zu wissen, was auf ihn zukommt, der Abenteuerfahrt also, bewährt er sich in zahlreichen Zweikämpfen mit ebenbürtigen Gegnern, mit Riesen und Ungeheuern. Er erringt Ruhm und Ansehen *(êre)* und bestätigt dadurch die gefährdete Ordnung des Artusreiches, indem er die gestörte Harmonie wiederherstellt. Die böse Gegenwelt enthält die objektiven Widersprüche der höfischen Gesellschaft, deren Undurchschaubarkeit in der seltsamen Fantastik der Zauberwälder, der Zwerge und Riesen mythologisch verdinglicht und gedeutet werden.

Die Erzählstruktur des Artusromans. Ausgangspunkt der Handlung ist der Artushof. Im Zentrum des epischen Geschehens steht ein Artusritter, zu dem die übrigen Figuren im Laufe der Handlung in eine Konfliktbeziehung treten. Der Artusroman besteht aus einer Anzahl äußerlich voneinander unabhängiger Episoden, die nur die Gestalt des Helden zusammenhält. Diese linear aufgebaute Episodenkette ist auf die Zentralfigur zugeschnitten, um die sich die übrigen Figuren konzentrieren. Die Struktur des final angelegten Handlungsverlaufs bestimmt eine wiederholte Einkehr am Artushof. Die Rückkehr des Helden nach rasch gewonnener Macht und Minne führt ihn jedoch in eine Krise, die den erreichten Erfolg als fragwürdig erscheinen lässt. Dies zwingt den Ritter, die *âventiuren* zu wiederholen um die Unzulänglichkeiten zu überwinden. Dieser „doppelte Kursus" (H. Kuhn) bestimmt die Struktur des Romangeschehens. Der Erzähler arrangiert die Episoden dergestalt, dass sie in den beiden Handlungsabläufen korrespondieren und durch Steigerungen und Wiederholungen das allmähliche Reifen des Ritters deuten.

2.2 Der Artusroman

HARTMANN VON AUE (1165–1210) war der erste große mhd. Epiker, der den Artusstoff aus Frankreich nach Deutschland brachte. Zeitgenössische Autoren erkannten seine bahnbrechende literarische Leistung. Gottfried von Straßburg würdigte als Literaturkritiker das artistische Können des oberdeutschen Dichters. Hartmanns Kunst diente vor allem einer Aufgabe: das höfische Leben von vordergründigen, oberflächlichen Vorstellungen des Glanzes zu befreien, den Weg zum wahren Ritterdasein aufzuzeigen, aber auch Verstrickungen und Schuld, Gnade und Sühne als unverzichtbare Elemente einer religiös motivierten Lebensführung vorzustellen. Diese Sicht der Dinge entsprang einer scharfen Kritik der höfischen Welt. Hartmanns letzte Orientierung in seinen erzählerischen Auseinandersetzungen um ein sinnerfülltes Leben sind religiöse Werte. Wie kann der Ritter *gotes hulde*, die Gnade Gottes, und *der werlt hulde*, die Anerkennung der feudalen Gesellschaft, erringen und miteinander verbinden? Es waren Kernfragen der höfischen Epik überhaupt.
Über das Leben dieses alemannischen Dichters gibt es keine Dokumente – eine Eigentümlichkeit aller Biografien der großen mhd. Autoren. Wir

sind auf Mutmaßungen und Werkhinweise angewiesen um die zeitliche Reihenfolge seiner Erzählungen und Minnelieder rekonstruieren zu können. Hartmann hat sich seinen Lesern in den ersten Versen seiner Novelle *Der arme Heinrich* vorgestellt. Seine soziale Stellung ist die eines Ministerialen, der über eine klerikale Bildung verfügt, Latein und Französisch beherrscht. Gewichtige Gründe sprechen dafür, dass die mächtigen Zähringer in Freiburg seine Dienstherren und Mäzene gewesen sind.

Auf dem Weg zum adligen Leitbild. Hartmann erarbeitete nach der Vorlage von Chretiens *Erec et Enit* den ersten deutschen Artusroman *Erec* (1180).

Erec, der unerfahrene Ritter der Tafelrunde, übernachtet auf dem Weg zu einem Preisturnier beim verarmten Grafen Coralus und lernt dessen wunderschöne Tochter Enite kennen. Nach erfolgreichem Kampf heiraten beide. Die Hochzeit wird am Artushof prächtig gefeiert. Dann übernimmt Erec die Herrschaft in Karnant von seinem Vater. Dort lebt er ausschließlich mit seiner Frau. Doch durch ihre selbstgenügsame Zweisamkeit gerät der Hof in Verruf. Es gibt keine Geselligkeit, keine Repräsentation. So wird er zum Gespött der Gesellschaft. Erecs Ansehen, seine Legitimation stehen in Frage. Da gibt er seine Herrscherstellung auf, suspendiert seine Ehe und begibt sich zur Bewährung auf ritterliche Abenteuerfahrt. Enite reitet vor ihm und verrichtet Knechtsdienste. Erec besteht zahlreiche Abenteuer, besiegt Räuber und Ritter. Nachdem Erec auch die Abenteuer *Joie de la cort* („die Freude des Hofes") bestanden, den riesenhaften Mabonagrin in seinem Zaubergarten besiegt und 80 Frauen befreit hat, ziehen beide an den Artushof, wo ihnen wieder große *êre* zuteil wird. Dann kehren sie nach Karnant zurück und leben dort als mustergültiges Herrscherpaar.

Erec hat auf seinen *âventiuren* die Stationen seiner inneren Läuterung durchmessen und erkannt, dass erst soziale Verpflichtungen und erworbene Verdienste, nicht adlige Geburt seine Stellung als Herrscher rechtfertigen und dass Enites Standhaftigkeit und Treue ihre Standeserhöhung legitimieren.

Als komplementäres Werk gilt Hartmanns zweiter höfischer Roman *Iwein* (1205), den er nach Chretiens Vorlage des *Yvain* gestaltet hat.

Ritter Iwein ist begierig Abenteuer zu bestehen. Er verlässt den Hof und kämpft gegen den Herrn des Brunnens Askalon, verfolgt den Schwerverwundeten, als er sich in seine Burg retten will, und erschlägt ihn. Die Witwe des Getöteten, Königin Laudine, trauert um ihren Gatten. Da entbrennt Iwein in Liebe zu ihr. Laudines Zofe Lunette überzeugt ihre Herrin, dass es zweckmäßig sei den Sieger zu heiraten. Nach der Hochzeit erbittet Iwein einen Jahresurlaub um mit dem Artusritter Gawein, der ihn an seine Ritterpflichten erinnert, auf Abenteuerfahrt zu gehen. Laudine gewährt ihm diese Frist. Doch Iwein versäumt diesen Termin, Zeichen mangelnder Verantwortung gegenüber *frouwe* und *lant.* Er fällt in Wahnsinn, Zeichen seines Identitätsverlustes, lebt als Waldmensch, bis ihn die Gräfin Narison mit einer Zaubersalbe heilt. Mit der wiedergewonnenen Identität besteht Iwein zahlreiche Abenteuer und kehrt zum Artushof zurück, wo er als Gleichberechtigter aufgenommen wird und sich schließlich mit Laudine versöhnt.

Den Artusrittern Erec und Iwein fehlte zuerst die Einsicht die durch Eheschließung und Herrschaftsübernahme eingegangenen Verpflichtungen erfüllen und mit den Forderungen der Liebe in Einklang bringen zu müssen. Beide Romane zeigen Hartmanns Grundauffassung:

swer an rehte güete
wendet sîn gemüete,
dem folget saelde und êre.

Wer mit aller Kraft des Herzens nach dem trachtet, was wahrhaft gut ist, der wird Gnade finden bei Gott und den Menschen. (P. Wapnewski)

Religiöse Orientierung und Vertiefung des höfischen Menschenbildes. Der Erzähler hat in den beiden Artusromanen Dienst und Bewährung als Legitimationsgründe ministerialer Herrschaft gezeigt, aber auch die Unzulänglichkeit der rein höfischen Welt in ihrer Selbstzentrierung offengelegt. Eine sinnvolle ritterliche Lebensgestaltung war ohne religiöse Motivation nicht möglich.

Diese gewandelte Auffassung gestaltete der alemannische Epiker in zwei Erzählungen, in denen das Rittertum als allzu bedingter Diesseitswert erscheint. So in der nach der altfranzösischen Quelle *Gregoire* verfassten Papstlegende vom „guoten

sündaere“ *Gregorius* (1190), in der Hartmann die Fragwürdigkeit der reinen Ritterideologie offenlegt.
Gregorius, Sohn einer Geschwisterehe (Inzestmotiv), wird in einem Kloster erzogen; zu einem Gelehrten herangewachsen erkennt er seine adlige, sündige Herkunft. Trotz der Bedenken des Abtes will er Ritter werden und aus eigener Kraft Gottes und der Menschen Gunst erringen. Gregorius besteht Abenteuer, befreit eine belagerte Stadt und gewinnt die Hand der Herrscherin – seiner Mutter, ohne dies zu wissen. Als sie die Blutschande entdecken, sucht Gregorius Buße. 17 Jahre lang lebt er angeschmiedet an einen Meeresfelsen nur durch Gottes Wunder ernährt. Als in Rom ein neuer Papst gewählt werden soll, weist Gott die Römer auf den Büßer. Als Papst löst er seine Mutter von ihrer Schuld.
Die über Gregorius' Geschlecht verhängte Schuld kann nur durch Buße gesühnt werden. Wie fragwürdig die Ritterexistenz ist, zeigt sich in seinem ungestümen Drang ein vollkommener Ritter zu werden. Doch er erreicht das Gegenteil: Der von Gott verhängte Fluch führt nicht zur glanzerfüllten Artuswelt, sondern zu Armut und Not. Erst Gottes Gnade führt ihn zum geistlichen Herrscheramt. Drastischer könnte die Unzulänglichkeit der höfischen Gesellschaft nicht gezeichnet werden.
In unserem Jahrhundert griff Thomas Mann in seinem Roman *Der Erwählte* (1951) auf Hartmanns *Gregorius* zurück und erzählte ironisch-skeptisch die Legende von übermäßigem Sündenleiden und Gottes Gnadenwahl, den christlichen Kern virtuos umspielend.

Kurz vor der Jahrhundertwende schrieb Hartmann seine von der Nachwelt mit besonderem Interesse aufgenommene Erzählung *Der arme Heinrich* (1199), deren novellistischer Charakter sich in der einsträngigen Handlung und in nur zwei Haupt- und zwei Nebenfiguren (Heinrich und das Mädchen sowie die Eltern) zeigt.
Der Ritter Heinrich von Aue verkörpert den idealen, musterhaften Ritter, lebt selbstgefällig ohne die Nachtseiten des Lebens zu kennen. Da prüft ihn Gott und schlägt ihn mit dem Aussatz. Der einzige Ausweg, so erfährt er in Salerno, sei, wenn eine Jungfrau ihr Herzblut opfere. Der jetzt arme Heinrich verschenkt sein Hab und Gut um wenigstens sein Seelenheil zu retten. Er zieht zu einem seiner Pächter, wo er sein Ende erwarten will. Die Meierstochter erfährt von der Möglichkeit ihren geliebten Herrn zu retten. Sie will sich mit ihrer Opfertat das Himmelreich verdienen. Als der Arzt in Salerno die Operation durchführen will, erschüttert der Anblick des schönen, nackten Mädchens den aussätzigen Ritter. Heinrich gebietet dem Arzt Einhalt. Lieber will er seine Krankheit als gottgewollt ertragen als das Opfer des Mädchens anzunehmen. Da greift Gott ein und heilt ihn auf der Heimfahrt. Auch die Meierstochter muss erkennen, dass der Lohngedanke allein nicht zum Ziele führt. Nach diesem Gesinnungswandel heiraten beide und gewinnen die ewige Seligkeit.
Im *Armen Heinrich* wird Hartmanns „gegenhöfische Wendung“ besonders sichtbar: Bislang hatten immer die Ritter (Erek, Iwein) in der höfischen Welt versagt, bei Heinrich aber versagt die höfische Welt selbst und nur ein existentielles Erlebnis vermag eine Bewusstseinsveränderung herbeizuführen.

2.3 Der religiöse Roman

Wolfram von Eschenbach (1170–1225) ist ein Autor von höchstem literarischen Rang. Ein eigenwilliger Außenseiter und selbstbewusster, wissensdurstiger Autodidakt, ein grüblerischer, kritischer Geist, das schiere Gegenteil seines Antipoden, des Tristandichters Gottfried von Straßburg. Wolfram hielt nicht viel von Poetik und Schulgelehrsamkeit, die er nicht besaß.

Fantasie und Inspiration waren seine fruchtbarsten Weggefährten. Wolfram ist wahrscheinlich in Wolframs-Eschenbach bei Ansbach in Mittelfranken um 1170 geboren. Er war ein stolzer Ministeriale, lebte in dürftigen Verhältnissen, stand zum Grafen von Wertheim in Beziehung, kannte den Freiherrn von Walldürn, dem die Burg Wildenberg bei Amorbach gehörte, und weilte schließlich am Hof der Thüringer Landgrafen. Vermutlich waren sie seine Gönner, denn ohne materielle Unterstützung hätte er sein umfangreiches Werk nicht schaffen können. Wir finden ihn auch im Maingebiet und in der Steiermark. Um 1225 ist er gestorben.

Diese Miniatur symbolisiert ***Wolfram von Eschenbachs*** *Selbstverständnis (schildes ambet ist mîn art: Ich bin von Geburt und Erziehung ein Ritter). Die mächtige, übergroße Gestalt des Ritters mit Panzerhemd, Schild und Schwert, dem verzierten Topfhelm und der Fahnenlanze in der Rechten steht kampfbereit zum Turnier oder zur Abenteuerfahrt. Diese Absicht verdeutlicht die szenische Ergänzung: Ein Knappe zügelt ein unruhiges Pferd. Das Wappen – zwei silberne Beile auf rotem Grund – wiederholt sich viermal; es ist ein bestimmendes Bildmotiv und betont Wolframs Standeszugehörigkeit.*

Rittertum *in gotes hulde*. Das Kernthema seines in der Krisenzeit des Hochmittelalters entstandenen Werkes ist die religiöse Erfahrung von Schuld und Gnade. Schon Walther hatte die höfische Minneliturgie durchbrochen, Hartmann die Unzulänglichkeit der Artuswelt im *Armen Heinrich* und *Gregorius* aufgezeigt. Wolfram erkannte die Brüchigkeit der Ritterideologie, durchschaute die Begrenztheit der allzu perfektionierten höfischen Konventionen. Was ihn umtreibt, ist das Verhältnis des Adels zum Christentum. Wie konnte diese elegante, stilbewusste höfische Welt, der Hochmut selbstherrlicher Herren aufgebrochen und durch die Erfahrung der eigenen Endlichkeit und Unzulänglichkeit humanisiert und christianisiert werden? Wie konnte man eine Synthese zwischen *gotes hulde* und *der werlt hulde*, zwischen der Gnade Gottes und der gesellschaftlichen Selbstdarstellung des Ritterstandes, herbeiführen? Laikales religiöses Denken bricht in den höfischen Roman ein und erweitert seine Dimensionen um die Darstellung der Erfahrungen von Leid und Schuld.

Parzival. Der Versroman vereint dem Stoff nach Märchen, Grals- und Artussage. Wolfram griff die unvollendete Geschichte *Conte du Graal* (1180/90) Chretiens de Troyes auf. Er benutzte ferner keltische und orientalische Quellen, lateinische Handbücher, Anregungen Heinrichs von Veldeke und Hartmanns und verschmolz diese Stoffmassen zwischen 1200 und 1210 zum umfangreichsten, bedeutendsten Versroman der mittelhochdeutschen Literatur. Es ist die Geschichte Parzivals, des „tumben toren" (unerfahrenen Jünglings), die Geschichte seiner zahlreichen Abenteuer, Begegnungen und Verfehlungen, seines Weges vom Artusritter zum Gralskönig.

In einem Prolog wendet sich der Autor an die Leser. Nicht an die oberflächlichen, die sein Problem ohnehin nicht verstehen, sondern an die *wîsen*, an die erfahrenen. Sie sollten den Wert der *staete*, der *triuwe*, des *manneclichen muotes* erkennen. Alles überschattet jedoch der Zweifel :

Ist zwîvel herzen nachgebûr
daz muoz der sêle werden sûr.

Wenn die Entzweiung mit Gott sich im Herzen
festnistet, führt das unweigerlich in die Hölle.

(U. Pretzel)

Denn wer zweifelt, besitzt kein Vertrauen in die Macht und Gnade Gottes, er lebt im Zustand der metaphysischen Entscheidungs- und Orientierungslosigkeit. Die Elster ist Wolframs einprägsames Bild des zwischen Himmel (weiß) und Hölle (schwarz) schwankenden Menschen.

Parzivals Mutter Herzeloyde zieht sich nach dem Tod ihres Gatten Gahmuret mit ihrem Söhnchen in die Waldeinsamkeit zurück. Ihr Leben in der Einsiedelei ist Ausdruck einer entschiedenen Absage an die Hofgesellschaft. Parzival wächst in der

Einsamkeit auf, weil seine Mutter dem *tumben* (unerfahrenen) Knaben die Gefahren des Ritterlebens und jegliche Leiderfahrung ersparen will. Auf seine Frage nach Gott vermittelt sie ihm erste unreflektierte, laienhafte Vorstellungen von Gott und Welt. Als Parzival eines Tages vier Artusrittern begegnet, die er zuerst für Götter hält, erfährt er von der Existenz des Artushofes. Nun erwacht in ihm der Abenteuerdrang. Herzeloyde vermag ihren Sohn nicht mehr zurückzuhalten und lässt ihn mit einem dürren Gaul und in Narrenkleidern ziehen. Als Parzival aufbricht, sinkt sie tot zusammen, ohne dass ihr Sohn es weiß. Ihre Ratschläge bringen, von Parzival zu wörtlich befolgt, manchem Leid.

Der junge Ritter durchzieht die Länder, begegnet seiner Base Sigune, die mit ihrem toten Gemahl Schionatulander in mystischer Gemeinschaft lebt. Von ihr erfährt er seinen Namen und seine Herkunft. Das steigert seinen Tatendrang. Sein Oheim Gurnemanz bildet ihn zum formvollendeten Ritter aus, lehrt ihn die höfischen Tugenden der *mâze* und der *zuht*. Parzival empfängt von Gurnemanz den Rat: „irn sult nicht vil gevrâgen!" (Ihr sollt nicht viele Fragen stellen). Als selbstbewusster, von Stolz und Geltungsdrang erfüllter Ritter besteht er zahlreiche *âventiuren*, eilt der bedrängten Königin Condwiramurs zu Hilfe und heiratet sie. Doch es hält ihn nicht im neu gewonnenen Reich, es drängt ihn zu neuen Abenteuern.

Eines Abends weist ein Fischer den Herbergsuchenden auf die Burg Munsalväsche, auf die geheimnisvoll-berühmte, märchenhafte Gralsburg. Dort erlebt der Gast eine feierliche Prozession, in der von 24 Mädchen begleitet die jungfräuliche, wunderschöne Königin Repanse de Schoye den Gral – jenes mystische, sich eindeutiger Auslegung entziehende Dingsymbol – in den Festraum trägt. Aber Parzival unterlässt es, dem leidenden Gralskönig Anfortas die Mitleidsfrage zu stellen, weil er ganz in höfischen Begriffen denkend glaubt, ritterliche Sitte verbiete ihm das. Über den äußeren Anstandsregeln versäumt der noch Unreife die tiefere Pflicht zur Mitmenschlichkeit. Parzival muss am nächsten Tag die Gralsburg verlassen ohne den Gral erlangt zu haben. Er kehrt zum Artushof zurück, wo ihn die Gralsbotin Cundrie verflucht. Da verlässt Parzival den Artushof, sein Gottvertrauen ist zerbrochen.

„We, waz ist got? hat er haz, den wil ich tragen."
(Wehe mir, was ist Gott? Hasst er mich, dann will ich dies ertragen).

Wolfram legt nun die Unzulänglichkeit der altadligen, feudalisierten Gottesvorstellung bloß: dieses auf strenger Gegenseitigkeit beruhende Treueverhältnis hatte versagt. Parzival verzweifelt an Gott, seinem obersten Feudalherrn. Erst in dieser Gottentfremdung wird er sich der Problematik des gesellschaftlichen Christentums bewusst. Der stolze Ritter, der sich nach Cundries Verfluchung in seinem Ansehen geschädigt fühlt, ahnt wohl seine Schuld ohne sie eigentlich zu kennen. Fünf Jahre irrt er umher, bis fromme Pilger den Hilfsbedürftigen zum Klausner Trevrizent weisen. Am Karfreitag findet er den Einsiedler.

Die Begegnung mit seinem Oheim Trevrizent bildet den Mittelpunkt des Romans. Der Klausner, Vertreter der neuen Laienfrömmigkeit, öffnet Parzival die Augen für seine Verfehlungen. In Anlehnung an Augustinus' Sündenlehre deutet er das Versagen des Ritters: Als Parzival seine Mutter verließ, begab er sich auf den Weg der *hochvart*, des Hochmuts. Sein selbstherrlicher Entschluss ein ritterliches Leben zu wagen ohne nach Gottes Willen zu fragen führte zur Schuld. Das Schweigen vor Anfortas, der Trotz gegen Gott, waren Verfehlungen eines unter dem Gesetz der Erbsünde stehenden Christen. Parzival erkennt seinen Hochmut, seine unbewusste Schuld. Jetzt weiß er: weder Dienst noch Treue reichen aus um den Gral zu erlangen. Erst die *diemuote*, die Demut, das Begreifen der eigenen Erlösungsbedürftigkeit und Sündhaftigkeit, führt zur rechten metaphysischen Orientierung. Parzival sucht die Schuld bei sich selbst, nicht mehr bei Gott. Er hat das höfische Gottesbild und den autonomen Leistungsgedanken überwunden. Die folgenden, episch breit angelegten Artus-*âventiuren* zeigen, wie Parzival allmählich zum christlich-höfischen Ritter heranreift. Dann erscheint die Gralsbotin Cundrie und verkündet, Parzival sei reif für den Gral. Auf der Gralsburg fragt er den König Anfortas: „Oeheim, waz wirret dir?" (Oheim, was fehlt dir?). Parzival erringt den Gral. Condwiramurs stellt sich ein. Nun hat er sein Lebensziel erreicht: Condwiramurs und den Gral. Beide, der Gral, Symbol der Demut, und Condwiramurs, Symbol *der werlt hulde*, sind vereint. Parzival hat

die Harmonie zwischen Gott und Welt hergestellt, die wahre christlich-ritterliche Humanität vollendet.
In dem vertieften Gottesverständnis zeigt sich der Einfluss der neuen Frömmigkeit eines Bernhard von Clairvaux und eines Abälard. Nicht mehr ritterliche *âventiuren* führen zum Gralskönigtum, sondern die Erkenntnis der Schuld und die Kraft zum Erbarmen und zur Demut.

Leid und Toleranz. Wolfram verfasste den Roman *Willehalm* (1212/17) im Auftrag des Landgrafen Hermann I. von Thüringen, der ihm die französische Roman-de-geste-Erzählung *Bataille d'Aliscance* (1180) als Vorlage besorgt hatte. Als einziger der großen Dichter griff Wolfram auf einen heldenepischen Stoff der vorhöfischen Zeit zurück: auf die Gestalt des Grafen Wilhelm von Toulouse, der 793 in der Schlacht gegen die Araber eine bedeutende Rolle gespielt hatte. Mit diesem Werk brach Wolfram aus der Tradition der höfischen Romane aus und vertraute seine Botschaft der „Wahrheit der Geschichte" an.

Anlass zum Krieg gibt Willehalms Ehebruch mit der Heidenkönigin Arabel, die ihren Gatten Tybal verlässt, den Markgrafen heiratet und in der Taufe den Namen Gyburc erhält. Um diese Schmach zu rächen landet ihr Vater mit einer gewaltigen Streitmacht in der Provence und vernichtet in der Schlacht bei Alischanz das Christenheer. Nur Willehalm entkommt. Der geschlagene Fürst reitet dann nach Meleun (Laon) um von seinem Schwager König Loys (Ludwig dem Frommen) Hilfe gegen die Heiden zu erbitten. In einer zweiten Schlacht bei Alischanz werden die Heiden geschlagen. Der siegreiche Willehalm lässt die gefallenen Heidenkönige in ihre Heimat überführen. Dann bricht der Versroman ab.
Das vordergründige heldenepische Geschehen tritt zurück. Schon die ausgewogene, symmetrische Komposition des Werks setzt andere Akzente: sie reduziert die Nebenhandlungen, verlagert das Geschehen in den seelisch-geistigen Bereich und konzentriert sich auf die beiden Hauptfiguren Willehalm und Gyburg. Wolframs desillusionierter Blick durchschaut das hohle Hoftreiben; er ist entsetzt über die Verkettung der Bluttaten. Es ist ein absurder Krieg, Alischanz ein Ort des Unheils, Verwandte kämpfen gegen Verwandte. Der einst missionarische Kreuzzug eines Roland wandelt sich zum Verteidigungskrieg ohne jegliche Bekehrungsabsicht. Und die großen Schlachten entpuppen sich als ein Gemetzel. Tiefe Trauer und Jammer durchziehen das Erzählgeschehen. Wolfram lässt die tragische Gestalt der Gyburg, eine Frau, seinen Ausweg aus Leid und Schuld verkünden. In ihrer großen Rede vor dem Kriegsrat bekennt sie:

hoert eins tumben wîbes rât,
schont der gotes hantgetât.
ein heiden was der erste man
den got mâchen began.

Hört auf den Rat einer unerfahrenen Frau:
verschont sie; denn auch sie hat Gott geschaffen.
Der erste Mensch, den Gott schuf, war ein Heide
(Adam).

(D. Kartschoke)

Gyburgs Rede gilt als „ein Meilenstein in der Geschichte des Humanitätsgedankens" (→ S. 185). Die Achtung vor den Gefallenen zeigt den eingetretenen Gesinnungswandel. Alle Menschen sind ungeachtet ihrer Religionszugehörigkeit Gottes Geschöpfe und verdienen als solche unsere Achtung. Ist dies nicht Wolframs erzählerische Antwort auf die brutale Wirklichkeit des deutschen Bürgerkriegs, den Zustand des geschwächten Reichs und die Vernichtungskriege gegen die Albingenser?

Liebe und Tod. *Titurel* (1220), aus zwei Fragmenten bestehend, ist Wolframs letzter epischer Versuch. Er erzählt die verhängnisvolle Geschichte von der Liebe Sigunes und Schionatulanders, zweier Figuren aus dem *Parzival.* Das erste Fragment ist ihrer innigen Kinderliebe gewidmet. Das zweite Bruchstück berichtet von den beiden, als sie sich in einer Waldlichtung niedergelassen haben. Um einer Nichtigkeit willen hetzt Sigune ihren Helden in eine *âventiure,* von der er nicht mehr zurückkehrt. Die missbrauchte Opferbereitschaft zeigt das Missverhältnis zwischen dem höfischen Leistungsgedanken und dem in Aussicht gestellten Lohn, enthüllt die fragwürdige Minneideologie, welche die schicksalhafte Liebe nicht erfassen kann: es ist das Thema Gottfrieds von Straßburg. Sigune sühnt ihr Vergehen ein Leben lang. Im *Parzival* lebt sie in spiritualisierter, mystischer Gemeinschaft *magetlicher minne* mit ihrem „Gemahl". Ein resignierender Alterston ist in den handlungsarmen, von einer düsteren Stimmung durchzogenen Fragmenten spürbar, die Wolfram in einer der Nibelungenstrophe verwandten Langzeile, der Titurelstrophe, geschrieben hat.

Wolframs „krumbe" Sprache und sein Erzählstil werden wie sonst bei keinem der großen Epiker durch seine eigenwillige Individualität bestimmt. Während Hartmanns und Gottfrieds rhetorisch geschulte Sprache lateinisch-romanischer Bildung verpflichtet ist, durchdringt Wolfram seinen Stoff völlig mit seinen persönlichen Vorstellungen. Seine dichterische Originalität zeigt sich in seinem schier unerschöpflichen Einfallsreichtum. Seine „krumbe" Sprache orientiert sich nicht an den „cristallînen wortelîn" der höfischen Literatursprache (→ S. 33).Vielmehr benutzt er die gesprochene Sprache aller Lebensbereiche als Fundgrube für seine Wortschöpfungen. Seine lebhafte Sprachfantasie erlaubt sich syntaktische Freiheiten.

Wolfram erzählt nicht straff, sondern löst das epische Geschehen auf, hält Distanz zur *maere* und wird sich wie der moderne Humorist selber zum Gegenstand. Sein Humor wächst aus der bewussten Gegenüberstellung seines Ichs mit dem ritterlichen Alltag. Dieser Einstellung entspricht seine auktoriale Erzählhaltung. Der Erzähler unterbricht die Handlung, wendet sich an den Leser, schiebt Betrachtungen und persönliche Bemerkungen ein, deutet das Geschehen voraus und schafft auf diese Weise eine zweite Erzählebene, die er häufig wechselt. Das erzählende Ich steht im Mittelpunkt des epischen Geschehens und spielt souverän mit allen ihm zur Verfügung stehenden Gestaltungsmitteln.

2.4 Der Minneroman

Gottfried von Strassburg ist der unbekannteste Autor seiner Zeit. Wissenschaftliche Vermutungen gehen dahin, dass er ein Kleriker *(magister)* war und dem Stadtpatriziat nahe stand. Doch das geistige Profil dieses gelehrten Dichters ist in seinem *Tristan*-Fragment klar zu fassen. Sein weiter Horizont und seine große literarische Gestaltungskraft beruhen auf breit gefächerten Kenntnissen: Gottfried genoss eine gründliche Schulbildung, war mit den *artes liberales* ebenso vertraut wie mit der antiken, der zeitgenössischen französischen und mittelhochdeutschen Dichtung und der mittellateinischen Poetik, bewandert im Werk des Frühscholastikers Abälard, in Bernhards von Clairvaux mystischen Vorstellungen, beschlagen in Fragen der Theologie, Rechtswissenschaft, Musik und der Welt des höfischen Lebens.

Ein rheinisches Kulturzentrum. Der Meister aus Straßburg wirkte vermutlich in einer der wichtigsten Handelsmetropolen des Reichs. Die Stadt am Oberrhein erlebte um die Jahrhundertwende

Dieses Autorenbild aus der Manessischen Liederhandschrift zeigt uns ***Gottfried von Straßburg*** *mit dem Gestus des Belehrens unter einem schirmartigen Baldachin inmitten einer Gruppe „sprechender" Männer auf einer Kastenbank sitzend. Der Meister hält auf sein rechtes Knie gestützt ein Diptychon, ein zweigeteiltes Schreibtäfelchen, Attribut des bürgerlichen Gelehrten. Alle Figuren sind gleich groß, Zeichen ihrer gesellschaftlichen Ebenbürtigkeit. Das fehlende Wappen weist den Erzähler als nicht ritterbürtigen Künstler aus.*

einen tief greifenden Strukturwandel. Aus dem kulturell überlegenen Frankreich gelangten neue Ideen und literarische Werke an den Rhein. In der rasch wachsenden Bevölkerung breiteten sich freireligiöse Bewegungen aus, denen der Stadtherr mit Ketzerprozessen begegnete. Wahrscheinlich in diesem aufgewühlten intellektuellen und religiösen Umfeld entstand eines der erzählerischen Hauptwerke der mittelhochdeutschen Literatur.

Das neue Thema, der neue Stoff. Gottfried beschäftigte nicht die Artuswelt, das in den Romanen gezeichnete Bild einer idealen höfischen Gesellschaft und die Huldigungen des Minnesangs. Ihn trieb ein anderes Thema um: die Frage nach der Utopie des individuellen Glücks. Für den Straßburger Epiker war die Liebe der absolute Wert, eine sich selbst bewegende Macht, die schicksalhafte Einheit zweier Menschen, welche auch Leid und Tod umschließt.
Um diese individuelle Glücksutopie zu entwerfen und in ihren Konsequenzen zu zeigen wählte er eine provozierende Ehebruchsgeschichte – vergleichbar mit anderen großen Liebesromanen der Weltliteratur: mit Gustav Flauberts *Madame Bovary* und Leo Tolstois *Anna Karenina*. Tristans Geschichte ist keltischen Ursprungs. Sie war von dem Franzosen BEROUL nach 1160 bearbeitet, von dem Anglonormannen THOMAS VON BRETAGNE um 1180 psychologisch verfeinert worden. EILHART VON OBERGE (bei Braunschweig) hatte sie im vorhöfischen Stil ins Mittelniederdeutsche übertragen. Doch Gottfried entschied sich für die seiner Absicht entgegenkommende Thomas-Fassung. Der mittelalterlichen Schreibtradition folgend erzählte er den Gang der Handlung nach, weil nach damaliger Anschauung nur die Überlieferung Authentizität und Wahrheit der Geschichte verbürgte. Durch seine deutende Vertiefung indes gelang Gottfried ein großer Wurf.

Das Publikum. Eine Geschichte, die den individuellen Glücksanspruch absolut setzt, stand in provozierendem Widerspruch zu der auf Rang, *êre* und Geselligkeit bedachten höfischen Gesellschaft. Im Prolog, dem stilistischen Meisterstück des Romans, erörtert der Erzähler die Frage nach dem rechten Publikum: „ine meine ir aller werlde niht/… diu keine swaere enmüge getragen/ und niwan in vröuden welle sweben“ (V. 50) – „Die Welt der Mehrheit mein ich nicht, die kein Leid ertragen kann und nur in Freude plätschern will“ (D. Kühn).
Zu finden war dieses Publikum an Fürstenhöfen, am Bischofshof, im Stadtpatriziat oder bei den adligen Insassinnen alter Reichsklöster. Ihnen wollte er die Geschichte erzählen.

Die Tristanliebe. Tristan, Neffe des Königs Marke, erzogen am Hofe seines Oheims, wird als Brautwerber nach Irland geschickt um die Königstochter Isolde für Marke heimzuführen. Auf der Rückfahrt kredenzt ihnen Isoldes Zofe Brangäne versehentlich den für das Brautpaar bestimmten Liebestrank. Die beiden verfallen einander.
Der Trank symbolisiert die Verbindung von Eros und Zufall, den Einbruch des völlig Unkalkulierbaren in Tristans rationale Welt. Diese elementare Leidenschaft, die sich selbst Gesetz ist, bedeutet für sie einen absoluten Wert, eine mit allen Konsequenzen angenommene schicksalhafte Bindung, die Freud und Leid, Leben und Tod umschließt. Tristan und Isolde führen ein gefahrvolles, listenreiches Leben an Markes Hof. Der betrogene König stellt ihnen nach, aber es gelingt ihm nicht sie des Ehebruchs zu überführen. Da verbannt er die beiden vom Hof. In einer Höhle im Wald finden sie ihren Liebestempel. Die Minnegrotte wird zum Ort ihrer vollkommenen Liebe. Sie leben in paradiesischer Seligkeit allein von ihrer Liebe. An die Stelle der Hofgesellschaft tritt eine dienstbereite Natur: der Gesang der Vögel, Linden und Blumen begleiten ihr Liebesleben. Gottfried zieht Erlebnisstruktur und Formensprache der frühscholastischen Mystik heran, um die diesseitigen, seelischen Erfahrungen der Liebe in ihrer letzten Steigerung und Intensität zu zeigen. Tristan und Isolde müssen jedoch erkennen, dass ihr individueller Glücksanspruch in der höfischen Gesellschaft nicht verwirklicht werden kann. Da sie als höfische Menschen letzten Endes auf die *êre* nicht verzichten wollen, kehren sie an Markes Hof zurück. So beschreiten sie den Weg, der in die Katastrophe führt.
Marke, Repräsentant höfischer Kultur, noch als Tristans Erzieher ein vorbildlicher Herrscher, verliert vom Zeitpunkt seiner Ehe mit Isolde an seine sakrale, königliche Würde. Zurück bleibt ein von Eifersucht gequälter Mann. Obwohl er um die

Liebe von Tristan und Isolde weiß, ist er blind für die Vielschichtigkeit ihrer seelischen Beziehungen. Trotzdem kettet er Isolde an sich. Die Verbannung Tristans vom Hofe bedeutet den geistigen Tod ihrer Liebe. In Markes Gestalt entlarvt Gottfried den Schein höfischer Konventionen, hinter denen sich nur noch Triebe verbergen, die sich einer Formung durch höfische Zucht entziehen.

Gottfrieds Sprache und Erzählstil wurden überzeugend als der Höhepunkt höfischer Darstellungskunst bezeichnet. Klarheit und Durchsichtigkeit, Eleganz und die betörende Musikalität seiner Verse prägen seinen Stil. Dieser Artist spielt virtuos mit den Figuren der Rhetorik, verwendet Alliterationen, Neologismen (Neubildungen), Chiasmen, Antithesen und gehäufte, leitmotivartige Wortwiederholungen durch mehrere Verszeilen hindurch. Diese konzentrierte Wortkunst ist nicht spielerischer Selbstzweck, sondern Ausdruck des von ihm selbst formulierten Ideals der höfischen Schreibweise. Sie dient dem einen Ziel: Gehalt und Gestalt seines Grundthemas nahtlos zu verschmelzen.

Auch die Komposition zeigt diesen bewussten Gestaltungswillen. Gottfried eröffnet seinen Roman mit einem programmatischen Prolog, übt in einem Exkurs zum ersten Mal in der mhd. Literatur Kritik an den Werken seiner Zeitgenossen. Weitere zwei Exkurse, die Minnebußpredigt und die Minnelobpredigt, umrahmen einen dritten, die Minnelehrpredigt in der Minnegrotte. Zum ersten Mal benutzt Gottfried das allegorische Verfahren in der mhd. Romankunst um den tieferen Sinn des Liebestempels zu deuten. Alle drei Exkurse sind formal wie inhaltlich bewusst aufeinander abgestimmt und helfen mit die im Erzählgeschehen sichtbar werdende Grundanschauung des Autors zu verdeutlichen: Gottfried brandmarkt die Scheinminne, die zu seiner Zeit übliche Standes- und Besitzehe des Adels, und fordert die *minne, die aller herzen künigin, die vrie, die eine.* Gegen den Lohngedanken der Minnedoktrin setzt Gottfried seinen Utopie-Entwurf einer freien, uneigennützigen und bedingungslosen Hingabe an den gleichgestellten Partner. Die Exkurse vertiefen die Darstellung und heben die Quintessenz des Gottfriedschen Romanfragments noch stärker ins Bewusstsein der Leser. Letzten Endes trägt die souveräne Gestaltung zu der Erkenntnis bei, dass der „Tristan-Roman der Versuch des Mittelalters ist die Grenzen seiner selbst zu erkunden und sich aufzuheben. Ein Versuch von atemberaubender Kühnheit“ (P. Wapnewski).
Richard Wagner führte die Thematik des Gottfried-Romans in seinem Musikdrama *Tristan und Isolde* (1865) zu Ende. Der Komponist reduzierte die Handlung und vergeistigte die Liebesbeziehung. Nicht an der Gesellschaft scheitert das Paar; vielmehr findet seine romantische Liebessehnsucht erst im Tod die Erfüllung.

3 Die Heldenepik

Heldendichtung in höfischer Zeit. Inmitten der höfischen Literatur, welche die Fragen nach dem rechten ritterlichen Verhalten, nach Minne und Gott, in Artusepik und Minnesang thematisiert, taucht ein Werk auf, das sich in dieser Umgebung wie ein Fremdkörper ausnimmt: das *Nibelungenlied* (NL). Der Stoff weist zurück in die Zeit der Völkerwanderung, in der historische Ereignisse in Mythen und Sagen aufgehoben und überliefert worden sind. Schon der Beginn der Geschichte lässt aufhorchen: Nicht in Reimpaarversen wird erzählt, sondern in Strophen. Die Anfangszeile mit der Eingangsformel bezieht die Hörer sofort und unmittelbar in die kollektive Erinnerung mit ein. Die nachfolgenden Zeilen schlagen die Grundthemen des Großepos an: Glanz und Elend berühmter Heldinnen und Helden. Kein Autor stellt sich vor. Es wird anonym erzählt, wie es der Gattung des Epos entspricht.

Die bis dahin von Spielleuten mündlich überlieferte Heldenepik wurde von den illiteraten Adelssippen geschätzt und gepflegt. Geistliche dagegen bekämpften aus Sorge um das Seelenheil diese erzählenden heidnischen Lieder und schlossen sie von der Verschriftlichung aus. Erst als der Ritterstand seine kulturelle Autonomie errungen hatte, betrachteten adlige Kreise im bairisch-österreichischen Raum die alten Heldensagen und Heldenlieder als einen ebenso würdigen, aufzeichnenswerten Erzählstoff, der zu ihrer Unterhaltung und Deutung der eigenen Existenz diente, wie die im Westen bearbeiteten Artusgeschichten.

3.1 *Nibelungenlied* und *Klage*

Der Nibelungenstoff. Literaturwissenschaftler versuchten in mühevoller Arbeit die Vorstufen des Epos zu erschließen um seine unerwartete schriftliterarische Existenz verstehen und die Leistung des Verfassers würdigen zu können. Zwei Hauptteile wurden im Nibelungenlied miteinander zu einer Einheit verschmolzen: eine mythische Brunhildsage und ein Burgundenlied. Ob sie nur in Liedform existierten oder eine epische Kurzform die Gestaltung erleichterte, lässt sich nicht mehr ausmachen. Sicher ist, dass neben diesen beiden Sagenkreisen auch noch Märchenmotive, historische Vorgänge und französische Vorbilder vom Dichter mit verarbeitet wurden.

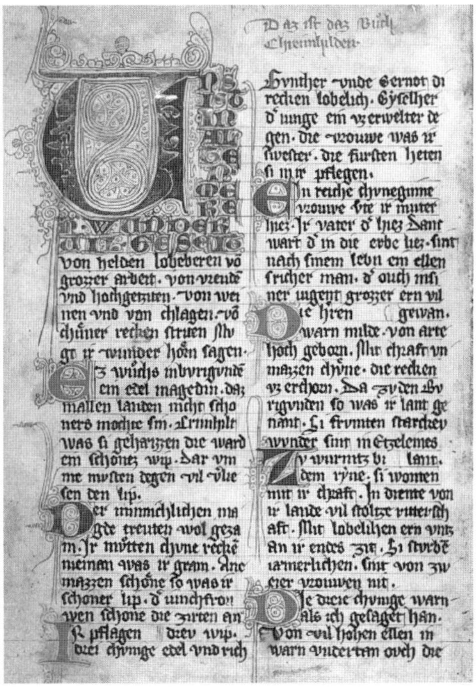

*Handschrift des **Nibelungenliedes** aus dem 14. Jh. Die reich geschmückte Initiale U wird durch die in Versalien geschriebene Anfangszeile eingerahmt: „Uns ist in alten maeren wunders vil geseit …"*

Autor und Entstehungsort. Der „Nibelungenmeister" muss mit der zeitgenössischen Bildung sehr vertraut gewesen sein, ebenso mit den Gepflogenheiten der Literatur des bairisch-österreichischen Donauraums. Dieses Epos konnte nur ein Autor verfassen, der die unterliterarische, einheimische Erzähltradition kannte. Man wird nicht fehlgehen, wenn man ihn für einen dem Spielmännischen „selber gar nicht fern stehenden sprach- und literaturkundigen Kleriker" hält (H. Fromm). Aller Wahrscheinlichkeit nach entstand das Werk am Hof und in der Umgebung des Passauer Literaturmäzens, des Bischofs Wolfger von Erla, in der Zeit von 1190 bis 1200.

Das Erzählgeschehen. Die wunderschöne burgundische Prinzessin Kriemhild lebt mit ihren Brüdern, den Königen Gunther, Gernot und Giselher, in Worms. In Xanten am Niederrhein wächst der berühmte Königssohn Siegfried heran. Er reitet mit seinem Gefolge nach Worms um persönlich den Kampf um Kriemhild und Herrschaft zu wagen. Dem Wormser Hof gelingt es den Recken in seinen Dienst zu stellen. Gunther bittet Siegfried um Hilfe, als er die sagenhafte Königin Brünhild von Isenstein (Island) freien will. Brünhild fordert nämlich jeden Werber zum Kampf heraus; verliert er, tötet sie ihn. So willigt Siegfried in die Unterstützung ein unter der Bedingung, dass er Kriemhild zur Frau bekommt. Bei ihrer Ankunft hält Siegfried Gunthers Steigbügel und täuscht so eine Dienstmannenstellung vor. Mit Hilfe seiner Tarnkappe bezwingt er die Jungfrau. Nach ihrer Rückkehr wird die Doppelhochzeit in Worms festlich gefeiert. Doch Brünhild ist über die Hochzeit ihrer Schwägerin mit einem Lehensmann erschüttert. In der Hochzeitsnacht verweigert sie sich Gunther. Da bittet der König Siegfried noch einmal um seine Hilfe. In der nächsten Nacht bricht Siegfried unter seiner Tarnkappe den Widerstand der Braut. Die Neuvermählten kehren nach Xanten zurück, wo Siegfried König wird. Doch in Brünhild nagt der Betrugsverdacht, zumal Siegfried keine Lehensdienste leistet. So lädt sie das Paar zu einem Besuch nach Worms ein. Hier kommt es zum Streit der Königinnen. Brünhild beansprucht den ersten Rang, während Kriemhild diesen für sich fordert. Vor dem Domportal beleidigt die burgundische Königin ihre Schwägerin mit der Feststellung, sie sei ja nur die Frau eines *eigenhold* (Ministerialen). Kriemhild ist empört und behauptet, Brünhild sei die Kebse (Nebenfrau) dieses Unfreien gewesen. Zum Beweis zeigt sie Gürtel und Ring, die ihr Siegfried nach seiner Nacht

mit Brünhild geschenkt hatte. Diese öffentliche Schmähung zieht die Ermordung Siegfrieds durch Hagen von Tronje, des wichtigsten Vasallen Brünhilds und Gunthers, nach sich. Kriemhild lebt als Witwe in Worms. Hagen fürchtet ihre Rache; es gelingt ihm sich in den Besitz des Nibelungenhortes zu setzen und er versenkt den Schatz im Rhein. Damit ist Kriemhilds Machtgrundlage zerstört.
Da wirbt der verwitwete Hunnenkönig Etzel erfolgreich um Kriemhilds Hand. Die Witwe von Worms zieht ins Hunnenland und heiratet den mächtigen Herrscher. Nach dreizehn Jahren lädt sie ihre Brüder zu einem Besuch ein. Trotz Hagens Warnung ziehen die Burgunden zu ihrer Schwester. Nach dem Empfang kommt es bald zu Auseinandersetzungen, die in ein furchtbares Gemetzel übergehen, in dem alle Burgunden fallen. Nur Hagen und Gunther werden durch Dietrich von Bern gerettet und als Gefangene Kriemhild übergeben. Diese fordert von Hagen den Nibelungenhort zurück. Gunthers Gefolgsmann verweigert indes die Herausgabe des Schatzes, solange sein Herr lebt. Da nimmt Kriemhild ihrem Bruder das Leben. Als Hagen trotzdem schweigt, wird er von ihr enthauptet. Daraufhin tötet Dietrichs Waffenmeister Hildebrand *die valandinne,* die Teufelin.

Gestalt. Der „Nibelungenmeister" hat die verschiedenen Sagen- und Liedstoffe souverän zu einer Komposition zusammengefügt und die beiden Teile durch Kriemhild, die Hauptfigur, zu einem einheitlichen Sinngefüge verbunden. Größere Abschnitte, *âventiuren* genannt, bilden feste Erzählblöcke und dienen ihm zur Gliederung des Stoffes. Der erste Teil, Siegfrieds Tod, umfasst die *âventiuren* 1 bis 19, der zweite Teil, der Untergang der Burgunden, die *âventiuren* 20 bis 39. Diese Blöcke beruhen auf kleinsten Bausteinen, die dem Epos Farbe und erzählerischen Glanz verleihen: den sogenannten Nibelungenstrophen, die der älteren Dichtung entstammen. Diese Strophenform besteht aus zwei endreimenden Langzeilenpaaren, jede Langzeile aus zwei Halbzeilen. Die Anverse sind vierhebig, die Abverse dreihebig, die letzte Halbzeile ist vierhebig. Sie betont dadurch das Zeilenende und rundet die Strophe ab. Die letzte Langzeile eignet sich daher besonders gut zur Aufnahme von Zusammenfassungen, zu Rückblicken auf vergangenes Geschehen, zum Ausblick auf künftige Ereignisse durch erzählerisch formelhafte Vorausdeutungen. Sie vermittelt dadurch eine fatalistisch verhängnisvolle Grundstimmung.

Anvers	*Abvers*	
Uns ist in alten maeren	wunders vil geseit	a
von helden lobebaeren,	von grôzer arebeit,	a
von fröuden hôchgezîten,	von weinen und von klagen,	b
von küener recken strîten	muget ir nu wunder hoeren sagen.	b

Uns wird in alten Geschichten viel Wunderbares berichtet:
von berühmten Helden, von Mühsal und Kampf,
von höfischen Festesfreuden, von Kummer und Schmerz,
vom Streit kühner Ritter – jetzt könnt ihr Merkwürdiges davon erzählen hören.

Unverkennbar sind der Zeilenstil und die Neigung des Autors zur dialogischen Darstellung. An den Gelenkstellen der Handlung veranschaulicht er durch symbolische „Schaubilder" den Sinn des Geschehens. „Dieser symbolische Szenenstil hat im höfischen Roman nicht seinesgleichen" (J. Bumke); er erinnert die Leser an die in den Buchillustrationen der Epoche verwendete symbolische Gebärdensprache. Mit dem sicheren Gebrauch des archaischen Wortschatzes ergänzt er den Eindruck der „stilisierten Mündlichkeit" seiner Sprache.

Gehalt. Dieses aus einer anderen Stoff- und Formtradition erwachsene Epos sticht ab vom traditionellen höfischen Roman. „Allein die Tatsache, dass eine Frauengestalt die zentrale Figur eines epischen Werkes repräsentiert, bildet eine unerhörte Innovation innerhalb der gesamten europäischen mittelalterlichen Literatur" (Bräuer). Der Nibelungendichter macht Kriemhild zu einer der bedeutendsten Frauengestalten der Weltliteratur. Ihr Gegenspieler Hagen von Tronje, ein fast mephistophelischer Charakter, vertritt reine Machtpolitik und die unbedingte Gefolgschaftstreue, während Gunther nach außen als eindrucksvoller Herrscher auftritt, im Grunde aber ein Schwächling ist. Alle Protagonisten sind

im NL durch *unmâze* (Maßlosigkeit) und *hochverte* (Stolz) gefährdet. Hinter ihren zur Schau gestellten, glanzvollen Auftritten verbergen sich Betrug, Rache und Mord. Machtgier und ein urheidnisches Ethos prägen diese Gesellschaft. In keiner Not blicken die Protagonisten nach oben, überall sind sie nur sie selbst. Neuere Interpretationen sehen im NL den Versuch einer radikalen Kritik an der optimistischen Gesellschaftsideologie des Rittertums.
Es steht zu vermuten, dass sich der Autor auf die Lehre des Kirchenlehrers Augustinus stützt, wonach den Gang der Weltgeschichte der Kampf des irdischen Staates gegen den Gottesstaat bestimme. Der rein weltliche Staat ohne Gott zerstöre sich selber („in se magna ruunt" – Großes zerstört sich selbst). Das Großepos liefert für diese Anschauung den Beweis.

Die Klage. Dann könnte man auch die dem NL angefügte, in 4350 Reimpaarversen geschriebene *Klage* als eine Art Gegendichtung deuten. Sie fügt das ganz aus dem mittelalterlichen geistigen Kosmos herausfallende Werk wieder in das christliche Koordinatensystem ein. Diese Erzählung berichtet vom Begräbnis der Toten und von der Kunde über diese Katastrophe an die Welt. Der Verfasser bemüht sich vor allem um eine andere Schuldzuweisung: Er entlastet Kriemhild von ihren Untaten und verteufelt Hagen, der mit allen anderen Gefallenen den Zorn Gottes verdient habe. Wegen ihres Stolzes mussten sie ihre Strafe erleiden („lîden durch ir übermuote" – Leiden wegen ihres Stolzes). So wird in der *Klage* die Vorstellung von der „Verfallenheit des zum Heil berufenen Menschen an das von ihm selbst verursachte Unheil" (R. D. Moser) dem Epos ergänzend und korrigierend zur Seite gestellt.

3.2 *Kudrun*

ist die zweite Heldendichtung. Der anonyme Autor hat dieses Buchepos um 1230/40 wahrscheinlich im bairisch-österreichischen Raum verfasst. *Kudrun* ist kein Heldenepos im strengen Sinn wie das NL, obwohl es in Aufbau (*âventiuren*), Strophenform, zahlreichen Motiven und in verschiedenen Erzählelementen das große Vorbild erkennen lässt.

Drei Könige werben um Kudrun, die Tochter des dänischen Königs Hetel und seiner Gemahlin Hilde. Sie werden jedoch alle abgewiesen. Schließlich wird Kudrun die Braut des Königs Herweg von Seeland. Hochzeit und Versöhnung beschließen die Erzählung. Zahlreiche Kämpfe, der formelhafte Erzählstil der Brautwerbungsgeschichten rücken das Buch in die Nachfolge der Spielmannsepik.
Kudrun antwortet auf die heroische Weltsicht des NL. Die Titelheldin erscheint als eine Antikriemhild. Leid wird zur bestimmenden Lebenserfahrung der beiden Frauen. Während Kriemhild auf Rache sinnt, erduldet Kudrun alle Demütigungen und Kränkungen. Die höfische Welt, die sich im NL gegenüber der konsequenten Selbstzerstörung als unzulänglich erweist, erstrahlt am Ende der *Kudrun* in hellem Glanz. Ein Neubeginn tritt an die Stelle des Untergangs der Nibelungen. Dieses höfisierte, christlich-versöhnlich gestimmte Epos ist Ausdruck einer veränderten Zeit.

4 Die höfische Lyrik

4.1 Voraussetzungen des Minnesangs

Minnedienst und Minnesang. Das Hochmittelalter bescherte uns den höfischen Roman, der die Wertvorstellungen und Verhaltensnormen des neuen Ritterstandes erzählerisch gestaltete (→ S. 31). Die zweite große Schöpfung der hochmittelalterlichen Literatur war die höfische Lyrik. Es war eine kulturelle Leistung ersten Ranges, als der adlige Laienstand gegen das „gespaltene Frauenbild" der Kirche (Heilige–Hure, Eva–Maria) Liebe und Erotik als Eigenwert entdeckte, die seelischen Innenräume des Menschen neu ausleuchtete, seine Gefühle sensibilisierte und die Geschlechterbeziehung in einer bislang unbekannten Form kultivierte und als personale Bindung auf eine sittliche Höhe stellte.
Der Minnesang (*minne*: liebendes Gedenken) ist Liebeslyrik und Liedkunst in einem. Die Sänger zeichnen in ihrer Sangverslyrik ein differenziertes Gegenbild zum altadligen Sexualverhalten und versuchen im Lied Begierden zu sublimieren. So wurde die Lyrik zum literarischen Medium der Adelsschicht, in dem sie im Dienstgedanken, in der Erhöhung und Stilisierung der *frouwe* ihr

Selbstdarstellungsmodell entwarf. Minnesang ist ausschließlich feudale Standesdichtung, welche die vielfältigen Spielarten der immer wieder beschworenen, nicht erhörten Liebe zu einer Herrin thematisiert. Der besondere Charakter des Minneliedes besteht darin, dass ein Liebender in der Ich-Form von seiner Liebe singt, die keine Gegenliebe findet. Die besungene Dame ist immer eine *frouwe*, eine verheiratete Herrin. Das eigentliche Thema ist die unerfüllte und unerfüllbare Liebe sowie das Leiden an diesem Zustand.

Entstehung, Herkunft und Ausbreitung dieser Lyrik waren vielschichtig. Sie war das Produkt der gesamteuropäischen Kultur, da in allen Ländern die gleiche Feudalideologie den Adel prägte. An den großen Höfen lebten wenige Frauen unter zahlreichen Männern. Die Erziehung der Knappen lag in den Händen der Frauen, sodass auf engstem Raum eine erotisch gespannte Atmosphäre entstand. Dies begünstigte das Bedürfnis über Erotik zu sprechen und forderte als unabweisbares Gebot eine Regulierung der Affekte. Die höfische Lyrik gedieh im 12. und 13. Jh. in einem produktiven europäischen Umfeld. Sie glich einem literarischen Strom, den zahlreiche Nebenflüsse speisten: Die Marienverehrung in Hymnen und Liedern (→ S. 24) beschwor den Lobpreis der Himmelsherrin, die Poesie der Vaganten (→ S. 28) hatte die derb-sinnliche Liebe in allen Formen gepriesen, Ovids Liebeslyrik trug den Leidenschafts- und Verzichtsgedanken bei. An den Höfen in der südfranzösischen Provence, in der unmittelbaren Nachbarschaft des maurischen Spanien dichteten u. a. Wilhelm IX. von Poitou (1171–1127) und Bertran de Born Lieder von höchster Vollendung. Die *Trobadors* (*trobar clus* = Finden von Klängen und dunklen Metaphern) waren die ersten europäischen Minnesänger. *Alba* (Tagelied), *Balada* (Tanzlied), *Pastoreta* (Schäferlied), *Sirventes* (Rügegedicht) und die *Tenzone* (Streitgedicht) waren die bevorzugten Gattungen, in denen sie sich versuchten. Die nordfranzösischen Trouvères übernahmen die provenzalische Lyrik. Ins deutsche Sprachgebiet gelangte sie über den Nieder- und Oberrhein.

Formen. Die provenzalische Poesie war eine in Form und Melodik virtuose Lyrik. Ihre Vollendung zeigte sich im harmonischen Zusammenklang von Wort und Musik. Das wahre Dichten war ein musikalisches Komponieren mit Worten. Das Minnelied besteht aus *wort* (Text) und *wîse* (Melodie), die zusammen einen *dôn* (Ton) bilden. Eine Strophe heißt *liet*. Minnesänger bemühten sich für jedes Lied eine neue Strophenform (*dôn*) zu finden. Mit großer Kunstfertigkeit bauten sie aus Versen und Metren, Rhythmus und Reimen ihre Strophen. Vielfach übernahmen sie die *wîse* eines fremden Liedes und unterlegten ihr einen eigenen Text (Kontrafaktur). Häufig erfolgte auf diese Weise die Verbreitung der Lieder. Der gängigste Liedtyp war die aus dem Französischen übernommene mehrstrophige Kanzone (*cantio*: gesungenes Lied), mit dem dreigliedrigen Aufbau: Der Aufgesang umfasst zwei gleich gebaute Versgruppen, die Stollen, dann folgt der kürzere, metrisch und musikalisch anders gebaute Abgesang (→ S. 48). Zwei Hauptgattungen kennt die höfische Lyrik: das Minnelied und den Sangspruch. Der überwiegend einstrophige Sangspruch wendet sich an jedermann, ist knapp und lehrhaft. Das Lied dagegen richtet sich nur an eine höfische Zuhörerschaft und enthält Frauenpreis und Liebesklage. Außer Lied und Spruch entwickelten Sänger als dritte Gattung den Leich. Im Gegensatz zum Lied besitzt dieses Großgedicht einen zweigliedrigen, umfangreicheren Strophenbau, statt wiederholter Melodie eine durchkomponierte Musikbegleitung. Nur wenige Minnesänger (Walther) versuchten sich im Leich.

Der Vortrag dieser Sangverslyrik erfolgte vor der höfischen Gesellschaft. Bei Hoffesten gehörte der Minnesang wie Tanz und Turnier zu den „Zeremonialhandlungen“. Nur auf Geheiß des Herrn oder der *frouwe* trug der Sänger seine Lieder vor, improvisierte oder variierte Text und Melodie von Lied zu Lied und begleitete seinen Vortrag mit einem Instrument (Fiedel, Harfe). So ist der Minnesang als Aufführungskunst Teil des Hofdienstes. Er stellt eine Repräsentationskunst einer feudalen Oberschicht dar, die sich mit Liedern geistvoll-spielerisch unterhielt und Fragen der Liebe kenntnisreich diskutierte.

Die Überlieferung des Minnesangs beruht auf später geschriebenen Sammelhandschriften literaturbeflissener Auftraggeber. Die *Kleine Heidel-*

berger Liederhandschrift (A) ist die älteste der drei wichtigsten Handschriften. Sie entstand vermutlich in Straßburg Ende des 13. Jh. In der 2. Hälfte des 14. Jh. wurde wahrscheinlich in Konstanz die *Weingartner Liederhandschrift* (B) hergestellt und mit Miniaturen illuminiert. Die prächtigste, umfangreichste und bedeutendste Liedersammlung enthält die *Große Heidelberger Liederhandschrift*, auch *Manessische Liederhandschrift* genannt. Sie wurde vermutlich in Zürich nach der Vorlage der „Liederbuch-Bibliothek" des Zürcher Patriziers Rüdiger Manesse (1304) und seines Sohnes Johannes geschrieben. Wohl auf Wunsch der adligen Schweizer Mäzene steht vor den Strophen eines jeden Sängers eine ganzseitige, farbenprächtige Miniatur. So entstand ein einzigartiger Zyklus von 137 Autorenbildern, die symbolhaft das Wesen der Porträtierten zu erfassen sucht: ein Dokument profaner gotischer Buchmalerei, das seinesgleichen sucht.

4.2 Der deutsche Minnesang vor Walther

Die frühhöfische, donauländische Liebeslyrik (1150/60–1170) war im bairisch-österreichischen Donauraum beheimatet. Die Lieder des Oberösterreichers von Kürenberg, des Freiherrn Dietmar von Aist, der hochadligen Burggrafen von Regensburg und Rietenburg und des ostschwäbischen Ministerialen Meinloh von Sevelingen zeigen eine realistische Liebesauffassung, sind noch Liebeslyrik ohne Minnekult. Diese Sänger gestalten in ihren meist einstrophigen Liedern die Erinnerung an vergangenes Glück, die Klage über Trennung und gegenwärtiges Leid, die Sehnsucht nach dem Partner. Gewähren und Begehren werden offen und unbefangen dargestellt, die Gefühle freimütig bekannt. Dabei bedienen sich die Liedautoren immer wiederkehrender Motive: des Falken als Symbol des Geliebten, des Motivs der *nîdaere* und *merkaere*, der Neider und Aufpasser, der Naturbilder als Spiegelungen erfüllter oder versagter Liebesfreuden, der Natureingänge (zeichenhafte Naturbilder) als Sinnbilder der Gefühlsbeziehungen. Die Gedichte werden nicht von einem fiktiven Ich gesprochen, sondern erklingen aus dem Munde des Mannes oder der Frau (Rollengedichte), oft in der einheimischen Langzeilenstrophe, der sog. Kürenbergerstrophe, die dem Metrum des *Nibelungenliedes* verwandt ist. Zum ersten Mal werden im Gedicht Empfindungen in der Volkssprache ausgedrückt. Eine besonders diskrete Gestaltungsform ist der sog. Wechsel: ein Doppelmonolog, in dem der jeweilige Partner aus seiner Erinnerungsperspektive genossene Liebe oder Sehnsucht und Klage äußert ohne auf die Schranken des Taktes Rücksicht nehmen zu müssen.

Der romanisch beeinflusste, rheinische Minnesang (1170–1190). Diese spannungsärmere Liebeslyrik des alten Adels wurde schließlich durch den leidenschaftlicheren und kunstvolleren provenzalischen Gesang verdrängt. Das Zentrum des Minnesangs verlagerte sich von der Donau an den Rhein. Am Hofe Kaiser Friedrichs I. und seines Sohnes Heinrich VI. werden die neue Minnedoktrin sowie die vielfältigen Formen der Trobadorlyrik gepflegt, der thüringische und der Wiener Hof für die neue Kunst gewonnen. Heinrich von Hausen (bei Mannheim), Barbarossas vertrauter Berater, rezipierte mit seiner Schule den romanischen Minnesang. An die Stelle der seelischen Bedürfnisse tritt jetzt das Modell der neuen Liebe, Minnesang wird Minnedienst: Das Werben um die unerreichbare, zum höchsten Ideal stilisierte Minneherrin sowie ihr Lobpreis wurden die Hauptthemen der Lyrik. Die Motive des Schmachtens, des Fernwehs, das „trûren mit gedanken", das verschwiegene Leid des Nichterhörten, werden gestaltet, die innere Erfahrung wird zergliedert, der gesamte Minnekodex abgewandelt. „Mîner frouwen was ich undertân / diu âne lôn mînen dienest nan": Meiner Herrin war ich untertan, die ohne Lohn meinen Dienst annahm, singt Heinrich von Hausen. Freilich ist es eine paradoxe Situation: die innig beschworene Bitte um Gunstgewährung würde bei ihrer Erfüllung zugleich die Dame als Vorbild zerstören. Der niederbayerische Ministeriale Albrecht von Johannsdorf lässt eine *frouwe* die Grundmaxime des Minnesangs sagen: „daz ir deste werder sît und dâbî hôchgemuot" – dass ihr dadurch euren (sittlichen) Wert steigert und ein freudiges Selbstwertgefühl erfahrt. Die *frouwe* ist nicht nur erotisches Sehnsuchtsziel, sondern auch ethisches Vorbild. Der Sinn des Frauendienstes besteht letzten Endes in der sittlichen Selbsterhöhung des Sängers.

Die Rezeption der vielfältigen provenzalischen Formen bereicherte die Ausdrucks- und Gestaltungsmöglichkeiten mhd. Lyrik. Die deutschen Minnesänger übernahmen in der Anfangszeit ihre Vorbilder im Kontrafakturverfahren: Sie legten den romanischen Singweisen ihre eigenen Texte unter. Aus der Vielfalt der provenzalischen Typen wählten sie die ihnen gemäßen aus und passten sie den einheimischen Bedingungen an. Die Langzeilenstrophe verschwindet, die Kanzone (→ S. 46) wird die beliebteste Strophenform, der Vierheber gewinnt an Geltung, die romanischen Zehn- und Elfsilber werden nachgebildet, was zu mehrsilbigen Senkungen führt um so den Gesang dem deutschen Sprachrhythmus anzugleichen. Daktylen werden häufig verwendet, die Reime vielfach verschlungen und zu Strophenbindungen erweitert.

Vollendung der Hohen-Minne-Lyrik. Bei Reinmar dem Alten und Heinrich von Morungen löst sich der klassische Minnesang aus seiner rein gesellschaftlichen Zweckbestimmung und wird zum ästhetischen Selbstzweck. Die Überzeugung von der versittlichenden, ordnungsstiftenden Macht der Hohen Minne beginnt zu schwinden, der poetische Aspekt tritt in den Vordergrund und führt zu Gipfelleistungen.

Reinmar der Alte, den Gottfried die „leitevrouwe“, die leitende Gestalt des Minnesangs, nannte, war als Fahrender in Oberdeutschland unterwegs; er unterhielt Beziehungen zur Kaiserpfalz in Hagenau und trat am Babenberger Hof zu Wien auf. Dieser sensible Artist hatte die Normen der gesellschaftlichen Moral stark verinnerlicht. Es wird seine Lebensaufgabe, die Kunst des Trauerns vollendet zu gestalten. Ganz unbildlich, in Reflexionen und Selbstgesprächen entwickelt er sich zum Meister der leisen Töne, der verhaltenen Andeutungen, der versteckten Bezüge. Die beziehungsreich miteinander verknüpften Strophen ergeben ein feines Mosaik, aus dem der Grundgedanke seiner Kunst leuchtet. Neben seinen Minnekanzonen beweisen facettenreiche Frauenlieder und Tagelieder seine breitgefächerte, virtuose Gestaltungskraft.

Heinrich von Morungen (1150–1222; Burg Morungen bei Sangershausen) ist der zweite Vertreter des klassischen Minnesangs. Der thüringische Ministeriale am Hofe des Markgrafen Dietrich von Meißen ist der erste lateinisch gebildete Minnesänger in Deutschland und versteht sehr gut mit dem reichen Überlieferungsschatz der europäischen Lyrik zu wuchern. Morungen rückt den Lobpreis der Frau in den Mittelpunkt seiner Sangeskunst; aber nicht ihre Tugend rühmt er, sondern ihre Schönheit fasziniert ihn. Er begreift die Liebe als irrationale Macht. Die *frouwe* erscheint in vielfältigen Rollen: als Räuberin, Kriegsherrin, als Göttin Venus. Nicht mehr der Minnedoktrin fühlt sich Morungen verpflichtet, vielmehr hat die Minne der Dichtkunst zu dienen. Er selbst versteht sich ausschließlich als Dichter: „wan ich dur sanc bin ze der welte geborn“ – denn zum Singen bin ich geboren. Seine Lieder entspringen seiner kühnen Fantasie. Sie sind von einer ungewöhnlichen Sinnenhaftigkeit, bilderreich, voller Klangfülle, kunstvoll gefügter Strophen und von einer spielerisch anmutenden Reimtechnik. Das Erlebnis der Schönheit steigert sich in dem an die Seligpreisung Mariens erinnernden Jubelruf:

Saelic sî diu süeze stunde, saelic sî diu zît, der werde tac,	1. Stollen	Aufgesang
dô daz wort gie von ir munde, daz dem herzen mîn sô nâhen lac	2. Stollen	
Daz mîn lîp von vröide erschrac, und enweiz von liebe joch, waz ich von ir sprechen mac.		Abgesang

Gepriesen sei die beglückende Stunde, gepriesen der Frühling, der hohe Tag, da das Wort von ihrem Munde kam, das mir so sehr am Herzen lag, dass ich vor Freud erschrak und vor Entzücken nicht weiß, was ich von ihr sagen kann.

(H. Teervoren)

Das Tagelied, ein Genre der Weltliteratur, wirkt als „ungeheimes Gegenbild“ zur Gesellschaftskunst des hohen Minnesangs. Was im Minnelied verpönt war, Gunst zu gewähren, wird hier zur Voraussetzung der Darstellung. Das Thema ist die Trennung zweier Liebender bei Tagesanbruch nach einer heimlich miteinander verbrachten Liebesnacht. Der Freude der Begegnung folgt das Leid der Trennung: „liep ane leit mac niht sîn“ – Liebe ohne Leid kann nicht sein (Dietmar von Aist). Zu den großen Leistungen dieser Gattung zählt Morungens „Tagelied-Wechsel“. Das Lied verbindet den Wechsel, den Doppelmonolog, mit dem Abschiedsdialog, in dem jedes aus seiner Erinnerung die verflossene Nacht heraufbeschwört. Wolfram von Eschenbach hat den Wächter nach provenzalischem Vorbild in das mhd. Tagelied eingeführt, eine Figur, die das gesellschaftliche Gewissen des Liebespaares verkörpert. Seine fünf Tagelieder sind Beispiele einer hochentwickelten dichterischen Gestaltungskraft. Psychologisch subtil erfasst er den Augenblick des Abschieds, indem er eine raffinierte Spannung zwischen Satz und Versfluss mit ausdrucksstarken Bildern und einem erzählerischen Element verbindet.

Die Kreuzlieder sind aus der höfischen Lyrik nicht wegzudenken. Die Fahrten übers Meer gehörten zu den Schlüsselerlebnissen des europäischen Ritterstandes. In der Lyrik verbindet sich die fiktive Welt des Minnedienstes mit der realen der Kreuzzüge. Der Minnesänger gerät in eine Konfliktsituation: Wem soll er dienen? Seiner Herrin oder Gott? Der Dienst- und Treuegedanke steht auf dem Spiel.
Hartmann von Aues Kreuzlieder erwuchsen aus der tiefen Erschütterung über den Tod seines Dienstherrn. Jetzt wandte sich der Minnesänger Gott zu, der alle irdischen Güter verleiht und dem allein seine unverbrüchliche Treue und Liebe gilt. Ihm gegenüber will er seine himmlische Lehenspflicht durch seine Teilnahme am Kreuzzug erfüllen, und zwar mit der erforderlichen rechten Gesinnung.
Walther von der Vogelweide vertieft die Kreuzzugsthematik in seinem *Palästinalied* (1229). In einer religiösen Betrachtung über das Heilsgeschehen fordert er den Ort, an dem Christus die Menschheit erlöst hat, für die Christen zurück. In der Eingangsstrophe tritt der Sänger in der Rolle des Pilgers auf und preist das Land, in dem Gott Mensch wurde.
In der *Elegie* fordert Walther nach Altersklage und Zeitkritik die Ritter auf den vergänglichen Schein der Dinge zu überwinden und ihr Heil in der Teilnahme am Kreuzzug zu suchen.

4.3 Walther von der Vogelweide

Walther von der Vogelweide ist der größte deutsche Lyriker des Mittelalters. Wie bei keinem anderen Dichter der Stauferzeit wird in seiner Sangspruchdichtung der Mensch in seinen Widersprüchen sichtbar. Sie gewährt dem Leser zum ersten Mal in deutscher Sprache einen unverstellten Blick auf die harte Wirklichkeit der Krisenzeit des beginnenden 13. Jh. Walther verließ den Elfenbeinturm des modischen Minnesangs und engagierte sich im literarischen und politischen Tageskampf. Seine große geistig-künstlerische Spannkraft nahm mühelos alle literarischen Traditionen des Minnesangs, der geistlichen Lyrik, der Vagantenpoesie auf und schuf Lieder von überragender dichterischer Qualität. Hinter seinem Werk steht die Grundüberzeugung, dass Dichtung einer sinnvollen Lebensgestaltung zu dienen hat. Die Miniatur der *Manessischen Liederhandschrift* macht das Ethos dieses Sängers überzeugend im Bilde sichtbar.

Diese bekannteste manessische Miniatur stellt ***Walther von der Vogelweide*** *auf einem Hügel sitzend dar in der Haltung des Nachdenkenden und Trauernden. Das Schriftband steht für sein literarisches Werk. Das übergroße, an den Hügel gelehnte Schwert sowie der Schild mit dem Vogelbauer, der sich in der Helmzier wiederholt, symbolisieren den Ritterstand. Der Illuminator hat die Eingangsverse des ersten Reichsspruchs genau ins Bild übersetzt: „Ich saz uf eime steine / und dahte bein mit beine…“*

Walthers regionale und soziale Herkunft ist bis heute nicht geklärt. Er stammt vermutlich aus dem niederen Dienstadel und dürfte um 1170 nach neuesten Mutmaßungen auf dem Vogelweidhof bei Feuchtwangen in Franken geboren sein. Zur geistig-künstlerischen Heimat wurde ihm der „wünnecliche hof ze Wiene". „Ze Ôster-rîche" lernte er „singen unde sagen", vortragen und dichten. 1197 starb Walthers Gönner Herzog Friedrich von Österreich auf dem Kreuzzug. Der Nachfolger Leopold V. entzog dem Sänger seine Gunst. Ein dreißigjähriges Wanderleben begann.
Zuerst trug sich Walther dem gewählten König Philipp von Schwaben (1198–1208) an; dann weilte er am Hofe Ottos IV. (1212/13); dazwischen beim Landgrafen Hermann von Thüringen auf der Wartburg, beim Markgrafen Dietrich von Meißen. Auch am Hofe des Passauer Bischofs Wolfger von Erla war er Gast. Den einzigen dokumentarischen Beleg für Walthers Existenz liefert eine Eintragung in das Verzeichnis der bischöflichen Reisekosten: Am 12. November 1203 erhielt der Cantor Walther in Zeiselmauer bei Wien fünf lange Schillinge für einen Pelzmantel. Ab 1214 finden wir den Dichter in der Umgebung Friedrichs II.

Walthers Lebensweise. Sehr viel spricht dafür, dass Walther ein lohnabhängiger Fahrender war, der über keine andere Waffe verfügte als über sein geschliffenes Wort. Ruhelos zog er landauf, landab. Not und Armut waren seine ständigen Begleiter. Der Unbehauste lebte vom Vortrag seiner Lieder. Stets war er den Launen hoher Herren ausgeliefert und auf ihre Mildtätigkeit angewiesen. Gegen die zahlreichen Kränkungen und Demütigungen setzte er sich mit scharfer Zunge zur Wehr. Freimütig bekennt er :

> Ich bin ze lange arm gewesen ân mînen danc.
> ich was sô voller scheltens daz mîn âtem stanc.

> Ich bin zu lange ohne mein Verschulden arm gewesen.
> Ich war so voller Schmähsucht, dass mein Atem stank.

Erst Friedrich II. wusste um die publizistische Wirkung dieses großen Sangspruchdichters. Der Stauferkaiser erkannte den Wert des politisch notwendigen Ruhms, den ihm dieser Sänger lieferte. Um 1220 schenkte er ihm in der Würzburger Gegend ein Reichsdienstlehen.
Um 1230 verstummte sein Gesang. Im Lusamgärtlein des Würzburger Neumünsters soll Walther begraben liegen.

Minnelyrik. Walther verdankt Morungen seine künstlerische Entfaltung. Aus verwandtem Temperament, fasziniert von der sinnlichen Bildkraft dieses Sängers entwickelt er seine Kunst. Sehr bald jedoch durchschaut er die Hohlheit der höfischen Minneliturgie. Je stärker Reinmar den Verzicht preist, desto mehr verliert dessen Deutung des Frauendienstes an allgemeiner Verbindlichkeit als Modell höfischer Gesittung. Walthers Preiselied *Ir sult sprechen willekomen* (Ihr sollt mich willkommen heißen) richtet sich gegen Schmähverse provenzalischer Sänger und verteidigt deutsches Wesen. In bislang unbekannten Tönen preist er als Fahrender die Vorzüge deutscher Frauen und wirbt damit um die Gunst am Wiener Hof. Walther wehrt sich gegen seinen Konkurrenten, gegen Reinmars maßlose, pseudoreligiöse Verherrlichung der *frouwe* („si ist mîn osterlîcher tac"). Seine Minneauffassung entwikkelte er wohl auch mit Blick auf sein Publikum. Auf die Frage: *Saget mir ieman, waz ist minne?* anwortet er:

> Minne ist zweier herzen wünne:
> teilent si gelîche, sost diu minne dâ:
> sol aber ungeteilet sîn,
> sô enkans ein herze alleine niht enthalten.

> Minne ist das Glück zweier Herzen:
> Teilen sie zu gleichen Teilen,
> so ist Minne vorhanden. Wenn aber
> nicht geteilt wird: ein Herz allein
> kann die Minne nicht enthalten.
>
> (G. Hahn)

Minne beruht also auf Gegenseitigkeit, auf einer partnerschaftlichen Beziehung. Dies fordert von der *frouwe* eine grundsätzlich andere Einstellung: Die Herrin und Dame, die einen Dienst erwartet, ersetzt Walther durch den Begriff des *wîp*. Dieser verkörpert weibliches Wesen ohne soziale Einschränkung. *wîp* wird zum neuen Leitbild, dem nachzueifern auch die *frouwe* sich bemühen muss.

Walther geht es um den moralischen Anspruch. Er will es nicht beim sterilen Gesang bewenden lassen, sondern fordert in seinen Liedern die Verwirklichung der neuen Minnevorstellung.
In einem neuen Genre, den sog. Mädchenliedern, preist er die partnerschaftlich konzipierte Liebe. In diesen Liedern verschmelzen vagantische Elemente mit volksnahem Gesang. An die Stelle der *frouwe* tritt die *maget*, das unverheiratete Mädchen ohne sozialen Rang, von dem er *wîpheit* erwartet und die er mit *frouwe* und *frouwelîn* anspricht. *Unter der linden* ist ein Mädchenlied von großem Raffinement, in dem das Gleichgewicht zwischen Bewusstheit und Naivität, Spiel und Natürlichkeit eine vollkommene Einheit bildet. In dem feinen „Traum-Tanz-Lied“ *Nemt frouwe, disen kranz* gestaltet er das Traumbild einer idealen Liebespartnerschaft und in dem Lied *Herzliebez frouwelîn* bekennt der Sänger, dass liebevolle Gesinnung und die Bereitschaft den andern glücklich zu machen erst die Schönheit von innen bewirkt. Auf Verlässlichkeit und Beständigkeit beruht die wahre Minne. Doch Walther ließ es nicht bei dieser Gattung bewenden. Das höfische Publikum verlangte eine Ergänzung der Mädchenlieder.
So entwickelte er seine Vorstellung von der neuen Hohen Minne. Wir finden sie im Lied *Ein niuwer sumer*. Wenn sich *liebe* (Anmut) und daraus entspringend *schoene* (Schönheit) mit *rehten muot* (richtiger Gesinnung) verbinden, dann sind die Voraussetzungen wahrer Minne geschaffen. In der neuen Hohen Minne verschmilzt die Rolle der *friundinne* (Geliebten) mit der der *frouwe* und an die Stelle des Dienstmannes tritt der *geselle* (Vertraute) und der *friunt* (Geliebte) in einer Person: *friunt und geselle diu sint dîn: so si friundin unde frouwe mîn* – Geliebter und Gefährte, die sind dein: so sei Geliebte und Herrin mein.
Die in Walthers Liedern sichtbar werdende Minneauffassung misst den Anspruch der Liebe an der gesellschaftlichen Wirklichkeit. Er fordert den „Tugendadel“ auch vom „Geburtsadel“: *hohiu minne reizet unde machet/ daz der muot nach hoher wirde ûf swinget* – Hohe Minne regt dazu an und bewirkt, dass sich der Geist aufschwingt um hohe Werte zu erlangen. Walther versucht auf der Grundlage eines neuen ethisch orientierten Konzepts dem Ritterstand zu einem neuen Selbstbewusstsein zu verhelfen.

Sangspruchlyrik. Walthers Lyrik erschöpft sich nicht in der Ausweitung und Vertiefung des Minnesangs. Als er 1197 den Wiener Hof verlassen musste, investierte er seine schöpferische Kraft auch in die Kunst des Sangspruchs. Herger und Spervogel, die beiden früheren Vertreter der Spruchkunst, hatten die Existenznöte der Fahrenden, ihre Bitten um freigebige Herren, ihre religiösen und lebenspraktischen Sprüche in einem einzigen Ton vorgetragen. Walther holte jetzt die Gattung der Fahrenden an den Hof, gestaltete die Sangspruchstrophe nach dem Vorbild der Minnekanzone um, schuf zu den jeweiligen Spruchgruppen je eigene Töne. Thematisch befasste er sich mit der problematischen Existenz der Unbehausten, der sozialen Not der „Lohndichter“, aber auch mit moralischen Fragen. Am wichtigsten und folgenreichsten wurde der Umstand, dass er den Sangspruch für politische Themen öffnete.
1197 hatte der plötzliche Tod Kaiser Heinrichs VI. das staufische Weltreich in seine bislang schwerste Katastrophe gestürzt. Die Doppelwahl Philipps von Schwaben, des Bruders des Verstorbenen, sowie Ottos IV., des Sohnes Heinrichs des Löwen, zum deutschen König führte zu Bürgerkrieg und Machtzerfall. Innozenz III. nützte die Krisensituation um die Stellung des Papsttums zu erweitern.
In dieser Situation griff Walther, der sich an den Stauferhof begeben hatte, ein. Bislang waren politische Themen in lateinischen Traktaten und in Tierepen (*Reinhart Fuchs* →S. 28) aufgegriffen worden oder erklangen im *Kaiserhymnus* des Archipoeta, in der Vagantenlyrik und in provenzalischen Sirventes. In Walthers Hand wird dieses Genre „politisch-propagandistisches Machtinstrument von weit streuender Wirkung, knapp, treffend, ätzend und höchst kunstvoll berechnet in Bau, Wortlaut, Bild und Funktion“ (Wapnewski). Es ist die Geburtsstunde der politischen Lyrik in deutscher Sprache.
In den ersten drei „Sprüchen im Reichston“ erreichen Walthers Lieder höchsten poetischen Rang, vergleichbar mit Bert Brechts Gedichten *Radwechsel, Rückkehr, Lied von der Moldau.* Aus seinen Versen spricht das starke Ethos des Zeitkritikers, aber auch die Trauer über die von Gott sich lösende Welt. Im ersten Spruch *Ich saz ûf eime steine* (1198) sinnt der Sänger in der Haltung eines antiken Sehers über die Ursachen der poli-

tischen Krise nach: „fride unde reht sint sêre wunt.“ *guot* (Besitz), *êre* (Ansehen), *gotes hulde* (Gnade Gottes) waren unvereinbar geworden. Deshalb fordert der zweite Spruch *Ich hôrte ein wazzer diezen* (1198) die Wiederherstellung des Rechts und der Friedensordnung durch die Wahl Philipps zum Kaiser. Im dritten Spruch *Ich sach mit mînen ougen* (1201) warnt er die Kurie vor Herrschaftsmissbrauch. Der Klausner, Symbol urchristlicher Reinheit, klagt: „ôwe der bâbest ist ze junc: hilf, hêrre, dîner kristenheit!“ Die drei Hauptthemen seiner politischen Lieder sind angeschlagen: die Frage nach dem rechten Leben, das Reich als universale Ordnungsmacht und der Kampf gegen die Weltherrschaftsansprüche des Papstes.

Bei allen Eingriffen in die politischen Kämpfe hatte Walther ein Ziel nie aus den Augen verloren: die Ansprüche der Papstkirche mit allen ihm zur Verfügung stehenden polemischen Mitteln abzuwehren. So wandte er sich gegen die Geldgier der Kurie.

Es ist die erste deutsche literarische Kirchenkritik eines Laien. Welche Themen der Sangspruchdichter auch aufgriff, immer dienten sie dem gleichen Zweck: Unrecht anzuprangern, das Gewissen zu schärfen, zu belehren und zu verändern. Wie stark seine antiklerikalen Sangsprüche die breite Öffentlichkeit erregten, beweist die Klage des Friauler Domherrn Thomasin von Zerklaere (→ S. 57): „er hât tûsent man betoeret / daz si habent überhoeret / gotes und des bâbstes gebot“ – Er hat Tausende verleitet das Gebot Gottes und des Papstes zu missachten.

Alterslyrik. Walther formuliert als Erster die mit dem Alter hereinbrechenden Probleme. Je älter er wird, je mehr ihn das Leben herumgestoßen hat, desto schärfer sieht er die höfische Gesellschaft und ihr Treiben. Walther nimmt Abschied von Frau Welt in dem Lied *Frô Welt, ir sult dem wirte sagen*; denn sie kann ihn nicht mehr bezaubern. Er löst sich von seinem eigenen Werk in den Strophen *Ir reinen wîp, ir werden man.* Seine Lyrik erreicht in der *Elegie* (1227/28) ihren Gipfel. Sein illusionsloser, von Schmerz und Resignation - erfüllter Altersblick umspannt noch einmal die fern gerückte Vergangenheit, die fremd gewordene Gegenwart und die verrinnende Zeit; er richtet sich auf die Zukunft und fordert die Ritter auf das Heil durch die Teilnahme am Kreuzzug zu erringen. Weltklage und Grauen vor der Vergänglichkeit sprechen aus den Nibelungen-Langzeilen:

Owê war sint verswunden alle mîniu jâr!
ist mir mîn leben getroumet, oder ist ez wâr?
daz ich ie wânde ez waere, was daz allez iht?
dar nâch hân ich geslâfen und enweiz es niht.
nû bin ich erwachet, und ist mir unbekant –
daz mir hie vor was kündic als mîn ander hant [...]
diu welt ist allenhalben ungenâden vol.
als ich gedenke an manegen wünneclîchen tac,
die mir sint enpfallen als in daz mer ein slac,
iemer mêre ôwe.

O weh, wohin entschwand mir alle lebenszeit
war denn ein traum mein leben, war es wirklichkeit?
was ich für wahr gehalten, wars ein nachtgesicht?
da hab ich wohl geschlafen und weiß es selber nicht.
nun bin ich wach geworden, und mir ist unbekannt
was mir zuvor vertraut war wie meine eigne hand [...]
die welt zeigt allenthalben undank und wankelmut
denk ich der wonnetage, die ich so lang entbehr
die ohne spur verschwanden wie ein netz im meer
immer nur o weh.

(Hubert Witt)

Walther hat bewusst die Umbruchzeit erlebt, seine Lyrik aus persönlichen Erfahrungen mit neuen Themen und Tönen bereichert. Freilich, das sich amüsierende aristokratische Publikum glaubte schon lange nicht mehr an das erzieherische Ethos des Minnesangs; es verlangte Handfesteres vorgesetzt zu bekommen. Was jetzt zu hören war, beklagt der alternde Walther: „Owê, hovelîchez singen, / daz dich ungefüege doene / solten ie ze hove verdringen!“ – Ach höfisches Singen, dass derbe Töne dich jemals vom Hof verdrängen durften!

NEIDHART VON REUENTAL (1190–1240) war der neue Liedermacher, der das Gewünschte lieferte. Sein Name bedeutet soviel wie neidischer Mensch aus dem Jammertal. Dieser Sänger gehört mit Reinmar und Walther zu den fahrenden Berufsdichtern. Er trat im salzburgischen Raum, am Landshuter und Wiener Hof auf und gilt heute als der originellste und folgenreichste Liederautor des 13. Jh.

Neidhart erschloss dem Minnesang neue Horizonte, indem er radikal mit der bisherigen Praxis brach und eine antihöfische, scheinrealistische Gegenwelt entwarf. Er schuf einen literarischen Gegentypus zum idealhöfischen Ritter in der Figur des *dörper*, der die Normen der Gesellschaft verletzte und lächerlich machte. Neidharts satirisches Verfahren beruht auf dem Prinzip der Umkehrung: Nicht der Hof, sondern das Dorf ist der Schauplatz; nicht der Ritter, sondern das Bauernmädchen buhlt um Gunst. Diese Thematik gestaltete Neidhart in zwei neuen Liedtypen, die sich durch den Natureingang unterscheiden: in den Sommerliedern mit dem Frühlingseingang thematisiert er die Tanz-, Fest- und Spielfreuden der Dorfwelt. Es sind die Frauen, die um die Gunst des *ritters von Riuwental* werben. Diese Verse sind in der knappen, zweiteiligen Strophenform geschrieben. Der lyrische Schauplatz der Winterlieder mit dem obligatorischen jahreszeitlichen Eingang ist das Tanzvergnügen in der Dorfstube. Sie sind in der dreiteiligen Kanzonenstrophe abgefasst. Neidhart benutzt die Sprache des Minnesangs, die er auf die Welt der *dörper* überträgt. So parodiert er den Minnesang und travestiert das Bauernleben: Die angebetete Schöne entpuppt sich in der folgenden Winterliedstrophe mit einem desillusionierenden Verfremdungseffekt als Rüben ziehende Magd:

Ûf der linden liget meil:
dâ von ist der walt des loubes âne
und die nahtegal ir herze twinget.
wirt si mir, sô hân ich heil,
diech dâ meine: deist die wolgetâne.
diu mir mîn gemüete dicke ringet.
wol ir, daz si saelic si!
swer si minnet, der belîbet sorgen vrî;
si ist unwandelbaere:
wîten garten tuot si rüeben laere.

Auf der Linde sind die Blätter welk.
Daher steht der Wald ohne Laub.
Und die Nachtigall bezwingt ihr Herz.
Wird sie die Meine, so habe ich Glück.
Sie, die ich meine, ist die Schöne.
Sie besänftigt oft mein Gemüt.
Wohl ihr, sie sei gepriesen!
Wer sie auch liebt, der bleibt von Sorgen frei.
Sie ist standhaft:
Im großen Garten zieht sie alle Rüben.

Wie sehr Neidhart mit seinen Liedern die Zeitstimmung einfing, zeigt die frühe Rezeption seines Repertoires. Eine Reihe von Minnesängern des späten Mittelalters ging bei ihm in die Schule. Ja, er selber wurde zur literarischen Figur in dem Schwankbuch *Neithart Fuchs.* Als Bauernfeind schlechthin finden wir ihn in mehreren Neidhartspielen des 15. Jh. Bis ins 16. Jh. blieb er eine sprichwörtliche Figur.

IV
Die Literatur des Spätmittelalters 1230–1520

1 Panorama

1.1 Die politischen und gesellschaftlichen Veränderungen

Kaiser und Reich gerieten nach Friedrichs II. Tod in eine Dauerkrise. Der letzte große Staufer hatte elementare Kronrechte an geistliche Fürsten (1220) und weltliche Herrscher (1232) abgetreten (→ S. 30). Dieser Ausverkauf der Regalien schwächte die Position der Könige. Während der nächsten zwei Jahrhunderte besetzten verschiedene Fürstenhäuser den Kaiserthron. Die sich ablösenden Dynastien betrieben eine zielbewusste, hausmachtorientierte Politik. Die neue Funktion des Königtums bestand darin, dass es eine zentrale Koordinierungsinstanz für die Interessen der Fürsten ohne eigentliche Durchsetzungsbefugnisse wurde. Immer stärker verlagerte sich die eigentliche Macht auf

Fürsten und Territorien. Die Landesherren übernahmen Kompetenzen und Hoheitsrechte. Sie bauten ihre Herrschaft systematisch aus und festigten ihre Stellung gegenüber Adel und Untertanen. Innerhalb der einzelnen Fürstentümer begann die Territorialisierung und der Ausbau der Landesherrschaft: juristisch geschulte Beamte verdrängten die Lehensleute, Behörden ersetzten die an Adlige verliehenen Ämter und Rechte, Kanzleien regelten immer häufiger den Schriftverkehr in der Volkssprache. Aus der höfischen Gesellschaft des Hochmittelalters entstand allmählich eine Hofgesellschaft. Adlige Beamte wurden zum „verhoften Adel", der mit den akademisch gebildeten, bürgerlichen Juristen konkurrierte.

Ein neuer Lebensraum: die Stadt. Eine der folgenreichsten Veränderungen Europas im späten Mittelalter wären die zahlreichen Stadtgründungen und der Ausbau der bestehenden Handelsplätze und Bischofsstädte. Kommunen wurden von den Landesherren gegründet, Städte von den Königen mit besonderen Privilegien ausgestattet (Reichsstädte). Hinter sicheren Mauern lebten verschiedene soziale Gruppen auf engstem Raum zusammen: Kaufleute, Unternehmer sowie Adlige, die sich in den Städten niedergelassen hatten, bildeten das Patriziat. Daneben lebten die in Zünften zusammengeschlossenen Handwerker, Stadtgeistliche, Mönche und Nonnen, Bettler, Tagelöhner und Ackerbauern. Was sie alle zu Städtern machte, war der eigene Rechtsbezirk, ihre Unabhängigkeit vom Landesherrn. Nur die Bürger übten ihre Gerichtsbarkeit aus („Stadtluft macht frei"). Die aufblühenden Städte wurden zu neuen Zentren von Kunst und Literatur (→ S. 55).

Papsttum und Kirche gerieten in eine existentielle Krise. Die überzogenen Weltherrschaftsansprüche der Kurie führten ins Exil von Avignon (1309–1377). Dann folgte die Kirchenspaltung, das Schisma. Immer stärker wurde die Kritik an der Verweltlichung der Kirche, an ihrer Geldgier und ihren Pfründenhäufungen. Die Bischöfe widersetzten sich der Einschränkung ihrer geistlichen Rechte durch die zentralistische Papstmonarchie. Sie verfochten die konziliare Idee, die besagt, dass Bischöfe mit dem Papst gleichberechtigt sind und die letzte Entscheidungsinstanz bilden. Schon im 12. Jh. waren als Reaktion auf die Machtansprüche der Kirche die häretischen Bewegungen der Katharer in Südfrankreich und der Waldenser in Lyon entstanden. Mit ihrer Forderung der Armut, der Nachfolge Christi und der Bibelauslegung gewannen sie viele Anhänger in Mitteleuropa. Die um 1220 gegründeten Bettelorden der Franziskaner und Dominikaner übernahmen das Ideal der Armut und des einfachen christlichen Lebens um überzeugend die Häretiker missionieren zu können. Sie kannten keinen festen Wohnsitz wie die Benediktiner, sondern zogen als Wanderprediger durch die Lande. Beide Orden prägten entscheidend das Geistesleben des ausgehenden Mittelalters. Sie bildeten die intellektuelle Avantgarde des 13. und 14. Jh.

1.2 Philosophie

Das neue Denken: der Nominalismus. Die Scholastik hatte die Verknüpfung des Gewussten mit dem Geglaubten zur Grundlage ihrer Weltbetrachtung gemacht. Der von Gott geschaffene Kosmos ist mit der Vernunft zu erkennen, die Philosophie liefert der Theologie die Voraussetzung zur Erfassung der Welt. Man bezeichnete sie als Magd der Theologie *(ancilla theologiae)*. Gegen diese geistige Selbstsicherheit und Wahrheitsgewissheit rebellierten drei englische Franziskaner, die dieses System der analogischen und symbolischen Welterklärung (→ S. 13) zum Einsturz brachten. ROGER BACON (1214–1294) trennte Philosophie und Theologie; er erblickte die Grundlagen der Wissenschaft in Mathematik, Experiment und Erfahrung. DUNS SCOTUS (1266–1308), der scharfsinnige Schotte aus dem Bettelorden, lehrte, dass die Vernunft vom Willen abhängig, der Wille Gottes aber absolut frei sei, sodass eine theologische Aussage einfach geglaubt werden müsse. Der radikalste Denker des 14. Jh. war WILHELM VON OCKHAM (1300–1349). Dieser Franziskanermönch betrieb fundamentale Sprachkritik. Er misstraute den Allgemeinbegriffen, denen er entgegen der scholastischen Auffassung keine Eigenexistenz zubilligt. Die Wirklichkeit besteht nach seiner Überzeugung ausschließlich aus individuellen Dingen. Wissen bezieht sich auf Sachen, aber es bildet die Wirklichkeit nicht ab. Begriffe sind lediglich Bezeichnungen *(nomina)*.

Die zeitgenössischen Erfahrungen mit Pest (1348), Hungersnöten und wirtschaftlichen Depressionen erinnerten die Menschen allzu deutlich an die Abhängigkeit der Welt. Ein grundsätzliches Misstrauen gegenüber Autoritäten und Sprache war angesagt. Ockham dachte Gott als den Allmächtigen, der nicht in die menschliche Begriffssprache gefasst werden kann. „Es kann nicht evident gewusst werden, dass Gott ist" (Ockham). An die Stelle der Vernunft trat allein der Glaube. So zerstörte er den Wissenschaftscharakter der Theologie. Mensch und Welt sind dem Willen Gottes ausgeliefert. Die Folge: der Mensch konzentriert sich auf sich selbst. Der symbolische Charakter der Dinge verschwindet; sie werden ohne den scholastischen Bezugsrahmen zu einer Ansammlung von Fakten. Damit wird geistig der Boden geebnet zu ihrer naturwissenschaftlichen Erforschung. Der für das Spätmittelalter charakteristische Realismus in Kunst und Literatur, die Liebe zum Detail der Alltagswirklichkeit finden im Nominalismus eine philosophische Rechtfertigung. Meister Eckharts subtile Gottesvorstellung sowie Nikolaus von Kues' Wissenschaftsauffassung vertiefen das philosophische Weltbild der Epoche.

1.3 Spätmittelalterlicher Literaturbetrieb und der Wandel der Volkssprache

Die Literaturzentren waren vielfältig in dieser zersplitterten Territoriallandschaft. Die Residenzstädte der Landesfürsten bildeten Mittelpunkte des literarischen Betriebs. Die großen Höfe zu Prag (Kaiser Karl IV.) und Wien wurden für das Geistesleben wichtig. Das München der Wittelsbacher entwickelte sich zu einem bedeutenden antipäpstlichen Denkzentrum. Dazu traten die beiden Freien Reichstädte: Das wirtschaftlich mächtige Nürnberg förderte das kulturelle Leben und das Augsburg der Fugger wurde zu einer Heimstätte des süddeutschen Humanismus. Basel entwickelte sich zur Druckmetropole Mitteleuropas, in Straßburg und im Elsass konzentrierten sich Mystik, Humanismus und Satire. Die neuen Universitätsstädte Prag (1348), Wien (1365), Heidelberg (1385), Erfurt (1392), Leipzig (1409), Tübingen (1477), Freiburg (1457) und Ingolstadt (1472) prägten das geistig-literarische Leben der Zeit (→ S. 22).

Publikum und Autoren. In diesem Jahrhundert der Krisen veränderten sich die Grundlagen des geistigen und sozialen Lebens fundamental. Die Schriftlichkeit der Laiensprache nahm ständig zu. In den Kanzleien der Fürstenhöfe und der Städte erwuchs der Schriftverkehr aus den Erfordernissen der Politik und des Geschäfts. Kaufleute korrespondierten zunehmend in der Volkssprache, städtische Verwaltungsbeamte erließen Vor-

schriften, führten Steuerlisten, stellten Urkunden aus. Das Stadtrecht wurde aufgezeichnet und Stadtchroniken hielten die wichtigsten Ereignisse fest. Die religiöse Betreuung übernahmen die Bettelorden. Franziskaner predigten den Massen, Dominikaner führten Nonnen und Beginen. Aber auch das Bedürfnis nach Belehrung und Unterhaltung war groß. Patrizier orientierten sich an aristokratischen Verhaltensnormen, Handwerksmeister und Gesellen besuchten Fastnachtsspiele und Geistliche Spiele und pflegten den Meistersang. Daraus ergab sich eine Umschichtung der Gattungen. Das Formengefüge des Hohen Mittelalters zerbrach; neue Mentalitäten und Bedürfnisse verlangten neue Literaturgattungen.
Autoren in jenen Jahrhunderten waren vor allem Kleriker, Mönche, Nonnen, einfache Seelsorger. Die als Stadtschreiber wirkenden Juristen und Ärzte, geistliche und bürgerliche Verwaltungsbeamte beherrschten neben den gelehrten Ordensleuten das literarische Feld. Humanisten befruchteten das geistige und literarische Leben an Höfen und Universitäten.

Die Literaturformen. In der nachhöfischen Zeit haben wir eine offene Literatursituation, eine Zeit der Abbrüche und Übergänge, in der die herkömmlichen Gattungsbegriffe nicht mehr ausreichten einzelne Formen genau zu bestimmen. Zudem erweiterten sich sprunghaft mit den neuen Formen Themen und Inhalte der Literatur. Charakteristische Gattungen jener Jahrhunderte sind: die gereimte Rede, das *maere* (Erzählung), Predigt, Traktat, Legenden, Fachprosa und Sachliteratur, Fastnachtsspiel, Geistliches Spiel, Briefe, Lebensbeschreibungen von Heiligen und Autobiografien, Minnelieder und der Meistersang. Die zunehmende Schriftkultur in der Laiensprache wurde ermöglicht durch einen

Medienwechsel: Vom Pergament zum Papier. Während des frühen und hohen Mittelalters war das Pergament der einzige, kostbare Beschreibstoff, aus dem Handschriften angefertigt wurden. Jetzt verdrängte ihn das Papier (erste Papiermühle in Deutschland 1390 in Nürnberg). Dieses billige Material eignete sich besonders gut die große Nachfrage nach Schriften, Flugblättern und Büchern zu befriedigen. In den Städten wurden Schreibstuben eingerichtet, die alle möglichen Schreibaufträge ausführten. Neben die klösterlichen Bibliotheken traten fürstliche und städtische. Im späten 15. Jh. revolutionierte Gutenbergs Erfindung des Buchdrucks mit beweglichen Lettern das gesamte Schriftwesen: An die Seite der Schreiber und Kopisten traten nun die Drucker.

Latein und Volkssprache. Nach wie vor verfassten Theologen, Philosophen und Wissenschaftler ihre Werke in lateinischer Sprache. Auch für die meisten Autoren deutscher Texte blieb die Zweisprachigkeit selbstverständlich. Latein als internationale Verkehrssprache bot eine Quelle von Anregungen für die grammatische, rhetorische und stilistische Verfeinerung der deutschen Sprache, die im späten Mittelalter ihre Ausdrucksdimensionen in einem ungeahnten Ausmaß erweiterte und bis dahin dem Latein vorbehaltene Bereiche wie Rechtsprosa und geistliches Schrifttum für die Laienschriftlichkeit eroberte. Deshalb ist die Entwicklung der deutschen Sprache in diesem Zeitraum besonders bedeutsam.

Die Anfänge der neuhochdeutschen (nhd.) Schriftsprache. Nach dem Zerfall der Stauferherrschaft und dem Untergang der höfischen Adelskultur löst sich auch die einheitliche mittelhochdeutsche Schriftsprache auf (→S. 33). Die verschiedenen lokalen und regionalen Dialekte treten wieder in dem politisch zersplitterten Reich bestimmend hervor. Im ausgehenden 13. Jh. vollzieht sich „vielleicht der einzige wirkliche Riss in der Entwicklung der deutschen Schriftsprache" (Henzen). Um 1350 beginnt die neue Epoche des Frühneuhochdeutschen (frühnhd. 1350–1650), der Schreibsprache einer langen Übergangszeit. Um die Mitte des 14. Jh. setzt eine neue kontinuierliche Entwicklung zur heutigen neuhochdeutschen Schriftsprache ein, die ohne die Ausweitung des deutschen Sprachraums nach Osten nicht möglich gewesen wäre. Die Fernsiedler aus den Stammesgebieten des Altreichs vermischten sich und so entstanden aus den alten Dialekten neue Mundarten: die brandenburgische, die mecklenburgisch-pommersche. Das Westmitteldeutsche lieferte die Grundlage für die ostmitteldeutschen Dialekte des Thüringischen, Obersächsischen, Schlesischen und Hochpreußischen. In Böhmen verschmol-

zen ostfränkische, nordbairische und mittelbairische Elemente zu einer neuen Mundart. Die nhd. Schriftsprache entstand auf ostmitteldeutschem Boden. Den Hauptanteil daran hatten die Reichskanzleien in Prag und nach der Verlegung der Residenz nach Wien die Meißen-Wittenbergische Kanzlei der Wettiner. Durch Luther wurde die Sprache der Meißner Kanzlei zur Grundlage des protestantischen Schrifttums.
Das Frühneuhochdeutsche unterscheidet sich vom Mittelhochdeutschen durch die Diphtongierung langer Vokale: *lîb>leib*, *ûz>aus*. Zwielaute werden monophtongiert: *ie>i*; (*lieb>lib*); *uo>u* (*guot>gut*); *üe>ü* (*gemüete>Gemüt*). Kurze Vokale in offener Tonsilbe werden gedehnt, lange Vokale in geschlossener Silbe gekürzt. Wesentlich beteiligt waren an der inneren Ausgestaltung des Frühneuhochdeutschen: die Prager Kanzlisten, die deutschen Humanisten als Übersetzer, die Buchdrucker sowie die spätmittelalterlichen Autoren. Luther hat der Volkssprache die religiöse Dimension geöffnet und die deutsche Bibelsprache geschaffen.

2 Die lehrhafte Dichtung

Die Funktion der Didaxe (Lehre). Ein auffallender Wesenszug spätmittelalterlicher Dichtung ist ihr didaktischer (lehrhafter) Charakter. Die religiöse Krise schwächte die Autorität der Kirche und die sich entwickelnde bürgerliche Gesellschaft hatte noch kein festes, eigenes Selbstverständnis ausgebildet. So übernahm die Literatur die Aufgabe einer ständeübergreifenden Orientierungshilfe und einer verhaltensregelnden Instanz. Didaktiker brachten die aus der begrenzten Alltagserfahrung zu ziehenden Folgerungen durch Vers und Reim in eine gültige sprachliche Form. Sie verschriftlichten die Grundsätze und boten durch Verarbeitung antiker Weisheitslehren und der Bibel eine in Reime verpackte Lebenslehre. Ständedidaxe und Ständekritik waren an keine bestimmte Textsorte gebunden.

Die Moraldidaktiker jener Zeit entfalteten eine große Langzeitwirkung. Der Erste, der den Reigen dieser Spruchdichter eröffnete, war THOMASIN VON ZERKLAERE (um 1186–1238), ein Domherr aus Aquilea. Geprägt von kirchlichen Vorstellungen schrieb er den *Welschen Gast* (1215), das erste umfangreiche mhd. Lehrgedicht. Als Antipode zu Thomasin ist der Berufsliterat FREIDANK (Ende des 12. Jh.; Fridanc, einer, der frei seine Gedanken äußert) mit seiner mhd. Spruchsammlung *Bescheidenheit* (1215/30) zu betrachten. Dieser Fahrende, ein Anhänger des Kaisers, formulierte epigrammatisch-zugespitzt seine Einsichten. Freidank-Sprüche bilden eine Enzyklopädie von Klugheitsregeln. Das Werk entfaltete eine beträchtliche Wirkung in der Laiengesellschaft des Spätmittelalters. Der aus Unterfranken stammende und spätere Schulrektor in Bamberg HUGO VON TRIMBERG (1230–1313) schuf das umfangreichste Lehrgedicht jener Zeit mit seinem *Renner*. Der Titel bezieht sich auf Pegasus, das geflügelte Dichterpferd, das von einem Thema zum andern springt. Sprachlich gewandt, illustriert der Pädagoge an Beispielen, Anekdoten, Fabeln, *maeren* seine aus christlich-konservativer Grundeinstellung gespeisten Lehren. Besonders großer Beliebtheit beim Stadtbürgertum erfreute sich der Österreicher HEINRICH DER TEICHNER (1310–1377). Dieser Moraldidaktiker galt im Spätmittelalter als der bedeutendste Autor von Reimreden, den Belehrungen in Reimpaaren. Der Teichner sah nichts als „diser welt irregang". Illusionslos geißelte er die Schwächen aller Stände. Die Ursache allen Übels erblickte er im „Pfennig", im aufkommenden Frühkapitalismus.

Zeitkritik in dem *Helmbrecht-Maere*. In der Zeit zwischen 1250 und 1280 schrieb vermutlich ein Fahrender, der sich WERNHER DER GARTENAERE nannte, eine spannende Verserzählung (*maere*), deren Geschehen er im österreichisch-bayerischen Grenzgebiet (Innviertel-Traungebiet) ansiedelte. Diese ungewöhnliche Geschichte „ist das einzige Werk von weltliterarischem Rang, das die deutsche Versnovellistik des Mittelalters hervorgebracht hat" (J. Heinzle).
Die Geschichte erzählt das tragische Leben Helmbrechts, des begüterten, übermütigen Bauernsohns, der Ritter werden will. Helmbrecht hat langes, herabfallendes, blondes Haar (Vorrecht der Ritter), zu dem er eine buntbestickte Haube trägt, die eine entlaufene Nonne genäht hat. Mutter und Schwester ergänzen sein Aussehen mit kostbaren Kleidern, vom Vater erhält er das begehrte Pferd. Der Alte missbilligt das Vorhaben

seines Sohnes und erinnert den Jüngeren an den ihm von Gott zugewiesenen Stand. Doch der Hochmütige verlässt den elterlichen Hof, begibt sich zu einem in Fehde lebenden Burgherrn und führt ein Jahr lang das Leben eines Raubritters. Dann kehrt Slintezgeu (Verschling das Land) für eine Woche prahlend in sein Vaterhaus zurück, überredet seine Schwester mitzukommen und verheiratet sie mit seinem Spießgesellen Lemberslint (Lämmerschling). Während der Hochzeitsfeier wird das Festessen zum Henkersmahl. Der Richter erscheint mit vier Helfern. Neun Räuber werden gehenkt. Der zehnte, Helmbrecht, erleidet die Verstümmelungsstrafe: die Augen werden ihm ausgestochen, eine Hand und ein Fuß abgeschlagen. Am Blindenstock humpelt der Krüppel heim. Doch der Vater weist ihn höhnisch ab, die Mutter gibt ihm ein Stück Brot, dann irrt der Vogelfreie noch ein Jahr durchs Land, bis Bauern, denen er übel mitgespielt hat, seine Haube zerfetzen und ihn hängen.
Diese *maere* lässt die sichere Hand eines souveränen Erzählers erkennen. Mühelos gelingt es Wernher, sein reiches literarisches Wissen zu verarbeiten: der sorgfältig aufgebauten, zielstrebig angelegten Handlung liegt die Struktur des Artusromans zu Grunde. Wir erkennen Anklänge an die Geschichte vom verlorenen Sohn. Die Haube als leitmotivisch wiederkehrendes Dingsymbol der Anmaßung des Ritterstandes – sie erinnert an Boccaccios Falkennovelle – stammt von Neidhart von Reuental und gibt dem Geschehen seine symbolische Tiefendimension. Besonderes Gewicht erhalten die Dialoge zwischen Vater und Sohn. Biblische Weisheitslehren unterstützen seine moralische Argumentation, gezielt eingesetzte rhetorische Mittel präzisieren Rede und Gegenrede. Wie Wolfram von Eschenbach (→ S. 40) unterbricht Wernher die Erzählung, wendet sich unmittelbar an seine Zuhörer, äußert seine persönlichen Ansichten, warnt und intensiviert durch diese auktoriale Erzählhaltung seine didaktischen Absichten.
Im Mittelpunkt des Erzählgeschehens steht Helmbrecht. Seine Auflehnung gegen die gottgewollte Standesordnung ist Gotteslästerung. Die mutwillige Abkehr vom eigenen Stand entspringt der Ursünde, der *superbia*, dem Hochmut. Dementsprechend ist die Strafe. Das Leben außerhalb der Rechtsordnung führt in die Katastrophe: der verblendete Bauernsohn wird geblendet. Diese streng konservative Auffassung Wernhers dient wohl dazu, seinem adligen Publikum warnend das Schicksal der Landfriedensbrecher vor Augen zu führen und zu zeigen, wie mühelos Landesherren die staatliche Ordnung wiederherstellen.

Schwänke eroberten sich zum ersten Mal im späten Mittelalter einen Platz in der volkssprachigen Literatur. Ursprünglich derb-lustige Streiche, wurden sie in Erzählungen zur Unterhaltung des Publikums literarisch gestaltet. Gleichviel, ob gereimt oder in Prosa, ob novellistisch oder anekdotenhaft dargeboten, stets waren es die gleichen Themen, die zur Erzählung reizten: listige Ehebruchsgeschichten, Vorfälle aus dem Alltagsleben, die Spannungen zwischen den Ständen und unbewältigte soziale Konflikte. Was das Leben verwehrte, zeigt der Schwank: der Schwache siegt mit List über den Starken, der Zukurzgekommene triumphiert über den Privilegierten. So boten diese Erzählungen possenhafter Streiche literarische Ventile der durch die Ständeordnung eingeengten Stadt- und Landbewohner. Ein befreiendes oder schadenfrohes Lachen half über soziale Ungerechtigkeiten hinweg. Meist steht ein sozialer Typ oder Charakter im Mittelpunkt des Erzählgeschehens. Häufig werden einzelne Schwänke miteinander verkettet, indem man ein und dieselbe Person zum Helden verschiedener Geschichten macht, die dann als Schwankzyklus erscheinen.

Der Stricker (1250), ein aus Franken stammender fahrender Berufsdichter, ist der Autor, der die Genres der weltlichen Kleinepik in die volkssprachige Literatur des Spätmittelalters einführte. Neben lehrhaften Verserzählungen *(bîspel)*, Fabeln und Kurzgeschichten wird als seine bedeutendste Leistung der *Pfaffe Amis* (1230) gewertet. Mit der Darstellung der zwölf Streiche seines Titelhelden schuf er den ersten Schwankzyklus in deutscher Sprache. Diese Schwankfigur gilt als der Vorläufer des Neidhart Fuchs, des Pfarrers von Kahlenberg und des Eulenspiegel.

Eine Weltsatire. Dass ein Schwank Ausgangspunkt einer bedeutenden Dichtung werden kann, zeigt der grotesk-satirische Versroman *Der Ring* (um 1410), der als eine Meisterleistung der deutschen Literatur zu Beginn des 15. Jh.

angesehen wird. Als Verfasser kommt der Konstanzer Jurist im Dienste der Kurie HEINRICH WITTENWEILER (Ende des 14. und Anfang des 15. Jh.) in Betracht. Der Titel zielt auf die Bauernhochzeit und zugleich auf den allgemeinen Weltlauf. Ein trivialer Bauernschwank von der *Metzenhochzit* liefert dem Erzähler das Handlungsgerüst. Für Wittenweiler ist nicht der Bauernstand Zielscheibe seiner Satire. Vielmehr ist die fiktive Gestalt des Bauern ein Vorläufer des Narren: „Er ist ein gpaur in meinem muot, der unrecht lept und läppisch tuot, nicht einer, der aus weisem gfert sich mit trewer arbeit nert." (Nach meiner Ansicht ist derjenige ein Bauer, der sein Leben falsch einrichtet und töricht handelt, und nicht einer, der sich in kluger Lebensführung mit seiner Arbeit redlich ernährt.)
Bertschi Triefnas, der Bauernsohn aus Lappenhausen, wirbt um seine hässliche Geliebte Mätzli Ruerenzumpf. Vergeblich versucht er sich seiner Angebeteten zu nähern. Weder ein Turnier der Dörfler noch beabsichtigte Besuche, noch ein Liebesbrief bringen ihm Erfolg. Im zweiten Teil wird offiziell um die Braut geworben. Brautvater und Verwandtschaft stellen ihre Forderungen, die Bertschi erfüllt. Es folgt die Hochzeit. Doch während des Tanzes bricht eine Rauferei aus zwischen den Lappenhausenern und den Nissingern. In beiden Dörfern bereitet man sich auf den Krieg vor. In den Kampf werden andere Ortschaften hineingezogen, Hexen und Riesen, Zwerge und Recken kämpfen auf beiden Seiten, bis Lappenhausen völlig zerstört, Mätzli tot ist. Bertschi rettet sich in die Einsamkeit des Schwarzwalds.
Dieser auf annähernd 10 000 Verse aufgeschwellte, kunstvoll komponierte Versroman verbindet Unterhaltung und Lehre miteinander.
Aus nichtigen Vorfällen entwickelt sich eine Katastrophe, ein ins Mythische reichender Krieg, in dem die Weltordnung auf den Kopf gestellt wird. Während üblicherweise der Satiriker den Toren ihr närrisches Treiben vorhält und so auf die verfehlten Normen hinweist, kennen im *Ring* die „Bauern" die Regeln, aber befolgen sie trotzdem nicht. Sein und Bewusstsein klaffen auseinander. Dieser entfremdete Zustand wird als Ganzes dargestellt, die Differenz zwischen Lehre und Leben „erscheint als Weltsatire" (H. Arntzen). So zieht dieses großartige Werk Bilanz und zeigt in der Negation eine groteske Welt.

3 Die Lyrik

Veränderter Horizont. Nach dem Zusammenbruch des Stauferreiches wandelte sich die Stellung des Rittertums grundlegend. Die aufstrebenden Städte und die sich entfaltenden Territorialherrschaften entzogen dem Ritterstand seine Legitimation. So geriet er in Abhängigkeit von Fürsten und dem städtischen Patriziat, das ihn wirtschaftlich überrundete. Der verarmte Hofadel verlor seine exklusive Stellung. Der Minnesang war jetzt nicht mehr Ausdruck einer streng höfischen Ideologie. Die Bindung an den Hof ging verloren, die Liedkunst wurde zur Privatbeschäftigung der Sänger. Auch die strenge überregional orientierte Dichtersprache verlor ihre Geltung. Die Dialekte eroberten den Ausdrucksraum für den regional aufgesplitterten Minnesang.

Adelslyrik: der späte Minnesang. Der klassische Minnesang übte noch lange eine große Faszination aus. Seine Formen: Kanzone, Spruch und Leich dienten weiterhin als lyrische Grundmuster. Da sich aber die gesellschaftlichen Grundlagen geändert hatten, wurden Formen und Motive frei verfügbar. Das sich ausbreitende Nützlichkeitsdenken des Bürgertums drang auch in die Lyrik ein. Der Sprachschatz der klassischen Zeit wurde in gängige Münzen umgetauscht, der Hang zum Eindeutigen machte sich breit. Lyriker schwelgten in konkreten Details, thematische Konzentration ersetzten sie durch inhaltliche Vielfalt.

Der MÖNCH VON SALZBURG. Hinter diesem Pseudonym verbirgt sich einer der erfolgreichsten Liederdichter des Mittelalters. Dieser letzte Vertreter der höfischen Liedkunst fand in dem fürstbischöflichen Salzburger Hof unter PILGRIM II. (1365–1396) noch einmal eine alte Heimstätte des Minnesangs. Der Salzburger Mönch verfasste zahlreiche religiöse Lieder, übersetzte lateinische Hymnen und schuf eine Reihe von Tageliedern, Minneklagen und Pastourellen. Virtuos verwendete er die überlieferten Sprach- und Formmuster und übernahm als Erster den mehrstimmigen Gesang von den Franzosen.

HUGO VON MONTFORT (1357–1423), der Hocharistokrat aus Bregenz, ist das schiere Gegenteil des Mönchs. In seinen Liedern wird eine neue

Dichtungsauffassung sichtbar: Nicht mehr die Gesellschaftsgebundenheit des Sangs interessierte ihn, vielmehr betrieb er seine Liedkunst ganz privat. Er trat überdies als erster reiner Textdichter auf. Seine ängstliche, selbstquälerische Religiosität ließ ihn zur Didaxe greifen. Seine dilettantischen Verse sprengten die überkommenen Genres.

Oswald von Wolkenstein (1377–1445) ist der letzte, originellste und vielseitigste Lyriker des ausgehenden Mittelalters. Seine große literarische Bedeutung wurde erst in unserer Zeit voll erkannt. Was den modernen Leser an dieser Gestalt fasziniert, sind seine eindrucksvollen Lieder, die aus einem erlebnisprallen Leben geschaffen wurden.

Oswald entstammte einem Südtiroler Adelsgeschlecht, das sich nach seiner Burg im Grödnertal die Wolkensteiner nannte. Der vermögensrechtlich benachteiligte Zweitgeborene musste in dieser bewegten Zeit um seinen Aufstieg kämpfen. Als Zehnjähriger kam er in die Welt hinaus, war nach dem Tode seines Vater (1407) in langwierige Erbstreitigkeiten verwickelt und verstrickte sich in Liebeshändel. Er nahm an Kriegszügen in Italien und Preußen teil und kämpfte gegen die Hussiten. Als Gesandter König Sigismunds reiste er durch ganz Europa. Zeitweilig stand er im Dienste der Bischöfe von Brixen und engagierte sich politisch im Kampf des einheimischen Adels gegen den Landesherrn. 1445 starb er und wurde in der Kirche des Klosters Neustift bei Brixen beigesetzt.

***Oswald von Wolkenstein** hat ein in Oberitalien gefertigtes Brustbild einer Prachthandschrift seiner Lieder vorangestellt. Das Porträt zeigt den einäugigen, selbstbewussten, mit den Insignien des Kannen-, Greifen-und Drachenordens geschmückten 56-jährigen Liedermacher. Es ist das älteste authentische Porträt eines deutschsprachigen Dichters.*

Dieses abenteuerliche Leben lieferte dem genialen Anarchisten genügend Stoff, den seine hohe literarische und musikalische Begabung in originellen Liedern festhielt. Eigenwillig und selbstständig weitete er radikal seinen gestalterischen Freiraum aus, indem er seine poetische Biografie in vielen Liedern entfaltete. Ein prekäres Gleichgewicht zwischen seinen individuellen Erlebnissen und den literarisch vermittelten Erfahrungen und Topoi (vorgeprägte Bilder und Motive) prägt seine Lyrik, die auf der souveränen Ausgestaltung geformter konventioneller Grundmuster beruht. Sein Repertoire ist groß und umfangreich. Es umfasst geistlich-betrachtende Lieder, erzählende Reiselieder, neuartige Ehelieder und Minneparodien. Oswald treibt sein parodistisches Spiel mit der Liebesthematik.

Oswald von Wolkenstein gehört mit Heinrich Wittenweiler (→S. 59) und Johannes von Tepl (→S. 68) zu den bedeutendsten Autoren jener Umbruchszeit. Sie besaßen eine geistige Unbefangenheit und Unabhängigkeit, die es ihnen erlaubte, die literarischen Traditionen souverän auszuwerten und ihren innovatorischen Gestaltungskräften nutzbar zu machen.

Vom Sangspruch zum Meistersang. Die Städte waren die eigentlichen Orte der Literatur. In ihnen pulsierte das kulturelle Leben. Einzelne Stände suchten Selbstverständnis und Selbstdarstellung in Kunst und Literatur. Die in Zünften zusammengeschlossenen Handwerker pflegten als Hobby eine besondere Liedform: den Meistersang. In zahlreichen, überwiegend süddeutschen Städten gründeten Interessierte Meistersingergesellschaften, so in Mainz (1315–1600), in Augs-

burg (1449–1772), in Nürnberg (1450–1774), in Straßburg (1492–1780), später in Ulm (1517 bis 1839) und in Memmingen (1600–1875). Sie gingen vermutlich aus kirchlichen Singbruderschaften hervor, die bei Prozessionen und Begräbnissen auftraten und in der Kirche Wettsingen veranstalteten. Von fahrenden Lohndichtern lernten die Meistersinger die Form höfischer Sangspruchlyrik kennen. Die Töne älterer Meister, berühmter Minnesänger, waren für sie absolutes Vorbild. Sie übten ihre Liedkunst nach festen Regeln aus, ganz wie es dem Denken ihres Handwerks entsprach. Die Hobbysänger zwängten ihre Kunstübung in lernbare Anweisungen *(Tabulatur)*. Nur wer eine eigene Melodie erfand, durfte sich Meister nennen: „dan wer ein dicht besachet, / hat keinen do gemachet, / der ist geleich / eim, der ein schu an hate / am andern barfuos gate".
Wer nämlich ein Gedicht verfertigt und keinen Ton gemacht hat, der gleicht einem, der einen Schuh anhat, am andern aber barfuß geht.

Einmal im Monat, sonntags nach der Mittagspredigt, fand eine ***Singschule****, eine öffentliche Veranstaltung, statt. Während des Vortrags der Lieder ohne Instrumentalbegleitung saßen die Merker, die Jury, in einem mit schwarzen Vorhängen abgeschirmten „Gemerk" (Kabine). Sie prüften, ob Text und Melodie dem komplizierten Regelkatalog (Tabulatur) entsprachen und „vermerkten" alle Fehler. Der Sieger des Wettstreits erhielt den „David", eine Silberkette mit einer Münze, die das aufgeprägte Bild König Davids, des Schutzpatrons der Meistersinger, zeigt oder einen Kranz.*

Seinen Höhepunkt erlebte der Meistersang im 16. Jh., als der Nürnberger Schuhmachermeister Hans Sachs seine Sangeskunst in den Dienst der reformatorischen Lehre stellte.
Man mag den Meistersang als eine kollektiv „geprägte Durchschnittsleistung" ansehen. Ohne Zweifel hat er aber dazu beigetragen, das Bildungsniveau einer analphabetischen Stadtbevölkerung zu heben, indem er es „von dem nur wenigen zugänglichen Zustand der Lesbarkeit in den allen offenen Zustand der Hörbarkeit überführte" (H. Brunner).

Lieder der Unterschichten (Volkslieder) und die Liederbücher. Neben dem auf die Zünfte beschränkten Meistersang pflegte auch die Unterschicht bei ihren Zusammenkünften den Gesang. Knechte, Mägde, Dienstboten und Tagelöhner artikulierten ihre Empfindungen in Liedern, die sie bei der Arbeit, am Feierabend oder an Feiertagen sangen. In ihnen äußerten sich ihre Wunschvorstellungen von einem besseren Leben, ihre Sehnsucht nach Glück und Geborgenheit. Diese mündlich überlieferten Lieder hatten eine bestimmte Struktur, welche die Gedächtnisarbeit erleichterte: einfache, anschauliche Bilder und Vorstellungen, Wiederholungen, stereotype Adjektive, einfache Satzmuster, parataktische Satzverbindungen und freie Versfüllungen. Ständig wurden die Lieder umgeformt, Motive aus der Kunstlyrik aufgenommen, Texte abgewandelt („zersungen") und Melodien verändert („umgesungen").
Im 15. Jh. begann man diese Lieder aufzuzeichnen. Diese anonymen Liedersammlungen hielten das einzelne Lied „als geronnene Form des letzten Vortrags" fest. Die Augsburger Handschriftenkopistin Clara Hätzlerin sammelte in ihrem *Liederbuch* (1471) 134 Lieder namentlich genannter Autoren ohne Melodien. Um 1450 entstand das *Lochaner Liederbuch*, das dem Nürnberger Wolflin von Lochan gehörte. Es enthielt die frühesten mehrstimmigen Melodien zu den deutschen Texten.

4 Die Mystik

Das Spätmittelalter war eine Epoche stärkster religiöser Erschütterungen als Reaktion auf die grundlegend veränderte geistliche und gesellschaftliche Situation. Bemerkenswert ist, dass damals fast zwei Drittel der gesamten Buchproduktion auf die geistliche Prosa entfielen.

Mystik und Kirche. Nach mittelalterlichem Selbstverständnis ist Mystik *cognitio Dei experimentalis*, auf Erfahrung gegründete Gotteserkenntnis. Diese Einsicht beruht auf der Ekstase, dem mystischen Erlebnis, das die unstillbare Sehnsucht nach dem Ergriffenwerden durch Gott in einer persönlichen Einigung, der *unio mystica*, herbeiführt. Strenge, gesammelte Lebensführung, Versenkung in die Tiefen des eigenen Bewusstseins, Kontemplation und Askese sollen das völlige Aufgehen der menschlichen Seele in Gott vorbereiten. Das Streben nach einem ekstatischen Gotteserlebnis machte die Kirche misstrauisch, weil es ihre sakramentale Heilsvermittlung an den Rand drängte und Mystiker häresieverdächtig erscheinen ließ. Überdies gefährdete der Gebrauch der Volkssprache das kirchliche Monopol auf das Heilswissen, da die Erlebnisse, in deutscher Sprache festgehalten, sich amtskirchlicher Kontrolle weitgehend entzogen. Die gesteigerte religiöse Erregung und Sehnsucht vieler Unbetreuter führte zum Rückzug in die Klostergemeinschaft, in Konventikel (kleine Gemeinschaften außerhalb der Kirche) und Brüdergemeinden. In ihnen glaubten die Heilsuchenden eine Erfüllung ihrer Gottessehnsucht zu finden.

Sozialer Ort der Frauenmystik. Gleichzeitig mit den Bettelorden waren im 13. und 14. Jh. religiöse Frauenbewegungen entstanden. Kreuzzüge und zahlreiche Kriege hinterließen einen ständigen Frauenüberschuss. Viele Frauen lehnten in dieser Situation die überkommene Lebensweise ab, verwarfen den Reichtum, suchten in neuen Gemeinschaften nach einer Sinnerfüllung in der Nachfolge Christi. Sie nannten sich Beginen und führten ein religiöses Leben ohne Ordensregeln im evangelischen Geiste. Viele unversorgte Bürgertöchter und adlige Damen beschritten einen anderen Weg. Sie kauften sich in Frauenklöster ein und suchten dort ein Leben der Beschaulichkeit in äußerer Armut. In Beginenhäusern und Nonnenklöstern herrschte damals eine tiefe Sehnsucht nach Gottesbegegnungen. Eine geistliche Betreuung der beiden Frauengemeinschaften schien unumgänglich. Um diesem Mangel abzuhelfen übertrug Papst Clemens IV. 1267 die Nonnenseelsorge den Dominikanern. Die Mönche predigten nun in deutscher Sprache vor äußerst empfänglichen, aufnahmebereiten Hörerinnen und betreuten als Beichtväter Beginen und Nonnen. „Wo sich Männer mit theologischer Bildung der religiösen Frauenbewegung annahmen, war der Boden für eine volkssprachliche religiöse Literatur bereitet…“ (H. Grundmann)

Frauenmystik. Die Mystik war die erste, religiös geprägte literarische Bewegung, in der Frauen ihr eigenes Leben gestalteten und ihre Visionen und Erlebnisse in der Volkssprache äußerten. Ohne ihr Engagement wären die tiefen geistlichen Impulse der Mystik versickert. Nicht mehr Gegenstand der Darstellung waren sie wie im Minnesang, sondern Schöpferinnen eigener literarischer Werke, bevor der Hexenwahn viele von ihnen zu Opfern degradierte.
Im 12. Jh. war die Äbtissin eines rheinischen Benediktinerinnenklosters Hildegard von Bingen (1098–1179) die erste Nonne, die ihre prophetischen Gaben einsetzte um die Gläubigen aus der Dunkelheit zur Weisheit und Vollkommenheit zu führen. Sie schildert in ihrem lateinischen Offenbarungsbuch *Liber Scivias* (Wisse die Wege) ihre Visionen, erfüllt von einem charismatischen (begnadeten) Sendungsbewusstsein. Das persönliche Verlangen nach einer Gotteinung tritt dagegen noch zurück.

Die bedeutendste Mystikerin war die Begine Mechthild von Magdeburg (1207–1282). Sie hatte eine höfische Erziehung genossen, doch sie entsagte dem Glanz des Weltlebens und versenkte sich in einem armseligen Magdeburger Beginenhaus ganz in die Anschauung Gottes. In ihrem mystischen Tagebuch *Das fließende Licht der Gottheit* (um 1250) schildert sie voller Leidenschaft die persönlichen Erlebnisse ihrer *unio* in einem von fließendem Rhythmus getragenen Stil. Ihre Vereinigungen mit Christus, dem Bräutigam, werden in erotischen Bildern symbolisiert und in ihrer am Minnesang geschulten Sprache veranschaulicht. Ihre niederdeutschen Aufzeichnungen gingen verloren. Der Weltpriester Heinrich von Nördlingen (1340) sorgte für eine oberdeutsche Fassung, in der eine neue Ichgewissheit und mystische Seelenhaltung zum Durch-

bruch kommen. Ihre Schrift „ist wohl das großartigste Dokument des Mündigwerdens einer oft oppositionellen Laienfrömmigkeit aus der Unruhe und Unsicherheit des Spätmittelalters" (M. Wehrli).
In zahlreichen Dominikanerinnenklöstern Oberdeutschlands entstand eine ausgedehnte Vitenliteratur. Man sammelte Kurzviten von Nonnen des eigenen Klosters (*Das Tösser Schwesternbuch,* um 1340) oder kümmerte sich um die Darstellung von Einzelviten, in denen der Verlauf der Gnadengeschichte aufgezeichnet wurde. So die Offenbarungen der von Heinrich von Nördlingen betreuten Margareta Ebner (1291–1351) in Medingen bei Dillingen a. d. Donau.

Die spekulative Mystik. Die Gottesgeburt in der Seele war für viele Nonnen zur lebensbestimmenden Erfahrung geworden. Die Erlebnismystik wurde von einem genialen Dominikaner zum Gegenstand grundsätzlicher Betrachtung gemacht, die mystischen Vorgänge, das Einswerden des Menschen mit Gott und ihre seinsmäßigen Grundlagen wurden denkend erfasst und philosophisch-theologisch reflektiert. Dieses spekulative (rein gedankliche) Unterfangen führte zu einem neuen Begriff des Menschen und der Religion. Es ist das Werk Meister Eckharts.

Eckharts Leben und Wirken. Der überragende Philosoph und Theologe wurde um 1260 in Hochheim bei Gotha (Thüringen) geboren. Schon früh trat der Begabte in den Dominikanerkonvent in Erfurt ein. Bald schickte ihn der Orden zu Studien ins geistige Zentrum Europas, nach Paris. 1294 wurde ihm in Erfurt das Amt des Priors übertragen. Seine erste volkssprachliche Schrift *Reden der unterscheidunge* (*Reden der Unterweisung,* vor 1298) war für die Tischlesungen der Novizen bestimmt und setzte sich mit den Fragen des geistlichen Lebens auseinander. 1302 kehrte er nach Paris zurück, 1303 übernahm er das Amt des Provinzials der sächsischen Ordensprovinz, 1307 übertrug die Kirche dem Theologen auch die Leitung der verwaisten Ordensprovinz Böhmen. Zwischen 1308 und 1315 verfasste Eckhart den wichtigen Traktat *Buch der göttlichen Tröstung* für die Königin Agnes von Ungarn. Von 1311 bis 1313 lebte der Denker wieder in Frankreichs Hauptstadt. Während dieses Aufenthalts entstand sein lateinisches Hauptwerk *Opus tripartitum* (Dreigeteiltes Werk). 1314 wurden dem Mystiker Aufsicht und Betreuung der süddeutschen Schwesternkonvente mit Sitz in Straßburg übertragen. In diesem erfolgreichsten Jahrzehnt seines Wirkens entstanden die meisten deutschen Predigten des Meisters. 1323 übernahm der weithin bekannte Dominikaner einen Lehrstuhl an der Ordenshochschule in Köln. Zu seinen Schülern gehörten Tauler und Seuse. Die in seinen hinreißenden Predigten entfalteten Gedanken entwickelten offensichtlich eine solche Sprengkraft, dass sie den Häresieverdacht gegen den Mystiker provozierten. 1326 bezichtigte ihn der Kölner Erzbischof der Irrlehre und eröffnete gegen den weithin bekannten Ordensmann ein Inquisitionsverfahren. Die Anklage warf ihm Verbreitung häretischer Lehren in deutscher Sprache vor. Eckharts Fall wurde schließlich am Papsthof in Avignon verhandelt. 1329 wurden 17 Thesen des Mystikers als häretisch, 11 als häresieverdächtig in einer Bulle als ketzerisch verworfen. Doch der Angeklagte erlebte die Verurteilung nicht mehr. Er war 1328 vermutlich in Avignon gestorben.

Von der Abgeschiedenheit und Einung mit Gott. Nach Eckhart gibt es nur einen Weg für jeden, der zur Gottesbegegnung führt. Wer ihn beschreitet, hat zuerst alle äußere Gebundenheit von sich abzustreifen, seine Leidenschaften und seinen persönlichen Willen aufzugeben, seine gewohnten Vorstellungen, Begriffe und Bilder von Gott und Welt in sich auszulöschen. Indem sich der Mensch von sich selbst und allen geschaffenen Dingen abkehrt, wird in seinem Innersten die Möglichkeit eröffnet, dass das „Fünklein der Seele" erscheint. Nur so kann die Seele durch die Rückkehr in ihre Ungeschaffenheit im Nichts zur Neuschöpfung gelangen.
Diese Abgeschiedenheit und inwendige Armut sind die Voraussetzungen der *unio mystica.* Gott ist das schlechthin Unfassbare, Bestimmungs- und Eigenschaftslose, ohne Wille, ohne Liebe oder wie Eckhart selber paradox formulierte: „daz ist sîne nâtûre, daz er âne nâtûrer sî" (Das macht sein Wesen aus, dass er wesenlos ist.). Wie Gott seinen Sohn erzeugt, so auch alle Kreatur, die in ihm bleibt wie er in ihr, nämlich die „genaturte" Natur und die „ungenaturte" Natur. Der Trinitätsgedanke wird zum Beziehungsschema, zum

Bild für das Verhältnis von Mensch und Gott: Wie Gottes Sohn alles geschaffene Sein ins ungeschaffene seines Vaters zurückholt, so wohnt auch allen Dingen der Drang inne zu ihrem wahren Ursprung zurückzukehren. Dies gilt auch für die menschliche Seele, in deren Innerstem sich Gott selber erkennt: „got ist in sîner sêle mit sîner nâtûre, mit sînem wesenne und mit sîner gotheit und er enist doch niht diu sêle." Im Seelengrund vollzieht sich die Gottesgeburt. Intuitiv wird sie Gott plötzlich gewahr, wenn sie durch den Zustand der völligen Abgeschiedenheit darauf vorbereitet ist. Tugendhaftes Handeln aber ist ein Wirkenlassen des Göttlichen in sich; es ist ein zweckloses Handeln, wie denn nach Eckhart Sittlichkeit überhaupt nicht ein Tun, sondern ein Sein ist.

Eckharts Sprache. Der spekulative Mystiker war sich der Tatsache bewusst, dass seine Botschaft von der Gottesgeburt in der menschlichen Seele nicht mehr im fixierten Theologenlatein einen angemessenen Ausdruck finden konnte, sondern nur noch im literarisch unverbrauchten Deutsch. Der Prediger richtete seine Worte an geschlossene, volkssprachige Zuhörerkreise, die bereits ein beschauliches religiöses Leben führten und von den Worten des Meisters eine Selbstvergewisserung der Wahrheit erwarteten. Eckhart kämpfte gegen die konventionelle Sprache. Mit seiner jede Aussage wiederaufhebenden und übersteigernden Redeweise versuchte er eine sprachliche Annäherung der Sprache an das bislang Ungesagte. Seine Aussagen streben scheinbar Unvereinbares zu vereinen: die spekulative Vertiefung und Vergeistigung seiner Erlebnisse und den Willen zur unmittelbaren Wirkung auf seine Hörer. So verbindet sich in seinem Stil Abstraktes mit Konkretem. Sprachschöpferisch deutscht er wichtige scholastische Begriffe in originellen Wendungen ein. Er prägt eine Fülle von Abstrakta auf *-heit*, *-keit (wesenheit, inwendi*[illegible], *lûterkeit)* und *-unge (bildunge, betrachtunge)* und bildet verneinende Wortformen *(unendelich, unwesenlich)*. So bereichert er den gesamten Wortschatz und hebt ihn auf eine bislang unbekannte Abstraktionshöhe. Mystiker entlehnten häufig Worte und Wendungen aus anderen Sprachbezirken, wie etwa dem Minnesang. Metaphorisch auf mystische Vorgänge bezogen, gewinnen sie dabei ganz neue Bedeutungsnuancen und -inhalte und werden vergeistigt. So prägt die Mystik einen ungeahnten Metaphernschatz und führt zu einem Bilderreichtum, der noch im Barock und im Pietismus fortwirkt. Eckhart hat der Sprache neue Dimensionen des seelisch-geistigen Bereichs erschlossen und die Grenzen des Ausdrückbaren erweitert wie nach ihm nur noch wenige. „Er ist zum genialsten Sprachschöpfer des deutschen Mittelalters geworden" (Eggers).

Johannes Tauler (1300–1361), der Straßburger Dominikaner und Eckhartschüler, verwandelte die spekulative Mystik seines Meisters in eine praktische Gottes- und Lebenslehre, die er, auf seelsorgerliche Wirkung bedacht, Beginen, Ordensfrauen und Bürgern vornehmlich in Straßburg vortrug. Mit etwa 80 deutschen Predigten erstrebte er in jenen krisengeschüttelten Jahrzehnten eine sittliche Erneuerung des Menschen. Tauler lieferte Anweisungen zur Selbsterkenntnis und Selbstkontrolle, es ging ihm um die Heiligung des bürgerlichen Alltags. Seine Predigten verraten eine neue Fähigkeit Seelenzustände in einer einfachen, anschaulichen, an einprägsamen Bildern und Vergleichen reichen Sprache auszudrücken.

Heinrich Seuse (1295–1366) war der letzte der drei großen Mystiker. Adliger Herkunft, in Konstanz geboren, Schüler Eckharts in Köln, wirkte er in seiner Heimatstadt und im Bodenseegebiet von 1347 bis zu seinem Tode in Ulm. Voller Bewunderung für seinen Meister verteidigte er dessen Lehre gegen den Häresieverdacht in seiner theologisch-mystischen Erstlingsschrift *Büchlein der Wahrheit* (1326–1328). Das in einem eindringlichen lyrischen Stil geschriebene Erbauungsbuch *Das Büchlein der ewigen Weisheit* (1328) erwuchs aus den Versenkungen in die Leidensgeschichte Christi. Als das wohl kühnste literarische Unterfangen Seuses ist seine *Autobiografie* anzusehen, in der zum ersten Mal in deutscher Sprache eine Selbstdarstellung, ja Selbstenthüllung nach dem Vorbild des Kirchenvaters Augustinus versucht wird. Die Nonne Elsbeth Stagel aus dem Kloster Töss bei Winterthur in der Schweiz soll den mit ihr befreundeten Seelsorger gebeten haben ihr tröstliche Erfahrungen zur Überwindung ihres persönlichen Leides mitzuteilen. Seuses biografischer Versuch ist der Form nach als Andachtsbuch konzipiert.

Mystik und Devotio moderna. Im spätmittelalterlichen Bürgertum gewannen immer mehr moralisch-praktische Aspekte an Bedeutung. An die Stelle ekstatischer Visionen trat die erbauliche Innigkeit. Eine quietistische Grundhaltung machte sich breit und wirkte über die „Brüder vom gemeinsamen Leben" ins Laienvolk. In der niederländischen und niederdeutschen Bewegung der „Devotio moderna", der neuen Frömmigkeit, stand der historische Christus im Mittelpunkt ihres praxisorientierten Lebens. „Unser höchstes Studium soll es sein, uns in das Leben Jesu zu versenken." THOMAS VON KEMPEN (bei Krefeld am Niederrhein 1380–1471) hat mit dem Erbauungsbuch *De imitatione Christi* (*Über die Nachfolge Christi,* 1420/41) das Grundbuch dieser Bewegung geschaffen. In Betrachtungen, Gebeten und Ermahnungen werden Wege zur geistlichen Entfaltung gewiesen, die zur Gottesbegegnung führen. Diese Erbauungsschrift erzielte bald eine weltweite Wirkung. Sie wurde in alle europäischen und einige außereuropäische Sprachen übersetzt und gilt nach der Bibel als eines der meistgelesenen Bücher.

5 Die Anfänge des Schauspiels

5.1 Das geistliche Spiel

war neben der Predigt das zweite wirksame Massenmedium des Mittelalters. Beide trugen die Heilswahrheit an die Gläubigen heran. Dabei versuchte das Schauspiel didaktisch-episch, anschaulich und unterhaltend, in dramatischer Form dem Publikum die Lehre Christi zu vermitteln, sodass man im geistlichen Spiel auch eine „in Szene gesetzte Predigt" gesehen hat.
Das mittelalterliche geistliche Spiel ist nicht mit dem neuzeitlichen Drama vergleichbar. Wo die göttliche Ordnung nicht in Frage gestellt wird und die Überzeugung von der Erlösungsbedürftigkeit des Menschen und vom Wirken der Gnade Gottes das Leben beherrschen, fehlen die Grundlagen einer tragischen Handlung. Dramaturgie und Konzeption folgen nicht den aristotelischen Forderungen (Einheit von Handlung, Ort und Zeit), sondern dem Prinzip der Veranschaulichung einer überzeitlichen Wahrheit.

Sein Ursprung ist auf den religiösen Kult zurückzuführen. Es entstand aus der Liturgie (kultische Gottesdienstgestaltung) ganz hoher kirchlicher Festtage. Die liturgischen Gesänge des Ostergottesdienstes boten die Möglichkeit zur dialogischen Ausgestaltung. Anfänglich wurde der Ostertropus (Texteinschub in den liturgischen Gesang) erweitert. Die *visitatio pulchri,* der Besuch des Grabes, ermöglichte es den Klerikern, die Auferstehung mit mimischen und dramatischen Mitteln zu veranschaulichen. Es entspann sich ein Dialog zwischen den drei, ihren Herrn suchenden Frauen und den seine Auferstehung verkündenden Engeln:

ENGEL: „Wen suchet ihr im Grab,
o ihr Christinnen?"
FRAUEN: „Den gekreuzigten Jesus,
den Nazarener, o ihr Himmlischen."
ENGEL: „Er ist nicht hier; er ist auferstanden,
wie er vorausgesagt hat.
Geht und verkündet, dass er auferstanden ist."

Die zuerst von Priestern im Altarraum vorgetragenen lateinischen Szenen wurden um Krämerszenen und um den Wettlauf der Jünger zum Grabe erweitert, sodass sie auch den Charakter der liturgischen Feier sprengten. Im 13. Jh. verlegte man das Schauspiel vom Kirchenraum auf den Marktplatz. Die neue „Bühne" bot die Möglichkeit, die Aufführungen mit weiteren volkssprachigen Spielszenen anzureichern und das Repertoire zu erweitern. Weihnachtsspiele, Fronleichnamsspiele, vor allem die Passionsspiele wurden in den Ablauf des Kirchenjahres integriert. Was am Anfang als lateinisch-liturgische Feier begann, führte über lateinische Spiele (*Ludus de Antichristo, Tegernseer Antichristspiel,* Mitte des 12. Jh.) zum volkssprachigen geistlichen Spiel des späten Mittelalters (*Osterspiel von Muri,* Mitte des 13. Jh.).

Die Inszenierung erfolgte auf einer Simultanbühne. Als Darsteller fungierten Kleriker, Patrizier und gebildete Bürger. Sie trugen zeitgenössische Kostüme, nicht historische. Die Texte wurden gesungen, Frauenrollen von Männern gespielt. Die geistliche Belehrung erfolgte direkt in Prologen, Zwischenreden und Schlusspredigten (→ S. 405 f.).

*Eine **Mysterienbühne** aus dem Spätmittelalter: Nachdem die Handlung von der Kirche auf den Marktplatz verlegt worden war, diente ein Holzgerüst als Simultanbühne, auf der alle Handlungsorte gleichzeitig aufgebaut sind. Himmel und Hölle sind mit Leitern erreichbar. Die Handlung bewegt sich zwischen diesen festen Schauplätzen, die Bühne symbolisiert die Ordnung der Welt. Ein Rector ludi, ein Spielleiter, eröffnet die Aufführung und beschließt sie mit ermahnenden Worten. Das Publikum umlagert das Spiel und hält engen Kontakt mit den Schauspielern.*

Alle theatralischen Mittel wie Gestik, Mimik, Musik, Tanz, Requisiten und Kulissen sorgten für eine eindrucksvolle Inszenierung. Besonders die Passionsspiele *(Benediktbeurer Passionsspiele)* kamen dem Realitätshunger der Zuschauer entgegen, zeigten sie doch drastisch das jammervolle Leiden und die bitteren Todesqualen Christi und die Rohheit der Schergen. Was die Gläubigen an den realitätsgesättigten Tafelbildern gotischer Altäre und den bunten Kirchenglasfenstern täglich sahen, vergegenwärtigte das geistliche Spiel auf dem Marktplatz. Das gesteigerte Frömmigkeitsverlangen verband sich mit einer sehr profanen Schaulust. Possenhaftes, Groteskes und Burleskes in Spiel und Kunst erfreute das Publikum. In dieser engen Verbindung von drastisch-realistischer Alltagsdarstellung und Heilsgeschichte erkennen wir eine treffende Selbstdarstellung der spätmittelalterlichen Stadtbewohner.
Die Reformation entzog dem geistlichen Schauspiel die liturgisch-heilsgeschichtliche Grundlage. Nur in den katholisch verbliebenen Territorien finden wir das geistliche Drama bis ins 17. Jh.

5.2 Das Fastnachtspiel

hat mit dem geistlichen Spiel manches gemeinsam: Beide werden von Laienschauspielern an einem realen Spielort aufgeführt und sind in den Ablauf des Kirchenjahres eingebunden. Die geistliche Dramatik verband religiöses Geschehen mit weltlichem Treiben und stand im Dienste einer universalen Wahrheit, während das Fastnachtspiel auf den rein diesseitigen stadtbürgerlichen Horizont beschränkt blieb. Die weltlichen Spiele kamen als Gebrauchsliteratur um 1430/40 in Mode. Hauptverbreitungsgebiet war der oberdeutsche Sprachraum. Die wichtigsten Zentren waren die Hansestadt Lübeck und die süddeutsche Handelsmetropole und Freie Reichsstadt Nürnberg.
Vor Beginn der Fastenzeit am Aschermittwoch hatten Kirche und Rat der Städte Lustbarkeiten aller Art gestattet. Neben Mummenschanz und Ausgelassenheit gehörten auch weltliche Spiele zum Treiben der tollen Tage. Spielgruppen mit vier bis zwölf Teilnehmern zogen von Gasthaus zu Gasthaus. Der Ausschreier (Herold, Vorläufer) kündigte ihr Erscheinen an : „Got gruß den wirt und sein gesind/ Und wen ich frolich hynnen find!/ Wer unsern Schimpf für gut wolt han (Wer unsern Scherz gut aufnehmen will)/ den wolt wir etwas horen lan,/ Und das doch nit zů geistlich wer." Dann wurden Tische und Stühle zur Seite gerückt („Stubenbühne") und das Spiel begann. Die Zuschauer waren in das Geschehen integriert, klatschten Beifall, warfen Zwischenfragen ein und lachten über gelungene Schimpfreden. Die Darbietung endete mit einem Umtrunk oder Tanz von Spielern und Publikum.
In der Frühzeit der Fastnachtspiele wurden komische Einzelvorträge nacheinander in Revueform geboten (Reihenspiele). Dann entstand der Typ des Handlungsspiels. Wechselrede und Streitgespräch schlossen sich zur dramatisch geformten Handlung zusammen. Auch Mischformen zwi-

schen Reihen- und Handlungsspiel waren üblich. Den Rahmen lieferten Gerichtsszenen und Streitgespräche.

Die Spiele kreisten um das Generalthema: der Spannung zwischen sexueller Lust und dem gesellschaftlichen Zwang zur Selbstbeherrschung. Liebesnarren, Potenzprotze, abgeblitzte Freier, sitzen gebliebene Jungfern, keifende Alte bevölkerten die Szenen. Die wichtigste Gestalt aber war der Bauer. Neidharts Dörperfigur lebt im Fastnachtspiel weiter. Die Städter schlüpften in die Rolle dieser Gestalt von ungezügelter Triebhaftigkeit. In ihrem Kostüm erlebten sie „Wunschvorstellung und Überlegenheitsgebärde" zugleich. Dementsprechend war die sprachliche Gestaltung: Worterotik, obszöne Bilder, beziehungsreiche Wortspiele, sexuelle Metaphorik sowie der gezielte Einsatz des Stichreims und der Knittelverse bewirkten ein befreiendes Lachen auf Kosten der Schwachen.

Die bedeutenderen Vertreter des Genres kamen aus Nürnberg: So der Büchsenmacher HANS ROSENBLÜT (1400–1470). Er führte dem Fastnachtspiel literarische Stoffe zu, liebte eine derb-humoristische Darstellung und nahm auch zu aktuellen Fragen in seinen Stücken kritisch Stellung *(Vom Papst, Kardinal und den Bischöfen)*. HANS FOLZ (1450–1515), der Barbier und Wundarzt, bevorzugte volkstümliche Stoffe *(Von dem König Markolfo)* und bemühte sich um einen strafferen Handlungsaufbau seiner Spiele. Als Meister des Fastnachtspiels gilt HANS SACHS (1494–1576). Der Schuhmachermeister befreite seine Stücke von Obszönitäten und entwickelte in den Gesprächs- und Handlungsspielen einen geschlossenen Aufbau. Er verstand sich stets als Anwalt der kleinen Leute. In seinen Spielen (*Der schwanger Pawer*, 1560, *Der farent Schueler ins Paradeis*, 1561, *Das heyz Eysen*, 1576) zeigte er die Folgen der Dummheit, der Leichtgläubigkeit und des Geizes. Als überzeugter Parteigänger der Reformation stellte er seine Kunst in den Dienst des neuen Glaubens.

6 Der Renaissance-Humanismus

6.1 Der italienische Humanismus

Italien, das neue geistige Zentrum Europas, löste im Spätmittelalter Frankreich als kulturelle Führungsmacht ab. Paris, die intellektuelle Metropole des Hochmittelalters, hatte seit dem Großen Schisma seinen Rang eingebüßt. Deutsche Studenten besuchten jetzt die italienischen Universitäten Bologna, Padua und Pavia um sich auf ihren künftigen Beruf als Juristen, Theologen und Ärzte im Dienste der Städte, Fürsten und Kirche vorzubereiten. In den Universitätsstädten Italiens begegneten sie einer neuen, in Deutschland bislang unbekannten geistigen Offenheit, dem Humanismus, der literarischen Bewegung der Renaissance (Renaissance-Humanismus).

Der Grundgedanke der Humanisten richtete sich gegen ständische Vorrechte und das Bildungsprivileg des Klerus. Im Mittelpunkt ihrer Betrachtung stand der Einzelne, das Individuum. Die Humanisten entwickelten eine neue Vorstellung vom Adel. Dieser beruhe nicht auf Geburt, sondern auf Leistung. Deshalb trat für sie der Adel der Persönlichkeit an die Stelle des Geburtsadels; Autoren zählten sich jetzt zum Literaturadel *(nobilitas literaria)*.

Von allen Fähigkeiten des Menschen ist seine Sprache die größte. Sie auszubilden und voll zu entwickeln galt als die vornehmste Aufgabe humanistischer Bildung. Die Humanisten orientierten sich an der einstigen Größe des römischen Imperiums und an den Werken antiker Schriftsteller, denen sie absolute Vorbildhaftigkeit zusprachen. Sie fungierten als neue, der kirchlichen Autorität entgegengesetzte Instanz, als Leitbild der neuen Bewegung.

Italienische Humanisten. FRANCESCO PETRARCA (1304–1374) gilt als der „Vater des Humanismus". Dieser Intellektuelle führte als Erster das Leben eines *homo litteratus*, eines Schriftstellers also, der schreibt, einfach weil er schreiben kann. Die Beredsamkeit (Eloquenz) trat an die Spitze der humanistischen Bildung. „Uns gilt Beredsamkeit mehr als das Leben und mehr als die Tugend das Studium des Altertums" (Petrarca). Petrarcas große europäische Wirkung in den folgenden Jahrhunderten brachte die Lyriksammlung *Canzoniere* (1327–1370), darin vor allem seine Sonette an die Geliebte Laura. Liebe ist für Petrarca ein Paradoxon, das sich einer eindeutigen gestalterischen Fixierung entzieht; sie ist die Quelle allen Glücks und Ursache allen Elends. Die verschiedenen Stadien der Liebe registriert er minu-

tiös und liefert mit seinem Sonettzyklus das feine Psychogramm eines Zerrissenen, von Melancholie Heimgesuchten. Sein *Canzoniere* wurde zum Kultbuch europäischer Lyriker.
Ein Zeitgenosse und Freund Petrarcas war der Florentiner Kaufmannssohn GIOVANNI BOCCACCIO (1313–1375). In seiner berühmte Novellensammlung *Il Decamerone* (*Das Dekamerone,* 1349) schuf er das erste bedeutende Prosawerk der italienischen Sprache. Die strenge Komposition dieser Geschichten machte ihn zum Ahnherrn einer neuen literarischen Gattung: der Novelle.

6.2 Der deutsche Humanismus

Der Prager Frühhumanismus. Der italienische Humanismus griff auch auf den Raum nördlich der Alpen über. In Deutschland fand er zuerst eine Heimstätte am Hofe KARLS IV. (1316–1378) in Prag. Der Kaiser machte Böhmen zum Kernland des Reiches und seine Residenzstadt zum kulturellen Mittelpunkt. So zog er Gelehrte und Literaten an seinen Hof und gründete 1348 die erste deutsche Universität. Kanzler JOHANN VON NEUMARKT (1310–1380) machte sich als Übersetzer lateinischer Texte einen Namen und trat besonders als Verfasser eines mustergültigen, lateinische und deutsche Brief- und Urkundenentwürfe enthaltenden *Formelbuches* hervor, das rasch weite Verbreitung fand und wesentlich zur Vereinheitlichung der Kanzleisprache beitrug.
In den Kreis um Johann von Neumarkt gehört auch der bedeutendste Autor dieses Prager Frühhumanismus: JOHANNES VON TEPL (1350– um 1414). Er wirkte in der böhmischen Stadt Saaz als Notar, Stadtschreiber und Rektor der Lateinschule. Mit seiner Prosadichtung *Der Ackermann aus Böhmen* (um 1401) schuf er ein Meisterwerk des böhmischen Frühhumanismus in frühneuhochdeutscher Sprache.
Anlass zu diesem Dialog gab vermutlich der Tod seiner ersten Frau Margarethe. Der Saazer Stadtschreiber griff zur Form des mittelalterlichen Streitgesprächs, in dem er die beiden dialektisch aufeinander bezogenen Figuren, den Ackermann als Kläger und den Tod als Beklagten, ihre Argumente in 32 rhetorisch ausgefeilten Reden entwickeln lässt. Der Sensenmann verweist ungerührt durch das persönliche Schicksal des Witwers auf seine ihm in der Schöpfung zugewiesene Ordnungsmacht. Bald ironisch, bald scharfzüngig polemisiert er gegen das Glücksverlangen des Menschen. Mit seiner Behauptung, „das leben ist durch sterben willen geschaffen“, entwertet er radikal das Streben des Menschen nach einem sinnerfüllten Dasein. Der Ackermann hingegen ist zutiefst verstört durch den Tod seiner über alles geliebten Ehefrau. Von seinen Gefühlen überwältigt, gelingt es ihm nur langsam, Trauerarbeit zu leisten und sich schließlich mit dem Verlust abzufinden. Mit einem Schlussgebet, in dem der Ackermann nach einem Lobpreis Gottes seine Frau dem Schöpfer empfiehlt, endet das Streitgespräch.
Dem Saazer Stadtschreiber stand die reiche literarische und philosophische Tradition des Mittelalters zu Gebote. Jeder Satz seiner Rede ist bewusst durchmodelliert, jede Stilfigur auf ihre Wirkung hin geprüft und sicher in das sich entwickelnde Gespräch eingeschmolzen, befreit von den Schlacken seiner Herkunft. Was das Neue dieses Streitgesprächs ausmacht, ist erst aus dem Verlauf der Auseinandersetzung zu erkennen. Im Plädoyer des Ackermanns fehlen das Sündenbewusstsein, der Hinweis auf die Kirche als heilsvermittelnde Institution und der Gedanke der Erlösungsbedürftigkeit des Menschen. Das im Laufe des Gesprächs gewonnene Selbstwertgefühl des Klägers lässt ihn umso bohrender fragen. Das Jenseits wird nicht geleugnet, doch seine ungeteilte Aufmerksamkeit gilt dem Diesseits und seiner hohen Wertschätzung. Trotzdem ergibt er sich in den Willen Gottes. Den hohen literarischen Rang dieses Textes begründet die Einheit von intensiver Problemdarstellung und einer makellosen, an lateinischen Mustern geschulten Kunstprosa.
Der Prager Frühhumanismus blieb eine Episode. Die hereinbrechenden Hussitenkriege (1419 bis 1434) und der Wechsel der Kaiserkrone von den Luxemburgern zu den Habsburgern bereiteten ihm ein Ende.

Die Rezeption des Humanismus in Deutschland erfolgte unter Voraussetzungen, die von denen in Italien grundverschieden waren. Die von dort heimkehrenden Studenten trugen mit den Klassikerausgaben und Grammatiken lediglich das Sprachwissen zurück. Der urbane Renaissancegeist italienischer Stadtrepubliken blieb ihnen verschlossen. Im Norden herrschte allenthalben eine religiöse Atmosphäre: Mystik und Laien-

frömmigkeit hatten die individuellen Erfahrungen vertieft und die persönliche Religiosität gesteigert. Wonach man sich sehnte, war nicht persönliche Freiheit und ungehemmter Daseinsgenuss, sondern die Kirchenreform.
Als Einfallspforte für den Humanismus kamen die neu gegründeten Universitäten in Frage. Die Humanisten waren eine mobile Gruppe, die von Universität zu Universität wanderte. Diese „Wanderhumanisten" standen untereinander in regem Briefwechsel, tauschten Werke und edierten gefundene Handschriften. Erst unter dem kaiserlichen Mäzen Maximilian I., der sich mit der autobiografisch-allegorischen Versdichtung *Theuerdank* selbst literarisch versuchte, hatte sich ein einheitliches Gruppenbewusstsein unter den Vertretern der neuen Geistesrichtung herausgebildet.

Literaturformen der Humanisten standen ganz im Dienste ihrer Ideen. Sie liebten über alles die neulateinische Sprache, in der sie ihre Gedanken formulierten. Es wäre ihnen nicht in den Sinn gekommen, sich der Volkssprache *(barbarus sermo)* zu bedienen. Sie bevorzugten die Briefform, das Gespräch, Prosadialog, Satire, Streitschrift und den Sendbrief, verfassten Elegien, Oden und schrieben Komödien (Humanistendrama →S. 83).

Humanisten als Übersetzer neulateinischer Werke verfolgten das Ziel moderne italienische Autoren den deutschen Lesern vorzustellen und gleichzeitig die Literaturfähigkeit der frühnhd. Sprache durch die lateinische Eloquenz zu stärken ohne ihre Eigenstruktur zu verändern. Der Esslinger Stadtschreiber NIKLAS VAN WYLE (1415 bis 1479) übertrug Boccaccio-, Piccolomini- und Petrarca-Texte. Dabei ließ er sich von der Überzeugung leiten, dass eine Wort-für-Wort-Übertragung am zweckmäßigsten sei. Dagegen glaubte der Ulmer Stadtarzt HEINRICH STEINHÖWEL (1412–1475), sein Versuch Boccaccio-Novellen und Äsop-Fabeln einzudeutschen, komme dem Original am nächsten, wenn er „schlecht (einfach) und verstentlich getütschet, nicht wort uß wort, sunder sin uß sin (sinngemäß)".
Diesen literarischen Einbürgerungsversuchen war jedoch kein Erfolg beschieden. Zu stark war das Denken des spätmittelalterlichen Bügertums religiös vorgeprägt, als dass es mit diesen heiter-frivolen, erotisch-freizügigen Erzählungen aus dem Süden hätte etwas anfangen können. Auf Grund ihrer geringen Resonanz wandten sich die Humanisten deshalb umso intensiver philologischen und poetologischen Problemen zu und begannen sich gegenüber der bürgerlichen Gesellschaft abzuschotten.

Humanisten als Philologen und Dichter. Einer der vielseitigsten unter den deutschen Humanisten war CONRAD CELTIS (1459–1508). Dieser Erzhumanist schrieb nach horazischem Vorbild Oden an Apoll, entdeckte die Dramen der Hrotsvit von Gandersheim (→ S. 19) und edierte Tacitus' *Germania.* Er gilt als „der bedeutendste deutsche neulateinische Dichter der vorreformatorischen Zeit". Celtis verfolgte ein ehrgeiziges Kulturprogramm: Mit Hilfe antiker Studien wollte er die Vorherrschaft des Klerus brechen, dessen korrumpiertes Latein durch ein reines zu ersetzen sei. Getrieben von der Liebe zu Literatur und Vaterland *(amor litterarum et patriae)* sollten die Deutschen durch antike Studien die kulturelle Vorherrschaft anstreben. Als Einziger forderte er den organisatorischen Zusammenschluss der humanistischen Einzelgänger in „Sodalitäten" (Gesellschaften) nach dem Vorbild der florentinischen Akademie um ihnen eine größere öffentliche Wirksamkeit zu sichern.

Der Pforzheimer JOHANNES REUCHLIN (1455–1522), Jurist im Dienste der Herzogs von Württemberg, begründete mit seiner Komödie *Henno* (1477) das humanistische Schultheater (→ S. 83). Engagiert widmete er sich seinen philologischen Studien: „Die Ursprache jedes Werkes ist süß; und Wein, der mehrmals aus dem Fasse in ein anderes gegossen wird, verliert an Vortrefflichkeit." Um den unmittelbaren Eindruck antiker Schriften beim Leser zu sichern verfasste er ein lateinisches Wörterbuch (1475) und eine griechische Grammatik (1478). Reuchlin befürchtete, die Judenverfolgungen seiner Zeit könnten die hebräische Sprache in ihrer Existenz gefährden. Sein philologischer Spürsinn trieb ihn zurück zum Urtext des *Alten Testaments*: „Wenn ich hebräisch lese, ist es mir, als sähe ich den redenden Gott vor mir." Aus Sorge um den Verlust dieser Sprache verfasste er die erste hebräische Grammatik in lateinischer Sprache *De rudimentis hebraicis, Über die Anfangsgründe der hebräischen Sprache,* 1506, um den lateinkundigen Christen den unmittelbaren Zugang zur Bibel zu eröffnen. So wurde der schwäbische Humanist zum Begründer der Hebraistik in Deutschland. Mit seiner bahnbrechenden Leistung geriet er unbeabsichtigt in den berühmtesten Gelehrtenstreit seiner Zeit: in den Reuchlin-Pfefferkorn-Konflikt.

Die Dunkelmännerbriefe. Der konvertierte Jude PFEFFERKORN forderte die Einziehung sämtlicher religiöser Schriften seiner einstigen Glaubensbrüder. 1509 erhielt er vom Kaiser ein Mandat zur gewünschten Beschlagnahme. Reuchlin lehnte diese Maßnahme als Gutachter ab und geriet mit Pfefferkorn, der von den Kölner Dominikanern unterstützt wurde, in einen Streit, der ihm einen Ketzerprozess eintrug. Um seine weltweite Unterstützung durch Humanisten zu demonstrieren veröffentlichte er 1514 *Die Briefe berühmter Männer (Clarorum virorum epistolae).* Zu Reuchlins Verteidigung griffen die humanistischen Freunde Crotus Rubeanus und Ulrich von Hutten zu einem satirischen Mittel besonderer Art: Sie attackierten die Dunkelmänner *(viri obscuri)* nicht von außen, sondern von innen, indem sie fingierte Vertreter dieser Gelehrtenzunft in einem erbärmlichen Mönchslatein Briefe schreiben ließen, die ihre Engstirnigkeit und Unwissenheit sowie ihren unmoralischen Lebenswandel dem Spott der Zeitgenossen auslieferten. Die mimetische (nachahmende) Satire benutzten Humanisten auch in der Publizistik der Reformationszeit als wirksame Waffe.

Dass die Satire der *Dunkelmännerbriefe* so aggressiv und entlarvend ausfiel, war zum gut Teil ULRICH VON HUTTEN (1488–1523) zuzuschreiben. Der reichsfreie Ritter kämpfte mit den Mitteln der Publizistik für eine Kirchen- und Glaubenserneuerung. Furchtlos führte er seine literarischen Fehden gegen Fürsten, Klerus und Rom und als engagierter Publizist focht er für die Sache Luthers und der deutschen Nation. Seine humanistische Bildung stellte er ganz in den Dienst seiner politischen und religiösen Agitation. Mit Klageschriften, Sendbriefen und anspruchsvollen Prosadialogen griff er in die Auseinandersetzungen ein, benutzte die Volkssprache um noch mehr Leser zu erreichen. Das Grundanliegen des Humanismus: die Selbstverwirklichung des Menschen, war für diesen streitbaren Literaten nur in einem tätigen Leben *(vita activa)* möglich, in dem er kompromisslos seinen Überzeugungen folgte: „Alle Mühe werde ich darauf verwenden, dass ich jederzeit Hutten sei und nie als Verräter meiner selbst erscheine.“

6.3 Erasmus von Rotterdam – vernunftbegabte Frömmigkeit

Vernunftbestimmte Frömmigkeit. Die alle überragende Leitgestalt des europäischen Humanismus war ERASMUS VON ROTTERDAM. Von Toledo bis Krakau, von London bis Rom wurden seine in einem nuancenreichen, eleganten Neulatein verfassten Schriften von einem gebildeten europäischen Publikum gelesen. In den konfessionellen Auseinandersetzungen seiner Zeit versagte sich der kluge Gelehrte eine einseitige Parteinahme, was ihm von beiden Seiten sehr verübelt wurde. „Erasmus war der erste Mensch, der unabhängig

***Erasmus von Rotterdam** auf einem Gemälde des befreundeten Hans Holbein d.J. (1497–1543) aus dem Jahre 1523. Es zeigt den Gelehrten im Profil bei einer für ihn charakteristischen Tätigkeit: Er schreibt (den Anfang der Paraphrase, der freien Übertragung des Markusevangeliums). Die feinen, gesammelten, von einem leicht ironischen Lächeln umspielten Gesichtszüge verraten etwas von der Souveränität seines urbanen Geistes.*

von Fürsten, Kirche, Universitäten, von Staat und Konfession, nur von seiner Arbeit lebte: für sein Werk, das für alle gedacht war“ (Fr. Heer).

Erasmus wurde als Sohn eines Priesters und einer Arzttochter 1466 in Rotterdam geboren. Während seines Studiums prägte ihn entscheidend die *devotio moderna*, die niederdeutsche Frömmigkeitsbewegung. Zuerst war er Sekretär des Bischofs von Cambrai. Dann studierte er an der Sorbonne (1494–1499). In England schloss er Freundschaft mit Sir Thomas Morus, dem Lordkanzler, Humanisten und Verfasser des Staatsromans *Utopia*. Von 1506 bis 1509 hielt sich Erasmus in Italien auf. Anschließend weilte er wieder in England, wo er in Cambridge zeitweise Griechisch lehrte. 1521 ließ er sich in Basel, der europäischen Metropole der Buchdruckerkunst, nieder. 1536 starb er im Hause seines Basler Druckers, Verlegers und Freundes Johann Froben.

Dieser urbane Geist war zutiefst davon überzeugt, dass Frömmigkeit und Bildung, Gebet und Erkenntnis, biblische Offenbarung und heidnische Philosophie keine Gegensätze darstellen. Vielmehr glaubte dieser gelehrte, fromme Christ mit Hilfe von Vernunft und Wissenschaft und durch eine tolerante Lebenspraxis eine religiöse Reform herbeiführen zu können. Diesem „erasmischen Lebensideal“ diente seine gesamte publizistische und wissenschaftliche Tätigkeit.

In den *Adagiorum Collectanea* (1500) sammelte er antike Sprichwörter und Redensarten und aktualisierte sie mit Essays über zeitkritische Fragen. Im *Enchiridion militis christiani* (1503), dem *Handbüchlein des christlichen Streiters*, verwarf er Dogmen und äußere Werke und wies den Weg zu Bildung und verinnerlichter Frömmigkeit mit Hilfe der Heiligen Schrift.

Die Grundlage für ihr Verständnis ist die Kenntnis Platons und der Kirchenväter. Als seine philologische Meisterleistung ist die Herausgabe des *Neuen Testamentes* anzusehen. Erasmus benutzte den griechischen Urtext, rekonstruierte die verschiedenen Lesarten der Bibel, verarbeitete frühere Exegesen (Auslegungen) in den *Annotationes* (Anmerkungen) und stellte so mit seiner Textausgabe die Bibelexegese auf eine neue, sichere Grundlage. Die Herrschaft der systematischen Theologie musste einer auf dem unmittelbaren Wort der Heiligen Schrift fußenden biblischen Gotteslehre weichen. Ohne diese bestechende Leistung hätte es die reformatorische Wende zum reinen Bibelwort nicht gegeben.

Neben seiner editorischen und philologischen Arbeit vergaß Erasmus nicht die harte Lebensrealität und die Macht irrationaler Kräfte. Das im Hause Thomas Morus' geschriebene *Encomium Moriae* (*Lob der Torheit*, 1511) ist das klassische Werk der Narrensatire des 16. Jh. Erasmus griff entscheidende Anregungen Brants auf, doch löste er das Narrenthema aus seiner einseitig moralistischen Funktion. Der überlegene Skeptiker bediente sich weder des Lehrgedichts wie Brant noch der Kampfschrift wie Murner, sondern ironisch der lateinischen Lobrede *(Encomium)*. Im Wandel der Form äußert sich der Wandel der Narrenidee: Die Göttin der Torheit preist alles Widervernünftige, Leidenschaften und Triebe und deutet Schwächen und Laster geistreich-polemisch als positive, lebensfördernde Kräfte. Auf hochbewusstem Niveau reflektiert der Geist ironisch über sich selbst und wird sich seiner Zwiespältigkeit und Problematik bewusst. Der gelehrte Narr steht im Mittelpunkt der Satire. Wer fraglos der Allmacht der Vernunft vertraut ohne die Macht des Irrationalen zu kennen, ist ein Narr. So wird das Lob der Narrheit zum großartigen Versuch „die Torheit als ein irrationales Element des Weltlaufs zu begreifen und von da aus sie vernünftig anzusehen, damit sie auch uns vernünftig ansehe“ (P. Joachimsen). Letzten Endes spricht aus dieser Satire der Glaube an die Macht der Vernunft und insgeheim das Vertrauen in die Einsichtsfähigkeit und Erziehbarkeit des Menschen (Erasmus: „Der Mensch wird nicht geboren, sondern erzogen“).

Erasmus war auch der Mann der selbstkritischen Auseinandersetzung, des Gesprächs mit Freunden und Gegnern. Eine weit reichende Wirkung bis in die Aufklärungszeit hinein hatten seine *Colloquia familiaria* (*Vertraute Gespräche*, 1519). Diese vertraulichen Gespräche enthalten geistreich-satirische Dialoge über Lebensfragen seiner Zeit. Sie sind ein Muster urbaner Auseinandersetzung und zeigen die weltoffene Frömmigkeit des Humanisten. Erasmus' Waffen waren der wissenschaftliche Kommentar, ätzende Satire und Polemik, aber auch die Ironie, mit denen er Dummheit und Fanatismus bekämpfte. In seiner gegen Luther gerichteten Abhandlung *De libero arbitrio diatribe* (*Über die Freiheit des Willens,* 1524) verfocht Erasmus das humanistische Ideal der freien Persönlichkeit gegen reformatorische Schwärmerei. Zeitlebens war der große Moralist ein engagierter Pazifist. In der Schrift *Querela pacis* (*Klage des Friedens,* 1517) zeigt er, dass es ohne Friede keine Menschlichkeit gibt. Deshalb kämpfte er gegen den Krieg, („Dulce bellum inexperto" – süß ist der Krieg dem Unerfahrenen) und die radikalen Ansprüche der Orthodoxien, den Totengräbern eines friedlichen Zusammenlebens.

Humanismus und Frauenemanzipation. Die Forderung der Humanisten, die eigene Persönlichkeit durch das Studium der antiken Schriften voll zu entfalten, proklamierten sie auch für die Frau. Agrippa von Nettesheim (1486–1535) forderte als Erster ihre Gleichstellung in seinem Traktat *De nobilitate et praecellentia foeminei sexus* (*Über die Würde und Vortrefflichkeit des weiblichen Geschlechts,* 1509). Gegen theologische Vorurteile vertrat er das Recht der Frau auf Studium und Gelehrsamkeit. Den großen humanistischen Gegenentwurf zum traditionellen Rollenverständnis der Frau lieferte Erasmus mit dem in den *Colloquia* enthaltenen Dialog *Abbatis et Eruditiae,* einem Streitgespräch zwischen einem reaktionären Abt und einer gelehrten Frau. „Dieses geschliffene Meisterwerk humanistischer Argumentationskunst ist ein Schlüsseltext zur Frauenfrage im 16. Jahrhundert" (U. Hess). Voraussetzung für die Emanzipation war auch für die Frau die Beherrschung der lateinischen Sprache, die ihr den Zugang zur literarischen Gesellschaft *(res publica litteraria)* ermöglichte. Als voll emanzipierte Frauen im Sinne des Humanismus galten die Schwestern des Nürnberger Patriziers und Humanisten Willibald Pirkheimer, Caritas und Clara, sowie die Gattin des Augsburger Humanisten Konrad Peutinger, Margarete, geborene Welser: Frauen, die im regen Briefwechsel mit ihren humanistischen Freunden standen und an den regen Diskussionen der Zeitfragen teilnahmen.

In krassem Gegensatz zu diesen emanzipatorischen Bestrebungen der Humanisten stand der immer stärker um sich greifende Aberglaube. Die Frau wurde in diesen Jahrzehnten nicht mehr als Herrin *(frouwe)* oder als Mystikerin geschätzt; es entstand jetzt neben den Juden ein neues Feindbild einer Gesellschaft voller Ängste: die Frau als Hexe. Die beiden dominikanischen Großinquisitoren Jacob Sprenger und Heinrich Institoris veröffentlichten 1487 den *Malleus Maleficarum,* den *Hexenhammer,* eine Enzyklopädie des sexuell krankhaften Wahnsinns, die den Hexenmeistern zweieinhalb Jahrhunderte als Handbuch für ihre grausamen Folterungen und Hinrichtungen Unschuldiger diente.

7 Die Satire im Spätmittelalter

Der Narr als negatives Zeitsymbol. Im Spätmittelalter und im 16. Jh. hatte die Satire Hochkonjunktur in unserer Literatur. In Schwänken, Fastnachtspielen (→ S. 66), in drastischen und burlesken Szenen des Geistlichen Spiels (→ S. 65), in den *Dunkelmännerbriefen* (→ S. 70) war der satirische Geist am Werk. Eine neue literarische Figur bereicherte die Satire um 1500: der Narr. Dieser ist nicht mit Shakespeares Narren im *King Lear* vergleichbar, dem Weisen, der in einer Welt voll Toren über Glanz und Elend des Menschen philosophiert. Sein Vorläufer war vielmehr der Hofnarr des Mittelalters, jene Kontrastfigur zum weisen Herrscher, die den König ständig an seine Gefährdungen durch Hochmut und Unglauben erinnerte. Die neue Narrenfigur wurde zur Symbolgestalt einer aus den Fugen geratenen Welt. Das spätmittelalterliche Stadtbürgertum quälten Zukunftsängste und es besaß noch keine sichere Identität. Der Narr erfüllte eine pädagogische Aufgabe: die Menschen zur Selbstprüfung und Selbsteinkehr zu führen. Vornehmlich im Elsass, in einer literarischen Zentrallandschaft des 16. Jh., schufen humanistisch gebildete Zeitkritiker ihre moralsatirischen Werke.

Sebastian Brant (1457–1521), der Straßburger Gastwirtssohn, war Rechtsprofessor in Basel, ehe er als Stadtschreiber ab 1503 in seiner Heimatstadt bis zu seinem Tode wirkte. Dieser elsässische Humanist bündelte die moralsatirischen Tendenzen seiner Zeit in der Figur des Narren, des unwissenden Sünders, der im Zustand der sittlichen Verwirrung handelt. Auf diese Weise begründete Brant die Narrensatire.

Die in Reimpaarversen verfasste Moralsatire *Das Narrenschiff* (1494) enthält einen Zyklus von sachlich-knappen, lehrhaft-trockenen Straf-

Der Holzschnitt zeigt ein Schiff mit gestuftem Heckaufbau. Das Loch für das Steuerruder ist leer. An Stelle des Mastes hält ein Narr eine Fahne mit dem Narrenporträt und der Aufschrift Doctor Griff. Das Schiff ist vollgepackt mit Narren.
Zwei Gestalten halten Marotten (Narrenkeulen), Symbol der Selbstgefälligkeit. Das Spruchband in der rechten, oberen Bildecke zeigt das Reiseziel Narragonien. Das in das Titelblatt einmontierte Zitat Gaudeamus omnes, ein Tropus des Allerheiligenfestes, parodiert die Liturgie als Fest aller Narren.
*Steuer- und bewegungslos ist das **Narrenschiff** den Unbilden des Meeres ausgeliefert. Es symbolisiert den Zustand einer glaubenslosen, rein dem Diesseits verfallenen Menschheit. Es ist eine Allegorie der verweltlichten Kirche (Sant Peters schyfflin) am Vorabend der Reformation.*

reden, die er übersichtlich gliederte: Motto, Holzschnitt, Text. Im Bild des Narrenschiffs verband der Satiriker die neue Narrenidee mit der uralten Schiffsmetapher zum einprägsamen Zeitsymbol. Das Werk, der Bibel und Juvenals altrömischer Satire verpflichtet, wurde bald ins Lateinische, Englische, Französische und Niederländische übersetzt und erwies sich als der erste Bestseller der deutschen Literatur vor Goethes *Werther*, nicht zuletzt deshalb, weil Brant jeder Strafrede einen kunstvoll-realistischen Holzschnitt beifügte. Es gilt heute als sicher, dass zwei Drittel der Illustrationen vom jungen Dürer stammen. Diese enge Text-Bild-Kombination erhöhte die Attraktivität des Buches. Wie Erasmus in seinem *Lob der Torheit* (→ S. 71) appellierte der Straßburger Humanist an Vernunft *(ratio)* und Weisheit *(sapientia)*, glaubte an die Umkehr des Menschen durch Einsicht in seine Torheiten und durch Selbsterkenntnis.

Der streitbare Straßburger Franziskaner THOMAS MURNER (1475–1537) übernahm Brants Narrenfigur, verwarf jedoch dessen rationales Verfahren. Nicht Wertblindheit, sondern Wertfeindschaft zeichnet den Murnerschen Narren aus. An die Stelle des Uneinsichtigen, Unvernünftigen tritt der berechnende Egoist, der die Macht des Geldes schätzt und an die Käuflichkeit aller Dinge glaubt. In der *Narrenbeschwörung* (1512), einer Schelt- und Tadelrede in Reimpaarversen, betrachtet er die Narrenexistenz aus satirischer Perspektive. Der Schelm ist nach dem Verständnis der Zeit ein Bösewicht, der mit falscher Zunge spricht. Die *Schelmenzunft* (1512) behandelt die verschiedenen Formen des Sprachmissbrauchs in der Alltagsrede wie etwa Klatschen, Schmeicheln, Prahlen, Verleumden. Den erotischen Wahn der Gäuche, der Liebesnarren, verspottet der Bußprediger in der Schrift *Die geuchmat* (1517). In seinem bedeutendsten satirischen Werk *Von dem großen lutherischen Narren* (1522) zieht er alle Register seiner „schympfred". Als Verteidiger der alten Kirche erkennt er sehr klar das weltverändernde Prinzip der Reformation, das die bisherige Lebensordnung zerstört. Der Narr, das ist für ihn der sich autonom erklärende Mensch, der den archaisch-dämonischen Kräften in sich selbst die Herrschaft überlässt. Bei Murner hat der Narr die Stelle des Teufels eingenommen. Kurz nach ihrem Erscheinen beschlagnahmte der protestantische Rat der Stadt Straßburg die Schrift, sodass sie keine Breitenwirkung mehr entfalten konnte (→ S. 81).

Die Satiriker diagnostizierten mit der Narrenfigur zwar den moralisch krisenhaften Zustand der vorreformatorischen Gesellschaft, aber für die tieferen Erschütterungen der anbrechenden Reformation boten die in den katalogisierten Schwächen und Sünden enthaltenen indirekten Hinweise auf sittliche Ideale kein richtungweisendes Leitbild mehr.

Der Schalksnarr ist eine andere Spielart der Narrenfigur. Diese neu geprägte satirische Gestalt erfreute sich im 16. Jh. großer Beliebtheit. In unseren Kinderbüchern wird der Schalk trivialisiert und als spitzbübisch-pfiffiger Schelm gesehen. Seine ursprüngliche Gestalt aber war von anderem Zuschnitt. Der zeitgenössische Prediger Geiler von Kaysersberg definierte ihn wie folgt: „der heisset ein schalk *(homo nihil)* den man dannen oder neben usz schaltet, dernüt wert, noch nyenen zu nütz ist. ein unmensch.“

Hermann Bote (etwa 1467 – um 1525), Braunschweiger Zollschreiber, Autor von Chroniken und einer Sprichwortsammlung, gilt heute als der Verfasser des Volksbuchs *Ein kurtzweilig Lesen von Dyl Vlenspiegel* (*Till Eulenspiegel,* 1515). Als Stadtschreiber selbst von den Zünften mehrmals seines Amtes enthoben, kannte er die Charakterschwächen seiner Mitbürger nur zu gut.
Ulenspiegel, der Schalk als Narr und der Narr als Schalk, ohne Stand, Beruf und Heimat, steht als Handelnder im Zentrum von Botes 95 Historien. Der Außenseiter aus dem Geschlecht der Gaukler und Spielleute führt seine Streiche gegen alle Schichten der Gesellschaft: gegen Pfaffen und Mönche, Kaufleute, Wirte und Bauern und vorzugsweise gegen Handwerker. Ulenspiegel ist ein negativer Typ: amoralisch, gerissen, rachsüchtig, stets auf seinen Vorteil bedacht verfolgt er skrupellos seine Ziele. Immer bleibt er Sieger, weil er mit Witz und Einfallsreichtum handelt und seine Taten sich der Berechenbarkeit entziehen. Er kennt Verhaltensweisen und Mentalität seiner Opfer, weiß im Voraus die Reaktionen der in ihren Konventionen und hierarchischen Denkweisen Befangenen abzuschätzen, passt sich ihren Überzeugungen und Absichten scheinbar an und führt sie so aufs Glatteis. Seine Absicht ist es, zu verblüffen und Verwirrung zu stiften. Dies gelingt ihm vorzüglich mit seiner Technik des bewussten Missverstehens. Damit übertölpelt er seine Herren, indem er die Einheit von Gesagtem und Gemeintem aufbricht. Mit dem Wörtlichnehmen von Metaphern und Redensarten entlarvt er die vermeintliche Überlegenheit sozial Höherstehender als nichtig.
Bote zeichnete scharf und eingängig das Bild einer verkehrten Welt. Sein *Ulenspiegel* präsentiert ein „Panorama von Dummköpfen“, zeigt, wie aus „Schafen schlaubissige Wölfe“ werden. Das konnte nur gelingen, weil die Genarrten selbst dem krassen Egoismus verfallen waren. Die Beliebtheit der Narrengestalt im 16. Jh. entsprang dem Bedürfnis der Menschen in der immer repressiver werdenden Gesellschaft des frühneuzeitlichen Konfessionsstaates im Schalksnarren nicht den Bösen zu sehen, sondern den Gegner der Ordnung, ein Symbol ungezwungener Freiheit.

V
Die Literatur im Zeitalter der Reformation
1520–1600

1 Panorama

1.1 Deutschland beim Ausbruch der Reformation

Die Reformation bildet einen tiefen Einschnitt in die Geschichte Europas. Mit ihr ging das Mittelalter zu Ende. Doch die religiöse Urkraft Luthers bestimmte noch einmal ein ausgeprägt religiöses Zeitalter, in dem Glaubensfragen das ganze Leben beherrschten. Die Reformation war keine Bewegung einer Schicht oder eines Standes, sondern eine Angelegenheit aller und überdies ein Sprachereignis ersten Ranges. Die Volkssprache übernahm zwei neue Aufgaben: Sie wurde Sakralsprache und diente als publizistische Waffe in den Auseinandersetzungen der Parteien. Erst das Zusammenwirken gleichgerichteter sozialer und politischer Tendenzen ermöglichte und beschleunigte diese religiöse Revolution. Ihre Folgen bestimmen noch die Gegenwart.

Die politische Situation im Reich. Zu Beginn des 16. Jh. stand die Politik in Deutschland vor großen Entscheidungen. Nach Kaiser Maximilians I. Tod (1519) erhoben Habsburger und Bourbonen gleichermaßen Anspruch auf die Kaiserkrone. Diese Konstellation verschaffte den deutschen Kurfürsten eine entscheidende Position im Kräftespiel der internationalen Politik. Nach der Wahl Kaiser Karls V. verpflichteten die Reichsfürsten den jungen Kaiser in einer Wahlkapitulation auf eine verfassungsmäßige Regierung im Reich (keine Reichsacht ohne Verhör und Zustimmung der Reichsstände). Dieser Umstand begünstigte die Ausbreitung der Reformation, mit der verschiedene Fürsten ihre egoistischen Ziele verfolgten. Hinzu trat eine explosive soziale Situation.

Bauern – Städter – Ritter. Die wirtschaftliche Lage der Bauern war unhaltbar geworden. Die Agrarkrise des ausgehenden 15. Jh. sowie der erstarkende Handelskapitalismus ließen die Feudalherren um ihre Privilegien fürchten. Sie erweiterten ihre Befugnisse als Grund-, Leib- und Gerichtsherren, pressten die Bauern zu Frondiensten, beschnitten ihre Nutzungsrechte und trieben sie in eine vertiefte Abhängigkeit um den Zerfall der eigenen Macht zu verhindern. In den Städten wuchsen die sozialen Konflikte zwischen reichen Patrizierfamilien, den in den Zünften organisierten Handwerkern sowie den Dienstleuten und gefährdeten den inneren Frieden der Gemeinwesen. Die Reichsritterschaft, d. h. der reichsfreie Niederadel, befand sich bei Ausbruch der Reformation in einer tiefen Funktions- und Legitimationskrise. Die neue Kriegstechnik der Landsknechte machte sie überflüssig. Der frühmoderne Staat entwand ihnen ihre Herrschaftsrechte. So richtete sich ihr Hass besonders gegen die geistlichen Fürsten, die sie beerben wollten.
Am Vorabend der Reformation bildeten die drei Gruppen ein unberechenbares Protestpotential. Aus ihnen rekrutierten sich die Anhänger der neuen Lehre.

Volksfrömmigkeit und Kirchenkritik. Die vorreformatorische Frömmigkeit äußerte sich in einer gesteigerten Heilssehnsucht. Hinter Massenwallfahrten, Prozessionen, Stiftungen, Heiligenverehrungen, Wunderglauben und Reliquienkult verbarg sich eine tiefe religiöse Not. Die existentielle Angst des spätmittelalterlichen Menschen vor Strafe und Verdammnis ließ das Ablasswesen blühen und führte zum Ablasshandel. Dabei suchten die Gläubigen den Heilsbesitz durchaus innerhalb der Kirche. Doch diese versagte. Die Kritik an ihren Repräsentanten wuchs in dieser

Zeit. Das von der Kurie geübte Dispenswesen führte zu Pfründenhäufungen; die Prunk- und Verschwendungssucht des Vatikans sowie die finanzielle Ausbeutung Deutschlands durch die Renaissancepäpste erregten den Unwillen aller Stände. Die Vorherrschaft des Adels in den Bischofsämtern, die tiefe Kluft zwischen der armen und hohen Geistlichkeit und die theologische Orientierungslosigkeit erhöhten das allgemeine Unbehagen an der Kirche. Alle diese Vorgänge trugen dazu bei, ein öffentliches Reizklima zu schaffen, in dem die Bevölkerung immer empfindlicher auf Missstände reagierte.

1.2 Das literarische Leben

Die Autoren. Bei Ausbruch der Reformation waren es Theologen und Humanisten, welche die öffentliche Auseinandersetzung führten. Vor allem verfassten unzufriedene Kleriker, unterbezahlte Kapläne und junge Mönche die Agitationsschriften und verbreiteten die neue Lehre.

Literaturformen. In diesem Streit benutzten sie literarische Formen des Spätmittelalters, die sie aus Studium und Praxis kannten: Predigt, Traktat, Lied, Parabel, Anekdote, Schwank, Prosadialog, Flugschrift, Allegorese und Streitschrift. Diese dienten nun nicht mehr zur Unterhaltung, Erbauung und Belehrung gottesfürchtiger Christen. Vielmehr wurden die operativen Genres umfunktioniert und in kritisch-emanzipatorischer Absicht zur Diskussion von Tagesfragen herangezogen. Wort und Bild (Holzschnitt und Kupferstich) waren jetzt die publizistischen Waffen der sozialen und religiösen Reformbewegungen.

Leserpublikum. Da damals nur drei bis vier Prozent der Deutschen lesen konnten, beschränkte sich die Rezeption in der Regel aufs Zuhören. Viele Dichtungsformen wie Predigt, Lied, Parabel, Anekdote, Schwank waren aufgezeichnete, ursprünglich mündlich überlieferte Literatur. Auf den Marktplätzen sprachen Laienprediger zu den niederen Volksschichten. In Badestuben, Gesellenherbergen und Schänken wurden die neuesten Nachrichten ausgeschrien. In den Hörsälen disputierten Gelehrte kontroverse Themen. In Sendschreiben und Reformschriften wandten sich Luthers Anhänger an die städtischen Mittel- und Oberschichten und an den Adel.

Die Auswirkungen des Buchdrucks. Die Erfindung des Johannes Gutenberg (1400–1468) revolutionierte das kulturelle Leben. Die rasch anschwellende Buchproduktion ermöglichte eine bislang unbekannte Kommunikationsweite, erzeugte ein starkes Lese- und Schreibbedürfnis und steigerte die Tendenz zur Verschriftlichung. Erfahrungen verschiedener Berufe schlugen sich in einer neuen Fachprosa nieder. Zahlreiche Übersetzungen und Bearbeitungen einzelner Werke sorgten für einen beschleunigten Kreislauf der Ideen. Erst jetzt entstand eine breite literarische Öffentlichkeit. Besonders Universitätsstädte wie Basel, Straßburg, Köln und Leipzig, aber auch Reichsstädte wie Ulm, Augsburg und Nürnberg wurden Zentren des Buchdrucks. Ihre Bürger stellten die ersten gebildeten Leser. Beträchtlich waren die Auswirkungen der neuen Kunst der beweglichen Lettern auf die Entwicklung der Schriftsprache. Drucker übernahmen die Vermittlung zwischen Autoren und Publikum. Um den Büchern einen großen, überregionalen Absatz zu sichern bedurfte es der sprachlichen Vereinheitlichung. Zwischen den verschiedenen Schriftdialekten wurde ein Ausgleich angestrebt. Vor allem Setzer und Korrektoren förderten durch ihre Arbeit die Ausbildung einer einheitlichen, normierten Schriftsprache.

Humanismus und Reformation. Vieles verband Luther mit den Humanisten: philologische Gelehrsamkeit, das Streben zu den Quellen der Antike und des Urchristentums zurückzukehren *(ad fontes)*, die Hochschätzung der Bibel sowie der Antiklerikalismus. Doch eine tiefe Kluft trennte die vernunftbestimmte Weltauffassung der Gelehrten vom existentiellen Glauben des Reformators, der meinte: „Mächtiger als die Beredsamkeit ist die Wahrheit, wichtiger als das Talent ist die Gesinnung, größer als die Gelehrsamkeit ist der Glaube." Der um ein neues Gottesverständnis ringende Mönch sah nur die Verderbtheit und Erlösungsbedürftigkeit des sündigen Menschen. Die Humanisten dagegen glaubten an seine Güte, Einsichtsfähigkeit und Erziehbarkeit. Daher vertraten sie einen offenen, weltzugewandten Reformismus. Sie hatten durch ihre Kritik an Tradition und Institutionen die brennenden Fragen der Zeit ins öffentliche Bewusstsein gehoben. Beim

Ausbruch der Reformation finden wir zahlreiche Humanisten der jüngeren Generation auf Luthers Seite. Viele Flugschriften stammen aus der Feder dieser publizistischen Hilfstruppen und verraten in Wortwahl, Satzbau und Zitaten deren Handschrift.
Bald distanzierte sich mancher Humanist von der neuen Bewegung. Andere wiederum unterstützten die alte Kirche, weil sie religiöser Radikalismus und zerstörerischer Fanatismus abstießen. Als Luther schließlich ein Zweckbündnis mit den Fürsten einging, halfen ihm Humanisten beim Aufbau eines protestantischen Bildungswesens, allen voran der Erasmusschüler PHILIPP MELANCHTHON (1497–1560). Es kam die Zeit des verengten „nachreformatorischen Schulhumanismus". Auf katholischer Seite übernahm der Jesuitenorden humanistisches Gedankengut und sicherte so die Kontinuität dieser Bildung im Dienste der Gegenreformation.

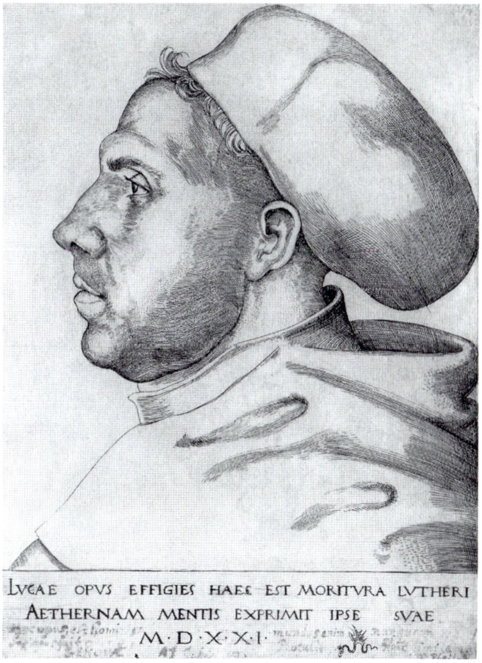

Martin Luther *mit Doktorhut, von Lucas Cranach d. Ä. Kurz vor Luthers Auftritt auf dem Wormser Reichstag schuf Cranach diese nuancenreich durchmodellierte Profilansicht des entschlossenen, sendungsbewussten Reformators in propagandistischer Absicht. Die Inschrift lautet: Lucae opus effigies haec est moritura Lutheri/aethernam mentis exprimit ipse suae/ MDXXI (Dieses Bildnis der sterblichen Gestalt Luthers ist Lucas' Werk, das Ewige seines Geistes prägt er selbst, 1521). Rechts Cranachs Monogramm, eine geflügelte Schlange.*

2 Martin Luther – „der letzte große Mönch"

Heinrich Heine nannte Luther den größten und auch den deutschesten Mann unserer Geschichte. In seinem Charakter seien alle Tugenden und Fehler der Deutschen aufs großartigste vereint. Luther war für ihn „zugleich ein träumerischer Mystiker und ein praktischer Mann in der Tat. Er hatte etwas Ursprüngliches, Unbegreifliches, Mirakulöses, wie wir es bei allen providentiellen Männern finden, etwas Schauerlich-Naives, etwas Tölpelhaft-Kluges, etwas Unbezwingbar-Dämonisches". Diese Charakteristik zeigt die Gegensätze im Wesen dieser Ausnahmegestalt, die jahrhundertelang im Spannungsfeld konfessioneller Auseinandersetzungen stand. Für seine Anhänger war er der Reformator schlechthin, für seine Gegner ein Ketzer und ein Werkzeug des Bösen. Erst nach dem Zweiten Weltkrieg wurde der „letzte große Mönch" entheroisiert und in den Zusammenhang seiner Zeit gestellt. Seine weltgeschichtliche Bedeutung und seine individuelle Größe haben dadurch nichts eingebüßt.

Lebenslauf. Martin Luther wurde am 10. November 1483 in Eisleben geboren. Sein Vater war im Bergbau tätig. Nach dem Besuch der Lateinschule in Mansfeld, Magdeburg und Eisenach studierte er von 1501 bis 1505 an der kurmainzischen Universität Erfurt Jurisprudenz. Auf einer Wanderung in der Nähe Erfurts wurde er im Juli 1505 beinahe vom Blitz getroffen. In diesem existentiellen Augenblick erfuhr er die schreckliche Gegenwart Gottes und fragte sich: Wie erhalte ich einen gnädigen Gott? Dieses Schlüsselerlebnis führte ihn ins Kloster der Augustinereremiten in Erfurt. 1507 wurde Luther zum Priester geweiht. Im Jahr darauf berief ihn der sächsische Kurfürst auf den Lehrstuhl für Moralphilosophie nach Wittenberg, wo der Theologe 1512 die Bibelauslegung übernahm. Bei seinen Studien verließ ihn jedoch nie die Heilsangst. Von 1513 bis 1515 rang er sich zur Gewissheit eines neuen Glaubensverständnisses durch, das die Frömmigkeitspraxis seiner Zeit auf den Kopf stellte. Aus seiner neuen Glaubenserfahrung protestierte Luther mit 95 Thesen gegen Ablasslehre und Ablasspraxis. Nachdem Luther die Bannandrohungsbulle 1519 öffentlich verbrannt hatte, benutzte er die Reformschriften um mit seinem Anliegen die ganze Nation aufzurütteln. Daraufhin bannte Papst Leo X. den Augustinermönch. Auf dem ersten Reichstag in Worms 1521 musste sich der neu gewählte Kaiser auch mit dem Fall Luther befassen. Der Gebannte verteidigte kompromisslos seine Position. Deshalb verhängte Karl V. über ihn die Reichsacht. Doch Kurfürst Friedrich der Weise von Sachsen ließ seinen Theologen heimlich auf die Wartburg bringen, wo Luther in der Folgezeit das *Neue Testament* (1524) ins Deutsche übertrug. 1525 griff er mit seiner Schrift *Wider die räuberischen und mörderischen Rotten der Bauern* in deren Aufstand ein. Danach widmete er sich dem Aufbau der neuen evangelischen Gemeinden und der Landeskirche in enger Zusammenarbeit mit den ihm gewogenen Fürsten. 1534 erschien seine Übersetzung der ganzen *Heiligen Schrift*. Am 18. Februar 1546 starb der Reformator in Eisleben und wurde in Wittenberg beigesetzt.

Luthers Lehre. An der 1502 gegründeten Universität Wittenberg rang Luther um ein neues Glaubensverständnis. Wie viele seiner Zeitgenossen ängstigten ihn die Qualen nach dem Tode. Der fromme Mönch fühlte sich als Sünder. Augustins und Ockhams Schriften vertieften seine Skrupel, Taulers Predigten (→ S. 64) und die *Theologia Deutsch* beeindruckten den Zweifelnden. Beim Studium des *Römerbriefes* fand er die neue Glaubensgewissheit: Der sündige Mensch kann in einem Akt des Glaubens auf den gnädigen Gott vertrauen: *Sola scriptura, sola gratia, sola fide*: allein durch die Schrift, allein durch die Gnade, allein durch den Glauben findet der Mensch religiöse Sicherheit. Diese Lehre nahm den guten Werken ihre Heilsbedeutung, verwarf die Sonderstellung sakramentsverwaltender Priester und zerstörte die hierarchischen Strukturen der römischen Kirche, die somit aufhörte eine sakramentale Heilsanstalt zu sein.

Die Reformschriften des Jahres 1520 trugen Luthers religiöse Überzeugung in eine breite, bald aufs höchste erregte Öffentlichkeit. Der Reformator erkannte die sich bietende publizistische Möglichkeit des Buchdrucks und verstand es geschickt, das neue Medium für seine Anliegen einzusetzen. So erzielte er mit seinen Programmschriften in ganz Deutschland einen durchschlagenden Erfolg, der nicht zuletzt auf den neuen, hinreißenden Stil der Streitschriften zurückzuführen war.
Luthers erste bahnbrechende Schrift *An den christlichen Adel deutscher Nation von des christlichen Standes Besserung* (1520) wurde begierig aufgenommen. Innerhalb von fünf Tagen waren die 4000 Exemplare verkauft. Mit diesem Sendschreiben wandte er sich an Kaiser und Fürsten und bat sie mitzuhelfen sein Reformprogramm durchzusetzen und die drei Schutzmauern der Papisten niederzureißen: die Sonderstellung des geistlichen Standes, die ausschießliche Lehrautorität der Kirche und die absolute Gewalt des Papstes. In der zuerst lateinisch abgefassten Schrift *De captivitate ecclesiae Babyloniae* (1520), die er dann ins Deutsche übertrug *(Von der babylonischen Gefangenschaft der Kirche)*, richtete der religiöse Kritiker sein Wort an die europäischen Intellektuellen. Seine Angriffe zielten auf die Sakramentenlehre der Kirche, die er entschieden ablehnte. In dem Traktat *Von der Freiheit eines Christenmenschen* (1520) formulierte Luther seine neue Glaubenslehre: der Glaube macht den Christen fromm, frei und selig; durch ihn wird er in geistlicher Hinsicht zum Herrn, der freiwillig nach Gottes Geboten lebt und alles vor Gott tut, ohne Absicht auf Verdienste. Hier begegnet Luther dem Leser als „ein Ausleger der christlichen Botschaft von solcher Ursprünglichkeit und Kraft … wie er in den zweitausend Jahren dieser Botschaft selten entstanden ist" (H. Gollwitzer).

Die Bibelübersetzung. Luther hatte seine neue Sicht des Glaubens durch eine intensive Auseinandersetzung mit der Heiligen Schrift errungen. Für den Reformator bildete die Bibel die alleinige Offenbarungsquelle und die einzige geistliche Autorität. Allein durch sie spricht Gott zu uns Menschen. Da Luther ferner das allgemeine Priestertum der Gläubigen verkündete, war es notwendig, dem emanzipierten, lateinunkundigen Christen das Wort Gottes zugänglich zu machen, damit er in Glaubensfragen selbstverantwortlich urteilen könne. Deshalb übertrug Luther in den Jahren 1522 bis 1534 alle Bücher der Heiligen Schrift ins Deutsche.

Im Spätmittelalter hatte es bereits vierzehn oberdeutsche und vier niederdeutsche Bibeln gegeben. Doch diese Wort-für-Wort-Übertragungen der von der Kirche autorisierten *Vulgata* waren schwer verständlich. Diesen Übersetzungen lag die Vorstellung zu Grunde, aus Ehrfurcht vor der sakralen Sprache komme eine Abweichung vom vorgegebenen Text in einer freien Übertragung einer Verfälschung des Gotteswortes gleich. Luther benutzte für seine Bibelübersetzung den von den Humanisten Reuchlin und Erasmus erschlossenen hebräischen und griechischen Urtext. In der *Vorrede auf das Alte Testament* (1523) und in seinem *Sendbrief vom Dolmetschen* (1530) rechtfertigte er seine Übersetzungsprinzipien: Als Reformator lehnte er die im Mittelalter vorherrschende allegorische und typologische Schriftdeutung ab (→S. 13). Für ihn galt allein der Wortsinn. Die Treue zum Text war für Luther entscheidend. Deshalb sollte „nicht der sinn den worten, sondern die worte dem sinn dienen und folgen“. Um den Sinn des Urtextes unverfälscht und unverkürzt wiederzugeben bedurfte es einer Übertragung, die bei aller Freiheit vom Buchstaben bei entscheidenden Stellen auch die Bindung an das Wort nicht vernachlässigte. Was dem philologisch geschulten Reformator vorschwebte, war eine neue Sakralsprache, eine „Neuschöpfung des Bibelwortes“ (H. Bornkamm), sodass sich das einfache Volk in der Sprache der Apostel wiedererkennen konnte. Man musste nicht die Buchstaben in der lateinischen Sprache fragen, „wie man soll deutsch reden. man muss die Mutter im Hause, die Kinder auf der Gassen, den gemeinen Mann auf dem Markt drum fragen und denselbigen auf das Maul sehen, wie sie reden, und darnach dolmetschen, so verstehen sie es denn und merken, dass man deutsch mit ihn' redet“.

Luthers Bibeldeutsch war jedoch kein Abklatsch der Gassensprache, sondern beruhte auf der Kanzleisprache. Sie stand in der Tradition der schlichten Rede *(sermo humilis)*, in der einfache Frömmigkeit mit Rhetorik verschmolz, Volkstümlichkeit sich mit gelehrter Kunstfertigkeit verband.

Gegenüberstellung verschiedener Übertragungen des Anfangs des 23. Psalms:

Übersetzung, gedruckt bei Zainer 1518

(1) Der herr regieret mich und mir geprist nichts, und an der stat der waide, da satzt er mich.
(2) Er hat mich gefüret auf dem wasser der widerspringung, er bekeret mein sel.
(3) Er fürt mich auss auf die steig der gerechtigkeit, umb seinen namen.

Endfassung von 1531

DEr HERR ist mein hirte / mir wird nicht mangeln.
Er weidet mich auf eine grunen awen / vnd füret mich zum frisschen wasser.
Er erquicket meine seele / er füret mich auff rechter strasse / vmb seines namens willen.

Die Rezeption der Luther-Bibel war dank der Buchdruckerkunst enorm. Innerhalb der ersten Jahrzehnte wurden eine Million Exemplare abgesetzt, sodass Luther der meistgelesene deutsche Autor seiner Zeit wurde. Seine Übertragung demokratisierte den Zugang zur Bibel. Dieses große Dokument der Menschheitsgeschichte blieb nicht mehr allein den gelehrten Studien der Humanisten und Kleriker vorbehalten. 1533 besaß jeder zehnte deutsche Haushalt Luthers *Neues Testament.* Ein Menschheitsbuch wurde nun zum Besitz eines ganzen Volkes. „Mit Luthers Bibelübersetzung war ein Vorhang weggezogen. Riesige Gestalten traten in die Hütten und niederen Stuben der Bauern und Handwerker ein – Propheten des Alten Testaments, Apostel des Neuen. Von den eigenen Herren schärfer geschieden als anderswo, fand der gemeine Mann hier Zugang zu den Herren der Welt, sah die Großen erhöht, gerichtet und sich selbst gerechtfertigt, blickte ins Triebwerk der Geschichte und in den verborgenen Plan Gottes, kam und ging in diesem Reich als wie in seinem Hause, redete darin in seiner Sprache“ (R. Minder). Schule, Predigt und häusliche Lektüre machen die Bibel zum dauernden Gedächtnisbesitz der Gläubigen. Sie wurde zum Volksbuch, dem einzig überständischen Werk unserer Literatur.

3 Die Flugschriften

3.1 Literarische Sturmtruppen der Reformation

nennt man die Einblattdrucke, Flugblätter und Flugschriften, die nach Ausbruch der religiösen Unruhen auf ein Klima hoher Verunsicherung trafen und deshalb eine bislang unbekannte Breitenwirkung und Durchschlagskraft entfalteten. Parteigänger Luthers wie seine Gegner mobilisierten und manipulierten die öffentliche Meinung durch den gezielten strategischen Einsatz dieser publizistischen Mittel. Es war die Geburtsstunde der deutschen Publizistik.

Als eindrucksvolles Beispiel reformatorischer Bildpropaganda gilt die ***Zürcher Flugschrift*** *von 1521. Zur allegorischen Deutung der geistlichen Zeitsituation benutzten die Verfasser das im Spätmittelalter gängige Bildmotiv der Hostienmühle und interpretierten den Vorgang in einer Mühle unter reformatorischem Aspekt: Gottvater thront mit der Weltkugel (Apfel) über den Wolken. Christus schüttet das Gotteswort (vier Evangelisten) in den Mahlkasten, in dem Erasmus als Müllersknecht der Heiligen Schrift das Mehl des Glaubens (Urtext) mahlt, aus dem Luther am Backtrog das göttliche Brot backt (Bibelübersetzung), das Zwingli der Kirche anbietet. Abt, Prälat, Bischof und Papst lehnen das Brot (zu Boden fallende Bibel) ab. Über die Reformatoren wird der Bann verhängt, ein Vogel verkündet ihn. Der Karsthans, Vertreter des „gemeinen Mannes", verteidigt die Reformatoren mit dem Dreschflegel.*

Charakter der Flugschriften. Flugschriftenverfasser reagierten unmittelbar und rasch auf die Forderungen des Tages (Aktualität); sie bedienten sich einer volkstümlichen, polemisch-grobianischen Sprache (Popularität). Diese engagierte Literatur wurde in einem handlichen Format anonym gedruckt und mit zugkräftigen Holzschnitten versehen. Die Autoren zogen es meist vor, unerkannt zu bleiben, weil ihnen Zensur und Repression drohten. Flugschriftenhändler, sog. Buchführer, brachten die neuesten Zeitungen (Nachrichten) rasch auf Schleichwegen unters Volk. Sie sorgten dafür, dass diese Streitschriften auf Jahrmärkten, in Gassen und Schänken, an kirchlichen Festtagen und weltlichen Festen, „offentlich ausgeschrien und gesunngen" wurden (Publizität).

Sprache und Form der Flugschriften. Die aktuellen Fragen ließen sich nicht in der an rhetorischen Sprachmustern normierten Schreibsprache darstellen. Agitation, Propaganda und Polemik waren angesagt. Die Sprache der Flugschriften zielte aufs Volk: sie war derb, blasphemisch, voller Schmähungen. Bibelzitate dienten als Argumente der höchsten Autorität, Redensarten *(er hat pfil im kocher)*, Sprichwörter *(ein reudig schaff befleckt ein gantzen huffen)*, Verdrehungen des Namens des Gegners *(Eck – Geck! Murner – Murrnarr)*, wüste Beschimpfungen (Der Reformator: *Luther das wild Geyf fernd Eberschwein*; katholische Geistliche: *römische Stallbuben und linsenscheisser*) kennzeichnen den grobianischen Stil dieser Agitationsliteratur.
Die Autoren schlüpften in die Maske des einfachen Mannes um den Eindruck einer Volksbewegung zu erzeugen. Sie verwendeten spätmittelalterliche literarische Formen wie Predigt, Sendschreiben, Brief und vor allem den Humanistendialog. Dieses operative, auf unmittelbare Wirkung zielende Genre eignete sich besonders gut religiöse und soziale Konfliktsituationen lebendig darzustellen und den Widerstreit der Meinungen vor Augen zu führen.

3.2 Die Parteien

Vertreter der Reformation. Gleich bei Ausbruch der Reformation erschien in Straßburg die meistgelesene Flugschrift: Der gegen Murner gerichtete deutschsprachige Reformationsdialog *Karst-*

hans (1521; Karst = eine zweizinkige Feldhacke). Der im Spätmittelalter verpönte, durchgehend als tölpelhaft beschriebene Bauer wird jetzt umfunktioniert zur literarischen Leitfigur des einfachen, gläubigen Menschen, mit dem sich der gemeine Mann identifizieren konnte. Lateinische Zitate, gelehrte Anspielungen und die Humanistensatire lassen einen gebildeten Verfasser vermuten. Ein glühender Anhänger der Reformation war auch EBERLIN VON GÜNZBURG (1468–1533), der als der „eindrucksvollste, sprachgewaltigste Volksschriftsteller der reformatorischen Frühzeit" (A. Berger) gilt. In der Flugschriftensammlung *Die fünfzehn Bundesgenossen* (1521) brandmarkte er die Kurie, kritisierte das Mönchstum und setzte den Missständen sein utopisches Bild eines gerechten Staates entgegen. Für Luthers Sache stritt besonders heftig der Reichsritter Ulrich von Hutten (→ S. 70). Er stellte die Verbindung zwischen den Humanisten und der Reformation her. Mit seinen an Lukian geschulten satirisch-realistischen Prosadialogen, im *Gesprächsbüchlein* (1521) zusammengefasst, wurde er zum Schöpfer des Reformationsdialogs, der sich durch eine lebendige Auseinandersetzung mit den Zeitfragen auszeichnet. HANS SACHS leistete seinen Beitrag mit vier Prosadialogen (1524), die er im städtischen Milieu ansiedelte. Besonders wirklichkeitsnah und anschaulich gestaltete er die *Disputation zwischen einem Chorherrn und Schuhmacher.*

Von dem großem lutherischen Narren: *Der als Titelblatt dieser Reformationssatire verwendete Holzschnitt zeigt den katzenköpfigen Franziskaner Murner bei der Arbeit: Er zieht aus dem Munde des Narrenpopanz Luther eine Unterhose und Narrenkobolde heraus. Das Spruchband mit der lateinischen Inschrift Interdum simulare stultitiam prudentia summa (Bisweilen ist es höchste Klugheit, Torheit vorzutäuschen) erläutert Murners Taktik die Selbstpersiflage in Wort und Bild als ein wirksames Kampfmittel des Satirikers einzusetzen.*

Die Anhänger der alten Kirche gerieten in die Defensive. Dem publizistischen Ansturm hatten sie nichts Gleichwertiges entgegenzusetzen. Sie führten ihre Attacken mit Traktaten und Schriften in Reimpaarversen. Als Wortführer ihrer Opposition gelten u. a. JOHANNES ECK (1486–1534) und JOHANNES COCHLAEUS (1479–1552). Von allen Polemikern war Thomas Murner (→ S. 73) der gewandteste und volkstümlichste. In der groß angelegten Satire *Vom Großen lutherischen Narren* (1521) bedient er sich der Narrenfigur um den Reformator zu entlarven und auf die verheerenden religiösen und politischen Folgen seines Umsturzes hinzuweisen.

Soziale und theologische Revolutionäre. Höchste Aktualität gewannen die Flugschriften im Bauernkrieg. Die wichtigste und am weitesten verbreitete Schrift waren *Die zwölf Artikel der Bauernschaft* (1525), die der Memminger Kürschnergesell SEBASTIAN LOTZER (1490–1525?) mit dem Prediger CHRISTOPH SCHAPPELER (1472 bis 1551) verfasste. Sie enthalten brennpunktartig zusammengefasst die Beschwerden der Bauern: Aufhebung der Frondienste und Beseitigung sozialer Ungerechtigkeiten, uneingeschränkte Abschaffung der Leibeigenschaft. Diese Artikel sind Beschwerdebrief, Reformprogramm und revolutionäres Manifest in einem. Die Autoren argumentieren mit dem göttlichen Recht, das als ideologische Waffe benutzt wird um ihre Forderungen gegen ihre Unterdrücker zu rechtfertigen. So verschmelzen in dieser eindrucksvollen Schrift soziale Ansprüche mit reformatorischen Vorstellungen.

THOMAS MÜNTZER, der thüringische Prediger und Pfarrer, war der schärfste theologische Gegner Luthers. In Stolberg im Harz als Sohn eines

Seilers 1489 geboren, studierte Müntzer Theologie in Frankfurt an der Oder, Leipzig und dann als Luther-Schüler in Wittenberg. Getrieben von einem radikalen Sendungsbewusstsein wirkte der Geistgläubige in Zwickau, Mühlhausen und Allstedt, dazwischen in Prag. Müntzer verstand sich als „williger botenleuffer Gots". Dieser hinreißende Prediger forderte von den Menschen sich aus den Verstrickungen dieser Welt zu lösen, christförmig zu werden, das heißt die Leiden Christi auf sich zu nehmen (Kreuzestheologie). Der Glaube der Leidgeprüften bildet den Ausgangspunkt für die „Verneung" des Menschen. Müntzers Ziel war die Verchristlichung der Welt angesichts des apokalyptischen Endes („Dye voranderung der welt itzt vor der thor"). Nicht die Bibellektüre, nur der Glaube führt den Menschen zu Gott. Die Schriften der Mystiker vertieften seinen Glauben und schärften sein Bewusstsein für die Missstände der Kirche. Müntzer vereinigte in sich den Mystiker, Apokalyptiker und Revolutionär. Als Agitator für die Sache Gottes und der Unterdrückten zog er gegen Ungläubige und Ausbeuter zu Felde. Kirchliche und weltliche Obrigkeiten hielten die Menschen in Furcht und sicherten auf diese Weise ihre Herrschaft. Ihnen galt der Kampf, weil Geknechtete so nicht zu sich selbst gelangen und die Furcht vor Gott vergessen. Die Ausbeuter bilden das eigentliche Hindernis für die Errichtung des Gottesreiches auf Erden. In seinem *Prager Manifest* (1521) hatte der theologische Revolutionär seine Vorstellungen von der brüderlichen Gemeinschaft aller Geistgläubigen entwickelt. In seiner kühnen *Fürstenpredigt* (1524), gehalten vor dem Kurfürsten von Sachsen in Allstedt, entwickelte Müntzer seine Theorie des Widerstandsrechts: Im Kampf gegen die Ungläubigen hat die Obrigkeit zu helfen; weigert sie sich, so haben die Auserwählten das Recht gegen sie gewaltsam vorzugehen. Was er erstrebte, war eine republikanisch-theokratische (religiös legitimierte) Gesellschaft. Müntzer fand seine Anhänger unter den Städtern, den Handwerkern, Tagelöhnern, Bergknappen und Bauern, die ihm in Scharen zuliefen. Sein letzter Aufruf, das *Manifest an die Mansfeldischen Berggesellen* (1525), ist die erste bedeutende Revolutionsschrift in unserer Literatur.

Überschwänglich nannte Ernst Bloch diese Rede wohl „das leidvollste, rasendste Revolutionsmanifest aller Zeiten". Müntzers ausdrucksstarke, deftige, mit Bibelzitaten durchsetzte Sprache gehört zu den besten Leistungen der Reformationsliteratur. Als „Knecht Gottes wider die Gottlosen", wie er sich bezeichnete, führte er die Bauern in die Schlacht von Frankenhausen, in der sie jedoch vernichtend geschlagen wurden. Ihr Anführer wurde gefangen genommen, gefoltert und am 27. Mai 1525 in Mühlhausen hingerichtet. Im Gegensatz zu Luther, der gegen die aufrührerischen Bauern mit den Fürsten seiner Zeit paktierte, gilt Thomas Müntzer bis in unser Jahrhundert als ein Anwalt der Entrechteten und Unterdrückten, als eine radikaldemokratische Leitfigur.

4 Die Literatur im Dienste des Protestantismus

Die pragmatische Funktion der Literatur. Nach den Bauernkriegen drängten die Landesherren darauf, die reformatorische Bewegung zu neutralisieren und ganz in ihre Verfügungsgewalt zu bringen. Luther selbst wollte seine Kirche institutionell verankern um ihr Überleben zu sichern. Daher stellte er die Kirchengemeinde unter den Schutz der fürstlichen Obrigkeit. Die Literatur sollte jetzt mitwirken die neue Lehre gesellschaftlich zu integrieren. Sie hatte die staatliche Ordnung als gottgewollte zu deuten und den Gläubigen Beispiele für eine protestantische Alltagsethik zu liefern.

Das protestantische Kirchenlied. Unumgänglich war der Aufbau einer festen Gottesdienstordnung. An die Stelle des Priesters trat jetzt die Gemeinde. Zu den bestimmenden Elementen des Gottesdienstes gehören Predigt, Schriftauslegung und Gesang. Der Gemeindegottesdienst verleiht den Liedern ihren religiösen Rang. Sie übernehmen Aufgaben der einstigen Priesterliturgie, fassen allgemein verbindliche Glaubenswahrheiten zusammen und festigen das Zusammengehörigkeitsgefühl der Gemeindeglieder. Luther ließ sich bei der Gestaltung der Lieder von seiner am Evangelium orientierten Worttheologie leiten und verstand den Gesang vorrangig als Medium der Wahrheitsverkündigung. Er erweiterte bei seinen Schöpfungen das überlieferte Lied, den mittelalterlichen Leisen, das aus der Litanei entwickelte geistliche und volkssprachliche Gemeindelied. Er verwendete dabei einprägsame Bilder und Formen, bearbeitete lateinische Hymnen (*Media vita in morte sumus*: „Mitten wir im Leben sind / mit den tod vmfangen") und benutzte Kontrafakturen (Umdichtungen) wie in dem berühmten Weihnachtslied *Vom himel hoch da kom ich her.* Auf dem 46. Psalm beruht das berühmteste evangelische Bekenntnislied *Ein feste Burg ist vnser Gott.* So schuf der Reformator das evangelische Gesangbuch, das zum liturgischen Buch der Gemeinde, zur „Bibel des kleinen Mannes" und zum Erbauungsbuch der Gläubigen wurde. Aus diesem Schatz schöpften die Lieddichter des Barock und des Pietismus, aber auch katholische Autoren entnahmen daraus wertvolle Anregungen.

Die protestantische Fabel. Die didaktische Zweckform der Fabel wurde in der Reformationszeit erneut aktuell. Tierdichtung bot nach antiker Überlieferung eine Überlebensstrategie für die Schwachen gegen die Mächtigen (→ S. 28). Jetzt verlor sie diese gesellschaftskritische Funktion und übernahm die Aufgabe der Sittenkritik. Luther griff auf die Äsop-Fassung (1480) des Ulmer Arztes und Frühhumanisten Heinrich Steinhöwel zurück und bearbeitete sie. Es sollte ein „lustiger und lieblicher/doch erbaulicher und züchtiger und nützlicher Esopus werden". Luthers Sammlung *Etlicher Fabeln aus Esopus* (1530) blieb Fragment. Die in knappem Erzählstil gehaltenen Fabeln mit ihrer Moral am Schluss sind Musterbeispiele deutscher Prosa des 16. Jh. Luthers Fabeln fordern ein Sich-selbst-Bescheiden, lehren gesellschaftliche Anpassung und Anerkennung einer gottgewollten Obrigkeit. Mit dieser Grundhaltung unterstützten sie die Politik der Landesherren. Erasmus Alberus (1500–1553) aus der Wetterau gestaltete seine Fabeln in seiner Sammlung *Buch von der Tugent und Weißheit* (1530) erzählerisch weitschweifig in vierhebigen Reimpaarversen, ebenso der Rigaer Pfarrer Burkard Waldis (1490–1556) in seinem *Esopus Gantz New gemachet und in Reimen gefasst* (1548). Beide führten die lokale Welt des Vertrauten vor und überließen die Sorgen für das Allgemeinwohl den Fürsten.

Das Reformationsdrama. Das 16. Jh. zählt in der Dramatik zu den produktivsten, was die Zahl der Werke angeht. „Der Gedanke die Bühne zur Waffe der Reformation zu machen hat hunderte von Stücken hervorgerufen und drei Menschenalter hindurch tausende im Spielen und Schauen beschäftigt" (K. Goedeke).

Das Humanistendrama als Vorbild. Nicht geistliche Spiele und Fastnachtspiele befruchteten das neue Drama, sondern die humanistische Theaterpraxis. Frühhumanisten hatten Plautus- und Terenz-Komödien wiederentdeckt und in Hohen Schulen und Gymnasien aufgeführt. Jakob Wimpfeling (1450–1528), der Elsässer Humanist, verfasste den ersten Einakter *Stylpho* (1480), eine Satire auf die unwissenden Geistlichen. Reuchlin (→ S. 69) schrieb die erste neulateinische Komödie *Henno* (1497), die lange Zeit als Vorbild für die Dramatiker der Reformationszeit galt. Auch den Inszenierungsstil änderten die Humanisten. Die mittelalterliche Simultanbühne des geistlichen Spiels verschwand, an ihre Stelle trat die Terenz- oder Badezellenbühne: Eine freie Vorderbühne wurde nach hinten durch drei bis fünf mit Vorhängen verdeckten Nischen (Häusern) abgeschlossen. Dieser Bühnenaufbau erforderte eine lineare Abfolge der Szenen und eine entsprechende Geschlossenheit des Dramas. Die Stücke wurden in fünf Akte eingeteilt, die Handlungen auf wenige Personen verteilt, Prolog, Epilog und Chöre eingeführt und auf diese Weise der dramatische Vorgang gestrafft.

Die Bühne als konfessioneller Kampfplatz. Luther förderte die Aufführungen antiker Komödien aus religionspädagogischen Gründen. Die evangelischen Tendenzdramen der Folgezeit unterstützten mit ihrer Indoktrination die Arbeit von Kanzel und Katheder: „der jugent gottes wort und werk mit lust" (P. Rebuhn) vorzustellen war das Ziel. Bevorzugt dramatisierten die Stückeschreiber, meist Schulmeister und Pfarrer, biblische Stoffe. Das *Alte Testament* enthielt einen unerschöpflichen Vorrat an vorbildhaften Verhaltensmustern. Die Dramen waren auf ein kleinstädtisch-bürgerliches Publikum zugeschnitten, das Bühnengeschehen orientierte sich an ihrer Durchschnittsmoral. Form und Aufbau der Spiele profitierten vom Humanistendrama, dessen Struktur die Autoren auf ihre Stücke übertrugen. Der wohl bedeutendste Reformationsdramatiker, der Niederbayer Thomas Naogeorgus (Kirch-

MEYER, 1509–1563), ein Autor voll ätzenden Witzes und einer zupackenden Gestaltungskraft, schrieb das fünfaktige Jedermann-Spiel *Mercator sev iudicum* (*Der Kaufmann oder das letzte Gericht*, 1540), in dem der Betrüger erst durch seine totale Sündhaftigkeit für seine Bekehrung vorbereitet wird. In seinem Kampfdrama *Pammachius* (1538) wendet Naogeorgus die Papstkritik ins Grundsätzliche. Pammachius (der Alleszerstörer) verkörpert päpstliche Gewinnsucht und Überheblichkeit. Der tausendjährige Machtanspruch der Kirche wird erst durch Luther zurückgewiesen. Der Zwickauer Pfarrer PAUL REBHUN (1506–1546) schuf das Muster eines formstrengen Bibeldramas mit seinem Stück *Ein geistlich Spiel von der gottfürchtigen und keuschen Frauen Susannen* (1536), das sich durch eine ausgewogene Tektonik, strenge Akteinteilung und durch die Verwendung von Jamben und Trochäen auszeichnet.

Reformationsdramen wurden in Schulen, Universitäten, Rathäusern und in frei gewordenen Ordenskirchen aufgeführt – noch gab es keine Theaterbauten – und boten in diesen attraktiven Freiräumen den Bürgersöhnen die Möglichkeit sich durch das Spiel sozial zu profilieren. Schauspiel war Bürgerspiel. Das schaulustige Publikum genoss die Darstellung der eigenen Lebensprobleme im Gewand biblischer Stoffe. Nie hatte das Theater eine größere soziale Funktion als Kommunikationsmittel erfüllt als in jener Zeit. Der Geisteshaltung dieser frühbürgerlichen Epoche entsprechend war es freilich noch weit entfernt vom ästhetischen Eigenrecht (Autonomie) des Kunstdramas.

5 Die Bedeutung der Reformation für die deutsche Literatur

5.1 Der Verlust der religiösen Einheit

Universalgeschichtlich gesprochen, handelt es sich bei der Reformation um die Spaltung einer Weltreligion, die zu einer verstärkten Wahrheitsfindung zwang. Für Europa hieß dies: die mittelalterliche Universalität des religiösen Denkens, Sprechens und Handelns war zerbrochen. Neben das katholische Rom traten noch zwei religiöse Zentren, die neue Denk- und Lebensformen entwickelten: das lutherische Wittenberg und das Genf des Johann Calvin, dessen sittenstrenge Lebensweise in Westeuropa auf einen fruchtbaren Boden traf (Reformierte Kirche).

Die gespaltene Kultur. Die enge Verflechtung von Konfessionskirche und Staat führte dazu, dass sich in den einzelnen Territorien verschiedene Kulturlandschaften herausbildeten, die noch heute das Bild Deutschlands prägen.

5.2 Das protestantische Deutschland

In den Territorien hatten sich die Eigentumsverhältnisse grundlegend verändert: In den Territorien Nord-, Ost- und Mitteldeutschlands waren Reichsbistümer und Reichsabteien in den Besitz protestantischer oder reformierter Landesherren übergegangen. Die Kirchengüter waren eingezogen, Klöster aufgehoben, der Zölibat war abgeschafft, die Liturgie geändert worden. In der Literatur zeigten sich die Folgen: So entzogen die Klosteraufhebungen dem mystischen Schrifttum die ökonomische und institutionelle Grundlage. Das Verständnis für die Legendendichtung schwand und eine in moralischer Absicht geschaffene biblische Dramatik verdrängte das geistliche Spiel. Die protestantische, worterfüllte Gläubigkeit orientierte sich an der Bibel und entwickelte ein Grundverhalten gegenüber dem geschriebenen Wort, das sich in der Folgezeit in einer tiefen Liebe zur Literatur niederschlug. Die Reformatoren hatten „erstmals in der Geschichte des deutschen Schrifttums einer geistigen Bewegung zum Durchbruch verholfen" (H. Wolf). Nicht zuletzt war dies der genialen sprachschöpferischen Leistung Luthers zu verdanken.

Das protestantische Pfarrhaus wurde in Deutschland zu einer einzigartigen Institution, welche die tiefe Breitenwirkung und Ausstrahlungskraft des lutherischen Geistes in unserer Literatur- und Geistesgeschichte förderte.

Das Pfarrhaus war für lange Zeit das einzige kulturelle Zentrum der Gemeinde. Im Mittelpunkt des kirchlichen Lebens stand das gelesene, gesungene und gepredigte Wort. Die Beschäftigung mit dem Wort der Bibel förderte die sprachliche Sensibilität, die skeptische Betrachtung des eigenen Ichs und schärfte das Problembewusstsein.

Der Widerstand der rebellierenden Pfarrerssöhne bildete den Nährboden für geistig produktive Konflikte. Auf protestantischem Boden ist die neuere deutsche hohe Literatur entstanden, aus dem dauernden Protest gegen eine allzustrenge Rechtgläubigkeit, aus dem Zwang stets die Welt geistig neu bewältigen zu müssen (→ S. 125 f.).

5.3 Das katholische Deutschland

Anders waren die kulturellen Voraussetzungen im katholisch verbliebenen Teil Deutschlands. Im Süden, in Bayern und Österreich, in den geistlichen Fürstentümern zumal, restaurierte die Selbstreform der Kirche den alten geistigen Kosmos. Streng abgeschirmt gegen den andersgläubigen Norden verwalteten vor allem die Jesuiten und Benediktiner den geistigen Raum. Das Alltagsleben sowie das religiöse Selbstverständnis blieben erhalten: das System der Heilsvermittlung, die Kirche der Sakramente und der Liturgie, die Welt der Heiligen. Sie bestimmten das religiöse Leben des nachtridentinischen Katholizismus. Die Literatur wurde in den alten Kulturstätten gepflegt, in den Klöstern und Abteien, die wie ein Netz den städtearmen Süden durchzogen. Sie bildeten weiterhin mit den neuen Jesuitenkollegien die Mittelpunkte des geistigen und literarischen Lebens. In ihnen war auch die Verbindung zu gewissen traditionellen Genres nie abgerissen: Traktate, Mirakelbücher, Legendensammlungen, Volks- und Kirchenlieder sowie Volksschauspiele wurden von den ausschließlich geistlichen Autoren weiter benutzt um ihre Aufgabe zu erfüllen: den bedrohten Glauben zu erneuern, zu festigen und zu vertiefen, „Gott zu Ehr und dem gemeinen Mann zum Nutzen". Auch das Ordensdrama leistete dazu seinen Beitrag. Die volkssprachige Predigt aber blieb die wichtigste literarische Form, in der sich barocker Sprachwitz und überquellende Sprachlust zu beachtlichen Leistungen steigern konnten. Der Augsburger Jesuit Jeremias Drexel (1581–1638) und Abraham a Sancta Clara (→ S. 116) sind die herausragendsten Vertreter dieser volkspädagogischen Gattung. Alle Autoren orientierten sich an der oberdeutschen Sprachnorm, die ihnen und den Druckern eine strenge Zensurpolitik abverlangte. So ist z. B. für das Schriftbairisch des Barock die Herkunft aus dem mündlichen Sprachgebrauch unverkennbar.

6 Die frühbürgerliche Erzählprosa

6.1 Auf dem Weg zu einem neuen Selbstverständnis

Das frühe Bürgertum zwischen Anpassung und Selbstverwirklichung. Im späten Mittelalter und in der frühen Neuzeit vollzogen sich in den Städten die großen wirtschaftlichen und geistigen Umbrüche. Die sozialen Gruppen fanden ihr Selbstverständnis in den entsprechenden literarischen Genres. Unterschichten und Handwerker erfreuten sich an geistlichen und weltlichen Spielen, an Volksballaden und Volksliedern sowie an Schwänken. Das Patriziat, das sich aus den Vertretern des Handels und des Kapitals zusammensetzte, suchte sich neu im Prosaroman zu orientieren. Hineingestellt zwischen den Feudaladel, dessen Lebensform es nachahmte, und den Unter- und Mittelschichten, von denen es sich abgrenzte, war es für diese Wirtschaftsaristokratie sehr schwer, eine eigene Identität zu entwickeln.

Der Prosaroman *Fortunatus* („der Glücksbegabte") bildete einen ersten literarischen Versuch sich mit dieser Lebensfrage des Bürgertums auseinanderzusetzen. Das Buch erschien 1509 in Augsburg, der Stadt der Fugger, der reichsten Kaufleute Deutschlands.
Die Geschichte erzählt vom Schicksal dreier Generationen. Fortunatus, Sohn eines zypriotischen Bürgers, der sein Vermögen durch verschwenderische Nachahmung adliger Lebensweise verloren hatte, zieht in die Welt um sein Glück zu suchen. Er besteht zahlreiche Abenteuer im Dienste eines Grafen und bei Kaufleuten in London, bis ihm in einem tiefen Wald die „Jungfrau des Glücks" begegnet. Sie bietet ihm sechs Tugenden an, von denen Fortunatus den Reichtum wählt. Die Glücksgöttin schenkt ihm ein Glückssäckel, das immer mit Goldstücken gefüllt ist, sobald er hineingreift. Fortunatus lernt den umsichtigen Gebrauch dieses Glücksguts. Er erwirbt ein beträchtliches Vermögen durch eigene Tatkraft und heiratet schließlich eine Grafentochter. Seinen unerschöpflichen Reichtum bezahlt er freilich mit seiner gesellschaftlichen Isolation; denn niemand darf von der Quelle seines Glücks erfahren. Auf einer Reise raubt er das Wunschhütlein des Sultans von Alexandria, das die Fähigkeit hat seinen Besitzer an jeden beliebigen Ort zu bringen.

Vor seinem Tode ermahnt er seine Söhne Andolosia und Ampedo beide Glücksquellen nicht auseinanderzureißen. Doch die Söhne versagen. Fortunatus verkörpert den Vertreter des Handelskapitals, der mit Umsicht, List und Fleiß seinen Reichtum vermehrt. Geschickt versteht er es, den ihm gewährten sozialen Spielraum auszunutzen. Die Übernahme adliger Lebensformen bedeutete eine Selbstaufwertung des Aufsteigers, doch Vorsicht und Bedachtsamkeit lassen ihn seine gesellschaftlichen Grenzen gegenüber dem prestigesüchtigen Adel erkennen.
Es gelang dem anonymen Verfasser, im *Fortunatus* das Modell bürgerlichen Verhaltens inmitten einer politisch vom Adel beherrschten Gesellschaft zu zeigen. Der Reichtum wird zum Inbegriff des Glücks. Der märchenhafte Auftritt der Glücksgöttin lässt die Zauberkraft der unaufhörlichen Geldvermehrung, der für die meisten Zeitgenossen etwas Magisches anhaftet, erkennen. Die rasche Verbreitung des Werks beweist, wie sehr sich die stadtbürgerliche Oberschicht von dieser Erzählung angesprochen fühlte.

Ordnungsdenken und urbane Erziehungslehre. Ein halbes Jahrhundert später hatte die Reformation Verhaltensweisen und Normen tiefgreifend verändert: Familie und Arbeit, Bildung und christliche Ethik wurden neu bewertet. Der Ernst der Lebensführung beherrschte den Alltag und die calvinistische Vorstellung gewann an Boden, dass Arbeit und Fleiß zu Reichtum führten und dieser ein Zeichen der Auserwähltheit durch Gott bedeute.

Jörg Wickram (1501– vor1562), der Colmarer Stadtschreiber, stellte den Aufstieg des Bürgertums und dessen sittliche Rechtfertigung in den Mittelpunkt seines literarischen Schaffens. Ein didaktischer Grundzug ist seinen Romanen eigen. Beispiele schaffen hieß für ihn Vorbilder vor Augen führen.
Im Roman *Der Jungen Knaben Spiegel* (1554) demonstriert er das Problem der richtigen Erziehung an der Geschichte zweier Knaben. Während ein Bauernsohn durch Fleiß, gute Sitten und Gelehrsamkeit eine angesehene Position erringt, führt ein adliger Junge ein liederliches Leben, gerät in Armut und Not und wird schließlich von seinem tugendhaften Freund gerettet.

Der Roman *Der Goldfaden* (1554–1557) befasst sich mit dem Aufstieg eines armen Hirtenknaben. Leufried verliebt sich in eine Grafentochter. Er erhält von dem Mädchen einen Goldfaden als Liebeszeichen. Das Liebespaar hat zahlreiche Widrigkeiten zu überwinden, bis schließlich Leufried wegen seiner Tapferkeit in den Adelsstand erhoben und Schwiegersohn des Grafen wird. Nicht edle Abkunft, sondern eigene Leistung führen zum Erfolg.
Zur Unterhaltung breitester bürgerlicher Schichten schrieb Wickram *Das Rollwagenbüchlein* (1555). Diese Schwanksammlung vereinigt in sich pointierte Kurzerzählungen, Anekdoten, einfache Berichte und bietet einen humorvollen Querschnitt durch die Schwächen aller Schichten. Die Lektüre auf Reisen (Rollwagen), im Wirtshaus und in Badstuben sollte die Langeweile vertreiben helfen. Die Beliebtheit dieser Sammlung zeigt sich in den zahlreichen Auflagen, die dieses Büchlein in kurzer Zeit erlebte.

6.2 Gefährdungen frühbürgerlicher und intellektueller Existenz

Die religiösen Erschütterungen hatten die europäischen Völker in einem Klima der Angst und des Fanatismus zurückgelassen. In der zweiten Hälfte des Jahrhunderts brachen in Westeuropa religiöse Bürgerkriege aus, in Deutschland begann die Gegenreformation. Frühabsolutistische Fürsten und Konfessionskirchen beherrschten das Leben und ließen dem mittleren Bürgertum keinen Spielraum mehr zur freien Entfaltung. Die Hoffnungen auf eine Befreiung des Menschen aus politischer und religiöser Bevormundung und auf Verwirklichung des humanistischen Ideals eines selbstverantwortlichen, weltoffenen Lebens hatten sich zerschlagen. In literarischen Werken verdichtete sich das düstere Lebensgefühl jener Jahrzehnte.

Das *Lalebuch* erschien 1597 anonym. Ein Jahr später kam es umgearbeitet und vereinfacht unter dem Titel *Die Schildbürger* auf den Markt. Es ist die bedeutendste satirische Erzählung des ausgehenden 16. Jh.
Der Verfasser war vermutlich ein Elsässer. Der außerordentlich gebildete Literat fasste verschiedene Schwänke aus allen möglichen Quellen zu einer final konstruierten Handlung zusammen

und erzählt die Geschichte der Lalen (der Schildbürger). Sie sind ihrer Abstammung nach weise Bauern. Als gesuchte Ratgeber treten sie in die Dienste fremder Fürsten. Während ihrer Abwesenheit verkommt zu Hause die Wirtschaft. Da fordern die Frauen ihre Männer zur Rückkehr auf. Die Lalen erkennen, dass der Hofdienst keinen Nutzen bringt und dass weise Bauern nicht gleichzeitig Fürstenberater sein können. Sie verfallen auf die Idee sich dumm zu stellen, um im Schutze der erborgten Torheit vor den Mächtigen sicher zu sein (*simulatio stultitiae* = Scheintorheit). Sie bauen ein Rathaus ohne Fenster und wollen nachträglich Licht hineintragen. Sie säen Salz, weil sie glauben, für Notzeiten vorsorgen zu müssen. Doch ihre Scheintorheit, die sich schnell herumspricht, wird zur Gewohnheit (*consuetudo mutat ingenium*: Die Gewohnheit verändert unseren Geist). Ihr grotesk-närrisches Fehlverhalten wird ihnen zum Verhängnis. Aus den bewusst närrischen Bauern werden dumme. Die Narrheit wird zur zerstörerischen Macht im Innern ihrer Gemeinschaft. Sie begehen weitere Torheiten, bis sie schließlich aus Furcht vor einem Mausehund (Katze) ihre Stadt in Brand setzen und sich dann in alle Welt zerstreuen.

Die Lalen haben kein gestörtes Verhältnis zu Gott wie Brants Narren (→ S. 72). Vielmehr ist ihre Vernunft realitätsblind. Die Kunst der Verstellung ist im frühabsolutistischen Zeitalter ein Mittel um zu überleben und mit machiavellistischer Strategie seine Ziele zu erreichen. Die in sich schlüssige Logik der Lalen zeigt ein rätselhaftes, verfremdetes Wirklichkeitsverhältnis. Ihr reduziertes, an mangelnder Erfahrung leidendes Bewusstsein verkehrt ihre ursprünglich guten Absichten ins krasse Gegenteil. Indem sie an Einzelheiten logische Folgerungen knüpfen ohne den Zusammenhang zu beachten, werden ihre Handlungen widervernünftig. Die maßlose Verwunderung ob der Seltsamkeit der sie umgebenden Welt ist ihr beherrschendes Lebensgefühl. Erinnert ihr Schicksal nicht an bürgerliche Gelehrte, die ihre Wesensart verleugneten, als sie ihre Fähigkeiten in den Dienst der Fürsten stellten?

Das tragikomische Schicksal der Lalen ist eine notwendige Folge ihrer Verstellung und sollte dem Leser als Lehre dienen. Diese Satire erinnert an den Untergang der Lappenhausener in Wittenweilers *Ring* (→ S. 58) und weist bereits auf Wielands *Abderiten* (→ S. 140) voraus. In der Gegenwart leben die „Schildbürgerstreiche" als lustige Schwänke in den Lesebüchern weiter; der tiefere Sinn der Erzählung wird jedoch immer weniger verstanden.

Die *Historia von D. Fausten, dem weitbeschreyten Zauberer und Schwartzkünstler* erschien im Jahre 1587 in Frankfurt am Main. Der unbekannte Verfasser lässt einen kommentierenden Herausgeber Fausts Lebensgeschichte aus seinen nachgelassenen Papieren erzählen. Archivalische

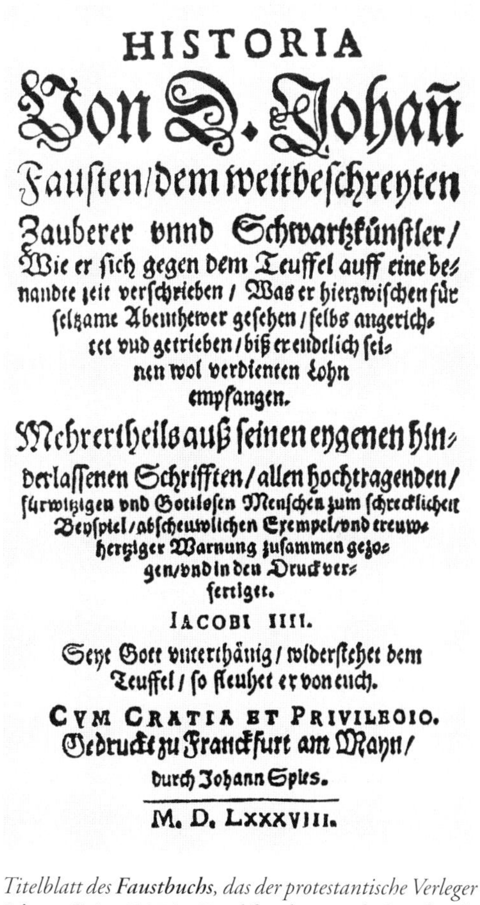
HISTORIA
Von D. Johañ
Fausten/dem weitbeschreyten
Zauberer vnnd Schwartzkünstler/
Wie er sich gegen dem Teuffel auff eine be-
nandte zeit verschrieben / Was er hierzwischen für
seltzame Abenthewer gesehen / selbs angerich-
tet vnd getrieben / biß er endtlich sei-
nen wol verdienten Lohn
empfangen.
Mehrertheils auß seinen eygenen hin-
derlassenen Schrifften / allen hochtragenden /
fürwitzigen vnd Gottlosen Menschen zum schrecklichen
Beyspiel / abscheuwlichen Exempel / vnd treuw-
hertziger Warnung zusammen gezo-
gen / vnd in den Druck ver-
fertiget.
IACOBI IIII.
Seyt Gott vnterthänig / widerstehet dem
Teuffel / so fleuhet er von euch.
CVM GRATIA ET PRIVILEGIO.
Gedruckt zu Franckfurt am Mayn /
durch Johann Spies.
M. D. LXXXVIII.

Titelblatt des ***Faustbuchs****, das der protestantische Verleger Johann Spies 1587 in Frankfurt herausgab. Der für die Titelgestaltung des 16. und 17. Jh. charakteristische sprechende Titel umreißt nach dem Haupttitel in einem ersten, erläuternden Untertitel den Inhalt des Buchs, in einem zweiten erklärt er die Absicht des Autors. Deutlich wird die Warnfunktion der Erzählung herausgestellt und mit einem Bibelwort (Jakobus 4,7) eine Mahnung an die Leser verbunden.*

Quellen berichten von einem Wahrsager und Zauberkünstler. Dieser historische Faust lebte von 1480 bis 1540. Er studierte in Wittenberg, Erfurt und Ingolstadt Medizin, Astrologie und Alchimie und zog als Scharlatan durch die Lande. Das biografische Gerüst ergänzte der Autor durch mündlich kolportierte Episoden, Anekdoten, Schwänke und Ansichten aus allen möglichen theologischen und naturwissenschaftlichen Büchern und entwickelte in einer linearen Erzählhandlung das faszinierende Schicksal dieses Inbegriffs eines frühneuzeitlichen, europäischen Wissenschaftlers. Der Leser erfährt von Fausts Kindheit, seinen Studien, dem Teufelspakt auf 24 Jahre, seinen Weltreisen mit Mephisto, seinen Streichen, bis er schließlich von Mephisto ermordet wird und zur Hölle fährt.

Fausts Faszination rührt von seiner Vermessenheit her die Schöpfung erkennen zu wollen ohne den Schöpfergott zu berücksichtigen. Er ist das Urbild eines von theoretischer Neugierde *(curiositas)* geleiteten Gelehrten, dessen „Fürwitz" ihn auf seinen Wegen führt. Der „Spekulierer" macht von der Vernunft einen scheinbar widersinnigen Gebrauch und dringt in Reiche vor, die allein dem Glauben vorbehalten sind:„Er nahm an sich Adlers Flügel, wollte alle Gründ am Himmel und Erden erforschen." Das Zentralthema des Volksbuchs ist Fausts Abfall vom Glauben. „vnnd ist dieser Abfall nichts anders dann sein stoltzer Hochmuth, Verzweiflung, Verwegung vnd Vermessenheit…." Was Faust fehlt, ist Demut. Gleichsam brennpunktartig werden in seiner Gestalt die beiden Mächte der frühen Neuzeit sichtbar: der theologisch und politisch uneingeschränkte Herrschaftswille von Kirche und Staat über den Menschen und die auf Emanzipation drängenden, an wissenschaftlicher Erkenntnis orientierten Gelehrten. Der von der Orthodoxie als verwerflich betrachtete Erkenntniswille zeigt sich deutlich auf Fausts Weg: Der unstillbare Wissensdrang führt ihn zur Magie, von der Magie zur Geisterbeschwörung und von dieser zum Teufelspakt. Im Brennpunkt steht Fausts Reue, seine *verzagnus* und seine Seelenkämpfe. Weil ihm aber die rechte Gesinnung fehlt und das Vertrauen auf die verzeihende Macht Gottes, stürzt er ins ewige Verderben.

Faust als das Urbild eines negativen Helden wird von Verfasser und Herausgeber zur Abschreckung der Leserschaft dargestellt. Entgegen ihrer Absicht blieb der Magier für viele eine Identifikationsfigur, die alle Enttäuschungen, Einschränkungen und Unterdrückungen abschüttelt und sich die Freiheit eines ungehemmten Daseinsgenusses und einer uneingeschränkten Wissbegierde herausnimmt. Staat und Kirche verurteilten diese freiheitlichen Regungen. Wissenschaften sollten immer unter der Aufsicht der Konfessionen betrieben werden. Auf katholischer Seite liefert Bidermanns *Cenodoxus* (→ S. 106) ein warnendes Beispiel für den Hochmut eines Gelehrten.

Mit der Faustgestalt hatte die deutsche Literatur einen Stoff von weltliterarischem Rang geliefert. Bis heute hat diese faszinierende Figur nichts von ihrer Aktualität eingebüßt, verkörpert sie doch ein Grundproblem der europäischen Geistesgeschichte: die Fragwürdigkeit eines uneingeschränkten Erkenntniswillens und Forschungsdrangs (→ S. 169, 209, 452).

6.3 Johann Fischart – ein manieristischer Erzähler

„ein verwirretes ungestaltes Muster der heut verwirrten und ungestalten Welt" wollte der humanistisch gebildete, weitgereiste Straßburger Jurist und Publizist JOHANN FISCHART (1546–1590) mit seinem Werk bieten um das beklemmende Lebensgefühl, das damals viele Intellektuelle aus dem Erlebnis der Angst in einer entfremdeten Welt gewonnen hatten, in Sprache einzufangen.

Die Freie Reichsstadt Straßburg hatte seit Gottfrieds Tagen nichts von ihrer kulturellen Fruchtbarkeit eingebüßt (→ S. 40). Während der Reformation hatte sie zahlreichen Verfolgten Asyl gewährt. Im Streit der Konfessionen prallten jetzt die religiösen Parteien hart aufeinander und schufen ein Klima der Intoleranz.

Fischart griff zuerst aus calvinistischer Überzeugung in die konfessionspolitischen Auseinandersetzungen mit seinen polemischen antikatholischen Satiren *Bienenkorb Deß Heyligen Römischen Immenschwarmes* (1579) und *Jesuitenhütlein* (1580; die Hölle als Hutfabrik für katholische Würdenträger) ein. Er fasste den Eulenspiegel in Verse und schrieb u. a. moralische Traktate *(Ehezuchtbüchlein)*. Doch alle diese Schriften verblassen vor seinem Hauptwerk, dem grotesken Roman *Geschichtsklitterung* (1575). Dieser sprachbesessene Erzähler fand eine ihm gemäße Vorlage: FRANCOIS RABELAIS' (1494–1553) *Gargantua et Pantagruel* (1532–1564). Fischart macht aus der Bearbeitung des ersten Buches des französischen Schriftstellers einen Roman, der seinesgleichen in der damaligen deutschen Literatur sucht.

Rabelais' ***Gargantua*** *wurde 1565 von einem Unbekannten mit Holzschnitt-Illustrationen versehen. Eine dieser merkwürdigen Gestalten ist ein Fantasie-Männchen. In seinem Schweinsrüssel steckt eine Stange, auf der Vögel sitzen, mit einem Brustpanzer überm Wams und einer geschulterten Rübe vermittelt es den Eindruck von ungebrochener Daseinsfreude. Halme am Boden und Federn am Hut ergänzen die Zeichnung, in der sich menschliche, tierische und pflanzliche Elemente verbinden, ein Kennzeichen des Grotesken, ein stilistischer Wesenszug des Manierismus (→ S. 102, Das Labyrinth).*

In manieristischer Erzählweise berichtet Fischart von der Jugendgeschichte des Riesenkönigs Gargantua, von seiner Geburt bis zur Gründung einer Abtei. Dabei gelingt es ihm, Rabelais' Stil und Eigenart im Frühneuhochdeutschen einzubürgern. Aus dem Grunderlebnis einer hohl gewordenen Weltordnung steigert er seine Darstellung ins Monströse (Ungeheuerliche, Verzerrte). Die Übertragung gerät durch Zusätze und Erweiterungen immer mehr zu einem grotesken Erzählwerk. Wenn keine überzeugenden Ideen und Begriffe mehr die Wirklichkeit logisch ordnen, lösen sich auch bislang übliche Gattungen und poetologische Anschauungen auf. Die Sprache weicht vor den Ansprüchen des rationalen Denkens zurück, sie gewinnt immer mehr einen rein spielerischen Charakter. Dieser Sprachvirtuose wusste um die Vielschichtigkeit der Worte. Durch geringfügige orthographische Veränderungen bricht er sie auf, sodass ihnen neue etymologische, metaphorische und witzig-assoziative Bedeutungen entströmen. Die sprachlich erzeugte Realität gewinnt monströse Ausmaße. Aus symbolisch-theologischen Zusammenhängen entlassen, wird sie zu einer selbstständigen Kraft, die nur die Sprachkunst des Autors zusammenhält. Der groteske Charakter der *Geschichtsklitterung* zeigt sich auch im Übergang vom Natürlichen zum Fantastischen, vom Menschlichen zum Tierischen. Fischarts *Geschichtsklitterung* ist ein Werk der Unruhe und des Leidens an einer verworrenen Wirklichkeit, Beispiel eines gelungenen Versuchs mit grotesken Mitteln dem labyrinthischen Weltzustand in der ihm entsprechenden literarischen Form zu begegnen.

Wirkung. Fischarts unerschöpfliche Lust an Wortwitz und Wortspielen finden wir wieder in Büchners *Leonce und Lena* (→ S. 283), im *Phantasus* von Arno Holz (→ S. 321) und in Morgensterns Sprachgrotesken (→ S. 347). Seine sprachbesessene Erzähllust begegnet uns bei Grimmelshausen, Jean Paul und in unserem Jahrhundert in Döblins *Wallenstein,* in James Joyce' *Ulysses* und in den Romanen von Günter Grass.

VI
Die Literatur im Zeitalter des Barock 1600–1700

1 Panorama

1.1 Die politischen und gesellschaftlichen Voraussetzungen

Die Epoche der Religionskriege. Die Reformation hatte in Europa tief greifende religiöse und politische Veränderungen geschaffen. Die erneuerte katholische Kirche wollte die abgefallenen Gebiete wieder zurückerobern, Calvinisten und Protestanten ihre gewonnenen Positionen ausbauen und erweitern. Die Triebkräfte der ausbrechenden Religionskriege waren die Machtgier der Fürsten und der religiöse Fanatismus, der eine Logik des Grauens in Gang setzte.

Das Verhältnis zwischen Staat und Konfession. In diesem Jahrhundert der Dauerkrisen hatten sich die Staaten die Konfessionskirchen systematisch unterworfen und ihre Macht verstärkt. Ihre Legitimation bezogen sie aus der Tatsache, dass nur die höchste Staatsgewalt des Fürsten den bedrohlichen Ausnahmezustand der Religionskriege beenden, Ruhe und Ordnung garantieren konnte.
Der absolute Staat hob die durch Geburt bestimmte Machthierarchie auf und löste sie durch eine selbstgesetzte, von ihm allein abhängige politische Rangordnung ab. Im Verhältnis zum Herrscher waren alle ungeachtet ihrer gesellschaftlichen Herkunft Untertanen. Die Konfessionen suchten die enge Verbindung mit dem Staat. Es begann das Bündnis zwischen Thron und Altar. Die Konfessionskirchen erhielten Sicherheit und religiöse Herrschaft, sie ihrerseits verliehen dem Staat eine bisher ungeahnte Weihe und Autorität in seinem Kampf gegen die konkurrierenden innerstaatlichen Gewalten. Der Landesvater verkörperte das Abbild Gottvaters, seine obrigkeitliche Gewalt diente als Mittel des göttlichen Weltregiments; Staatskirche, stehendes Heer und eine reibungslos funktionierende Verwaltung bildeten die Herrschaftsorgane der absolutistischen Regierungsform, die wirtschaftlich auf dem Merkantilismus beruhte.

Repräsentation und Hofzeremoniell waren die bevorzugten Instrumente um den Herrscher in seiner unumschränkten Machtfülle zu zeigen. Das Hofzeremoniell diente dazu, die kreatürliche Angst in Formen zu bannen, das binnenhöfische Leben des Hoftstaates in all seinen sozialen Abstufungen vom Souverän und der dynastischen Familie bis zu den Kammerjungfern und Pagen zu reglementieren und den störungsfreien Verkehr der hierarchisch gestuften Hofgesellschaft zu sichern. Das aus der Not geborene Ideal des *honnete homme* gewann an Geltung. Der Einzelne wurde nicht in seiner armseligen Kreatürlichkeit sichtbar, vielmehr verbarg er seine Unsicherheit unter prunkvollem Kostüm. Die gebauschten Kleider, breitkrempigen Hüte, die langen Perücken verhüllten die Natur, der Mensch erschien in seiner Maske bedeutender, als er war. „Was vor der Welt uns zieret, das sind geborgte Sachen" (Gryphius).
Diese strenge Ordnung garantierte dem Einzelnen eine geborgte Sicherheit. Sie diente vor allem dazu, den neuen Hofadel sozial zu disziplinieren und dessen real erlittenen Machtverlust zu kompensieren.

1.2 Denkformen des Barock

Der religiöse Untergrund. Die Herrschaftspraktiken des absolutistischen Staates und der von ihm abhängigen Konfessionskirchen provozierten den Widerstand einzelner tiefgläubiger Christen. Sie erblickten in der disziplinierten Rechtgläubigkeit auch ein nützliches Instrument des

Staates um Glauben und Denken seiner Untertanen zu vereinheitlichen. Diese Geistchristen sahen darin nur Verrat und Abfall vom wahren Christentum. Sie wurden verfolgt und waren deshalb gezwungen ihre eigenen religiösen Vorstellungen außerhalb der Großkonfessionen im Untergrund in Sekten und kleinen Zirkeln zu entfalten. Die protestantische Barockmystik ist das Ergebnis dieses Verdrängungsprozesses (→S. 117).

Das pessimistische Menschenbild. Kriegsgräuel und Verfolgungen erschwerten den Glauben an Güte und Edelmut des Menschen. Tiefe Weltangst und Skepsis sprechen aus den philosophisch-moralischen Schriften des Jh. Der Philosoph Blaise Pascal (1623–1662) meditiert in seiner Erkenntnisschrift *Gedanken über die Religion* (1669) über das Elend des Menschen ohne Gott. Der französische Moralist La Rochefoucauld (1613–1668) erblickt in seinen *Reflexionen oder moralischen Sentenzen und Maximen* (1664) hinter der Maske der Tugenden die verkappten Laster des vom Egoismus getriebenen Menschen. Der Jesuit Balthasar Gracian (1601–1658), der spanische Lehrmeister der Lebensklugheit, erkennt den Zwang zum Doppelleben. In seiner Spruchsammlung *Handorakel* (1647) lehren die 300 lakonischen, manieristisch-dunklen Aphorismen die Kunst der Menschenbehandlung und der Selbstbehauptung, geleitet vom *desengaño*, der illusionslosen Erkenntnis des pessimistischen Weltzustands. Und der englische Staatstheoretiker und Philosoph Thomas Hobbes (1588–1679) fordert in dem Traktat *Leviathan* (1651) auf Grund seiner Erfahrungen mit der englischen Revolution den absoluten Staat, weil er Angst vor der Barbarei des Volkes hatte.

Theatrum mundi, die Welt als Schauspiel, der Mensch als Schauspieler, ist die treffendste Selbstcharakterisierung des Barockzeitalters, die europäische Gültigkeit besitzt. Gryphius meint: „Der Mensch, das Spiel der Zeit, spielt, weil er allhie lebt, im Schau-Platz dieser Welt." Das ganze Leben durchzieht die Vorstellung, Dasein heißt eine Rolle spielen, weil es keine feste, unverrückbare, metaphysisch verbindliche Ordnung mehr gibt. Die einzige Wahrheit ist vielmehr: beständig ist nur die Unbeständigkeit. Diese epochale Grundvorstellung prägte Verhalten, Sprechen, Handeln und Denken der Menschen. Das Zentrum des Welttheaters aber war der Haushalt des Königs oder des Fürsten, der Hof.

Der Barockstoizismus. Die brutale Wirklichkeit der konfessionellen Bürgerkriege hatte Mensch und Gesellschaft ihrer inneren Sicherheit und Stabilität beraubt. Angesichts der „öffentlichen Übel" suchte man nach einer allgemein verbindlichen Handlungsorientierung. Besondere Aktualität gewann in dieser Situation Seneca (4 v.–65 n. Chr.), der Philosoph der römischen Kaiserzeit. Dieser Stoiker wusste: Der Mensch kann im Konflikt zwischen Macht und Moral in einer von Intrige und Fatum beherrschten Welt nur dann bestehen, wenn er seine Affekte beherrscht und äußerste Selbstdisziplin übt; dann sichern Beständigkeit *(constantia)*, Gleichmut und Seelenruhe *(ataraxia)* seine Autonomie. Weisheit besitzt, wer die Gesetze des Weltlaufs erkennt und sie in seinem Handeln berücksichtigt. Aus den bitteren Erfahrungen der Konfessionskriege entwickelte und systematisierte der Niederländer Justus Lipsius (1547–1606) die neue Lehre der Stoa und vermittelte den Humanisten, Beamten und Poeten ihre sittlichen Prinzipien. So wurde der Neustoizismus zum Instrument der Selbstdisziplinierung der Eliten und der höfischen Gesellschaft. Flemings Sonett *An sich* zeigt Leitbilder der neuen stoischen Ethik.

Die emblematische Denkform. Neben den innovatorischen Systemen des philosophischen Rationalismus herrschte im 17. Jh. immer noch die aus dem Mittelalter stammende Typologie (→S. 13), in der die Dinge mehrere Bedeutungen besitzen, die aus ihren Eigenschaften und ihrem Gebrauch hergeleitet werden. Die Kenntnis ihrer Eigenschaften bildete die Vorbedingung für die Erschließung ihres geistigen Sinns. Dieser enge Verweisungscharakter von Dingen und Gedanken wurzelt in einer Weltsicht, die Sein und Bedeutung voneinander trennt und von der Zeichenhaftigkeit der konkreten Erscheinungen ausgeht. Diese im Mittelalter vorherrschende allegorische Denkform beruht letzten Endes auf der Annahme einer sinnvollen, von Gott geschaffenen Welt. Das allegorische Verfahren sucht zum Allgemeinen (Gedanken) das Besondere (konkrete

Anschauung), setzt also die Trennung von Anschauung und voll entwickelter Reflexion voraus. Allegorisches Denken verwandelt die Dinge, verändert ihre überlieferte Bedeutung, indem es neue analogische Sinnbezüge stiftet.

Die Emblematik ist eine besondere Spielart der Allegorie. „Gemäldepoesie" nannten Barockpoeten die Embleme und Herder bezeichnete sie treffend als „Denkbilder". Ein Emblem besteht aus einem rätselhaften Kupferstich oder Holzschnitt (*Pictura*), einer sentenzhaften Überschrift (*Inscriptio, Motto*) und einem den Bildinhalt deutenden Epigramm (*Subscriptio*), meist in lat. Sprache. Diese dreiteilige Bauform ist für das Emblem charakteristisch, die Doppelfunktion von Abbild und Deutung gehört zum Wesen des Sinnbildes. Solchen dreiteiligen, aus allegorischen und mythologischen Versatzstücken komponierten „Sinnen-Bildern" begegnen wir in Barockkirchen, in denen sie Deckengemälde kommentierend umranken, in Schlosssälen und Rathäusern, auf Epitaphen (Grabinschriften) und auf Titelkupfern (→ S. 112). Emblemsammlungen waren begehrte, weit verbreitete Werke. ANDREAS ALCIATUS' *Emblematum Libellus* (1531) galt als das emblematische Standardwerk der Epoche. Emblembücher dienten Malern als Vorlage für ihre Bildprogramme; Intellektuelle verwendeten ihren Scharfsinn die rätselhaften Anspielungen der Bilder zu entschlüsseln.

EX MAXIMO MINIMUM
Aus dem Höchsten das Gringste

Hae Sunt Relliquiae Sacraij, in quo
Fertur viua Dei fuiße imago.
Haec est illius, et domus ruina,
In qua olim Ratio tenebat arcem.
At nunc horribilis figura Mortis.
Ventosum caput, haud habens cerebrum.

Die Inscriptio *Ex maximo minimum* weist auf den Sinn der Abbildung hin. Die Subscriptio löst das Bilderrätsel auf:

Dies sind die Überreste des Tempels, in dem
das lebendige Bild Gottes gewesen sein soll.
Dies ist auch die Ruine jenes Hauses,
in dem die Vernunft einst residierte.
Und nun ist es das schreckliche Bild des Todes.
Ein luftiges Haupt ohne Hirn.

1.3 Die europäischen Literaturlandschaften

Selten war das literarische Leben der europäischen Länder so lebhaft und eng miteinander verbunden wie im 17. Jh. Grundlage dieses intensiven Geisteslebens war das gemeinsam erlittene Schicksal der Glaubenskriege, die allen betroffenen Völkern die gleichen bitteren Erfahrungen beschert hatten. Damals verband die Autoren mehr die Zugehörigkeit zur selben Konfession als die zur selben Nation. Enzyklopädisch gebildete, vielsprachige Gelehrte und Humanisten bildeten die europäische „literarische Republik". Sie pflegten über die territorialen Grenzen hinweg einen regen Gedankenaustausch mit Hilfe der lateinischen Sprache. Das Barock war die letzte Epoche, in der das tiefe Krisenerlebnis einen gemeinsamen überregionalen Lebensstil schuf und in der Themen, Ausdruckszwänge und Dichtungsformen gemeinsame Züge aufweisen.

In Holland, „dieser pädagogischen Provinz Europas", wurde Leiden, die im Kampf gegen Spanien 1575 gegründete Universität, zur ersten Stätte, an der unabhängige Forschung als ausschließlicher Zweck des Lehrbetriebs galt. Der bedeutende Humanist DANIEL HEINSIUS (1580 bis 1655), der Begründer des Neustoizismus JUSTUS LIPSIUS (1547–1606) sowie der Vater des modernen Völkerrechts HUGO GROTIUS (1583 bis 1645) lehrten an dieser weltoffenen Stätte der Gelehrsamkeit. Die Niederlande boten allen Verfolgten und Vertriebenen des Kontinents Zuflucht, Schutz und Sicherheit. Die Freiheit des Geisteslebens zeigte sich in den vielen Verlagshäusern und Druckereien, in denen die in den übrigen Ländern verbotenen Bücher unzensiert erscheinen konnten. So wurden hier u. a. Böhmes Werke und Kuhlmanns *Kühlpsalter*, Gryphius' Epigramme, Sonette und Oden und Zesens Roman *Adriatische Rosemund* verlegt. Amsterdam und Leiden fungierten als Umschlagplätze neuer Ideen, bildeten literarische und wissenschaftliche Brückenköpfe in einem von Religionskriegen heimgesuchten Europa.

Die Wirkungen Hollands auf die deutsche Literatur sind kaum abzuschätzen. „Nie ist solch ein Strom deutscher Bildungswilliger in ein anderes Land gewandert als im 17. Jh. nach den nördlichen Niederlanden, vor allem nach der Provinz Holland" (Schönle). Für deutsche Schriftsteller der Barockzeit wurde der Aufenthalt in den Generalstaaten vielfach zu einem geistigen und literarischen Schlüsselerlebnis, das ihre Arbeit nachhaltig beeinflusste.

1.4 Deutschland im 17. Jahrhundert

Die Verfassung des Reiches. Das Zeitalter der Konfessionskriege beendete der Westfälische Frieden 1648. In Deutschland hatten sich die Reichsstände durchgesetzt: Libertät, Eigenstaatlichkeit, Landeshoheit und Bündnisfreiheit wurden ihnen reichsrechtlich garantiert, Legitimität und Gleichwertigkeit der drei Großkonfessionen, der katholischen, der evangelisch-lutherischen und der reformierten bestätigt, sodass sich das Heilige Römische Reich Deutscher Nation bis zu seinem Untergang 1803 als locker gefügter, föderativer Verband von Einzelstaaten darstellte. Der Absolutismus in Deutschland war ein Absolutismus der einzelnen Territorien.

Kulturlandschaften. Dies hatte zur Folge, dass sich im Gegensatz zu den zentralistisch organisierten Staaten des Westens viele kleinere kulturelle Zentren bildeten. Die jeweiligen geographischen und wirtschaftlichen Faktoren, Dialekte und eine konfessionell geprägte Religiosität wirkten zusammen um die besondere Mentalität und kulturelle Atmosphäre der einzelnen Kurfürstentümer, Herzogtümer, geistlichen Fürstentümer, Grafschaften und gemischtkonfessionellen Reichsstädte zu bestimmen. Der besondere Charakter der deutschen Kultur beruht letzten Endes auf einer Vielfalt der Kulturlandschaften.

Universitäten und Konfessionen waren in jener frühabsolutistischen Epoche aufs engste ineinander verzahnt. Die Hohen Schulen bildeten die geistig-geistlichen Zentren der Territorien und fungierten als ideologische Ausbildungsstätten, die den eigenen Theologen das geistliche Rüstzeug für den Kampf gegen die andersgläubigen Gegner lieferten und künftigen Amtsträgern in Kirche und Staat eine konfessionell fundierte Orientierung vermittelten. Studenten besuchten nur die Universitäten der eigenen Konfession. Studierten sie im „benachbarten Ausland", dann nur im konfessionell gleichen. Katholiken gingen nach Graz oder Wien, nach Dillingen oder Ingolstadt, wo z. B. Maximilian I. und Kaiser Ferdinand II. ihre Studienzeit gemeinsam verbrachten. Calvinisten immatrikulierten sich in Marburg, Heidelberg oder Leiden, Lutheraner besuchten Tübingen oder das streng orthodoxe Wittenberg. Seit der Mitte des 17. Jh. war Jena die modernste Universität inmitten protestantischer Territorien, Einbruchsstelle und Zentrum des neuen westeuropäischen Denkens in das Luthertum.

1.5 Das literarische Leben und die Sprache

Die Literaturzentren waren über das ganze Reich verstreut. Vor allem größere Höfe, Reichs- und Universitätsstädte förderten durch Verlage, Druckereien, Buchhandel und Sprachgesellschaften das literarische Leben. Das calvinistische Deutschland besaß in Heidelberg bis 1621 seinen geistigen Mittelpunkt. Universität und *Bibliotheca Palatina* schufen Voraussetzungen für den Kampf gegen das katholische Deutschland. Die Pfälzer Kurfürsten unterhielten weit reichende Beziehungen nach Westeuropa. Die Lutheraner fanden Rückhalt im Kurfürstentum Sachsen mit der Universität Wittenberg. Die traditionsreiche Reichsstadt Nürnberg bot mit der Verlegerdynastie der Endter, seinen Druckereien und seinem bekannten Dichterkreis der Pegnitz-Schäfer ein attraktives literarisches Zentrum für protestantische Autoren. Die Messestadt Frankfurt, der damalige „bedeutendste Buchhandelsplatz der Welt" mit dem Verleger Matthäus Merian, sowie ihre Konkurrentin Leipzig stellten auf ihren jährlichen Messen literarische Neuerscheinungen vor. In den Städten Wolfenbüttel, Hamburg, Königsberg und Danzig bildeten sich literarische Zirkel. Breslau wurde zum bevorzugten Verlagsort schlesischer Dichter. Die hohe Barockliteratur war in erster Linie eine Angelegenheit der protestantischen Territorien. In Wien und München, den beiden großen katholischen Residenzstädten, hatten Oper und Jesuitentheater ihre Heimstätten gefunden. Für das gegenreformatorische Schrifttum blieb bis in die Mitte des 17. Jh. Köln das Druck-, Verlags- und Buchhandelszentrum Mitteleuropas.

Schlesien wurde die wichtigste Literaturlandschaft des Barock. Kein anderes Territorium stellte so viele Dichter wie dieses von den Habsburgern beherrschte Ostgebiet. Für die überwiegend protestantischen Untertanen des katholischen Landes gab es keine Universität. So waren die Gymnasiasten gezwungen im Ausland ihre Studien fortzusetzen. Viele von ihnen gingen nach Jena oder Danzig, vor allem aber nach Holland in das berühmte Leiden. Opitz, Gryphius, Lohenstein, Hofmannswaldau, Scheffler u. a. begegneten dort der geistigen Welt des Calvinismus und Cartesianismus. Die Gegenreformation brachte die spanische und italienische Geisteswelt nach Schlesien, sodass sich ein ungeheurer Reichtum sich widerstreitender Ideen in einer einzigen Landschaft versammelte. „Das protestantische Schlesien erlebte Luther durch Muttergebet und Schule, erlebte Rom durch Straßen, Kloster und Kirchennähe und durch katholisches Denken im öffentlichen Leben, erlebte Genf durch Leiden“ (H. Schöffler). Die Koexistenz der großen Konfessionen sowie der Sekten erhöhte die geistig-seelischen Spannungen zwischen den Lagern, förderte Diskussionen und Kritik und beeinflusste nachhaltig die literarische Produktion. Zwischen Luther und Klopstock ist Schlesien die fruchtbarste Literaturlandschaft unserer neueren Dichtung.

Die Autoren entstammten im 17. Jh. derselben Gesellschaftsschicht. Der Schriftsteller war ein *Poeta doctus*, ein gelehrter Dichter oder ein dichtender Gelehrter. Dichten hieß damals nicht ein einmaliges Erlebnis gestalten, sondern ein rhetorisch ausgefeiltes Werk nach den Vorbildern der Barockpoetiken schaffen. Dazu bedurfte es einer vertieften humanistischen Bildung, in deren Mittelpunkt die alten Sprachen und ihre Literaturen standen. Auf Gymnasien und Universitäten erwarben sich die Autoren ihre reichen Kenntnisse. Die Literatur war ausschließlich Gelehrtenliteratur. Die Schriftsteller wirkten als Privatlehrer adliger Herren (Hofmeister), als Sekretäre und Hofhistoriographen, als Juristen in fürstlichen oder städtischen Diensten. Sie waren als Ärzte tätig oder waren Ordensleute oder Pastoren. Gemeinsam sind ihnen allen ein weltweiter Blick und reiche Erfahrungen. In „Nebenstunden“ schrieben sie ihre Werke, für die sie kein Honorar erhielten; denn im 17. Jh. galt es als unschicklich, sich geistige Arbeit bezahlen zu lassen. Sie besaßen ein ausgeprägtes soziales Selbstbewusstsein und verstanden sich als literarischer Adel mit internationalen Verbindungen. Sie beanspruchten die gleiche Stellung wie der Geburtsadel, weil sie mit ihrer Panegyrik (Lobreden) und zahlreichen anderen höfischen Auftragsarbeiten eine unentbehrliche ideologische Funktion im absolutistischen Staat ausübten.

Das literarische Publikum kam aus Adel, Patriziat und „aristokratisierten“ Hofbeamten bürgerlicher Herkunft. Die Leser schöngeistiger Literatur beschränkten sich auf einige tausend Personen. Der überwiegende Teil der Bevölkerung bestand aus Analphabeten. Zudem waren die Bücher sehr teuer und die Autoren stellten hohe Anforderungen an die Leser. Nur dem gelehrten Literaturfreund bereitete es ein Vergnügen, die Fülle der Ausdrucksformen und das verarbeitete Wissen ästhetisch zu würdigen, während „bey dem büffelhirnigen Pövel die tiefsinnige Poeterey in keine schätzbare Achtung gesetzt werden kann“ (Harsdörffer).

Die Sprachgesellschaften waren die Träger der Barockdichtung. Sie stellten die Verbindung der Dichter zum Leserpublikum her. Fürst Ludwig von Anhalt-Köthen war in Florenz der Sprachakademie „Accademia della Crusca“ beigetreten (1602) und gründete 1617 in Weimar nach italienischem Vorbild die „Fruchtbringende Gesellschaft“. Eigentlich handelte es sich hierbei um eine Sammlungsbewegung reformierter Fürsten und Lutheraner, die sich gegen die Expansion der Katholiken wehren wollten. In dieser Gesellschaft oder dem Palmenorden fanden sich Mitglieder des Hochadels und bürgerliche Gelehrte zusammen um zwei Ziele zu verfolgen: eine von lateinischen und französischen Fremdwörtern und von Regionalismen gereinigte, normierte, höfische Sprache auszubilden und eine Kunstdichtung nach den Regeln der europäischen Renaissancepoetiken zu schaffen. Übersetzungen ausländischer Autoren sollten als Vorbild für die eigene Dichtung dienen. Letzten Endes ging es dieser ersten deutschen Sprachakademie um die Ausbildung einer eigenen kulturellen Identität, um ein auf Sprache und Literatur gegründetes Nationalbewusstsein. Auch wenn diese hoch gesteckten Ideale nicht erreicht wurden, bemerkenswert bleibt doch der Umstand, dass im Palmenorden Hochadel und bürgerliche Gelehrte im Dienste der Literatur sachbezogen zusammenarbeiteten und ihr zur öffentlichen Aufmerksamkeit verhalfen.

Die deutsche Sprache hatte noch gegen das in Schule und Universität, Kirche und Recht unangefochtene Latein zu kämpfen. Doch gewann sie im 17. Jh. als Kommunikationsmittel zunehmend an Bedeutung. Grammatiken, Wörterbücher, Rhetorikbücher, Briefsteller, Briefwechsel, Zeitungen (seit 1609), Zeitschriften (seit 1688), zahlreiche Huldigungsgedichte förderten das allgemeine Sprachbewusstsein und erweiterten die Ausdrucksdimensionen der deutschen Literatursprache. Doch unverkennbar blieb der Rückgang der Mundarten in der Dichtung, die Abkehr von den traditionellen Literaturformen; ein Vorgang, der auf den wirtschaftlichen Niedergang vieler Städte zurückzuführen war, die mit diesem Wandel auch ihre innovatorischen Kräfte eingebüßt hatten. Die übermundartliche, schriftliche Literatursprache herrschte in Ostmitteldeutschland, im Norden und Südosten. Lutherdeutsch und Kanzleisprache prägten dort die Sprachnormen. Die katholischen Territorien lehnten die protestantischen Sprachregelungen ab und entwickelten eigene, die von Balde, Spee, Abraham a Sancta Clara und Grimmelshausen verwendet wurden und von denen Jeremias Drexel (1581–1638) als „dieser unsern Oberteutschen Sprach" redete. Die gebildeten Leser griffen zu der vom Staat genehmigten Literatur. Die enge Verzahnung zwischen Sprachnorm, Stilebene und Gattung zeigt deutlich: im oberdeutschen Sprachgebiet fielen Stilgrenzen und Sprachgrenzen zusammen. Bevorzugt wurden kollektiv rezipierbare Formen wie Predigten, Lieder und Theaterstücke geschaffen; jedoch keine Werke des hohen Stils, die der lateinischen Sprache vorbehalten blieben.

2 Rhetorik und Poetik

2.1 Rhetorik und Poetik in der Dichtung

Die Rhetorik war im Alltag des Barock unverzichtbar: bei Repräsentationsverpflichtungen am Hof, bei öffentlichen Auftritten und Festlichkeiten, im Schriftverkehr wie im Gespräch. Reden heißt handeln. Seit den griechischen Sophisten war die Kunst der guten Rede eine formale Technik, ein für verschiedenartige Zwecke verfügbares sprachliches Instrument, mit dessen gezieltem Einsatz beabsichtigte Wirkungen leichter zu erreichen waren. Wer sich dem Auffinden der Argumente *(inventio)*, der kunstgerechten Einteilung der Gedanken *(dispositio)*, der Kenntnis der rhetorischen Figuren und der Stillehre *(elocutio)* gewandt bedienen konnte, vermochte mit seiner Beredsamkeit *(eloquentia)* schneller und intensiver die Gefühle seiner Hörer oder Leser zu erregen, sie leichter durch seine Beweise zu überzeugen, durch eine virtuose Darbietung seiner Argumente persönliche Ambitionen hinter der Maske sachlicher Forderungen zu verbergen. Dieses uneigentliche Sprechen stand im „Dienste der Verschlossenheit" in einer von strengen Formen und Ritualen beherrschten Gesellschaft.
Die Rhetorik war im Bildungswesen der Epoche fest verankert. In den protestantischen Gelehrtenschulen ebenso wie in den Jesuitengymnasien wurde die Redekunst durch Deklamationen und Dialoge bei Auftritten und Festlichkeiten eingeübt. Die Aufführungen der Schulbühnen (→ S. 105) boten die Möglichkeit die Rhetorik und ihre Wirkung auf das Publikum zu erproben. Das barocke Schultheater diente künftigen Dramatikern als Übungsstätte. Auf der Universität wurde das gelehrte Streitgespräch *(disputatio)* gepflegt, Rhetorik als Fach gelehrt.

Die Poetik, die Lehre von der Dichtkunst, ist aufs engste mit der Rhetorik verschwistert. Sie ist nichts anderes als eine auf die Dichtungspraxis angewandte, erweiterte Rhetorik. Die Lehrbücher verfolgten den Zweck die Fülle der Sprach- und Redeformen, die man in den ausgebildeten Dichtungstheorien der romanischen Literatur fand, für die eigene Sprache fruchtbar zu machen und die deutsche Literatur durch diese Formen zu bereichern. Die zahlreichen Barockpoetiken, wie etwa Harsdörffers *Poetischer Trichter* (1647), befassten sich mit Fragen des Reims, der Klangmalerei, des Stils. Mehr als Dichter früherer Zeitalter waren Barockautoren auf die Poetik angewiesen. Sie brachen mit der Tradition volkssprachiger Literatur, lehnten auch die humanistisch-lateinische Kunstdichtung ab und brauchten deshalb neue Verfertigungsregeln für eine erst auszubildende deutsche Literatur. Die gewichtigste, geschichtlich wirksamste Poetik, den dichterischen Kanon für das nächste Jahrhundert, verfasste Opitz.

2.2 Martin Opitz – Lehrer deutscher Barockpoeten

wurde 1597 im protestantischen Bunzlau (Schlesien) geboren. Nach dem Besuch des Gymnasiums in Breslau studierte er die Rechte in Frankfurt an der Oder. 1619 setzte er seine juristischen Studien in Heidelberg, der Hochburg des deutschen Calvinismus, fort und lernte dort den westeuropäischen Humanismus kennen. Als spanische Truppen in die Pfalz einfielen, ging er in die Niederlande. 1621 kehrte er nach Schlesien zurück und nahm auf Bitten eines calvinistischen Fürsten ein Lehramt in Siebenbürgen an, dem Zufluchtsland vieler Protestanten und Reformierten aus dem Adels- und Predigerstand nach der Schlacht am Weißen Berg bei Prag 1620. Einige Jahre später finden wir Opitz wieder in seiner schlesischen Heimat, wo er zum katholischen Glauben übertrat und in den Dienst eines hohen kaiserlichen Beamten aufgenommen wurde. 1626 krönte ihn Kaiser Ferdinand II. zum Dichter. 1630 reiste er nach Paris, wo er mit Hugo Grotius, dem Juristen und Völkerrechtslehrer, Verbindung aufnahm. 1634 schloss er sich wieder der protestantischen Partei an und floh nach Danzig. Dort ernannte ihn der polnische König zum Hofgeschichtsschreiber. Von einem pestkranken Bettler angesteckt, starb er 1639 in Danzig.

Opitz wurzelte noch stark im westeuropäischen Humanismus. Sein Kampf für die Kunstdichtung in der Muttersprache entsprang seiner Einsicht, dass die konfessionellen Auseinandersetzungen auch Sprache und Kultur elementar berührten. Schon in seinem kurzen Manifest *Aristarchus sive de contemptu linguae teutonicae* (Von der Verachtung der deutschen Sprache, 1617) verteidigte der Gymnasiast die Muttersprache gegen das tote Latein und forderte von ihr die Aufgaben einer Literatursprache zu übernehmen. Im Zusammenschluss der reformierten und protestantischen Fürsten sah er die Chance sich auch geistig der Übermacht der einer katholischen, lateinischen Bildungswelt verpflichteten Habsburger zu erwehren.

Das *Buch von der Deutschen Poeterey* (1624) enthält Opitzens Abriss der Dichtungslehre. Entstanden als Rechtfertigung seiner eigenen Versuche, möchte es das neue Formideal der Eleganz in Deutschland heimisch machen. Es galt, alle Sprach- und Redeformen der Literatur der Antike und der romanischen Völker in Deutschland zu verbreiten, bei seinen Landsleuten eine „Bewusstseinskorrektur im Bildungsdenken“ zu versuchen, Deutsch als gleichberechtigte Bildungssprache zu verankern um auf diese Weise eine sprachliche Abwanderung der Hof- und Adelsschicht zur französischen Sprache zu verhindern. In Anlehnung an die Poetiken Scaligers, Ronsards und Heinsius' trug Opitz seine Forderungen vor: Zierlichkeit und Eleganz der Sprache erfordern den Gebrauch klarer und deutlicher Worte. Dialekte sind zu umgehen, Vulgarismen aus den Versen zu verbannen, Fremdwörter zu vermeiden, Eigennamen mit deutschen Endungen zu versehen (*der Venus Pfeile* nicht *der Veneris*). Auch sollten die Dichter um der Anmut ihrer Sprache willen neue Wörter verwenden (statt *Nordwind Wolkentreiber, Felsenstürmer, Meeraufreißer*) und nachgestellte unflektierte Adjektive, typisch fürs Volkslied *(Mündlein rot)*, vermeiden. Vor allem den Stilfiguren maß er großen Wert bei und erblickte im uneigentlichen Ausdruck ein wichtiges Gestaltungsmittel.

Die metrische Reform. Besonders wichtig wurden seine Ausführungen über den Vers. Zum ersten Mal arbeitete er den grundlegenden Unterschied zwischen antikem, romanischem und dem deutschen Vers heraus: Die Romanen achten auf die Länge, wir auf die Betonung der Silben. Opitz forderte den Gebrauch alternierender (wechselnder) Verse (Jamben, Trochäen) sowie die Übereinstimmung von natürlichem Wortakzent und künstlichem Versakzent um eine ungezwungene Harmonie von Sprache und Versmaß zu erreichen. Die Wörter als kleinste selbstständige Bausteine der Sprache haben ein Recht auf ihren natürlichen Wortakzent, wenn sie sich bruchlos in die metrische Ordnung einfügen sollen. Worauf es ankommt, ist die sprachliche Ordnung im Vers als natürlich, als von der Sprache selbst hervorgerufen erscheinen zu lassen. Als ergiebigste Verszeile betrachtete Opitz den Alexandriner. Seine Definitionen der einzelnen Formen und Gattungen, z. B. des Epigramms, des Sonetts, der Tragödie usw., wurden von seiner Zeit als verbindlich angesehen.

Modelle. Opitz beschränkte sich nicht nur auf die Theorie. Er versuchte sich in fast allen Gattungen und stellte Grundmuster auf, die seine Zeitgenossen ausbauten, variierten und individuell abwandelten. Die berühmteste Gedichtsammlung, des Opitzens *Teutsche Poemata* (1624), bot den Lesern Muster bislang unbekannter lyrischer Formen. In seinem umfangreichen Werk *Trostgedicht in Widerwärtigkeit des Krieges* (1633) machte er Kriegsgräuel, Neustoizismus, Trost und Friedensforderung zum Thema eines Alexandriner-Lehrgedichts. Als Herausgeber und Übersetzer antiker und zeitgenössischer Literatur erwarb er sich große Verdienste um die Erweiterung des literarischen Horizonts.

Würdigung. Opitz hatte den deutschen Dichtern des 17. Jh. mit einer geradezu beispiellosen Konsequenz literarische Normen und Modelle bereitgestellt. Ihm ist es besonders zu danken, wenn die deutsche Literatur wieder Anschluss an das europäische Niveau gewann. Die formalen Vorbilder der romanischen Dichtung und Poetik sowie das Bündnis mit den sozial führenden Schichten des Adels und des Patriziats ermöglichten diesen Aufstieg. Opitzens Wirkung erstreckte sich weit ins 18. Jh. hinein bis zur Klassik. Freilich wurde der Neubeginn der deutschen Kunstdichtung mit dem Verlust der Verbindung zur volkstümlichen Literatur erkauft, die seither ein von den Gelehrten ästhetisch wie sozial verachtetes Dasein führte.

3 Die Barocklyrik

3.1 Der Charakter der Lyrik

Lyrik als literarisches Orientierungsinstrument. Im vorindividuellen Zeitalter des Barock erscheinen persönliche Erlebnisse als unbedeutend, sofern sie nicht ihrer zufälligen Herkunft entkleidet als Beispiele in eine allgemeine Betrachtung eingehen, die allein Wahrheit verbürgt. Der Lyriker hat kein einmaliges Erlebnis zu gestalten, sondern poetologische und gesellschaftliche Normen zu erfüllen. Das Gedicht dient als Medium der Welt- und Existenzerklärung, das verdeckte Sinnbezüge durch Vergleiche und Analogien sichtbar macht.

Rhetorik und Poetik sind nach barocker Auffassung eng „verbunden und verknüpfet / das keiner sonder die andre gelehret / erlernet / getrieben und geübet werden kann" (Harsdörffer). Die Lyriker besitzen ein rhetorisches Verhältnis zur Sprache, d. h., Themen *(res)* und Wörter *(verba)* sind verschieden. Der Gebrauch der Worte richtet sich nach der beabsichtigten Wirkung, die beim Leser erzielt werden soll. So sind die Worte „bewusst eingesetzte Mittel, die das Thema, den Gegenstand kunstreich zeigend bewältigen sollen. ‚Wörter' und ‚Sachen' bleiben in einer distanzierten Verfügbarkeit, über die der Kunstverstand des Autors wacht" (O. Conrady). Als Folge dieser rhetorischen Grundeinstellung hat das Gedicht keinen monologischen Charakter wie das moderne, sondern einen verdeckt dialogischen.

***Imitatio* oder die Nachahmung literarischer Vorbilder** ist eine Grundforderung der Barockpoetiken. Erst durch Übertragungen und Nachahmungen der reichen antiken und europäischen Vorbilder konnten die volkssprachigen Lyriker den Umgang mit neuen Formen und Inhalten erlernen und ein mit den Nachbarliteraturen vergleichbares Niveau erreichen. Die „Originalität" des Poeten bestand in der geistreichen Abwandlung überlieferter Motive. Der Begriff des Plagiats, des geistigen Diebstahls, war dem Barock fremd (→ S. 125).

Die Impulse der neulateinischen Dichtung wirkten nachhaltig auf die Entstehung der neueren deutschen Kunstlyrik. Zu den wichtigsten Strukturelementen des Barockgedichts aus neulateinischer Tradition gehören das „insistierende Nennen“ (O. Conrady), die Art und Weise einen Gesamtvorgang in seine einzelnen Elemente aufzufächern (*enumeratio partium*: Aufzählung der Teile) um das Ganze aus der Summe der einzelnen Beispiele zu begreifen, der meditierend-deiktische (zeigende) Grundduktus und der intensivierende Gebrauch sprachlich-rhetorischer Ausdrucksmittel (Stilfiguren). Auch das enkomiastische (lobpreisende) Gedicht sowie die Herrscherpanegyrik (Huldigung) gehen auf neulateinische Vorbilder zurück. Die vielfach in neulateinischer Sprache gestalteten Motive der Eitelkeit *(vanitas)*, des falschen Glücks *(fortuna)* und des Todes *(mors)* kamen der skeptischen Grundeinstellung der Autoren entgegen und dienten ihnen zur Erhellung ihrer eigenen Situation.

Die literarische Emblematik. Die Umsetzung der *res picta*, der abgebildeten Sache, in sprachliche Bilder, ist für das Verständnis barocker Metaphorik unverzichtbar. So schrieb Gryphius z. B. das folgende Epigramm über Verseschmiede:

Du machst drey hundert vers
eh als ich drey gemacht.
Der Lorbeerbaum wächst spätt /
ein Kürbis in einer nacht.

Der Lorbeer, Zeichen des Ruhms, verkörpert den echten Wert, ist Ausdruck der Beständigkeit, während der Kürbis das Bild des raschen Wachstums und der frühen Vergänglichkeit darstellt. Diese beiden Bilder dienen als emblematische Argumente, um die Problematik des Vielschreibens anschaulich zu zeigen. Emblembücher hielten einen unerschöpflichen Vorrat an Bildargumenten bereit. Die emblematische Grundstruktur ist in Sonetten, in Titelkupfern (→ S. 113), in Dichterporträts (→ S. 107) und im Drama (→ S. 106) nachweisbar.

3.2 Vers- und Gedichtformen

Die Lyriker übernahmen aus den Nachbarliteraturen Vers- und Gedichtformen, die dem rhetorischen Ausdruckswillen der Gesellschaft entgegenkamen. Am häufigsten verwendeten Autoren den aus der französischen Literatur stammenden Alexandriner. Dieser jambisch alternierende sechsfüßige Vers mit der Zäsur nach der dritten Hebung ist durch seine Zweiteiligkeit wie geschaffen für bestimmte Stilfiguren, deren sich das reflektierte Sprechen bediente. Der Alexandriner wurde der Vers für die Antithese, den hervorstechendsten Stilzug barocker Sprache. Antithetisch in knappster Form sind die Oxymora (Verbindungen sich gegenseitig ausschließender Begriffe: federleichtes Joch, freudenreicher Krieg), sind ganze Verse und Sätze („Der Schultern warmer Schnee wird werden kalter Sand. Was dieser heute baut, reißt jener morgen ein“).

Lyrikformen: Das Epigramm, zwei durch Reime gebundene Alexandriner, reizt durch seine Zweischenkligkeit und seine antithetische Zeilenstruktur zu tiefsinnigen Formulierungen. Frage und Antwort, Aussage und Begründung werden in den Zweizeilern komprimiert. Opitz definiert das Wesen dieser Form: „die kürze ist seine eigenschafft / und Spitzfindigkeit gleichsam seine Seele und Gestalt.“ Kürze *(brevitas)*, Scharfsinn *(argutia)* und der Sinn für Pointen eignen sich vorzüglich für satirische, mystische, panegyrische und spielerische Gestaltungszwecke. Das Epigramm lebt aus dem geistreichen Witz, dem gewandten, einfallsreichen Wortspiel. Die Freude an strengen Formen konzentrierte sich besonders auf **das Sonett,** das den ästhetischen Formerwartungen der Barockgesellschaft in besonderer Weise entgegenkam: die Zweigliedrigkeit der Verszeile (Alexandriner) und der Strophen (Quartette und Terzette), die argumentative Entfaltung der Gedanken, der bevorzugte Gebrauch bestimmter Stilfiguren (Anaphern, Akkumulationen, Antithesen, Chiasmen), die Klarheit der Komposition wirken zusammen Heilswahrheiten und Tugendforderungen eindringlich zu vergegenwärtigen. Offener als das Sonett ist **die Ode.** Sie diente sowohl als einfaches Lied wie in ihrer pindarischen Form vor allem panegyrischen Zwecken. Die meistgebrauchten Lyrikformen waren Sonett und Epigramm. Daneben traten Madrigal und Sestine zurück. In Figuren- und Klanggedichten äußerte sich der Spieltrieb der Epoche.
Die große Achtung der Poeten vor den Ansprüchen der Dichtformen führte zu einer fruchtbaren Spannung zwischen der Satz- und Gedankenführung und den rhythmisch-klanglichen Forderungen des Verses. Der hohe Reiz barocker Lyrik beruht darin, dass sie Aussage, Vers und Stil-

figuren nicht schematisch starr handhabt, sondern die Vielfalt rhythmischer und lautlicher Formen mit einer Bilder- und Metaphernfülle zu verbinden weiß.

3.3 Themen und Autoren

Liebe. Die barocke Liebeslyrik bleibt ohne den Petrarkismus unverständlich, jener von Petrarca (→ S. 67) entwickelten Liebesauffassung und -darstellung im Gedicht, die von Lyrikern der nachfolgenden Generationen rezipiert und zu einem „zweiten erotischen System von internationaler Geltung nach dem Minnesang" (H. Pyritz) ausgestaltet wurde. Zu den bevorzugten petrarkistischen Themen gehören: das Lob der körperlichen und geistigen Vollkommenheit der Frau, Paradoxien und Wirkungen der Liebe, die Frau als grausame Tyrannin, die Klage über die Unerfüllbarkeit der Liebe, das *Carpe-diem*-Motiv („Nutze den Tag!") in Verbindung mit dem *Memento-mori*-Gedanken („Gedenke des Todes!"). Den mit der lateinischen Tradition vertrauten Autoren stand ein Repertoire konventioneller Ausdrucksmittel zur Verfügung, mit dem sie vorgegebene Themen und Motive auf originelle Weise gestalteten. Da ein angesehenes Lob der Frau als Gesamtperson als unmöglich galt, konzentrierten sich die Lyriker auf den Lobpreis einzelner Körperteile *(Auff den Mund, Auf ihre Schultern, Auf die Augen seiner Liben)*. Metaphorische Umschreibungen (*Korallenpforte* für Mund), Vergleiche (Brüste wie *Marmorbälle*), mythologische Assoziationen (Lippen süßer als der Venus Lippen) Namen (Phillis, Florida, Aurora), Pretiosenmotive (Ringe, Korallen) und der Reichtum der Stilfiguren wurden formbewusst und kalkuliert eingesetzt um in diesem literarischen Gesellschaftsspiel eine geistreiche Wirkung zu erzielen. Aus Holland hatte Opitz zwei Generationen verspätet den Petrarkismus eingeführt, Petrarcas Sonett über die Paradoxie der Liebe übertragen *(Ist Liebe lauter nichts / wie da sie mich entzündet?)*; petrarkische Motive u. a. in der Ode *Ach Liebste lass uns eilen* verarbeitet.

Mit Paul Fleming (1609–1640), dem Pastorensohn aus dem Vogtland, Opitzfreund und Leipziger Mediziner, erreichte die barocke Liebeslyrik einen ersten Gipfel. Dieser außergewöhnliche Poet begann seine Lyrik ganz im Banne Petrarcas (→ S. 67), dessen Formenschatz er virtuos beherrschte. Eine im Gefolge der holsteinischen Gesandtschaft unternommene Persienreise (1633–1639) ließ den Mediziner Abstand zum deutschen Literaturbetrieb gewinnen und zu seiner eigenen Form finden. In seinen Liedern wird die Treue *(Ein getreues Hertze wisse)* zu einem wichtigen Thema. Petrarkistische Motive verwendete er souverän für seine eigenen Gestaltungszwecke. So diente ihm das Pretiosenmotiv nicht mehr zum Lobpreis der Frauenschönheit, vielmehr wird der Ring zum Liebesboten für seine Geliebte, seine Freundin:

> So reise denn auch du, du freundlicher Smaragd
> zu meiner Freundin hin und lasse dir behangen
> dass eine solche Hand dich förderhin soll tragen
> die auch, wenn keusch du bist, dich doch noch keuscher mach.

Zu seinen bekanntesten Liebesgedichten voll inniger Zärtlichkeit und rhythmischer Ausgewogenheit zählen *Aurora schlummere noch*, *Ihr lieben Wangen* und besonders das Sonett *An Anemonen*:

> Ich meint, ich hätte dir mein ganzes Herz entdeckt
> Mein Lassen und mein Tun, Mein Wollen und Beginnen
> sodass ich mich mir selbst nicht besser öffnen können
> Ich war nur nicht in mir, ich war in dich versteckt
> [...]

Fleming war ein vom hohen Wert seiner Lyrik überzeugter Autor. Das Sonett *An sich* formuliert meisterhaft den Rückzug auf sein Selbst (→ S. 91) und die auf dem Sterbebett verfasste *Grabschrifft so er ihm selbst gemacht* kündet von einer großen stoischen Gelassenheit angesichts des Todes und von einem tiefen künstlerischen Selbstbewusstsein.

Hoffmann von Hoffmannswaldau (1616 bis 1679), der Breslauer Jurist, Opitzschüler und Verehrer des italienischen manieristischen Lyrikers Giambattista Marino (1569–1625), gehört zu den großen erotischen Lyrikern der Epoche. Sicher spielt dieser Weltmann mit petrarkistischen Motiven und dem reichen Stilfigurenschatz der Rhetorik. Doch die Eleganz seiner frivolen Verse und seine erstaunliche manieristische Sprachkraft sollten nicht darüber hinwegtäuschen, dass der Poet um die Gefährdungen unseres Ichs durch die Macht des Es, das Ausgeliefertsein des Menschen an seine sexuelle Leidenschaft, wusste:

> Der Stände gleichheit ist der Liebe Possenspiel;
> Sie bindet Gold an Stahl und Garn zu weisser Seyde/
> Macht dass ein Nesselstrauch die edle Rose sucht/
> Zu Perlen legt sie Graus/ zu Kohlen legt sie Kreyde/
> Und propft auf wilden Baum offt eine süsse Frucht.

Die Versklavung des Menschen durch die Lust *(So soll der purpur deiner lippen/ Itzt meiner freyheit bahre seyn?)* angesichts seiner Vergänglichkeit bildet eines seiner Hauptthemen. Die Dämonie des Eros findet in seinen Versen einen provozierenden Ausdruck. Eine den höfischen Normen und der Disziplinierung unterworfene Gesellschaft musste seine „Lust-Getichte“ als anstößig empfinden. In seinem Sonett *Vergänglichkeit der Schönheit,* einem gelungenen Beispiel manieristischer Lyrik, ironisiert Hoffmannswaldau den petrarkistischen Frauenpreis durch das Carpe-diem-Motiv. Er setzt durch das emblematische Sinnbild des Herzens aus Diamant, wobei der Diamant sowohl Halsstarrigkeit wie Beständigkeit bedeutet, mit dem Gedanken der Aporie (Ausweglosigkeit) zwischen Liebesgenuss und Weltabsage einen pointierten Schluss.

Geselligkeit und Festlichkeiten prägten das barocke Leben. Fast alle Poeten schufen anlassbezogene Gebrauchslyrik: bei Geburten, Hochzeiten, Jubiläen, im Krankheits- und Todesfall gehörten Gedichte zum selbstverständlichen Ritual; denn die Menschen wollten den vergänglichen Augenblick im dichterischen Wort aufgehoben wissen. Autoren hatten bei offiziellen Feiern der konventionellen Formensprache folgend immer wieder Altes und Gleiches neu zu formulieren. Besonders Simon Dach (1605–1659) und sein Königsberger Kreis ragten hervor. Fern dem Literaturbetrieb der Zentren, in einer kulturellen Randlandschaft, begleitete Dach mit seinen Gedichten das Leben des gehobenen Bürgertums. Geschickt verstand es der Gebrauchslyriker, die dem Adressaten gemäße Stillage, das *Genus humile,* den niedrigen Stil, zu finden, und er überzeugte mit seinen Gelegenheitsgedichten. Unvergessen ist auch sein Hochzeitslied *Ännchen von Tharau.* In der groß angelegten Elegie *Klage über den endlichen Vntergang vnd ruinierung der Musicalischen Kürbis-Hütte vnd Gärtchens* (1641) wird das emblematische Bild der Kürbishütte (→S. 98) und die Zerstörung des Gartens zum barocken Weltspiegel, zum „Modell der Welt“ (A. Schöne).

Eitelkeit der Eitelkeiten. Fast alle Lyriker gestalteten dieses Grundmotiv der Epoche. Doch bei keinem Autor bildete das Erlebnis der Hinfälligkeit des Menschen („wir sind vom mutterleib zum untergang erkohren“) und der Vergänglichkeit der Welt („Und was sind unsere Thaten?/ Als ein mit herber Angst durchaus vermischter Traum“) die alles beherrschende Thematik wie bei Andreas Gryphius (→S. 107). Überall sah der schlesische Lyriker den Zerstörungstrieb am Werk. Krieg und Habgier, Eitelkeit und Ruhmsucht entwerteten radikal jedes menschliche Streben. Diese nihilistische Erfahrung fing sein lutherischer Glaube an die Erlösungstat Christi *(Über die Geburt Christi)* auf. Denn der erbärmliche Weltzustand zeigt eine erlösungsbedürftige Schöpfung. Sie gehört zu Gottes Plan, in dem kein Heil ohne Leid vorgesehen ist. Seine bitteren Erfahrungen benutzte Gryphius als Beispiele und Argumente. Erst in der Gedichtform, umgeschmolzen in aussagekräftige emblematische Bilder und Metaphern, erreichten sie jene gedankliche Transparenz, in der allgemeine Wahrheiten als Ausdruck heilsgeschichtlicher Notwendigkeit erkennbar werden. Gryphius empfing Anregungen für seine Lyrik von neulateinischen Autoren wie Bidermann und Balde. Er stand ganz in der Nachfolge seines poetischen Lehrers Opitz. Doch seine Verse gehen weit über Vorbilder und Zeitgenossen hinaus: Sie erschöpfen sich nicht in rhetorischer Artistik. Sie sind vielmehr Ausdruck einer tiefen existentiellen Betroffenheit, die seinen Umgang mit der Sprache prägte. Geschickt überspielt er das metrische Schema, lockert durch Enjambements den Rhythmus auf, benutzt einprägsame emblematische Bilder, Antithesen, Wort- und Beispielhäufungen und seine „Zentnerworte“ und mit überraschenden Schlusspointen provoziert er die Nachdenklichkeit seiner Leser.

So gestaltet Gryphius in dem Sonett *Es ist alles eitel* eindringlich den Gedanken der Vergeblichkeit allen menschlichen Tuns durch den intensivierenden Einsatz rhetorischer Mittel. Erst in der Schlusszeile weist er auf den religiösen Lebenssinn hin, der diese Vergänglichkeit erklärt und den der Mensch aus falsch gebrauchter Freiheit gewollt verfehlt.
Gryphius setzte den leidvollen Zeiterfahrungen seine Gedichte entgegen, die auch heute noch ohne Kenntnis der damaligen lutherischen Theologie die Grundbefindlichkeit des Menschen in einer unerhörten Intensität vergegenwärtigen. „Darin sind seine Gedichte einzigartig, dass sie Schreie und Statue, Marmor und Lava in einem sind" (H. M. Enzensberger).

Gotteslob. Die religiöse Lyrik stand ganz im Dienste der Liturgie, des Gemeindegesangs und der persönlichen Erbauung. Sie knüpfte in protestantischen Territorien an Luther und an das Lied der Reformationszeit an. Als der bedeutendste evangelische Kirchenlieddichter gilt Paul Gerhardt (1607–1676). Dieser, von unbedingtem Gottvertrauen erfüllte, standfeste Pastor schöpfte aus Bibel und lateinischer Hymnentradition *(O Haupt voll Blut und Wunden)* und erfüllte die einfache, schlichte Form des Volksliedes mit religiösen Motiven um die verinnerlichte Frömmigkeit der Gläubigen zu festigen. Sein natürlicher, gedämpfter Ton wird für das künftige geistliche Lied bestimmend. Zu seinen bekanntesten Schöpfungen zählen *O Welt ich muss dich lassen, Geh aus mein Herz und suche Freud* sowie das Lied *Nun ruhen alle Wälder*, das Matthias Claudius zuseinem Abendlied *Der Mond ist aufgegangen* inspirierte.
Auf katholischer Seite schuf der Rheinländer Friedrich Spee zu Langenfeld (1591–1635) eine tief religiöse Lyrik. Dieser mutige Jesuitenpater hatte die Hexenprozesse als Beichtvater der Angeklagten erlebt und mit seiner Anklageschrift *Cautio Criminalis* (1631; dt. *Gewissensbuch oder Über die Hexenprozesse*) gegen diesen Wahnsinn gekämpft. Neben seiner Tätigkeit als Seelsorger widmete er sich der Dichtung. Wie Gerhardt griff er auf die lateinische Hymnentradition zurück und erweiterte ihre Motivik. In seinem Liederzyklus *Trutznachtigall* (1649) entfaltet er in seinen Strophen den Lobpreis Gottes für den sich nach Ruhe und Geborgenheit sehnenden Gläubigen. Seine *Jesus-Minne-Lieder*, in denen er petrarkistische Motive ins Religiöse übertrug, feiern Pracht und Herrlichkeit der Natur und die Sehnsucht nach einer Vereinigung mit Jesus.

Die bedeutendste Lyrikerin der deutschen Barockliteratur ist Catharina von Greifenberg (1633–1649), die aus Niederösterreich stammende Protestantin. Die Freifrau wurde nach einem religiösen Durchbrucherlebnis in ihrer Jugend zur geistlichen Dichterin und sah es fortan als ihre Lebensaufgabe an, sich dem Lobe Gottes zu widmen. Ihr differenziertes Sprachbewusstsein stellte sie ganz in den Dienst ihrer selbstgesetzten Mission. Für ihre betrachtende Lyrik bevorzugte sie die Sonettform. Als Meisterin des manieristischen Sprachgebrauchs ballte sie vor allem ausdrucksstarke Komposita und kühne Metaphern zusammen. Abstraktes ist mit Konkretem *(Allmacht-Muschel, Geistes-Mast)* verbunden. Sie benutzte emblematische Bilder („Mein Glaubenszweifels werd' ein klarer freudenbach") und Klangmalereien *(blumenbunte Wunder-Bilder)* und verdichtete mit diesen Gestaltungselementen ihre Aussagen zu rhythmisch klangvollen Versen. Die sprachliche Virtuosität der adligen Lyrikerin, die wegen ihrer Konfession viele Jahre als Emigrantin in Nürnberg lebte, wäre ohne die enge Zusammenarbeit mit ihrem Förderer Sigmund von Birken schwerlich denkbar gewesen.

Daphnis oder die Schäferdichtung. Nürnberg, die protestantische Reichsstadt, bildete ein überregionales literarisches Zentrum. Hier lebten der Patrizier Georg Philipp Harsdörffer (1607–1658), Johann Klaj (1616–1656) und Sigmund von Birken (1626–1681), die als Pegnitz-Schäfer in dem von ihnen geleiteten „Blumenorden" das Ziel verfolgten, die Ausdrucksdimensionen der deutschen Literatursprache mit Hilfe romanischer Vorbilder zu verfeinern. Philipp von Zesen (1619–1689) hatte Opitzens Beschränkung auf die alternierenden Verse als unzureichend empfunden. Er benutzte deshalb in seinen Liedern zweisilbige Senkungen (Daktylus und Anapäst) und erweiterte dadurch beträchtlich die rhythmischen Gestaltungsmöglichkeiten. Die Nürnberger übernahmen diese Praxis. Im Mittelpunkt ihrer literarischen Arbeit stand die Schäferpoesie. Diese bukolische Utopie, in

Dieser kalligraphische Holzschnitt von 1562 zeigt das ***Labyrinth*** *als Bildgedicht. Die Überschrift lautet: „Der Weltlauff und wesen auf das kürzest mit reymen von diesem Labyrinth beschrieben und begriffen." Ein spiralenförmiges Schriftband verläuft von der Mitte nach außen und geht dann in ein Rechteck über. Der Text beginnt in der Mitte: „WEr will erfaren der welt wesen, Der thuo disen reimen lesen, Darinnen wirt er finden geschwind. Wie die gantz welt ist geworden blind." Er endet mit der Bekräftigungsformel: „Ist warlich war und nit erlogen –." Das Labyrinth, Ursymbol des Manierismus, entspricht in seiner raffiniert konstruierten Unübersichtlichkeit der Sicht dieser Künstler auf eine entfremdete Welt, die sie intellektuell zu durchdringen versuchen und sprachlich bewältigen wollen (→ S. 89).*

der Hirten, losgelöst von sozialen Zwängen, ganz zu sich selber finden, bildet Gegenpol und Korrektiv in einer reglementierten Adelsgesellschaft und Bürgerwelt. Sie diente diesem Dichterkreis auch als spielerisches Experimentierfeld für seine Sprachartistik. Harsdörffer hatte im *Poetischen Trichter* (1653) neben kombinatorischem Scharfsinn und Metaphernreichtum die Klangmalerei zum Dichtungsprinzip erhoben. Der gezielte Einsatz von Assonanzen, Alliterationen, Binnenreimen, Wortvertauschungen und verschiedener Vers- und Strophenformen führte zu anmutigen und von bis dahin unbekannter Musikalität getragenen Versen. Diese Avantgardisten trugen zu einer ästhetischen Sensibilisierung der Poeten bei.

Labyrinth. Die Barocklyrik wäre ohne die manieristischen Gedichte unvollständig. Der Manierismus war eine gesamteuropäische Bewegung in Kunst und Literatur als Reaktion auf eine geistige Grundlagenkrise und fiel in die Zeit von ca. 1530 bis 1630. In Deutschland wurde er erst von der zweiten Generation der Lyriker Harsdörffer, Hoffmannswaldau und Lohenstein verspätet rezipiert. Die Manieristen kannten die geistig-seelische Leere einer disziplinierten Barockgesellschaft und wussten um den fragmentarischen Charakter unserer Erkenntnis. Das Alogisch-Widersinnige suchten sie mit sprachlicher Artistik zu bewältigen. Mit Scharfsinn und Einbildungskraft brachen sie die der Sprache innewohnenden Bedeutungen auf, verblüfften und schockierten mit ihren brillanten Versen ihre Leser um das Gespür für Abgründe und Gefährdungen des Menschen wachzuhalten. Die Metapher wurde in ihren Gedichten zur „Königin der Wortfiguren". Vergleiche und Metaphern waren für sie „Ferngläser und hell scheinende Christall, vermittelst welcher wir alles eigentlicher ansehen" (Harsdörffer). Manieristische Lyriker verwendeten besonders gern das *Concetto,* jene Sinnfigur, in der Begriff und heterogenes Bild aufs engste geistreich miteinander verschmolzen sind. (Fleming über Opitz: „O Erbe durch sich selbst der steten Ewigkeiten, O ewiglicher Schatz und auch Verlust der Welt.“) Lohenstein hat im Bild des Labyrinths den existenziellen Zustand des Menschen in die folgenden Verse gefasst:

Aufschrift eines Labyrinths

Wie irrt ihr Sterblichen, die ihr den Irrbau seht
für einen Irrgang an, der euch nur soll verführen.
Ein gleicher Fußpfad scheint dem Blinden auch verdreht,
Ein Weiser aber kann die Spur hier nicht verlieren [...]

Das persönliche Schicksal ist eigentlich noch kein Thema des Barock. Für den letzten großen schlesischen Lyriker JOHANN CHRISTIAN GÜNTHER (1695–1723) wird das eigene Erleben zum Mittelpunkt seines Dichtens. Der Arztsohn und Medizinstudent aus Striegau ist vertraut mit der Barockliteratur und den Forderungen der Poetik. Zugleich aber interessiert ihn bereits Leibnizens Theodizee, jene Lehre, die das von Gott zugelassene Übel zu rechtfertigen sucht, und der Glücksgedanke der beginnenden Aufklärung. Von seinem hartherzigen Vater wegen seiner Leidenschaft für die Dichtung verstoßen, führt der Unbehauste ein mühevolles Wanderleben. Zwei Themen bestimmen seine Lyrik: die Liebe und sein Unglück. Die tiefe Zuneigung zu Leonore Lachmann führt besonders in den Abschiedsgedichten zu bislang unerhörten Versen:

Sey arm, verlassen und veracht,
Verliere, was gefällig macht,
Las Zahn und Farb und Jugend schwinden,
Du bleibst in meinen Augen schön
Und solt sie allemahl entzünden
So lange sie noch ofen stehn.

Immer wieder misslingen seine Versuche eine bürgerliche Existenz zu gründen. In dem Klagelied *Als er durch innerlichen Trost Bey der Ungedult gestärcket wurde* bricht aus tiefster Verzweiflung seine Anklage gegen das Schicksal heraus.
Bei Günther setzt sich zum ersten Mal die Subjektivität in den bereitgestellten Dichtungsmustern durch. Sie füllt die Formen mit ihrem, aus dem Kirchenlied stammenden innigen Ton und bewirkt dadurch einen erlebnisunmittelbaren Eindruck. Günther weist, seiner Zeit weit voraus, auf die Erlebnislyrik der Goethe-Zeit.

4 Das Barockdrama

4.1 Die große Epoche des Dramas

In Europa war dies das 17. Jh. Tragödien der Weltliteratur entstanden, wie sie seit Sophokles und Euripides nicht mehr geschrieben worden waren. Shakespeare wirkte noch zu Beginn des Säkulums im elisabethanischen London, Calderon lebte am Hofe Philipps IV., Corneille, Racine und Moliere erfreuten sich der Gunst der Pariser Gesellschaft und des Hofes des Sonnenkönigs. Die Werke dieser Dramatiker waren der höchste Ausdruck nationaler Kultur. Als Kristallisationszentren galten die großen Höfe und die Hauptstädte, in denen eine kultivierte Gesellschaft lebte, die als Mäzen den Künstlern Belohnung und Aufstiegschancen bot.

Das Theater. Die höfische Demonstration politischer Macht und Legitimation bediente sich neuer künstlerischer Ausdrucksformen: Oper, Ballett, Paraden und Maskeraden. Vor allem aber kam das Illusionstheater dem Lebensgefühl der Epoche besonders entgegen. Nie wurde mit größerer Leidenschaft Theater gespielt als in der Barockzeit. In München, Hamburg, Kassel und Wien entstanden Theaterbauten und Opernhäuser. Die Gesellschaft ergötzte sich oft tagelang an den Opern- und Festspielaufführungen auf den zentralperspektivisch aufgebauten Illusionsbühnen. Die Bühne, vom Freien in den geschlossenen Raum verlegt, Guckkasten der Illusion, technisch raffiniert ausgestattet, mit Kulissen, Maschinen und Fontänen versehen, wurde zu einem Festort für Arm und Reich. Das Theater offenbarte am eindringlichsten die barocke Lebensauffassung: Die Welt ist zwar sinnlich erfahrbar, aber nicht wirklich. Die Bühne zeigt: alles verwandelt sich in Theater, alles ist Stoff für die Weltbühne. Doch hinter Prunk, Pomp und Bühnenzauber nistete der dunkle pessimistische Untergrund der Weltangst und Weltmüdigkeit (→ S. 91).

Der prunkvolle Zuschauerraum des ***Wiener Opernhauses*** *mit drei großen Rängen während der Festaufführung der Prunkoper Il Pomo d'Oro (Der goldene Apfel) vor Kaiser Leopold I., 1668. Die Sitzordnung des Zuschauerraumes des höfischen Theaters entspricht genau der hierarchischen Binnenstruktur des Hofstaates und folgt dem Grundsatz der Repräsentation: dem Sehen und Gesehenwerden. Der Platz des Kaisers ist vorne in der Mitte, von wo aus der Bühnenraum seine optimale Illusionswirkung entfaltet. Huldigungsszenen in Prolog und Epilog, Zwischenspiele und rhetorisch zeremonielle Ansprachen dienen dazu, für kurze Zeit die Konfrontation zwischen der passiven Zuschauerrolle des Monarchen und dem aktiven Bühnengeschehen aufzulockern.*

4.2 Die Wanderbühnen

Neben Oper, Trauerspiel und Ordensdrama gehörten die Wanderbühnen zum theatralischen Erscheinungsbild der Epoche. Sie haben alle Schichten für das Theater interessiert und wesentlich zur Entfaltung der Schauspielkunst in Deutschland beigetragen.

Die *Commedia dell' Arte*, das italienische Stegreifspiel, zeichnete sich durch ein festgelegtes Figurenensemble aus. Zu den Typen (Masken) gehörten u. a.: die Diener *(Zanni)*, der alternde Liebhaber *(Pantalone)*, der bornierte Gelehrte *(Dottore)*, der prahlende *Capitano* und *Arlecchino* mit der zarten *Colombine.* Alle diese Figuren traten mit eigenen Kostümen und Requisiten auf. Ein lockeres, vorgegebenes Handlungsgerüst mit situationskomischen Szenen bildete die Spielgrundlage für die Masken. Die italienischen Berufsschauspieler suchten als bevorzugte Spielorte vornehmlich die Fürstenhöfe in Wien, München und Dresden auf, an denen sie ein höfisches Publikum mit Witz, Akrobatik und Komik ergötzten und es für kurze Zeit von den Zwängen eines hohen Kulturanspruchs entlasteten.

Die englischen Komödianten. Gegen Ende des 16. Jh. entstand dem von den Konfessionen geförderten lateinischen Schuldrama mit seinem deklamatorischen Aufführungsstil ein Konkurrent in den englischen Komödianten. Bedingt durch ein Überangebot von Berufsschauspielern und den Kampf der Puritaner gegen das überhand nehmende Theaterwesen, verließen Schauspieler die Insel und durchzogen den Westen und Norden Deutschlands in Schauspieltruppen. Zum ersten Mal spielten sie 1586 am kursächsischen Hof zu Dresden. Die Wandertruppen erhielten an verschiedenen Höfen Zeitverträge, auch Reiselizenzen wurden ihnen gewährt, sodass sie an anderen Orten auftreten konnten. Auf höfischen Festen, großen Messen und Jahrmärkten boten sie reines Aktionstheater. Die englischen Berufsschauspieler befreiten das Drama durch ihren naturalistischen Inszenierungsstil von konfessionellen Zwängen. Sie unterhielten ihr Publikum mit bombastischer Rhetorik, luxuriösen Kostümen, Musik, Tanzeinlagen und Akrobatik, derber Realistik und drastischer Gestik, die den englischen Text ganz vergessen ließen. Die Zentralfigur war der Narr, der Pickelhering. Der Clown gestaltete die Zwischenspiele und belebte die Aufführungen durch seine Improvisationskunst und Situationskomik.

Die deutschen Wanderbühnen gingen meist aus englischen Truppen hervor. Unter der Leitung eines Prinzipals, eines Theaterunternehmers, entwickelten sich professionelle Wandertruppen. Die Berufsschauspieler profitierten von der Improvisationskunst der Italiener und der drastischen Spielweise der Engländer. In ihren Darbietungen diente das gesprochene Wort mehr als „Reizträger“ denn als „Sinnträger“. Zu stark beherrschten theatralische Mittel ihre auf ein breites, schaulustiges Publikum abgestimmten Aufführungen (→ S. 270).

4.3 Das Jesuitendrama

Der neue Orden des spanischen Edelmanns Ignatius von Loyola (1491–1556) wurde in kürzester Zeit zur ersten geistlichen Führungsmacht der katholischen Kirche. Durch Glaubenseifer, militärische Organisation, geschickte Taktik und Weltoffenheit sicherte er sich rasch die wichtigsten Positionen im geistigen und politischen Leben der katholischen Länder. Innerlich geschlossen, an keinen Ort gebunden, nur auf wenige Aufgaben konzentriert, suchte er die Abgefallenen wieder zurückzuführen, die Jugend im Geiste der durch das Konzil von Trient (1563) erneuerten Kirche zu erziehen, die Gläubigen geistlich zu betreuen und die Fürsten durch seelsorgerische Lenkung für die Kirchenpolitik des Papstes zu gewinnen. Katheder, Kanzel und Beichtstuhl waren seine einflussreichsten Wirkungsstätten und boten viele Möglichkeiten an alle Volksschichten heranzukommen.

Das Schultheater eignete sich besonders gut für die erzieherische und missionarische Arbeit des Ordens. Da ihm die Leitung fast aller Universitäten und Gymnasien in den katholisch verbliebenen Ländern anvertraut war, bot die Schulbühne eine wirksame Möglichkeit die künftigen Lehrer und Prediger in der Kunst der Rhetorik und Deklamation, in Mimik und Gestik zu schulen, die wirkungsvolle Selbstdarstellung einzuüben. Zweck der von den Patres aus verschiedenen kirchlichen und weltlichen Anlässen verfassten Dramen war es, durch aufrüttelnde spielerische Darstellung dogmatischer Glaubenswahrheiten die Laien in ihrem Glauben zu stärken, sie vor den Gefahren des stoizistischen Tugendstolzes und des autonomen Denkens zu schützen. Um den breiten Volksschichten den Inhalt der lateinischen Stücke vertraut zu machen verteilten Patres Periochen. Gerade wegen der lateinischen Texte kam alles auf eine wirkungsvolle Darbietung an. Nicht individuelle, psychologisch differenzierte

AMOR PATERNUS
OPE CÆLESTI
AB INTERITU VINDICATUS.
Schawspil
Von Vätterlichen Lieb
So durch
Himmlische Hülff
Von
Grausamben Todt errettet/
Offentlich vorgestellt
Von der Löblichen studierenden Jugend
deß Churfürstlichen Gymnasij der Soc: Iesv
zu München.
Den 5. und 6. Septembris/ 1672.

Getruckt zu München/ bey Lucas Straub.

*Eine **Perioche**, ein zweisprachiges Programmheft, diente dazu, die Besucher vor der Aufführung über das Stück zu informieren. Sie besteht aus dem Titelblatt (hier einer Münchener Aufführung von 1672) mit allen notwendigen Angaben; dann folgt das Argumentum (Inhaltsangabe und Problemdarstellung) sowie eine ganz knappe Zusammenfassung der Szenen. Am Schluss steht der Syllabus Actorum, die Liste der Mitwirkenden.*

Figuren treten in den Kaiser- und Märtyrerdramen auf, sondern Marionetten, die von allegorischen Gestalten umstellt, Objekte des Kampfes der Tugenden und Laster sind. Die geschliffene lateinische Rhetorik, Musik, Tanz und Zwischenspiele vor einer zauberhaften Kulissenbühne bestimmten die raffinierte Inszenierungstechnik. So gediehen die opernhaften Aufführungen zu glanzvollen Shows mit Lehrstückcharakter.
Vertreter des Jesuitendramas waren NIKOLAUS VON AVANCINI (1612–1686), die Schwaben JAKOB GRETSER (1562–1625) und JAKOB BIDERMANN (1578–1639), dessen Spiel vom *Doktor von Paris* den Höhepunkt gegenreformatorischen Jesuitenschauspiels darstellt:
Cenodoxus (Der Ruhmsüchtige, 1602) behandelt die Geschichte eines hoch geachteten Gelehrten, der im Ruf der Heiligkeit steht, hinter dessen Rechtschaffenheit sich jedoch ein Heuchler verbirgt. Bidermann kannte den doppelbödigen Lebensstil des Konfessionszeitalters: Hinter der Maske der Biederkeit verbirgt sich ein Intellektueller, dessen gute Taten auf der Todsünde des Hochmuts und des Stolzes *(superbia)* beruhen. Cenodoxus widersetzt sich noch auf dem Sterbebett gelassen allen Bekehrungsversuchen; er wird dafür verdammt und fährt zur Hölle, weil es ihm an Demut fehlt.
Im Zentrum der Kritik steht die durch die stoische Ethik gefestigte, autonome Persönlichkeit, die sich dem kirchlichen Glauben entzieht. An katholischen Höfen und in Städten mit Ordensniederlassungen boten die Theateraufführungen der Jesuiten glanzvolle Ereignisse für die gesamte Bevölkerung. Nicht zuletzt beruhte die tiefe Wirkung ihres Theaters auf der gemeinsamen Glaubens- und Vorstellungswelt von Autoren, Spielern und Zuschauern. Das Jesuitendrama wurde Vorbild für das Kunstdrama, das barocke Trauerspiel des bürgerlich-protestantischen Deutschlands.

4.4 Das barocke Trauerspiel

Die Poetikforderungen. Opitz forderte in Anlehnung an Aristoteles, dass die Tragödie ausschließlich hohen Standespersonen vorbehalten bleibt. Entsprechend dieser Ständeklausel treten in den Trauerspielen nur Könige, Aristokraten und hohe Beamte auf, weil der tragische Fall eines Helden umso nachhaltiger auf die Zuschauer wirkt, je höher sein sozialer Rang ist (Fallhöhe; → S. 130). Im Barock ist die Dichtung nicht „Schilderung der wirklichen Welt, sondern Darstellung einer ständisch geordneten, heilsgeschichtlich determinierten und ethisch idealisierten Welt“ (J. Dyck). Diesem Zweck dienen auch

die Stoffe. Mit Vorliebe benutzten Dramatiker Stoffe aus der römischen Geschichte, der byzantinischen, der osmanischen, aber auch der Zeitgeschichte, weil sich an den Despotien der Machtmissbrauch, die Standhaftigkeit der Tugend am eindringlichsten zeigen ließen. Nicht der einmalige, vielschichtige historische Augenblick interessierte, sondern das Beispielhafte, Immergültige: Geschichtliche Vorgänge wurden emblematisiert, entwirklicht, erstarrten zum sprechenden Bild, wurden zum *exemplum* menschlicher Verhältnisse, gewannen Demonstrationscharakter.

Personae dramatis. In den Trauerspielen ist der Tyrann vielfach der Vertreter der *vanitas*, der irdischen Nichtigkeit. Der Sturz eines Herrschers zeigt zugleich den Repräsentanten einer gefallenen Menschheit, das Opfer der Vergänglichkeit. Der Unterlegene, Schwächere spielt dagegen als Märtyrer die Hauptrolle. Er wird zum Inbegriff des Barockmenschen, der sich trotzig gegen Verschwörungen und Anschläge bis zum Tode behauptet. Durch seine tugendhafte Beständigkeit rettet er sein Ich und wird zum säkularisierten Märtyrer, der nicht mehr auf kirchliche Ehren wartet.

Konflikt und Intrige. Das barocke Trauerspiel kennt nur den Kampf moralischer Kräfte. Der innere Zwiespalt der Figuren und seine psychologische Motivierung sind ihm fremd. Alle Konflikte kommen von außen. Durch gesteigertes Leid kann die Unerschütterlichkeit des souveränen Geistes eindringlich und wirkungsvoll vorgespielt werden. Die Haltung des Helden wird zum Höhepunkt des ganzen Schauspiels.

Handlung und Sprache. Die Dramen bestehen aus Abhandlungen, szenischen Vergegenwärtigungen der Handlung, und den *Reyen*, den Chorliedern, *Intermezzi*, die, ähnlich den Songs und Zwischenspielen des epischen Theaters, das Geschehen von einem übergeordneten Standpunkt deuten. Dem Doppeltitel des Trauerspiels entspricht die *inscriptio* des Emblems (→ S. 92). Die

Darstellung der Handlung gleicht der *pictura*, die Reyen sind analog der Auslegung der *subscriptio*. Nicht Taten treiben das Geschehen vorwärts. Die Grundkräfte der Geschichte enthüllen sich im Gespräch. Erschütterung wird mit Pathos, „diesem königlichen Naturlaut des Trauerspiels" (W. Benjamin), bewältigt. Die Sprache vermeidet die eigentliche, direkte Aussprache, sie scheut den unmittelbaren Ausdruck. Sie ist rhetorisch, reflektierend. Das Eigenleben der Handlung tritt daher zurück. „Es ist der das Ereignis betreffende Dialog, der sich auf der Bühne vollzieht" (H. Heckmann).

Und dieses Zwiegespräch wird mit allen rhetorischen Kunstmitteln geführt: in dramatisch erregenden Szenen erfolgt die Auseinandersetzung in knapper Rede und Gegenrede (Stichomythie). „Die Lehr- und Danckspruche sind gleichsam des Trauerspiels Grundseulen" (Harsdörffer). Emblematische Metaphern und Argumente tragen gleich Pfeilern die szenischen Bilder: gegen die labyrinthische, als widersprüchlich empfundene Wirklichkeit setzt die lakonische Sentenz die klare Einsicht in eine höhere Wahrheit.

Philipp Kilians Kupferstich von 1656 ist das einzige überlieferte Gryphius-Porträt. Unverkennbar ist der emblematische Aufbau dieser Darstellung. Als Motto dienen die Angaben zur Person: ***Andreas Gryphius****, Rechtsgelehrter, Philosoph und von ritterlichem Stand, Syndikus des Herzogtums Glogau, geboren 1616. Das Porträt (pictura) zeigt einen standesgemäß gekleideten Amtsträger. Die von Heinrich Mühlpfort (1639–1681) als subscriptio angefügte Würdigung in lateinischen Distichen lautet in deutscher Übertragung:*
So sieht der tragische Dichter aus, den das glückliche Deutschland bestaunt hat, der die steinernen Herzen der Menschen erschüttert. Aus seinen Schriften, die sein göttlicher Geist uns geschenkt hat, leuchten seine neuen Einsichten und sein enzyklopädisches Wissen hervor. Deshalb wird Gryphius eine zweite Pallas Athene unter den Bewohnern des Elysiums sein.

4.5 Die Dramatiker des Barock

Andreas Gryphius (Greif) wurde im Todesjahr Shakespeares 1616 als Sohn eines evangelischen Pfarrers im schlesischen Glogau geboren. Der frühe Verlust seiner Eltern, Kriegsgräuel und Krankheit verdüsterten seine Jugend. Nach dem Besuch des Gymnasiums in Fraustadt und Danzig verdiente er sich seinen Unterhalt als Hauslehrer bei dem Fraustädter Rechtsgelehrten Graf von Schönborn. Nach dessen Tod begleitete er die beiden Söhne nach Leiden, wo er fünf Jahre studierte und Vorlesungen hielt. 1644 führte ihn eine große Bildungsreise nach Paris, Florenz, Venedig und Rom. 1647 kehrte Gryphius in seine schlesische Heimat zurück. Ab 1650 lebte er in seiner Geburtsstadt. Als Syndikus der Stände des Fürstentums Glogau verfocht er die Rechte der Landstände gegen den kaiserlichen Zentralismus. 1662 wurde der Dramatiker und Lyriker als „Der Unsterbliche" in die Fruchtbringende Gesellschaft aufgenommen. 1664 starb er.

Gryphius' Lebensauffassung. Der universal gebildete Dramatiker war aufgeschlossen für alle geistigen Strömungen seiner Zeit, vor allem für den Neustoizismus. Die *ataraxia*, die Unerschütterlichkeit des geistig gefestigten Menschen, und sein lutherischer Glaube halfen ihm persönliche Schicksalsschläge zu ertragen. Sein Glaubensverständnis gebot ihm Gehorsam und Treue gegenüber dem absolutistischen Fürsten. Doch über Mensch und Herrscher stand das absolute Gesetz Gottes. Gryphius war zutiefst davon überzeugt, dass der Mensch sein Heil nur dann erringt, wenn er sein Schicksal auf sich nimmt und gegen die Wechselfälle des Lebens die innere Beständigkeit *(constantia)* und den Glauben an das geoffenbarte Wort setzt. Der politisch erfahrene Jurist bot mit seiner Dichtung eine christliche Offenbarung in einer krisengeschüttelten Zeit.

Trauerspiele. Gryphius' Interesse galt dem Individuum, das sich gegen die fürstliche Gewaltpolitik wehrt und dem Machtmissbrauch Gewissensfreiheit, Beständigkeit und Gottvertrauen entgegensetzt. Zwischen den antagonistischen Gestalten gibt es keine Versöhnung. Die Trauerspiele wollen den Zuschauer erschüttern und im religiösen Sinne betroffen machen.

Die erste reine Schicksalstragödie unserer Literatur ist das Trauerspiel *Leo Armenius oder Fürstenmord* (1646). Der byzantinische Kaiser Leo Armenius war mit Hilfe seines obersten Feldhauptmanns Balbus auf den Thron gelangt. Dieser verschwört sich gegen den Kaiser, wird verraten und in den Kerker geworfen. Es gelingt ihm seine Mitverschworenen zu überreden den Kaiser am Weihnachtstag zu ermorden. Die absolute Hinfälligkeit und Schicksalsverfallenheit sowie das barocke Vergänglichskeitsmotiv werden zu einem tragischen Ausgang vertieft.

Catharina von Georgien oder bewährte Beständigkeit (1647) geht auf die Ermordung einer georgischen Fürstin 1624 durch den persischen Schah zurück. In diesem Trauerspiel begibt sich die christliche Königin an den Hof des Mohamedaners um ihren gefangenen Sohn zu retten. Ihrerseits vom Schah gefangen gesetzt, weist sie seine Heiratsanträge zurück. Standhaft erleidet sie den Märtyrertod. Mit dem orientalischen Vorfall zeigt der Dramatiker die Situation seiner Heimat. Die Märtyrerin erscheint als Vertreterin der Wehrlosen, die den Mächtigen ausgeliefert sind. Ihre Identität können sie nur durch stoische Gelassenheit und christliche Zuversicht bewahren. Die Zuschauer hörten aus Catharinas Worten den Protest gegen Glaubenszwang, gegen die von den Habsburgern betriebene Konfessionspolitik in Schlesien heraus.

In dem Trauerspiel *Ermordete Majestät oder Carolus Stuardus König von Großbritannien* (1649) dramatisierte Gryphius ein politisches Ereignis der Gegenwart, das ganz Europa bewegte: die Hinrichtung Karls I. von England 1649 durch Cromwells Anhänger. Der englische Herrscher stirbt für die Idee des Absolutismus; er wird Opfer einer verbrecherischen Revolution, die nach Gryphius die Tyrannei verkörpert. – Karl I., dessen Gestalt auf Christus hin stilisiert ist, opfert sich für sein Volk. Durch die visionär geschaute Thronbesteigung seines Sohnes (in der 2. Fassung von 1660) will Gryphius die Gültigkeit und Wahrheit seiner absolutistischen Überzeugung beweisen.

Großmütiger Rechtsgelehrter oder sterbender Amilius Paulus Papinian (1659). Der Stoff ist der römischen Geschichte des 2. Jh. n. Chr. entnommen. Der dem Trauerspiel zu Grunde liegende Gedanke ist die Idee der Gewissensfreiheit und des Naturrechts. Die Brüder Bassianus und Geta streiten sich um die Alleinherrschaft in Rom. Kaiser Bassianus ermordet seinen Bruder (Kain-Abel-Motiv). Von seinem Reichshofmeister Papinian fordert er eine machiavellistische Rechtfertigung seiner Tat. Der hoch verehrte Rechtsgelehrte weist dieses Ansinnen zurück und bezahlt seine Standhaftigkeit mit seinem und seines Sohnes Leben. Der Kaiser aber, Opfer seines Gewissens, wird wahnsinnig.

Gryphius verwertete in diesem Trauerspiel eigene Erfahrungen: Gegen die Bestrebungen des Habsburger Zentralismus die Privilegien der Glogauer Stände abzuschaffen setzte ihr Syndikus die Vorstellungen des Naturrechts. In der Papinian-Gestalt, einer Kontrastfigur zum servilen Höfling, verherrlicht der Dramatiker den unbeugsamen Rechtssinn eines in sich ruhenden Charakters, darin schon ein Vorläufer Schillers.

Cardenio Celinde oder unglücklich Verliebte (1649) spielt entgegen den Poetikforderungen der Zeit in bürgerlichen Kreisen und zeigt irdische Eitelkeit an der Liebesgeschichte des Studenten Cardenio, der durch Intrigen Olympia an Lysander verliert, in Liebe zu Celinde entbrennt, aber nach der Ermordung von deren Liebhaber, von seiner Leidenschaft geheilt, sich wieder Olympia zuwendet. Er begegnet im Lustgarten einem Totengerippe, das sich als Olympia entpuppt. Reue und Einkehr sind die Folgen seiner erschütternden Erlebnisse. Es ist das erste bürgerliche Trauerspiel vor Lessing.

Komödien des Barock handeln gemäß den Poetikforderungen ausschließlich vom Leben der niederen Stände. Lustspielautoren stellen dumme

Bauern, plumpe Handwerker, pedantische Gelehrte und abenteuernde Offiziere in komischen und grotesken Situationen dar, die deswegen entstehen, weil diese Figuren ein illusionäres Selbstverständnis und ein übersteigertes Ichbewusstsein besitzen und deshalb ihre Stellung innerhalb des Ständegefüges verkennen. Barocke Komik entsteht aus der Spannung zwischen aufgeblasenem Schein und den Normen der adligen Gesellschaft. Aristokratische Kontrastfiguren verkörpern den Maßstab, an dem sich das Verhalten der komischen Typen als lächerlich erweist. Letzten Endes zeigen die Stücke die ins Komische gewendete Spielart der in Lyrik und Drama gestalteten *Vanitas*-Thematik. Ihre soziale Funktion war es, die Gesellschaft zu unterhalten, ihre Geltungsansprüche zu stabilisieren und die der Lächerlichkeit preisgegebenen Schichten zu disziplinieren. Im Schimpfspiel *Absurda Comica. Oder Herr Peter Squentz* (1658) benutzt der schlesische Autor die aus Shakespeares *Sommernachtstraum* stammenden Rüpelszenen von Pyramus und Thisbe und lässt den Schulmeister Peter Squentz von Rumpelskirchen diese antike Liebesgeschichte mit seinen Handwerkern vor dem durchreisenden König Theodorus und seinem Hofstaat aufführen. Die Komik dieser Laieninszenierung, dieses Theaters im Theater, beruht auf der Kluft zwischen ihrer übertriebenen Selbsteinschätzung und dem vergeblichen Versuch durch ihr tölpelhaftes Spiel den gesellschaftlichen Ansprüchen zu genügen. Am Schluss entlohnt sie der Herrscher nach der Zahl ihrer Fehler, Ausdruck seiner Ironie und Souveränität. Gryphius entlarvt satirisch den künstlerischen Dilettantismus der Kleinbürger und parodiert den Meistersang als überholte Literaturgattung. Die Handwerker spielen als Symbolfiguren die gleiche Rolle wie die Bauern im Fastnachtspiel des 16. Jh.

Horribilicribrifax. Teutsch. Wehlende Liebhaber (1663). In diesem Scherzspiel treten die zwei entlassenen Hauptleute Horribilicribrifax (schrecklicher Sieb-Macher) und sein Kumpan Daradiridatumtarides (königlicher Nachkomme des grausamen persischen Feldherrn Datis) auf, die sich reich verheiraten wollen. Gryphius hatte den Einfall, die Komödienfigur des prahlenden Soldaten, des *miles gloriosus*, in zwei sich spiegelbildlich ergänzende Gestalten aufzuspalten und durch die Gegenüberstellung der beiden „gehelmete hasen“ deren „komische Selbstvernichtung“ herbeizuführen. Die *capitani* sind in eine vielschichtige Handlung mit zahlreichen Figuren eingefügt. Sie endet damit, dass jeder Liebhaber nach Irrwegen den ihm gemäßen Partner findet. Dieses Scherzspiel, eine Parodie auf Heldentum und Kriegerkaste, lebt ganz aus der Sprachsatire: Die beiden Maulhelden berauschen sich an ihren bombastischen, mit Floskeln der Kavalierssprachen Französisch und Italienisch durchsetzten Wortkaskaden. Ihre Sprache verselbständigt sich, verliert Wirklichkeitsbezug und Kommunikationsfähigkeit. Diese „Komödie von der richtigen und falschen Wahl der Sprache“ (G. Kaiser) gilt als die erste deutsche Literaturkomödie. Gryphius als Lyriker → S. 100.

Daniel Casper von Lohenstein, der zweite bedeutende schlesische Dramatiker, der „Seneca der Barocktragödie“, erfreute sich bei seinen Lesern bis in die ersten Jahrzehnte des 18. Jh. eines hohen Ansehens. Das adlige und patrizische Publikum schätzte seine Werke wegen ihrer stilistischen Brillanz und ihrer umfassenden Gelehrsamkeit. Lohenstein glaubte nicht mehr an die Macht des Idealismus. In seinen Vorstellungen ist das Dasein nicht unüberwindbarer Schein, sondern harte, diesseitige Wirklichkeit, illusionsloses Staatsgeschäft. Nicht Märtyrergestalten kämpfen gegen Fortuna, sondern starke Willensnaturen behaupten sich oder scheitern im labyrinthischen Dschungel. Geschickt drängte er die Machtkämpfe seiner Helden in sinnträchtigen, exemplarischen Bewährungssituationen zusammen. Der manieristische Lyriker ist ein kühler, wissender Weltentlarver, ein Weltmann von gracianischem Geist (→ S. 91).

Sein Leben. Inmitten des Dreißigjährigen Krieges wurde Daniel Casper von Lohenstein 1635 als Sohn eines kaiserlichen Steuereinnehmers im schlesischen Nimptsch geboren. Seine Jugend verlebte er seit 1642 in dem vom Krieg verschonten Breslau. Nach dem Besuch des Gymnasiums studierte er von 1651 bis 1655 zuerst in Leipzig und dann in Tübingen Jurisprudenz. Als Hofmeister zweier Söhne eines Obristen unternahm er eine ausgedehnte Reise durch Europa. 1670 berief der Rat der Stadt Breslau den angesehenen Juristen zu ihrem ersten Beamten. In Verhandlungen mit dem Wiener Hof gelang es ihm, größere wirtschaftliche Belastungen abzuwenden, wofür er mit dem Titel eines Kaiserlichen Rats geehrt wurde. 1683 starb Lohenstein kurz vor Vollendung seines *Arminius*-Romans.

Der Palast als Labyrinth. Schauplatz der Haupt- und Staatsaktionen ist der Palast, das Machtzentrum des Absolutismus. In ihm entscheidet sich das Schicksal von Königen. Vorsichtig bewegen sich die Gestalten durch diesen Dschungel, bereiten ihre Entscheidungen vor: nur raffinierte Verstellung, höchste Lebensklugheit sichern das Überleben. Starke Willensnaturen – meist Frauen, von Sex und Machtgier beherrscht – handeln als Hauptfiguren. Es herrscht die Intrige. Vorgetäuschte, vom Geist gezügelte Leidenschaften spinnen die Fäden, vereiteln die Pläne oder treiben sie voran.

Manieristische Sprache. Die Beredsamkeit dient den Politikern als unentbehrliche Waffe, die eigene Position zu halten, den Gegner zu entmachten. Hier entfaltet sie ihre agitatorische Kraft. Die Kunst des Überlebens bedarf des blitzschnellen Reagierens. Diese rhetorischen Florettgefechte der Dramenfiguren zeigen Lohensteins hohen Sentenzenstil. In langen Monologen oder in stichomythischen Streitgesprächen mit versweise wechselnder (Gegen)rede und aufgeschwellten Dialogen werden die dramatischen Vorgänge sprachprismatisch zerlegt. Die antithetischen Alexandriner setzen die geschliffenen metaphernreichen und emblematischen Argumente hart gegeneinander.

Türkische Gegenwelt. Das osmanische Reich verkörperte für die Barockzeit das Reich des Antichristen schlechthin, bedingt auch durch die ständige Bedrohung Österreichs (Türkeneinfälle). Die beiden türkischen Trauerspiele *Ibrahim Bassa* (1653) und *Ibrahim Sultan* (1673) zeigen den asiatischen Despotismus, dem aufrechte, standhafte Männer und Frauen trotzig widerstehen und dabei ihr Leben opfern. Der orientalische Stoff ist für Lohenstein auch ein Mittel vor den Gefahren des Missbrauchs absolutistischer Macht zu warnen.

Taciteische Beispiele. Das alte Rom bedeutete für den Spätbarock die politische Welt schlechthin. Aus genauer Kenntnis der Tacitus-*Annalen* greift Lohenstein in seinen beiden römischen Dramen exemplarische Vorfälle aus der Regierungszeit Kaiser Neros heraus.
Agrippina (1666), Neros Mutter, bangt um ihre Stellung am Kaiserhof, die ihr Neros Geliebte Sabina Popäa streitig macht. Vergebens versucht sie ihren Einfluss durch erotische Intrigen zu sichern. Die ehrgeizige Agrippina weiß: Neros Blutdurst ist nicht eher gestillt, bis er die „Mörder-Faust mit Mutter-Blutte wäschet". Angst treibt sie zum Inzest. Doch sie scheitert und stirbt auf Neros Befehl. Der verbrecherische Missbrauch der Erotik für ehrgeizige Pläne führt nicht zum Ziel.
Epicharis (1666) ist eine politische Idealistin, Haupt der pisonischen Verschwörung (65 n. Chr.). Die Revolutionärin bekämpft den Usurpator Nero und verbündet sich mit anderen Verschwörern. Procolus, ihr Vertrauter, verrät sie aus enttäuschter Zuneigung. Unter der Folter gestehen alle Verhafteten ihre Pläne, nur die Republikanerin Epicharis verteidigt im Angesicht des Todes ihre Ideale und entzieht sich der Hinrichtung durch den Freitod. Dieses Trauerspiel gestaltet das moderne Thema der Bewährung des politischen Menschen im Kampf gegen Terror und Folter.

Die Macht des Fatums. Lohenstein zeigt in seinen afrikanischen Trauerspielen an zwei epochalen Ereignissen der römischen Geschichte das Scheitern verzweifelt um ihre Freiheit ringender Herrscherinnen und die durch das Fatum beschlossene Ablösung ihrer Reiche durch Rom.
Cleopatra (1661), die ägyptische Königin, versucht mit List und Erotik den Thron ihres Reiches gegen Augustus zu behaupten. Ihre erotische Faszination prallt an dem machiavellistischen römischen Kaiser ab. Um einer Reise mit Augustus nach Rom zu entgehen befreit sich die Herrscherin durch einen Schlangenbiss aus dieser ausweglosen Situation. Cleopatras Tragik ist es, dass sie glaubt die Geschichte manipulieren und zu ihren Gunsten wenden zu können. Trotzdem scheitert sie an den Täuschungen einer undurchschaubaren Wirklichkeit. Sieg und Niederlage aber bestimmt die höhere Instanz des Fatums. Ein ähnliches Schicksal widerfährt

Sophonisbe (1666). Die numidische Königin versucht ihr untergehendes Reich Karthago vor den siegreichen Römern zu retten. Sie fesselt Massanissa, Roms Verbündeten, an sich. Doch der König unterliegt dem asketisch-puritanischen Machtmenschen Scipio. Massanissa weigert sich Scipios Befehl zu folgen und sich von Sophonisbe zu trennen. Er reicht ihr den Giftbecher und scheidet selber aus dem Leben. Sophonisbe bewahrt im Untergang ihr Selbstgefühl. Das Fatum entscheidet gegen sie zu Gunsten des aufsteigenden Rom.

Letzten Endes geht es Lohenstein um eine politische Pädagogik, um die Darstellung realer Interessen und Machtkämpfe und der sie bestimmenden Bedingungen. Lange vor Schiller und Hebbel überträgt er die tragischen Faktoren auf die Geschichte und zeigt das verhängnisvolle Wirken der Erotik und der Macht.

Lohenstein als Lyriker →S. 102, als Romancier →S. 111.

5 Der Barockroman

5.1 Die Gattungen

Der höfisch-historische Roman gehörte zur angesehensten, meistgelesenen Literatur der Barockzeit. Bislang hatten die abenteuerlichen Geschichten des Ritters Amadis (*Amadis*-Roman) das Unterhaltungsbedürfnis adliger und patrizischer Kreise befriedigt. Nun aber wurde die fantastische Ritterwelt durch die geschichtliche ersetzt, die nach barocker Auffassung das eigentliche Bewährungsfeld des politischen Menschen abgibt. Zwar übernahmen die Romanciers das verwickelte Handlungsgeflecht ihrer Vorgänger, doch die märchenhaften Züge wurden zu Gunsten konkreter historischer Ereignisse aufgegeben.

Thematik. Im Mittelpunkt der Romane stehen ernsthafte Konflikte der Zeit, die Spannungen zwischen Liebe und Staatsgeschäft, Vernunft und Leidenschaft. Doch diese aus aktuellem Tagesgeschehen vertrauten Vorgänge werden in fernen Zeiten und Ländern angesiedelt. Denn die Geschichte bedeutet für den Barockmenschen die Wiederkehr des Immergleichen. Daher ist die Vertauschbarkeit von Raum und Zeit durchaus möglich: gleichviel, ob die Handlungen in Rom oder Germanien spielen, ob Herrscher von einst mit Kaisern und Königen der Gegenwart in Beziehung treten: stets ist es die gleiche Weltbühne, auf der die Menschen ihre Rollen zu spielen haben. Geschichte als Heilsgeschichte offenbart erst am Ende aller Tage die sinnvolle göttliche Ordnung. Die Romane bieten ein Abbild des historischen Geschehens, gewähren am Schluss Einblick in die verborgen wirkende Macht Gottes.

Funktion. Zumeist von Adligen für Adlige geschrieben, dienten diese teuren, mehrere tausend Seiten umfassenden Folianten zum „hochnützlichen" Zeitvertreib der aristokratischen Gesellschaft. Diese „stummen Hofmeister" unterwiesen aber auch ihre Leser in der Grundtugend der Höflichkeit, lehrten sie ihre Menschenkenntnis zu verfeinern und durch das ausgebreitete enzyklopädische Wissen ihre Kenntnisse zu erweitern um politische Zusammenhänge tiefer durchschauen und verstehen zu können. So boten diese heroisch-galanten Romane eine sublime höfisch-feudale Selbstdarstellung, spiegelten das intrigenreiche Hofleben wider, jenen Mikrokosmos, in dem der Fürst als Abbild Gottes auf Erden handelt.

Werke. Opitz hatte mit seiner Übersetzung von Barclays *Argenis* (1626) das gattungsprägende Muster geschaffen. Aus persönlicher, intimer Kenntnis des Hofes und der Politik schrieb Herzog Anton Ulrich von Braunschweig-Wolfenbüttel (1633–1714) in prunkvoll-rhetorischer Sprache seine meisterhaft komponierten Romane: *Die Durchleuchtige Syrerin Aramena* (1669 f.) und *Oktavia Römische Geschichte.* Daniel Casper von Lohenstein (→S. 109) verfasste seinen *Arminius* (1689) für Kaiser Leopold I. (1640–1705) als Lehr- und Richtbuch und Heinrich Anselm von Zigler und Klipphausen (1663–1696) schrieb den erfolgreichen Roman *Die Asiatische Banise* (1689).

Der Schäferroman bot einen utopischen Gegenentwurf zum politikbeherrschten Alltag und den strengen konfessionellen Forderungen des durch das neue Ordnungsdenken geprägten frühmodernen Staates. Bürger und niederer Adel versuchten ihre privaten Probleme, „die Unbotmäßigkeiten der Seele", im Rollenspiel des Schäfers

zu bewältigen. Der Schäferroman führte sie in ein heiteres und unbeschwertes Traumland, in eine ländliche Wunschidylle.
Diese seit der Renaissance in Westeuropa ausgebildete und durch Cervantes *Galatea*, Sidneys *Arcadia* und d'Urfes *Astree* zur Vollendung geführte Romangattung kam im Barock durch Übersetzungen (Opitz) nach Deutschland. Opitzens *Schäferei von der Nimphen Hercinie* (1630) und *Zesens Adriatische Rosemund* (1645) sind die bekannten Werke der deutschen Ausformung.

Der Schelmenroman, die dritte Gattung und literaturgeschichtlich die wichtigste, kam aus dem Spanien des 16. und 17. Jh. und ist das Gegenstück zum höfischen Roman. Der *Picaro*, der Schelm, ist ein Anti-Held, der bewusst unheroisch lebt. Seine pikaresken Abenteuer sind eine provozierende Absage an die romantische Ritterwelt und ihre epischen Wunschträume im *Amadis*-Roman, Ausdruck einer neuen Situation, die nach sozialen Reformen verlangte. Der Schelm entstammt der Welt der Landstreicher, Räuber und Dirnen, einem anrüchigen Milieu, in dem Laster und Verbrechen zu Hause sind. Dieser schlitzohrige, abenteuernde Gauner führt den Leser durch seine Welt. Er berichtet in der Form des Ich-Erzählers über die Hinterhöfe des Lebens, über Krankheit, Armut, Bettelei, Elend und Falschheit; er zeigt, wie Schlauheit und billige Tricks zu einem kurzen kleinbürgerlichen Glück verhelfen. So ist das Leben, masken- und illusionslos. Er erzählt in zwanglos aneinandergereihten Episoden, die nur durch die Person des *Picaro* zusammengehalten werden. In der Form der Ich-Erzählung wird die Fiktion der Autobiografie aufrechterhalten und der Anschein von Authentizität erweckt.
In der Gegenreformation wurden Episoden mit moralischen Betrachtungen durchsetzt, die Abenteuer durch Einkehr und Einsiedelei begrenzt und moralisch vertieft. So wandelte sich der Schelmenroman zu einer Predigt, in der das Beispiel des hartgesottenen Sünders die wirksamste religiös-asketische Mahnung enthält. Der spanische Schelmenroman gelangte bei der engen Verbindung der katholischen Parteien rasch nach Deutschland, wo er in Ägidius Albertinus einen engagierten Übersetzer fand. So übertrug der Hofsekretär des bayerischen Kurfürsten Maximilian I. Alemans Roman *Guzman* unter dem Titel *Der Landstörtzer Gusman* (1615). Perez' Geschichte *La picara Justina* (1605) erschien als *Landstörtzerin Justina Dietzin* (1620).

5.2 Autoren

Hans Jakob Christoffel von Grimmelshausen wurde als Sohn eines protestantischen Bäckers und Gastwirts in der kleinen hessischen Reichsstadt Gelnhausen 1621 geboren. Von 1627 bis 1634 besuchte er die Lateinschule in seiner Heimatstadt. Schon als Dreizehnjährigen erfasste ihn der Strudel des Krieges. Kroatische Truppen verschleppten ihn nach Kassel. Später wurde er bald zu den Schwedischen, bald zu den Kaiserlichen verschlagen, gelangte nach Westfalen, Württemberg, Bayern, in den Schwarzwald. 1643 wurde er in Offenburg Regimentsschreiber des kaiserlichen Obersten Reinhard von Schauenburg. In Gaisbach im Renchtal ließ er sich nieder, trat zum katholischen Glauben über und heiratete 1649 die Tochter eines Wachtmeisterleutnants. Er trieb Pferdehandel, Weinbau und führte die Wirtschaft „Zum silbernen Stern". Zeitweilig war er als Verwalter der Schauenburgischen Güter tätig. 1662 wurde er Burgvogt auf der benachbarten Ullenburg, die einem Straßburger Arzt gehörte, ab 1667 Schultheiß in dem kleinen Schwarzwaldstädtchen Renchen im Dienste des Straßburger Bischofs. Am 17. 8. 1676 ist er gestorben.

Der Erzähler Grimmelshausen gehörte wie Jakob Böhme nicht zur Zunft der gelehrten Barockpoeten. Der Autodidakt, der sich sein Wissen im Selbstunterricht erworben hatte, war sehr belesen und sein größter Lehrmeister war das Leben selber. Erst spät griff er in seinem entlegenen Schwarzwaldwinkel zur Feder, seinen Namen hinter Anagrammen verbergend, und schrieb seine simplicianischen Schriften für ein kleinbürgerliches Leserpublikum. Besonderer Beliebtheit erfreute sich der *Ewig-währende Calender* (1671). Er enthielt neben Bauernregeln, Monatssprüchen, Schwänken, Anekdoten, Wundergeschichten und merkwürdigen Begebenheiten auch eine Sinnspruchauswahl. Grimmelshausen wurde mit diesen Kalendergeschichten zu einem Vorläufer Johann Peter Hebels (→ S. 213) im 17. Jh.

Das Titelkupfer der Erstausgabe des **Simplizius Simplizissimus** *von 1669 stammt vom Autor selbst. Es zeigt die leitende Idee des Romans als Bildmotiv. Unverkennbar ist die emblematische Struktur: der Titel (Motto), die verrätselte bildliche Darstellung (pictura) und schließlich die Verse (subscriptio), gleichsam die literarische Geburtsurkunde des Erzählers. Die Montagefigur aus Mensch, Fisch, Vogel und Rind mit dem umgehängten Schwert verkörpert die Satire, die man im Barock vom „Satyr" ableitete. Dieses geflügelte Monster, Sinnbild der vielschichtigen, gefährdeten menschlichen Natur, zeigt mit einer Spottgebärde auf ein geöffnetes Buch mit Hieroglyphen.*

Der Abentheuerliche Simplicissimus Teutsch (1669). Die Frage nach dem Sinn des wild bewegten Lebens hat den Umhergetriebenen in seinem Hauptwerk beschäftigt. Die Romanhandlung zeigt die wechselvollen Lebensstationen des seltsamen Vaganten Simplicius: Der Knabe wächst bei einem Spessartbauern auf, bis Kürassiere das bäuerliche Idyll zerstören. Der Umherirrende findet Zuflucht bei einem Eremiten. Gegen die düstere Kriegswelt setzt der Autor das Einsiedlerdasein, das Ideal der Weltflucht. Der Eremit gibt dem Knaben den Namen Simplicius und unterweist den Unwissenden. Nach dem Tode seines Erziehers verlässt der fromme Tor die Einsamkeit, wird Page des schwedischen Stadtkommandanten in Hanau. Doch wegen seiner Einfalt ist er für diese Aufgabe gänzlich ungeeignet. Soldaten machen ihn gewaltsam zum Narren. Aber der Einfältige wird rasch zum Schelm, der in der Narrenmaske die Falschheit dieser Welt durchschaut. Wieder greift der Krieg nach ihm. Er erlebt zahlreiche Abenteuer, bis er als Jäger von Soest mit seinen Streichen Berühmtheit erlangt. Eines Tages begegnet ihm auf einem Raubzug ein Landstreicher, der sich als Kriegsgott Jupiter gebärdet und in fantastischen Plänen die Absurdität der Machtpolitik zeigt. Erneut wird er in die Kriegswirren gerissen. Nach Gefangenschaft und Heirat gelangt er nach Paris, wo er galante Abenteuer erlebt. Von Blattern befallen, schlägt er sich als Quacksalber, Merode-Bruder, nach Deutschland durch. Auf der Suche nach seiner Frau gerät er unter die Räuber, er pilgert dann nach Einsiedel, macht eine Kur in Baden, eine Sauerbrunnenkur im Schwarzwald, hört vom Tod seiner Frau, heiratet erneut, erfährt seine adlige Abkunft und ergründet die Geheimnisse des Mummelsees. Bei den Sylphen des Sees erblickt Simplex den seligen Zustand der Elementargeister – eine Friedensallegorie – und vernimmt die Mahnung: „Was ihr das Leben nennt, ist gleichsam nur ein Moment und Augenblick, so euch verliehen ist Gott darin zu erkennen und ihm euch zu nähern, damit er euch zu sich nehmen möge. Dannenhero halten wir die Welt vor einen Probierstein Gottes." Nach einem dreijährigen wechselvollen Schicksal, das ihn durch Russland, Korea und in die Türkei führt, lässt er sich im Schwarzwald nieder und entsagt der Welt. In einer Fortsetzung des Romans geht Simplex auf Wanderschaft, wallfahrtet und wird auf eine ferne Insel verschlagen. Dieses 6. Buch gilt als die erste Robinsonade der deutschen Literatur. Das gesteigerte Einsiedlermotiv schließt den Roman ab. Die gewonnene Einsicht: Ewige Veränderlichkeit ist das Gesetz des Weltlaufs, beständig ist nur die Unbeständigkeit.

Romanstruktur. Der *Simplicissimus* ist weder ein Bildungs- noch ein Schelmenroman. Der Simplicius reicht über ein *Picaro*-Leben hinaus: die innere Unruhe, seine Rückkehr zum geordneten Leben, sein Einsiedlerdasein geben ihm eine Tiefendimension, die mit der reinen Schelmenfigur nicht erfassbar ist. Schonungslos stellt der *Simplicissimus*-Roman die verschiedensten Spielarten menschlichen Verhaltens facettenreich in einzelnen Episoden dar. Eine ununterbrochene Kette typischer Verhaltensweisen (Tor, Narr, Einsiedler) zieht in einer bilderbuchartigen Beispielsammlung an uns vorüber. Sie alle zeigen die verkehrte Welt. Nicht nur einzelne Episoden, wie der Traum vom Ständebaum oder die Jupiterepisode tragen satirische Züge, sondern eine satirische Grundstruktur hält alle Vorgänge zusammen. Das Verfahren des Satirikers besteht darin, die Welt, so wie sie tatsächlich ist, als verkehrte darzustellen. Erst in ihrem verkehrten, närrischen Zustand erscheint sie veränderungswert, führt sie den Leser zur Einsicht und Umkehr.

Erzähltechnik. Grimmelshausen benutzte die verschiedensten literarischen Quellen. Diesen epischen Rohstoff verwob dieser „Meister der Montagetechnik" und des bewussten Gestaltens mit seinen eigenen Erfahrungen zu einem farbenprächtigen Bild des barocken Welttheaters. Aus der Perspektive des Ich-Erzählers, aus der Sicht des Hauptakteurs Simplicius sieht er die Welt, den Krieg, dessen Wirren und Grausamkeiten zugleich als Sinnbild der menschlichen Ursituation dienen. Der Roman enthält eine Fülle dichterischer Formen: reine Erzählungen, Schwänke, Kurzgeschichten, Traumallegorien, die alle nach barocker Poetikanschauung ihre epische Funktion erfüllen, wenn sie ganz ausgefüllt werden. Sie sprengen den Roman nicht, sondern machen seine innere Weite aus. Die fortunagetriebene Welt wird zum Probierstein des Menschen. Jeder einzelne Fall wird in seiner Realität, in seiner Notwendigkeit vorgetragen und vor das moralische Tribunal gestellt. Dabei deutet Grimmelshausen die Vorfälle bald unterhaltend, bald satirisch, bald allegorisch. Diese verschiedenen Deutungen machen den Perspektivenreichtum seines Werkes aus, das noch ohne die psychologischen Motivierungen des modernen Romans auskommt. „Es ist der erste große deutsche satirische Roman" (C. Heselhaus).

Nebenwerke. In zahlreichen Geschichten spann Grimmelshausen das Schicksal einiger Nebenfiguren des Simplicissimus weiter. So in der Erzählung *Der seltsame Springinsfeld* (1670). Bis heute bekannt geblieben ist *Die Landstörtzerin Courasche* (1670), die Marketenderin und Soldatenhure. Bert Brecht hat die Picara in seiner *Mutter Courage* wieder aufgegriffen. Im Roman *Das wunderbarliche Vogelnest* (1675) ermöglicht das unsichtbar machende Vogelnest seinem Träger den trügerischen Schein der Nachkriegswelt zu entlarven und zu erkennen: „Der Wahn betreügt."

Sprache. Nach Luther und Fischart war Grimmelshausen der erste Erzähler von vergleichbarer Sprachgewalt. Er hatte, wie Günter Grass bemerkte, „der Sprache den Freipass gegeben, damit sie laufe, wie sie gewachsen ist". Dieser Erzfabulierer verfügte über einen umfangreichen Wortschatz. Wendungen und Gleichnisse der Luther-Bibel verwendete er so sicher wie die Dialekte seiner Heimat Rhön und Spessart. Er kannte die Schrullen und Späße der einzelnen Volksschichten, das Gaunerrotwelsch und den Landsknechtsjargon. Bis ins Kleinste hinein wusste er Kleider, Speisen, Pflanzen zu zeigen, durch derb-realistische Vergleiche Sachverhalte zu erhellen („Alles Freudengelächter verlummerte wie ein Sackpfeifenzipfel, dem der Blast entgangen." „Die Jungfrau hat ja Haar so gelb wie Kleinkinderdreck." „Ich kriegte Gruben im Gesicht, dass ich aussah wie eine Scheunentenne darin man Erbsen gedroschen"). Ein hellwacher Geist und eine groteske Fantasie bemächtigten sich dieses Wortreichtums.

Johann Beer (1665–1700), der jahrhundertelang verschollene oberösterreichische Barockerzähler war der eigentliche Nachfolger Grimmelshausens. Dieser hellwache Erzähler hinterließ über zwanzig Romane unter wechselnden Pseudonymen. Er benutzte das Genre des Schelmenromans, das seinen Einfallsreichtum und seine ungezügelte Fabulierkunst von allzu schweren Kompositionsfragen entlastete. Nicht mehr die barocke Schein-Sein-Thematik durchzieht sein Werk, sondern die bunte, pikareske Wirklichkeit der Handwerksgesellen, Musikanten, die die Straßen und Herbergen bevölkern und die fern von asketischem Weltverzicht ihr Glück versuchen. Viele seiner Romane siedeln im Bereich des ländlichen Adels, am Rande der Hofkultur, immer nahe dem oberösterreichischen Milieu seiner Kindheit, das ihm als Folie seiner Darstellung dient. Held und Erzähler sind identisch. Die Handlung beherrscht das Erzählgeschehen, Unterhaltung, nicht Belehrung wird zum entscheidenden, handlungstragenden Element; darin kündigt sich bereits das Ende der Barockzeit an. Zu seinen gelungensten Schöpfungen zählt *Das Narrenspital* (1681), in das er die Narren verbannt, sowie der episodisch gebaute Doppelroman *Teutsche Winternächte* (1682) und *Die kurzweiligen Sommertage* (1683), in denen er das gesellige Leben des oberösterreichischen Landadels schildert. Die einsträngige pikareske Erzählweise ersetzt er durch die für den heroisch-galanten Roman typische Erzählform, die eine Reihe erzählerisch gleichwertiger Handlungen miteinander verbindet. Beers Geschichten wirken improvisiert, unmittelbar und sorglos fabuliert; seine Sprache lebt von der derb-drastischen Rede des Volkes.

6 Die Satire im Barock

6.1 Der Charakter der Satire

Der Wandel der Satire. Die Satire richtet sich gegen den verkehrten Zustand der Welt. Noch wird im Barock das Leben auf dem Hintergrund einer sündigen Welt betrachtet. Doch die innerweltlichen Erscheinungen treten jetzt beherrschend hervor, durch Krieg und Hof bedingt. Der Bezug zum christlichen *Ordo*-Gedanken verblasst, die christliche Rollensatire des Narren, des wertblinden Sünders, weicht der Gestalt des unvernünftig Handelnden. Die Satire ist auf dem Weg an die Stelle der religiösen Normen die Tugend zu setzen. Die Torheiten werden nicht mehr als Sünden interpretiert, sondern als Ergebnis unvernünftigen Verhaltens angesehen. Die Vernunft, jetzt die unausgesprochene Instanz, richtet über menschliche Schwächen. Die Personalsatire war freilich noch immer verboten, nur die Laster durften gegeißelt werden.

6.2 Barocksatiriker

Die Verssatire wurde vom Jesuiten Jakob Balde (1604–1668) aufgegriffen und in der Nachfolge des römischen Dichters Juvenal in die neulateinische Literatur eingeführt. Daniel von Czepko begründete dann die deutsche Verssatire. Er griff zur Form des Epigramms um seine aus mystisch-neustoizistischer Sicht bewerteten Erfahrungen seinen Lesern mitzuteilen.

Friedrich von Logau war der bedeutendste Moralsatiriker des Barock. Er wurde 1605 geboren. Nach dem Jurastudium bewirtschaftete er sein Gut, trat aber dann in den Dienst seiner herzoglichen Herrschaft. 1648 wurde Logau in die „Fruchtbringende Gesellschaft" unter dem Namen „Der Verkleinernde" aufgenommen. 1654 ging er mit seinem Herzog nach Liegnitz; dort starb er 1655.
Logau führte eine Doppelexistenz als abhängiger Hofbeamter und landsässiger Adliger. In diesen Positionen erlebte er hautnah das Leben des Hofes, des Adels, der Städter und der Bauern während des Dreißigjährigen Krieges. In einem einzigen literarischen Genre, dem Epigramm, speicherte er seine Einsichten in den Weltlauf seiner Epoche. Die seinen Amtsgeschäften abgerungenen Sinngedichte sind „Weisheitsrede und Lasterschelte in einem". Dieser schlesische Moralist und Satiriker wurzelt noch ganz in der altadligen Welt. Die Tugenden einer patriarchalisch-hierarchischen Ständegesellschaft dienten ihm als Richtmaß seiner Zeitkritik. Seine skeptische Sicht der Gesellschaft und seine Überzeugung von der Unveränderbarkeit der Verhältnisse („Die Welt ist ungewand") führten ihn zu einem tiefen Pessimismus. In einem subtilen *concetto* deutet der Epigrammatiker die Bedrohung des Menschen durch das Nichts:

> Ein Mühlstein und ein Menschenherz,
> wird stets herumgetrieben,
> Wo beides nicht zu reiben hat,
> wird beiden selbst zerrieben.

Seine 3560 Sinngedichte, jene „Töchter freier Eile", publizierte der schlesische Satiriker unter dem Pseudonym Salomon von Golaw in der Sammlung *Deutsche Sinngetichte Drey Tausend* (1654). Sie registrieren perspektivenreich das beschädigte Leben jener Jahrzehnte. Logau fügte die Epigramme ungeordnet, rein additiv aneinander, sodass das Bauprinzip der Reihung als „Strukturgesetz" der aus den Fugen geratenen Welt gelten kann.

Die Prosa war im Barock das eigentliche Bewährungsfeld der Satiriker. Die Leser verlangten nach einer satirischen Schreibweise in Romanform, die den krassen Widerspruch zwischen dem normsetzenden, religiös-moralischen Anspruch und der erbärmlichen Wirklichkeit sichtbar machte.

Johann Michael Moscherosch (1601–1669) ist einer der vielseitigsten Kritiker seiner Epoche. Er stammt aus dem alten Mutterland deutscher Satire, aus dem Elsass, und steht ganz in der Tradition Brants, Murners und Fischarts. Sohn einer protestantischen Patrizierfamilie spanischer Herkunft, studierte er in Straßburg die Rechtswissenschaften. Als Jurist und Amtmann stand er in wechselnden reichsstädtischen und höfischen Diensten. Der Dreißigjährige Krieg verschonte auch ihn nicht: er wurde mehrfach überfallen und ausgeplündert und verlor seine zweite Frau durch die Pest. Das eigene Leben lieferte ihm genügend Stoff für seine literarischen Pläne.
Moscherosch hatte die *Sueños* des spanischen Moralisten Francisco de Quevedo kennen gelernt. Die Traumvisionen des Spaniers demaskieren den Menschen erbarmungslos. Sie boten eine satirisch wirksame offene Darstellungsform und dienten dem elsässischen Zeitkritiker als Modell und Ausgangspunkt seiner eigenen Arbeit, vergleichbar der Beziehung Fischarts zu Rabelais. In seiner Prosasatire *Wunderliche und wahrhaftige Gesichte Philanders von Sittewald* (1640/43) paraphrasierte er im ersten Teil Quevedos Träume und entwickelte im zweiten seine eigene Zeitkritik in moralischer Absicht.
Moscherosch war ein überzeugter Verfechter der ständestaatlichen Herrschaftsform, die der absolutistische Staat aushöhlte und zerstörte (→ S. 90). Der kritische Beobachter sah die Bedrohung der bürgerlich-protestantischen Oberschicht, die allzu bereitwillig französische und höfische Lebens- und Kulturformen nachahmte. Als eingefleischter Moralist lehnte er das gängige Alamoden-Wesen sowie die Sprachverderbnis ab. Er benutzte die Ständesatire und seine radikale Hofkritik („bei Hoff, bei Höll") um den Gefährdungen der bürgerlichen und nationalen Identität entgegenzuwirken. Als Gegenbild zur modernen höfischen Internationalität dienten dem Satiriker die altdeutschen Tugenden der Redlichkeit, Aufrichtigkeit und Biederkeit, auf die er seine Landsleute eindrucksvoll hinwies.
Moscherosch benutzte alle möglichen literarischen Formen: humorige Reisebeschreibungen, fantastische Traumbilder, gelehrte Kommentare und Sprichwortweisheiten. Seine Gesichte weiten sich zu einem vielschichtigen, kulturkritischen Bild der zeitgenössischen Gesellschaft. 1645 wurde der Straßburger Zeitkritiker als „der Träumende" in die „Fruchtbringende Gesellschaft" aufgenommen.

Abraham a Sancta Clara (1644–1709) nannte sich Johann Ulrich Megerle, der aus Messkirch im Schwarzwald stammende Gastwirtssohn. Er ist als der bedeutendste katholische Volksprediger des Spätbarock anzusehen. Nach dem Besuch des Jesuitengymnasiums in Ingolstadt trat er in den Augustiner-Barfüßer-Orden ein und wurde bald wegen seiner Bußpredigten berühmt. Seine urwüchsigen, von Wort- und Sprachwitz strotzenden Kanzelreden brachten ihm die Stellung eines Kaiserlichen Hofpredigers ein (1677). Der schwäbische Augustiner stellte sein Werk ganz in den Dienst der christlichen Botschaft. Satire, Parodie und Ironie dienten ihm dazu, den klaffenden Widerspruch zwischen den Lastern der Prunksucht, der Verschwendung, des Hochmuts und den Forderungen der Bergpredigt anschaulich seinen Zuhörern zu vergegenwärtigen. Er griff auch auf die Narrenfigur zurück und verfasste die Narrenbücher *Wunderlicher Traum von einem rasaun Narren-Nest* (1703) und *Karren voller Narren* (1704). Während der Pestepidemie in Wien schrieb er seinen Traktat *Merk's Wien* (1680). Als die Türkenkriege begannen, verfasste er die Feldpredigt *Auf, ihr Christen* (1683). Sein Hauptwerk ist die locker verbundene Predigtsammlung *Judas, der Erz-Schelm* (1686). Noch Goethe und Schiller ergötzten sich an seinen effektvollen Derbheiten. Die Kapuzinerpredigt in Wallensteins Lager hat Schiller nach einer Predigt des streitbaren Mönchs gestaltet.

Christian Reuter (1665–1712) war ein satirisches Naturtalent. Der Bauernsohn aus Kütten bei Halle studierte ab 1688 Jura in Leipzig. Reuters unstetes Leben als Randfigur der Gesellschaft schärfte seinen Blick für die Paradoxien des bürgerlichen Lebens. Die Kluft zwischen der kleinbürgerlichen Wirklichkeit und der eingebildeten Großmannssucht provozierte ihn. Für Klagen der Leipziger rächte er sich mit seiner spitzen Feder. In Komödien gab er seine Kontrahenten der Lächerlichkeit preis. Sein Hauptwerk ist der satirische Roman *Schelmuffskys Wahrhafftige und Curiöse und sehr gefährliche Reisebeschreibung zu Wasser und zu Lande* (1696). Der Autor bediente sich der damals beliebten Gattung der barocken Reisebeschreibungen. Sein autobiografischer Lügenerzähler Schelmuffsky berichtet in zahlreichen, locker gereihten Episoden von seinen erdachten tollkühnen und galanten Abenteuern. Durch Übertreibungen und Fantastereien parodierte er die eingebildete Weltläufigkeit des Bürgertums, dessen übertriebene Geltungssucht und Imitation aristokratischer Lebensformen. Doch die Reise des Helden geht auch nach innen. Was er dem Leser als amüsante Geschichten auftischt, sind nichts anderes als übergroße Projektionen unerfüllter Sehnsüchte und Wünsche. Die Allmachtsfantasien des Ich-Erzählers deuten auf den unbewussten Untergrund von Angst und Schuldbewusstsein. Die derb-grobianische, an Fischart erinnernde Sprache und die im Detail realitätsgesättigte Darstellung des sinnlichen Lebens weisen auf einen Protest gegen die zunehmend rationalistisch bestimmte Lebensordnung seiner Zeit hin, der Reuter in seinem Roman „den Gegentraum der zivilisationsdegradierten Volkskultur" (C. Wiedemann) entgegensetzt.

7 Die Mystik im Barock

7.1 Die Voraussetzungen der Barockmystik

Die religiöse Landschaft. Das Zentrum der protestantischen Barockmystik bildeten Schlesien und die Oberlausitz. Im Gegensatz zum Spätmittelalter war die Mystik jetzt eine Angelegenheit Einzelner, die ihren eigenen Weg zu Gott suchten. Während die katholische Kirche die Mystik in ihr religiöses Leben weitgehend integriert hatte, lehnte die protestantische Orthodoxie die neue Bewegung entschieden ab, weil diese ihre institutionelle Grundlage und Lehre bedrohte (→ S. 90). Im Barock waren nicht mehr Klöster Orte mystischer Beschaulichkeit, sondern außerkirchliche private Zusammenkünfte kleiner Kreise (Konventikel).

Herkunft der Barockmystiker. Eine Reihe von Mystikern entstammte dem ländlichen Kleinadel, der weder den Hofdienst suchte noch sich mit dem städtischen Patriziat verband und der im Zuge der frühmodernen Staatsentwicklung sowohl Macht wie Wohlstand verloren hatte. Friedrich von Spee, Catharina von Greiffenberg, Johannes Scheffler und Abraham von Frankenberg kamen aus adligen Familien, während Jakob Böhme und Quirinus Kuhlmann der bürgerlichen Mittelschicht angehörten.

Ziele der Mystik. Die Mystiker verwarfen irdische Macht und Besitz, suchten Askese und Kontemplation, studierten Eckhart und Tauler. Intuitiv und reflektierend erfassten sie ihren Seelenzustand und rangen mit der Sprache um den angemessenen Ausdruck ihrer Gotteserfahrung. Es ging ihnen auch um Selbstentdeckung und Selbstbewahrung ihrer von neuen hierarchischen Autoritäten in Staat und Kirche bedrohten Individualität, wobei scharfe Beobachtung der Wirklichkeit sowie Zeitkritik mit dem Streben nach Gottesschau durchaus vereinbar waren.

7.2 Die Mystiker

Jakob Böhme ist die Leitgestalt der protestantischen Mystik. Er wurde als Sohn eines Freibauern in Altseidenberg/Lausitz 1575 geboren. Nach seiner Schusterlehre wanderte er von 1595 bis 1599 durch Deutschland, las Paracelsus' Schriften, alchimistische und pansophische Werke. In Görlitz erwarb er sich dann Meister- und Bürgerrecht. Der belesene Handwerker hatte 1600 beim „gähliche Anblick eines Zinnern Gefäßes eine Erleuchtung", bei der er, „vom göttlichen Lichte ergriffen, zu dem innersten Grunde oder Centro der geheimen Natur" geführt wurde. Seine ihm durch Intuition und Spekulation zufließenden Gedanken hielt er in der Schrift *Aurora oder Morgenröthe* im Anfang (1612) fest. Dieses Buch führte zu Verfolgung und Schreibverbot durch die Orthodoxie. Nach 1618 durchbrach er das Verbot und verfasste *Die drei Prinzipien göttlichen Wesens und das Mysterium magnum*. Sein meistgedrucktes und meistübersetztes Werk ist sein Erbauungsbüchlein *Weg zu Christo* (1623). Wiederum verfolgt, floh er nach Dresden, kehrte aber nach Görlitz zurück, wo er 1624 starb.

Böhmes Lehre. Sein Grundthema ist das Verhältnis Gottes zur Welt. Gott ist reiner, unendlicher Drang, reiner Wille, der sich stets neu offenbaren, gebären will. Aus dem Willen Gottes zum Sein geht auch die Natur, geht der Mensch hervor. Das gesamte Universum ist eine Offenbarung Gottes. Diese Selbstverwirklichung erfolgt durch Entfaltung des Gegensatzes. „Der Leser soll wissen, dass in Ja und Nein alle Dinge bestehen, es sei göttlich, teuflisch, irdisch oder was genannt werden mag." Das gesamte Sein besteht aus dem Gegensatz. Wie das Licht nur durch die Finsternis, so kann auch Gottes Güte nur an seinem Zorn offenbar werden. Das Böse ist ein selbstständiger Gegensatz im Willen Gottes und wird nur durch Christus aufgehoben. Der Mensch als Gottes Ebenbild vermag durch Versenkung in seine Innenwelt das Geheimnis des Absoluten zu erfahren.

Seine Natursprachenlehre fordert eine Erneuerung der „adamitischen Ursprache" (*lingua adamica*). In dieser Schöpfersprache Gottes, der Sprache Adams vor dem Sündenfall, spiegelt die Sprache genau das Wesen der Dinge wider. Ihre Elemente, Buchstaben, Silben und Worte sind bedeutungsgeladene „Behälter des Geistes", der Vokal z. B. ist „eine Stufe und Haltung in der ewigen Selbstgeburt Gottes". In Buchstaben und Silben sind die Geheimnisse Gottes verankert. Sie sind die Bausteine der Ursprache, die zu lesen und zu entziffern Aufgabe der Dichter ist. Aus dieser „Theologie der Sprache" erwuchsen die etymologischen Interessen, die Buchstaben- und Silbenkombinationen, Worträtsel und Namensverschleierung. Böhmes Natursprachenlehre übte eine beträchtliche Wirkung auf die Barockliteratur aus. Diese kombinatorische Technik der Poesie hat auch Autoren der modernen hermetischen Dichtung wie Mallarmé und die Dadaisten (→ S. 327 f., 380 f.) fasziniert und beschäftigt.

Seine Sprachkritik. Erst die durch innere Erleuchtung erfahrene Gottesbegegnung führte Böhme dazu, Gottes Stimme aus dem Wortlaut der Schrift zu hören, das „Wort in den Wörtern" (K. Barth) zu vernehmen. Daher besteht eine tiefe Kluft zwischen dem dozierten Buchstaben des Theologen und dem erfahrenen Geist des Mystikers. Nach Böhme hatte die babylonische Sprachverwirrung die Ursprache entwertet und das Wort Gottes zum Begriff verkümmern lassen. Seine Sprachmystik ist daher ein spekulativer Gegenentwurf zur intellektuellen, rhetorisch geprägten Sprachauffassung der humanistisch Gebildeten, zum Zerfall der Sprache in Gruppen- und Sondersprachen, in denen das unverfälschte Wesen der Dinge nicht mehr erfahrbar war. Böhmes Sprachkonzeption enthielt indirekt auch eine Kritik an der Orthodoxie, der „Mauerkirche", „an dem großen Gebäude zu Babylon, das die durstigen und hungrigen Kinder Christi mordet" (Böhme).

Quirinus Kuhlmann (1651–1689), der Breslauer Kaufmannssohn, der sich selbst einen „neubegeisterten Böhme" nannte, war der exzentrischste unter den Mystikern. Dieser Ekstatiker verstand sich als Prophet; er wollte den Antichristen besiegen und das Tausendjährige Reich errichten. Überzeugt von seiner Mission, durchreiste er Europa, versuchte den Sultan für seine Pläne zu gewinnen, bis er schließlich 1689 in Moskau mit seiner Idee des Reiches Christi auf Erden (Chiliasmus) scheiterte und auf dem Scheiterhaufen endete.
Einzigartig ist sein Hauptwerk, der *Kühlpsalter* (1684/86). In diesem Gedichtzyklus fasste dieser mystische Missionar seine Taten, Visionen, Verzückungen in einer bislang unbekannten Intensität der Sprache in Gedichtform. Seinem Vorbild Böhme verdankte er mystische Stoffe und Bilder. Aber sein Sendungsbewusstsein radikalisierte seine Sprache: Mit kühnen, überraschenden Wortneubildungen, mit Worthäufungen und Wortballungen, visionären Bildern, rhetorischen Paradoxa und Hyperbeln, überzeugt von der Kraft der adamitischen Ursprache, steigerte dieser Sprachalchimist seine Sprachvirtuosität. Er erreichte eine neue Grenze des Bewusstseins, ähnlich der aus mystischer Sprachnot geborenen sprachschöpferischen Leistung eines Meister Eckhart (→ S. 64). Sein Ausdruckswille erinnert an expressionistische Lyriker (→ S. 364 ff.):

Ach nacht! Und nacht, di taget!
O Tag, der nacht vernünfftiger Vernunfft
Ach Licht, das Kaine plaget,
Und helle strahlt der Abelzunft!
Ich freue mich ob deiner finstern Kunfft.

ANGELUS SILESIUS (der Bote Gottes aus Schlesien), wie sich Johannes Scheffler nach seiner Bekehrung nannte, war einer der dichterisch fruchtbarsten Barockmystiker. 1624 wurde er als Sohn eines lutherischen Adligen, der aus Polen nach Schlesien emigriert war, in Breslau geboren. Nach dem Besuch des Gymnasiums studierte er Medizin und Philosophie. Im Alter von 25 Jahren wurde er Leibarzt des Herzogs von Oels, geriet dann in Berührung mit Böhme-Anhängern, von denen Franckenberg ihn in der neuen Mystik unterwies. Die Auseinandersetzung mit den theosophisch-mystischen Ideen führte zu seiner Bekehrung (1653). Scheffler wurde streitbarer Eiferer, Hofmarschall des Breslauer Bischofs, am Ende noch intoleranter Glaubenspolemiker. 1677 starb er an der Schwindsucht.
Gleich den Mystikern, deren Werke er kannte, strebte er danach, die irdischen Fesseln von Raum und Zeit zu sprengen, sich aus weltlichen Verstrickungen zu lösen und eine *unio mystica* zu erreichen.

Epigramme. Dieser „gedankenscharfe Ekstatiker“ fasste die paradoxe Wahrheit seiner mystischen Erfahrungen in epigrammatische Sinnsprüche: „Die kleine Gedankenarabeske muss Hieroglyphe eines Mysteriums werden“ (Viëtor):

Der Himmel ist in dir
Halt an, wo läufst du hin?
Der Himmel ist in dir;
Suchst Du Gott anderswo,
du fehlst ihn für und für.

Es war der Mystiker DANIEL VON CZEPKO (1606–1660), der mit seiner Sammlung *Sexcenta Monodisticha Sapientium* (Sechshundert Sinngedichte der Weisheit, 1640) Angelus Silesius die Kunst der Antithese und der Pointe in der Epigrammatik vorgeführt und ihn auch inhaltlich stark beeinflusst hatte. Angelus Silesius umkreist in seinem Hauptwerk *Cherubinischer Wandersmann oder Geistreiche Sinn- und Schlussreime zur Göttlichen Beschaulichkeit anleitend* (1657) in immer neuen Bildern, Gleichnissen und Paradoxien das eigentlich unaussprechliche mystische Geheimnis. *Heilige Seelen-Lust oder geistliche Hirtenlieder der in ihren Jesum verliebten Psyche* (1657) hieß eine Sammlung von Liedern schwärmerischer Jesus-Minne, die seine manieristische Sprache zeigen. Neben Liedern mit stark erotischer Metaphorik, dunklen *concettis* (→ S. 103), finden sich auch Lieder von inbrünstiger Leidenschaft, die heute noch gesungen werden: *Ich will dich lieben meine Stärke, Mir nach spricht Christus unser Held.* Der moderne Gefühlston erklärt ihre starke Wirkung auf die Pietisten. Noch in Novalis' *Geistlichen Liedern* ist ihr Einfluss spürbar (→ S. 235).

Rezeption und Wirkung der Barockmystik. Besonders Angelus Silesius' *Cherubinischer Wandersmann* übte eine nachhaltige Wirkung auf unsere Geistes- und Literaturgeschichte aus. Leibniz fand eine „erstaunliche Kühnheit in seinen Versen, die nahe zur Gottlosigkeit hinneigt“. Hegel und Schopenhauer schätzten den Schlesier, die Frauen der Romantik, Rahel von Varnhagen und Bettina von Arnim, bewunderten ihn, Annette von Droste-Hülshoff folgte in ihrer Dichtung seinen Spuren. Friedrich Rückerts Spruchdichtung verrät den Einfluss des Mystikers, Gottfried Keller setzte ihm im *Grünen Heinrich* ein Denkmal. Ernst Stadler entlehnte das Losungswort des Expressionismus („Mensch werde wesentlich“) einem seiner Sprüche. Gerhart Hauptmann, Rainer Maria Rilke, Ernst Jünger, Martin Buber und Martin Heidegger huldigten dem schlesischen Mystiker.
Die Mystik im Barock war die letzte Stufe einer von spekulativer Frömmigkeit und zugleich hoher Geistigkeit getragenen Bewegung. Im folgenden Jahrhundert wurden die religiösen Impulse säkularisiert. Religiöse Ekstase und Inbrunst wandelten sich zur persönlichen Innerlichkeit, zergliedernden Selbstbeobachtung oder wirkten religiös-praktisch in einem werktätigen Pietismus weiter.

VII
Die Literatur im Zeitalter der Vernunft 1700–1789

1 Panorama

1.1 Die geistige Bewegung der europäischen Aufklärung

setzte sich im Europa des 18. Jh. durch und vollendete den schon seit zwei Jahrhunderten andauernden Umbruch, in dem sich das mittelalterliche, theologisch begründete Weltbild auflöste. Eine neue, moderne Welt- und Lebensvorstellung bahnte sich an. Welt und Geschichte wurden nicht mehr im Gesamtprozess der Schöpfung gesehen. Das Dienstverhältnis der Wissenschaften gegenüber der Theologie war schon längst der Emanzipation einzelner Disziplinen wie der Astronomie (Kepler) und der Physik (Galilei, Newton) gewichen. Die Naturwissenschaften hatten sich als eigenständige Forschungszweige etabliert und durch die empirische, d. h. auf dem Experiment beruhende Methode bahnbrechende Erkenntnisse gewonnen. Theologie und Orthodoxie mussten ihre Kompetenzen in Erkenntnis- und Lebensfragen an die Philosophie abtreten. In den vom religiösen Fanatismus bestimmten Religions- und Bürgerkriegen des 16. und 17. Jh. hatten sich die Konfessionen in Verruf gebracht und die Glaubwürdigkeit ihrer Religiosität weitgehend eingebüßt. Eine neue Entscheidungsinstanz wollte den Menschen in allen Lebensfragen zur Neuorientierung verhelfen: die Herrschaft der Vernunft. Sie verdrängte die seit einem Jahrtausend gültige christliche Weltdeutung. Es gehört zum Wesen des aufklärerischen Denkens, dass es eine ungeahnte Dynamik entfaltet, aber auch die Fähigkeit zu Selbstkritik und Selbstkorrektur besitzt – bis zum heutigen Tag.

Der Begriff der Aufklärung bedeutet zweierlei: Wir verwenden ihn einmal als Epochenbezeichnung für das 18. Jh., zum andern bedeutet er eine Erkenntnishaltung, die Kant in dem Aufsatz *Was ist Aufklärung?* 1784 so formulierte:
„Aufklärung ist der Ausgang des Menschen aus seiner selbstverschuldeten Unmündigkeit. Unmündigkeit ist das Unvermögen, sich seines Verstandes ohne Leitung eines anderen zu bedienen. Selbstverschuldet ist diese Unmündigkeit, wenn die Ursache derselben nicht am Mangel des Verstandes, sondern der Entschließung und des Mutes liegt, sich seiner ohne Leitung eines anderen zu bedienen. Sapere aude! Habe Mut dich deines eigenen Verstandes zu bedienen! ist der Wahlspruch der Aufklärung.
Faulheit und Feigheit sind die Ursachen, warum ein so großer Teil der Menschheit, nachdem sie die Natur längst von fremder Leitung freigesprochen, dennoch gern zeitlebens unmündig bleiben… Es ist so bequem, unmündig zu sein."
Diese präzise Definition verpflichtet den Einzelnen zur unbedingten Autonomie und ist ihrem Wesen nach antiautoritär. Sie macht das Selbstdenken zum „obersten Probierstein der Wahrheit" (Kant) und fordert zum selbstverantwortlichen Denken und Handeln auf. Diese entschiedene Ablehnung der Vormundschaft des Staates und der Kirchen setzt aber etwas voraus, wozu nur wenige bereit sind: Zivilcourage. Viel lieber leben Menschen in der Geborgenheit eines unbezweifelbaren Weltbildes. Eine unerlässliche Voraussetzung für einen kritischen Vernunftgebrauch aber sieht Kant in der Forderung, von der „Vernunft in allen Stücken öffentlichen Gebrauch zu machen… Der öffentliche Gebrauch der Vernunft muss jederzeit frei sein und er allein kann Aufklärung unter Menschen zu Stande bringen." Denn erst die allen Menschen zugänglich gemachten Einsichten können öffentlich kritisiert und auf ihre Tragfähigkeit hin geprüft werden. Da kritische Vernunft auf eine Verbesserung ver-

änderungsbedürftiger gesellschaftlicher und politischer Zustände abzielt, gilt ihr Einsatz dem Kampf gegen Vorurteil und Fanatismus, aber auch für Toleranz und Verbreitung des Wissens. Erst ihr öffentlicher Gebrauch stellt eine politische Öffentlichkeit her.

Allegorie der Vernunft

Dich leitet die Natur / drum folge ihren Wegen /
Sonst trittst du aus dem Pfad der rechten Wahrheits Bahn:
Dein Staab sey die Vernunft / das Licht muss dir zulegen
Die edle Wissenschaft / wann du das Werck fängst an.
Das Lesen ist die Lamp so in dem Finstern scheinet /
Doch überleg dabey was auch der Weiß recht meinet.

1.2 Entstehung und Entfaltung des aufklärerischen Denkens

England, das Mutterland der Aufklärung. Als bahnbrechender Theoretiker der Aufklärung gilt John Locke (1632–1704). Mit seinem Essay *Concerning Human Understanding* (Versuch über den menschlichen Verstand, 1690) wurde er zum Vater des Empirismus, der ausschließlich die Erfahrung als Erkenntnisquelle gelten lässt. Dies bedeutete eine Absage an Metaphysik und Theologie. *Sensations* (Sinneseindrücke) und *reflections* (die gedankliche Verarbeitung der Sinneswahrnehmungen) waren für ihn die einzigen sicheren Führer der menschlichen Vernunft. Grundlage des wissenschaftlichen Fortschritts wurde demnach das Experiment.

Der von englischen Philosophen vertretene Deismus ist jene Form der Religion, die Gott als Urgrund der Welt zwar anerkennt, aber ihm keinerlei Einwirkung auf den Weltlauf zubilligt. Er vertritt eine „natürliche“, offenbarungsfreie Religion (Vernunftreligion) und lehnt den Ausschließlichkeitsanspruch des Christentums ab. Die Toleranz anerkennt die Vernunft als Richterin in religiösen Fragen. Die Bibel verkündet die Botschaft der Vernunft und der geläuterten Moral.

Die englischen Aufklärungsgedanken erwiesen sich als äußerst fruchtbar und wirksam. Dies war nur möglich, weil der Sieg des Bürgertums eine allgemeine gesellschaftliche und geistige Liberalisierung herbeiführte. Der rasche Aufstieg der englischen Publizistik förderte diesen Prozess. Zeitungen und Zeitschriften breiteten sich aus, gefördert durch die Pressefreiheit. Dies wiederum hatte die Entfaltung einer öffentlichen politischen Kultur zur Folge. Die beiden Parteien, die Tories (Konservativen, Adelspartei) und die Whigs (Liberale, Bürgerpartei) benutzten die Literatur als publizistische Waffe. So entstand ein politischer Journalismus von beachtlichem Niveau.

Bekannt wurden besonders die Wochenschrift *The Tatler* (Der Plauderer, 1709–1711), *The Spectator* (Der Zuschauer, 1711–1712) sowie der *Guardian* (Der Wächter, 1713). Als neues Genre diente der periodische Essay. Publizisten wie Steele und Addison war vor allem daran gelegen, Standesdünkel abzubauen und den bürgerlichen Tugenden Geltung zu verschaffen. Sie leisteten einen großen Beitrag zur Verbreitung aufklärerischer Ideen und Gesittung.

Frankreich. War die Aufklärung in England das Ergebnis einer langen politischen und geistigen Auseinandersetzung, so wurde sie in Frankreich zu einer geistigen Bewegung, die, aggressiv und polemisch, einer überlebten Gesellschaftsordnung und der katholischen Staatsreligion den Kampf ansagte. Hochadel und feudaler Klerus, die beide untrennbar durch Privilegien miteinander verbunden waren, standen dem wirtschaftlich erstarkten, gleichwohl politisch ohnmächtigen Bürgertum gegenüber.

Die französischen Aufklärer richteten ihre scharfen Angriffe gegen Vorrechte und Herrschaftsansprüche der privilegierten Stände.

Pierre Bayle (1647–1706), einer der französischen Frühaufklärer, lehnte in seinem Hauptwerk die totalitären Autoritäten ab und trat für die Trennung von Glauben und Wissen, von Kirche und Staat ein. Sein *Dictionnaire historique et critique* (*Historisches und kritisches Wörterbuch,* 1697) übte eine nachhaltige Wirkung auf französische und deutsche Aufklärer aus.

Unbestreitbar die führende Gestalt der europäischen Aufklärung war aber François-Marie Arouet, genannt Voltaire (1694–1778). Dieser Erasmus des 18. Jh. trat für Einfachheit und Menschenwürde, Menschlichkeit und den Frieden der Nationen ein, indem er Toleranz und Achtung des Menschen, die Schätzung von Formen und Sprache verlangte. In seinen zahlreichen Schriften wandte er sich gegen die überlebten Herrschaftsformen des Herrschaftsklerus im Namen von Vernunft und Gerechtigkeit.

Als das größte verlegerische Unternehmen des 18. Jh. ist die *Encyclopédie ou dictionnaire raisonné des sciences, des arts et des métiers,* (die Enzyklopädie oder wohlbegründetes Wörterbuch der Wissenschaften, der Kunst und des Handwerks) anzusehen, die d'Alembert (1717–1783) und Denis Diderot (1713–1784) herausgaben. Mit ihrem aufklärerischen Großprojekt (1751–1780) beabsichtigten sie das gesamte Wissen des Zeitalters zusammenzufassen und es einer breiten Öffentlichkeit zugänglich zu machen. In Tausenden Artikeln, die berühmte Autoren verfassten, bietet die *Enzyklopädie* eine Fundgrube für Sachinformationen. Ihre geistige Schmuggelware versteckten sie in brisanten Beiträgen über politische, philosophische und religiöse Fragen. Hier vertreten die Autoren ein rein aufklärerisches Gedankengut. Diesem Nachschlagewerk ist hauptsächlich die Verbreitung des aufklärerischen Gedankenguts in ganz Europa zu danken.

1.3 Die politischen und gesellschaftlichen Voraussetzungen in Deutschland

Das Heilige Römische Reich Deutscher Nation war kein straff organisierter Flächenstaat, sondern ein auf föderativer Grundlage bestehender Herrschaftsverband von mehr als 300 Territorien: Kurfürstentümer, Herzogtümer, geistliche Fürstentümer, Grafschaften sowie Freie Reichsstädte bildeten das Reichsgebiet, an dessen Spitze der von den Kurfürsten gewählte Kaiser stand. Der Absolutismus als Staatsform konnte auf Reichsebene nicht durchgesetzt werden. In Deutschland war der Absolutismus ein Absolutismus der Länder. Die größeren Territorien betrieben eine zielgerichtete, dynastische Hausmachtpolitik.

In den Territorien regierten die Fürsten losgelöst von den Zwischengewalten der Stände und des Parlaments. Ihren Untertanen, von denen sie Treue und Gehorsam forderten, waren jedwede Mitwirkungsrechte verwehrt. Der absolute Herrscher betrachtete sich ausschließlich an das göttliche Gesetz gebunden. Er sah sein Territorium als Besitz an und herrschte als „Hausvater im Staate" (G. Forster). Zur Durchführung ihrer Herrschaft bedienten sich die deutschen Fürsten einer zentralen Verwaltung, beschäftigten juristisch geschulte, fürstenabhängige Beamte und hielten sich ein stehendes Heer.

Der Aufgeklärte Absolutismus änderte in der zweiten Hälfte des Jahrhunderts Legitimation und Staatsziel der Fürsten. Das Herrschaftsrecht beruhte jetzt nicht mehr auf dem Gottesgnadentum, sondern auf der naturrechtlichen Vertragstheorie: Die wichtigste Aufgabe des Herrschers war es demnach, Frieden und Wohlfahrt seiner Untertanen zu sichern. Die Voraussetzung bildete die gegenseitige Verpflichtung von Obrigkeit und Untertanen. Die Herrschaft diente jetzt nicht mehr allein der Dynastie, sondern der Gesellschaft und dem Staat. Friedrich II. von Preussen (1740–1786) und Josef II. von Österreich (1741–1790), der Sohn Maria Theresias (1717 bis 1790), waren die herausragenden Vertreter des Aufgeklärten Absolutismus in Deutschland.

Die Ständegesellschaft bildete nach wie vor das gesellschaftliche Rückgrat des Absolutismus. Systematisch hatten die Fürsten ihre adligen Konkurrenten im Machtkampf ausgeschaltet und sich der bürgerlichen Intelligenz beim Aufbau ihrer Herrschaft bedient. Nachdem ihre absolute Position gesichert war, versöhnten sie sich mit dem entmachteten Adel. Sie banden ihn mit Repräsentations- und Verwaltungsaufgaben an den Hof und entschädigten ihn für den politischen Machtverlust mit Standesprivilegien. Die mit dem alten Adel verschmolzene bürgerliche Schicht (Refeudalisierung) pflegte einen luxuriösen, an Frankreich orientierten Lebensstil.

Die Residenz des Fürsten bildete den politischen und kulturellen Mittelpunkt. Es war der Ort der höfisch-repräsentativen Öffentlichkeit.

Das Bürgertum war unter diesen Umständen schwach. Da die Ständeordnung unangetastet blieb, gab es für Angehörige der unteren Schichten nur die Möglichkeit durch ein Theologiestudium voranzukommen. Die Gebildeten standen mittel- und unmittelbar im Dienste des Landesherrn. Die Ämtervergabe hing vom Wohlwollen des jeweiligen Fürsten ab.
Die vom Nützlichkeitsdenken und einer bigotten Religiosität bestimmte Enge ihrer Existenz zwang Intellektuelle in Tagträume und Lektüre auszuweichen. Ihre Fantasie wurde unter diesen Umständen „zum Rettungsballon des eingesperrten Ich“. In diesem versponnenen Winkeldasein gedieh, was Thomas Mann die „Vereinigung von Weltbedürftigkeit und Weltscheu“ nannte. Es war ein geistiger Provinzialismus, gegen den die Aufklärer immer wieder ankämpften. Als Träger der neuen Bewegung der Aufklärung fungierten Universitätsprofessoren, Theologen, Ärzte, Lehrer, Bankiers und Kaufleute.

1.4. Die Aufklärung in Deutschland

entfaltete sich unter erschwerten Bedingungen. Die neue Bewegung traf in dem territorial zersplitterten Reich auf gesellschaftliche, politische und geistige Zustände, die sich erheblich von denen der westeuropäischen Staaten unterschieden: So fehlte ein kultureller Mittelpunkt, wie ihn England und Frankreich in London und Paris besaßen, an dem sich das Geistesleben hätte konzentrieren können. Verstreut über die verschiedenen Territorien waren Aufklärer besonders auf Briefwechsel und Zeitschriften angewiesen als Ersatz für die fehlende politische Öffentlichkeit. Entsprechend dem großen Anteil der Gebildeten in dieser Bewegung trug die Aufklärung in Deutschland einen überwiegend akademischen Charakter. Nicht dem Druck der Gesellschaft, sondern der ernsten Auflehnung gegen eine unfruchtbar gewordene Orthodoxie verdankt die neue Bewegung ihre Rezeption. Aufklärung hieß Auflichtung eines dogmatisch erstarrten Luthertums, Befreiung des Denkens aus theologischer Bevormundung. Es war in erster Linie eine „Kulturrevolution“ und nicht eine gesellschaftlich-politische Umwälzung.

Die Volkssprache als Mittel der Emanzipation des Bürgertums. Der Sieg der Herrschaft der Vernunft war nur zu erringen, wenn allen Bürgern der Zugang zu den aufklärerischen Ideen offen stand. Das aber hieß das Herrschaftsmonopol der den geistigen und politisch-gesellschaftlichen Raum beherrschenden Sprachen Latein und Französisch zu brechen und die Volkssprache als das verbindliche Kommunikationsmedium einzusetzen. Von jeher gehörte zu den wichtigsten Anliegen europäischer Revolutionäre ihre umwälzenden Gedanken ihrer Muttersprache anzuvertrauen. So bediente sich John Wiclif, der englische Reformer, des Englischen, Jan Hus des Tschechischen, Martin Luther des Deutschen. Auf diese Weise wurde die internationale Geltung des Lateins als europäische Wissenschafts- und Kultursprache erschüttert.

Die deutschen Philosophen der Frühaufklärung. Die Eroberung des geistigen, sprachlichen und literarischen Bereichs für die Belange des Bürgertums gelang zwei bedeutenden Gestalten: Der Leipziger Jurist und Philosoph CHRISTIAN THOMASIUS (1655–1728) durchbrach als erster Gelehrter das Monopol der lateinischen Wissenschaftssprache an der Universität Halle. Er hielt 1687 seine Vorlesung auf Deutsch und öffnete so die Hohe Schule für die Belange des aufgeklärten Bewusstseins. Die deutsche Sprache sollte einer offenen Geselligkeit dienen. Seine *Monatsgespräche* (1682/83) waren die erste literarische Zeitschrift in deutscher Sprache. Thomasius kämpfte gegen Vorurteile und lebensfremde Fachgelehrsamkeit, für Toleranz, für die Freiheit von der Theologie und die innere Unabhängigkeit des Menschen. Als Jurist und Publizist focht er für ein liberales Naturrecht, für Menschenwürde und Freiheit. Er verlangte, dass die Folter abgeschafft und der Hexenwahn als Ausgeburt des Wahnsinns bekämpft werde.

CHRISTIAN WOLFF (1679–1754), ein Breslauer Gerberssohn und Thomasius-Schüler, vereinigte in sich zum letzten Mal die fruchtbaren geistigen Spannungen, die viele Schlesier der Barockzeit (→ S. 94) geprägt hatten. Dieser letzte Schlesier fasste nach dem Vorbild der Scholastik die deutsche Aufklärungsphilosophie in ein auf Regeln aufgebautes System, das die Welt in eine universale Ordnung bringt, die keinen Zweifel zulässt und keine inneren Spannungen erlaubt. In seinem Rationalismus spürt man die cartesianische, mathematisch-demonstrative Methode. Für Wolff ist die Philosophie „eine Fertigkeit des Verstandes, alles, was man behauptet, aus unwidersprechlichen Gründen unumstößlich darzutun". Es gelingt ihm, eine präzise deutsche philosophische Terminologie zu entwickeln und damit die Grundlagen für den unerhörten Aufstieg der deutschen Philosophie zu legen.

Der Wolffianismus eroberte rasch die Universitäten und blieb bis zu Kants Transzendentalphilosophie die herrschende philosophische Lehre in Deutschland.

Es war die große Leistung der Philosophen und Literaten des 18. Jh., die deutsche Sprache auf ein Weltniveau gehoben zu haben.

1.5 Literaturbetrieb und Sprache der Aufklärung

Die Literaturzentren des 18. Jh. finden wir vor allem in den großen Handelsstädten sowie in den Freien Reichsstädten. Hamburg, durch seinen regen Handel mit Holland und England empfänglich für die neuen Ideen der Aufklärung, wurde zum Umschlagplatz literarischer Güter.

Als das wichtigste Zentrum der deutschen Frühaufklärung ist Leipzig, die Messe- und Universitätsstadt des Kurfürstentums Sachsen, anzusehen. Leipzig atmete eine internationale Atmosphäre. Klein-Paris nannten die Messebesucher und Studenten (Goethe) die Stadt an der Pleiße. Hier fanden die aufklärerischen Ideen aus Frankreich ihre erste Resonanz. Universität und Buchhandel bildeten dabei wichtige Vermittlungsinstanzen.

In der Literatur des 18. Jh. übernahm die Kantonshauptstadt Zürich eine wichtige Rolle. In der streng calvinistischen Luft am Zürichsee, wo Staats- und Kirchenbehörden nur religiöse Erbauungsschriften zuließen und profane Literatur als sittenwidrig ansahen, gelang es weltoffenen Theologen im Laufe der Zeit, die innerkirchliche Aufklärung durchzusetzen. Sie verstanden sich als „Seelsorger ohne Dogma", als „Hauslehrer des Menschengeschlechts" und erkämpften der belletristischen Literatur ein Daseinsrecht. Romane verdrängten allmählich religiöse Erbauungsschriften.

Neu gegründete Universitäten wurden die bevorzugten Heimstätten der aufklärerischen Auseinandersetzung, weil keine verkrusteten Traditionen der Aufnahme neuer Ideen im Wege standen. So war in Halle 1694 eine preußische Reformuniversität gegründet worden, die erste Hochschule, in der Aufklärer wirkten. Kurfürst Georg August von Hannover, seit 1727 als Georg II. englischer König, gründete 1737 die Universität Göttingen, die rasch zu einem geistigen Zentrum von europäischem Rang aufstieg und maßgeblich das deutsche Geistesleben ab der Mitte des Jahrhunderts mitbestimmte.

Residenzstädte erwiesen sich meistens als Orte der Gegenaufklärung. Sie galten als Schauplätze der Vergeudung und Korruption, ohne kommunale Selbstverwaltung.

Berlin, eine landesfürstliche Gründung, die als Bastion gegen den übermächtigen preußischen Adel konzipiert war, wurde nach dem siegreichen Ende des Krieges 1763 zu einem Zentrum der deutschen aufklärerischen Publizistik.

Die Schaffung einer literarischen Öffentlichkeit ist das große Verdienst des 18. Jh. Der Absolutismus schenkte der privaten Sphäre des bürgerlichen Lebens geringe Beachtung. Die schreibenden und lesenden Professoren, Lehrer, Pfarrer, Ärzte und Offiziere pflegten untereinander Verbindungen. So entstanden in vielen Städten im Laufe des Jahrhunderts Lesegesellschaften. In ihnen schlossen sich interessierte Leser verschiedener sozialer Herkunft zusammen um ihre Gedanken über literarische Werke auszutauschen. Lesegesellschaften bildeten eine „Art Selbsthilfeorganisation Erwachsener zum Zweck der Bildung und Fortbildung". Diese Vereinigungen waren ein erstes Forum, auf dem das aufstrebende Bürgertum sich mit reformwilligen Adligen traf, die ständischen, beruflichen und konfessionellen Schranken durchbrach und mit der praktizierten Gleichberechtigung ihrer Mitglieder die Gleichheitsforderungen der Aufklärung öffentlich sichtbar machte. Ihr Hauptinteresse richtete sich auf die neue Literatur. Deshalb hatten periodisch erscheinende Zeitschriften (Periodika) einen entscheidenden Anteil am Lesestoff. Auch die Lesegewohnheiten änderten sich grundlegend.

Ein neuer Lesertyp entstand. Bisher pflegten die Leser von Erbauungsbüchern und Bibel eine intensive Wiederholungslektüre. Gleichviel ob Bauer oder Handwerker, Gelehrter oder Kaufmann sich diesen Büchern zuwandte, ihr Interesse galt der aufgespeicherten, immergültigen Wahrheit, die sie darin fanden und derer man sich durch ständiges Lesen versicherte. Allmählich verdrängte jedoch ein extensives Leseverhalten diese jahrhundertealte Übung. Man verlangte nach neuen Stoffen, nach Neuigkeiten. Romane und Zeitschriften vermittelten keine ewigen Wahrheiten, sondern berichteten über aktuelle Fragen. Der extensive Leser gehört zum literarischen Erscheinungsbild der Aufklärung. Dichtung wandte sich jetzt an eine breite bürgerliche Schicht. Mädchenbildung und aufkommende Leihbibliotheken sicherten der Frau als Leserin zunehmend Einfluss. Vom Seelsorgerischen über das Moralisch-Erbauliche bis zum Schöngeistig-Unterhaltsamen ging der Geschmackswandel. Ihrer Herkunft nach noch moralisch ausgerichtet, verlangten die Leser erzählende, rührende Werke, vor allem Unterhaltungsromane (→ S. 231).

Daniel Chodowiecki (1726–1801) war einer der erfolgreichsten Kupferstich-Illustratoren literarischer Werke seiner Zeit. Der Kupferstich ***Der Calender-Narr*** *(1783) zeigt eine Runde eifriger Kalenderleser, die neugierig die Monatskupfer im Göttinger Taschen-Calender betrachten, ehe sie sich der Lektüre der Texte widmen. Musenalmanache (= Kalender) waren im 18. Jh. ein beliebter Lesestoff des gebildeten Bürgertums, das meist noch unveröffentlichte Dichtungen in diesen jährlich erscheinenden Anthologien rezipierte.*

Buchmarkt und Verlagswesen nahmen einen starken Aufschwung. An die Stelle der Erbauungsliteratur der vergangenen Jahrhunderte trat jetzt die schöngeistige, die in der Mitte des Jh. die lateinischen Werke überflügelte. Die weltliche Literatur verdrängte die geistliche. Statistiken belegen diesen Wandel. Die Bücherproduktion auf einzelne Stoffgebiete verteilt:

	1700	1750	1775	1800
Theologie	421	374	376	234
Philosophie	197	346	645	1557
Geschichte	156	208	307	613
Jura	84	104	117	137
Medizin	59	104	123	19
Poesie	27	113	271	1066

Der freie Schriftsteller. Bis in die Mitte des 18. Jh. standen Autoren in festen sozialen Bindungen. Sie waren Hofpoeten oder Standesdichter und lebten von der Gunst ihrer Mäzene, deren Lobreden sie mit regelpoetischen Normen folgen mussten. Im Laufe des Jahrhunderts befreiten sich Schriftsteller von diesem Zwang und pochten darauf, ihre Schöpfungen als ihr geistiges Eigentum zu betrachten. Danach war auch der Nachdruck von Werken, der bis dahin gesetzlich nicht verboten war, geistiger Diebstahl (Plagiat → S. 97). Einen Urheberschutz gab es nicht. Mit diesem Anspruch veränderten sich die Beziehungen zu ihren Verlegern und Buchhändlern: der Schriftsteller wurde gleichberechtigter Geschäftspartner. Das Honorar („Ehrengabe") reichte allerdings nicht aus um davon leben zu können. So verfielen manche Schriftsteller auf den Gedanken Bücher im Selbstverlag herauszubringen und mit Hilfe des Subskriptionsverfahrens (Vorherbestellung) den Versuch zu wagen, „ob es möglich sey, dass die Gelehrten Eigenthümer ihrer Schriften werden" (Klopstock).
Es fällt auf, dass die meisten bedeutenden Autoren des 18. Jh. aus demselben Milieu stammen.

Gottsched, Bodmer, Breitinger, Gellert, Lessing, Wieland, Lichtenberg, Bürger, Claudius u. a. – sie alle sind Pastorensöhne. Im Elternhaus mit der Bibel als ihrem täglichen literarischen Brot aufgewachsen, zumeist im Hinblick auf das künftige Pfarramt erzogen, vielseitig gebildet, ausgezeichnete Kenner der alten Sprachen, wurden sie auf den Universitäten mit den Ideen Bayles, Voltaires, Diderots, Lockes und Humes konfrontiert und vom Zweifel befallen; so mancher glaubte das Kanzelamt nicht mehr ausüben zu können, nachdem der Dogmenglaube in ihm zusammengebrochen war (→ S. 84).
Eines ist diesen Dichtern des 18. Jh. gemeinsam: Sie alle fühlten sich stark verantwortlich gegenüber ihren Lesern; für viele wurde die Literatur zum Forum um Tugend zu verbreiten und ihre Leser aufzuklären, sie fühlten sich als „Hauslehrer des Menschengeschlechts". Mit Recht urteilt Robert Minder: „Das Neuerstarken der schönen Literatur im protestantischen Deutschland fällt zusammen mit dem Wiedereintritt der Geistlichen in sie."

Die Moralischen Wochenschriften. Unangefochtenes Gattungsvorbild für den deutschen Sprachraum lieferten die *moral weeklies.* Vor allem in den Literaturzentren Nord- und Mitteldeutschlands waren sie verbreitet. Diese moralischen Periodika wandten sich an das wohlhabende, gebildete Bürgertum, wobei sie auch gezielt Frauen als Leserinnen ansprachen. Sie bezogen ihr Publikum über Leserbriefe in die Gestaltung ihrer Blätter mit ein. Es war ein erster Schritt hin zur kritischen Publizistik. Auch die eingeschaltete Figur des Redakteurs oder Erzählers arbeitete dem Erzählmuster des humoristischen Romans vor. Charakteristisch waren ihre wöchentliche Erscheinungsweise bei begrenzter Erscheinungsdauer sowie das Fehlen journalistischer Aktualität und der Erörterung politischer Probleme; denn im Mittelpunkt standen Fragen der Moral und der praktischen Lebensführung. Ihre literaturgeschichtliche Bedeutung liegt darin, dass in ihnen die neue bürgerliche Geisteshaltung ihr Sprachrohr fand. Sie erfüllten eine wichtige Brückenfunktion zwischen den traditionellen Lesern von Erbauungsschriften und dem Publikum popularphilosophischer und schöner Literatur.

Literaturformen der Aufklärung entsprachen dem analytisch-utilitaristischen Denken der neuen Epoche. Autoren griffen zu Formen, die ihren aufklärerisch-didaktischen Absichten entgegenkamen, Belehrung und Bewusstseinserhellung förderten. So bevorzugten sie epische Kleinformen: Die Fabel wurde ein Muster der agitatorischen Kleinkunst. Gellert, Lichtwer, Hagedorn, Pfeffel und Lessing waren Meister dieses Genres, das auch manche Autoren zur theoretischen Auseinandersetzung reizte, so Lessing in seinen *Abhandlungen über die Fabel* (1759).
Die *Parabel* erzählt eine Geschichte, weist gleichnishaft auf einen anderen, analogen Vorstellungsbereich. Lessings Ringparabel ist ein Musterbeispiel dieser Gattung, die erst wieder im 20. Jh. durch Kafka, Musil und Brecht neue Ausdruckskraft gewann. Das Epigramm, im 17. wie im 18. Jh. gleichermaßen beliebt, wurde als Waffe im literarischen Tageskampf eingesetzt. Das Lehrgedicht propagiert den Nutzen der vernünftigen Weltordnung. Die Lyrik war vor allem Gedankenlyrik, weitgehend vom Leibnizschen Optimismus bestimmt. Besondere Vorliebe fand die Satire in Form des Lustspiels. Die Prosasatire vermied die Form des Pasquill, der persönlichen Schmähschrift. Zielscheibe ihres Spotts war die bürgerliche Moral, während man sich scheute brisante politische und soziale Themen aufzugreifen. Zudem entwickelten die Aufklärer einen neuen Typ der Darstellung in der Form der essayistischen Abhandlung. In ihr verarbeiteten sie reflektierend ihre Erfahrungen und erreichten mit eingängigen Formulierungen eine breite Leserschicht.
Als besonders kommunikationsfördernde Gattung wurde der Dialog angesehen; bietet er doch die Möglichkeit, das Für und Wider von Argumenten in einem Gespräch zu entfalten. Der Brief, rhetorisch definiert, ein Gespräch mit einem Abwesenden, ein Dialog auf Distanz, war in dieser mitteilungsfreudigen Zeit besonders beliebt. Auch die Autobiografie zählte zu den bevorzugten Genres, weil sie einen tieferen Blick auf den Einzelnen und seine Lebensproblematik gewährt.
Von den literarischen Großformen war es der *Roman*, der das heroische Epos verdrängte und sich als die bürgerliche epische Literaturform der Zukunft durchsetzte. Die wichtigste aufklärerische Gattung aber wurde das Drama, das den Werdegang der neuen Geistesbewegung mitgestaltete.

Die Sprache der Aufklärung. Es war in dem staatenreichen, konfessionell zersplitterten Deutschland nach wie vor schwer, eine überlandschaftlich geltende literarische Schreibweise zu entwickeln. Der Kampf richtete sich zuerst gegen das Latein als Gelehrten- und das Französisch als Hof- und Konversationssprache des Adels. Thomasius, Wolff und Gottsched fochten für das Eigenrecht der Muttersprache. Seit Luther hatte das Obersächsische steigende Geltung als Literatursprache in den protestantischen Territorien erlangt. Gottsched und seine Mitstreiter wollten die Umgangssprache der Gebildeten in den Residenzstädten als normgebendes Vorbild setzen, weil sie nur so eine Möglichkeit sahen eine größere Leserschaft zu gewinnen und eine überregionale Dichtersprache auszubilden. Die Aufklärer vermieden mundartliche Redensarten, Provinzialismen und den altertümlichen, den „altfränkischen" Wortschatz um den Dichtungen eine größere Gemeinverständlichkeit zu sichern. Sie strebten nach Klarheit und Einfachheit des Ausdrucks. Es war ihre Absicht, Kenntnisse zu verbreiten, Vorurteile abzubauen, die Tugend zu fördern und deshalb möglichst viele Leser anzusprechen. Aus diesem Grund lehnten sie den im Barock gebrauchten rhetorischen, hyperbolischen (übertreibenden) Sprachgestus ab und ersetzten ihn durch einen definitorischen.

In der Aufklärung herrschte nicht die gefühlsstarke, sondern die begriffliche Sprache. Schlicht und verständlich, rational-eindeutig und sachlich wurde geschrieben. Der Satzbau war einfach, logisch durchgegliedert, überschaubar, wie es das neue Stilethos forderte. Was Lessing von sich sagte, gilt für das gesamte Zeitalter: „Die größte Deutlichkeit war mir immer die größte Schönheit."

Eine Ernüchterung, Vereinfachung aller künstlerischen Darstellungsmittel war die Folge. Es kam darauf an, Handlungen, Geschehen und Empfindungen rational darzustellen und somit als natürlich erscheinen zu lassen.

2 Die Literaturtheorie der Frühaufklärung

Neuorientierung und Neubegründung der Poetik erfolgten in den ersten Jahrzehnten des 18. Jh. Damals konnte man kaum von einem regen literarischen Leben in Deutschland sprechen. Die Aufklärer verfolgten das literaturpolitische Ziel, die Poesie zum Sprachrohr ihrer Ideen zu machen. Sie sollte dazu beitragen, die herrschende klerikale und höfische Öffentlichkeit zurückzudrängen und die Emanzipation des Bürgertums mit Hilfe neuer literarischer Werke voranzutreiben. Im Gegensatz zu den immer noch üblichen Barockpoetiken begründeten die Autoren entsprechend ihrem aufklärerischen Erkenntnisinteresse Poetik und Ästhetik aus philosophischer Sicht um der Dichtungspraxis ein solides theoretisches Fundament zu liefern. Noch immer genoss die literarische Theorie eine unbestrittene Vorrangstellung vor der Dichtung. Zentren dieser literaturtheoretischen Auseinandersetzungen waren zwei Städte: das aufklärerische, nach Frankreich blickende Leipzig und das republikanische, englandorientierte Zürich.

Christian Wolff entwickelte aus seiner rationalistischen Position die neue Sprach- und Dichtungsauffassung. Vieldeutige Wortbedeutungen lehnte er ab. Für ihn war die Sprache nur (logisches) Mitteilungsinstrument. Die Naturwahrheit wurde zum Maßstab der künstlerischen Gestaltung, die Darstellung der schönen Natur das Ziel der Kunst. Der Rationalismus verwarf die Fantasie als eigenberechtigte, schöpferische Kraft. Die eigentliche Quelle der Dichtung, die aus dem Verstande heraus schafft, ist nun ein dem Geist innewohnendes Prinzip: der Witz, d. h. der fantasiereiche Scharfsinn. Witzige Rede bedeutet die Verbindung von Scharfsinn und Fantasie. „Esprit, wit und Genie kennzeichnen die besondere Gabe des Dichters, der sich zugleich an Vernunft und Natur gebunden sieht" (P. Böckmann).

JOHANN CHRISTOPH GOTTSCHED (1700–1766) war es, der diese allgemeinen, philosophisch-ästhetischen Vorstellungen in die deutsche Dichtungslehre einführte. Dieser zweite Opitz wurde als Sohn eines Dorfpfarrers in Judittenkirchen bei Königsberg geboren. Schon früh weckte der Vater sein Interesse für die Dichtkunst. 1714 bezog Gottsched die Königsberger Universität um Theologie und Philosophie zu studieren. Vor den Werbern Friedrich Wilhelms I. floh er nach Leipzig, wo er sich als erfolgreicher Universitätslehrer und Publizist bald einen Namen machte. Er trug entscheidend dazu bei, dass die sächsische Handels- und Universitätsstadt zum literarischen Zentrum der deutschen Frühaufklärung wurde. Gottsched lehrte Rhetorik und Philosophie, wirkte im akademischen Kreis, leitete den literarischen Zirkel „Deutsche Gesellschaft", gab die beiden Wochenschriften *Die Vernünftigen Tadlerinnen* (1725/26) und *Der Biedermann* (1727/29) heraus und übersetzte u. a. Schriften französischer Aufklärer, so Bayles *Dictionnaire* und Helvetius' (1715–1771) materialistische Schrift *De L'esprit* (Vom Geist, 1758). Bei seinen Reformbestrebungen unterstützte ihn tatkräftig seine Frau. Nie verlor er sein Ziel aus den Augen: das Niveau der deutschen Sprache und Literatur dem westeuropäischen anzugleichen und sie in den Dienst der Emanzipation des Bürgertums zu stellen.

Eine neue Poetik. *Versuch einer critischen Dichtkunst vor die Deutschen* (1730) hieß die erste philosophisch fundierte deutsche Poetik. Gottsched entwickelte seine literaturtheoretischen Vorstellungen auf der Grundlage der Wolff'schen Philosophie. Zutiefst vertraute er der Kraft der Vernunft. Die Poesie gründet sich nach seiner Auffassung auf überzeitliche Regeln, die auf der unveränderlichen Natur des Menschen und auf den Vernunftgesetzen beruhen. Das wichtigste Darstellungsprinzip ist die Nachahmung der Natur. Maßgebend ist dabei das Kriterium der Wahrscheinlichkeit der Handlung. Im Mittelpunkt steht die poetisch-moralische Fabel, „die Seele der ganzen Dichtkunst". Sie soll die moralische Wahrheit beispielhaft aufzeigen. Gottsched warnt vor einem ungehemmten Gebrauch der Fantasie. Vom Dichter fordert er Scharfsinn, Gelehrsamkeit und Geschmack, der dann gut ist, wenn „er mit den Regeln übereinkommt, die von der Vernunft festgesetzt werden". Es ist nur folgerichtig, wenn der Leipziger Literaturtheoretiker Gattungen ablehnte, die seinen Prinzipien widersprachen. So verwarf er die italienische Stegreifkomödie sowie die Oper. Die Theatersituation war alles andere als rosig.

Kampf um ein literarisches Theater. Gottsched entschloss sich mit Hilfe der Schauspieltruppe der CAROLINE NEUBER (1697–1760) das niedrige Theaterniveau zu heben. Was er auf den Bühnen zu sehen bekam, waren „lauter schwülstige und mit Harlekins Lustbarkeiten untermengte Haupt- und Staatsaktionen, lauter natürliche Romanstreiche und Liebeswirrungen, lauter pöbelhafte Fratzen und Zoten" (Gottsched). So griff er auf Dramen des französischen Klassizismus zurück, die für ihn Modellcharakter besaßen. Corneille und Racine hielt er für die Repräsentanten einer übernationalen Kunst, weil sie die überzeitlichen Gesetze der Poesie am besten verfolgten. „Was bei den Römern die Griechen waren, das sind für uns itzo die Franzosen. Diese haben uns in allen großen Gattungen der Poesie sehr gute Muster gegeben" (Gottsched). Mit der Textsammlung *Deutsche Schaubühne* (1741–1745) publizierte er Übersetzungen französischer Dramen und neue deutsche Stücke für reformbereite Schauspieltruppen.
Diese Auffrischung des Repertoires war nur ein erster Schritt im Kampf um die Erneuerung des deutschenTheaters. Gottsched forderte die gereinigte, regelmäßige Tragödie, die das abgesunkene barocke Trauerspiel ersetzen sollte. An Stelle der Oper verlangte er das Schäferspiel, an Stelle der Posse die Komödie. 1737 verbannte er den Hanswurst von der Bühne.
Er selbst verfasste das Schauspiel *Sterbender Cato* (1731), die erste deutsche „Originaltragödie". Das in Alexandrinern geschriebene Stück behandelt den Freitod Catos, des Stoikers und Republikaners, der dem siegreichen Absolutisten Caesar weichen muss. Die beiden Protagonisten vertreten nicht nur Tugend und Laster, sondern verkörpern auch den Zusammenstoß zweier Zeitalter. Trotz allzugroßer Regelmäßigkeit und Gleichförmigkeit des Dramas gehörte es damals zu den erfolgreichsten Theaterstücken.
Gottsched erwarb sich große Verdienste um die Förderung der Muttersprache. Seine rationalistische Poetik jedoch provozierte eine Literaturfehde mit den Schweizern Bodmer und Breitinger um die Frage nach dem wahren Wesen der Dichtung.

Die Wiedergeburt der Metapher. JOHANN JAKOB BODMER (1698–1783), der Pfarrersohn und Geschichtsprofessor aus Zürich, war der große Förderer Klopstocks und Wielands. Mit seinem Freund und Kollegen, dem Theologen und Philologen JOHANN JAKOB BREITINGER (1701 bis 1776), gehörte er zu den bedeutenden Zürchern,

die das puritanische Klima der streng calvinistischen Stadtrepublik auflockerten. Sie unterspülten mit ihren Schriften den Dogmenwall und öffneten der schöngeistigen Literatur eine Schneise, indem sie den Weg über das erbaulich-moralische Schrifttum nahmen. Im Gegensatz zu den Leipzigern orientierten sie sich an der englischen Literatur. Bodmer übersetzte das große religiöse Epos *Paradise Lost* von JOHN MILTON (1608–1674), an dem er seine Dichtungsauffassung demonstrierte. Als ein besonderes Verdienst an der mittelhochdeutschen Literatur ist die Edition von Minneliedern aus der *Manessischen Handschrift* sowie die Herausgabe des *Nibelungenliedes* und des *Parzival* anzusehen.
Breitingers *Kritische Dichtkunst* (1740) und Bodmers *Critischen Abhandlung von dem Wunderbaren in der Poesie* (1740) sind Gegenwerke zu Gottscheds Poetik. Nicht Regelmäßigkeit und Gesetzmäßigkeit, so behaupten sie, sondern die Gestaltung des Wunderbaren sei die vornehmste Aufgabe des Dichters. Der dichterisch gestaltbare Bereich beschränkte sich nach Auffassung der Schweizer nicht bloß auf die Nachahmung der Natur. Zur „Natur" gehört vielmehr auch das Übernatürliche, das der dichterischen Fantasie größeren Spielraum lässt. Dichtung ist ihnen eine redende Malerei. Sie schwärmten für Bilder, Gleichnisse, erhabene Worte, während sie in Gottsched nur den Verteidiger des Banalen und Platten sahen. Dichtung ist für sie eine selbstgenügsame Schöpfung der Fantasie. Sie verlangten vom Poeten eine Beschäftigung mit dem Gefühl, den Appell ans Herz, und wurden so die theoretischen Verfechter der Klopstock'schen Forderungen.
Die von Gottsched und den Schweizern Bodmer und Breitinger vertretenen poetologischen Grundanschauungen standen in einem Gegensatz und führten zu einer heftigen Kontroverse. Der Literaturstreit wurde in Wochenschriften ausgetragen. Das Verdienst dieser dichtungstheoretischen Auseinandersetzungen war es, die junge Generation kritisch an grundsätzliche Literaturprobleme herangeführt zu haben. Die reiche Übersetzertätigkeit der Verfechter dieser neuen Poetik trug auch dazu bei, das Bildungsniveau des deutschen Bürgertums zu heben.

3 Die großen Aufklärer

3.1 Gotthold Ephraim Lessing – der produktive Kritiker

Gottsched, Bodmer und Breitinger hatten das literarische Gelände kritisch erkundet. Verschiedene Autoren gelangten bei ersten zaghaften Versuchen über das Stadium poetisierter Moral nicht hinaus. Von fremden Mustern abhängig, war ihnen kein bedeutendes Werk gelungen. Die Aristokratie las französische Bücher. Die Fürsten gaben sich zwar aufgeklärt, ließen jedoch Kritik nur zu, wenn sich diese in den angewiesenen Grenzen hielt. Sie zeigten kein Interesse an deutscher Literatur. Friedrich II. las und schrieb nur französisch und hatte Voltaire zu Gast.
In dieser Situation betrat Lessing die literarische Szene. Ihm gelang mit seinem Wirken der endgültige Durchbruch der deutschen Literatur, indem er neue Maßstäbe setzte, das Niveau der Literaturkritik hob, sie institutionalisierte und mustergültige dramatische Werke schuf.

Das Gemälde (1760) von Johann Heinrich Tischbein d. Ä. (1722–1789) zeigt den 30-jährigen ***Lessing*** *zur Zeit des Siebenjährigen Krieges. Es vermittelt den Eindruck eines unternehmungslustigen, herausfordernden Autors, dessen Freunde damals sein „offenes, feuriges Wesen" (Mendelssohn) und den „jungen, lebhaften, witzigen Mann" (Ramler) bewunderten.*

Wie kein anderer hat Lessing die Aufklärung zu seiner Lebensaufgabe gemacht. Wenn es das erklärte Ziel der neuen Denkungsart war, „eine in jeder Betrachtung freie, ungehinderte und gefahrlose Untersuchung und Darlegung der Wahrheit“ (Campe) anzustreben, dann war es Lessing, der diese Aufgabe beharrlich und zielstrebig anging. Er wusste: Die Wahrheit an sich gibt es nicht, sondern nur das Bemühen des Menschen um deren Erkenntnis: „Nicht die Wahrheit, in deren Besitz irgendein Mensch ist oder zu sein vermeint, sondern die aufrichtige Mühe, die er angewandt hat, hinter die Wahrheit zu kommen, macht den Wert des Menschen“ (Lessing).

Die Wahrheit gewinnt aber ihren Rang erst, wenn sie öffentlich zur Diskussion gestellt wird. Diese Grundüberzeugung bestimmte Lessings Tätigkeit als Journalist, Kritiker, Dramatiker und Polemiker. Lessing provozierte bewusst Kontroversen. Erst im Streit mit seinen Gegnern entfaltete er die „zermalmende Kraft seiner Beredsamkeit“ und entlarvte den wahren Charakter des Unzulänglichen und Provinziellen.

Lessings Jugend. Dieser streitbare Geist kam aus dem protestantischen Pfarrhaus in Kamenz in der Oberlausitz, wo er am 22. 1. 1729 geboren wurde. Im Elternhause wuchs er mit Bibellektüre und Gesangbuch auf. Hier lagen die Wurzeln seiner Wahrhaftigkeit und wachsamen Kritik, seines unermüdlichen Forschens und seiner theologischen Interessen. In der Kamenzer Stadtschule wurde er für das Studium vorbereitet. Seinem Vater gelang es, einen Freiplatz in der Kursächsischen Fürstenschule St. Afra in Meißen zu bekommen. Von 1741 bis 1746 besuchte Lessing dieses Gymnasium. Der hochbegabte Schüler lernte spielend und erwarb sich solide Kenntnisse. Nach dem Abitur immatrikulierte sich Lessing an der Universität Leipzig, wo sein Vater ein Stipendium vom Landesherrn erhalten hatte. Zum Theologen fehlten ihm „Sprache, Körper und Denkart“, wie sein Bruder bemerkte. Von seinem Vetter Mylius ließ er sich zum fröhlichen Studentenleben und zum Umgang mit Schauspielern überreden, was in seinem Elternhaus große Entrüstung hervorrief.

In dieser Zeit schrieb er seine ersten Lustspiele *Der junge Gelehrte* und *Die Juden*. Die Bürgschaft für eine Theatergruppe brachte ihn in Schwierigkeiten, sodass er aus Leipzig nach Wittenberg floh. 1748 entschloss er sich das Studium aufzugeben und nach Berlin zu ziehen. Dort versuchte er sich als Journalist. Drei Jahre lang redigierte er das Feuilleton der *Vossischen Zeitung*, schloss Freundschaft mit dem feinsinnigen Moses Mendelssohn und dem Popularaufklärer Friedrich Nicolai, mit Ewald von Kleist und Johann Wilhelm Gleim und begegnete Voltaire.

Von der klassizistischen Tragödie zum bürgerlichen Trauerspiel. Lessing verfasste das erste bürgerliche Drama in Berlin. Das erwachende Bürgertum der Stadt forderte Stücke, die nicht in der höfisch-barocken Welt spielten, sondern seine eigenen Probleme und sein eigenes Selbstbewusstsein widerspiegelten. Die von Gottsched vertretene französische klassizistische Tragödie entsprach dem Selbstverständnis der höfischen Aristokratie. Tragische Konflikte geschichtsträchtiger Gestalten (Fallhöhe → S. 106) konnte sie sich nur am Hof vorstellen. Die Auseinandersetzungen waren in gebundener Sprache (Alexandrinern) gestaltet und entsprachen ganz der sozialen Stellung der dargestellten Personen. Demgegenüber wurden die Konflikte des bürgerlichen Trauerspiels in den privaten Raum der Kleinfamilie verlegt. Nicht hohe Persönlichkeiten treten als Träger der dramatischen Auseinandersetzung auf, sondern Gestalten aus dem bürgerlichen Stand. Lessing argumentiert: „Die Namen der Fürsten und Helden können einem Stück Pomp und Majestät geben, aber zur Rührung tragen sie nichts bei. Das Unglück derjenigen, deren Umstände den unsrigen am nächsten kommen, muss natürlicherweise am tiefsten in unsere Seele dringen; und wenn wir mit Königen Mitleid haben, so haben wir es mit ihnen als mit Menschen und nicht als mit Königen.“ Der sächsische Dramatiker hatte von Diderot die Überzeugung übernommen, dass die Ständeklausel für das neue bürgerliche Drama nicht mehr gilt. Würde und Natürlichkeit der Personen, nicht ihr sozialer Rang legitimierten sie als dramatische Figuren.

Das zeigte auch sein erstes bürgerliches Trauerspiel *Miss Sara Sampson* (1755). In diesem Stück verlegt er zum ersten Mal die tragische Handlung in das bürgerliche Milieu. Den Alexandriner ersetzt er durch Prosa und zeigt das Motiv des Mannes zwischen zwei Frauen. Unter dem Einfluss von Lillos Drama *Der Kaufmann von London* und

Richardson'scher Romane lässt er die zeitgenössische Handlung in England spielen.
Der zwiespältige, mehr unglückliche als lasterhafte Mellefont entführt Sara, die von Mellefonts ehemaliger Geliebten Marwood vergiftet wird. Daraufhin tötet sich der Liebhaber an Saras Bahre. – Es ist der Sieg der verführten Tugend über das Laster, der Zusammenprall zwischen den Forderungen der Gesellschaft und dem schwachen Mellefont. Zutiefst war man von dem rührseligen Stück beeindruckt: „Die Zuschauer haben dreieinhalb Stunden zugehört, still gesessen wie Statuen und geweint." Mit diesem Stück hatte Lessing dem bürgerlichen Leben Eingang in das deutsche Drama verschafft.

1756 gab Lessing seine Stellung bei der *Vossischen Zeitung* auf und beabsichtigte als Gesellschafter eines jungen Mannes nach England zu reisen. Doch der Ausbruch des Siebenjährigen Krieges vereitelte das Unternehmen. Lessing blieb in Leipzig, befreundete sich mit dem Major und Naturdichter *(Der Frühling)* EWALD VON KLEIST (1715–1759). Als der preußische Offizier ins Feld zog, kehrte er nach Berlin zurück.

Grundlegung der Literaturkritik. Die im Entstehen begriffene „literarische Öffentlichkeit" (→S. 124) bedurfte der öffentlichen Kritik der Literatur, die zwischen den Autoren und der anonymen Leserschaft vermittelte. Für Lessing war die Kritik ein Mittel sein Publikum zu erziehen, dessen Urteilsvermögen zu schulen und ihm literarische Maßstäbe an die Hand zu geben. Die *Briefe, die neueste Literatur betreffend* (1759/65) sind Meisterwerke der Literaturkritik. Lessing bedient sich der Form fingierter Briefe an einen im Siebenjährigen Krieg verwundeten Offizier (Ewald von Kleist), den er über literarische Neuerscheinungen informieren möchte. Ausgehend von einem gründlichen Verständnis der Dichtung übte Lessing harsche Kritik an den Werken. Geschult an Bayle, Diderot und Voltaire, führte er mit witziger Ironie und scharfer Feder seine fein gedeckten Ausfälle gegen falsche literarische Propheten und schlechte Übersetzer. Im *17. Literaturbrief* griff er Gottsched und das französische Drama frontal an und forderte als Gegenmodell Shakespeares Dramen. Nicht die Befolgung von Regeln führe zu gelungenen literarischen Schöpfungen. „Denn ein Genie kann nur von einem Genie entzündet werden." Es ist die schöpferische Fantasie eines Autors, die sich durch die Einbildungskraft eines andern inspirieren lässt.
Was Lessing trieb, war „produktive Kritik". Es gehört zu den Besonderheiten der neuen deutschen Literatur, dass die Kritik zugleich mit den Werken entstand und als „Organon einer noch zu vollendenden, zu bildenden, anzufangenden Literatur" (Fr. Schlegel) dienen sollte.

Bald fand Lessing, dass es wieder einmal Zeit war, „mehr unter Menschen als unter Büchern zu leben". Goethe hat diesen Ortswechsel verständnisvoll gedeutet: „Lessing gefiel sich in einem zerstreuten Wirtshaus- und Weltleben, da er gegen sein mächtig arbeitendes Inneres stets ein gewaltiges Gegengewicht brauchte. Und so hatte er sich in das Gefolge des Generals Tauentzien begeben." Der sächsische Journalist wurde Sekretär des preußischen Festungskommandanten von Breslau. Von 1760–1764 lebte er in heiterer Geselligkeit, trank und spielte leidenschaftlich, zechte mit den Offizieren und hatte genügend Gelegenheiten ihre Typen und das Soldatenleben zu studieren.
Aus den Erfahrungen seiner Breslauer Jahre schrieb er die erste deutsche Komödie,

***Minna von Barnhelm oder Das Soldatenglück* (1763).** Das Stück in fünf Aufzügen wurde 1767 im Hamburger Nationaltheater uraufgeführt. Unerhört neu ist der Griff nach einem Stoff aus der Gegenwart. Die Zeitgenossen verstanden die Komödie als ein aktuelles Zeitstück, in das der Geist der Nachkriegszeit eingegangen ist. Hofmannstahls Feststellung, nach großen Kriegen können nur noch Komödien geschrieben werden (→S. 338), trifft auch auf Lessings Lustspiel zu. Major Tellheim wurde der Bestechung angeklagt, weil er den sächsischen Ständen ihre Kriegskontributionen vorgeschossen hatte. Unehrenhaft aus der preußischen Armee entlassen, hat er sich in einem Berliner Gasthof einquartiert. Das reiche sächsische Edelfräulein Minna von Barnhelm hatte sich tief beeindruckt von der Großzügigkeit des Offiziers mit ihm verlobt. Jetzt aber glaubt Tellheim seine Verlobte nicht mehr heiraten zu können, weil er durch einen zu Unrecht erhaltenen schimpflichen Abschied mittellos geworden war. Minna, die zufällig in dem Gasthof abgestiegen ist, gelingt es, den Hypochonder wieder für sich zu gewinnen, indem sie ihm listig vorspielt, selbst arm geworden zu sein. Am Schluss wird der Major rehabilitiert und dem Glück des Paares steht nichts mehr im Wege.

„Jede Ungereimtheit, jeder Kontrast von Mangel und Realität ist lächerlich", meint Lessing. Darauf beruht auch Tellheims Komik: sein übertriebenes Ehrgefühl, sein starres Festhalten an abstrakten moralischen Grundsätzen steht im Gegensatz zu seinem Edelmut. Die zierliche, entschlossene Minna durchschaut diese Komik und überwindet mit ihrem hellen Verstand, ihrer weiblichen Weisheit und ihrer liebenswürdigen Unbeirrbarkeit den Starrsinn des Geliebten. Auf der unteren Ebene begleitet das Spiel dieser beiden Figuren die derbere Komik der Bediensteten. Meisterhaft ist die sprachliche Differenzierung der Figuren: kurz, verhalten die Sprache Tellheims, hell, voll leichter Anmut die Minnas, grob, ungeschminkt die des Dieners Just; treu, bieder die des Wachtmeisters Werner. Die Dialogführung ist klar und durchsichtig.

Die ***Laokoon-Gruppe*** *(1. Jh. v. Chr.) ist eine epochale Schöpfung der hellenistischen Kunst. Der Priester Laokoon hatte die Trojaner vor dem hölzernen Pferd der Griechen gewarnt. Von Apoll gesandte Schlangen erwürgen ihn und seine beiden Söhne. Nach Winckelmanns Vorstellung verkörpert Laokoon das stoische Ideal einer großen Seele, ist Ausdruck vollendeten griechischen Geistes: Laokoon „erhebet kein schreckliches Geschrei, wie Vergil seinen Laokoon singet; es ist vielmehr ein ängstliches und beklemmendes Seufzen." Nach Lessings Auffassung vom „fruchtbaren Augenblick" erscheint die Laokoongruppe gestalterisch gelungen, weil die Künstler den Augenblick vor dem Biss gewählt haben, also vom Rande her das Geschehen fixierten, sodass noch genügend Spielraum für die Fantasie des Betrachters bleibt.*

Lessings Poetik. Neben dem Lustspiel lieferte Lessing einen erhellenden Beitrag zum Problem des Unterschieds zwischen Kunst und Literatur mit der Abhandlung *Laokoon oder über die Grenzen der Malerei und Poesie* (1766).

Den Ausgangspunkt seiner Erörterung bildet der Vergleich zwischen der berühmten hellenistischen Plastik des Laokoon und der Darstellung in Vergils *Äneis*. Lessing verteidigt die Darstellung eines schreienden Laokoon durch den römischen Dichter gegen Winckelmanns Auffassung. Der Unterschied besteht nach ihm in der grundsätzlichen Verschiedenheit zwischen der darstellenden Kunst und der Dichtung: Während die Malerei (darstellende Kunst) ihren Gegenstand im räumlichen Nebeneinander von Figuren und Farben in einem fruchtbaren Augenblick erfasst, behandelt die Dichtung ihr Objekt in einem zeitlichen Nacheinander in bewegter Handlung. Lessing wendet sich entschieden gegen die damals herrschende Auffassung, Dichtung solle nur beschreibenden Charakter besitzen (*ut pictura poesis*: wie ein Bild sei die Dichtung). Er billigt der Dichtung einen höheren Rang zu als der Malerei, weil sie das produktive Vermögen des Autors, seine Einbildungskraft, freisetzt. Seine Argumentation ist gegen die normativen Regeln gerichtet. Ihm geht es um die Entbindung der schöpferischen Kräfte, um eine Neuorientierung der Literatur mit Hilfe einer Wirkungsästhetik.

Lessing sah jetzt „den ernsteren Teil seines Lebens herannahen und beginnt ein Mann zu werden". Das Erscheinen des *Laokoon* bot die Aussicht in Berlin eine Stellung zu erhalten. Freunde schlugen ihn als königlichen Bibliothekar vor, doch Friedrich II. lehnte ab. Lessing verließ Berlin, bitter enttäuscht, dass seine Pläne gescheitert waren. Die Freiheit des preußischen Berlin „reduziert sich einzig und allein darauf, gegen die Religion so viele Sottisen (Sticheleien) zu Markte zu bringen als man will ... aber lassen Sie einen in Berlin auftreten, der für die Rechte der Untertanen, der gegen Aussaugung und Despotismus seine Stimme erheben wollte ... und Sie werden bald die Erfahrung machen, welches Land bis auf den heutigen Tag das sklavischste von ganz Europa ist", schrieb er an Mendelssohn.

In dieser Situation erhielt er den Ruf an das 1766 neu gegründete Theater der größten, unabhängigsten Stadt Deutschlands, der Freien- und Hansestadt Hamburg, einer Stadt ohne Könige und Fürsten. Hier sollte durch die Initiative von Bürgern die Idee eines Nationaltheaters verwirklicht werden, eines für die Nation vorbildlichen, repräsentativen Theaters. Im Gegensatz zum Hoftheater und zur primitiven Mimenkunst der Wanderbühnen sollte ein Aufführungsort entstehen, der zugleich als Diskussionsforum für die politischen und sozialen Belange des Bürgertums diente.
Lessing wurde die Stelle des Kritikers angeboten. Seine Aufgabe bestand darin, ein „kritisches Register von allen aufzuführenden Stücken zu halten und jeden Schritt zu begleiten, den die Kunst sowohl des Dichters als des Schauspielers hier tun würde". Dieser Posten war so recht nach seinem Geschmack. Zudem wurde er Teilhaber einer Verlagsdruckerei, in die er seine ganzen Ersparnisse einbrachte. Es sollte eine Buchhandlung für Gelehrte werden, die im Selbstverlag ihre Bücher herstellten.

Lessings Dramaturgie. Am 22. April 1767 eröffnete das Komödienhaus am Gänsemarkt. Die Theaterkritiken sowie die dramentheoretischen Darlegungen des Rezensenten wurden in einem Buch, der *Hamburgischen Dramaturgie* (1767/70) zusammengefasst. Lessing kannte die ganze Misere des deutschen Theaters, den Mangel an Werken, die Winkelinteressen der Bürger. In den fortlaufenden Besprechungen ging er von Einzelbeobachtungen aus und verband sie mit grundsätzlichen Erwägungen zu Fragen der Schauspielkunst. Er kritisierte theoretisch, was praktisch fehlschlug. Diese, die Theaterpraxis begleitenden Reflexionen lieferten Bausteine zu seiner dramaturgischen Theorie. Als Kritiker setzte sich Lessing mit den zumeist aus dem französischen Repertoire bestrittenen Aufführungen auseinander sowie mit der Poetik des Aristoteles und des französischen Klassizismus.
Nach seiner Vorstellung sollte die bunte Vielfalt der Wirklichkeit im Drama durch Auswahl und Konzentration in ein absichtsvoll konstruiertes Modell der Realität gefasst werden, das dem Zuschauer das Verständnis einer nachvollziehbaren Handlung ermöglicht. Aus der Einheit der Handlung ergibt sich die Gestaltung der übrigen Bedingungen (Ort und Zeit). Die Forderungen der klassizistischen Poetik (Einheit von Handlung, Ort und Zeit) werden damit überflüssig. Mit Aristoteles gegen Corneille und Gottsched fordert Lessing den gegen die Ständeklausel gerichteten „gemischten Charakter", mit dem sich der bürgerliche Zuschauer identifizieren kann. Aus dieser Struktur des Dramas ergibt sich die beabsichtigte Wirkung. Die Tragödie soll nach Aristoteles im Zuschauer eine Katharsis (gr. Reinigung, befreiende Affektentladung) durch Furcht und Mitleid bewirken. Lessing bezieht Furcht und Mitleid eng aufeinander. Denn nur das Unglück, von dem wir fürchten müssen, es könnte uns auch zustoßen, macht uns betroffen. „Diese Furcht ist das auf uns selbst bezogene Mitleid." Nicht die auf der Bühne dargestellten, sondern im Zuschauer erregten Leidenschaften sollen gereinigt und ganz im bürgerlich-aufklärerischen Sinn in „tugendhafte Fertigkeiten" verwandelt werden.
Lessing versetzte mit seiner Dramenkonzeption dem barocken Trauerspiel sowie der klassizistischen Tragödie der Franzosen den Todesstoß. Sie gerieten in Vergessenheit. Seine dramaturgischen Forderungen bildeten den Maßstab der Kritik und Praxis des bürgerlichen Dramas in Deutschland im 19. Jh.
Der Versuch in Hamburg ein Nationaltheater zu schaffen dauerte nur zwei Jahre. Zwist und finanzielle Nöte brachten das Ende. Mit ätzendem Sarkasmus machte Lessing seiner Enttäuschung Luft. „Über den gutherzigen Einfall der Deutschen ein nationales Theater zu schaffen, da sie noch gar keine Nation sind!" Er sah sich um die Hoffnung gebracht von den Einnahmen eines unabhängigen Schriftstellers leben zu können. Zudem machte der Verlag bankrott. Gleichwohl hatte er in Hamburg neue Freunde gewonnen: den Theologen Reimarus, den Kaufmann König

und dessen Gattin Eva. Seines Vermögens verlustig, griff er zu, als ihm der Erbherzog von Braunschweig die schlecht besoldete Stelle eines Bibliothekars in Wolfenbüttel anbot. Der Hof hatte schon vor 15 Jahren das Wolfenbüttler Schloss verlassen und war nach Braunschweig übergesiedelt. Der berühmteste Mann des literarischen Deutschlands fristete bei einem Jahreseinkommen von 600 Talern als Bibliotheksbeamter sein Leben; 30000 Taler erhielt der italienische Hoftheaterdirektor. Trotz seines bescheidenen Gehalts wurden für ihn die Jahre in Wolfenbüttel zu einer Zeit reger schriftstellerischer Tätigkeit.

Hofkritik und Gefährdung bürgerlich-moralischer Integrität sind die Themen des fünfaktigen Trauerspiels in Prosa *Emilia Galotti* (1772). Erst in Wolfenbüttel unter dem unmittelbaren Eindruck der absolutistisch-höfischen Umwelt vollendete er den schon seit 1756 bearbeiteten römischen Virginia-Stoff.

Die Handlung verlegte er in ein italienisches Duodezfürstentum, das die absolutistische Herrschaftsstruktur klar erkennen lässt. Der Prinz von Guastalla, Hettore Gonzaga, seiner Mätresse Orsina überdrüssig, liebt die Bürgerstochter Emilia Galotti, die den Grafen Appiani heiraten soll. Der Kammerherr des Prinzen, Marinelli, soll dies vereiteln und die Braut seinem Herrn zuführen. Doch der Plan scheitert. Auf der Fahrt zur Hochzeit wird die Kutsche überfallen, der Graf getötet, Emilia mit ihrer Muter „zufällig" auf das Lustschloss Dosalo gebracht. Dort deckt Orsina die wahren Zusammenhänge auf und drängt Odoardo Galotti mit dem ihm übergebenen Dolch den Prinzen zu töten. Emilia, die, fasziniert von dem Prinzen, um ihre Verführbarkeit weiß („Verführung ist die wahre Gewalt" V,7), überredet ihren Vater sie zu töten.

Zum ersten Mal in der deutschen Dramengeschichte wird hier die private bürgerliche Welt mit der höfischen Umgebung konfrontiert. Emilia Galotti zeigt den „Testfall bürgerlicher Standhaftigkeit und Treue". Ihr verdeckter Freitod klagt an, weil er als einziger Ausweg offen bleibt um ihre moralische Integrität zu bewahren. Nicht nur Skrupellosigkeit und Amoralität des Hofes werden angeklagt, auch die bürgerliche Erziehung der Väter steht auf dem Prüfstand. Sie entwickelt die Humanität isoliert in einer Welt der Abgeschiedenheit, die öffentliche Welt jedoch überlässt sie den Inhumanen, sodass die Tugend dem Laster nicht mehr widerstehen kann.

Das Stück kennzeichnet eine lückenlose Kausalität, eine vollkommene dramaturgische Konstruktion durch Offenlegung von Entscheidungsprozessen, die Verhalten und Handeln der Gestalten bestimmen. Besonders deutlich wird die rhetorische Grundstruktur von Lessings Denken sichtbar: Aussagen werden in Frage gestellt, feste Überzeugungen müssen durch die Bewegung des Sprechens gefunden werden. Allen Figuren ist eine große Sprachmächtigkeit eigen. Unerhört neu ist die Figur der Gräfin Orsina, der ersten emanzipierten Frauengestalt in einem deutschen Drama.

Im Streit mit der Orthodoxie. Lessing entfaltete als Wolfenbütteler Bibliothekar eine rege publizistische Tätigkeit. Zeitlebens kämpfte er für das uneingeschränkte Recht auch Fragen der religiösen Wahrheit öffentlich zu diskutieren. Er selbst sah eine Schwierigkeit darin, Offenbarung und Vernunft in ein tragfähiges Verhältnis zueinander zu bringen. Sein Freund Samuel Reimarus (1694–1768), der Hamburger Gymnasialprofessor für orientalische Sprachen, hatte eine Schrift verfasst, in der er den Offenbarungscharakter der Bibel und die Göttlichkeit Christi leugnete. Um die Angehörigen zu schützen veröffentlichte Lessing Teile des Werks als angeblichen Fund der Wolfenbütteler Bibliothek unter dem Titel *Fragmente eines Ungenannten* (1772). Die Schrift erregte in theologischen Kreisen großes Aufsehen und führte zu erbitterten Angriffen des Hamburger Hauptpastors Johann Melchior Goeze gegen den Herausgeber. Lessing fühlte sich herausgefordert, weil er die Gefahr sah, dass das Recht auf öffentliche Erörterung unbequemer Fragen verhindert werden sollte. „Man hindert alle daran, wenn man auch nur einem verbieten will seinen Fortgang in der Erkenntnis andern mitzuteilen. Denn ohne diese Mitteilung im Einzelnen ist kein Fortgang im Ganzen möglich." (→ S. 120)

Lessing benutzt für seine elf Erwiderungen, den *Anti-Goeze* (1778), die Briefform. Sie ermöglicht es einen persönlichen Ton anzuschlagen, zwanglos und systematisch Fragen zu erörtern. Daneben erleichtert sie dem Polemiker die Angriffe auf die unzureichend gesicherten Argumente des

Gegners zu richten. Lessing setzte alle Mittel seiner polemischen Rhetorik ein um den Pastor mit einer gezielten Fragetaktik in die Ecke eines skrupellosen geistlichen Tyrannen zu drängen. Goeze wandte die Auseinandersetzung ins Politische, wenn er besorgt nach den Auswirkungen dieses Streits auf Gläubige und Untertanen fragte. Wenn schon über religiöse Fragen gestritten werden müsse, dann auf Lateinisch. Lessing höhnt: „Witz und Landessprache sind die Mistbeete, in welcher der Samen der Rebellion so gern und geschwind reifet. Heute ein Dichter: morgen ein Königsmörder." Diese elf *Anti-Goeze* gehören zu den glänzendsten polemischen Schriften der deutschen Literatur.
Die machtgeschützte protestantische Orthodoxie erreichte beim Herzog von Braunschweig ein Verbot der Lessing'schen Entgegnungen. Der Bibliothekar wurde wieder der Zensur unterstellt; deshalb verlegte der Gemaßregelte die Auseinandersetzung auf eine andere Ebene: „Ich muss versuchen, ob man mich auf meiner alten Kanzel, auf dem Theater wenigstens, noch ungestört will predigen lassen."

Die Bühne als Kanzel. Der bittere Verlust von Frau und Sohn konnte in ihm nicht den Glauben an eine humanere Menschheit zerstören. Meisterhaft hat er seine Idee der Aufklärung, das Ideal der Humanität, die Utopie einer toleranten, harmonischen Gesellschaftsordnung im „zwölften Goeze", in dem dramatischen Gedicht *Nathan der Weise* (1779), gestaltet. Zwei Jahre später starb er am 15. Februar 1781 in Braunschweig.
Den Schauplatz der Handlung verlegte er an einen symbolträchtigen Ort, nach Jerusalem, wo alle drei Weltreligionen auf engstem Raum zusammenleben, und zwar in die Zeit der Kreuzzüge (1190), der brutalen Glaubenskriege. In dieses düstere Umfeld ist die Handlung eingebettet. Die Zentralfigur des Stücks ist der vermögende jüdische Kaufmann Nathan, der Opfer des religiösen Fanatismus geworden war. Er hatte seine Frau und sieben Söhne bei einem Pogrom verloren. Nathan nahm ein christliches Mädchen als Adoptivtochter in sein Haus auf um es nach seinen humanen Grundsätzen zu erziehen. Als er von einer Geschäftsreise zurückkehrt, erfährt er, dass ein Kreuzritter Recha aus dem brennenden Haus gerettet hat. Der Tempelherr gerät in einen existenziellen Konflikt zwischen der Liebe zu einer Jüdin und seinen christlichen Überzeugungen, den er mit Hilfe Nathans löst.
Im Mittelpunkt des Stücks steht das Gespräch zwischen Sultan Saladin und Nathan. Auf die Frage des Mohammedaners, welche der drei Religionen die wahre sei: Judentum, Christentum oder der Islam, gibt Nathan, der Leiderfahrene, in dieser Prüfungssituation keine eindeutige Antwort. Er tarnt die Wahrheit, indem er sie in das Märchen von den drei Ringen kleidet, das Lessing Boccaccios Novellensammlung *Das Dekameron* (I,3) entnommen hat.
Der eine unschätzbare Ring, der seit Generationen jeweils vom Vater dem „geliebtesten" Sohn überlassen wird, hat die geheime Kraft, „vor Gott und Menschen angenehm zu machen". In späterer Zeit vermacht ein Vater seinen drei Söhnen, die ihm alle gleich lieb sind, nicht einen, sondern drei Ringe, sodass keiner entscheiden kann, welcher der echte ist. Der Richter, an den sich die Söhne im Streit wenden, fällt kein Urteil, sondern rät: „Es eifre jeder seiner unbestochnen,/ Von Vorurteilen freien Liebe nach! / Es strebe von euch jeder um die Wette,/ Die Kraft des Steins in seinem Ring an Tag /Zu legen, komme dieser Kraft mit Sanftmut,/ Mit herzlicher Verträglichkeit, mit Wohltun,/ Mit innigster Ergebenheit in Gott / zu Hilf!"
Das Denkmodell der Ringparabel enthält die Quintessenz von Lessings Überzeugung. Er fordert Toleranz und Humanität als dauernde Aufgabe. Da jeder der drei Ringe authentisch ist, wird die Wahrheit nicht in Doktrinen und Dogmen offenbar, sondern im eigenverantwortlichen Handeln des Menschen, das auf der Duldung Andersdenkender beruht. Nur so kann der interkonfessionelle Streit überwunden werden, der durch die historische Bedingtheit der drei Religionen verursacht wird.
In dem sorgfältig komponierten Stück führt die Handlung des Dramas die Personen langsam zusammen. Man nannte *Nathan* „das Drama der Verständigung". Der Lessing'sche Dialog bestimmt die Begegnungen. In ihm entwickeln sich die Anschauungen der Figuren im lebendigen Prozess des Denkens: Gedanken werden geäußert, präzisiert, wechselseitig korrigiert und ergänzt und auf diese Weise die gegenseitige Annäherung der Gesprächspartner erreicht. Der von Lessing

verwendete Blankvers Shakespeares sollte der Vers des deutschen klassischen Dramas werden (→ S. 187).

Nathan ist Lessings Vermächtnis an die Nachwelt. Das Stück wurde in Österreich sofort verboten. Auch zu Lessings Lebzeiten gab es in Deutschland keine Aufführung. Rezeption und Ablehnung des Dramas zeigen den Zustand der öffentlichen Moral der deutschen Gesellschaft. Dem Liberalismus diente es als Orientierungsmuster einer toleranten Humanität. Militante Nationalisten und Antisemiten empfanden die Botschaft der Ringparabel als Provokation. Im Dritten Reich wurde das Werk von den Bühnen verbannt. Nach dem Ende des Zweiten Weltkriegs eröffneten einige deutsche Theater ihren Spielbetrieb mit einer *Nathan*-Inszenierung.

Lessings konkrete Utopie. Der *Nathan* war seine poetisch-dramatische Anwort auf eine theologische Frage. In seiner letzten veröffentlichten Schrift *Erziehung des Menschengeschlechts* (1780) fasst Lessing die Summe seines theologisch-philosophischen Denkens zusammen. In den 100 Abschnitten werden Gang und Entwicklung der Menschheit verfolgt. Aus dem Geschichtsverlauf ist die Veränderung der Funktion der Offenbarung erkennbar. Vernunft und Offenbarung werden zueinander in Beziehung gesetzt und ihr sich wandelndes Verhältnis bestimmt. Offenbarungswahrheiten, welche die aufklärerische Vernunft als unzulängliche Welterklärungsversuche interpretiert, werden in den Geschichtsepochen allmählich in Vernunftwahrheiten umgewandelt. „Als sie geoffenbaret wurden, waren sie freilich noch keine Vernunftwahrheiten; aber sie wurden geoffenbaret um es zu werden." Für das sich differenzierende menschliche Bewusstsein werden sie als überholte Stufen des göttlichen Erziehungsprozesses entbehrlich; sie sind lediglich Durchgangsstadien auf dem fortschreitenden Weg der sich entfaltenden Vernunft. Als Ergebnis schält sich in diesem Emanzipationsprozess ein autonomes, rationales Denken heraus, dessen Reife auch einen besseren, künftigen Zustand erhoffen lässt: „... sie wird kommen, sie wird gewiss kommen, die Zeit der Vollendung, da der Mensch, je überzeugter sein Verstand einer immer besseren Zukunft sich fühlet, von dieser Zukunft gleichwohl Beweggründe zu seinen Handlungen zu erborgen nicht nötig haben wird; da er das Gute tun wird, weil es das Gute ist..." Mit diesem utopischen Gedanken weist Lessing die Absolutheitsansprüche geschlossener Weltanschauungssysteme zurück und erblickt wie Kant im mündigen, selbstverantwortlichen Menschen das Ziel des Fortschritts.

Lessings Sprache ist das Instrument eines kompromisslosen Wahrheitssuchers. „Die größte Deutlichkeit war mir immer die größte Schönheit", lautete sein Leitspruch. Das Denken dieses Pädagogen, Theoretikers, Kritikers und Polemikers war nicht ein Sprechen mit sich selbst, sondern „ein vorweggenommenes Sprechen mit anderen", also polemisch, dialogisch, witzig-gesellig. Seine Fabeln (→ S. 146) sind gestrafft und pointiert. Lessing setzt seine Gedanken nicht fertig hin, sondern lässt sie langsam vor den Augen des Lesers entstehen. Männlich und geschmeidig, gelehrt und weltläufig, schmucklos und doch biegsam ist seine Prosa. „Was kein Schriftsteller vor ihm erreichte, ist Lessing gelungen: der Versuch, die rhetorische Diktion dem Gesetz der Natürlichkeit unterzuordnen und dem metaphorischen Stil Anmut und lebenswahre Spontaneität zu verleihen" (W. Jens).

3.2 Christoph Martin Wieland – der skeptische Pädagoge

Wieland gehört zu den wenigen weltoffenen, aufgeklärten Vertretern der deutschen Literatur des 18. Jh. Er war der anerkannteste und am meisten gelesene deutsche Schriftsteller seiner Zeit. Für den Oberschwaben war „Europa sein Denkraum, die deutsche Sprache sein Wirkungsfeld ... Dichten, Übersetzen und Publizieren galten ihm gleich; aus dem einen zog er Stoff und Kraft für das andere. Er war ein Anreger, und zwar mit vollkommenen Werken" (K. Mickel). Sein weltbürgerlicher Horizont umfasste die genaue Kenntnis literarischer Werke sowohl der Antike wie der Gegenwart. In der produktiven Auseinandersetzung mit den Problemen seiner Zeit gewann er zeitüberdauernde Erkenntnisse, die er seinen Lesern in formbewussten Werken vermittelte. Sein individualistisches Bekenntnis lautete: „Eine innere Notwendigkeit zwingt uns immer unvermerkt uns selbst, unsere eigne Art zu denken und zu leben, zum Maßstab zu nehmen." Von den Menschen forderte er, genug Mut zu haben „der Stimme des Gottes in uns getreu zu sein, dessen Beyfall uns allein Ruhe und Gewissheit, dass wir sind, was wir seyn sollen, geben kann." Allerdings war es ein weiter Weg, bis er seine endgültige Lebensanschauung gewonnen hatte.

Vom Schwärmer zum Skeptiker. Wieland entstammt dem produktivsten geistigen Milieu seiner Zeit: dem evangelischen Pfarrhaus. Er wurde 1733 in Oberholzheim bei Biberach an der Riss als Sohn eines pietistischen Pastors geboren. Bibel und Gesangbuch waren die täglichen Begleiter seiner frühesten Kindheit. Sein Vater schickte ihn mit vierzehn Jahren in das pietistische Internat Klosterberge bei Magdeburg, wo der fromme, sensible Schüler Bayles *Dictionnaire* (→ S. 122), Wolffs und Voltaires Werke las. Die aufklärerischen Ideen schlugen ihn in ihren Bann, erschütterten seine gelebte pietistische Frömmigkeit und stürzten ihn in einen tiefen seelischen Konflikt. Als Freigeist verschrien, verließ er die Schule und hielt sich ein Jahr in Erfurt bei Verwandten auf. 1750 verlobte er sich für kurze Zeit mit seiner Kusine, der Ausgburger Arzttochter Sophie Guttermann, der späteren Schriftstellerin von La Roche (→ S. 149). Nach einem Jurastudium in Tübingen kam er 1752 auf Einladung Bodmers nach Zürich. Der Schweizer Literat förderte Wielands Talent. Allmählich löste er sich von seinem Gastgeber. 1760 kehrte er nach Biberach zurück und bewarb sich um die Stelle eines Senators und Kanzleiverwalters.

Biberach war eine Freie Reichsstadt, in der Protestanten und Katholiken alle öffentlichen Stellen paritätisch besetzten. Die beiden Ämter wurden Wieland übertragen. Doch bald verdarb er es sich mit allen Parteien. Seine Heirat mit einem katholischen Mädchen wurde hintertrieben. Immer wieder gab es Anlass zu unliebsamen Auseinandersetzungen. In diesen Jahren wuchs seine Distanz zum mühsamen Alltagsleben. Da bot sich ihm die Gelegenheit eine ihm noch unbekannte Lebenswelt kennen zu lernen.

Auf Schloss Warthausen unweit von Biberach lebte der ehemalige kurmainzische Kanzler Reichsgraf Friedrich von Stadion, ein vollendeter Vertreter des Rokoko, Freund Voltaires und Weltmann. Sophie von La Roche, seine einstige Verlobte und jetzige Gattin des Sekretärs des Grafen, führte Wieland als ständigen Gast ein. Was Frau von Stein für Goethe, Susette Gontard für Hölderlin war, das erreichte Sophie von La Roche für Wieland: die Erziehung zur weltmännischen Lebensform. Seine Besuche bedeuteten für ihn eine willkommene Ablenkung vom öden Alltag. Es war der Eintritt in eine freiere, geistige Welt. Aus den desillusionierenden Erfahrungen der Biberacher Jahre gingen seine ersten vollendeten Dichtungen hervor. „Entzauberung der Schwärmerei" wurde zunächst das Grundthema seiner Werke.

Die Verserzählungen. Der aristokratische Rokokokreis auf Warthausen inspirierte Wieland zu den vier *Komischen Erzählungen* (1765), in denen er auf desillusionierende Weise nach dem Vorbild Lukians die erotischen Abenteuer der zeitgenössischen Gesellschaft in die griechische Götterwelt projiziert. Seine Ironie verspottet alle Schwärmerei, der elegante Stil spielt geistvoll mit dem Stoff und versieht ihn mit heiter-anzüglichen Pointen. Die philosophische Idylle *Musarion oder Die Philosophie der Grazien* (1768) führt uns in ein utopisch-arkadisches Griechenland, wo die Hetäre Musarion nach einem Zerwürfnis ihren sich in philosophischen Spekulationen und stoischer Weltverachtung ergehenden Freund Phanias mit den erzieherischen Mitteln einer Frau in die Wirklichkeit zurückholt. Diese virtuos in anmutigen Stanzen vorgetragene Erzählung ist ein liebenswürdiges Plädoyer für ein Lebensideal, das Maß, Vernunft und heiteren Lebensgenuss miteinander verbindet.

Die Kunstmärchen. Wieland liebte die Traumwelt des Märchens. Je feiner er die fantastisch-wunderbaren Begebenheiten ausspann, desto stärker rückte er in eine kühle Erzähldistanz, in der er ironisch und parodistisch mit dem Stoff spielte. Das Wunderbare, übersteigert, wirkt unaufdringlich belehrend.

Zu der surrealen *Geschichte des Prinzen Biribinker* (1764), zu *Idris und Zenide* (1768), der Feenmärchensammlung *Dschinnistan* (1789) und dem *Hexameron vom Rosenhain* (1802) gesellt sich sein Meisterepos *Oberon* (1780). Genial verschmolz Wieland die altfranzösische Sage vom Ritter Huon und seiner Braut Rezia mit der Geschichte des Zwists zwischen dem Elfenkönig Oberon und seiner Gattin Titania in Shakespeares *Sommer-*

nachtstraum zu einer feinen Erzählung. Oberon waltet als geheimer Schutzgeist über Huons und Rezias Geschick. Aus diesem aufgeklärten, zwergenhaften, doch rätselhaft-schönen Schicksalslenker spricht der Feind aller Vorurteile und Heucheleien. Die Stanzen des italienischen Renaissancedichters Ariost wählte der Autor als ideale Versform für die poetische Schwerelosigkeit dieser Märchenwirklichkeit.

Der moderne Prosaroman. Was Lessing für das deutsche Drama, Klopstock für die Lyrik leistete, das vollbrachte Wieland für die deutsche Erzählkunst: Er wurde zum Wegbereiter des neuen, modernen Prosaromans. Die unkomplizierten Märchenhelden hatten in Strophe und Vers des Epos ihre angemessene Darstellung gefunden. Die vielschichtige Psychologie des Romanhelden, seine Neigung zur Selbstreflexion verlangten indes die Prosa.

Der Sieg der Natur über die Schwärmerei, oder die Abenteuer des Don Sylvio von Roslava (1764) heißt Wielands erster Roman, in dem er Anregungen von Cervantes, Le Sage, Fielding, Sterne und den französischen Feenmärchen aufgreift und die Irrwege des spanischen Jünglings Don Sylvio erzählt. Es ist die Geschichte der Erziehung eines empfindungsvollen, ganz in die Traum- und Wahnwelt der Feenmärchen eingesponnenen Schwärmers, der erst allmählich zur Erkenntnis der Wirklichkeit gelangt. Erst ironisch-absurd übersteigert bewirken die Märchen die Ernüchterung des Träumers.

Die geistreiche, von Witz und Einfällen überquellende Geschichte behandelt ein zentrales Thema der Aufklärung: die Kritik an einer verfehlten Wirklichkeitseinstellung: den Kampf gegen die Schwärmerei, hinter der sich Aberglaube, Verblendung und Fanatismus verbergen.

Neu und modern an Wielands Erzählkunst ist der Umstand, dass er die Auseinandersetzung um das Problem der Wahrheit zwischen Fantasie und Vernunft in das Medium des Romans verlegt und damit dieser epischen Gattung eine bis dahin unbekannte reflexive und philosophische Dimension erschloss. Wieland setzte gezielt den Dialog ein, der seiner skeptisch-relativierenden Weltsicht entgegenkam. Hierdurch konnte er ein Problem aus mehreren Perspektiven beleuchten. Vom Engländer Sterne hat er die Figur des persönlichen, fiktiven Erzählers als Vermittler zwischen Leser und Romangeschehen übernommen und in die deutsche Romankunst eingeführt. Dieser Erzähler unterbricht den Handlungsverlauf, wertet, überwacht die Einbildungskraft des Helden und den Zustand seiner Verblendung. Aus ironischer Distanz vermittelt er dem Leser seine Einsichten, aus der psychologischen Anlage seiner Figuren erklärt er deren seelische Verfassung und ihren Werdegang. Zukunftsweisend in Wielands Roman ist, dass Autor, fiktiver Erzähler sowie Romanheld und Leserfiguren nicht mehr das Ganze erfassen, sondern nur eine einzelne, beschränkte Sicht der Dinge versuchen. Diese moderne, vielschichtige Erzählhaltung kam einem neuen Genre zugute, dem

Bildungsroman. Dieser Romantypus muss als bedeutsamer deutscher Beitrag zur Weltliteratur angesehen werden. Wieland begründete mit der *Geschichte des Agathon* (1766) diese Gattung. In Wien und Zürich verboten, hat Lessing dieses Werk als „den ersten und einzigen Roman für den denkenden Kopf von klassischem Geschmack" gepriesen.

Die politischen und gesellschaftlichen Verhältnisse in dem in Kleinstaaten zersplitterten Deutschland boten einen günstigen Nährboden für Fragen der Bildung und Erziehung. Das von politischer Mitwirkung ausgesperrte, sich emanzipierende Bürgertum strebte danach, seine soziale Identität neu zu definieren, nachdem die Wertvorstellungen der ständisch-feudalen Gesellschaft brüchig geworden waren. Abgedrängt in den privaten Raum, suchten die Bürger nach Leitbildern für eine Neubestimmung ihrer persönlichen Identität. Zudem hatte die Aufklärung die wichtigsten formbaren Anlagen des Menschen in Vernunft und freiem Willen gesehen, die seine Bildungsfähigkeit erst ermöglichen. Die Romanform war wie geschaffen, den Vorgang der Selbstfindung und Selbstvervollkommnung des Einzelnen erzählerisch auszubreiten.

Wielands Absicht war es, seinen Lesern den Entwicklungsgang des jungen Agathon nahe zu bringen, indem er ihn den wechselnden Umwelteinflüssen aussetzte und seinen allmählichen Reifungsprozess episch entfaltete. Er verlegte die Geschichte in die griechische Antike des 4. Jh. v. Chr.

Der Erzähler tritt als Herausgeber eines alten griechischen Manuskripts auf. Seine durchgängig ironische Erzählhaltung beruht auf seiner Vermittlerfunktion zwischen der eigentlichen Geschichte und dem Leser. Er begleitet den Werdegang der Zentralfigur mit zahlreichen Reflexionen und Exkursen als kritisch wertende und kommentierende Instanz.

Der aus seiner Vaterstadt Athen vertriebene junge Agathon erlebt zahlreiche Abenteuer. Er wird enttäuscht von den heuchlerischen Priesterinnen Delphis und vom politischen Wankelmut der Athener, betrogen vom hedonistischen Sophisten Hippias und vom wollüstigen Tyrannen Dionys in Syrakus. Am Ende lehrt ihn der weise Tarentiner Archytas die Einordnung in den Kosmos, das Ideal der „Kalokagathia", der Harmonie des Schönen und Guten im Menschen. Freudig arbeitet Agathon für die Stadtrepublik Tarent. Nur auf dem Weg der Enttäuschungen und Desillusionierungen entwickelt sich der Titelheld zum reifen Mann.

Noch in zwei Romanen stellte der skeptische Pädagoge seine Leser vor Fragen einer sinnvollen Lebensgestaltung. In der *Geheimen Geschichte des Philosophen Peregrinus Proteus* (1791) ließ er den schwärmerischen Idealisten, den griechischen Weisheitslehrer Proteus aus dem 2. Jh. n. Chr. mit dem materialistischen Skeptiker, dem Satiriker Lukian, in einem souverän gestalteten Totengespräch aufeinanderprallen und thematisiert im Dialog der beiden Protagonisten noch einmal das Problem der Schwärmerei. In seinem letzten Werk, dem Fragment gebliebenen Briefroman *Aristipp* (1801), den Wieland für sein Meisterwerk hielt, entwickelte er die Utopie vom vernünftigen, glücklichen Menschen in Anlehnung an die historische Gestalt des griechischen Philosophen Aristipp aus dem 4. Jh. v. Chr.

Ein Fürstenspiegel. Lange schon sehnte sich Wieland aus Biberach fort. Seine Vaterstadt war „schlechterdings der Ort nicht wo ich bleiben kann, und je bälder ich aus diesem Anti-Parnass (Anti-Reich der Dichtkunst) erlöst würde, je besser wär's für mich." Was er erstrebte, war eine unabhängige Stellung um sich ganz seiner dichterischen Arbeit widmen zu können. Durch Stadions Beziehungen wurde er 1769 vom reformfreudigen Kreis um den Mainzer Fürstbischof an die kurmainzische Universität Erfurt als Professor der Philosophie berufen. Der Philosoph der Grazien, skeptisch und religiös indifferent, lebte in der katholischen Stadt gesellschaftlich isoliert, nur von wenigen wohlwollenden Männern umgeben. Wieland wandte sich deshalb einem Genre zu, von dem er hoffte, dass es ihm zu einem Orts- und Stellungswechsel verhelfen könnte.

Die seit der Antike bekannte Gattung des Fürstenspiegels war im Zeitalter des Aufgeklärten Absolutismus besonders gefragt, waren doch Höfe an Modellgeschichten für die Prinzenerziehung besonders interessiert. Als europäisches Vorbild galt Fénelons *Télémaque* (1699). Wieland verlegt in seinem didaktischen Staatsroman *Der goldene Spiegel oder die Könige von Scheschian* (1772) das Geschehen in ein morgenländisch-exotisches Reich. Der indische Sultan Schach-Gebal lässt sich vor dem Einschlafen die Geschichte des benachbarten Königreichs Scheschian – Abbild Deutschlands zu Wielands Zeit – von der Sultanin und dem Philosophen Danischmend erzählen. Gegenstand der Erzählungen sind zahlreiche Herrschaftsformen, deren Problematik aufgewiesen wird. Auch die ideale Herrschaft des aufgeklärten Monarchen Tifan ist nicht von Dauer.

So erlebt der Leser einen Lernprozess, in dem er einen tiefen Einblick in das Räderwerk der Politik erhält, aber zugleich erkennen muss, dass noch so gut gemeinte utopische Entwürfe durch den Geschichtsverlauf relativiert werden. Der ironisch-witzige Erzählstil des Autors betont die skeptische Weltsicht. „Man wird bis zu Thomas Manns späten Werken gehen müssen um eine ebenbürtige Virtuosität im Spiel der Nuancen, in der Handhabung verschiedener Vortragsarten, in der ironischen Menschendarstellung, in der Lucidität kompliziertester Satzperioden zu finden" (Fr. Sengle).

Der goldene Spiegel erregte die Aufmerksamkeit weitester Kreise. Das Werk war für Kaiser Josef II. gedacht, brachte aber Wieland an den Hof von Weimar. Die feinsinnige, lebenskluge, verwitwete Herzogin Anna Amalia holte den als Freigeist verschrienen Schriftsteller an ihren Hof und vertraute ihm bei einem Gehalt von tausend Talern und dem Titel eines Hofrats die philosophische Erziehung ihrer beiden Söhne an. Doch Wielands allzu nachsichtiger Umgang mit den Prinzen enttäuschte die Fürstin; er wurde nach zwei Jahren bei einem Gehalt von 600 Talern pensioniert und lebte von nun an nur noch als freier Schriftsteller. Mit seiner Anstellung in Weimar begann der Aufstieg dieser kleinen Residenzstadt zur deutschen Kulturmetropole.

Eine satirische Selbstkritik des deutschen Bürgertums. Wieland lieferte 1781 mit seiner *Geschichte der Abderiten* den „ersten umfassenden gesellschaftskritischen Roman in der deutschen Literatur des 18. Jahrhunderts" (F. Martini). Seine reichen Erfahrungen in Biberach, Zürich, Erfurt und Weimar verdichtete er in der *Geschichte der Abderiten*, der Schildbürger des Altertums. Die historische Fiktion erleichterte dem auktorialen Erzähler das souveräne ironische Spiel mit dem Stoff. Der distanzierte Blick auf die vergangene, verkehrte Welt entlarvt umso mehr die Wirklichkeit der Gegenwart, zeigt sie im Zerrspiegel der abderitischen Narren.
Die selbstgefälligen thrakischen Spießer drohen den weitgereisten Naturforscher Demokrit, einen Sohn Abderas, zu enteignen und ihn als Geisteskranken einzusperren, weil sie seine geistige Überlegenheit unerträglich finden. Sie gleichen darin Max Frischs Andorranern (→ S. 491 f.), die Andris Anderssein ablehnen: – eine erste satirische Beschreibung von Praktiken, die denen der totalitären Regime des 20. Jh. ähneln. Der Arzt Hippokrates befreit den gleichgesinnten Kosmopoliten Demokrit von den Bedrohungen seiner närrischen Mitbürger. Nach einer parodistischen Schilderung der abderitischen Theaterzustände erleben die Bildungsphilister in Euripides' *Andromeda*-Aufführung die Bildungsmacht wahrer Kunst. Eine Persiflage (geistreiche Verspottung durch übertreibende, ironisierende Darstellung) auf die Rechtsprechung bietet der *Prozess um des Esels Schatten*, den Dürrenmatt als Vorlage für sein gleichnamiges Hörspiel (1958) verwendete: Ein Zahnarzt mietet einen Esel um zu seinen Patienten zu kommen. Doch der Eseltreiber verlangt eine zusätzliche Bezahlung für den Schatten des Tieres, in dem sich der Mieter ausgeruht hatte. Der Fall endet vor dem Gericht. Es bilden sich zwei Parteien. Der Prozess endet nicht mit einem Urteil, weil die Abderiten den Esel vorher zerreißen. Es zeugt von dem eminenten politischen Verstand des Autors, wie er die Entstehung eines Politikums, Taktik und Winkelzüge der einzelnen Vertreter darstellt. Religiös verbrämte Machtpolitik und fest verwurzelter Aberglaube werden im Kult der Frösche der Latona demaskiert, dem sich die Abderiten nicht entziehen. Sie verlassen lieber ihre Stadt, als dass sie den Aberglauben aufgeben.
Ironie und Humor überspielen die Resignation des Autors und verdecken die Ohnmacht der Vernunft, der es nicht gelingt, die gepanzerten Vorurteile und die ‚Abderitheit' zu überwinden. Wieland sagt mit Lachen die Wahrheit, nicht um lächerlich zu machen, sondern um darzustellen, was lächerlich ist. Nach dem *Lalebuch* (→ S. 86) sind die Abderiten die bedeutendste satirische Darstellung des Bürgertums. Erst im 20. Jh. wird mit Heinrich Manns *Untertan* (→ S. 355) und Sternheims Tetralogie *Aus dem bürgerlichen Heldenleben* (→ S. 375) Wielands Niveau wieder erreicht.

Der Publizist. Nach dem Vorbild des französischen Gesellschaftsjournals *Mercure de France* gründete Wieland den *Teutschen Merkur* (1773). Die Zeitschrift verstand sich als Organ für Philosophie, Wissenschaft und Literatur, diente aber auch der politischen Berichterstattung. Sie wollte informieren, unterhalten und belehren. Der *Merkur* wurde zu einer der wichtigsten Kulturzeitschriften der Epoche. Verbreitung guten literarischen Geschmacks und Förderung kritischer Einsichten in einer politisch und geistig erregten Zeit waren Wielands erklärte Ziele. Der Herausgeber wusste um die Bedeutung der Pressefreiheit: „Freiheit der Presse ist Angelegenheit und Interesse des ganzen Menschengeschlechts. Dieser Freiheit hauptsächlich haben wir den gegenwärtigen Grad von Erleuchtung, Kultur und Verfeinerung, dessen unser Europa sich rühmen kann, zu verdanken. Man raube uns diese Freiheit, so wird das Licht, dessen wir uns jetzt erfreuen, bald wieder verschwinden."
Geschichtserfahren und gegenwartsempfindlich kommentierte Wieland den Verlauf der französischen Revolution und prophezeite Napoleons Aufstieg.

Wieland, der literarische Vermittler, sah eine seiner wichtigsten Aufgaben darin, gegen die provinzielle Engstirnigkeit anzugehen, indem er sei-

Der

Deutsche Merkur.

Tu pias lætis animas reponis
Sedibus, virgaque levem coerces
Aurea turbam, ſuperis Deorum
Gratus et imis.

Des erſten Bandes Erſtes Stück.

Jenner 1773.

Weimar
Im Verlag der Geſellſchaft.

*Titelblatt des ersten Heftes von Wielands **Deutschem Merkur**. Die mit einem Rokoko-Ornament eingefasste Seite enthält den Titel in Fraktur gesetzt, darunter in Antiqua die Horazverse (Oden 1,10,V.17-20): „Du (Merkur) siedelst die Seelen der Frommen an den Stätten der Seligkeit an und lenkst mit goldenem Stab die gewichtlose Schar, ein Freund der Götter droben und drunten." Die Vignette zeigt den Götterboten mit seinem Zauberstab. Die Horazverse beziehen sich auf die Urteilsfähigkeit des Herolds, der die Nachrichten zu den Menschen bringt. 1773 stellte Wieland seine Zeitschrift der gebildeten Öffentlichkeit vor. Als Herausgeber beabsichtigte er auf die Bildungsbürger informierend und geschmacksbildend einzuwirken. Der Deutsche Merkur erschien bis 1810.*

nem Leserpublikum den Zugang zu bedeutenden Werken der Weltliteratur erschloss. Er war davon überzeugt, dass Übertragungen einen wichtigen erzieherischen Beitrag liefern können. Sie fordern zum Vergleich heraus und lassen den Zusammenhang der Dinge über die Grenzen von Raum und Zeit hinweg erkennen. Er übertrug als Erster Shakespeares Dramen in eine elegante deutsche Prosa und brachte auf diese Weise den zornigen jungen Männern des Sturm und Drang ihren dramatischen Abgott nahe. In den Jahren um 1810 widmete er seine ganze Arbeitskraft der Übersetzung der *Satiren* und *Episteln* von Horaz sowie der Cicero-*Briefe*. Dabei ging es dem Liebhaber antiker Dichtung um Texttreue und Verständlichkeit. Er suchte beides durch seine Orientierung am gesprochenen Wort der deutschen Zielsprache zu erreichen. Die ausführlichen Kommentare der Eindeutschungen enthalten seine politischen und gesellschaftskritischen Ansichten. Was er von seinem Lieblingsautor behauptet, gilt auch für ihn: „Horaz hat wachend gelebt und durch seine Erfahrung zwei große Schätze gewonnen: Weltkenntnis und Kenntnis seiner selbst."

Neidlos anerkannte Wieland Goethes Genialität und sah schon früh Kleists Begabung. Als „faunische Natur" war er bei aller Fantasiefreudigkeit von einem unmittelbaren, durchdringenden Realismus. Obwohl von Napoleon geschätzt und mit dem Orden der Ehrenlegion ausgezeichnet, vom Zaren mit dem St.-Annen-Orden beehrt, bewahrte dieser Weltmann gegenüber den Herrschenden seine geistige Unabhängigkeit und vertraute seinem eigenen Urteil. Rastlos tätig, starb Wieland 1813 über einer Übersetzung Ciceros.

Wielands Sprache ist Ausdruck seiner geistigen Freiheit und milden Skepsis, die es ihm ermöglichten, Distanz zu den Dingen des Lebens zu halten und vieles im Bewusstsein seiner geistig-künstlerischen Überlegenheit gelten zu lassen. Dies ist auch der Grund für die Heiterkeit, die Komik und den Humor seiner Dichtung.

Er schrieb eine Prosa von großer Anmut und schwereloser Leichtigkeit, in der hypotaktisch gebaute Sätze, kunstvolle Perioden, häufige Parenthesen überwiegen. Seiner Prosa ist eine gewisse Dialoghaftigkeit eigen. Eine „beständig einredende, kommentierende, oft selbst ironisch betrachtende Gegenwärtigkeit des Erzählers" (Martini) äußert sich in den vielen Anreden an den Leser und in fingierten Zwiegesprächen. Hinter der scheinbaren Weitschweifigkeit und Umständlichkeit seiner Sprache verbirgt sich ein hochgebildeter Kunstverstand, der alle Stilmittel dem

***Wielands** Begegnung mit **Napoleon**. Napoleon versammelte die Rheinbundfürsten auf dem Fürstentag in Erfurt im Oktober 1808 um sich. Es war seine Absicht, als Garant der neuen europäischen Friedensordnung aufzutreten. Kulturelle Veranstaltungen sollten den Kaiser in der Rolle des Mäzens der Künste erscheinen lassen. Den beiden berühmtesten Autoren in Weimar, Goethe und Wieland, gewährte er eine Unterredung. Mit Wieland traf Napoleon am Abend des 6. Oktober im Großen Ballsaal des Weimarer Schlosses zusammen. „Er unterhielt sich mit mir wie ein alter Bekannter mit seinesgleichen und anderthalb Stunden lang in Einem fort und ganz allein, zu großem Erstaunen aller Anwesenden.“ Der einstige Prinzenerzieher, Autor eines Fürstenspiegels und erfahrene politische Publizist war nach dieser persönlichen Bekanntschaft eher ernüchtert. Der alte Reichsstädter ließ sich vom Kaiser der Franzosen nicht imponieren.*

souveränen Spiel mit dem Stoff, vor allem aber der Ironie dienstbar macht. Seine unvergleichliche Prosa mit ihrer kunstvollen Nachlässigkeit ist das Ergebnis ständig umschmelzender Arbeit am Text: „Meine ganze Schriftstellerei hält und ernährt sich von der Feile... Sowie ich etwas aus mir selbst producire, so schreibe ich gleich aufs Papier. Aber mein Gedanke bildet und formt sich erst, indem ich ihn drei-, viermal und noch öfter umkehre, ausstreiche, drehe, wende...“

3.3 Georg Christoph Lichtenberg – Schöpfer des deutschen Aphorismus

Aufklärung aus dem Geiste der Experimentalphysik (A. Schöne) lautet der einprägsame Titel einer Untersuchung über Lichtenbergs Denkweise und ihre Auswirkungen auf seine Sprache. Lichtenberg war Mathematiker und Philosoph und hatte sich den Ruf erworben einer der bekanntesten Experimentalphysiker seiner Zeit zu sein. Die Befragung der Natur im Experiment zwang ihn zur genauen Beobachtung, zur Erprobung der Tragfähigkeit von Hypothesen, zum behutsamen Umgang mit den gewonnenen Ergebnissen. Der kritische Vorbehalt gegenüber dem Vorgegebenen, scharfe Beobachtung, aber auch Zweifel und Ungewissheit prägten sein Denken. Diese Grundeinstellung bestimmte auch sein Leben. Er sah es als seine Aufgabe an, „sich aus dem Schutt fremder Dinge herauszufinden, selbst anzufangen zu fühlen und selbst zu sprechen, ... auch einmal selbst zu existieren“. Schon vor Kant hatte er sein Denken auf Selbsterfahrung gegründet: „Studiert euch selbst erst, möchte ich sagen, das ist: lernt euer Gefühl entwickeln und den augenblicklichen Wink desselben fixieren und Buch darüber halten; lasst euch euer Ich nicht stehlen, das Gott euch gegeben hat, nichts vordenken und nichts vormeinen!“– „Lass dich nicht anstecken, gib keines anderen Meinung, ehe du sie dir anpassend gefunden, für deine aus; meine lieber selbst.“ Wie kein Zweiter ist er seinen selbstgesetzten Forderungen nachgekommen und hat als klarsichtiger Experimentator die Rätsel der menschlichen Existenz zu ergründen versucht.

Lichtenbergs Leben begann am 1. Juli 1742 in Ober-Ramstadt bei Darmstadt, wo er als das 17. und letzte Kind einer Pfarrersfamilie geboren wurde. Sein Vater war ein geschätzter Prediger, der es vom Landgeistlichen zum Superintendenten von Hessen-Darmstadt brachte. Seit seiner frühesten Kindheit litt Lichtenberg an einer rachitischen Rückgratverkrümmung und einer schwachen Lungenfunktion. Zeitlebens hatte sich der hoch begabte, pietistisch erzogene Jüngling mit diesen körperlichen Beschwerden herumzuschlagen; sie waren die Ursache für seine Hypochondrie und Melancholie. Die dauernden Gefährdungen seiner Gesundheit bedingten auch seine rücksichtslose Selbstbeobachtung.

Nach dem Besuch des Darmstädter Gymnasiums studierte er ab 1763 an der Aufklärungsuniversität Göttingen Mathematik, Physik und Philosophie. 1767 wurde er Professor der Mathematik und Physik. Lichtenberg war auch der gesuchte Hofmeister junger, vermögender englischer Studenten, die in Göttingen studierten. Zweimal begleitete er sie nach London, wo er in Adelskreisen wie unter seinesgleichen verkehrte und von König Georg III. empfangen wurde. Der Besucher aus einer kleinen deutschen Provinzstadt war fasziniert vom Treiben der Weltstadt London. Er wohnte Hinrichtungen von Verbrechern bei und besuchte die Fabriken Birminghams, die ihm einen Eindruck von der industriellen Revolution vermittelten. Er begegnete dem Erfinder der Dampfmaschine James Watt sowie dem berühmten Schauspieler David Garrick. Lichtenberg verdanken wir die erste Großstadtschilderung – der Londoner Fleet Street – in unserer Literatur.

***Lichtenberg** (Stich nach einem Gemälde von Ludwig Strecker, 1780) war nach dem Zeugnis eines Zeitgenossen „ein unansehnlicher Mann, klein, höckericht, krumm an den Füßen, mit einem sehr dicken Kopf, aber lebhaften Augen und feurigem Temperament, dabei fast bis zur Schüchternheit höflich." Der Porträtierte selbst meinte: „Billig müsste drunter stehen In doloribus pictus (in Schmerzen gemalt); denn ich hatte damals zwei böse Finger und daher rühren die viel zu viel geschlossenen Augen. Ich sehe den Leuten offner ins Gesicht als auf dem Gemälde."*

Nach Göttingen zurückgekehrt, führte er bis zu seinem Tode ein an äußeren Ereignissen armes Leben. Er nahm das Blumenmädchen Maria Dorothea Stechard zu sich. 1782 starb sie. Später heiratete er die Gerberstochter Margarethe Kellner. Lichtenberg verbrachte sein Leben zwischen dem Experimentiertisch in der Universität und seiner Wohnung im Hause seines Freundes und Verlegers Dieterich, dem er den „Mietzins" durch die Herausgabe des *Göttinger Taschen Calenders* entrichtete. Er starb 1799.

Der Beobachter. Lichtenberg besaß eine geniale Beobachtungsgabe, der das Unscheinbarste, Verborgenste und Alltäglichste nicht entging. Durch pietistische Selbstbetrachtung geübt, durchdachte er seine Erlebnisse. Seit dem Tode seiner Mutter 1764 führte er genau Tagebuch, sammelte seine „Pfennigswahrheiten" und war ein gewissenhafter Buchhalter seiner Einfälle und Ideen. Den *Sudelheften* vertraute er seine geheimsten Gedanken an. „Solange wir das Leben nicht so beschreiben, alle Schwachheiten aufzeichnen, von denen des Ehrgeizes bis zum geheimsten Laster, so werden wir einander nicht lieben lernen. Es ist eine unbegreifliche Mode-Alfanzerei, dass wir den einzigen Gegenstand der Natur, den wir recht kennen, ich meine unser moralisches Selbst, nur nach einem einfältigen philosophischen Polizeiformular beschreiben, auf dass der Menge kein Schaden geschieht."

Der Physiognomist. Lichtenberg faszinierte das menschliche Antlitz: „Die unterhaltsamste Fläche auf der Erde für uns ist das menschliche Gesicht." Als Lavater seine *Physiognomischen Fragmente* (1775) veröffentlichte, nahm Lichtenberg Anstoß an dessen Auffassung. Mit dem Hinweis auf die Gottesebenbildlichkeit des Menschen lehrte der Zürcher Pfarrer, dass sich die Schönheit der Seele in den schönen Proportionen des Kopfes und den vollkommenen Gesichtszügen widerspiegle. Sein Göttinger Kontrahent dagegen lehnte es ab, dem Zufall der äußeren Erscheinung eine innere und zugleich moralische Notwendigkeit einzuräumen. Vielmehr forderte er eine Pathognomik, die seelische Zustände aus Gesichts- und Körperbewegungen zu erkennen sucht. Seine Vorliebe für diese Deutungsmethode des Menschen kam den *Ausführlichen Erklärungen der*

Hogarthischen Kupferstiche zugute. Während seines Englandaufenthalts hatte er die Kupferstiche des englischen Genremalers und Kupferstechers William Hogarth (1697–1764) erworben. Diese kritisch-satirischen Blätter zeichnen ein detailfreudiges Bild der Schwächen und Laster der höheren Gesellschaft. Lichtenberg nannte Hogarth einen „Gesichtsmaler". Das entsprach seinen pathognomischen Interessen. Er erklärte lebendig und mit Witz, was der Engländer mit dem Grabstichel festgehalten hat.

Aphorismus und aphoristisches Denken. Lichtenberg ist der Schöpfer des deutschen Aphorismus. Er hat diese knappen, pointierten, von jeglichem Sprech- und Schreibzusammenhang isolierten Sätze in die deutsche Literatur eingeführt. Ein Aphorismus gleicht einem Torso, der den Betrachter herausfordert, sich das ausgeführte Werk vorzustellen. „Sprachkürze gibt Denkweite", meinte Jean Paul. Das trifft genau auf den Aphorismus zu. Der Leser hat die „poetischen Leerstellen" (Iser) mit seinen Erfahrungen und Vorstellungen zu füllen und sich mit den auf knappstem Raum gespeicherten Gedanken auseinanderzusetzen.
Lichtenberg misstraute dem Systemdenken, das alle Erscheinungen in einen übersichtlichen, logischen Zusammenhang bringt. Der skeptische Aufklärer und Experimentalphysiker wusste, dass das menschliche Leben unvollkommen ist und Abgründe aufweist, die ein philosophisches System nur zudecken kann. Seiner offenen Denkweise entsprach die Form des Aphorismus.
Als tief blickender Psychologe, der Lichtenberg war, wusste er, dass das Leben nicht an der Schwelle des Schlafs Halt macht. Lange vor Freud machte er sich durch die Reflexion seiner Träume sein Unbewusstes bewusst und erkannte die Bedeutung des Traums für unser Selbstverständnis: „Wenn Leute ihre Träume aufrichtig erzählen wollen, da ließe sich der Charakter eher daraus erraten als aus dem Gesicht."

Lichtenberg und die Sprache. Der Aphoristiker war zu der Einsicht gelangt, dass unsere Erkenntnisse sprachbedingten Charakter besitzen. Begabt mit einem feinen Gespür für den Bild- und Bedeutungsgehalt der Wörter („Es war ihm unmöglich, die Wörter nicht in dem Besitz ihrer Bedeutungen zu stören") bürstete er abgegriffene Redewendungen gegen den Strich und brach verbrauchte Bilder und Sinnsprüche auf („Da gnade Gott denen von Gottes Gnaden"); denn er wusste: „Die Metapher ist weit klüger als ihr Verfasser und so sind es viele Dinge. Alles hat seine Tiefen. Wer Augen hat, der sieht (alles) in allem." Seine Bilder sind von großer Aussagekraft („Er hustet so hohl, dass man in jedem Laut den doppelten Resonanzboden Brust und Sarg mitzuhören glaubte."). Der abrupte Perspektivenwechsel von Mensch zu Ding bewirkt überraschende Einsichten („Ich fürchte, unsere allzu sorgfältige Erziehung liefert uns Zwerg-Obst.") und originelle Wortprägungen bilden gleichsam Einwort-Aphorismen (Amen-Gesicht). Die *Sudelbücher* enthalten wahre „Schatzkammern von Konjunktiven" (Schöne), in denen sich das experimentelle Denken äußert. In den Wenn-dann-Sätzen erkennen wir das in Sprache gefasste Gedankenexperiment: dem bedingenden Gliedsatz mit wenn (Versuchsanordnung) folgt dessen bedingter Hauptsatz mit so (oder dann), der das Ergebnis des Versuchs angibt: „Wenn die Hunde, die Wespen und die Hornisse mit menschlicher Vernunft begabt wären, so könnten sie sich vielleicht der Welt bemächtigen."
Lichtenberg verhalf der gewonnenen Erkenntnis zu ihrem unverwechselbaren Ausdruck. Sein experimentierfreudiger Umgang mit der Sprache ähnelt schon den Sprachspielen der Dadaisten. „Wie gehts', sagte ein Blinder zu einem Lahmen. ‚Wie Sie sehen', antwortete der Lahme." Ein aphoristisches Beispiel für die Unmöglichkeit eines Zwiegesprächs mit einer grotesken Pointe, ein absurder Dialog.

4 Die Lyrik der Aufklärung

Neue Horizonte. Der grundlegende geistige Wandel der Aufklärung zeigte sich sehr deutlich in der Lyrik. Das rationalistische Denken des neuen Zeitalters brachte kein Verständnis mehr auf für das hochartifizielle Stilideal des Barock, das im Dienste eines festlich-repräsentativen Lebens stand. Die ungemeine Vielfalt von Formen und Tönen ging verloren. Die metaphernreichen, rhetorisch ausgefeilten, mit emblematischen Bildern und Argumenten gefügten barocken Strophen mussten der neuen Generation als Schwulst erscheinen. Die auf Beobachtung und Experiment beruhende naturwissenschaftliche Weltbetrachtung schob das metaphysische Denken beiseite, das sich seit dem Mittelalter des mythologischen und antiken Bilderschatzes bedient und die Allegorie als Mittel der Veranschaulichung jenseits der Erfahrung liegender Wahrheiten benutzt hatte. Die an Brauchbarkeit und Nützlichkeit orientierte bürgerliche Lebenseinstellung wies der Dichtung eine öffentlich-gesellschaftliche Aufgabe zu: die Wahrheit zu vermitteln und auf angenehme Weise belehrend zu wirken. So änderten sich Themen, Formen und Sprache der Lyrik. Die Sprache des Verses näherte sich der Umgangssprache an; sie musste einfach, klar und anschaulich sein, wollte sie die ihr zugewiesene belehrende Funktion erfüllen. Das Misstrauen gegen den Reim wuchs, weil er den Bedeutungsgehalt der Worte mindere. Der „freie Vers" wurde in der ersten Jahrhunderthälfte die vorherrschende Versform in Lyrik und Verserzählungen.

4.1 Lyrik als Lehrdichtung

Barthold Hinrich Brockes (1680–1747) gilt als der erste Lyriker der Frühaufklärung. Dieser von Geschäften kaum belastete Hamburger Ratsherr widmete sein Leben der Literatur.

Sein Hauptwerk, die Gedichtsammlung *Irdisches Vergnügen in Gott bestehend aus physikalisch-moralischen Gedichten* (9 Bände, 1721–1748), übernahm die bis dahin von christlichen Erbauungsbüchern wahrgenommene Aufgabe durch betrachtendes Verweilen beim Wunderwerk der Schöpfung die Macht des Schöpfers zu erkennen. Der Hamburger Patrizier orientierte sich ganz an der aus England stammenden Physikotheologie, die Gottes Existenz durch die Schöpfungsordnung bestätigt sieht. An die Stelle des blinden Glaubens trat die rationale Einsicht.

Das grundlegend Neue bei Brockes ist seine Hinwendung zur erfahrbaren Wirklichkeit, wobei er auf die Offenbarung der Bibel verzichtete. Seine Gedichte sind „sinnlicher Gottesdienst"; er verlangte ein „Vergaffen" in die „Zier und Anmut der Natur", ein liebevolles Versenken in ihre Schönheiten.

Sein Vergnügen erwuchs aus der staunenden Bewunderung des Kleinen. Gleich einem Kurzsichtigen versenkte er sich liebevoll in die Details. Dabei folgen seine Gedichte meistens dem gleichen Argumentationsmuster: auf einen erzählenden Eingang folgt eine detailgesättigte Beschreibung einer Naturerscheinung, wie sie bis dahin in der deutschen Literatur selten anzutreffen war. Daran schließt sich eine erbaulich-lehrhafte Auslegung im physikotheologischen Sinne (z. B. *Kirschblüte bei Nacht*) an.

Mögen Weitschweifigkeit und der nachdrücklich belehrende Ton die Lektüre seiner Verse bisweilen beeinträchtigen, so ist doch unverkennbar die erstaunliche sprachliche Sensibilisierung. Unermüdlich bemühte sich Brockes die feinsten Nuancen von Farben und Licht in fast schon impressionistischer Manier festzuhalten:

> Am Himmel sah man halb entzücket
> ein lichtes sternenreiches Blau;
> da hier ein grünlich Silbergrau
> der feuchten Felder Fläche schmücket:
> es schmeichelten die zärtlich-kühlen Lüfte
> und streichelten die Ober-Welt,
> kein einzig Wölkchen, keine Düfte
> benebelte das Sternenfeld. *(Mondschein)*

Albrecht von Hallers (1708–1777) gedankenbefrachtetes lyrisches Werk wirkt fremd neben Brockes' aus einem harmonisch-optimistischen Lebensgefühl gespeisten Versen. Der Berner Juristensohn studierte in Tübingen und Leiden Medizin. 1737 erhielt er einen Ruf an die neue Universität Göttingen, deren Ansehen er durch sein umfangreiches Wirken mitbegründete. Haller eröffnete die Reihe der Dichter, die zugleich Naturwissenschaftler waren (Lichtenberg, Goethe, Büchner bis Carossa und Benn). Gegen Brockes' Weltfreude steht seine pessimistische Lebenserfahrung.

Nach einer Exkursion in die Schweizer Bergwelt schrieb er in 490 Alexandrinern das Gedicht *Die Alpen* (1729). Zum ersten Mal wird das bis dahin menschenfeindliche Hochgebirge für die deutsche Dichtung erschlossen. In seinen Strophen verklärt er das abgeschiedene Leben der Älpler und kontrastiert es mit dem verderbten Leben an den Höfen und in den Städten, schon ganz - bestimmt vom rousseauschen Geist der Zivilisationskritik. Seine liebevollen Naturschilderungen verbindet er mit Reflexionen. So wurde er der Begründer der deutschen philosophischen Lyrik.

In den *Gedanken über Vernunft, Aberglauben und Unglauben* (1729) gelangt er zu einer pessimistischen Wesensbestimmung des Menschen:

> Unselig Mittel-Ding von Engeln und von Vieh!
> Du prahlst mit der Vernunft und du gebrauchst sie nie;
> Was helfen dir zuletzt der Weisheit hohe Lehren,
> Zu schwach, sie zu verstehen, zu stolz, sie zu entbehren?
> Dein schwindelnder Verstand zum Irren abgericht',
> Sieht wohl die Wahrheit ein und wählt sie dennoch nicht.

In dem philosophischen Lehrgedicht *Über den Ursprung des Übels* (1734) verwirft Haller den Leibniz'schen Theodizeegedanken von der besten aller Welten und fragt nach der Vereinbarkeit von Leid und Gottes Allmacht („Ich seh die innre Welt, sie ist der Hölle gleich: / Wo Qual und Laster herrscht, ist da wohl Gottes Reich?"). Und in der *Unvollkommenen Ode über die Ewigkeit* (1736) konfrontiert er die theologische Idee der Unsterblichkeit mit der naturwissenschaftlichen Vorstellung der Unendlichkeit von Raum und Zeit. In diesen notwendig fragmentarisch gebliebenen Strophen wird der Versuch sichtbar sich von theologischer Tradition zu befreien.
Nicht von ungefähr war Haller Kants Lieblingsdichter. Auch Schiller und Hölderlin hat der Berner stark beeinflusst. Schillers Elegie *Der Spaziergang* wie Hölderlins Oden nehmen die Naturbeschreibung zum Ausgangspunkt für philosophische Reflexionen.

Die Fabel, das didaktische Genre schlechthin, wurde im 18. Jh. die wichtigste Gattung und erreichte in den Jahrzehnten zwischen 1730 und 1770 ihre größte Beliebtheit. Die Kultur der Aufklärung übertrug den Vernunftgedanken auf die soziale Wirklichkeit und machte die bürgerlichen und unteren Schichten mit ihren moralischen Grundsätzen vertraut, oder wie es Gellert formulierte: „Dem, der nicht viel Verstand besitzt,/ die Wahrheit durch ein Bild zu sagen." Gerade Anschaulichkeit und Belehrung verbinden sich in ihr zu einer festen Einheit. Antike Stoffe und Formen wurden rezipiert, vor allem aber das französische Vorbild gepflegt. Von Jean de La Fontaine (1621–1695) übernahmen die deutschen Fabelmacher den munteren Erzählhabitus, das Episodenhafte und die Ausgestaltung von Figuren und Begebenheiten. Hagedorn bevorzugte das Fabulieren; die Moral tritt bei ihm dagegen zurück. „Ihm gelang es", wie Lessing meinte, „die Fabel zu einem anmutigen poetischen Spielwerk zu machen." Gellert wandte sich mit seinen Fabeln an die unteren Schichten und erläuterte eine vorgetragene Einsicht durch ein Promythion (Vorspruch) oder ein Epimythion (Nachspruch). Gleim betonte den Unterhaltungswert der Fabel, die er als „Zeitvertreiberin" betrachtete. Er fasste sie kürzer und benutzte gerne den Dialog, sodass bisweilen pointierte Miniaturdramen entstanden. Lichtwers Vierzeiler preisen das Glück des Mittelstandes. Lessing verdanken wir die prägnanteste Abhandlung über die Fabel. Der Erzaufklärer wandte sich gegen die „lustige Schwatzhaftigkeit" und forderte in Anlehnung an das äsopische Vorbild eine zielstrebig organisierte Erzählung, die nur einen moralischen Leitsatz oder eine psychologische Wahrheit in lakonischer Prosa zu bieten habe entsprechend dem Zweck der Gattung. Aus dem Elsass, dem Mutterland der Satire, stammt Konrad Pfeffel (1736–1809). Dem Kolmarer Fabeldichter genügten die plaudernden Erzählungen nicht mehr. Er schrieb satirisch-geschliffene, politisch-aggressive Fabeln, in denen er Tiere und Menschen in scharfer sozialer Typisierung erfasst.

4.2 Die anakreontische Lyrik,

das Herzstück der Rokokodichtung, stand unter dem Motto des heiter gelösten Bekenntnisses zur irdischen Glückseligkeit, nicht mehr bestimmt von der barocken Furcht vor dem alles entwertenden und vernichtenden Tod.

In Deutschland war die Rokokodichtung eine Angelegenheit des Bürgertums. Es ist bemerkenswert, dass die anakreontische Lyrik ausgerechnet in Halle, der Hochburg des Pietismus, entstand. Dort hatten sich der Halberstädter Wilhelm Ludwig Gleim (1719–1803), der Wormser Johann Nikolaus Götz (1721–1781) und der Ansbacher Johann Peter Uz (1720–1796) in einem Freundeskreis zusammengeschlossen um dem lustfeindlichen Pietismus mit witzigen Versen das heitere Bild einer Kultur der Sinnlichkeit

entgegenzusetzen. Als Vorbild diente ihnen der griechische Lyriker Anakreon (580–495 v. Chr.), der Sänger von Liebe, Wein und heiterer Geselligkeit, dem sie nacheiferten.
Die „tändelnde Poesie" dieser jungen Anakreontiker richtete sich gegen die strenge Arbeitsethik der Pietisten. Mit ihren Liedern heiteren Daseinsgenusses verfolgten sie eine emanzipatorische Absicht: sie zielten auf den ganzen Menschen und wollten in ihren Versen Vernunft und Sinnlichkeit in ein Gleichgewicht bringen.
Der weltmännische Hamburger Patrizier Friedrich von Hagedorn (1708–1754) gehört mit seiner *Sammlung Neuer Oden und Lieder* (1742–52) zu den wichtigsten Vertretern der Rokokolyrik. Es gelang ihm, in seinen gewandt und elegant geschriebenen Versen ein bislang unerreichtes Sprachniveau von hoher Musikalität zu erreichen.
In den Liedern der Anakreontiker gewinnen Freude und Fröhlichkeit, Scherz und Spiel, Vergnügen und Genuss dichterische Gestalt. Ihre Motive waren begrenzt und wurden in zahlreichen Variationen abgewandelt: die spröde Schäferin, der blöde Schäfer, das Wecken der schlafenden Geliebten, Unbeständigkeit, Kuss und Liebe bestimmen ihre Verse. Amor, Bacchus, Faune und Nymphen schufen einen Abstand zur Unmittelbarkeit des Gefühls, das sich in den mythologischen Namen und im Schäferkostüm graziös und witzig zu äußern wusste. Aus dem Französischen wurden die Formen des Madrigals und Trioletts (Hagedorn: *Der erste May*) übernommen. Die Anakreontiker vermieden komplizierte rhetorische Figuren, bevorzugten einfache Satz- und Gedankenfiguren, die dem Liedcharakter mehr entsprachen. Ihnen ist es zu verdanken, wenn jetzt in der Lyrik der Rhythmus zum tragenden Gestaltungselement wurde und die Sprache an Musikalität, Einfachheit und Flüssigkeit gewann. Fast alle bedeutenden Autoren versuchten sich in anakreontischen Versen. Mit den Gedichten des jungen Goethe erreichte die Rokokolyrik ihre Vollendung.

Die Idyllen (1756) des Zürcher Buchillustrators, Verlegers und Autors Salomon Gessner (1730–1780) erlangten binnen kurzer Zeit europäischen Ruhm. Die Idylle (gr. eidyllion = Bildchen, kleines Gedicht) war seit der Zeit des Griechen Theokrit (um 310 v. Chr.) und den *Eklogen* des Römers Vergil eine kleine, verklärende Darstellung unschuldsvoller, beschaulicher Geborgenheit in ländlicher Umgebung. Diese von Hirten und Schäferinnen bevölkerten ländlichen Szenen gehörten zum Gattungsinventar der europäischen Literatur seit der Renaissance (→ S. 111, Schäferroman). Ihre Beliebtheit im 18. Jh. erklärt sich aus dem Glücksstreben der sich aus religiösen Bindungen lösenden bürgerlichen Kreise. Gessner griff auf die antike Form des Hirtenmonologs und -dialogs zurück. In diesen utopischen Prosaminiaturen, fern aller repräsentativen Öffentlichkeit und frei von politischen und gesellschaftlichen Konflikten, lebten die Menschen in einer idealisierten Harmonie.

5. Pietismus und Empfindsamkeit

5.1 Autoren und literarische Gattungen

Die Entstehung des Pietismus fällt in die zweite Hälfte des 17. Jh. Diese breite, protestantische Erneuerungsbewegung ist vergleichbar mit den spätmittelalterlichen und barocken mystischen Strömungen, von denen sie entscheidende Impulse empfing. Anfangs ein Spottname (pietas = Frömmigkeit, Pietist, ein Frömmler) wurde die Bezeichnung dann allgemein für christlich-fundamentalistische Frömmigkeitsreformer der protestantischen und reformierten Kirchen verwendet. Die an den absolutistischen Staat gebundenen lutherischen Landeskirchen waren verhärtet, engherzig und unterdrückten eine freie Entfaltung religiöser Gefühle. Pietisten verwarfen dogmatische Erstarrung und Veräußerlichung; der Weg zu Gott führe, so meinten sie, über die geistliche Wiedergeburt des Einzelnen. So konzentrierten sie sich auf eine sorgsame, intensive Selbstanalyse, auf Erweckungserlebnisse und eine asketische Christusnachfolge des „neuen" Menschen.
Die orthodoxen Kirchen verfolgten häufig die Pietisten, enthoben sie ihrer Ämter, vertrieben sie, bis diese ernsten Christen allmählich auch die Pfarrhäuser eroberten, weil sich die Kirchen letzten Endes ihren Anliegen nicht verschließen konnten. Gleich den Mystikern wollten sie das persönliche Heilserlebnis durch Erweckung und Verwandlung im eigenen Innern. In Brüderge-

meinden (Konventikeln), in erbaulichen Bibelstunden, durch Erforschung ihres eigenen Gewissens suchten sie ihre religiöse Sehnsucht zu erfüllen. Nicht mit dem Verstand, sondern mit dem Herzen galt es, die christliche Wahrheit zu erfassen.

Die Ausbreitung des Pietismus. Der protestantische Theologe Philipp Jakob Spener (1635 bis 1705) hatte die Bewegung mit seiner Reformschrift *Pia desideria: oder Hertzliches Verlangen Nach Gottsgefälliger Besserung der Wahren Evangelischen Kirchen* (1675) gegründet. Als Vorbild diente ihm das Urchristentum. Die Bibellektüre sollte in Laienzirkeln *(collegia pietatis)* betrieben werden. Hermann Francke (1663–1727), sein Nachfolger, machte Halle, den Studienort aller preußischen Theologen, zur Hochburg des Pietismus und entfaltete als Organisator eine große Breitenwirkung durch die Franckeschen Stiftungen.

Gottfried Arnold (1666–1714) vertrat einen radikalen Pietismus. Ein Aufsehen erregendes literarisches Ereignis wurde seine *Unpartheyische Kirchen- und Ketzer-Historie* (1699), die erste kritische Kirchengeschichte. Er hielt Gericht über die Kirche aller Jahrhunderte und lieferte eine geschichtsphilosophische Rechtfertigung der „wahren" Gläubigen. Denn die institutionalisierten Kirchen frönten, seit der römische Kaiser Konstantin der Große das Christentum 313 n. Chr. offiziell anerkannt hatte, der selbstherrlichen Machtausübung, gegen die sich die „Zeugen der Wahrheit", die von ihr Verfolgten, auflehnten. Dauernder Abfall vom Ideal ist das Schicksal aller Kirchen.

Literatur und Pietismus standen in einem Spannungsverhältnis. Pietisten verwarfen in ihrem rigorosen Wahrheitsstreben fiktionale Werke als zerstreuende Unterhaltung, mit der Leser nur die vor Gott rechenschaftspflichtige „edle Zeit" vergeudeten. Die angstvolle Sorge um das Seelenheil führte zu einer bislang unbekannten intensiven Lektüre religiöser Bücher. Ein rapider Anstieg des pietistischen Massenschrifttums war die Folge. In den Augen dieser Gläubigen waren nur literarische Formen gerechtfertigt, mit denen sich Anfechtungen, erbauliche Seelenstärkung und religiöse Beglückungszustände angemessen in Worte fassen ließen.

So schrieben viele Pietisten *Seelentagebücher*, in denen sie den Wechsel von Anfechtung und Glücksempfindungen aufzeichneten, und pflegten bekenntnishafte, vertrauliche *Briefwechsel*, mit denen sie der hohen Briefkultur des Jahrhunderts den Weg bahnten. In zahlreichen religiösen *Autobiografien* (Spener, Francke) hielten sie ihre Bekenntnisse, Visionen und Prophetien fest. Nach wie vor stand die Bibellektüre im Mittelpunkt ihres Alltagslebens. Der einzige originäre Beitrag zur Literatur war ihre Lyrik.

Die Säkularisation ist ein das literarische Leben des 18. Jh. wesentlich mitbestimmender Prozess. Ursprünglich bezeichnet dieser Begriff die Überführung kirchlicher Besitzungen an den weltlichen Staat. Auf geistige Vorgänge übertragen, bedeutet Säkularisierung die geistig-seelischen Veränderungen, die sich einstellen, wenn Glaubensinhalte hinterfragt und ihre Berechtigung abgelehnt wird. Die durch das bisherige religiöse Leben geprägten Erlebnisstrukturen bleiben zwar erhalten, aber sie verbinden sich jetzt mit neuen Inhalten und Zielvorstellungen. An die Stelle Gottes tritt jetzt das eigene Ich (Subjektivismus). Die Gefühlsintensität des einst religiösen Erlebens wird z. B. auf Freundschaft, Naturgefühl oder Vaterlandsliebe übertragen.

Die Empfindsamkeit. Neben dem Pietismus und von ihm beeinflusst entfaltete sich in der zweiten Hälfte des Jahrhunderts eine intensive Gefühlskultur, die Empfindsamkeit. Die aus England kommende *Moral-Sense-Theorie* lehrt, dass jedes menschliche Herz von einem „natürlichen Gesetz", von einem „immediate feeling" (einem unmittelbaren Gefühl) und einem „finer internal sense" (feineren inneren Sinn) geleitet wird. Diese Gefühlskultur entfaltete sich an einem für sie besonders gedeihlichen Ort, der Kleinfamilie. Im 18. Jh. hatte das „ganze Haus", das alle Mitglieder, Familienangehörige ebenso wie Dienstboten und Verwandten umschloss und die Wohn-, Lebens- und Arbeitsstätte aller war, seine Bedeutung verloren. Die Trennung von Arbeitsplatz und Wohnstätte führte zum „Haushalt", zur Ausbildung der Kernfamilie. In diesem nach außen abgeschlossenen kleinen Binnenraum übernahm die Frau die Rolle der Erzieherin der Kinder. Es war der Nährboden für ein intensives Gefühlsleben und für den Freundschaftskult. Diese neue Gefühlskultur der Empfindsamkeit wurde zu einem Ferment der gesamten bürgerlichen Kultur. Sie fand auch in der literarischen Produktion ihren Niederschlag. In vielen Genres, wie dem Tagebuch, dem Briefroman, der Autobiografie, der Lyrik, dem Stammbuch und dem Poesiealbum begegnen wir empfindsamen Elementen. Wir finden sie in Wielands Erzählungen ebenso wie in Klopstocks frühen Gedichten, in vielen Versen des Matthias Claudius und schließlich im klassischen Werk der Empfindsamkeit, in Goethes *Werther*.

Briefroman. Die Gattung kam aus England. Sie eignete sich vorzüglich zur Darstellung von Hoffnungen und Ängsten, zur genauen Analyse zarter Gefühle. Die Aufgabe des Erzählens wird auf mehrere Briefschreiber verteilt, die ganz subjektiv Berichtenswertes einander mitteilen, sodass die fingierten Briefe die Erzähldistanz zum Leser verkürzen und ihm die Illusion der unmittelbaren Nähe zum Erzählgeschehen vermitteln.
Samuel Richardson (1689–1761) schuf mit seinen „sentimentalen" Familienromanen *Pamela* (1740) und *Clarissa Harlowe* (1748) klassische Modelle des Briefromans. Es sind die ersten europäischen Romane, die das private bürgerliche Gefühlsleben der Frauen darstellen. Rousseaus *Julie ou La nouvelle Héloïse* (1759), die französische Spielart dieser Literaturform, wurde auch in Deutschland nachgeahmt (Gellert: *Das Leben der schwedischen Gräfin von G.*, 1747; Sophie von La Roche: *Geschichte des Fräuleins von Sternheim*, 1771; →S. 137). Die Gattung sank rasch zum Trivialroman ab, nachdem Goethes *Werther*, an Überschwang und Selbstpreisgabe alle übertreffend, ganz Europa zu Tränen gerührt hatte.

Die Autobiografie. Gesteigerte Selbstbeobachtung und Selbstreflexion dienten den Pietisten dazu, in den Zufällen ihres Lebens die lenkende Hand der göttlichen Vorsehung zu ergründen. So wurde der Sinn für die Bedeutung der Einzelerfahrung geschärft. Die Darstellung der Stadien des eigenen Werdens schließt sich in der religiösen wie in der weltlichen Autobiografie zu einem Gesamtbild des Ichs zusammen. Für die Erzählsituation dieser Gattung ist der Umstand charakteristisch, dass Erzähler und Held identisch sind.

Diese versponnene Welt der Frömmigkeit durchbrach Johann Heinrich Jung-Stilling (1740–1817), der aus dem Siegener Land stammende Schneider, Autodidakt, Goethe-Freund und Augenarzt. Seine Lebensgeschichte *Heinrich Stillings Jugend* öffnet der Umwelt ihre Tore. Lebendig schildert er die einfachen Menschen, seine eigene Kindheit, das Leben auf dem Lande, wenngleich noch pietistische Elemente besonders in den späteren Partien unverkennbar hervortreten. Letzten Endes war es die göttliche Vorsehung, die seinen Werdegang bestimmte.
Die ganze ungeschminkte triste Wirklichkeit der Unterschichten, welche die zeitgenössische Literatur entweder ausgespart oder idealistisch verbrämt hatte, tritt in Ulrich Bräkers (1735–1798) *Lebensgeschichte und natürliche Ebentheuer des Armen Mannes im Tockenburg* (1789) in unser Blickfeld. Preußische Werber pressten den Schweizer Kleinbauernsohn in die Armee Friedrichs II. Während der Schlacht von Lobositz (1756) desertierte er, kehrte in die Schweiz zurück und versuchte sich als Salpetersieder, Garn- und Tuchhändler, konnte aber seine dürftige wirtschaftliche Lage nicht verbessern. Eigene Schreiblust und Trostbedürfnis trieben ihn, Kindheitserlebnisse und Zustände des friderizianischen Preußens aus der Perspektive des armen Mannes zu entwerfen. Nüchtern, scharf beobachtend, detailfreudig registrierte er, was er sah, dachte und empfand. So entstand ein einzigartiges Dokument aus der Feder dieses naiven Autodidakten und „ersten, echt plebejischen Schriftstellers in der Literatur des ausgehenden 18. Jahrhunderts in Deutschland" (H. Mayer). Peter Hacks deutet in seinem Stück *Die Schlacht bei Lobositz* (1956) den Siebenjährigen Krieg als „Klassenkrieg", wobei er Bräkers Autobiografie dem dramatischen Geschehen zu Grunde legt (→S. 576).

Der psychologische Roman. Die wahre Bedeutung des Karl Philipp Moritz für die Literatur seiner Zeit wurde erst in der zweiten Hälfte des 20. Jh. erkannt. Dieser Schriftsteller, Philosoph, Psychologe, Lehrer und Kunstkritiker hat neue Dimensionen der menschlichen Existenz erschlossen, die seelischen Verformungen der Unterschichten und ihre Ursachen als scharfsichtiger

Diagnostiker aufgedeckt. In seinen Schriften verarbeitete Moritz seine eigene, verdüsterte Jugend und sein unruhiges Leben in einzigartiger Weise. Ganz im Sinne der Aufklärung vertrat er die Auffassung von der Einmaligkeit des Menschen und seiner Unverfügbarkeit für andere Zwecke. Revolutionär wirkte er mit seinem ästhetischen Postulat der Autonomie der Kunst. Dieter Kühn hat das Psychogramm dieses Zerrissenen in seiner Novelle *Das Heu, die Frau, das Messer* (1993) verständnisvoll gezeichnet.

Karl Philipp Moritz wurde 1756 in Hameln als Sohn eines pietistischen Militärmusikers geboren. Er wuchs in ärmlichen, durch ständige Zwistigkeiten der Eltern belasteten Verhältnissen auf. 1763 siedelte die Familie nach Hannover über. 1768 steckte ihn der Vater in die Lehre zu einem pietistischen Hutmacher in Braunschweig. Ein Pfarrer wurde während des Konfirmandenunterrichts auf den ungewöhnlich Begabten aufmerksam und verhalf ihm zu einem Stipendium. Karl Philipp besuchte das Gymnasium in Hannover. Er studierte Theologie in Erfurt, versuchte sich als Prediger und wurde Informator am Potsdamer Militär-Waisenhaus, einer Kinderaufbewahrungsanstalt. Die trostlosen Zustände dort brachten ihn an den Rand eines Zusammenbruchs. Es gelang ihm, Gymnasiallehrer in Berlin zu werden. Dort fand er Anschluss an den Kreis der Berliner Aufklärer. 1782 reiste er nach England. Sein Bericht *Reisen eines Deutschen in England im Jahre 1782* brachte ihm einen ersten literarischen Erfolg. Als Höhepunkt seines Lebens betrachtete er eine Italienreise (1786–1788), auf der er den von ihm bewunderten Autor des *Werther* in Rom kennen lernte. „Er ist wie ein jüngerer Bruder von mir, von derselben Art; nur da vom Schicksal verwahrlost und beschädigt, wo ich begünstigt und vorgezogen bin", schrieb Goethe an Frau von Stein. Anschließend weilte Moritz als Goethes Gast im Haus am Frauenplan. Durch Empfehlung des Herzogs von Weimar wurde er Professor der Theorie der Schönen Künste in Berlin, später königlich preußischer Hofrat. 1793 starb er an Lungentuberkulose, die seit der Kindheit sein Leben überschattet hatte.

Magazin zur Seelenerfahrungskunde (1783 bis 1793) hieß die erste psychologische Zeitschrift Deutschlands. Moritz stellte sie in den Dienst einer empirisch betriebenen Psychologie. Unbelastet von Tradition und Autoritäten wandte er sich den von der Gesellschaft Bedrängten zu. Er sammelte mit wissenschaftlichem Eifer Fallbeispiele über seelische Deformationen: Berichte über Besessene, Melancholiker, Depressive, Selbstmörder und brachte berühmte Autoren wie unbekannte Männer und Frauen dazu, öffentlich über ihre Erkrankungen zu reden. Seine Absicht war es, Aufklärung über alles, was im Menschen verborgen ist, zu leisten, gemeinsam Gesunde und Kranke in ein Gespräch zu bringen um den Gründen der Verstörungen und Verformungen nachzugehen und wo möglich Erleichterung zu verschaffen. Die Zeitschrift leistete einen Beitrag zur Erhellung des menschlichen Seelenlebens. Sie blieb selbstkritisch, war es doch der Grundsatz des Herausgebers, „Acht zu geben, wie die Dinge wirklich sind, und Untersuchungen anzustellen, warum sie so sind; nicht aber zu bestimmen, wie sie nach seyner Meynung seyn sollen."

Der psychologische Roman *Anton Reiser* ist das Herzstück seiner Werke. Er entstand zur selben Zeit wie das *Magazin für Seelenerfahrungskunde*, in dem Moritz Teile seines Romans abdruckte. Es war seine Absicht, eine Analyse des eigenen Lebens zu geben, der Entstehung von Minderwertigkeitsgefühlen sowie seiner schwermütigen Veranlagung auf die Spur zu kommen und einen beispielhaften Fall einer Selbstentfremdung aufzudecken. Die Lektüre von Rousseaus quälend-schonungsloser Autobiografie *Les confessions* (1782 dt. Die Bekenntnisse) bestärkte ihn in seinem Vorsatz.

Die Figur des auktorialen Erzählers zeichnet das Bild eines begabten Kindes, das in armseliger, liebloser, von religiösem Fanatismus geprägter Familie aufwächst, und berichtet von den materiellen Entbehrungen, seelischen Verstörungen, von den sozialen, wirtschaftlichen und ideologischen Unterdrückungsmechanismen der Gesellschaft, von den Versuchen in fragwürdige ideelle Ersatzwelten der Literatur und des Theaters auszuweichen. In einem für die damalige Literatur unvergleichlichen sozialen Realismus wird gezeigt, was es heißt, zur Mehrheit der Unterprivilegierten zu gehören.

Moritz geht über eine reine Autobiografie hinaus. Im Werk ist er in der Figur des Erzählers gegenwärtig, der distanziert von den Vorgängen berichtet. Die Erlebnisse des Protagonisten werden aus dessen Sicht gezeigt, aus der Perspektive des Erzählers jedoch in Frage gestellt. Während Anton Reiser seine Leiden auf seine unglückliche Veranlagung zurückführt, erkennt der analysierende Erzähler die sozialen Ursachen und die verhängnisvollen Einflüsse der Umwelt. Das von Moritz angewandte analytische Verfahren knüpft an die Selbstbeobachtungstechniken der Pietisten an, die hier zu einer innerweltlichen Erfahrungsseelenkunde säkularisiert werden (→ S. 148). Es mutet eigentümlich modern an, dass der Roman Fragment geblieben ist und jede versöhnliche Lösung vermeidet. Unter den gegebenen Voraussetzungen ist Reisers Leben unvollendbar und unversöhnbar. Moritz hat die Schwierigkeiten, die einer Selbstverwirklichung entgegenstehen, durchschaut und die komplexen Verhältnisse als Anzeichen der Entfremdung aufgedeckt. Im Gegensatz zu Wielands *Agathon* ist *Anton Reiser* „ein negativer Bildungsroman, ein Anti-Bildungsroman, ja man kann sagen ein sozialpsychologisch demaskierter ‚Verbildungsroman'" (H. J. Schrimpf).

In seinem zweiten Roman *Andreas Hartknopf. Eine Allegorie* (1786) werden Episoden aus dem Leben der Titelfigur, eines mystisch veranlagten Wanderschmieds und -predigers erzählt, der sich zwischen orthodoxem Vernunftglauben und religiösem Enthusiasmus zu behaupten sucht.

Die ästhetische Autonomie des Kunstwerks. Moritz hatte im *Anton Reiser* die eigene Selbstentfremdung analysiert, die von außen aufgezwungenen Verformungen seines Innern erkannt. Die Flucht in das Fantasiereich der Literatur war nur eine Form der Selbstbelügung. Sein Interesse an ästhetischen Problemen erwuchs aus der intensiven Beschäftigung mit Fragen der Kunst und Literatur. Seine Vorstellungen hat er in der Schrift *Über die bildende Nachahmung des Schönen* (1788) niedergelegt. Rationalisten der Aufklärung beurteilten ein Kunstwerk nach seinem Nutzen für Publikum und Künstler (Wirkungsästhetik). Doch Moritz wollte die Kunst „aus den Ketten der Moral wie auch eine Befreiung der Ästhetik aus den Ketten der Psychologie" (P. Szondi) erreichen. Nach seiner Auffassung kann „ein Ding nicht deswegen schön sein, weil es uns Vergnügen macht, sonst müsste alles Nützliche schön sein; sondern was uns Vergnügen macht, ohne eigentlich zu nützen, nennen wir schön". Die neue, die Wirkungsästhetik aufbrechende Vorstellung war die der Autonomie des Kunstwerks, seine Selbstgenügsamkeit, das „In-sich-selbst-Vollendeten". „Das wahre Schöne besteht darin, dass eine Sache bloß sich selbst bedeute, sich selbst bezeichne, sich selbst umfasse, ein in sich vollendetes Ganze sey." Moritzens Kunstphilosophie zielte auf eine Wiederherstellung eines zweckfreien Daseins als Selbstwert. Mensch und Kunstwerk sind um ihrer selbst willen geschaffen, in ihrem Sein, nicht in ihrem Nützlichsein liegt ihr Sinn. Der Gedanke der Autonomie von Mensch und Kunst erscheint als eine befreiende, maßstabsetzende und zukunftorientierte Idee gegen die triste Wirklichkeit.
Moritz hat mit seinen ästhetischen Vorstellungen der Kantischen Kunstauffassung vorgearbeitet (→ S. 190) und die klassische Ästhetik (→ S. 186) begründet. Schiller war von seinen Anschauungen tief beeindruckt (→ S. 200, seine ästhetischen Schriften) und Goethe meinte noch im Alter, dass Moritz das „Fundament unserer nachher mehr entwickelten Denkart" gelegt habe.

5.2 Friedrich Gottlieb Klopstock – der Dichter-Seher

Ein neuer Typ des Dichters. Klopstock kreierte den *poeta vates*, den Dichter-Seher, den begnadeten, prophetischen Sänger, dessen Auftrag es ist, eine höhere Wahrheit zu verkünden. Dichtung wird zur enthusiastischen Form der Welterkenntnis. Der Dichter erhebt sich als „Seher, Priester, Diener der Gottheit" über die Umwelt und erfüllt seinen religiösen Sendungsauftrag. Seine Sprache bewegt sich auf der Ebene des hohen Stils, vermeidet die prosaische Alltagssprache, die das Erhabene nicht erfassen kann. Doch dieses hohe Selbstverständnis versperrte ihm nicht den Blick auf die wirtschaftliche Misere der Autoren und hinderte ihn nicht daran, den aufgeklärten Despotismus Preußens anzuklagen.

Klopstocks Leben begann am 2. Juli 1724 im pietistischen Quedlinburg, wo er als Sohn eines

Der Schweizer Maler Johann Caspar Füßli d. Ä. (1706 bis 1782), Freund Lavaters und Bodmers, schuf auch Werke im Geiste des Sturm und Drang. In seinem Porträt ***Klopstocks*** *hat er vor allem den selbstbewussten, willensstarken Charakter des Messias-Dichters herausgestellt.*

Advokaten und Gutspächters geboren wurde. Nach unbeschwerter Kindheit besuchte er das Gymnasium seiner Geburtsstadt, anschließend die berühmte Internatsschule Schulpforta (1739–1745), wo später auch Ranke und Nietzsche ihre profunden Griechisch- und Lateinkenntnisse erwarben. Sein größtes literarisches Vorbild wurde der Puritaner John Milton. 1745 begann er in Jena Theologie zu studieren, 1746 ging er nach Leipzig, 1748 gab er sein Studium ohne Abschluss auf und trat eine Hauslehrerstelle in Langensalza in Thüringen an. Auf Bodmers Einladung reiste er nach Zürich (*Der Zürchersee*, 1750). Doch das weltfrohe Originalgenie entzweite sich bald mit seinem Gastgeber. Da vermittelte ihm ein Mäzen, der dänische Minister Graf Ernst von Bernstorff, eine Einladung an den Hof Friedrichs V. von Dänemark. Der Verfasser des *Messias* erhielt eine Staatspension mit der einzigen Verpflichtung das biblische Epos zu vollenden. Zwanzig Jahre (1750–1770) verbrachte Klopstock am dänischen Hof in voller Unabhängigkeit und Arbeitsfreiheit. Doch immer hoffte er vergebens auf einen Ruf Kaiser Josefs II. Gerstenbergs *Gedicht eines Skalden* (1766) verwies ihn auf die nordische Mythologie. Aus germanischer Frühzeit holte er sich den Stoff für seine nationalidealisierenden, lyrisch-theatralischen Bardieten (vaterländische Dramen) *Hermanns Schlacht* (1769), *Hermann und die Fürsten* (1784) und *Hermanns Tod* (1787). Seit 1774 wandte er sich der Prosa zu. Im selben Jahr erschien *Die deutsche Gelehrtenrepublik*, in der er Fragen einer Neugestaltung des Literaturbetriebs in Deutschland erörterte. Der Göttinger Hainbund erkor ihn zu seinem Vorbild. Nach dem Sturz seines Gönners Bernstorff lebte der Dichter ab 1770 in Hamburg, wo er im Mittelpunkt eines großen Freundeskreises stand. 1803 starb er und wurde in Ottensen beigesetzt. Klopstock war der erste bürgerliche Autor, dem es gelang, als freier Schriftsteller zu leben.

Die Messiade. Klopstock war in Schulpforta auf Miltons englisches Nationalepos *Paradise Lost* gestoßen und hatte seinen Verfasser tief bewundert. „Alles, was groß und erhaben war, wurde von diesem göttlichen Sänger gesungen." Als junger Theologiestudent in Jena entschloss er sich den höchsten Stoff, den der Pietismus kannte, das Leiden Christi, in einem geistlichen Epos, einer Messiade, zu besingen. Zuerst fasste er drei Gesänge in Prosa. Nach seiner Übersiedlung nach Leipzig 1747 goss er sie in Hexameter. Die ersten drei Gesänge des *Messias* erschienen 1748 in den *Bremer Beiträgen*, einer führenden Literaturzeitschrift, und machten ihn mit einem Schlag berühmt.
Klopstock besang den Erlösungstod Christi. Leiden, Sterben und Auferstehung Christi sind kunstvoll mit Engels- und Teufelschören orchestriert, alle konkreten Handlungen und Charaktere aufgelöst. Der Mensch steht im unendlichen Geschehen des Kosmos, um ihn kreisen Erde und Sonne, Seraphim und Teufel. Entscheidend ist nicht der epische Bericht der Bibel, sondern der Heilsvorgang im Menschen. Die Schöpfung Gottes nachdenkend und nachfühlend entfaltet Klopstock ein hymnisches Pathos. Hineingestellt in die Unendlichkeit der Welt und bewegt von der Botschaft, frohlockt der erlöste Mensch. Daher der feierliche Ton der Sprache, in der selbst die Alltagsdinge große Klangfülle gewinnen. Alles ist auf den Heilsvorgang gerichtet. Die Realität

verliert ihre scharfen Konturen, Ahnung und Geheimnis durchseelen das Epos, das Erhabene beflügelte die Darstellung.
Aber das Epos ist dichterisch missglückt. Es war ein unzeitgemäßes Unterfangen, im Zeitalter der kritisch-analytischen Vernunft ein Totalbild von Gott und Menschenwelt in die antike Eposform zu gießen. Was bleibt, ist das kühne Sprachexperiment, mit dem der Autor die Grundlagen für einen neuen hohen Stil schuf, sowie der Versuch ein christliches Erbauungsbuch und eine ins Erhabene stilisierte Passionsgeschichte miteinander zu verbinden.

Die deutsche Gelehrtenrepublik. Der Autor des *Messias* hatte seinen Ruhm und seine Erfahrungen als freier Schriftsteller in Dänemark genutzt um etwas gegen die wirtschaftliche und soziale Not der deutschen Schriftsteller des 18. Jh. zu unternehmen. Er entwickelte einen Plan zur Unterstützung der Intellektuellen. Eine deutsche Akademie sollte eine Stätte der Begegnung werden. Die aus der feudalstaatlichen politischen Macht ausgegrenzten Intellektuellen sollten von ihrer Abhängigkeit befreit werden. Ein subventioniertes Nationaltheater sollte gegründet, eine Schauspielschule ins Leben gerufen und eine Reichsdruckerei eingerichtet werden, um Nach- und Raubdrucke zu verhindern und den Autoren die ihnen zustehenden Honorare zu sichern.
Nach Klopstocks Auffassung war der Literaturadel *(nobilitas literaria)* dem Geburtsadel *(nobilitas generis)* ebenbürtig. Diese hohen Pläne, deren Verwirklichung Kaiser Josef II. zugedacht war, scheiterten. Mit seinem kühnen kulturpolitischen Projekt gehört Klopstock zu den Vorkämpfern für die Unabhängigkeit des Schriftstellers.

Klopstocks Lyrik. Anders als viele deutsche Pietisten ist sich Klopstock seiner Größe bewusst („Die höhere Poesie ist ein Werk des Genies"), ist selbstsicher und egozentrisch. Aus dem überwältigenden Gefühl heraus, welches das Erlebnis des Erhabenen in ihm bewirkt, bemächtigt er sich großer Themen: der Freundschaft *(An meine Freunde, An Ebert, An Bodmer)*, der Liebe *(An Sie!, Das Rosenband, Fanny Oden)*, der Natur *(Der Eislauf, Die Sommernacht, Der Zürchersee)*, Gott und Unsterblichkeit *(Frühlingsfeier)*, patriotischer Begeisterung *(Mein Vaterland)* und der Sprache *(Die Sprache)*.
Seine Gedichte sprechen nicht von fest umgrenzten einmaligen Erlebnissen, sondern von den erhabenen Empfindungen, welche die Erlebnisse in ihm hervorrufen: von der Unendlichkeit der Welt und der Erde („ein Tropfen am Eimer des Allmächtigen"). Er sieht die Natur nicht in ihrer Eigenart, sondern als Schöpfung in ihrer Erhabenheit, weil er sie auf den Schöpfer bezogen als dessen Werk betrachtet, die Geliebte nicht in ihrer schönen Gestalt, sondern in ihrem beseelten Blick *(Rosenband)*, die Liebe nicht mehr leichtfertig witzig wie die Anakreontiker, sondern platonisch-seraphisch.

Klopstocks politische Lyrik. Der gehobene Gefühlston seiner Verse beschränkte sich nicht bloß auf den Hymnus großer Themen; er kommt auch der Darstellung seiner politischen Vorstellungen zugute. Nie benutzte Klopstock den feierlichen Tonfall, die pathetische Höhenlage um Unrecht zu verkleistern. In zahlreichen Oden wandte er sich gegen die despotische Regierungspraxis des Absolutismus *(Verhängnisse)*:

> Weisheit gab er den Königen nicht; sonst hielten sie Menschen
> Nicht für würgbares Vieh.

Besonders Friedrich II. von Preußen galt seine Verachtung *(Der Traum, Rache, Delphi)*. Er geißelte dessen imperiale Politik und verurteilte die Angriffskriege. Josef II. spendete er Lob, als der Herrscher den Juden die bürgerliche Gleichberechtigung in einem Toleranzpatent 1781 einräumte. In seiner Ode *An den Kaiser* widmete er zwei Strophen dem Schicksal der Unterdrückten:

> Wen faßt des Mitleids Schauer nicht, wenn er sieht,
> Wie unser Pöbel Kanaans Volk entmenscht!
> Und thut der´s nicht, weil unsre Fürsten
> Sie in zu eiserne Fessel schmieden?
>
> Du lösest ihnen, Retter! die rostige,
> Engangelegte Fessel vom wunden Arm;
> Sie fühlen´s, glauben´s kaum. So lange
> Hat´s um die elenden hergeklirret!

Den Ausbruch der Französischen Revolution feierte er hymnisch *(Die Etats Généraux):*

> Der kühne Reichstag Galliens dämmert schon,
> Die Morgenschauer dringen den wartenden
> durch Mark und Bein: o kom, du neue,
> Labende, selbst nicht geträumte Sonne

Als Anhänger der Revolution wurde er wie Schiller Ehrenbürger der Republik. Freiheit und Recht schienen ihm sicher. Doch gegen Jakobinerherrschaft und Eroberungskrieg empörte sich sein aus lutherischer Unbedingtheit stammendes Freiheitsgefühl *(Die Jakobiner).*

Odenform und freie Rhythmen. Die lyrische Gestaltung des erhabenen Gefühls verlangte ein feierliches, gehobenes, pathosbeherrschtes Sprechen, dem die Gattung der Ode gemäß ist. Klopstock greift zurück auf die pindarischen und horazischen Oden, er glaubt, antike Formen seien die wahren Formen der Leidenschaft, und möchte sie für die deutsche Lyrik fruchtbar machen. Das strömende Gefühl sprengt die Grenzen des durch reimgebundene Zeilen verfestigten Verses. Klopstock lehnt den Reim als „plumpes Wörtergepolter" und „schmetternden Trommelschlag" ab. Er setzte die innere Bewegung ganz in Verse um (die Bewegungen eines Eisläufers haben in der Ode *Der Eislauf* rhythmische Gestalt gewonnen). So führen die Oden weiter zu den freien Rhythmen, die durch keine metrische Form mehr gebunden sind. Die Sprache hat nun selbst den Gedanken zu setzen. Das von keinem Reim, keiner festen Strophik gebundene Sprechen drängt zum hymnischen Ton. 1754 dichtete er die ersten freien Rhythmen, verwandelte sie aber später wieder in Scheinstrophen zurück *(Die Frühlingsfeier):*

> Da der Hand des Allmächtigen die größeren
> Erden entquollen!
> Die Ströme des Lichts rauschten und
> Siebengestirne wurden,
> Da entrannest du, Tropfen, der Hand des
> Allmächtigen!

6 Der Sturm und Drang

6.1 Der Charakter der neuen literarischen Bewegung

Die Zeitsituation. Aufgeklärter Absolutismus und Ständegesellschaft existierten auch im letzten Drittel des Jahrhunderts unangefochten weiter. Das Bürgertum stand im Dienste der Fürsten in Verwaltung und Erziehung und war erfolgreich in Handel und Wirtschaft. Doch nach wie vor war es von der Teilnahme an der politischen Macht ausgeschlossen. Zwar steigerte sich sein Selbstbewusstsein durch erbrachte Leistungen auf allen Gebieten und man gestattete ihm zu dichten und zu denken, selbstständig politisch handeln aber durfte es nicht. Der Emanzipationsprozess der Aufklärung war fortgeschritten, hatte eine literarische Öffentlichkeit geschaffen, aufklärerisches Gedankengut verbreitet und ein kritisches Bewusstsein entwickelt.
In dieser Situation meldete sich die junge Generation zu Wort. Während Lessing in Hamburg um das deutsche Nationaltheater kämpfte, Wieland in Erfurt den *Goldenen Spiegel* schrieb und Lichtenberg in Göttingen seine *Sudelhefte* führte, wandten sich die Vorkämpfer der neuen Literaturbewegung scharf gegen das aufklärerische Glücksstreben, gegen Nützlichkeitsdenken und platten Rationalismus, gegen die etablierte Dichtergeneration und ihre klassizistische Poetik. Sie verspürten ein tiefes Unbehagen an den bestehenden gesellschaftlichen Konventionen und geistig-literarischen Zuständen. Die jungen Literaten drängten zum Aufbruch. Klingers Drama *Sturm und Drang* lieferte eine griffige Formulierung, mit der sie sich treffend selber charakterisierten.

Ihrer Herkunft nach stammten die Stürmer und Dränger zum großen Teil aus dem Kleinbürgertum und den unteren Schichten. Viele konnten sich nur mühsam aus dem Milieu ihrer Herkunft lösen. Sie erstrebten den sozialen Aufstieg unter vielen Entbehrungen und entwürdigender finanzieller Abhängigkeit. Manche gerieten in Konflikt mit dem Elternhaus, waren Demütigungen ausgesetzt, verdienten ihren kärglichen Lebensunterhalt in der subalternen Stellung eines Hauslehrers, die die tiefe Kluft zwischen ihrem weiten geistigen Horizont und ihrer niedrigen sozialen Stellung um so schmerzlicher bewusst machte.

Befindlichkeiten. Der Hofmeister war für sie das Symbol der zur Unterwürfigkeit verurteilten bürgerlichen Intellektuellen. Die um die Jahrhundertmitte Geborenen hatten an den Universitäten der Miniaturstaaten studiert und fühlten sich eingepfercht in eine überlebte Feudalordnung. Sie sehnten sich danach, dem dumpfen kleinbürgerlichen Leben zu entrinnen. Die bedrückenden Erfahrungen in Kindheit und Jugend machten sie gegenüber sozialem Unrecht sehr empfindlich. Sie kompensierten ihre Lage durch ein gesteigertes Selbstwertgefühl und grenzten sich in Freundschaften von ihrer Umgebung ab.

Orte der Literatur. Straßburg war ein Zentrum der höfischen Dichtung, der Mystik und der spätmittelalterlichen und barocken Satire gewesen. Jetzt entstand in der seit 1685 französischen Stadt am Rhein die neue Bewegung des Sturm und Drang. Als „Geburtsstunde" bezeichnet man das Zusammentreffen Goethes und Herders 1770. Der Straßburger Literaturzirkel um Goethe führte seine lebhaften Diskussionen mit Lenz, Wagner, Klinger, Herder. Er bildete die erste Gruppe der jungen Rebellen. Ihr Organ war die Schrift *Von deutscher Art und Kunst.* In Goethes Frankfurt unterstützte die wichtige Literaturzeitung *Frankfurter Gelehrte Anzeigen* mit ihren Kritiken die neuen literarischen Tendenzen der jungen Autoren. Auch Stuttgart trat mit dem jungen Schiller und Schubart ins literarische Blickfeld und in Göttingen, einem Mittelpunkt der Aufklärung, schlossen sich Studenten zu einer zweiten Gruppe, dem Hainbund, zusammen.

Die Revolte der Stürmer und Dränger entsprang der gesellschaftlichen Frustration; sie trug antihierarchische, antifeudalistische und sozialkritische Züge. Ihr Protest richtete sich gegen Standesvorurteile, gegen die korrupte ständische Gesellschaft, gegen hohle Konventionen, überlebte Erziehungsmethoden und zivilisatorische Unnatur. Zum ersten Mal wurde in der deutschen Literatur die Ganzheit des Menschen gesehen und er selbst als denkende, empfindende und sich frei von politisch-sozialen Beschränkungen entfaltende Persönlichkeit aufgefasst. Die jungen Autoren forderten die Emanzipation der Sinnlichkeit, des Fühlens und der Einbildungskraft im Namen der Autonomie des Menschen. Darin führten sie die Anliegen der Aufklärung weiter und kritisierten Rationalismus und Emanzipation, sofern diese selbst wieder autoritäre Züge angenommen hatten. Die junge Generation verlangte nach der unverfälschten Rousseau'schen Natur. Ein radikaler Subjektivismus, ein plötzlich erwachtes Schöpfergefühl, Rausch, Empörung sollten die normative Formstrenge der rationalen Regelpoetik zerschlagen. Die Stürmer und Dränger fanden ihre Leitfigur im Genie.

Das Originalgenie. Das Problem des genialen Menschen hatte Dichter in der Neuzeit immer wieder beschäftigt. Welche Beziehung bestand

Friedrich Maximilian Klingers Sturm-und-Drang-Drama ***Die Zwillinge*** *(1776; Titelkupfer der Ausgabe von 1777) behandelt das Motiv des Bruderzwists. Der Konflikt entzündet sich am Streit zweier Brüder um die Erstgeburt. Guelfo, der Zweitgeborene, fühlt sich gegenüber seinem Bruder Ferdinando durch den Vater zurückgesetzt. Sein Hass steigert sich bis zum Brudermord. Nach der Tat ekelt dem „kraftgenialischen Kerl" vor sich selbst. Als er sein Bild im Spiegel erblickt, schlägt er ihn entzwei. „– Ha! ich kann mich nicht ansehen! Reiß dich aus dir, Guelfo! (Zerschlägt den Spiegel.) Zerschlage dich, Guelfo! – Guelfo! Guelfo! geh aus dir! Schaff dich um" (Monolog IV,4).*

zwischen dem *studium*, dem erworbenen Wissen, der Gelehrsamkeit und dem *ingenium*, der göttlichen Begabung, der Inspiration? Braucht das Genie Regeln und Modelle der Naturnachahmung, oder ist es fähig, aus eigener Kraft die Natur nachzuahmen? Die jungen Avantgardisten der 70er Jahre lehnten jegliche Nachahmung ab und huldigten dem Genie. Es sollte der Titan sein, der die Fesseln sprengt. „Genie ist Genius. Wo Wirkung, Kraft, Tat, Gedanke, Empfindung ist, die von Menschen nicht gelehrt werden kann – da ist Genie. Das Inspirationsmäßige ist Genie", verkündete der christliche Schwärmer JOHANN KASPAR LAVATER (1741–1801) fast schon im Stil eines expressionistischen Manifests. Die Inspirationstheorie wurde erneut aktuell. Der poetische *furor* (Raserei) wurde jetzt als Feuergeist vorgestellt. „Wie auf Adlersflügeln erhebt sich da der Geist und zündet, wie Prometheus, seine Fackel am himmlischen Feuer an" (Fr. Stolberg). Mit ihrer äußeren Erscheinung protestierten die „Genies" gegen die hergebrachte Ordnung. Sie trugen offenes, langes Haar statt einer Perücke, offenen Schillerkragen statt einer Krawatte, einen breitkrempigen Hut, blauen Genierock und gelbe Weste, Lederstiefel und einen Knotenstock (Werther-Kostüm).

6.2 Anreger und Theoretiker

Neue Leitfiguren: Prometheus und Shakespeare verkörpern für die Stürmer und Dränger den Inbegriff der Genialität. Die mythische Figur des Prometheus, der den Göttern das Feuer raubte, repräsentiert als Lichtfigur Auflehnung und selbstschöpferische Fähigkeiten des Menschen. (Goethes *Prometheus*, → S. 171). Zu diesem mythischen Werkmeister gesellte sich das „Genie aus der Hand der Natur", William Shakespeare. Der englische Dramatiker „wetteiferte mit dem Prometheus, bildete ihm Zug vor Zug seine Menschen nach, nur in kolossalischer Größe" (Goethe → S. 168). Mit diesen Kultfiguren pochte die neue Bewegung auf das Recht der Gegenwart ihre eigene geschichtliche Welt darzustellen, nachdem sie die bisherigen Muster der Antike und des französischen Klassizismus abgelehnt hatte.

Westeuropäische Autoren unterstützten sie mit ihren Vorstellungen. So waren die Stürmer und Dränger empfänglich für die ästhetischen Anschauungen des EARL OF SHAFTESBURY (1671 bis 1713), der das Gefühl zur Erkenntnisquelle erhoben und im Genie eine naturwüchsige Kraft erblickt hatte, die ohne Regelzwang aus reinem Enthusiasmus gestaltet. EDWARD YOUNGS (1683–1765) *Conjectures on Original Composition* (Gedanken über Originalwerke) lehrten, das Genie bedürfe nicht der Krücken der Gelehrsamkeit, es sei frei von Gattungszwängen. Wie sehr sich der literarische Geschmack gewandelt hatte, zeigen JAMES MACPHERSONS (1736–1796) *Fragments of Ancient Poetry* (Bruchstücke alter Dichtung) sowie *The Poems of Ossian* (Die Gedichte Ossians). Der Schotte schrieb diese dunklen, schwermütigen Liebesklagen und Schilderungen heroischer Kämpfe Ossian, einem mythischen gälischen Barden des 3. Jh., zu. Diese Darstellung einer nordischen Sturm-, Nebel- und Geisterwelt entsprach so sehr dem Gefühlskult der Zeit, dass Leser die Gesänge nicht als Fälschung erkannten. THOMAS PERCYS (1729–1810) *Reliques of Ancient English Poetry* (Überreste alter englischer Poesie) enthalten alte englische und schottische Balladen und Volkslieder. Deutsche Autoren waren von diesen Zeugnissen einer unverfälschten Volkspoesie begeistert. Diese Gesänge bekräftigten sie in ihrer Abkehr von der klassizistischen Dichtung und verwiesen sie auf die eigene Geschichte.
Eine besonders starke Wirkung übte auf die neue Protestgeneration JEAN JACQUES ROUSSEAU (1712 bis 1778) aus. Der französische Aufklärer öffnete ihnen die Augen für die Schäden der Zivilisation. Er machte die neue Generation erst auf die Entfremdung des Menschen von der Natur aufmerksam. Das Unbehagen an der Kultur, das Rousseau als Erster angesprochen hatte, entsprach ganz dem Lebensgefühl der deutschen Intellektuellen.

Deutsche Anreger. Als die wichtigsten Theoretiker gelten Hamann und Herder. Beide kamen aus Ostpreußen, einer kulturellen Randlandschaft. Durch die Weite und Vielfalt ihrer Ideen wirkten sie über den Sturm und Drang hinaus auf das deutsche Geistesleben.

6.3 Johann Georg Hamann – „Poesie ist die Muttersprache des menschlichen Geschlechts"

JOHANN GEORG HAMANN lehnte am tiefsten den absolutistischen Rationalismus der preußischen Staatsverwaltung ab. Der Königsberger

Autor hielt die Bilder und Mythen der Bibel für wahrer als logisch zwingende Beweise. Hamann wollte die ungeteilte Freiheit einer religiösen Existenz. Für ihn gab es keine Trennung von Vernunft und Gefühl, Empfindung und Erkenntnis: Alle Äußerungen kamen aus einer einheitlichen Gesamtverfassung. Goethe charakterisierte das Hamannsche Prinzip wie folgt: „Alles was der Mensch zu leisten unternimmt, es werde nun durch Tat oder Wort oder sonst hervorgebracht, muss aus sämtlichen vereinigten Kräften entspringen; alles Vereinzelte ist verwerflich."

Leben. 1730 als Sohn eines altstädtischen Baders in Königsberg geboren, wuchs Hamann in einem pietistischen Elternhause auf. Nach einem ungeregelten, vielseitigen Studium in seiner Heimatstadt war er Privatlehrer in Kurland, ging dann auf Anraten seines Jugendfreundes Berens in dessen geschäftlichem Auftrag nach London (1758). Er führte dort ein unstetes Bohemeleben, bis er durch eine „Höllenfahrt der Selbsterkenntnis" seine Bekehrung erlebte. Die Bibel wurde ihm zum Offenbarungsbuch, er sah sein Schicksal in dem des jüdischen Volkes gezeichnet. Die Bekehrung bestimmte sein weiteres geistiges Leben. Nach Königsberg zurückgekehrt, erhielt er durch Kants Vermittlung eine Stellung in der preußischen Zollverwaltung. Später reiste er nach Münster zu seiner Gönnerin Gräfin Gallitzin. Dort starb er 1788.

Die Welt als Ganzes. Aus der mystischen Bibelinterpretation erwachsen seine Anschauungen: Es gibt nur die Ganzheit, die Einheit der Welt. In den *Sokratischen Denkwürdigkeiten* (1759) ist Sokrates sein Vorbild: der Grieche ist in seiner genialen Unwissenheit, in seinem Bekenntnis zum Nichtwissen als der höchsten Selbsterkenntnis der Vernunft, den Sophisten überlegen. Die sokratische Ironie ist nur die höhere Einsicht in die wahren Zusammenhänge. „Was ersetzt bei Homer die Unwissenheit der Kunstregeln, die ein Aristoteles nach ihm erdacht, und was bei einem Shakespeare die Unwissenheit oder Übertretung jener kritischen Gesetze? Das Genie, ist die einmütige Antwort... Das Genie Sokrates hat also gut unwissend zu sein, er hat einen Genius, auf dessen Wissenschaft er sich verlassen konnte, den er liebte und fürchtete, dessen Stimme er glaubte."

Wie Jakob Böhme (→ S. 117) kennt Hamann keine Vereinzelung, die Welt erscheint ihm, darin neuplatonische und mystische Gedankengänge an die Romantik weitergebend, als ein Ganzes: Mensch und Natur, Kosmos und Gott. „Alle Erscheinungen der Natur sind Träume, Gesichte, Rätsel, die ihre Bedeutung, ihren geheimen Sinn haben. Das Buch der Natur und der Geschichte sind nichts als Chiffren, verborgene Zeichen, die eben den Schlüssel nötig haben, der die Heilige Schrift auslegt und die Absicht ihrer Eingebung ist." Wie bei Böhme, so hatte auch bei Hamann diese monistische Weltansicht eine bestimmte Sprachauffassung zur Folge.

Grundauffassung der Dichtung. Die *Kreuzzüge des Philologen* (1762) enthalten seine „Ästhetica in nuce". Die menschliche Sprache ist nach Hamanns Ansicht göttlichen Ursprungs. Sie ist die Übersetzung der Engelssprache in Menschensprache. Die Dichtung schafft durch Nachahmung Sinnbilder Gottes, Symbole, die sich unmittelbar an die Sinne und das Gefühl wenden. „Rede, dass ich dich sehe! Sinne und Leidenschaften reden und verstehen nichts als Bilder. In Bildern besteht der ganze Schatz menschlicher Erkenntnis und Glückseligkeit." Poesie ist eins mit der Religion, sie ist ursprüngliche Religion, eine „natürliche Art der Prophezeiung". Hamanns Sprache erscheint dunkel, verworren, rätselhaft. Da er an eine Art Mythos glaubte und die Ausdrucksformen der Vernunft in ihrer Abstraktheit als unzureichend verwarf, war er gezwungen, monologisch zu sprechen, seine Wahrheit in Paradoxien zu formulieren. Humor und Ironie bestimmen seinen anspielungsreichen, mit offenen oder versteckten Zitaten durchsetzten Stil. Er selber meinte, er schreibe „elliptisch wie ein Grieche und allegorisch wie ein Morgenländer". Seine monologischen Aufsätze sind äußerst kunstvolle Kompositionen aus Gedankenabbreviaturen, „ein mühsam geflochtenes Gewebe von Kernausdrücken, Anspielungen und Wortblumen" (Herder). Vielfach wirken seine thesenhaft gesetzten Einzelsätze „wie Orakelsprüche ohne Kommentare". Besonders aus unserem „Wörterbuch", der Bibel, hat er geschöpft.

6.4 Johann Gottfried Herder – Umwerter literarischer Werte

Johann Gottfried Herder „Der edle Geist wurde von den entgegengesetzten Zeiten und Parteien verkannt; doch nicht ganz ohne seine Schuld; denn er hatte den Fehler, dass er kein Stern erster oder sonstiger Größe war, sondern ein Faszikel von Sternen, aus welchem sich dann jeder ein beliebiges Sternbild buchstabiert." Mit dieser Sternmetapher hat Jean Paul die große geistige Fruchtbarkeit Herders treffend charakterisiert. Fraglos gehört Herder zu den großen Anregern der deutschen Literatur- und Geistesgeschichte. Er trat ins Pfarrhaus ein, gehörte, wie einer seiner theologischen Kritiker meinte, „zu jener neuen Rasse von Theologen, die seit wenigen Nächten hervorwachsen, zu den galanten, witzigen Herrn, die über Kanon, Apokalypse und symbolischen Büchern kurzweilen und denen Volkslieder, die auf den Straßen und Märkten ertönen, so interessant wie Dogmatiken sind".

Sein Leben. Herder wurde 1744 in dem ostpreußischen Städtchen Mohrungen südwestlich von Königsberg als Sohn eines Kantors und Küsters geboren. Mit Bibel und Gesangbuch wuchs er im pietistischen Elternhause auf. Er besuchte die Stadtschule, wurde von dem Diakon Trescho unterrichtet, studierte in Königsberg Theologie und war dort von 1762 bis 1764 Schüler Kants, der Herders geniale Begabung schon früh erkannte. In den Studienjahren verband ihn eine enge Freundschaft mit Hamann. Von 1764 bis 1769 lehrte er an der Domschule zu Riga, das damals zu Russland gehörte. Herder erregte mit seiner Schrift *Über den Ursprung der Sprache* Aufsehen. Der junge Geistliche zog es vor, seine Stellung aufzugeben. Eine Schiffsreise nach Frankreich brachte den entscheidenden Durchbruch seines neuen Lebensverständnisses. Im *Journal meiner Reise im Jahre 1769* berichtet er über den Akt seiner Selbstbefreiung aus dem „Tintenfass von gelehrter Schriftstellerei". In Paris verkehrte er mit Diderot. Später nahm er die Stelle eines Reisebegleiters des Prinzen von Eutin an. In dieser Funktion reiste er auch nach Darmstadt, wo er mit Johann Heinrich Merck (1741–1791), dem Literaturkritiker und Goethe-Freund, zusammentraf und Karoline Flachsland, seine spätere Braut, kennen lernte. In Straßburg trennte er sich wegen eines Augenleidens vom Prinzen. Hier begegnete er dem jungen Goethe, ein Ereignis, das als der Beginn des Sturm und Drang angesehen wird.

Nach längerem Aufenthalt trat er die Stelle eines Oberhofpredigers und Konsistorialrats in Bückeburg beim Grafen Wilhelm von Schaumburg-Lippe an. 1776 siedelte er nach Weimar über, wo er auf Goethes Betreiben das Amt des Generalsuperintendenten übernahm. Von 1783 bis 1794 dauerte die enge Freundschaft mit Goethe. Herder begrüßte die Französische Revolution, was man ihm am Hofe verübelte. Eine Entfremdung zwischen ihm, dem Herzog und Goethe trat ein. Ein scharfer Angriff auf die kantische Philosophie sowie die Ablehnung der Klassik führten zur seiner Vereinsamung. 1803 starb Herder in Weimar.

Den tiefen Zwiespalt, der sich aus den Forderungen des kirchlichen Amtes und der Weite seines Geistes ergab, verraten seine Briefzeilen an Jacobi:

*Anton Graff (1736–1813), Lehrer an der Dresdner Akademie, hat **Herder** 1785 gemalt. Schiller, der den Porträtierten in Weimar 1787 besuchte, schrieb an seinen Dresdner Freund Christian Gottfried Körner: „Wenn Ihr sein Bild bei Graff gesehen habt, könnt Ihr ihn Euch recht gut vorstellen, nur dass in dem Gemälde zuviel leichte Freundlichkeit, in seinem Gesicht mehr Ernst ist. Er hat mir sehr behagt. Seine Unterhaltung ist voll Geist, voll Stärke und Feuer…"*

„Jeder Mensch sollte bei seinem Tode geschrieben hinterlassen, was er eigentlich immer für Possen oder Puppenspiel hielt, aber nie aus Furcht vor Verhältnissen laut dafür erklären durfte; wir alle haben solche Lügen des Lebens um und an uns, und es müsste uns wohl tun, sie wenigstens dann auszuziehen, wenn wir den Totenkittel anziehen."

Herders historisches Denken. Herder besaß eine geniale Fähigkeit sich in historische Vorgänge hineinzuversetzen, unbefangen die besondere individuelle Eigenart von Völkern, Kulturen und Dichtungen zu erkennen. Wie Klopstock und Hamann hasste er den friderizianischen Absolutismus, dessen Soldatendienst er durch die Übersiedlung nach Riga entgangen war. Er litt unter der Enge, dem politischen und sozialen Druck seiner Zeit. Ein tiefer Groll gegen den absolutistischen Großstaat ließ seinen Geist rückwärts schweifen. Aus Verachtung der Gegenwart wandte er sich der Vergangenheit zu, idealisierte die patriarchalische Welt der Bibel und die „organischen" Gemeinschaften der Frühkulturen, die noch keine Arbeitsteilung im modernen Sinne kannten. In ihnen entsprang die Macht den „natürlichen" Verhältnissen. Es waren Gesellschaftsstrukturen, die den deutschen Kleinstaaten des 18. Jh. am nächsten kamen. Rousseaus Ideal des unverbildeten Naturmenschen bestärkte ihn in seinem Kulturpessimismus.

Volk und Volksdichtung. Träger der Geschichte ist für Herder das Volk. Es ist eine seelisch-geistige Einheit, ein lebendiger Organismus, der wächst, blüht, reift und vergeht und dessen Religion, Musik und Literatur Manifestationen seines Geistes sind. So wird die Vorstellung vom Volk zu einem festen Begriff mit einem bis dahin unbekannten metaphysischen Charakter. Jedes Volk besitzt eine unnachahmbare Individualität. Herder gewann seine Anschauungen nicht aus dem Umgang mit einfachen Menschen, sondern aus der Lektüre literarischer Werke, der Bibel und Percys Balladen. Volkspoesie ist ihm der Ausdruck einer seelisch-geistigen Welt, nicht aber Dichtung der Masse, der vielen. „Volk heißt nicht der Pöbel auf den Gassen, der singt und dichtet niemals, sondern schreit und verstümmelt." Zur Volkspoesie zählt Herder auch die Werke Homers, Dantes und Shakespeares. Sie verkörpern am reinsten die Seele eines Volkes. „Die gemeinen Volkssagen, Märchen und Mythologien sind gewissermaßen Resultate des Volksglaubens, seiner sinnlichen Anschauungen, Kräfte und Triebe, wo man träumt, weil man nicht weiß, glaubt, weil man nicht sieht, wo man mit der ganzen ungeteilten und ungebildeten Seele spricht."

Herder orientiert sich an den urtümlichen Zuständen der Sprache. An Stelle der „Letternpoesie" liefert die „wilde Dichtung" neue Muster für die Lyrik. Das Volkslied ist der „Abdruck des Herzens", die „lebendigste Grammatik", das beste Wörterbuch und die Naturgeschichte eines Volkes. Herder betont vornehmlich die den Wörtern innewohnende sinnliche Qualität, ihre beschwörende Kraft und Musikalität. „Die lyrische Poesie ist der vollendete Ausdruck einer Empfindung oder Anschauung im höchsten Wohlklang der Sprache."

Wir verstehen Herders „Enthusiasmus für die Wilden", mit dem er die Lieder vieler Völker sammelte. Die *Stimmen der Völker* (1772) ist die „erste Anthologie der Weltliteratur" und sollte vor allem den Sinn für die ursprüngliche, unverfälschte Dichtung wecken. In dem Aufsatz *Auszug aus einem Briefwechsel über Ossian oder die Lieder alter Völker* (1773) liefert er die Begründung seiner Volksliedtheorie. In Ossian hört er den Volkston. „Ein wildes Volk ist ein lebendiges, frei wirkendes Volk... Je wilder ... desto lebendiger, freier und sinnlicher, lyrisch handelnder müssen auch die Lieder sein." Der „Naturdichter" überragt den Kunstpoeten. Er ist im Stande, den „ganzen Gedanken mit ganzen Worten" zu fassen, Verstand und Sinnlichkeit miteinander zu verschmelzen, Fähigkeiten, die dem Genie eigen sind.

Wie Lessing begeistert er sich für Shakespeare. Herder sieht in diesem englischen Dramatiker den genialen Schöpfer, gleichsam die höchste Verwirklichung der englischen Volkspoesie. Shakespeares Stücke sind eine „lebendige Welt mit allem Urkundlichen ihrer Wahrheit". So wird der Engländer zum Urbild eines Dichters, der ganz aus seinem Volk und seiner Zeit heraus schafft.

Herders Sprachauffassung führt über die seit Schottel und Leibniz übliche rationalistische Betrachtung der Sprache als eines Werkzeugs, das der Verstand für seine Zwecke benutzt, hinaus. Schon Hamann hatte diese Sicht verworfen. Sprache gehört nach Herders anthropologischer Anschauung recht eigentlich zum Wesen des Menschen. Erst in und durch seine Sprache wird dem Menschen Wirklichkeit als die ihm jeweils eigene Welt erschlossen. Unsere geschichtliche Entwicklung ist untrennbar mit der Entfaltung unserer Sprache verbunden, deren sinnliche Elemente Herder besonders hervorhebt. In den Nationalsprachen sowohl wie in der Sprache des Einzelnen äußert sich die Gesamtverfassung der jeweiligen Individualität. Aus dieser sprachphilosophischen Konzeption zieht Herder in der Ästhetik seine Folgerungen.

Die revolutionäre Poetik. In Herders Theorie der Volkspoesie kommt eine ganz neue Dichtungsauffassung zum Durchbruch. In den Volksliedern zeigt er zugleich, was er von der neuen Lyrik erwartet. Inhalt und Form des Gedichts entspringen einer menschlichen Gesamtverfassung; denn es gibt keine Trennung mehr zwischen Denken und Fühlen. „Die menschliche Seele denkt mit Worten." So hat die Lyrik die Unmittelbarkeit des menschlichen Selbstgefühls zu gestalten. Dichtung entsteht aus dem „Nothdrang des Inhalts", deshalb hängt die Gestaltungsweise aufs engste mit dem Charakter der Gesellschaft zusammen. Der moderne Lyriker dichtet aus einem individuellen Ausdrucksverlangen. Entsteht aber Dichtung aus dem persönlichen Lebenszusammenhang, so hat auch der Leser das Werk anders als bisher zu betrachten. Bislang war es gemeineuropäische Tradition, Poesie nach einem Kanon sachlicher und gattungsmäßiger Kriterien zu beurteilen, poetologische Normen der Literaturkritik zu Grunde zu legen. Da nach Herder jedes Volk als Individualität existiert und Dichtung aus ihrem Geiste entspringt, muss sich der Betrachter historisch in die Werke versetzen, sie aus ihren Entstehungsbedingungen heraus begreifen. „Im Geiste des Autors zu wohnen, seine Sprechweise sich eigen gemacht zu haben, vom Plan und Zweck seines Werks aus dessen eigner Seele gleichsam unterrichtet zu sein" ist die entscheidende Aufgabe. An die Stelle der bislang gültigen europäischen Dichtungstradition mit ihrer regelsetzenden und regelbefolgenden Poetik trat das historisch-intuitive, nachempfindende Verstehen des Kunstwerks. Damit versetzte Herder dem Klassizismus den Todesstoß und wurde wie Kant Wegbereiter der Moderne (→ S. 184, Klassizismus und Klassik, → S. 190, Kants Wirkung).

Die Geschichtsphilosophie. Herder ist einer der großen Kulturmorphologen und Geschichtsphilosophen seiner Zeit. In den *Ideen zur Philosophie der Geschichte der Menschheit* (1784/91) verfolgt er die Absicht, „den Gang Gottes über die Völker zu zeigen". Herder beschreibt die Menschheitsgeschichte von den Kulturanfängen bis zum Ende des Mittelalters, betrachtet China und Ägypten und liefert ein umfassendes Bild Griechenlands, dessen „Sprache die gebildetste der Welt ist" und das „zu allem Gewissen der Wissenschaft wie zu allem Schönen der Form" den Grund gelegt hat. Aber der Historiker verabsolutiert die griechische Kultur nicht, weil er an die Unwiederholbarkeit des einmal in der Geschichte Erreichten glaubt. Es gibt für ihn auch nicht den Fortschrittsglauben der Aufklärung. „Ein stiller Fortgang des menschlichen Geistes zur Verbesserung der Welt ist nicht Gottes Gang. Der Gang der Vorsehung geht auch über Millionen Leichen zum Ziel."
Herder verspottet das selbstgerechte Überlegenheitsgefühl seiner eigenen Zeit gegenüber vergangenen Epochen. Völker dürfen nicht von den Vorstellungen der Gegenwart aus beurteilt werden, sondern nach ihren eigenen Maßstäben. „In gewissem Betracht", so sagt der Geschichtsphilosoph, „ist jede menschliche Vollkommenheit national, säkular, individuell; man bildet nicht aus, als wozu Zeit, Klima, Bedürfnis, Welt und Schicksal Anlass gibt." Deshalb tragen die einzelnen Völker ihren Wert in sich. „Jede Nation hat den Mittelpunkt der Glückseligkeit in sich, wie jede Kugel ihren Schwerpunkt; kein Ding im ganzen Reiche Gottes ist allein Mittel, alles ist Mittel und Zweck zugleich."

Die Idee der Humanität beruht auf seiner Grundauffassung des Menschen, die schon wesentliche Einsichten der modernen Anthropologie, wie etwa Max Schelers Weltoffenheit und Arnold Gehlens Unspezialisiertheit vorwegnimmt. „Das Tier ist nur ein gebückter Sklave… Der Mensch ist der erste Freigelassene der Schöpfung; er steht aufrecht. Die Waage des Guten und Bösen, des Falschen und Wahren hängt in ihm; er kann forschen, er soll wählen. Wie ihm die Natur zwei freie Hände zu Werkzeugen gab und ein überblickendes Auge, seinen Gang zu leiten: so hat er auch in sich die Macht nicht nur die Gewichte zu stellen, sondern auch selbst Gewicht zu sein auf der Waage... Der Mensch kann oft, wenn niedrige Triebe ihn fesseln und abschauliche Gewohnheiten ihn binden, ärger als ein Tier werden." Dieses sich selbstverantwortliche Geschöpf ist jederzeit großen Gefährdungen ausgesetzt. Das zeigt der Gang der Menschheitsgeschichte. Da die Geschichte keinem imaginären, utopischen Endziele zusteuert, muss ihr Sinn in diesem Leben selber zu finden sein, soll der Mensch kein Tantalusschicksal erleiden. Der Sinn des Lebens liegt nach Herder in der Ausbildung der Humanität. „Das Reich der Humanität ist die eigentliche Stadt Gottes auf Erden." Angesichts der zunehmenden Radikalisierung der Französischen Revolution entschloss er sich seine Vorstellungen in einem fiktiven Briefwechsel darzustellen. In den *Briefen zur Beförderung der Humanität* (1793/97) erläutert er seine Auffassung an Hand historischer Beispiele um zu zeigen, dass das Streben nach Humanität eine ständige Aufgabe des Menschen sein muss. „Humanität ist der Charakter unseres Geschlechts, er ist uns aber nur in Anlagen angeboren und muss uns eigentlich angebildet werden. Wir bringen ihn nicht fertig auf die Welt mit; auf der Welt aber soll er das Ziel unseres Bestrebens, die Summe unserer Übungen, unser Wert sein, denn eine Angelität (Engelgleichheit) im Menschen kennen wir nicht, und wenn der Dämon, der uns regiert, kein humaner Dämon ist, werden wir Plagegeister der Menschen. Das Göttliche in unserem Geschlecht ist also Bildung zur Humanität."

6.5 Das Drama des Sturm und Drang

Von allen Dichtungsgattungen bevorzugten die jungen Autoren das Drama, das sich am besten zur Darstellung der eigenen Existenzprobleme eignete. Es herrschte „die Lust, alles zu dramatisieren" (Goethe). Auf der Bühne konnten in simulierten Handlungen die persönlichen und gesellschaftlichen Spannungen vorgeführt werden. „Alles ward in Form des Dialogs, der Katechisation, einer bewegten Handlung eines Schauspiels dargestellt", meinte Goethe rückblickend auf jene bewegten Jahre.

Die Thematik der Dramen. Eine besondere Vorliebe galt dem Schauplatz der Familie. Das Vater-Sohn-Motiv, verbunden mit dem Rivalitätsproblem der feindlichen Brüder, steht im Mittelpunkt der Dramen von FRIEDRICH MAXIMILIAN KLINGER (1752–1831; *Die Zwillinge,* 1776), JOHANN ANTON LEISEWITZ (1752–1806; *Julius von Tarent,* 1776) und Friedrich Schiller (*Die Räuber,* 1782). Die Problematik der Standesunterschiede zwischen Adel und Bürgertum spielte in der Ständegesellschaft eine besondere Rolle. Mit diesen Fragen setzten sich J. M. R. Lenz (*Hofmeister,* 1774, *Die Soldaten,* 1776) und Schiller (*Kabale und Liebe,* 1784) auseinander. HEINRICH LEOPOLD WAGNER (1747–1779) griff das Thema des entehrten Mädchens auf, das zur Kindsmörderin wird (*Kindsmörderin,* 1776). Goethe behandelte das Gretchenschicksal im *Urfaust* (1772). Auch Maler FRIEDRICH MÜLLER (1749–1725) versuchte sich am Fauststoff. Neben Faust zeichnet Goethe den genialen Kerl, den Selbsthelfer in anarchischer Zeit im *Götz von Berlichingen* (1773).

JAKOB MICHAEL REINHOLD LENZ. Sein Bild in der Literaturgeschichte wurde lange Zeit von Goethes Urteil in *Dichtung und Wahrheit* mitbestimmt, der sich über seinen ehemaligen „poetischen Zwilling-Bruder" wenig günstig geäußert hatte. Auch entsprachen die Stücke des Livländers nicht der Norm des klassischen Dramas, an der Historiker bis in unser Jahrhundert ihr literarisches Urteil orientierten. Der Stürmer und Dränger besaß etwas Koboldartiges, hatte eine Lust zu „närrischen Kapriolen", doch sie verbargen nur seine großen seelischen Spannungen.

Leben. Am 12. Januar 1751 kam Lenz als Sohn eines pietistisch geprägten, eifernden Pastors im livländischen Sesswegen zur Welt. Er studierte in Königsberg von 1768 bis 1771 Theologie. Dem Befehl des Vaters in die Heimat zurückzukehren und eine Hofmeisterstelle anzutreten entzog er sich, indem er die beiden kurländischen Barone von Kleist, die in den französischen Kriegsdienst treten wollten, als Mentor nach Straßburg begleitete. So verschaffte er sich den für seine Entfaltung notwendigen Freiraum. In der elsässischen Hauptstadt, in der das französische Kulturleben das geistige Klima mitbestimmte, wurde er ein

Goethe charakterisiert **Lenz** *(Zeichnung von Johann Heinrich Pfenniger) wie folgt: „Klein, aber nett von Gestalt; blaue Augen, blonde Haare, einen sanften, gleichsam vorsichtigen Schritt, eine angenehme, nicht ganz fließende Sprache und ein Betragen, das zwischen Zurückhaltung und Schüchternheit sich bewegend, einem jungen Manne wohl anstand." Und Wieland bemerkt: „So eine seltsame Komposition von Genie und Kindheit! So ein zartes Maulwurfsgefühl und so ein neblichter Blick! Und der ganze Mensch so harmlos, so befangen, so liebevoll!"*

anerkanntes Mitglied des Freundeskreises um Goethe, von dem die ästhetische Revolte der jungen Generation ihren Ausgang nahm. In den Straßburger Jahren schrieb er seine wichtigsten Dramen und übersetzte Shakespeare und Plautus. Sein Versuch mit der ehemaligen Freundin Goethes, Friederike Brion, eine Beziehung anzuknüpfen scheiterte. 1776 musste er Straßburg verschuldet verlassen und folgte Goethe, seinem „großen Bruder Apoll" (Lenz), nach Weimar. Sein ungeschicktes Auftreten bei Hofe und einige Eskapaden führten zur Ausweisung aus dem Herzogtum. Lenz fühlte sich ausgegrenzt, Freunde distanzierten sich und die Symptome einer Geisteskrankheit nahmen zu. Der Aufenthalt bei Pfarrer Oberlin im Elsass sollte der Besserung seiner Krankheit dienen, doch sein Zustand verschlechterte sich. 1779 holte ihn sein Bruder nach Livland zurück. Der eben zum Generalsuperintenden aufgestiegene Vater wies ihn ab. Lenz, der verlorene Sohn, zog weiter, hielt sich mit Gelegenheitsarbeiten und Übersetzungen über Wasser. So lebte er hin, bis man ihn nach dreizehn Jahren 1792 tot auf einer Straße in Moskau fand.

Verlorener Sohn und Gesellschaftskritiker. Schon früh ahnte Lenz, dass er auf dem großen Welttheater keine passende Rolle finden werde. Ständig begleitete ihn das Über-Ich des fernen Vaters, unter dessen Gewalt er sich als verlorener Sohn erlebte. Zudem hatte er die ungeschminkte Realität der Gesellschaft nur zu gut kennen gelernt. Gleichsam als „Stallbursche für die geistigen Belange" der Brüder Kleist blickte er hinter die Kulissen des Soldatenlebens und erkannte die Bedeutung der Sexualität für Armee und Gesellschaft. Als er ihre Dienste quittiert hatte und sich als freier Schriftsteller versuchte, war er gezwungen seinen Lebensunterhalt mit Privatstunden zu bestreiten. In dieser Situation führte ihn der unverstellte Blick auf das Räderwerk der Gesellschaft zu der Erkenntnis, dass in dieser Wirklichkeit nur zwei Typen von Narren herrschen: die angepassten und die gescheiterten. Aus der existentiellen Gefährdung und der enttäuschenden Lebenserfahrung entstand seine Dichtung.

Die Komödie der Entfremdung. Viele Sturm-und-Drang-Dramen hatten den Konflikt des Einzelnen mit der Gesellschaft erregend gestaltet. In der Komödie steigert sich der Konflikt bis zur Fremdheit zwischen Ich und Gesellschaft, sodass ein Dialog von beiden Seiten nicht mehr geführt werden kann. In Lenzens Stücken wird dieses gegenseitige Versagen offenkundig.

Der Hofmeister oder die Vorteile der Privaterziehung (1774), wie der Titel ironisch feststellt, ist seine erste sozialkritische Komödie. Sie zeigt die entwürdigende Erniedrigung des bürgerlichen Intellektuellen in Gestalt des Hofmeisters Läuffer. Der Hauslehrer unterrichtet in der Familie des Majors von Berg Tochter und Sohn. Er verführt Gustchen, die ihrem Vetter Fritz von Berg versprochen ist. Das Mädchen bringt das Kind bei einer blinden Frau zur Welt. Als Läuffer erfährt, dass Gustchen nach der Geburt den Tod sucht, entmannt er sich. Doch am Ende winkt allen das „beschädigte" Glück: Läuffer heiratet eine Bauernmagd und Gustchen ihren Fritz. Zum ersten Mal durchbricht Lenz die literarische Tradition: Nicht ein Adliger verführt ein Bürgermädchen, sondern umgekehrt ein Bürgerlicher eine Adlige. Lächerlich ist der Gesamtzustand der Gesellschaft. Die zahlreichen Figuren übernehmen Ersatzrollen, Kommunikation bleibt bei den sich selbst Entfremdeten und blind Agierenden aus. Die vielsträhnige Handlung folgt dem Strukturgesetz der Begebenheit.

Der neue Menoza. Oder Geschichte des cumbanischen Prinzen Tandi (1774) behandelt das Motiv des „Wilden", der den aufgeklärten Erdteil Europa studiert und bitter enttäuscht wird. Gleichzeitig verbindet Lenz die Einsicht des Prinzen mit der bizarren Verwechslungsgeschichte einer Familie. Die Komödie betont Überrumplungssituationen, die deutlich auf den Einfluss der *Commedia dell' Arte* hinweisen. Zahlreiche groteskkomische Szenen stellen einen seltsam verfremdeten Zustand des Menschen dar. Geringfügige Vorgänge lösen eine Kette unvorhergesehener Aktionen aus, das Banale treibt das Absurde hervor, „Gestaltungen einer aus den Fugen gehenden, einer sich entfremdenden Welt" (W. Kayser).

Die Soldaten (1776), „O Soldatenstand, furchtbare Ehlosigkeit, was für Karikaturen machst Du aus den Menschen": das ist das Thema dieses Stückes. Am Schicksal der Marie Wesener, der Tochter eines Galanteriewarenhändlers, die dem Tuchhändler Stolzius versprochen ist, und, vom Offizier Desportes verführt, immer weiter absinkt, bis sie in der Gosse landet, wird der erbärmliche Zustand der Gesellschaft vorgeführt. Die Soldaten erscheinen als karikierte Figuren. Ihr wahres Gesicht zeigen sie brutal in ihren Beziehungen zur Frau. Schließlich vergiftet Stolzius zuerst den Verführer und dann sich selbst. Aber auch Wesener, der Vertreter des Bürgertums, trägt eine Mitschuld am Schicksal seiner Tochter. Aus dem polternden Tugendwächter wird ein opportunistischer Taktierer, der, befangen im bürgerlichen Aufstiegsdenken, seine Marie gerne als Aristokratin sähe. Doch die Ständegesellschaft ist nicht bereit diesen Übertritt zuzulassen.
Die Figuren sprechen die Sprache ihres Standes, die sich wie eine Schablone vor den Ausdruck des persönlichen Gefühls stellt. In ihrer Befangenheit demonstrieren sie den Zustand einer Gesellschaft, die es dem Menschen versagt, zu sich selbst zu finden.

Klassiker der offenen Dramenform. Lenz' ungeschminkte dramatische Darstellung der Probleme forderte eine neue Gattungsauffassung. Er wandte sich gegen Aristoteles und lehnte die geschlossene Form des Dramas ab. Mit ihm beginnt die moderne, antiaristotelische Dramentheorie (→S. 405). Nicht die Tragödie, sondern die Komödie rückt in den Mittelpunkt des Interesses. Keine prometheischen Naturen stellte der Dramatiker Lenz auf die Bühne, sondern Menschen „wie sie sind, ohne Grazie", die den Zwängen der Gesellschaft ausgeliefert sind. Lenz wusste: „Komödie ist Gemälde der menschlichen Gesellschaft, und wenn die ernsthaft wird, kann das Gemälde nicht lachend werden." So wird der Komödie die kritische Aufgabe zugewiesen die gesellschaftlichen Zustände als brüchig, reformier- und veränderbar darzustellen. Seine Komödien folgen der offenen Form: So plädierte er für freie Gestaltung einzelner Szenen. Sie bilden die dramatischen Urzellen und werden additiv miteinander verknüpft. Ihr Rang bemisst sich nicht nach dem Stellenwert im Gesamtgefüge, sondern nach dem Gehalt an „Welt"; denn das Drama bietet das Ganze in Ausschnitten. In dieser wirklichkeitsoffeneren Spielart verdrängt in erregenden Szenen die Pantomime den Dialog, wenn das Übermaß des Leids die Gestalten zwingt im stummen Mienen- und Gestenspiel nach einem angemessenen Ausdruck ihrer Wahrheit zu ringen.

6.6 Die Lyrik des Sturm und Drang

Erlebnislyrik. Klopstocks freie Rhythmen entstanden aus dem Entzücken einer pietistisch verinnerlichten Seele. Hamann forderte die Symbolsprache und Herder wies auf die sinnlichen Elemente der Dichtung hin: auf Klang, Rhythmus, Bilder. Die jungen Dichter begrüßten die neue Kunsttheorie und lehnten entschieden das geistreich-ironische Formenspiel der anakreontischen Lyrik ab. Der sich selbst verantwortliche Mensch anerkannte keine fremde Autorität mehr und forderte freie, ungehemmte Gesamtentfaltung aller seiner Kräfte mit der Freiheitslosung der Aufklärung. „Poetischer Gehalt ist Gehalt des eigenen Lebens", sagte Goethe. Gesteigertes Selbstbewusstsein und ausgeprägtes Selbstgefühl verlangten ihre Rechte. Die Lyrik musste jetzt einem ganz neuen dichterischen Ausdruckswillen dienen. Die Poeten wollten ihre Gefühle unmittelbar aussprechen, in Sprachmelodien umsetzen und nicht mehr ihre Empfindungen rhetorisch überhöhen, wie es die gesellige Lyrik getan hatte. Die persönlichen Erlebnisse, eigene, nicht anempfundene Gefühle verlangten eine einfache, erlebnisunmittelbare Sprache. Der schlichte Ton des Volksliedes, sein einfacher Rhythmus und seine bildstarken Symbole entsprachen genau dem Ausdrucksverlangen der jungen Lyriker. Das Lied wurde eine Lieblingsform dieser Umbruchszeit. Gleim, Hölty und Bürger führten die Ballade, die bislang auf den Jahrmärkten zu hören war, der Kunstlyrik zu und die Natur wurde zu einem beherrschenden Lyrikmotiv. Den folgenreichen Neuanfang aber brachte Goethes Jugendlyrik.

Göttinger Hain hieß ein Freundschaftsbund schwärmerischer Studenten, die Klopstock enthusiastisch verehrten und sich nach seiner Ode *Der Hügel und der Hain* (1767) nannten. Organisator dieser Gruppe war Heinrich Christian Boie (1744–1806). Zu den Mitgliedern des Hains gehörten u. a. die Brüder Friedrich Leopold (1750–1819) und Christian Graf zu Stolberg (1748–1821), der Homer-Übersetzer und Idyllenverfasser Johann Heinrich Voss (1751–1826) sowie Ludwig Christoph Heinrich Hölty (1748–1776). Auch Gottfried August Bürger stand dem Kreis nahe.
Ihr Publikationsorgan war der *Göttinger Musenalmanach*. Diese jährlich erscheinende Anthologie enthielt bislang unveröffentlichte Texte, überwiegend Gedichte und andere Kleinformen und richtete sich an das gebildete Bürgertum.
Die jungen Barden gebärdeten sich patriotisch und teutonisch. Sie polemisierten gegen die französische Kunst und verbrannten schon ganz burschenschaftlich an Klopstocks Geburtstagsfeier 1773 Wielands Bild sowie sein Märchen *Idris und Zenide*, was Lichtenberg zu der Bemerkung veranlasste: „Nichts ist lustiger, als wenn sich Nonsensesänger über Wollustsänger hermachen, die Gimpel über die Nachtigall." – Nach vier Jahren zerfiel der Bund.

Der bedeutendste Lyriker der Hainbündler war Ludwig Heinrich Christoph Hölty (1748–1776), der Predigersohn aus Mariensee bei Hannover. Der zarte, früh der Schwindsucht erlegene Dichter nannte die Schwermut „die Mutter der Betrachtung" und leise Schwermut durchzieht auch viele seiner Gedichte. Hölty bediente sich spielerisch vorgefundener Formen. Der pathetisch-erhabene Stil von Klopstocks Oden weicht in seinen ruhig fließenden Oden und Elegien einem melancholisch-intimen Ton. Seine Liebeslyrik steht in petrarkistischer Tradition und manche Gedichte lassen das Vorbild von Youngs und Grays Melancholiegedichten erkennen. Auch seine Frühlingslieder verraten anakreontische Herkunft. Doch in allen Gedichten gelang es ihm, seinen eigenen Ausdruck zu finden. Sanfte Melancholie, wehmütige Stimmungen und ein sentimentalisches Naturgefühl durchziehen seine Lieder. Er schuf, Klopstocks Oden weiterführend, die elegische Ode, in der oft die schmerzlich-zarte Stimmung des Abschiednehmens spürbar ist. Im neuen Ton preist er in der von Brahms vertonten Ode *Die Mainacht* die bürgerliche Gattenliebe.

Die Hainbündler beschäftigten vor allem zwei Themen: ein hemmungsloser Patriotismus mit schnurrigen Bräuchen (Bardenkult) und die Erotik. Ihren wichtigsten Beitrag zur Entwicklung der deutschen Lyrik leisteten sie mit der Verbreitung heimischer und antiker Formen. Für den Sturm und Drang wurden Ballade und Lied die gebräuchlichsten Formen. Voss' antikisierende Strophenformen und Versmaße übernahmen die Klassiker; ihre Oden und Hymnen wirkten auf Hölderlin.

Matthias Claudius (1740–1815), der Pfarrerssohn aus Reinfeld bei Lübeck, war Redakteur und Herausgeber der viermal wöchentlich erscheinenden Zeitung *Der Wandsbecker Bothe*, für die er namhafte Autoren, u. a. Goethe und Herder, als Mitarbeiter gewinnen konnte. In ihm hat der aufgeklärte Christ freundlich plaudernd dem Volke seine Wahrheit gesagt.
Claudius liebte einfache Themen: Geburt und Tod, Ereignisse des Familienlebens und die Natur, denen die einfache Form entspricht. Der pietistisch geprägte Christ betrachtete die Natur als Tempel und Sinnbild Gottes. In seinen Gedich-

ten erscheint die Natur verchristlicht und spiegelt das Große und Ewige wider. Volkslied und geistliches Lied bestimmen den zarten, schlichten Ton seiner Lyrik. Im *Abendlied* („Der Mond ist aufgegangen") sind christliche Glaubenshoffnung und existentielle menschliche Angst miteinander verschmolzen. Sein *Kriegslied* (1778) protestiert gegen eine Gattung, die die Schrecken der Schlachten leichtfertig beschönigt oder ignoriert. Es beschwört in bildkräftigen, sorgfältig nach barocker Rhetorik gestalteten Strophen die schauderhaften Folgen des Krieges. Es ist der Herrscher, der in Claudius' Zeilen bekennt:

´s ist Krieg! ´s ist Krieg! O Gottes Engel wehre,
Und rede du darein!
´s ist leider Krieg – und ich begehre
Nicht Schuld daran zu seyn!

Was solt ich machen, wenn im Schlaf mit Grämen
Und blutig, bleich und blas,
Die Geister der Erschlagnen zu mir kämen,
Und vor mir weinten, was?

Ein neues Genre: die deutsche Kunstballade. Anders als der schwermütig-elegische Ton Höltys und Claudius' schlichte Innigkeit klingt die Lyrik von GOTTFRIED AUGUST BÜRGER (1747–1794). Der aus einem Pfarrhaus stammende, pietistisch erzogene Bürger wechselte vom Theologiestudium zur Jurisprudenz und erhielt eine Amtmannstelle bei Göttingen, später eine unbesoldete Professur der Ästhetik an der Göttinger Universität. Er hatte keine glückliche Hand sein Leben zielstrebig zu gestalten: zerstörte Hoffnungen, wirtschaftliche Nöte, Liebesdesaster und später schlimme Vereinsamung waren seine Begleiter.
Ein bestimmender Wesenszug seiner Lyrik ist ihre Volkstümlichkeit. Percys altenglische Balladen und Herders Ossian-Aufsatz überzeugten ihn von der neuen Wertschätzung der Volkspoesie. „Alle Poesie soll volkstümlich sein, denn das ist das Siegel ihrer Vollkommenheit." In der Vorrede zu seinen Gedichten bekennt Bürger, dass er danach strebe „Klarheit, Bestimmtheit, Abrundung, Ordnung und Zusammenklang der Gedanken und Bilder" zu erreichen.
Bislang gehörte die Volksballade zum Liedgut der Unterschichten. Diese anonymen Tanzlieder (Balladen) wurden mündlich überliefert, daher fortwährend zersungen oder umgesungen (→ S. 61) und existierten immer nur aus grundsätzlich gleichberechtigten Varianten. Die Kunstballade des 18. Jh. hingegen schrieb ein Verfasser für ein literarisch gebildetes Publikum. Er verwendete wesentliche Bausteine der Volksballade und erschloss durch die Verbindung von epischem Bericht, lyrischer Stimmungsmalerei und dramatischer Handlung neue Wirkungsfelder für dieses Genre. Bürger öffnete die Ballade für aktuelle, zeitkritische Themen und wandte sich breiten Leserschichten zu. Seine Gedichte sollten

1773 verfasste Bürger die Meisterballade ***Lenore****. Ein Mädchen wartet vergeblich auf die Heimkehr ihres Verlobten aus dem Siebenjährigen Krieg. Die unbedingt Liebende folgt im nächtlichen Hochzeitsritt ihrem vermeintlichen Bräutigam, dem apokalyptischen Reiter, ins Grab. In der Schlussstrophe ermahnen Geister die Frevlerin. „Geduld! Geduld! Wenn ´s Herz auch bricht! / Mit Gott im Himmel hadre nicht!" D. Chodowieckis Kupferstich (1778) für eine Gedichtausgabe zeigt Wilhelms Ritt mit seiner Braut zum Friedhof und den Kettentanz der Geister.*

„den verfeinerten Weisen ebensosehr als den rohen Bewohnern des Waldes, die Dame am Putztisch wie die Tochter der Natur hinter dem Spinnrocken und auf der Bleiche entzücken“ (Bürger). Epochemachend wirkte seine *Lenore.* Die Braut eines Gefallenen versagt sich den religiösen Tröstungen ihrer Mutter, die die Unzulänglichkeit orthodoxer Gläubigkeit verkörpert. Der im Traum wiederkehrende Bräutigam symbolisiert ihre unerfüllte Existenz. In ihren Fieberfantasien kompensiert Lenore ihr verlorenes Lebensglück. Die aufdringliche Mahnung am Schluss verwirft den emanzipatorischen, individuellen Glücksanspruch und etabliert wieder die Moral der Gesellschaft.

Die Jahre der „Amtsquälereien“ als Jurist vermittelten ihm einen tiefen Einblick in das Elend der Bauern. So geißelt die Ballade *Der wilde Jäger* den brutalen Jagdfrevel des Adels und in dem Gedicht *Der Bauer an seinen durchlauchtigen Tyrannen* (1775) verwandelt sich die Fürstenhuldigung in eine Anklage, bestreitet die Legitimität des Despoten: „Ha! du wärst Obrigkeit? / Gott spendet Segen aus; du raubst! / Du nicht von Gott, Tyrann!“

Christian Friedrich Daniel Schubart (1737–1794), ein mit Bürger verwandter Geist, schrieb in seiner *Deutschen Chronik:* „Wir Deutschen haben keine so freymüthigen Schriftsteller, wie die Engelländer! – Glaubs wohl, Hunger, Schmach, öffentliche Schande erwarten den, der's wagt, frey von der Brust zu schreiben.“ Mit diesen Worten nahm er sein eigenes Schicksal vorweg, das seine Zeitgenossen stark berührte.

Der Lebensweg des aus Obersontheim bei Schwäbisch Hall stammenden Pfarrerssohns führte ihn in zahlreiche Stellungen. Nirgends hielt er es lange aus. Vom Schullehreramt in Geislingen wechselte er an den Hof des württembergischen Herzogs nach Ludwigsburg, wo er als Kapellmeister Ansehen genoss. Doch sein lockerer Lebenswandel und seine Spottlust führten zur Entlassung und zur Ausweisung. In der Freien Reichsstadt Augsburg gab er die *Deutsche Chronik* heraus. Als er Schwierigkeiten bekam, wechselte er in die Freie Reichsstadt Ulm. Herzog Karl Eugen ließ ihn entführen und warf ihn ohne Gerichtsurteil zehn Jahre in den Kerker auf dem Hohenasperg, dem berüchtigten „Hausberg der schwäbischen Intelligenz“. Als Schubart wieder die Freiheit erlangte, war er ein gebrochener Mann.

Lyrik. Viele seiner bekannten Gedichte entstanden auf diesem „Thränen-, Höllen- und Schicksalsberg“. In dem Gedicht *Der Bettelsoldat* (1781) warnt ein Kriegsinvalide die Jugend: „Beschwör' ich euch – ihr Söhne!/ O flieht der Trommel Ton/ Und Kriegstrommetentöne! / Sonst kriegt ihr meinen Lohn.“ *Das Kaplied* (1787), das mit Schubarts Melodie überall gesungen wurde, galt den an die Ostindische Gesellschaft verkauften Landeskindern und ihren Hinterbliebenen. *Die Fürstengruft* (1788) übt schärfste Kritk am Despotismus. Aber auch Gedichte im Volksliedton wurden zu Trägern umstürzlerischer Botschaften. Das bekannte, von Schubert vertonte Gedicht *Die Forelle* (1781) enthält eine verschlüsselte Kritik: Der Frevel an der heilen Natur lässt absolutistische Willkür erahnen.

Herausgebertätigkeit. Schubarts Lebensleistung bleibt aufs engste mit der Herausgabe der *Deutschen Chronik* (1774–1777) verbunden. Sein Selbstverständnis als politischer Journalist, furchtlos vor Obrigkeit und Zensur zu sein und freimütig politische Vorgänge zu kommentieren, trug ihm ständig Beschwerden ein. Er war häufig Drohungen und Einschüchterungsversuchen ausgesetzt, umso mehr, als seine Zeitschrift eine der erfolgreichsten Publikationen jenes Jahrzehnts gewesen ist. Wie kein Zweiter beherrschte Schubart die Rhetorik der Sklavensprache. Mit Anspielungen, ironischen Verweisen, versteckten Bedeutungen brachte er seine eigentliche Meinung an die aufmerksamen Leser. Er begrüßte den Freiheitskampf der Kolonisten in Amerika und förderte die Stürmer und Dränger. Noch in Wien und Petersburg betrachtete man seine Chronik als Organ einer freiheitlichen Gesinnung.

6.7 Der junge Goethe (1749–1775)

Kindheit und Jugend. Die Handels- und Messestadt Frankfurt am Main, Krönungsstadt der deutschen Kaiser, war Goethes Geburtsort und der Schauplatz seiner Jugend. Zeitlebens hat er sich als Frankfurter Patrizier gefühlt und die Bedeutung der Freien Reichsstadt für seine Entwicklung immer wieder betont.

Sein Großvater, der Schneider Friedrich Georg Goethe, war aus dem thüringischen Artern nach Frankfurt gewandert, hatte die Witwe Kornelia Schellhorn, Besitzerin des Gasthauses „Zum Weidenhof", geheiratet und seinem Sohn ein beträchtliches Vermögen von etwa 90 000 Gulden hinterlassen. Der Vater des Dichters, JOHANN KASPAR GOETHE (1710–1782), hatte in Leipzig Jura studiert, am Reichskammergericht in Wetzlar gearbeitet und war nach Rom und Paris gereist. Sein Erbe erlaubte ihm ohne Beruf zu leben. Mit 38 Jahren heiratete der selbstbewusste, eigenwillige Mann Katharina Elisabeth Textor, die siebzehnjährige Tochter des Stadtschultheißen Johann Wolfgang Textor (1693–1771). In seinem geräumigen Haus am Großen Hirschgraben lebte der Privatier ganz seinen Neigungen, beschäftigte sich mit seiner Naturaliensammlung und förderte Frankfurter Maler.

Am 28. August 1749 wurde JOHANN WOLFGANG GOETHE als erstes Kind geboren. Er wuchs in einem Patrizierhaus unter der sorgfältigen Obhut seiner Eltern auf. Der Vater war verschlossen, mitunter skurril, aufklärerisch gesinnt, die Mutter heiter, gesprächig, frohgemut und lebhaft. Ein Hauslehrer unterrichtete den Sohn. Der Knabe verbrachte eine unbeschwerte Kindheit im damaligen Frankfurt mit seinen schmalen Giebelhäusern im Gewirr uralter Gassen und seinen alten Bürgerhäusern am Mainufer. Reich und bunt sind die Eindrücke: Er erlebte den Umbau des väterlichen Hauses, nachhaltig beeindruckte ihn das Erdbeben von Lissabon 1755, das 30 000 Todesopfer forderte. Der Siebenjährige Krieg brachte Meinungsverschiedenheiten zwischen dem fritzisch gesinnten Vater und den für die Kaiserin Maria Theresia eintretenden Textors. Häufig besuchte er auch das französische Theater und sah Racine-, Corneille- und Molière-Aufführungen. 1763 hörte er ein Konzert des siebenjährigen Mozart und erlebte ein Jahr später die prunkvolle Kaiserkrönung Josephs II. Seine Ausbildung wurde intensiv betrieben. Latein, Griechisch, Englisch und Französisch musste er ebenso lernen wie Reiten und Fechten. Sein Vater überwachte seine Arbeiten und erzog ihn zu Gründlichkeit und Ausdauer. Die religiöse Erziehung übernahm die pietistisch fromme Mutter, die täglich mit ihm die Bibel las. So erhielt der aufnahmefähige Knabe eine solide Bildung, einen reichen Zuwachs an Kenntnissen. Goethe zog es vor allem zu den alten Sprachen; er wollte Altertumskunde in Göttingen studieren, doch der Vater bestand auf dem Jurastudium in Leipzig.

Leipziger Studienjahre. Am 3. Oktober 1765 traf der Sechzehnjährige in Leipzig ein, ausgestattet mit einem großzügigen monatlichen Wechsel von 100 Gulden (Jahresgehalt eines Hofmeisters: 150 Gulden). Das sächsische Klein-Paris war im Vergleich zu dem konservativen, patriarchalischen Lebensstil Frankfurts freier und geistig reger. Leipzig war die Stadt der Aufklärung und des literarischen Rokoko. Goethe hörte bei Gellert Vorlesungen und nahm bei ADAM FRIEDRICH OESER (1717–1799) Zeichenunterricht. Dieser pädagogisch geschickte Schüler Winckelmanns erweckte in ihm das Verständnis für die Anschauung, dass in der Kunst Einfachheit und Ruhe mit Schönheit identisch sind. Goethe genoss das freie ungebundene Studentenleben in der galanten Stadt. Bald schloss er Freundschaft mit Ernst Wolfgang Behrisch, einem witzigen, gebildeten Hofmeister, dem er seine ersten dichterischen Versuche vortrug. Die Liebe zur Gastwirtstochter Käthchen Schönkopf besang er in verspielten, zierlich-geistreichen Versen. Der Gedichtzyklus *Annette*, den Behrisch zusammenstellte, enthält Lieder im erotisch-galanten Stil eines „Schäfers an der Pleiße". Der junge Autor verfügte über Witz und ein sicheres Formgefühl, schon kündigte sich in den pointenreichen Versen der unüberhörbare eigene Ton an. Goethe schrieb das Schäferspiel *Die Laune des Verliebten* (1768). In der Leipziger Zeit pflegte er bereits, was er später in die Worte fasste: „So begann diejenige Richtung, von der ich mein ganzes Leben nicht abweichen konnte, nämlich dasjenige, was mich erfreute und quälte oder sonst beschäftigte, in ein Bild, ein Gedicht zu verwandeln und darüber mit mir selbst abzuschließen, um sowohl meine Begriffe von den äußeren Dingen zu berichtigen, als mich im Innern deshalb zu beruhigen." Im Juni befiel ihn eine schwere Krankheit, Zeichen einer seelischen Krise: Blutsturz und Halsgeschwulst brachten ihn in Lebensgefahr. Am 28. August 1768 kehrte er nach dreijährigem, ununterbrochenem Aufenthalt wie ein „Schiffbrüchiger" ins Vaterhaus zurück, wo seine Genesung fast eineinhalb Jahre dauerte und wiederholt von Rückfällen begleitet war.

Während der Frankfurter Genesungszeit umsorgten ihn aufopfernd Mutter und Schwester. Die Freundin der Frau Rat, Katharina Susanne von Klettenberg, brachte den Kranken mit pietistischen Vorstellungen in Berührung. Er las Arnolds *Unpartheyische Kirchen- und Ketzer-Historie* (→ S. 148). Daraus entnahm er die Erkenntnis, wie wichtig es sei, persönlich Gott zu erfahren, sowie die Einsicht, dass es mehrere Möglichkeiten der Gottesverehrung gibt. Seine Krankheit wies ihn auf die Zusammenhänge von Körper und Seele hin.
Goethe vertiefte sich in Paracelsus' Schriften, wagte sich selber an alchimistische Versuche. Allmählich öffnete sich ihm ein tieferes Verständnis für die Wechselbeziehung von Mensch und Natur, von Körper und Seele: „Getrennt von Gott und der Natur zu sprechen ist ebenso schwierig wie bedenklich, wie wenn wir über den Körper und die Seele als etwas Getrenntes denken: die Seele erkennen wir nur vermittelst des Körpers und Gott nur durch die Natur." Als letzten dichterischen Ertrag seiner ersten Studentenzeit sind *Die Mitschuldigen* (1770), eine Posse in Alexandrinern, anzusehen. Nachdem seine Gesundheit wiederhergestellt war, verließ er Anfang April 1770 das Haus am Hirschgraben um nach dem Wunsche des Vaters in Straßburg seine Jurastudien abzuschließen.

Straßburg und die Anfänge des Sturm und Drang. Der Aufenthalt in der elsässischen Hauptstadt (April 1770–August 1771) beeinflusste aufs nachhaltigste Goethes dichterische Entwicklung. Schon bei seiner Ankunft machte das gotische Münster einen überwältigenden Eindruck auf ihn. Er sah im Erbauer Erwin von Steinbach den „gottgleichen Genius" und feierte ihn hymnisch in dem Essay *Von deutscher Baukunst* (1772): Das gotische Bauwerk ist ein charakteristisches, durch die Wahrheit des Ausdrucks überzeugendes Ganzes, nicht das „krausborstige Ungeheuer" als das es den in ausgewogenen Proportionen denkenden Kunstrichtern erschien, deren Autorität er verwarf um dem Genie schöpferische Freiheit und Selbstständigkeit zu sichern. Der Student der Rechte empfand sich als kongenialen Kunstbetrachter, der einfühlsam das innerste Wesen des Kunstwerks erfasst.

Äußerst fruchtbar gestaltete sich die Begegnung mit dem ostpreußischen Theologen Johann Gottfried Herder (→ S. 158), der die schöpferische Begabung des jungen Goethe erkannte und ihm das Verständnis für das Ursprüngliche von Sprache und Poesie nahe brachte. Mit seinem weltliterarischen Horizont half Herder dem Jüngeren, die verstellte Einfalt der Schäferpoesie zu durchschauen. Er erschloss ihm das Wesen des Volkslieds, die Gebärdensprache der Einfalt, die Ausdruckskraft schlichter Symbolgegenstände und schärfte sein Ohr für die Klangwirkung der Worte. So bereitete er den Boden für Goethes Sturm-und-Drang-Lyrik. Als dann der Elsässer Weyland den Studenten in das Pfarrhaus zu Sesenheim einführte, brachte die Liebe zur Pfarrerstochter Friederike Brion den Durchbruch zur eigenen Lyrik. Doch der Widerspruch zwischen dem wahren, nach Dauer verlangenden Gefühl und dem ungebändigten Lebensdrang des jungen Dichters war nicht zu heilen. Nach seiner Promotion zum Lizentiaten kehrte er nach Frankfurt zurück und trennte sich schriftlich von Friederike.

Frankfurter Zeit 1771/72. Der junge Jurist ließ sich vorerst in seiner Heimatstadt nieder. Er erhielt die Zulassung als Anwalt. In seiner einjährigen Praxis vertrat er meistens Handwerker und Juden aus dem Getto vor Gericht. Doch die Rechtsgelehrsamkeit trat bald hinter seine literarischen Pläne zurück. Die reichen Straßburger Anregungen wurden jetzt verarbeitet. Am 14. Oktober 1771 feierte er in der Rede *Zum Shakespeares Tag* den englischen Dramatiker, dessen Genie und Schöpferkraft er vorbehaltlos bewunderte (→ S. 156). Er sah in ihm den dramatischen Gestalter großer individueller Schicksale. In Shakespeares Dramen erkannte er im Zusammenstoß des freien Menschen mit der Gesellschaft seine eigene Problematik wieder: „Seine Stücke drehen sich alle um den geheimen Punkt, in dem das Eigentümliche unsres Ichs, die prätendierte Freiheit unsres Wollens mit dem notwendigen Gang des Ganzen zusammenstößt." Da Goethe, der Stürmer und Dränger, im genialen Einzelnen den alleinigen Maßstab für die Wahrheit der Dichtung erblickte, lehnte er die vorgegebenen Regeln der französischen Klassik ab und forderte mit Blick auf Shakespeare die lebendige vielfältige

Wirklichkeit und die Darstellung des Konflikts zwischen Individuum und Gesellschaft.
Shakespeare weckte in ihm den Wunsch nach einem neuen Drama. Bei seinen rechtsgeschichtlichen Studien war er schon früher auf die Autobiografie des Götz von Berlichingen gestoßen. Nun dramatisierte er das Schicksal dieses Ritters einer untergehenden Epoche
Götz von Berlichingen mit der eisernen Hand (1773) hieß der Titel des Stücks, das den Durchbruch zum eigentlichen historischen Drama in unserer Literatur brachte.
Der letzte, tapfere Ritter ist ein unabhängiger, freiheitsliebender Charakter, eine rechte Sturm-und-Drang-Gestalt. Sein ungebrochenes Rechtsempfinden lehnt sich auf gegen die heraufziehende neue Zeit. An die Stelle des Kriegeradels tritt der verhöflichte Ritter. Götz verkörpert als „Selbsthelfer in anarchischer Zeit" eine Möglichkeit menschlicher Freiheit, die das moderne Staatssystem nicht mehr duldet. Der auf seine Unabhängigkeit pochende Held gerät in einen unlösbaren Konflikt mit der neu sich etablierenden Gesellschaft. Dieser konservative Revolutionär geht zu Grunde, weil sein Wollen unzeitgemäß ist. Was Götz auszeichnet, ist die Einheit von Handeln und Selbstgefühl. Seine Tragik liegt in der Unmittelbarkeit seines Charakters.
Die Wirkung des Dramas war sensationell. Friedrich II. lehnte das Stück empört ab, während die junge Generation es enthusiastisch feierte. Hier fand sie eine literarische Identifikationsfigur.
Unerhört neu waren die Sprache des Dramas, der unstilisierte Sprechton und eine auf jeden Charakter zugeschnittene Prosa. Einzelszenen sind episch breit ausgestaltet und eine Reihe von Haupt- und Nebenfiguren ist aufgeboten um das farbige Zeitgemälde als Hintergrund für den Kampf des Rebellen aus innerer Überzeugung zu gewinnen. Der *Götz* war ein großer Erfolg.

Urfaust (1772–1775). Die eigenen Schuldgefühle gegenüber Friederike, ein Prozeß gegen eine Frankfurter Kindsmörderin sowie Erinnerungen an das Puppenspiel der Kinderzeit regten Goethe an den Fauststoff aufzugreifen. Die Geschichte des Volksbuchs vom „weitbeschreiten Zauberer und Schwarzkünstler" hob er aus dem Bezirk der volkstümlichen Erzählung und machte Faust zum Bruder des modernen Genies. Schon jetzt sah er dessen Doppelnatur: den unruhigen Erkenntnissucher und den leidenschaftlich Liebenden. Der Faustgestalt fühlte sich Goethe im Innersten verwandt.

Wertherzeit in Wetzlar. Im Mai 1772 begab sich der Rechtspraktikant nach dem Vorbild seines Vaters an das Reichskammergericht in Wetzlar um seine juristische Ausbildung zu erweitern. Dort machte er bald die Bekanntschaft des Hannoverschen Gesandtschaftssekretärs Kestner. Er verliebte sich in dessen Braut CHARLOTTE BUFF (1753–1828) ohne zuerst von dem bestehenden Verlöbnis zu wissen. Die Spannung zwischen ihm, Lotte und Kestner wuchs. So „fasste ich den Entschluss mich freiwillig zu entfernen, ehe ich durch das Unerträgliche vertrieben würde". Goethe verließ Wetzlar vorzeitig. Sein gesteigertes, schwärmerisches Gefühl war hart mit der Wirklichkeit zusammengeprallt; er spürte etwas vom *taedium vitae*, vom Lebens- und Weltschmerz.

Produktive Frankfurter Jahre von 1773 bis 1775. Aus dieser verworrenen Gefühlssituation befreite er sich in dem Briefroman *Die Leiden des jungen Werthers* (1774), den er „ziemlich unbewusst, einem Nachtwandler ähnlich", in vier Wochen niederschrieb. Der besondere Reiz dieser Darstellung liegt in der Ambivalenz von der noch überwiegenden Identifikation mit Werthers Verfassung und der sich einstellenden Erkenntnis ihrer Problematik. Das Buch legte den geheimen Nerv der jungen Generation bloß. Über Nacht wurde Goethe zum europäischen Schriftsteller. Der *Werther* begründete und sicherte seinen literarischen Ruhm. Nach Brants *Narrenschiff* (→ S. 72) war der Roman der erste Bestseller der neueren deutschen Literatur.
Der sensible Werther begibt sich in eine idyllische Landschaft und unters einfache Volk um möglichst ungehindert sein Ich entfalten zu können. Er erlebt die Natur, indem er sie aus seinen eigenen Empfindungen heraus beseelt. Vor einem Ball lernt er Lotte kennen und liebt sie leidenschaftlich, obwohl er weiß, dass sie schon an den strebsam-nüchternen Albert vergeben ist. Als der Verlobte auftaucht, muss er erkennen, dass ihm Lotte versagt bleibt. Da stürzt er vom höchsten Glücksgefühl in tiefste Verzweiflung. Seine Lage wird unerträglich. Werther nimmt eine Stelle in

einer Gesandtschaft an, doch Adelsdünkel und Engstirnigkeit drängen ihn aus dem Amt. Er kehrt zur inzwischen verheirateten Lotte zurück. Als er die Ausweglosigkeit seiner Lage erkennt, erschießt er sich.

Der absolute Geltungsanspruch von Werthers Gefühl ist letzten Endes unvereinbar mit den Institutionen der Gesellschaft. Es ist seine Tragik, dass ihn seine Empfindungsfülle zerstört, dass sein unbedingter Freiheitswille ihn in den Tod treibt. Der Schwärmer, der aus der Ichseligkeit seiner Empfindungen in die grauenvolle Leere hinabstürzt, wirkt als Protestfigur gegen die enge Ständegesellschaft.

Die radikale Konsequenz, mit der Goethe seinen Helden in seiner weltlos gewordenen Subjektivität scheitern lässt, entfachte auf kirchlicher Seite einen Proteststurm. Die junge Generation hingegen fühlte sich verstanden und nahm den Roman begeistert auf. Ein Werther-Fieber brach aus, begleitet von einer Selbstmordwelle im Werther-Stil.

Um die Unbedingtheit seines Gefühls darzustellen richtet die Hauptfigur einseitig Briefe an seinen Freund Wilhelm, in denen er sich unmittelbar mitteilt. Die seit Sterne und Richardson beliebte Gattung bekam durch Goethes Roman eine neue Dimension. Sie verliert ihren dialogischen Charakter (Briefwechsel!), da angemessene Antworten nicht mehr vorstellbar sind. Die in Briefform abgefassten lyrischen Monologe sind die geeignetste Darstellungsform eines extremen Subjektivismus, der nichts mehr kennt als den Augenblick und deshalb auf eine gesellschaftliche Resonanz restlos verzichtet. Um so intensiver erfasst der Leser das ganze Geschehen aus der Perspektive der Zentralfigur.

Eine ungewöhnlich produktive Rezeption erfuhr Goethes Roman nach zweihundert Jahren. 1972 erschien Plenzdorfs Erzählung *Die neuen Leiden des jungen W* (→ S. 575). Der Autor übernahm Goethes Handlungsmuster um das Lebensgefühl der jungen DDR-Generation zu formulieren. Edgar Wibeau, der rote Werther in Bluejeans, verwendet Zitate aus dem „Old Werther“ um sich seiner Befindlichkeiten mit Hilfe vorformulierter Sätze zu vergewissern. Das klassische Zitat erweist eine ungeahnte Kraft, den gegenwärtigen Zustand des Helden wie den der Gesellschaft aus den vergangenen Erfahrungen zu erhellen.

Goethe schrieb 1774 auch den *Clavigo*, ein Schauspiel in fünf Akten. Der empfindsam-labile Clavigo verlässt seine Braut Marie, weil ihre Liebe seinem Streben nach Größe nicht genügt. Sie stirbt gebrochenen Herzens. Ihm ist die ungehinderte Selbstentfaltung wichtiger als das Treuegelöbnis. Im Zweikampf fällt Clavigo. Seine Schuld erwächst aus der Unbeständigkeit seines schwachen Charakters, der von den sich wandelnden Gefühlen beherrscht wird. Das Werk war ein „Resultat reuiger Betrachtung“.

Stella. Ein Schauspiel für Liebende (1775), stellt Fernando, den empfindungsreichen Mann, zwischen seine Gattin Cäcilie und die von ihm glühend geliebte Stella. Es ist das Motiv des Mannes zwischen zwei Frauen vergleichbar mit Lessings *Miss Sara Sampson*, nur ins extrem Empfindsame gesteigert.

Im letzten Frankfurter Jahr verliebte sich Goethe in die sechzehnjährige, kapriziöse Bankierstochter Lili Schönemann. Die verschiedenen Lebensauffassungen erschwerten das bis zum Verlöbnis gediehene Verhältnis. Der „enge und langsam bewegte bürgerliche Kreis“ stand in einem schroffen Gegensatz „zu der Weite und Geschwindigkeit meines Wesens“. Goethe musste sich schließlich zwischen der Zukunft als Ehemann und einer seiner Dichtung gewidmeten freien Existenz entscheiden. Wie so oft in seinem Leben suchte er auch diesmal die seelische Krise durch eine räumliche Trennung zu überwinden. „Dieser Zustand erstickt alle meine Kräfte. Ich muss fort in die freie Welt.“ Zusammen mit den Gebrüdern Stolberg machte er 1775 eine erste Reise in die Schweiz.

Goethes Sturm-und-Drang-Lyrik. In Straßburg und Frankfurt kam eine ganz neue Lyrik zum Durchbruch. Die Ansichten der Geniebewegung von Mensch und Natur, von Liebe und Gefühl, von Genie und künstlerischem Schaffen fanden in seinen Gedichten einen bislang unbekannten Ausdruck.

Grundlage dieser Sichtweise war eine neue Naturauffassung. Goethes Naturerlebnis unterscheidet sich grundsätzlich von dem der Aufklärer: Natur ist für ihn weder Gegenstand einer Lehrdichtung, noch liefert sie Versatzstücke für anakreontische Lieder, noch ist sie Objekt zweckrationaler Ausbeutung, sondern ein dynamisch-ganzheitliches Wesen, eine ständig schaffende und wirkende Lebenskraft. Man bedarf zu ihrem Verständnis nicht des Rückgriffs auf einen transzendenten Schöpfergott. „Sie beweist nicht das Dasein Gottes, das Dasein ist Gott." In dieser Naturauffassung ist auch der Mensch Teil der Schöpfung. In einzelnen Dingen, in Pflanzen und Steinen, offenbart sich das göttliche Wesen der All-Natur. Nur so ist die Verschmelzung von Ich und Natur verständlich, gewinnen die Naturbilder ihren für Goethe eigenen symbolischen Charakter.

Das persönliche einmalige Gefühl wird in den Sesenheimer Liedern in Bildern, Rhythmen und Klängen laut, schafft sich seine eigene, von innen her geprägte Form. In einer zuvor noch nie erklungenen Sprache gewinnt das Liebeserlebnis mit Friedrike lyrische Gestalt. In *Willkommen und Abschied* wird der nächtliche Ritt zur Geliebten in einem Naturbild beschworen, das nicht mehr für sich selbst steht, sondern beseeltes Bild der inneren Unrast ist.

Das Liebesgetändel der Anakreontik gehört der Vergangenheit an; es spricht nur noch das von der Liebe betroffene Herz. Im *Mailied* verschmelzen Leben und Welt zum Glücksjubel, den die Frühlingslandschaft zurückstrahlt.

In Goethes großen Hymnen der Frankfurter Zeit (1772–1774) erreicht die Geniebewegung ihren Höhepunkt. Die Beziehung von Genie und All-Natur, die Autonomie des ganz auf sich vertrauenden Menschen und das Bewusstsein der Originalität finden in ihnen ihren gültigen lyrischen Ausdruck. Die Hymne, die im 18. Jh. der Ode entspricht, ist eine von großem, feierlichem Pathos beseelte und an keine metrische und strophische Norm gebundene Form. Sie war für Goethe das geeignetste Genre, seine Erlebnisse darzustellen. Blieb bei Klopstock das feierlich-hymnische Sprechen den großen Themen vorbehalten, so ist es für den Stürmer und Dränger Goethe die Form um das Genie als Genie zu feiern. Entweder spricht sich sein Ich unmittelbar aus oder es schlüpft in eine große mythologische Rolle, in der sich seine geniale Subjektivität artikuliert.

In *Wanderers Sturmlied*, das in seiner Struktur der pindarischen Ode gleicht, wird das Lebensgesetz der schöpferischen Existenz mit ihren Spannungen offenbar. *Mahomets Gesang* ist beseelt vom Gefühl schöpferischer Freude und symbolisiert das Genie im Bild des Stroms. Die *Ganymed*-Ode preist den „allliebenden Vater". Das geniale Ich erfährt die pantheistische Einheit des Menschen mit dem göttlichen All-Leben. In der *Prometheus*-Hymne strebt der Rebell nach geistiger Autonomie und wendet sich mit aufklärerischem, provozierendem Pathos gegen christliche Tradition und Vaterautorität. Die Hymne *An Schwager Kronos* gestaltet eine Huldigung an das Leben.

Alle Gedichte sind bewusst gebaut, sind das Ergebnis seiner erweiterten schöpferischen Kraft. Souverän bedient er sich der verschiedensten Formen: Er versteht es, ebenso eine Hymne wie ein einfaches Volkslied zu komponieren.

Auch in der Form der Ballade gelangen Goethe wunderbar schlichte, im Volksliedton gehaltene Verse vom Weh und Leid der Liebe, so in *Heidenröslein* und *Der König in Thule.*

Den Abschluss seiner Jugendlyrik bilden die an Lili gerichteten Gedichte. Der Ton ist jetzt verhaltener. Zu den leichten, formvollendeten Liedern gehören *Neue Liebe, neues Leben*; *An Belinden*; *Sehnsucht.* Auch in Naturgedichten gewinnt er zunehmend Abstand zum Sturm und Drang. Auf der Schweizer Reise gelang Goethe eines seiner schönsten lyrischen Landschaftsbilder in dem Gedicht *Auf dem See.*

6.8 Der junge Friedrich Schiller (1773–1787)

Schwäbisches Bürgertum in absolutistischer Zeit. Goethe war der Sohn der Freien Reichs- und Krönungsstadt Frankfurt, Friedrich Schiller das Kind des absolutistischen, spätbarocken Herzogtums Württemberg, in dem der katholische Landesherr über protestantische Untertanen herrschte. Die Landschaft, das Parlament, wachte über die Freiheiten der Stände. Adel und Geistlichkeit, Universität und Städte besaßen noch das Recht der Steuerbewilligung und Finanzkontrolle. Zäh und beharrlich verteidigten sie ihre guten alten Rechte gegenüber dem Herzog. Niedergedrückt durch die hohen Lasten standen die pietistisch-frommen Kleinbürger argwöhnisch dem ausschweifenden Luxus des Hofes gegenüber. Der Blick der Untertanen war geschärft für die gegensätzlichen Ordnungen dieser Welt und der ständige Kampf gegen absolutistische Willkür hatte ihren Willen zur Selbstbehauptung noch nicht gebrochen. Stärker als anderswo dienten Kirche und Pietismus als Stützen des Kleinbürgertums.

Schillers Vorfahren stammten aus dem Remstal, waren Bäcker und Weinbauern. Sein Vater Johann Caspar Schiller (1729–1796) hatte als Feldscher in verschiedenen Armeen gedient, stand dann als Werbeoffizier in herzoglich-württembergischen Diensten und wurde schließlich als Hauptmann zum Intendanten der Baumschule auf der Solitude ernannt. Seine Kindheit verlebte der am 10. November 1759 in Marbach geborene Knabe in Lorch, Gmünd, Marbach und Ludwigsburg. Neben der pietistisch frommen Mutter prägte sein Vater, der patriarchalisch unumschränkt im Hause das Regiment führte, seine Gedankenwelt. Noch einen Vater hatte Schiller, der in seinen Lebensgang entscheidend eingriff: den Landesherrn. Caspar Schillers Wunsch seinen Sohn Theologie studieren zu lassen schlug Herzog Karl Eugen rundweg ab und verfügte, dass der Knabe „sich gänzlich dem Dienste des herzoglichen württembergischen Hauses widmen ohne darüber zu erhaltende gnädigste Erlaubnis aus demselben zu treten nicht befugt sein solle“.

Auf der Karlsschule. Von der Ludwigsburger Lateinschule, die Schiller seit 1767 besuchte, wanderte der begabte Schüler in die „Militär-Pflanzschule“. Sie war eine Schöpfung der herzoglichen Erziehungspassion. In ihr sollte eine unterwürfige Beamtenschaft ganz nach aufklärerisch-absolutistischen Vorstellungen für den Staatsdienst herangezüchtet werden. 1773 wurde der junge Schiller in diese Anstalt eingewiesen und einem reglementierten Erziehungsbetrieb unterworfen. Unter militärischem Drill, abgeschnitten von der Außenwelt, ferienlos, verbrachten die „Söhne des Herzogs“ ihre bildungsfähigsten Jahre in dieser „Gehirnfabrik und Sklavenplantage“ (Schubart). Hier lernte Schiller schon früh widerliche Unterwürfigkeit und Intrigen kennen – die Intrige ist ein entscheidendes, immer wiederkehrendes Motiv seiner Dramen – und seine Gefühle verbergen. Der verständnisvolle Professor Jakob Friedrich Abel erweckte in seinem Schüler das Interesse für philosophische Fragen, führte ihn in die Aufklärungsphilosophie ein und vermittelte ihm den Geniebegriff. Gleichwohl vermochte die solide Ausbildung den freien, ungezwungenen Verkehr mit Eltern und Außenwelt nicht zu ersetzen, Erfahrungen, die so sehr die bunte Erlebniswelt von Goethes Frankfurter Jugendjahren prägten.
Schillers elementarer Freiheitsdrang war nur die Folge dieses kasernierten Lebens. Inmitten der Welt der Verstellungen und Heucheleien bedeutete für den Kadetten Schiller die Freundschaft eine Welt des vollen Vertrauens, der unbedingten Offenheit und Intrigenlosigkeit. Sein ursprünglicher Hang zu Reflexion und Spekulation musste in dieser Umwelt besonders gedeihen. Auch mit seiner Liebe zur Dichtung wehrte er sich gegen dieses Kasernenleben. Freilich war im Erziehungsgang künftiger Staatsdiener kein Platz für sie. „Neigung für Poesie beleidigte die Gesetze des Instituts, worin ich erzogen ward und widersprach dem Plan seines Stifters. Acht Jahre rang mein Enthusiasmus mit der militärischen Regel; aber Leidenschaft für die Dichtkunst ist feurig und stark wie die erste Liebe. Was sie ersticken sollte, facht sie an.“ Insgeheim verschlangen die musischen Schüler die Werke der Stürmer und Dränger, begeisterten sich für Ossian, Homer, Plutarch, Shakespeare und Rousseau.
Als der Herzog die Akademie 1775 nach Stuttgart verlegte, bot sich für Schiller die Gelegenheit, von der ihm verhassten Jurisprudenz zur Medizin überzuwechseln. Als Mediziner wurde er 1780 entlassen und einem Grenadierregiment in Stuttgart als Regimentsmedikus mit einem Monatsgehalt von 18 Gulden zugewiesen. Schon auf der Akademie, am Krankenbett, hatte er an seinem ersten Drama gearbeitet. Nun drängte es ihn, das Werk zu veröffentlichen. Aber er fand keinen Verleger, sodass er es selbst drucken lassen musste. Wolfgang Heribert Dalberg (1750–1806), der Intendant des Mannheimer Nationaltheaters, nahm schließlich das Werk nach starken Änderungen in seinen Spielplan auf.

Die Räuber. Ein Schauspiel in fünf Akten, in Prosa. Schillers eigene Not, die Empörung gegen die falsch gesetzte Ordnung der Gesellschaft fand ihren Ausdruck in den *Räubern* (1782). Die Uraufführung am 13. Januar 1782 im Mannheimer Nationaltheater unter Dalberg wurde zu einem beispiellosen Premierenerfolg. Das Theater glich einem Irrenhaus. Man sah rollende Augen, geballte Fäuste, Frauen, die fast ohnmächtig

zur Türe wankten und hörte heisere Aufschreie im Zuschauerraum.
Franz und Karl, die beiden verfeindeten Söhne des alten Grafen Maximilian von Moor, stehen einander kontrapunktisch gegenüber. Franz, der hässliche Zweitgeborene, macht seinem Bruder Karl Erbe und Braut mit Intrigen streitig. Er fälscht einen Brief seines Bruders, der ein wildes Studentenleben geführt hatte und seinen Vater um gütige Aufnahme bittet. Franz erreicht dadurch, dass ihn der Vater verstößt. Als Karl in einem Brief seines jüngeren Bruders die Nachricht seiner Verstoßung erfährt, sagt er sich aus verletztem Gerechtigkeitsgefühl von der Gesellschaft los und zieht mit der von ihm gebildeten Räuberbande brandschatzend und mordend durch die Lande, um eine bessere Ordnung wiederherzustellen. Schließlich wird Franz' schändliches Treiben entlarvt. Der Vater stirbt, als er Karl als Räuber erkennt. Franz erhängt sich und Karl Moor, der autonome Selbsthelfer, erkennt bald den Widerspruch zwischen seinen hochfliegenden Vorsätzen und dem Umstand, dass er sich zu

Während eines Sonntagspaziergangs der Kadetten im Mai 1778 trägt Schiller im Bopserwäldchen bei Stuttgart seinen Freunden Szenen aus den ***Räubern*** *vor. Von links: Wilhelm von Hoven, Victor Heideloff, Joahnn Heinrich Dannecker, der spätere Bildhauer, Schiller, Franz Josef Kopf und Johann Schlotterbeck (lavierte Federzeichnung von Victor Heideloff, 1757–1817).*

ihrer Verwirklichung mit tatsächlichen Mördern verschworen hat. Beide Helden sind „erhabene Verbrecher", die gegen die Vaterautorität rebellieren und doch nach einer moralischen Irrfahrt an einer göttlich gegründeten Weltordnung scheitern, deren Institutionen in ihrer Fragwürdigkeit deutlich geworden sind.
Es ist das geniale Werk eines geborenen Dramatikers. Bei Schiller steht nicht wie bei Goethe der Mensch als Selbstwert mit seiner eigenen Individualität auf der Bühne, sondern als Figurant, als Träger von Überzeugungen. Franz, der „spekulative Schurke", empört sich gegen die Sinnlosigkeit der Welt, indem er sich selber absolut setzt und seine Pläne mit der berechnenden Vernunft des Rationalisten und Materialisten verfolgt. Karl fordert Rache an einer sinnwidrigen Gesellschaftsordnung mit ihren verderbten Geschöpfen. Beide sind dialektisch aufeinander bezogen, verkörpern zwei Seiten Schillers: ihr Gegenspieler, dem sie im Kampf sich stellen, ist die göttliche Ordnung, an der sie schließlich tragisch zerbrechen.
Das Drama verrät den untrüglichen Instinkt für Szenen, die straff aufgebaut, immer mit einer pathetischen Entscheidung enden. Trotz aller Variationen fügen sie sich nahtlos in die Gesamttektonik ein. Die Figuren leben aus der Kraft der Sprache, aus Rhythmik und Dynamik der gesamten Rede.

Schillers Flucht. Der stürmische Publikumserfolg der *Räuber* kostete Schiller schließlich Familie und „Vaterland". Als er sich zum zweiten Mal heimlich wegen einer *Räuber*-Aufführung in Mannheim aufhielt, ließ der Herzog seinen Medikus zwei Wochen einsperren, verbot ihm strikt weitere Reisen ins „Ausland" und untersagte ihm Stücke zu schreiben. Nun reifte in Schiller der Entschluss, die Brücken hinter sich abzubrechen, Not und Entbehrung einer ungesicherten Existenz auf sich zu nehmen um ganz seinem Werk leben zu können.
Als der Großfürst Paul von Russland den Ludwigsburger Hof besuchte, ergriff Schiller die Gelegenheit und floh mit seinem Freund, dem Musiker Streicher, am 24. September 1782 nach Mannheim. Um einer möglichen Auslieferung zu entgehen versteckten sich die beiden Flüchtlinge in Oggersheim am Rhein, wo sie zwei Monate lang in dürftigsten Verhältnissen lebten. Frau

von Wolzogen, die Mutter eines Mitschülers, bot Schiller Zuflucht in ihrem Gutshaus in Bauerbach bei Meiningen in Thüringen. Am 7. Dezember 1782 erreichte Schiller den Ort. Hier in der dörflichen Abgeschiedenheit vollendete er das Werk, das er in der Stuttgarter Arrestzelle konzipiert hatte.

Kabale und Liebe (1784), ein bürgerliches Trauerspiel in fünf Aufzügen, in Prosa. Die Uraufführung fand in Frankfurt statt.
Schiller ordnet sein Drama ein in das Genre des bürgerlichen Trauerspiels, das zum Schauplatz des „Ständekonflikts" im 18. Jh. geworden war. Anders als in Lessings *Emilia Galotti* (→ S. 134), in dem der Handlungsort in das ferne Italien verlegt wurde, spielt Schillers Drama in der deutschen Gegenwart. Es ist die schärfste dramatische Kritik am Absolutismus.

Um Ferdinand von Luise abzubringen spinnen sein Vater und Sekretär Wurm eine Intrige. Der Musikus und seine Frau werden festgenommen. Die Tochter könne ihre Eltern vom Tode nur retten, so Wurm, wenn sie einen Liebesbrief an den Hofmarschall von Kalb richte.
In Johann Heinrich Rambergs (1763–1840) Illustration überreicht Luise den unter Wurms Drohung diktierten Brief: „Nehmen Sie, mein Herr. Es ist mein ehrlicher Name – es ist Ferdinand – ist die ganze Wonne meines Lebens, was ich jetzt in ihre Hände gebe" (III,6).

Die idealistische Liebe des Präsidentensohnes Ferdinand zur schwärmerischen, kleinbürgerlichen Musikertochter Luise über die Standesschranken hinweg muss tragisch enden, weil sie von außen betrachtet der Welt der Intrige, Skrupellosigkeit, Mätressenwirtschaft, Ämtergier nicht standzuhalten vermag. Das fromme, dem Vater und dem Vatergott ergebene Mädchen ist dem Intrigenspiel ebensowenig gewachsen wie Ferdinand dem Anschlag der Kabale. Erst sterbend erkennen sie die Verruchtheit der Hofwelt. Letzen Endes aber ist die ichbezogene Liebe des durch die höfisch-aristokratische Gesellschaft geprägten Ferdinand, der die Geliebte als unveräußerliches Kleinod betrachtet, unvereinbar mit Luisens durch absolute Vaterautorität bestimmte Denkweise. Sie geht schließlich an der „grausam-liebevollen Repression bürgerlicher Moral" zu Grunde.
Die Hofkamarilla mit dem Präsidenten wird durch den tragischen Untergang bloßgestellt, die Nemesis triumphiert über den absolutistischen Despotismus. So hatte noch niemand mit scharfem Realismus die korrupten Zustände und die im System liegende Skrupellosigkeit, welche die menschlichen Gefühle zerstört, dramatisch erregend gezeichnet.
In denselben Jahren schrieb Schiller sein erstes historisches Trauerspiel *Die Verschwörung des Fiesco zu Genua* (1783). Die dramatische Handlung beruht auf einer Episode der Geschichte Genuas. Adelige planen den Sturz des Dogen Andreas Doria. Als Haupt der Verschwörung fungiert der beim Volk beliebte Fiesco, der aber selber den Platz des Dogen einnehmen möchte. Nach einem vergeblichen Versuch ihn davon abzuhalten tötet ihn sein Freund Verra.
Das Stück kreist um den Konflikt zwischen Macht und Moral. Es ist Fiescos tragischer Irrtum, dass er hofft die Freiheit wiederherzustellen nur um sie selber wieder abzuschaffen. Der junge Schiller, fasziniert vom amoralischen Fiesco, von Verstellung, Machttrieb und Verbrechen, gestaltet hier die politische Welt noch ganz aus der Barockperspektive der „kalten, unfruchtbaren Staatsaktion".

Schillers Grunderfahrung war in einer feindseligen, kalten Welt bestehen zu müssen. Daraus erklären sich seine Spannungen. In ihm lebte noch

Luthers Anschauung vom äußeren Weltreich der Gewalt und dem innerlichen Gottesreich. Nicht nach außen war sein Blick gerichtet. Er vermochte die Dinge nicht unbefangen auf sich wirken zu lassen, sich nicht durch besonnenes Anschauen ihrer Eigenart zu vergewissern. „Über jedes was er tat, reflektierte er" (Goethe). Erst durch Abstraktion und Reflexion bemächtigte er sich der Dinge. So war er der Inbegriff des „sentimentalischen" Dichters, wie er ihn selber in seiner Abhandlung definieren sollte.

Keine Kunstgattung war für ihn besser geeignet als das Drama. Seine Theaterleidenschaft entsprang diesem gespaltenen Urerlebnis der Welt und seiner Absicht seine Zeitgenossen aufzurütteln, zu erschüttern, ihnen die geheimsten Zugänge zur menschlichen Seele aufzuschließen, ihren Willen durch das überzeugende, mitreißende Spiel auf der Bühne zu verändern. „Der Zweck der Tragödie ist: Rührung, ihre Form: Nachahmung einer zum Leiden führenden Handlung (Schiller)."

Schiller sah nicht das Individuell-Einmalige in seiner vielschichtigen Rätselhaftigkeit wie Goethe. Sein Blick war vielmehr auf den Menschen in seiner Stellung innerhalb der staatlichen und gesellschaftlichen Ordnung gerichtet, auf das verhängnisvolle Verstricktsein, auf die undurchschaubare Abhängigkeit von überpersönlichen Kräften. Da er politisch dachte, den Menschen in seiner institutionalisierten Stellung sah, musste ihn auch die barocke Dramenwelt mit ihren Intrigen und den dem Launenspiel der Fortuna ausgelieferten Menschen stark berühren. Auch seine Vorliebe für große historische Figuren entspricht den barocken Poetikforderungen (→ S. 106). Nur tritt an die Stelle von Constantia und Fortuna die ausgleichende, Gerechtigkeit schaffende Göttin Nemesis. Die Weltgeschichte ist das Weltgericht.

Der rhetorische Charakter von Schillers Dramensprache beruht auf seiner Erfahrung, dass der Mensch in einer abgezirkelten, hierarchisch gegliederten gesellschaftlichen Ordnung lebt und dass das Denken nicht das Individuelle, sondern das Grundsätzliche, Gesetzhafte erfasst. Da der Dramatiker Schiller das säkularisierte Predigeramt des Dichters ausübt, muss er sich der Rhetorik und ihrer Darstellungsmittel bedienen. Wer überzeugen, überreden will, muss klar, deutlich und einprägsam sprechen. Daher hat seine Dramensprache den Hang zum Leichtfasslichen, Sprichwörtlichen, Sentenzhaften, Moralisch-Plakathaften. „Er hat sich ein persönliches Theateridiom erfunden, unverwechselbar nach Tonfall, Gebärde und Melodie, das glanzvollste, rhetorisch-packendste im Deutschen, eine Mischung von Affekt und Reflexion" (Th. Mann).

Das Pathos seiner Sprache ist in seiner Anschauung von der letzten Aufgabe der tragischen Kunst begründet: die moralische Unabhängigkeit des Charakters vom Zustand der Leidenschaft zu vergegenwärtigen, den Triumph der Freiheit des sittlichen Willens noch im Untergang zu zeigen. „Pathos muss sein", so meint er, „damit das Vernunftwesen seine Unabhängigkeit kundtun und sich handelnd darstellen könne". Schillers Pathos und Rhetorik müssen wir erkennen als „ein ungeheures Gefälle vom Denken zur Welt hin, als die Leidenschaft der Denkkraft selbst, die überzeugen will, ohne die Klarheit zu verlieren, die das Differenzierteste im Einfachen verkörpern will" (Dürrenmatt).

Aufenthalte in Mannheim, Leipzig und Dresden. Schiller verließ Bauerbach, nachdem er eine heftige Zuneigung zu Lotte von Wolzogen, der 17-jährigen schönen Tochter seiner Gastgeberin, gefasst, aber vergebens auf eine Erwiderung gehofft hatte. Im Juli 1783 ging er nach Mannheim zurück und nahm die ihm von Dalberg angebotene Stellung eines Theaterdichters an. Für ein Gehalt von 300 Gulden hatte er drei Bühnenwerke im Jahr zu schreiben und als Dramaturg zu arbeiten. In der neuen Umgebung stieß sein kühnes Wesen, der offene freie Ton seiner Rede auf Ablehnung und Feindseligkeit. „Tausend kleine Besorgnisse und Kümmernisse zerstreuten alle dichterischen Träume und legten Blei an jeden Flug der Begeisterung" (Schiller). Der Vertrag wurde nach einem Jahr von Dalberg nicht mehr erneuert. Eine Leidenschaft für Charlotte von Kalb, eine schöne, unverstandene Offiziersgattin, ergriff ihn. Schulden, Krankheit und Elend ließen ihn nach dem letzten rettenden Strohhalm greifen, der sich bot: die Einladung Dresdner und Leipziger Verehrer (1785). Der gebildete Konsistorialrat Körner ermöglichte ihm einen fast zweijährigen, sorgenfreien Aufenthalt in Leipzig und Dresden. Im Umgang mit seinen neuen

Freunden fand Schiller wieder Zeit und Ruhe seine dichterischen Pläne zu verfolgen. Schon in Bauerbach und Mannheim hatte er am *Don Carlos, Infant von Spanien*, gearbeitet. Nun vollendete er das Drama.

Don Carlos, die Tragödie der Freiheit (1787), bringt gegenüber den ersten drei Dramen eine deutliche Zäsur: *Nathan*-Lektüre, Erfahrungen mit Charlotte von Kalb, der neue Blick auf die Geschichte kommen dieser Freiheitstragödie zugute. Der fünffüßige Jambus, hier von Schiller zum ersten Mal verwendet, wird zum Vers seiner klassischen Dramen.
Philip II. von Spanien, Herrscher über ein Großreich, absoluter Monarch, beabsichtigt die brutale Unterwerfung der Niederlande. Ihm tritt der Marquis Posa, der Visionär einer künftigen Menschheit, der Kämpfer für die Freiheit, gegenüber. Vom Monarchen fordert er Gedankenfreiheit als Voraussetzung eines würdigen Menschenlebens. Mit dem Unbedingtheitsanspruch des Idealisten opfert er sich für seinen Freund Carlos, der die Königin liebt. Er nimmt die Schuld auf sich um die Flucht des Kronprinzen nach den Niederlanden zu ermöglichen, „das bedrängte Volk zu retten aus Tyrannenhand". Der Fluchtplan wird entdeckt, Carlos der Inquisition ausgeliefert. Es herrscht wieder die Friedhofsruhe der Despotie: „Lieber die Verwesung als die Freiheit", die Devise des Großinquisitors, ist nun auch die des Königs.
Zwei Jahre vor Ausbruch der Französischen Revolution verkündet Marquis Posa Montesquieus Ideen, zeigt die Unbeirrbarkeit des Idealisten, dessen Untergang den Glauben an die Freiheit nicht zerstören kann. Er wird vielmehr durch seine Opfer weiter wachsen, während die knechtische Ordnung nicht lebensfähig ist, da sie die Menschenwürde unterdrückt.

Schiller als Erzähler. Eine Vorliebe für das Kolportagenhafte, Kriminalistische finden wir in seinen Erzählungen, deren Stoffe er der Zeitgeschichte entnahm. Immer sind es wahre Begebenheiten, die er seinen Geschichten zu Grunde legt. Ein Meisterstück einer kriminalpsychologischen Studie ist die Novelle *Der Verbrecher aus verlorener Ehre* (1787). In ihr wird auf der Grundlage eines authentischen Falls die Geschichte eines Gastwirtsohns geschildert, der auf die schiefe Bahn gerät, immer mehr Verbrechen begeht, schließlich seine Untaten einsieht und Sühne leisten will. Doch das Gericht verurteilt ihn und er wird hingerichtet. Schillers Absicht ist es, die Ursachen verbrecherischer Handlungen aufzuzeigen und die Tatmotive sichtbar zu machen. Der Leser bleibt mit der Empfehlung zurück über Schuld und Sühne nachzudenken. Die Novelle durfte auf Zustimmung rechnen, war doch im 18. Jh. die Erforschung des Zusammenhangs zwischen materieller Not und Verbrechen auf ein weit verbreitetes Interesse gestoßen.
Das Romanfragment *Der Geisterseher. Aus den Papieren des Grafen O...* erschien in Fortsetzungen in der Zeitschrift *Thalia* (1787/89). Es enthält die Geschichte eines schwärmerischen Prinzen aus einem protestantischen Fürstenhaus, der in Venedig das Opfer raffinierter Machenschaften einer jesuitischen Geheimgesellschaft wird. „Wir besitzen in unserer Sprache kaum einen klügeren, scharfsinnigeren Versuch intellektueller Subtilität um gewissen Hintergründen jeder politischen Macht nahe zu kommen" (C. J. Burckhardt).

7 Die Spätaufklärung

Radikale Gesellschaftskritik. Im letzten Viertel des 18. Jh. wandte sich die deutsche Aufklärung von religionskritischen Spekulationen und Problemen der Tugendlehre ab und erörterte konkrete politische Fragen der immer repressiver werdenden Feudalgesellschaft. Die Willkür der Winkeldespoten, die unerträglichen sozialen Spannungen erzeugten eine Atmosphäre der Revolutionsbereitschaft, die sich in einer radikalen Gesinnung, in einem „freien Untersuchungsgeist", im scharfen publizistischen Kampf gegen die entwürdigenden Lebensbedingungen äußerte. In der Revolte gegen die Gesellschaft treffen sich Spätaufklärung und Sturm und Drang. Die Aufklärer führten die Auseinandersetzung vornehmlich mit didaktisch ausgerichteten Zweckformen.

Die *Berlinische Monatsschrift* bildete ein Forum für kritische Diskussionen. GOTTFRIED DANIEL PFEFFELS Fabel *Der Kornett und sein Pferd* zeigt den abgrundtiefen Hass gegen die Unterdrücker. ADOLF VON KNIGGE verfährt in seiner *Geschichte der Aufklärung in Abyssinien* (1791) und JOHANN PEZZL in den *Marokkanischen Briefen* (1784) wie Montesquieu in den *Lettres persanes* (1721): sie geißeln am Beispiele ferner Länder despotische Willkür. In zahlreichen Gedichten spiegelt sich im vorgeprägten Bild, im Topos des grausam ausgebeuteten Farbigen literarisch die eigene Misere wider. Georg Friedrich Rebmanns *Kosmopolitische Wanderungen durch einen Teil Deutschlands* (1795), Adam Weishaupts *Geschichte der Vervollkommnung des menschlichen Geschlechts* (1788) und Johann Carl Wezels *Belphegor oder die wahrscheinlichste Geschichte unter der Sonne* (1776) sind Beispiele spätaufklärerischer Gesellschaftskritik.

Der Republikanismus wurde zum ideologischen Sammelbecken dieser antifeudalen Tendenzen. Das aufgeklärte Bürgertum träumte von einer deutschen Republik. Seine humanistische Tradition und sein hohes Bildungsniveau förderten die Verbreitung des politischen Leitbildes der *Res Publica*.
Die vorbildliche Schweiz, die helvetische Republik, erfreute sich seit Hallers *Alpen* (1729) bis zu Friedrich Müllers *Geschichte der Schweizerischen Eidgenossenschaft* (1786) und Schillers *Wilhelm Tell* (1804) steigender Sympathie. Auch England, die „Insel der Libertät", faszinierte. Seit dem Unabhängigkeitskrieg galt Amerika als Vorbild, dieses „Land ohne Hohepriester, ohne aussaugende Generalspächter und müßige Barone" (Steuben).

Vornehmlich zwei Gestalten verdienen besondere Beachtung: Johann Georg Forster und Johann Gottfried Seume. Beide Männer erlitten ein leid- und wechselvolles Schicksal, das sie in andere Kontinente führte; beide besaßen einen weltweiten Horizont, einen ungetrübten Blick für die deutschen Zustände und eine lautere Gesinnung, die sie keinem materiellen Vorteil opferten. Sie waren überzeugte Republikaner und glaubten an die Ideen der Französischen Revolution.

JOHANN GEORG FORSTER (1754–1794) war einer der fähigsten und scharfsichtigsten Zeitgenossen. Friedrich Schlegel sah in ihm einen liberalen Geist, der „französische Eleganz und Popularität des Vortrags und englische Gemeinnützigkeit und deutsche Tiefe des Gefühls und des Geistes vereinigte". Forster schrieb eine klare Prosa. Geschult am englisch-empirischen Denken, hatte er auf seiner Weltreise mit James Cook seine Eindrücke mit erstaunlicher Präzision festgehalten. Er korrigierte den Rousseauschen Naturkult der Europäer und wies die europäische Überheblichkeit gegenüber den Primitiven zurück. Mit seiner Schilderung der *Reise um die Welt* (1777) durchbrach er die engen provinziellen Schranken, erweiterte den Horizont der deutschen Leser und begründete die Gattung der künstlerischen Reiseschilderungen. Tahiti, Gaugins märchenhafte Südseeinsel, hatte Forster in Europa als Erster vorgestellt. Auch Münchhausens Südsee-Abenteuer sind ohne den deutschen Weltreisenden nicht denkbar. Schon vor Goethe und der Romantik hatte der Kunstkenner auf die Gotik hingewiesen. In seinen *Ansichten vom Niederrhein* (1790) folgt er der Tradition der Reisebriefe und liefert ein scharfes Bild der gesellschaftlichen und politischen Verhältnisse. Sie sind neben Seumes Prosaschriften das einzige noch lebendige Werk, das die damaligen Zustände unverhüllt zeigt. Leidenschaftlich verfolgte er die Sache der Französischen Revolution und focht für sie mit Aufrufen, Reden und Briefen. Als die Revolutionstruppen 1792 Mainz besetzt hatten, wurde er Präsident des Mainzer Jakobinerclubs. Er trat für den Anschluss an Frankreich ein und ging als Delegierter des Konvents nach Paris. Nach der Rückeroberung von Mainz durch die reichsfürstlichen Truppen verfiel er der Reichsacht und musste fliehen. Forster starb 1794 vereinsamt in der französischen Hauptstadt.

JOHANN GOTTFRIED SEUME (1763–1810) aus Poserna in Sachsen wurde als Sohn eines Häuslers geboren. Er studierte alte Sprachen und Theologie und führte ein Leben außerhalb der bürgerlich-geregelten Sicherheit. Auf keinen Fall wollte er seine Freiheit einer sicheren Existenz opfern. Klar erfasste er die politische Situation und sprach furchtlos aus, was die deutsche Gesellschaft sonst verschwieg. Das Urerlebnis dieses Skeptikers, den hessische Werber gezwungen hatten für England in Amerika zu kämpfen war das der Humanität und das bedeutete für ihn Freiheit. Am bekanntesten wurde seine Reiseschilderung *Mein Spaziergang nach Syrakus im Jahre 1802*, in der er ein scharfes sozialkritisches Bild der Zeit entwarf. Seine Autobiografie *Mein Leben* berichtet von seinem bewegten Schicksal, *Mein Sommer* (1805) enthält die Reiseeindrücke von seinen Fahrten nach Russland, Finnland und Schweden. Am schärfsten und klarsten zieht er in den *Apokryphen* (geheimzuhaltende Literatur), einer 1806/07 entstandenen Aphorismensammlung, eine Bilanz des deutschen Elends. Während Lichtenberg in seelische Abgründe (→ S. 142 ff.) leuchtete, diagnostizierte Seume politische Zustände. Mit scharfem Blick erkannte er die Ursachen des politischen Zusammenbruchs: Privilegienwirtschaft und Missachtung des Naturrechts. Seine Aphorismen sind von großer analytischer Schärfe und Hellsichtigkeit, sodass sie kein Zensor durchgehen ließ. Lakonisch, epigrammatisch-spitz formulierte er seine Einsichten. Über die Mächtigen äußerte er: „Die geheime Geschichte der so genannten Großen ist leider meistens ein Gewebe von Niederträchtigkeiten und Schandtaten." Und seine Religionskritik fasste er bündig in dem Satz zusammen: „Der Himmel hat uns die Erde verdorben." Über die Art das Leben zu gestalten meinte er: „Einige leben vor ihrem Tode, andere nach ihrem Tode. Die meisten Menschen leben aber weder vor noch nach demselben, sie lassen sich gemächlich in die Welt herein- und aus der Welt hinausvegetieren." Seume war ein Geistesverwandter Lessings, Heines und Tucholskys. Karl Kraus zitierte vor seinem Tode in der *Fackel* (→ S. 341) den Seume-Aphorismus:

> Alles, was man in dieser Zeit für seinen Charakter tun kann, ist zu dokumentieren, dass man nicht zur Zeit gehört.

VIII
Die Literatur der Klassik und Romantik 1786–1832

1 Panorama

1.1 „Die Kunstperiode"

Der Begriff der „Kunstperiode" als literaturgeschichtliche Epochenbezeichnung für die Goethezeit verklammert Klassik und Romantik und geht auf Heinrich Heine zurück. Der Autor der *Romantischen Schule* (→ S. 278) sah in der Idee der Kunst den Mittelpunkt der zurückliegenden Jahrzehnte. Er hatte ebenso wie Friedrich Hegel um 1830 das Bewusstsein an einer epochalen Zeitenwende zu stehen. Die Julirevolution in Frankreich beschleunigte diesen Wandlungsprozess. Gleichviel, ob man mit dem Begriff „Goethezeit" auf das Verbindende des Zeitraums abhebt oder die Unterschiede und Gegensätze zwischen Klassik und Romantik herausstellt, entscheidend bleibt der Umstand, dass beide Literaturbewegungen in der Rückschau Gemeinsamkeiten aufweisen, die sie von der nachfolgenden Periode des Biedermeier und des Vormärz grundsätzlich trennen. So hegten Klassik und Frühromantik die tiefe ästhetische Überzeugung von der Autonomie der Kunst. Sie führten die Reflexion über Kunst und Literaturkritik in Verbindung mit der Philosophie des Idealismus auf eine bislang unerreichte Höhe. Schließlich sahen sich ihre Vertreter von der Französischen Revolution herausgefordert. In Publizistik, Ästhetik und Philosophie setzten sie sich mit diesem weltgeschichtlichen Ereignis auseinander und verarbeiteten in vielen ihrer großen Werke die revolutionäre Thematik. Es ist daher sinnvoll ein für beide Strömungen gemeinsames Panorama zu zeichnen.

1.2 Staat und Gesellschaft

Die Französische Revolution war das prägende politische und gesellschaftliche Großereignis der Epoche und beeinflusste weit über die Grenzen Frankreichs hinaus Denken und Handeln der Zeitgenossen. In Deutschland hatte die mächtige Umwälzung anfänglich ein überwiegend zustimmendes Echo gefunden. Die Reaktionen reichten von geradezu euphorischer Begeisterung fast aller Intellektueller (beispielsweise bei Kant, Klopstock, Schiller, Campe, Pestalozzi, Hölderlin, Hegel – eher skeptisch zurückhaltend reagierte dagegen Goethe) über eine zunächst wohlwollende, aber abwartende Einstellung einer politisch interessierten Öffentlichkeit im gebildeten Bürgertum bis hin zum stummen, ungläubigen Staunen breiter Bevölkerungsschichten. Geradezu verschreckt und ablehnend verhielten sich die alten Herrschaftseliten wie Adel und Offiziersstand, empfanden sie doch den Ruf nach Freiheit, Gleichheit und Brüderlichkeit als gefährlichen Angriff auf ihre Privilegien. Wie stark allerdings alle Zeitgenossen von der Problematik bewegt wurden, kommt in zahlreichen literarischen Zeugnissen zum Ausdruck. Die Formen reichen von persönlicher Anteilnahme – etwa den bewegenden Briefen Campes aus Paris oder der stilisierenden Darstellung Goethes *(Campagne in Frankreich* → S. 196) – bis zur kritisch sachlichen Gestaltung eines Matthias Claudius *(Zwischen-Betrachtungen über die Bekanntmachung der Menschenrechte)* oder Christoph Martin Wieland *(Die Französische Republik).* Der anfangs beinahe ausschließlich verehrende Tenor wandelte sich mit Anwachsen des jakobinischen Terrors zunehmend zu einer durchweg ablehnenden Haltung. Den tatsächlichen Umbau auch der deutschen Gesellschaft nach dem Vorbild der französischen Republik mochten nach diesen Erfahrungen nur wenige Autoren propagieren, und dann auch nur halbherzig wie Jean Paul im *Hesperus* (→ S. 215) oder bildreich verschlüsselt wie Friedrich Hölderlin im *Hyperion* (→ S. 218). Außerdem sei

Deutschland, nach Meinung eines Zeitzeugen, „unter allen europäischen Staaten am meisten zu Revolutionen des Geistes, am wenigsten zu politischen aufgelegt.“

Eine Aufbruch- und Umbruchstimmung eigener Art kennzeichnete die politische, wirtschaftliche, soziale und kulturelle Situation in Deutschland an der Wende vom 18. zum 19. Jh. Jene als unüberwindlich geltenden Schranken, die eine überlebte absolutistische Ordnung des Ançien Regime über Jahrhunderte hinweg stabilisiert hatten, zeigten im Prozess grundlegender gesellschaftlicher Veränderungen erstmals Auflösungserscheinungen. Auch wenn die alten Mächte vorläufig nur wankten, sich nach 1815 gar gestärkt etablieren konnten, die Verunsicherung blieb und bestimmte das weitere Vorgehen gegen alle, die es wagten, den Status quo in Frage zu stellen. Im Gefolge jener großen gesamteuropäischen Geistesbewegung, der Aufklärung, und der anhaltenden Zustimmung zu den Ereignissen in Amerika, hatte sich mit Schärfung eines kritischen Bewusstseins demokratisches und republikanisches Denken auch in Deutschland stabilisiert. Kunst und Literatur prägten diese Entwicklung durch Vermittlung der Freiheitsideale maßgeblich mit und profitierten gleichwohl materiell wie ideell erheblich von der daraus resultierenden Bewusstseinsänderung.

Die politische Situation bis zum Wiener Kongress. Das seit dem Ende des Dreißigjährigen Kriegs in Agonie liegende Heilige Römische Reich Deutscher Nation erwies sich um 1800 nur noch als ein morsches Staatsgebäude, das unter den ersten Schlägen Napoleons ohne ernste Gegenwehr in sich zusammenfiel. Dieses Machtvakuum nutzend griff der Kaiser der Franzosen mit seiner Politik ordnend in die Belange Deutschlands ein: Der „Reichdeputationshauptbeschluss“ (1803) entschädigte Preußen und andere Mittelstaaten für ihre Gebietsabtretungen an Frankreich und mit der Gründung des Rheinbundes (1806) baute Napoleon seine Machtposition im Reich weiter aus. Damit schuf er die Voraussetzungen für die völlige Umgestaltung Deutschlands, seine territoriale Neuordnung und die gesellschaftlichen Reformen. Die so entstandenen politischen Realitäten wurden auf dem Wiener Kongress weitgehend bestätigt. Die dort von konservativen Staatstheoretikern propagierte Konzeption von Restauration, Legitimität und Solidarität sollte das politische Denken einer ganzen Generation prägen. An die Stelle napoleonischer Diktatur trat lediglich mit dem Deutschen Bund ein loser Zusammenschluss deutscher Mittel- und Kleinstaaten unter der Führung Österreichs. Der von Krieg und politischer Instabilität gekennzeichnete Zeitraum von 1795 bis 1815 verfestigte die Regionalisierung von Kunst und Literatur und begünstigte damit die Ausbildung lokaler kultureller Zentren wie Berlin, Jena, Weimar, Leipzig, Heidelberg oder Stuttgart. Hier versammelten sich Dichter und Publizisten, Philosophen und Wissenschaftler, Verleger und Buchhändler um aus der räumlichen Enge und oft provinziellen Zurückgezogenheit ihr geistiges Ideengut einer zunehmend größer werdenden Leserschaft im gesamten deutschen Sprachraum zu vermitteln. Nach der schmachvollen Niederlage von Jena und Auerstedt (1806) regte sich vor allem in Preußen unter der Last der verhassten Besatzung ein neues Nationalgefühl, das – vornehmlich von den Romantikern getragen – in der Pflege von Volkslied, Märchen und der Rückbesinnung auf mittelalterliche Heldenepen sowie im Ausbilden einer engagiert politischen Publizistik seinen nachhaltigsten Niederschlag fand.

1.3 Literaturmarkt und Lesekultur

Demografische Entwicklung und „Leserevolution“. Mit dem raschen, auch heute kaum erklärbaren Ansteigen der Bevölkerung – so betrug die Zunahme von 1750 bis 1800 zum Teil 50 %, regional sogar 100 % – war auch der Zwang zu höherer landwirtschaftlicher und gewerblicher Produktion gegeben. Damit bereitete die „demografische Revolution“ der „industriellen Revolution“ maßgeblich den Boden. Das sich hier bereits ankündigende Auftreten der „Arbeiterklasse“ signalisiert zum Ende des 18. Jh. die eigentliche Dimension eines gewaltigen gesellschaftlichen Strukturwandels, dessen wahres Ausmaß erst im späten 19. Jh. spürbar werden sollte. Die Bevölkerungszunahme führte bei einem gleichzeitigen Ansteigen des Bildungsniveaus und einer erheblichen Vermehrung der Buchproduktion – allein in der zweiten Hälfte des 18. Jh. wurden über 110000 Neudrucke gezählt – zu einer zweiten großen „Leserevolution“ in Deutschland. Betroffen von dieser „Verdichtung der öffentlichen Kommunikation“ (Hans-Ulrich Wehler) war auch die gestiegene Zeitungs- und Zeitschriftenlektüre, die zu einem ganz entscheidenden Maße freiheitlich-demokratisches Denken verbreiten half. Es verwundert daher wenig, dass vornehmlich die protestantischen Gebiete mit ihrer toleranten Atmosphäre Zentren der Buch- und Zeitschriftenverlage wurden und auf diese Weise das Wirken bedeutender Verleger ermöglichte: etwa das von Göschen in Leipzig, Nicolai in Berlin oder Cotta in Stuttgart. Dagegen hemmten in rein katholischen Regionen (Süddeutschland und Österreich) überkommene Zensur- und Indexpraktiken die Verbreitung zeitkritischen Gedankenguts.

Sozialer Aufstieg und Lesekultur hingen gegen Ende des 18. Jh. noch eng zusammen. Im Bereich von Gewerbe und Handel erwiesen sich die ökonomischen Veränderungen nicht weniger revolutionär als die in Staat und Gesellschaft. Im ländlichen Heimgewerbe, dem Verlagssystem, dem Handwerk und dem Manufakturwesen kam es zu überdurchschnittlichen Wachstumsraten. Das Wissen um die eigene Bedeutung führte bei den Vertretern der neu aufsteigenden Schichten langfristig nicht nur zur politischen Durchsetzung von mehr Rechtssicherheit und Rechtsgleichheit („Gewerbefreiheit“), sondern auch zur nicht weniger bedeutsamen sozialen Rangerhöhung breiter Bevölkerungskreise („Besitzbürgertum“) mit wichtigen Folgen für das politische und kulturelle Leben der Zeit. So konnten etwa städtische Geschäftsleute und Handwerker gleichberechtigt mit anderen Vertretern des gebildeten Bürgertums (Beamte, Offiziere und Akademiker) in den weitverbreiteten Lesegesellschaften des ausgehenden 18. Jh. zum einen ihren Lesehunger durch die zahlreich abonnierten Zeitungen und Zeitschriften, die verfügbaren Nachschlagewerke, Sachbücher und belletristischen Texte stillen, zum anderen bot sich ihnen in diesen Lektürekabinetten als nicht-öffentlichen Salons reichlich Gelegenheit zu freier, geistiger Auseinandersetzung. Die Lesesozietäten waren damit immer auch ein „Forum politischer Bildung“ (Hans-Ulrich Wehler).

Auf dem Buchmarkt sah die Lage weit weniger günstig aus. Trotz wirtschaftlichen Aufschwungs und rasant gestiegener Bücherproduktion bezifferten sich die durchschnittlichen Auflagenzahlen selbst erfolgreicher Werke auf höchstens 4000 Exemplare. Bücher waren an der Schwelle vom 18. zum 19. Jh. für den Einzelnen noch immer ein kaum erschwinglicher Luxusartikel, der häufig genug nur in der Gemeinschaft angeschafft und gelesen werden konnte. So hatte schätzungsweise jedes Buch an die zwanzig Leser. Die deutlich billigeren Zeitungen und Journale verteilten sich dagegen auf mindestens zehn interessierte Rezipienten. Die Konsequenzen für die Autoren sind offensichtlich. Selbst bei produktivster Arbeit und günstigstem Honorar konnte angesichts dieser niedrigen Verkaufszahlen kaum einer der rund 10 000 Schriftsteller, die es im Jahre 1800 in Deutschland gegeben haben mag, existieren. Das Risiko eines Jean Paul, Georg Forster oder Joseph Görres allein vom Erlös der literarischen oder journalistischen „Produktion“ zu leben gingen deshalb nur die wenigsten ein. Sichere Beamtenposten, erschmeichelte Mäzenatenrenten oder schlichte Hauslehrerstellen („Hofmeister“) bildeten oft genug den finanziellen Rückhalt ihrer jammervollen Existenz als Autor.

2 Die Literatur der Klassik

2.1 Sozialgeschichtliche Voraussetzungen

Die Voraussetzungen einer Klassik. Klassische Epochen setzen eine entwickelte Gesellschaft mit einem „Maximum an Bildung“ (Herder) voraus, fordern eine große Reife des Geistes, ein historisches Bewusstsein, eine differenzierte Sprache, in der sich die geistigen Regungen nuancenreich aussprechen lassen. „Der klassische Dichter erschöpft nicht die Form allein, sondern die Sprache seiner Zeit“ (T. S. Eliot).

Solche Perioden sind das Ergebnis einer langen kulturellen Entwicklung; ihr geistig-künstlerisches Leben wird vielfach entscheidend geprägt durch eine Orientierung an der als vorbildlich angesehenen Antike. Goethe meinte: „Ein klassischer Nationalautor kann nur entstehen, wenn er in der Geschichte seiner Nation große Begebenheiten und ihre Folgen in einer glücklichen und bedeutenden Einheit vorfindet; wenn er in der Gesinnung seiner Landsleute Größe und Tiefe und in ihren Handlungen Stärke und Konsequenz nicht vermisst … wenn er die Nation auf einem hohen Grade der Kultur findet, dass ihm die eigene Bildung leicht wird." Diese Voraussetzungen sind in der Geschichte der Literatur nur selten gegeben. Im Rom des augusteischen Zeitalters war Vergil der große Vertreter der Klassik, im Frankreich Ludwigs XIV. waren es Corneille und Racine.

Aber die Verbindung von staatlicher Größe und Macht mit einer urbanen Kultur ist nicht die einzige Entstehungsbedingung einer Klassik. Die tiefsten Werke der Weltliteratur wurden häufig in Zeiten nationaler Ohnmacht, innerer Zerrissenheit und politischen Niedergangs geschrieben: Im niedergehenden Athen entstand Euripides' *Iphigenie* und Platons *Staat.* Im 14. Jh. schrieb im machtpolitisch zerrissenen Italien Dante seine *Divina Commedia,* im Spanien des 17. Jh. wirkten Calderon und Cervantes, nachdem das Goldene Zeitalter mit Philipp II. zu Ende gegangen war. Auch für das Deutschland des 18. Jh. gilt Nietzsches Wort: „Die Kultur verdankt das Allerhöchste den politisch geschwächten Zeiten."

Wie hemmend sich die deutschen Verhältnisse auf das literarische Leben auswirkten, sah keiner schärfer und illusionsloser als Goethe: „Nirgends in Deutschland ist ein Mittelpunkt gesellschaftlicher Lebensbildung, wo sich Schriftsteller zusammenfinden und nach einer Art in einem Sinne, jeder in seinem Fach sich ausbilden könnten. Zerstreut geboren, höchst verschieden erzogen, meist nur sich und den Eindrücken ganz verschiedener Verhältnisse überlassen, von der Vorliebe für dieses oder jenes Beispiel einheimischer oder fremder Literatur hingerissen, … immer wieder irre gemacht durch ein Publikum ohne Geschmack, das das Schlechte nach dem Guten mit ebendemselben Vergnügen verschlingt."

Weimar, literarische Hauptstadt Deutschlands. Es war daher eine der wenigen Sternstunden unserer Literatur, als im weimarischen Zwergstaat mit seinen 106 000 Einwohnern und der kleinen Residenzstadt von 6000 Bürgern ein literarisches Zentrum von Weltgeltung entstand, das, „ein Mittelding zwischen Dorf und Hofstadt" (Herder), sich mit den Metropolen London (800 000 Einwohner), Paris (670 000), Wien (240 000) und Berlin (170 000) keinesfalls vergleichen konnte.

„Weimar war etwas Einmaliges und Außerordentliches in der Geschichte der europäischen Kultur und eine sehr deutsche Gründung: die geistige Hauptstadt einer Nation, der keine politische beschert war. Denn weder am geistigen Vorrang noch an der nationalen Bedeutung dieses Ortes zu dieser Zeit ist zu zweifeln" (G. Schulz).

Es war das Werk einer mutigen, feingebildeten Frau. ANNA AMALIA (1739–1807), Prinzessin von Braunschweig-Wolfenbüttel, hatte 1756 Ernst Augustin Constantin von Weimar geheiratet. Doch nach zwei Jahren starb der Herzog, sodass sie die Regentschaft bis zur Volljährigkeit ihres ältesten Sohnes Karl August übernehmen musste. Die Herzogin berief Wieland als Erzieher an ihren Hof (→ S. 139) und erwies sich als umsichtige, tatkräftige Herrscherin. Sie zog Talente in ihre Umgebung und schuf einen Treffpunkt für die Begegnung selbstbewusster bürgerlicher Schriftsteller mit der urbanen aristokratischen Gesellschaft. „Ein liberal gesinnter Hof suchte dort die Gesellschaft der Schriftsteller und die Literatur gewann ungemein durch den Einfluss des guten Geschmacks, der an diesem Hofe herrschte" (Madame de Staël). Ihr Sohn Karl August, der 1775 das Herrscheramt antrat, blieb ein halbes Jahrhundert lang der Schutzherr dieses Musenhofes und sicherte dadurch die Kontinuität des regen Geisteslebens. Der junge Herzog berief im gleichen Jahr Goethe an seinen Hof. Wieland sorgte mit seinem *Teutschen Merkur* für einen hohen Bekanntheitsgrad der Residenzstadt. 1776 übernahm Herder sein hohes Kirchenamt, 1799 zog Schiller in die Stadt an der Ilm. Aus dem engen Zusammenleben bürgerlicher Intellektueller mit der höfischen Aristokratie ergab sich eine „Verhöflichung bürgerlicher Menschen" und eine Verbürgerlichung des höfischen Adels. Unbestritten war die kulturelle Führungsrolle der Frauen. Auch nach ihrer Abdankung blieb die Herzoginmutter weiterhin der geistige und künstlerische Mittelpunkt der aufblühenden Residenz. Erst im Umgang mit der gebildeten, aufgeklärten Hofgesellschaft, vor allem den sozial höher gestellten Frauen, erwarben sich die Dichter jenen starken Sinn für verfeinerte Lebenssitten, für den Takt, für das urbane Gespräch, für die Selbstüberwindung und Selbstzucht, ohne die auch das Humanitätsideal nicht so stark hervorgetreten wäre. In der Schule dieser Frauen wurden sie Zöglinge der Hofkultur („Willst Du genau erfahren, was sich ziemt, so frage nur bei edlen Frauen an", *Tasso*). Sophie von La Roche öffnete Wieland die Welt des Salons, Charlotte von Kalb wirkte entscheidend auf Schiller, Frau von Stein „erzog" Goethe.

Das Umfeld der Weimarer Klassik umfasste mehr als Hof und Hofgesellschaft. Zahlreiche Schriftsteller lebten in Weimar und leisteten ihren Beitrag zur Entfaltung der neuen Ideen. Wielands umfangreiche Romane und seine Herausgebertätigkeit sowie Herders Humanitätsphilosophie sind aus der literarischen Diskussion nicht wegzudenken. Jena, die Universitätsstadt des Herzogtums Sachsen-Weimar-Eisenach, war in diesem Jahrzehnt die Hauptstadt des „philosophischen Zeitalters" (→ S. 230). Die berühmten Philosophen des deutschen Idealismus entfalteten ihre Lehrtätigkeit. Johann Gottlob Fichte begeisterte die Studenten in den Jahren zwischen 1794 und 1799, Friedrich Wilhelm Schelling war von Goethe nach Jena geholt worden und unterrichtete von 1798 bis 1803. Georg Friedrich Hegel lehrte von 1801 bis 1806 und vollendete seine *Phänomenologie des Geistes,* als die Schlacht von Jena und Auerstedt im Oktober 1806 tobte. Auch die Naturwissenschaftler der Universität gehörten zum produktiven Umfeld Goethes.

Das Weimar nach Goethes Tod (1832) behielt seine kulturelle Bedeutung. Der berühmte ungarisch-deutsche Komponist Franz Lizst (1811 bis 1886) wurde Hofkapellmeister und sicherte der Goethe-Stadt noch einmal Weltgeltung.

Mittelpunkt des geselligen Lebens war der Hof der kleinen Residenzstadt, der auch die Maßstäbe setzte. Die Standesschranken lockerte erst die Herzoginmutter. Sie wollte auf einen geistig und künstlerisch aufgeschlossenen Kreis nicht verzichten. Die von Georg Melchior Kraus (1733–1806) 1795 im Aquarell festgehaltene Tafelrunde zeigt (dritter von links) Goethe, dann Einsiedel, Kammerherr der Herzogin, Herzogin Anna Amalia, ganz rechts Herder. Das Aquarell ist eine liebenswürdige Hommage an die aristokratische Initiatorin. Ein so unverdächtiger Zeuge wie Seume (→ S. 177) äußerte 1810 über die ***Abendgesellschaften in Weimar****: „Solche sokratische Zirkel sind wohl selten gefeiert worden, werde ich wohl nie wieder feiern wie bei der Herzoginmutter, wo Anmut und Würde, Heiterkeit und Ernst, Witz und Laune, Sitte und Anstand, Kenntnis ohne Schulstaub und Scherze ohne bittern Stachel in der kleinen Gesellschaft herrschten. Wer das Glück gehabt hat, daran Anteil zu nehmen, spricht davon als den schönsten Stunden seines Lebens; zu den schönsten des meinigen gehören sie gewiss."*

Auch Richard Wagner und Richard Strauss setzten die musikalische Tradition Weimars fort. 1860 wurde eine Kunstschule ins Leben gerufen, 1902 arbeitete dort der belgische Jugendstilarchitekt van der Velde, 1919 wurde das Bauhaus gegründet, das nach zwei Jahren nach Dessau übersiedelte. 1919 tagte die Nationalversammlung in der Stadt der deutschen Klassik, die in Erinnerung an das geistige Vermächtnis Weimars die Verfassung der ersten deutschen Demokratie ausarbeitete, an dem denkwürdigen Ort, an dem Großherzog Karl August 1816 als erster deutscher Fürst eine landständische Verfassung gegeben hatte. Der Absturz in die Barbarei erfolgte, als die Nazis 1936 im Marstall neben dem Schloss die Gestapo-Leitstelle unterbrachten und 1937 das Konzentrationslager Buchenwald in der Nähe Weimars errichteten. Nach dem Krieg benutzte der sowjetische Geheimdienst NKWD beide Einrichtungen noch einige Jahre für seine Zwecke. Weimar ist d e r symbolische Ort der deutschen Geschichte, der die Nachlässe der höchsten Kultur und des grausamsten Terrors beherbergt. Den jungen spanischen Häftling JORGE SEMPRUN (1923), dem späteren Schriftsteller, Kultusminister und Friedenspreisträger des deutschen Buchhandels 1994, war Goethes Werk in den dunklen Tagen seiner Haft stets gegenwärtig. In mehreren Büchern, zuletzt in dem Stück *Bleiche Mutter, zarte Schwester* (1995), setzt er sich mit seinen Buchenwalder Erfahrungen auseinander. Im Rückblick sieht er in Deutschland „das einzige europäische Land, das die verheerenden Auswirkungen der beiden totalitären Unternehmungen des 20. Jh. hat erleben, durchleiden, auch kritisch auf sich nehmen müssen."

2.2 Grundzüge der Weimarer Klassik

Klassizismus und Klassik sind zwei bedeutungsverwandte, doch verschiedene Begriffe. Unter Klassizismus verstehen wir jene Strömung in den europäischen Nationalliteraturen, die an die absolute Vorbildhaftigkeit der Antike glaubt und in der Nachahmung antiker Muster zur Gestaltung der eigenen Lebensprobleme gelangen will. Daher wertet der Klassizismus bewusst und systematisch antike Stoffe, Motive, Stile und Gattungen als literarische Vorbilder aus. Im Mittelpunkt seiner Ästhetik steht die Forderung der Nachahmung der Natur (Mimesis), das heißt der Darstellung der „allgemeinen Natur", ihrer Gesetze und Ordnungen, also des Typischen, Universalen und Immergültigen. Diese Auffassung geht von der Annahme einer gleichbleibenden geistig-seelischen Struktur des Menschen aus. Für den Klassizismus ist die Welt ein Kosmos, ein sinnvoll geordnetes Ganzes. Als Klassik bezeichnen wir dagegen literarische Epochen, in denen Dichter als Repräsentanten einer kultivierten Gesellschaft vollendete Werke schaffen, die für den Geist eines Volkes typisch sind. Klassische Zeitalter können sich an der Antike orientieren, dann folgen sie klassizistischen Grundsätzen. Insofern stehen Klassizismus und Klassik gegen den Manierismus, der in Zeiten des Umbruchs dem Zustand der Entfremdung und des problematischen Verhältnisses zum eigenen Ich mit antiklassischen Ausdrucksformen begegnet (→ S. 102). Aber eine Klassik erschöpft sich nicht im Klassizismus; ihre schöpferischen Impulse führen darüber hinaus.

Weltbürgertum. In der eigentlich klassischen Periode, die nur zwei Jahrzehnte (1785–1805) dauerte, schufen die Klassiker ihr Reich des Geistes und des schönen Scheins im scharfen Gegensatz zur kleinstaatlichen Alltagsrealität. „Indem das politische Reich wankt", sagte Schiller, „hat das geistige sich immer fester und vollkommener gebildet. Dieses Reich blüht in Deutschland, es ist in vollem Wachsen, und mitten unter gotischen Ruinen einer alten barbarischen Verfassung bildet sich das Lebendige aus." Sie kannten nicht das nationale Pathos des kommenden Jahrhunderts, das durch die Befreiungskriege entfacht wurde, da für sie das politische Vaterland in Wirklichkeit mit dem Duodezfürstentum identisch war. Patriotismus bezeichnete Lessing als eine „heroische Schwachheit", und Goethe riet seinen Landsleuten: „Zur Nation euch zu bilden, ihr hofft es, Deutsche vergebens; bildet, ihr könnt es, dafür freier zu Menschen euch aus!" Nüchtern, realistisch, nicht unpolitisch, aber kleinstaatlich dachten sie. So forderten sie den humanen Weltbürger, der nicht an ein Vaterland gebunden ist. Es war eine Idee der Aufklärung, die sie jetzt mit dem ganzen erzieherischen Ethos dieser Bewegung zu verwirklichen strebten.

Ihr Denken und Dichten war gemeineuropäisch orientiert. Sie vertraten einen „ausgesprochenen Gesinnungskosmopolitismus" (Th. Mann). Die

Kunst hatte nach ihrer Überzeugung über die Nation hinweg eine Brücke von der Provinz zur „Welt“ zu schlagen. Durch eine reiche Übersetzertätigkeit hatten sie ihre Weltbedürftigkeit überwunden. In ihren Dichtungen griffen sie auf europäische Stoffe zurück. Nicht „Pfarrer, Kommerzienräte, Fähndriche, Sekretärs und Husarenmajors“ wie ihre Zeitgenossen Iffland und Kotzebue stellten sie auf die Bühne, sondern Tasso, Iphigenie, Faust, Don Carlos, Wallenstein und Demetrius.(→ S. 202, Europ. Horizont).

Das Streben nach Humanität (*humanitas* „Menschheit, Menschlichkeit, Menschenwürde“) beruht auf dem Versuch, aus der Erkenntnis des Wesens des Menschen die Frage nach einer sinnerfüllten Lebensgestaltung zu beantworten. Das Zeitalter der Vernunft hatte die Bausteine für die Humanitätsidee der Klassik geliefert: Die Aufklärung verhalf der Menschenwürde und den Menschenrechten zum Durchbruch, forderte die freie Selbstbestimmung (Kants Autonomie) sowie Toleranz (Lessings *Ringparabel*). Die Genieauffassung des Sturm und Drang (prometheisches Motiv) führte zur Rangerhöhung des schöpferischen Menschen, die von Herder entdeckte Geschichtlichkeit förderte den Sinn für die Einmaligkeit der menschlichen Existenz und das neue Literatur- und Sprachverständnis schärfte den Blick für gestalterische Fähigkeiten. Schließlich wurde die griechische Kunst zum absoluten Vorbild erklärt (Winkelmann). Die klassische Idee der Humanität integrierte diese Einsichten und forderte die Anerkennung des Mitmenschen in seinem Anderssein sowie die Achtung vor anderen Nationen und Kulturen. Sie erblickte in der vollen Entwicklung aller Fähigkeiten des Menschen zu einem harmonischen Ganzen das höchste Ziel eines sinnvollen Lebens, und zwar mit Hilfe von Bildung und Kunst (ästhetische Humanität). Die Klassiker vertraten dieses Ziel in ihren Werken, aber sie wussten auch, dass Menschlichkeit wegen unserer Grundbeschaffenheit nicht leicht zu verwirklichen ist. Groß sind die Gefährdungen von außen und in unserem Innern. Humanität bleibt also eine utopische Forderung. Es war ihre Absicht nach dieser Idee „mit anhaltender Wachsamkeit“ (Schiller) zu streben, aber im Bewusstsein sie bei aller Anstrengung nie ganz erreichen zu können. Skeptisch äußert sich Schillers Demetrius: „In einer Lüge bin ich gefangen, zerfallen bin ich mit mir selbst! Ich bin ein Feind der Menschen, ich und die Wahrheit sind geschieden auf ewig!“ Und Kant meint illusionslos: „Aus so krummem Holz, als woraus der Mensch gemacht ist, kann nichts ganz Gerades gezimmert werden.“ Doch sie glaubten an die Erziehungsmacht der Kunst.

Die ästhetische Autonomie. Seit Luther war die Welt der Kunst zurückgedrängt, von theologischer Auseinandersetzung überschattet, in ihrem Eigenrecht zumindest eingeschränkt worden. Je mehr sich im 18. Jh. das protestantische Geistesleben theologischer Bevormundung entzog, in Aufklärung und Pietismus seine geistigen Energien entfaltete, desto mehr wurde das Schöne in seinem Eigenwert wieder eingesetzt. Die Aufklärung verwendete es noch moralisch-belehrend, das Rokoko schon als souveränes Formenspiel, der Sturm und Drang betrachtete es als sein eigentliches Organ des Weltverständnisses. In der Klassik gewann die Kunst ihre volle Autonomie. Schon Moritz hatte in seinem Manifest die neue Kunstanschauung mit der Vorstellung des „In-sich-selbst-Vollendeten“ vertreten. Alle zweckgerichteten Funktionen der Kunst werden verworfen. Schiller entwickelte seine ästhetische Theorie, in der er der Kunst die Aufgabe zuweist gegen die Selbstentfremdung des Menschen zu wirken. Kant rechtfertigte philosophisch ihren Autonomieanspruch und Goethe war davon überzeugt, dass das vollkommene Kunstwerk uns unsere Willkür nimmt. „Wir können nicht schalten und walten, wie wir wollen, wir sind genötigt uns ihm hinzugeben um uns selbst von ihm, erhöht und verbessert, wieder zu erhalten.“ Statt einer moralischen Wirkung vermittelt es uns eine „höhere Existenz“.
Diese Autonomie-Auffassung der Kunst ist letzten Endes auch als Reaktion auf den Verlust ihrer magisch-religiösen Funktion zu verstehen. Mit diesen Vorstellungen begründete die Klassik die moderne Kunsttheorie. In der Gegenwart vertritt der Philosoph THEODOR W. ADORNO (1903–1969) in seiner *Ästhetischen Theorie* (1970) die Auffassung, erst im autonomen Werk beziehe Kunst eine Gegenposition zur Gesellschaft, die sie jenseits aller affirmativen Zwecke durch ihr bloßes Dasein kritisiere.

Die ästhetische Erziehung löste jetzt die religiös-moralische ab. Die Totalität des Menschen sollte durch die Erziehung zur „schönen Humanität" wiederhergestellt, der Ausgleich sich widerstreitender Triebe durch die Kunst erreicht werden. Bildung bedeutete eine allseitige Vervollkommnung des Menschen. Goethes Bildungsroman *Wilhelm Meisters Lehrjahre* (→S. 198) entwirft das individualutopische Modell einer ganzheitlichen Erziehung. Der neuhumanistische Bildungsbegriff mit dem Ziel der ständigen Selbstvervollkommnung des Menschen unterscheidet sich von dem Bildungs- und Kulturbegriff der Aufklärung, der noch die individuelle Tätigkeit mit der gesellschaftlichen verbindet. Nun aber wurde eine Kultur- und Bildungsvorstellung entwickelt, welche die deutsche bürgerliche Mentalität des nächsten Jahrhunderts bestimmte: Die praktisch-gesellschaftlichen Elemente wurden abgewertet, Aspekte wie Nützlichkeit, gesellschaftliche Wohlfahrt und Glückseligkeit ausgeschieden zugunsten von Zweckfreiheit und Individualität, die ins Zentrum kultureller Bemühungen rückten. Es war die allgemeine Anschauung der Klassiker, dass erst der Mensch geändert werden müsse, ehe man staatliche Verhältnisse erfolgreich ändern könne. Das war ihre Antwort auf die Französische Revolution.
Dieses Konzept diente dem Theoretiker wie Praktiker des neuen Bildungsideals Wilhelm von Humboldt zu seiner Bildungsreform. Der Neuhumanismus erblickt im antiken Griechenland das Modell einer geglückten Selbstvervollkommnung des sittlichen und geistigen Menschen. Dieses Griechenbild mit Vorbildcharakter (Wieland, Winckelmann) diente den deutschen Intellektuellen dazu, das Nützlichkeitsdenken des spätabsolutistischen Staates abzulehnen und die wirtschaftlichen Ambitionen des Bürgertums zu verachten. Sie setzten auf eine Reform der Verhältnisse durch Bildung. Die Reform des Bildungswesen im Sinne des Neuhumanismus in der Ära der preußischen Reformen institutionalisierte dieses Konzept in den Gymnasien und an den Universitäten. Die Emanzipationsansprüche reduzierten sich auf Forderung nach akademischer Freiheit, die allerdings mit der grundsätzlichen Anerkennung der politischen Unfreiheit erkauft wurde. Der aus dieser Strömung hervorgegangene elitäre Kulturbegriff, der nur Kunst und Wissenschaft umfasst, aber den praktischen und politischen Bereich ausklammert, ist typisch für die deutsche Geistesgeschichte der folgenden Zeit.

Die Dichtungsauffassung der Weimarer Klassik beruht auf einer tiefen Menschen- und Weltgläubigkeit. Sie ist überzeugt von der formschaffenden Kraft des Geistes, der die Erscheinungen souverän meistert, und sie glaubt an die Geistdurchwirktheit der Natur. Das Äußere ist für sie nur Erscheinung eines geistbestimmten Innern. Das Kunstwerk ist seiner ganzen Organisation nach urverwandt mit den Werken der Natur. „Das Schöne ist eine Manifestation geheimer Naturgesetze, die uns ohne dessen Erscheinung ewig wären verborgen geblieben" (Goethe). Da aber eine Verwandtschaft zwischen Natur und Kunst besteht, die Kunst analog der Natur verfährt (Organismusästhetik), werden in ihr auch die tieferen Lebensgeheimnisse erfassbar.
Nicht eine Idee in Bilder zu kleiden, zum Allgemeinen das Besondere zu suchen, also allegorisch zu verfahren, sondern die Idee, den Gehalt anschaulich zu vermitteln, in sinnlicher Gestalt zu vergegenwärtigen, im Besonderen das Allgemeine zu schauen, ist daher die vornehmste Aufgabe des Dichters. Das geschieht im Symbol. In ihm fallen Idee und Erscheinung zusammen, werden als Einheit erlebt. Das Symbol ist „ein in einem geistigen Spiegel zusammengezogenes Bild und doch mit dem Gegenstand identisch" (Goethe). Das Schöne ist ein Urphänomen, das sich allenthalben manifestiert, ohne je in Erscheinung zu treten.
Der klassische Dichter glaubt an die Verankerung der Kunst in der Dingwelt. „Der Stil ruht", so sagt Goethe, „auf dem Wesen der Dinge, insofern es erlaubt ist, in sichtbaren und greiflichen Gestalten zu erkennen." Da die Klassik das gebrochene Weltverhältnis des Manierismus nicht kennt, verpönt sie auch das Individuelle, Ironische, Verstiegene, Virtuose, Fantastische. Sie entwickelt ein strenges Ethos der Form und sucht das Wesentliche, Richtige, Allgemeingültige, das Gattungs- und Gesetzmäßige der Formen.

Die Sprache der Weimarer Klassiker ist ohne die Entfaltung des Deutschen zur hohen, differenzierten Literatursprache im 18. Jh. nicht denkbar.

Alle bedeutenden Autoren hatten an ihrer Erweiterung, Verfeinerung und Rhythmisierung gearbeitet. Goethe wusste genau um diese Leistung: „Die deutsche Sprache ist auf einen so hohen Grad der Ausbildung gelangt, dass einem Jeden gegeben ist, sowohl in Prosa als auch in Rhythmen und Reimen sich dem Gegenstande wie der Empfindung gemäß nach seinem Vermögen glücklich auszudrücken." (1784 im *Teutschen Merkur*). Diese Literatursprache war nicht aus der Gesellschaft erwachsen, sondern die Dichter hatten sie geschaffen. Es war eine feine Kunstsprache, die erst in ihren klassischen Schöpfungen im 19. Jh. auf das Bürgertum wirkte.

Das klassische Ethos der Form bestimmte auch den Sprachgebrauch: Die Wirklichkeit wird nicht mehr naturalistisch und charakteristisch wiedergegeben, sondern wird gefiltert. Umgangssprachliche Wendungen scheiden aus, Dialektformen werden verbannt, alles Individuelle ist verpönt, alles Subjektive wird gedämpft. Am klarsten zeigen sich diese stilisierenden Tendenzen in den Dramen: An die Stelle der ungebundenen tritt die gebundene Sprache. Der aus der englischen Literatur übernommene Blankvers (→ S. 136), ein fünffüßiger, reimloser Jambus, wird zum gebräuchlichsten Vers des klassischen Dramas. Er steigert die rhythmische Form, reinigt den Stoff („Alles Poetische sollte rhythmisch behandelt werden", Goethe). Die typisierende Sprache hebt alles auf eine gleichmäßig distanzierende Ebene, eine sentenziöse, reflektierende Diktion ist den Dramen eigen. Auch in der Lyrik strebt die Klassik nach festen Formen: Sie bevorzugt die Distichenelegie. In der Prosa wird der Satzbau rhythmisch-symmetrisch durchgegliedert, die Syntax vereinfacht, zu durchsichtiger Klarheit stilisiert, ein ethisch normativer Wortschatz herrscht vor.

Die Entfaltung der Weimarer Klassik vollzog sich in einer zehnjährigen Friedenszeit. Diese ermöglichte der Sonderfriede zu Basel (1795), in dem Frankreich und Preußen die volle Neutralität Norddeutschlands vereinbart hatten. Von dem Abkommen profitierte auch das Herzogtum Weimar. Zu jener Zeit hatten Goethe und Schiller ihre ästhetischen und politischen Überzeugungen auf Grund verschiedener Erfahrungen so weit angenähert, dass es zu einer produktiven Zusammenarbeit kommen konnte (→ S. 201). Freilich wären ihre klassischen Schöpfungen ohne die Begegnung mit der europäischen Literatur des 18. Jh. schwerlich denkbar. Sie gewannen vor allem durch zwei Männer ein größeres Selbstbewusstsein und eine klarere Erkenntnis ihrer eigenen künstlerischen Absichten. Für Goethe war es Winckelmann, für Schiller Kant. Diese Anreger vertraten die Kräfte, welche die Weimarer Klassik mitbestimmten: die Antike und den deutschen Idealismus.

2.3 Johann Joachim Winckelmann – „edle Einfalt und stille Größe"

Paradigmawechsel. Vom Mittelalter bis zur Aufklärung diente vornehmlich die römische Literatur als Stoffquelle und verpflichtendes literarisches Vorbild und im 18. Jh. die französische Klassik als nachahmenswertes Modell. Die Hinwendung zum Griechentum entsprang der Ablehnung der Kunst des Barock und des Rokoko, die während der Aufklärungszeit als künstlerische Ausdrucksformen der absolutistischen Hofkultur in Musik und bildender Kunst ihre glänzendsten Triumphe feierten, waren doch Musiker und Künstler noch fest an die höfischen Machtzentren gebunden. Zu Rousseaus Protest gegen die verbildete Gesellschaft und Herders Begeisterung für die Volksdichtung gesellte sich Winckelmanns Forderung: „Der einzige Weg für uns, groß, ja wenn es möglich ist, unnachahmlich zu werden, ist die Nachahmung der Alten … sonderlich der Griechen." Mit dieser berühmten Emanzipationsformel erfolgte die Absage an die ästhetischen Muster der Franzosen und Römer. Nur durch die Nachahmung der Alten ist nach Winckelmanns Überzeugung eine Neuschöpfung aus ihrem Geiste möglich.

Leben. Winckelmann wurde 1717 als Sohn eines Flickschusters in Stendal in der Altmark geboren. Aufgewachsen ist er in unsäglich kümmerlichen und drückenden Verhältnissen. Er besuchte das Gymnasium in Berlin und studierte Theologie in Halle, Medizin in Jena. Dann schlug er sich als Hauslehrer und Kopist durch. Er war „dreißig Jahre alt geworden, ohne irgendeine Gunst des Schicksals genossen zu haben" (Goethe). Da erhielt er die Stelle eines Sekretärs beim Grafen Bünau in Nötnitz bei Dresden. Es war der Wendepunkt in seinem Leben. Jetzt verkehrte er im

Milieu der Dresdner Künstler und beim Nuntius Archetto. Schließlich trat er zum katholischen Glauben über. Noch während des Dresdner Aufenthalts verfasste er seine epochemachende Erstlingsschrift *Gedanken über die Nachahmung der griechischen Werke in der Malerei und Bildhauerkunst* (1755), die bereits im Kern seine Kunstanschauung enthält und das entscheidende Dokument des aufkommenden europäischen Neoklassizismus darstellt. Winckelmann beschäftigte sich mit der Kunst um des Kunstwerks, mit der Schönheit um der Schönheit willen. Mit Unterstützung des sächsischen Hofes ging er nach Rom. Dort wurde er Sekretär des Kardinals Albani, seines Gönners und Schutzherrn, bald Präsident der päpstlichen Altertumsverwaltung und Kunstführer deutscher adliger Besucher. Doch inmitten des römischen Pomps und Glanzes blieb er sich treu. „Ich habe die Armut geheiratet, die Mutter der Freiheit, und ich hoffe, dass diese Ehe bis ans Ende dauern wird." 1768 unterbrach er eine Reise nach Deutschland und kehrte über Wien, Venedig nach Rom zurück. In Triest wurde er von einem Raubmörder erstochen.

Der Neuentdecker der griechischen Kunst. Winckelmann hasste die engen Lebensverhältnisse seiner norddeutschen Heimat, die barbarische Schultheologie, die geisttötende Krähwinkelei. Das Barock mit seinen wilden Gesten, ausladenden und lauten Gebärden, lehnte er ab. Besonders wandte er sich gegen Werke des italienischen Barockkünstlers BERNINI und dessen Darstellung der Figuren in ihrem leidenschaftlichen Zustand. „Sie verlangen eine Seele in ihren Figuren, die wie ein Komet aus ihrem Kreise weicht." Seine fast mit religiöser Inbrunst gesuchte Welt der Griechen lieferte ein Gegenbild zur zerrissenen Gegenwart. Winckelmann suchte die Einfachheit, eine Welt des reinen Maßes, der Harmonie und Proportionen. Er war hingerissen von der Schönheit der griechischen Plastik. „Die Statue des Apollo ist das höchste Ideal der Kunst unter allen Werken des Altertums, welche der Zerstörung entgangen sind." Als Erster erklärte er Kunstwerke aus den historischen Lebensbedingungen und dem Charakter der Griechen. Er schaute, beobachtete und drang in die Geheimnisse der Form ein. Das Sehen wurde ihm zur Grundlage seines Kunsterlebens. „Ich habe alles, was ich zum Beweis angeführt habe, selbst und vielmals gesehen und betrachten können." So schuf er das für die Kunst- und Geistesgeschichte bahnbrechende Werk *Geschichte der Kunst des Altertums* (1764), in dem er das Wesen der griechischen Kunst darstellte, das er in der einzigartigen Verbindung von sinnlicher Anschauung und sittlichen Maßstäben erblickte.

*Der **Apoll von Belvedere** – hier die römische Kopie des griechischen Originals um 330/20 v. Chr. – stellt einen Jüngling von makelloser Schönheit dar. Der jugendliche Körper verharrt in Bewegung. Winckelmann bemerkt in seiner „Geschichte der Kunst des Altertums" zu dieser Gestalt: „Von der Höhe seiner Genugsamkeit gehet sein erhabener Blick, wie ins Unendliche, weit über seinen Sieg hinaus, Verachtung sitzet auf seinen Lippen, und der Unmut, welchen er in sich ziehet, blähet sich in den Nüstern seiner Nase und tritt bis in die stolze Stirn hinauf."*

Winckelmann erhob die antike Kunst, und zwar die Plastik, zum allein gültigen Vorbild: „Das allgemeine vorzügliche Kennzeichen der griechischen Meisterstücke ist eine edle Einfalt und stille Größe, sowohl in der Stellung als im Ausdrucke. So wie die Tiefe des Meeres allezeit ruhig bleibt, die Oberfläche mag noch so wüten, ebenso zeigt der Ausdruck in den Figuren der Griechen bei allen Leidenschaften eine große und gesetzte Seele." Die „edle Einfalt und stille Größe" waren Ausdruck eines Seelenzustandes, der frei und selbstständig denkende Mensch der Gegenstand der Kunst. Diesem Idealbild eines freien Menschen entsprach die „große und gesetzte Seele", die in ihrer letzten Tiefe ruhig bleibt. Es ist das Bild einer Harmonie von „schöner Seele" und schönem Körper bei Menschen, die im errungenen Einklang mit sich selbst und der Welt leben.

Tief war die Wirkung dieser neuen Griechensicht auf die Klassiker. Was Goethe auf seiner Italienreise entgegenkam, waren die griechischen Kunstwerke, die sich an die „gebildete Sinnlichkeit" wandten. In seinem klassischen Manifest, dem Essay *Winckelmann* (1805), würdigte er die geniale Leistung dieses klassizistischen Theoretikers, mit dem er die Auffassung vertrat, dass nur das Sinnlich-Höchste auch das Sittlich-Höchste verkörpere.

2.4 Immanuel Kant – Revolutionär des philosophischen Bewusstseins

Das gesamte Geistesleben der Klassik und Romantik wäre ohne den Königsberger Philosophen nicht denkbar. Kant überwand das Weltbild der Aufklärung und wurde zum Begründer des deutschen Idealismus, jener philosophischen Strömung, die die Erscheinungswelt als Produkt des Geistes auffasst. Die großen Philosophen des 19. Jh. lebten von der Auseinandersetzung und Weiterentwicklung der Kant'schen Ideen: Fichtes Wissenschaftslehre (→ S. 229) ebenso wie Schellings Identitätsphilosophie, Hegels Lehre vom objektiven Geist wie Schopenhauers Willensmetaphysik. Mit Kant erreicht das menschliche Bewusstsein eine neue Stufe der Bewusstheit. Kant hat eine neue Ortsbestimmung der menschlichen Vernunft vorgenommen, ein neues kritisches Selbstbewusstsein des menschlichen Geistes geschaffen.

Der größte deutsche Philosoph wurde 1724 in der preußischen Provinzstadt Königsberg als Sohn eines Sattlermeisters geboren. Er wuchs in einer pietistischen Handwerkerfamilie auf, besuchte das Gymnasium seiner Geburtsstadt, studierte dort Naturwissenschaften, Philosophie und Mathematik. Nach mehreren Jahren Hauslehrertätigkeit wurde er Privatdozent und schließlich Professor der Logik und Metaphysik in Königsberg. Der große Philosoph führte das unscheinbare, pedantisch geregelte Leben eines Hagestolzes. 1804 starb Kant in seiner Heimatstadt.

Kant erkannte die Unzulänglichkeit des unduldsam gewordenen Rationalismus der Aufklärungsphilosophie (→ S. 123, Ch. Wolff), der allein aus der Vernunft Erkenntnisse zu gewinnen glaubte und auch Aussagen über letzte Fragen (Metaphysik) machte. Entscheidende Impulse empfing er von dem Schotten David Hume (1711–1776), dessen Skeptizismus den Zweifel als wichtigste Denkmethode betrachtete. Die Schwäche der Erfahrungs- und Vernunftgläubigkeit („Anschauungen ohne Begriffe sind blind, Begriffe ohne Anschauungen sind leer", Kant) überwand der Königsberger Philosoph durch seinen Kritizismus, der besagt, dass man vor aller Erkenntnis Möglichkeiten und Ursprung, Gesetzmäßigkeiten und Grenzen des menschlichen Erkennens zu prüfen habe (Erkenntnistheorie). Dieser Aufgabe widmete er sein Denken.

Die *Kritik der reinen Vernunft* (1781) ist sein Hauptwerk, mit dem er eine kopernikanische Wende in der neueren Philosophie einleitete. Kant fragt nicht nach der Totalität der Welt, sondern nach der Struktur des menschlichen Geistes selbst. Das Ergebnis: Der menschliche Geist erfasst nicht die Dinge an sich, denn er ist an die besondere Struktur seines Bewusstseins gebunden: Raum und Zeit sind die beiden Bedingungen der Erfahrung und nur mit Hilfe ihrer Grundbegriffe (Kategorien) vermag die menschliche Vernunft in die Mannigfaltigkeit der Erscheinungen eine vernünftige Ordnung zu bringen. Mit Hilfe der Kategorien, dieser „wahren Stammbegriffe des reinen Verstandes", vermögen wir die Gegenstände zu erfassen. Unser erkennendes Bewusstsein schafft also die Gegenstände erst nach seinen kategorialen Gesetzen. Die Dinge an sich zu erkennen ist uns versagt. Menschliche Erkenntnis

ist immer an die besondere Struktur unseres Bewusstseins gebunden.
Aus dieser Kritik folgt für die Metaphysik, dass die Fragen nach Gott, Freiheit und Unsterblichkeit wissenschaftlich nicht mehr gelöst werden können. „Ich musste das Wissen aufheben um zum Glauben Platz zu bekommen." Was dem Erkennen versagt bleibt, ist dem Wollen möglich.
Die *Kritik der praktischen Vernunft* (1788) befasst sich mit der Ethik. Voraussetzung des sittlichen Handelns ist der Wille, der gute Wille, der – nach Kant – allenthalben in der Welt existiert. Die inhaltliche Bestimmung dessen, was das Gute des Willens ausmacht, gibt der kategorische Imperativ: „Handle so, dass die Maxime (Maxime = subjektiver Grundsatz ohne Allgemeingültigkeit) deines Willens jederzeit zugleich als Prinzip einer allgemeinen Gesetzgebung gelten könne."
Der Mensch ist ein Vernunftwesen, weil er sein Wollen nach objektiv gültigen Prinzipien regeln kann; er ist autonom. Der Grund für das sittliche Handeln ist die Pflicht, nicht die Neigung. Wir sollen handeln, also müssen wir es auch können. Wir müssen frei sein: das ist die Forderung unseres sittlichen Bewusstseins.

In der *Kritik der Urteilskraft* (1790) löst Kant die Kunst aus dem Zusammenhang praktischer Zwecke, moralischer Begriffe, ideologischer Fesseln und begründet den Eigenwert des Schönen: „Schön ist, was ohne Interesse und ohne Begriff allgemein gefällt." Das Wesen des Schönen beruht auf einem interesselosen Wohlgefallen, auf einer ästhetischen Zweckmäßigkeit ohne utilitaristischen Einzelzweck. Der Künstler ist frei vom Joch empirischer Notwendigkeit. Seine unumschränkte Freiheit nach seinen selbstgegebenen Gesetzen zu schaffen, bildet das entscheidende Fundament von Kants Ästhetik. Das Kunstwerk formt eine Einheit aus der Mannigfaltigkeit der einzelnen Teile. Auf der eigengesetzlichen Bezogenheit der Teile zum Ganzen und des Ganzen zu den Teilen beruht der Organismus-Charakter des Werks. Die Kunst wird in einer realitätsenthobenen, selbstgenügsam-ästhetischen Sphäre angesiedelt.

Kants Wirkung auf die Dichter war tiefgreifend. Jena, die Universitätsstadt des Weimarer Herzogtums, wurde der Hauptsitz des Kantianismus. Einer seiner ersten Vertreter war Wielands Schwiegersohn KARL LEONHARD REINHOLD. Der Jenenser Philosophieprofessor sorgte mit seinen *Briefen über die Kantische Philosophie* im *Teutschen Merkur* (1786/87) für die Verbreitung der neuen Ideen. Auch die *Allgemeine Literatur-Zeitung* wurde als „Organ des Kantianismus in Deutschland" angesehen. Der Königsberger Philosoph drang tief ins Bewusstsein zahlreicher Autoren ein. Für Hölderlin war er „der Moses unserer Nation, der sie aus der ägyptischen Erschlaffung in die freie einsame Wüste seiner Speculation führt". Schiller führte Kants ästhetische Lehre in seinen ästhetischen Abhandlungen weiter. Fichte, Schelling, Hegel, Novalis, die Gebrüder Schlegel und Kleist: sie alle setzten sich mit Kants Problemen auseinander.

Die Konsequenzen seiner Kunstanschauung. Durch Kant hatte das Ich zunächst erkenntnistheoretisch, in der Folge auch künstlerisch eine absolute Souveränität gewonnen; selbstherrlich formte es alle bewussten Daseinsinhalte. Das Bewusstsein der menschlichen Freiheit und seiner sittlichen Verantwortung wirkte tief auf Schillers Begriff des Erhabenen. Nach ihm vermag der Mensch sich souverän über die Leiden dieser Welt zu erheben. Frei von gefühlsmäßigen Antrieben erleiden die Helden (Max Piccolomini, Maria Stuart) ihr Schicksal. Auch die kantische Ästhetik ist in Schillers Definition der Schönheit als der „Freiheit in der Erscheinung" spürbar. Da nach Kant das menschliche Bewusstsein die Welt erst durch Verarbeitung der Erscheinungen erschafft, die Realität als objektive Welt dem Bewusstsein nicht mehr unabhängig gegenübertritt, ist der Mensch gezwungen sie stets neu in sich selbst aufzubauen: „Mächtiger der Erdensöhne, Prächtiger baue sie wieder auf, in deinem Busen baue sie wieder auf" (Faust). Diese ästhetische Anschauung des Idealisten Kant zerstörte die seit der Antike gültige Auffassung der Kunst als Mimesis, als schöpferische Nachahmung der Wirklichkeit.
Der Mangel an gesicherter Realität hatte bei Novalis das absolut freie Spiel der Fantasie, bei Schlegel den Fragmentarismus, bei Kleist den Zusammenbruch seiner Erkenntnisgewissheit zur Folge. Der Zwang ständig die Welt aus dem Geiste schaffen zu müssen führte mit zur romantischen Sehnsucht nach der Vergangenheit, zum

freien, souveränen Spiel des dichterischen Artisten mit seinen eigenen Produkten in der romantischen Ironie, zur Verwandlung der natürlichen Welt in eine rätselhafte Erscheinungswelt im romantischen Märchen. Auch in der absoluten Poesie Baudelaires und der Symbolisten, in der Darstellung der visionären Wirklichkeit bei den Expressionisten sowie in Benns Absolutheitsanspruch der Kunst sind die Vorstellungen des Königsberger Philosophen noch wirksam.

2.5 Goethes Weimarer Jahre bis zu Schillers Tod (1775–1805)

Aufbruch nach Weimar. Der Herzog von Weimar, Karl August, hatte den Verfasser des *Werther* in Mainz kennen gelernt und wiederholt nach Weimar zu einem Besuch eingeladen. Die zuerst als Besuchsreise gedachte Fahrt in die Residenzstadt sollte folgenreich werden. Goethe erwies sich dem um acht Jahre jüngeren Herzog bald als unentbehrlich. Er nahm an den „geräuschvollen Zerstreuungen" des Regenten teil. Nach kurzer Zeit wünschte der Herzog Goethe zum Freund und Helfer und betraute ihn mit Verwaltungsaufgaben gegen den heftigen Widerstand des Geheimen Rates. 1776 trat er förmlich als Geheimer Legationsrat in Weimarischen Dienst. Der Fürst übertrug ihm die Leitung der Wegebaukommission, der Bergwerksverwaltung, die Aufsicht über die Museen und die Kriegskommission, schließlich auch die Staatsfinanzen. Der Wechsel vom gemächlichen Leben in Frankfurt, wo Goethe keine bestimmten Pflichten zu erfüllen hatte, in die kleine aristokratische Gesellschaft, die Forderungen an ihn stellte, kam seinem Tätigkeitsdrang gelegen: „Beim Muss kann der Mensch allein zeigen wie's mit ihm steht. Willkürlich leben kann jeder." In dem räumlich engen, geistig aber weiten Lebenskreis fühlte er sich wohl: „Bestimmtes Gefühl von Einschränkung und dadurch der wahren Ausbreitung," notierte er ins Tagebuch. Der Herzog verlieh ihm Amt und Würde, gab ihm Einkommen, Haus und Garten. 1779 wurde er Geheimer Rat, 1782 durch Kaiser Josef II. geadelt. Die täglichen Arbeiten zwangen ihn sich mit neuen Aufgaben auseinanderzusetzen. Er musste sich bei der Verwaltung der großen Wälder der thüringischen Berge um Pflanzenarten und Baumsorten kümmern. Als Leiter des Ilmenauer Bergwerks sah er sich vor geologische und mineralogische Fragen gestellt. In diesen Jahren entwickelte er sich zum Naturforscher. 1831 bekannte er: „In das tätige Leben jedoch sowohl als in die Sphäre der Wissenschaft trat ich eigentlich zuerst, als der edle Weimarische Kreis mich günstig aufnahm."

Goethe, der Naturforscher. Die Goethe'sche Maxime „Denken ist interessanter als Wissen, aber nicht als Anschaun", ist aufschlussreich für sein Denken. Er hatte einen ihm „unwiderstehlich innewohnenden Schauensdrang". Erst durch anschauendes Erfassen gewann er Zugang zum Wesen der Dinge. Was wir schauen, sind immer Teile eines unsichtbaren Ganzen.
Nie hat sein Denken den Bereich des Anschaulich-Vorstellbaren verlassen. Seine naturwissenschaftlichen Arbeiten bestimmten auch sein Weltverständnis. Das Leben erschien ihm als Einheit von Stoff und Form, es existierte nur in Gestalten. Goethe suchte den alle Gestalten enthaltenden Bauplan, suchte in der Morphologie (Gestaltlehre) den Typus, der dem Einzelnen zu Grunde liegt und aus ihm erschließbar ist. Was der Typus im Organischen, ist das Urphänomen im anorganischen Bereich. Von der Annahme ausgehend, die Natur sei ein gesetzmäßiges Ganzes, entdeckte er durch den Vergleich zwischen Menschen- und Tierschädel den Zwischenkieferknochen. „Denn das ist der Natur Gehalt, / Dass außen gilt, was innen galt." Er erschaut die ursprüngliche Identität aller Pflanzenteile in der Urpflanze:

> Alle Gestalten sind ähnlich, und keine gleichet der andern;
> Und so deutet das Chor auf ein geheimes Gesetz.

In den „Taten und Leiden" des Lichts sah er eine höchste Offenbarung des Göttlichen. Seine *Farbenlehre* ist Ausdruck dieses schauenden Denkens, das nicht analytisch verfährt, sondern symbolisch die Naturphänomene betrachtet. Seine Lehre von der Metamorphose (Verwandlung) der Pflanze hat der modernen Entwicklungslehre vorgearbeitet. Aber Goethe war ein entschiedener Gegner der teleologischen Naturinterpretation. Spinoza hatte ihn gelehrt, dass es absurd sei, nach Endursachen zu fragen. Jedes Ding ist „Zweck seiner selbst".

Der leidenschaftliche Naturbetrachter ist bei aller Aufgeschlossenheit von einem allzu optimistischen Wissenschaftsglauben weit entfernt: „Das schönste Glück des denkenden Menschen ist, das Erforschliche erforscht zu haben und das Unerforschliche ruhig zu verehren." Die Beschäftigung mit den Naturwissenschaften, die noch sein hohes Alter ausfüllt, hat ihm geholfen, sich vom Titanismus der Jugend, dem Übermaß seiner Gefühle zu befreien. Die immer schaffende Natur war ihm eine dem Künstler verwandte Gestalterin: Einheit, Bestimmtheit, Ganzheit, das sind die Normen sowohl des Künstlers wie der Natur.

Freilich konnte die tägliche Routinearbeit einen Künstler wie Goethe auf die Dauer nicht zufrieden stellen. Seine Begegnung mit der 32-jährigen Charlotte von Stein, der Frau des Oberstallmeisters, gehört zu den erregendsten Erlebnissen dieses Lebensabschnitts. Die calvinistisch erzogene, sensible, verständige Frau, „eine herrliche Seele, an die ich geheftet und genistelt bin", erleichterte ihm die tägliche Berufsarbeit und erzog ihn zum weltkundigen Hofmann, der das Ethos des Humanen in sich selber ausbildete. Was Frau von Stein für ihn bedeutete, sprach er in dem Gedicht *Warum gabst du uns die tiefen Blicke* aus.

Goethes klassische Lyrik war in Weimar nicht mehr jugendlich-titanenhaft, jubelnd, enthusiastisch; sie wurde stiller, gedämpfter, vergeistigter. Unter Frau von Steins Einfluss wurde sein Wesen ausgeglichener. Seinen vielen Erfahrungen und Begegnungen verdanken wir Verse von höchster Vollkommenheit. Ein Dichten rein aus der Fantasie war seiner Natur stets wesensfremd. „Das Benutzen der Erlebnisse ist mir immer alles gewesen; das Erfinden aus der Luft war nie meine Sache, ich habe die Welt stets für genialer gehalten als mein Genie." Persönliches erregte immer seine dichterische Fantasie, aber dass seine Verse doch mehr enthalten, als was dem historisch einmaligen Augenblick zugehört, hat er selber bekannt: „Was von meinen Arbeiten durchaus und so auch von den kleineren Gedichten gilt, ist, dass sie alle, durch mehr oder minder bedeutende Gelegenheit aufgeregt, im unmittelbaren Anschauen irgendeines Gegenstandes verfasst worden, deshalb sie sich nicht gleichen, darin jedoch übereinkommen, dass bei besonderen äußeren oft gewöhnlichen Umständen ein Allgemeines, Inneres, Höheres dem Dichter vorschwebte." In seinen Gedichten sind die persönlichen Empfindungen, Leid und Freud und seelische Erschütterungen aufgehoben. Weder selbstgenügsame Realität noch Chiffren für etwas anderes sind seine Bilder, sondern Symbole, in denen das Eigene und das Überpersönliche, Allgemeingültige unmittelbar anschaulich werden. In ihnen bleibt immer etwas, was „unendlich wirksam und unerreichbar und selbst in allen Sprachen ausgesprochen, doch unaussprechlich" ist.

Goethes Lyrik lebt im Tiefsten von seiner Weltgläubigkeit. Die Sprache seiner Verse ist reflexionsarm, Begriffliches ist vom Bildhaften aufgesogen, sie besitzt eine Entspanntheit in Vers und Klang. Eine vollendete Einheit von liedhaftem Ton, natürlichem Rhythmus und bedeutungsträchtigen, sinnlich-realen Bildsymbolen eignet den meisten seiner Gedichte.

Kein Dichter hat in seinem jeweiligen lyrischen Ausdrucksverlangen zu so verschiedenen Dichtungsformen gegriffen wie Goethe: In Liedern, Hymnen, Sonetten, Balladen, Elegien gewann seine reiche, tiefe Welterfahrung lyrische Gestalt. So macht das Naturbild des Gedichts *Im Herbst* 1775 den schmerzlichen Abschied sinnlich vollkommen gegenwärtig:

Die Überwindung seiner maßlosen Sturm-und-Drang-Exzentrik zeigen die beiden Hymnen, die als Gegenstücke zu *Prometheus* und *Ganymed* gesehen werden können: In der Hymne *Grenzen der Menschheit* (1781) wird sich der Mensch seiner Grenzen gegenüber den Göttern bewusst und in der Ode *Das Göttliche* (1783) beschwört Goethe die Sonderstellung des Menschen innerhalb der Schöpfung. Sittliches Handeln zeichnet ihn aus vor allen anderen Geschöpfen. Zu den vollendeten Gedichten dieses Jahrzehnts zählen: *An den Mond*, *Gesang der Geister über den Wassern*, *Wanderers Nachtlied* und *Ein Gleiches*, das im Kleinsten die größte Meisterschaft erreicht.

Die italienische Reise (1786–1788). Im Laufe der Weimarer Jahre hatte Goethe eine Fülle von neuen Einsichten gewonnen, literarische Pläne waren herangereift, ohne dass es ihm gelungen wäre, sie produktiv zu verarbeiten. Die Prosafassung der *Iphigenie* war entstanden, am *Torquato Tasso* begann er zu arbeiten, der *Egmont* war noch nicht abgeschlossen, doch die dichterische

Vollendung der Entwürfe wollte nicht gelingen. Zudem war das Verhältnis zu Frau von Stein gespannt, das Hofleben immer unbehaglicher geworden. Das Gefühl der Vereinsamung wuchs. Goethe wusste, nur eine Veränderung konnte Rettung bringen: die Flucht nach Italien.
Von Karlsbad aus brach er am 3. September 1786 heimlich auf und fuhr über München, Innsbruck, Venedig nach Rom. Dort lebte er mit dem Maler Johann Heinrich Wilhelm Tischbein, unterhielt freundschaftliche Beziehungen zur Malerin Angelica Kauffmann, zu Hans Heinrich Meyer und Karl Philipp Moritz. 1787 besuchte er Sizilien, das erst „den Schlüssel zu allem enthielt", und kehrte im Juni 1788 wieder nach Weimar zurück.

Erträge. Unter dem blauen Himmel Italiens („Ein weißer Glanz ruht über Land und Meer, und duftend schwebt der Äther ohne Wolken") fand er einen „Abgrund von Kunst". Sein schauendes Auge sah, was es im Norden so lange entbehrt hatte: Klarheit der Formen, die „antwortenden Gegenbilder seines gegenständlichen Denkens". Das Studium ähnlicher Pflanzenformen ließ in ihm die Idee der Urpflanze reifen. In Palermo wurde sie ihm bewusst. Auch dichterisch war die Reise ungemein ertragreich: Goethe vollendete den *Egmont*, schrieb die *Iphigenie* in Versen, entwarf Prosaszenen des *Torquato Tasso* und verfasste für den *Faust* die Hexenküche und die Szene *Wald und Höhle*. Als er nach Deutschland zurückkehrte, war er ein tiefer Verehrer der klassischen Kunst. „Die Hauptabsicht meiner Reise: mich von den physischen und moralischen Übeln zu heilen, die mich in Deutschland quälten und zuletzt unfruchtbar machten, sodann den heißen Durst nach wahrer Kunst zu stillen. Das Erste ist mir ziemlich, das Letzte ganz geglückt." Wiederholt hat Goethe später bekannt nie wieder so glücklich gewesen zu sein wie während seines römischen Aufenthaltes.
Umso stärker empfand er zu Hause den Gegensatz zwischen dem grauen Norden und dem sonnigen Süden: „Aus dem Italien, dem formenreichen war ich in das gestaltlose Deutschland zurückgewiesen, heiteren Himmel mit einem

Johann Heinrich Wilhelm Tischbein (1751–1829), der Goethe in Rom persönlich kennen gelernt hatte, schuf 1786 dieses Monumentalgemälde ***Goethe in der Campagna****, überlebensgroß, hingelagert auf einem umgestürzten Obelisken, dem Sinnbild der Dauer. Im Hintergrund die Campagna, eine Kulturlandschaft mit antiken Ruinen und Gräberfeldern; sie dient als kontrastreiche Kulisse für den heroischen Dichter. Ein Mamorrelief stellt die Begegnung zwischen Iphigenie und ihrem Bruder Orest sowie dessen Freund Pylades dar. Es deutet auf Goethes Arbeit an seinem klassischen Drama hin. Das Bild ist eine Verherrlichung des Künstlers, der sich als Dichterfürst ranggleich mit den Königen sieht: „Drum soll der Sänger mit dem König gehen, / Sie beide wohnen auf der Menschheit Höhen." (F. Schiller, Die Jungfrau von Orleans I, 2)*

düsteren zu vertauschen; die Freunde statt mich zu trösten und wieder an sich zu ziehen, brachten mich zur Verzweiflung [...] niemand verstand meine Sprache. In diesem peinlichen Zustand wusste ich mich nicht zu finden, die Entbehrungen waren zu groß, an welche sich die äußeren Sinne gewöhnen sollten, der Geist erwachte sonach und suchte sich schadlos zu halten."

Unmittelbar nach seiner Rückkehr aus Italien hatte Goethe die 23-jährige, anmutige Manufakturarbeiterin Christiane Vulpius in sein Haus aufgenommen. Die unstandesgemäße, freie Verbindung brachte ihn in gesellschaftliche Schwierigkeiten. Doch das heitere Wesen seiner Gefährtin entschädigte ihn für Ärger und Vereinsamung. 1789 wurde August, Goethes einziger Sohn, geboren.

Thema der *Römischen Elegien* (1788/90) ist die „sinnlich-glückliche Liebe auf klassischem Boden". Das Christiane-Erlebnis ist in diesen Gedichtzyklus eingegangen. Geist und Sinn verschmelzen, die Liebe ist Genuss und Erfüllung. Die *Venezianischen Epigramme* (1796) entstanden auf einer kurzen Reise in Venedig. Darin übt Goethe, Martial zum Vorbild nehmend, Kritik an den politisch-sozialen Mißständen Italiens; verspottet deutsche Herrscher des Ancien Régimes und polemisiert gegen die Französische Revolution.

Die geschlossene Form des klassischen Dramas. *Iphigenie auf Tauris* und *Torquato Tasso* verkörpern am reinsten die Klassik. Verschwunden sind die Volksszenen, der lockere Aufbau eines *Götz*. Die Konflikte verlagern sich ganz ins Innere, allein das Bewusstsein wird Schauplatz des dramatischen Geschehens. Das klassische Schauspiel folgt dem Baugesetz des geschlossenen Dramas: Die Handlung ist entstofflicht, verinnerlicht, klar und linear angelegt; die Autonomie der Einzelszenen ist zurückgedrängt, die Auftritte sind fest durch Rück- und Vorwärtsverweise miteinander verklammert und mit spärlichen Regieanweisungen versehen. Nur wenige Figuren agieren an einem Ort (Einortdrama). Jeweils fünf Personen bestreiten die Handlung. Diese handlungsarmen Seelendramen leben ganz aus der Sprache, die alle übrigen dramatisch-theatralischen Elemente in sich aufgesogen hat. Die im aristokratischen Milieu sich bewegenden Figuren sprechen eine hochstilisierte, jeden spontanen Ausdruck dämpfende Kunstsprache. Fugenlos sind Rede und Gegenrede miteinander verzahnt, treiben Argumente die Auseinandersetzung voran. Große Monologe enthüllen die verzweifelte Zerrissenheit der Helden (*Iphigenie* IV, 5; *Tasso* IV, 5). Eng verflochten sind die Dialoge, in denen die Partner Stichworte gleich Bällen einander zuwerfen und zurückgeben. Sentenzen erhärten als gebündelte Argumente die eigene Position. In erregenden Augenblicken verkürzt sich das Zwiegespräch zum stichomythischen (Wechsel von Rede und Gegenrede in einem Vers) Austausch der Gedanken. Die feinsten Nuancen des Gefühls zittern in der Sprache, der weiche Wohllaut der Verse, ihr verhaltener melodischer Rhythmus nimmt dem Geschehen jede Schwere. (→ S. 186).

Iphigenie auf Tauris (1787) wurde lange als das Drama der rein privaten Innerlichkeit, der strahlenden Humanität gedeutet und dabei „die Erfahrung des Dunklen, die Kraft der Negativität verleugnet und eine Harmonie fingiert" (Adorno), die dem Werk nicht zukommt. Dieses Schauspiel ist einer der Schlüsseltexte der Weimarer Klassik, der die Grundgedanken des ästhetischen Bildungsprogramms herausarbeitet.
Das zentrale Thema der *Iphigenie* ist das sich wandelnde Verhältnis des Menschen zu den Göttern. Iphigenie und Orest verkörpern beispielhaft die Befreiung aus der mythischen Abhängigkeit. Im Bild des Atridenmythos ist die archaisch-barbarische Vorwelt als drohender Einbruch des Inhumanen stets gegenwärtig. Die Göttin Diana hatte Iphigenie, Agamemnons Tochter, nach Taurien gebracht. Hier wirkt sie segensreich im Land der Skythen als Priesterin der Göttin. Sie gerät in einen Konflikt, als König Thoas, der sie einst gastfreundlich aufnahm, um sie wirbt. Ihre Heimkehr nach Griechenland ist in Frage gestellt, und da der Abgewiesene auf Grund seiner absoluten Macht die alten, durch ihr mildes Wirken abgeschafften Götteropfer wieder einzuführen gedenkt, droht der sittliche Fortschritt wieder in Barbarei umzuschlagen.
Iphigenies Bruder, der von Rachegöttinnen (Erinnyen) gehetzte Muttermörder Orest, soll, einem Orakelspruch Apolls zufolge, das Bild der

Schwester nach Hause schaffen. Er wird mit seinem Freund Pylades am Strand von Taurien gefangen genommen. An ihm soll die Priesterin das erste Fremdenopfer vollziehen. Der bis zum Wahnsinn verstörte Orest sehnt sich nach dem Tod um sein fluchbeladenes Geschlecht auszulöschen und den Teufelskreis von Missetaten und Leiden zu durchbrechen. Mit dieser Absicht aber entzieht er sich dem Willen der Götter. Er büßt für sein Verbrechen mit Qual und Reue. Im Übermaß des Leidens zerbricht sein Ichbewusstsein und der in todesähnlichen Schlaf Versunkene schaut die Vision seines entsühnten Geschlechts. Dieser „Heilschlaf" (→ S. 211), der einem mystischen Vorgang gleicht, verwandelt Orest und gibt den Neugeborenen dem Leben zurück. Es ist Orest gelungen, mit seiner Schuld fertig zu werden, Selbstvorwürfe und Gewissensqualen zu bewältigen. Seine Sühne verrät ein Höchstmaß an Autonomie.

Iphigenie hadert mit den Göttern, ihr anfangs ungebrochenes Weltverständnis gerät in eine Krise. Sie steht vor zwei Bedrohungen: das Opfer durchführen und beim Bildraub helfen zu müssen. So wird sie vor eine Entscheidung gestellt, die ihre Integrität gefährdet. Im *Parzenlied* (IV, 4) klagt sie die Teilnahmslosigkeit der Götter gegenüber dem Schicksal der Menschen an und fordert sie auf: „Rettet mich und Euer Bild in meiner Seele." Ihre radikale Frage an die Götter ist Ausdruck des Zweifels, ob es ein Entrinnen aus der Schuldverstrickung ihres Geschlechts gibt. Iphigenie kämpft um die Emanzipation von der mythischen Abhängigkeit durch die Überwindung des Atridenfluchs. Sie fühlt sich der „Stimme der Wahrheit und der Menschlichkeit" verpflichtet. Um den alten Weg der Täuschung und Lüge zu verlassen riskiert sie ein kühnes Unterfangen: Sie wagt den Schritt schonungsloser Wahrhaftigkeit und gesteht Thoas ihren Fluchtplan. Der taurische König, ergiffen vom Vertrauen seiner Priesterin in die Überzeugungskraft reiner Menschlichkeit („Verdirb uns – wenn du darfst"), erweist sich als humaner Fürst, überwindet sich, entsagt und stimmt der Heimkehr zu.

Iphigenies Größe besteht in ihrer Autonomie, mit der sie sich gegen eine fremdbestimmte Lebensordnung religiöser oder politischer Art wendet. Darin ist Goethe ein Vertreter der Aufklärung, welche die Autonomie des ganzen Menschen fordert. So verbindet sich in diesem Drama Religionskritik mit der Kritik am Absolutismus.

Torquato Tasso (1789) zeigt die Problematik der künstlerischen Existenz am Konflikt des Dichters mit der feudal-höfischen Gesellschaft. Die Gefährdungen des Künstlers werden hier zum ersten Mal Thema eines Schauspiels in der Weltliteratur. Goethe eröffnet die Reihe der Darstellungen der Künstlerproblematik, denen später Mörikes *Mozart*-Novelle, Grillparzers Trauerspiel *Sappho*, Brochs Roman *Der Tod des Vergil* und Kafkas Parabel *Ein Hungerkünstler* folgen werden.

Die geistvolle, gesittete Gesellschaft des Renaissancehofes zu Ferrara – Symbol jeglicher Gesellschaft – schätzt den Dichter Tasso, weil seine Kunst ein stilisiertes, erhöhtes Abbild ihres formvollendeten Lebens widerspiegelt. Form und Repräsentation bedeuten ihr alles. Auch vom Dichter verlangt sie die Unterordnung unter ihre Konventionen. Für den Fürsten Alfons, den Staatsmann Antonio und die Gräfin Eleonore ist der Dichter letzten Endes nur sublimer Dekor, Spender des begehrten Ruhms. Seine künstlerische Eigenart bleibt ihnen verschlossen, weil sie bloß die Dekorationsfunktion der Kunst erfassen. Allein die feinfühlige Prinzessin versteht den hochsensiblen Dichter. Tassos Zusammenstoß mit dem weltklugen Antonio treibt den Verletzten in die Isolation. Seine gesteigerte Fantasie verleitet ihn zu einem tiefen Misstrauen gegenüber seiner Umgebung. Der Wahnbefangene verliert die Beziehung zur Wirklichkeit, sodass er aus Mangel an Distanz zur Gesellschaft scheitert.

Tassos Tragik besteht darin, dass er nicht in einer Gesellschaft leben kann, die ihm Freiheit vorgaukelt, seine Werke schätzt, aber seine Existenzform ablehnt. Es ist das Existenzproblem des modernen bürgerlichen Schriftstellers: zu erkennen, dass der Widerspruch zwischen ästhetischer Autonomie und dem Nützlichkeitsdenken und Gewinnstreben der Gesellschaft unvereinbar ist.

Egmont (1788), das Trauerspiel, das Goethe in Italien vollendete, zeigt die Tragik des dämonischen Charakters im Kampf gegen den Absolutismus. Goethe stellt den Helden hinein in den Befreiungskampf der Niederlande gegen den spanischen Absolutismus. Der historische Schauplatz bietet die farbige Szene, vor der sich strahlend der Volksheld Egmont abhebt. Inmitten des politischen Intrigenspiels des klugen Politikers Wilhelm von Oranien und des verschlagenen hohläugigen Alba, umgeben von verzagten, unpolitischen Kleinbürgern, treten umso heller Egmont und Klärchen, seine Geliebte, hervor. In ihr hat Goethe den Mädchentyp des einfachen Naturkindes gezeichnet. Egmont ist von unerschütterlicher Selbstgewissheit und von unbeirrbarer Zuversicht. Auf seinen Dämon vertrauend, wird er das Opfer einer politischen Justiz. In einer Welt der kalten Berechnung ist für ihn kein Platz. Egmont geht zu Grunde, weil er augenblicksverhaftet seine eigene Individualität ganz auslebt und gerade wegen seines inneren Reichtums den Gang der Politik nicht erfassen kann.

Der geschichtliche Hintergrund lässt deutlich Gegenwartsbezüge erkennen: Kaiser Josef II. wollte seine Völker durch eine Revolution von oben ganz im Sinne der Aufklärung erziehen. Er provozierte dadurch einen Volksaufstand in den österreichischen Niederlanden, der 1788 dort zum Ende der Habsburger Herrschaft führt. Das Drama ist in Prosa geschrieben. Die Sprache der Figuren verrät ihre gegensätzlichen Charaktere.

Das Dämonische. Egmonts strahlende Persönlichkeit ist seinem Dämon unterworfen. Goethe glaubte an das Walten schicksalhafter Mächte. Der Lebensraum des Menschen ist erfüllt vom Dämonischen, es schauderte ihn vor unfassbaren Kräften. Das Dämonische ist „dasjenige, was durch Verstand und Vernunft nicht aufzulösen ist".

Motive des Aberglaubens, Kräfte des Zwischenreichs zwischen Mensch und Gott, spielen in seinen Dichtungen eine Rolle: Der Erlkönig ist eine Gestalt einer fremden Welt; die Wassernixe im *Fischer*, der Erdgeist im *Faust*, die Orest jagenden Furien, die Klage des Harfners über das unschuldig Schuldigwerden künden davon, dass unser Dasein ein Schicksalsgewebe ist, umstellt von Kräften, die sich einer eindeutigen Fixierung entziehen: „Es glaubt der Mensch sein Leben zu leiten, sich selbst zu führen und sein Inneres wird unwiderstehlich nach seinem Schicksal gezogen." Der Dämon bestimmt unsere Individualität *(Urworte. Orphisch):*

So musst du sein, dir kannst du nicht entfliehen
So sagten schon Sibyllen, so Propheten;
Und keine Zeit und keine Macht zerstückelt
Geprägte Form, die lebend sich entwickelt.

Das Dämonische fördert und hilft dem Menschen, aber es zerstört und vernichtet ihn auch. „Der Mensch muss wieder ruiniert werden. Jeder außerordentliche Mensch hat eine gewisse Sendung, die er zu vollführen berufen ist. Hat er sie vollbracht, so ist er auf Erden in dieser Gestalt nicht weiter vonnöten und die Vorsehung verwendet ihn zu etwas anderem. Da aber hinieden alles auf natürlichem Wege geschieht, so stellen ihm die Dämonen ein Bein nach dem andern, bis er zuletzt unterliegt." Eine urtümliche Form der Gottesverehrung steckt hinter diesem Glauben.

Goethe und die Französische Revolution. Goethe wusste, der gesellschaftliche und politische Bau des Ancien Régime war mit „Kellern und Kloaken miniert". Er war davon überzeugt, dass die Korruptheit der feudal-aristokratischen Gesellschaft den eigenen Untergang heraufbeschworen hatte. Äußerst skeptisch und ablehnend verfolgte er Ausbruch und Verlauf der Revolution. Er selbst begleitete im Auftrag seines Landesherrn 1792 den Feldzug des Koalitionsheers gegen das revolutionäre Frankreich. Seine Erfahrungen über den gescheiterten Feldzug der Preußen und Österreicher hielt er in dem autobiografischen Bericht *Campagne in Frankreich* (1822) fest. Ihm war das unerhört Neue bewusst, als er am Abend der Kanonade von Valmy bemerkte: „Von hier und heute geht eine neue Epoche der Weltgeschichte aus und ihr könnt sagen, ihr seid dabei gewesen."

In seiner **Dichtung** versuchte er zuerst die Vorgänge lustspiel- und possenhaft auf die Bühne zu übertragen. Der *Groß-Cophta* (1791), ein Lustspiel in fünf Akten, gestaltet die Machenschaften einer skrupellosen Marquise in einer Halsbandaffäre. Goethe kritisiert die Aufklärungsfeindlichkeit und den raffinierten Egoismus der höheren Stände (Marquis: „Geburt, Rang, Gestalt, was sind sie alle gegen das Geld?"). Im einaktigen Lustspiel *Der Bürgergeneral* (1793) macht er die kleinen Profitjäger lächerlich.

Wissenschaftliche Auseinandersetzungen des Philologen Wolf über die Frage der Einheit der Homerischen Epen sowie Vossens *Luise* regten Goethe zu dem Epos *Hermann und Dorothea* (1797) an.
Am Rande der großen Ereignisse der Revolution zeichnet er die Ordnung der bürgerlichen Welt. Hermann, der Sohn des Löwenwirts, lernte unter den Emigranten vom linken Rheinufer das Flüchtlingsmädchen Dorothea kennen, das er nicht als Magd, sondern als Braut seinen Eltern zuführt. – Am Homer'schen Vorbild orientiert, schuf Goethe in diesem Epos eine kleinbürgerliche Idylle. Ganz nach klassischer Manier sind die Gestalten des Bürgertums als reine Typen gezeichnet. Das Individuelle tritt zurück und das Typische symbolisiert eine reine, idealisierte Ordnung.
Im *Reineke Fuchs* (1793) griff er, Gottscheds Prosavorlage verwendend, auf die uralte Tiergestalt zurück und benützte sie um hinter der Maske der Tiere seine Erfahrungen am Weimarer Hofe darzustellen.

***Die natürliche Tochter* (1803).** Als Napoleon die Revolution liquidiert hatte, plante Goethe eine Trilogie, von der er nur den ersten Teil *Die natürliche Tochter* vollendete. Im Mittelpunkt des Geschehens steht Eugenie, die illegitime Tochter eines Herzogs. Der Versuch des Vaters ihr die gebührende Stellung innerhalb der feudalen Gesellschaft zu verschaffen scheitert an den Intrigen und der Machtgier des Absolutismus. Eugenie wird das schuldlos-schuldige Opfer eines zum Untergang verurteilten Systems. Vor die Alternative gestellt entweder auf eine tropische Insel verbannt zu werden oder einen Gerichtsrat zu heiraten verzichtet sie auf ihre Standesansprüche und willigt in die bürgerliche Ehe ein. Goethes Kritik richtet sich gegen die absolutistisch-feudalen Gegner der Revolution, gegen politische Zustände, die die Entwicklung der Individualität verhindern. Es ist sein letztes Schauspiel in der Form des geschlossenen Dramas. Schiller urteilt: „Die hohe Symbolik, mit der er den Stoff behandelt hat, sodass alles Stoffartige vertilgt und alles nur Glied eines ideellen Ganzen ist, ist wirklich bewundernswert."
Goethe verwahrte sich gegen die Abstemplung als starrer Konservativer. Obgleich er den optimistischen Fortschrittsglauben ablehnte, sah er den Zwang zur Veränderung: „Die menschlichen Dinge haben alle 50 Jahre eine andere Gestalt, sodass eine Einrichtung, die im Jahre 1800 eine Vollkommenheit war, im Jahre 1850 ein Gebrechen ist."

Freundschaft mit Schiller. Goethe hatte nach seiner Rückkehr aus Italien bewusst den Verfasser der *Räuber* gemieden. Er befürchtete eine zu große Verschiedenheit ihrer Auffassungen. Schillers enttäuschte Hoffnungen und seine Bitterkeit erschwerten eine unbefangene Begegnung. Aber seine ästhetischen Studien führten Schiller ganz in die Nähe Goethe'scher Ansichten. Auch ihre politischen Standpunkte hatten sich angenähert. Schiller war seit der Diktatur der Jakobiner ein Gegner der Revolution geworden, sodass beide in ihren Grundüberzeugungen übereinstimmten. Im schicksalhaften Zustandekommen der Freundschaft sah Goethe etwas Dämonisches. Mitte Juli 1794 trafen sich beide in Jena nach dem Besuch einer Sitzung der Naturforschenden Gesellschaft (→ S. 201). In einem anregenden Gespräch erklärte Goethe Schiller die Idee der Metamorphose der Pflanze. Während Goethe sie als eine Erfahrung deutete, sah Schiller als Kantianer darin eine Idee. Schillers Geburtstagsbrief vom 23. August 1794 eröffnete einen der gehaltvollsten Briefwechsel unserer Literatur. Der werbende Schiller zog darin die Summe der geistigen Existenz seines Freundes: „Ihr beobachtender Blick, der so still und rein auf den Dingen ruht, setzt Sie nie in Gefahr auf den Abweg zu geraten, in den sowohl die Spekulation als die willkürliche und bloß sich selbst gehorchende Einbildungskraft so leicht sich verirrt. In Ihrer richtigen Intuition liegt alles und weit vollständiger, was die Analyse mühsam sucht, und nur weil es als ein Ganzes in Ihnen liegt, ist Ihnen Ihr Reichtum verborgen."
So kam es zu einer der fruchtbarsten literarischen Freundschaften. Bis zu Schillers Tod verfolgten sie gegenseitig ihre Arbeiten, kommentierten die Entwürfe, regten dichterische Versuche an, rezensierten ihre Werke und förderten sich wechselseitig in ihrer Kunst, die jedoch beim deutschen Publikum damals nur geringes Verständnis fand. Gemeinsam verfassten sie die *Xenien* (wörtlich: Gastgeschenke, 1797): die satirischen Epigramme rechneten mit den schwachen Werken ihrer Zeitgenossen ab. Im Balladenjahr 1797 entstan-

den *Der Zauberlehrling, Die Schatzgräber, Die Braut von Korinth* und *Der Gott und die Bajadere.* 1795 erschien in den *Horen* die Rahmenerzählung *Unterhaltungen deutscher Ausgewanderten.*

Goethes Bildungsroman (→ S. 246). Goethe hatte 1777 den großen Bildungsroman *Wilhelm Meisters theatralische Sendung* begonnen. Unter Schillers reger Anteilnahme vollendete er das Werk und gab ihm den Titel *Wilhelm Meisters Lehrjahre* (1796). Der Roman befasst sich mit dem Problem der allseitigen Entfaltung einer Individualität in der Auseinandersetzung mit der den Entwicklungsgang hemmenden und -fördernden Umwelt. Die Handlung spielt im Deutschland des 18. Jh.

Wilhelm Meister, der musisch-empfängliche Kaufmannssohn, verschmäht eine bürgerliche Laufbahn. Er weiß, vom Bürger wird keine „allgemeine Ausbildung" verlangt; vielmehr soll er einzelne Fähigkeiten entwickeln um ein brauchbares Mitglied der Gesellschaft zu werden. Der Bürger gilt durch das, was er hat, der Adlige aber durch das, was er ist. Wilhelms Ziel ist es, sich „selbst ganz wie ich da bin auszubilden, das war dunkel von Jugend an mein Wunsch und meine Absicht." Eine Möglichkeit zur Selbstverwirklichung sieht er in seiner Leidenschaft zum Theater. Sein Weg führt von der Zauberwelt des Puppenspiels der Kindheit über die Liebe zur Schauspielerin Marianne zu einer Schauspieltruppe und zur Aufführung des *Hamlet.* Aber Wilhelm muss erkennen: Das Theater hemmt die weitere Entfaltung der Individualität. Es fordert Rollen, die lediglich der Selbstbespiegelung dienen. Das Verharren im ästhetischen Bereich ist zu unverbindlich. Als Illusion erweist sich auch die Vorstellung, dass die Aristokratie ein nachahmenswertes Ideal einer vollkommenen Persönlichkeit bietet. Zu sehr ist sie damit beschäftigt, das Theater als Stätte der ostentativen Selbstdarstellung zu benutzen. Die Erfahrungen Wilhelms mit Theater und Adel bilden nur notwendige Durchgangsstadien in seiner Entwicklung. Er hat gelernt Fantasie und Realität zu unterscheiden. Die Ausbildung der Persönlichkeit aber verlangt Taten, Entscheidungen, ein Wirken in der Gemeinschaft. Die „Gesellschaft vom Turm" weist ihm den Weg vom künstlerischen Dilettantismus und ästhetenhaften Träumen zur praktischen Lebenserfahrung. Erst die Einsicht in die Notwendigkeit der Selbstbegrenzung und des sozialen Wirkens führt zur Fähigkeit der sittlichen Selbstbestimmung. „Was ist das höchste Glück des Menschen", erfährt der Protagonist von dem Adligen Lothario, „als dass wir das ausführen, was wir als recht und gut einsehen? dass wir wirklich Herren über die Mittel zu unsren Zwecken sind?" Mit dem Eintritt ins „tätige Leben" muss Wilhelm auf Kunst und humanistisches Ganzheitsideal verzichten. Dieses Los der unvermeidbaren Einseitigkeit hatte Schiller in seinen *Ästhetischen Briefen* beklagt. Der Einzelne identifiziert sich nicht mehr mit einem Stand, sondern sucht sich unabhängig wie Wilhelm Meister einen Standort im Gefüge der Gesellschaft.

Die Figuren der Mignon und des alten Harfners verkörpern die untergründigen Seiten des Lebens. Ihre Kontrastfigur ist Natalie, die „schöne Seele", die Bewusstheit und Spontaneität, Tatkraft und harmonisch ausgebildetes Innenleben in sich vereint.

Der Aufbau des Romans orientiert sich an der Integrationsfigur des Wilhelm Meister, der die übrigen Gestalten funktional zugeordnet sind. Leitmotive durchziehen die Erzählung. Mit subtiler Ironie zeichnet der Erzähler das Geschehen. Goethes Roman wirkte normbildend und begründete eine Tradition, die bis in die Gegenwart reicht: von Novalis' *Heinrich von Ofterdingen,* Stifters *Nachsommer,* Kellers Roman *Der grüne Heinrich* bis zu Peter Handkes *Der kurze Brief zum langen Abschied.*

2.6 Schillers Weimarer Zeit (1789–1805)

Auf die Dauer wollte Schiller die großzügige Gastfreundschaft Körners nicht in Anspruch nehmen. Es war ihm unerträglich, auf selbstlose Freunde angewiesen zu sein. So brach er 1789 nach Weimar auf. Dort traf er mit Charlotte von Kalb wieder zusammen. Die Freundin führte ihn in die Gesellschaft ein. Herder und Wieland empfingen ihn freundlich, sein älterer Landsmann ermunterte ihn zu weiteren Arbeiten. Nach einem Besuch seiner einstigen Wohltäterin Frau von Wolzogen in Bauerbach lernte er auf der Rückreise Frau von Lengfeld und ihre beiden Töchter Caroline und Charlotte in Rudolstadt kennen. Bald entstand ein inniges Verhältnis zu Charlotte, die Schiller am 22. Februar 1790 heiratete.

Welterfahrung durch die Geschichte. Der Umgang mit Körner, noch mehr der mit Herder und Wieland hatte Schiller seine lückenhafte Bildung, seine „Weltlosigkeit" nur zu sehr zum Bewusstsein gebracht. Immer stärker fühlte er sich zur Geschichte hingezogen. Sie war für ihn ein philosophisches und literarisches Anliegen ersten Ranges. In der Geschichte sah der Historiker Schiller die einzige übergreifende Ordnungsmacht, gleichsam eine säkularisierte religiöse Welt, das Bewährungsfeld des Charakters, den Kampfplatz der Ideen. Vornehmlich revolutionäre Zeitalter (Abfall der Niederlande, Gegenreformation) fesselten ihn, in denen die Sache der Freiheit verfochten wurde und große imponierende Charaktere das Handeln bestimmten. Nach eingehenden Quellenstudien schrieb er die *Geschichte des Abfalls der vereinigten Niederlande von der spanischen Regierung* (1788), ein Werk, in dem er „die Gründung der niederländischen Freiheit" behandelte. Schon im *Don Carlos* hatte er sich mit diesem Thema dramatisch auseinandergesetzt. Seine Darstellung wurde von der Überzeugung bestimmt, dass die Verweigerung der Gedankenfreiheit den Fortschritt hindere und dass das Naturrecht die Erhebung der Unterdrückten gegen despotische Willkür rechtfertige. Es ist Schillers Verdienst, mit diesem stilistisch glänzenden Werk die deutsche Geschichtsschreibung in den Rang einer Kunst erhoben zu haben. Das Buch wurde beifällig aufgenommen und brachte ihm mit Goethes Unterstützung die unbesoldete Jenaer Geschichtsprofessur. Sodann verfasste er die vom Verleger Göschen angeregte *Geschichte des Dreißigjährigen Kriegs* (1791–1793), die seiner *Wallenstein*-Trilogie als Stoffgrundlage diente. Schiller ging über seine aufklärerische Sicht der Geschichte hinaus und betrachtete das verschlungene Geschehen von einem universalhistorischen Aspekt. Sein Interesse verlagerte sich von den Ereignissen zu den vielschichtigen Charakteren, von denen Gustav Adolf und Wallenstein seine besondere Aufmerksamkeit erregten. Literarisch gehört dieses Geschichtswerk zu den Meisterleistungen der Schiller'schen Prosa.

Weder nationale noch rein historische Motive leiteten ihn bei seinen Studien, auch nicht der Staat, der ihm immer Mittel, niemals Selbstzweck war, sondern die aufklärerische Idee der Freiheit. Durch die intensive Beschäftigung mit der Geschichte wuchs seine Welt- und Menschenkenntnis. Sein ursprünglicher, untrüglicher Sinn für das Politische, Erbteil seiner Erziehungsjahre, schärfte seinen Blick für „das verschlungene Ineinander von Wille, Trieb und Schicksalszwang". Er sah in die Abgründe, in die Menschen geraten können, sah zwielichtige Naturen und ihr Handeln im undurchsichtigen Wirkungsfeld der Macht, sah die Massen, die selbstbetrügerisch von ihren Führern das Heil erwarten. Er überblickte sehr pessimistisch den ganzen Machtraum, in dem der sittliche Charakter um seine Selbstverwirklichung kämpft, sein tragisches Scheitern erfährt und sich das Gericht der Göttin Nemesis vollzieht.

Krankheit und Gönner. Während der ersten Jenaer Jahre hatte ihm die rastlose, intensive Schreibtischarbeit so zugesetzt, dass er ernsthaft erkrankte. Eine schwere Lungenentzündung und eine Rippenfelleiterung brachten ihn in Todesge-

Ludovike Simanowitz (1759–1827) schuf 1793 dieses Pastellporträt ***Schillers****. Den Eindruck, den damals der Porträtierte auf seine Freunde machte, sah sein Schulfreund Wilhelm von Hoven so: „… sein jugendliches Feuer war gemildert, er hatte weit mehr Anstand in seinem Betragen. … seine hagere Gestalt, sein blasses, kränkliches Aussehen vollendeten das Interesse seines Anblicks bei mir und Allen, die ihn vorher näher gekannt hatten … er war ein vollendeter Mann geworden."*

fahr. Nur langsam trat eine Besserung ein. Kuren und Krankheit verschlangen viel Geld. Als sich das Gerücht von seinem Tode verbreitete, kam ihm aus Dänemark unerwartet Hilfe. Einige Verehrer, darunter der Erbprinz Christian Friedrich, hatten von seiner Not gehört und ihm für drei Jahre eine jährliche Ehrengabe von 1000 Talern gewährt. Der ärgsten Sorgen enthoben, begann Schiller sogleich mit dem Studium der kantischen Philosophie. 1792 wurde er vom französischen Nationalkonvent wegen seiner großen Verdienste um die Sache der Freiheit zum Ehrenbürger ernannt. Die große Begeisterung für die Revolution wandelte sich nach der Hinrichtung des Königs in scharfe Ablehnung: „Der große Moment hat ein schwächliches Geschlecht gefunden."

Philosophie und Ästhetik. Schillers intensive Beschäftigung mit Kants Ideen erweiterte sein Begriffsfeld und seine Argumentationsweise. Seine psychophysischen Menschenkenntnisse und anthropologischen Vorstellungen zielten auf den ganzen Menschen. In dieser Denkweise wird eine für den Sturm und Drang bezeichnende Absicht erkennbar: dem Menschen zu einer größtmöglichen Erweiterung seiner Fähigkeiten zu verhelfen und alles abzulehnen, was dieses Ziel bedroht: dogmatische Ideologien, ebenso repressive politische und gesellschaftliche Systeme wie eine einseitige Kulturentwicklung, in der die Trennung von Gefühl und Verstand, Liebe und Hass vorherrscht. Seinen philosophischen Reflexionen liegt die Annahme zu Grunde, dass der Mensch eine „gemischte", eine „sinnlich-vernünftige Natur" besitzt, aus der sich das Grundgesetz seiner Kunst herleitet: das Prinzip der pathetischen Darstellung: Sie ist „erstlich: Darstellung der leidenden Natur. Zweytens Darstellung der moralischen Selbstständigkeit im Leiden" (*Über das Pathetische*, 1793). Diese moralische Selbstständigkeit ist letzten Endes in der Autonomie des Menschen begründet. In Schillers dualistischem Menschenbild herrscht sowohl die Kraft der Natur wie die Idee der Sittlichkeit. Sein Bestreben ist es, in seinen Dramen mit Hilfe des Mitleids die Erfahrung der Sittlichkeit zu wecken und diese gegenüber der Sinnlichkeit als überlegen darzustellen. „Gegen die Leiden der Sinnlichkeit findet das Gemüt nirgends als in der Sittlichkeit Hilfe." (*Über die tragische Kunst*, 1792).

Schiller hatte sich in mehreren Schriften um eine Klärung weiterer ästhetischer Phänomene bemüht, so in dem Essay *Über Anmut und Würde* (1793), in der Schrift *Über das Erhabene* (1795). Die politische und gesellschaftliche Funktion der Kunst aber hat er in der Abhandlung *Über die ästhetische Erziehung des Menschen, in einer Reihe von Briefen* (1795) erörtert.

Die düsteren Erfahrungen der Französischen Revolution hatten den anfänglich begeisterten Schiller nachdenklich gestimmt. Als Kulturphilosoph sah er im gewaltsamen Umsturz der Institutionen nicht den richtigen Weg zur Veränderung der Gesellschaft. Nach Schillers Überzeugung setzt die Umgestaltung der Staatsform einen gewandelten Menschen voraus.

Den Ausgangspunkt seiner kulturkritischen Reflexionen bildete die Erkenntnis der Selbstentfremdung des modernen Menschen. Spezialisierung und Arbeitsteilung beraubten ihn seiner Einheit und Ganzheit und der Obrigkeitsstaat entwürdigte ihn zum manipulierbaren Objekt. An Stelle der Solidarität herrscht Egoismus. „Der Nutzen ist das große Idol der Zeit." Wie aber kann der Mensch aus diesem Zustand der Selbstentzweiung herausgeführt und mit sich selber wieder in Einklang gebracht werden? Kann „der Mensch dazu bestimmt sein, über irgendeinem Zwecke sich selbst zu versäumen? Sollte uns die Natur durch ihre Zwecke eine Vollkommenheit rauben können, welche Uns die Vernunft durch die ihrigen vorschreibt? Es muss also falsch sein, dass die Ausbildung der einzelnen Kräfte das Opfer ihrer Totalität notwendig macht; oder wenn auch das Gesetz der Natur noch so sehr dahin strebte, so muss es bei uns stehen, diese Totalität in unsrer Natur, welche die Kunst zerstört hat, durch eine höhere Kunst wiederherzustellen" (6. Brief). Diese pädagogische Leistung vollbringt das Schöne. Denn allein die Kunst ist im Stande den durch die Kultur bewirkten Antagonismus von Natur und Geist, Vernunft und Sinnlichkeit zu überwinden. „Es gibt keinen anderen Weg, den sinnlichen Menschen vernünftig zu machen, als dass man denselben zuvor ästhetisch macht." Erst der ästhetische Mensch hat die widersprüchlichen Kräfte in sich überwunden und alle seine Anlagen voll entfaltet. Letzten Endes ist es der Spieltrieb, der den Menschen zu sich selber führt. Was dem Spiel den Spielcharak-

ter verleiht, ist die Freiheit von allem eindeutig Zweckhaften. „Nur wo der Mensch spielt, ist er ganz Mensch." Der ästhetisch veränderte Mensch hätte dann die „Revolution" in seinem Innern vollzogen, die Kunst die Grundlagen für den „Staat der Vernunft" geschaffen.
Der in diesen philosophischen Briefen entwickelte Entwurf einer ästhetischen Erziehung enthält Schillers politisches Glaubensbekenntnis. Dieses klassizistisch-ästhetische Erziehungsprogramm gibt die Antwort auf die Herausforderungen der Französischen Revolution. Es hat ganz entscheidend Wilhelm von Humboldts Bildungsideal beeinflusst (→ S. 186).

Zwei Typen des Dichters. Durch seine Freundschaft mit Goethe sah sich Schiller gezwungen das Problem der Kunst auch aus der Perspektive des Künstlers zu sehen. Das geschieht in der großen Abhandlung *Über naive und sentimentalische Dichtung* (1795). An Hand der von ihm entworfenen Dichtertypologie wird sich Schiller seiner durch Goethe herausgeforderten Eigenart bewusst. Schiller unterscheidet zwei Typen: den naiven und den sentimentalischen Dichter. Der naive empfindet natürlich, fühlt sich eins mit der Natur, schafft unbewusst; der sentimentalische dagegen ist sich des Verlusts der Einheit mit der Natur bewusst, er reflektiert, er empfindet das Natürliche. Seine Sehnsucht geht dahin, den durch die Arbeitsteilung aufgerissenen Zwiespalt wieder zu schließen.
Schiller sieht sehr scharf die möglichen Gestaltungsweisen des sentimentalischen Dichters. Es gibt für ihn drei Wege, den durch den Zwiespalt hervorgerufenen Gegensatz zwischen Wirklichkeit und Ideal, zwischen Idee und Erscheinung dichterisch zu formen: Die satirische Dichtung tadelt einen dem Ideal nicht entsprechenden Zustand, die elegische ersehnt sentimentalisch das Ideal, die idyllische stellt das Ideal als verwirklicht dar. Satirische Empörung, elegische Wehmut und idyllische Resignation sind die vorherrschenden Grundstimmungen, aus denen heraus der moderne Dichter die Zerrissenheit des Menschen zu überwinden trachtet.
Durch diese Typologie und den Aufweis der verschiedenen Gestaltungsweisen des sentimentalischen Dichters rechtfertigte Schiller sein eigenes Schaffen, das er dem Werke des genialen Freundes, der so viel vom „naiven" Künstler besaß, als ebenbürtig gegenüberstellte. Worauf Schiller rechnete, war eine „zweite Naivität und Unbewusstheit", worauf er hoffte, war das Wunder der „wiedergeborenen Unbefangenheit" (Th. Mann).

Die Prosa seiner theoretischen Arbeiten ist von höchster Vollendung. Glasklar ist seine Sprache, voll scharfer Antithesen, Chiasmen, Anaphern und rhetorischer Fragen; der Satzbau ist von großer Geschmeidigkeit und Rhythmik. Schiller hat die Rhetorik in seine ästhetisch-philosophische Kunstprosa mit hineingenommen, sie dadurch aufgelockert und verlebendigt.

Freundschaft mit Goethe. Die Jahre der Spekulation und des Geschichtsstudiums hatten seinen Horizont erweitert, ihm die geistige Souveränität und eine große Klarheit seines künstlerischen Wollens gebracht und bewirkt, dass er erhöhte Anforderungen an sich selber stellte. Aber erst die Begegnung mit Goethe führte die Rückkehr zur dichterischen Arbeit herbei. 1794 trafen sie sich zum ersten Mal länger in Jena (→ S. 197). Die dann bewusst gewollte und geplante Werbung des Jüngeren um die Gunst des Älteren war erfolgreich. Schiller bemühte sich um Goethes Mitarbeit an seiner Zeitschrift *Die Horen* (1795/97), die das publizistische Organ der Weimarer Klassik werden sollte. Die große, auf polarer Spannung beruhende Freundschaft der beiden Dichter, deren Folge eine starke gegenseitige Steigerung der Produktivität war, dauerte bis zum Tode Schillers. Alle größeren Werke der beiden, die bis dahin entstanden, sind ohne die Hinweise, Ermunterungen des Freundes schwerlich denkbar.

Schillers Lyrik. Seinem Wesen war die neue Erlebnislyrik Goethescher Prägung nicht gemäß. Seine Lyrik ist vielmehr Ergebnis der Reflexion und Fantasie und beruht auf einem enthusiastischen Gefühl für große Themen und Ideen, darin Klopstock verwandt. Freude, Liebe, reines Naturgefühl schienen ihm für eine lyrische Gestaltung nicht würdig genug. Seine Themen umkreisten Gott und Welt, Kunst und Wirklichkeit, Mensch und Kultur. Sie waren Gegenstand seines reflektierenden Geistes. „Ideelles lyrisch zu empfinden" (von Wiese) ist eigentlich seine Absicht.

Der höchste Wert eines Gedichts sei, so meinte er, „der rein vollendete Ausdruck einer interessanten Gemütslage eines interessanten vollendeten Geistes". So ist Schillers Lyrik nicht Gefühlsaussprache, sondern hohe Lehrdichtung. Da er nicht persönliche Erlebnisse ausformte, nicht die selbsterlebte Wirklichkeit in Bildern verdichtete, sondern sich allgemeinen Themen des sittlichen und kulturellen Bereichs zuwandte, musste er versuchen „die Ideale zu realisieren", seine Ideen auf die Bilderebene zu transponieren. Dazu bedurfte er der Bilder, die nicht die einmalige Situation in ihrer Mehrdeutigkeit und Vielschichtigkeit symbolisieren, sondern Vorstellungen, die weitgehend von individuellen Zügen gereinigt sind, Bilder, wie sie die Fantasie hervorbringt, entstofflicht und doch anschaubar. Sie fand er vornehmlich in der Bilderwelt der antiken Mythologien und der Geschichte. Wo es ihm gelingt, Anschauung und Abstraktion in ein ausgewogenes Verhältnis zu bringen, die Reflexion ganz durch transparente Bilder zu vertilgen, entstehen oft bezwingende Verse.

Seine dichterische Fantasie drängte schon durch die Themenwahl zum Gesang, dessen längere Zeilen und umfänglichere Strophen seiner reflektierenden Schaffensweise entgegenkamen. Bevorzugt bediente er sich jambischer und trochäischer Versmaße, des Hexameters, der in seinen Versen zum reinsten unserer Sprache wurde, sowie der Distichen.

Im Hymnus *An die Freude* dichtete er das Lied der chiliastischen Hoffnung der einen Menschheit. Hymnisch ist der Ton in der sentimentalischen Elegie *Die Götter Griechenlands*, in der er die versunkene ideale griechische Welt der entgötterten Gegenwart entgegenstellt. *Der Spaziergang* zeigt die Geschichtlichkeit des Menschen und ist eine Klage über die zerstörte Kultur. *Nänie* ist das Klagelied über den Untergang des Schönen („Da weinen die Götter, / es weinen die Göttinnen alle / dass das Schöne vergeht, dass das Vollkommene stirbt"). *Das Glück* feiert hymnisch die Verdienstlosigkeit des Vollendeten, es ist nach Thomas Mann das „Liebeslied des Geistes" schlechthin.

Schiller liebte die Spruchdichtung, das Rätsel, die parabolische Erzählung *(Das verschleierte Bild zu Sais)*. Eine besondere Form der parabolischen Erzählung sind seine Balladen. Sie haben oft die dramatische Form einer Kurzgeschichte, sind architektonisch klar, mitunter virtuos und dialektisch aufgebaut und verkörpern vielfach eine zum Tribunal gewordene geistige Wirklichkeit. *Das Lied von der Glocke* singt den großen Lobpreis der Bürgerlichkeit. Im *Taucher* waltet die Hybris, in den *Kranichen des Ibykus* die Vergeltung, im *Ring des Polykrates* der Neid der Götter, in *Die Bürgschaft* die Macht der Freundestreue.

Europäischer Horizont: Schillers klassische Dramen. Schiller und Goethe sind darin Erben der Aufklärung, dass sie Nationalismus und Konfessionalismus entschieden ablehnten und sich dem weltbürgerlichen Denken verpflichtet fühlten. Die universalhistorische und weltliterarische Betrachtungsweise charakterisiert die Weimarer Klassik. 1789 schrieb Schiller an Körner: „Das vaterländische Interesse ist nur für unreife Nationen wichtig... Es ist ein armseliges, kleinliches Ideal, für eine Nation zu schreiben; einem philosophischen Geiste ist diese Grenze durchaus unerträglich. Dieser kann bei einer so wandelbaren zufälligen und willkürlichen Form der Menschheit, bei einem Fragment (und was ist die wichtigste Nation anders?) nicht stillestehen." Für seine klassischen Dramen wählte er Höhepunkte aus der deutschen *(Wallenstein)*, englischen *(Maria Stuart)*, französischen *(Die Jungfrau von Orleans)*, schweizerischen *(Wilhelm Tell)* und russischen *(Demetrius)* Geschichte. Schiller wurde zum Dramatiker, dessen geistige Heimat Europa war.

Macht und Verhängnis. Mit der Trilogie *Wallenstein* (1799) erreicht Schiller seine klassische Meisterschaft. Er schuf die erste große Geschichtstragödie unserer Literatur und zudem eine „Tragödie von wahrhaft weltliterarischem Rang". Zur selben Zeit, als der Dramatiker an seinem *Wallenstein*-Stoff arbeitete, wütete in Frankreich die Revolution und ihre wichtigsten Repräsentanten, Danton und Robespierre, erlebten Triumph und Untergang. Auch sie vertraten politische Visionen, doch sie kamen durch die Kräfte um, die sie aktiviert hatten.

Wallensteins Lager, das Vorspiel, ist eine eindrucksvolle politische Exposition der Handlung und ein Stück typisch epischen Theaters, welches das dramatische Geschehen vorbereitet. Das Heer, die Grundlagen seiner Macht („Sein Lager erkläret sein Verbrechen"), wird in dem bedeutungsvollen Augenblick gezeigt, da der Befehl zu seiner Teilung das Lager erreicht. In der drastischen Schilderung der Lagerwelt und ihrer bunten Typen ist knisternde Spannung und etwas von den kommenden Gegensätzen spürbar; der Heerführer ist allenthalben unsichtbar gegenwärtig, er ist des „Lagers Abgott" *(Prolog)*.

Mit den *Piccolomini* ändert sich der dramatische Stil: Jetzt folgt das Drama den Formgesetzen der klassischen Tragödie: an die Stelle des Volkes treten die hohen Stände, der Blankvers ersetzt den Knittelvers, die Akteinteilung verdrängt die Auftritte.

Nun entfaltet sich das Netzwerk von Verschwörung und Intrige, das gesamte politische Kräftespiel um Wallenstein beginnt. Octavio Piccolomini, Freund des Böhmen und Vertrauter des Kaisers, gelingt es, das Ränkespiel Wallensteins, den Plan zur Rebellion und den beabsichtigten Übertritt zu den Schweden, zu durchkreuzen. Inmitten der Welt der politischen Masken und des erbarmungslosen Machtkampfes ist die neu eingeführte Figur des Max Piccolomini, des Bewunderers des Feldherrn, sein eigentlicher Gegenspieler. Der junge Idealist erhofft sich von Wallenstein die Verwirklichung seiner Vision eines allgemeinen, über alle verfeindeten Lager hinausgehenden europäischen Friedens. Seine Liebe zu Wallensteins Tochter Thekla steht jenseits der Machtwelt. Für dieses Paar ist in dieser Welt des Verrats kein Platz. Der in der Schlacht fallende Max ist Symbol des Glaubens an die Unbedingtheit der Idee.

Wallensteins Tod enthüllt nur die letzten Konsequenzen. Der zögernde, der Astrologie ergebene Wallenstein verfängt sich immer mehr in seinem eigenen Handeln und wird zum Mitvollzieher seines eigenen Schicksals. Es ist eine tragische Ironie, dass sich die Freunde als Verräter entpuppen und die Doppelbödigkeit das letzte Vertrauen zerstört. Nach Wallensteins Ermordung in Eger wird Octavio zu seinem Nachfolger bestimmt.

„Wie vieles umfasst diese Dichtung an Tragik intim menschlichen und groß geschichtlichen Stils! In der Tat ist in den *Wallenstein* die ganze Epoche der Religionskriege hineingedichtet und -gedrängt; es hat europäische Optik, universelle Übersicht, wie das Denken, die Entwürfe seines Helden sie besaßen" (Th.Mann).

*1804, ein Jahr vor **Schillers** Tod, porträtierte der Berliner klassizistische Bildhauer Johann Gottfried Schadow (1764–1850) den Dichter ganz ungeschmeichelt und natürlich mit offenem Blick. Heinrich Voß sah damals in Schiller „einen Mann von … einem schönen, freien, aber etwas eingefallenen und bleichen Antlitz, der, solange man ihn ruhig sieht, finster und ernst erscheint, dessen Gesicht aber, durch eine freundliche Rede in Tätigkeit gesetzt, durchaus herzlich und liebevoll ist."*

Schillers letzte Jahre in Weimar sind erfüllt von seiner unermüdlichen Arbeit, mit der er seiner fortschreitenden Krankheit noch die Vollendung seines Werks abtrotzen wollte um „das Erhaltungswürdige aus dem Brande zu retten". 1799 war er nach Weimar gezogen um sich durch „die sinnliche Gegenwart des Theaters" anregen zu lassen. Er bearbeitete für das Hoftheater Shakespeares *Macbeth*, Racines *Phädra* und Lessings *Nathan*. Unter Aufbietung aller seiner Kräfte schrieb er noch vier Dramen und hinterließ neben vielen Entwürfen das großartige *Demetrius*-Fragment.

Schiller wandte sich jetzt vom reinen Geschichtsstoff ab; er wollte seine Fantasie nicht mehr durch die „objektive Bestimmtheit" der Geschichte wie im *Wallenstein* zügeln und bestimmen lassen. Zu sehr störten Eigengewicht und Eigenrecht des Stoffes seine poetische Gestaltungskraft. Der klassische Dramatiker schlug den Weg der Abstraktion und Stilisierung ein, weil er glaubte, „dass die Kunst nur dadurch wahr ist, dass sie das Wirkliche ganz verlässt und rein ideell wird".

Vor allem *Maria Stuart* und *Die Braut von Messina* folgen der Bauform des geschlossenen Dramas (→ S. 194). Der analytische Aufbau der beiden Dramen bringt ein episches Moment in die Handlung. Besonders der Chor in der *Braut von Messina* hat im Schillerschen Schauspiel eine ähnliche Aufgabe zu erfüllen wie in Brechts Dramaturgie der „Verfremdungseffekt": den Zuschauer vom reinen Stofferlebnis abzuhalten.

Maria Stuart (1800), Trauerspiel in fünf Aufzügen. Im Mittelpunkt dieses Läuterungsdramas steht die Figur der schottischen Königin Maria Stuart, deren Schicksalsweg Schiller mit Hilfe der „Euripidischen Methode" darstellen wollte. Das hieß nicht dramatische Entfaltung des tragischen Vorgangs durch fortschreitende Handlung, sondern Darstellung des tragischen Zustands. Racine und Euripides waren die Vorbilder.

Die Königin von Schottland, ganz Frau, handelt aus ihrer Weiblichkeit heraus, selbst ihre Verbrechen sind noch daraus erklärbar. Alle Versuche, die von ihren Freunden unternommen werden um sie zu retten, beschleunigen nur ihr Ende. Die Unterredung mit ihrer Erzfeindin Elisabeth bringt die Peripetie (Umschwung). Nun weiß Maria Stuart, dass es keine Hoffnung mehr für sie gibt. Sie wird sich des eigenen Schicksals in seiner Ausweglosigkeit bewusst und nimmt den Tod als Sühne für ihre Verfehlungen auf sich. Sie überwindet sich selbst, zum Erhabenen entschlossen. – Die Sprache des Dramas ist voller Lyrismen, spielerisch, weich.

Rasch folgt *Die Jungfrau von Orleans* (1801), eine romantische Tragödie. Schiller fesselte am Stoff aus der französischen Geschichte das Schicksal des einfachen Hirtenmädchens, das berufen ist, sein Land aus den Händen der Engländer zu befreien. Der tragische Konflikt spielt sich im Innern der Heldin ab. Sie ist die Heilige, die in der geschichtlichen Welt einen Auftrag zu erfüllen hat. Durch die Liebe zu ihrem Feind, dem Engländer Lionel, gerät sie in einen tragischen Konflikt. Die Gefahr der Untreue gegenüber ihrer Berufung überwindet sie durch ihren Tod. Sehr stark ist Schillers eigenes Schicksal, „Weihe und Qual" eines Berufenen, in dem meisterhaft aufgebauten, straff gegliederten Drama spürbar.

Die Braut von Messina (1803) ist ein Versuch, die sophokleische Schicksalstragödie von König Ödipus der eigenen Dramatik nutzbar zu machen. In dieser Familientragödie verlieben sich die beiden verfeindeten Brüder Don Cesar und Don Manuel in dasselbe Mädchen. Aus Eifersucht erdolcht Don Cesar seinen Bruder. Erst nach der Tat erkennt er in der Geliebten seine Schwester; da tötet er sich zur Sühne für seine Verbrechen. Schicksal und Chor, die beiden antiken Stilelemente, werden eingeführt. Die Sprache, die des Chores zumal, ist voll tiefsinniger Bilder, sie erreicht hier die größte klassizistische Verfeinerung und Typisierung, alles Prosaische ist getilgt.

Volk und Freiheit. Das letzte Werk, das Schiller noch vollendete, war das Schauspiel *Wilhelm Tell* (1804). Es war das wirksamste und zugkräftigste. Das Thema durfte eines regen Interesses sicher sein, jetzt, da „von der schweizerischen Freiheit desto mehr die Rede ist, weil sie aus der Welt verschwunden ist" (Schiller). Französische Truppen hatten 1798 die Schweizer Kantone besetzt und ihnen die helvetische Verfassung aufgenötigt. Die Schweiz wurde zu einem französischen Protektorat und in ein Vasallenverhältnis gezwungen. Im Erscheinungsjahr des neuen Dramas wurde Napoleon in Paris zum Kaiser gekrönt. Das Schauspiel ist der auf die Bühne gestellte geschichtsphilosophische Gegenentwurf zur Praxis des Korsen, die europäischen Völker brutal zu unterdrücken.

Schiller wandte sich im *Wilhelm Tell* ab von den Figuren der Könige, Fürstinnen, Feldherrn und zum ersten Mal wird ein Volk zur Hauptgestalt eines Dramas.

Das hatte eine andere Dramenstruktur zur Folge. Die dramatische Einheit bildet jetzt nicht mehr der Akt, sondern die Szene prägt den Aufbau. Sie wird ausführlicher, differenzierter, ist in sich gegliedert, gewinnt an Eigenwert, erscheint als „Kleinform des Aktes".

Die historische Sage aus dem 13. Jh. wird zum Vorwurf für die Gestaltung des Freiheitsproblems. Der Habsburger Vogt Gessler provoziert mit seinen Unrechtstaten das unhistorisch lebende Volk. Wilhelm Tell, der naive, unpolitische Selbsthelfer, verkennt die durch den Tyrannen geschaffene Situation. Während die Bewohner der drei Urkantone dem erlittenen Unrecht mit dem

Rütlischwur begegnen und damit ihre politische Existenz mit dem Willen zur Freiheit und zur gemeinsamen Zukunft begründen, bedarf es erst der Apfelschussszene um Tells naives Vertrauen zu erschüttern. Im großen Entscheidungsmonolog (IV, 3) vor Gesslers Ermordung vergewissert sich der Held seiner Tat und gelangt durch Reflexion zum bewusst politischen Handeln: seine Tat ist zugleich eine Tat für die Gemeinschaft, für den neuen Staat, der keine Standesunterschiede mehr kennt und in dem der Einzelne und die Allgemeinheit identisch sind bei voller Wahrung der Freiheit.

Montesquieus und Rousseaus Vorstellungen verbanden sich mit Schillers kulturphilosophischen Ideen und bestimmten die Gestaltung des Problems. Das Drama lässt schon etwas von den kommenden Freiheitskriegen ahnen. Seine Rezeptionsgeschichte zeigt, dass es zum europäischen Freiheitsdrama schlechthin geworden ist. Schillers Tell wurde von den Schweizern als historisches Selbstbildnis, als Identifikationsmodell betrachtet, es fiel einer zunehmenden Mythologisierung zum Opfer, der Max Frisch mit seiner ironischen Erzählung *Wilhelm Tell für die Schule* (1971) entgegenzuwirken versuchte.

Schein und Sein. Innerhalb von sechs Wochen hatte er den *Tell* unter dauernden Schmerzen niedergeschrieben. Die Bauchfellentzündung, an der er schon seit zehn Jahren litt, wurde schlimmer; die Kolikanfälle häuften sich. Im vollen Bewusstsein der noch verbleibenden kurzen Lebensfrist arbeitete er unermüdlich. Da ereilte ihn der Tod am 5. Mai 1805 über der Arbeit an dem Drama, das sein größtes und bedeutendstes werden sollte und dessen Fragment ahnen lässt, welchen Weg Schiller weiter eingeschlagen hätte: *Demetrius oder die Bluthochzeit von Moskau* (1805).

In den wenigen entworfenen Szenen wird die Tragik in der Figur des Demetrius selber offenbar. Er, der kraft seines eigenen Glaubens zutiefst davon überzeugt ist der wahre russische Thronanwärter zu sein, und aus dieser innersten Überzeugung und durch ihre Ausstrahlungskraft das polnische Volk für seine Pläne gewinnt, muss im entscheidenden Augenblick seines Kampfes um den Thron erkennen, dass er von Verschwörern missbraucht, einem Trug zum Opfer gefallen ist. Über der Leiche des Boten der ganzen Wahrheit verzweifelt er: „Du hast mir das Herz meines Lebens durchbohrt, du hast mir den Glauben an mich selbst entrissen. – Fahr hin Mut und Hoffnung! Fahr hin du frohe Zuversicht zu mir selbst! Freude! Vertrauen und Glaube! – In einer Lüge bin ich gefangen, zerfallen bin ich mit mir selbst! Ich bin ein Feind der Menschen, ich und die Wahrheit sind geschieden auf ewig!"

Trotz der Erkenntnis der Wahrheit klammert er sich an die Maske der Lüge um das Volk zu führen, das an ihn glaubt, weil er von sich überzeugt ist. Aber dieser Entschluss besiegelt nur seinen Untergang. An einem nurmehr den äußeren Schein benutzenden Herrscher vermögen die Untertanen nicht mehr festzuhalten.

Die Tragik entspringt nicht der Undurchschaubarkeit der Welt, dem Intrigen- und Maskenspiel, sondern vollzieht sich in tragischer Dialektik im Innern des Menschen. Der Spaltung von subjektivem Sein und objektivem Schein entspringt die Tragik. Der menschliche Geist schafft aus sich selber heraus eine Realität, der er dann zum Opfer fällt. Es ist die „Tragik des Idealismus" (Szondi), mit der noch Hebbel ringen muss. Das eigene Bewusstsein hat Demetrius in die verhängnisvolle Situation hineingetrieben und diese Falschheit von Sein und Schein durchschaut er erst im Augenblick, als er Opfer der eigenen Absichten geworden ist.

Wirkung und Rezeption seines Werks in Deutschland beruhen in den letzten 150 Jahren vor allem auf seinem starken politischen Sinn, auf der Theaterwirksamkeit seiner Dramen, auf dem Idealismus der Freiheit. Sein Pathos der Selbstbestimmung wurde von den Freiheitskriegern von 1815 und vom liberalen Bürgertum der ersten Hälfte des 19. Jh. als dichterischer Ausdruck ihrer politischen Absichten gedeutet. 1859 erreichte seine Popularität ihren Höhepunkt. Er war damals der Abgott des nationalen Bürgertums, sein Bild wurde mythifiziert und kanonisiert. Freilich war es der tendenziös missbrauchte Schiller. Die politische Ideologisierung reichte bis ins 20. Jh. Das Dritte Reich versuchte den Klassiker gleich- und auszuschalten. Seine Balladen gehörten nach wie vor zum obligatorischen Lesestoff. Schon vor der Machtübernahme wurden seine Dramen im Sinne der NS-Ideologie gedeutet (Hans Fabricius: *Schiller als Kampfgenosse Hitlers. National-*

sozialismus in Schillers Dramen, 1932). Im Kriegsjahr 1941 erging für *Wilhelm Tell* ein Aufführungs- sowie ein Lektüreverbot in den Schulen. Freiheitsidee und Tyrannenmord schienen dem Diktator zu gefährlich zu sein.
Die Entwicklung des deutschen Dramas im 19. Jh. ist ohne sein Werk undenkbar. Doch die Geschichte, die er dem Theater zugeführt hatte, wurde jetzt anders gesehen. Das Jahrhundert sah sich aufs schärfste mit den neuen, mächtig herandrängenden Kräften der Wirtschaft und Industrie, mit den Problemen der industriellen Revolution konfrontiert. Der Glaube an die Freiheit des autonomen sittlichen Bewusstseins war bald geschwunden und im Leben wurde nicht mehr der moralische Sieg der Scheiternden gesehen, sondern es selbst als tragisch gespalten erlebt. Kleist, Grabbe, Büchner, Hebbel, die Expressionisten Toller und Unruh sind von ihm beeinflusst. Die Dramatiker der ersten Jahrzehnte des 19. Jh. vermochten mit dem Schiller'schen Idealismus nicht mehr viel anzufangen, mit „Idealdichtern, die fast nichts als Marionetten mit himmelblauen Nasen und affektiertem Pathos, aber nicht Menschen aus Fleisch und Blut gegeben haben“ (Büchner).
Schillers Ästhetik, seine Auffassung der Kunst als des autonomen Reichs des schönen Scheins, hatte bereits theoretisch eine Forderung formuliert, die die moderne Lyrik von Baudelaire, Mallarmé, Yeats bis Benn bestimmte: eine im Wort neugeordnete, eigenen Gesetzen gehorchende Wirklichkeit dem Chaos der Realität entgegenzusetzen. In den 60er-Jahren unseres Jahrhunderts wurden Schillers Begriff des Spiels und seine gesellschaftliche Funktionsbestimmung der Kunst in der psychoanalytisch-marxistischen Kulturkritik eines Herbert Marcuse (*Triebstruktur und Gesellschaft,* 1965) erneut aktuell.

Schillers Wirkung im Ausland war von Anfang an ungleich tiefgreifender als die Goethes. Madame Germaine de Staël (1766–1817) hatte mit ihrem Buch *De l'Allemagne* (Über Deutschland, 1810) „die früheste, brillanteste und kongenialste Kulturgeschichte der Goethezeit“ (R. Minder) geliefert (→ S. 278). Mit ihrem gegen Napoleons imperiale Politik gerichteten literaturkritischen Werk wurde sie zur einzigartigen Vermittlerin zwischen beiden Nationen. Sie korrigierte das an den *Räubern* orientierte Schillerbild und stellte den Schwaben ihren Landsleuten vor. Sein Einfluss dauerte ungeschmälert das ganze 19. Jh. Noch Sartre profitierte von der szenischen Kunst des Schwaben. Am tiefsten jedoch wirkte er im Osten. Kaum ein westeuropäischer Autor hat die russische Geistesgeschichte so nachhaltig beeinflusst wie Schiller. Viele namhafte russische Schriftsteller holten sich bei ihm Anregungen. Russen nannten Schiller einen „Dichter der Freiheit“, den „Advokaten der Menschheit“, „den letzten großen europäischen Humanisten“. 1942 führten sie *Wilhelm Tell* im bedrohten Moskau auf. In den 70er-Jahren gehörte der schwäbische Dramatiker neben Brecht zu den am meisten gespielten Autoren des sowjetischen Theaters.

Würdigung. Friedrich Dürrenmatt und Thomas Mann deuteten das Wesen des Schiller'schen Werks für unsere Zeit. Der Schweizer Dramatiker meint: „Der Gegenstand seines Denkens war die Kunst und die Natur, der Geist und das Leben, das Ideal wird das Gemeine, doch flüchtete er nicht in die Ideenwelt. Er grenzte ab und hielt aus. Er fasste die Freiheit strenger als die andern, doch nicht einem System, sondern dem Leben zuliebe, er setzte Spannungen um Funken zu erzeugen, er erhöhte den Menschen, weil er ihn mehr als das Allgemeine, mehr als den Staat liebte.“ Und Thomas Mann bemerkt, es ging Schiller „um die Arbeit am Geiste der Nation, ihrer Moral und Bildung, ihrer seelischen Freiheit, ihrem intellektuellen Niveau, um die rettende Ehrfurcht des Menschen vor sich selbst.“

2.7 Goethes Spätwerk (1805–1832)

Schillers Tod hatte Goethe tief getroffen: „Ich verliere nun einen Freund und in demselben die Hälfte meines Daseins.“ Der Krieg von 1806 verschonte auch Weimar nicht. Seine Frau Christiane rettete entschlossen sein Haus vor plündernden Soldaten. 1808 starb seine Mutter, 1816 seine Frau, 1828 der Herzog, 1830 sein Sohn. „Altwerden heißt viele überleben“, sagte Goethe. Er sah die ganze Frühromantik vorüberziehen. Er begrüßte die junge Literatengeneration und lobte ihre Sammlung deutscher Volkslieder, aber bald klagte er über ihre Selbstherrlichkeit und Formlosigkeit, über ihre Unbekümmertheit gegenüber der Realität. „Die so genannte romantische Poesie zieht besonders unsere jungen Leute an, weil sie der Willkür, der Sinnlichkeit, dem Hange nach der Ungebundenheit, kurz der Neigung der Jugend schmeichelt." Das Spannungsgeladene, Eruptive Kleists lehnte er entschieden ab, gerade weil er selber den Romantiker in sich nur mühevoll niedergerungen hatte.

Das Eigenrecht des Alters. Das Alter als eigenständige, literaturfähige schöpferische Lebensphase hatte es vor Goethe nicht gegeben. Er war es, der als Erster im Alter eine ungebrochene Schaffenszeit erlebte. Freilich kannte Goethe die Schwierigkeiten, die sich in den späten Jahren ergaben. Er wusste: „Das Alter verliert eines seiner größten Menschenrechte: es wird nicht mehr von seinesgleichen beurteilt." Das liegt auch in der Lebenssituation begründet. Für Goethe bedeutete das Alter auch ein „stufenweises Zurücktreten aus der Erscheinung". Das Zeiterleben wird ein anderes. Vergangenheit und Gegenwart verschmelzen miteinander, die Zeitenfolge wird zweitrangig. Jetzt verinnerlicht der Geist alles. Infolgedessen wandelt sich der einmalig-individuelle Erlebnischarakter; das Allgemeine, Gesetzhafte der Erscheinungen tritt beherrschend hervor. Goethe bevorzugte damals die zyklische Gestaltung und verwendete souverän und spielerisch die während eines langen literarischen Lebens erworbene Ausdruckskraft. Das zeigen seine späten Werke. Er bediente sich bewusst eines symbolischen Stils, mit dem er den Schleier des Schweigens über vieles breitet. Seine tiefsten Visionen werden uns nur mehr in Chiffren kund. Der *West-östliche Divan* und *Faust Zweiter Teil* sind die großen Zeugnisse Goethe'scher „Urdichtung in Maskenform".

Der Porzellanmaler Ludwig Sebbers hatte im September 1826 das wohl eindrucksvollste Altersporträt des Dichters geschaffen. Ein Jahr später erinnerte sich Gustav Parthey an ***Goethe****: „An die gewölbte, mäßig gefurchte Stirn, die durch das zurückgekämmte Haar in ihrer ganzen Höhe erschien, schloss sich eine gebogene, durch das Alter etwas schwerer gewordene Nase im richtigsten Verhältnisse an. Die großen braunen Augen, von einem hellen Altersringe eingefasst, konnten unbeschreiblich sanfte Blicke und dann wieder Feuerfunken werfen."*

Goethes Autobiografie. Die Periode des Untergangs des Reiches und der napoleonischen Kriege hatten den Weimarer Autor auf „sich selbst zurückgedrängt". Er benutzte die Zeit „um mich in mir selbst historisch zu bespiegeln." Goethe konnte seine dichterische Entwicklung überblicken. Mehrere Ausgaben seiner Werke waren schon erschienen. Mit seiner Autobiografie *Mein Leben, Dichtung und Wahrheit* (1811/1814) erreicht dieses Genre einen Höhepunkt (→ S. 148). Die Lebensbeschreibung umfasst den Zeitraum von seiner Geburt bis zum Aufbruch nach Weimar 1775. Die Einzigartigkeit dieser Geschichte des eigenen Lebens liegt in seiner Gesamtkonzeption. Es ging ihm nicht um eine chronologische Aufreihung seiner Werke und Leistungen, sondern um die sinngebende Deutung der Vorgänge, denn „ein Faktum unseres Lebens gilt nicht, insofern es wahr ist, sondern insofern es etwas zu bedeuten hat." Die streng komponierte Darstellung gestaltet das Wechselverhältnis zwischen dem sich entfaltenden Ich und den Anforderungen der Umwelt. So entsteht das Bild des vielschichtigen Gefüges einer erfüllten, schöpferischen Existenz.

Die Wahlverwandtschaften. Hebbel warf Goethe vor, er kenne nur die Schönheit ohne Dissonanz und verschließe die Augen vor dem tragischen Verhängnis. Wie sehr Goethe um die tragische Seite des Lebens wusste, zeigt sein Altersroman *Die Wahlverwandtschaften* (1809).

In diesem epischen Werk ist das Dämonische in der Beziehung der beiden Geschlechter im Bilde der Wahlverwandtschaften symbolisiert. Der Begriff stammt aus der Chemie, wo er die Affinität chemischer Elemente und ihre naturgesetzlichen Bindungen bezeichnet. Es gibt nach Goethe im menschlichen Bereich nur eine Gegenkraft gegen die sich selber wollende blinde Leidenschaft: die Entsagung. Eduard, ein Baron, ein problematischer Romantiker, hatte seine Jugendgeliebte erst spät geheiratet. Beide laden ihre Freunde aufs Gut: Eduard den befreundeten Hauptmann, Charlotte ihre schöne Nichte Ottilie. Eduard verfällt dem der Natur zugewandten Mädchen, das sich selber dem heftigen Ansturm auf die Dauer nicht entziehen kann. Der Hauptmann liebt Charlotte. Während die beiden älteren ihre Leidenschaft bezwingen, gehen Ottilie und Eduard daran zu Grunde. Der Tod von Charlottes Kind im See ist für Ottilie das Zeichen ihrer Schuld. Sie stirbt, Eduard folgt ihr nach.
Goethe hatte die Fabel in den verbergenden Satz gekleidet: „Der sehr einfache Text dieses weitläufigen Büchleins sind die Worte Christi: Wer ein Weib ansieht, ihrer zu begehren [...] Ich weiß nicht, ob jemand sie in dieser Paraphrase erkannt hat." Der Stil dieses großen Alterswerks ist lakonisch verschwiegen. Verhaltenes Erzählen symbolisiert die zartesten Bezüge, die heikelsten Beziehungen. Die Prosa ist präzis, von großem rhythmischem Zauber.

Goethe und die Weltliteratur. Der Weimarer Dichter hatte im Laufe seines langen, produktiven Lebens seinen literarischen Horizont beträchtlich erweitert und erfahren, wie stark ihn die Begegnung mit Werken aus den verschiedensten Jahrhunderten und Sprachen in seinem Schaffen geprägt hatte. Als Schriftsteller und Übersetzer, Naturforscher und Staatsmann war er ein Weltbürger geworden, der wie Schiller die nationalistisch-engstirnige Denkweise ablehnte. Während der Befreiungskriege misstraute er dem nationalistischen Treiben. Er lehnte es ab, Kriegslieder gegen eine Nation zu dichten, der er einen großen Teil seiner geistigen und literarischen Bildung verdankte. Es war nach seiner Überzeugung an der Zeit, eine neue weltliterarische Dimension zu eröffnen. Von Herder hatte er die historische Bedingtheit der Literatur kennen gelernt und die Einsicht gewonnen, dass jede Nation aufs engste mit den Nachbarnationen verzahnt ist: Jede „Nation ruht auf dem Altvorhandenen ausländischen oft mehr als auf dem Eigenen, Erlebten und selbst Geleisteten." Er erkannte die weltliterarische Aufgabe durch neue Formen des Verstehens und der Verständigung auf das gegenwärtige Bewusstsein einzuwirken. „Vielleicht überzeugt man mich bald, dass es keine patriotische Kunst und patriotische Wissenschaft gebe... Beide gehören der ganzen Welt an und können nur durch allgemeine freie Wechselwirkung aller zugleich Lebender, in steter Rücksicht auf das, was uns von Vergangenem übrig und bekannt ist, gefördert werden." Mit seiner gegenwartsoffenen Einstellung versuchte Goethe den national begrenzten Horizont der Deutschen für Zukunftsprobleme zu öffnen. Für ihn bestand ihre Aufgabe darin, „an dem ewigen Bau der Menschheitsgeschichte zu arbeiten." Eine Nationalliteratur würde erst dann zur Weltliteratur, wenn sie das Wissen ihrer Zeit umfassend und formal erhellend ins Bewusstsein gehoben habe. „Die Epoche der Weltliteratur ist an der Zeit und jeder muss jetzt dazu wirken, diese Epoche zu beschleunigen."

Späte Lyrik. Immer stärker fesselte Goethe der Orient mit seiner Ironie, seiner Weisheit und seiner Mystik. Am persischen Dichter Hafis (1320–1389) gefielen ihm die heiter-sinnliche Lebensfreude, die vergeistigt-mystischen Töne, die feine politische Skepsis. In der Liedersammlung *West-östlicher Divan* (1814/19) spricht der westliche Dichter in östlichen Bildern und liefert eine tiefe lyrische Selbstdarstellung seines Alters. Souverän spielt er mit allen Formen. Leidenschaft und Ironie, Unbekümmertheit und Verhüllung enthalten seine Verse. Die Begegnung mit Marianne von Willemer in Frankfurt (1814/15) findet in den Liedern des Buches Suleika, dem Hauptteil des *Divan*, ihren vollkommenen lyrischen Ausdruck.
Während seiner Kuraufenthalte 1821–23 in Marienbad lernte Goethe Frau von Levetzow und deren Töchter kennen. Noch einmal überfiel ihn eine heftige Leidenschaft zur 17-jährigen Ulrike, um deren Hand er in aller Form anhielt. Nach langem Ringen sah er ein, dass der schmerzliche Verzicht die einzige Lösung war. Der zutiefst Erschütterte gestaltete seine Verzweiflung in der

Marienbader Elegie (1823). In strengen, herrlichen Stanzen befreite er sich von seiner Qual. Ungebrochen bis ins hohe Alter bewahrte er sich die Fähigkeit zur lyrischen Verdichtung. In seiner späten Lyrik wird ihm die Wirklichkeit zum Gleichnis des Überwirklichen. Damals entstanden die weltanschaulichen Gedichte: *Urworte, Orphisch* (1817), *Eins und alles* (1821), *Vermächtnis* (1829), sowie die Gedichte *Um Mitternacht* (1818), *Der Bräutigam* (1824), *Dem aufgehenden Monde* (1828), der Zyklus lyrischer Kurzgedichte *Chinesisch-deutsche Jahres- und Tageszeiten* (1830).

Das „Alte Wahre". Goethes schauendes Denken erfasst im Einzelnen die Gesetzmäßigkeit des Ganzen. Überall sucht er nach dem Gestalthaften. Dies prägt auch seine Aphorismen. Das große Spätwerk, die Spruchsammlung *Maximen und Reflexionen* (posthum 1840), enthält die Summe einer lebenslangen betrachtenden und reflektierenden Begegnung mit Welt und Menschen. Fern funkelnder Antithesen, geistreicher Formulierungen, intellektueller Brillanz, weiß Goethe um das „Alte Wahre": „Alles Gescheite ist schon gedacht worden, man muss nur versuchen es noch einmal zu denken." Die Sprüche bilden ein zartes, feines Gedankengewebe, wohldurchdacht und bewusst komponiert, aus reifster Erfahrung und tiefem Wissen gespeist. Ein intensives Denken fällt Maximen wie Kristalle aus einer Lösung. Goethe verbirgt seine Erkenntnisse an der Oberfläche, äußert lakonisch-knapp, das Paradoxon bevorzugend, bisweilen in sprichwörtlichen Prägungen seine Weisheit, die aus Schau und Ehrfurcht kommt.

Wilhelm Meisters Wanderjahre (1829) hatte Goethe aus der Sorge um die Gegenwart geschrieben und der neu heraufkommenden Zeit zugedacht. „Das überhandnehmende Maschinenwesen quält und drängt mich: es wälzt sich heran wie ein Gewitter."
Wilhelms Lehrjahre sind zu Ende. Er geht auf Wanderschaft um zu lernen, in der Welt tätig zu sein. Bildung allein genügt nicht. Der Mensch hat Entsagung zu lernen im Wollen sowohl wie im Handeln, seine Ichsucht durch Selbstlosigkeit zu überwinden. Betrachtung und Arbeit sollen den Menschen auszeichnen. Nicht das Streben ins Allgemeine ist notwendig, sondern die Beschränkung aufs Konkrete, Besondere. „Eines recht wissen und ausüben gibt höhere Bildung als Halbheit im Hundertfältigen." Die *Wanderjahre* wurden abgefasst zu einer Zeit, als bereits Tausende nach Amerika auswanderten.
Goethe ist sich des Zeitenwandels genau bewusst. Er weiß, dass der alte Menschentyp unwiederbringlich der Vergangenheit angehört. Der neue Europäer setzt eine andere Bildung voraus: eine sozialere, praktischere, als sie die alte Gesellschaftsschicht hervorgebracht hat. Die Erziehung der Kinder erfolgt daher nicht mehr im Elternhaus, sondern unter ihresgleichen. In der „Pädagogischen Provinz" werden sie zugleich zu praktischer Arbeit wie geistiger Tätigkeit erzogen. Alle Bildung aber steht unter dem Gesetz der Ehrfurcht: Ehrfurcht vor dem Göttlichen, Ehrfurcht vor dem Leben, Ehrfurcht vor dem Mitmenschen. „Aus diesen Ehrfurchten entspringt die oberste Ehrfurcht, die Ehrfurcht vor sich selbst, und jene entwickeln sich abermals aus dieser, sodass der Mensch zum Höchsten gelangt, was er zu erreichen fähig ist, dass er sich selbst für das Beste halten darf, was Gott und Natur hervorgebracht haben, ja, dass er auf dieser Höhe verweilen kann, ohne durch Dünkel und Selbstheit wieder ins Gemeine gezogen zu werden." Wer Ehrfurcht hat, überwindet die Furcht und schafft Kultur.

Faust beschäftigte Goethe von seiner Jugend bis ins hohe Alter. Sechzig Jahre hat er an diesem Lebenswerk gearbeitet. Was der Stürmer und Dränger 1772 mit dem *Urfaust* begann, der Klassiker weiterführte, vollendete erst der Greis ein halbes Jahr vor seinem Tode. 1808 erschien *Faust I*, 1832 *Faust II*. Während der Arbeit am zweiten Teil hatte die Romantik schon längst ihren Höhepunkt überschritten und das Zeitalter des Realismus kündigte sich an. Hinter dem Drama steht die große Weite seines inneren Lebens. Faust und Mephisto sind nur die polaren Gestalten seines großen Schöpfergeistes. Das Drama enthält „lauter für sich bestehende kleine Weltenkreise, die in sich abgeschlossen, aufeinander wirken" (Eckermann). Es umschließt das ganze Universum menschlicher Tätigkeiten. Im Letzten ist der *Faust* unausschöpflich und inkommensurabel, wie das Leben selber:

Des Menschen Leben ist ein ähnliches Gedicht.
Es hat wohl einen Anfang, hat ein Ende,
Allein ein Ganzes ist es nicht.

„Zueignung" und *„Vorspiel"* weisen darauf hin, wie die Dichtung zu verstehen ist: als ein Spiel der freien dichterischen Fantasie, als ein Werk der Poesie. Angesichts der langen Entstehungszeit kann der *Faust* nicht aus einem Guss sein; er muss notwendig die Spuren der einzelnen Lebensalter seines Autors zeigen. Der lange Entstehungsprozess erklärt auch die Fülle der verwendeten Formen: Wir finden realistische Prosa, Knittelverse, freie Rhythmen, Volksliedstrophen, Alexandriner, Stanzen, Terzinen, Arien und Chöre im Opernstil. Das Derbste und Zarteste, die Sprache der Mundart und die des Philosophen, des Humanisten und des Bürgers, der Liebenden und Verzweifelnden hat der Dichter in seine bunten „Weltenkreise" integriert. Die mannigfaltigen Versformen, der gewaltige Sprachumfang, der Reichtum an Bildsymbolen schließen sich zur Darstellung des Lebens der Faustfigur.
Der dem ersten Teil vorangestellte *„Prolog im Himmel"* zeigt die höhere Ordnung der Welt, die Stellung Mephistos innerhalb der Schöpfung und die Faustgestalt von Gottes Perspektive her. Gott überlässt seinen Diener dem Mephisto, weil er weiß, dass Faust in seinem dunklen Drange sich des rechten Weges wohl bewusst ist.

Faust, der Tragödie erster Teil. Faust verzweifelt an der intellektuellen Erkenntnis der Welt. Trotz der großen Weite seines Bewusstseins ist sein innerer Erkenntnisdrang ungestillt; er vermag in das innerste Wesen der Welt nicht einzudringen. Da greift er zur Magie, mit deren Hilfe er die letzte Erkenntnis zu gewinnen hofft. Allein der beschworene Erdgeist entzieht sich ihm. Seine in Todessehnsucht umschlagende Verzweiflung überwindet nur der Klang der Osterglocken. Der Osterspaziergang mit seinem Famulus Wagner, dem Erzphilister, bereitet die Begegnung mit dem Teufel vor. Mephisto erscheint und bietet einen Pakt an. Der erfahrene, durch alle Höhen und Tiefen des geistigen Lebens gegangene Faust weiß, dass es keinen ruhigen Augenblick im Leben geben kann, weil notwendig jedes befriedigte Bedürfnis einen neuen Wunsch erregt. Faust kennt die Dialektik von Lust und Schmerz, Langeweile und Erfüllung. Daher diktiert er die Paktbedingung:

Werd ich zum Augenblicke sagen:
verweile doch! du bist so schön!
Dann magst du mich in Fesseln schlagen,
Dann will ich gern zu Grunde gehn!

Mephisto soll den Rastlosen auf seiner Weltfahrt begleiten und alle seine Fähigkeiten steigern. Das turbulente Gelage der Studenten in Auerbachs Keller lässt Faust kalt. Mephisto, gezwungen stets neue Reize für seinen Herrn zu schaffen, bringt ihn in die Hexenküche, wo er den Abstieg in die Tiefen der Sinnlichkeit vorbereitet. Der verjüngte Faust sieht nun „Helenen in jedem Weib". Die Begegnung mit Gretchen wird nicht zum bloßen Sinnengenuss, sondern zeigt, dass Faust echter Liebe fähig ist. Aber er wird an dem unschuldigen Geschöpf schuldig. Er verführt mit Mephistos Hilfe seine Geliebte, tötet mit einem Schlaftrunk

Goethe wollte seine eigene Vorstellung vom Erscheinen des ***Erdgeistes*** *(Faust I, V.482ff.) mit einer Skizze verdeutlichen. Der Erdgeist erscheint in einer Fensteröffnung. Flammenstrahlen ergießen sich von seinem Haupt in Fausts Studierzimmer, in dem man noch den „Urväterhausrat" erkennen kann.*

ihre Mutter, ersticht ihren Bruder Valentin. Mephisto schleift den schuldbeladenen Faust zum Blocksberg um in der Walpurgisnacht in einer Orgie mit den Dämonen der Unzucht in dunkler Lust seine Gewissenspein zu betäuben. Der verzweifelte Faust kehrt in den Kerker zurück, wo sich Gretchen zwischen Fieberwahn und hellem Wachsein von ihm abkehrt. Der Gerichteten verkündet eine Stimme von oben die Rettung. Mephisto aber zerrt seinen Herrn von der Stätte des Grauens. Die ungeahnte Erweiterung der Lebenslust hat Faust mit schwerer Schuld bezahlt.

Faust, der Tragödie zweiter Teil. In anmutiger Gegend versenken der wohltätige Luftgeist Ariel und seine Geisterschar Faust in einen reinigenden Traumschlaf. Gestärkt durch die Heilkraft der kosmischen Mächte erfährt der erwachende Faust das vernichtende „Flammenübermaß" der aufgehenden Sonne, des Sinnbilds des Unendlichen. Im Bild des Regenbogens, nur im Schleier des Vergänglichen vermag der Mensch das Absolute zu fassen: „Am farbigen Abglanz haben wir das Leben." Der große Terzinen-Monolog deutet bereits auf den symbolisch-verweisenden Stil des zweiten Teils. Das Drama ändert seinen Charakter: es weitet sich zum verweltlichten Mysterienspiel. Der Individualist Faust versinkt und ein zeitloser, weltüberlegener, universaler Typus Mensch tritt hervor. Die Handlung spielt nun in symbolischer Zeit. In wechselnden Daseinskreisen enthüllen sich die Urphänomene des Lebens. Die immer wiederkehrenden Urgesetze des staatlichen und gesellschaftlichen Lebens ziehen in Masken, opernhaften Revuen und Allegorien an uns vorüber.

Nach dem Vorspiel tritt Faust in Mephistos Begleitung in die große Welt des politisch-sozialen Handelns: Die Darstellung des Kaiserhofes vermittelt einen Einblick in die Sphäre der Macht und Politik. Das Bild eines zerfallenden, reformbedürftigen Feudalstaates entsteht. In der renaissancehaft-karnevalistischen Mummenschanz-Revue zeigt Goethe die gesellschaftlich-modischen Vorformen der Kunst. Fern allen deutsch-mittelalterlichen „Teufels-, Narren- und Totentänzen" ziehen die Allegorien der Poesie vorüber. Auf einem Wagen kommt Faust als Plutus, Herr der Reichtümer, begleitet vom Knaben-Lenker (= Euphorion), dem mignonähnlichen, halbwüchsigen, jugendlich-verschwenderischen Poeten. Plutus öffnet eine geheimnisvolle Goldkiste, doch die Menge und Mephisto neiden dem Dichter Faust seine Reichtümer. Als der Kaiser in Gestalt des großen Pan den Schatz sehen will, verwandelt ihn Plutus in flammendes Gold, das Symbol höchster Lebens- und Geisteskraft. Der mit Papiergeld versorgte Kaiser wünscht vermessen, dass Faust ihm Paris und Helena zu seinem Vergnügen herbeibeschwöre. Faust steigt ins „Reich der Mütter", in jene gestaltenträchtige Tiefe der Urbilder, und holt die antiken klassischen Schönheiten herauf. Doch die Hofgesellschaft erlebt sie nur stofflich, erotisch. Faust, hingerissen vom Zauber Helenas, greift nach dem Urbild alles Schönen, da streckt ihn ein Schlag nieder. Der Versuch die klassische Schönheit gewaltsam in die Gegenwart zu zerren scheitert, weil der schöpferische Eros sich den Geist des Griechentums nicht anverwandelt hatte. Der Weg zur Kunst von außen ist versperrt. Die Hofgesellschaft missversteht das Reich des Schönen (→ S. 195, *Tasso*), findet keinen Zugang.

Der Weg führt nur von innen ins Geheimnis. Der zweite Akt bereitet Helenas Erscheinen vor. Wagner erzeugt im Laboratorium in einer Phiole (Glasflasche) ein „artig Männlein", Homunculus, Symbol reinster Geistigkeit, die danach drängt, Gestalt anzunehmen. Homunculus erkennt Fausts Sehnsucht nach dem Schönen und dient ihm als Wegweiser zur „klassischen" Walpurgisnacht. Die Zaubernacht in der thessalischen Landschaft ist eine Phantasmagorie (Trugbild), ein Pandämonium von grotesk-mythischen Gestalten: geldgierige Greife, zeitüberdauernde Sphinxe, Stymphalide (vogelartige Ungeheuer), Kentauren und Pygmäen ziehen vorüber: ein manieristischer Urgrund wird in diesem Treiben sichtbar. Die klassische Schönheit ist auf dem Untergrund des Schaurigen erbaut. Während Faust in der Leda-Vision am Peneios das „freie Sinnenspiel" der Antike erblickt, verwandelt sich Mephisto in Phorkyas, in eine hässliche Urgestalt, die die vorantike (ägyptische) und nachantike (christlich-moderne) Welt verkörpert. In der Phorkyas-Maske wird er zum eigentlichen Gegenspieler Helenas. Homunculus stürzt sich ins Meer, ins proteische Element, die Glashülle zerspringt, er nimmt Gestalt an. Am Ende erscheint Helena.

Helena und Faust verbinden sich (dritter Akt): seelische Erlebniskraft des Nordens und griechisch-klassischer Formensinn verschmelzen. Die Reimfindungsszene ist ein feines Bild dieser Vereinigung. Doch dieser Bund ist Stück im Stück, episches Theater, Fiktion in der Fiktion. Faust findet über 3000 Jahre hinweg das Urbild der Schönheit, beide aber gehören zwei verschiedenen Realitätsebenen an. Helena sucht am Wahn der realen Existenz festzuhalten, während Mephisto-Phorkyas brutal die phantasmagorische Seinsweise ihrer Begleiterinnen enthüllt. Der Teufel wandelt sich zum Magier, zum „scheherazadehaften Erzähler". Euphorion, der Sohn Helenas und Fausts, verkörpert, Byrons Züge tragend, die Poesie. Sein Übermut führt zu seinem Tod. Als Helena und Euphorion sich verflüchtigen, bleiben ihre Kleider zurück, die, sich in Wolken verwandelnd, Faust hinwegtragen ins nordische Hochgebirge.

Der vierte Akt führt den gealterten Faust in die beutelüsterne Kriegswelt. Die Geschichte der Menschheit ist voller Umstürze und ihr Boden vulkanisch. Faust sucht die Tat. Mit Mephistos Hilfe besiegt der Kaiser seinen Gegner und belehnt Faust mit einem Küstenstreifen. Faust möchte dem unruhigen Meer Neuland abgewinnen, das Elementare humanisieren. Seine Tat bleibt zwielichtig. Er vernichtet die frommen Alten Philemon und Baucis. Sein „Weltbesitz" kostet Menschenopfer. Goethe ahnte die Unheimlichkeit des technischen Zeitalters. Lynkeus, Bruder des Euphorion und des Lenker-Knaben, lässt mit seinem Lied inmitten des Zerstörungswerks die Grenzen der Kunst erkennen. Mangel, Schuld, Not und Sorge, die Vorboten des Todes, ziehen in Fausts Palast. Vom Anhauch der Sorge erblindet er: die Welt tritt nach innen.

Im Vorhof des Palastes treibt der Unermüdliche die Arbeit voran, aber – tragische Ironie – der Erblindete sieht nicht, dass Mephistos Lemuren (Geister der Verstorbenen) sein Grab schaufeln. Im Hochgefühl bekennt er:

„Zum Augenblicke dürft ich sagen:
Verweile doch, du bist so schön!
Es kann die Spur von meinen Erdentagen
Nicht in Äonen untergehn. –
Im Vorgefühl von solchem hohen Glück
Genieß ich jetzt den höchsten Augenblick."

Faust verwirkte sein Leben. Mephisto triumphiert – zu früh. Himmlische Heerscharen entführen Fausts „Unsterbliches". Seine Entelechie schwebt in hierarchisch gestufte Regionen auf und der mystische Schlusschor fasst noch einmal symbolisch Fausts Streben zusammen. Im Rückblick erscheint alles Vergängliche als Gleichnis, gleichnishaft wie die Symbole, Masken, Allegorien dieser reichen Dichtung selbst, in die, ironisch und ernst, Goethes Gedanken über Kunst und Leben, Politik und Geschichte, seine Auseinandersetzung mit Klassik und Romantik, eingegangen sind.

Goethe und die Nachwelt. Goethe starb am 22. März 1832. Mit ihm war der letzte Repräsentant der alteuropäischen Kultur dahingegangen. Seine geistigen und dichterischen Wurzeln liegen im 18. Jh., in der Welt des Ancien Régime. Er hatte die christliche Symbolwelt, antike Mythen und den reichen Formenschatz der Weltliteratur in sich aufgenommen. Es war die „letzte Selbstkonzentration der abendländischen Geisteswelt in einem großen Individuum" (E. R. Curtius). Überscharf belichtete Nietzsche Goethes Position: Goethe war nicht nur „ein guter und großer Mensch, sondern eine Kultur – Goethe ist in der deutschen Kultur ein Zwischenfall ohne Folgen". Die industrielle Revolution, die ungelöste soziale Frage, die nationalstaatlichen Krisen des 19. Jh. waren für die Aufnahme des Goethe'schen Werkes denkbar ungünstig. Wohl hatten ihn die Romantiker verehrt, war er in den feinen Berliner Salons gefeiert worden. Doch Kritik erfolgte von allen Seiten: die Katholiken tadelten den Heiden, die Protestanten den Materialisten, die Liberalen den Fürstendiener und die Jungdeutschen warfen ihm mangelndes soziales Gewissen und Engagementlosigkeit vor. Nicht dem „klugen Kunstgreis", dem „herausfordernd harmonischen Olympier" gehörten die Sympathien der Nation, sondern Schiller (→ S. 205). Erst nach der staatlichen Einigung von 1871 bahnte sich in den 80er-Jahren eine Breitenwirkung an. Die Gründung der Goethe-Gesellschaft in Weimar 1885 war ein sichtbares Indiz.

Die literarische Fruchtbarkeit der Begegnung mit dem Weimarer Dichter zieht sich durch die beiden Jahrhunderte: Grillparzer verehrte Goethe, Friedrich Hebbel suchte in Existenzfragen bei ihm Rat, Stifter bekannte sich im

Das berühmte Doppel-Standbild der beiden Weimarer Dioskuren von Ernst Rietschel (1857) gibt die Auffassung des 19. Jh. wieder: ***Goethe****, der weltzugewandte Dichter mit dem Lorbeerkranz,* ***Schiller****, der strebende Idealist mit der Rolle in der Hand. Die in Erz gegossenen Figuren stehen auf einem hohen Denkmalsockel. Die bürgerlichen Schriftsteller sind zu Dichterfürsten aufgestiegen, die gleich Regenten von ihren Lesern eine Unterwerfungsgeste zu fordern scheinen.*

Auf diese Weise entstand die „Klassikerlegende", die dem nationalen Wunschdenken des deutschen Bildungsbürgertums entsprang. Es erkor die Weimarer Klassik zum absoluten, unerreichten Vorbild und löste dabei die Goethezeit aus dem geschichtlichen Zusammenhang des europäischen 18. Jh. Schon der Romantiker Friedrich Schlegel wusste: „Es kann kein schriftstellerischer Künstler so nachahmenswürdig werden, dass er nicht einmal veraltet und überschritten werden müsste... Der Himmel behüte uns vor ewigen Werken."

Nachsommer stillschweigend zu ihm, Gottfried Keller empfand die wesensverwandte Weltsicht, Hugo von Hofmannsthal spürte in feinsinnigen Essays Goethes Werken nach, Thomas Mann, der hellsichtigste Goethe-Kenner unter den Schriftstellern unseres Jahrhunderts, zeichnete die gefährdete Existenz des Dichters im Roman *Lotte in Weimar* (→S. 453); er kannte Goethes „Blocksberglaune und naturelbische Unberechenbarkeit". Broch, Musil und Ernst Jünger sahen in ihm eine der wenigen Gestalten der Vergangenheit, die uns in einer von Technik und Massensuggestion geprägten Gegenwart begleiten könnten.

Dagegen steht die entschiedene Ablehnung anderer moderner Autoren. Benn meinte: „Von Homer bis Goethe ist eine Stunde, von Goethe bis heute vierundzwanzig Stunden, vierundzwanzig Stunden der Verwandlung, der Gefahren, denen nur der begegnen kann, der seine eigenen gesetzlichen Dinge betreibt." Goethes Werk war aus dieser Sicht nur mehr parodistisch verfügbar. So gebrauchte Bert Brecht auch die Klassikersprache. Im Parabelstück *Der aufhaltsame Aufstieg des Arturo Ui* (1941) parodierte er den Umgang in Marthes Garten im *Faust*; rosige Goethe-Verse verwendet er parodistisch im *Terzett der entschwindenden Götter auf der Wolke* im *Guten Menschen von Sezuan.* Döblins *Berlin Alexanderplatz* enthält zahlreiche einmontierte Goethe-Zitate, und Kafkas Parabel *Von den Gleichnissen* fragt nach dem Sinn der Symbolsprache. Wie auch immer man zu Goethe stehen mag, eines steht fest: Sein Dichten war der dem spannungsgeladenen Leben mühsam abgerungene künstlerische Selbstausdruck eines reichen, problematischen Geistes. Gerade weil er selber unharmonisch war, wollte er die Welt im Werk gereinigt, geläutert, symbolisch verdichtet bannen. Oder wie Thomas Mann urteilt: „Was wir von Vorstellungen von Harmonie, glücklicher Ausgewogenheit und Klassizität mit Goethes Namen verbinden, war nichts leichthin Gegebenes, sondern eine gewaltige Leistung, das Werk von Charakterkräften, durch welche dämonisch gefährliche und möglicherweise zerstörende Anlagen überwunden, genützt, verklärt, versittlicht wurden, zum Guten, zum Lebensdienlichen gewendet und gezwungen."

3 Zwischen Klassik und Romantik – Außenseiter der Epoche

3.1 Johann Peter Hebel – Dichter des Übergangs

Johann Peter Hebel (1760–1826), der „Sohn einer armen Hintersassen-Witwe", im südlichen

Schwarzwald aufgewachsen, war Religionslehrer am Gymnasium in Karlsruhe, stieg später zum Direktor auf und wurde schließlich Prälat der evangelischen Landeskirche. Seinen frühen Ruhm verdankte er den *Alemannischen Gedichten* (1803), die er als erster, einem größeren Leserkreis bekannter mundartlicher Dichter Deutschlands verfasste. Bis in unsere Tage bekannt und geschätzt blieb Hebel durch seine hochdeutschen Geschichten für den *Badischen Landeskalender*, die erstmals 1811 als *Schatzkästlein des Rheinischen Hausfreundes* erschienen.

Hebels Bedeutung geht über die eines Dialektdichters weit hinaus. So wurde er mit seinen formvollendeten Kalendergeschichten gerade in einer Zeit versiegender mündlicher Erzähltraditionen wirklich volkstümlich. Dabei erfand er diese Texte vom *Kannitverstan* oder vom *Unverhofften Wiedersehen*, von *Kaiser Napoleon* oder dem *Barbierjungen von Segringen* nicht selbst, sondern entnahm die Handlung alten Schwankbüchern, neuesten Zeitungen und den Berichten seiner Bekannten. Die so entstandenen, anspruchsvollen und doch ungekünstelten Erzählungen stecken voll Frische und Lebendigkeit, vermitteln menschliche Werte im Sinne eines christlichen Humanitätsideals und bringen „allerlei Lehrreiches zu Spaß und Ernst".

Menschliche Grundverhältnisse bilden den Mittelpunkt von Hebels schmalem Werk, das unberührt von der spekulativen Sehnsucht der Romantiker ganz in der pädagogischen Tradition der Aufklärung steht. Seine Figuren, Bauern, Gastwirte oder kleine Handwerker, sind wach und schlau und überzeugt von der Vereinbarkeit von Glaube und Vernunft. Wenn sie Hebel unverklärt in den wirklichen Verhältnissen ihrer Arbeit schildert, reicht er noch dem heutigen Leser „das Schwarzbrot ihrer Sprache".

3.2 Jean Paul – „Alles Lernen war mir Leben ..."

Johann Paul Friedrich Richter (1763 bis 1825), der Verfasser ebenso skurriler wie humoristischer Erzählungen und Romane, galt bereits seinen Zeitgenossen als kauziger Sonderling. Jean Paul wird im Jahre des Hubertusburger Friedens als Sohn eines Schulmeisters und Organisten in Wunsiedel (Fichtelgebirge) geboren – und das heißt im 18. Jh. immer noch: in äußerst ärmlichen Verhältnissen.

Seine ländliche Herkunft hat Jean Paul nie verleugnet. Die Stofffülle seiner Romane schöpfte er maßgeblich aus dem Erfahrungsschatz dieses Umfelds: Der Blick für das Kleine und Enge wurde hier ebenso geschult wie die Skepsis und die Verachtung gegenüber dem Feudalen. Viele seiner Figuren – beispielsweise das Schulmeisterlein Wutz, sein Quintus Fixlein und der Armenadvokat Siebenkäs – entstammen dieser Welt. Zu Unrecht hat man lange Zeit Jean Paul diesbezüglich einen Hang zum Provinziellen und Spießigen unterstellt.

Die Jahre des Studiums in Leipzig wurden für Jean Paul die Zeit schlimmster materieller Not, aber auch geistiger Befreiung. Er verschlang alles Wissen der Zeit und las vor allem die bedeutenden französischen Aufklärer und englischen Romanciers, deren Satire und trockene Sentimentalität er liebte. Jean Paul hat den schon mit 19 Jahren gefassten Entschluss, seinen Lebensunterhalt allein mit „Bücherschreiben" zu bestreiten, auch später nie in Zweifel gezogen. Er wurde damit zum ersten freien Schriftsteller moderner Prägung in Deutschland. Eine zusätzliche materielle Absicherung durch ein staatliches Amt – wie bei Lessing, Goethe oder Schiller – lehnte er als unvereinbar mit seinem Dichterethos ab. Auch hat er die Unterstützung eines fürstlichen Mäzens, wie sie Klopstock, Wieland und Goethe großzügig zur Verfügung stand – abgesehen von einer bescheidenen Rente im Alter –, nie erfahren. Es waren denn auch entbehrungsreiche Jahre, bis Jean Paul die noch unbeholfenen Anfänge seiner „satirischen Essigfabrik" überwunden hatte und schließlich zum Parnass literarischen Ruhms aufstieg.

Die Jahre des Erfolgs waren auch Jahre der Unruhe und der Reise. Nach den vielen Stationen eines bewegten Lebens (Leipzig – Schwarzenbach – Hof – Weimar – Leipzig – Berlin – Meiningen – Coburg) ließ sich Jean Paul 1804 in Bayreuth nieder. Hier entstanden seine letzten großen Werke (Abschluss der *Flegeljahre*, 1805, *Des Feldpredigers Schmelzle Reise nach Flätz*, 1809, *Dr. Katzenber-*

gers Badereise, 1809, *Der Komet*, 1820/1822), die freilich beim Publikum nur wenig Beachtung fanden. Die ihm verbleibenden Lebensjahre waren zudem von harten persönlichen Schicksalsschlägen gezeichnet. Am 14. November 1825 starb Jean Paul vollständig erblindet in Bayreuth.

Der politische Schriftsteller und Satiriker. Jean Pauls literarische Anfänge fielen in die Zeit der Französischen Revolution und wurden von diesem historischen Großereignis nachhaltig geprägt. Schon früh republikanischem Gedankengut verpflichtet, bejahte er zunächst – wie viele Intellektuelle in Deutschland – die bedeutenden Veränderungen seiner Epoche, wandte sich jedoch später entsetzt von den Auswüchsen der Revolution und der napoleonischen Gewaltherrschaft kosmopolitischen Ideen zu. In seinen Werken verknüpfte er dabei heftige Kritik an der deutschen Kleinstaaterei mit dem Modell einer sich von oben reformierenden, bürgerlichen Gesellschaft. Noch ganz Kind der Aufklärung, entwarf Jean Paul bereits in seinem ersten Roman *Die unsichtbare Loge* (1793) das Bild des patriarchalischen Feudalstaates, in dem es zwar die Illusion von Bildung und Erziehung des Einzelnen zur Humanität zu geben scheint, der Held Gustav aber zum Scheitern verurteilt ist. Einen Schritt weiter trieb Jean Paul die Kritik an Staat und Gesellschaft des damaligen Deutschlands in seinem großen Erfolgsroman *Hesperus* (1795).

***Jean Paul** im Alter von 60 Jahren, als er im Literaturbetrieb seiner Zeit kaum noch eine Rolle spielte (Gemälde von Vogel von Vogelstein).*

Das einseitige Panorama von Intrige und Verwechslung, Hofkamarilla und Verschwörung, wie es noch im *Hesperus* die Immoralität des Feudalstaates im 18. Jh. karikierte, wandelte sich in Jean Pauls Hauptwerk, dem Schlüsselroman *Titan* (1800/04), zu einer weitläufigen und vielfach humoristischen Darstellung des Hoflebens. Besonders die Figur des Fürstenerziehers und Komikus Schoppe nutzte Jean Paul zu bissigen Betrachtungen des deutschen Staatskörpers, dessen politische Agonie dieser schonungslos als ein „Perpetuum immobile" oder einen „Polypen" disqualifiziert.

In den großen politischen Abhandlungen begegnet uns gleichermaßen der Moralist wie der Kritiker Jean Paul. Hier bezieht er eindeutig Stellung für die von Bevormundung, Unterdrückung und Krieg betroffenen Menschen in Deutschland. Schon im *Freiheits-Büchlein* (1805) wird die schärfste Waffe staatlicher Gedankenkontrolle, die Zensur, auf witzige und ironische Weise entlarvt. Freiheit im Denken wie im Handeln, Rechtlichkeit und Nationalgefühl sind denn auch die Kerngedanken der späteren politischen Schriften mit ihren bewusst programmatischen Titeln *Friedens-Predigt* (1808), *Dämmerungen Deutschlands* (1809) und *Politische Fastenpredigten* (1817). Das tiefe Gespaltensein einer Nation wird wohl nirgends augenfälliger als in der dort allenthalben thematisierten Verknüpfung von Hoffnung und Klage, Resignation und Appell.

Die Form der Satire, die bereits Jean Pauls Frühwerk (*Auswahl aus des Teufels Papieren*, 1789) geprägt hatte, steigerte sich im Spätwerk zu groteskem Humor (*Dr. Katzenbergers Badereise*). Dabei blieb freilich als Grundtenor das kritische Bewusstsein erhalten: Ob nun der Adel mit einem alten Käse verglichen wird (*Grönländische Prozesse*, 1782), die Bürger von Kuhschnappel den Reichsapfel, „den Fangball des Fürsten", von der Stange schießen *(Siebenkäs)* oder eine „Traumgebergenossenschaft" staatliches Spitzelwesen überflüssig macht *(Komet)*, stets werden Herrschaftsstrukturen enttarnt. Hinter all diesen sprachlichen Kapriolen Jean Pauls steht die eigentliche Intention seines satirischen Witzes: Eine als böse gebrandmarkte Realität kann allein poetisch überwunden werden. Seinem aufklärerischen Bildungsideal gemäß wandte er sich dazu an den nachdenklichen Leser. Entsprechend verachtete Jean Paul die Zipfel- und Schlafmützen tragenden Untertanenseelen, wie er sie in den Figuren des nach oben devoten, nach unten aber brutalen Feldpredigers Schmelzle *(Des Feldpredigers Reise nach Fläz,* 1809) und des phrasendreschenden, innerlich rohen Rektors Fälbel drastisch dargestellt hatte.

In Erzählen, Sprache und Stil hat es im Übergang vom 18. zum 19. Jh. wohl kaum einen innovativeren Schriftsteller deutscher Zunge gegeben als Jean Paul. Auch wenn er deutlich erkennbar in der Tradition des empfindsamen englischen Romans steht – LAURENCE STERNES *Tristram Shandy* (1760) ist hier an erster Stelle zu nennen –, bleiben seine Originalität und Eigenständigkeit unzweifelhaft. Jean Pauls Werk markiert eine neue Qualität des Romanschreibens in Deutschland, wobei einige Prinzipien unkonventionellen Erzählens, wie sie bei Sterne schon vorgezeichnet sind, eine nochmalige Steigerung erfahren haben: absolute Handlungsarmut, ausufernde Selbstreflexionen des Erzählers, abschweifende Erzählerkommentare (unter Einbeziehung des fiktiven Lesers!), disparate Verflechtung von Einschüben, Fußnoten und Textverweisen. Dahinter steht der Versuch eine als deformiert empfundene Welt künstlerisch zu erfassen und eigenwillig zu beschreiben. All dies wird zudem in einem Stil vermittelt, der von Bildern und Allegorien, Wortspielen und Vergleichen förmlich überbordet. Es ist daher wenig verwunderlich, dass bereits Jean Pauls Zeitgenossen das Arabeske seiner Sprachgewalt empfanden. So vertrat beispielsweise Georg Christoph Lichtenberg die Überzeugung keinen „allmächtigern Gleichnisschöpfer“ zu kennen. Und im Jahre 1809 erschien gar ein *Wörterbuch zu Jean Pauls Schriften oder Erklärung aller in dessen Schriften vorkommenden fremden Wörter und ungewöhnlichen Redensarten; [...] Ein notwendiges Hülfsbuch für alle, welche jene Schriften mit Nutzen lesen wollen.*

Ein Beispiel mag genügen um die schier unerschöpfliche Bilderflut in Jean Pauls Œuvre zu dokumentieren. Giannozzo (*Des Luftschiffers Giannozzo Seebuch,* 1803) beobachtet aus seiner ungewöhnlichen Vogelperspektive die „Ameisenkongresse“ der Menschen und überrascht dabei den Kritiker und Verführer Fahland bei seinem erotischen Treiben:

> O mein Herr Zensor im ästhetischen Fach, der Passagier, der hier in der kläglichen Fassung über Ihnen schwebt – ich meine nicht meines Geistes, sondern des Mastkorbes seine –, kennt Sie sehr gut und hat in der Luft alles gehört und gehorcht. Sie Heuchler! – Springt man so um mit Gänslein, wie ganz gewiss das schwarze da unter mir in der Rotonde ist? – Braucht man das Herz zum Diebsdaumen – den Pegasus zum Schießpferd gegen diese einfältigen Trappen – und die schöne Nacht zum Nachtgarn und den Sternenhimmel zum Lerchenspiegel? Herr Federschütz! Stellet ihr Spitzbuben nicht den Mond als Tellerfalle der Nymphen auf und den Regenbogen als Spektakel?

Allmächtige Erzählerfiguren, großsprecherische Arrangeure des im Übrigen mageren Geschehens dominieren Jean Pauls Romane und Erzählungen. Ganz bewusst schuf sich der Dichter – noch im Überlegenheitsdenken der Aufklärung gefangen – in seinen Werken einen auktorialen Erzähler, der in die verschiedensten Rollen schlüpft und sich häufig aktiv in die Handlung der Geschichte einmischt.

Unverzichtbarer Bestandteil der Prosa Jean Pauls sind *Vorreden* und Vorbemerkungen jeglicher Art. Entweder als *Entschuldigung, Billet an meine Freunde* oder potenziert als *Vorrede zu Vorreden* ausgewiesen – immer präsentiert sich ein räumlich und zeitlich bestimmbarer Erzähler, der dem fiktiven Leser die Konzeption des nachfolgenden Werks vorträgt. Zumeist nutzt er den „Triumphwagen der Vorrede“ jedoch um sich über Buchhändler, Literaturhistoriker, ungeliebte Rezensenten und andere Autoren lustig zu machen. Fest integriert in die Struktur seiner Werke ist ferner die immer wiederkehrende Auseinandersetzung mit dem Leser. Ob er sie nun in zwei Kategorien aufteilt – in die ungeduldigen „Kehraus-Leser“, die „Valetschmauser“, die „Jüngstentag-Wähler“ einerseits und die treu durchhaltenden Allesleser andererseits *(Dr. Katzenbergers Badereise)* – oder ob er sie ganz pragmatisch in ein „Kauf-, Lese-

und Kunstpublikum" *(Siebenkäs)* gliedert, der überlegene Erzähler treibt stets sein genüsslich humorvolles Spiel mit seiner Leserschaft.

Eine Art Idylle nannte Jean Paul sein *Schulmeisterlein Wutz* und grenzte sich damit im Untertitel bewusst von der Erzähltradition des 18. Jh. (→ S. 147 f.) ab. Nicht mehr eine zeitlich wie räumlich in der Ferne liegende Epoche wird hier verklärt, kein Bild von „stiller Ruhe und sanftem ungestoehrtem Glyck" (Gessner) gezeichnet, sondern es werden schlicht Leben und Sterben eines armen und kauzigen Lehrers geschildert. Wie sehr dabei der Leser aufgerufen bleibt gegen den Strich zu lesen, macht allein schon der vollständige Titel deutlich: *Leben des vergnügten Schulmeisterlein Maria Wutz in Auenthal.* Denn vergnüglich ist diese Existenz Wutzens keineswegs. Im vollen Widerspruch zu seinen eigenen düsteren Beschreibungen versucht der Erzähler gleichwohl alle konfliktträchtigen Situationen als glückliche Umstände für Wutz zu präsentieren. Erzählt werden dazu ausschnitthaft drei Phasen aus dessen Leben: das Alumneum (die Ausbildung zum Lehrer), seine Hochzeit und sein Sterben. Stets wird uns dabei ein Held vorgestellt, der auf recht eigenwillige Weise den Widrigkeiten des Alltags trotzt. Die Kreuzschule mit ihren „hundert ägyptische[n] Plagen" kann dem pfiffigen Wutz ebensowenig seine Gelassenheit rauben wie die schier unüberwindliche Schwierigkeit eine freie Lehrerstelle zu finden. Wutz ist Meister in der „Kunst stets fröhlich zu sein". Und als Lebenskünstler stirbt er auch: heiter und erhaben.
Verhaltene Satire und kräftiger Humor sind die beiden tragenden Gestaltungselemente des *Schulmeisterlein Wutz,* in dem ein ironisch überlegener Erzähler das alte Bild von der Idylle als stillem, verklärtem Glück restlos zerstört. Am Ende steht die Überzeugung von der gelassenen Überlegenheit eines leidensfähigen, aber unbeugsamen Menschen.

Jean Pauls Roman *Siebenkäs* (1796/97) ist der erste große Eheroman der deutschen Literatur. Schon der Titel – er nennt ihn *Blumen-, Frucht- und Dornenstücke oder Ehestand, Tod und Hochzeit des Armenadvokaten F. St. Siebenkäs* – macht das Ungewöhnliche von Erzählform sowie Lebensbeschreibung des Helden überdeutlich. Denn auch in diesem humoristischen Roman entfaltet der Dichter weniger ein der Gattung gemäßes breites Handlungsgeflecht; er entzündet vielmehr ein Feuerwerk von Wortspielen, Abschweifungen, Leser- wie Figurenanreden und erzähltechnischen Kunstkniffen. Immer wieder baut er eigenständige Textteile in Form von Träumen und Visionen ein – wie die berühmt gewordene *Rede des toten Christus vom Weltgebäude herab, dass kein Gott sei* als *Erstes Blumenstück.*
Zwei Motive prägen den Roman: der Namen- und Rollentausch der beiden Freunde Siebenkäs und Leibgeber sowie die Selbstbefreiung des Helden aus seiner kleinbürgerlichen Ehe. Der Armenadvokat Siebenkäs erlebt diese Ehe als „Fegefeuer", in dem seine Frau Lenette als „Bratenkoch" und sein Schreibtisch als „Lerchenrost" fungieren. Erst der schriftstellerische Erfolg an dem Satirewerk *Auswahl aus den Papieren des Teufels* – eigentlich ein Frühwerk Jean Pauls – und die Liebe zu der wesensgleichen Nathalie machen Siebenkäs für den Plan des Freundes bereit in einem inszenierten Scheintod seine bisherige Identität abzulegen und fortan als Leibgeber weiterzuleben.
Mit dem Roman *Siebenkäs* wurde Jean Paul weit über die Grenzen Deutschlands hinaus bekannt. Madame de Staël etwa druckte die erschütternde *Rede des toten Christus um Mitternacht,* die Vision eines versteinerten Weltalls, in dem kein Gott sei, in ihrer Zivilisationskritik *De l'Allemagne* (1810) für ihre französischen Leser ab.

Eine eigenständige Poetik zur theoretischen Fundierung seines Dichtens legte Jean Paul im Jahre 1804 mit seiner *Vorschule der Ästhetik* vor. Auch wenn Tieck das Werk etwas ironisch ein Rezept nannte „um danach auch jeanpaulsche Bücher zu schreiben", geht es dem Autor vordringlich um eine allgemeingültige Klassifizierung so wichtiger poetologischer Begriffe wie Poesie, Roman, Drama, Lyrik, Humor oder Witz. Eindeutig spricht aus der *Vorschule* Jean Pauls Distanz zur Klassik, deren „Klarheit" und „Beherrschtheit", „Realismus" und „Ernst" (Heinz Schlaffer) er nachdrücklich ablehnte, und die gleichzeitige Nähe zur Frühromantik (Novalis, Fr. Schlegel), deren Hang zur Fantasie er uneingeschränkt teilte. Besonders in den Definitionen von Roman und Humor orientiert er sich stark an

der romantischen Poetik. „Das Unentbehrlichste am Roman ist das Romantische", sagt Jean Paul und meint damit, dass allein in dieser Gattung die Totalität der Außenwelt poetisch adäquat verarbeitet werden kann. Humor und Witz dienen demgegenüber als Vehikel zur Überwindung einer Spaltung von Subjekt und Objekt.
Erst im Humor öffnet sich der Blick für das Unendliche, kann der Leser mit einer heillos gewordenen Welt versöhnt werden. Von Jean Paul über Gottfried Keller bis Wilhelm Raabe hat so der Humor im 19. Jh. (→ S. 300) eine Art Ersatzfunktion in einer säkularisierten Welt übernommen.

3.3 Friedrich Hölderlin – „Was bleibet aber, stiften die Dichter"

Am „größten Sprachgenius unseres Volkes" (J. Weinheber) entzündeten sich wie selten in der deutschen Literaturgeschichte die Kontroversen über Leben und Werk eines Dichters. Die einen sehen in Friedrich Hölderlin den lyrischen Ekstatiker einer politischen Umbruchszeit, die anderen wiederum den Propheten und Verkünder eines „heiligen Dichteramtes". Nicht weniger umstritten ist seit langem die Frage, ob sein psychischer Zusammenbruch im Jahre 1802 nur die zwangsläufige Flucht ins „Exil seines Geistes" (G. Ueding) war oder zweifelsfrei den Ausgangspunkt eines mehr als dreißig Jahre währenden Lebens in geistiger Umnachtung markierte.
Friedrich Hölderlin wurde am 20. März 1770 in Lauffen am Neckar geboren. Ähnlich wie bei Jean Paul war für Hölderlin die Kindheit in der vertrauten ländlichen Umgebung auf der Schwäbischen Alb die glücklichste Zeit seines Lebens. Der hochbegabte Knabe, der früh Vater und Stiefvater verlor, besuchte verschiedene Latein- und Klosterschulen der Region, bevor er 1788 in das angesehene Tübinger Stift eintrat um Theologie zu studieren. Schwärmerische Jugendfreundschaften wie der 1790 mit Magenau und Neuffer geschlossene Dichterbund spiegeln – durchaus zeittypisch – bürgerliche Befindlichkeiten wider. Unter diesem Aspekt ist wohl auch die noch bedeutendere Freundschaft zu sehen, die Hölderlin mit dem gleichaltrigen Georg Friedrich Hegel und dem jüngeren, frühreifen Friedrich Wilhelm Schelling verband. Erste scheue lyrische Versuche in epigonenhafter Anlehnung an Klopstocks *Oden* und Schillers *Hymnen* dürfen ebenso als Befreiungssignale gewertet werden wie die politische Begeisterung für die Ereignisse in Frankreich im Kreise gleichgesinnter Studienfreunde. Den von der Mutter vorgezeichneten Berufsweg, der in einem protestantischen Pfarrhaus seine Erfüllung finden sollte, hat er daher auch nie ernsthaft erwogen. Rettung versprach einzig die Flucht in die Welt der Literatur – schon 1791 veröffentlichte er erste Gedichte in Stäudlins *Musenalmanach* und arbeitete an seinem einzigen Roman *Hyperion.*

Hölderlins „Wanderjahre" begannen mit der Entlassung aus dem Stift im September 1793. Statt ein Predigeramt anzustreben musste sich Hölderlin seinen Lebensunterhalt in häufig wechselnden Hofmeisterstellen verdienen um „in Ruhe und Eingezogenheit einmal zu leben/ Bücher schreiben zu können, ohne dabei zu hungern" – so Hölderlin schon 1791 an seine Schwester Ulrike. Sein Weg führte ihn – auf Vermittlung Schillers – zunächst nach Waltershausen (Thüringen), wo er im Hause Charlotte von Kalbs eine Hauslehrerstelle annahm. Im Umkreis Goethes und Schillers, Herders und Wielands suchte Hölderlin seinen eigenen Stil und befreite sich schließlich aus der Umklammerung der Klassiker. Zugleich übte Fichtes Philosophie von der schöpferischen Kraft des Ichs einen großen Einfluss auf seine literarische Arbeit aus. Zur schicksalhaften Wendung seines Lebens wurde die Übernahme des Erzieheramtes im Hause des Frankfurter Bankiers Gontard Anfang des Jahres 1796. Die bald heftig aufflammende Liebe zu dessen Frau Susette, die er zur Diotima seiner Werke stilisierte, zwang ihn zu neuerlicher Flucht. Von 1798 bis 1801 hielt er sich in Homburg in der Nähe seines Freundes Sinclair auf. Die persönliche Unrast dieser Jahre wirkte sich literarisch gleichwohl fruchtbar aus: Der erste Band seines Romans *Hyperion* erschien bei Cotta und er arbeitete an seinem Trauerspiel *Empedokles.* In der Lyrik fand Hölderlin zu einem sehr subjektivistisch geprägten Stil, den Schiller in einem Brief an Goethe als „überspannt" und „einseitig" ablehnte. Nach Aufenthalten in der Heimat bei der Familie und in Stuttgart bei Freunden trat der Ruhelose erneut Hofmeisterstellen in St. Gallen und Bordeaux an, bevor es im Juni 1802 – Hölderlin erfährt vom Tode Susette Gontards – zur seelischen und körperlichen Katastrophe kam. „Seit dieser fatalen Reise [nach Frankreich] ist er am Geist ganz zerrüttet“, berichtet Schelling am 11. Juli 1803 dem gemeinsamen Freund Hegel.

Den kranken Hölderlin konnte Sinclair in der Zeit von 1804 bis 1806 noch einmal ins „bürgerliche Leben“ zurückholen – er verschaffte ihm eine Bibliothekarsstelle beim freisinnigen Landgrafen in Homburg. Jedoch die Sorge um den Freund, der 1805 unter dem Verdacht des Hochverrats verhaftet wurde, sowie die Ungewissheit des eigenen Schicksals mögen Hölderlins Gesundheitszustand zusehends zerrüttet haben. Am 11. September 1806 wurde er mit Gewalt nach Tübingen abtransportiert. Zunächst verbrachte er sieben Monate in einer Klinik – für die Ärzte nun endgültig mit dem Stigma des Geisteskranken gezeichnet – und lebte dann bis zu seinem Tode 1843 im Hause eines Tübinger Tischlermeisters.

Die Zeichnung von Johann Georg Schreiner zeigt den 55-jährigen ***Hölderlin****, der zu diesem Zeitpunkt schon bald 20 Jahre im „Hölderlinturm“ in Tübingen verbracht hatte. Dort saß er ruhig, einsam und bald auch von der Welt vergessen in seiner Turmstube und verfaßte unter dem Pseudonym Scardanelli ergreifend „naive“ Gedichte.*

Hölderlins Œuvre zählt zweifellos zu den sprachlich reinsten und gleichzeitig anspruchsvollsten Kunstwerken deutscher Literatur. Im Zentrum seines Dichtens stand die Suche eines „Auserkorenen“ oder „Priesters“ nach Wahrheit und Schönheit. Das Ideal für die erstrebte Harmonie zwischen Gott, Mensch und Natur meinte Hölderlin wie viele im humanistischen Geiste erzogene Intellektuelle um 1800 im klassischen Griechenland – wohin er auch seinen Roman *Hyperion* verlegte – zu finden. Für die neuere Forschung hingegen verbirgt sich hinter dem epochentypischen Mythos „Hellas“ der Jakobiner Hölderlin, der die Revolution in „Schwaben erhofft und herbeiwünscht“ (P. Bertaux). Zugleich verschmilzt für ihn seine schwäbische Heimat mit dem erträumten Griechenland. In der formalen Gestaltung seiner Lyrik greift Hölderlin zumeist auf antike Vorbilder zurück (Hymne, Ode, Elegie). Ein umfassendes Verständnis der Texte Hölderlins stößt auch deshalb an klare Grenzen, weil er mit dem „Zauberstab der Worte“ (Novalis) ständig neue Sinnbezüge und mythologische Deutungen herstellt. Nur wenige Zeitgenossen wie Bettina von Arnim, Joseph Görres oder Achim von Arnim fanden einen Zugang zu seiner Dichtung. Im 19. Jh. zwar nicht gänzlich vergessen – vor allem die Romantiker bemühten sich erfolgreich um die Herausgabe der Texte –, wurde sein Werk erst nach 1910 für ein breiteres Forum Literaturinteressierter wiederentdeckt. Im „Dritten Reich“ widerfuhr Hölderlin ein ähnliches Schicksal wie Heinrich von Kleist. So wurden vor allem seine patriotischen Gedichte von einer fehlgeleiteten Literaturwissenschaft im Sinne eines falschen Heroismus und verlogenen Todesmythos missdeutet. Heute wird in Friedrich Hölderlin vor allem der politisch engagierte Dichter gesehen.

Zum bedeutenden Lyriker reifte Friedrich Hölderlin in einem langen Prozess, der sich in drei Stufen beschreiben lässt. Nach einer ersten Phase, in der die Abhängigkeit von literarischen Vorbildern (Klopstock und Schiller, Schubart und dem *Ossian*), aber auch die Orientierung und die Suche nach dem eigenen Stil sein dichterisches Werden bestimmte (Jugendzeit, 1786–1795), folgte eine zweite Phase des Findens und Herausbildens einer spezifisch persönlichen Ausdrucksform (Frankfurter und Homburger Zeit, 1796 bis 1800) und mündete schließlich in die dritte Phase der Reife und Vollendung (Spätzeit, 1800–1804).

Im Zentrum seiner Jugendlyrik stehen die „Tübinger Hymnen“ mit ihrem feierlichen Ton und der geradezu dialektischen Spannung zwischen abstrakter Gedankenlyrik und zeitbezogener Lehrdichtung. Hölderlin preist einerseits die griechischen Humanitätsideale wie Schönheit *(Hymne an die Schönheit)* und Liebe *(Hymne an die Liebe)*, Freiheit *(Hymne an die Freiheit)* und Freundschaft *(Hymne an die Freundschaft)*, andererseits begrüßt er in der *Hymne an die Menschheit* (1791) die konkreten politischen Umwälzungen seiner Epoche.

In dieser Phase bilden beide Bereiche für Hölderlin noch eine Einheit: Erst mittels der klassischen Humanitätsideale lassen sich auch die politischen Ideale der Zeit verwirklichen, können die Jünglinge, wie Götter, die Ketten der Knechtschaft zerbrechen und der Wahrheit zum Sieg verhelfen. Dieser idealistische Optimismus der Jugend, verbunden mit der Sehnsucht nach Entgrenzung, weicht in der Zeit der Wanderjahre – nicht zuletzt gefördert durch die Arbeit am Roman *Hyperion* – zunehmend einer skeptischen Grundhaltung bezüglich der eigenen Rolle als Dichter:

Weh mir, wo nehm ich, wenn
Es Winter ist, die Blumen, und wo
Den Sonnenschein,
Und Schatten der Erde?
Die Mauern stehn
Sprachlos und kalt, im Winde
Klirren die Fahnen

So heißt es selbstzweiflerisch in der zweiten Strophe des Gedichts *Hälfte des Lebens*. Persönliche Erfahrungen von Ausgrenzung und Isolation, menschlicher Kälte und Kommunikationslosigkeit in den verschiedenen Hofmeisterstellen mögen den Hintergrund gebildet haben für Hölderlins Suche nach wahrer Identität. Das Scheitern der eigenen Lebensplanung sowie das Versagen des sozialen Umfeldes verweisen Hölderlin daher auf die einzig noch intakten Seinsbereiche, die „Kunst“ und die „Natur“.

Die Natur wird in einer entfremdeten Existenz zur Utopie, zum Fluchtpunkt vor der ungeliebten Realität. Der Rückzug ins letzte, freilich bedrohte Refugium des Menschen öffnet gleichzeitig die Augen für die schlimme Erkenntnis, dass die ursprüngliche Harmonie zwischen der göttlichen und der menschlichen Sphäre zerbrochen ist. Folgerichtig bedingt sie eine quasi religiöse Aufgabe für die Dichtkunst: Diese allein kann die Versöhnung und Vermittlung zwischen beiden Ebenen leisten. Mit der Ableitung aller Poesie aus dem Göttlichen und dem Versagen der Götter selbst kommt dem Dichter konsequenterweise die Rolle des Verkünders, ja des Priesters zu:

Es haben aber an eigner
Unsterblichkeit die Götter genug,
  und bedürfen
Die Himmlischen eines Dings,
O sind's Heroen und Menschen
Und Sterbliche sonst. Denn weil
Die Seligsten nichts fühlen von selbst
Muss wohl, wenn solches zu sagen
erlaubt ist, in der Götter Namen
Teilnehmend fühlen ein anderer,
Den brauchen sie.

Neben „Natur“ wird „Schönheit“ zu einem weiteren Schlüsselbegriff in Hölderlins Dichtung jener Zeit. In Anlehnung an Platons Dialog *Symposion* wählt er Diotima zum Idealbild dessen, was im *Gastmahl* „das göttliche Schöne“ (Platon) genannt wird. In Susette Gontard meint er die Verkörperung dieses Bildes gefunden zu haben. „Mein Schönheitssinn ist nun vor Störung sicher. Er orientiert sich ewig an diesem Madonnenkopfe. Mein Verstand geht in die Schule bei ihr und mein uneinig Gemüth besänftiget, erheitert sich täglich in ihrem genügsamen Frieden“, schreibt der verzückte Hölderlin im Februar 1797 an Neuffer.

Doch auch die literarische Verklärung trägt letztlich nicht dauerhaft. Mit der erzwungenen Trennung von Susette Gontard kehren Niedergeschlagenheit und Melancholie als Grundstimmung in Hölderlins Lyrik zurück – treffendstes Beispiel dafür ist seine berühmte Elegie *Brot und Wein* (1800/1801), die er dem Dichter Wilhelm Heinse widmete.

Mythologische und prophetische Elemente treten in Hölderlins dritter Entwicklungsstufe der Reife und Vollendung noch deutlicher in den

Vordergrund. 1802 schreibt er auf der Rückreise in die Heimat an einen Freund die düster ahnungsvollen Worte: „[...] und wie man Helden nachspricht, kann ich wohl sagen, dass mich Apollo geschlagen."
Die mehr als gefährdete Stellung des Dichters als Verkünder göttlicher Einkehr bei den Menschen – nur allzu deutlich lautet die Warnung: „Doch es zwinget/Nimmer die weite Gewalt den Himmel" – belegt Hölderlins Zweifel, die erstrebte Harmonie zwischen Göttern und Menschen könne auch wirklich erreicht werden. Die dabei geschaffene neue Mythologie – Christus als Bruder der antiken Halbgötter – trägt endzeitliche Züge und erweist sich so als Hoffnung auf Erlösung.
In diese Phase gehören ferner eine Vielzahl von Hymnen mit zeit- und landschaftsbezogenen Themen, die Hölderlin selbst als „vaterländische Gesänge" bezeichnete. Die auch formal aus dem Rahmen fallenden Gedichte – sie sind unter Verzicht auf die strengen klassischen Vermaße in freien Rhythmen gestaltet – verknüpfen eine individuelle Erfahrungswelt mit einem überpersonalen Geschichtsbild. Vornehmlich in der *Rhein-Hymne* wie auch in der erst in unserem Jahrhundert wiederentdeckten *Friedensfeier* treten dabei Zeitereignisse und mythologische Metaphorik in eine spannungsreiche Beziehung.

In *Hyperion oder Der Eremit in Griechenland* (1797/99), dem einzigen Roman Hölderlins, findet dessen wohl intensivste Auseinandersetzung mit der Gedankenwelt des deutschen Idealismus sowie den künstlerischen Prinzipien der Klassik, aber auch zugleich seine Abkehr von den dort vertretenen Vorstellungen statt. Hintergrund des Romanfragments sind die revolutionären Ideen von Staat, Freiheit und Schönheit, wie sie Hölderlin zusammen mit Hegel und Schelling unter dem Eindruck der Französischen Revolution im sogenannten *Ältesten Systemprogramm des deutschen Idealismus* (1795/1796) entwickelte. Die dort formulierte Forderung, „wir müssen also auch über den Staat hinaus", findet zwar in der Romanhandlung nicht die ersehnte Erfüllung, der Utopie-Ansatz einer Herrschaft der Wissenschaften und Künste bleibt dennoch bis zum Ende des Textes bestehen. Mit dieser Konzeption der „Poesie als Lehrerin der Menschheit" ergeben sich Berührungspunkte mit dem „Künstlerroman" der romantischen Schule (Novalis, *Heinrich von Ofterdingen*, → S. 235) bei gleichzeitiger Distanz vom „Bildungsroman" der Klassik (Goethe, *Wilhelm Meister*, → S. 198).
Hyperion ist ein Briefroman – getragen von einem feierlichen, ja gelegentlich elegischen Ton, womit auch für die Prosa Hölderlins hohe Sprachkunst belegt ist. Trotz seines fragmentarischen Charakters zeigt der Roman formal einen streng tektonischen Aufbau: Die zwei Bände zerfallen wiederum in jeweils zwei Bücher. Erzähltechnisch hingegen beeindruckt der Text durch die vielschichtige Verknüpfung der Handlungs- und Reflexionsebenen sowie die diskontinuierliche Erzählführung. Das Werk fußt auf geschichtlichen Ereignissen – dem gescheiterten Aufstand der Griechen in ihrer Heimat gegen die Türken im Jahre 1770 –, ohne dabei freilich ein historischer Roman zu sein. Der Grieche Hyperion berichtet retrospektiv dem Freunde Belarmin („Bel Arminius"!) in Deutschland sein höchst bewegtes Leben. Seine Kindheit und Jugend werden durch die Leitfiguren Adamas und Alabanda geprägt. Der eine erzieht Hyperion im Geiste Rousseaus zur Versenkung in die Natur, der andere – ein Fichtescher „Tatmensch" – weckt in ihm den Durst nach Freiheit und die Hoffnung auf eine bessere Welt. In seinem rastlosen Suchen nach Identität findet er in Diotima das Idealbild von Schönheit und Vollkommenheit.
Im Bannkreis von Kultur und Geschichte der Stadt Athen erkennt Hyperion die Verpflichtung seinem Ideal „Schönheit" – ganz im platonischen Sinne der Geistesschönheit – allgemeine Gültigkeit zu verschaffen. Diotima wiederum stilisiert Hyperion zum „Erzieher unsers Volks", ausgestattet mit religiösem Sendungsbewusstsein.
Doch Hyperions Teilnahme am Freiheitskampf der Griechen – vom Freund Alabanda gefordert, von Diotima aber entschieden abgelehnt – führt in die Katastrophe. Im Entsetzen Hyperions über das Rauben, Plündern und Morden der Massen spiegelt sich seine Verzweiflung über die Vernichtung seiner Ideale wider. Das endgültige Scheitern seines Bildungsweges führt zum Rückzug vor der Welt, ins eskapistische Eremitendasein. Als neuer „Robinson" baut er sich eine künstliche Welt des schönen Scheins auf, in der es einzig noch Hoffnung auf Überleben zu geben scheint. Damit trägt der Roman deutlich autobiografisch-

prophetische Züge. Nicht allein, dass der in blindwütige Gewalt ausgeartete Freiheitskampf als Kritik an den Auswüchsen der Französischen Revolution gelesen werden kann – auch Hyperions gewählte Perspektive des Rückzugs aus der Welt verweist auf Hölderlins eigenes Schicksal in seinem Tübinger Turm.

In seinem Dramenfragment ***Der Tod des Empedokles*** (1798–1800), das in mehreren Fassungen vorliegt, spannt Hölderlin einen weiten Bogen von der mythologischen Bildgestaltung der Antike (Hintergrund ist das Leben des griechischen Philosophen Empedokles von Akragas 490–430 v. Chr.) bis hin zu zeitgeschichtlichen Bezügen (Französische Revolution). Die Erfahrung des rituellen Selbstmordes als Sühne für die Anmaßung des Priesters Empedokles verknüpft sich für den Staatsmann und Philosophen Empedokles mit der Frage nach der gerechten Herrschaft. In der Erfahrung des Empedokles zunächst vom Volk vertrieben zu werden um dann mit der Königswürde zur Rückkehr verlockt zu werden hat Hölderlin den politischen Widersprüchlichkeiten in Deutschland sinnbildhaft Ausdruck verliehen. Doch der Philosoph und Arzt weigert sich nachdrücklich:

> Dies ist die Zeit der Könige nicht mehr [...]
> Euch ist nicht
> Zu helfen, wenn ihr selber euch nicht helft.

Der zeitgeschichtliche Bezug zur Französischen Revolution und Hölderlins Erwartungen für die weitere politische Entwicklung in Deutschland werden nur allzu deutlich. Dabei hatte der Reformer Empedokles anfangs noch geglaubt, das Volk für seine Ideale von Freiheit und Gleichheit gewinnen zu können. Sein Scheitern als Staatsmann wendet sein Schicksal ins Religiös-Mystische und lässt so in ihm den Entschluss reifen „durch freiwilligen Tod sich mit der unendlichen Natur zu vereinen" (*Frankfurter Plan zum Empedokles*). Dass auch dieser Versuch politische Realitäten in mythologischer Form zu gestalten fragmentarisch blieb, verweist einmal mehr auf Hölderlins bittere Erkenntnis von der Unaufhebbarkeit der gesellschaftlichen Widersprüche seiner Zeit.

3.4 Heinrich von Kleist – ein Dichterleben „von Furien gehetzt ..."

„Die Wahrheit ist, dass mir auf Erden nicht zu helfen war." Mit dieser erschütternden Erkenntnis geht am 21. November 1811 eine der tragischsten Gestalten deutscher Literatur aus freiem Willen in den Tod. Doch so ruhig und überlegt, ja fast heiter gelassen Heinrich von Kleist diese Entscheidung gegenüber der Lieblingsschwester Ulrike in seinem Abschiedsbrief vertritt, so bewegt und unstet war sein Leben. Polarisiert wie sein Wesen erscheint uns auch sein Werk: von unergründlicher Rätselhaftigkeit und gleichzeitig reinster Schönheit.

Bernd Wilhelm Heinrich von Kleist, am 18. Oktober 1777 in Frankfurt an der Oder geboren, entstammte einer alten preußisch-pommerschen Adelsfamilie. Früh verwaist, schlug er nach alter Familientradition die Offizierslaufbahn ein. Doch seine Abneigung dem Staat „zu unbekannten Zwecken ein bloßes Werkzeug" zu sein ließ ihn bereits 1799 den Abschied vom Militärdienst nehmen. Statt der strengen Kriegskunst gehörte in jenen Tagen seine ganze Liebe der Musik. Zur Beruhigung der Familie studierte er in seiner Heimatstadt vermeintlich Nützliches: Drei Semester lang belegte er Kameralia (Volks-

Eines der wenigen authentischen Porträts ***Kleists*** *zeichnete seine Verlobte Wilhelmine von Zenge (1806).*

wirtschaft) und Jura; sein wahres Interesse hingegen galt Fragen der Mathematik, Physik und Philosophie. Er musste jedoch bald erkennen, dass das bloße Anhäufen akademischen Wissens ebenso wenig seinem Lebensplan entsprach wie der anschließende Versuch preußischer Verwaltungsbeamter zu werden. Auch die Verbindung mit der Generalstochter Wilhelmine von Zenge scheiterte letztlich an Kleists unstetem Wesen. In dieser Phase des Suchens und Fragens stürzte ihn die Lektüre von Kants Philosophie in eine tiefe Sinnkrise, glaubte er doch in dessen erkenntnistheoretischem Skeptizismus die Überzeugung formuliert, „dass hienieden keine Wahrheit zu finden ist".

Auf der Suche nach sich selbst hatte Kleist in dieser Zeit zahlreiche, recht geheimnisvoll und abenteuerlich anmutende Reisen in Deutschland, nach Frankreich und in die Schweiz unternommen. Den Ausweg aus der Krise sah er allein in der Flucht vor Stand und Familie und in der Abwendung von allem theoretischen Wissen. Doch auch der Versuch Rousseaus Lehren von der Rückwendung des Menschen zur Natur in die Praxis umzusetzen brachte dem ewig Gehetzten nicht die erhoffte Ruhe. In dieser Notsituation spürte Kleist die für ihn befreiend wirkende Berufung zum Dichter. Während seines Parisaufenthalts 1801 arbeitete er an dem Drama *Robert Guiskard* und der Erzählung *Die Verlobung in St. Domingo.* In der Zurückgezogenheit am Thunersee (Schweiz), wo er vom einfachen Leben als Bauer träumte, entstand das Lustspiel *Der zerbrochne Krug* (1802). Auch setzte er die Arbeit an dem Drama *Die Familie Schroffenstein* fort, das als erstes Werk Kleists – noch anonym – bei Heinrich Geßner in Bern erschien. Im Jahre 1803 ging er nach Weimar und war in Ossmanstedt Gast bei Wieland, der seinen *Guiskard* emphatisch feierte und ihn zur Fertigstellung drängte: „Sie müssen Ihren Guiskard vollenden, und wenn der ganze Kaukasus und Atlas auf Sie drückte." Doch selbst diese Ermutigung konnte Kleists Selbstzweifel nicht zerstreuen; er verbrannte das Manuskript, hegte erste Selbstmordpläne und suchte schließlich Dienste in der französischen Invasionsarmee. Diesem heroisch verschleierten Freitodversuch folgte ein körperlicher und geistiger Zusammenbruch. Er unternahm einen zweiten, gleichfalls zum Scheitern verurteilten Anlauf sich im preußischen Staatsdienst zu behaupten. Nach der preußischen Niederlage gegen Napoleon wurde er 1806 irrtümlich verhaftet und ins Gefangenenlager von Chalons-sûr-Marne gebracht. 1807 kehrte er nach Dresden zurück und vollendete im Kreis des restaurativen Philosophen Adam Müller, des Freiheitsdichters Theodor Körner und Ludwig Tiecks die Dramen *Penthesilea* und *Das Käthchen von Heilbronn.* Für Kleist war diese Zeit die produktivste Phase seines Lebens. Er entwickelte eine ungeahnte Arbeitskraft und wollte sich jetzt allein durch seine dramatischen Arbeiten ernähren. Gleichzeitig verstieg er sich zu so hochfliegenden Plänen wie dem Kauf einer Buchhandlung und der Gründung des Kunstjournals *Phöbus.* Doch der Schritt zum Verleger scheiterte aus finanziellen Gründen. Und die Monatsschrift, in der er große Teile seiner Werke veröffentlichte, musste ihr Erscheinen ebenso bald wieder einstellen wie sein letztes großes journalistisches Projekt, *Die Berliner Abendblätter.* In dieser Tageszeitung im Boulevardstil platzierte er zwischen harmlosen Polizeiberichten, Theaterbesprechungen und Feuilletons seine Anekdoten. Dies war zugleich die Zeit, in der Kleists politisches Engagement seinen Höhepunkt erreichte. Allein mit vaterländischen Gedichten gewappnet besuchte er 1809 das Schlachtfeld bei Aspern, den Schauplatz der ersten Niederlage Napoleons gegen Österreich. Sein Franzosenhass entlud sich aber vor allem in einer patriotisch geprägten politischen Lyrik und dem *Katechismus der Deutschen,* wo er zum Kampf gegen den „Wüterich Napoleon" aufrief. In diesem Umkreis nationaler Gesinnung entstanden auch seine beiden letzten Dramen, *Die Hermannsschlacht* und *Prinz Friedrich von Homburg.*

Scheinbarem Erfolg misstrauend – das *Käthchen von Heilbronn* wurde 1810 in Wien uraufgeführt und dem ersten Band *Erzählungen* folgte im Jahr darauf ein zweiter –, war im Herbst 1811 Heinrich von Kleist des ständigen Existenzkampfes endgültig müde. Stets in finanziellen Nöten, hatte er das eigene Vermögen wie das der Stiefschwester aufgezehrt. Auch in die Pflicht eines Amtes hatte er sich nie dauerhaft zwingen lassen und so kam es zum unvermeidbaren Bruch mit der Familie. Sie verurteilte ihn erbarmungslos „als ein ganz nichtsnutziges Glied der menschlichen Gesellschaft, das keiner Teilnahme mehr wert sei". Als er sich sogar von der bislang verständnisvollen Schwester Ulrike verlassen fühlte, floh er ein letztes Mal vor seinem Dämon – in den gemeinsamen Freitod mit der krebskranken Freundin Henriette Vogel.

Kleists Werk – so einzigartig, dass es „die Welt zersprengen müsste, wenn sie es nur verstünde" (J. Amann) – entzieht sich fester literarhistorischer Zuordnung. Von der Klassik trennt Kleist seine auf Paradoxie und Widersprüchlichkeit angelegte Dramenkonzeption. In seiner Erzählkunst wiederum unterscheidet er sich von den Romantikern – denen er sicher näher stand – durch die Radikalität und Unversöhnlichkeit seiner Lösungen sowie die vordergründige Teilnahmslosigkeit und scheinbare Kälte seines Stils. Ähnlich komplex präsentiert sich Kleists Rezeptionsgeschichte. Von seinen Zeitgenossen weitgehend missverstanden oder gar verachtet – berühmt geworden ist Goethes bitteres Wort, dieser Dichter habe ihm „immer Schauder und Abscheu" erregt –, war eine vorurteilslosere Beurteilung des „unerhörten Unglücks" seiner Existenz (F. Hebbel) erst den Nachgeborenen möglich, die in Kleist den „Genius der Poesie" (H. Heine) erkannten. Die erneute Wende kam im Kaiserreich, als ihn konservative Kreise zum deutschesten aller Dichter stilisierten. Seinen beklemmenden Höhepunkt erreichte der Versuch Kleist ideologisch für chauvinistisches Gedankengut zu vereinnahmen während der Herrschaft der Nationalsozialisten.

Als Dramatiker gestaltete Kleist die Welt in ihrer Zerrissenheit und Rätselhaftigkeit wie er sie selbst erlebte. Auf Harmonie, Veredelung oder Versöhnung des Menschengeschlechts gerichtete Lösungen im Geiste der Klassik (→ S. 184 ff.) sind von dieser Dramatik nicht zu erwarten. Vielmehr bricht eine zunächst unerklärbare Situation *(Familie Schroffenstein, Amphitryon, Das Käthchen von Heilbronn)*, oft noch gesteigert durch einen (traum-)verwirrten Helden (Adam im *Zerbrochnen Krug, Penthesilea, Prinz von Homburg*), mit geradezu schicksalhafter Macht über die Figuren herein. In der Folge entwickeln sich die Stücke eben nicht im gewohnten dramatischen Prozess von Spiel und Gegenspiel, in der Auseinandersetzung von Akteuren oder Ideen und der Konsequenz von Lösung oder Katastrophe. In Kleists Dramatik sind Einbrüche, Verwerfungen und plötzliche Wendungen permanent gegeben. Denn immer wieder werden seine Figuren durch unerwartete Ereignisse, Wunder und (Selbst-)Täuschungen mit der Undurchschaubarkeit des Daseins konfrontiert.

Penthesilea (1808) sprengt schon in der Form – als Trauerspiel nicht in fünf Akte, sondern in 24 Auftritte gegliedert – den Begriff des klassischen Dramas. Kleist wusste zudem um die gehaltliche „Gefährlichkeit" des Textes, wenn er Goethe im Begleitschreiben zur ersten *Phöbus*-Nummer erläutert, er wäre „zu furchtsam, das Trauerspiel [...] dem Publikum im Ganzen vorzulegen".
Kleist bearbeitete den antiken Sagenstoff von den männerlosen Amazonen, die in der Schlacht einen Mann erbeuten müssen, um ihn zum Rosenfest der heiligen Hochzeit mit der Königin zu führen, im vollen Widerspruch zum klassischen Griechenbild. Das Ideal einer Iphigenie (→ S. 194) weicht dem Zerrbild einer „rasenden Megäre". In der Umkehrung von Traum und Wirklichkeit erliegen die Protagonisten gleich einer doppelten Täuschung: Zunächst gibt sich der Sieger Achill, von Prothoe überredet, als der Besiegte aus – doch er und Penthesilea erkennen zu spät das Trügerische am Glück ihrer Liebe. Die Getäuschte rächt sich grausam. Achill, der sich nun in einem Scheinkampf Penthesilea ergeben will, weil er sie einzig als Geschlagener gewinnen kann, wird von der wilden Amazonenkönigin und ihrer Hundemeute zerfleischt. Dann tötet sie sich selbst.
Paradoxien und Widersprüchlichkeiten, Irrtum und Täuschung beherrschen dieses Stück Kleists wie kein anderes. Die Gewissheit, die Welt sprachlich eindeutig erfassen zu können, besteht nicht mehr. So verkehren etwa die Begriffe „Sieg" und „Niederlage" ihren Sinn gleichermaßen ins Gegenteil wie „Liebe" und „Tod". Achills Brautwerbung, bei der er Penthesilea, „die Stirn bekränzt mit Todeswunden, durch die Straßen häuptlings" schleifen will, erscheint da nicht weniger entsetzlich als Penthesileas Irrtum.
Mit dem berühmten Schlussbild von der Eiche – Kleist hatte es bereits 1801 in einem Brief er-

wähnt –, die abgestorben dem Sturm widersteht, gesund jedoch von ihm gefällt wird, macht der Dichter noch einmal die tiefe Zerrissenheit sowie die unausweichliche Tragik Penthesileas deutlich.

Das Käthchen von Heilbronn oder Die Feuerprobe (großes historisches Ritterschauspiel in 5 Akten, 1810) bildet das märchenhafte Gegenstück zur heroischen Welt der Penthesilea. Kleist baut hier – dem romantischen Zeitgeschmack allzu sehr verpflichtet – eine geradezu triviale Mittelalterszenerie auf: Kaiser und Burgfräulein, Stadtbürger und Ritter fehlen ebenso wenig wie Femegericht und Gottesurteil. Das stille, traumverlorene Käthchen, Tochter eines Heilbronner Waffenschmieds, folgt aus unerfindlichen Gründen dem Grafen Friedrich Wetter vom Strahl auf Schritt und Tritt in beinahe hündischer Ergebenheit. In rivalisierenden Fehdekämpfen bewahrt Käthchen durch ihr beherztes Eingreifen den Grafen vor größerem Schaden. Dabei entlarvt sie auch unbewusst ihre Gegenspielerin, Kunigunde von Thurneck, als dämonische Verführerin. Erst in einem tranceähnlichen Zustand enthüllt Käthchen das Geheimnis ihrer Liebe und damit dem Grafen sein eigenes Rätsel: Ein Engel habe ihn als Bräutigam in der Silvesternacht zu ihr geführt. Dem Kaiser bleibt schließlich – nach dem Eingeständnis eigenen Verfehlens – nichts anderes übrig, als in Käthchen seine natürliche Tochter anzuerkennen und ihrer Verbindung als nunmehr erhöhte Prinzessin von Schwaben mit dem Grafen Wetter vom Strahl zuzustimmen. Den offenbaren Märchencharakter verdankt das Stück zunächst den beiden antagonistischen Frauengestalten Käthchen und Kunigunde, die in ihrer Gut-böse-Polarisierung einerseits Reinheit, Unschuld und Hingabe, andererseits aber Sündhaftigkeit, Hinterlist und Falschheit verkörpern. Handlungstragend wirkt ferner das Traummotiv – es allein bedingt die Möglichkeiten von Verschleierung und Aufdeckung zu Beginn und am Ende des Dramas. Auch hier spielt das Versagen der Sprache als einem nicht mehr adäquaten Medium menschlicher Kommunikation eine entscheidende Rolle. Man interpretiert heute Käthchens bewusste Sprachlosigkeit als Modell einer Sprachkrise in Kleists Gesamtwerk und damit als Ausdruck einer „Krise der bürgerlichen Kultur“ überhaupt (G. Ueding).

Prinz Friedrich von Homburg (Ein Schauspiel in 5 Akten, 1809–1811) gilt als Kleists reifstes Drama. Zehn Jahre nach seinem Tod versuchten reaktionäre Adelige vergeblich die Aufführung eines Stücks zu verhindern, in dem ein preußischer Offizier – ganz und gar unpreußisch – Furcht vor dem Tode zeigt. So widersprüchlich wie das Werk selbst, gestaltete sich auch die weitere Bühnengeschichte des Dramas. Bereits 1841 wurde es unter Friedrich Wilhelm IV. zur Feier des Allerhöchsten Geburtstages Sr. Majestät des Königs gespielt. Das Stück hat einen historischen Hintergrund, es versetzt uns in das Fehrbellin und Berlin des Großen Kurfürsten im Jahre 1675, als Brandenburg seine Bewährungsprobe als Staat bestehen musste. Zwischen Traumwirklichkeit und Staatsräson siedelt Kleist seine auf Paradoxie und Widersprüchlichkeit gegründete Umdeutung der Geschichte an. Der traumverlorene Prinz von Homburg, der – noch beseligt von der Begegnung mit Natalie –, die Befehle des Kriegsrats überhört, entscheidet durch sein eigenmächtiges Eingreifen die Schlacht gegen die Schweden. Doch statt des erwarteten Heldenlorbeers und der Hand Nataliens wird der Sieger von Fehrbellin vom Kriegsgericht zum Tode verurteilt. Der Kurfürst begnadigt ihn erst, als der Prinz selbst seine Schuld eingesteht und die Rechtmäßigkeit des Urteils anerkennt. In einer der Anfangsszene parallel laufenden Traumhandlung erfüllen sich schließlich doch noch alle Hoffnungen Homburgs, werden Traumwelt und Realität eins. Er erhält die Insignien von Macht und Ruhm und wird Natalie angetraut.

Kleist gestaltet im *Prinzen von Homburg* den Widerstreit von individuellem Gefühl und allgemeingültigem Gesetz, von subjektivem Freiheitsanspruch und objektivem Ordnungsgebot. Er setzt dabei freilich nicht mehr auf den strahlenden Helden, der mutig staatlichen Normen trotzt. Die Verunsicherung seiner Welt erlaubt nur noch den in sich gefangenen, träumenden Menschen, den der Anblick des eigenen offenen Grabes zutiefst erschüttert. Von da ist es nur noch ein kleiner Schritt zu Büchners geknechteter Kreatur, dem modernen Anti-Helden Woyzeck (→ S. 282 f.). Gleichwohl sagt der Ausgang des Dramas unmissverständlich: Kleist erwartete in einer Zeit höchster Not und Bedrängnis tief greifende Reformen von oben mit dem Ziel einer freieren Gestaltung des Staatswesens.

Der zerbrochne Krug (Lustspiel in einem Akt, UA 1808) gehört mit Lessings *Minna von Barnhelm* zu den bedeutendsten Komödien der deutschen Literatur. Goethes verunglückte Inszenierung des Lustspiels belegt einmal mehr das mangelnde Verständnis des Klassikers aus Weimar für Kleists Werk. Die in die Niederlande des 17. Jh. verlegte Handlung beinhaltet dabei deutliche zeitkritische Anspielungen auf die gesellschaftlichen Zustände im Deutschland des frühen 19. Jh. Der geniale Kunstgriff Kleists besteht in der Idee eine Gerichtsszene zu gestalten, in der der Richter zugleich auch der Täter ist. Der alte Dorfrichter Adam – der Name ist eine Anspielung auf den biblischen Sündenfall – steckt in einer doppelten Zwickmühle: Zum einen ist er von Amts wegen gezwungen – noch verschärft durch die überraschende Anwesenheit des Revisionsbeamten Gerichtsrat Walter –, den ihm vorgelegten Fall aufzudecken; zum anderen will er als Schuldiger möglichst alle Tatumstände verschleiern. Parallel zum vordergründigen Rechtsfall als Bühnenhandlung läuft im Hintergrund die bedrohte Liebesgeschichte zwischen Eve und dem Bauernsohn Ruprecht. Symbolischer Kern und gleichzeitiger Verknüpfungspunkt der beiden gegenläufigen Handlungsstränge ist das Streitobjekt, ein wertvoller Krug, den Richter Adam bei seinem nächtlichen Tête-à-tête in Eves Kammer zerbrochen hat. Sein Schicksal verweist auf die Gefährdung menschlicher Beziehungen ebenso wie auf den Bruch von Recht und Gesetz. Selbst wenn am Ende Eves Reinheit über Adams Verschlagenheit siegt, bleibt hinter dem stets spürbar Fragwürdigen des Geschehens der Zweifel an wirklicher Gerechtigkeit bestehen. Und wieder ist es die Sprache, die in Kleists Lustspiel zur eigentlichen Erkenntnisfähigkeit verhilft.

In *Amphitryon* (1807), einem Lustspiel in drei Akten, bearbeitete Kleist in eigenständiger Deutung Molières Verwechslungskomödie von der menschlichen Verführbarkeit und der göttlichen Hybris. Zeus erscheint Alkmene in der Gestalt ihres Gatten, des thebanischen Feldherrn Amphitryon, da er nicht als Gott, sondern um seiner selbst willen geliebt werden möchte. Auch wenn sich Sein und Schein vermischen, gibt es für Alkmene in dem Verwirrspiel dennoch eine feste Größe: ihre reine Liebe zu Amphitryon.

Der Erzähler Heinrich von Kleist darf den gleichen hohen literarischen Rang beanspruchen wie der Dramatiker. Gleichwohl nimmt sein Erzählstil eine klare Sonderstellung im Kontext der aufblühenden erzählenden Literatur seiner Zeit ein. Im Gegensatz zum verbreiteten Erzählerprofil des ausgehenden 18. Jh. begegnen wir bei Kleist einem distanziert agierenden Vermittler, der sich kaum mit Kommentaren in das Erzählte einschaltet oder direkt den fiktiven Leser anspricht. Diese Distanz bedeutet jedoch nicht Teilnahmslosigkeit am Schicksal der Figuren. Vielmehr bewegt sich der Erzähler als treuer Chronist des zu berichtenden Geschehens dabei zumeist im Gleichschritt mit den Akteuren. Blickt er freilich einmal wertend über die Figurenperspektive hinaus, stellt sich das Bild einer paradoxen Welt ein: In der *Marquise von O...* erscheint der Graf zugleich als Engel und Teufel, im *Erdbeben in Chili* pervertiert der Dankgottesdienst zur Blutmesse und vom Titelhelden in *Michael Kohlhaas* heißt es, er sei einer der „rechtschaffensten" und zugleich „entsetzlichsten Menschen" seiner Zeit. Kleists Erzählerfiguren präsentieren sich vordergründig als sachliche Berichterstatter, die der Faktizität der Ereignisse scheinbar oberste Priorität einräumen. Tatsächlich verbirgt sich hinter dem kühlen Kanzleistil eine rätselhafte und ambivalente Realität, die mit Wendungen wie „es schien" und „als ob" permanent in Frage gestellt wird. Einmal mehr kontrastiert Kleists Objektivität vortäuschender Stil eine durchweg gebrochene, höchst subjektive Weltsicht. Berühmt geworden ist dabei seine Syntax. Mit dem Kleistschen Langsatz, der – sowohl parataktisch wie hypotaktisch gebaut – oft genug die Grenze der Verstehbarkeit erreicht, offenbart sich eine geradezu analytische Durchdringung des Erzählten und damit der letzte Versuch eine zunehmend als undurchschaubar erlebte Realität zumindest sprachlich erfahrbar zu machen.

Michael Kohlhaas (1808), die Geschichte über jenen Mann, dessen Gerechtigkeitssinn einer „Goldwaage" gleicht, ist wohl die bekannteste Novelle Kleists. Der aus dem Brandenburgischen stammende Rosshändler Michael Kohlhaas wird auf seinem Weg zur Leipziger Messe von dem sächsischen Junker Wenzel von Tronka unter Vorspiegelung einer falschen Rechtslage um zwei

Rassepferde geprellt. Kohlhaas kämpft in der Folge weniger um die Wiedergutmachung des Schadens als die Rehabilitierung seiner Ehre als Kaufmann und freier Bürger. Als der Betrogene an Voreingenommenheit und feudaler Interessenharmonie der Gerichte scheitert, wird aus dem Rechtsuchenden der „Räuber und Mörder". Kohlhaas sagt dem Junker die Fehde an und überzieht ganz Sachsen mit Krieg. Als „Statthalter des Erzengels" Michael betreibt er das „Geschäft der Rache" und begeht dabei unwillkürlich Unrecht. Symptomatisch für seine verzweifelten Anstrengungen auf sich allein gestellt Recht zu erlangen ist die Begegnung mit Luther, der als Vertreter einer obrigkeitsorientierten Rechtsordnung individuelle Freiheitsansprüche ablehnt. Kohlhaas erhält zwar freies Geleit um seine Sache nun rechtmäßig vor dem sächsischen Hofgericht zu vertreten, wird aber das Opfer seiner ausweglosen Lage. Zur gesellschaftskritischen Ebene der Novelle gesellt sich zunehmend die der persönlichen Tragik. Als Kohlhaas am Tage seiner Hinrichtung die dick gefütterten Pferde zurückerhält, erfährt er zwar endlich Gerechtigkeit, freilich um den hohen Preis des eigenen Lebens. Damit ist die alte Ordnung nur scheinbar wiederhergestellt. Die Rebellion eines Einzelnen, die den Staat in seinem Bestand gefährdete, markiert ein neues Bewusstsein von Freiheit und Selbstbestimmung des Bürgers gegenüber einer alten, überlebten Obrigkeit.

In ***Das Erdbeben in Chili*** (1807) rückt Heinrich von Kleist das Naturereignis, das bildhaft für die Erschütterung einer Epoche in ihren geistigen (Aufklärung) wie politischen (Französische Revolution) Grundfesten steht, lokal wie temporal aus dem unmittelbaren Erfahrungshorizont seiner Zeitgenossen. Das individuelle Schicksal – gestaltet in der Geschichte einer verbotenen Liebe – wird gekoppelt mit Allgemeingültigem: dem Wirken der unumstößlichen Gesetze in Natur und Gesellschaft. Die scheinbare Rettung der Liebenden Jeronimo, Josephe und ihres Kindes durch den Ausbruch der Naturgewalten hebt wohl kurzzeitig das menschliche Gesetz auf, täuscht aber die beiden im paradiesähnlichen Naturraum nur über die wahren Herrschaftsverhältnisse hinweg. Die freiwillige Rückkehr in die Stadt verschafft – paradox genug – durch Mord, also unrechtmäßige Gewalt, der alten Ordnung wieder ihre ursprüngliche Geltung. Aber auch hier ist am Ende nichts mehr wie es vorher war: Mit der glücklichen Rettung Philipps, dem Sohn der Liebenden, siegt schließlich doch noch das Leben über den Tod.

4 Die Literatur der Romantik (1795–1832)

4.1 Die romantische Bewegung – ein Überblick

„Die Welt muss romantisiert werden." Mit dieser programmatischen Aussage formulierte Novalis (→ S. 234) ein Hauptanliegen jener Dichtergeneration um 1800, die wir zur Epoche der Romantik (1795–1820) zählen. Betont wird nichts weniger als der Anspruch auf die vollständige Verknüpfung von Leben und Kunst und damit auf Sinngebung in einer zunehmend als entfremdet empfundenen Welt. Hervorgegangen aus der Kritik am Rationalismus des 18. Jh. (Aufklärung) und geprägt vom Zeitalter der Französischen Revolution, bildete die „Romantische Schule" (H. Heine) in Deutschland zunächst eine literarische wie soziale Protestbewegung junger Künstler, die aus den Krisenerfahrungen der Epoche zu einem grundlegenden Bewusstseinswandel in der bürgerlichen Gesellschaft führen sollte. Vergleichbar der Aufbruchstimmung des „Sturm und Drang" grenzte sich die Romantik als „ästhetische Revolution" (F. Schlegel) von den herrschenden Literaturströmungen ab und entwickelte ihr spezifisches Profil: Sie bildete lokale Zentren aus (Berlin und Jena, Dresden und Heidelberg, Marburg und Halle, Bamberg und Tübingen, München und Wien), zerfiel in abgrenzbare Phasen (Früh-, Hoch- und Spätromantik; gelegentlich auch in „ältere" und „jüngere" Romantik unterteilt), war eingebettet in ein philosophisches System („Wissenschaftslehre" Fichtes und „Naturphilosophie" Schellings) und in religiös-metaphysische Glaubensvorstellungen, schuf sich eine eigenständige ästhetische Theorie (vor allem vermittelt durch die Zeitschrift *Athenäum*), inspirierte neue literarische Ausdrucksformen (das Fragmentarische, die kritische Essayistik) und erhob damit die Kritik zur Kunst, verhalf bislang unterschätzten Gattungen zu neuem Ansehen (Märchen und Roman), etablierte ein gewandeltes Kunst- und Geschichtsbewusstsein (Abwendung von der Antike und Hinwendung zum Mittelalter), reagierte auf den politischen Umbruch mit nationaler Programmatik (in Publizistik und Philologie) und strebte schließlich danach, eine alle Lebensbereiche umfassende Volksbewegung zu werden. Ihre zeitliche wie anfänglich räumliche Nähe zu den Klassikern (Weimar mit J. W. Goethe und F. Schiller sowie Jena als Zentrum der Frühromantik) ermöglichte gewisse Berührungspunkte in Kunstauffassung und Menschenbild, auch wenn sich die Wege der beiden Stilrichtungen nach 1800 deutlich trennten. Gleichwohl gelten Klassik und Romantik im Kontext des sog. Idealismus – getragen von den philosophischen Arbeiten I. Kants (→S. 189), J. G. Fichtes (→S. 229), F. W. Schellings (→S. 229), G. F. W. Hegels (→S. 288) – als nie wieder erreichter Höhepunkt deutscher Geistesgeschichte.

4.2 Romantische Theorie

Die Begriffe „Romantik" oder „romantisch" beinhalten verschiedene Bedeutungsfacetten: neben dem historischen Verständnis, das die hier zu beschreibende Stilepoche zwischen 1795 und 1832 meint, hat sich seit den 20er-Jahren unseres Jahrhunderts ein umgangssprachlicher, klischeehafter Wortgebrauch eingebürgert, mit dem auf ein gefühlsbetontes, oft schwärmerisches Naturerleben und eine geradezu wirklichkeitsfremde Stimmungslage des Einzelnen abgehoben wird („Mondschein-Romantik").
Das Wort Romantik gelangte erst im 18. Jh. von England über Frankreich nach Deutschland. Als romantisch bezeichnete man dort all die in den Prosa-Dichtungen erzählten, also erfundenen und daher für die Leser meist unglaubwürdigen Begebenheiten.

Die poetologischen Grundsätze der Romantiker erwuchsen zum einen aus ihrer geistigen Verwurzelung in der Aufklärung (→S. 123 f.) und zum anderen aus der kritischen Auseinandersetzung mit den literaturtheoretischen Vorstellungen der Klassiker (→S. 184). Auch wenn deren Praxis anfänglich noch Leitbild und Orientierung war – etwa beim jungen Friedrich Schlegel, der Goethes *Wilhelm Meister* als „reine, hohe Poesie" preist (→S. 198, 209) –, wandten sie sich jedoch bald davon ab und bezogen eigenständige Positionen. Eine umfassende, allgemeingültige Poetik haben die Romantiker allerdings nie entwickelt – dazu waren ihre Ausdrucksformen als Fragment und Aphorismus zu uneinheitlich und ihre Wandlungen in der Literaturbetrachtung zu sprunghaft. Friedrich Schlegel spricht gar von der „Anarchie, welche in der ästhetischen Theorie [...] sichtbar ist". Hinzu traten literaturtheoretische Reflexionen aus dem Umfeld wie die *Vorschule der Ästhetik* des „Grenzgängers" Jean Paul (→S. 217). Noch die systematischsten Vorstellungen von romantischer Dichtkunst entwickelten Theoretiker und Protagonisten der älteren Romantik: die Gebrüder Schlegel, Ludwig Tieck und Novalis.

Die Ablehnung des Prinzips der Naturnachahmung, das im Literaturverständnis des 18. Jh. noch verbindliche Maxime war, kristallisierte sich zum Kerngedanken romantischer Poetologie heraus. Dem Dichter wird nun die absolute Freiheit in der Gestaltung zugebilligt, unabhängig von den Vorgaben einer normativen Ästhetik, die Wahrscheinlichkeit und Ordnung einfordert. „Unmittelbarkeit, Fantasie und subjektive Sensibilität sind die Schlüsselwörter" dieses neuen Literaturverständnisses (V. Žmegač). Daher darf der autonome Künstler in seinem Arbeitsprozess auch keinerlei Reglementierung und keiner Norm unterworfen werden außer den Bedingungen der „frei schaffende[n] Wirksamkeit der Fantasie", so August Wilhelm Schlegel. Sein Bruder Friedrich bestimmte die romantische Dichtart im *116. Athenäums-Fragment* noch präziser: „Sie allein ist unendlich, wie sie allein frei ist und das als ihr erstes Gesetz anerkennt, dass die Willkür des Dichters kein Gesetz über sich leide." In bewusster Frontstellung zu klassizistischen Vorstellungen von Reinheit und Schönheit, die sich allein in einem architektonisch klaren Aufbau, in strenger Ordnung und maßvollem Stil präsentierten, setzten die Romantiker auf die absolute Freiheit der Einbildungskraft, womit sie alle bisher gültigen Grenzen der Realitätserfahrung negierten. Ihre Vorstellung von der Welt endete eben nicht mit dem sinnenhaft Wahrnehmbaren, sie reichte bis ins Unaussprechliche, Unendliche, ja Chaotische: „Alle romantische Poesie im engeren Sinn ist chaotisch" (F. Schlegel). Konsequenterweise wächst damit der Dichtung eine völlig neue Rolle zu, sie wird zur Leben und Kunst vereinenden „Universalpoesie“:

> Die romantische Poesie ist eine progressive Universalpoesie. Ihre Bestimmung ist nicht bloß alle getrennten Gattungen der Poesie wieder zu vereinigen und die Poesie mit der Philosophie und Rhetorik in Berührung zu setzen. Sie will und soll auch Poesie und Prosa, Genialität und Kritik, Kunstpoesie und Naturpoesie bald mischen, bald verschmelzen, die Poesie lebendig und gesellig und das Leben und die Gesellschaft poetisch machen, [...]

Nachdem für Friedrich Schlegel „die Überzeugung von der Unwandelbarkeit jener ewig scheinenden Grenzen“ zwischen „der Wissenschaft und der Kunst“ aufgehoben ist, kann die Poesie endlich zum Träger einer universalen Bewegung werden. Damit verbunden ist zusätzlich eine geradezu paradoxe Umwertung der Wirklichkeit. Mag sich auch im frei geschaffenen, universalen Kunstwerk eine unbekannte, fremde Realität auftun – ein Märchenraum bei Tieck, Brentano, Arnim oder Hauff, eine sehnsuchtsvolle Traumwelt bei Novalis oder Eichendorff, skurril Fantastisches bei Chamisso oder E. T. A. Hoffmann –, sie wird als neue Wirklichkeit, als mögliche Darstellung des Undarstellbaren ihren eigenen Wert behalten. Novalis hat diese Neubewertung zum Programm der Romantik erhoben, wenn er sagt: „Indem ich dem Gemeinen hohen Sinn, dem Gewöhnlichen ein geheimnisvolles Ansehen, dem Bekannten die Würde des Unbekannten, dem Endlichen einen unendlichen Schein gebe, so romantisire ich es.“

Der Begriff der romantischen Ironie, der zweite poetologische Grundsatz der Epoche, entzieht sich eindeutiger Bestimmung. Für Friedrich Schlegel beeinflusst die romantische Ironie als „Poesie der Poesie“ einerseits den Schaffensprozess des Dichters und wirkt andererseits vermittelnd im Rezeptionsprozess zwischen dem Werk und dem Leser. Da sich die Dichtung der Romantik, im Gegensatz zum Modell der in sich abgeschlossenen Klassik, permanent des eigenen Gestaltungsvorgangs bewusst wird und dies auch im Text durch Einschübe reflektiert, entsteht eine Art Rückkopplung zwischen Autor und Text. Mit Hilfe dieser Form der „poetischen Reflexion“ (F. Schlegel) schafft der Autor Distanz zu seinem Werk und kann von einer Überlegenheitswarte aus kritisch Position beziehen. Überzeugendstes Beispiel solch selbstgenüsslichen Hinterfragens eigener wie fremder Positionen ist Ludwig Tiecks Märchendrama *Der gestiefelte Kater* (1797), wo mit dem Auftreten von Dichter, Kritiker und Zuschauer der Fiktionscharakter von Literatur überdeutlich wird. Die romantische Poesie ruft sich so ihre eigene Begrenztheit im Spiel der unendlichen Möglichkeiten immer wieder aufs neue ins Bewusstsein.

Ohne die **Philosophie des Idealismus** ist die Literatur der Romantik nicht zu verstehen. Zwar haben JOHANN GOTTLIEB FICHTE (1762–1814) und FRIEDRICH WILHELM SCHELLING (1775 bis 1854) als die der romantischen Bewegung nahe stehenden Philosophen keine ausgesprochen philosophische Ästhetik entwickelt, doch wirken ihre Ideen vom Ich und Nicht-Ich sowie von der Natur geradezu als Katalysator für die poetologischen Fragestellungen einer nach neuen Grundlagen des Denkens suchenden Aufbruchsgeneration.

Johann Gottlieb Fichte erörtert in seiner *Wissenschaftslehre* (1794–1799) den beziehungsreichen Standpunkt des Menschen gegenüber den Dingen. Er geht dabei stets vom moralisch handelnden und denkenden Subjekt aus, das sich selbst setzt. Damit stellt Fichte an den Anfang seiner Philosophie die Tathandlung, die nicht auf die Sphäre des Ichs beschränkt bleibt, sondern auf Interpersonalität und Gemeinschaft ausgerichtet ist. Denn das Subjekt erhält schöpferische Qualitäten auch über sich selbst hinaus zugesprochen. Diese Handlungen freilich werden nicht bewusst ausgeübt. Nach Fichte schafft das Ich das Nicht-Ich, also die Außenwelt, in einem unbewussten oder vorbewussten Akt. Friedrich Schlegel zählte Fichtes *Wissenschaftslehre* zusammen mit der Französischen Revolution und Goethes *Wilhelm Meister* zu den größten Tendenzen des Zeitalters.

Friedrich Wilhelm Joseph Schelling stellt in seiner Identitätsphilosophie (*Ideen zu einer Philosophie der Natur*, 1797; *System des transzendentalen Idealismus*, 1800) die Frage nach dem Seinsgrund der uns umgebenden Natur. Er interessiert sich also nicht wie Fichte zunächst für das schöpferische Ich, das die Welt erst schaffen müsse, sondern deutet gleich das vorliegende Produkt „Natur“ als vom Geist beseelten Zustand. Schelling fragt in der Beziehung zwischen Subjekt (dem Erkennenden) und Objekt (dem Erkannten) stets danach, welche Wirkung das Objekt auf das Subjekt ausübe und nicht umgekehrt. Dieses Wirken ist für ihn nun allein dadurch erklärlich, dass die Natur schon immer „vergeistigt“ war. Damit verschmelzen im Denken Schellings Natur und geistige Vorstellungswelt zu einer untrennbaren Einheit (Identitätsphilosophie) in einem lebendigen Organismus. Hegel sollte diesen Prozess später weiterdenken und in seiner Gegensatzlehre über These, Antithese zur Synthese gelangen (→ S. 288). Schelling hingegen sah noch zwei getrennte Sphären, in denen die Urkraft der Natur zur Geltung kommen konnte: einmal in der objektiven Wirklichkeit (der uns umgebenden Natur) und zum anderen in der subjektiven Welt der Ideale, der Kunst und der Geschichte – der „Welt im Kopf“. Schellings Philosophie konnte auf die Romantiker, denen er sich 1798 in Jena begeistert angeschlossen hatte, nicht ohne Resonanz bleiben. In ihrer stetigen Suche nach dem Unendlichen griffen sie seinen neuen Natur-Begriff dankbar auf, da er der Fantasie die Möglichkeit einräumte jene gedachte Harmonie zwischen Subjekt und Objekt, Ich und Welt bildhaft zu zeigen.

4.3 Aufbruch einer Bewegung – die Frühromantik

Die Romantik – eine „ästhetische Revolution“. In seiner 1795 verfassten großen Abhandlung *Über das Studium der griechischen Poesie* steht FRIEDRICH SCHLEGEL (1772–1829) – einer der schillerndsten Vertreter der Romantik überhaupt – noch ganz in der klassizistischen Tradition, die er bei Drucklegung (1797) freilich längst überwunden hatte. Unter der Maßgabe ein „Winckelmann der Literatur“ zu werden forderte er damals für die Erneuerung der Literatur eine genaue Kenntnis der antiken Dichtung. Denn das dort fundierte Harmoniestreben, das eine „objektive Poesie“ hervorbrachte, sollte zum Vorbild für eine „interessante Poesie“ der Gegenwart werden. Friedrich Schlegel gab damit sicherlich einen wichtigen Anstoß für eine zeitgemäße Literaturkritik. Das Gewicht des Dokuments liegt dagegen zweifellos in seiner gesellschaftspolitischen Zielsetzung, die deutlich auf spätere romantische Ideen vorausweist. Erläutert doch hier der bedeutendste Theoretiker der Frühromantik nicht allein, was er unter Modernität und Universalität in der Dichtung versteht, sondern setzt sich gleichzeitig mit dem zeit- und sozialgeschichtlichen Hintergrund von Kunst auseinander. Schlegel beklagt die Schwächen des „deutschen Nationalcharakters, der Verfassungen, Gebräuche“ sowie die „Lebensart der Modernen“.

Jena und Berlin waren die Zentren der Frühromantik. Im Zeitraum zwischen 1795 und 1800 versammelten sich in dem Universitätsstädtchen Jena (→ S. 182) – unweit von Weimar, dem Zentrum der Klassiker – um die Brüder AUGUST WILHELM SCHLEGEL (1767–1845) und Friedrich Schlegel politisch radikal gesinnte Autoren, freisinnige Denker und geistreiche Frauen, die Philosophie und literarische Kritik revolutionieren wollten. Berlin, die Stadt der Aufklärung und Akademien und der Ort, wo berühmte Gelehrte lebten – beispielsweise Moses Mendelssohn, Friedrich Nicolai und Karl Philipp Moritz (→ S. 149 f.) – und ihre Zeitschriften publizierten *(Bibliothek der schönen Wissenschaften und Künste, Allgemeine deutsche Bibliothek)*, übte eine starke Anziehungskraft auf die Romantiker aus. Hier lernte Friedrich Schlegel den Religionsphilosophen Friedrich Schleiermacher sowie den Dichter Ludwig Tieck kennen und hier redigierte er zusammen mit seinem Bruder August Wilhelm das wichtigste Publikationsorgan der Frühromantik, die Zeitschrift *Athenäum*. Die kunstfreundliche Atmosphäre der großbürgerlichen Gesellschaft, vornehmlich in Salons wie dem der Rahel Varnhagen, der Henriette Herz oder der Dorothea Veit, bereitete zudem den Boden für eine wohlwollende Rezeption und rasche Verbreitung der neuen geistigen Strömung.

Den Mittelpunkt des Jenaer Kreises bildete die ebenso bewunderte wie vielgeschmähte Göttinger Professorentochter Caroline Michaelis. Ihr bewegtes Leben gab den Zeitgenossen reichlich Anlass zu Ablehnung und Kritik: So war sie in erster Ehe mit dem Arzt Johann Franz Wilhelm Böhmer vermählt, heiratete nach seinem Tod

1788 und enger Freundschaft mit Friedrich Schlegel jedoch 1796 dessen Bruder August Wilhelm und ging nach der Trennung von ihm im Jahre 1803 ihre dritte Ehe mit dem Philosophen F. W. Schelling ein. Der Künstler- und Gelehrtenzirkel in Jena, dem außer den beiden Initiatoren August Wilhelm und Friedrich Schlegel die Dichter Novalis, Ludwig Tieck und Clemens Brentano, die Philosophen Fichte, Schelling und Steffens, der Wissenschaftler J. W. Ritter sowie der Buchhändler Frommann angehörten, darf mit seinen Gesprächskreisen (Salon, →S. 237), den literarischen wie philosophischen Publikationen und den programmatischen Texten (Zeitschrift *Athenäum*, →S. 231) als die eigentliche Wiege der romantischen Bewegung gelten. Hier vereinigte sich ihr kritischer Geist zu scharfen Attacken auf das künstlerische und gesellschaftspolitische Wirken der Zeitgenossen. Der verdienstvolle Aufklärer Nicolai etwa wurde als „alter Narr" abgefertigt und die beiden erfolgreichen Bühnenautoren Iffland und Kotzebue verspottete Tieck in seinem Märchendrama *Der gestiefelte Kater* als Spießer. Das schon ehedem gespannte Verhältnis zu Schiller – dieser hatte A. W. Schlegels Frau Caroline als „Dame Luzifer und das Übel" verleumdet – wurde durch die Kritik einiger seiner Gedichte gänzlich vergiftet. Hämisch bemerkte wiederum Caroline Schlegel, der Kreis sei bei der Lektüre von Schillers *Glocke* vor Lachen „fast von den Stühlen" gefallen. Als Friedrich Schlegel gar noch das Lob des Müßiggangs anstimmte und im Gegensatz zur konventionellen Bürgerehe und den Rokoko-Frivolitäten im *Lucinde*-Roman (1799) enthusiastisch die Freuden der Liebe in freier Partnerschaft pries, galt er bald als „höchst hirnloser und unzüchtiger Skribler".

Journale und Zeitungen erlangten in diesem Zeitalter des Umbruchs und Neubeginns gerade im Hinblick auf die Vermittlung historischen wie kulturellen Wissens eine zentrale Bedeutung. Die Flut von periodisch erscheinenden Druckerzeugnissen hatte nach der ersten großen Leserevolution im Zuge der Aufklärung schier unvorstellbare Ausmaße angenommen (→S. 125). Man schätzt, dass in Deutschland am Ende des 18. Jh. ca. 1300 Zeitschriften politische, ökonomische, literarische, kunstästhetische, philosophische, alltagspraktische und vor allem pädagogische Fragestellungen einem vornehmlich bürgerlichen Publikum nahe zu bringen versuchten.

Die Zeitschrift ***Athenäum*** nimmt dabei in vielfacher Hinsicht eine Sonderstellung ein. Zunächst vollzog sie den Wandel vom politisch ausgerichteten Blatt zum rein ästhetisch orientierten Journal nur bedingt mit. Der Schock über die Auswüchse der Französischen Revolution hatte in der deutschen Journalistik einen Rückzug in den Freiraum der Kunst bewirkt – am besten erkennbar bei den Leitfiguren des damaligen „Kulturbetrie-

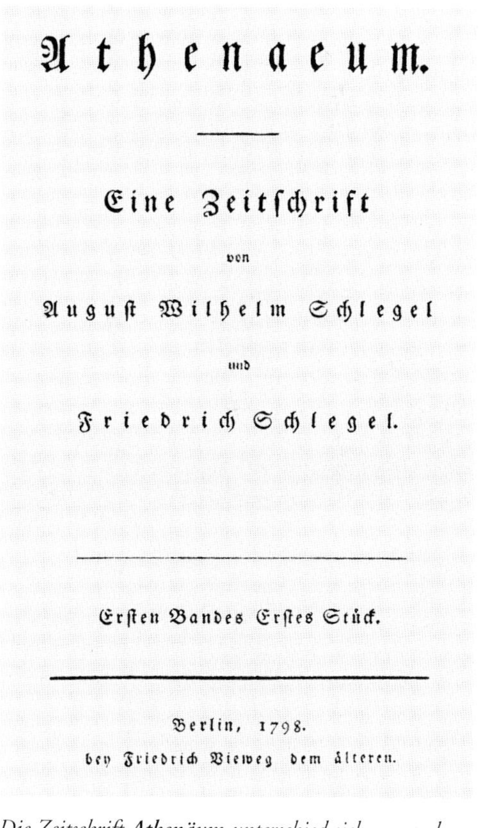

Athenaeum.

Eine Zeitschrift

von

August Wilhelm Schlegel

und

Friedrich Schlegel.

Ersten Bandes Erstes Stück.

Berlin, 1798.

bey Friedrich Vieweg dem älteren.

Die Zeitschrift ***Athenäum*** *unterschied sich von anderen literarischen Journalen der Zeit vornehmlich dadurch, dass sie zum Sprachrohr einer neuen geistigen Bewegung wurde und zu allen wichtigen Themen der Zeit auch auf philosophischer und gesellschaftskritischer Ebene Stellung bezog. Die dabei gewählten Formen des Fragments und des Essays standen in der Tradition Lichtenbergs und waren weniger auf Vermittlung eines geschlossenen Systems als auf subjektivistische Formen aphoristischen Schreibens ausgerichtet.*

bes" Goethe und Schiller (*Die Horen*, → S. 201). Hingegen galten die Herausgeber der Zeitschrift *Athenäum*, die Brüder Schlegel, immer noch als echte „Revoluzionsmänner" (K. A. Varnhagen), auch wenn sich der Schwerpunkt ihrer Arbeit deutlich zur künstlerischen Aussage verschob: „Revolution und Freiheit werden in Schlegels Zeitschrift ästhetisiert, die Stelle der politischen Revolution besetzt die Literaturrevolution." (P. Schmidt)

Die Literarisierung der Kunst bei Wackenroder und Tieck. Eine zunächst eigenständige Position im Umfeld der romantischen Bewegung nahmen die beiden kunstbegeisterten Autoren Wilhelm Heinrich Wackenroder (1773–1798) und Ludwig Tieck (1773–1853) ein.
Wilhelm Heinrich Wackenroder, der aus gutbürgerlichem Haus stammte, in Berlin aufwuchs und in Erlangen Jura studierte, wurde schon in seiner Gymnasialzeit mit antiker Kunst und mittelalterlicher Literatur bekannt. Von seinem Studienort aus unternahm der vielseitig Interessierte allein und mit dem gleichaltrigen Freund Ludwig Tieck ausgedehnte Wanderungen durch Franken. Hier erschlossen sich den beiden sowohl in der Natur als in den kulturellen Zeugnissen der Region völlig neue Horizonte, die Wackenroder in seinen Briefen an die Eltern als Offenbarung einer bislang unbekannten Welt emphatisch feierte. Diese Begegnung mit der bildenden Kunst des Mittelalters, mit alten Handschriften, Holzschnitten und Kupferstichen mag auch den Anstoß zu Wackenroders erster literarischer Arbeit gegeben haben, den *Herzensergießungen eines kunstliebenden Klosterbruders* (1797), zu der Tieck einige Texte beisteuerte. Die *Herzensergießungen* sind in einer Zeit, da die antike Kunst immer noch zum absoluten Vorbild erhoben wurde, das erste Zeugnis eines gewandelten, neuen Kunstverständnisses. Sowohl die Thematisierung der Malerei des 16. Jh. (Raffael, Leonardo da Vinci) – mit der geradezu revolutionären Wiederentdeckung Albrecht Dürers – als auch die Neubewertung der bislang als zweitrangig verstandenen Musik verleihen dem Bändchen Programmcharakter für die entstehende romantische Bewegung.
Ludwig Tieck war es nach dem frühen Tod Wackenroders aufgetragen, das literarische Erbe des Freundes zu wahren und einer breiteren Öffentlichkeit zugänglich zu machen. Der frühreife, lesehungrige, dabei aber labile und überempfindsame Sohn eines Berliner Seilermeisters, der über die Liebe zum Theater zur Literatur gefunden hatte und zeit seines Lebens ein bewunderter und hoch gerühmter Rezitator eigener wie fremder Werke blieb, stand in seinen literarischen Anfängen noch ganz in der Tradition von Spätaufklärung und Empfindsamkeit. Wohl erst dem zielstrebigeren Wackenroder verdankte der lange orientierungslose Tieck mit der Hinführung zu Kunst und Dichtung des Mittelalters während gemeinsamer Erlangener Studienzeit sein gewandeltes Literaturverständnis. So wurde in den *Herzensergießungen*, zu denen Tieck allerdings nur wenige Texte beisteuerte, und in dem Plan eines gemeinsam verfassten großen Kunstromans – von Tieck später allein verwirklicht in seinem *Sternbald* – der Geist der Frühromantik in der Verknüpfung von Natur, Kunst und Geschichte überzeugend gestaltet.

Die Geschichte des Herrn William Lovell (1795/96), sein erster bedeutender und gleichzeitig umfangreichster Roman überhaupt, verweist sowohl im Titel (*Geschichte* ...) wie in der Form (Briefroman) auf eine längst überholte Erzähltradition des 18. Jh. Motivisches Vorbild war dabei der galante Text *Le paysan perverti* (1776) von Réstif de la Bretonne; formal lehnte sich Tieck sehr stark an Samuel Richardsons Roman *Clarissa* (1748) an. Die eigenständige Leistung Ludwig Tiecks bestand nun darin, Elemente des Geisterseher- und Schauerromans in einer von Intrigen beherrschten Handlung zu kritischer Analyse der zeitgenössischen Gesellschaftszustände genutzt zu haben. Daneben trägt der Roman bereits überdeutlich die Züge romantischen Denkens und Fühlens, wenn er der subjektiven Stimmungslage und dem Hang des negativen Helden William Lovell zu selbstzweiflerischer Reflexion breiten Raum gibt.
In *William Lovell* – dem Roman von Verführung und Verführbarkeit, von Identitätssuche und Identitätsverlust sowie von Rationalismus und Geisterglaube – wird so die Lebensgeschichte eines schwärmerischen jungen Engländers von dessen hoffnungsvollem Aufbruch bis zu seinem bitteren Scheitern geschildert.

Aus dem Frühwerk Ludwig Tiecks ragt der Roman *Franz Sternbalds Wanderungen* (1798) heraus, mit dem ihm der endgültige Durchbruch zum gefeierten Dichter der frühromantischen Bewegung gelang. Von Friedrich Schlegel wurde der Text als der erste große romantische Roman begrüßt und daher weit über Goethes *Wilhelm Meister* gestellt. Novalis nahm den Roman zum Vorbild für seinen *Heinrich von Ofterdingen* (→S. 235). Die Kunstschule der Nazarener wiederum stilisierte den *Sternbald* zu ihrem Kultbuch. Bezeichnenderweise lehnte der Weimarer Dichterfürst diesen ersten wirklich romantischen Roman wegen seiner angeblich „falschen Tendenz“ nachdrücklich ab. Und für alle scharfen Romantik-Kritiker wurde das „sternbaldisierende Unwesen“ – wie es der Freund Goethes, Heinrich Meyer, zusammenfasste – zum Synonym für eine Fehlentwicklung in der zeitgenössischen Kunstauffassung.
Unter dem Titel *Volksmärchen von Peter Leberecht* veröffentlichte Tieck drei Bände mit Erzählungen und Dramenbearbeitungen, in denen er aus französischer, englischer, holländischer wie deutscher Legenden-, Märchen- und Volksbuchtradition (Perrault, Musäus, Herder, →S. 159) schöpfte (u. a. *Die Heymonskinder, Die schöne Magelone, Die Schildbürger, Der blonde Eckbert*). In den Jahren 1812 bis 1816 sollte er diesen Zyklus unter dem Titel *Phantasus* erweitert und revidiert – aufgenommen wurden z. B. die beiden Komödien *Der gestiefelte Kater* und *Die verkehrte Welt* – noch erfolgreicher veröffentlichen.

Das Kunstmärchen *Der blonde Eckbert* nimmt in dieser Sammlung deshalb eine herausragende Stellung ein, weil Tieck bereits hier das gesamte Spektrum späterer romantischer Märchenthematik ausbreitet: die Aufhebung der Wirklichkeit im Wunderbaren, die fesselnde Visionskraft des Geheimnisvollen in der Sprache und ein gewollt hinterfragbares Angebot von Sinnstiftung in einer vom Rationalismus geprägten Welt. Gleichwohl weicht *Der blonde Eckbert* vom späteren volkstümlichen Märchentypus Brentanos oder dem der Brüder Grimm (→S. 244) in einem wichtigen Punkt ab: Der den Prüfungen imaginärer Kräfte ausgesetzte Held scheitert bei Tieck, statt eines versöhnlich-harmonischen *happy ends* als moralisierendem Ausgleich zwischen Gut und Böse steht nach alptraumhaften Erfahrungen ein von inneren Widersprüchen gepeinigter und zerrissener Eckbert vor dem Nichts. Seine Frau Bertha stirbt nach der freimütigen Erzählung einer bewegten Jugend, als sie dem sonderlichen Gast Walther ihr mehrfaches Schuldigwerden bekannt hat. Eckbert selbst wird zum Mörder und zum Getriebenen seines Versagens. Schließlich führt ihn die grauenvolle Wahrheit, mit Bertha in einer inzestuösen Beziehung gelebt zu haben, an den Abgrund des Wahnsinns. Ähnlich traumatische Krisensituationen durchleben die Helden in Tiecks Doppelmärchen *Der getreue Eckart und der Tannhäuser* (1799) und seinem Kunstmärchen *Der Runenberg* (1804). Auf dem Hintergrund einer mittelalterlichen Szenerie beschwört der Dichter mittels psychologischer Charakterzeichnung die Atmosphäre einer undurchschaubaren und bedrohlichen Welt, deren Abgründe letztlich in den Figuren liegen. Ludwig Tiecks Märchen handeln vom schutzlosen Ausgeliefertsein des Einzelnen an geheimnisvolle Mächte in uns selbst, aber auch von der magischen Anziehungskraft dämonisch-vernichtender Naturgewalten.

Tiecks Œuvre versinnbildlicht wie kein anderes den Spannungsbogen romantischer Kunst. Zum einen umschließt sein literarisches Wirken den gesamten Zeitraum von den Anfängen der romantischen Bewegung bis zur Spätromantik, zum anderen versucht sich Tieck – mit durchaus unterschiedlichem Erfolg – wie kaum ein zweiter Dichter der Zeit in beinahe allen literarischen Gattungen: die strengen Formen Drama, Märchen, Roman, Novelle und Lyrik gehören ebenso zu seinem Repertoire wie Essay und Kritik. Nicht weniger bedeutsam waren seine Leistungen auf dem Felde der Übersetzung wichtiger europäischer Literaturdenkmäler (Cervantes' *Don Quijote* und – zusammen mit A. W. Schlegel – die Dramen Shakespeares). Unbestritten waren ferner seine Verdienste bei der Herausgabe von Schriften verstorbener Autoren seiner Generation und zahlreicher Werke aus gegenwärtigen wie früheren Stilepochen. Als Ludwig Tieck im Jahre 1853 in Berlin hochbetagt starb, galt der teils noch geachtete, vielfach aber schon in Vergessenheit geratene Romantiker den Zeitgenossen als Verkörperung einer längst untergegangenen Epoche, als verlöschender „Stern in Menschengestalt“ (F. Hebbel).

In Friedrich von Hardenberg, besser bekannt unter seinem Künstlernamen NOVALIS, sah die Nachwelt das Idealbild des romantischen Dichters wohl am reinsten verwirklicht. Allein schon aus seiner in Sprache und Form kristallklaren wie schlichten Lyrik spricht erstmals die Sehnsucht der Romantiker nach Einheit von Ich und Welt, von religiöser Empfindung und weltlicher Bindung. Darüber hinaus hat Novalis in seiner rhythmischen, an Bildern und Allegorien reichen Prosa dem Universalitätsgedanken der Romantik wie kein anderer symbolhaft Ausdruck verliehen. Seiner offenkundigen Vorliebe für das Fragment als der dem Entwickeln von Ideen angemessensten Denkform entspricht die romantische Vorstellung vom ewig Prozesshaften menschlichen Seins. Zudem erscheint uns sein kurzes Leben in all seinen äußeren Fügungen merkwürdig unabgeschlossen und trägt damit wie sein schmales Werk deutlich fragmentarischen Charakter.

Der Lebensweg des am 2. Mai 1772 in Oberwiedenstedt (Harz) geborenen, anfangs noch verträumten, später eher ernsten Knaben führt über eine strenge Erziehung im pietistisch geprägten Elternhaus, ein Jura-Studium in Jena und Leipzig hin zu schnellem beruflichen Aufstieg als Bergbau- und Salinenbeamter in Thüringen und Sachsen. Zum Wendepunkt seiner Existenz wurde ihm die Verlobung mit der gerade dreizehnjährigen Sophie von Kühn und deren früher Tod – die Fünfzehnjährige stirbt 1797 an Tuberkulose –, den Novalis zeitlebens nicht verwindet. Resignierend bekennt er in jenen Tagen: „Es ist eine Verzweiflung in mir, deren Ende ich nicht absehe." In den *Hymnen an die Nacht* sollte er Jahre später die künstlerische „Verarbeitung" dieser Erfahrung unternehmen. Leiden und Tod, sublimierte Erotik und mystische Naturschwärmerei wurden fortan Grundthemen seines Schreibens sein. Schon während Sophies Krankheit betrieb Novalis intensive philosophische und naturkundliche Studien und gewann vor allem aus der Beschäftigung mit Fichtes Lehre vom „schöpferischen Ich" neue Impulse für seine literarischen Arbeiten. Etwa zur selben Zeit (1798) stieß Novalis zum Kreis der Frühromantiker in Jena und „elektrisiert" mit seinen „verklärten Augen" vor allem die Frauen der Runde. In der Zeitschrift *Athenäum* erschien im selben Jahr unter dem Pseudonym Novalis die Fragmentsammlung *Blütenstaub*, der er in Anspielung auf seinen Künstlernamen eine programmatische Widmung voranstellte: „Freunde, der Boden ist arm, wir müssen reichlich Samen/Ausstreuen, dass uns doch nur mäßige Ernten gedeihn." Für ihn selbst sollte es dennoch einen reichen Ertrag geben. Die ihm noch verbleibende Zeit bis zu seinem frühen Tod wurde zu den produktivsten Jahren seines Lebens. Er vertiefte seine naturwissenschaftlichen Kenntnisse auf der Bergakademie in Freiberg (Sachsen), organisierte tatkräftig als Salinenassessor den Bergbau in Weißenfels, verfasste und veröffentlichte weitere Fragmentsammlungen, schrieb das Romanfragment *Die Lehrlinge zu Sais*, die Gedichtzyklen *Hymnen an die Nacht* und *Geistliche Lieder*, den als Plädoyer eines restaurativen Katholizismus missverstandenen Essay *Die Christenheit oder Europa* (1799 entstanden, aber erst 1826 gedruckt), den ebenfalls Fragment gebliebenen Roman *Heinrich von Ofterdingen* und fand daneben noch die Zeit zu zahlreichen Reisen nach Dresden, Jena und Weimar. Am 25. März 1801 stirbt der an Tuberkulose Erkrankte „sanft und ohne alle Bewegung" im Elternhaus in Weißenfels – so Karl von Hardenberg, der Bruder des Dichters.

*Der Künstlername **Novalis** bedeutet so viel wie „der Brachland Bebauende" oder der „Sämann" (zeitgenössischer Stahlstich von E. Eichens).*

Der Gedichtzyklus ***Hymnen an die Nacht (1799)*** ist Novalis' erste große eigenständige und zugleich bedeutendste lyrische Dichtung. Die in rhythmischer Prosa verfasste, sechs Gedichte umfassende Sammlung entstand vor dem Hintergrund persönlicher Todeserfahrung – nur eine Woche nach seiner Verlobten Sophie von Kühn starb am Karfreitag 1797 Hardenbergs Bruder Erasmus. Gleichwohl gelingt Novalis in deutlicher Abkehr von vordergründiger Erlebnislyrik eine nachgerade magische Beschwörung des Todesrätsels. Nicht die Phänomene der äußeren Realität bemüht er sich zu begreifen, sondern „nach innen führt der geheimnisvolle Weg" (Novalis). Erst in der Erfahrung der nie aufgehobenen Spannung von Licht und Finsternis, Liebe und Sterben wird so recht die auf Erden unerfüllte Sehnsucht des lyrischen Ich nach Heilung und Erlösung spürbar. Bewusst wendet sich der auf Rettung Hoffende in visionär beschwörenden Traumbildern vom Schein des Tages ab und der „heiligen, unaussprechlichen, geheimnißvollen Nacht" zu. Damit sind „Novalis *Hymnen an die Nacht* die radikale und schönste Widerlegung des aufklärerisch-klassischen Bildungsprogramms" (G. Ueding), wenn der Dichter den Erkenntnisweg von der Dunkelheit zum Licht in Frage stellt.

Novalis' ***Geistliche Lieder (1799)***, die weniger einem mystischen Christentum verpflichtet sind denn einer tiefen religiösen Grundstimmung, gehören zum Reinsten und Schönsten, was geistliche Lyrik seit Paul Gerhardt *(O Haupt voll Blut und Wunden)*, Martin Rinckart *(Nun danket alle Gott)*, Friedrich von Spee *(Ihr Freunde Gottes allzugleich)* und Joachim Neander *(Lobe den Herren)* geschaffen hat. Mit seinen bekenntnishaften Gedichten *Was wär ich ohne dich gewesen* und *Wenn alle untreu werden* verficht Novalis ebenso nachdrücklich überkonfessionelle Glaubensvorstellungen wie mit seinem unvergleichlich schlichten, von persönlicher Religiosität geprägten Marienlied *Ich sehe dich in tausend Bildern.*

Im Romanfragment ***Die Lehrlinge zu Sais (1798)*** spiegelt sich Novalis' intensive Beschäftigung mit naturwissenschaftlichen und naturphilosophischen Fragestellungen sowie dem Gedankengut spätmittelalterlicher und barocker Mystiker (Jakob Böhme, → S. 117). Der Text thematisiert den Kerngedanken frühromantischer Literaturtheorie: das Streben nach dem „Prinzip der Vervollkommnung in der Menschheit" (Novalis) durch eine alle Künste und Wissenschaften versöhnende Universalpoesie.

In ***Heinrich von Ofterdingen (1799/1800)***, dem bedeutendsten Roman des Dichters, vereinen sich die unterschiedlichsten Traditionsstränge und Motivketten zu einem einzigartigen und komplexen Gesamtkunstwerk. Novalis verarbeitete in dem gleichfalls Fragment gebliebenen Text schmerzliche Erfahrungen (Tod der Verlobten) und persönliche Interessen (intensive naturkundliche Studien) ebenso wie seine poetologischen Grundüberzeugungen (Stilisierung des Dichteramtes ins Religiöse). Während er dabei – wie in seinem Essay *Die Christenheit oder Europa* – utopische Geschichtsverklärung betrieb (Darstellung des Mittelalters als Zeitraum des Heils), vollzog er gleichzeitig eine klare literarische Abgrenzung gegenüber Goethes *Wilhelm Meister* und arbeitete den romantischen Künstlerroman (Tiecks *Franz Sternbalds Wanderungen*) ins Metaphysische um.
Erzählt wird in zwei Teilen die Geschichte des zum Dichter berufenen Heinrich von Ofterdingen, Sohn eines Handwerkers; seine Wanderung mit der Mutter von Eisenach nach Augsburg, die vielfältigen Episoden der Reise (1. Teil: *Die Erwartung*) und seine in Aussicht gestellte Erhöhung zum priesterlichen Dichter (2. Teil: *Die Erfüllung*). Ganz dem Märchengenre verpflichtet, präsentiert sich die Struktur des Textes nach dem Prinzip einer Spirale in „Zuhause" (Eisenach: Ruhe, Sicherheit, Geborgenheit), „Fremde" (Aufbruch: Gefahr, Abenteuer, Bewährung) und wieder „Zuhause" (Augsburg: Ruhe, Aussicht auf Erfüllung). Zu Beginn des Romans stehen zwei motivverwandte Träume von Heinrichs Vater und ihm selbst, die erst den Anstoß zur Reise geben. Dabei sieht der Sohn in seiner Traumvision das Bildnis der Geliebten in den „Blütenblättern der blauen Blume", dem romantischen Symbol für Liebe und Vereinigung (Mensch und Natur), Unendlichkeit (Farbe der Sehnsucht) und Dichtung (Universalpoesie). Damit wird die Wanderschaft zur Geliebten – ganz ähnlich der Suche

Hyazinths in den *Lehrlingen zu Sais* – für Heinrich zum Weg der Selbsterkenntnis, zum Signal seiner Berufung als Dichter. So entwickelt sich die nun beginnende Fahrt durch die zahlreichen erzählten Geschichten immer mehr zu einer „inneren Reise" zurück ins Mittelalter, in die goldene Ferne der Burgen, Minnesänger und -lieder, Kreuzzugslegenden, Sagen und Mythen. Schließlich am Ziel der Fahrt angekommen verklärt sich im Hause des Großvaters für den gänzlich verwandelten Heinrich in doppelter Weise die Welt: Er begegnet in der Realität seiner Traumgestalt Mathilde und wird von ihrem Vater, dem Sänger Klingsohr, tatsächlich zum Dichter ausgebildet. In den Ansichten Klingsohrs zu Natur und Dichtkunst, mit denen Novalis seine eigene Poetik verschlüsselt, sowie einem von ihm erzählten mythologischen Märchen über den Kampf der Urgewalten – mit deutlichen Anklängen an Goethes *Märchen* – endet der erste Teil. Der nur in Ansätzen ausgeführte zweite Teil lebt von der Projektion der Reifung Heinrichs zum höchsten Dichteramt. Dabei verklärt sich Mathildes Tod für Ofterdingen – ähnlich dem Sterben Sophies für Novalis – zur existenziellen Prüfung und wird gleichzeitig zur literarischen Motivation. In einem „seltsamen poetischen Streit", so berichtet Tieck abschließend über Novalis' Pläne zur Vollendung des Romans, soll Heinrich von Ofterdingen im Kampf der „guten Religion" gegen die „Irreligion" siegen und damit seine „eigene Verklärung" auf Erden vorbereiten.

„Magischer Idealismus" als Formprinzip. Mit dem Romanfragment *Heinrich von Ofterdingen* gelingt Novalis die künstlerische Umsetzung seiner idealistischen Vorstellungen vom Dichter als Magier und Verkünder eines goldenen Zeitalters wohl am reinsten. Nicht von ungefähr spricht Novalis bei seinem schriftstellerischen Wirken von „magischem Idealismus" und meint damit die Lösung des Rätsels vom Unendlichen in der Dichtung. In einem Brief an Ludwig Tieck erhebt er daher seinen Roman – Novalis gebrauchte stets noch die mittelhochdeutsche Form „Afterdingen" – zu mythischem Rang: „Das Ganze soll eine Apotheose [Verherrlichung] der Poesie sein. Heinrich von Afterdingen wird im ersten Teil zum Dichter reif – und im zweiten als Dichter verklärt."

4.4 Die Romantik als universale Lebenskunst

Universalität und Subjektivität wurden zu den bestimmenden weltanschaulichen und ästhetischen Prinzipien der Romantik. Dem schöpferischen Genie oblag es, mit grenzenloser Einbildungskraft alle Lebensbereiche poetisch zu erfassen und in einem neuen Kunstverständnis zu komplexer Einheit zu verschmelzen. In ihrem Streben eine eigene Kunstepoche zu begründen suchten die Vertreter der Romantik die Vollendung im universellen Gesamtkunstwerk, das alle künstlerischen Gattungen, wissenschaftlichen Tendenzen und politisch-sozialen Strömungen in sich vereinigt. „Alle Kunst soll Wissenschaft und alle Wissenschaft soll Kunst werden", sagt Friedrich Schlegel. So wurden Malerei und Musik, Naturwissenschaften und Medizin, Philosophie und Ästhetik, Religion und Pädagogik, Geschichte und Staatstheorie durchgehend in den kritischen Diskurs einbezogen. Von daher erklärt sich auch das breit gefächerte Interesse der Romantiker an allen Künsten, Wissenschaften und gesellschaftlichen Prozessen. Die zahlreichen individuellen Mehrfachbegabungen sind zudem ein deutliches Indiz für die Universalität der Epoche.

Die Stadt wurde für die Romantiker zum eigentlichen Erlebnisraum und künstlerischen Kristallisationspunkt. Hier fanden sie sich in geselligen Gruppen und Freundschaftsbünden zusammen, setzten sich mit Politik, Wissenschaft, Literatur, Kunst und Musik ihrer Zeit auseinander und begegneten erstmals den Zeugnissen vergangener Kulturepochen.
Berlin übte auf die Frühromantiker eine magische Anziehungskraft aus. Von dieser Stadt fühlten sie sich gleichermaßen ergriffen und gefangen. Für Ludwig Tieck etwa war die aufgeklärt-intellektuelle und stimulierende Atmosphäre dieser aufstrebenden Großstadt ebenso prägend wie für die Brüder Schlegel das freigeistige Ambiente in den großbürgerlichen Salons. Ihr eigenes Gepräge als preußische Kulturmetropole erhielt Berlin unter dem langjährigen Wirken des wohl bedeutendsten Architekten des 19. Jh., KARL FRIEDRICH SCHINKEL (1781–1841).
Universitätsstädte vom Range Jenas oder Heidelbergs zogen die nach universaler Bildung strebenden Literaten nicht minder stark an. Die Roman-

tiker erwiesen sich bald als wahre Stadtfanatiker oder – wie der Spätaufklärer Hippel über E. T. A. Hoffmann sagte – als „verdorbene Städter". Erst im „bunten Gewühl der Stadt" konnte der Schriftsteller nach E. T. A. Hoffmann den Stoff für seine Dichtung finden. Zugleich bildete der Erlebnisraum Stadt den Kontrapunkt für die der Zeit eigentümliche Naturschwärmerei. Hinzu trat mit der Rückwendung der Romantiker in die Vergangenheit die Entdeckung und Verklärung der mittelalterlichen Stadt als Wiege bürgerlicher Lebensformen und Kultur. Nicht ohne Grund wurden daher nacheinander die Städte Jena, Berlin und Heidelberg zu Hauptzentren, Dresden, Bamberg, München und Wien zu Nebenzentren der Romantik.

Salons und schreibende Frauen. Eine der wichtigsten Stätten, an denen romantische Gemeinschaftskunst geprägt, diskutiert und kritisiert wurde, waren die meist von jüdischen Frauen geführten Salons des Großbürgertums. Ursprünglich eine gesellschaftliche Einrichtung im Frankreich des 17. und 18. Jh., hatten sie sich in Deutschland zunächst als Gesprächsrunden zu lokalen und politischen Aktualitäten, aber auch zum Austausch von Alltagsklatsch gebildet. Erst die Salons der RAHEL LEVIN (spätere Varnhagen, 1771–1833) und HENRIETTE HERZ (1764–1847) in Berlin wurden zu wirklichen kulturellen Zentren und zogen bald Persönlichkeiten wie Jean Paul, Friedrich Schlegel, Ludwig Tieck, Friedrich de la Motte Fouqué, Alexander und Wilhelm von Humboldt, Johann Gottlieb Fichte, Friedrich Schleiermacher und Friedrich Gentz an – um nur die Bedeutendsten zu nennen. Und Friedrich Schlegel schrieb nachdenklich an seinen Bruder August Wilhelm: „Die jüdischen Salons sind die einzigen in Berlin, wo man sein kann. Die höheren Stände sind ganz ohne Bildung, die niederen von den Verhältnissen schrecklich gedrückt."

In den Geselligkeitskreisen Jenas standen die wegen ihres moralisch umstrittenen Lebenswandels vielfach angefeindeten Ehefrauen von August Wilhelm und Friedrich Schlegel im Mittelpunkt: CAROLINE SCHLEGEL-SCHELLING (1763–1809) und DOROTHEA SCHLEGEL (1763–1839), Tochter des Aufklärungsphilosophen Moses Mendelssohn und in erster Ehe mit dem Bankier Simon Veit verheiratet. Schließlich zählten auch zu dem von Männern dominierten Kreis der Heidelberger Romantik (→ S. 241) um Brentano und Arnim so couragierte und gleichzeitig sensible Frauen wie CAROLINE VON GÜNDERODE (1780 bis 1806) und BETTINA VON ARNIM (1785–1859), die sich selbst stets Bettine nannte.
All diese im Geiste der Aufklärung nach Selbstverwirklichung und persönlicher Emanzipation strebenden Frauen begnügten sich freilich nicht mit öffentlichen Repräsentationspflichten. Auch wenn ihr literarisches Wirken heute vielfach vergessen ist, gehören gerade ihre autobiografischen Schriften und ihre Briefkunst zu den bewegendsten Zeugnissen der Epoche.
Bekenntnishaften Charakter tragen auch die späten Erinnerungsbücher Bettina von Arnims (*Goethes Briefwechsel mit einem Kinde*, 1835; der Briefroman *Die Günderode*, 1840 und die Briefsammlung *Clemens Brentanos Frühlingskranz*, 1845). Eine gebrochene Sicht der Wirklichkeit offenbart Caroline von Günderode, die Freundin Bettina von Arnims, in der unter dem Pseudonym Tian veröffentlichten schwärmerischen Lyrik (*Gedichte und Phantasien*, 1804; *Poetische Fragmente*, 1805). Das Beispiel Günderode zeigt, dass bei aller Eigenständigkeit und Selbstbehauptung die Frauen aus den sozialen Zwängen einer von Männern behaupteten Welt nicht auszubrechen vermochten (→ Ch. Wolf, S. 573).

Die romantische Malerei stand in engem Zusammenhang mit den literarischen Tendenzen der Epoche. Wie ihre „schreibenden Kollegen" verband die bildenden Künstler des ausgehenden 18. Jh. weniger ein einheitlicher Stil denn die gemeinsame Ablehnung des Klassizismus. Dessen strenge Klarheit und Bestimmtheit war den Romantikern nur ein Zeichen von Starrheit und Enge.
Unter den verschiedenen Techniken gestatteten allen voran Handzeichnung und Skizze – ähnlich dem Fragment oder dem Brief als Ausdruck echter Spontaneität – die ausschnitthafte Teilhabe an einem vorerst nur erahnten universellen Ganzen. Das gefühlsmäßige Erschließen der von Gott beseelten Natur, ja der Wunsch in dieser Natur aufzugehen gelang den Romantikern vornehmlich in der Landschaftsmalerei. Als ihre bedeutendsten Vertreter gelten JOSEPH ANTON KOCH

Wohl am radikalsten zeigt C. D. Friedrich das schicksalhafte Ausgeliefertsein des Menschen an die Unendlichkeit elementarer Gewalten in seinem berühmten Gemälde ***Der Mönch am Meer*** *(1808/10), von dem Kleist fasziniert wie schockiert zugleich bekannte, beim Betrachten dieses Bildes sei es, „als ob einem die Augenlider weggeschnitten wären".*

(1768–1839) und Caspar David Friedrich (1774–1840) in Deutschland sowie John Constable (1776–1837) und William Turner (1775–1851) in England. Besonders Friedrichs Bilder einer mystisch entrückten Welt öffnen den Blick für den Doppelcharakter der Natur in ihrem stetigen Wechselspiel von Geborgenheit und Verlorensein, der Ambivalenz von Schutz und Bedrohung, wie er nicht weniger eindringlich in zahlreichen Texten der Zeit gestaltet wird – etwa in den Romanen und Erzählungen eines Novalis, Tieck, Brentano oder Eichendorff. Zugleich hat Ludwig Tieck in seinem Märchen *Der blonde Eckbert* mit dem Begriff „Waldeinsamkeit" ein Schlüsselwort romantischer Naturauffassung geprägt.
Der Neigung der Romantiker, der Kunst religiöse Züge zu verleihen und so die Malerei mit Gebet und Andacht gleichzusetzen, löste bei einer Gruppe junger Künstler um Franz Pforr (1788–1812) und Johann Friedrich Overbeck (1789–1869) eine Hinwendung zu christlichen Motiven aus. Als Lukasbruderschaft – besser bekannt unter ihrem Spitznamen „Nazarener" – führten sie ein mönchsähnliches, nur der Kunst verpflichtetes Leben in Rom. Die von der Literatur (Wackenroder/Tieck) inspirierte Wiederentdeckung des Mittelalters (Historienmalerei) und das religiöse Genre (Freskenmalerei) wurden zum Kern ihrer Programms.

Die Musik der Romantik stand nicht weniger eng in einer wechselseitigen Beziehung zur Literatur als die bildende Kunst. Schon die Romane und Erzählungen des Grenzgängers Jean Paul waren erfüllt von einer geradezu enthusiastischen Schwärmerei für alles Musikalische. So wundert es kaum, dass die Musik – stärker noch als die Malerei – den Romantikern als die „romantischste aller Künste" erschien, wie es E. T. A. Hoffmann in seiner richtungweisenden Rezension zu Beethovens 5. Sinfonie formulierte. Die Musik „erweckt jene unendliche Sehnsucht, die das Wesen der Romantik ist und sie allein kann als stoffloseste Kunst die Ursprache der Natur" sein (E. T. A. Hoffmann), die alle Geheimnisse des Kosmos enthält und – selbst zur kosmisch läuternden Macht geworden – diese auch zu erschließen vermag.

Dem Unaussprechlichen Sprache zu geben, Fantasie- und Traumwelten zu wecken, vermag einzig die Musik. Niemals wieder in der Literatur wurde deshalb soviel gesungen und musiziert wie in den Romanen und Erzählungen der Romantik. Den Romantikern geriet Musikalität so zum Vorschein des Unendlichen, zum tiefsten Ausdruck ihrer Gefühle von Liebe und Schönheit sowie ihrer Sehnsüchte nach dem Geheimnisvollen und dem Wunderbaren. Erst in der Welt der Töne „wird der Widerspruch zwischen dem Endlichen und Unendlichen aufgehoben und der Mensch zu seinem reineren Selbst erlöst" (F. Blume). Endziel im Streben nach dem Universalen und Transzendenten war schließlich das Gesamtkunstwerk, geschaffen im Zusammenwirken aller Kunstgattungen unter der unbestrittenen Führerschaft der Musik. Philipp Otto Runge (1777–1810) etwa dachte an eine malerisch-fantastisch-musikalische Dichtung mit Chören. Noch klarer sah Novalis die Austauschbarkeit und Verknüpfung der einzelnen Künste: „Der Maler musiziert in Farben und der Musiker malt in Tönen." Er selbst wählte nicht ohne Grund für seine große lyrische Dichtung um das Rätsel des Todes den bezeichnenden Titel *Hymnen an die Nacht* und das Herausgeberpaar Arnim/Brentano nannte seine Volksliedsammlung beziehungsreich *Des Knaben Wunderhorn*.

Musikgeschichtlich ist die Romantik schwer einzugrenzen. Einerseits wurden die großen Meister der Wiener Klassik, Wolfgang Amadeus Mozart (1756–1791) und Ludwig van Beethoven (1770–1827), von Tieck und E. T. A. Hoffmann beinahe schon selbstverständlich zur Romantik gezählt. Andererseits reicht die Epoche mit den Komponisten Richard Wagner (1813–1883), Anton Bruckner (1824–1896) und Johannes Brahms (1833–1897) weit in neoromantische Stilformen des späten 19. Jh. hinein. Parallel zur literarischen Bewegung prägten vor allem Franz Schubert (1797–1828), Robert Schumann (1810–1856) und Carl Maria von Weber (1786–1826) die Musikszene der Epoche. Schubert, oft missverstanden als Träumer und Wiener Volksmusiker, neben den „Giganten" Mozart und Beethoven als „Schubert-Franzel" nur belächelt, gilt gleichwohl als ein bedeutender Komponist seiner Zeit. Mit seinen zahlreichen Vertonungen klassischer und romantischer Gedichte wurde er zum Schöpfer des modernen „Kunstliedes". Noch größer war der Einfluss der zeitgenössischen Literatur auf Robert Schumann. Der Komponist vieler Kammermusik- und Klavierwerke, denen er bewusst romantische Titel gab, wäre ohne den poetischen Hintergrund eines Jean Paul oder E. T. A. Hofmann nicht zu denken. Carl Maria von Weber schließlich gelang es mit seiner Oper *Der Freischütz* (1821) die Zeitstimmung vortrefflich einzufangen.

Der Religion kam im Zeitalter der Romantik die Funktion der Synthese und Vermittlung zu. In ihrem Geiste versöhnten die zum priesterlichen Dichteramt berufenen Romantiker Kunst und Welt. Denn das Streben allen künstlerischen Wirkens nach der Vereinigung mit dem Universum erfüllte sich – wie es Schelling für die Frühromantik propagiert hatte – allein in der ersehnten Identität von Ich und Natur und damit in der Anschauung Gottes.
Fernab jeglichen Kirchenglaubens und gestützt auf die Tradition barocker Mystiker wie Jakob Böhme und Quirinus Kuhlmann (→ S. 117 f.), war Religiosität bei den Romantikern allein von der subjektiven Gefühlswelt des Einzelnen bestimmt. Pantheistische oder panentheistische Glaubensvorstellungen, nach denen Gott und Welt als Einheit gedacht werden, erlaubten damit einen individuellen Gottesbegriff. Friedrich Schlegel etwa stellte Religion und Natur auf eine Ebene, und Novalis erkannte im Religiösen den magischen Urgrund des Seins, der dem Dichter zum ewigen Kraftquell wurde. Religion wurde so zur Grundbedingung künstlerischen Wirkens überhaupt oder, wie es Friedrich Daniel Ernst Schleiermacher (1768–1834), der bedeutendste Theologe der Zeit, ausdrückte, „Religion ist Sinn und Geschmack fürs Unendliche".

Naturauffassung und Naturphilosophie. Die Romantiker hatten – in der Nachfolge von Rousseau und Goethe – die ablehnende Haltung der Aufklärung gegen eine gefühlsmäßige Beziehung zur Natur längst überwunden. Vielmehr wurde die ursprüngliche Einheit von Mensch und Natur beschworen. Gotthilf Heinrich Schubert (1780–1860) etwa nannte in seinen *Ansichten von den Nachtseiten der Naturwissenschaft* (1808)

„jene Augenblicke, wo sich unser Wesen im innigsten Einklange mit der ganzen äußern Natur befindet, die der höchsten Lust, des höchsten Wohlseins". Einen Abglanz jenes vollkommenen Urzustandes gewinnt man nach Schubert in den Sagen und Mythen der Vorzeit. Noch klarer wird in Wackenroders *Herzensergießungen* der Zusammenhang von Kunst und Natur hergestellt. Beide dienen – auf unterschiedliche Weise – der Erkenntnis Gottes und der Geheimnisse seiner Schöpfung, ja die Natur wird als „das gründlichste und deutlichste Erklärungsbuch über sein Wesen und seine Eigenschaften" bezeichnet.

Die Beschäftigung mit den Wissenschaften wurde in einer Zeit universalen Denkens zur Selbstverständlichkeit. Philologie und Geschichtswissenschaft, Medizin und die Naturwissenschaften Physik, Chemie und Biologie bildeten dabei das Hauptbetätigungsfeld. Vermittler der unterschiedlichen Richtungen war Schelling, der in seiner Identitätsphilosophie die Grenzen zwischen Kunst und Natur theoretisch aufgehoben hatte. So konnte etwa Novalis von „geistiger Physik" und „chemischer Musik" sprechen. Die romantische Naturwissenschaft trug damit lange Zeit spürbar spekulativen Charakter. Unter der Vorgabe „allein aus den Gesetzen des menschlichen Geistes heraus allgemeine Gesetze der Natur und Welt festzustellen" (Hegel) traten empirische Forschungen in den Hintergrund.

Geschichtsdenken und Mittelalterbild. Die Erschütterungen der Französischen Revolution und die gesellschaftlichen Umwertungen in deren Folge hatten eine Rückbesinnung auf vermeintlich glücklichere historische Epochen ausgelöst. Als Goldenes Zeitalter mit „echt katholischen oder echt christlichen Zügen" (Novalis) galt den Romantikern das Mittelalter. Es ist dabei kein Widerspruch, dass die kosmopolitisch und universal denkende romantische Bewegung im Mittelalter vorbildhaft die Bedingungen für eine deutsche Nationalliteratur sah. Die Wiederentdeckung altdeutscher Literaturzeugnisse ging stets einher mit der Rezeption und Übersetzung europäischer Kulturdenkmäler etwa eines Petrarca, Milton, Shakespeare, Cervantes oder Calderón. Zugleich wurde für viele Romantiker das Mittelalter zum „Zeitraum der vorherrschenden Fantasie" (F. Schlegel), aus dem Dichtung und Kunst bevorzugt ihre Motive wählten.

Aus der spontanen Mittelalterbegeisterung der Frühromantiker wurde später („Heidelberger Romantik") eine systematische, oft wissenschaftlich fundierte Sammlertätigkeit alter Texte. Besonders während der Befreiungskriege bestand freilich die Gefahr Volksbücher und Volkslieder im patriotischen Überschwang zu verklären und unreflektiert zu aktualisieren. So rühmte man das *Nibelungenlied* als die „germanische Ilias", und mittelalterliche Heldenepen wurden zu Leitbildern im nationalen Kampf gegen Napoleon stilisiert.

4.5 Stile – Autoren – Gattungen: Vielfalt romantischer Dichtkunst um 1800

Das Ende der frühromantischen Phase nach der Jahrhundertwende hatte vielfältige Gründe. Zu den persönlichen Konflikten unter den Mitgliedern des Jenaer Kreises – statt des ursprünglichen Ideals vom Symphilosophieren kam es immer häufiger zu Rivalitäten und Anfeindungen – gesellten sich auch grundsätzliche poetologische Differenzen. Zwar trat die Gruppe im Herbst 1801 ein letztes Mal geschlossen auf, als der von A. W. Schlegel und Ludwig Tieck herausgegebene *Musenalmanach* für das Jahr 1802 mit Beiträgen fast aller Protagonisten der frühromantischen Bewegung erschien, doch war dies allenfalls der literarische Abgesang eines zerstrittenen und sich auflösenden Künstlerkreises. Mit dem Tod von Novalis im Frühjahr 1801 und der Abwanderung A. W. Schlegels von Jena nach Berlin im Herbst desselben Jahres sowie dem Weggang Friedrich Schlegels nach Paris (1802) und Schellings nach Würzburg (1803) endete definitiv die Frühromantik. Die Frage nach der Rolle der Dichtkunst in einer sich wandelnden historischen Situation aber blieb. So boten die für die Frühromantiker typischen Modelle wie Subjektivismus, ironisches Hinterfragen der Realität, spekulatives Denken und das Sich-Versenken in die Transzendentalphilosophie nur unzureichende Antworten auf die drängenden existentiellen Bedrohungen durch Krieg, Fremdherrschaft und wirtschaftlichen Niedergang. Standen die Vertreter der älteren Romantik noch ganz im Banne der Französischen Revolution, so bedrückte die nachfolgende Generation die Pervertierung dieser Ideale durch Napoleons Politik der Unterwerfung von beinahe ganz Europa.

Das Jahr 1806 wurde für Deutschland zum schicksalhaften Einschnitt: Nach dem faktischen Ende des Heiligen Römischen Reiches Deutscher Nation, der Gründung des Rheinbundes als dem „Dritten Deutschland" von Napoleons Gnaden, musste sich – wie ein Jahr zuvor schon Österreich in der „Dreikaiserschlacht" bei Austerlitz – nun auch Preußen in der Doppelschlacht bei Jena und Auerstedt französischem Hegemonialstreben beugen. Die Suche nach eindeutigen Sinnbezügen und kultureller Identität ließ die einstmals geschlossene romantische Schule in ein diffuses Nebeneinander von Strömungen und Einzelschicksalen zerfallen. Noch deutlicher wird der Übergang von der Früh- zur Hochromantik in der gewandelten Mittelalterrezeption sowie den nun favorisierten Gattungen und Themen. Das Sammeln und Edieren von Märchen, Volksliedern und -büchern steht ebenso für die Besinnung auf nationale Werte wie die unter dem Eindruck französischer Besatzungsmacht aufblühende politische Lyrik.

Die „Heidelberger Romantik". Zu einer Art „Schulbildung" kam es dann noch einmal, als sich Clemens Brentano, Achim von Arnim, der Publizist JOSEPH GÖRRES (1776–1848) und der Mythologie-Professor FRIEDRICH CREUZER (1771 bis 1858) von 1806 bis 1808 in Heidelberg zusammenfanden. Ihrem Kreis, dem Gelehrte wie Carl von Savigny und die Brüder Grimm sowie die Dichter Ludwig Tieck und Friedrich Schlegel nahe standen, sind auch Bettina von Arnim, Caroline von Günderode und Joseph von Eichendorff zuzurechnen.
Die „Heidelberger Romantik" hatte nicht jene Wirkung und Anziehungskraft, um alle Autoren und künstlerischen wie gesellschaftlichen Bestrebungen der Folgezeit zu integrieren. Ohne Kontakt zum Heidelberger Kreis blieben die vornehmlich in Berlin wirkenden E. T. A. Hoffmann, Adelbert von Chamisso oder Friedrich de la Motte Fouqué („Berliner Romantik"). In Dresden scharten sich schon 1808/09 national und konservativ gesinnte Denker um den Staatstheoretiker Adam Müller. Im Jahre 1811 gründeten wiederum Achim von Arnim und Clemens Brentano in Berlin die *Christlich-deutsche Tischgesellschaft* – zu ihr gehörten u. a. Ernst Moritz Arndt, Adam Müller, Heinrich von Kleist, J. G. Fichte, Carl von Clausewitz, K. F. Schinkel und Friedrich von Savigny –, in der restauratives wie antisemitisches Gedankengut propagiert wurde. So lehnten deren Mitglieder eine bürgerlich-liberale Gesetzgebung nach abstrakten Prinzipien ab und verteidigten das Lebensrecht der Zünfte, die alte Ständeordnung, den Patriarchalismus und die Monarchie.

Clemens Brentano (1778–1842), der aus Frankfurt stammende Kaufmannssohn italienischer Herkunft, gehört als der „romantischste aller romantischen Dichter" zu den herausragenden Vertretern der Epoche. In seiner zerrissenen, immer krisenhaften Existenz stehen sich eine artifizielle Liebes- und Naturlyrik der Frühzeit und bekenntnishaft religiöse Schriften der Spätphase wie unversöhnlich gegenüber. Dazwischen liegen seine volkskundlichen Studien (Liedsammlung *Des Knaben Wunderhorn*) und seine zahlreichen kunstvollen Erzählungen und Märchen.
Der frühe Tod der Mutter und die strenge Erziehung – zunächst durch die Tante in Koblenz, später im dortigen Jesuitengymnasium – prägten das träumerische, spottlustige Kind. Versuche ihn im väterlichen Kontor für einen bürgerlichen Beruf tauglich zu machen scheiterten ebenso wie seine mit wenig Ernst betriebenen Studien (Bergwissenschaften, Medizin und Philosophie) an verschiedenen deutschen Universitäten. Als ihn zudem der Tod des ungeliebten Vaters und das damit verbundene reiche Erbe aller finanziellen Sorgen enthob, nutzte er die gewonnene Freiheit für ein bohemeartiges Künstlerleben. Als Student lernte er Goethe, Wieland, Schelling und Tieck kennen, ohne sich je in einer größeren Gesellschaft wohlzufühlen. Im Jenaer Romantikerkreis stieß er zunächst auf Reserviertheit und Ablehnung. Einzig mit Achim von Arnim, den er 1801 in Göttingen kennen lernte, und seiner hochbegabten Schwester Bettina verband ihn lebenslange Freundschaft und Zuneigung. Seine erste Frau, die um acht Jahre ältere Schriftstellerin Sophie Mereau, starb bei der Geburt des dritten Kindes; keines der drei Kinder blieb am Leben.

Zerrüttet irrte Brentano von Ort zu Ort, nach Kassel, Heidelberg, Landshut, München, Berlin, Prag und Wien. „Vergeblich! – Kennst Du dies schreckliche Wort? Es ist die Überschrift meines ganzen Lebens" – mit dieser resignativen Aussage resümierte der Achtunddreißigjährige – er hat eine zweite gescheiterte Ehe hinter sich und wird von ständigen Selbstzweifeln geplagt – seine gefährdete Existenz gegenüber der Freundin Luise Hensel, die selbst religiöse Texte wie das Kindergebet *Müde bin ich geh zur Ruh* verfasste. Zu scheinbarer Ruhe kam der Getriebene erst, als er sich nach seiner Konversion zum Katholizismus und einer „Generalbeichte" 1818 in Dülmen/Westfalen ansiedelte um dort die Visionen der stigmatisierten Nonne Katharina Emmerick aufzuzeichnen. Zu Lebzeiten Brentanos erschien anonym nur der stilistisch wie inhaltlich stark von ihm bearbeitete Text *Das bittere Leiden unsers Herrn Jesu Christi. Nach den Betrachtungen der gottseligen Anna Katharina Emmerich* (1833). Zwei weitere Bände – *Marienleben* und *Lehrjahre Jesu* – waren geplant. Nach dem Tod der Emmerick (1824) lebte Brentano meist in Koblenz, von 1833 an zurückgezogen in München, wo er Kontakte zu dem von Görres gegründeten spätromantischen Zirkel pflegte. Clemens Brentano stirbt vereinsamt, ein wunderlicher Kauz und frommer Eiferer, am 28.7.1842 im Hause seines Bruders Christian in Aschaffenburg.

Brentanos Lyrik bildet das eigentliche Zentrum seines Werks, auch wenn sich der im Alter religiös fanatisch gewordene Dichter von dieser Seite seines Schaffens ausdrücklich distanzierte. Im Jahre 1837 wies er daher die Anfrage frühere Gedichte zu veröffentlichen brüsk ab: „Im Ganzen ist nur wenig und höchst Ungares da, was zusammengestellt erst seinen Unwert recht zu Tage stellen würde." Das von großer Sprachgewalt zeugende lyrische Werk Brentanos erscheint dabei so widersprüchlich wie sein Leben selbst. Am Volkston des *Wunderhorns* orientierte, liedhafte Balladen wie die *Lore Lay* („zu Bacherach am Rheine/Wohnt eine Zauberin,/Sie war so schön und feine/Und riss viel Herzen hin […]") stehen neben sinnlich schweren Liebesgedichten, in denen naturnahen Bildketten und Assoziationen erotische Bedeutung unterlegt wird:

Die Rose blüht, ich bin die fromme Biene,
Die in der Blätter keuschen Busen sinkt,
Und milden Tau und süßen Honig trinkt,
Doch lebt ihr Glanz und bleibet ewig grüne.
So singt mein tiefstes Freudenlied,
Ach meine Rose blüht!

Schlichte Naturgedichte der Frühzeit, in denen es weniger um die Beschreibung der äußeren Wirklichkeit geht als um das sprachlich-rhythmische Vermitteln einer Stimmung, werden zunehmend abgelöst von geistlich-religiösen Klageliedern voller Schwermut und Resignation.
Dennoch schälen sich bei aller Verschiedenheit der Themen einige wenige Leitmotive heraus, die Brentano in immer neuen Klang- und Bildfolgen variiert: Zur breit gefächerten Naturmetaphorik gesellen sich die Chiffren sinnenhafter Körpersignale und neben die wiederkehrende Klage über das verlorene Paradies tritt das unschuldige Kind in der Funktion des Retters.

Die Erzählungen und Kunstmärchen Brentanos stehen in engem Zusammenhang mit dessen volkskundlichen Studien. Schon die 1802 verfasste, mehrfach umgearbeitete und 1818 im Druck erschienene Erzählung *Die Chronika des fahrenden Schülers* versetzt den Leser zurück in die Welt des späten Mittelalters mit seinen Burgen, Klöstern und aufblühenden Städten. In bewusst antiquierter Sprache erzählt der Chronist aus seiner Perspektive die Geschichte von gottesfürchtigen, einfachen Menschen. Wie häufig bei Brentano prägen vor allem eingestreute Gedichte – hier das „Nachtigallenlied", bekannter als *Der Spinnerin Lied* – in ihrer schlichten Reinheit den Gesamttext.
Märchenhafte Züge trägt auch die in einer doppelten Rahmenhandlung präsentierte *Geschichte vom braven Kasperl und dem schönen Annerl* (1817). Die aus der Zeit der *Wunderhorn*-Sammlung stammenden Märchen Brentanos wurden lediglich in Einzelstücken Mitte der 20er-Jahre und auch da nur unter ausdrücklichem Vorbehalt ihres Verfassers veröffentlicht. Nicht ohne Selbstironie schlug der mit seinem Schaffen hadernde Dichter deshalb als Titel vor: „Märchen, nachlässig erzählt und mühsam hingegeben von Clemens Brentano. Als Almosen für eine Armenschule erbeten, geordnet und herausgegeben von

milden Freunden." Am bekanntesten ist wohl *Das Märchen von Gockel, Hinkel und Gackaleia* (1838), in dem eine verarmte Schlossfamilie im schicksalhaften Kampf gegen das Böse um den Besitz eines Wunschrings am Ende erfolgreich bleibt.

Achim von Arnim (1781–1831), der aus einem märkischen Adelsgeschlecht stammte, hat weit weniger Beachtung gefunden als der exzentrische Clemens Brentano. Arnims Werk galt den Lesern seiner Zeit als zu exaltiert, fantastisch, in Stil und Darstellung ausufernd und regellos. Dabei lässt sich kein größerer Gegensatz zu seinem ruhigen, maßvollen Wesen denken, vergleicht man ihn mit dem ewig unsteten Brentano. Verheiratet mit dessen Schwester, verband die beiden Dichter vor allem die gemeinsame Herausgebertätigkeit der Volksliedsammlung *Des Knaben Wunderhorn*. Von 1814 bis zum seinem Tode lebte Arnim zurückgezogen auf seinem Landsitz Gut Wiepersdorf bei Berlin. Heute gilt das Interesse vornehmlich dem politischen Denker Arnim, der im historischen Rückgriff auf Mythologie und Volkspoesie die Ideen eines konservativen Reformers vertrat.
In Arnims Prosa wird jede epische Reihenfolge verworfen. Er befrachtete sie mit eigenen Erlebnissen, Schnurren, Fantasien, grotesken Einfällen und Märchen, deren überraschender Realismus und burlesker Humor oft alles andere als romantisch-erbaulich anmuten. Sein Hauptwerk, der Geschichtsroman *Die Kronenwächter* (1817) z. B., der zu Anfang des 16. Jh. in Waiblingen, Augsburg und Pforzheim spielt, hält zwar vordergründig an der Darstellung der verwilderten Welt der Ritter, Landsknechte und Bauern um den edlen, unsicher gewordenen Kaiser Maximilian fest, versteht sich jedoch als projizierte Kritik an den gegenwärtigen Zeitumständen. Eine herausragende Stellung in Arnims Œuvre nimmt die Erzählung *Isabella von Ägypten, Kaiser Karl des Fünften Jugendliebe* (1812) ein, in der fantastische, gespenstische und groteske Gestaltungselemente die Grundfragen von Schuld und Vergebung vermitteln. Dagegen ganz unmärchenhaft ist in den *Majoratsherren* (1820) geschildert, wie sich die Geschichte des Majoratsherrn und die der schönen Esther der Judengasse, pathologisch ineinander verweben.

Die Wiederentdeckung und Belebung der Volkspoesie ist die eigentliche Leistung der „Heidelberger Romantik". Sie ist untrennbar mit den Namen Clemens Brentano, Achim von Arnim, Joseph Görres und Wilhelm und Jacob Grimm verbunden. Ohne sich selbst als Dichter zu fühlen wollten sie jene Schätze bergen, von denen sie glaubten, dass ihr poetischer Gehalt in der entzauberten neuen Zeit verloren gehen müsse: Volksmärchen, Lieder und die sog. Volksbücher.

Die Volksliedsammlung *Des Knaben Wunderhorn* war ein solches Dokument neu gewonnenen Nationalbewusstseins. Es „wirkte [...] revolutionierend und war in seiner Zeit ein politisches Manifest" (K. Feilchenfeldt). Angeregt durch eine gemeinsame Rheinfahrt 1802 und berauscht von Poesie begannen Brentano und Arnim – in der Tradition Herders (*Stimmen der Völker in Liedern*, 1778/79) und der englisch-schottischen Volkslieddichtung – mehr als 700 Lieder aus drei Jahrhunderten zu sammeln. Als Quellen dienten ihnen alte Drucke, Gesangbücher, Chroniken und Anthologien, die durch Beiträge Uhlands, Kerners und der Brüder Grimm ergänzt wurden. Die teils anonymen, teils von bekannten Dichtern stammenden Texte wurden von den Herausgebern in Stil und Diktion bis hin zur Neuschöpfung bearbeitet und so dem zeitgenössischen Geschmack angepasst. Hauptintention war freilich, wie Arnim in seinem programmatischen Essay *Von Volksliedern* bekannte, die Vielfalt der Lieder und Balladen als Zeugnis angeblich kollektiver Sprachkraft des Volkes zu begreifen. Die damit verbundene Ablehnung individuellen Schöpfertums stilisierte die „Naturpoesie" der Volkslieder zum literarischen Mythos und lieferte als Konsequenz die Begründung für eine nationale Neubesinnung angesichts französischer Fremdherrschaft.
Schon nach Veröffentlichung des ersten Bandes 1805 – im Jahre 1808 erschienen zwei weitere Teile – begann eine Debatte um Originalität und Werktreue der Ausgabe. Im Gegensatz zu Goethe, der in seiner kritisch wohlwollenden Besprechung den Herausgebern ausdrücklich das Recht auf Bearbeitung zuerkannte, sprach der Erzfeind der Romantiker, Johann Heinrich Voß, von „zusammengeschaufeltem Wust, voll mutwilliger Verfälschungen, sogar mit untergeschobenem Mach-

Die eigentümliche Volksliedstimmung ***Des Knaben Wunderhorn*** *(Titelseite des 1. Bandes aus dem Jahre 1805, datiert 1806) wurde für die spätere Lyrik Eichendorffs, Uhlands oder Heines vorbildhaft und beeinflusste als Volksliedstrophe das Liedgut des 19. Jh.*

werk“. Dies minderte allerdings nicht den großen Erfolg des *Wunderhorns,* den spätere Vertonungen – etwa durch Schubert – noch steigerten. Die Lieder vom Armen Schwartenhals, vom Butzemann und Klapperstorch, von Rinaldo Rinaldini und die vielen anderen wirkten wie eine Offenbarung. In ihnen waren die verschiedensten Sprachschichten aufbewahrt: barocke Spielereien, sogar Satirisches *(Würde der Schreiber),* Kinderreime („Ein Huhn und ein Hahn/Die Predigt geht an“), religiöse Lieder (*Erntelied*: „Es ist ein Schnitter, der heißt Tod“), Bänkelsang und Handwerkslieder *(Das Weberlied),* Moritaten und Liebeslieder *(Wenn ich ein Vöglein wär).*

Die Volksmärchen der Brüder Grimm, die man von den Kunstmärchen der Romantik unterscheiden muss, sind das in aller Welt bekannteste deutsche Buch. Bereits 1550 waren in Italien Straparolas *13 ergötzliche Nächte,* 1637 Basiles barock überschäumender und derb-lustiger *Pentamerone* erschienen und hundert Jahre vor der deutschen Sammlung in Paris die *Contes de ma mère lóye.* Sie enthielten zum Teil dieselben Märchen wie die Sammlung der Brüder Grimm.

Die Brüder Jacob (1785–1863) und Wilhelm Grimm (1786–1859) bekamen die erste Anregung zu volkskundlichen Studien im Jahre 1806 durch die Bitte Brentanos Beiträge für den zweiten Teil des *Wunderhorns* zu liefern. Mit dieser, von Savigny vermittelten Zusammenarbeit wurde ihre eigene Lust am Aufspüren und Sammeln von alten Liedern und Märchen geweckt sowie das spätere wissenschaftliche Interesse an der Erforschung altdeutscher Sprach- und Literaturdenkmäler begründet. Dies schlug sich nieder in der kritischen Edition des *Hildebrandsliedes* (1812) oder in der Herausgabe *Deutscher Sagen* (1816–18).

Die entscheidenden Hinweise zum Erschließen sowohl der schriftlichen als auch der mündlichen Quellen der Märchen verdankten die Grimms wiederum Brentano. Er verwies sie auf die Werke Fischarts, Moscheroschs, Grimmelshausens und Runges. Gerade die plattdeutschen Texte des Malers Philipp Otto Runge, dessen Märchen *Von dem Fischer und syner Fru* Günter Grass in seinem Roman *Der Butt* (→ S. 520) zum Leitmotiv erhob, wurden von den Brüdern Grimm dankbar aufgenommen. Ferner überzeugte sie Brentano vom Nutzen persönlicher Beiträge wie der „Marburger Märchenfrau“. Die Grimms gewannen später in Dorothea Viehmann, der Frau eines Schneidermeisters aus Kassel und hugenottischer Abstammung, ihre wichtigste Beiträgerin, die sie freilich als „bedächtig erzählende Bäuerin“ schilderten und so zum Idealbild einer Märchenerzählerin aus dem „Volk“ umdeuteten. Gewiss waren die Brüder Grimm davon „überzeugt, gerade in den deutschen Volksmärchen altehrwürdige, getreulich mündlich tradierte Zeugnisse germanischer Mythologie und Weltanschauung entdeckt zu haben. [... Die Texte] galten ihnen eben als Volksmärchen im umfassenden Wortsinn: im Volk entstanden, durchs Volk tradiert, fürs Volk erzählt, vom Volk handelnd“ (H. Rölleke). Entsprechend verdrängten sie bei der Veröffentlichung der *Kinder- und Hausmärchen* – zunächst in zwei Bänden 1812–15, in einer erweiterten

Neuausgabe in drei Bänden 1819–22 – ihre weitreichende literarische Bearbeitung und sprachen gern vom natürlichen Ursprung der Märchen, „welche diese Blumen und Blätter in solcher Farbe und Gestalt hat wachsen lassen“ (Vorrede zum 3. Band, 1819). So entwickelte vor allem Wilhelm Grimm einen eigenen Märchenton, der aus der Kombination von schlichten Wendungen, wörtlicher Rede, anschaulicher Bildsprache und eingängigen Motivketten die große Volkstümlichkeit der Sammlung bis in unsere Tage sicherstellte. „Ein König hatte eine Tochter, die war über alle Maßen schön, aber dabei stolz und übermütig, dass ihr kein Freier gut genug war.“ Solche Sätze führen geradewegs zum Ziel, sie legen alles klar auseinander: „Der eine war ihr zu dick: Das Weinfass sprach sie. Der andere war zu lang: Lang und schwank hat keinen Gang.“ In diesen Sätzen wird eine verzauberte, aber niemals fantastisch unheimliche Welt vorgestellt, die immer auf Vertrautes, Bekanntes oder zumindest Vorstellbares setzt: der einsame Weiler, die Mühle, die Handwerkerstube, die Wiese mit den Gänsen und darum herum der dunkle, große, gefährliche Wald mit seinen Tieren und Vögeln und das Schloss mit König und Königin, Prinzessinnen und Kammerfrauen.

Die politische Lyrik der Zeit ist nach Volkslied, Märchen und Volksbuch offenster Ausdruck vaterländischen Bewusstseins. Die patriotische Gemeinschaftsidee, die vorher nur in Ansätzen bei einigen Stürmern und Drängern gegen das Joch des Absolutismus zum Ausdruck kam, bildete sich erst unter der französischen Besatzung heraus. Man findet dieses Gemeinschaftsideal schon in den Schriften Lavaters und Herders, später im Denken eines Novalis, Hölderlin und Fichte. Als Fichte 1807/08 in Berlin unter den Augen der Okkupanten seine *Reden an die deutsche Nation* hielt, forderte er die Besinnung auf das nationale Erbe, aus dem heraus allein die „gegenwärtige eiserne Zeit“ für eine große Zukunft überwunden werden könne. Fichte, der selbst in einer zeitgenössischen Karikatur als bewaffneter Landsturmmann erscheint, wurde damit zum geistigen Propagandisten und ideologischen Anstifter der „Befreiungskriege“. Auch Schleiermacher übertrug in seinen Predigten in Berlin das pietistisch-religiöse Gemeinschaftsideal auf die zum Kampf gegen Napoleon aufgerufene Nation. Viele Romantiker verschrieben sich dieser Auseinandersetzung in Wort und Tat, auch organisierte sich der nationale Aufbruch in Geheimbünden wie dem Berliner „Tugendbund“ oder den „Deutschen Gesellschaften“. Vorbereitet und begleitet wurde die von Preußen ausgehende militärische Erhebung gegen den 1812 geschlagen aus Russland zurückkehrenden Napoleon von patriotischen Lieder und Gedichten, die wie Ernst Moritz Arndts (1769–1860) *Lied der Rache* die tiefe Verbitterung über die französische Fremdherrschaft offenbaren.

Andere Gedichte wie Theodor Körners (1791–1813) *Lied des Lützowschen Jäger-Corps, bei der Einweihung der Fahnen* (1813) erhielten durch die Adaption von Kirchenliedmelodien fast sakralen Charakter. Darüber hinaus trug die Liedform zur schnellen Verbreitung solcher den Krieg verherrlichenden und gleichzeitig verharmlosenden Texte bei, etwa in Körners berühmtestem Gedicht *Das Lützowsche Freicorps.*

Der Roman war seit der Frühromantik die beliebteste Gattung der Epoche. Da nach Auffassung Friedrich Schlegels die Vielschichtigkeit romantischen Geistes die „Wechselsättigung aller Formen und Stoffe“ erstrebt, fordert er vom Roman, in „schöner Selbstbespiegelung“ Erzählung, Novelle, Märchen, Reflexionen, Gespräche und vor allem eingestreute Lieder und Romanzen in sich aufzunehmen. Mit der Formulierung „ein Roman ist ein romantisches Buch“ gelingt Friedrich Schlegel in seiner Schrift *Brief über den Roman* (1799) die prägnanteste Bestimmung von Gattung und Epoche.

So wird der Roman, der im 18. Jh. gegenüber den „klassischen“ Literaturformen des Dramas und der Lyrik noch weitgehend als trivial abgewertet wurde, für die Romantiker zu der alles beherrschenden Ausdrucksmöglichkeit: zum „Buch im höchsten Sinne“. Es verwundert daher nicht, dass gerade diese Gattung – neben dem nicht weniger geschätzten Märchen – Gegenstand ausführlicher theoretischer Betrachtungen wurde. Dem Anspruch auf Universalität folgend, sprengt der Roman alle bisher gültigen formalen Grenzen: „Der Roman ist Poesie in Verbindung mit Wissenschaft, daher mit Kunst; daher die Prosa und die Poesie der Poesie“, verkündet Friedrich Schlegel. Die von ihm auch verlangte Auflösung der Form ins Chaotische, Arabeske, in den Witz, die Ironie und das Satirische führt zur Öffnung der Gattung für lyrische, dramatische und essayistische Elemente. Nicht minder umfassend sind die Vorgaben für die thematische Gestaltung. Dem Roman eignet die Darstellung des Zeitalters, er berücksichtigt gesellschaftliche und politische Fragestellungen und strebt mehr nach „Wahrheit und Sittlichkeit" als nach „Schönheit". Grundlage allen romantischen Dichtens ist dabei die Verpflichtung im Roman ein Gesamtkunstwerk zu schaffen, das die eigene Existenz ganz erfasst. Daher kann Novalis im Umkehrschluss behaupten, „das Leben soll kein uns gegebener, sondern ein von uns gemachter Roman seyn".

Goethes *Wilhelm Meister*. In der kritischen Auseinandersetzung um Goethes *Wilhelm Meister* (1796; →S. 198) liegen die Anfänge des romantischen Romans. Er ist anfangs Vorbild und Maßstab, bald aber Ausdruck des Unromantischen und Folie für zahlreiche Anti-Bildungsromane: Novalis' *Heinrich von Ofterdingen*, Friedrich Schlegels *Lucinde* und E. T. A. Hoffmanns *Kater Murr*. Zunächst hatte noch Friedrich Schlegel in seiner positiven Rezension *Über Goethes Meister* (1798) die Komposition des Werks gerühmt: Er lobte den Zusammenhang von „Poesie und Leben", „Zeitalter und Welt" und sah darin „reine, hohe Poesie". Vor allem die vielschichtige Form des Romans, in der lyrische, dramatische und philosophisch-reflektierende Elemente verknüpft werden, entspricht den Forderungen der Frühromantik nach poetischer Universalität und erklärt so seine anfängliche Akzeptanz. Doch selbst Friedrich Schlegel nannte Jahre später den *Wilhelm Meister* kühl einen „Roman gegen das Romantische". Noch deutlicher wird die Abgrenzung von Romantik und Klassik im Urteil von Novalis. Er disqualifizierte Goethes *Meister* als „ein fatales und albernes Buch – so prätentiös und pretiös – undichterisch im höchsten Grade, was den Geist betrifft". Seine Konsequenz, „Göthe wird und muss übertroffen werden", steht und fällt freilich mit der künstlerischen Umsetzung jenes hoch gesteckten ästhetischen Ziels den „absoluten, vollkommenen, modernen", d. h. „romantischen Roman" zu schreiben. Versuche dazu unternahmen Ludwig Tieck und Friedrich Schlegel. Dem Ziel am nächsten kam wohl Novalis selbst in seinem Roman *Heinrich von Ofterdingen* (→S. 235).

Zum Skandalroman der Romantik wurde Friedrich Schlegels *Lucinde* (1799). Ohne ein rechtes Verständnis für die poetische Intention des Werks zu entwickeln sprachen die zeitgenössischen Kritiker nur von der Unanständigkeit der *Lucinde*, vom „Tractatum Eroticum Lucinda" oder ereiferten sich über die „freche Zote" und die „sittenverderbliche Schrift". Einzig Friedrich Schleiermacher machte sich zum Fürsprecher einer „riesenhafte[n] und ungeheure[n] Moral, auf der die Lucinde auf ihrem ewigen Fundamente ruht". Friedrich Schlegels eigener Anspruch mit *Lucinde* den universalen, d. h. den romantischen Roman zu schreiben war jedoch zu hoch und musste folgerichtig scheitern. Was er in der Theorie, etwa im *Brief über den Roman*, als Verwandtschaft mit anderen Gattungen forderte, das konnte er in der Praxis mit seiner hymnischen Sprache, dem allegorischen und ironischen Stil sowie der arabesken Mischung der Briefe und Reflexionen nur unzureichend einlösen.

Brentanos früher Roman *Godwi oder Das steinerne Bild der Mutter* (1801) stellt sich ausdrücklich in die Tradition von Schlegels *Lucinde* und folgt bereits im Untertitel *(Ein verwilderter Roman von Maria)* den dort formulierten poetologischen Aussagen der „romantischen Verwirrung" und des „schönsten Chaos". Getreu dieser Maxime handelt der stark autobiografisch geprägte Roman in einem wechselvollen Verwirrspiel von Liebe und Sinnlichkeit, von Sittlichkeit und Moral, aber auch von Anfechtung und Versuchung.

Achim von Arnims Roman *Armut, Reichtum, Schuld und Buße der Gräfin Dolores* (1810) hebt sich schon allein durch Titel und Untertitel *(Eine wahre Geschichte zur lehrreichen Unterhaltung armer Fräulein)* von Schlegels und Brentanos Werken ab. In dem an Goethes *Wahlverwandtschaften* (→S. 207) orientierten Eheroman mit deutlich moralischem Anspruch reflektiert Arnim auf dem Hintergrund persönlicher Konflikte die historischen Ereignisse der Epoche. So stehen die beiden Hauptfiguren Karl und Dolores jeweils für Beständigkeit und Verfall des Adels in Zeiten revolutionärer Veränderungen. Der Lehrcharakter dieses einzigen politischen Romans der Romantik konzentriert sich schließlich auf das Gegensatzpaar Solidität der alten wohlfundierten Ordnung gegen den vergänglichen Zauber des Neuen. Das konservative Denken der jüngeren Romantik hat hier seinen klarsten Niederschlag gefunden.

Bonaventura. Kein Text der Romantik hat so viele Rätsel aufgegeben wie der 1804 erschienene Roman *Nachtwachen. Von Bonaventura.* Als Autor des in Stil wie Aussage außergewöhnlichen Werks, das voller Anspielungen und literarischer Anklänge steckt, wurde zunächst Schelling, später Brentano, E. T. A. Hoffmann, Wetzel und zuletzt der Braunschweiger Theaterdirektor und Publizist August Klingemann (1777–1831) vermutet. Spottlust, Satire und wechselndes Rollenspiel stellen den Text mit seiner nihilistischen Thematik in die Tradition der Aufklärung (Lichtenberg) und grenzen ihn gleichzeitig gegen die versöhnenden Positionen der nach Universalität trachtenden Frühromantik ab. Gleichwohl sind zeittypische Tendenzen wie Subjektivismus und der Hang zum Paradoxen im Stile eines Jean Paul oder Friedrich Schlegel erkennbar. Das schmale Werk wurde bei seinem Erscheinen kaum beachtet. Einzig von Jean Paul ist eine Reaktion bekannt. Er nennt den Roman eine „treffliche Nachahmung meines Gianozzo". Erst um die Jahrhundertmitte erinnert man sich der *Nachtwachen* als eines brisanten, zeitkritischen Buches. Interesse weckt allein schon die modern anmutende Form: Diskontinuierliches Erzählen im Stile Jean Pauls oder Sternes sowie Erzählbrüche und Rückblenden verstärken den monologischen Grundzug eines handlungsarmen Berichts. Von zentraler Bedeutung ist dabei die Funktion des Ich-Erzählers und Nachtwächters Johannes Kreuzgang, der in die Rolle des Narren schlüpft um aus der überlegenen Position des Freigeists seine bekenntnishaften Betrachtungen anzustellen. In einem wahren Maskenspiel von Träumen, Dialogentwürfen und Fantasiestücken begreift der einstige Poet, Bänkelsänger, Marionettendirektor die Welt als Theater. Aus der bunten Abfolge formal zusammenhangloser Szenen schält sich gleichwohl als Generalthema die beißende Kritik eines an der Welt Gescheiterten heraus. „In den grimmigen Attacken Kreuzgangs entlarven sich die gesellschaftlichen Institutionen (Kirche, Rechtsprechung) als inhumane, seelenlos leerlaufende Mechanismen der Machterhaltung" (M. Pötzsch). Die Erkenntnis des vollständigen Wertezerfalls offenbart auch den Scheincharakter der Kunst in einer von Sinnlosigkeit und Nichtigkeit gezeichneten Welt.

Das Theater haben die Romantiker heiß umworben. Diese universal-europäisch denkenden Intellektuellen liebten Shakespeares Größe und Calderóns Anmut als Inbegriffe der Poesie, nicht den genialischen Shakespeare des Sturm und Drang, sondern seinen artistischen Manierismus, seine kunstvolle Vieldeutigkeit. Tieck lehnte die Naturnachahmung und die klassischen drei Einheiten als Fesseln ab und schrieb in dem nie aufgeführten Trauerspiel *Leben und Tod der heiligen Genoveva* (1799) ein Stück, in dem Handlung, Bericht, Lieder, Sonette, Zauberszenen, Wechselgesänge und realistische Randfiguren auf mehreren Wirklichkeitsebenen in Beziehung treten. Brentanos dämonischem Witz gelang das berückende Lustspiel vom träumerischen *Ponce de Leon* (1804). Arnim schrieb Schatten- und Puppenspiele wie *Die Apelmänner* für ein Theater, das nirgends vorhanden ist. Eichendorff war technisch versiert genug für die anmutige Verwechslungskomödie *Die Freier* (1833), die Satire *Krieg gegen die Philister* (1824) und das auf preußische Beamtenservilität gemünzte Puppenspiel *Das Incognito* (1841). Ludwig Uhlands (→ S. 259) historische Schauspiele (*Ernst, Herzog von Schwaben*, 1818; *Ludwig der Bayer*, 1819), in Anlehnung an die Klassiker verfasst, sind heute kaum noch spielbar.

Zu großen Bühnenerfolgen konnten die vielfach ironisch gebrochenen und ausladenden Lesestücke der Romantiker nicht werden. Dagegen erregten Dramatiker wie AUGUST WILHELM IFFLAND (1759–1814) und AUGUST KOTZEBUE (1761–1819) mit ihren populären Produktionen Aufsehen.

4.6 Vollendung und Ausklang – die Spätromantik

Die nationale Aufbruchsstimmung, die Deutschland zwischen 1806 und 1813 erfasste und sich kulturell vorzüglich in der patriotischen Literaturbewegung der „Heidelberger Romantik" niederschlug, erfuhr im Laufe des zweiten Jahrzehnts zunehmend Widerstand von staatlicher Seite. Infolge der Niederlage Napoleons, einer von oben verordneten Entpolitisierung und dem damit einhergehenden Anwachsen restaurativer Kräfte kam es vielfach zu einer Verbürgerlichung aller Lebensbereiche. Die noch lebenden Vertreter des einstmals rebellischen romantischen Geistes zogen sich entweder in die Privatsphäre zurück (z. B. Tieck, Brentano, Arnim) oder arrangierten sich mit den konservativen Kräften (etwa F. Schlegel, Görres). Gleichzeitig traten junge Autoren wie Joseph von Eichendorff, Friedrich de la Motte Fouqué, Adelbert von Chamisso und E. T. A. Hoffmann mit ihren Werken hervor, wandten sich neuen Themen zu, prägten eigene kritische Standpunkte und fanden einen individuellen, über ihre Zeit hinausweisenden Stil. Ohne sich als einheitliche Schule zu präsentieren erreichte die späte Literatur der Romantik (auch „Berliner Romantik") in der Lyrik Eichendorffs wie in der Erzählkunst Chamissos und E. T. A. Hoffmanns zugleich ihre Vollendung und ihr definitives Ende. Noch einmal schlugen auch die großen Städte die Protagonisten der Bewegung in ihren Bann und so wurden Berlin, Wien und München zu Zentren der Spätromantik.

Joseph von Eichendorff, der sich gern als der „letzte Romantiker" bezeichnen ließ und dessen lyrisches Werk schon seinen Zeitgenossen mit so volkstümlichen und bald auch vertonten Gedichten wie *Wem Gott will rechte Gunst erweisen* oder *O Täler weit, o Höhen* zum sentimentalen Inbegriff romantischer Liedkunst wurde, ist wohl einer der am meisten missverstandenen Dichter der deutschen Literaturgeschichte. Er selbst musste noch erleben, wie die von ihm verachteten Philister seinen *Taugenichts* zur heiter-idyllischen Sonntagslektüre umdeuteten. Die bereits im 19. Jh. einsetzende Verengung von Eichendorffs „Heimat"-Begriff auf eine harmonisch-feiertägliche Vorzeigelandschaft erreichte ihren schlimmen Höhepunkt in den Verirrungen nationalsozialistischer Kunstauffassung: „Der Wälder sind viele im weiten Deutschen Reich, aber es gibt nur einen deutschen Wald, den des Josef Freiherr von Eichendorff." Tatsächlich aber erlebte Eichendorff die gewaltigen politischen und wirtschaftlichen Veränderungen seiner Zeit in einem inneren Zwiespalt: Einer aus tiefer Religiosität gespeisten lebensbejahenden Grundstimmung steht die Erfahrung von Verlust und Zerstörung der unmittelbaren natürlichen Lebensbereiche gegenüber. Schon sehr früh mischten sich so in das trauliche Waldesrauschen die harten Klänge der Dampfmaschinen und Hammerwerke. Aus der Distanz des Alters – der ererbte feudale Adelsbesitz war durch Fehlspekulationen des Vaters in einer kapitalwirtschaftlich gelenkten Fortschrittswelt längst verloren – schrieb Eichendorff im Jahre 1839 voller Wehmut und Furcht: „Diese Dampffahrten rütteln die Welt, die eigentlich nur noch aus Bahnhöfen besteht, unermüdlich durcheinander wie ein Kaleidoskop, wo die vorüberjagenden Landschaften, ehe man noch irgend eine Physiognomie gefasst, immer neue Gesichter schneiden, der fliegende Salon immer andere Sozietäten bildet, bevor man noch die alten recht überwunden."

Sehnsucht nach den verlorenen Stätten seiner Kindheit könnte als Leitmotiv über dem Lebensweg des am 10. 3. 1788 auf Schloss Lubowitz bei Ratibor (Schlesien) geborenen Joseph Freiherr von Eichendorff stehen. Das ungebundene Leben des Landadels in seiner fast insularischen Abgeschiedenheit, die Geborgenheit in der Familie und das Erlebnis einer noch weitgehend unberührten Natur wurden ihm zu Urerfahrungen, die sich in seinen Werken prägend niederschlugen. Die glückliche Kindheit setzte sich mit einer wenig beschwerlichen Gymnasialzeit in Breslau fort, die erste Theater- und Konzertbesuche (Schiller, Mozart) ermöglichte. In der Studienzeit in Halle belegten die für Jura eingeschriebenen Brüder Joseph und Wilhelm häufig auch geisteswissenschaftliche Vorlesungen – etwa bei dem Naturphilosophen Henrik Steffens, dem Theologen Schleiermacher und dem Altphilologen F. A. Wolf – oder besuchten die Bühne in Bad Lauchstädt, wo Goethes Weimarer Theatertruppe gastierte. Als die Universität Halle auf Befehl Napoleons geschlossen wurde, wechselten die Brüder 1807 nach Heidelberg, was zum entscheidenden Einschnitt in Eichendorffs Leben wurde. Hier lernte er in Arnim, Brentano und Görres die wichtigsten Köpfe der Hochromantik kennen und wurde zugleich mit deren national bestimmten volkskundlichen Sammlungen vertraut. Der

Zauber der Volkslieder, Märchen und Sagen sollte auf den sensiblen, diskret vornehmen Adeligen so nachhaltig wirken, dass seine späteren Gedichte maßgeblich von diesem Volksliedton getragen werden. Damit befreite sich Eichendorff aus der Nachfolge des schwärmerischen Novalis-Epigonen Otto von Loeben, dem er gleichwohl viel verdankte und in dessen Kreis er seine ersten lyrischen Versuche unternahm.
Die folgenden ruhelosen Jahre waren geprägt von der Suche nach Orientierung und Selbstfindung: Reisen nach Paris und Wien, Aufenthalte auf dem hoch verschuldeten väterlichen Besitz und in Berlin, Abschluss der Studien in Wien, Heirat und Teilnahme an den Befreiungskriegen im Lützowschen Freikorps verdecken nur äußerlich die zwiespältige Frage: „Brotberuf" Jurist oder ein Leben für die Poesie? Bei der Abreise von Schloss Lubowitz 1810 wird Eichendorff der Übergang von einer unbeschwerten Vergangenheit in eine ungewisse Zukunft erst recht bewusst. In dem Gedicht *Abschied*, einem seiner schönsten und bekanntesten Werke, heißt es da:

O Täler weit, o Höhen,
O schöner, grüner Wald,
Du meiner Lust und Wehen
Andächtger Aufenthalt!
Da draußen, stets betrogen,
Saust die geschäftge Welt,
Schlag noch einmal den Bogen
Um mich, du grünes Zelt!

Die sich anschließenden Hungerjahre von Wien führten Eichendorff in den Kreis um den inzwischen hoch angesehenen Friedrich Schlegel. Dessen Frau Dorothea war es wiederum, die für seinen – aus damaliger Sicht – brisanten und daher verspätet und anonym publizierten Jugendroman den beziehungsreichen Titel *Ahnung und Gegenwart* (1815) vorschlug. Das politisch anspielungsreiche Werk erzählt in bewusster Abgrenzung zur *Wilhelm-Meister*-Tradition die Bildungsgeschichte eines jungen Adeligen in einer „gewitterschwülen Zeit der Erwartung, der Sehnsucht und Verwirrung" – so Fouqué in seinem Vorwort. Da sich weder seine literarischen Hoffnungen noch beruflichen Planungen verwirklichen ließen und an ein Leben auf dem überschuldeten Adelssitz der Eltern nicht zu denken war, trat der Katholik Eichendorff 1817 eine zeitlebens ungeliebte Beamtenstelle im protestantischen Preußen an. Vom Referendar in Breslau über den Schulrat in Danzig arbeitete er sich zwar 1831 bis zum Abteilungsleiter für das katholische Schulwesen im Berliner Kultusministerium hoch, schied aber 1844 resigniert aus dem Dienst. In seinen letzten Lebensjahren verfasste er zahlreiche literarhistorische Werke (*Zur Geschichte der neueren romantischen Poesie in Deutschland*, 1846; *Der deutsche Roman des 18. Jahrhunderts in seinem Verhältnis zum Christentum*, 1851; *Zur Geschichte des Dramas*, 1854), die deutlich den konservativen Traditionalisten erkennen lassen. Als Eichendorff 1857 stirbt, hatte sich die Epoche, für die „der letzte Ritter der Romantik" stellvertretend stand, längst selbst überlebt.

Eichendorffs Beliebtheit erklärt sich vornehmlich daraus, dass er als einziger Romantiker wirklich volkstümlich geworden ist. Allein die musikalische Umsetzung seiner schönsten Gedichte durch Robert Schumann, Felix Mendelssohn Bartholdy und Hugo Wolf – im 19. Jh. wurden insgesamt mehr als 5000 Vertonungen gezählt – ließen sein Werk zu echtem Volksgut werden. Auch enthält seine Poesie weder die qualvollen Spannungen eines Brentano noch die Ironie eines Tieck oder die spekulative Geistigkeit eines Novalis. Er übernimmt die Motive der Romantik schon als fertige Muster, weicht aber allem Kult des Überzarten, des Dämonischen und der mystischen Überschwänglichkeit aus und wird auch nie sentimental. Gegen den „Schwall von Poesie, Andacht, Deutschheit, Tugend und Vaterländerei, die jetzt wie eine babylonische Sprachverwirrung, hin und her summen", hat er einen sicheren Mittelpunkt in der alten Zeit, die ihm humaner erscheint als die neue Epoche mit ihren bürgerlich-liberalistischen Idealen wie Arbeitswut, Bürokratie und Wirtschaftlichkeit.

Die poetische Welt Eichendorffs wird in ihrer Allverbundenheit und Naturseligkeit – Nachtigallenschlagen, Springbrunnen, zauberhafte Schlösser, glückliche Wanderburschen, ziehende Wolken, Fernweh und Wipfelrauschen – mit einer berückenden Anmut vorgetragen. Sie lässt freilich leicht übersehen, dass es der kunstvoll, fast salonmäßig elegant dargebotene Lebenstraum

eines Dichters war, dem Begriffe wie „Heimat" oder „Wandern" zunehmend in eine religiöse Metaphorik von „Paradies" und „Pilgerschaft" umschlugen.
Indem Eichendorff immer dieselben Motive von Fernweh, Hörnerklang, Mondlicht und Marmorstatuen wiederholt, halb lächelnd, halb wehmütig, erzeugt er mit begrenzter Tonskala eine atmosphärische Wunschwelt. In der Novelle *Das Marmorbild* (1819) etwa verirrt sich ein junger Edelmann in einen schimmernden Palast, wo ihn die heidnische Venus verführen will. Er widersteht, doch die katholische Maria, die er der lebendig gewordenen Venus vorzieht, ist im Grunde nur die nazarenisch-blassere Liebesgöttin.

In der Novelle ***Aus dem Leben eines Taugenichts*** (1826), seinem vielbewunderten Meisterwerk, baut Eichendorff eine beinahe märchenhaft utopische Welt auf, die er bewusst dem Nützlichkeits- und Verfügbarkeitsdenken der bürgerlichen Gesellschaft seiner Zeit entgegenstellt. Es ist ein neuer, eigentümlicher Weg der Selbstfindung, auf dessen zweckfreien Spuren der arme Müllerssohn eine Landschaft glücklichster Vertauschungen durchwandert. Und gegen alle bürgerliche Moral gelingt gerade dem Taugenichts beinahe alles: Nach operettenhaften Abenteuern in Italien, Verkleidungen und scherzhaften Liebesspielen in Gärten und Palästen gewinnt er die Liebe einer Schlossdame und kann am Ende sogar noch die vermeintliche Gräfin, in Wahrheit eine arme Waise, in einem Schloss bei Wien als Gemahlin heimführen. Auch wenn es nur erträumte Märchenräume sind, die der vagabundierende Glücksritter auf dem Weg zu seinem Ich erwandert – mit der Figur des geigenspielenden Müllerssohns, dem ein „ewiger Sonntag im Gemüte" steht, hat Eichendorff das Idealbild romantischer Verzauberung geschaffen.

Mit seinem Gedicht ***Wem Gott will rechte Gunst erweisen*** *hat Eichendorff im „Taugenichts" der Wanderlust der Romantik ein poetisches Denkmal gesetzt (zeitgenössische Federlithographie von Adolf Schroedter).*

„Berliner Romantik". Nach Jena und Heidelberg wurde in den ersten beiden Jahrzehnten des 19. Jh. noch einmal Berlin, wo sich schon in der Phase der Frühromantik junge Dichter und Intellektuelle zusammengefunden hatten, zum Sammelbecken der romantischen Bewegung. Auch wenn sich keine dem Jenaer Kreis vergleichbare Gruppe bildete, so erlebte die preußische Metropole gleichwohl eine ungewöhnliche Konzentration kritischen Geistes in Zeiten höchster Not. Einen gewaltigen Schub löste dabei die Gründung der Berliner Universität im Jahre 1810 aus, die zahlreiche bedeutende Gelehrte anzog: Die Philosophen J. G. Fichte und G. W. F. Hegel (Fichte wurde erster Rektor); der Theologe Friedrich Schleiermacher und die Geisteswissenschaftler Jakob und Wilhelm Grimm lehrten dort ebenso wie die Historiker Leopold Ranke, B. G. Niebuhr und der Rechtshistoriker Friedrich Savigny. Die Einrichtung literarisch-künstlerischer und gesellschaftspolitischer Zirkel belegen das rege Kulturleben der Stadt. Zudem bezogen vorübergehend oder auf Dauer so wichtige Autoren wie Tieck, Arnim, Brentano, Eichendorff, Chamisso, Fouqué und E. T. A. Hoffmann Wohnung in Berlin.

Friedrich Freiherr de la Motte Fouqué (1777–1843) gehört zu den skurrilen Erscheinungen der deutschen Romantik. Der Sohn einer schon seit Generationen im Brandenburgischen ansässigen französischen Hugenottenfamilie blieb in seiner Adelstümelei lebenslang konservativ-rückwärtsgewandten Denkmodellen verhaftet. Den unsicheren Zeitumständen antwortete er in seinem Werk mit einer Mythisierung der Vergangenheit und beschwor damit eine anachronistische Welt von Rittern, Burgen und Abenteuern. Seine Geschichten voll irrealer Fantastik machten Fouqué zeitweise zum populärsten romantischen Autor: „Der Herr Baron de la Motte Fouqué war der einzige epische Dichter der Schule, dessen Romane das ganze Publikum ansprachen", meinte später Heinrich Heine.

Fouqués eigentliche Bedeutung aber lag in der Anregung und Förderung anderer zeitgenössischer Autoren: Er gab Eichendorffs *Ahnung und Gegenwart* und Chamissos *Schlemihl* heraus, wurde von den patriotischen Dichtern Körner und Schenkendorf verehrt und beeinflusste E. T. A. Hoffmann und Friedrich Rückert.

Undine. Ohne seine berühmte, volkstümlich gewordene Märchenerzählung *Undine* (1811) wäre Fouqué heute zweifellos vergessen. Als Quelle verweist Fouqué selbst auf Paracelsus, in dessen Werk man die Unterscheidung der Geisterwelt nach den vier Elementen findet. Danach fehlt allen Geistern trotz menschlicher Eigenschaften die unsterbliche Seele, die sie nur durch die Heirat eines Menschen erlangen. Doch können allein die „Wasserleutte" (Nymphen und Undinen) menschliche Gestalt annehmen. Vor diesem Hintergrund erzählt Fouqué die Geschichte von Glück und Scheitern der Liebe zwischen der Nixe Undine und dem Ritter Huldbrand von Ringstetten. Die lange Zeit harmonische, gleichwohl von zahlreichen Kobolden und Geistern stets gefährdete Beziehung zerbricht, als der Ritter den Verführungskünsten Bertaldas, einer Rivalin Undines, erliegt. Zwar muss nach den Gesetzen ihrer Welt die beleidigte Meerjungfrau ins Geisterreich zurückkehren, umspült aber fortan als Quelle das Grab des wegen seiner Untreue getöteten Huldbrand.

Graf Adelbert von Chamisso, der Sohn französischer Emigranten, der erst nach 1803 in Berlin mit der romantischen Literaturbewegung in Berührung kam, gilt neben E. T. A. Hoffmann als einer ihrer letzten großen Protagonisten und Überwinder. Schon Zeitgenossen wie Eichendorff und Heine ist seine eindeutige Zuordnung zur Romantik zweifelhaft. Aus der Abgrenzung zu den spekulativen naturphilosophischen Ideen der Frühromantiker erwuchs ein schmales poetisches Werk: intime autobiografische Schriften, politische und sozialkritische Lyrik sowie die einzigartige *Schlemihl*-Erzählung. In seinem Jahrhundert geradezu ein Erfolgsautor, ist er in unseren Tagen weitgehend vergessen. Seine eigentliche Bedeutung sieht man heute darin, dass er als Wegbereiter und Förderer neuer Tendenzen in der Literatur des 19. Jh. wie als Vermittler aufklärerischen Gedankenguts wirkte.

Die Biografie des Louis Charles Adélaïde Chamisso, der Ende Januar 1781 auf Schloss Boncourt in der Champagne geboren wurde, mit den Eltern vor der Revolution nach Deutschland floh, hier als Zwölfjähriger Deutsch lernte und lebenslang auf der Suche nach heimatlicher Geborgenheit war, liest sich in ihrem inneren Zwiespalt und ihrer Gegensätzlichkeit wie ein typisches Romantikerschicksal.

Als Vermittler zwischen verschiedensten Kulturen, aber auch als Grenzgänger zwischen Poesie und Wissenschaft hatte sich Chamisso wiederholt erfolgreich versucht. Die Napoleonischen Kriege führten zu einer schweren Identitätskrise. So unternahm er im Jahre 1810 einen letzten Versuch nach Frankreich zurückzukehren. Er ging nach Paris, traf dort A. W. Schlegel und Ludwig Uhland, bewegte sich im Umkreis der geistvoll-anregenden Madame de Staël, verlegte sich auf ihre Anregung hin auf botanische Studien und beschloss, den „naturphilosophisch-poetischen Kram" zu Gunsten der Naturwissenschaften ganz aufzugeben. Zum wirklichen Naturforscher wurde Chamisso erst, als er im Jahre 1815 mit dem russischen Schiff Rjurik zu einer dreijährigen Weltumsegelung aufbrach. In seinem 1834 entstandenen *Tagebuch* berichtet er nicht allein von den naturkundlichen Forschungen und Entdeckungen der Pazifik- und Arktisexpedition. Das auch heute noch spannend zu lesende Buch beschreibt ebenso Kultur und Lebensumstände, soziale Konflikte und politische Systeme der besuchten Völker.

Nach seiner Rückkehr beschäftigte sich Chamisso fast ausschließlich mit den Naturwissenschaften, übernahm verschiedene staatliche Stellen als Botantiker und betrieb nur noch „als Luxus etwas

Poesie", wie er 1829 selbst gestand. Dabei erreichte gerade in den 20er-Jahren sein lyrisches Œuvre mit den *Zeit*-Gedichten ein breites Echo. Mit seinen politischen und sozial engagierten Texten weist sein Werk bereits über biedermeierliche Stimmungslyrik hinaus auf die Zeitkritik der Jungdeutschen.

Peter Schlemihls wundersame Geschichte (1814), die einzige größere Erzählung Chamissos, erscheint vordergründig als Gelegenheits-, ja Verlegenheitsarbeit. Tatsächlich ist es die Fabel eines sich immer noch heimatlos fühlenden Dichters, der autobiografisch verschlüsselt seine Außenseiterrolle überdenkt. Während der Kriegswirren von 1813 lebte Chamisso zurückgezogen auf dem Lande bei Freunden. Sein ganzes Interesse galt längst botanischen Studien, auch hatte er die „Poesie und die Fabel [...] ohnedem bis über die Ohren satt. Da fiel mir dennoch ein, ich weiß nicht wie, ein Buch und zwar ein fabelhaftes, nämlich eine Fabel zu schreiben und ich kriegte es lustig genug zu Stande." Entstanden ist eine Ich-Erzählung, die über die zusätzliche Tarnung der verborgenen Autorenschaft – lange Zeit galt der Herausgeber Fouqué als Verfasser – die Leidensgeschichte Chamissos um soziale Anerkennung und Integration aufdeckt. Der arme Schlucker, der seinen Schatten an den Teufel verkauft, tauscht aber nur die wirtschaftliche Notlage gegen gesellschaftliche Verachtung ein. Schmerzlich muss er erfahren, dass der Schatten zum Symbol für seine soziale Identität wird.
Für die düstere Teufelspakt-Geschichte deutet sich letztlich doch noch ein versöhnliches Ende an. Dem sozial Geächteten eröffnet sich die Möglichkeit der Selbstfindung – einem der zentralen Motive der Romantik überhaupt –, als er in Siebenmeilenstiefeln Länder und Meere erkundet.

Ernst Theodor Amadeus Hoffmann – grundsolider Jurist und exzentrischer Künstler in einer Person, der sich aus Verehrung für Mozart dessen zweiten Vornamen „Amadeus" entlehnte – gilt als eine der widersprüchlichsten Dichtergestalten der Romantik. Nach außen wirkte er wie eine Figur aus seinen Märchen, war er doch „von kleiner Statur; im orientalisch buntfarbigen Schlafrocke, das fast maurisch gelbe Antlitz von schwarzem Haarwuchse umbuscht, welcher selbst aus dem Halstuche unter dem Kinne hervorsprosste; mit scharf geschlossenem Munde und kleinen, stechenden Augen hatte er ganz das Ansehen eines rübezahlartigen, listigen kleinen Satyrikus". So jedenfalls beschrieb ein Zeitgenosse jenen ungewöhnlichen Mann, der zum Inbegriff des romantischen Universalkünstlers wurde. Der vielfältig Begabte – er war zugleich Dichter und Zeichner, Kritiker und Komponist, Theaterdirektor und Dirigent – übte mit einer von Gegensätzen geprägten Persönlichkeit nicht allein in seiner Epoche eine große Faszination aus.

Die bewegte Biografie des 1776 in Königsberg geborenen Juristensohns spiegelt den ständigen Kampf zwischen dem bürgerlichen Leben eines preußischen Beamten und der immer gefährdeten Existenz eines Künstlers wider. Das fantasievolle, musikalische Kind durchlebte eine harte Jugend: Die Eltern geschieden und in seinen künstlerischen Neigungen vom strengen Onkel kaum gefördert, begann er schon mit 16 ein Jurastudium, das er schnell und erfolgreich abschloss. Doch als Hoffmann 1798 als junger Referendar nach Berlin kam, interessierten ihn vor allem Musik und Kunst. In dieser Zeit entstanden erste kleinere musikalische Arbeiten. Die weiteren beruflichen Stationen bis zum Jahre 1806 waren Posen, nach karikierenden Zeichnungen seiner Vorgesetzten die Strafversetzung in die polnische Provinz und schließlich Warschau. Die dort geschlossene Ehe war in den nächsten beiden Jahren harten wirtschaftlichen Belastungen ausgesetzt. Hoffmann verlor infolge der preußischen Niederlage gegen Napoleon seine Stellung und musste sich, zurückgekehrt nach Berlin, mit Gelegenheitsarbeiten durchschlagen. Hunger und Armut schienen zu Ende und die lang ersehnte künstlerische Entfaltung möglich, als er 1808 die Berufung zum Musikdirektor in Bamberg erhielt. Doch die Hoffnungen trogen: Das fränkische Theater erwies sich als schlecht geführte Provinzbühne, Intrigen und Feindschaften brachten ihn um seinen Posten und so war der nur mehr als Komponist weiterbeschäftigte Hoffmann öfter in der Theaterkneipe als im Theater selbst. Dennoch haben die Bamberger „Lehr- und Marterjahre" Hoffmann verändert, sie verhalfen dem Schriftsteller zum Durchbruch. Er verfasste zahlreiche Musikkritiken, und 1809 erschien seine erste bedeutende Erzählung: *Ritter Gluck*. Während der Kriegswirren 1813/14 versuchte er sich erneut als Musikdirektor – nun in Dresden und Leipzig. Hier komponierte er nach Fouqués Märchen seine *Undine*, die erste romantische Oper noch vor Webers *Freischütz*. Gleichwohl gehörte Hoffmanns ganze Liebe der Literatur. In dieser Zeit entstanden das Meisterwerk *Der goldene Topf* und Teile des Romans *Die Elixiere des Teufels*. Im Frühjahr 1814 erschien sein erstes Buch *Fantasiestücke in Callots Manier* mit einem Vorwort Jean Pauls, in dem dieser die Autorenschaft Hoffmanns preisgibt. Die Rückkehr in den preußischen Staatsdienst ab 1816 beendete endgültig die wirtschaftliche Unsicherheit und leitete seine literarisch produktivste Phase ein. Inzwischen zu einem gefragten Dichter geworden, veröffentlichte E. T. A. Hoffmann bis zu seinem Tod im Jahre 1822 neben vielen kleineren Gelegenheitsarbeiten für die damals beliebten Almanache die Novellensammlungen *Nachtstücke* (1817) und *Serapionsbrüder* (1819–21) sowie den großen *Kater-Murr*-Roman (1820/21). Am Ende seines Lebens kam der korrekte Jurist noch einmal mit dem Staat in Konflikt. Seit 1819 Mitglied in der sogenannten Immediat-Untersuchungskommission zur Ermittlung hochverräterischer Verbindungen und anderer Umtriebe sollte Hoffmann – gemäß den Karlsbader Beschlüssen – politisch unliebsame Personen wie den nationalistischen Turnvater Jahn mit zweifelhaften Gutachten als Hochverräter überführen. Als er sein Wissen über die oft rechtswidrigen Methoden des Berliner Polizeipräsidenten in seinem Märchen *Meister Floh* schonungslos offenlegte, drohte dem bereits Schwerkranken ein Disziplinarverfahren, vor dem ihn nur der Tod „gerettet" hat. Der Nachwelt bleibt der schreibende Kammergerichtsrat, der „am Tage aufsässige Demagogen" vernimmt und des Nachts loyale Untertanen des Königs von Preußen dazu zwingt, ihm bei seinen berüchtigten Zechgelagen in Berliner Weinkellern Gesellschaft zu leisten" (K. Günzel), als Schöpfer fantastischer Märchen- und skurriler Künstlergestalten in Erinnerung. Das Klischee vom „Gespenster-Hoffmann" trifft freilich sein Wesen nur unzureichend. Die Schriftstellerin Helmina von Chésy etwa, die der Jurist vor den ungerechten Nachstellungen der Polizeibehörde bewahrt hatte, beschreibt den Menschen Hoffmann so:

„Mit zwei wunderkleinen zarten Händchen und einer Gestalt von regelmäßigem Knochenbau, mit seinen zwei Funkelaugen, deren Augäpfel so beweglich waren, dass gewiss niemand erfahren hat, ob diese Augen groß oder klein, mit seinen feinen Lippen, die man niemals lächeln sah, glich Hoffmann einem gespenstischen Wesen, an welches die Natur nur das unentbehrlichste Quantum von Fleisch und Bein gewendet hatte um ihn unter die Körper reihen zu können. Manche höchst geistvolle Männer stehen unabgeordnet durch ihr Äußeres zwischen den übrigen Menschen da, Hoffmann war von Innen und Außen ein Wesen für sich, wie man noch nie eins gesehen."

Die Werke E. T. A. Hoffmanns sind eng verknüpft mit seiner Biografie. Sie reflektieren den dauerhaften Konflikt zwischen Künstler und Bürger und die daraus erwachsenden leidvollen Erfahrungen. Nicht umsonst sind daher Doppelgänger und gespaltene Existenzen Grundmotive seines Œuvres. Wo Hoffmann wiederum skurrile Musikergestalten in den Mittelpunkt stellt, wie in seinem Erzählzyklus *Kreisleriana* den Kapellmeister Johannes Kreisler, wird mit Spott und Ironie die Brüchigkeit bürgerlicher Tugendideale entlarvt. Angeregt von der zeitgenössischen Medizin interessierte sich E. T. A. Hoffmann besonders für

*Die Figur des Musikers Johannes Kreisler zeichnete der vielseitig begabte **E. T. A. Hoffmann** selbst.*

die „Nachtseiten“ der Seele. In virtuoser Weise entführt er vielfach den Leser in neue Welten oder lässt das Unheimliche in die alltägliche Wirklichkeit hereinbrechen, sodass die sicher geglaubten Grenzen zwischen Traum und Realität aufgehoben werden.

In den *Elixieren des Teufels* (1815), einem Text in der Tradition des englischen Schauerromans, trinkt der fromme Mönch Medardus aus einer Phiole, die seine Sinnlichkeit entfacht und die Mächte des Bösen entfesselt. Mit dem Teufel verbündet, häuft er Verbrechen auf Verbrechen und sein verdorbenes Ich verfolgt ihn als Doppelgänger. Erst der gewaltsame Tod der Geliebten am Altar des Klosters sühnt eine auf des Mönchs Familie lastende Schuld und befreit Medardus von diesem Fluch.

Im „Wirklichkeitsmärchen“ *Der goldene Topf* (1814), das Hoffmann selbst für sein vollkommenstes Werk hielt, wird der linkische Student Anselmus in eine Flasche eingesperrt und müsste sterben, wenn ihn nicht die Tochter des Salamanders ins Atlantis der Poesie versetzte. Gleichwohl bleibt am Ende der Leser nach einem turbulenten Spiel von Fantasie und Ironie – wie so oft bei Hoffmann – im Ungewissen, welchen Stellenwert die geschilderte Märchenwelt eigentlich hat.

Der Sandmann. Das Eindringen des Gespenstischen in die Wirklichkeit, die Auswirkung pathologischer Zustände und die gefährlichen Regungen des Unbewussten sind die Themen der acht *Nachtstücke* (1817). Am bedrückendsten wirken die Motive von Ich-Spaltung, Doppelgängertum und Identitätsverlust in der berühmten Erzählung *Der Sandmann*, dem ersten Text dieser Sammlung. Es ist die Geschichte des Studenten Nathanael, der sich – geplagt von dunklen Ahnungen und gefangen in grausigen Fantasien – von Dämonen verfolgt glaubt und im Wahnsinn Selbstmord begeht.

Das Fräulein von Scuderi (1818), Hoffmanns einzigartige Kriminalgeschichte, die in seinem letzten großen Erzählband *Die Serapionsbrüder* erschien, zeichnet eine ähnliche erzähltechnische Raffinesse aus. In die Zeit Ludwigs XIV. zurückverlegt, thematisiert sie den Widerspruch zwischen dem zweckfrei arbeitenden Künstler und dem am Warenwert orientierten Bürger.

Kater Murr. Seinem erklärten Ziel ein humoristischer Dichter zu sein kam E. T. A. Hoffmann in dem Fragment gebliebenen Roman *Lebensansichten des Katers Murr nebst fragmentarischer Biografie des Kapellmeisters Johannes Kreisler in zufälligen Makulaturblättern* (1819–21) am nächsten. Schon der skurrile Titel verweist auf das Konzept der doppelten Erzählführung: Den geordneten Aufzeichnungen des philisterhaften und bildungshungrigen Katers steht die bruchstückhafte Biografie des von innerem Zwiespalt geplagten Künstlers gegenüber. Im übersteigerten Wissensdrang Murrs, einem späten Nachkommen von Ludwig Tiecks *Gestiefeltem Kater*, parodiert und kritisiert Hoffmann den zweifelhaften Charakter des klassischen Bildungsideals. Dagegen deutet die nur zufällig und höchst lückenhaft überlieferte Lebensgeschichte des Kapellmeisters – der genialische Kater benutzte nämlich dessen Biografie als Konzeptpapier für seine Aufzeichnungen – auf den ungelösten Konflikt zwischen Künstlertum und Bürgerlichkeit. Verhöhnt der altkluge Kater nur die kunstfeindliche Welt, so droht der sensible Kreisler an ihr zu zerbrechen. Dass Hoffmann seinen Roman im alles überwindenden Humor enden lässt, versöhnt schließlich die äußerlich widerstrebenden Teile zu einem harmonischen Ganzen.

Mit *Des Vetters Eckfenster*, der letzten, kurz vor seinem Tode vollendeten Erzählung, markiert Hoffmann den Abschied von der romantischen Dichtkunst. Darin wird der Ich-Erzähler von seinem kranken Vetter in der Kunst des wirklichen Schauens, d. h. des kritischen Deutens alles Wahrgenommenen unterwiesen. Im perspektivischen, ausschnitthaften Erfassen einer unbefangen betrachteten Wirklichkeit kündigen sich somit Erzählformen des Realismus an.

IX
Die Literatur des Biedermeier und des Vormärz 1815–1848

1 Panorama

1.1 Kultur und Gesellschaft

Konservativ rückwärtsgewandtes Denken der Herrschenden und liberaler Bürgerprotest prägten in Deutschland die Epoche vom „Wiener Kongress“ bis zur Bürgerlichen Revolution des Jahres 1848. Man unterscheidet dabei zwischen dem Zeitabschnitt der Restauration (1815 bis 1830) und – in Anspielung auf den Ausbruch der Revolution im März 1848 – der Zeit des Vormärz (1830–1848).

Der Aufstieg des Bürgertums zu der dominierenden Kraft in allen zentralen gesellschaftlichen und ökonomischen Bereichen gilt als das wesentliche Ergebnis des Umbruchs von der Feudalgesellschaft des 18. Jh. zur bürgerlichen Gesellschaft des 19. Jh. Nur das Bürgertum verfügte nach Meinung liberaler Denker über die nötige moralische und sachliche Kompetenz die Probleme der Zeit zu lösen. Mit Überwindung der ständisch gegliederten Adelsgesellschaft waren für die Bürger rechtliche Gleichstellung, politisches Selbstbewusstsein – allerdings ohne tatsächliche Teilhabe an der Macht – und nicht zuletzt wirtschaftlicher Erfolg überall vorgezeichnet und vielfach schon erreicht. Diese Befreiung bedeutete zugleich das Herausfallen aus einer durch Normen, Traditionen, Sitten und Gebräuche bestimmten Welt. „Atomisierung der Gesellschaft oder Befreiung und Lösung des Einzelnen von Bindungen und Fesseln, das sind die konservativen und liberalen Parolen, die diesen Prozess begleiten“ (Th. Nipperdey). Für die bürgerlichen Lebensformen heißt dies zweierlei: Zum einen setzt ein stetiger Rückzug in die Privatheit ein, zum anderen müssen neue Formen geselliger Gemeinschaft gesucht und gefunden werden.

Zur allgemeinen „Verbürgerlichung“ von Kunst und Kultur kam es notwendigerweise in einer Zeit, deren Gesellschaft in ihren sozialen Rollenerwartungen und ökonomischen Grundlagen zunehmend von bürgerlichen Maximen bestimmt wurde. Die Aktivitäten der Vereine und die großen Jubiläumsfeiern des Jahrhunderts integrierten die Menschen ebenso in eine neue „Öffentlichkeits-Kultur“ wie die überall entstehenden städtischen Theater oder staatlichen Museen und Kunstsammlungen. Ohne Frage, „das Leben in und mit solcher Kultur wird zu einem Stück des bürgerlichen Daseins, zur Selbstverständlichkeit, ja das Dazugehören wird zur Pflicht, sei es im Sinne des ernsten Lebens, sei es im Sinne der Mode“ (Th. Nipperdey). Einzelne Theater- oder Musikstücke konnten gar so populär werden, dass ihre Texte – wie bei Carl Maria von Webers romantischer Oper *Der Freischütz* – wahrlich bald „in aller Munde“ waren. Solche „Volkstümlichkeit“ wurde von den Autoren der Zeit ausdrücklich angestrebt und gepflegt. Selbst die Standesunterschiede zwischen Adel und Bürgertum schienen sich beim gemeinsamen Theaterbesuch aufzuheben. Die elitäre, in sich abgeschlossene hohe Kunst der Romantik wich – besonders auf der Bühne („Wiener Volkstheater“, → S. 269) – einer breiten Volkskunst.

„Restauration“ und „Vormärz“ – mit diesen beiden Begriffen können die prägenden politischen und gesellschaftlichen Tendenzen jener Umbruchszeit von 1815 bis 1848 treffend umschrieben werden. Sollte in der Restaurationsphase (1815–1830) die Rückkehr zur alten, feudalen Ordnung obrigkeitsstaatlich durchgesetzt werden, so kennzeichnet die Zeit des Vormärz (1830 bis 1848) eine zunehmende Politisierung des Bürgertums als Ausdruck einer vorrevolutionären

Krise. Für das kulturelle Leben dieses Zeitraums gilt solche Eindeutigkeit und Einheitlichkeit nicht: Spätromantik und Ausklang der Klassik überschneiden sich mit neuen literarischen Strömungen, die wiederum selbst vielfach überlappt und miteinander verwoben sind. Es ist die Dichtergeneration der um 1800 Geborenen, die in ihrem literarischen Schaffen auf die Krisenerfahrungen ihrer Epoche entweder mit Kritik, Opposition und Anklage gegen das „System Metternich" (Vormärz, Junges Deutschland) reagierten oder – wie viele Autoren des Biedermeier – resignierend den Rückzug in die Abgeschiedenheit der Privatsphäre antraten, dabei aber immer noch hellsichtig genug blieben um gesellschaftliche Brüche wahrzunehmen und in komplexen Kunstwerken zu gestalten. Gemeinsam war beiden Richtungen das Bewusstsein vom „schmerzenden Riss zwischen Ich und Welt" (Th. Nipperdey) sowie die ablehnende Haltung gegenüber Klassik und Romantik. Denn die idealistischen Denker hätten – vor allem nach Meinung der Jungdeutschen – mit so unzeitgemäßen Modellen wie Ästhetizismus und Subjektivismus jeden Bezug zur Wirklichkeit vermissen lassen.

Das Biedermeier verkörpert die bürgerliche Kultur im Zeitalter von Restauration und Vormärz. Es präsentiert sich als „die ruhige und gedämpfte, konfliktscheue und Ausgleich suchende Lebensweise einer Gesellschaft, die noch nicht weiß – oder noch nicht entschieden hat –, in welcher Richtung die ungeheuren Modernisierungsprozesse und Konflikte des heraufziehenden industriellen Zeitalters die deutsche Zukunft gestalten werden" (H. Lutz). Nach einer Phase großer politischer Instabilität sehnten sich die Menschen nach Ordnung und Sicherheit. Die meisten Bürger glaubten Schutz und Geborgenheit in der privaten Idylle zu finden. So erschließt sich das Lebensgefühl dieser Zeit am klarsten in seiner Wohnkultur. In der Abgeschiedenheit des gepflegten Heims sollten nach Zeiten von Unruhe und Konflikt traute Gemütlichkeit und Wohlbehagen von der Außenwelt ablenken. Zum Zerrbild des Biedermeier gehört freilich auch die Vorstellung vom „Spießbürger", dem Deutschen Michel, der mit Zipfelhaube und Pantoffeln im Lehnstuhl seine Pfeife raucht und von allen Ereignissen der äußeren Welt unbeeindruckt scheint – so hat ihn uns Wilhelm Busch (→ S. 297)

Der Rückzug in den ***Schutzraum Familie*** *war im Biedermeier Ausdruck der politischen Unmündigkeit der Bürger (Familienszene nach einem Gemälde von Eduard Gärtner).*

in seinen Bildergeschichten bewusst überzeichnet. Schon die Literatur des späten 19. Jh. wird sich mit dieser Figur des vermeintlichen Spießers oder Biedermanns ernsthaft beschäftigen und – etwa in Raabes *Wunnigel* – seine wahre, in Wirklichkeit gespaltene Haltung herausarbeiten: die Suche nach Glück und Erfüllung und gleichzeitig den aus Enttäuschung vollzogenen Rückzug in die Innerlichkeit.

1.2 Literaturmarkt und Schriftstellertum

Der literarische Markt im frühen 19. Jh. führte von einem gesteigerten Informationsbedürfnis breiter Bevölkerungskreise über weiter steigende Auflagenzahlen bei Zeitungen, Zeitschriften und Büchern zu einer unübersehbaren Kommerzialisierung des literarischen Marktes. Die Zunahme der potentiellen Leserschaft auf bis zu 80% der Bevölkerung geht vornehmlich auf eine schulfreundlichere Bildungspolitik zurück. Die Einführung der allgemeinen Schulpflicht, verbesserte Lehrerausbildung und großzügigere Einrichtung von Grundschulen sind entscheidende Schritte zur Unterrichtung breiter Schichten – wobei die Zustände nach unseren heutigen Maßstäben mit bis zu 180 Kindern bei einem Lehrer immer noch katastrophal anmuten. Daneben ist ein gestiegenes Bildungsinteresse in der Bevölkerung selbst zu beobachten.

Die Versorgung der „Lesehungrigen“ mit immer mehr belletristischer Literatur – besonders beliebt waren Schauergeschichten und Räuberromane, zum geringeren Teil auch billige Klassikerausgaben – übernahmen im Vormärz die überall wie Pilze aus dem Boden schießenden Leihbibliotheken. Man schätzt ihre Zahl im Deutschen Bund auf 1500 bis 2000, wobei ein bezeichnend starkes Gefälle zwischen dem protestantischen Norden und dem katholischen Süden sichtbar wird. Hinzu kommen die besonders strengen Zensurbestimmungen in Österreich. So werden zu dieser Zeit in Berlin mehr als 600 Leihbibliotheken, in Wien lediglich zwei gezählt! Die Produktion von Büchern stellte sich auf diese unglaubliche Lese-Hausse ein und führte – nicht zuletzt dank technischer Neuerungen im Druckverfahren und neuer Verteilungsformen (→ Kolportagebuchhandel, S. 291) – von Rekord zu Rekord: Im Jahre 1826 wurden erstmals mehr als 5000 Titel pro Jahr veröffentlicht, gut zehn Jahre später erreichten die Verlage noch einmal eine Verdoppelung. Ein solcher Bücher- wie Zeitschriftenboom ließ natürlich auch die Gründungen von Buchhandlungen extrem ansteigen. Zuwachsraten von 80% bis 150% mancherorts waren keine Seltenheit.

Die wirtschaftliche Lage der Autoren verbesserte sich dagegen kaum. Noch immer war der echte „Berufsschriftsteller“ die Ausnahme, mussten Beamtenposten und Pastorenstellen das wirtschaftliche Risiko absichern. Daran änderten auch so gut gemeinte Projekte wie die Gründung eines „Schriftstellervereins“ im Jahre 1845 zur besseren Interessenvertretung gegenüber Verlegern und staatlichen Behörden nichts. Mehr Hoffnung versprach da schon die vom 1833 in Leipzig gegründeten Buchhändlerverein bereits im Jahre 1835 durchgesetzte und staatlich sanktionierte Festlegung der Autoren- und Verlagsrechte. Danach waren Verleger wie Schriftsteller durch eine Frist von 30 Jahren zumindest juristisch vor illegalen Raubdrucken geschützt.

2 Die Literatur des Biedermeier

2.1 Literarhistorische Bestimmung

Der Begriff „Biedermeier“ – als literarhistorische Epochenbezeichnung durchaus umstritten – geht auf Ludwig Eichrodts und Adolf Kussmauls parodierende Sammlung *Gedichte des schwäbischen Schulmeisters Gottlieb Biedermaier* (1855) zurück. Was zunächst nur für eine kultur- und kunstgeschichtliche Stilrichtung stand, wurde erst in unserem Jahrhundert auf die apolitischen und philisterhaften Positionen der Literatur zwischen Restauration und Revolution bezogen. Verwirklicht finden sich solche treuherzig spießigen Schemata freilich bei Mörike oder Gotthelf ebenso wenig wie bei Immermann oder der Droste. Eine weltanschaulich konservative Grundhaltung sowie ein Beharren auf Objektivierbarkeit und Wirklichkeitsnähe bleiben noch die einzigen Gemeinsamkeiten jener zum Biedermeier gerechneten Autorengruppe. Ohne ein eigentliches ästhetisches Programm ausgebildet zu haben fanden sie – in Form und Stil durchaus unterschiedlich sowie in den Gattungen variabel – gleichwohl zu einem festen Repertoire von

Stoffen und Themenkreisen: Das Vertrauen auf Garanten alter Ordnung (Familie, Volk, Heimat) steht dabei ebenso im Mittelpunkt wie der Glaube an das Fortwirken überindividueller Konstanten (Religion und Geschichte). Der damit verbundene Rückzug in die Innerlichkeit, das Ausweichen in eine noch heile Fantasiewelt, eine „subjektive Utopie" (F. Sengle) schließen jedoch nicht aus, dass ihre Werke immer auch offen sind für die kritische Wahrnehmung sozialer Phänomene. Und gerade mit dieser Doppelbödigkeit heben sich die im Weiteren behandelten Autoren von jener biedermeierlichen Unterhaltungsliteratur der Familien- und Frauenromane, der Kalender- und Almanachgeschichten so trefflich ab, die den Literaturmarkt überschwemmten.

Der literarische Zeitgeschmack. Mit dem für das Biedermeier typischen Rückzug ins Private und der Hochschätzung des familiären Umfeldes korrespondieren auffallend die literarischen Moden der Epoche: Die Texte waren angelegt als Bestätigung und Erfüllung der persönlichen Lebens- und Arbeitswelt oder als magische Fluchtpunkte. So waren denn einerseits erbaulich-idyllische Werke gefragt, andererseits richtete sich der Blick aufs Schauerliche und Unbekannte. Die Kriminalgeschichten eines Willibald Alexis (1798 bis 1871, eigentlich Wilhelm Häring) und Julius Eduard Hitzig (1780–1849) – seit 1842 unter dem Titel *Neuer Pitaval, Interessante Kriminalgeschichten aller Länder aus alter und neuer Zeit* erschienen – entführten die Leser ebenso aus ihrer bürgerlichen Enge wie die von Alexis übersetzten historischen Romane des schottischen Dichters Walter Scott (1771–1832), die in Amerika spielenden Abenteuerromane des Österreichers Charles Sealsfields (1793–1864, eigentlich Karl Anton Postl) oder die schwäbischen Dorfgeschichten Berthold Auerbachs (1812–1882) sowie die Schweizer Heimatdichtung Jeremias Gotthelfs. Den Forderungen der Jungdeutschen nach einem kritischen Zeitroman – und das hieß immer: nach einem die gesellschaftlichen Zustände der Gegenwart darstellenden Kunstwerk – kam auf überzeugende Weise einzig Immermann nach.

2.2 Die „Schwäbische Schule"

Lyrische Traditionslinien vom Barock über die vielfältigen Ausdrucksformen des 18. Jh. bis zum romantischen Stimmungsgedicht werden im

Das gemeinsame Lesen, vor allem von Zeitungen und Journalen, gehörte in der ersten Hälfte des 19. Jh. zum Selbstverständnis des Bürgertums. Johann Peter Hasenclevers Bild aus dem Jahre 1843 ***Das Lesekabinett*** *zeigt zudem den nicht minder wichtigen Geselligkeitsaspekt der Lesekultur.*

Biedermeier aufgegriffen und erscheinen in einer wirklichkeitsnahen Bild- und Symbolsprache neu miteinander verbunden. In der gelegentlich auch als Sonderform der Spätromantik (→ S. 247 ff.) eingeordneten „Schwäbischen Schule" fand die aufblühende biedermeierliche Lyrik ihren ersten nachhaltigen Ausdruck. Die herausragenden Vertreter dieses Kreises waren LUDWIG UHLAND (1787–1862), JUSTINUS KERNER (1786–1862) und GUSTAV SCHWAB (1792–1850). Ins räumliche wie literarische Umfeld zählt man ferner den früh vollendeten Prosa-Schriftsteller WILHELM HAUFF (1802–1827).

Ludwig Uhland stammte aus Tübingen und blieb auch lebenslang seiner schwäbischen Heimat verbunden – im literarischen Schaffen ebenso wie in den wissenschaftlichen Forschungen oder im politischen Engagement. In der Romantik wurzelnd, gründete Uhlands lyrisches Werk auf seinen volkskundlichen und altdeutschen Studien und setzte so die Volksliedtradition *Des Knaben Wunderhorn* (→ S. 243) fort. Indem er die Motiv- und Bilderwelt des staufischen Mittelalters auf die Gegenwart übertrug, suchte er die Freiheitsideale seiner Zeit zu beschwören *(Vaterländische Gedichte, Ein guter Kamerad)*. Enttäuscht von der politischen Entwicklung nach 1815, verfiel Uhlands Lyrik in biedermeierliche Genügsamkeit *(Das Glück von Edenhall)*. Gleichwohl blieb er bis ins frühe 20. Jh. neben Goethe und Schiller der meistgelesene Lyriker der deutschen Literatur und avancierte damit zum dritten „Schulbuch-Klassiker". Heute sind sowohl seine formstrengen und klar aufgebauten, dabei oft humorvollen Balladen *(König Karls Meerfahrt, Schwäbische Kunde, Die Geisterkelter)* als auch seine spannungsarmen Lesedramen *(Friedrich Ernst von Schwaben, Ludwig der Baier)* kaum noch bekannt. Die moderne Rezeption fragt verstärkt nach dem streitbaren und politisch engagierten Uhland.

Justinus Kerner und **Gustav Schwab** gehörten als Freunde Uhlands zum engeren Kreis der „Schwäbischen Schule". In dem von Kerner herausgegebenen *Poetischen Almanach* für das Jahr 1812 erschienen erstmals ihre in der Tradition des romantischen Volkslieds stehenden Gedichte. Der in Weinsberg als Amtsarzt tätige Kerner widmete sich in intensiven Studien zur „Seelenkunde" Fragen des Somnambulismus, Spiritismus und Okkultismus (*Die Seherin von Prevorst*, 1829). In seinem breiten lyrischen Œuvre herrschen naturmythische Themen vor – oft noch überlagert von ahnungsvollen Stimmungsbildern aus Schwermut, Weltschmerz und Todessehnsucht. Solch düstere Weltsicht im literarischen Werk kontrastiert mit der in ganz Deutschland gerühmten Gastlichkeit des „Kernerhauses" zu Füßen der Weinsberger Burg „Weibertreu". Heute ist das Werk des weltoffenen und lebensfreudigen Kerner fast vergessen.

Der 1792 in Stuttgart geborene Gustav Schwab wurde weniger durch sein literarisches Schaffen als über die Vermittlung germanischer und klassischer Sagenstoffe bekannt. Bis in unsere Tage gelten seine in pädagogischer Absicht verfassten und kindgerecht erzählten *Schönsten Sagen des klassischen Altertums* (3 Bde., 1838–40) als Bestseller der Jugendliteratur. Ganz im Geiste einer bürgerlich-biedermeierlichen Gesinnung stand auch die Popularisierung der germanischen Sagenwelt (*Die schönsten Geschichten und Sagen aus Deutschland*, 2 Bde., 1836/37) und der *Deutschen Volksbücher* (3 Bde., 1836). Zu seiner Zeit fand Schwab vor allem Beachtung als Übersetzer, Kritiker und Schiller-Biograf. Nachhaltig prägte die Freundschaft zu Uhland und Kerner Schwabs Lyrik. In seinen volkstonhaften, heimatverbundenen Balladen *(Der Reiter und der Bodensee)* werden deutlich die romantischen Wurzeln seiner Dichtkunst spürbar.

Wilhelm Hauff, 1802 in Stuttgart geboren und auch dort mit knapp 25 Jahren gestorben, gehörte zwar niemals zum unmittelbaren Kreis um Uhland, Kerner und Schwab, machte sich aber gleichwohl als bedeutender schwäbischer Erzähler einen Namen. Seinen Durchbruch als Schriftsteller schaffte der studierte Theologe mit zwei satirischen Texten. Im Jahre 1824 erschienen anonym die *Mitteilungen aus den Memoiren des Satan* und bereits im Jahr darauf publizierte er unter dem Pseudonym des Erfolgsschriftstellers H. Clauren den Roman *Der Mann im Mond oder der Zug des Herzens ist des Schicksals Stimme.* Über den sich anschließenden literarischen Skandal und einen verlorenen Prozess wurde Hauff erst allgemein bekannt. Seinen Nachruhm begründeten allerdings die in drei aufeinanderfolgenden *Märchenalmanachen* (1826–1828) veröffentlichten Geschichten, von denen *Kalif Storch*, *Der kleine Muck*, *Zwerg Nase*, *Das Wirtshaus im Spessart* und *Das kalte Herz* bis heute zum dauerhaften Kunstmärchenschatz für Erwachsene und Kinder gehören. Auch wenn Hauff weder in seinen Romanen – etwa dem Walter Scott verpflichteten *Lichtenstein* (1826) – noch in seinen Novellen und Märchen besondere Originalität verriet, so waren seine in der Nachfolge von Boccaccio, Goethe, Jean Paul, Tieck und E. T. A. Hoffmann stehenden Werke doch eigenständige Neuschöpfungen.

2.3 Lyrische Intermezzi

Rückwärtsgewandte Traditionalisten sind die beiden Lyriker August Graf von Platen Hallermünde (1796–1835) und Friedrich Rückert (1788–1866). Platen, der aus verarmtem fränkischem Adel stammte, fand erst nach dem Scheitern einer militärischen und juristischen Ausbildung zur Literatur. Der Besuch Venedigs im Jahre 1826 faszinierte den Bildungshungrigen derart, dass er bis zu seinem Tode Italien durchwanderte. Unter dem unmittelbaren Eindruck der Renaissance-Kunst reiften seine schönsten, vielfach an antiken Formen (Oden, Hymnen, Eklogen) orientierten Gedichte. Jahre zuvor hatte sich Platen in die persische Literatur vertieft und zahlreiche Ghaselen verfasst – das sind aus der orientalischen Lyrik bekannte, streng komponierte Gedichte. Der auf Grund seiner homoerotischen Neigungen von starken Selbstzweifeln und innerem Zwiespalt geplagte Dichter suchte hier nach ästhetisch verklärenden Ausdrucksmöglichkeiten. Auch in seinen Sonetten steht Platens Streben nach Objektivierung und Abstraktion von der Wirklichkeit im Mittelpunkt einer durch Liebesschmerz, Täuschung und Todesahnung sinnentleerten Welt. Das 19. Jh. feierte ihn als Klassiker. Vereinzelte politische Gedichte sicherten ihm die Aufmerksamkeit der Jungdeutschen.

Den 1788 in Schweinfurt geborenen Friedrich Rückert verbindet mit August von Platen die Rückbesinnung auf Klassik, Rokoko und Empfindsamkeit. So sind Rückerts frühe Werke getragen von idyllischen und anakreontischen Motiven. Gemeinsam ist den beiden formstrengen Traditionalisten ferner die Hinwendung zu orientalischen Stoffen. Wir verdanken ihnen vor allem die Verbreitung der Ghaselen-Form. Berühmt wurde Rückerts Gedichtsammlung *Östliche Rosen* (1822), die zwar Goethes Anerkennung fand, jedoch hinter dessen *West-Östlichem Divan* (1819; → S. 208f.) zurückbleibt. Bevor sich Rückert in den 20er-Jahren intensiv mit arabischer, persischer und indischer Literatur beschäftigte – er war lange Zeit Professor für Orientalistik in Erlangen –, bewegte er sich im Umkreis Uhlands und schrieb teils petrarkistische Sonette (*Agnes Totenfeier*, 1812), teils patriotische Lieder – so die berühmten *Deutschen Gedichte* (1814), die mit ihrem Kernstück, den *Geharnischten Sonetten*, die Gefühlslage zur Zeit der Befreiungskriege besonders treffend spiegeln. Hier versagten ihm auch die Jungdeutschen nicht ihren Respekt.

Entgrenzung und Flucht in die Innerlichkeit könnten als Leitmotive über dem Leben des deutschsprachigen Lyrikers Nikolaus Lenau (eig. Franz Nikolaus Niembsch, Edler von Strehlenau) stehen. Ein rastloses Leben führte den 1802 in einem kleinen Banater Dorf geborenen Abkömmling einer preußisch-schlesischen Adelsfamilie nach dem frühen Tod des Vaters quer durch Österreich und Ungarn. 1832 bricht er aus – „europamüde", wie es damals hieß – und fährt nach Baltimore, will in den Urwald, in die Exotik, wohin es vor ihm den französischen Romantiker Chateaubriand getrieben hatte, in das Land, wohin alle Unterdrückten und Rebellen des alten Europa fliehen sollten. Doch Lenau kehrte enttäuscht zurück, gehörte zu den *Amerikamüden*, wie ein zeitgenössischer Romantitel treffend befand. Seit 1844 – nach einem Schlaganfall – verfiel er allmählich in geistige Umnachtung. Er starb 1850 in einer Nervenheilanstalt bei Wien.

Spürt man in Lenaus frühen Gedichten noch deutlich die Abhängigkeit von empfindsamen und anakreontischen Traditionslinien, so reift er – vor allem in seiner späteren Naturlyrik – zu einem der bedeutendsten Lyriker des 19. Jh. Widersprüchlich wie sein Leben treten uns denn auch seine traurig-melancholischen Naturgedichte entgegen. Dem harmonischen Einswerden von Mensch und entgrenzter Natur in den herzzerreißenden Zigeuner-, Schilf- und Frühlingsliedern (*Schilflieder*, 1832; *Waldlieder*, 1843) stehen Grausamkeit, Feindlichkeit und Fremdheit einer nun bedrohlich wirkenden Landschaft gegenüber – etwa in seinem Sonett *Einsamkeit* (1837):

> Der Wind ist fremd, du kannst ihn nicht umfassen,
> Der Stein ist tot, du wirst beim kalten, derben
> Umsonst um ein Trosteskunde werben.

In selbstbewusster Abgrenzung zu Goethe versuchte er sich bezeichnenderweise an einem *Faust* (1836). Kritische Distanz zum Christentum steht hinter der Figur des religiös-politischen Revolutionärs *Savonarola* (1837), die mit dem Ketzerthema der *Albigenser* (1842), deren Rebellion er über die Hussiten zu den Bastille-Stürmern verfolgte, noch gesteigert wird. Sein persönlicher Geisteskampf gegen Auflehnung und Restaurationsdruck hat zeitgenössische Autoren – etwa Peter Härtling in seinem Roman *Niembsch oder der Stillstand* (1964) – zur Auseinandersetzung mit der widersprüchlichen Dichterexistenz Lenaus angeregt.

2.4 Eduard Mörike – Primat des Künstlers

Dem schwäbischen Dichter Eduard Mörike (1804–1875) haftete lange das Urteil vom provinziellen Dorfpfarrer und „betulichen Idylliker" an, der nur allzu gerne aus der Realität in poetische Traumwelten (z. B. das utopische Märchenreich „Orplid") geflohen sei. So war die wirkliche literarische Bedeutung des stets apolitischen und zurückgezogen lebenden Dichters nur wenigen Zeitgenossen bewusst. Und erst im 20. Jh. hat sich langsam durchsetzen können, dass seine Gedichte „Gebilde von vollkommener Schönheit [...], makellose und ewig strahlende Zeugnisse unserer Sprache" sind – wie Georg Britting 1946 über das schmale lyrische Werk Mörikes urteilte.

Das Leben Mörikes stand im Spannungsfeld zwischen Beruf und Berufung. Dabei schien mit der Bestimmung zum evangelischen Pfarrer sein Lebensweg vorgezeichnet: Doch die von familiären Anforderungen und gesellschaftlichen Zwängen bestimmte Künstlerexistenz war reich an Brüchen und Widersprüchen. Nach dem frühen Tod des Vaters, er war Amtsarzt in Ludwigsburg, kam Mörike ins protestantische Seminar nach Urach und später ans Tübinger Stift, wo er sich u. a. mit dem Pfarrerssohn L. A. Bauer, dem späteren Dichter Wilhelm Waiblinger, dem Literaturtheoretiker Friedrich Theodor Vischer und dem Theologen David Friedrich Strauß anfreundete. Schon in dieser Zeit überwog die Neigung zur Literatur, schufen sich die Freunde das utopische Feenreich Orplid, das später als Schattenspiel „Der letzte König von Orplid" in seinem Roman *Maler Nolten* aufgenommen werden sollte.

Nach den Examen wollte der melancholisch und hypochondrisch veranlagte, zudem von Glaubenszweifeln geplagte Geistliche immer wieder der „Vikariatsknechtschaft" entfliehen und seiner wahren Berufung als Dichter folgen. Doch der Versuch sich als freier Schriftsteller zu etablieren scheiterte ebenso wie das Sicheinrichten auf der endlich erreichten eigenen Pfarrstelle in Cleversulzbach bei Heilbronn. Dazwischen liegen die unglückliche Liebe zu der Kellnerin Maria Meyer, die er zur *Peregrina* (Gedichtzyklus) und im *Maler Nolten* zur schönen „Vagantin" und „Sünderin" Elisabeth verarbeitete, sowie die nach vier Jahren wieder gelöste Verlobung mit der Pfarrerstochter Luise Rau. Mit 39 Jahren ließ sich der stets Kränkelnde pensionieren und zog mit der jüngeren Schwester nach Bad Mergentheim, wo er die gläubige Katholikin Margarethe Speeth kennen lernte und im Jahre 1851 heiratete. Als sich das Paar zusammen mit der Schwester in Stuttgart ansiedelte, übernahm Mörike aus wirtschaftlichen Gründen zahlreiche kleinere Lehraufträge in den unterschiedlichsten Bildungseinrichtungen.

Die letzten 24 Jahre lebte Mörike zurückgezogen im Kreise seiner Familie, trat vereinzelt mit Dichterkollegen in Briefwechsel (Storm, Heyse, Geibel und Hebbel) und erhielt auch manche Ehrung: die Ehrendoktorwürde und den Bayerischen Maximiliansorden. Als er 1875 nach mehrmonatiger Krankheit starb, setzte langsam, aber stetig der ihm gebührende Nachruhm ein.

Die Lyrik Mörikes – sein einziger Gedichtband erschien erstmals 1838, bis 1867 gab es drei weitere verbesserte Auflagen – steht noch deutlich in der Tradition der Spätromantik, aber auch Anklänge an Goethe und an antike Vorbilder sind spürbar. Die ihm dabei zur Verfügung stehende

Ausdruckskraft, sein Motivreichtum und seine Formenvielfalt „verweisen auf eine neue Verfeinerung der lyrischen Sprache" (B. Zeller). Sein Repertoire reicht vom volksliedhaften Balladenton *(Schön-Rohtraut)* über satirisch-spöttische Verse *(Restauration, Zur Warnung, Alles mit Maß)* bis hin zum symbolträchtigen Dinggedicht *(An eine Äolsharfe, Auf eine Lampe,* → S. 299, 332). Vielfach greift er hier wie auch in seinen Naturgedichten auf klassische Versformen zurück, die er aus intensiven Studien der antiken Literatur kennt. Und noch in seiner Zeit als Pfarrer übersetzte und publizierte er unter dem Titel *Classische Blumenlese* „eine Auswahl von Hymnen, Oden, Liedern, Elegien, Idyllen, Gnomen und Epigrammen der Griechen und Römer" (z. B. Catull und Horaz). Wie die Verarbeitung persönlicher Erfahrungen seine Liebeslyrik (*Peregrina*-Zyklus) prägt, seine Balladen vom Wirken des Elementaren beherrscht werden *(Die Geister am Mummelsee, Der Feuerreiter),* so verbindet er in seinen Naturgedichten erlebendes Ich und unmittelbare Landschaftsbetrachtung *(An einem Wintermorgen, Mein Fluss, Im Frühling).*

Das
Stuttgarter Hutzelmännlein,
Märchen
von
Eduard Mörike.
E. Schweizerbart'sche Verlagshandlung in Stuttgart.
1853.

Noch ganz in der Tradition der Romantik steht Mörikes berühmtes Märchen vom ***Stuttgarter Hutzelmännlein*** *– hier das Titelblatt der Erstausgabe.*

Die Prosadichtungen umfassen seinen Jugendroman *Maler Nolten* (1832), die drei in der Stuttgarter Zeit entstandenen Erzählungen *Der Schatz, Lucie Gelmeroth, Der Bauer und sein Sohn* (1852), die Märchen *Die Hand der Jezerte* und *Das Stuttgarter Hutzelmännlein* (beide 1853) sowie sein Meisterwerk *Mozart auf der Reise nach Prag* (Novelle, 1856).

In Thema und Grundanlage sind in seinem Jugendroman *Maler Nolten* noch gewisse romantische Anklänge wie Kunstreflexionen und eingestreute lyrische Passagen spürbar. Doch verweisen sowohl die vielfach verwobene Erzählführung als auch die Demontage des Künstlers als Heilsbringer und die Ablösung der Kunst als Wahrheitsgarant auf neue Gestaltungsformen und nachromantische Inhalte. Statt einen Bildungsroman in der Tradition des *Wilhelm Meister* zu schreiben deckt Mörike im *Maler Nolten* vielmehr das hinter jedem Einzelnen lauernde Dämonische auf und nähert sich so der Schicksalstragödie.

Die heiter-humorvolle Seite des Erzählers Mörike begegnet uns in seinem Kunstmärchen *Das Stuttgarter Hutzelmännlein* und der darin eingebetteten Historie von der schönen Lau mit ihrem Bezug zur Blautopf-Sage. Mit Recht gilt der in naivem Ton erzählte Text als sprachliches Kleinod in der Märchenliteratur des 19. Jh.

Düster-melancholische Todesahnungen – freilich gefasst in einem heiteren Erzählrahmen – prägen das ganz anders gezeichnete Bild vom Künstler in der Meisternovelle *Mozart auf der Reise nach Prag,* die im Herbst 1855 erschien, aber auf das Mozartjahr 1856 vorausdatiert wurde. Denn hinter der scheinbaren Idylle der Reiseerlebnisse, die den berühmten Komponisten zum unerwarteten Gast der Verlobungsfeier einer Grafentochter machen, lauert der dämonische Schauer des Todes, steht am Ende der Novelle das Memento mori: „Denk es, o Seele". So werden in der Figur Mozarts – erzähltechnisch geschickt arrangiert durch die Überlagerung verschiedener Handlungs- und Zeitebenen – „beide Grundmöglichkeiten der Kunst realisiert: ihre harmonisierende und geselligkeitsfördernde wie ihre entgrenzende und vereinzelnde Komponente" (R. Schneider).

2.5 Annette von Droste-Hülshoff – christlich-konservative Welthaltung

Das adelige Fräulein Annette von Droste-Hülshoff (1797–1848) wuchs auf dem väterlichen Erbgut heran. Die uralte Wasserburg mit ihren Türmen und Toren südwestlich von Münster prägte mit der sie umgebenden Moorlandschaft, den Waldungen und dem Bauernland die Kindheit der fantasiebegabten Außenseiterin, die einmal als „bedeutendste Dichterin Deutschlands" gelten sollte. Von ihrem Erzieher als leidenschaftliches Mädchen mit „gereizten Nerven" charakterisiert verlief ihr äußeres Leben eher unscheinbar. Umso mehr erschütterte sie die Begegnung mit zwei Bewerbern, zwischen denen sie sich nicht entscheiden konnte und denen sie aus familiären Rücksichten entsagen musste. Jahre später, als sie bei ihrem Schwager in Meersburg am Bodensee lebte, stürzte sie die Liebe zu dem um 17 Jahre jüngeren Levin Schücking, der sie verließ und 1846 in seinem Roman *Die Ritterbürtigen* ein ungeschminktes Bild vom westfälischen Adel entwarf, in tiefe Verzweiflung. Selbst an dem 1843 ersteigerten „Fürstenhäuschen", das sie mit Hilfe des Verlegers Cotta aus dem Honorar ihrer Gedichtausgabe finanzierte, konnte sich die vereinsamte und in sich gekehrte Droste nicht mehr recht erfreuen. Resignierend, aber ohne Erschrecken über die lange erahnten Veränderungen in Deutschland erlebte die todkranke Dichterin im Frühjahr 1848 auch noch die Ausrufung der Republik in Meersburg. Sie starb nach heftigem Bluthusten im Mai an einem Herzschlag.

Die literarischen Anfänge der Droste – ihre Jugendlyrik, eine Rittergeschichte und ein Trauerspiel – sind geprägt von dem Bedürfnis nach Fluchträumen inmitten provinzieller Beschränkung und krisenhafter Zeitumstände. Stehen diese als Gebrauchsliteratur ausgewiesenen Texte noch weitgehend in der epigonalen Nachfolge Klopstocks und Bürgers, Goethes und Schillers, so verraten die ersten Gedichte des *Geistlichen Jahres in Liedern auf alle Sonn- und Festtage* (posthum 1851) bereits einen unverwechselbar eigenständigen Ton. Für die gläubige Katholikin äußerte sich darin das Ringen ihres „vielfach gepressten und geteilten Gemüts" um das rätselhafte und verdüsterte Antlitz Gottes. In dem nur als Konzept vorliegenden 2. Teil misslang

Die Droste mit August von Arnswaldt und Heinrich Straube: „einen kus aus eurem Munde meine Seele gäb ich drum" (Karikatur, 1820).

offenbar der Versuch, religiöse Empfindungen mit den realen Verlusterfahrungen in Einklang zu bringen.

Zur bedeutenden Lyrikerin reifte die Droste in ihren späten Gedichten, die in den Bänden *Gedichte* (1844) und *Letzte Gaben* (posthum 1860) versammelt sind. In ihrer persönlichen Bekenntnis- und Tendenzlyrik *(Zeitbilder, Die Gaben, An die Schriftstellerinnen in Deutschland und Frankreich)* kann die adelige Frau ihre konservative Grundhaltung, immer gekoppelt an religiöse Vorstellungen, nicht verbergen. In der Subjektivität und Zeitgebundenheit der Aussagen liegen denn auch die Grenzen dieses Genres.
Vom rein subjektiven Empfinden der romantischen Stimmungslyrik löst sich die Droste dagegen in ihren Naturgedichten. Mit dem Sinn für präzises Beobachten und der Freude am Detail in den Pflanzen- und Tierbeschreibungen gelingen ihr beinahe impressionistische Sprachbilder (*Heidebilder*-Zyklus). Die herbe, oft spröde Sprache mit vielen lautmalerischen und rhythmisierenden Elementen kennzeichnet den eigenwillig neuen Ton ihrer Naturlyrik. Und was sich bei

Eichendorff schon ankündigte, setzt sich vor allem in der Balladendichtung der Droste fort: Die Natur hat ihren bergenden Charakter als Schutzraum verloren, sie erscheint unverstellt und bedrohlich. Aus den Mooren quirlt Wasser, Nebel verhüllt das Land, im Walde gehen die Geister der Toten um, geheime Verbrechen rufen nach Sühne. Doch auch die Menschen verbauen sich zunehmend den Weg zur Natur: Sie sind nicht frei, sondern abergläubisch, roh und falsch, gequält und gierig, vom Spuk und den Krankheiten ihrer Väter verfolgt – so etwa in den Balladen *Das Hünengrab* oder *Der Knabe im Moor*.

Die Novelle *Die Judenbuche – Ein Sittengemälde aus dem gebirgichten Westfalen* (1842) gilt noch heute als das erzählerische Meisterwerk der Droste. Mit der als Kriminalgeschichte angelegten Erzählung von Mord und Sühne, von Verstrickung und Schuld gelang der Dichterin eine beeindruckende Milieuschilderung des frühen Realismus. Wie Schillers *Verbrecher aus verlorener Ehre* (→S. 176) gerät die Hauptfigur Friedrich Mergel durch äußere Umstände sowie falschen Ehrgeiz ins gesellschaftliche Abseits und wird zum Verbrecher. Handlungszentrum ist die Judenbuche: Hier geschieht der Mord am Juden Aaron und hier begeht auch Mergel Selbstmord. So verdichten sich an der zum Dingsymbol gewordenen Buche stellvertretend die Fragen von Sündenfall und göttlicher Gerechtigkeit, ohne dass der Erzähler wertend eingreifen würde. Ja, das unter rätselhaften und nirgends ganz geklärten Umständen ablaufende Geschehen bleibt bewusst offen für unterschiedliche Deutungen und fordert damit den aktiven Leser. Die Autorin plante die Judenbuche als Teil in einen großen Roman über Westfalen zu übernehmen.

3 Erzähler des Biedermeier

3.1 Hintergründige Behaglichkeit

Ein Zeit- und Gesellschaftskritiker von hohem Rang begegnet uns in KARL LEBERECHT IMMERMANN (1796–1840). Einer altpreußisch gesinnten Beamtenfamilie entstammend, nahm der in Magdeburg geborene Immermann 1815 an den Befreiungskriegen teil, wandte sich gleichwohl als Jurastudent in Halle gegen burschenschaftliche Rohheiten und nationales Aufschneidertum. Um dem ungeliebten Juristenberuf zu entfliehen, in dem er es immerhin bis zum Landgerichtsrat brachte, versuchte er sich ein Leben lang in allen literarischen Gattungen. Allerdings ist sein epigonenhaftes lyrisches Werk in unseren Tagen zu Recht vergessen. Auch kam der stets von finanziellen Sorgen geplagte Immermann weder als Bühnenautor noch als Gründer und Intendant des Düsseldorfer Schauspielhauses zu wirklichem Ruhm. Immermanns eigentliche Stärke lag dagegen in seinem selbst heute kaum gewürdigten Prosawerk. Hier gelangen ihm scharfsichtige Gesellschaftsanalysen und kritische Zeitdiagnosen. Schon sein erster großer Roman, *Die Epigonen* (1825–1836), meist verkürzend gedeutet als Bildungs- und Entwicklungsroman in der *Wilhelm-Meister*-Tradition, trägt schon alle Züge eines zeitkritischen Gesellschaftsromans. Als Ganzes ist er ein Grabgesang auf die Zeit von 1815 bis 1830, eine Darstellung der absterbenden adeligen Schicht und des anbrechenden Industriezeitalters. Der Roman endet mit einer Synthese zwischen Bürgertum und Adel, die sich – dem Zeitgeist und den offenen deutschen Verhältnissen entsprechend – im Hauptthelden Hermann durchaus widersprüchlich verkörpert.

In seinem Meisterwerk, dem *Münchhausen*-Roman (1838/39), wirkt die Zeitkritik – getragen von der humoristisch-satirischen Anlage sowie der geschickten stofflichen Verschachtelung des Textes von adeliger und bäuerlicher Welt – noch überzeugender. In dem anspielungsreichen Roman werden die politischen, gesellschaftlichen und vor allem kulturellen Strömungen der Zeit mit großer erzählerischer Raffinesse vorgestellt. Orientiert am Vorbild von Sternes *Tristram Shandy* entfacht Immermann im „Münchhausen-Teil" mit der Figur des Enkels des berühmten Lügenbarons ein wahres Feuerwerk an Sprachwitz und Fantasie. Zugleich ist dieser „Schrimbs oder Peppel, dieser geistreiche Satirikus, Lügenhans und humoristisch-komplizierte Allerweltshaselant [...] der Zeitgeist in persona".

3.2 Jeremias Gotthelf – christliches Weltbild und Heimattreue

Das umfangreiche Prosawerk des reformierten Pfarrers ALBERT BITZIUS (1797–1854), der seinen sprechenden Schriftstellernamen von der Erzählerfigur seines ersten Romans *Der Bauernspiegel oder Lebensgeschichte des Jeremias Gotthelf. Von ihm selbst beschrieben* (1837) entlehnte, ist maßgeblich geprägt von einer christlich-konservativen Weltanschauung, vom Eingebundensein in Geschichte und Traditionen seiner Schweizer Heimat sowie der Auseinandersetzung mit den gesellschaftspolitischen Veränderungen des bürgerlich-liberalistischen Zeitalters.

Liberal sind seine Anfänge: Gotthelf begrüßte die erfolgreiche Revolution von 1830 in der Schweiz; es ist für ihn ein großes Jahr, als das verjährte Unrecht des privilegierten Adels gebrochen wird. Doch als ein Mann, der sich mit Genossenschaftswesen, Armenunterstützung, Dienstbotenfragen, Schulpolitik und Volksbildung beschäftigte, glaubte er bald eine neue Gefahr zu erkennen und wurde so zum konservativen Mahner. Nicht weniger ablehnend steht er den politischen Umwälzungen gegenüber, die seit Anfang der 40er-Jahre mit Freischarenzügen und Sonderbundskrieg die Schweiz erschüttern. Im Jahre 1846 beklagt Gotthelf deshalb: „Ich sehe unsere Zustände schon lange äußerst gefährlich an. [...] Die Leute taumeln in einem Rausche. [...] Wir leben also in einer durchaus falschen Richtung."

Der Mythos, den Gotthelf dem Zeitgeist entgegensetzte, ist die ursprüngliche Einheit von calvinistischem Christentum mit dem heidnischen Segen der Felder, der jahreszeitlichen Ordnung und dem Lohn für vortreffliche Bäuerinnen und patriarchalische Bauern. Eine solch archaische Verbundenheit von Besitz, Rechtschaffenheit, Bibelglauben, Natursegen und praktischem Verstand, aber auch die Bedrohung durch die ungebändigten Kräfte der Natur bilden das Grundmuster vieler seiner Dichtungen wie etwa *Die Wassernot im Emmental* (1838), *Uli der Knecht* (1841), *Elsi die seltsame Magd* (1843), *Käthi die Großmutter oder der wahre Weg durch jede Not* (1847), *Uli der Pächter* und *Hans Joggeli der Erbvater* (beide 1848), *Die Käserei in der Vehfreude* (1849) oder *Das Erdbeerimareili* (1851). Die alte Ordnung zu bewahren greift Gotthelf dabei meist zu einer schweren und drastischen Sprache, ereifert sich und poltert wider das Moderne, den Zeitgeist von Industrialisierung und Verstädterung. All dem Neuen stellt er den Bernergeist entgegen, der auf den alten Tugenden von Gebet und Arbeit beruht.

Ganz Kind seiner Zeit begeisterte sich Gotthelf aber auch für die vaterländische Geschichte der Eidgenossen. So entstanden in einem zweiten großen Werkkreis zahlreiche Texte, die überlieferte Sagenstoffe, schweizerisches Brauchtum und alten Aberglauben mit historischen Genrebildern verbanden. Am bekanntesten wurde hier seine Novelle *Die schwarze Spinne* (1842) – neben den *Nachtwachen*, E. T. A. Hoffmanns *Elixiere des Teufels*, Chamissos *Peter Schlemihl* und Gogols Erzählung *Johannisnacht* wohl eine der aufwühlendsten Teufelspakt-Geschichten des 19. Jh. überhaupt. Die ins Mittelalter verlegte Handlung erzählt von Anfechtung und Verführbarkeit der Menschen, aber auch vom Sieg des Guten über das Böse dank Opferbereitschaft und der Rückbesinnung auf den tradierten Glauben. Solch souveräne Beherrschung des Sagenstoffes wird durch die gelungene erzähltechnische Verknüpfung von Rahmen- und Binnengeschichte zusätzlich verstärkt: Die heitere Schilderung eines Tauftages in der Gegenwart kontrastiert mit der Erzählung der düster-grausigen Ereignisse in der Vergangenheit. Letztlich aber bleiben Gottesfurcht und Gottvertrauen – auch in Gegenwart des als schwarze Spinne im Spundloch festsitzenden Teufels – die zeitlose Botschaft der Novelle, wie der Großvater in seinem Schlussresümee bekennt: „Da ward meine Überzeugung noch fester, dass weder ich noch meine Kinder und Kindeskinder etwas von der Spinne zu fürchten hätten, solange wir uns fürchteten vor Gott."

3.3 Adalbert Stifter – „Die kleinen Dinge schreien drein..."

In dem 1805 im südböhmischen Oberplan an der Moldau als Sohn eines Leinwandwebers und -händlers geborenen ADALBERT STIFTER begegnen wir dem wohl bedeutendsten Epiker des österreichischen Biedermeier. Aufgewachsen im Bannkreis einer noch unberührten Natur und davon auch lebenslang geprägt, erhielt er nach dem frühen Tod des Vaters seine Ausbildung bei den Benediktinern in Kremsmünster. Das 1826 in Wien begonnene Jurastudium sowie seine aus

Interesse aufgenommenen Studien der Mathematik und Naturwissenschaften blieben ohne Abschluss. Tief erschüttert von den revolutionären Unruhen des Jahres 1848, zog sich Stifter in die Provinz nach Linz zurück, wo er seine Ideen einer Bildungs- und Schulreform verfocht um die Menschen „besser und verständiger [zu] machen". Auf die Fürsprache von Gönnern wurde er 1850 zum Landschulinspektor für die Volksschulen in Oberösterreich ernannt. Gleichwohl wurde ein von ihm und dem Linzer Lehrer Aprent zusammengestelltes *Lesebuch zur Förderung humaner Bildung* von der Schulbehörde nicht zugelassen. Auch wenn ihm das 1853 zusätzlich übernommene Amt eines Landeskonservators breite Anerkennung eintrug, führten doch bald Enttäuschungen im Verwaltungsalltag („ein unersprießliches Amt"), nachlassendes Interesse der literarischen Öffentlichkeit (vor allem an seinen beiden Romanen *Der Nachsommer* und *Witiko*) und ein schweres Leberleiden zu Rückzug und Resignation. Am 26. Januar 1868 fügte sich der Verzweifelte mit dem Rasiermesser eine tiefe Schnittwunde am Hals zu und stirbt – ohne das Bewusstsein wieder erlangt zu haben – zwei Tage später an „Zehrfieber und Leberverhärtung".
Bereits kurz nach Stifters Tod meldeten sich Kritiker zu Wort, die dem Dichter naturschwärmerische Idyllik und weltabgewandte Innerlichkeit vorwarfen. Stifters literarische Erfolge der frühen Erzählungen wurden verkürzend auf die Zeitumstände zurückgeführt. „Es sei ihm äußerst gelegen gekommen, dass er das wirkliche Leben in seiner gesellschaftlichen Verstricktheit während der Metternich-Zeit nicht behandeln durfte, da er ja nie ein Menschendarsteller war, sondern in erster Linie die Natur liebte" (A. Doppler). Von daher missverstand man auch seine bis ins Kleinste gehenden Naturbeschreibungen als bloße Wirklichkeitsflucht. Die Neubewertung Stifters setzte erst mit Friedrich Nietzsche ein, der den *Nachsommer* als ein bleibendes Stück deutscher Prosa rühmte, nur mit der Erzählkunst Goethes und Kellers vergleichbar.

Grundlagen von Stifters literarischem Schaffen, wie es sich nur in einer bürgerlich-biedermeierlichen Welt ausbilden konnte, sind die Verbundenheit mit den landschaftlich-künstlerischen Quellen seiner Heimat, das Zusammenspiel von katholischer Erziehungs- und Wissenschaftstradition mit josephinischer Aufklärung, das Fortwirken des Humanitätsgedankens im deutschen Idealismus (Herder, Brüder Humboldt) sowie das Vorbildhafte klassischer und romantischer Dichtung (Goethe, Schiller, Tieck und vor allem Jean Paul). Zentrum von Stifters Erzählen bleibt dabei stets das wechselvolle Verhältnis von Mensch und Natur, das er schon als Kind in seiner grausamen Ambivalenz von „Wonne und Entzücken" sowie „Entsetzlichem und Zugrunderichtendem" *(Mein Leben)* erfahren hat. So war der naturwissenschaftlich Gebildete – vergleichbar mit Georg Büchner – weit davon entfernt, die Welt als

In seinen zahlreichen Bildern richtete Stifter immer wieder den Blick auf das Doppelgesicht der Natur: ihre Schönheit wie ihre Bedrohung des Menschen. Die Bleistiftzeichnung ***Zerfallene Hütte im Wald*** *entstand um 1846.*

harmonische Einheit zu erfassen oder gar zu beschreiben. Und nicht zuletzt darum ist sein Schaudern vor dem Wirken der Elementargewalten und ihrer Existenzgefährdung so groß – fordert es doch zugleich immer den versöhnenden Ausgleich im künstlerischen Ideal und damit die Wiederherstellung der gestörten Ordnung im Vertrauen auf die Beherrschbarkeit der Naturkräfte.

Stifters Hinwendung zur Literatur war geprägt von der zweiflerischen Suche nach der ihm angemessenen künstlerischen Ausdrucksform. Eigentlich zum Maler berufen, schrieb er 1833 euphorisch an einen Freund: „Ich will dieser Tagen dichten – dichten, ich sage dir dichten!!!!!" Freilich drei Jahre später verkündete er mit gleicher Überzeugung: „ich bin so eitel zu sagen: Auch ich bin ein Landschaftsmahler." Dass der Dichter auch in seinem literarischen Schaffen von der Kunst beeinflusst blieb, davon zeugen nicht zuletzt die beiden großen Erzählsammlungen *Studien* und *Bunte Steine*, die schon im Titel deutliche Bezüge zur Malerei aufweisen.
Bereits mit seiner ersten Erzählung *Der Condor* (1840/44, *Studien* Bd. I), greift Stifter Themen der Zeit auf: die schon bei Jean Paul zu findende Ballonfahrt *(Luftschiffer Giannozzo)* und die Frage der Frauenemanzipation. Dabei stellt er das weibliche Schaudern vor der Verlorenheit im All – „das ganze Himmelsgewölbe, die schöne blaue Glocke unserer Erde, war ein ganz schwarzer Abgrund geworden" – der Wissenschaftsgläubigkeit der männlichen Ballonfahrer gegenüber. Es ist aber auch die Geschichte der unerfüllten Liebe Cornelias, die sich in dem viel missdeuteten Satz, „das Weib erträgt den Himmel nicht", verdichtet. Ferner ist *Der Condor* die erste von dreizehn Novellen, die Stifter in seine zwischen 1844 und 1850 erscheinende sechsbändige Anthologie *Studien* aufnahm.
Die Erfahrung einer bedrohlichen Natur mit ihren Wüsten und Hochgebirgen ausgeliefert zu sein prägt die Novelle *Das Haidedorf* (1840/44, Bd. I). Von Einzelgängern und Sonderlingen, die sich von der Welt abschließen, weil sie sich vereinsamt und um ihr Glück betrogen fühlen, handeln die beiden Erzählungen *Der Waldsteig* (1844/50, Bd. V) und *Der Hagestolz* (1845/50, Bd. V).

Wirklich berühmt als „Böhmerwalddichter" wurde Stifter mit der Novelle *Der Hochwald* (1842/44). In Stifters erster Geschichtserzählung, die in ihren ausgreifenden Naturschilderungen auf J. F. Cooper verweist, bricht Krieg und in seinem Gefolge Not und Schuld in die harmonische Waldeinsamkeit des Schlosses Wittinghausen. Zwar kann der Schlossherr seine beiden Töchter Johanna und Klarissa vor den Grausamkeiten des Dreißigjährigen Krieges in der paradiesischen Wildnis des Waldhauses in Sicherheit bringen, nicht aber vor den zerstörerischen menschlichen Leidenschaften und unergründlichen Schicksalsfügungen. Dennoch bleibt den Überlebenden der Trost, dass in der Natur als dem „Kleid Gottes" – wie es in der Novelle *Zwei Schwestern* (1845/50, Bd. VI) heißt – eine göttliche Ordnung waltet, die auch Katastrophen ertragen hilft.
In der Novelle *Abdias* (1843/47, Bd. IV) scheint der Titelheld, ein afrikanischer Jude – ähnlich seinem alttestamentarischen Vorbild Hiob – wehrlos dem grausamen Walten der Schicksalsmächte ausgeliefert zu sein. So erzählt der streng komponierte Text in drei nach Abdias' Mutter *(Esther)*, Gattin *(Deborah)* und Tochter *(Ditha)* bezeichneten Kapiteln beinahe emotionslos dessen wechselvolle Geschichte, bis er sein Leben in Einsamkeit und Wahnsinn beschließt. Doch bevor der Erzähler den Leser mit Aufstieg, Macht und Wohlstand, aber auch Demütigungen, Entsagung und Leid des Protagonisten konfrontiert, lüftet er ein wenig den Schleier des vorgeblich wirkenden „Fatums". Werden doch – gestützt auf die Vernunft – nach den Gesetzen von „Ursachen und Wirkungen" im Leben der Menschen nicht Zufall oder Unglück erkennbar, „sondern nur Verschulden". Freilich widerlegt die dann erzählte Geschichte solch eindeutig-einfache Zuordnungen. Bildhafter Ausdruck des ambivalenten Geschehens ist der Einbruch der Naturkräfte in Form des Gewitters, das als Blitzschlag der blinden Ditha zunächst das Augenlicht schenkt, sie später aber tötet. So stehen am Ende der Geschichte nicht Fragen nach Schuld und Versagen, sondern die Erfahrung vom Eingebundensein in den segensreichen Naturkreislauf, der aus Dithas Grab „Blumen und Gras" sprossen und aus dem öden Lebensraum des alten Abdias ein fruchtbares Tal werden lässt.

Das Thema des gefährdeten und bedrohten Menschen bestimmt auch die Novelle *Brigitta* (1844/47, Bd. IV). Die Geschichte der hässlichen Brigitta, die in ihrer Ehe Liebe und Hass, Zuwendung und Untreue, Trennung und Rückkehr des Gatten erfährt, wird durch das versöhnliche Ende zum gelungenen Modell für das absolute Streben nach Harmonie und Ausgleich in der Beziehung von gegensätzlichen Menschen.

In den sechs Studienbänden erschienen außerdem die Novellen *Feldblumen* (1841/ 44, Bd. I), *Die Narrenburg* (1843/44, Bd. II), *Die Mappe meines Urgroßvaters* (1841–42/1847, Bd. III), *Das alte Siegel* (1843/47, Bd. V) und *Der beschriebene Tännling* (1845/50, Bd. VI).

Die für Stifter schlimmen Erfahrungen des Revolutionsjahres 1848, da er „Tierheit, Tyrannei und Laster" ungehemmt hervorbrechen und die schon längst vermutete, den Menschen eigene „tigerartige Anlage" (*Zuversicht*, 1845) nun allgemein verbreitet sah, verstärkte bei ihm nur die Einsicht von der Notwendigkeit einer breiten Volksbildung. Wenn Stifter also feststellt, dass das „oberste Prinzip, [...] nehmlich die Erziehung die erste und heiligste Pflicht des Staates ist", dann nicht nur, weil der schockierte Bürger in ihm die „wilden Thiere" fürchtete, sondern nicht minder, weil der Künstler Stifter seine Utopie von Humanität und Schönheit bedroht fühlte. Entsprechend reagierte er in zweifacher Hinsicht: als Landschulinspektor und als Dichter mit der Herausgabe von Kinder- und Jugenderzählungen.

Im Jahre 1850 trat er sein Amt als Schulrat für die Volksschulen in Oberösterreich an und 1853 erschien die Sammlung *Bunte Steine, Ein Festgeschenk,* als Überarbeitung und Neuherausgabe zahlreicher, bereits in den 40er-Jahren entstandener Erzählungen. Berühmt wurde diese Anthologie vor allem wegen ihrer *Vorrede*, in der sich Stifter mit der als kränkend empfundenen, spöttischen Kritik Hebbels an seiner Erzählweise auseinandersetzte. Mit dem dort entwickelten „sanften Gesetz" zielte er in einer Art „literarischer Relativitätstheorie letzten Endes auf die Einheit hinter den Gegensätzen, auf einen Daseinsgrund [...]" (F. Baumer).

„Eine Sammlung von allerlei Spielereien und Kram für die Jugend" wurden die in den *Bunten Steinen* versammelten Erzählungen *Granit, Kalkstein, Turmalin, Bergkristall, Katzensilber* (die einzige eigens für die Sammlung verfasste Erzählung) und *Bergmilch* nur bedingt. Zwar handeln – bis auf *Turmalin* (zunächst: *Der Pförtner im Herrenhause*, 1852), der von Grillparzers *Armen Spielmann* beeinflussten Geschichte eines Sonderlings – alle Novellen von Kindern. Gleichwohl stehen hinter den Mustern naiver Handlungsstränge mit ihrer legendenhaften Zuversicht (*Kalkstein*, zunächst: *Der arme Wohltäter*, 1848) oder märchenhaften Einfalt (*Granit*, zunächst: *Die Pechbrenner*, 1849) immer auch Konfliktsituationen und Gefährdungen des Menschen allgemein.

Am bekanntesten wurde *Bergkristall* (zunächst: *Der Heilige Abend*, 1845) als *die* deutsche Weihnachtserzählung. Die Geschichte vom Verirren und Wiederfinden der beiden Kinder Konrad und Sanna in den Eiswüsten der Berge zwischen den Wohnorten der Eltern und der Großeltern am Weihnachtsabend ist weit mehr als das idyllische Bild einer glücklich bestandenen göttlichen Prüfung. Fast unmerklich hat Stifter in die anrührende Schilderung der schrecklich-schönen Natur das Bedrohliche und Abgründige menschlicher Existenz eingewebt.

Stifters Spätwerk. In seinem dreibändigen Bildungsroman *Der Nachsommer. Eine Erzählung* (1857) entfaltet Stifter – in bewusster Abgrenzung zu Goethes *Wilhelm Meister* (→ S. 198) – das Modell einer durch stetige Verfeinerung der Bildungsmittel gesteuerte Erziehung zu „höherer Lebensanschauung". Eine nur utopisch zu nennende Weltabgeschiedenheit, der rosenbewachsene Asperhof des Freiherrn von Risach, stellt zum einen den Rahmen dar für naturwissenschaftliche Studien, Gespräche über Natur, Kunst und Gesellschaft zwischen dem Hausherrn und seinem gelehrigen Schüler Heinrich Drendorf – dem eigentlichen Helden des Romans. Über der bis zur Langeweile ausgereizten Handlungsarmut des Erzählfortganges stehen außerdem die Vermittlung eines in allem waltenden Ordnungsdenkens und die Vorstellung Stifters vom „irdischen Lebensglücke". So versteht sich der *Nachsommer* als Modell einer Gegenwelt in Zeiten gesellschaftspolitischer Krisen und naturwissenschaftlich-technischer Umwälzungen.

Die wegen der Fertigstellung am *Nachsommer* unterbrochene Arbeit an seinem großen histo-

rischen Roman aus der Stauferzeit kann der von Krankheit und Sorgen gezeichnete Stifter erst 1867 abschließen. Zudem enttäuscht von den politischen Entwicklungen hin zur preußisch dominierten kleindeutschen Lösung, greift Stifter mit dem *Witiko. Eine Erzählung* weit zurück in geschichtsmythische Vorstellungen seiner Heimat. Der junge, selbstlose Held aus den böhmischen Wäldern wird zum Führer einer „Ordnungspartei", die sich im Einklang mit den organisch gewachsenen Ordnungen der Natur aus Gauen und Stämmen, Deutsche und Tschechen umgreifend, zur universalen, ständisch gegliederten Volksgemeinschaft entwickelt.
Der literarisch-künstlerischen Wiederentdeckung Stifters zu Beginn des 20. Jh. ist Anfang der 90er-Jahre eine zweite, historisch-politische gefolgt. Nach dem Zusammenbruch des Kommunismus in Osteuropa begann in Tschechien eine Rückbesinnung auf die Traditionen deutschsprachiger Künstler und Wissenschaftler. Seither wird das Werk des „Böhmen" Adalbert Stifter als gemeinsames Erbe von Deutschen *und* Tschechen verstanden.

4 Dramatiker des Biedermeier

4.1 Wien – Kulturmetropole und politisches Machtzentrum

Wien, einst Hauptstadt des 1806 aufgelösten Heiligen Römischen Reiches, erstrahlte nach den Wirren der Napoleonischen Kriege beim Wiener Kongress (1815) wieder als glanzvolle Kaiserstadt. Sie war der politische, wirtschaftliche und kulturelle Mittelpunkt eines Vielvölkerstaates, der sich weit nach Osteuropa und nach Italien erstreckte. Wien war aber auch das reaktionäre Machtzentrum, von dem aus Minister Metternich das öffentliche Leben im nun gegründeten Deutschen Bund mit strengen Überwachungs- und Zensurmaßnahmen kontrollierte. Wie schmerzlich Schriftsteller und Intellektuelle die gesellschaftlichen Zustände empfanden, belegen die im Exil oder pseudonym verfassten scharfen literarischen Attacken der Dichter des Vormärz. So etwa die Gedichtsammlung *Spaziergänge eines Wiener Poeten* (1831) des Anastasius Grün (eig. Anton Alexander Graf von Auersperg, 1806–1876), die mit ihrer offenen Kritik an Klerikalismus, Bürokratie und Zensur zum Vorbild für die politische Lyrik Herweghs und Freiligraths wurde. Eine nicht minder schonungslose Analyse des „Metternichschen Systems" erfolgte durch den 1823 aus einem böhmischen Kloster nach Amerika entflohenen Karl Postl, der vier Jahre später unter dem Pseudonym Charles Sealsfield den Bericht *Austria as it is; or: Sketches of Continental Courts. By an Eye-Witness* veröffentlichte.

Als Stadt der Musik und des Theaters machte sich Wien schon im 18. Jh. einen Namen. Hier lebten und wirkten so bedeutende Komponisten wie Gluck, Haydn, Mozart oder Beethoven. Und wohl nur hier konnte sich neben dem von Joseph Schreyvogel zu hoher Blüte geführten Hoftheater – dem berühmten Burgtheater – eine volksnahe Spielkultur entwickeln: das Wiener Volkstheater.

Verbürgerlichung musikalischer Institutionen. In der Geselligkeitskultur des Biedermeier stieg die Musik zur vorrangigen Kunstform auf. Mit dem Ende der Klassik und dem Verschwinden adeligen Mäzenatentums fand das Musikleben zunehmend seine Verankerung im Bürgertum. Es wurden Musikvereine, Liedertafeln, Singakademien sowie Chor- und Orchestervereinigungen in großer Zahl gegründet. Die Hausmusik, in deren Zentrum das Klavier stand, erlebte eine ungeahnte Blüte. Allen voran wird Franz Schubert (1797–1828) zum Repräsentanten der neuen Musikkultur, die sich – vermittelt in Soireen, *Schubertiaden* und Hauskonzerten – immer größerer Beliebtheit erfreute. Das stetig wachsende Bedürfnis nach „leicht fasslicher, gefälliger Musik", wie ein Verleger an Schubert schrieb, ließ so eine musikalische Kleinkunst entstehen, die in geselliger Runde Lied und Tanz bevorzugte, aber auch die Ausbildung neuer Formen wie *Bagatelle, Barcarole, Intermezzo, Nocturne* oder *Caprice* erlaubte.

Charakter des Wiener Volkstheaters. Musikalische Traditionslinien führten auch zum Wiener Volkstheater. Es übernahm aus der Barockoper seine Couplets und Chorpassagen und griff auf die von der italienischen Stegreifkomödie (*Commedia dell' Arte*, Goldoni) eingestreuten Lieder, Chöre und Duette und das improvisierte Spiel mit festen Typen *(Arlechino, Pantalone, Dottore,*

Colombine) zurück (→S. 104). Ein weiterer Traditionsstrang führt zur Wanderbühne des Barock, als Theater auf Marktplätzen und vor Kirchen gespielt wurde. Stand noch im 18. Jh. die Kunstfigur des „Hanswurst" oder „Kasperl" als komische Kontrastgestalt zum Helden im Mittelpunkt, so wurden bei Raimund und Nestroy aus diesen „Spectakelstücken" für das Volk Lustspiele mit Sprachwitz und Hintersinn. Der unglückliche Schauspieler Raimund griff dabei auf romantische Zaubermärchen und die Zauberposse (Mozart-Schickaneders *Zauberflöte*) zurück und machte daraus Zauberstücke zur Unterhaltung der Vorstadtbevölkerung. Bei Nestroy kamen die Satiren der Handwerker auf die Reichen hinzu, während später das realistische Volksstück Ludwig Anzengrubers; *Die Kreuzlschreiber*, 1872; *Der Pfarrer von Kirchfeld, Der Meineidbauer*, beide 1871) zur Kritik am Klerikalismus auf dem Lande diente.

Die soziale Funktion des Volkstheaters. Raimund, Nestroy und Anzengruber kamen von der Schauspielerei, und so waren ihre Stücke nicht als Bildungstheater für das gehobene Bürgertum angelegt wie die vornehmlich an der „Burg" inszenierten Dramen Grillparzers oder Hebbels. Frei von der Traditionslast der Weimarer Klassik wandte sich das Wiener Volkstheater mit seinen drei bekanntesten Bühnen, dem Theater an der Wien, dem Josefstädter und dem Leopoldstädter Theater (ab 1848 Carl-Theater), an sein Publikum der Dienstmädchen, Gesellen und Kleinkrämer. Als Theater für breite Bevölkerungskreise übernahm es damit im biedermeierlichen Österreich wichtige soziale Funktionen: Es diente als geselliger Treffpunkt der Unterhaltung, es führte die Tradition der Volksbildung fort, es bot in einer Zeit beginnender Industrialisierung Fluchträume an und es war im restaurativen System Metternichs einer der wenigen Orte, wo über Humor und Satire – trotz scharfer Überwachung durch die Zensurbehörden – öffentliche Gesellschaftskritik möglich war.

4.2 Ferdinand Raimund – Feenzauber und Verklärung des Alltags

Ferdinand Raimund (1790–1836), der Sohn eines Drechslermeisters, war der erste Wiener Volksstück-Dichter, der über die Grenzen der Vorstadtbühnen hinaus bekannt wurde. Freilich trugen ihm seine auf Versöhnung und Harmonie angelegten Stücke den Vorwurf einer allzu verklärenden Wirklichkeitssicht ein. Früh verwaist, lernte er das Theater als Konditorlehrling kennen, der in den Pausen süßes Gebäck verkaufen musste. Der leicht aufbrausende und dabei ebenso empfindsame Raimund wurde Provinzschauspieler und schrieb – ab 1817 als Komiker und dann Regisseur am Theater in der Leopoldstadt – insgesamt sieben Stücke für seine Kollegen. Der Biss eines angeblich tollwütigen Hundes auf seinem Landsitz Gutenstein trieb den hypochondrisch veranlagten und inzwischen erfolgreichen Bühnenautor mit 46 Jahren in den Freitod.

Raimund begann als Possendichter (*Der Barometermacher auf der Zauberinsel*, 1823). Sein zweites Stück *Der Diamant des Geisterkönigs* (1824) trägt bereits deutliche Züge individueller Charakterzeichnung. Als besonders gelungen gilt sein „romantisches Original-Zaubermärchen mit Gesang in drei Aufzügen" *Das Mädchen aus der Feenwelt oder Der Bauer als Millionär* (1826). Wie in späteren Werken folgt er darin dem Gestaltungsprinzip der Stilmischung, verknüpft er Motive des Alltags mit der Welt des Fantastischen, lässt er Lehrhaftes im Humor der Posse aufgehen. Raimunds Versuch aus dem Vorstadtmilieu heraus und auf das Burgtheater-Niveau eines Grillparzer zu gelangen scheiterte. Das Publikum folgte ihm bei seinen beiden nächsten Werken nicht. Dafür wurde *Der Alpenkönig und der Menschenfeind* (1828) ein viel beachtetes Stück, in dem Raimund überzeugend gegen seinen eigenen Pessimismus ankämpfte, indem er Weltschmerz, Menschenfeindschaft und seelisches Leid auf die Bühne brachte. Auf der einen Seite steht mit dem Alpenkönig das Sinnbild der reinen weltüberlegenen Natur, die die verblendeten Menschen von Hass und Misstrauen heilt. Den Gegenpart übernimmt der reiche Gutsbesitzer Rappelkopf, der erst durch das Eingreifen des Alpenkönigs mit gerettetem Seelenheil und Aktienbesitz unter die Angehörigen zurückkehren kann.
Am populärsten wurde der *Verschwender* (1834), ein weiteres „Original-Zaubermärchen", in dem einerseits der soziale Abstieg des Edelmanns Flottwell – er verliert sein gesamtes Vermögen –, andererseits Treue und Zufrieden des Dieners

Valentin vorgeführt werden. Die Handwerker-Philosophie, zusammengefasst in dem berühmten Hobellied: „Da streiten sich die Leut herum …", wird so zum Trost des kleinen Mannes.

4.3 Johann Nestroy – die Sprache vom Starrkrampf erlösen

Noch von den Zeitgenossen als „greller Schauspieler, erfolgreicher Coupletsänger, fruchtbarer und beliebter Possenspieler" mit dem Etikett des dichtenden Komödianten versehen, blieb Nestroy bis weit ins 20. Jh. hinein die gebührende Anerkennung versagt. Erst Karl Kraus, der in dem Sprachkünstler Nestroy nicht allein den Autor volkstümlicher Possen sah und ihn gar mit Shakespeare verglich, leitete eine Neubewertung ein. Heute werden seine gelungensten Stücke gleichrangig neben die Lustspiele von Lessing, Kleist, Hauptmann oder Zuckmayer gestellt.

Johann Nestroy (1801–1862) stammte aus einer angesehenen Wiener Bürgerfamilie, wandte sich aber nach einem abgebrochenen Studium dem Theater des einfachen Volkes zu und wurde der beliebteste Volksschauspieler am Theater der Leopoldstadt. Den zeitgenössischen Vorstellungen vom lehrend-erheiternden Volksstück kam er mit seinen Lokalpossen, politischen Komödien oder Parodien nicht nach.

Nestroy, wie Raimund ein begnadeter Schauspieler, übernahm in vielen seiner Stücke selbst die Hauptrolle. Hier agiert er als Knieriem (links) im ***Lumpazivagabundus*** *(Lithographie nach J. T. C. Hartmann, 1834).*

Nestroys Komik ist im Unterschied zum romantisierenden Raimund eher satirisch und aggressiv; und so verklären seine Figuren, die oft genug von moralisch fragwürdigem Charakter sind, nicht mehr die Welt, sondern entzaubern sie. Der Dramatiker Nestroy sprengt die enge Biedermeierstube, indem er zunehmend realistischer schreibt. Auch sind seine Stücke getragen vom wachsenden Selbstvertrauen und einer gesellschaftskritischen Haltung des Bürgertums in den Jahren des Vormärz.

Schon in der Zauberposse *Lumpazivagabundus* (1833) richtet sich das Interesse weniger auf die Feenkönigin als auf die Handwerkergesellen, die zum Schluss ihr Glück als geachtete Meister finden. Noch milieuechter ist die Lokalposse *Zu ebener Erde und erster Stock oder Die Launen des Glückes* (1835), wo auf geteilter Bühne unten die Familie des armen Tandlers Schlucker haust, während darüber der Spekulant und Millionär Goldfuchs ein Prasserleben führt. Das launische Glück bringt den Schluckers Lotteriegewinne und reiche Erbschaften, dem Goldfuchs indessen Fehlspekulationen und Bankrott. Das Stück wurde zum Vorbild der späteren naturalistischen Vorder- und Hinterhauskomödien. Um die Vorurteile der Leute, in diesem Fall gegen Rothaarige, geht es in der Posse *Der Talisman* (1843). – Auch in *Einen Jux will er sich machen* (1844) bleiben wir im Milieu der Kleingewerbetreibenden: Der Handlungsgehilfe Weinberl reißt in die Großstadt aus, verwirkt die Gunst seines Chefs und erobert am Ende das Herz einer jungen Witwe. *Der Zerrissene* (1844) ist ein Kapitalist, der trotz seines Vermögens an der damaligen Modekrankheit der Langeweile leidet. – Nestroys negative Erfahrungen mit den Zensurbehörden – er hatte mehrfach Geldstrafen zu entrichten – verarbeitet er in seiner sozialkritischen Posse *Freiheit in Krähwinkel* (1848). Der satirische Gehalt des Stücks erlaubt den Spott nach beiden Seiten: gegenüber der Reaktion wie den revolutionären Forderungen von 1848.

Die Stoffe seiner 84 Komödien, Possen und sozial betonten Sittenstücke (*Der alte Mann mit der jungen Frau*, 1849) nahm Nestroy, wo er sie fand. Als Vorlage diente ihm mehrmals das französische *Vaudeville*, also das aus Spottliedern entstandene Stegreifspiel des 17. Jh. Das bloße Nachzeichnen der Handlung eröffnet kaum einen Zugang zu

Nestroys Possen und Burlesken. Ihre Technik des Handlungsaufbaus ist ziemlich unkompliziert. Nestroys Witz entfaltet sich dagegen in seinen Dialogen, Couplets und Monologen, wo sein „sprachverbuhlter Humor“ am ehesten dem Jean Pauls und Heines verwandt ist.
Karl Kraus meinte, er sei „der räsonierende Katalog aller Weltgefühle“ und der erste Satiriker, bei dem sich die Sprache Gedanken mache über die Dinge. Er erlöse sie vom Starrkrampf, und „sie wirft ihm für jede Redensart einen Gedanken ab“.

4.4 Franz Grillparzer – „... der Erde Glück? – Ein Schatten!“

Eingebettet in eine vom Traditionalismus geprägte Ordnung und dabei stets auf der Suche nach dem wahren Künstlertum, erscheint uns der grüblerische, immer an sich selbst zweifelnde Franz Grillparzer (1791–1872) als bedeutender Repräsentant eines Epochenumbruchs. „Ich komme aus andern Zeiten / und hoffe in andre zu gehn“, sagt 1859 ein Dichter, der sich einerseits als Fortsetzer der Form- und Stilideale der Weimarer Klassik versteht und andererseits in seinen Dramen mit der Selbstbestimmung des Subjekts Bewusstseinsformen der Moderne aufscheinen lässt.

Sein Leben, das wir aus vielen Aufzeichnungen kennen, ist bestimmt vom „ewigen Wechsel der Empfindungen“, wie er 1820 selbst klagte. Nach dem frühen Tod des Vaters, einem begüterten Advokaten, verarmte die Familie. Auch geriet Grillparzer nun noch stärker unter den Einfluss der von Schwermut und Depressionen gezeichneten Mutter. Nach philosophischen und juristischen Studien trat er 1814 in den Staatsdienst ein, arbeitete zunächst in der Finanzhofkammer um von 1832 bis 1856 als Direktor des Hofkammerarchivs zu wirken. Mit der späten Ehrung eines Hofrat-Titels schied der von Zensur und Behörden misstrauisch beobachtete Grillparzer schließlich aus dem ungeliebten Amt.
Freundschaftliche Kontakte zu dem Dramaturgen Joseph Schreyvogel ebneten Grillparzer den Weg zum Theater. Bereits 1817 hatte seine grausig-unheimliche Schicksalstragödie *Die Ahnfrau* im Theater an der Wien Premiere. Das romantische Volksstück mit seinen Räubern und Gespenstern wurde sein erster Bühnenerfolg. Ein Jahr später avancierte Grillparzer mit der Aufführung seines in der antiken Tradition stehenden, in Jamben geschriebenen Dramas *Sappho* zum besoldeten Theaterdichter des Burgtheaters. In diese Zeit fiel aber auch sein Konflikt mit dem Kaiserhaus. Das harmlose Gedicht *Auf die Ruinen des Campo Baccino*, das für die frömmelnden Ultramontanen Wiens wie Gotteslästerung klang, brachte ihn bei der Staatskanzlei sogar in den Verdacht der Ketzerei. Der zunächst liberal-patriotische Dichter sympathisierte fortan mit den Gegnern Metternichs, was auch in *König Ottokars Glück und Ende* spürbar wird. Ausgleich schafften nur die Selbstvergewisserung in der Kunst sowie Reisen nach Dresden, Weimar und Berlin, wo er u. a. mit Tieck, Goethe und Hegel zusammentraf. Einen wichtigen Einschnitt markierte das Jahr 1838. Der Misserfolg seines Lustspiels *Weh dem, der lügt* führte dazu, dass Grillparzer verbittert seine weiteren Stücke im Schreibtisch verbarg. Begrüßte er zunächst die Revolution von 1848, so schreckte ihn das neue Nationalgefühl der Tschechen, Ungarn und Italiener ab. Im Gedicht *An Radetzky* erklärte er sich gar solidarisch mit der reaktionären Armee oder trat mit *Ein Bruderzwist*

***Franz Grillparzer** sah sein Werk in der Tradition Goethes und Schillers; nicht zu Unrecht bezeichnete man ihn daher als den „österreichischen Klassiker“ (Lithographie von A. Selb).*

in Habsburg (erste Fassung 1848) für den Neo-Absolutismus Schwarzenbergs ein. Erst im Alter und damit „zu spät", wie Grillparzer empfand, wurden ihm verschiedene Ehrungen zuteil – etwa 1861 die Berufung ins Herrenhaus. Die Gründung des kleinstaatlichen Nationalstaates von 1871 lehnte er ab.

Die Gattungsvielfalt von Grillparzers Stücken – neben der Liebestragödie findet sich das Geschichtsdrama und zum antiken Trauerspiel gesellt sich das Künstlerdrama – verweist auf seinen Universalitätsanspruch. Die Quellen seiner Schauspiele sucht sich der Hochgebildete dabei in der antiken Mythologie ebenso wie in der spanischen Barocktragödie, in den Possen des Wiener Volkstheaters wie in den Dramen der Weimarer Klassik.

Sappho (1818), ein Trauerspiel in Jamben in 5 Akten, greift das *Tasso*-Thema (→ S. 195) vom Widerspruch zwischen hoher Kunst und Leben wieder auf. Die gefeierte antike Dichterin, den Überirdischen nahe, verlangt nach irdischer Liebe zu dem Jüngling Phaon und ist gequält von Eifersucht auf die jüngere naiv-unschuldige Melitta. Doch sie läutert sich zur Einsicht; um ihre Schuld zu tilgen stürzt sie sich vom Felsen ins Meer. In dieser Tragödie von Künstlereinsamkeit und Verzicht erscheint das Kunstideal einer auf Harmonie und Erfüllung angelegten Klassik aufgehoben.

Medea, der dritte Teil der *Argonauten*-Trilogie *Das goldene Vlies* (1818–20), schließt mit der Maxime: „Trage! Dulde! Büße!" Die bedingungslos liebende Zauberin Medea aus Kolchis kann sich in dem heiteren, zivilisierten Hellas, wohin Jason sie geholt hat, nicht zurechtfinden. Wieder ist die Frau die eigentlich tragische Gestalt; denn von Eifersucht auf Jason getrieben, rächt sich ihre beleidigte Liebe: mit Zauberkunst tötet sie die Rivalin Kreusa, steckt den Palast in Brand und tötet auf bestalische Weise ihre Kinder. In der exzessiven Frauenrolle der Medea bricht etwas Elementar-Dämonisches auf, das der klassischen Humanität nicht entsprach, in Kleists *Penthesilea* allerdings ein Vorbild hatte.

König Ottokars Glück und Ende (1823) zeigt nach dem Muster der Königsdramen Shakespeares, wie der Böhmenkönig seine Hybris büßen muss. Die Anspielung auf Napoleons Sturz ist überdeutlich. Doch solch freimütiges Hinterfragen von Macht und Größe wurde im restaurativen Österreich argwöhnisch registriert. Trotz der historischen Distanz fiel ein Schatten auf das regierende Herrscherhaus der Habsburger und so erlaubte die Zensur die Aufführung erst 1825.

Ebenso wenig ins offizielle Bild des Metternich'schen Systems passte das Stück *Ein treuer Diener seines Herrn* (1828). Als wenig schmeichelhafte Konsequenz eines überzogenen Staatsinteresses musste es erscheinen, wenn der Reichsverweser Bancbanus lieber seine Frau preisgibt als dem „Heroismus der Pflichttreue" abzusagen. Das Stück wurde auf Befehl des Kaisers vom Spielplan abgesetzt.

Mit *Des Meeres und der Liebe Wellen* (1831) kehrte Grillparzer wieder zu antiken Themen zurück. *Der Traum, ein Leben* (1834), ein Märchenstück nach Calderón und Voltaire, in vierfüßigem spanischem Trochäus gedichtet, ist Grillparzers überzeugendster Beitrag zum Wiener Volksstück. Das von den Nestroy-Possen verwöhnte Wiener Publikum konnte hingegen mit dem philosophischen Lustspiel *Weh dem, der lügt* (1838) nichts anfangen. Die im frühen Mittelalter angesiedelte Geschichte vom Küchenjungen Leon, der mit List den Neffen seines Bischofs befreien soll, deckt den doppelten Charakter von Wahrheit auf. Leider hat Grillparzer, vom Misserfolg bei der Aufführung abgeschreckt, den Weg des Märchenstück- und Lustspieldichters nicht fortgesetzt. Der Tradition der Weimarer Klassik folgend – und hier vor allem Schiller – kehrte er zum Geschichtsdrama zurück.

Ein Bruderzwist in Habsburg (1848 verfasst) stellt den edlen, menschenscheuen und friedliebenden Kaiser Rudolf II. dar, der – wie Grillparzer selbst – misstrauisch gegenüber aller Entscheidung, willensschwach, zwiespältig und pessimistisch, Krieg und Umsturz nicht aufhalten kann. Der gefährdeten Identität Rudolfs, die daher umso nachdrücklicher auf dem Fortbestehen der alten Ordnung beharrt, setzt Grillparzer mit Don Cäsar einen Vertreter des modernen Subjektivismus entgegen. Das zu Lebzeiten des Dichters nicht mehr aufgeführte Stück bedeutete über das Charakterporträt hinaus eine Absage an die nationalrevolutionären Tendenzen von 1848, die den Vielvölkerstaat zu gefährden und die konservativ-universalistische Österreich-Idee zu sprengen

drohten. Mit *Ein Bruderzwist in Habsburg* hat Grillparzer wohl sein bedeutendstes und zugleich gedankenschwerstes Drama geschaffen.
Das Drama *Libussa* (um 1848) handelt von der mythischen Gründung Prags. In dem kulturphilosophischen Werk offenbart sich, wie sehr der Dichter noch einer organischen, der Romantik entstammenden Staatstheorie verhaftet war. Die Zauberin Libussa verkörpert den gewachsenen, mythisch verwurzelten Volksorganismus, die irrationale Quelle der „Gemeinschaft", das Weiblich-Mütterliche des Ursprungs und zugleich das Hohe, Edle. Ihr steht in der Gestalt des Gemahls Primislaus das harte, männliche Staatsprinzip gegenüber. Der romantische Konflikt zwischen Gefühl und Verstand wird in der Polarität von Weiblichkeit und Männlichkeit auf Gesellschaft und Staat übertragen. Die dichterische Vision einer Versöhnung von Mythos und Geschichte, Hohem und Niedrigem hatte allerdings zu den tatsächlichen Problemen der Gesellschaft um 1848 keinen Bezug mehr.
Grillparzers letztes Stück, *Die Jüdin von Toledo* (1872), das erst im Nachlass gefunden wurde, vermittelt seine Entsagungslehre auf andere Weise. König Alfons von Kastilien verfällt der Leidenschaft zur schönen Jüdin Rahel so sehr, dass er darüber seine Königspflichten vergisst. Der Staat scheint durch die sinnlich-erotische Faszination dieses Weibes gefährdet. Um der Staatsräson willen wird die Jüdin von den Granden getötet. Mit der Zustimmung zum Mord belegt der König, dass ihm Staat, Gesetz und Kirche Spaniens mehr gelten als individuelles Glück.
Neben Zeugnissen autobiografischen Schreibens und essayistischen Schriften zu Kunst und Literatur hat Grillparzer zwei Prosatexte verfasst: Die noch in der Tradition der Romantik stehende Erzählung *Das Kloster von Sendomir* (1829) und die bedeutende Novelle *Der arme Spielmann* (1847). In der Geschichte vom Musikanten Jakob, der mit seinem uneinlösbaren Kunstanspruch die Ohren seiner Zuhörer durch die „höllischen Konzerte" foltert, hat Grillparzer wohl am nachdrücklichsten sein eigenes Leiden an der Kunst verarbeitet. Die Unfähigkeit über die irdische Musik hinauszukommen – „Sie spielen den Wolfgang Amadeus Mozart und den Sebastian Bach, aber den lieben Gott spielt keiner" – lässt den armen Spielmann am Leben zerbrechen. Im perspektivisch geschickt inszenierten Wechselspiel von Schein und Wirklichkeit, von äußerer Täuschung und innerer Wahrheit wird so der Blick auf das eigentlich Humane gelegt. Grillparzer hat mit dem *Armen Spielmann* eine Künstlernovelle geschaffen, die bereits Adalbert Stifter als ein „Meisterwerk" rühmte, da sie „ungleich der neueren Art zu erzählen, nemlich immer spannend geistreich und besonders sein zu wollen", vor allem „der Einfalt sittlicher Größe und Güte" (Stifter an A. Buddeus am 21. 8. 1847) verpflichtet bleibt. Und noch 1918 ruft Thomas Mann in seinen *Betrachtungen eines Unpolitischen* Grillparzers *Armen Spielmann* zum Zeugen auf für seine These von der „absoluten Musik" als der reinsten aller Künste. So ist die Wertschätzung, die die Novelle bei vielen modernen Autoren (z. B. F. Kafka, Th. Mann, J. Roth) fand, nur ein weiteres Indiz dafür, dass sie zum unverzichtbaren Bestand deutscher Erzählkunst gehört.

5 Die Literatur des Vormärz

5.1 Verstellte Auswege – die Störung biedermeierlicher Behaglichkeit

Die Zerrissenheit der Epoche. Die Zeit nach 1830 war keineswegs so idyllisch und harmonisch, wie sie uns aus den biedermeierlichen Bildern Ludwig Richters (1803–1884), Moritz Schwinds (1804–1871) und Carl Spitzwegs (1808–1885) trügerisch entgegenblickt oder wie sie sich als „heile Welt" einer bürgerlichen Ordnung in dem stilvollen Ambiente eines Biedermeierwohnzimmers (→ S. 256) präsentiert. Vielmehr vollzog sich mit den einschneidenden demographischen, industrie- wie agrarwirtschaftlichen, technologisch-wissenschaftlichen und gesellschaftlichen Veränderungen auch ein Einstellungswandel in Kunst und Literatur.
Radikal-demokratisch gesinnte Autoren, wie etwa Ludwig Börne, waren der Auffassung, „dass in Deutschland alles zu einer Revolution reif sei". Damit trat parallel zu den Modernisierungstendenzen der sozialen und ökonomischen Lebensumstände zunehmend die Politisierung der Intellektuellen, Literaten und Publizisten. Auslösendes Moment für diese wachsende Hinwendung zu politischen Fragen war die Julirevolution im Jahre 1830 in Frankreich. In der Folge-

zeit verschärfte sich in ganz Deutschland das soziale Klima, kam es zu Unruhen und lokalen Aufständen. Doch selbst „Censur, Presspolizei und ein strenges Pressregiment" waren mit ihrer massiven Einschüchterungspraxis nicht mehr im Stande die Verbreitung oppositionellen und liberalen Gedankenguts zu verhindern. Ganz selbstverständlich stellte daher Georg Herwegh 1840 fest, die „moderne Literatur" zeichne sich dadurch aus, dass sie ein „Kind der Politik" sei.

5.2 Ludwig Börne – Schreiben mit dem Blute des Herzens

Charakteristisch für die in Deutschland stets nur kleine Schar leidenschaftlicher Republikaner, deren Grunderfahrung die Französische Revolution bildete, war LUDWIG BÖRNE (1786–1837). Elf Jahre älter als Heine, kämpfte der aus einer jüdisch-orthodoxen Familie Frankfurts stammende Börne zäh und unbestechlich für die republikanische Staatsform nach französischem Vorbild. Die prägenden Kindheitserlebnisse des entwürdigenden Gettolebens machten dem zum evangelischen Glauben konvertierten Juden die Ideale von Freiheit und Gleichheit umso wertvoller. Der literarisch Hochgebildete verehrte Lessing und Jean Paul, auf den er eine berühmte Gedenkrede hielt, spottete über die Romantiker und verachtete den „Despotendiener" Goethe.
Berühmt wurde er zuerst durch seine Theater- und Literaturkritiken, in denen er auch zu gesellschaftspolitischen Fragen Stellung bezog. Von nicht minderem Rang waren seine Aphorismen, Aufsätze, Essays, Humoresken und Satiren, die auf witzig-geistreiche Art Philister, den Adel und die restaurative Kirche aufs Korn nahmen. Seine scharfsinnigen Gesellschaftsanalysen, die selbst Gegnern wie Metternich oder dessen Chefideologen Friedrich Gentz Respekt abnötigten, zwangen ihn zur Flucht nach Paris, wo es damals an die hunderttausend europäische Emigranten gab. Dort wurde er zu einem der bedeutendsten und begabtesten Publizisten seiner Zeit, der – im Unterschied zu Heine – nur politische Themen literarisch verarbeitete. Die damit angedeuteten Differenzen zwischen dem Radikaldemokraten und politischen Schriftsteller Börne, der die Revolution in Deutschland erhoffte, und dem auf feste politische Positionen kaum festlegbaren Heine, waren grundsätzlicher Art. Warf Börne seinem Gegenspieler Opportunismus gegenüber den Mächtigen, Formalismus in seiner Kunst und Verrat an der Sache der Freiheit vor, so konterte Heine mit einer klaren Abgrenzung: „Was habe ich mit Börne zu schaffen, ich bin ein Dichter."
Gleichwohl horchte die literarische Öffentlichkeit Deutschlands auf, als Börne in den Jahren 1832 bis 34 seine *Briefe aus Paris* veröffentlichte, in denen dieser „Apostel der Freiheit" vor dem Hintergrund der Julirevolution die politischen, sozialen und kulturellen Zustände in Frankreich beschrieb und damit immer auch – teils sehnsüchtig-verzagt, teils bitter-böse – den Bogen nach Deutschland spannte.
Zunächst als private Briefe an seine langjährige Freundin Jeanette Strauß-Wohl konzipiert, erhalten sie durch Publikationspläne bald öffentlichen Charakter. Sie mischen Autobiografisches mit Tagesaktualitäten und geben sich zugleich als sachliche Korrespondenzberichte oder plaudernde Klatschnachrichten. Von begeisterter Zustimmung bis zu brüsker Ablehnung reichen die Reaktionen der deutschen Leser, die sich in zahllosen Besprechungen niederschlugen.
In seiner letzten Schrift *Menzel, der Franzosenfresser* (1837) rechnete der schon von schwerer Krankheit gezeichnete Börne mit den nationalistisch-deutschtümelnden Auffassungen des damaligen Literaturpapstes WOLFGANG MENZEL (1798–1873) ab. Hintergrund der Affäre war das von Menzel initiierte Verbot der Autoren des „Jungen Deutschland" durch einen Bundestagsbeschluss (1835, →S. 284). Glaubte der Urburschenschaftler und einstige liberale Kampfgefährte Börnes, dessen Antipathie gegen Heine ausnutzen und ihn so für seine Kampagne gewinnen zu können, hatte er sich allerdings in Börnes patriotischer Grundhaltung getäuscht.

5.3 Heinrich Heine – Dichterleiden am „großen Weltriss"

Deutscher Dichter und europäischer Kosmopolit, unverstandener Patriot und verfemter Exilant, zweifelnder Jude und freisinniger Künstlerphilosoph, „entlaufener Romantiker" und politischer Schriftsteller – all diese Gegensatzpaare machen erst so recht die Sonder- und Außenseiterrolle HEINRICH HEINES (1797–1856) augenfällig. Gleichwohl gab es kaum einen Autor in dieser Zeit, der mit ihren kulturellen Strömungen, den großen gesellschaftlichen Verschiebungen enger verbunden gewesen wäre als Heine. Darum ist es, wie Hebbel sagte, unmöglich, ihn aus einem einzelnen seiner Werke zu begreifen. Erst sein Gesamtœuvre aus Lyrik und Prosa, Essayistischem und Feuilletonistischem, Dichtung und Publizistik, zeigt den ganzen widersprüchlichen, gleichwohl faszinierenden Heinrich Heine. In seiner Mitte steht immer zugleich der leidende und kämpfende, spottende und enttäuschte Mensch.

Vielen Zeitgenossen galt Heines Werk als Wendemarke einer neuen Epoche. Sie datierten „die Julirevolution der deutschen Literatur“ (J. Scherr, 1844) – in Anspielung auf die Julirevolution in Frankreich und das Ende der Restaurationsepoche – mit Erscheinen des ersten Bandes seiner *Reisebilder* (1826). Freilich nicht allen war „der Poet der neuesten Zeit“ (A. Ruge, 1838) genehm. Deutsche Nationalkonservative sahen in dem franzosenfreundlichen Heine nur den „Nestbeschmutzer“, die Radikaldemokraten um Börne wiederum verachteten in ihm den „Royalisten“. Auch in der Folge – sei es im Zusammenhang mit dem Streit um die Errichtung eines Heine-Denkmals in Düsseldorf (1887–93; 1928–33)

Diese Zeichnung von Kietz aus dem Jahre 1851 zeigt den bereits schwer kranken ***Heine****, zu einer Zeit, da ihn sein Verleger Campe in Paris besuchte und die unterbrochene Zusammenarbeit mit dem Dichter wieder aufnahm.*

oder der Benennung der Düsseldorfer Universität (1965–72) – schieden sich an der „Wunde Heine“ (Adorno) die Geister. Was Nietzsche als „ein europäisches Ereignis gleich Goethe, gleich Hegel“ erschien, war Franz Sandvoß in seiner 1888 publizierten antisemitischen Schmähschrift *Was dünket euch um Heine?* ein „Pfahl in unserem Fleische“. Doch die völlige Ächtung Heines gelang selbst den Nationalsozialisten nicht. Wohl wissend um die Popularität des „Literaturjuden“ behalfen sie sich beim Abdruck einzelner Gedichte wie der *Lorelei* durch den Vermerk „Dichter unbekannt“. Erst in unseren Tagen konnte die einseitige Hinwendung zu Heines lyrischem Werk und die von Karl Kraus (*Heine und die Folgen*, 1910) zu verantwortende Verkürzung des Heine-Bildes auf sprachkritische Fragen einem vorurteilsloseren Zugang weichen.

Sein Leben. Harry Heine (erst nach seiner Taufe 1825: Heinrich) kam 1797 in Düsseldorf zur Welt – „in einer Stadt, wo zur Zeit meiner Jugend nicht bloß die Franzosen, sondern auch französischer Geist herrschte“. Er entstammte einer jüdischen Familie von Ärzten, Intellektuellen und Bankiers, in der sich die Bildungstradition der Aufklärung mit liberal-weltoffenem Denken verband. Schon in seine Kinderstube klangen die Volkslieder und Märchengeschichten der Romantik hinein, die ihn zeitlebens nicht mehr loslassen sollten. Nach den Schuljahren im Franziskanerkloster, dessen er später liebevoll gedenkt, und dem gescheiterten Versuch einer Kaufmannskarriere, studierte er Jura in Bonn, Berlin und Göttingen. In die Zeit des Studiums – ab 1819, dem Jahr der „Karlsbader Beschlüsse“ – fallen auch Heines erste bedrückende Erfahrungen mit dem restaurativen Klima in Deutschland, das zunehmend judenfeindlichere Züge annimmt. In Berlin hatte er Kontakte zu den Romantikern um Rahel Varnhagen, hört philosophische Vorlesungen und schloss Freundschaft mit Immermann. Sein Plan eine bürgerliche Existenz aufzubauen und Universitätsprofessor zu werden scheiterte, da nach 1815 ungetauften Juden diese Laufbahn wieder versperrt war. So musste er sich gegen seine Überzeugung und ohne den erhofften Erfolg – um das Eintrittsbillett in die christliche Gesellschaft zu erwerben – protestantisch taufen lassen. Denn dem „nie abzuwaschende[n] Jude[n]" blieben auch ferner die Türen zur besseren Gesellschaft verschlossen.

Zwischen 1822 und 1830 führten ihn Reisen nach Polen, England, Italien und Helgoland. Zwar ohne Beruf, aber nach der Veröffentlichung von Gedichtbänden und Reisebeschreibungen einer breiten Öffentlichkeit bekannt und so als freier Schriftsteller etabliert ging Heine 1831 ins Exil nach Paris. Von hier aus kämpfte er mit Worten „gleich flammenden Sternen die aus der Höhe herabschießen und die Paläste verbrennen und die Hütten erleuchten" gegen die reaktionär-versumpften deutschen Zustände für das Deutschland Lessings und Goethes. In kühler Distanz zu den deutschen Emigranten um Börne, pflegte er dagegen engen Kontakt zu den vornehmen Salons wie den Künstlerkreisen der Pariser Gesellschaft. Zu seinen Bekannten zählten die Dichter Balzac und Hugo, die Autorinnen Sarah Austin und George Sand, die Komponisten Berlioz und Chopin sowie die Politiker Guizot und Thiers. Für Paris-Besucher wie Grillparzer, Hebbel oder Richard Wagner wurde ein Besuch bei Heine zur Pflicht. Die letzten acht Jahre lag er, der ein Leben lang die hellenische Lebenslust verherrlicht hatte, leidend in seiner „Matratzengruft". Doch bis zu seinem Tode am 17. Februar 1856 blieb er mit höchster geistiger Energie für die großen Fragen der Religion und der europäischen Politik aufgeschlossen.

Die Werke Heines umfassen fünf Gedichtbände, zwei mythische Tanzpoeme *(Doktor Faust, Göttin Diana)*, zwei Schriften über Götter und Geister, fünf Bücher über Philosophie, Literatur, Kunst und Theater, drei Bücher über Zeitgeschichte, viele Reiseberichte, Novellen, Verstragödien und zahlreiche kleinere Aufsätze.

Seine Auffassung, dass die „neue Zeit [...] auch eine neue Kunst gebären" wird, bestätigte Heine selbst auf beeindruckende Weise. In seiner Lyrik zerstörte er durch Desillusion den sentimentalisierenden Romantik-Betrieb, dem brillanten Plauderer und kenntnisreichen Beobachter verdanken wir die neue Gattung des Reisebildes. Seine Reportagen, Feuilletons und Kunstkritiken – etwa seine *Musikalischen Berichte aus Paris* – sind bis heute Muster an Lebendigkeit, Eleganz, Ideenreichtum und Wahrheitsliebe.

Heines Schreiben war stets mitgeprägt von den politischen Bedingungen des Kulturbetriebs im Vormärz. Um beispielsweise den lästigen Auflagen der Vorzensur zu entgehen legte er den Umfang seiner Prosaschriften meist bewusst über 20 Druckbogen (320 Seiten) an. Aber auch sonst war Heine ein Meister der „Zensursprache" und beherrschte diese Kunst so vorzüglich, dass Maskieren und Täuschen, ja selbst offenes Spielen und Düpieren bald ganz selbstverständlich zu einem Merkmal seines Stils wurden. Beleg für diese Verinnerlichung des Überwachungswesens ist Heines ironischer Ausruf aus dem Jahre 1848: „ach! ich kann nicht mehr schreiben, ich kann nicht, denn wir haben keine Censur! Wie soll ein Mensch ohne Censur schreiben, der immer unter Censur gelebt hat? Aller Styl wird aufhören, die ganze Grammatik, die guten Sitten."

Heine begann als Lyriker in der Tradition der Romantiker, suchte und fand aber bald seinen eigenen Stil. Auch wenn in den Bänden *Gedichte* (1822), *Lyrisches Intermezzo* (1823) und *Buch der Lieder* (1827) der romantische Liedton vorherrscht, bekannte Motive wie Liebesklage und Weltschmerz dominieren, bildet sich hier fast unmerklich ein neues Rollenverständnis in einer eigentümlichen Bildersprache aus. Zeiterfahrungen wie Verunsicherung, Fremd- oder Ausgeschlossensein treten in den Vordergrund. Diese bewusste Entdeckung des leidenden Subjekts und seiner Fähigkeit sich auszudrücken macht Einsamkeit und Isolation erlebbar und verweist zugleich auf das Fragwürdigwerden menschlicher Gefühle. Ein Beispiel aus dem *Buch der Lieder*, das erst nach der zweiten Auflage (1837) zum Erfolg wurde:

> Aus meinen großen Schmerzen
> Mach ich die kleinen Lieder:
> Die heben ihr klingend Gefieder
> Und flattern nach ihrem Herzen.
>
> Sie fanden den Weg zur Trauten,
> Doch kommen sie wieder und klagen,
> Und klagen, und wollen nicht sagen,
> Was sie im Herzen schauten

Solch desillusionierende Entzauberung der Welt gelingt Heine immer dann besonders überzeugend, wenn er vertraute Erfahrungen sentimental-melancholisch oder ironisch-satirisch in ihr Gegenteil wendet, wenn er seinen subjektiven Zugang zur Wirklichkeit umschlagen lässt in eine neue „Schreibart" aus witzigen Andeutungen oder zugespitzten Antithesen.

Man hat das Moderne, auf das 20. Jh. Vorausweisende dieses lyrischen Sprechens treffend mit dem Begriff der „Stilmischung" (M. Werner) umschrieben. Heine will – wie er selbst sagt – mit der „Zaubermacht des allgemein verständlichen Wortes" keine „Gefühle erlügen", sondern „vielmehr, jakobinisch unerbittlich, die Gefühle zerschneiden, der Wahrheit wegen".

Seine Balladen *(Die Grenadier, Belsazar)* gehören zum festen Bestandteil dieser Gattung; Fontane hat von ihnen gelernt. Als Erster machte er auch das Proletariat zum balladesken Motiv *(Die schlesischen Weber, Das Sklavenschiff, Die Wanderratten)*. Die Meerlandschaft der Nordsee-Zyklen, wo Sturm und Wellen sich rhythmisch vereinen, kehrt bei Storm wieder; der Freivers, in dem sich Prosa und Lyrik gegenseitig ergänzen, wird von dem amerikanischen Dichter Walt Whitman und dem Naturalisten Arno Holz aufgegriffen. Bis in die Lyrik von Gottfried Benn lässt sich Heines Ausstrahlung verfolgen.

Als Prosa-Schriftsteller – nicht als Lyriker, wie uns Lesern des 20. Jh. – wurde Heine seinen Zeitgenossen zum Begriff. „Selten hat ein Buch in Deutschland eine so laute und allseitige Theilnahme hervorgerufen, als der erste Band der Reisebilder", vermerkt noch 1867 der Literaturkritiker Julian Schmidt. Ganz dem Geschmack der bildungshungrigen und reiselustigen Epoche folgend, hatte Heine in seinen *Reisebildern* (4 Bde., 1826–31) ein neues Genre der Reiseliteratur geschaffen. Mit der Tradition von Sternes *Sentimental Journey* (1768), Seumes *Spaziergang nach Syrakus* (1803) und Goethes *Italienischer Reise* (1816) verbindet Heines Reisebeschreibungen allerdings kaum etwas. Der Aufbruch in eine neue Zeit, das Streben nach Emanzipation, die Bewegung hin zur Revolution – all dies wird zum Thema erhoben und in ironisch-satirischer oder heiter-plaudernder Form erzählt. Dabei wird dem Leser kein beschauliches, ganzheitliches Bild vermittelt – das Bewusstsein von der Zerrissenheit der Welt, die Erfahrung der Widersprüche in Staat und Gesellschaft verlangt nach adäquaten Ausdrucksformen. Und so kommt die Sprache selbst in Bewegung, entsteht eine „Poetik der Dissonanz" (F. Vaßen): Fiktives wechselt mit Dokumentarischem, Assoziatives steigert sich zu Humoristischem und Abschweifendes endet unvermittelt in Fragmentarischem. Das Wechselvolle und Gegensätzliche dieser Erzählweise wird nicht minder an den Inhalten festmachbar: von der gesellschaftskritischen Philistersatire der *Harzreise* (1826) scheint ebenso wenig ein Weg zur autobiografischen Erinnerungsarbeit und geschichtsphilosophischen Reflexion in *Ideen. Das Buch LeGrand* (1827) zu führen wie von der poetischen Selbstbestimmung in den *Bädern von Lucca* (1830) zur Religionskritik in *Die Stadt Lucca* (1831).

Mit der Spottschrift *Aus den Memoiren des Herren von Schnabelewopski* (1834) – einer humoristischen Replik auf Goethe, der Heine einen „Gassenjungen" genannt hatte – und der fragmentarischen Erzählung *Der Rabbi von Bacherach* (1840) – einer historischen Novelle im Stile Scotts – hat sich Heine auch auf dem Felde der fiktionalen Prosa versucht.

Frankreich- und Deutschland-Schriften. Das politische, soziale und kulturelle Leben einer literarisch interessierten Öffentlichkeit des jeweils anderen Landes wechselseitig zu vermitteln war Heine ein besonderes Anliegen. In Deutschland verwurzelt – „das Vaterland an den Schuhsohlen", wie er 1831 Varnhagen gesteht – schreibt er von 1832 an für die *Augsburger Allgemeine Zeitung* kenntnisreiche und informative Berichte über die *Französischen Zustände*, die aber wegen ihrer brisanten politischen Bezüge auf Deutschland bald verboten werden.

Als „eine Fortsetzung" von Mme. de Staëls *De l'Allemagne* (→ S. 206) kündigt Heine 1833 – unter bewusster Aufnahme dieses Titels – dem französischen Publikum Studien *Zur Geschichte der neueren schönen Literatur in Deutschland* an, die 1836 in deutscher Sprache und in Buchform als *Romantische Schule* erscheinen. In kritischer Distanz zur „Kunstperiode" (→ S. 179) und ihrem Ende möchte Heine in dieser Literaturgeschichte der Goethezeit dem französischen Leser ein ungeschöntes Bild des deutschen Idealismus vermitteln. Ergänzt wurde diese eher literarisch ausgerichtete Arbeit durch die Publikation des großen geistesgeschichtlichen Essays *Zur Geschichte der Religion und Philosophie in Deutschland* (1835). Die dort aus religionskritischen und philosophischen Deutungen abgeleiteten Prognosen einer baldigen Revolution in Deutschland alarmierten einmal mehr die Zensurbehörden.

Capitel XII.

—

Die deutschen Censoren — — — —
— — — — — — — — — —
— — — — — — — — — —
— — — — — — — — — —
— — — — — — — — — —
— — — — — — — — — —
— — — — — Dummköpfe — —
— — — — — — — — — —
— — — — — — — — — —
— — — — — — — — — —
— — — — —

—

Heinrich Heine, ein Meister der Satire, setzte in seine Reisebilder eine berühmt gewordene ***Zensurparodie.***

Auf Unverständnis und herbe Kritik stieß Heines posthum geführte Auseinandersetzung mit Börne in dem 1840 erschienenen Buch *Heinrich Heine über Ludwig Börne*, das einzig als Pasquill (Spottschrift) gelesen wurde. Ein Missverständnis, denn Heine versuchte in dem als Denkschrift angelegten Werk, in das er auch die in den 20er-Jahren entstandenen *Briefe aus Helgoland* aufnahm, neben einer künstlerischen und gesellschaftspolitischen Positionsbestimmung vor allem zeittypische Verhältnisse darzustellen.

Heines Spätwerk. Satirisch-bissig behandelte Heine das stickige, schlummernde Deutschland von 1844 in *Deutschland. Ein Wintermärchen.* Humoristisch-keck verspottete er da die morastigen Straßen, das „hölzern-pedantische" preußische Militär in Aachen, die Heuchelei König Wilhelms IV. beim Kölner Dombau, den Mittelalterspuk altdeutscher Schwärmer. Seine nonchalante Offenheit trug ihm den dauernden Hass zensurgewohnter Untertanen ein. Seine politische Satire lieferte bis zu Sternheim, Tucholsky und Erich Kästner das Grundmuster. Im satirischen Tiergedicht vom Bären *Atta Troll* (1843) triumphierte Heines artistisch-freier Geist über die „Bärenhäuter" jeder Sorte.

5.4 Christian Dietrich Grabbe – das lärmende Panorama der Geschichte

Christian Dietrich Grabbe (1801–1836) kam aus kleinbürgerlichen Verhältnissen in Detmold, wo sein Vater Zuchthausverwalter war. Der junge Grabbe wird als ehrgeiziger, lernbegieriger Gymnasiast geschildert, der hochfliegende Pläne hat und sich durch einen genialischen Kraftakt aus seiner heimatlichen Enge befreien will. Bei dem wilden Leben, das Grabbe als Student der Rechtswissenschaft führte, frönte er vor allem seiner Theaterleidenschaft. Kontakte zu Tieck und Heine öffneten dem bewusst plebejisch auftretenden Grabbe gleichwohl nicht den Zugang zu den literarischen Zirkeln Berlins. Nach erfolgreichem Examen (1826) arbeitete Grabbe zunächst als Militärrichter. Beflügelt durch die Veröffentlichung einzelner Jugendwerke, entstanden ab 1827 in rascher Folge zahlreiche Dramen, die aber – mit Ausnahme von *Don Juan und Faust* – allesamt nicht aufgeführt wurden. So gab es für diese nach bürgerlichen Maßstäben gescheiterte Existenz aus der Sackgasse des Alkoholismus und einer zerrütteten Ehe keine Rettung. Daran änderte auch die Flucht zum Frankfurter Verleger und nach Düsseldorf zu Immermanns Reformbühne nichts mehr. Am 12. September 1836 stirbt der Detmolder „Olympier" (K. Immermann) 35-jährig in den Armen der Mutter.

Der Dramatiker Grabbe. Fast zwangsläufig begegnen wir in Grabbes Dramen großen, stets vom Scheitern ihrer Mission bedrohten Männern wie *Marius und Sulla* (Fragment, 1823), den Hohenstaufenkaisern *Barbarossa* (1829) und *Heinrich dem Sechsten* (1830), *Hannibal* (1835), Hermann dem Cherusker (*Die Hermannsschlacht*,

1836) und Napoleon (*Napoleon oder Die hundert Tage*, 1831). Aber in seinen überragenden Helden steckt auch immer ein Stück des deutschen Kleinstädters, der als Student auftrumpft, als Teil einer Generation, die die Fesseln sprengen will. Das Plötzliche, Geschmacklose, Tolle und Zynisch-Satirische, das man an seinen ersten Stücken getadelt hat, ist damit ein deutlicher Abglanz der eigenen Biografie – ein Produkt der Zeit, des Ortes, der Zuchthausnähe, des Feldwebelhaften und der inneren Unfreiheit seiner nächsten Umgebung.

Fern von der kultivierten Atmosphäre Weimars musste Grabbe nicht erst gegen die Kunstauffassung der Klassik rebellieren. Das Rauh-Realistische, Abrupte, die Hereinnahme der Banalität des Lebens und der Verachtung der Welt als einer sinnlosen Komödie brachten nur jäh zum Bewusstsein, was ihm die beengende Detmolder Umwelt aufgezwungen hatte. Man hat früher mit dem Kopfschütteln des Biedermanns zuviel Wesens von Grabbes hemmungsloser Trunksucht, seinem Scheitern im Amt als Militärrichter, seiner Ehekrise und seinem Ende im Elend gemacht, und dabei vergessen, dass Scheußlichkeiten wie die Misshandlung des Negers Berdoa im *Gothland* (1827) nur als versteckte satanische Fantasien braver Untertanen den Bodensatz der Kultur widerspiegeln. Damit weist er auf das Theater des Absurden voraus, zeigt wie Jean Genet in unserer eigenen Epoche, welch ungeheure Gräuel als dauerhafte Bedrohung hinter der Maske des ordentlichen Bürgers lauern.

Als Grabbes bühnenfähigstes Stück – 1829 in Detmold uraufgeführt – galt lange die Tragödie *Don Juan und Faust*: die Spaltung des Menschen in seine nur-sinnliche und nur-geistige Natur darstellend, beide zum Untergang verurteilt. Das Thema hat damals Goethe, Byron, Heine und Lenau beschäftigt. Grabbe versuchte in seinem Stück – zu dem Lortzing die Musik schrieb – die gegensätzlichen Pole Don Juan und Faust zu verbinden.

Am bekanntesten ist heute das Prosadrama *Napoleon oder Die hundert Tage*, das erst 1895 in Frankfurt am Main auf die Bühne kam. Trotz der traditionellen Akteinteilung baut der experimentierfreudige Grabbe – völlig neuartig für das Theater seiner Zeit – einen szenenreichen Bilderbogen gewaltiger weltgeschichtlicher Ereignisse in Panoramen und Momentaufnahmen zu Paris, Elba und Belle-Alliance auf. So entsteht ein Kolossalgemälde aus Episoden, wie sie damals auch die Historienmaler David und Delacroix schufen und die großen historischen Opern und Romane darzustellen versuchten. Seinen Beitrag zum Genre des deutschen Lustspiels leistete Grabbe mit der Literatursatire *Scherz, Satire, Ironie und tiefere Bedeutung* (1827).

5.5 Georg Büchner – Dichter und Empörer, Kämpfer „mit Mund und Hand"

Literarische Ort- und Zeitbestimmung. Seine Zeit und sein Jahrhundert haben von Büchner kaum Notiz genommen. Weil er empört gegen das Unrecht rebellierte und flüchten musste, galt er als gescheiterter Revolutionär; weil er lächelnd über der „ziemlich verpfuschten Schöpfung" und ihrem Getriebe stand, wurde seine Dichtung nicht begriffen. Noch 1880 sprach Gottfried Keller dem *Danton* „Neuartigkeit und Selbstständigkeit" ab und der Literaturkritiker Friedrich Theodor Vischer sah gar in Büchners Werk „Afterpoesie [Nachahmungskunst] in der eigentlichen Bedeutung".

Kritische Beachtung und wirkliche Anerkennung fand dieser revolutionäre Dichter spät. Die Uraufführung von *Dantons Tod* war 1902 in Berlin, die des *Woyzeck* gar erst 1913 im Münchner Residenztheater. Die Berliner Aufführung durch die „Freie Volksbühne" reklamierte ihn als Wegbereiter des Naturalismus eines Gerhart Hauptmann; das Datum 1913 machte ihn zum Vorläufer des Expressionismus. Er wurde als „Stürmer und Dränger" gedeutet – denn sein Novellen-Fragment *Lenz* beschreibt mit klinischem Interesse den wachsenden Wahnsinn des unglücklichen Dichters –, aber auch als früher Realist.

Büchner selbst ließ sich von keiner literarischen oder politischen Richtung vereinnahmen. 1836 schrieb er an die Eltern:

„Übrigens gehöre ich für meine Person keineswegs zu dem so genannten Jungen Deutschland, der literarischen Partei Gutzkows und Heines. Nur ein Misskennen unserer gesellschaftlichen Verhältnisse konnte die Leute glauben machen, dass durch die Tagesliteratur eine völlige Umgestaltung unserer religiösen und gesellschaftlichen Ideen möglich sei."

Selbst bis in unsere Tage bleibt das Büchner-Bild uneinheitlich. Verwies Heinrich Böll im Jahre

1967 ausdrücklich auf Büchners „politische und ästhetische Gegenwärtigkeit", so wurde er noch 1986 als „Sozialrevolutionär" diskriminiert, dem deshalb die Post eine Sondermarke verweigerte. Andererseits ist der Georg-Büchner-Preis, seit 1951 von der Deutschen Akademie für Sprache und Bildung verliehen, die angesehenste Literaturauszeichnung der Bundesrepublik Deutschland.

Ein Leben für Dichtung und Politik. CARL GEORG BÜCHNER (1813–1837) fühlte sich von Jugend an republikanischen Ideen verpflichtet; schon als Schüler am Darmstädter Gymnasium verteidigte er in einer Festrede den freiwilligen Tod des Cäsar-Gegners Cato Uticensis. Er konnte sich für die aufständischen Polen begeistern und gründete in Gießen die revolutionäre „Gesellschaft der Menschenrechte", deren Mitglieder am Frankfurter Wachensturm beteiligt waren. In Straßburg mit frühkommunistischen und saint-simonistischen Sozialtheorien konfrontiert, stand für Büchner bald fest, „dass nur das nothwendige Bedürfnis der großen Masse Umänderungen herbeiführen kann, dass alles Bewegen und Schreien der Einzelnen vergebliches Thorenwerk ist". Damit rüttelte er wie der junge Schiller nicht nur an den Ketten des geknechteten Menschen, dessen triebhaftes Wesen er als Mediziner genau kannte, sondern auch an den Fesseln des Gesellschaftssystems selbst, dessen Zustand ihn „rasend machte".

*Von **Georg Büchner** gibt es nur ganz wenige Bilder. Die Zeichnung von Alexis Muston aus dem Jahre 1833 zeigt den Dichter im hessischen „Felsenmeer".*

Büchner ist – wie Hebbel und Wagner – im Jahr der Leipziger Völkerschlacht (1813) geboren. In Darmstadt, sein Vater war inzwischen zum Bezirksarzt aufgestiegen, besuchte er das Gymnasium. 1831 schrieb er sich an der medizinischen Fakultät der Universität Straßburg ein, wo er Kontakte zu revolutionären Zirkeln unterhielt. 1833 verlobte er sich mit der Pfarrerstochter Louise Wilhelmine (Minna) Jaeglé, ging als Student nach Gießen und schrieb 1834 die aufrührerische Flugschrift *Der Hessische Landbote.* Der Bearbeiter des Pamphlets, der Pfarrer Friedrich Ludwig Weidig, wurde zu Tode gefoltert, gegen Büchner ein Steckbrief erlassen, in dem die Behörde dem Flüchtigen als besondere Kennzeichen „düsteren, nach der Erde gesenkten Blick" attestierte. 1836 promovierte er in Zürich und hielt als junger Dozent naturwissenschaftliche Vorlesungen, starb jedoch im Jahr darauf an „Faulfieber" (Typhus).

Büchners Werk bildet einen schmalen Band aus drei Dramen, einer Novelle, vereinzelten poetischen Versuchen, wenigen wissenschaftlichen Arbeiten, Briefen und einer politischen Kampfschrift. Ein besonderer Stellenwert zur Deutung Büchners kommt dabei seinen zahlreichen Briefen zu, in denen er – entweder an die Familie, die Verlobte oder Freunde – philosophische wie literaturtheoretische Themen reflektiert, politische Fragen diskutiert oder persönliche Krisen verarbeitet. Ein spektakulärer Fund gelang der Büchner-Forschung 1993 mit der Identifizierung zweier bislang unbekannter Briefe aus Straßburg an die Familie, aus denen Büchners ungebrochenes Interesse an Politik deutlich wird.

Der Hessische Landbote (1834). Seit den Zeiten der Reformation (→ S. 80 ff.) wurde nicht mehr in so radikaler, bildkräftiger Sprache gegen Unterdrückung und Knechtung des Volkes aufbegehrt wie im *Hessischen Landboten.* Ein am Volk orientierter Stil aus Bibelzitaten, Metaphern und umgangssprachlichen Wendungen verbindet sich mit kommentierten Finanzstatistiken zu einer schonungslosen Abrechnung mit den unerträglichen Zuständen im Großherzogtum Hessen. „Der Fürst ist der Kopf des Blutigels, der über euch hinkriecht, die Minister sind seine Zähne und die Beamten sein Schwanz.“ Die an Bauern und Handwerker gerichtete Agitationsschrift ruft die Propheten des Alten Testamentes zur Zeugenschaft gegen das Unrecht auf und schließt im wiedertäuferischen Geist Thomas Müntzers: „Herr, zerbrich den Stecken unserer Treiber und lass dein Reich zu uns kommen – das Reich der Gerechtigkeit. Amen.“ Zwar fand die unter dem Titel „Friede den Hütten! Krieg den Palästen!“ veröffentlichte, von Weidig im religiösen Sinne stark überarbeitete und gestraffte Flugschrift bei der Bevölkerung jener Zeit kaum Resonanz. Dennoch weist der *Hessische Landbote* als ein Gipfelpunkt politischer Publizistik des Vormärz mit seinem sozialrevolutionären Anspruch schon voraus auf das *Kommunistische Manifest* von Marx und Engels (1848). Im 20. Jh. wiederum adaptierte Hans Magnus Enzensberger das politische Programm des *Hessischen Landboten* für die Gesellschaftsordnung der 60er-Jahre, wenn er 1964 voll Bitterkeit konstatierte: „Im Übrigen haben wir unsere Paläste unter Denkmalschutz gestellt und uns ein neues Motto verschrieben: Friede den Eigenheimen am Rhein und am Hudson! Krieg den Hütten am Congo und am Mekong!“

Dantons Tod (1835), Drama in 4 Akten über das Scheitern der Französischen Revolution, zeigt den vom „grässlichen Fatalismus“ der Geschichtsmechanik vernichteten Einzelnen. Auf der einen Seite steht der der „terreur“ überdrüssige Danton, selbst „nur Schaum auf der Welle“, auf der anderen Seite wird auch der „Unbestechliche“ zur Puppe, „von unbekannten Gewalten am Draht gezogen“. In dieser Auseinandersetzung zwischen dem bis zur Selbstgerechtigkeit tugendhaften Robespierre und dem sinnenfreudigen Danton verkörpern sich letztlich zwei unversöhnliche politische Grundüberzeugungen: die Position der erbarmungslosen Fortsetzung der Schreckensherrschaft und die humanen Erwägungen zu deren Beendigung. Beispielhaft am Versagen der Revolutionsführer legt Büchner hier auch die Gründe für das Scheitern der Französischen Revolution offen, die nicht gelungene Überwindung der sozialen Gegensätze.
Büchner hat die Dokumente der Revolution genau studiert. Im Gegensatz zu Schillers Idealismus vollzieht sich nach Büchners Deutung der geschichtliche Ablauf mit der Zwangsläufigkeit eines Naturgesetzes. Kollektive soziale Kräfte bestimmen das Schicksal des Einzelnen und seiner Ideen. „Sind wir Kinder, die in den glühenden Molochsarmen dieser Welt gebraten und mit Lichtstrahlen gekitzelt werden, damit die Götter sich über ihr Lachen freuen?“, fragt Danton. Eine Frage, nicht ein Bekenntnis des Autors für oder gegen die Revolution, ist das ganze Drama.

Lenz, die im Straßburger Exil um 1835 entstandene einzige Prosa-Dichtung Büchners, blieb unvollendet und umfasst nur etwa zwanzig Seiten. 1839 veröffentlichte sie posthum Karl Gutzkow, dem Büchner schon die Publikation seines *Danton* aufgetragen hatte, unter dem Titel *Lenz. Eine Relique von Georg Büchner.* Die Geschichte von dem Sturm-und-Drang-Dichter Jakob Michael Reinhold Lenz (→ S. 161), der dem Wahnsinn verfällt, erfuhr Büchner entweder schon aus Goethes *Dichtung und Wahrheit* oder erst vom Vater seiner Straßburger Braut. Da Büchner an Lenzens Wahnsinn als an einer eigenen Möglichkeit höchst interessiert war, objektivierte er den Vorgang mit der beobachtenden Distanz des Mediziners. In kurzen, nackten Sätzen wird Bericht gegeben von der „namenlosen Angst in diesem Nichts“. Lenz rückt dem Abgrund immer näher. Auch bei Pfarrer Oberlin im elsässischen Steintal, der den psychisch labilen Lenz bei sich aufgenommen hatte, konnte er keine Ruhe finden.

Woyzeck (1836), das aus Büchners Nachlass stammende, unbetitelte Fragment, führt das schon die *Lenz*-Erzählung kennzeichnende künstlerische Konzept des Dichters sich in das „Leben des Geringsten“ hineinzuversenken überzeugend fort. So gilt Büchners ganze Sympathie dem sozial deklassierten, völlig von seiner Herkunft und dem Milieu abhängigen Helden. Bereits 1834 hatte Büchner in einem Brief an die Familie betont: „[…] Ich verachte Niemanden, am wenigsten wegen seines Verstandes oder seiner

Bildung, weil es in Niemands Gewalt liegt, kein Dummkopf oder kein Verbrecher zu werden, [...]"
Das in loser Szenenfolge nach der Technik der Sturm-und-Drang-Stücke angeordnete Drama, das mit seiner fragmentarischen, offenen Form (→ S. 163) zu einer Art „Schlüsselstück" der Moderne wurde, kennt keinen klassischen Helden mehr. Büchner hat seinen Stoff einem historisch belegten Mord aus Eifersucht entlehnt: Im Jahre 1821 erstach ein arbeitsloser Perückenmacher gleichen Namens seine treulose Geliebte. Trotz ernster Zweifel an seiner Zurechnungsfähigkeit wurde er am 27. 8. 1824 auf dem Marktplatz zu Leipzig öffentlich hingerichtet. Im Stück ist Woyzeck ein Soldat, eine von seinen Vorgesetzten geschundene Kreatur, der seinen Körper für medizinische Versuche verkaufen muss. Das Stück ist ein einziger Aufschrei der Qual. Die eingestreuten Lieder, die Szene, in der ein Marktschreier als Sinnbild eines dressierten Menschen einen kostümierten Affen vorführt, die Darstellung der Welt als Jahrmarktsbude, der rohe Tambourmajor, der Woyzecks Marie verführt – all das ist von kaum beschreibbarer Eindringlichkeit. Woyzeck ersticht zuletzt in ausweglosersr Einsamkeit die Geliebte und ertrinkt, als er das in den Teich geworfene Mordmesser sucht. Von allen Texten Büchners hat der *Woyzeck* am nachdrücklichsten bis heute fortgewirkt, liegt auch „in der gleichzeitigen stilistischen und inhaltlichen Revolution [...] die absolute Einmaligkeit des *Woyzeck*-Fragments" (F. Sengle).

Leonce und Lena (1836), ein Lustspiel nach dem Vorbild von Brentanos *Ponce de Leon*, führt zurück in die Welt der Drahtpuppen und Automaten, nur aufgehoben durch die Atmosphäre der Ironieform des Traumes. Damit scheint dieses heitere Satyrspiel als Gegenstück zur *Danton*-Tragödie konzipiert.
Prinz Leonce vom Reiche Popo wird mit Prinzessin Lena vom Reiche Pipi verlobt ohne sie je gesehen zu haben. Beide fliehen voreinander, treffen sich jedoch unerkannt in der Fremde, verlieben und verloben sich. Der Prinz führt die Unbekannte an seinen Hof zurück und stellt seine Geliebte als „liebenden Automaten" vor. Die bereits anberaumte Hochzeit kann nicht mehr aufgeschoben werden und der König lässt die beiden trauen. So übernimmt der am Weltschmerz leidende Leonce die Regentschaft.

Büchners Poesie und politisches Engagement speisten sich aus dem Wissen um das Abgründige des Menschseins und aus dem konkreten Mitleid mit der geschundenen Kreatur. Bewegend wie im (Kunst-)Märchen der Großmutter vom armen Kind, das einsam und verlassen aus der Welt flieht, aber selbst von Mond, Sonne und den Sternen enttäuscht wird (*Woyzeck*, I,9), aber mit der aus dem *Hessischen Landboten* bekannten analytischen Schärfe hat Büchner die reale Not der Kinder in einem Brief an die Eltern beschrieben: „Ich komme vom Christkindelsmarkt, überall Haufen zerlumpter, frierender Kinder, die mit aufgerissenen Augen und traurigen Gesichtern vor den Herrlichkeiten aus Wasser und Mehl, Dreck und Goldpapier standen. Der Gedanke, dass für die meisten Menschen auch die armseligsten Genüsse und Freuden unerreichbare Kostbarkeiten sind, machte mich sehr bitter."

6 Junges Deutschland und politische Lyrik des Vormärz

6.1 Junges Deutschland – die „Politisierung unserer Literatur"

Zu den Dichtern des Jungen Deutschland werden jene Autoren gezählt, die in einer Zeit sich verschärfender staatlicher und sozialer Konflikte der Literatur bewusst eine politische Funktion einräumten und wie Karl Gutzkow die „Politisierung unserer Literatur" forderten. Nach so aufrüttelnden Ereignissen wie der Julirevolution in Frankreich (1830), dem Bürgerprotest beim Hambacher Fest (1832), dem Sturm auf die Frankfurter Hauptwache (1833) oder dem Weberaufstand (1844) mochten viele junge Schriftsteller mit dem Historiker Gervinus nicht mehr glauben, dass die Deutschen „allein in Kunst, Religion und Wissenschaft das Größte vollbringen könnten und im Staate gar nichts vermöchten".
Seit den 30er-Jahren reifte eine Autorengeneration heran, die in ihrer Jugend die Repressionen des Metternich'schen Systems erlebt hatte und daraus Konsequenzen zog. So zerstritten die Dichter des Vormärz auch untereinander waren, als gegenwartsbezogene Literaturbewegung ver-

band ihre Hauptvertreter Heinrich Heine und Ludwig Börne als Wortführer, daneben KARL GUTZKOW (1811–1878), HEINRICH LAUBE (1806–1884), LUDOLF WIENBARG (1802–1872) und THEODOR MUNDT (1808–1861) die Ablehnung der klassisch-romantischen „Kunstperiode" (H. Heine) und das Eintreten für eine liberale Gesellschaftsordnung. Was diese jungen Literaten als ihr Programm vertraten, war nicht mehr das Schöne, Erhabene, sondern das Hier und Jetzt, die Forderungen des Tages. Respektlos nannten sie den alten Goethe einen „Stabilitätsnarren", Tieck einen bloßen „Formkünstler" und erhoben die Aufklärer Voltaire und Diderot, den „Armenadvokaten" Jean Paul, Börne und Heine auf ihren Thron. Die Literatur sollte bewusst populär, auf Wirkung bedacht und der gesprochenen Sprache nahe sein – so die Forderungen Theodor Mundts in seiner Programmschrift *Die Kunst der deutschen Prosa*, 1837.

Ihren Namen verdankte die Gruppe der Abgrenzung von „jungem" und „altem Deutschland", wie sie Ludolf Wienbarg in seiner literaturtheoretischer Schrift *Ästhetische Feldzüge* (1834) vornahm.

Dichter „im Dienst des Vaterlandes" (Wienbarg) wollten die Autoren des Jungen Deutschland sein. Für sie war die Schriftstellerei „kein Spiel schöner Geister, kein unschuldiges Ergötzen, keine leichte Beschäftigung der Fantasie mehr, sondern der Geist der Zeit, der unsichtbar über allen Köpfen waltet, ergreift des Schriftstellers Hand und schreibt im Buch des Lebens mit ehernem Griffel der Geschichte" (Wienbarg). Dieser „Geist der Zeit" musste sich freilich wegen der strengen Zensur häufig hinter geistreichen Plaudereien und Anspielungen tarnen (Gutzkows *Briefe eines Narren an eine Närrin*). Solch verdeckte, schon von Heine (→ S. 275 f.) meisterhaft beherrschte Schreibweise nannte Gutzkow „Ideenschmuggel". Besonders gern versteckte sich die politische Aussage der Jungdeutschen in Reiseberichten von fremden Ländern oder verbarg sich in romanhafter Einkleidung (Th. Mundt, *Moderne Lebenswirren*, 1834) und in Abhandlungen über den Zweck der Kunst (Wienbarg, *Ästhetische Feldzüge*).

Verbot des Jungen Deutschland. Für die Jungdeutschen blieb das Wort die schärfste Waffe. Ob als Satire oder Kritik in einem Journal, als Roman oder spöttisches Gedicht, stets wandten sich die Autoren in ihren Texten den drängenden Fragen der Zeit zu und stellten soziale Konflikte und gesellschaftliche Tabus in den Mittelpunkt ihres Schaffens. Die Folgen waren einschneidend und hart. Im Dezember 1835 fasste die deutsche Bundesversammlung in Frankfurt auf Initiative des damaligen Literaturpapstes Wolfgang Menzel den Beschluss, die „Schriften aus der unter der Bezeichnung ‚das junge Deutschland' oder ‚die junge Literatur' bekannten literarischen Schule, zu welcher namentlich Heine, Gutzkow, Laube, Wienbarg und Mundt gehören [...]", zu verbieten. Gingen doch – so die offizielle Begründung für diese Verbotsmaßnahme – „deren Bemühungen unverhohlen dahin [...], in belletristischen, für alle Klassen von Lesern zugänglichen Schriften die christliche Religion auf die frechste Weise anzugreifen, die bestehenden sozialen Verhältnisse herabzuwürdigen und alle Zucht und Sittlichkeit zu zerstören [...]"

Den aufbegehrenden Geist der Zeit konnten die alten Mächte damit freilich nicht ersticken. Den revolutionären Gedanken der Jungdeutschen folgten im März 1848 in ganz Deutschland revolutionäre Taten.

Karl Gutzkow wuchs in Berlin in dürftigen Umständen am Rande der Hofwelt auf und wurde bigott erzogen. Er begab sich schon als mittelloser Theologiestudent in die von der Pariser Revolution 1830 neu entfachten publizistischen Kämpfe. Sein Skandalroman *Wally, die Zweiflerin* (1835) geriet zum Auslöser für das Bundestagsverbot der Jungdeutschen. Der Roman handelt von einer jungen, verwöhnten, von religiösen Skrupeln geplagten Aristokratin, die auf ihren Liebhaber verzichten und einen reichen alten Lebemann heiraten muss.

In *Ritter vom Geiste* (1850/51) – einem neunbändigen „Roman des Nebeneinander" – beschreibt er die revolutionären Vorgänge 1849 in Berlin. Freimaurerische Idealisten aus verschiedensten Gesellschaftsschichten erstreben, an Goethes *Wilhelm Meister* und den Sozialismus Saint-Simons anknüpfend, eine grundlegende Gesellschaftsreform. Der Roman *Der Zauberer von Rom* (1861) trat für die katholischen Reformisten, die sich mit dem Protestantismus ausgleichen wollten, gegen die romabhängigen Ultramontanen ein. Was den begabten Autor bewegte, erhellt sein Trauerspiel *Uriel Acosta* (1847) vom vergeblichen Kampf eines wahrheitssuchenden Rabbi gegen die Dogmatiker, sowie seine die Moralheuchelei anprangernde Komödie *Urbild des Tartuffe* (1847). Das Lustspiel *Zopf und Schwert* (1843), das am Hofe Friedrich Wilhelms I. spielt, gehörte lange zum deutschen Bühnenrepertoire. Dem Theater hat Gutzkow später auch als Dramaturg des Dresdner Hoftheaters gedient. Bereits acht Jahre vor Turgenjews berühmten Roman *Väter und Söhne* (1861) führte er mit der Novelle *Die Nihilisten* den die Romantik radikal ablehnenden Typus in die Literatur ein. Gutzkow war zudem ein Feuilletonist von Rang. Ein Zeugnis dafür, was sich die progressiven Liberalen im Jahre 1848 von der Revolution für Deutschlands Erneuerung erwarteten, ist seine Schrift *Deutschland am Vorabend seines Falles oder seiner Größe.*

Heinrich Laube hatte als Direktor (ab 1850) und Chronist des Wiener Burgtheaters zur Zeit Grillparzers und Hebbels große Bedeutung für die Theatergeschichte und pflegte einen Stil sparsamer Inszenierung. Seine eigenen Stücke – das freiheitliche Schillerstück *Die Karlsschüler* (1847) und *Graf Essex* – konnten sich dagegen nicht bis heute halten. Der für den Polenaufstand begeisterte junge Laube, 1848 Mitglied des Frankfurter Parlaments, war 1834 wegen Pressevergehens im Zuchthaus; davon erzählte er im 3. Teil seines Romans *Das junge Europa.*

6.2 Die politische Lyrik des Vormärz – „Lasst die Harfen uns zertrümmern!"

Zu Beginn der 40er-Jahre, etwa zeitgleich mit der Thronbesteigung Friedrich Wilhelms IV. von Preußen, verschärfte sich noch einmal der Ton im öffentlichen Meinungskampf in Deutschland. Anstoß war die sog. Rheinkrise, mit der eine Massenproduktion vaterländischer Gedichte und Lieder einsetzte. Gegen diese Euphorie vom „freien deutschen Rhein" (N. Becker, *Der deutschen Rhein* oder M. Schneckenburger, *Die Wacht am Rhein*) ehoben sich aber auch bald kritische Stimmen. Die Dichtergeneration, die sich jetzt mit einer noch radikaleren, an den politischen und sozialen Realitäten orientierten Sprache zu Wort meldete, hatte ihr Genre gefunden: die politische Lyrik. Agitation, Tendenz und Parteinahme waren die Grundsätze von Georg Herwegh, Ferdinand Freiligrath oder Georg Weerth. Sie lehnten – wie Büchner schon 1836 an Gutzkow schrieb – den Idealismus der Jungdeutschen ab. Von deren Fantasieabhängigkeit, ihrer „Unbestimmtheit" und „Verwirrung der Begriffe" (F. Engels) wollte sich die politische Lyrik des Vormärz endgültig befreien.

Nicht Mord noch Brand noch Kerker
noch Standrecht obendrein,
es muss noch kommen stärker,
wenn's soll von Wirkung sein!

Zu Bettlern sollt ihr werden,
verhungern allesamt,
zu Mühen und Beschwerden
verflucht sein und verdammt!

Euch soll das bisschen Leben
so gründlich sein verhasst,
dass ihr es weg wollt geben
wie eine Qual und Last!

Dann, dann vielleicht erwacht doch
ich euch ein neuer Geist,
der Geist, der über Nacht noch
euch hin zur Freiheit reißt!

Diese Verse des 1842 aus dem Amt gewiesenen Breslauer Professors Hoffmann von Fallersleben (1798–1874) können noch heute eine Vorstellung von der allgemeinen politischen und gesellschaftlichen Trostlosigkeit in der Zeit des Vormärz geben. Man wird der politischen Lyrik des Vormärz daher nur gerecht, wenn man sie, ebenso wie die eiserne Sprache des auch zu dieser Zeit entstandenen *Kommunistischen Manifests* (1848), vor dem Hintergrund dieser politisch-sozialen Lähmung liest. Wie schwach überdies das politische Bewusstsein des deutschen Bürgertums ausgebildet war, zeigt sich auch daran, dass von Hoffmann von Fallersleben lediglich seine Kinderliedchen *Alle Vögel sind schon da*, *Ein Männlein steht im Walde* und sein später nationalistisch umgedeutetes *Deutschland, Deutschland über alles* im Gedächtnis des Volkes fortleben.

Georg Herwegh (1817–1875) verkörperte am reinsten den Begriff des nur-politischen Dichters. In Stuttgart als armer Leute Kind aufgewachsen, Theologiestudent am Tübinger Stift, war der radikale Republikaner 1840 nach Zürich übergesiedelt, von wo aus er Auflage um Auflage seiner *Gedichte eines Lebendigen* im Sinne des Gutzkow'schen „Ideenschmuggels" über die Grenze sandte:

Reißt die Kreuze aus der Erden!
Alle sollen Schwerter werden.
Gott im Himmel wirds verzeihn.
Gen Tyrannen und Philister!
Auch das Schwert hat seine Priester,
Und wir wollen Priester sein.

Die Gedichte schlugen in Deutschland nicht zuletzt wegen ihrer religiös eingefärbten Metaphorik ein wie ein Blitz. Aber sein Feuer entzündete nur die Deklamationen und Ständchen bürgerlicher Liedertafeln, als der gefeierte Freiheitssänger zu seiner berühmten Audienz mit dem Preußenkönig durch Deutschland reiste. Die „eiserne Lerche", die sich so himmelhoch geschwungen hatte, wurde nach dieser Begegnung kurzerhand ausgewiesen. „Nur in deinem Gedicht / Blüht jener Lenz, den du besingst", stellte Heine zu Herweghs Höhenflügen realistisch fest. Der junge Gottfried Keller dagegen wurde von dem neuen Klang ergriffen wie von einem „Trompetenstoß".

Georg Weerth (1822–1856) zählt zu den noch heute kaum bekannten Vertretern der engagierten Vormärz-Literatur. Friedrich Engels bezeichnete ihn 1882 als „bedeutendsten Dichter des deutschen Proletariats". Die Mitarbeit an Engels Studie *Über die arbeitende Klasse in England* (1844) machte ihn früh mit sozialistischem Gedankengut vertraut. Später stieg er zum Feuilletonchef der *Neuen Rheinischen Zeitung* auf, deren Chefredakteur Karl Marx war. Dort veröffentlichte er 1848/49 den Roman *Leben und Taten des berühmten Ritters Schnapphahnski*, wofür er zu einer dreimonatigen Gefängnisstrafe verurteilt wurde. Seine Begabung zu satirischer Gesellschaftsanalyse zeigte Weerth in seinen *Humoristischen Skizzen aus dem deutschen Handelsleben*, die er 1847/48 in der *Kölner Zeitung* publizierte. Von seinen zahlreichen sozialkritischen Gedichten macht vor allem das *Hungerlied* auf bestürzende Weise die revolutionäre Stimmung des Vormärz deutlich.
Weerth und Herwegh blieben ihren Idealen ein Leben lang treu. Im Unterschied zu Freiligrath söhnte sich etwa Herwegh nie mit dem von Bismarck mit „Blut und Eisen" geformten Kaiserreich aus.

Ferdinand Freiligrath (1810–1876) hatte sich durch die exotischen Klänge seiner frühen Lyrik *(Der Mohrfürst, Leben eines Negers)* ersten Ruhm erworben. Mut und Zivilcourage zeigte er 1844, als er eine von Friedrich Wilhelm IV. angebotene Pension ablehnte (Gedichtband *Ein Glaubensbekenntnis*). Die sechs von der Begegnung mit Karl Marx beeinflussten Gedichte *Ça ira* mussten schon in der Schweiz erscheinen.
So meditiert in der Ballade *Von unten auf* der Heizer des flaggengeschmückten Staatsschiffs, auf dem der Preußenkönig, der „Romantiker auf dem Thron", den Rhein hinunterfährt. 1848 kehrte Freiligrath nach Düsseldorf zurück. 1851 wurde er wegen staatsfeindlicher Umtriebe verhaftet und ging nach seiner Freilassung nach London. Doch nachdem er 1868 aus dem Elend des Londoner Exils in seine Heimat zurückkehren durfte, wandelte sich der Klassenkämpfer, von der Begeisterung des deutsch-französischen Krieges mitgerissen, zum biederen Verherrlicher Bismarcks. So kam es, dass er nicht als Revolutionär, sondern als Verfasser vaterländischer Reimereien in die Schulbücher einging *(Hurra Germania, hurra du stolzes Weib; Die Trompete von Gravelotte)*.

X
Die Literatur im bürgerlichen Zeitalter Realismus und Naturalismus 1848–1890

1 Panorama

1.1 Staat und Gesellschaft im bürgerlichen Zeitalter

Die großen Themen der Zeit. Nach der gescheiterten Revolution von 1848/49 stehen in Deutschland drei große Themenkomplexe auf der politischen und sozialen „Tagesordnung", die nach Lösungen verlangen. Da ist zunächst die Forderung nach Einheit und Nationalstaatlichkeit. Sie wird zwar mit der Reichsgründung von 1871 politisch verwirklicht, aber kaum gesellschaftlich umgesetzt. Da ist des Weiteren die Frage nach Stellung und Einfluss des liberalen Bürgertums in einer Gesellschaft, die zwar längst bürgerliche Züge trägt, in der aber weiterhin Fürsten und Adel den Ton angeben. Dieses Problem erledigt sich in der zweiten Hälfte des 19. Jh. ebenso wenig wie der dritte Bereich, die Frage nach den sozialen und wirtschaftlichen Lebensbedingungen der breiten Masse.
Jeder dieser Komplexe fand in der zeitgenössischen Literatur ganz unterschiedlich seinen Niederschlag. Historischer Roman wie Zeitroman reflektierten immer wieder die erstrebte nationale Identität. „Besitz und Bildung" als die zentralen Werte des Bürgertums wirkten über Familienzeitschriften und Populärliteratur prägend auf den allgemeinen Zeitgeschmack. Und am Ende des Jahrhunderts wandten sich zahlreiche Schriftsteller des Naturalismus – vor allem im Drama – der „sozialen Frage" zu.

Die wirtschaftliche Entwicklung in Deutschland, die seit den 20er-Jahren durch eine stetig fortschreitende Industrialisierung gekennzeichnet war, erfuhr nach 1871 einen ungeahnten Aufschwung. Ermöglicht wurde der Wirtschaftsboom dieser „Gründerjahre" einerseits durch die von Frankreich geleistete Kriegsentschädigung, andererseits durch die Reichsgründung, die die Schaffung eines großen, einheitlichen Wirtschaftsraums zuließ.
Auch wenn die beispiellose Dynamik und der Gründeroptimismus, wie sie besonders die Bereiche Industrie, Eisenbahn, Handel, Bau- und Bankwesen auszeichneten, durch den „Gründerkrach" (1873) einen herben Rückschlag erfuhren, hatte damit die Industrielle Revolution in Deutschland ihren endgültigen Durchbruch geschafft. Das Deutsche Kaiserreich war am Ende des 19. Jh. zur führenden Industrienation in Europa aufgestiegen.

Die soziale Schichtung, wie sie sich im Übergang vom Feudal- zum Industriezeitalter ausgebildet hatte, blieb auch in der zweiten Hälfte des 19. Jh. in den Grundzügen erhalten. Der Adel gab in Armee und im Staatsdienst (Beamtenschaft) noch über 1871 hinaus den Ton an. Allerdings war sein Denken konservativ und fortschrittsfeindlich ausgerichtet. Mehr darauf bedacht, seine Privilegien zu sichern als Modernisierung und Industrialisierung zu fördern, hinderte ihn sein ausgeprägtes Standesbewusstsein oft daran, der Verschlechterung der eigenen wirtschaftlichen Lage entgegenzuwirken. Romane wie Freytags *Soll und Haben* stellen daher ganz bewusst in wertender Absicht bürgerlichen Handelsfleiß und adeligen Müßiggang einander gegenüber. Bürgertum, Handwerker, Bauern und Arbeiterschaft sind zwar politisch unmündig, prägen aber auf Grund ihrer wirtschaftlichen und sozialen Bedeutung das Bild des Jahrhunderts.

Das Bürgertum, keineswegs eine in sich homogene Gruppe, war die tragende Gesellschaftsschicht des 19. Jh. Zur Unterscheidung des Bürgerlichen nach oben und nach unten gehörten ein fester gesellschaftlicher Rang, wirtschaftliche Sicherheit, definierte Lebensformen, Anspruch auf soziale Abgrenzung und gewisse Wertvorstellungen („Besitz und Bildung"). WILHELM HEINRICH RIEHL (1823–1897), Professor für Staatswissenschaft in München, erhob in seiner *Naturgeschichte des deutschen Volkes* (1851–1855) den Bürger gar zum obersten Träger der „sozialen Bewegung". Denn dieser sei „unstreitig in unseren Tagen im Besitze der überwiegenden materiellen und moralischen Macht". Ganz selbstverständlich sprach Riehl daher auch für seine Zeit von einer „bürgerlichen Gesellschaft". Das für die Epoche signifikante Streben nach ideellen oder materiellen Werten drückt sich auch in der Unterscheidung von „Bildungsbürgertum" und „Besitzbürgertum" aus.

Die Teilhabe an Wohlstand und Bildung, den Angelpunkten bürgerlichen Selbstverständnisses, war einerseits eine Triebfeder wirtschaftlichen Handelns während der ersten Industriellen Revolution (zwischen 1850 und 1873) und äußerte sich andererseits in vielfältigen kulturellen Aktivitäten. So dienten große Feierlichkeiten und Jubiläen, wie etwa das Schillerfest 1859, immer auch zur Hebung bürgerlichen Selbstwertgefühls. Gleichzeitig erscheint die gründerzeitliche Aufbruchsstimmung in ihrer Kompensationshaltung als Reaktion auf die gescheiterte Revolution von 1848. Freilich mit unterschiedlichem wirtschaftlichen Erfolg. Einzelne Großkaufleute und Fabrikbesitzer wie Krupp oder Siemens stiegen seit Mitte des Jahrhunderts zum „Geld-Adel" auf. Handwerker und Kleinhändler, stets von sozialem Abstieg bedroht, blickten neidvoll auf die im Gründungsfieber reich gewordenen Aufsteiger und Spekulanten. Die sich ausbildende Angestelltenschicht wiederum hatte ein besonderes Abgrenzungsbedürfnis gegenüber der stetig wachsenden Zahl an Fabrikarbeitern.

1.2 Vom Idealismus zu Materialismus und Nihilismus

Die philosophischen Strömungen im 19. Jh. nahmen das im bürgerlichen England nie unterbrochene Interesse am Tatsächlichen (Empirismus) wieder auf. Sie beschäftigten sich wie JEREMY BENTHAM (1748–1832) mit sozialen Reformen oder wie JOHN STUART MILL (1806–1873) mit den liberalen Freiheitsrechten. Aus dem Fortschreiten des Geistes von der theologischen zur metaphysischen Welterklärung leitete AUGUSTE COMTE (1798–1857) die positivistische Erforschung der Wirklichkeit ab.

Das dialektische Denken bei Hegel. Mit GEORG WILHELM FRIEDRICH HEGEL (1770–1831), dem Jugendfreund Hölderlins und Schellings im Tübinger Stift, begegnen wir nicht nur dem Vollender der idealistischen Philosophie Kants und Fichtes. Anspruch von Hegels philosophischem Gebäude war es, die Wirklichkeit in ihrer Totalität zu erfassen. Die von ihm dazu entwickelte und in einem gewaltigen System umgesetzte Denkmethode der Dialektik wird zur Voraussetzung der materialistischen Dialektik bei Marx und hat damit Auswirkungen bis in die Gegenwart. Da Hegel auch über Fragen der Naturphilosophie und der philosophischen Wissenschaft, des Rechts und der Staatslehre, der Religion und der Geschichte, der Psychologie und der Ästhetik gearbeitet hat, ist sein Einfluss auf das Geistesleben damals wie heute spürbar. Nach seinem Tod spaltete sich seine Schule in die sog. Rechtshegelianer, die seine Lehre bewahren wollten, und die Links- oder Junghegelianer, die für eine politische Umsetzung der Ideen Hegels eintraten.

Die nachhegelianische Philosophie des 19. Jh. wird einerseits von den Religionskritikern DAVID FRIEDRICH STRAUSS (1808–1874) und LUDWIG FEUERBACH (1804–1872), andererseits vom materialistischen Denken eines KARL MARX (1818–1883) und eines FRIEDRICH ENGELS (1820–1895) bestimmt. Sonderrollen nehmen die Weltverneinungslehre ARTHUR SCHOPENHAUERS (1788–1860) und die Existenzphilosophie SØREN KIERKEGAARDS (1813–1855) ein. Zum Ende des Jahrhunderts wird mit dem „Umwerter aller Werte" Friedrich Nietzsche das Ende des alten Denkens, der Aufbruch zur Moderne markiert und damit der Übergang vom Materialismus zum Nihilismus vollzogen.

„Das Erdbeben der Epoche" (G. Benn) löste FRIEDRICH NIETZSCHE (1844–1900) aus. Schon in jungen Jahren erhielt der Pfarrerssohn aus Röcken bei Leipzig einen Lehrstuhl für klassische Philologie an der Universität Basel. Doch bereits

*Von **Hegel** wird berichtet, dass seine rhetorischen Fähigkeiten beim dozierenden Vortrag eher gering waren. Die Lithographie von Franz Kugler aus dem Jahre 1828 zeigt den bedeutenden Philosophen während einer Vorlesung an der Berliner Universität.*

1879 legte er seine Professur nieder und wurde nach dem Bruch mit Richard Wagner zum einsamen Revolutionär in Sils-Maria, Genua und Turin. Die letzten Jahre seines Lebens verbrachte er in geistiger Umnachtung in Jena, Naumburg und Weimar. Als Künstler-Philosoph, Stilist und Jahrhundertkritiker verdrängte er nicht nur die großen bürgerlichen Denker Kant und Hegel, sondern veränderte über Deutschland hinaus die geistige Landschaft Europas.

Sein erstes wagnerbegeistertes Buch *Die Geburt der Tragödie aus dem Geiste der Musik* (1872) wertet das klassizistische Griechenbild völlig um und deutet auf das Rauschhaft-Dionysische, das tragische Grauen hinter dem heiter-apollinischen Schein. Gründlich demaskieren seine vier *Unzeitgemäßen Betrachtungen* (1873–1876) das Bildungsphilistertum eines David Friedrich Strauss, verurteilen lebenshemmenden Bildungsballast und rühmen den „Mythopoeten" Richard Wagner. In *Menschliches – allzu Menschliches* (1878), *Morgenröte* (1881) und *Die fröhliche Wissenschaft* (1882) übt Nietzsche harsche Kritik an der Geisteshaltung der Zeit, besonders aber am Christentum, das zur Verweichlichung der Menschen beitrage. *Also sprach Zarathustra* (1883–1885) beschwört nach Jahrzehnten bürgerlicher Ernüchterung in berauschend neuen Satzrhythmen das Bild des einsamen, aller Konvention ledigen, kindhaft-naturnahen wie weltüberlegenen, vitalen Weisen, dem der schwächlich-dekadente Herdenmensch gegenübersteht. Der (keineswegs sozial-darwinistisch gemeinte) „Übermensch" hat auf der höchsten Bewusstseinsstufe alle Heucheleien, Ängste und Ressentiments durchschaut und steht deshalb „jenseits von Gut und Böse". „Nur bei drei Existenzformen bleibt der Mensch Individuum: als Philosoph, als Heiliger und Künstler." In *Wille zur Macht* (posthum erschienen 1906) gibt Nietzsche die Antwort auf die Frage nach der Welt und ihren Rätseln: „Diese Welt ist der Wille zur Macht – und nichts außerdem! Und auch ihr seid dieser Wille zur Macht – und nichts außerdem!" Vor diesem Hintergrund vollzieht Nietzsche die „Umwertung aller Werte": nichts mehr gilt, was vorher noch von größter Bedeutung war (Nihilismus), die neuen Werte werden von starken Persönlichkeiten gesetzt. „Wer Schöpfer sein muss im Guten und Bösen, wahrlich, der muss ein Vernichter erst sein und Werte zerbrechen." Das Hauptziel dieses radikalen Skeptikers waren philiströse Selbstzufriedenheit, platter Utilitarismus, der bloß technische Fortschrittsglaube und die – wie er glaubte – die Lebenskraft schwächenden demokratischen Ideale, für die er die christliche Tugendlehre verantwortlich machte (*Jenseits von Gut und Böse*, 1886, *Zur Genealogie der Moral*, 1887).

1.3 Die Wissenschaften in der zweiten Jahrhunderthälfte

Die Entwicklung der Naturwissenschaften ging Hand in Hand mit der Industrialisierung. Gleichzeitig führte der technische und naturwissenschaftliche Fortschritt zu tiefgreifenden sozialen Veränderungen. Bekannte Beispiele, wie sich Erfindungen auf die Lebens- und Arbeitswelt der Menschen auswirkten, sind die Nutzung der Dampfkraft und der Einsatz der Elektrizität.
Zur führenden und vor allem für Philosophie und Kunst einflussreichsten Naturwissenschaft stieg im 19. Jh. die Biologie auf. CHARLES DARWIN (1809 bis 1882) wurde mit seinen Forschungen zur Entstehung der Arten durch natürliche Zuchtwahl (*On the Origin of Species by Means of Natural Selection, or Preservation of Favoured Races in the Struggle for Life*, 1859) zum Begründer der modernen Evolutionslehre. Auf Grund der Veränderlichkeit („Variabilität") von Lebewesen, wobei nur erbliche Variationen eine Rolle spielen, und der Überproduktion an Nachkommen setze ein „Kampf ums Dasein" ein, der zum Überleben der jeweils „Tauglichsten" führe („natürliche Auslese"). In Deutschland machte ERNST HAECKEL (1834–1919) mit seinem populärphilosophischen Werk *Die Welträtsel* (1899) die Lehre Darwins einem breiten Publikum bekannt. Im Naturalismus wurde dann versucht naturwissenschaftliche Methoden aufzugreifen um sie für die Dichtung auszuwerten.
Die besondere Hochschätzung der Geschichte, die nach einem Wort des Historikers Heinrich Sybel als „Ferment der allgemeinen Bildung" zu gelten hatte, ist Teil der Vergangenheitsverklärung des 19. Jh. In der Begegnung mit der eigenen Geschichte glaubte man Identität und Orientierung zu erhalten. „Was der Mensch sei", meinte der Philosoph und Begründer der modernen Geisteswissenschaften WILHELM DILTHEY (1833 bis 1911), das „erfährt er nicht durch Grübelei über sich, auch nicht durch psychologische Experimente, sondern nur durch die Geschichte".
Schwerpunkt der Forschungen wurde die Aufarbeitung des Mittelalters, geleistet durch monumentale Quelleneditionen und das Herausbilden einer eigenen Hilfswissenschaft, der Quellenkritik. Gegenstand dieser wissenschaftlichen Richtung, des Historismus, wie er von LEOPOLD VON RANKE (1795–1886), HEINRICH VON TREITSCHKE (1834–1896), THEODOR MOMMSEN (1817–1905), JOHANN GUSTAV DROYSEN (1808–1884), JACOB BURCKHARDT (1818–1897) u. a. vertreten wurde, war nicht „das sich wiederholende Allgemeine, sondern das einmalig Individuelle; auch Institutionen und Kollektivgebilde sind wie Personen, Ereignisse, Prozesse individuell. Die Erkenntnismethode heißt die des ‚Verstehens', sie richtet sich auf die Sinnhaftigkeit des menschlichen Handelns und seiner Gebilde" (Th. Nipperdey).

2 Literarisches Leben im Zeitalter des Realismus

2.1 Begriff und Programmatik

Realismus als Schreib- und Stilform ist nicht an eine bestimmte Zeit oder Epoche gebunden. Die Nachahmung der Natur in der künstlerischen Gestaltung, die *Mimesis*, wurde schon bei Platon und Aristoteles als Möglichkeit einer höheren Wirklichkeitserkenntnis gedacht. Ein solches Streben nach „Wahrheit" bestimmte die Literatur bis ins 18. Jh. und forderte damit – wie Wieland in der Vorrede zu seinem *Agathon* (1766) ausführte –, dass alles Erzählte „mit dem Laufe der Welt übereinstimme".
Für die mit dem Begriff „Realismus" umschriebene Epoche der deutschen Literatur haben sich die Termini „poetischer", „programmatischer" oder „bürgerlicher Realismus" herausgebildet, für die Phase nach 1871 spricht man heute von „Spätrealismus". Die Wendung „poetischer Realismus" stammte ursprünglich von dem Philosophen Schelling, sie wurde aber von OTTO LUDWIG (1813–1865) als Schlagwort für das künstlerische Programm der neuen Literatur nach 1848 gebraucht. Die literarischen, aus heutiger Sicht eher trivialen Werke, die den dort formulierten programmatischen Grundsätzen genügten, werden daher auch unter dem Stichwort „programmatischer Realismus" geführt. Nach der Reichsgründung folgte jedoch kaum noch einer der bedeutenderen Dichter wie Storm, Meyer, Keller, Fontane, Raabe den theoretischen Forderungen der frühen Programmatiker. Als einheitliche Bezeichnung für all diese Phasen und Schwerpunk-

te hat sich daher der Begriff „bürgerlicher Realismus" durchgesetzt, da er einerseits die gesamte Epoche erfasst und sie andererseits von ihrer tragenden sozialen Schicht her definiert.

Die Epoche des bürgerlichen Realismus umschließt in der deutschen Literatur den Zeitraum zwischen 1848 und der Jahrhundertwende. Mit der gescheiterten Revolution von 1848/49 kam es auf politischer, gesellschaftlicher und wirtschaftlicher Ebene zu so einschneidenden Veränderungen, dass auch das Geistesleben der Zeit davon nicht unberührt bleiben konnte. Die zum Ausgang der 40er-Jahre erhobene Forderung nach einer neuen Literatur, einer „Nach-März"-Poesie, konnte nun erfüllt werden. Das Ende der Epoche ist weit schwerer zu bestimmen. Als in den 80er-Jahren die naturalistischen Strömungen aus Frankreich (Zola, Maupassant) und Skandinavien (Ibsen, Strindberg) Deutschland erreichten (Hauptmann, Holz, Schlaf u. a.), schrieben die Protagonisten des Realismus Meyer, Storm, Fontane und Raabe zum Teil ihre wichtigsten Werke. Vereinzelt waren sie, wie Fontane und Raabe, gar bis zum Jahrhundertende produktiv.

Programmatische Grundsätze. Die Literatur des Realismus begann als theoretische Auseinandersetzung mit der Dichtung der Goethe-Zeit, der Restaurationszeit und des Vormärz. Geführt wurde die Debatte in literarischen Zeitschriften wie den *Grenzboten* (1848–1870), dem *Deutschen Museum* (1851–1867) oder den *Blättern für literarische Unterhaltung* (1828–1898) vom damaligen Literaturpapst Julian Schmidt, Theoretikern wie Theodor Vischer, Robert Prutz und Hermann Marggraff, Schriftstellern wie Otto Ludwig und Gustav Freytag. Tatsächlich umgesetzt haben das Programm, abgesehen von der Flut von Trivialautoren, allerdings nur wenige bedeutende Dichter. Beispiele sind die frühen Romane von Gottfried Keller (etwa die Erstfassung des *Grünen Heinrich*) und Wilhelm Raabe (z. B. *Der Hungerpastor*), Otto Ludwigs Erzählung *Zwischen Himmel und Erde* oder Gustav Freytags Erfolgsroman *Soll und Haben*.
Der Dichter Otto Ludwig begriff das Wesen des „künstlerischen Realismus" aus dem Wirken der „schaffenden Fantasie". Realismus ist danach nicht getreue, „naturalistische" Abbildung der Wirklichkeit, sondern Neuschöpfung einer geschlossenen, in ihrer Totalität durchsichtigen Welt, „die alle ihre Bedingungen, alle ihre Folgen in sich selbst hat". Nicht in die ungeordnete, bedrohliche Alltagswelt führt also der Dichter den Leser, sondern in eine sittlich gereinigte und verklärte, d. h. wahrhaftige Welt.
Als *das* zentrale Mittel dieser Verklärung wurde der Humor verstanden. Mit dem Humor als „angewandter Fantasie" (Fr. Schlegel) glaubte man die Widrigkeiten des tristen Alltags durch heitere Darstellung überhöhen zu können. Zu den Meistern der humoristischen Erzählkunst zählt man Gottfried Keller, Wilhelm Raabe und Theodor Fontane. Erst die Naturalisten wagten mit ihrer radikalen Darstellung der Wirklichkeit (Zola, *Die Rougon-Macquart*; Hauptmann, *Die Weber*) auch die hässlichen Seiten des Lebens literarisch zu verarbeiten.
Übertragen auf die dichterische Praxis kann man die Grundsätze der Theoretiker eines „programmatischen Realismus" zusammenfassend so umreißen: Ein realistisches Prosawerk verlangt formal eine geschlossene Handlungsführung, wobei nicht die Abbildung der Wirklichkeit angestrebt ist, sondern vielmehr eine verklärende, idealisierende, möglichst auch humorvolle Darstellung unter Ausschluss des Hässlichen. In der sprachlichen Gestaltung ist der überfrachtet rhetorische, zur Reflexion neigende Stil der Jungdeutschen verpönt; vielmehr ist dem Leser eine mittlere Stilebene zumutbar. Auf der Inhaltsebene kommt es auf die Überhöhung bzw. Verherrlichung bürgerlicher Werte und das Vermeiden von Sozialkritik an. Helden, die optimistisch und zupackend ihr Schicksal meisterten, sind als Vorbilder erwünscht.
Die vielfach trivialen Hymnen auf Tugendhaftigkeit und Bürgersinn kamen damit dem verbreiteten Lesegeschmack entgegen, wie die Erfolge der *Gartenlaube* und anderer Familienzeitschriften sowie das Ausleihverhalten in öffentlichen Bibliotheken belegen.

2.2 Literaturmarkt und Zeitschriften

Für das literarische Leben in der zweiten Hälfte des 19. Jh. wurden drei wesentliche Verbreitungsformen von Bedeutung: der Kolportage-Buchhandel, eine schon im 18. Jh. praktizierte direkte Vertriebsform, in der sog. Kolporteure von Haus zu Haus zogen und Buchbestellungen aufnahmen; das Leihbibliothekswesen und der Vorabdruck von Erzählungen und Romanen in Zeitschriften. Der freie Verkauf von Büchern im Sortimentbuchhandel spielte dagegen kaum eine Rolle.

Die Familienzeitschriften, die ein millionenfaches bürgerliches Publikum preisgünstig mit Lesestoffen versorgten, wirkten auch geschmacksbildend. Romangenres wie Frauen- und Familienliteratur, Abenteuer- und Kriminalgeschichten, aber auch die Dorfgeschichte feierten große Erfolge.

Familienzeitschriften als die Vorläufer unserer heutigen Illustrierten beherrschten nicht nur den literarischen Markt des 19. Jh., sie waren mit den dort thematisierten Fragen zugleich der Spiegel der bürgerlichen Gesellschaft. Als Merkmale dieser Zeitschriftenform können gelten: periodisches Erscheinen, festes Programm, allgemeine Verbreitung, enge Beziehung zum Leser, Vertreten akzeptierter ethischer Werte, Vermeiden tabuisierter Themen, breites Informationsspektrum, durchgängiger Unterhaltungscharakter, ansprechende Gestaltung und idealisierende Bebilderung.

Das oft kopierte, aber nie erreichte Muster aller Familienzeitschriften war die 1853 von ERNST KEIL (1816–1878) gegründete *Gartenlaube*. Das Erfolgsrezept Keils war es, mit einer Mischung aus unterhaltenden, informierenden und sachbezogenen Themen, die unaufdringlich bebildert, aber engagiert erzählt wurden, die Leser von Ausgabe zu Ausgabe neu zu fesseln. Das Spektrum der Beiträge reichte von exotischen Berichten zu den Azteken Zentralamerikas über das Leben Kaiser Wilhelms oder Szenen und Bilder aus dem Feld- und Lagerleben bis hin zu Artikeln über „Gesundheitslehre“. Ganz erheblichen Anteil am Erfolg der *Gartenlaube* hatte EUGENIE MARLITT (eigentlich E. John, 1825–1887), die mit Romanen wie *Goldelse* (1866), *Das Geheimnis der alten Mamsell* (1868), *Reichsgräfin Gisela* (1869) und *Im Hause des Kommerzienrates* (1877) zur Starautorin des Blattes avancierte.

Der Erfolg der *Gartenlaube* – im Jahre 1881 erreichte sie ihren Höchststand mit 378 000 Abonnenten, was die Leserzahl an die Millionengrenze rückte – führte zu einer wahren Flut von Familienzeitschriften, deren Auflagerekorde sich ebenfalls sehen lassen können: *Illustrierte Chronik der Zeit* (1872) 172 000; *Über Land und Meer* (1870) 170 000; *Buch für alle* (1885) 109 000; *Daheim* (1874) 44 000.

Das Programm von Ernst Keil, dem Herausgeber der ***Gartenlaube****, nahm für sich in Anspruch ein Blatt zu sein „für's Haus und die Familie, ein Buch für Groß und Klein, für Jeden, dem ein warmes Herz an den Rippen pocht, der noch Lust hat am Guten und Edlen!“*

Unterhaltungsschriftsteller. FRIEDRICH GERSTÄCKER (1816–1872) zählt zu den wohl produktivsten Autoren des 19. Jh. Bis heute bekannt geblieben sind von seinem umfangreichen Werk (an die 100 Bände!) allerdings nur wenige Jugend- und Abenteuerromane wie *Die Regulatoren von Arkansas* (1845), *Die Flusspiraten des Mississippi* (1848), *Tahiti, Die beiden Sträflinge* (1856), *Gold* (1858) und *Unter dem Äquator* (1860). Im Gegensatz zu KARL MAY (1842–1912), der seine zahlreichen Indianerromane um Winnetou und Old Shatterhand und orientalischen Abenteuer-

geschichten weitgehend ohne Kenntnis der Schauplätze verfasst hatte, eignete sich Gerstäcker auf seinen zahlreichen Reisen nach Nord- und Südamerika, die Südseeinseln und Australien ein fundiertes volkskundliches Wissen an.
Einen festen Platz in den Familienzeitschriften nahmen bald auch die Dorfgeschichten mit ihrer Darstellung einer harmonisch-idyllisierenden Gegenwelt ein. Zu Vorbildern wurden die *Schwarzwälder Dorfgeschichten* (1843–54) BERTHOLD AUERBACHS (1812–1882) und die *Erzählungen aus dem Ries* (1856) MELCHIOR MYRS (1810–1871). Von der großen Beliebtheit des Genres angezogen, verfasste auch Otto Ludwig mit seiner *Heiterethei* (1855) und *Aus dem Regen in die Traufe* (1857) zwei erfolgreiche Erzählungen aus dem dörflichen Milieu.
Die Tradition einer sozialkritischen Heimatliteratur, wie sie im 20. Jh. von Ludwig Thoma, Lena Christ, Oskar Maria Graf fortgesetzt wird und bis zu Martin Sperr und Franz Xaver Kroetz reicht, beginnt nach 1871 mit den Werken der Österreicher LUDWIG ANZENGRUBER (1839–1889) und PETER ROSEGGER (1843–1918). Sowohl Anzengrubers Theaterstücke (*Der Meineidbauer*, 1871; *Die Kreuzelschreiber*, 1872) wie seine Bauernromane (*Der Schandfleck*, 1877; *Der Sternsteinhof*, 1885) blieben dabei stets seinem Anspruch auf „Volksaufklärung“ treu. Zum gefährdeten Refugium stilisierte dagegen Rosegger die dörfliche Welt gegenüber der städtischen (*Die Schriften des Waldschulmeisters*, 1875; *Volksleben in der Steiermark*, 1875; *Als ich noch der Waldbauernbub war*, 1902) und deutete damit auf eine Bewegung um 1900 voraus, die Heimatkunst als Bodenkult missdeutete (→ S. 351).

3 Das Drama des Realismus

3.1 Drama und Dramentheorie

Das Drama als favorisierte Kunstform. Seit dem 18. Jh. genoss das Drama in Deutschland die größtmögliche Hochachtung. Daran änderte sich auch in der zweiten Hälfte des 19. Jh. nichts. Hegel schätzte das Drama „als die höchste Stufe der Poesie und der Kunst überhaupt“, weil sich vorzugsweise in der Tragödie das Ewige, Göttliche, das „Anundfürsichwahre“ offenbare. Schopenhauer lobte das Drama als „die objektivste und in mehr als einer Hinsicht vollkommenste, auch schwierigste Gattung der Poesie“, da sich hier die Idee des Lebens darstelle. Nietzsche wiederum beschäftigte sich unter dem Eindruck von Wagners Musik eingehend mit den Ursprüngen der Tragödie.

Das Theatergeschehen der Zeit wurde – mit einem Begriff des Jungdeutschen H. Laube – von so genannten Architekturstücken dominiert, die aus einem historischen Gerüst und „überkommenem Stile“ ein Drama zimmerten und damit der herrschenden Poetik entsprachen. Heute längst vergessen, wurden so Paul Heyses *Sabinerinnen* (1859), Albert Lindners *Brutus und Collatinus* (1866) und Emanuel Geibels *Sophonisbe* (1869) mit dem zum hundertsten Todestag des Dichters gestifteten Schillerpreis ausgezeichnet. Das bürgerliche Publikum, das politische und gesellschaftliche Themen von der Bühne verbannt sehen wollte, suchte sich bis in die Gründerzeit mit Lustspielen, Schwänken und Possen zu unterhalten – am bekanntesten wurde *Der Raub der Sabinerinnen* (1884) der Brüder Schöntau. Und Gustav Freytags Zeitsatire *Die Journalisten* (1852) wurde nur deshalb ein Publikumserfolg, weil am Ende – wie ein Kritiker feststellte – die Liebespaare über die Politik siegten.

Dramentheorie des Realismus. Wie in den programmatischen Ausführungen zum Realismus immer wieder der Zusammenhang mit der gescheiterten Revolution des Jahres 1848 hergestellt wird, so greift auch die Theoriediskussion um das Drama häufig Zeitbezüge auf. Die politisch nicht erreichten Ziele wie Freiheit und Nationalstaatlichkeit sollten nun künstlerisch verarbeitet werden und als Thema in der am höchsten geachteten Gattung erscheinen. Aus der Enttäuschung über die Realität erwuchs der Wunsch, die erstrebten Ideale wenigsten in der „Innerlichkeit“ der Kunst zu finden. Und das Drama als handlungsorientierte und besonders ausdrucksstarke Kunstform schien dabei am geeignetsten zu sein die gewünschte Außenwirkung zu zeigen. So erklären sich auch die vielfach erhobenen Forderungen nach vaterländischen Geschichtsdramen und nationalen Versepen.
Friedrich Hebbel, der bis heute meistgelesene und erfolgreichste Dramatiker des Realismus, der

sich selbst lebenslang der theoretischen Grundlagen seiner Theaterpraxis versicherte – am bekanntesten wurde seine Streitschrift *Mein Wort über das Drama* (1843) –, kam diesen Bestrebungen in seinen Ideendramen nur zum Teil nach. Für seine Stücke nahm er in Anspruch die drei seiner Meinung nach maßgeblichen Stoffquellen des Dramas – das „soziale", das „historische" und das „philosophische" Element – so zu vereinigen, dass keine dieser Richtungen ein Übergewicht erhält. In der Tragödie sah er, beeinflusst von der Staats- und Geschichtsphilosophie Hegels, den Widerstreit zwischen dem Gesetz des Einzelnen und der allgemeinen Weltordnung verwirklicht (Epigramm *An den Tragiker*).

Bezeichnend für die pragmatische Ausrichtung des Zeitgeistes ist es, dass von den dramentheoretischen Ausführungen des Realismus gerade Gustav Freytags Aufsatz *Die Technik des Dramas* (1849 in den *Grenzboten* veröffentlicht) die größte Wirkung hatte und so eine Reihe von Folgestudien nach sich zog. Unter bewusstem Verzicht auf Philosophie versuchte er „Handwerksregeln" für die Kunst der Dramenkomposition aufzustellen und den streng tektonischen Bau des Dramas in Exposition – Steigerung – Höhepunkt/Umkehr – Peripethie – Katastrophe/Lösung zu beschreiben. Die Öffnung der Ständeklausel (→ Bürgerliches Trauerspiel, S. 130) auch für den „modernen Helden" bedeutet für Freytag jedoch nicht „die armen und gedrückten Klassen" als Helden des Dramas zuzulassen. Dieser Schritt blieb den späten Naturalisten vorbehalten.

3.2 Friedrich Hebbel – Dramatiker zwischen Tradition und Moderne

Eine geborstene Welt. Die innere Zerrissenheit des Jahrhunderts, wie sie uns in zahllosen Figuren Kleists und Jean Pauls, E. T. A. Hoffmanns und Chamissos, Büchners und Grabbes sinnfällig entgegentritt, wurde aufgegriffen und weitergedacht in den philosophischen Denkgebäuden von Fichte, Schelling und Hegel. Auf deren dualistischem Weltbild wiederum – vor allem auf der Gedankenwelt Hegels – fußt CHRISTIAN FRIEDRICH HEBBELS (1813–1863) Dramenkonzeption, die auf „Versöhnung" von Form und Inhalt abzielt. Für Hebbel vollzieht sich in der als Lebenstotalität erscheinenden Tragödie stets ein Widerstreit zwischen Individuum und Weltordnung. Tragik entsteht nicht mehr – wie bei den Griechen – aus der Unausweichlichkeit des Schicksals, sondern aus dem bewussten Handeln des Helden. Erst dann, wenn der mit freiem Willen entscheidende Einzelne die höhere Ordnung verletzt, wird er schuldig. Hebbel hat dieses dualistische Prinzip als grundsätzliche Seinsordnung verstanden:

> Der Dualismus geht durch alle unsre Anschauungen und Gedanken, durch jedes einzelne Moment unseres Seins hindurch, und er selbst ist unsere höchste, letzte Idee. Wir haben ganz und gar außer ihm keine Grundidee. Leben und Tod, Krankheit und Gesundheit, Zeit und Ewigkeit, wie eins sich gegen das andere abschattet, können wir uns denken und vorstellen, aber nicht, das, was als Gemeinsames, Lösendes und Versöhnendes hinter diesen gespaltenen Zweiheiten liegt.

War Hebbel zu Beginn der 40er-Jahre als Erneuerer des klassischen Dramas angetreten, so warfen ihm schon bald zeitgenössische Kritiker „verkünstelte und verzwickte Motivation" (H. Hettner), „theoretische Grübelei" und „ausschweifende Fantastik" (H. v. Treitschke) vor. Die Nachwelt dagegen rühmte sein „dichterisches Ingenium", das an „Größe und Kühnheit des dichterischen Schaffens" (F. Mehring) alle Schriftsteller der zweiten Jahrhunderthälfte übertreffe.

Hebbels Leben begann in Armut. 1827 starb sein Vater und der sich autodidaktisch bildende Einzelgänger, dem eine höhere Schulbildung versagt geblieben war, musste sich als Schreiber in der Kirchspielvogtei seiner Heimatgemeinde Wesselburen (Norderdithmarschen) verdingen. 1829 veröffentlichte er sein erstes Gedicht im Heimatblättchen. 1835 lernte er die ältere Näherin Elise Lensing kennen, von ihr wird er zwei Kinder haben. Doch kann (und will) er sie nicht heiraten. Ehrgeizig strebte er höher, arbeitete in Hamburg als Rezensent bei Gutzkows Zeitschrift *Telegraph für Deutschland*. 1840 beendete er das Drama *Judith*, das dank der Vermittlung Tiecks in Berlin uraufgeführt werden konnte. Schon im Jahr darauf vollendete er die Tragödie *Genoveva*, in der er exemplarisch am Kampf zwischen dem Bösewicht Golo und der Heiligen Genoveva die Zerstörung fester Normen darstellte. Weitere Ge-

*Von **Friedrich Hebbel** sagte der Literaturkritiker Franz Mehring: „[...] es wird sich nichts dagegen einwenden lassen, dass die zweite Hälfte des 19. Jh. kein dichterisches Ingenium gesehen hat, das sich mit Hebbel vergleichen ließe." Gemälde von C. Rahl, 1855.*

dichte erschienen, bis er 1843 *Maria Magdalene* schrieb. Dazwischen lagen Entbehrungen und Bildungsreisen nach Paris, Rom und Wien, wo er 1846 die bekannte Burgtheater-Schauspielerin Christine Enghaus heiratete. Finanziell gesichert und gesellschaftlich geachtet, durfte er nun erleben, wie seine Stücke regelmäßig aufgeführt wurden.

Die Revolution 1848/49 machte aus dem gemäßigten Liberalen einen überzeugten Konservativen, der sich nun auch in der Tagespresse zu politischen und kulturellen Fragen äußerte. Ergebnis dieser produktiven Jahre waren: *Herodes und Mariamne* (1847/48), die Komödie *Rubin* (1849), *Agnes Bernauer* (1851) und *Gyges und sein Ring* (1854). Hebbel erhielt Auszeichnungen wie den bayerischen Maximiliansorden und – für seine großes nationales Epos *Die Nibelungen* – den Schillerpreis. Doch bis zu seinem Tode 1863 grübelte er rastlos, mit immer neuen Dramenentwürfen und Gedanken beschäftigt, die sich nur wenig mit der öffentlich anerkannten Kulturfassade vertrugen.

In fast allen Tragödien Hebbels steht ein dämonischer, titanenhafter Mann, Verkörperung des Machtwillens, einer Frau in Hassliebe gegenüber. Ein besitzgieriges Ich entweiht und erniedrigt ein Du. In der *Judith*-Tragödie (Buchausgabe 1841) ist es der sich selbst vergottende assyrische Feldherr Holofernes, dem sich Judith hingeben muss um ihr Volk zu retten. Da sie zugleich Holofernes Übermenschentum bewundert und die Demütigung nicht ertragen kann, ist sie zum Tod bereit. Mit dem bürgerlichen Prosa-Trauerspiel *Maria Magdalene* (Buchausgabe 1844), bis heute Hebbels meistgespieltes Stück, wollte er das bürgerliche Trauerspiel erneuern, wie es seit Lessing und Schiller das deutsche Theater prägte (→ S. 130). In dem als „einfaches Lebensbild" konzipierten Stück, das in einer deutschen Kleinstadt spielt, verlangt der kalte Karrieremacher Leonhard von der Tischlerstochter Klara das Opfer der Hingabe um sie so an sich zu binden. Auf größere Mitgift erpicht, löst er jedoch die Verlobung wieder. Klaras Schande bringt bei den strengen Moralbegriffen dieses engen Milieus Unglück über das ganze Haus: Klara stürzt sich in den Brunnen, ihr früherer Verehrer tötet den Kassierer Leonhard im Duell. Klaras leichtsinniger Bruder Karl, eines Diebstahls verdächtigt, verlässt die Heimat. Die Mutter war schon aus Gram über Karls vermeintliche Unehrenhaftigkeit gestorben. Am Schluss steht der alte Vater, Tischlermeister Anton, allein auf der Bühne und stammelt: „Ich verstehe die Welt nicht mehr."

Aufgegriffen wurde Hebbels Stoff in der beeindruckenden Bearbeitung von Ludwig Thoma (*Magdalena*, Volksstück, 1914, → S. 353) und der modernen Volksstück-Adaption von Franz Xaver Kroetz (*Maria Magdalena*, 1974).

In der Ehetragödie *Herodes und Mariamne* (Buchausgabe 1850) befiehlt der eifersüchtige König Herodes die schöne Mariamne zu töten, falls er nicht mehr vom Kriege zurückkehrt. Als Mariamne erfährt, wie er ihren Eigenwert missachtet, lässt es ihr Stolz nicht zu, sich vor dem heimgekehrten König gegen den Verdacht der Untreue zu verteidigen. So wird sie hingerichtet. Herodes bricht nach der Enthüllung der ungerechten Beschuldigung zusammen.

Die Titelheldin seines „deutschen Trauerspiels" *Agnes Bernauer* (Buchausgabe 1855) hat Hebbel in einem Brief als „Antigone der modernen Zeit"

bezeichnet. Mit dem Untergang der schönen und sittsamen Augsburger Baderstochter Agnes Bernauer, die der Thronfolger wider die feudale Standesordnung zur Gemahlin begehrte, endet das gleichnamige Trauerspiel: Agnes wird als Hexe in die Donau gestürzt, die Schönheit fällt den Machtzwecken, hier der Staatsräson, zum Opfer. Im Widerstreit von individuellen Wünschen und höheren Staatsinteressen muss sich „das Individuum“, so Hebbel, „wie herrlich und groß, wie edel und schön es immer sei, […] der Gesellschaft unter allen Umständen beugen“. In der Figur des positiv gezeichneten, alten Herzogs Ernst, der auf der Staatsräson als oberstem Prinzip beharrt, hat Hebbel – zwei Jahre nach Ende der Revolution – auch eine Legitimation für die Niederschlagung der Herbstkämpfe von 1848 geliefert.
In *Gyges und sein Ring* (Buchausgabe 1856) verletzt König Kandaules das Schamgefühl seiner Gemahlin, den Kern ihrer Selbstachtung; vermittels eines Zauberrings lässt er des Nachts seinen Gastfreund Gyges, einen Griechen, die unverhüllte Schönheit Rhodopes erblicken.
Auch in der *Nibelungen*-Tragödie (Buchausgabe 1862), worin Siegfried mit seiner Tarnkappe für König Gunther die Brunhilde besiegt, wird die Missachtung des weiblichen Selbstwertes zum Anlass der Tragödie.

4 Die Lyrik des Realismus

4.1 Lyrik zwischen Tradition und Neubeginn

Rückbesinnung auf die Tradition. War die Lyrik noch im Vormärz – neben journalistischen und essayistischen Textsorten – die bevorzugte literarische Gattung beim Aufarbeiten zeit- und sozialkritischer Themen (Heine, Börne, Dichter des Jungen Deutschland), so ist der Zeitraum nach der gescheiterten Revolution von 1848 gerade für das Gedicht gekennzeichnet von deutlicher politischer Abstinenz. Statt dessen wandten sich viele Dichter der realistischen Erlebnislyrik zu, entwickelten eine auf das Gegenständliche abzielende Bild- und Symbolsprache. Zugleich knüpften sie damit an traditionelle Formen und Motive an und orientierten sich wieder stärker an Vorbildern aus dem 18. Jh. (Klopstock), der Klassik (Goethe, Schiller) und der (Spät-)Romantik (Uhland).
Dagegen hatten die programmatischen Schriften jener Zeit – ähnlich wie zu Prosa und Drama – für die Lyrik „die Widerspiegelung alles wirklichen Lebens“ (Fontane) und so die Hinwendung zu einem die Realität verklärenden Idealismus gefordert. Damit geriet das lyrische Sprechen in der zweiten Jahrhunderthälfte in ein kaum lösbares Dilemma: einerseits sollte es den gesellschaftlichen und wirtschaftlichen Veränderungen der Umbruchszeit Rechnung tragen, andererseits wollte es den privaten Charakter subjektiver Gefühlsäußerung nicht verlieren.
Die große Wertschätzung, die die Lyrik über die Jahrhundertmitte hinaus (Fortwirken Heines) in Deutschland genoss, wird an den beachtlichen Auflagenziffern von Lyrikanthologien ebenso deutlich wie an dem hohen Ansehen einzelner Autoren wie etwa dem Dichterfürsten Emanuel Geibel (1815–1884). Bemerkenswert ist ferner, dass alle bedeutenden Autoren des Realismus (Hebbel, Storm, Keller, Fontane, C. F. Meyer) auch über ein beachtliches lyrisches Talent verfügten. Selbst Raabe, der als Lyriker kaum hervorgetreten ist, streute in sein erzählerisches Frühwerk vereinzelt Gedichte ein.
In dem alles Lyrische kennzeichnenden Unsagbarkeitstopos wird das ichbezogene, stimmungsvolle Empfinden zum eigentlichen Kern realistischer Erlebnislyrik. In literaturtheoretischen Reflexionen versuchten viele Autoren der Zeit einen bewussteren Zugang zu poetischen Motiven und Formen sowie literarischen Strömungen und Vorbildern zu gewinnen. So setzten sich Hebbel und Storm, Keller und Fontane in theoretischen Schriften, Briefen oder Tagebuchaufzeichnungen immer wieder mit den Bedingungen ihres Schaffens, aber auch mit Wertung und Wirkung ihrer Lyrik auseinander.
Darüber hinaus wurden Dichter wie Theoretiker von den philosophischen Strömungen ihrer Zeit nachhaltig beeinflusst. Hegels Vorstellung von der „subjektiven Innerlichkeit“ alles Lyrischen greift Theodor Vischer auf, wenn er vom lyrischen Subjekt als „Brennpunkt der Welt“ spricht, das die Empfindungen erst erfahrbar macht. Materialistisches Denken und die Religionskritik Feuerbachs prägen die Werke Kellers und Storms, der Pessimismus Schopenhauers wird bei Wilhelm Busch spürbar. Nietzsches Bestimmung des Lyrikers als „dionysischer Künstler“, der

zurückfindet zu den Ursprüngen der Kunst und das „Abbild dieses Ur-Einen als Musik" umsetzt, wirkte ins 20. Jh. fort.

Die politischen und sozialen Veränderungen vor und nach der Reichsgründung bereiteten den Boden für eine von nationalem Pathos getragene Lyrik. An der Propagierung des Nationalstaatsgedankens wie später an der Verherrlichung des neuen Staates beteiligten sich der unumstrittene Dichterfürst Emanuel Geibel ebenso wie der durch seine heroische Prosa dazu prädestinierte Felix Dahn mit seiner historisierenden Balladendichtung *(Jung Sigurd, Gotentreue).*
Die Suche nach Identität und landsmannschaftlicher Zugehörigkeit förderte die Ausbildung mundartlicher Lyrik. In der Tradition des Volkslieds wurde die Sprache als „der unverfälschte Ausdruck der Nationalität" (Hebbel) verstanden – so belegt bei dem Heimatdichter KLAUS GROTH (1819–1899) in dem Gedicht *Min Modersprak* (aus *Quickborn,* 1853/1971) in dithmarscher Mundart.

Als Humorist und Zeichner ging WILHELM BUSCH (1832–1908) in die Literaturgeschichte ein. Weil sein Talent als Maler nicht ausreichte um ein „Lenbach zu werden", begann er für die *Fliegenden Blätter* (1859–1864) zu zeichnen. In seiner bedeutenden Gedichtsammlung *Kritik des Herzens* (1874) wollte er „möglichst schlicht und bummelig die Wahrheit sagen". Gelungen sind ihm oft aphoristisch anmutende Verse, die gegen Biedersinn, Philistertum und „öffentliche Lüge" (L. Gustafsson) zu Felde ziehen.
Seine große „Popularität" verdankte Busch allerdings nicht so sehr seinen zeitkritischen Gedichten oder seinen kaum bekannten Erzählungen *Eduards Traum* (1891) und *Der Schmetterling* (1895), sondern vielmehr seinen „Bildergeschichten", von denen *Max und Moritz* (1865), *Der Heilige Antonius von Padua* (1870), *Die fromme Helene* (1872) oder *Balduin Bählamm der verhinderte Dichter* (1883) noch heute Lesevergnügen bereiten. Doch auch hier sprechen die zu den Bildern gedichteten Zweizeiler in vierhebigen Jamben ganz präzise Wahrheiten aus, wenn sie die pharisäerhafte und trügerische Selbstgerechtigkeit kleinbürgerlichen Lebensstils karikieren – etwa wenn sich der moralisierende Onkel Nolte mit erhobenem Zeigefinger am Ende der *Frommen Helene* in wahrhaft selbstentlarvendem Ton ergötzt:

> Das Gute – dieser Satz steht fest –
> Ist stets das Böse, was man lässt!
> Ei ja! – da bin ich wirklich froh!
> Denn, Gott sei Dank! Ich bin nicht so!!

Wilhelm Busch, der zeit seines Lebens unter dem Etikett des Humoristen litt, wird heute differenzierter beurteilt und rückt so „in die kleine Schar der großen Einmaligen und Unverwechselbaren auf" (F. Bohne).

4.2 Formen und Motive realistischer Lyrik

Alle bedeutenden Lyriker des Realismus – Hebbel, Storm, Keller, Fontane und C. F. Meyer – bezogen angesichts einer sich wandelnden Lebenswelt und eines zwischen Tradition und Neubeginn schwankenden künstlerischen Anspruchs höchst individuelle Positionen. Doch so unterschiedlich die Antworten auf die drängenden Fragen der Zeit auch klingen mögen, in der Zielsetzung ihrer Aussagen waren sich die einzelnen Dichter einig. Lyrisches Sprechen sollte „das oft zu Entfremdung, Vereinsamung und Verstummen führende Gegenüber von Ich und Welt zum Ausgleich, wenn nicht gar zur Einheit" (A. Huyssen) bringen.

Friedrich Hebbel (→ S. 294 ff.), der die „ungeheure Subjectivität" und philosophische Gedankenschwere in der Lyrik Schillers ablehnte, sah in den Gedichten Ludwig Uhlands „das Wunderbare und das Mystische" und damit das, was er von der reinen Poesie forderte: „die Veranschaulichung des Unendlichen". So bewegen sich seine Gedichte, die in Sprache und Rhythmus immer auf unmittelbare Wirkung abzielen, im Spannungsfeld von autobiografisch gefärbter Erlebnislyrik und Allegorisierung seiner Naturerfahrungen *(Sommerbild, Herbstgefühl).*
Zentrale und stets wiederkehrende Motive in Hebbels schmalem lyrischen Werk sind Sehnsucht und Gefährdung der Liebe *(Liebesprobe, Einziges Geschiedensein)* sowie Traurigkeit und Einsamkeit des lyrischen Ich *(Herbstbild).* Es ist bezeichnend für Hebbels Gedichte, dass sie die vielfältigen Trennungs- und Todeserfahrungen in

eindringlichen Bildern schildern und zugleich symbolhaft in einer höheren Einheit aufzuheben versuchen *(Scheidelieder, Sie sehn sich nicht wieder, An den Tod)*. Seine Neigung zur Formstrenge zeigt sich auch im allzu virtuosen Umgang mit dem Sonett – dort vor allem erprobt an abstrakten Themen *(Die Sprache)*. Epigrammatisches wird in der Alterslyrik abgelöst vom balladenhaften, am Novellistischen geschulten Erzählen, das seine klassischen Vorbilder *(Der Heidknabe)* oder seine Anlehnung an den Volksliedton *(Das Kind am Brunnen)* nicht verleugnet.

Der Lyriker Theodor Storm (→ S. 306) fühlte sich einerseits als Erbe, andererseits als Vollender literarischer Strömungen seit der Aufklärung – und so lassen sich seine Traditionslinien zurückverfolgen vom ausgehenden 18. Jh. (Claudius) über Klassik (Goethe) und Romantik (Eichendorff, Uhland) bis hin zum Biedermeier (Mörike, Lenau) und Vormärz (Heine, Herwegh, Freiligrath).
In seinen poetologischen Aussagen favorisierte Storm eine Stimmungslyrik, die subjektive Empfindungen und sinnliche Gefühle in Sprache zu übersetzen vermag. Mit Vorliebe spricht er dabei vom „Gelegenheitsgedicht", das bei aller Kunstfertigkeit den Bezug zum wirklichen Leben behalten sollte. Zweifellos war für Storm das „Erlebnis das Fundament" von Poesie, worunter er den „Naturlaut in künstlerischer Form" verstand. Erlebnis- oder Gelegenheitslyrik, das sind Gedichte, deren Motivik sich vor einem persönlichen Erfahrungshintergrund (Liebesbeziehung, Familie, Heimat) entfaltet, wird typisch für das Gesamtœuvre. Hierher gehören die Liebesgedichte an seine erste Frau Constanze (etwa *Gedenkst du noch?* 1857) ebenso wie seine patriotischen Heimatgedichte (*Gräber in Schleswig*, 1863). Storms allzu enges Verständnis von Erlebnislyrik bezeichnet gleichzeitig die Grenze seiner Kunst. Daher gelingen ihm seine bedeutendsten Gedichte gerade dann, wenn er sich vom vordergründigen Erlebnischarakter löst und das unerwartete Eindringen von Fremdem oder Bedrohlichem in die vertraute Welt gestaltet.
Zentrale Themen Storm'scher Lyrik sind neben dem Motivkreis „Liebeslyrik" die Auseinandersetzung mit Tod und Vergänglichkeit (*Tiefe Schatten*, 1865), eingekleidet in stimmungsvolle Naturbilder, sowie das Aufarbeiten zeitgeschichtlicher Ereignisse. Das Vertreten politisch extremer Positionen – Storm war gegen Dänen wie Preußen gleichermaßen feindlich eingestellt – lässt eine bekenntnishafte politische Lyrik (*Und haben wir unser Herzoglein*, 1864) offener demokratisch republikanischer Gesinnung entstehen.
Später betätigte sich Storm auch als Herausgeber (*Deutsche Liebeslieder seit Johann Christian Günther*, 1859; *Hausbuch aus deutschen Dichtern seit Claudius. Eine kritische Anthologie*, 1870) um den „ganze[n] lyrische[n] Schatz der Deutschen" weiterzugeben. Zugleich wandte er sich damit gegen den „Anthologien-Schund" der Zeit.
Storm war schon zu Lebzeiten als bedeutender Lyriker anerkannt. Sein Landsmann und Mundartdichter Klaus Groth meinte: „Unter den Gedichten Storm's sind manche, die Goethe mit Stolz würde die seinen genannt haben." Und auch Fontane erkannte den Meister des lyrischen Fachs an, wenn er 1892, jedoch nicht ohne satirische Spitze, formulierte: „Er war ein großer Lyriker, ganz Nummer eins, aber doch zugleich, wie's jetzt in dem neuesten Wildenbruch'schen Stück heißt, eine ‚komische Kruke'." Storm selbst blieb auf Distanz zu seinen Zeitgenossen. Fontane lehnte er wegen der historisierenden Balladenform ab. Und der sich ins Symbolhafte weitenden Lyrik C. F. Meyers stand er verständnislos gegenüber. Einzig für Mörike, mit dem er die Vorliebe für idyllische und heimatliche Motive teilte, empfand er glühende Verehrung.

Bei Gottfried Keller (→ S. 302 ff.), dessen erster Lyrikband (1844) noch deutlich die Prägung des Jungen Deutschland verrät, verbanden sich politisches Denken und Bilder persönlicher Naturerfahrungen. Im Jahre 1843, so bekannte er Jahre später, „wachte mein Schöpfungstrieb wieder auf; da ich aber im Malen keinen Trost und Erfolg empfand, verfiel ich unwillkürlich und unbewusst aufs Versmachen und entdeckte höchst verwundert, dass ich reimen könne!". Wurden in seiner wichtigsten Produktionsphase zwischen 1843 bis 1846 Herwegh und Freiligrath die Vorbilder für seine politische Lyrik, so orientierte er sich in den nun rasch entstehenden Naturgedichten an Uhland, Eichendorff, Lenau, Heine: „wo der Dichter nur innere Zustände und Gefühle ausspricht". Keller hatte wenig Neigung zu sprachartistischen Ausdrucksformen, vielmehr liebte er Schlicht-

heit und Klarheit und griff daher in Vers- und Reimgestaltung auf traditionelle Muster zurück. „Sinnlichkeit, gefüllt von Farbe, Licht, Bewegung, gebändigt zu Maß, zu Klarheit und Ordnung bis in die Sprachführung hinein, bestimmt Kellers reife Lyrik" (F. Martini).
Motive seiner Naturlyrik (*Neuere Gedichte*, 1851), die das wirkliche Leben zu spiegeln und zu deuten sucht, verknüpft er mit sozialen Fragen, wobei die ersehnte Harmonie von Ich und Natur immer wieder als brüchig erkannt wird.
Stilisierung der Natur, religionskritische Aussagen und die damit verbundene Leugnung der Existenz eines persönlichen Gottes bedeuten keinen vordergründigen Materialismus. Die Naturfrömmigkeit des Humanisten Keller basiert vielmehr auf seinen Feuerbach-Studien und der Rezeption des Mystikers Angelus Silesius.
In seiner Alterslyrik, die sich mit seinen frühen Gedichten nicht messen kann und kaum noch Beachtung fand, kehrte Keller zur Erlebnisdichtung mit deutlich erzählenden Zügen zurück.

Theodor Fontane (→S. 309 ff.) versuchte sich schon in den 30er-Jahren als Lyriker – freilich mit sentimentalen Naturgedichten, die sich noch klischeehaft an spätromantischen Vorbildern orientierten. In der Zeit des Vormärz folgte er als glühender Demokrat Herwegh und Freiligrath, den Protagonisten politischer Lyrik. Ein Zeitgenosse meinte sogar, Fontane „hätte ein zweiter Heine werden können".
Erst mit dem Eintritt in den literarischen Sonntagsverein zu Berlin, *Tunnel über der Spree,* begann Fontanes lyrisches Werk zu reifen. „Dort machte man einen kleinen Gott aus mir", kommentierte er in seiner Autobiografie *Von Zwanzig bis Dreißig* seinen damaligen Aufstieg zum „unbestritten ersten Balladendichter unserer Tage", wie es sein Verleger ausdrückte. Es waren vor allem historische Stoffe aus dem englisch-schottischen Sagenkreis, aber auch Anekdotisches aus der preußischen Geschichte, die er als Vorlage wählte. Beispiele für seine bekannten Heldenballaden sind *Archibald Douglas* (1854), *Der alte Zieten* und *Der alte Dessauer* (1846). Es gehört zum abwägenden Wesen Fontanes, dass der politisch liberal denkende Dichter Aristokraten als volksnahe, auch sympathisch wirkende Helden darstellte.

Im Alter fand Fontane einen neuen Zugang zur Ballade. Geschult an seiner epischen Kunst, bezogen sich die erzählten Stoffe nun auch auf soziale Themen und die Zeitwirklichkeit. *Die Brücke am Tay* (1880) und *Herr Ribbeck auf Ribbeck im Havelland* (1889), die Generationen von Schülern lernen durften, sind die Höhepunkte seiner späten Lyrik.

C. F. Meyer (→S. 304 ff.), der bis ins Alter an seiner Berufung zum Lyriker zweifelte, betrat wie Fontane die literarische Bühne mit der Publikation von Balladen. Die Sammlung *Zwanzig Balladen von einem Schweizer* (1864) war die Frucht der gemeinsamen Italienreise (1858) mit der Schwester Betsy. Ein oft schwermütiger Ton der vielfach von geschichtlichen Ereignissen handelnden Texte (z. B. *Die Stadt im Meer, Jakobs Söhne in Ägypten, Das Münster, Der Hugenott*) beweist formales und handwerkliches Geschick und kündigt die artistische Souveränität der reifen Alterslyrik bereits an. Das Aufgreifen religiöser Themen im historischen Gewand lässt noch deutlich den nach Orientierung suchenden Künstler erkennen. Die unmittelbare Begegnung mit der Kunst der Antike und der Renaissance bleibt gleichwohl prägend für Meyers gesamtes lyrisches Werk.
Noch vor den ersten erzählenden Texten folgte eine zweite Lyriksammlung, betitelt *Romanzen und Bilder* (1869). Unterteilt in „Stimmung" und „Erzählung" folgen auf lyrische Naturbilder balladeske Historienmalereien.
In seiner späten Lyrik rückte Meyer immer weiter vom Realismusverständnis der Zeit ab – etwa der Betonung des rein Erlebnishaften, wie es für das Storm'sche „Gelegenheitsgedichts" so prägend wurde. Ihn drängte es vielmehr nach Objektivierung subjektiver Erfahrungen, die sich wiederum in symbolischen Bildern vermitteln lassen.
Mit dem Verarbeiten existentieller Themen und kulturgeschichtlicher Motive in straff rhythmisierten Taktfolgen kehrte Meyer zu goethezeitlicher Formstrenge zurück. Die Verknüpfung von Dinglichem und Symbolischem („Dinggedicht") weist Meyer zugleich aus als Vermittler zwischen romantischer Erlebnisdichtung und symbolistischer Bildersprache (*Der römische Brunnen*, 1882; *Auf dem Canale grande*, 1889). Damit deutet Meyers Lyrik voraus auf den Symbolismus Rilkes und öffnet den Weg ins 20. Jh.

5 Die Erzählkunst des Realismus

5.1 Novelle und Roman

Erzählende Dichtungen, insbesondere Novellen und Romane, nahmen in der Literatur der zweiten Jahrhunderthälfte einen bevorzugten Rang bei Lesern, Verlegern und Autoren ein. Dies hing nicht zuletzt mit der weiten Verbreitung zusammen, die gerade Erzähltexte in Familienzeitschriften und Leihbibliotheken fanden. Und nicht ohne Grund denken wir noch heute beim Epochen-Stichwort Realismus zunächst an die bedeutenden Prosa-Dichtungen Kellers, C. F. Meyers, Storms, Fontanes und Raabes.

Die Novelle. Nach der knappen, normsetzenden Novellen-Definition Goethes – „was ist eine Novelle anders als eine sich ereignete unerhörte Begebenheit" – mühten sich zahlreiche Dichter wie Theoretiker während des 19. Jh. um eine weitere Präzisierung des Novellen-Begriffs. Der Rückgriff auf das Novellen-Urbild bei Boccaccio wurde dabei ebenso gepflegt wie das Bestimmen des eigenen Standorts innerhalb der deutschen Novellentradition seit Wieland, Goethe und Tieck. Diese Blüte der Novelle hält über das gesamte 19. Jh. hinweg an. Und noch im frühen 20. Jh., da sich ihr Niedergang als eigenständige Erzählgattung abzuzeichnen beginnt, rühmt Robert Musil die Novelle als glückliche „Fügung des Geschicks" und daher seltenes „Erlebnis" für den Dichter.

Paul Heyse (1830–1914) – selbst ein überaus produktiver, heute längst vergessener Novellendichter, Freund Fontanes aus der *Tunnel*-Zeit (→ S. 299) und Mitglied des *Münchner Dichterkreises* um Geibel – geht in der Einleitung zu der 1871 von ihm herausgegebenen Sammlung *Deutscher Novellenschatz* von einem Gattungsvergleich aus. Während der Roman

> ein Kultur- und Gesellschaftsbild im Großen, ein Weltbild im Kleinen entfaltet, […] hat die Novelle in einem einzigen Kreise einen einzelnen Konflikt, eine sittliche oder Schicksals-Idee oder ein entschieden abgegrenztes Charakterbild darzustellen und die Beziehungen der darin handelnden Menschen zu dem großen Ganzen des Weltlebens nur in angedeuteter Abbreviatur [Abkürzung] durchschimmern zu lassen.

Heyse leitet seinen berühmt gewordenen Novellen-Begriff aus der Anforderung ab den Inhalt einer Novelle in einem Satz zusammenzufassen. Die an Boccaccios *Falken*-Novelle (*Il Decamerone* V, 9; → S. 68) angelehnte Kernfrage, „wo der Falke sei, das Spezifische, das diese Geschichte vor tausend anderen auszeichnet", wird so zum maßgeblichen Unterscheidungskriterium.

Der Roman. Der sich während des 19. Jh. vollziehende Aufstieg des Romans zur führenden literarischen Gattung wird von zahlreichen poetologischen Aussagen zur Theorie des Romans begleitet. Am wirksamsten blieb dabei Hegels Definition des Romans als „moderner bürgerlicher Epopöe" in seiner *Ästhetik* (erstmals 1835 unter dem Titel *Vorlesungen über die Ästhetik* veröffentlicht), wo der Roman als zentrale Möglichkeit der Auseinandersetzung mit dem „Weltzustand" gedeutet wird. Geprägt von dieser Vorgabe, gehen alle späteren Romandefinitionen von der Aufgabe des Romans aus „die Wirklichkeit des Lebens" darzustellen – und zwar als „Totalität des mannigfaltigen Lebens" (Morgenstern).

Das gleichwohl fortbestehende Spannungsverhältnis zwischen Ich und Welt, Individuum und Gesellschaft, Erzähler und erzählter Wirklichkeit blieb die fundamentale Voraussetzung für das Romanschaffen des gesamten 19. Jh. Zur Überwindung und Versöhnung dieses Gegensatzes bedienten sich die Realisten des Humors oder verklärten die „wirkliche Wirklichkeit". So konnte Fontane noch 1875 in seiner Rezension von Freytags Roman *Die Ahnen* schreiben:

> Was soll ein Roman? Er soll uns, unter Vermeidung alles Übertriebenen und Hässlichen, eine Geschichte erzählen, an die wir glauben. Er soll zu unserer Fantasie und unserem Herzen sprechen, Anregung geben ohne aufzuregen; er soll uns eine Welt der Fiktion auf Augenblicke als eine Welt der Wirklichkeit erscheinen, soll uns weinen und lachen, hoffen und fürchten, am Schluss aber empfinden lassen, teils unter lieben und angenehmen, teils unter charaktervollen und interessierten Menschen gelebt zu haben, deren Umgang uns schöne Stunden bereitete, uns förderte, klärte und belehrte. Das soll ein Roman.

Fontane bleibt mit solcher, auf rührende Behaglichkeit ausgerichteten Romanpoetologie, die sich im Übrigen meilenweit von seiner eigenen Romanpraxis unterscheidet, im Denken des 19. Jh. verhaftet. Das theoretische Rüstzeug für den modernen Roman sollte erst viel später gelegt werden – von GEORG LUKÁCS (1885–1971) in dessen bahnbrechender *Theorie des Romans* (1914/15 konzipiert, 1920 veröffentlicht).

Dem Programm des Realismus kamen zum einen Zeitromane in der Nachfolge Immermanns (*Die Epigonen*, 1836) und Gutzkows (*Die Ritter vom Geiste*, 1851), zum anderen historische Romane in der Tradition des Engländers Walter Scott (*Waverley*, 1814; *Ivanhoe*, 1819) entgegen. Schon in den 40er-Jahren vollzog sich die Abkehr vom tagespolitisch ausgerichteten „Tendenzroman" der Jungdeutschen, denen Texte wie *Oliver Twist* (1838) von Charles Dickens – „so wahr und aus dem Leben gegriffen" (Marggraff) – als vorbildlich entgegengehalten wurden. Und Jahre zuvor schrieb ein anderer Kritiker: „Romane sind der Barometer des Zeitgeistes und der Kultur einer Nation, der Spiegel der Zeit, der Sitten und noch mehr der Krankheiten der Seele" (C. J. Weber).

Die ersten großen Zeitromane der Epoche, GUSTAV FREYTAGS (1816–1895) *Soll und Haben* (1855), OTTO LUDWIGS (1813–1865) *Zwischen Himmel und Erde* (1856) und FRIEDRICH SPIELHAGENS (1829–1911) *Hammer und Amboss* (1869) sind zugleich Musterbeispiele realistischen Erzählens. In Freytags *Soll und Haben*, dem ideologisch gefärbten Roman vom Lob bürgerlicher Tugenden wie Fleiß, Pflichtbewusstsein und Ordnungssinn, wird der mühevolle, aber konsequente Aufstieg des Kaufmanns Anton Wohlfart klischeehaft der dekadenten Welt des Adels und einem vordergründigen Materialismus der Juden entgegengesetzt. Gleichfalls als bürgerlicher Entwicklungsroman des anbrechenden Industriezeitalters zu lesen ist *Hammer und Amboss*. Spielhagen lässt darin seinen Helden den „frommen Glauben an die Güte der Menschennatur und vor allem an den wachsenden Sieg des Guten und Tüchtigen" finden. Dagegen erscheint *Zwischen Himmel und Erde* eher als rührselige Liebesgeschichte von Treue und Entsagung, die Ludwig im kleinbürgerlich-handwerklichen Milieu ansiedelte.
Dass bei allem Zeitcolorit in keinem der Texte ein getreues Bild der damaligen sozialen und politischen Zustände gezeichnet wird, sich vielmehr eine Illusion von Wirklichkeit verbreitet, entspricht dem Verklärungsgrundsatz des programmatischen Realismus (→ S. 290 ff.). Und da für die Handlung aller drei Romane die gleiche optimistische Aufbruchsstimmung bürgerlichen Tugendfleißes kennzeichnend ist, könnte Fontanes Lob über *Soll und Haben* zum gemeinsamen Motto werden: der Roman erzählt die „Verherrlichung des Bürgerthums und insbesondere des deutschen Bürgerthums".
Beachtlichen Zuspruch fand auch der zeitkritische Roman *Der Amerikamüde* (1855) des Österreichers FERDINAND KÜRNBERGER (1821–1879). In seinen Hoffnungen getäuscht und an der amerikanischen Lebenswelt gescheitert, setzt der Autor mit seinem reumütig nach Europa zurückkehrenden Helden ein Gegenbild zur verbreiteten „Europamüdigkeit". Ein kritisches Zeitbild der mecklenburgischen Gesellschaft entwirft FRITZ REUTER (1810–1874) in seinem in niederdeutscher Mundart verfassten dreiteiligen Roman *Ut mine Stromtid* (1862/64). Wenn dabei aus der Sicht eines Landarbeiters (plattdeutsch „Strom") die schlimme Lage des Landproletariats geschildert wird, richtet sich die Hoffnung des auktorialen Erzählers nicht auf revolutionären Umsturz, sondern auf soziale Reformen.

Der historische Roman. In einer Zeit politischen und sozialen Wandels entsprachen historische Romane mit ihrer Botschaft einer glorifizierten Vergangenheit besonders treffend dem Streben nach nationaler Identität. Schon für Willibald Alexis waren „vaterländische Romane" das einzig gültige Muster des Genres: „Die Geschichte ist die größte Dichtung." Mit *Der Roland von Berlin* (1840), *Die Hosen des Herrn von Bredow* (1846), *Ruhe ist die erste Bürgerpflicht* (1852), *Isegrimm* (1854) und *Dorothee* (1856) versuchte er groß angelegte Epochenbilder der älteren und jüngeren brandenburgisch-preußischen Geschichte zu liefern.
Motive des Kriminal- und Geschichtsromans verbinden sich im *Sonnenwirt. Eine schwäbische Volksgeschichte* (1855) von HERMANN KURZ

(1813–1873), die bei den Zeitgenossen in höchster Achtung stand. Wird bei Schiller (→ S. 176) der Sonnenwirt zum „Verbrecher aus verlorener Ehre", so deutet ihn Kurz als „Verbrecher aus verlorener gesellschaftlicher Stellung". Auf das lateinische *Waltharius*-Lied geht Victor von Scheffels (1826–1886) vor allem nach 1871 viel gelesene mittelalterliche Klostergeschichte *Ekkehard* (1855) zurück, die von der tragischen Liebesbeziehung des Mönches Ekkehard zur Herzogin von Schwaben erzählt.

Die eigentliche Blüte des Geschichtsromans begann nach der Reichsgründung. Der gewaltsam mit „Blut und Eisen" geschaffene Staat forderte geradezu nach historischer Legitimierung. Sie lieferte Gustav Freytag mit seinem erfolgreichen Monumentalwerk *Die Ahnen* (6 Bde., 1872 bis 1880), in dem er auf über tausend Seiten ein germanisch-deutsches Geschichtspanorama vom 4. nachchristlichen Jahrhundert bis zur Mitte des 19. Jh. entwirft. Hatte Fontane *Soll und Haben* noch begeistert begrüßt, so lehnte er *Die Ahnen* rundweg ab. Im Gegensatz zu Felix Dahns (1834–1912) eher plattem Historismus bei der Darstellung der spätantiken Germanenkriege in *Ein Kampf um Rom* (1876) zeigen Fontanes historischer Roman *Vor dem Sturm* (4 Bde., 1878) oder die geschichtlichen Romane C. F. Meyers (*Jürg Jenatsch*, 2 Bde., 1876) wie Raabes (*Das Odfeld*, 1888; *Hastenbeck*, 1898) einen sehr viel kritisch-differenzierteren Umgang mit historischen Stoffen.

5.2 Gottfried Keller – bürgerlicher Humanist und unbürgerlicher Künstler

Das Leben des bedeutenden Schweizer Dichters Gottfried Keller (1819–1890) war gleichermaßen geprägt von persönlichen Verlusterfahrungen wie öffentlicher Anerkennung, von privaten Enttäuschungen wie literarischem Ruhm. Selbstzweifel, durch die erzwungene Junggesellenschaft genährt – alle Versuche eine Ehe einzugehen scheiterten – und durch eine lebenslange Bindung bzw. Abhängigkeit von Mutter und Schwester weiter gefestigt, werden in einem großartigen erzählerischen und lyrischen (→ S. 298) Œuvre aufgefangen und verarbeitet. Autobiografische Züge charakterisieren sein Werk ebenso wie ein der Schweizer Tradition verpflichteter demokratischer Humanismus.

Gottfried Keller, Sohn eines angesehenen, früh verstorbenen Züricher Handwerksmeisters, wurde 14-jährig wegen eines Jungenstreichs von der Kantonsschule verwiesen. Dem literarisch inter-

*Auf **Kellers** Berliner Schreibtischunterlage finden sich zahlreiche Hinweise auf seine Werke (z. B. der Teufelsgeiger aus „Romeo und Julia auf dem Dorfe") und autobiografische Bezüge – der Name Betty verweist auf Kellers große Liebe Betty Tendering.*

essierten, künstlerisch vielseitig begabten Keller war damit der Ausbildungsgang in einer öffentlichen Schule verwehrt. Eine noch in Zürich begonnene Lehre als Landschaftsmaler setzte er mit Studien in München (1840–1842) fort. Aus Geldmangel musste Keller jedoch die angestrebte Künstlerlaufbahn abbrechen. In seine Heimatstadt zurückgekehrt, beteiligte sich der Anhänger der liberalen Partei 1844/45 an den Freischarzügen gegen die konservativen Föderalisten. In dieser Zeit entstanden auch erste politische Gedichte.

Nach Beendigung des Sonderbundskriegs (1847) und Gründung des schweizerischen Bundesstaats (1848) förderte die liberale Züricher Regierung das literarische Talent Keller mit einem Stipendium. Der Studienaufenthalt zunächst in Heidelberg (1848/49), wo er Vorlesungen Feuerbachs hörte, und in Berlin (1851 bis 1854), wo er in literarischen Salons, u. a. bei Varnhagen von Ense, verkehrte, veränderten Kellers Leben grundlegend. Feuerbachs Lehre von der Projektion menschlicher Wünsche und Glücksvorstellungen auf ein göttliches Wesen ließ Keller zwar nicht zum Atheisten werden, führte allerdings – wie seine Werke belegen – zu einer starken Diesseitsorientierung. Die damit vollzogene Hinwendung zum alten Naturglauben und das Aufgeben von „religiösen Ideen", so schreibt er 1851 an einen Freund, macht keineswegs, dass „alle Poesie und erhöhte Stimmung aus der Welt verschwindet. Im Gegenteil! Die Welt ist mir unendlich schöner und tiefer geworden, das Leben ist wertvoller und intensiver, der Tod ernster, bedenklicher und fordert mich nun erst mit aller Macht auf meine Aufgabe zu erfüllen [...]"

Und tatsächlich trägt der in diesen Berliner Jahren entstandene Roman *Der Grüne Heinrich* deutlich die Spuren intensiver Beschäftigung mit Feuerbachs Philosophie. In diese Zeit fällt auch die Arbeit am Novellenzyklus *Die Leute von Seldwyla* (1. Teil).

Nach seiner Heimkehr in die Schweiz hatte Keller fünf Jahre mehr recht als schlecht von seiner literarischen Arbeit gelebt, als der Radikal-Liberale 1861 gegen Widerstände in der kantonalen Regierung zum Ersten Staatsschreiber des Kantons Zürich gewählt wurde. Sein mit Fleiß und Pflichteifer versehenes Amt verstand er dabei stets als Auftrag für das Gemeinwohl einzutreten. Die sozialen und wirtschaftlichen Auswirkungen der nun auch in der Schweiz einsetzenden Industrialisierung riefen den kritischen Beobachter und engagierten Publizisten auf den Plan. 1876 legte er sein öffentliches Amt nieder um sich ausschließlich der Literatur zu widmen. Bei seinem Tod 1890 betrauerte ihn fast das ganze Volk.

Die Werke. *Der grüne Heinrich*, der uns in zwei Fassungen vorliegt – einem *Ur-Heinrich* (1854/55) und einer formal und inhaltlich stark überarbeiteten Neufassung (1879/80) – gilt zusammen mit Stifters *Nachsommer* als einer der bedeutendsten Bildungsromane der Zeit. Ausgerichtet am Vorbild von Goethes *Wilhelm Meister*, wurde das Genre „Bildungsroman" im 19. Jh. zur idealen Darstellungsform die Entwicklung des bürgerlichen Helden als gesellschaftlich nützlichen Sozialisationsprozess vorzuführen. Doch widersetzten sich Autoren wie Keller und Raabe *(Der Hungerpastor)* den Erwartungen einer vom Wirtschaftsoptimismus getragenen bürgerlichen Leserschaft, die im Helden nur das erfolgreiche Leitbild (Hans Wohlfart in Freytags *Soll und Haben*) ihrer Schicht erblicken wollte. Hegels Forderung nach „Erziehung des Individuums an der vorhandenen Wirklichkeit" verstanden Keller und Raabe vielmehr als Auftrag die spannungsreiche Wechselbeziehung zwischen Ich und Gesellschaft zu verarbeiten.

Der stark autobiografisch geprägte Roman, eine „geistige Robinsonade" (Keller), erzählt in zwei Teilen einerseits die Kindheits- und Jugendgeschichte, andererseits die Erfahrungen in der Fremde und die Heimkehr des Heinrich Lee, der wegen seiner grünen Anzüge nur der „grüne Heinrich" genannt wird. Nach dem Tod des Vaters, dessen beruflicher Aufstieg für Heinrich zum dauerhaften Erfolgsdruck wird, leben Mutter und Sohn in ärmlichen Verhältnissen. Das vom Vater verkörperte bürgerliche Bildungsideal kann der von der Schule verwiesene Heinrich nicht erreichen. Seine Versuche sich mit autodidaktischen Studien (Jean-Paul-Lektüre) und Malunterricht zu behaupten verstärken in ihm nur den Zwiespalt zwischen Fantasie und Realität. Gespalten sind auch die Liebeserfahrungen, die Heinrich in der Beziehung zu seinen beiden Cousinen, der märchenhaft-zarten Anna und der feurig-sinnlichen Judith, macht. Mit dem gescheiterten Versuch des Protagonisten sich in München als Künstler zu etablieren präsentiert sich der zweite Teil noch mehr als der erste als Geschichte einer Desillusionierung. Doch mit der Heimkehr ans Sterbebett der Mutter – in der Urfassung begegnet der Erfolglose nur noch ihrem Leichenzug und stirbt ihr bald darauf in Verzweiflung nach – ist der Weg für die Selbstfindung Heinrichs vorgezeichnet. Die Neufassung des Jahres 1879/80, die nun auch in einer einheitlichen Ich-Erzählperspektive gestaltet ist, entlässt den bürgerlichen Leser in Übereinstimmung mit einem Helden, der zu tätigem Leben gefunden hat und sich als verantwortungsbewusster Bürger öffentlichen Aufgaben widmet.

Der Novellenzyklus. *Die Leute von Seldwyla* – im Erzählton noch ganz an Jean Paul geübt – enthielt in der Erstausgabe (1856) zunächst fünf Geschichten; drei weitere Bände sind 1874 erschienen, 1876 folgte die zweiteilige Gesamtausgabe mit zehn Novellen. *Die Leute von Seldwyla* erzählen in einer Mischung von Schwank und Märchen von allerlei kleinstädtischen Sonderlingen, Käuzen und Narren. Zugleich hebt sich Keller damit bewusst vom Literaturbetrieb der Zeit ab und schafft mit den noch heute bekannten Novellen *Pankraz der Schmoller*, *Romeo und Julia auf dem Dorfe*, *Frau Regel Amrain und ihr Jüngster*, *Die drei gerechten Kammmacher* sowie *Kleider machen Leute* öffentliche wie familiäre Modellsituationen.

In der herausragenden Novelle *Romeo und Julia auf dem Dorfe* setzt sich Keller bewusst von der zeitgenössischen Dorfgeschichte ab. Der thematisch auf Shakespeare verweisende, hier ökonomisch begründete Konflikt führt zur Verarmung der einst ehrbaren Bauernfamilien Manz und Marti. Die schon als Kinder befreundeten Sali und Vrenchen finden – nun als Erwachsene um ihr Heiratsgut gebracht – in der gegenseitigen Leidenschaft ihren einzigen Besitz. Konsequent verlassen daher die beiden den Raum bürgerlicher Ehrbarkeit, tanzen rauschhaft im „Paradiesgärtchen“ unter dem ärmeren Volk von Seldwyla, vollziehen wie zwei „richtige“ Brautleute ihre Ehe in der Natur und suchen danach den gemeinsamen Liebestod. Den moralisierenden, vielfach kritisierten Schluss der ersten Fassung – „Was aber die Verwilderung der Leidenschaften angeht [...]“ – strich Keller in der späteren Gesamtausgabe. Die Novelle, in der Vrenchen öfters mit der Geliebten König Salomons verglichen wird, „wiederholt das Hohelied des Alten Testaments. Sie überwindet irdischen Frevel, Besitzdenken und Sündenfall in der Gewissheit der Liebe.“ (H. Wysling)

Auf die liebenswürdig spöttischen *Sieben Legenden* (1872) folgten die *Züricher Novellen* (1878) mit der rokokohaft anmutigen Erzählung vom *Landvogt von Greifensee* und seinen Bräuten. Die Sammlung enthält auch die 1860 vollendete Novelle *Das Fähnlein der sieben Aufrechten*, worin die Liebe zwischen einer reichen Unternehmerstochter und einem Schneidermeister fast die politische Freundschaft der liberalen Väter gefährdet hätte. – *Das Sinngedicht* (1881) ist ein kunstvoller Novellenzyklus um Sitte und Sinnlichkeit der Frauen. – Im zeitkritischen Roman *Martin Salander* (1886) demonstriert Keller an der Geschichte zweier Familien das Unheil charakterlosen Geldstrebens für die bürgerliche Sittlichkeit.

In Kellers Erzählkunst verschmilzt Poesie und Realität zum „poetischen Realismus“. Indem sie alles allzu Romantisch-Subjektive, Fantastische und Geistvoll-Spielerische ausscheidet und andererseits nie die vordergründige Wirklichkeit zeigt, entsteht eine farbenfrohe Fülle märchenhafter Bilder. Mit seiner auf Humanität und bürgerliche Rechtschaffenheit abzielenden Haltung, die keine extremen Erfahrungen mehr duldete, wurde Kellers Prosa – vor allem die von ihm zur Blüte geführte Novelle – zum Vorbild für viele deutsche Erzähler.

5.3 Conrad Ferdinand Meyer – „Ich bin ein Mensch mit seinem Widerspruch“

Ein Leben reich an Spannungen und Gegensätzen führte der Schweizer Dichter CONRAD FERDINAND MEYER (1825–1898, → S. 299), über dem auch das Motto aus seiner Versdichtung *Huttens letzte Tage* stehen könnte: „... Ich bin kein ausgeklügelt Buch, / Ich bin ein Mensch mit seinem Widerspruch ...“ In seinem persönlichen wie künstlerischen Werdegang traten diese Widersprüche immer wieder zu Tage: So verlangte vor allem das Wissen um die eigene Bedrohung des psychischen Gleichgewichts nach Selbstheilung

in der Dichtung. Bezeichnend für den nach Identität Suchenden war auch das lange Schwanken zwischen der Zuneigung zu französischer Sprache und Literatur einerseits und der Verehrung deutscher Geschichte und Kultur andererseits.
Der einer vornehmen Züricher Bürgersfamilie entstammende Meyer erlitt ein seinem Schweizer Dichterkollegen Keller durchaus verwandtes Schicksal: Früh verlor er den Vater, scheiterte in der Schule und stand lange unter dem Einfluss der psychisch labilen, streng calvinistischen Mutter. Studienabbruch, negative Kritiken erster lyrischer Werke und wachsender familiärer Erfolgsdruck steigerten sich zu neurotischen Depressionen, die 1852/53 einen halbjährigen Aufenthalt in der Nervenheilanstalt Prégfagier erzwangen. Nach dem Freitod der Mutter (1856), sich langsam einstellenden literarischen Erfolgen schien sich die Lebens- und Identitätskrise zu lösen. Meyer unternahm nun in Begleitung der ihm auch schriftstellerisch eng verbundenen Schwester Betsy zahlreiche Bildungsreisen nach Frankreich und Italien, in denen sich sein hoher künstlerischer Anspruch festigte. Die unmittelbare Begegnung mit der Kunst der Antike und der Renaissance bildet den Erfahrungshintergrund für zahlreiche spätere Gedichte und Novellen.
Die Zeit zwischen 1871 und 1892 wurde zur produktiven Schaffensperiode, in der zwei Verserzählungen, ein Roman, elf Novellen und zahlreiche Gedichte entstanden. Hohe Auflagenzahlen als Ausdruck literarischer Reputation, seine Eheschließung mit einer angesehenen Patriziertochter (1875) und breite öffentliche Anerkennung konnten jedoch nicht verhindern, dass der unter Wahnvorstellungen Leidende 1892 für sechzehn Monate in die Nervenheilanstalt von Königsfelden gebracht werden musste. Die ihm verbleibenden Jahre lebte Meyer, ohne jegliche literarische Arbeit, zurückgezogen von der Öffentlichkeit und gepflegt von seiner Frau. Er starb im Alter von 73 Jahren in seinem Haus in Kilchberg bei Zürich.

Meyers künstlerischer Anspruch. Die bei vielen Novellisten des bürgerlichen Jahrhunderts zu findende Form der Rahmenerzählung erhält bei Meyer konsequent eine Distanz schaffende und reflexionsstiftende Funktion. Viele Aktionen erfährt der Leser nur durch Rückblenden und Berichte aus zweiter Hand, gleichsam als vollendete, tote Tatsachen. Wichtigste Vorgänge spielen rätselhaft hinter der Erzählbühne, die geschilderten Szenen werden kulissenhaft aufgebaut. Viele Substantive führen ein feststehendes Adjektiv – „schlanker Reiter", „bloßgelegte Stirnhöhe", „tiefeingeschnittene Narbe" – sodass der Eindruck des bildhaft Fixierten entsteht. Der Kontrast zwischen der formalen Kühle und dem wilden, brutalen, farbigen Inhalt der Geschichten, die Mischung von Gut und Böse, Pathos und Kälte in den handelnden Charakteren, das jähe Umschlagen von Berechnung in plötzliche Ausbrüche, die über ihre Motive gebreitete Unklarheit und die Fragwürdigkeit ihrer Entscheidungen erzeugen eine faszinierende Spannung der Novellen. Symbole, wie der plötzlich sich entladende Blitz, ein Beil, ein Amulett, erhöhen beim Leser das Gefühl vom dunklen Ursprung großer Aktionen. Es sind dieselben Bühnenrequisiten, wie wir sie auch in der Inszenierung und Regie der damals beliebten historischen Dramen finden (Meininger Bühne). Die beinahe durchgehende Gestaltung historischer Stoffe und Motive in Meyers Erzählwerk verweist auf eine bewusste Auseinandersetzung mit der Zeitgeschichte im Spiegel fiktionaler Gestalten. Zugleich sind die meisten dieser Figuren merkwürdig ahistorisch gezeichnet, wenn sie – in hohem Maße psychologisiert und autobiografisch befrachtet – stellvertretend Konflikte der Zeit wie ihres Autors austragen. Unverkennbar ist Meyer von der Verfügungsmacht über Menschen und dem Wirken des Bösen fasziniert, gleichzeitig quält ihn aber die calvinistische Frage nach Gottes Gerechtigkeit und nach der Gnade des Schicksals. Die dargestellten Akteure haben daher – Reflex der Epoche – ein äußerst zwiespältiges Gesicht.

Sein erzählerisches Werk. Mit der formal streng gebauten Versnovelle *Huttens letzte Tage* (1871), die sowohl balladenhafte wie dramatische Züge trägt, wurde der Dichter einer breiten Leserschaft bekannt. Meyers protestantisch-humanistische Sympathien im Kulturkampf jener Jahre, aber auch die Frage, warum der tapfere Streiter Hutten einst im Schweizer Exil sterben musste, stehen im Zentrum des Werks.
Das Amulett (1873), seine erste Prosaarbeit, führt zurück in die Zeit der Hugenottenkämpfe in

Frankreich und hinterfragt, warum ein Protestant aus der blutigen Bartholomäusnacht gerettet wurde, während sein katholischer Freund zu Grunde gehen musste. Die Novelle wurde einerseits verstanden als religionskritische Aufarbeitung von Meyers eigener streng pietistischer Erziehung, andererseits als Parteinahme für das Protestantisch-Deutsche gegen das Katholisch-Französische.

Jürg Jenatsch (1876), Meyers erfolgreicher historischer Roman, spielt in den Wirren des Dreißigjährigen Krieges in Graubünden. Das Werk hat eine vieldeutige Beziehung zu den eben abgeschlossenen nationalen Einigungsbewegungen in Italien und Deutschland. Es handelt von dem mit Zügen Bismarcks ausgestatteten Schweizer Freiheitskämpfer und protestantischen Pfarrer Jürg Jenatsch, der sogar seinen reformierten Glauben für das nationale Ziel opfert. Meyer, der in der Bewertung seines Helden stets schwankte, lässt auch die Frage nach der sittlichen Begründung politischer Macht bewusst offen.

Mit den Novellen *Der Heilige* (1880) und *Die Richterin* (1885) entführt Meyer den in der Bismarckzeit besonders an historischen Stoffen interessierten Leser zurück in die Zeit des Mittelalters. Wie schon in *Jürg Jenatsch* stellt sich in *Der Heilige* – personifiziert in der Gestalt Thomas Becketts, des Kanzlers Heinrichs II. von England

Wie viele andere Dichter hatte auch **C. F. Meyer** *ein stark ausgebildetes Zeichentalent. So illustrierte er etwa eine Szene aus seiner Novelle „Der Heilige".*

– erneut die Frage nach dem Verhältnis von Macht und Moral. *Die Richterin* ist eine Kriminalgeschichte aus der Zeit Karls des Großen. Als der geschickte Versuch der Richterin Stemma ihr heimliches Verbrechen (Gattenmord) zu vertuschen scheitert, fügt sie sich in die vom Kaiser verhängte Strafe.

Als Meyers bedeutendste Novelle, zu seinen Lebzeiten jedoch wegen der Aufnahme des Renaissance-Dichters Dante als Erzählerfigur heftig kritisiert, gilt heute *Die Hochzeit des Mönchs* (1884). Die Geschichte vom „entkutteten Mönch", die in einer komplexen und artistischen Erzählführung von wechselseitigen Spiegelungen zwischen Rahmen- und Binnenerzählung verläuft, reflektiert den Antagonismus von Opferbereitschaft und Pflichtbewusstsein, von persönlichem Freiheitsanspruch und öffentlichen Interessen. Der Mönch Astorre, der nach dem Tode seines Bruders auf Geheiß des Vaters die Braut des Verstorbenen heiraten soll, entdeckt jedoch seine Liebe zu dem Mädchen Antiope und verstrickt damit sich und die rivalisierenden Familien in einen unlösbaren Konflikt. Das blutige Ende – die geprellte Braut ermordet Antiope, Astorre und der Bruder der Braut töten sich gegenseitig im Angesicht des Fürsten Ezzelino – führt zum Ausgangspunkt der Rahmenerzählung Dantes zurück, der Grabinschrift, aus der er seine Geschichte entwickelte: „Hier schlummert der Mönch Astorre neben seiner Gattin Antiope. Beide begrub Ezzelin."

Von geringerer Bedeutung sind neben den beiden humoristischen Novellen *Der Schuss von der Kanzel* (1877) und *Plautus im Nonnenkloster* (1882) die Geschichte von *Gustav Adolfs Page* (1882), einer historisierenden Erzählung eines Mädchens, das als verkleideter Page für den verehrten Schwedenkönig stirbt, sowie *Die Leiden eines Knaben* (1883), die von verborgenen Untaten der Jesuiten handeln. *Die Versuchung des Pescara* (1887) zeigt den todwunden Feldherrn Pescara, der seinem Kaiser Karl V. treu zu bleiben scheint. *Angela Borgia* (1891) ist ein reines Mädchen inmitten der grausamen verräterischen Renaissance-Welt.

5.4 Theodor Storm – der Dichter am „grauen Meer"

Verhaftetsein im Regional-Heimatlichen bis hin zu „lokalpatriotische[r] Husumerei" (Fontane) konnte man THEODOR STORM (1817–1888), dem Sohn eines im nordschleswigschen Husum ansässigen Anwalts und Justizrats, mit einem gewissen Recht nachsagen. Sicher fehlte dem Dichter der Verszeilen „Am grauen Strand, am grauen Meer / und seitab liegt die Stadt" die Reiselust eines Fontane, der als weltoffener Großstädter nach England, Frankreich und Italien kam – nicht einmal zu einem Treffen mit seinem Schweizer Briefpartner Keller fand Storm Gelegenheit; umso enger verbunden fühlte er sich mit dem zurückgezogen lebenden Mörike, den er im August 1855 in Stuttgart besuchte. Gewiss fehlte Storm auch die Offenheit gegenüber anderen europäischen Literaturen, wie sie der russische Dichter Turgenjew verkörperte, den er 1865 in Baden-Baden traf. Dennoch ist Storm mehr als der Verfasser patriotischer Gedichte und idyllischer Geschichten seiner Heimat. Der große Erzähler Thomas Mann, der sich selbst so gern in der Tradition der europäischen Erzählkunst sah, adelte in seinem *Storm*-Essay (1930) die herausragenden Werke des Husumer Dichters, in dem er ihnen „Unsterblichkeitscharakter" und „absolute Weltwürde" attestierte.

Das Leben Storms verlief weniger ruhig und beschaulich, als man es von einem heimatverbundenen Husumer Amtsrichter vermuten möchte. Nach Schulbesuch und Jurastudium konnte sich der dänische Staatsbürger Storm (Schleswig gehörte – anders als Holstein und Lauenburg – nicht zum Deutschen Bund!) 1843 als Anwalt in seiner Heimatstadt erst niederlassen, nachdem er den zuständigen Behörden ein Zeugnis seiner Dänischkenntnisse vorgelegt hatte. Die 1846 geschlossene Ehe mit seiner Cousine Constanze Esmarch wurde durch die Beziehung Storms zu seiner späteren zweiten Frau Dorothea Jensen belastet. Mit dem Entzug der Anwaltszulassung (1852) endete die Zeit lyrischer Selbstfindung (→ S. 298) und erster Publikationen. Storm hatte sich öffentlich für die Erhebung gegen die dänische Herrschaft in den beiden Herzogtümern ausgesprochen.

Damit begann ein Lebensabschnitt, der die stetig wachsende Familie – es werden einmal sieben Kinder sein – in Existenznöte und schließlich ins „Exil" des preußischen Justizdienstes (Berlin, Potsdam, Heiligenstadt) führt. In der Potsdamer Zeit fand Storm Anschluss an die Berliner Literatenzirkel *Tunnel über der Spree* und *Rütli*, in denen er u. a. Fontane und Heyse kennen lernte und neues Selbstvertrauen für seine literarischen Arbeiten gewann.

Die mit der Heimkehr nach Husum und Berufung zum Landvogt (1864) verbundene Hochstimmung, die sich auch in einer neuen produktiven Phase günstig auf das literarische Werk auswirkte, wurde durch den Tod Constanzes herb getroffen. Noch radikaler als Keller hatte sich Storm längst vom Christentum abgewandt und in eine unbedingte Diesseitsgläubigkeit gesteigert. Die elegischen Gedichte aus dem Zyklus *Tiefe Schatten* (1865) künden von der Absage an alle Jenseitshoffnungen.

Die in der zweiten Ehe noch einmal gewachsene Familie war mit dem Gehalt eines nun wieder preußischen Beamten (nach dem preußisch-dänischen Krieg 1864) nicht zu ernähren. Storm bekam das nötige „Poesiegeld" vornehmlich durch die Veröffentlichung von Novellen – über 50 sollten es insgesamt werden. Dass bei solcher Dauerproduktion oft Rücksicht auf den herrschenden Publikumsgeschmack genommen werden musste und Verlegerinteressen zu beachten waren, wirkte sich auch auf die Qualität mancher Erzählung aus. Gleichwohl gelangen Storm in seinem Spätwerk (ab 1870) an die zehn meisterhafte, noch heute anerkannte Novellen.

Dem 1880 vorzeitig vom Richteramt pensionierten blieben noch acht literarisch produktive Jahre, die er in seinem Landhaus in Hademarschen verbrachte. Als zu seinem 70. Geburtstag auch landesweite Ehrungen eintrafen, war Storm bereits von der tödlichen Krankheit gezeichnet. Theodor Storm starb 1888 an Magenkrebs.

Storms Novellen sind nicht so leuchtend, farbenfroh und vital wie die Bilder französischer Impressionisten. Über ihnen lastet die Düsternis seiner friesischen Heimat, um sie ist Einsamkeit, Schuld und Bedrohung. Nicht ohne Grund rückte Storm selbst die Novelle in die Nähe des Dramas und des Tragischen (Novellentheorie → S. 300). Der Bürger zieht sich auf sich selbst zurück, auf den engsten Kreis seiner Lebenswelt, auf das Angedenken, das stille Heim und die nächste Umgebung. Folgerichtig ist in Storms Novellenkunst auch alles das ausgeklammert, was den Leser zu tief aufwühlen und verwirren könnte: der rauhe Sturm der Geschichte, die quälende Frage nach Gott und dem Sinn des Lebens. Es erscheint wie eine um die tieferen und höheren Dimensionen beschnittene, ins bürgerliche Maß gebrachte Nachromantik. Diese Einschränkung ist der Preis den Storm für die erzählerische Ökonomie seiner Novellen bezahlen musste.

„Meine Novellistik ist aus meiner Lyrik erwachsen", gesteht Storm im Alter. In *Immensee* (1850), der Geschichte einer verlorenen Liebe, ist die Prosa noch ganz lyrisch. *Viola Tricolor* (1874) reflektiert das Problem einer zweiten Ehe und des Stiefkinds.

Künstlernovellen ganz unterschiedlicher Stimmungslagen sind *Pole Poppenspäler* (1874), die spannungsreiche Geschichte von gescheitertem Künstlertum und bürgerlichem Eheglück und *Aquis submersus* (1878), wo vom tragischen Ende einer verbotenen Liebe erzählt wird.

Die den Vater-Sohn-Konflikt behandelnde Novelle *Carsten Curator* (1878) ist für Storm Ausdruck „des mein Leben zerstörenden Kummers" – so schreibt er an den ältesten Sohn Hans, der an Trunksucht leidet und 1886 daran stirbt. In der pessimistischen Geschichte *Der Herr Etatsrat* (1881), die die Zerstörung einer Familie durch einen „trunkenen Dämon" erzählt, setzt sich Storm erneut mit dem Thema Alkoholismus auseinander. Auch mit *Hans und Heinz Kirch* (1882) bestätigt Storm, dass die Familie „die Domäne [seiner] Poesie" ist. In dem für den späten Storm typischen Erzählgestus des Auslassens und Verschweigens werden Flucht, geheimnisumwobene Heimkehr und erneuter Aufbruch des Sohnes Hans aus der Perspektive der Heimat erzählt. „Die Geschichte einer aus egoistischer Starrheit, Hartherzigkeit und Stolz versäumten Liebe zu dem einzigen Sohn wandelt sich nach dessen visionär erlebtem Tod zu einem ergreifenden Zeugnis selbstloser Menschlichkeit" (R. Frommholz).

Mit den Chroniknovellen *Eekenhof* (1880), einer sozialkritischen Abrechnung mit dem „verrostetsten Junkertum", und der Ehebruchsgeschichte *Ein Fest auf Haderslevhuus* (1885) gewinnt Storms Prosa immer mehr realistischen Boden. Von höchster Aktualität ist seine Novelle *Ein Bekenntnis* (1887), wo der Konflikt eines Arztes geschildert wird, der seiner krebskranken Frau Sterbehilfe leistet und nach ihrem Tod von der rettenden Theraphie erfährt.

Storms Meisterwerk ist zweifellos die schon von Thomas Mann wegen ihrer „Urgewalt in Verbindung von Menschentragik und wildem Naturgeheimnis" gerühmte Novelle *Der Schimmelreiter* (1888). In einer doppelten Rahmenerzählung wird die ins mythisch-spukhafte gerückte Geschichte vom dämonischen Schimmel und dem „gespenstigen Reiter" Hauke Haien erzählt, der trotzig gegen die Naturgewalten und die unverständigen Dorfbewohner ankämpft und daran schließlich zu Grunde geht. Der soziale Aufsteiger Hauke Haien kann sich als junger Deichgraf mit seinen hochfliegenden Plänen zur Deicherneuerung nur schwer gegen seinen Rivalen Ole Peters und gegen die auf Bewahrung des Alten pochenden Bauern durchsetzen. Und so halten die auf Grund des verzögerten Deichbaus nur notdürftig ausgebesserten Dämme der großen unerwartet einsetzenden Sturmflut nicht stand. Als Frau und Kind in den Fluten umkommen, reitet ihnen Hauke nach und wird so zum sinnbildhaften Opfer der eigenen Hybris.

Storm gilt heute, nicht zuletzt wegen seiner klassisch gewordenen Schullektüren (*Pole Poppenspäler* und *Der Schimmelreiter*), als einer der bedeutendsten deutschsprachigen Dichter des bürgerlichen Realismus.

5.5 Theodor Fontane – scharfsichtiger Beobachter der preußischen Gesellschaft

Der einzige deutsche Erzähler des 19. Jh., der sich mit den großen europäischen Romanciers der Zeit von Dickens bis Dostojewski, von Balzac bis Tolstoi und von Thackeray bis Zola wirklich messen kann, ist THEODOR FONTANE (1819–1898). Eine solche Gleichrangigkeit ist im Falle Fontanes umso bemerkenswerter, als dem zwischen seinem 58. und 77. Lebensjahr entstandenen, einzigartigen Roman-Œuvre lange Phasen des Schwankens zwischen lyrischer Begabung und feuilletonistischer Brotarbeit vorausgingen. Fontane selbst, der Meister der Relativierung, sah seinen langen und entbehrungsreichen Weg zum Dichter viel nüchterner. Im Jahre 1893 schreibt er an einen Freund:

> Ohne Vermögen, ohne Familienanhang, ohne Schulung und Wissen, ohne robuste Gesundheit bin ich ins Leben getreten, mit nichts ausgerüstet als einem poetischen Talent und einer schlecht sitzenden Hose.

Thomas Mann rühmte ***Fontane*** *als den Begründer der sozialen Romankunst: „Der moderne Roman wurde für Deutschland erfunden, verwirklicht, auch gleich vollendet von einem Preußen, Mitglied der französischen Kolonie, Theodor Fontane. Als Erster hier hat er wahrgemacht, dass ein Roman das gültige, bleibende Dokument einer Gesellschaft, eines Zeitalters sein kann; dass er soziale Kenntnis gestalten und vermitteln, Leben und Gegenwart bewahren kann noch in einer sehr veränderten Zukunft." Die Kohlezeichnung von Max Liebermann zeigt den Dichter im 76. Lebensjahr.*

Gesellschaftskritische Positionen, wie sie auch das Werk Raabes (→ S. 311 ff.) kennzeichnen, lassen insbesondere Fontanes späte Erzähltexte als „große soziale Roman-Dichtung" (Th. Mann) erscheinen. Bei kaum einem Autor des Kaiserreichs findet man eine vergleichsweise sensible und zugleich respektlose Behandlung hochgradig tabuisierter Themen wie Sexualität und Standesmoral. Beachtlich ist dabei vor allem, dass Fontane in einer von Männern dominierten Gesellschaft stets auf Seiten der weiblichen Opfer steht. Mit großem Einfühlungsvermögen – wie nach ihm wohl nur noch Arthur Schnitzler (→ S. 338 ff.) – gelingt es ihm, die oft tragisch endenden Versuche nach Selbstfindung und Selbstbestimmung seiner sympathisch angelegten Frauengestalten (etwa Effi, Stine oder Lene in *Irrungen, Wirrungen*) zu erzählen. Die Abwehrhaltung bei Lesern und Verlegern war entsprechend rigoros. Als im Sommer 1887 *Irrungen, Wirrungen* als Fortsetzungsroman in der *Vossischen Zeitung* erschien, fragte empört ein Mitherausgeber: „Wird denn die grässliche Hurengeschichte nicht bald aufhören?"

Fontanes Entwicklung. Theodor Fontane hatte als Generationsgefährte von Bismarck, Wagner, Zola und Tolstoi das ganze Jahrhundert durchlebt, ehe er am Ende seine reichen Erfahrungen zwanglos-abgeklärt in seinen Romanen summierte. Er war ein Hugenottenspross aus Neuruppin, der auf die französische Aussprache seines Namens Wert legte. Dem Wunsch des Vaters folgend machte er eine Apothekerlehre, an deren Ende das erfolgreich abgelegte Staatsexamen stand. Geldnöte verhinderten jedoch den Ankauf einer eigenen Apotheke, sodass sich der beruflich unstete Fontane mit journalistischen Arbeiten bei verschiedensten Blättern durchschlagen musste.
Ein Markstein für die künstlerische Entwicklung Fontanes wurde die Aufnahme in den literarischen Sonntagsverein *Tunnel über der Spree* (1844), wo er für seine Balladendichtung (→ S. 299) erstmals Anerkennung als Schriftsteller erfuhr. Trotz eines von den Statuten bestimmten Verbots politischer Diskussionen im *Tunnel*, machte Fontane aus seiner demokratischen Einstellung kein Hehl. Ein „roter Republikaner" war der Sympathisant der 48er Revolution jedoch nie. Eine liberale Grundhaltung behielt er auch dann noch bei, als er sich in den 50er-Jahren allmählich zum preußischen Konservativen wandelte. Seine unbeugsame Kritik an Staat und Gesellschaft des Kaiserreichs belegt dies eindringlich.
Die sich eher verschlechternde materielle Situation zwang den seit 1850 verheirateten Fontane immer wieder als politischer Korrespondent für den preußischen Staat zu arbeiten. Von besonderer Bedeutung wurden dabei seine London-Aufenthalte in den 50er-Jahren, in denen sich sein ursprünglich positives England-Bild relativierte. Bevor er zum Romancier der Berliner und märkischen Gesellschaft wurde, hatte er Preußenlieder gedichtet, Berichte aus England (*Ein Sommer in London*, 1854) verfasst und die lebendigen, persönlichen *Wanderungen durch die Mark Brandenburg* (1862 ff.) publiziert. Die Hoffnung mit genau recherchierten, ausgewogen urteilenden Kriegstagebüchern (*Der deutsche Krieg*, 1866;

Der Krieg gegen Frankreich 1870–1871, 1873) eine breite Leserschaft zu gewinnen erfüllte sich nur bei der Beschreibung seiner Gefangenschaft während des deutsch-französischen Kriegs (*Kriegsgefangen,* 1871). So arbeitete Fontane weiterhin als Journalist für die *Kreuzzeitung* und – nach seinem Ausscheiden aus der Redaktion – ab 1870 als Theaterkritiker für die *Vossische Zeitung.* Zunächst wegen seiner Initialen Th. F. als „Theaterfremdling" belächelt, erwarb er sich zunehmend allseitige Anerkennung für seine einfühlsamen und von sicherem Urteilsvermögen zeugenden Besprechungen. Es gehört zur Größe Fontanes, dass er den neuen Theater-Entwicklungen, vor allem den naturalistischen Stücken des jungen Gerhart Hauptmann (→ S. 318 ff.), aufgeschlossen und positiv gegenüberstand.

Eine schwere Ehekrise löste Fontanes Entschluss aus, den eben angetretenen Posten eines Sekretärs der preußischen Akademie der Künste (1876) wieder aufzugeben. Fontanes Entschluss für die „heitren Stunden" bedeutete das endgültige Wagnis des freien Schriftstellertums und damit das Erfordernis konzentrierter regelmäßiger Arbeit – immer auch mit Blick auf den Literaturmarkt und den herrschenden Publikumsgeschmack. So entstanden ab 1878 in rascher Folge 16 Romane und Erzählungen, von denen einige von weltliterarischem Rang sind. Die ständige Arbeitsbelastung führte 1892 zu einer schweren Krankheit (Gehirnanämie), die Fontane zunächst an der Fertigstellung von *Effi Briest* hinderte. Der Kranke fand Heilung, indem er – auf Anraten des Arztes – die Arbeit an fiktionalen Texten zurückstellte und statt dessen seine Autobiografie *Meine Kinderjahre* (1893) verfasste. Theodor Fontane starb 1898 im Alter von 78 Jahren hoch geachtet in Berlin.

Der kritische Beobachter. Als Schilderer der Mark Brandenburg, Korrespondent und Theaterkritiker hatte sich Fontane zum scharfsichtigen Beobachter der preußischen Gesellschaft des Kaiserreichs geschult. Er kannte Geschichte und Geschichten, Konventionen, Schwächen und Vorzüge des Adels wie des Großbürgertums, der kleinen Beamten wie der einfachen Leute. Er wusste um ihre Art sich zu geben, sich zu kleiden, Feste zu feiern, zu sprechen. Er durchschaute ihre Moralbegriffe und Trivialitäten. Er schilderte und entlarvte zugleich ihr Verhalten; unmerklich und diskret entstehen in den Causerien und Plaudereien beredte Gesellschaftsbilder, trennen sich Individuen von Typen.

Ein heiterer, bei großem Verständnis für den Wert des Konservativen doch recht liberaler Geist, liebte Fontane alles Ungezwungene und Natürliche. Sätze wie „Man widerspricht sich immer" und „Wenn ich das Gegenteil gesagt hätte, würde es ebenso richtig sein" charakterisieren am besten sein freies Denken.

Fontanes Stil ist frei, leicht, völlig unsentimental wie der des englischen Romanciers Thackeray, dessen Roman *Vanity Fair* (1847/48; dt. *Jahrmarkt der Eitelkeit,* 1849) er bewunderte. Er schreibt ungezwungene Sätze und reiht sie plaudernd aneinander. Daher wirkt seine Prosa luftig, skizzierend. Sie gibt die Sache mit wenigen Strichen wieder, sodass man an die Art zu erzählen bei Tschechow erinnert wird, oder daran, wie etwa Monet und Liebermann Menschen und Landschaft mit Atmosphäre zu umgeben verstanden.

Seine Romankunst beginnt mit dem historischen Roman *Vor dem Sturm* (1878), der die Erhebung Preußens in den Befreiungskriegen 1812/13 zum Thema wählt. Als Stoffquelle konnte Fontane auf reichhaltiges Material aus den *Wanderungen* zurückgreifen, etwa die Geschichte des Freiherrn von der Marwitz, der zum Vorbild des Lewin von Vitzewitz wurde. Ebenfalls in die Zeit vaterländischer Bewährung verlegte er seine Novelle *Schach von Wuthenow* (1883). Historisches Erzählen bedeutet für Fontane jedoch immer geschichtlichen Wandel aus der kritischen Distanz zu verarbeiten. Damit wird aus dem Modellfall des Offiziers Schach von Wuthenow, der sich aus verletztem Ehrgefühl erschießt, ein Zeitroman.

Als Tribut an die Forderungen des Literaturmarktes können seine Kriminalgeschichten *Grete Minde* (1878), *Ellernklipp* (1881), *Unterm Birnbaum* (1885) und *Quitt* (1891) gelten.

In dem Ehebruchroman *L'Adultera* (1882) geht es um eine Frau aus französischem Adel, die sich ihrem älteren Mann, einem jüdischen Bankier, unmerklich entfremdet, geschieden wird und mit ihrem Geliebten nach Italien geht. Nach ihrer Rückkehr nach Berlin macht dieser geschäftlich bankrott und die Gesellschaft meidet sie, bis er sich wieder nach oben gearbeitet hat.

In *Irrungen, Wirrungen* (1888) lassen die Standesbegriffe nicht zu, dass ein Offizier die Pflegetochter einer Plätterin heiratet. Ihr Verhältnis bleibt eine Episode. *Unwiederbringlich* (1891), der historische Roman, der in Schleswig und Dänemark spielt, wurde bereits von den Zeitgenossen gerühmt. C. F. Meyer fasste sein Lob so zusammen: „feine Psychologie, feste Umrisse, höchst lebenswahre Charaktere und über alles doch ein gewisser poetischer Hauch".

Viel zu wenig Beachtung hat der 1891 begonnene, erst posthum (1906) erschienene Eheroman *Mathilde Möhring* gefunden. Die Geschichte vom sozialen Aufstieg des gescheiten, aber armen kleinbürgerlichen Mädchens zeigt auch Elemente des Bildungsromans. Fast karikaturistisch zeichnet Fontane *Frau Jenny Treibel* (1892), die aus niedrigster Herkunft ins eitel-neureiche Bürgertum aufsteigt. An ihrem Typus entlarvt Fontane die „höheren Werte", das heißt die selbstgefälligen Kulturphrasen, mit denen sich diese Schicht gerne dekorierte.

Effi Briest (1895), ein Liebes- und Eheroman und eine Ehebruch- und Duellgeschichte, wurde Fontanes berühmtestes Buch. Erzählt wird mit großer Anteilnahme von der blutjungen und lebenslustigen Effi, die von ihren Eltern mit dem älteren tüchtigen, aber herzlosen Landrat Baron von Instetten verheiratet wird. Die verspielte Kind-Frau, die einsam und unverstanden vom strengen Mann in der Spukatmosphäre eines alten Hauses leben muss, flüchtet sich in die Arme des „Damenmannes" Crampas.

Als der „Schritt vom Wege" – so der Titel einer späteren Verfilmung – nach elf Jahren zufällig ans Licht kommt, wird Effi von ihrem Mann („Innstetten, Prinzipienreiterei ...") verstoßen und Crampas von ihm im Duell erschossen. Effi, von ihrem Kind getrennt, lebt fortan isoliert von Mann, Eltern und Gesellschaft einsam in Berlin. Erst als die vermeintliche Schuld gesühnt scheint, darf die Todkranke wieder auf das elterliche Gut im Havelland zurückkehren und gelassen und versöhnt sterben.

Der Stechlin (1899) – nach einem märkischen See und Herrenhaus benannt – erzählt die Geschichte des alten Majors Dubslav von Stechlin. In ihm hat Fontane sein eigenstes Ideal eines unter Menschen gebildeten, human und frei denkenden alten Aristokraten geschaffen. Dem lebensklugen, dem Neuen durchaus aufgeschlossenen, patriarchalischen Herrn, der es liebt, andere Meinungen zu hören, werden die Lebensformen der jungen Generation gegenübergestellt. Ein sympathischer Plauderer – „Paradoxien waren seine Passion" –, Typ eines Gentleman und Überlebender aus dem lächelnd-überlegenen, hellen pointenreichen Geist des friderizianischen Rokoko kontrastiert mit dem die „Neue Ära" repräsentierenden Sohn Woldemar, der unscheinbaren Schwiegertochter Armgard und deren nixenhafter Schwester Melusine.

Fontanes Nachruhm hat viele Gründe. So war er der erste deutsche Dichter seit Heine, der die Lebensform der Großstadt, das urban Ausgleichende bejahte. Die schlimme Unterdrückung der Arbeiterschaft, die zunehmende Militarisierung waren darum nicht seine Sache. Seine offene Modernität, sein Sinn für das Lebensrecht des Neuen machten ihn auch zum Protektor des aufkommenden Naturalismus, wenngleich ihm dessen Krassheit nicht behagte. Seine Prosa bietet keine ästhetischen Leckerbissen, keine moralische Erbauung, doch steht sie für einen tief verwurzelten Humanismus und ermutigt zu gelassener Lebenskunst.

Lange stand dem Urteil der „Schöpfer des modernen Romans" zu sein, wie es uns heute nach den Würdigungen von Heinrich und Thomas Mann so selbstverständlich ist, das Bild vom Balladendichter entgegen. Demgegenüber schätzt der moderne Leser Fontanes scharfe Gesellschaftsanalysen, sein unkonventionelles, stets mutiges Eintreten für sozial Benachteiligte sowie die Entlarvung von Verlogenheit und Scheinmoral. Es ist nicht zuletzt das Verdienst literaturwissenschaftlicher Forschungen, die seit den 60er-Jahren die Komplexität und Einzigartigkeit seines Romanschaffens herausarbeiten konnten, dass Fontane im heutigen Bewusstsein einen festen Platz unter den bedeutendsten Dichtern des 19. Jh. einnimmt.

5.6 Wilhelm Raabe – vom freien Schriftsteller zum „alten Dintenveteran"

Der literarische Außenseiter WILHELM RAABE (1831–1910) unterscheidet sich gleich in mehrfacher Hinsicht von den vier anderen großen Erzählern des bürgerlichen Realismus. Keiner konnte am Ende seines Lebens auf eine fast „vierzigjährige Fahrt über das Dintenmeer" zurückblicken; keiner verschrieb sich so ausschließlich einem Genre und brachte es darin zu einem vergleichsweise umfangreichen Œuvre (annähernd 70 Romane und Erzählungen); keiner durchlebte und durchlitt so große Schwankungen in der Gunst bei Lesern und Kritikern; keiner schließlich reichte biografisch ins 20. Jh., in das er als „Schriftsteller a. D." eintrat und keiner stand seinem Werk mit soviel Selbstironie gegenüber wie der alte „Schreiberknecht" und „Dintenveteran" aus Braunschweig. Und selbst in der Wirkungsgeschichte bildet Raabe die große Ausnahme unter den bedeutenden Dichtern seiner Epoche: Es gibt kein Werk, dessen Rezeption mit der jahrelangen Hochschätzung der frühen und mittleren Schaffensperiode und der Vernachlässigung des Spätwerks so eindeutig gegen den erklärten Willen des Autors verlaufen wäre wie im Falle Raabes.

Selbstbiografie. Am 9. August 1906 verfasste Raabe eine knappe, gleichwohl mit den wesentlichen Lebensdaten versehene Selbstbiografie, die besonders durch ihre interpretierenden Anmerkungen dem Bild des Dichters Konturen verleiht:

> Ich bin am 8. September 1831 zu Eschershausen im Herzogthum Braunschweig geboren worden. Mein Vater war der damalige „Aktuar" am dortigen Amtsgericht [...] Meine Mutter ist es gewesen, die mir das Lesen aus dem Robinson Crusoe unseres alten Landsmanns aus Deensen, Joachim Heinrich Campe beigebracht hat. [...]
> Im Jahre 1845 starb mein Vater als Justizamtmann zu Stadtoldendorf und zog seine Witwe mit ihren drei Kindern nach Wolfenbüttel, wo ich das Gymnasium bis 1849 besuchte. [...]
> Ostern 1854 ging ich nach einem Jahr ernstlicher Vorbereitung nach Berlin um mir auch „auf Universitäten" noch etwas mehr Ordnung in der Welt Dinge und Angelegenheiten, so weit sie so ein junger Mensch übersehen kann, zu bringen. Im November desselben Jahres begann ich dort in der Spreegasse die Chronik der Sperlingsgasse [Roman] zu schreiben und vollendete sie im folgenden Frühling. Ende September 1856 erblickte das Buch durch den Druck das Tageslicht und hilft mir heute noch neben dem Hungerpastor [Roman, 1864] im Erdenhaushalt am meisten zum Leben. Denn nur für die Schriften meiner ersten Schaffensperiode, die bis zum letzterwähnten Buche reicht, habe ich Leser gefunden, für den Rest nur Liebhaber, aber mit denen, wie ich meine, freilich das allervornehmste Publikum, was das deutsche Volk gegenwärtig aufzuweisen hat. [...]
> Seit dem 21. Juli 1870 wohne ich nun in Braunschweig [...]
> Was ich hier am Orte im Laufe eines Menschenalters weiter zusammengeschrieben habe, überlasse ich auf dem Alterstheil Altershausen [Romanfragment, 1902 abgebrochen, 1911 posthum erschienen] als „Schriftsteller a. D." der Begutachtung der Nachwelt. Möge sie nach Möglichkeit Nutzen daraus ziehen!

Wilhelm Raabe starb 1910 hochbetagt und in dem Bewusstsein, sein „schuftiges Handwerk" als freier Schriftsteller leidlich erfolgreich ausgeübt zu haben.

Raabes Erzählkunst wurde lange auf die verklärende Wirkung seines Humors reduziert. Vor allem mit Blick auf das Frühwerk, in dem eine oft noch biedermeierlich-verträumte Welt geschildert wird, hat man den Dichter lange missverstanden als heimatverbundenen Schnurrenerzähler, der liebenswerte, kauzige Sonderlinge ins Zentrum seiner Geschichten rückt. Dabei wurde übersehen, dass Raabe seit seiner Stuttgarter Schaffensperiode (1862–1870) und erst recht in seinem Spätwerk (1870–1902) wie kaum ein Autor des Realismus die brennenden sozialen Fragen der Zeit thematisierte, „die das bürgerliche Publikum wenigstens in der Lektüre lieber verdrängt hätte: das Massenwachstum der Städte mit Proletarisierung, Mietskasernenelend und Jugendverwahrlosung, die Folgen der Industrialisierung in Natur- und Landschaftszerstörungen, Veräußerlichung und Verdinglichung des Lebens, das Zerbrechen gewachsener Strukturen mit verlorenen Nachbarschaftsbindungen, Einsamkeit, psychische Verarmung und Verhärtung" (J. H. Schrader). So stand der Zeitkritiker Raabe dem Gesellschaftskritiker Fontane (→ S. 308 ff.) in der hellsichtigen Beurteilung der sozialen wie kulturellen Zustände gerade im Kaiserreich kaum nach. Raabe, zeitlebens nationalliberal gesinnt, war vor allem von den ökonomischen und kulturpolitischen Konsequenzen der 1871 erreichten Einheit tief enttäuscht, deren philisterhafte, germanisierende wie militaristisch-kolonialistische Ausprägungen ihm zunehmend unbehaglicher wurden. Doch anders als der weltoffene Fontane, der seine Kritik in gewandte Gesellschaftsromane zu kleiden vermochte, suchte sich Raabe, der Kenner Schopenhauer'scher Philosophie, störrische Außenseiter wie Wunnigel oder Stopfkuchen und soziale Aussteiger wie Velten Andres (in *Die Akten des Vogelsangs*) um sich nachdrücklich von bürgerlicher Selbstgerechtigkeit abzugrenzen.

Die oft virtuose Erzählweise Raabes, die ihn schon in der *Chronik der Sperlingsgasse* auszeichnete, entsprach weder den Forderungen des programmatischen Realismus (→ S. 290 ff.) noch kam sie dem herrschenden Publikumsgeschmack entgegen. Statt eine objektivierende, kontinuierliche Handlung zu entwickeln, wird mit Aussparungen und Erzählbrüchen operiert, treten großsprecherische oder verunsicherte Erzählerfiguren auf, die ihr mündliches wie schriftliches Erzählen zunächst reflektieren und begründen. Zudem werden die Texte durch einen umfänglichen Anspielungs- und Zitatenschatz aufgeladen, der in dem so entstehenden komplexen Erzählgefüge weniger bildungsbürgerliches Wissen abfragt als vielmehr den Leser weiter verunsichern und irritieren soll.

*Sein künstlerisches Talent stellte **Raabe** durch zahlreiche Illustrationen zu seinen Werken unter Beweis. Hier eine Zeichnung zur Novelle „Unseres Herrgottskanzlei", die die Glaubenskämpfe des 16. Jh. zum Hintergrund hat und in Magdeburg spielt.*

Raabes Schaffen setzte am 15. 11. 1854 mit der Arbeit an der *Chronik der Sperlingsgasse* (1856) ein: der „Federansetzungstag" ist identisch mit dem Datum des ersten Eintrags in der Chronik des alten Gelehrten Wachholder. In dessen 50 Jahre überspannender Chronik wird in vielfältiger erzählerischer Brechung Heiter-Sentimentales vom Leben und Sterben in bürgerlicher Nachbarschaft einer Straße berichtet.

Die Romane der Stuttgarter Trilogie *Der Hungerpastor* (1864), *Abu Telfan* (1867) und *Der Schüdderump* (1870) sind noch deutlich geprägt vom Verklärungswillen des programmatischen Realismus. Es ist daher wenig erstaunlich, dass Raabes großer Bildungsroman *Der Hungerpastor* zugleich sein erfolgreichstes Buch wurde. Erzählt werden die unterschiedlichen Lebenswege, die der Schusterssohn Hans Unwirrsch und sein Freund, der Trödlersohn Moses Freudenstein, einschlagen um ihren Hunger nach Wissen und Bildung zu stillen. Der Jude Freudenstein, als Antiheld aufgebaut, erweist sich als berechnende, ja dämonische Kreatur, dessen Anpassung in Selbstverleugnung und Fremdbestimmung mündet. Demgegenüber steigt der positive Held in seinem aufbauenden Hunger nach „Wahrheit, Freiheit und Liebe" zu wirklicher Reife auf und übernimmt glücklich eine Hungerpfarre an der Ostsee.

Seinen Ruf als Humoristen festigte Raabe mit der heiteren Geschichte vom „Mörder" *Horacker* (1875) und dem Roman über den weltentrückten Sonderling *Wunnigel* (1876). Unter Raabes Novellen ragen heraus *Else von der Tanne* (1864), *Zum wilden Mann* (1873) und *Pfisters Mühle* (1884). In der Erzählung *Zum wilden Mann*, die Raabe stets zu seinen besten Werken zählte, rechnete er so schonungslos mit dem Spekulantentum der Gründerzeit ab, dass selbst der Freund Wilhelm Jensen meinte, der Text müsste „polizeilich verboten werden". Das *Sommerferienheft*, so der Untertitel von *Pfisters Mühle*, verdeutlicht am Beispiel eines verseuchten Mühlenbaches die zerstörerische Kraft industrieller Abwässer. Das eigentlich Bedrohliche der geschilderten Entwicklung liegt jedoch nicht so sehr in der Umweltzerstörung als im Verlust der individuellen Lebensverhältnisse.

Stopfkuchen. Eine See- und Mordgeschichte (1890) gilt als Raabes bedeutendster Roman. Mit dem bewusst nicht eingelösten Untertitel spielte der Dichter auf den für exotische und kriminalistische Themen empfänglichen Zeitgeschmack an. In einer höchst komplexen Doppelerzählung von schriftlichem Bericht – niedergelegt vom Rahmenerzähler auf seiner Schiffsrückreise von Deutschland nach Afrika – und eingebauter mündlicher Erzählrede des Titelhelden wird der Jugendkonflikt der beiden Erzähler als „Fernduell" ausgetragen. Dass dabei der nach bürgerlichen Maßstäben erfolgreiche Eduard gegen den sozialen Außenseiter Heinrich Schaumann, genannt Stopfkuchen, unterliegen muss, gehört ganz selbstverständlich zu den Erzählstrategien des späten Raabe. Die vordergründige Detektivhandlung mit der Frage, wer vor Jahren den Viehhändler Kienbaum ermordet hat, tritt in der teils launigen, teils aggressiven Erzählsuada des „Selbstredners sondergleichen" zurück gegenüber seinem Anspruch vom Weltreisenden Eduard endlich anerkannt und nicht mehr „unter der Hecke" liegen gelassen zu werden. Die gleichzeitige Desillusionierung bürgerlicher Tugenden durch den Antihelden Stopfkuchen macht den Text zu *dem* Antibildungsroman des Realismus. Raabes virtuose Kunst das Erzählen zu erzählen, zwischen den Zeit- und Erzählebenen zu springen und sie zugleich aufeinander zu beziehen hat im *Stopfkuchen* einen Höhepunkt erreicht.

Die Akten des Vogelsangs (1896), die Geschichte von den Vorstadtkindern des Vogelsangs, hat man mit Recht den „unbürgerlichsten" Roman des bürgerlichen Realismus genannt (H. J. Schrader). Die Auflösung und Zerstörung gewachsenen Lebensraums durch zivilisatorische Prozesse wird in den gegensätzlichen Lebensläufen des Freundespaares Karl und Velten erfahrbar. Der aktenmäßigen Selbstvergewisserung des Juristen Karl Krumhardt im schreibenden Erzählen steht die radikale Selbstverweigerung des sozialen Aussteigers Velten Andres gegenüber, dessen unbedingte Abkehr vom besitzbürgerlichen Denken bis hin zum einsamen Tod reicht.

Bedeutende historische Romane wie *Das Odfeld* (1887) und *Hastenbeck* (1898) greifen geschichtliche Ereignisse aus Raabes Heimat auf. Als Vorwegnahme moderner Erzählformen gilt sein Fragment gebliebener Roman *Altershausen* (1902 entstanden, 1911 posthum erschienen).

Wirkungsgeschichte. Bald nach Raabes Tod bildete sich eine kleine, aber treue Raabe-Gemeinde, der es zunächst darum ging, das Werk des von ihr hoch verehrten Dichters zu pflegen und zu bewahren. Als institutionalisierter Verein („Raabe-Gesellschaft") kam es allerdings bald auch zu unerträglichen Stilisierungen des Dichters als „Lehrer", „Seher" und „Meister", dessen „künstlerischen und sittlichen Einfluss auf seine Nation [es] zu stärken und auszubreiten" (W. Brandes) gelte. So fiel es der konservativen Heimatbewegung (→ S. 351) nicht schwer, ihn zum „Weltanschauungsdichter" (A. Bartels) umzudeuten. Die ideologische Vereinnahmung Raabes durch die Nationalsozialisten als eines ethisch-politischen Führers war damit vorgezeichnet.

6 Der Naturalismus

6.1 Kunstrevolution am Ende des 19. Jahrhunderts

Die Abbildung des „wirklichen" Lebens im Gewand der Kunst und damit die Überwindung des Realismus als einer idealistischen Verklärung der Wirklichkeit war Forderung und Anliegen einer Schar junger Literaten, die zwischen 1880 und 1895 einen künstlerischen Neubeginn unternahmen und sich selbst als „literarische Moderne" verstanden. Ihr Credo lautete: „Die Kunst hat die Tendenz wieder Natur zu sein" (A. Holz). Verbunden mit dieser von den Zeitgenossen äußerst zwiespältig aufgenommenen Kunstrevolution – die Urteile schwankten zwischen „Rinnsteinkunst" (Kaiser Wilhelm II.) und „Großes, Hinreißendes, Imposantes, Majestätisches" (H. Conradi) – war eine völlige Umorientierung in der Wahl der Themen und ihrer Gestaltung (Form und Sprache). Der Blick der Autoren richtete sich noch intensiver auf das menschlich Abseitige und Krisenhafte, scheute sich nicht selbst pathologische Phänomene (Geisteskrankheit, Alkoholismus) und soziale Themen (Proletarisierung, Emanzipation der Frau) aufzugreifen und freimütig darzustellen.

Das Programm des Naturalismus setzte im zukunftsgläubigen Geiste der Naturwissenschaften

und des Positivismus (Comte, Taine) die Aufdeckung der gesellschaftlichen Wirklichkeit fort. Auf der Basis empirischer Untersuchungen erhofften die Soziologen anthropologische Gesetzmäßigkeiten zu erkennen und zugleich jede metaphysische Spekulation zu überwinden. Konsequent umgesetzt auf die Literatur bedeutete das, dass der Schriftsteller wie ein Soziologe, Statistiker, Psychologe, Vererbungsforscher oder Historiker das „Milieu“ exakt dokumentiert und seine Veränderung anstrebt. In der Tat haben viele Dichter des 20. Jh. auch genaue Studien durchgeführt, ehe sie sich an den Schreibtisch setzten.
Den „konsequenten Naturalismus“, dessen Formel „Kunst = Natur - x“ lautete, suchte in Deutschland Arno Holz zusammen mit JOHANNES SCHLAF (1862–1941) im Skizzenbuch *Papa Hamlet* (1889) und im Drama *Familie Selicke* (1890) zu demonstrieren. Gemäß der Theorie, die Arno Holz „Sekundenstil“ nannte, sollte der Beobachter jedes Detail eines Vorgangs gleichsam in Zeitlupe registrieren: das Knirschen einer Tür, das Tropfen eines Wasserhahns, das Gähnen, jeden Laut, auch die nebensächlichste Redensart, jede Jargon- oder Dialektwendung. Eine Szene auf der Bühne, ein Kapitel Prosa sollte genauso lang sein wie in Wirklichkeit. In den Szenen von dem stellungslosen Schauspieler Papa Hamlet und im Drama vom betrunkenen Vater am Sterbebett seines Kindes *(Familie Selicke)* gibt es keine eigentliche Handlung, nur ein Warten von Sekunde zu Sekunde.

Das Hauptverdienst des Naturalismus war die Befreiung von einer künstlerischen Routine, die zur Wahrnehmung der gesellschaftlichen Wirklichkeit nicht mehr fähig war. Er riss die Vorhänge von der gutbürgerlichen Gesellschaft weg und lenkte die Aufmerksamkeit auf Zustände, die im 19. Jh. nur wenige wie Ernst Willkomm (*Weiße Sklaven*, 1841) und Friedrich Engels erkannt hatten: auf die Elendsviertel, Mietskasernen, Hinterhöfe, das kleinbürgerliche Lumpenproletariat, die ausgebeuteten Fabrikarbeiter, die Kneipen und Dirnen und alles, was sich im Schatten der rasch gewachsenen Großstädte angesiedelt hatte. Dieses Milieu war aus der Perspektive der Villa der Neureichen, der guten Bürgerstube, den etablierten Oberschichten und dem flachen Land her gesehen schmutzig, hässlich, krankhaft und daher nicht darstellungswürdig. So erklären sich auch die zahlreichen Theaterskandale und die aggressiven Urteile in den Kritiken wie „hier ist der reinste Schmutz“ (über Hauptmanns *Vor Sonnenaufgang*) oder „Tierlautkomödie“ und „Affentheater“ (über Holz'/Schlafs *Die Familie Selicke*). Nur wenige Kritiker – etwa Fontane – zeigten eine vorurteilsfreie Einstellung, die der neuen literarischen Bewegung gerecht wurde.
Die Naturalisten besaßen den Mut und den Wahrheitswillen die Verkommenheit und Entwürdigung des Menschen aufzudecken. Insofern war der Naturalismus antibürgerlich, revolutionär und gegen die herrschende Ordnung im Frankreich Napoleons III. (Zola), im Russland

Der Naturalismus war eine europäische Erscheinung. Das zeigte sich vornehmlich auf der Bühne, wo der Norweger Henrik Ibsen große Erfolge feierte. Zu seinen bekanntesten Stücken zählt ***Nora oder Ein Puppenheim*** *– hier ein Szenenbild aus einer zeitgenössischen Inszenierung am Königlichen Theater Kopenhagen.*

des Zaren (Tolstoi, Turgenjew, Gorki) und im wilhelminischen Deutschland gerichtet.

Europäische Naturalisten. Wie sich Zola in seinen Romanen vorwiegend mit den aus der Tiefe aufsteigenden Massen beschäftigte, so entlarvte der Norweger HENRIK IBSEN (1828–1906) in seinen vielfach angefeindeten Dramen die Verlogenheit, Heuchelei und Muffigkeit der bürgerlichen Gesellschaft (*Stützen der Gesellschaft*, 1877; *Gespenster*, 1881; *Ein Volksfeind*, 1884). In seinen Stücken wurden die Interieurs der Wohnungen genau wie in Wirklichkeit aufgebaut. Ibsens kämpferischer Moralismus – etwa in seinem Ehe- und Emanzipationsdrama *Nora. Ein Puppenheim* (1879) – fehlte den deutschen Naturalisten, ebenso wie ihnen die religiöse Ethik des russischen Grafen Leo Tolstoi fehlte, der 1886 im Drama *Die Macht der Finsternis* die stumpfe Rohheit der geschundenen russischen Bauern darstellte. Auch für Fjodor M. Dostojewski war der Naturalismus nur ein Mittel um die Qualen und Abgründe verzweifelter, um Erlösung ringender Seelen zu ergründen. Obwohl bis 1890 schon die meisten Werke Dostojewskis ins Deutsche übersetzt waren, wirkte seine religiöse Unerbittlichkeit nur auf den Dramatiker STANISLAW PRZYBYSZEWSKI (1868–1927), doch die Werke dieses Arztes und anarchistischen Redakteurs in Berlin (*De profundis*, 1895; *Satans Kinder*, 1897) fanden in der deutschen Öffentlichkeit wenig Aufmerksamkeit. Sein „Theater der Qualen, der Neurosen, Psychosen, der Gewissensängste, der Reue und des Todes“ war ihr so fern „wie die Heiligkeit des Mittelalters von der öffentlichen Gemeinheit“ des modernen Optimismus (F. Hardekopf, 1912).

6.2 Berlin und München – Zentren des Naturalismus in Deutschland

Zu Zentren des deutschen Naturalismus wurden mit Berlin und München zwei Großstädte, deren künstlerisches und kulturelles Leben in den Jahren der Gründerzeit einen stetigen Aufstieg erlebt hatte.

In Berlin traten 1882 die Brüder HEINRICH (1855–1906) und JULIUS HART (1859–1930) mit der Aufsatzsammlung *Kritische Waffengänge* auf den Plan. Sie griffen die Formglätte Heyses, den Pseudo-Klassizismus Geibels an und forderten selbst etwas vage eine Dichtung „mit mehr Tiefe, mehr Glut, mehr Größe“. In einer Art „Sturm-und-Drang“-Stimmung schlossen sich viele junge Literaten, Publizisten und Kritiker ihrem Programm an, das auf „das Elementare, das Genie, den Naturalismus“ abzielte.
Zu ihren Parteigängern zählte zunächst auch der in Posen geborene MAX KRETZER (1854–1941), der selbst als Jungendlicher in einer Berliner Fabrik gearbeitet und so die Niederungen des Elends kennen gelernt hatte. Sein Roman *Die beiden Genossen* (1879) handelte von einem sozialistischen Schwärmer, den ein egoistischer Funktionär betrügt. In weiteren Romanen enthüllte er die Lebensverhältnisse der Enterbten. Dem bürgerlichen Geschmack kam am ehesten sein Handwerker-Roman *Meister Timpe* (1888) entgegen, mit dem er auch seinen größten Publikumserfolg hatte. Der Roman erzählt von einem loyalchristlichen, königstreuen Handwerker, dem die Fabrikkonkurrenz das Wasser abgräbt. Wie weit sich das verbürgerlichte Christentum vom Heiland der Armen entfernt hatte, wollte er mit dem *Gesicht Christi* (1897) zeigen: der Heiland geht durch Berlin, nur erkannt von Kindern, Armen und Kranken – ein Motiv, das im Expressionismus wiederkehrt.

Ein reichhaltiges kulturelles Leben prägte zum Jahrhundertende Berlin, das innerhalb von 40 Jahren aus einer preußischen Residenzstadt mit 400 000 Einwohnern zu einer Metropole von anderthalb Millionen Einwohnern angewachsen war. 1886 wurde die „freie literarische Vereinigung“ *Durch* gegründet, die sich als Heimstätte für avantgardistische junge Dichter verstand. Zu ihren Mitgliedern gehörten Arno Holz und Johannes Schlaf ebenso wie die Brüder Hart und Gerhart Hauptmann. In einem Vortrag des Vereins prägte Eugen Wolff den Begriff der „Moderne“ für die gegenwärtige Kultur. Ziel der neuen Bewegung sei „eine Revolution der Literatur zu Gunsten des modernen Kunstprinzips“.
Die nach dem Vorbild des Pariser *Theatre Libre* 1889 gegründete *Freie Bühne* war als Theaterverein von der engstirnigen staatlichen Theaterzensur unabhängig. So konnten im Herbst 1889 in der *Freien Bühne* Ibsens *Gespenster* und Hauptmanns *Vor Sonnenaufgang* in geschlossenen Ver-

Die meisten Skandalstücke des Naturalismus konnten nur in sog. Theatervereinen unter Umgehung der Zensur gespielt werden. Berühmt wurde die ***Freie Bühne*** *in Berlin durch die Uraufführung von Hauptmanns Sozialdrama „Die Weber" am 26. Februar 1893. Schon drei Jahre zuvor hatte sich E. Retemeyer in der Zeitschrift „Kladderadatsch" über die Freie Bühne lustig gemacht.*

anstaltungen uraufgeführt werden. Unter der Regie von Otto Brahm wurden weitere Stücke von Ibsen, Strindberg, Tolstoi und Hauptmann inszeniert. Ihr freireligiöser und sozialkritischer Geist führte zu häufigen Zusammenstößen mit der Staatsgewalt. Die *Freie Volksbühne* für Arbeiter – ebenfalls ein neugegründeter Theaterverein – konnte in zwei Jahrzehnten bis zu 40 000 Mitglieder gewinnen. Auf ihr spielte nach 1918 Erwin Piscator seine proletarischen Stücke (→ S. 402). Die vielgeschmähten Stücke Hauptmanns, Ibsens, Wedekinds, Strindbergs und Gorkis traten auf solchen Privatbühnen ihren Siegeszug an.

Im München des 19. Jh. stand das literarische Leben über Jahrzehnte unter dem maßgeblichen Einfluss von Immanuel Geibel und Paul Heyse. Geibel, der unumstrittene Dichterfürst der Epoche und von Zeitgenossen stets mit Goethe gleichgesetzt, verfasste epigonale und formstrenge Gedichte in der Nachfolge Platens. Zusammen mit dem Novellendichter Paul Heyse war er das Haupt des Münchner Dichterklubs *Die Krokodile* (1856–1882). Der dort geübte Geniekult, „die sorgfältigste Pflege der Form-Reinheit, die Vorliebe für den hohen Stil, die Schulung durch die Antike und die übrigen Classiker der Weltliteratur" (F. Dahn) machten die „Münchner Dichterschule" freilich zu einem Anachronismus.

Einen radikalen Neuanfang in Literatur und Kunst, in Staat und Gesellschaft forderte demgegenüber der junge Michael Georg Conrad (1846–1927), der 1885 in München die Zeitschrift *Die Gesellschaft* gründete. In der ersten Nummer der neuen „Realistischen Wochenschrift für Litteratur, Kunst und öffentliches Leben" proklamierte er:

> Fort, ruft unsere „Gesellschaft", mit der geheiligten Backfisch-Litteratur, mit der angestaunten phrasenseligen Altweiber-Kritik, mit der verehrten kastrirten Sozialwissenschaft! Wir brauchen ein Organ des ganzen, freien, humanen Gedankens, des unbeirrten Wahrheitssinnes, der resolut realistischen Weltauffassung!

Die Zeitschrift wurde so ein Forum für philosophische, gesellschaftspolitische und kunstkritische Positionen, in dem selbst skeptische Stimmen zur gegenwärtigen literarischen Mode des Naturalismus möglich waren. Diese Offenheit des Blattes wurde auch durch das bunte Spektrum der Beiträger gewährleistet – es finden sich Namen wie die der späteren Friedensnobelpreisträgerin Bertha von Suttner oder der Dichter Max Kretzer, Gerhart Hauptmann, Max Halbe, Otto Julius Bierbaum, Johannes Schlaf und Thomas Mann.

Neben Conrad gewann Karl Bleibtreu (1859–1928) maßgeblichen Einfluss auf *Die Gesellschaft*. Er lenkte die Aufmerksamkeit der literarischen Öffentlichkeit auf die Genialität vergessener Dichter wie Lenz und Grabbe. Selbst schrieb der gebürtige Berliner 1885 aus seiner Bohemien-Perspektive die Novellen *Schlechte Gesellschaft* und 1887 den „pathologischen Roman" *Größenwahn*, der in das Milieu der Großstadt, in Spelunken und Bordelle führte, ohne damit auch nur entfernt das große Vorbild Zola erreichen zu können.

6.3 Gerhart Hauptmann – Schöpfer des sozialen Dramas in Deutschland

Mit einem Theaterskandal betrat der 27-jährige GERHART HAUPTMANN (1862–1946) die Bühne der literarischen Öffentlichkeit: mit der Uraufführung seines ersten sozialen Dramas *Vor Sonnenaufgang* am 20. Oktober 1889 durch die *Freie Bühne*. Die staatsfrommen Ordnungshüter warfen dem jungen Autor Lasterhaftigkeit, Schmutz, Zügellosigkeit, Umstürzlerei und Schlimmeres vor. Dem Polizeipräsidenten passte die „ganze Richtung" nicht. Hauptmanns *Weber* wurden vor die Gerichte gezogen und im Preußischen Landtag beschimpft. Sein Traumspiel *Hanneles Himmelfahrt* nannte der spätere Reichskanzler Hohenlohe-Schillingsfürst „ein grässliches Machwerk, sozialdemokratisch-realistisch, dabei von krankhaft sentimentaler Mystik" und ging nach der Aufführung zu Borchardt um sich „durch Champagner und Kaviar wieder in eine menschliche Stimmung zu versetzen". Kaiser Wilhelm II. gab den Hauptmann von der Jury zugesprochenen Schiller-Preis ERNST VON WILDENBRUCH (1845–1909), dem Verfasser pathetisch-leerer Geschichtsdramen. Beim Festspiel Hauptmanns für die Jahrhundertfeier der Befreiungskriege in Breslau (1913) verließ der Kronprinz „geräuschvoll und säbelrasselnd" die Kaiserloge. Trotz aller Bühnenerfolge hatte es Hauptmann bis 1914 im offiziellen Kulturbetrieb schwer.

Nach 1918, in der von Ebert mühevoll gesicherten, ausgesprochen bürgerlichen Republik, figurierte der Nobelpreisträger von 1912 als deren geistiger Repräsentant, vor allem gegenüber dem Ausland. 1933 umwarb ihn die NS-Kulturpolitik; sein Stück *Florian Geyer* wurde wegen seiner nationalistischen Verwendungsmöglichkeit vielfach gespielt. Hauptmann hisste auf seinem Haus in Hiddensee auch die Hakenkreuzfahne um Ruhe zu haben. Er schwieg und vertraute sein Leiden an der Barbarei dem Versgedicht *Der große Traum* (1942) und dem Requiem *Die Finsternisse* an. Das Kriegsende 1945 erlebte er in seinem Hause in Agnetendorf in Schlesien, unweit seines Heimatortes Ober-Salzbrunn. Die sowjetischen Militärbehörden ehrten ihn als den *Weber*-Dichter. Als er im Juni 1946 auf dem Friedhof von Hiddensee seine letzte Ruhestätte fand, begrub man ihn – gemäß seinem letzten Willen – in der Mönchskutte des hl. Franziskus, des Heiligen der Armen und Lobpreisers der Sonne, und mit dem Neuen Testament.

Sein Schaffen. Thomas Mann hat im *Zauberberg* Hauptmanns Wesen in der Figur des Mynheer Peeperkorn ironisch-liebevoll porträtiert. Sein Sprechen sei eine „Restmasse von Gesichten und großem Traum, von aus dem Schlaf schreiender Stauungsnot". Und in der Tat weiß man, dass sich Hauptmanns schöpferische Arbeit vornehmlich von Träumen und Fantasien leiten ließ: „Mein Tagewerk besteht eigentlich nur darin, dass ich über das nachdenke und es gestalte, was ich im Traum gesehen und gedacht habe."

So sind seine Figuren nicht intellektuell konzipiert, sondern mitleidend geschaut. Er bildet sie von innen her, wo sich aus Seelisch-Triebhaftem Gedankensplitter und Laute losringen und zur Artikulation drängen. Es sind halbe, gebrochene, niemals vollkommene Menschen und selten Typen. Nur Nebenfiguren sind typisierend vereinfacht, aber selbst im Stück von der geschundenen und leidenden Masse der Weber ist jeder Einzelne eine unverwechselbare konkrete Person.

Hauptmanns Dramaturgie und Sprechhandeln. Holz und Ibsen konnten Hauptmann nur das Handwerkliche lehren, das Individuelle der Gestalten gehörte ihm allein. Jeder Akt wird durch genaueste Regieanweisungen eingeleitet: Mobiliar, zerschlissene Tapeten, Kleidung der Personen – alles wird wie im naturalistischen Roman genau angegeben. Milieu und Atmosphäre sollen so dicht wie möglich sein, sie spielen mit. Im Grunde, meinte er, sei jeder Akt eine Exposition. Das ist ein erster Schritt zum „Stationendrama" des Expressionismus (→ S. 372 f.) und zum „epischen Theater" Brechts (→ S. 405 f.). Freilich mit dem gravierenden Unterschied, dass die „Verfremdung" fehlt; denn seine Figuren sprechen charakteristisch, milieuecht: schlesischen Dialekt oder berlinisch, papierdeutsch oder, wenn sie vornehm sein wollen, hochdeutsch, wie Gauner und Kriminelle oder auch – parodierend – Schillers Bühnensprache wie Hassenreuter in den *Ratten*. Jeder

bekennt sich über die Sprache zu seiner sozialen Schicht. Auch verrät ihre Sprache ihre Ambitionen, ihren Standesdünkel, Angeberei, Gespreiztheit, Unterwürfigkeit oder naive Gerissenheit. Solch präzise sprachliche Bestandsaufnahme der damaligen Gesellschaft trug ihm gleichermaßen Beifall wie Schmähungen ein.
Viele Menschen, vor allem die einfachen, gedrückten, sprechen fast überhaupt nicht, wenn Sprechen rationalen Gedankenausdruck bedeuten soll. Sie stottern, lallen, weinen, artikulieren Satzbrüche, lassen die Rede unvollendet, verstummen und drücken sich – im Gegensatz zur rationalen Bühnensprache der Klassiker – vorwiegend durch Gebärden (Gestik), durch Körperhaltungen (Pantomimik) und Gesichtsausdruck (Mimik) aus. Sie äußern keine logischen Gedanken, sondern Affekte. Ihre Selbstdarstellung ist, wie Hauptmann, der zuerst Bildhauer werden wollte, gesagt hat: ein „psychischer Akt".

Die Werke sind fast alle zuerst bei S. Fischer, Berlin, erschienen. *Bahnwärter Thiel* (1888, novellistische Studie) tötet seine primitiv-rohe zweite Frau im Anfall von Wahnsinn, weil sie zulässt, dass sein Kind unter den Zug gerät. In seinen einsamen Nächten denkt der schwerblütige Thiel oft an seine zarte erste Frau: eine fast mystische Sehnsucht des Dumpfen nach dem Höheren.
Das soziale Drama *Vor Sonnenaufgang* (1889) wurde von Fontane in seiner Rezension der *Vossischen Zeitung* begeistert aufgenommen. Die schlesische Bauerntochter Helene liebt den ehemaligen sozialistischen Agitator, Lebensreformer und Antialkoholiker Loth, der sie aber verlässt, als er von der alkoholischen Belastung ihrer Familie erfährt. Das unter dem Einfluss Ibsens entstandene Stück zeigt, wie die Liebe einem bloßen Prinzip geopfert wird.
Die Weber (1893), Hauptmanns bekanntestes Schauspiel, schildert die Webernot und den Weberaufstand von 1844 in Schlesien. Der Dichter hat das nach genauen Studien im Webergebiet verfasste Stück, zuerst in reinem Dialekt, dann in einer dem Hochdeutschen angenäherten Fassung geschrieben. Hauptmanns Großvater war selbst noch Weber. Das Elend der Heimweber, deren Handarbeit nicht mit der Industrie konkurrieren kann, wird in erschütternden Szenen ausgebreitet. Krankheiten, körperliche Missbildungen, geistiger Verfall sind die Folgen des dauernden Hungers. Fabrikant Dreißiger zeigt sich hartherzig, sein Freund, Pastor Kittelhaus, redet beschwichtigende Phrasen. Moritz Jäger, der bei den Soldaten gedient hat, und der rothaarige Weber Bäcker schüren den Aufstand und die Menge demoliert die Fabrikantenvillen. Im letzten Akt stürzt sich auch die junge Webersfrau Luise in den Kampf, die „a Fabrikanten de Helle und de Pest in a Rachen nein" wünscht, weil sich nie jemand ihrer verhungerten „Würmer" erbarmt hat. Königliches Militär rückt an und unterdrückt den Aufruhr der Elendsgestalten. Luises Vater, der alte Hilse, ein frommer Pietist, der Gott allein die Rache überlassen will, wird von einer Kugel getötet. Durch das Stück tönt das Weberlied und am erschütterndsten ist, wenn ein Weber visionär vom Gericht stammelt: das von der Kirche ins Sektiererische verdrängte Evangelium. Auch die Erinnerung an die Französische Revolution – „Hat etwa d'r Robspier a Reichen de Patschel gestreechelt?" – schürt den Ausbruch.
Der Biberpelz (Diebeskomödie, 1893) ist von der tüchtigen, angesehenen Waschfrau Mutter Wolffen einem Rentier gestohlen worden, aber ihrer gut gespielten Schlauheit gelingt es, dem Verdacht zu entgehen. Sie nützt den Umstand aus, dass der Rentier bei dem forschen königstreuen Amtsvorsteher Wehrhahn demokratischer Anschauungen verdächtig ist. Die Dummheit der Obrigkeit, die obendrein glaubt das Vaterland gepachtet zu haben wird mit ihren eigenen Waffen geschlagen. Carl Zuckmayer wird das Thema in *Hauptmann von Köpenick* wieder aufgreifen (→ S. 402).
Hanneles Himmelfahrt (1893) handelt von dem 14-jährigen Hannele, der verprügelten Stieftochter eines versoffenen Maurers. Das armselige Kind stürzt sich, der Stimme Jesu folgend, in einen Teich. Auf ihrem Strohsack im Armenhaus träumt sie frierend und verängstigt von den himmlischen Auen. Auch Hannele ist eine Sehnsüchtige aus dem Geschlecht des alten Webers Hilse und des Bahnwärters Thiel. Das Stück ist eine Mischung von Naturalismus und Neuromantik.
Fuhrmann Henschel (1898), ein Hüne mit weichem Gemüt, möchte seiner verstorbenen ersten Frau die Treue halten, erliegt aber der derben, gierigen und betrügerischen Magd. Das Gewissen fordert ihn, er grübelt unaufhörlich und macht

seinem Leben ein Ende. Henschel ist ein Sucher nach Reinem, den die Dumpfheit der Natur zerbricht.

Und Pippa tanzt (1906), ein „Glashüttenmärchen", ist ein symbolisches Spiel. Das halbreife, lockend-schöne zerbrechliche Mädchen verkörpert mit ihrem Tanz in der Glashütte im Riesengebirge das letzte Ziel der Sehnsucht, das, wohin alle Lebenskräfte verlangen: die dumpfen archaischen Triebe (der alte Haarmensch Huhn), die Praktiker (der Glashüttendirektor), die Weisen und die Naiv-Idealistischen (Hellriegel). Mitten im Hochwinter verzückt das wie ein Lichtfünklein zur Okarina tanzende Mädchen aus Venedig alle Kräfte und Sphären des Lebens.

Die Ratten (Berliner Tragikomödie, 1911) führt in eine Berliner Mietskaserne: In sozialer Abstufung sehen wir Boheme, Bürgertum, Kleinbürger, Lumpenproletariat und Kriminelle. Überall sind die Ratten am Werk, das heißt, morsch sind die Theaterrequisiten auf der Dachkammer und morsch ist jede Stufe der ausgehöhlten Gesellschaft. Opfer dieser sozialen Misere wird die Frau des Maurerpoliers John, die in ihrem Muttertrieb das Kind einer anderen an sich nimmt. Einige Jahre vor Ausbruch des Ersten Weltkrieges geschrieben, hat das Stück einen entschiedenen, damals nicht verstandenen Symbolgehalt. Nach seiner Milieudichte und seinen Sprachschichten muss es als Hauptmanns bestes Sozialdrama gelten.

Der „nachnaturalistische" Hauptmann. Auch in der mittleren und späten Schaffensphase bleibt das Werk des Dichters vielgestaltig. Einen Gipfelpunkt seiner Prosa bilden der erfolgreiche Roman *Der Narr in Christo Emanuel Quint* (1910), in dem er Heimatkunst und Heilserwartungen verbindet, sowie die nach einer Griechenlandreise entstandene, von naturhaft-sinnlicher Schwere getragene Erzählung *Der Ketzer von Soana* (1918). Nach den späten Dramen *Der weiße Heiland* (1920), *Indipohdi* (1921) und *Veland* (1925), die den Blick in fremde, utopische Reiche lenken, hatte Hauptmann mit dem Stück um das Altwerden *Vor Sonnenuntergang* (UA 1932) noch einmal einen großen Theatererfolg. Mit der *Atriden*-Tetralogie (1941–44) setzte er einen Kontrapunkt zu Goethes „verteufelt humaner" *Iphigenie.* Hauptmanns Deutung des antiken Mythenstoffs wollte nicht – wie er selbst sagte – „wohlerzogene, allzu gebildete Leute" auf die Bühne stellen, sondern das überall waltende Grauen und die Brutalität der Rächerfiguren zeigen.

Galt Hauptmann seinen Zeitgenossen noch als der „letzte Klassiker", als „Goethe der Moderne", so wird er heute – gewürdigt durch zahlreiche Inszenierungen – als bedeutender Dramatiker und Erneuerer der deutschen Bühne gesehen.

6.4 Dichter im Umfeld des Naturalismus – Holz, Sudermann, Halbe

Arno Holz (1863–1929), gebürtiger Ostpreuße, Apothekerssohn und Berliner Dachstubenpoet, gilt – nicht zuletzt wegen seiner Lehre vom „konsequenten Naturalismus" – als einer der Wegbereiter dieser Epoche. Sein vielschichtiges literarisches Werk darf freilich nicht auf seine naturalistische Phase beschränkt werden. Das Spektrum seiner Kunst reicht von den Versen des Großstadtelends im Stile Heines (1885), über Sprachexperimente im *Phantasus* bis hin zu seinen virtuos-barocken Werken (*Sauf- und Venuslieder*, 1904). Er war zugleich Theoretiker und sprachbesessener Dichter, er kritisierte die vorgebliche Formstrenge der Klassiker und bereitete den Expressionismus vor.

Freie Rhythmen. 1899, zehn Jahre nach Nietzsches Niederschrift der freirhythmischen *Dionysos*-Dithyramben, veröffentlichte Holz die Programmschrift *Revolution der Lyrik.* Darin forderte er die Anwendung des „Sekundenstils" auf die Lyrik und verwarf zugleich Reim und Strophe. Lyrisches Sprechen als Ausdruck der Einheit mit der Natur entsteht für Holz allein aus dem Sprachrhythmus. Im Grunde war das nicht neu: Zwar herrschte in den schönsten deutschen Gedichten oft die reizvolle Spannung zwischen antikem Metrum und deutscher Satzmelodie, aber es gab auch schon vor Holz reim- und strophenlose freie Rhythmen: bei Klopstock, beim jungen Goethe, in Novalis' *Hymnen an die Nacht*, in den Streckversen Jean Pauls, in Heines *Nordsee*-Gedichten. Vor allem hatte in den USA schon 1854 der Kosmopolit und Demokrat Walt Whitman (1819–1892) langhinrollende Sätze gedichtet. Auch in Frankreich schrieben bereits Gérard de Nerval (1808–1855) und Rimbaud rhythmisch-bewegte Prosa. Das Korsett von Metrum, Reim und Strophe schien veraltet, nur noch eine überflüssige Noblesse, wenn das Gedicht die neuen Materialien der Zivilisation in sich aufnehmen sollte. Das Gedicht musste sich „demokratisieren", wenn es wie dann bei den Montage-Lyrikern und Dadaisten auch die „unpoetischsten" Dinge und Worte ergreifen sollte.

Phantasus. Arno Holz nannte sein Hauptwerk *Phantasus* (1898–1926), das er immer wieder überarbeitete, präzisierte und vervollkommnete, die „Autobiografie einer Seele". So entstand ein Riesengedicht, das den ganzen Kosmos von den Sternen bis zur eigenen Dachkammer umspannen sollte. Es enthält Sätze, Wortgirlanden, die bis zu 372 Seiten und 2516 Zeilen umfassen und sich um ein einziges Verbum ranken. Ziel des Riesenepos' ist die Aufhebung des Gegensatzes von Ich und Welt, das Einswerden mit der Natur. Die Sätze sind in Wortgruppen abgeteilt und diese, auf Mittelachse gestellt, untereinander geschrieben:

In meinem schwarzen Taxuswald
singt ein Märchenvogel –
die ganze Nacht
Blumen blinken.
Unter Sternen, die sich spiegeln
treibt mein Boot.

Doch nicht immer pendeln sich die Verse so in der Mitte ein. Das Buch, das vielleicht noch niemand ganz gelesen hat, weist auf die literarische Moderne voraus. Davon zeugen die vielen schmückenden Jugendstilzeichnungen, aber auch die grotesken, satirischen und mitunter expressionistischen Elemente:

Hinter zerfetzten Planetensonnen, hinter vergletscherten Ursonnen hinter Wüsten aus Nacht und Nichts wachsen schimmernd neue Welten-Trillionen Krokusblüten!

Holz war ein sprachbesessener Poet und Experimentator mit erstaunlicher Bildfantasie. Dennoch hat sein Experiment keine direkte Wirkung gehabt, weder auf die alogischen Wortketten der Dadaisten noch auf solche Wortfluten, wie wir sie in der Lyrik des Franzosen Saint John Perse finden. Immerhin: Die Verschmelzung von Lyrik und Prosa, die reimfreie Rhythmisierung des Wortmaterials wurde zum Kennzeichen vieler Dichtungen des Jugendstils, der Neuromantik (Rilkes *Cornet*) und des Expressionismus (Ernst Stadlers *Fahrt über die Kölner Rheinbrücke bei Nacht*).
Holz, der sich auch an Komödien versuchte, ist ein interessantes Beispiel deutscher Stürmer und Dränger, die ohne literarische Tradition immer wieder von vorne anfangen müssen. Lange wurde seine Bedeutung für den Aufbruch in die Moderne verkannt. „Das Ringen mit der Sprache, die Sprengung ihrer historisch fixierten, genormten Ausdrucksformen und die Herausbildung einer neuen, der Natur adäquaten ‚Handhabung' der Sprache war seine unvergängliche Leistung" (W. Emrich).

Neben Gerhart Hauptmann gehörte der Dramatiker und Erzähler Hermann Sudermann

Die Gestaltung des Titelblattes verweist bereits auf den Charakter der Gedichte des ***Phantasus*** *von Arno Holz: es sind lyrische „Momentaufnahmen", die das Dekorhafte und Ästhetisierende der Stilkunst um 1900 ausdrücken.*

(1857–1928) zu den bekanntesten und erfolgreichsten Dichtern des Naturalismus. Zunächst als Nachfolger des jungen Schiller gefeiert, wurde der Verfasser heute kaum mehr aufführbarer Salonstücke sehr bald negativ von der zeitgenössischen Kritik beurteilt. Den einflussreichen Berliner Theaterkritiker ALFRED KERR (1867–1948) störte vor allem das Oberflächliche und Verlogene an Sudermanns Dramen. Außerdem warf er ihnen vor, sie zeigten „falsche Rührung, falsche Leidenschaft und falsche Schlichtheit".
Sein Erstling, das vom Publikum begeistert aufgenommene Drama *Ehre* (1889), hatte im selben Jahr Premiere wie Hauptmanns Skandalstück *Vor Sonnenaufgang*. Das Thema der Standesehre – in Fontanes *Effi Briest* noch als Prinzip unverrückbar – relativiert sich hier als soziale Größe zwischen großbürgerlichem Vorderhaus und proletarischem Hinterhaus. Der Erfolg des Stückes beim bürgerlichen Publikum erklärt sich aus seiner märchenhaften Anlage, wodurch sich Gegensätze und Widersprüche überspielen ließen.
Über Deutschland hinaus bekannt wurde Sudermann mit seinen effekthaschenden Dramen *Heimat* (1893) und *Schmetterlingsschlacht* (1895). An Ibsens *Die Frau vom Meer* erinnert sein Stück *Glück im Winkel* (1896). Die Nähe zum Volksstück belegt er mit seinen nun in rascher Folge entstehenden Dramen *Johannisfeuer* (1900), *Es lebe das Leben* (1902), *Stein unter Steinen* (1905) und *Strandkinder* (1909).
Mit Recht vergessen sind Sudermanns frühe Romane *Frau Sorge* (1887) und *Der Katzensteg* (1889). Erst als sich der Dichter verbittert von der harschen Dramenkritik wieder der erzählenden Dichtung zuwandte, gelang ihm mit den *Litauischen Geschichten* (1917) ein Stück unverfälschte Heimatkunst. Heute noch lesenswert aus der Sammlung ist die Kriminalgeschichte *Die Reise nach Tilsit.*

Sudermanns ostpreußischer Landsmann MAX HALBE (1865–1944) konnte nur einen großen Theatererfolg verbuchen: 1893 kam sein Gesellschaftsstück *Jugend* auf die Bühne. Mit seinem sentimentalisch anmutenden Pubertätsdrama griff Halbe ein Thema auf, das Frank Wedekind in *Frühlings Erwachen* (→ S. 348) realitätsnaher verarbeiten sollte. Begonnen hatte Halbes Theaterwerk mit Stücken in naturalistischer Manier: der Dorftragödie *Ein Emporkömmling* (1889), der Szenenfolge *Freie Liebe* (1890) und dem sozialen Drama *Eisgang* (1892). Der zeitweise beim *Simplicissimus* (→ S. 344) tätige Dichter konnte mit seinen zahlreichen weiteren Stücken keinen Erfolg mehr erzielen. Enttäuscht wandte er sich anderen Gattungen zu. Doch auch mit seiner erzählenden und autobiografischen Dichtung erreichte er die literarische Öffentlichkeit nicht.

XI
Die Literatur der Jahrhundertwende 1890–1918

1 Panorama

1.1 Politische und gesellschaftliche Umwälzungen

Das „Wilhelminische Zeitalter" (1890–1918) war deutlich geprägt von der Person des ehrgeizigen Kaisers. Wilhelm II. war 1888 angetreten, um durch sein „persönliches Regiment" einen „neuen Kurs" in der Innenpolitik zu steuern. Da er sein Ziel nicht erreichte die Arbeiterschaft der Sozialdemokratie zu entfremden und mit dem Staat zu versöhnen – die SPD wurde 1912 stärkste Partei im Reichstag –, wandte er sich der Außenpolitik zu. Eine neue Kolonialpolitik sollte Deutschland, der „verspäteten Nation", einen „Platz an der Sonne" sichern.

Österreich verlor seine Vormachtstellung im Deutschen Bund nach dem Krieg von 1866. Damit ging auch ein notwendiger Umbau des Vielvölkerstaates einher, da in der Donaumonarchie Autonomiebestrebungen der nicht-deutschen Bevölkerungsteile immer stärker um sich griffen. Mit Ungarn kam man nach kurzen Verhandlungen im Februar 1867 zu einem Ausgleich: Es entstand die österreichisch-ungarische Doppelmonarchie. Deren zentrifugale Kräfte, besonders aber die Idee des Panslawismus auf dem Balkan verhinderten schließlich eine bundesstaatliche Entwicklung; nach dem Ersten Weltkrieg löste sich der Vielvölkerstaat auf.
Im verspäteten Industrialisierungsprozess der Wirtschaft Österreichs spielte besonders die Hauptstadt eine bedeutende Rolle. Die Metropole Wien zog zwischen 1869 und 1910 mehr als eine Million Zuwanderer an, besonders Juden aus Böhmen und Mähren, Ungarn und Ostgalizien, und entwickelte sich rasch zum Zentrum von Arbeit und Konsum. Das Kleinbürgertum grenzte sich scharf gegenüber der Arbeiterschaft ab. So nahmen die sozialen Spannungen ständig zu und vermischten sich mit den Nationalitätenproblemen zu einem gefährlichen Explosionsstoff. Die veränderte Sozialstruktur zeigte sich auch in dem neuen Parteienspektrum: Das katholische Kleinbürgertum führte der Wiener Bürgermeister Karl Lueger, die radikal Deutsch-Nationalen mit ihrer extrem antisemitischen Politik vertrat Georg von Schönerer, Viktor Adler gründete die Sozialdemokratische Partei und Theodor Herzl rief als Antwort auf den Wiener Antisemitismus die zionistische Bewegung ins Leben.

Mentalität und Lebensstil der bürgerlichen Gesellschaft zeichneten sich in Österreich und noch mehr in Deutschland aus durch die Hochschätzung des Militärs als „Schule der Nation": Manöver und Stapelläufe (für den marinebesessenen deutschen Kaiser), Aufzüge, Paraden und die übertriebene Zurschaustellung von Uniformen steigerten nationalistisches Prestigedenken und gaben dem Bürger ein neues Selbstwertgefühl. Militarismus und Untertanengeist bedingten in erheblichem Maße die politische Kultur der Zeit: Statt aufgeklärter Bürger mit demokratischem Engagement findet man den angepassten und autoritätshörigen „Untertan", wie ihn Heinrich Mann in seinem gleichnamigen Roman satirisch gezeichnet hat (→ S. 355).
Der romantisch-antiquierten Herrschaftsauffassung Wilhelms II. entsprach auch das rückwärtsgewandte Kunstverständnis der Epoche. Es herrschte ein Historismus vor, der die Zeiten des „Heiligen Römischen Reiches Deutscher Nation" in monumentalen Darstellungen verklärte und die Hohenzollern-Dynastie in der Person des Kaisers verherrlichte (Anton von Werner). Prunkhaft nach außen trumpfte auch das neureiche Bürger-

tum auf. Man schmückte Wohnungen mit Raubtierfellen, Hirschgeweihen, Plüsch, Samt und Seide, täuschte mit Gips Alabaster, mit Blech Marmor, mit bemalter Seife Früchte vor und gab sich im Mobiliar gotisch, altdeutsch, rokoko oder antik.
Den Herrschaftsstil in der Architektur dokumentierten im ausgehenden 19. Jh. besonders eindrucksvoll Banken und Börsen. Im klassizistischen Stil gehalten, die Bahnhöfe eher neogotisch, wurden viele öffentliche Gebäude ein Abbild des traditionalistischen Zeitgeschmacks.

1.2 Die geistige Krise der Zeit

Zweifellos endete mit dem ausgehenden Jahrhundert mehr als nur eine Epoche der neuzeitlichen Geschichte. Zu lang und zu tief hatten die Revolutionen gewirkt: die industrielle, indem sie den Menschen durch neue technische Produktionsverfahren sich selbst entfremdete und eine neue, sekundäre, immer stärker durchrationalisierte Lebenswelt schuf; die geistige, indem sie das im Religiösen wurzelnde Wertesystem in einem langen Säkularisierungsprozess aushöhlte und zerstörte. Schon Immanuel Kant und die deutschen Idealisten hatten das naive Bewusstsein erschüttert, Ludwig Feuerbach die Religion als ein anthropologisches Problem entlarvt, Søren Kierkegaard dem offiziösen Staatschristentum das existentielle Dasein des Einzelnen gegenübergestellt, Karl Marx die Entfremdung des Menschen im industriellen Prozess aufgezeigt und Auguste Comte die metaphysischen und religiösen Stadien der menschlichen Geistesentwicklung als überholt betrachtet und die positive, rein auf Experimenten der Naturwissenschaften beruhende Erkenntnis als die allein gültige postuliert. Schritt für Schritt eroberten einzelne wissenschaftliche Disziplinen Bereiche der Wirklichkeit und unterwarfen sie einer zweckrationalen, methodisch-wissenschaftlichen Erklärung.
Ein Nationalismus, die Ideologie des Sozialdarwinismus zur Rechtfertigung der imperialistischen Ziele des Kaiserreichs sowie ein alle Lebensbereiche durchdringender Positivismus prägten das allgemeine Bewusstsein. Nur Friedrich Nietzsche, der unerbittliche Zeitdiagnostiker, erkannte die Grundlagenkrise des zu Ende gehenden Jahrhunderts klarer als andere, sah das Verhängnis eines ungehemmten, dumpfen Fortschrittsoptimismus, die Gefahren eines platten Nützlichkeitsdenkens und die Schwäche einer historischen Lebenseinstellung. Illusionslos blickte er in die Zukunft: „Unsere ganze europäische Kultur bewegt sich seit langem schon mit einer Tortur der Spannung, die von Jahrzehnt zu Jahrzehnt wächst, wie auf eine Katastrophe los: unruhig, gewaltsam, überstürzt: einem Strom ähnlich, der ans Ende will, der sich nicht mehr besinnt, der Furcht davor hat, sich zu besinnen." Den tieferen Grund erkannte der Basler Philosoph im Verlust eines gültigen Wertesystems. In einem Basistext der Moderne, der Parabel *Der tolle Mensch*, verkündet er den Tod Gottes, den Verlust einer transzendenten Orientierung. In der Heraufkunft des Nihilismus, dem Entwerter oberster Werte, sah er das unabwendbare Schicksal der europäischen Zukunft.
Auch andere Veränderungen zeigten das Ende der Neuzeit. Das 19. Jh. war in Deutschland nach der Romantik materialistisch, positivistisch. Das 20. Jh. kehrte wieder zum Primat des Geistes zurück. Edmund Husserl und Max Scheler wandten sich ab vom Psychologismus, Szientismus und Historismus und betrieben mit ihrer Phänomenologie eine Wesensschau. Wilhelm Dilthey versuchte eine philosophische Durchdringung des Lebens. In seiner Erkenntnistheorie erklärte Ernst Mach als wirklich vorhanden nur Empfindungen: Farben, Töne, Räume, Zeiten usw. Sigmund Freud wagte mit seiner Psychoanalyse einen Vorstoß ins Unbewusste um dem Menschen durch Deutung „die Herrschaft über verlorene Bezirke des Seelenlebens wiederzugeben" und der „sprachphilosophische Extremist" Fritz Mauthner unterzog den Umgang mit der Sprache einer radikalen Kritik.
Max Plancks Quantentheorie (1901), Albert Einsteins Relativitätstheorie (1905) und Ernest Rutherfords Atommodell (1911) lösten die Newton'sche Physik ab, schufen ein neues Weltbild und bahnten schließlich den Weg für die moderne Forschung.

1.3 Die avantgardistische Literatur

Die avantgardistische Literatur um 1900 – eine Gegenbewegung zum Naturalismus. In den entstehenden Großstädten Berlin, Wien, München und später auch Prag sammelten sich die Künstler, Schriftsteller und Intellektuellen, die mit den alten künstlerischen Ausdrucksformen und gesellschaftlichen Normen radikal brechen wollten. Damit brachten sich moderne Kunst und Literatur bald in scharfe Opposition zur etablierten Gesellschaft; der Protest entfaltete sich in einer Gegenöffentlichkeit. Die „Großstadtliteratur" traf auf ein klein- und großbürgerliches Publikum, das zweitrangige Autoren wie Gustav Freytag, Ludwig Ganghofer und Karl May bevorzugte. Kaiser Wilhelm II. griff mit seinem epigonalen Kunst- und Literaturgeschmack selbstbewusst in die Diskussion ein und bestimmte die offizielle Richtung. Theaterzensur (bis 1918), Aufführungsverbote, Prozesse wegen Majestätsbeleidigung und Gotteslästerung gehörten zu den Instrumentarien, mit denen die Obrigkeit gegen die Moderne vorging. Stützen konnte man sich dabei auf die „positiven" Modelle der Heimatkunst. So entstand eine tiefe Kluft zwischen dem offiziösen Kulturbetrieb und der modernen Kunst und Literatur, die die Probleme einer fortgeschrittenen Industriegesellschaft bewusst zu machen versuchten.

Als reaktionäre Gegenströmung zum avantgardistischen Kunstverständnis der Symbolisten und Impressionisten wirkte seit den 90er Jahren die wiederentdeckte Heimatkunst. Gespeist aus nationalistischem, judenfeindlichem Denken, wurde von Kulturkritikern wie Julius Langbehn, Adolf Bartels und Friedrich Lienhard die „Reinigung unserer Dichtkunst" propagiert. Mit dem Schlagwort „bescheiden, aber ehrlich" konnte man sich von großer Literatur abgrenzen und gleichzeitig das Eigengewicht solcher „Dichtung im Volksgeiste" betonen. Gotthelf, Anzengruber und Rosegger mussten als Vorbilder dienen um die Stilisierung eines harmonischen Zusammenlebens von Mensch und Natur zu begründen. Dagegen flieht die Heimatkunst „aus den brennenden Zeitfragen, aus dem aktuellen Problem der Großstadt in eine vorindustrielle ländliche oder kleinstädtische Idylle, deren Provinzialität als typisch deutsch dargestellt wird" (E. Ruprecht).

1.4 Die neue Kunst und Musik

Der Jugendstil war eine bedeutende europäische Stilrichtung, die von 1890 bis 1910 – neben anderen Strömungen („Stilpluralismus") – das Kunstschaffen prägte. Als Versuch alle Lebensbereiche zu erfassen war er als Reformbewegung eine Angelegenheit des Buchschmucks, der Möbelkunst, der Innendekoration, der Architektur und des Kunstgewerbes. Zu den Protagonisten der Bewegung zählen der Engländer A. Beardsley (Buchkunst), der Belgier H. van de Velde (Architektur), der Amerikaner L. C. Tiffany (Glaskunst) sowie der Franzose P. Gauguin, der Norweger E. Munch, der Österreicher G. Klimt und der Deutsche Franz von Stuck (Malerei). In Deutschland erlebte der Jugendstil (engl. *modern style*, frz. *art nouveau*), in Österreich auch Sezessionsstil genannt, seinen Durchbruch in München – benannt nach der dort erscheinenden Zeitschrift *Jugend*. Mit Gründung der Künstlergruppe „XI" (1892) wurde Berlin zum Zentrum der neuen künstlerischen Strömung. „Sezession, Auflehnung gegen den gründerzeitlichen oder naturalistischen Geschmack, Opposition gegen die erstarrte Konvention, Erneuerung der Kunst (und der Literatur) durch ein das Seelische, das Ästhetische, die Würde des Menschen betonendes Kunstwollen sind Leitbegriffe der gesamten Jugendstilbewegung und bestimmen die neuen Bestrebungen sowohl in Berlin als auch in den beiden anderen Zentren München und Wien." (J. Mathes)

Die expressionistische Malerei in Deutschland setzte unmittelbar nach der Jahrhundertwende ein: 1905 wurde von Ernst Ludwig Kirchner, Erich Heckel und Karl Schmidt-Rottluff in Dresden die Künstlergemeinschaft „Die Brücke" gegründet, der später Max Pechstein und Erich Nolde beitraten. Gegen die überkommene Tradition der akademisch-historisierenden Wirklichkeitsnachahmung trat in München die Künstlervereinigung „Der Blaue Reiter" (1911) an. Ihr gleichnamiger Almanach wurde zum wichtigsten Manifest der modernen Kunst vor dem Ersten Weltkrieg. Herausragende Vertreter dieser Gruppe waren neben den Deutschen August Macke, Franz Marc und Gabriele Münter der russische Kunststudent Wassily Kandinsky und der Schweizer Paul Klee. Kandinsky entdeckte als Erster den Eigenwert der Farben und Formen, ohne dass etwa ein konkreter Gegenstand dargestellt sein müsste. Seine abstrakten Bilder (ab 1910) sind deshalb stark geprägt von geometrischen Figuren, Farbfeldern, Linien und Haken.

Einen starken Einfluss auf die deutschen Expressionisten nahmen die Vertreter des französischen Kubismus. Pablo Picasso und George Braque gelten heute als „Erfinder" dieser Stilrichtung: Sie zergliederten den Bildgegenstand in geometrische Formelemente, d. h. in Würfel, Quader, Dreiecke und Kugeln, um sie – wie in Picassos programmatischem Werk *Demoiselles d'Avignon* dargestellt – anschließend verzerrt und flächig wieder zusammenzusetzen. Später entstanden collagenartige Bilder, die getragen waren von der Zuordnung von Farben und Flächen, gelegentlich auch versetzt mit Realitätspartikeln wie z. B. Zeitungspapier, Notenblättern oder Tapetenresten.

In Italien entstand am Anfang des Jahrhunderts der Futurismus, eine gesellschaftliche, künstlerische und literarische Erneuerungsbewegung, die rasch nach Paris und Berlin übergriff. In seinem *Manifesto futurista* trat der italienische Dichter Filippo Tommaso Marinetti für einen radikalen Bruch mit dem Alten ein und huldigte der neuen Technik und Zivilisation, aber auch der Gewalt. In der bildenden Kunst versuchten die Futuristen aufzuzeigen, wie chronologische Bewegungsimpulse simultan dargestellt werden können, indem mehrere Bewegungen einer Figur gleichzeitig im Bild gezeigt werden.

Die neue Musik des anbrechenden Jahrhunderts ist im Wesentlichen die Musik eines Arnold Schönberg und seiner Schüler Anton von Webern und Alban Berg (→ S. 335 ff.). Worin sich diese „neue" Musik von der „alten" Musik Bachs und Händels, Beethovens und Brahms' grundsätzlich unterscheidet, ist ihre Atonalität, die schwer nachzuempfinden ist für Menschen, die von Geburt an durch die tonale, d. h. auf einen Grundton bezogene Musik geprägt waren.

1.5 Fin de Siècle – Décadence

Der Epochenbegriff „Fin de Siècle" („Ende des Jahrhunderts") geht auf den Titel einer Komödie (1888) der beiden Franzosen F. de Jouvenot und H. Micard zurück und kennzeichnet eine gesamteuropäische Entwicklung in Kunst und Literatur um die Jahrhundertwende. Vor dem Hintergrund einer zunehmenden Verstädterung, Proletarisierung und Industrialisierung, einer Dominanz von Naturwissenschaften und Technik, breitete sich bei vielen Künstlern und Intellektuellen das Gefühl des geistigen Niedergangs der Kultur, der Dekadenz, der Morbidität und Orientierungslosigkeit aus.

Hin- und hergerissen zwischen Lebensüberdruss und Hedonismus verfielen manche Künstler in eine Art Endzeitstimmung. In Wien frönten sie im Kaffeehaus (→ S. 336), der zentralen Anlaufstelle für Bohemiens, der belanglosen Diskussion, dem Schach- und Tarockspiel. Mit den Dekadenzproblemen dieser Gesellschaft beschäftigten sich intensiv Autoren wie A. Schnitzler und H. v. Hofmannsthal. In München feierten die Schwabinger Künstler (→ S. 343 ff.) rauschhafte Faschingsfeste und in Berlin zelebrierte der Décadence-Autor Przybyszewski mit skandinavischen Schriftstellern Privatorgien.

Parallel zu den Phänomenen der Dekadenz ist jedoch eine Abkehr vieler Künstler vom materia-

Ferdinand Hodlers Bild ***Der Traum*** *(1897) war zunächst ein Plakatentwurf für eine „ständige Ausstellung moderner Kunstwerke im Künstlerhaus" in Zürich. Die erotischen Anspielungen der Traumdarstellung weisen bereits voraus auf Freuds um 1900 entwickelte Traumdeutung.*

listischen Zeitgeist zu erkennen. Sie zogen sich zurück in die Innerlichkeit, die Seele, das Ego und bildeten elitäre „Subgemeinschaften". In der überfeinerten Atmosphäre des Fin de Siècle lauteten ihre Schlagworte Ergießung des Traumes (Nerval), magische Poesie, beschwörende Zauberei, Hieroglyphen und Symbole (Baudelaire), orphische Deutung der Erde (Mallarmé), Harfenwunder der Vokale (Rimbaud), Musik und Mathematik (Valéry).

2 Sprache als Kunst – Symbolismus und Neuromantik

2.1 Europäischer Symbolismus – Neuromantik in Deutschland

Die Dekadenz-Stimmung der Jahrhundertwende wirkte keineswegs destruktiv auf die Fantasie der Künstler. Im Gegenteil: Die bedingungslose, radikale Hinwendung zur Kunst wurde zum Nährboden für eine breite geistige Aufbruchsbewegung und erschloss so manchem Kunstinteressierten neue Dimensionen der Ästhetik. Impressionistische Maler wie Monet, Manet und Renoir verwandelten die Landschaften in ein genussreiches Farbenspiel, das die Hässlichkeit der Fabrikstädte vergessen machte. Aus dem Bewusstsein des Verfalls flohen Maler wie Gauguin und van Gogh in exotische Traumwelten, während gleichzeitig – wie auf Bildern von Munch (etwa „Der Schrei") und Ensor – sich bereits die „surrealistischen" Fratzen der Angst ankündigten. Die sensibelsten Geister waren damals unterwegs zu neuen, seltsamen, unerhörten Paradiesen von Tönen, Worten und Farben. Entsprechend groß waren die Erwartungen an die Kunst: Die einen forderten von ihr Impulse für die Neugestaltung des Lebens, anderen galt sie als eine Art Religionsersatz.

Der Ursprung des Symbolismus liegt in Frankreich. Zur selben Zeit, als die großen französischen Romanciers von Balzac bis Zola den sozialen Auswirkungen der Industrialisierung nachgingen, wurden Lyriker wie Nerval und BAUDELAIRE (1821–1867) als Vertreter eines strengen Ästhetizismus zu Außenseitern. In der verzaubernden Grundstimmung des Fin de siècle entwickelte sich aus der Ansicht, dass die Kunst nur um der Kunst willen da sei (Gautier: *L'art pour l'art*) und aufhöre Kunst zu sein, wenn sie den Raum des Schönen verlasse um der Nützlichkeit zu dienen, die symbolistische Theorie der reinen Poesie. Erstmals programmatisch zusammengefasst wurde diese neue Art des Dichtens in Bildern und Gleichnissen von Jean Moréas in seinem 1886 in der Zeitschrift *Figaro littéraire* veröffentlichten *Manifest des Symbolismus.* Die Lyriker der *poésie pure* verabscheuten die kommerzielle Bürgerwelt, das Zeitalter der Fotografie, Statistik und Psychologie und den stoffbegierigen Naturalismus. In ihrer Kunstlehre gingen sie auf die Romantik zurück, beriefen sich auf Novalis und E. A. Poe.

Die Poesie sollte wieder der verbrauchten Mitteilungssprache entrissen werden, sie sollte elitär, aristokratisch, kostbar, verzückt, streng geistig, rasend, autonom, reine Fantasieschöpfung sein und nur den wenigen zugänglich, die sich auf ihre Mysterien verstanden. Entsprechend neidvoll blickten deshalb die Symbolisten auf die Musik, die über einen solch „exklusiven Code" bereits verfügte. Folgerichtig waren *die* Domänen des Symbolismus die Lyrik und die lyrisch verwandelte Kurzprosa.
Der europäische Symbolismus ging einher mit einer Strömung, die in Deutschland unter dem Stichwort „Neuromantik" bekannt wurde. Allerdings werden von den Zeitgenossen die Begriffe „Symbolismus", „Impressionismus" und „Neuromantik" nicht scharf voneinander getrennt, wie man bei Hermann Bahr (*Symbolismus, Junges Österreich, Loris*; 1894) oder Samuel Lublinski (*Nietzsche und die neue Romantik*, 1904) nachlesen kann.

Den Neuromantikern lag eher das musikalisch Fließende als Ausdruck ihrer Seelenstimmung. Ihre Vertreter waren daher auch volksnaher und schöpften aus Märchen und frommen Legenden die Stoffe für ihre Dramen und Erzählungen. Hofmannsthals Märchen *Die Frau ohne Schatten* vereinte das neuromantische Motiv der versagten Mutterschaft mit dem ästhetischen Reiz von Farben wie Scharlach und Purpur; opalener Mondglanz, schimmernde Perlen und kostbare Landschaftsteppiche überhöhen festlich eine graue Alltagswirklichkeit.

In der deutschen Dichtung kam der von Frankreich ausgehende Symbolismus nicht voll zur Entfaltung. Hofmannsthal schöpfte überwiegend aus den vertrauteren Quellen der Poesie Goethes, Grillparzers und Calderóns; deshalb klingt seine poetische Sprache soviel menschlich natürlicher als Georges überanstrengte Feierlichkeit. Am erbittertsten rang Rilke um die reine Kunstauffassung Mallarmés und Valérys. Erst unter den Expressionisten finden wir dann den Rimbaud'schen Typus des revoltierenden, ausgestoßenen, „verfluchten Schriftstellers", des „poète maudit" (Heym, van Hoddis), den tödlich Vereinsamten (Trakl), und wenigstens in Carl Einstein den von Mallarmé vorgezeichneten Typus des reflektierenden Artisten.

2.2 Stefan George – „Des sehers wort ist wenigen gemeinsam"

STEFAN GEORGE (1868–1933) wurde in Büdesheim bei Bingen geboren. Seine nicht unvermögende Familie – der Vater war Winzer und Gastwirt – ermöglichte dem jungen, sprachbegabten George lebenslang das freie, ungebundene Leben eines „literarischen Aristokraten" zu führen, der sich ausschließlich der Lyrik widmen konnte. Schon in seiner frühen Jugend rang er in immer wieder neuen Ansätzen um die Legitimation seines Dichtens, das ab seinem 16. Lebensjahr (*Prinz Indra*) geprägt ist von der Spannung zwischen „Begehrlichkeit und Weihe". Auf einer Paris-Reise lernte er 1889 die Symbolisten Verlaine und „maître" Mallarmé kennen, von deren exklusiver „l'art pour l'art"-Poetik der junge George fasziniert war. Sein Verdienst bestand darin, dass er mit Übersetzungen von Baudelaire, Mallarmé und Rimbaud deutsche Leser mit der neuen Kunst vertraut machte und gleichzeitig mit seinen Shakespeare- und Dante-Übersetzungen die „Alten" belebte.

Seine ersten *Hymnen* (1890) und *Pilgerfahrten* (1891) sind gewollt feierlich, prunkvoll und von gesuchter Bildhaftigkeit: „Bewusst werden die grandiose Sprachgebärde und ein exquisit dekoratives Wortmaterial eingesetzt um der Weihe zu neuem Dichtertum gerecht zu werden" (M. Winkler). Die etwas altertümliche Wortwahl, der schwere Zeilenklang, die strenge Komposition („Den wert der dichtung entscheidet nicht der sinn [...] sondern die form"), die archaisch-stilisierte Schrifttype („George-Schrift", ab 1904) und die von der ungewohnten Kleinschreibung vermehrte visuelle Undeutlichkeit entrückten seine Gedichtzyklen ins Zelebriert-Feierliche und schufen eine Aura der Exklusivität. Der junge Hofmannsthal, um dessen Freundschaft George vergebens warb, schrieb:

> Sein Auge bannt und fremd ist Stirn und Haar
> Von seinen Worten, den unscheinbar leisen
> Geht eine Herrschaft aus und ein Verführen
> Er macht die leere Luft beengend kreisen
> Und er kann töten, ohne zu berühren.

Geistige Führerschaft. 1892 begann George mit der Herausgabe der literarischen Zeitschrift *Blätter für die Kunst* (bis 1919), in der er Gedichte aus den *Hymnen,* den *Pilgerfahrten* und *Algabal,* aber auch Jugendgedichte veröffentlichte, die später in der *Fibel* (1901) zusammengefasst wurden. Die Zeitschrift, die in geringen Auflagen erschien und wenige Theoretisches enthielt, wollte vornehmlich die symbolistische Lyrik dem Lesepublikum

*Wenn **Stefan George** in München im Kreis seiner Verehrer seine Verse vortrug, ging – so wird berichtet – von seinem „leichenblassen Antlitz mit stark zurückfallender Stirn und mächtigem Hinterkopf" eine dämonisch-faszinierende Wirkung aus: „Schwer wie Litaneien kamen die Verse mit eintöniger Psalmodierung aus diesem seltsam-strengen Mund" (H. von Hofmannsthal).*

nahe bringen und als „geistige Kunst“ im deutschsprachigen Raum ein Gegengewicht zum grassierenden Naturalismus und Epigonentum bilden. George, der den „Stumpfsinn der Knechtschaft“, wilhelminische Kraftmeierei, eitle Bildung und dumme „Gemüthaftigkeit“ ebenso verachtete wie später die nationalsozialistische Bewegung, sammelte seine „Jünger“, unter ihnen so bedeutende Köpfe wie der Literaturhistoriker Friedrich Gundolf und der Schriftsteller Karl Wolfskehl. Suchte der Dichter anfangs noch den Kontakt zu gleichgesinnten Ebenbürtigen, so verjüngte sich in der Folgezeit der Freundeskreis: Die Älteren konnten oder wollten sich dem zunehmend dominanten „Meister“ nicht mehr willenlos unterwerfen.
Die *Algabal-Gedichte* (1892), waren dem Wagnerschwärmer Ludwig II. gewidmet. Algabal ist die Symbolfigur eines spätantiken Herrschers: Der junge römische Kaiser Heliogabalus lässt in seinem Luxus nur das Schöne gelten, alles Hässliche wird verworfen. Düster, gleißend, zugleich Gott und Priester, regiert er in seinem Palast, ein mit „sardern und safiren übersäter“ Übermensch, für den sich jeder Sklave willenlos opferte: „Die tauben flattern ängstig nach dem dache / ‘Ich sterbe gern weil mein gebieter schrak‘ / Ein breiter dolch ihm schon im busen stak / Mit grünem flure spielt die rote lache.“

Seine beeindruckendste Naturlyrik finden wir in den *Büchern der Hirten- und Preisgedichte der Sagen und Sänge und der Hängenden Gärten* (1895) und im *Jahr der Seele* (1897) mit dem berühmten Gedicht

Nach der Lese

Komm in den totgesagten park und schau:
Der schimmer ferner lächelnder gestade ·
Der reinen wolken unverhofftes blau
Erhellt die weiher und die bunten pfade.

Dort nimm das tiefe gelb · das weiche grau
Von birken und von buchs · der wind ist lau ·
Die späten rosen welkten noch nicht ganz ·
Erlese küsse sie und flicht den kranz ·

Vergiss auch diese letzten astern nicht ·
Den purpur um die ranken wilder reben ·
Und auch was übrig blieb von grünem leben
Verwinde leicht im herbstlichen gesicht.

Im *Teppich des Lebens und die Lieder von Traum und Tod mit einem Vorspiel* (1899) beschwor George, der sich als Priester seiner Kunstreligion verstand, lehrmeisterhaft seinen Anspruch auf geistig-künstlerische Führung: „Ich bin es einzig die auch euch die klugen / Zur irre reisst · wenn meine lider schlugen / Sind eure festen bauten mürb und öd / Ihr ziehet hinter mir wie kinder blöd.“
Im vierzehnjährigen Gymnasiasten Maximilian Kronenberger sah George die Inkarnation eines neuen Gottes (*Maximin,* 1907). Als Führer eines exklusiven Männerbundes (*Der Siebente Ring,* 1907; *Der Stern des Bundes,* 1914) wollte er seinen eingeweihten Jüngern – ganz antik – einen neuen Gottmenschen geben. Erst sehr viel später erkannte George das Groteske seiner modernen Antinous-Figur Maximin und distanzierte sich.
Von der Kriegseuphorie vieler zeitgenössischer Dichter ab 1914 ließ sich George nicht anstecken. In seinem 1917 veröffentlichten Gedicht Der Krieg stehen die klarsichtigen Verse: „Zu jubeln ziemt nicht: kein triumf wird sein · / Nur viele untergänge ohne würde ... / Des schöpfers hand entwischt rast eigenmächtig / Unform von blei und blech · gestäng und rohr.“ Und schon in seinen Briefen von 1914 warnte der Dichter vor falschen Erwartungen der Begeisterten.

Die Wirkung Georges, dieses unalltäglichen, imponierenden, aber auch melancholischen Dichters, dem es an jeder Selbstironie mangelte, war außerordentlich. Zwar regte seine lyrische Esoterik (Erlesenheit des Worts, Neubildung alter Wörter, Raffinement der Vokale, strenges Metrum) nur neoklassizistische Tendenzen an, aber die 1913 auf dem Hohen Meißen erstmals zusammengeschlossene Jugend nahm seinen *Stern des Bundes* schon mit in den Krieg. Nach 1918 sammelte sich eine zweite Generation um den schwer definierbaren, zwischen Kunstanspruch, und Welterneuerungsmission schillernden, antimodernen George-Mythos. Zu seinen Bewunderern zählten Studenten und Professoren, Militärs (wie der spätere Hitler-Attentäter Claus Graf Schenk vonStauffenberg) und feinsinnige Literaten wie Friedrich Gundolf, Max Kommerell und Karl Wolfskehl. Seine Kritiker warfen ihm dagegen Selbstgefälligkeit, Müßiggang, Herrschsucht und „blecherne Geistesarmut in kostbaren Gefäßen" (F. Werfel) vor. Werk und Persönlichkeit sind bis heute in der Literaturwissenschaft umstritten.

2.3 Rainer Maria Rilke – „Ausgesetzt auf den Bergen des Herzens"

Ruhm und Missverständnisse. Seit Heinrich Heine ist kein deutscher Lyriker mehr so weltberühmt geworden wie Rainer Maria Rilke (1875–1926). Doch so wenig eindeutig fassbar das Leben des ewig unruhigen und gehetzt durch Europa reisenden Dichters verlief, so widersprüchlich gestaltete sich auch seine Wirkungsgeschichte. Den einen wurde er zum „Inbegriff des Poetischen" (M. Reich-Ranicki), vergleichbar nur mit George und Hofmannsthal, andere dagegen erhoben ihn zum Dichterphilosophen und Sprachmagier. Die Philosophie im Zeichen Heideggers wählte ihn zum Kronzeugen für ihre existenzielle Problematik von Sein, Dasein, Tod und Nichts. Gut in die Vorstellung vom weltfremden Ästheten passten wiederum seine zweideutigen Urteile zu den politischen und sozialen Ereignissen der Zeit. Unverständlich blieb etwa, dass der Kriegsgegner Rilke 1914 den Ausbruch des Ersten Weltkriegs hymnisch besang („Endlich ein Gott. Da wir den friedlichen oft / nicht mehr ergriffen, ergreift uns plötzlich der Schlacht-Gott"), 1917 den Ausbruch der russischen Revolution nicht weniger freudig begrüßte wie 1919 den der Münchner oder in den 20er Jahren Mussolini schätzte.

Unstet und unbehaust nimmt sich das Leben Rilkes aus. Im Prag des ausgehenden 19. Jh., dem Schmelztiegel aus deutscher, jüdischer und tschechischer Kulturtradition, wird Rilke am 4. 12. 1875 als Sohn eines Beamten geboren. Nach gescheitertem Besuch einer Kadettenschule und abgebrochenem Studium der Kunstgeschichte entschloss sich der junge René (erst später änderte er den Vornamen) für den Schriftstellerberuf. Anfangs waren seine literarischen Versuche in ihrem stereotypen Sprachduktus eher epigonenhaft (*Leben und Lieder*, 1894, *Larenopfer*, 1896, *Traumgekrönt*, 1897). Erst in München, im Bannkreis der Schriftstellerin Lou Andreas-Salomé, reifte er zum Dichter mit eigenem Ausdrucksvermögen. Nun begann auch sein unstetes Wanderleben. An Hunderten von Orten hatte er sein zeitweiliges Domizil: nach München in Berlin und Venedig. Zweimal reiste er mit der Geliebten und lebenslangen Freundin Lou Andreas-Salomé nach Russland, 1900 besuchte er dort den greisen Tolstoi. Zurückgekehrt nach Deutschland meinte Rilke in der Künstlerkolonie Worpswede, im Umkreis der Maler Mackensen, Overbeck und Vogeler, eine dauerhafte Heimat zu finden. Doch selbst die Heirat mit der Bildhauerin Clara Westhoff (1901) konnte ihn nicht an einen Ort binden. Noch im Jahr der Geburt der Tochter Ruth (1902) verließ er die Familie und ging nach Paris um als Sekretär des Bildhauers Auguste Rodin zu arbeiten. Die nächsten Jahre sehen ihn in Italien, Nordafrika und Spanien. Die Zeit des Ersten Weltkriegs verlebte er – ein Jahr zum Militärdienst im Kriegsarchiv eingezogen – vornehmlich in Wien. Nach einem getriebenen Leben in Hotels, Mietwohnungen und auf Schlössern unter der Patronage adeliger Gönnerinnen ließ er sich 1921 im abgelegenen Schloss Muzot in der Schweiz nieder, wo er 1926 (in Valmont) an Leukämie starb.

Als Dichter von hohem Rang trat Rilke erstmals mit seiner *Weise von Liebe und Tod des Cornets Christoph Rilke* (1906) an die Öffentlichkeit. Die lyrisch-rhythmisierte Prosa – „Reiten, reiten, reiten, durch den Tag, durch die Nacht ..." – traf die neuromantische, jugendbewegte Sehnsucht seiner Zeit. Das schmale Bändchen wurde ein Bestseller – es erreichte als Inselbuch Nr. 1 eine Auflage von einer Million – und sprach, wie ehedem Nietzsches *Zarathustra*, vor allem junge Leser an. Sein erster bedeutender Lyrik-Band, *Das Stundenbuch* (1905), wozu ihn nicht zuletzt seine Russlandreise inspiriert haben mochte, wusste – wie schon der Untertitel *Vom moenchischen Leben / Von der Pilgerschaft / Von der Armuth und vom Tode* andeutet – auch religiöse Gefühle anzusprechen. Doch galt alles, was Rilke darin über Gott meditierte, letztlich nur dem metaphysischen Gehalt der Lyrik:

> Für dich nur schließen sich die Dichter ein
> und sammeln Bilder, rauschende und reiche,
> und gehn hinaus und reifen durch Vergleiche
> und sind ihr ganzes Leben so allein [...]

Das Einzigartige, oft Nachgeahmte, jedoch nie Erreichte der Lyrik Rilkes liegt in ihrem Vermögen persönliche Empfindungen und alltägliche Erfahrungen unkompliziert, fast naiv in Reime zu setzen. Und so kreisten die oft überraschend simplen Verknüpfungen von Wort und Sinn, Gedanke und Chiffre meist um die Gefühlswelt des lyrischen Ichs. Doch seine Reimkunst aus Enjambements, rhetorisch-gesprochenen Sätzen, mondänen Bildern und Preziositäten, aus substantivierten Infinitiven („des Rührens Vorgefühl", „von Begegnen voll") und Partizipien („abfühlend die zerfallene Jahreszahl") hatte nichts gemein mit der manieristischen Stimmungslyrik des Fin de siècle. In ihrem einzigartigen Ringen um sprachliche Prägnanz wollte Rilkes Lyrik das wahrnehmende Subjekt mit dem entfremdeten Objekt versöhnen.

Die Buchillustrationen der Jahrhundertwende sind geprägt von blumenartiger oder geometrischer Ornamentik, wie sie für die Kunst des Jugendstils typisch ist. Hier das Titelbild zu Rilkes ***Stundenbuch*** *von Walter Tiemann.*

Permanente Ausdruckskrise. Im Unterschied zu Lyrikern wie George oder Carossa, die sich mit einem einmal gewonnenen Vokabular bald beschieden, rang Rilke, dem angesichts der modernen Sachwelt die alten klassizistischen, stimmungslyrischen und bukolischen Vokabulare nicht mehr genügten, bis zum Ende mit der modernen Ausdruckskrise (→ S. 337). Der junge Rilke experimentierte jahrelang mit allen damaligen Stilen: mit naturalistischen Elendsbildern, mit Jugendstil, Neuromantik und dem beseelten Impressionismus des Dänen J. P. Jacobsen – bis er 1910 im Roman *Malte Laurids Brigge* und dann in den *Sonetten an Orpheus* und den *Duineser Elegien* (1910–1923) ins Zentrum der Sprachkrise vorstieß. Diese einzigartigen Dichtungen handeln von nichts anderem als vom modernen Dichter, der sich auf sich selbst, auf das Problem des „Sagens" zurückgeworfen sieht.

Die Erfahrung Maltes. Rilkes einziger Roman *Die Aufzeichnungen des Malte Laurids Brigge* (1910) notiert die Erfahrungen eines jungen dänischen Dichters in der Weltstadt Paris. Was Rilke da aufzeichnete, war die Antwort auf das Schockerlebnis Großstadt und liest sich als die Anarchie der Worte und Dinge:

> Elektrische Bahnen rasen läutend durch meine Stube. Automobile gehen über mich hin. Eine Tür fällt zu. Irgendwo klirrt eine Scheibe herunter, ich höre ihre großen Scherben lachen, die kleinen Splitter kichern.

Er sieht Hospitäler, Invaliden, die schwanken und umsinken, und in den Elendsvierteln „stinkende Gassen", „bloßgelegte Mauern", „Zimmerwände, an denen noch die Tapeten klebten", und Räume, durch die in „unsäglich widerlichen, wurmreichen, gleichsam verdauenden Bewegungen die offene, rostfleckige Rinne der Abortröhre" kriecht. In fiebrigen Zwangsvorstellungen, in der Angst vor dem Tode nimmt Malte das „Entsetzliche in jedem Bestandteil der Luft" wahr. Das Absurde, Sinnwidrige scheint so real wie das Alltägliche. Die aus ihrem geistigen Zusammenhang gelösten Dinge werden Zeichen des Nichts und des Todes. Maltes Aufzeichnungen müssen als ein Leittext unseres „Zeitalters der Angst" gelten, wenn wir auch nicht übersehen dürfen, dass sie primär die Frage nach der sprachlichen, d. h. gefährdeten Existenz des Dichters stellen.

Das Ding-Gedicht. Bei den jungen Malern in Worpswede und als Sekretär Rodins in Paris lernte Rilke die entsagungsvolle Arbeit des Künstlers kennen, der Leben in Kunst, Zufälliges in Notwendiges und Unvergängliches verwandeln will. So entstanden seine berühmten Ding-Gedichte (1907/08 *Neue Gedichte*), die in der Tradition Mörikes (→ *Auf eine Lampe*, S. 262) und C. F. Meyers (→ *Der römische Brunnen*, S. 299 f.) stehen: Versuche das Wesen einer Figur, Landschaft, Stadt, eines Parks oder Tiers als sprachliches Gebilde so zu gestalten, dass das Kunst-Ding Gedicht wie eine Plastik oder ein Bild der reinen Malerei in sich selbst besteht. Mallarmés Gedichte waren solche reinen Wort-Dinge. Vor allem aber bewunderte Rilke Cezanne. Dessen Bilder verkörperten „reine Dinge", seine Farben „bedeuteten" nichts, sondern „waren". Rot und Blau hatten da ein „gutes Gewissen", wurden erfahrbar als „einfache Wahrheit".

Der „Tempel des Seins". In den maskenlosen, sich nicht verstellenden Puppen (Kleist, *Über das Marionettentheater*) und immer wieder in der blühenden Rose, dem mystischen Symbol an gotischen Kathedralen, deren viele „Lider" nichts und alles sind wie die „Lieder" des Dichters, sah Rilke Sinnzeichen reinerer Existenz. Das Reine existiert, wie er formulierte, im „Weltinnenraum". Mythisch ausgedrückt wissen nur der Dichtergott Apoll mit seiner Leier und die „Engel" – er dachte an die Engel des Korans –, wie der poetische Urzustand aussieht. Einzig Apoll vermag den wirklichen „Tempel des Seins" im göttlichen Gesange zu erbauen, allein die „Engel" kennen die äußerste, für einen irdischen Dichter tödliche Schönheit.

Wenn der Orpheus der Sage, das Vorbild aller „hiesigen" Sänger, singt, dann schweigen zwar für einen Augenblick „Brüllen, Schrei und Geröhr", aber auch Orpheus, der sich zweifelnd nach seiner Gemahlin Eurydike umblickt, erschafft nicht mehr die Dinge im Wort. Denn – so heißt es in den *Sonetten an Orpheus* – des irdisch-hiesigen Sängers „Sinn ist Zwiespalt", sein Wort gibt den Dingen kein Sein. Es verkümmert zu bloßer Funktion, wird „Werbung", „Begehr" und „Klage", im höchsten Falle „Jubel und Rühmung". Das Wort erweist sich als „Metamorphose in dem und dem", d. h. Sprache wird zur Metapher, zum Vergleich, zur Sinnfigur, die eines meint und ein anderes benennt. So wird in Rilkes Lyrik die Metapher „ein Kreuzweg der Sinne", „ein klingendes Glas, das sich im Klang schon zerschlug". Sie gleicht dem Spiegelbild, das Narziss im Wasser erblickt. Metaphorisch sprechen heißt daher flüchtige Verbindungen herstellen, so flüchtig wie die Verständigung zwischen Ross und Reiter:

> Ist nicht so, gejagt und dann gebändigt,
> dies sehnige Natur des Seins?
> Weg und Wendung. Doch ein Druck verständigt.
> Neue Weite. Und die zwei sind eins.
> Aber sind sie's? Oder meinen beide
> nicht den Weg, den sie zusammen tun?
> Namenlos schon trennt sie Tisch und Weide.

„Namenlos" sind die Dinge geworden und erheben sich gegen den Dichter. Rilkes *Sonette an Orpheus* (1923) und *Elegien* (1911/23) verkünden keine Weltanschauung. Sie sind Selbstvergewisserungen eines modernen Lyrikers über Möglichkeiten und Grenzen des rühmenden Wortes. Sie sind unverzichtbare Werke seiner Poetologie:

> Ordne die Schreier,
> singender Gott! Dass sie rauschend erwachen,
> tragend als Strömung das Haupt und die Leier.

Wirkung. Das Werk Rilkes gehört „zu den Jahrhundertzusammenhängen der deutschen Dichtung, nicht zu denen des Tages" (R. Musil). Es bewahrt ein hochkultiviertes Europa auf, das mit dem Ersten Weltkrieg zu Grunde ging. Er schrieb über die Malerschule von Worpswede und Auguste Rodin, übersetzte Michelangelos Sonette, die der englischen Dichterin Elizabeth Barrett-Browning, André Gide und Paul Valéry und dichtete auf Russisch und Französisch (*Les Fenêtres*, *Les Roses*, 1927). Valéry liebte in ihm „den zartesten und geisterfülltesten Menschen dieser Welt, den Menschen, der am meisten heimgesucht war von all den wunderbaren Ängsten und allen Geheimnissen des Geistes". Der Duktus seiner Sprache, die Gebärden seiner Sätze, ihre Rhythmik, Binnenreime und Enjambements mögen dem heutigen Leser manieriert, überzart, zu bewusst erscheinen, doch niemals verstand er das Gedicht als etwas Sakral-Betörendes wie bei George. Er gab sich nie den Nimbus eines Priesters oder

Sehers. Es ist immer seine menschliche, gesprochene, wenn auch äußerst verfeinerte Sprache (z. B. *Der Panther, Die Genesende, Die Erblindende, Das Karussell, Die Flamingos* in den *Neuen Gedichten*). Diese der romantischen Lyrik vertrautere „Rhetorik" machte Rilke zu einem deutschen Sonderfall seit Heine und zu einem europäischen Ereignis. Der „große Weltriss" (H. Heine) zwischen dem modernen Menschen und der alten Schöpfung, an dem auch Maler wie Marc und Klee litten, wurde ihm immer unüberbrückbarer. Mitten im Ersten Weltkrieg schrieb er im November 1915 in fünffüßigen Jamben seine wohl bitterste Elegie:

O Bäume Lebens, o wann winterlich?
Wir sind nicht einig. Sind nicht wie die Zugvögel
verständig. Überholt und spät,
so drängen wir uns plötzlich Winden auf
und fallen ein auf teilnahmslosen Teichen.
Blühn und verdorrn ist uns zugleich bewusst.
Und irgendwo gehn Löwen noch und wissen,
solange sie herrlich sind, von keiner Ohnmacht.

2.4 Im Umkreis der Neuromantik – Ricarda Huch und Stefan Zweig

Ricarda Huchs (1864–1947) literarhistorische Untersuchungen über Blütezeit und Verfall der Romantik (2 Bde., 1899–1902) hatten die neuromantische Bewegung mit eingeleitet. Auch ihre Ergriffenheit von der Ästhetik des Schönen, die Neigung zu einem aristokratischen Individualismus und die Klage über die Vergänglichkeit vornehmer Kultur, wie sie in ihren frühen Romanen, Novellen und Gedichten anklingen, zeigten die neuromantische Stimmung.

Ricarda Huch, aus einer wohlhabenden, kunst- und literaturbegeisterten Braunschweiger Kaufmannsfamilie stammend, war eine der ersten Frauen in Deutschland, die ein reguläres Hochschulstudium (Philologie, Geschichte, Philosophie) absolvierte und anschließend über ein historisches Thema promovierte (1891) – allerdings in der Schweiz, da deutsche Universitäten Frauen damals noch nicht offen standen. In Zürich arbeitete sie zunächst als Bibliothekarin und Lehrerin, bevor sie sich ganz dem Schreiben widmete. Ihre *Erinnerungen von Ludolf Ursleu dem Jüngeren* (Roman, 1893) machten sie schlagartig bekannt: Der Patriziersohn Ursleu, zum Katholizismus konvertiert, lässt in klösterlicher Zurückgezogenheit sein Leben Revue passieren, indem er – ähnlich wie Thomas Mann in den *Buddenbrooks* – schmerzlich vom Niedergang seiner hamburgischen Familie erzählt. Melancholische Erinnerungen tauchen auch in dem Roman *Vita somnium breve* (1903) auf, der stark autobiografische Züge trägt und die geistigen, politischen und gesellschaftlichen Strömungen der Zeit in der realitätsfernen Sprache der Neuromantik panoramenhaft wiedergibt. Der norddeutsche Patrizier *Michael Unger*, sein Name ist Buchtitel ab 1913, verlässt aus Liebe zu einer Künstlerin seine Familie um endlich bürgerliche Konventionen abzustreifen und ein freieres und sinnerfülltes Leben führen zu können. Der Roman *Aus der Triumphgasse* (1902) führt den Leser in die Welt des Armenviertels von Triest. Aus der künstlerischen Distanz des neuromantischen Stils schildert die Dichterin die beklagenswerten Schicksale von Kriminellen, Kranken und Behinderten, ohne jedoch ernsthaft Kritik an den bestehenden Zuständen zu üben.

Geschichte und Dichtung. In ihren ersten farbenreichen, aus akribischem Geschichtsstudium hervorgegangenen historischen Monographien zeichnet R. Huch überaus nuanciert Leben und Wirken des italienischen Freiheitskämpfers und Politikers Garibaldi in der Zeit des Risorgimento und die Bemühungen des patriotischen Adligen Confalonieri um die Selbstständigkeit Oberitaliens nach (*Die Geschichte von Garibaldi*, 1906/1907; *Das Leben des Grafen Federigo Confalonieri*, 1910). Später folgten Studien über *Bakunin und die Anarchie* (1913), *Wallenstein* (1915) und die *Deutsche Geschichte* (3 Bde., 1934–1949). *Der große Krieg in Deutschland* (3 Bde., 1912–1914) gilt jedoch als bedeutendste schriftstellerische Leistung R. Huchs. Angesiedelt zwischen Geschichtsschreibung nach antikem Muster und dichterischer Gestaltung, wird hier mit großer Sprachkraft eine Fülle von Figuren aus allen gesellschaftlichen Schichten vorgeführt und dabei die Zerrissenheit der ausgehenden Zeit an Einzelschicksalen aufgedeckt.

Die Hinwendung zum Protestantismus vollzog Ricarda Huch unter dem Eindruck des Ersten Weltkriegs. In *Luthers Glaube* (1916), *Der Sinn* *der Heiligen Schrift* (1919) und *Entpersönlichung* (1921) stritt sie für eine freie, edlere, vernünftige Menschheit, „für die unendliche persönliche Entwicklung und gegen den Wahn des unendlichen Fortschritts". Mehr und mehr ging es ihr darum, das protestantisch-liberale Erbe des 18. Jh. vor Verfälschungen zu retten.

Stefan Zweig (1881–1942), im „Zentrum der vulkanischen Erschütterungen unserer europäischen Erde", in Wien geboren, kam wie Ricarda Huch ebenfalls aus dem neuromantischen Erlebniskreis. Stationen der bewegten Biografie des Einzelgängers Zweig waren nach seiner Jugendzeit in der Donaumetropole die Städte Salzburg und London. Nach Erwerb der englischen Staatsbürgerschaft (1940) trieb es den Rastlosen nach Aufenthalten in den USA und Frankreich ins Exil (→ S. 446) nach Brasilien, wo er sich aus Resignation über die barbarischen Zustände in seiner Heimat gemeinsam mit seiner Frau das Leben nahm.

Der polyglotte S. Zweig, in jungen Jahren glühender Verehrer von Hofmannsthal und Rilke und später befreundet mit fast allen bedeutenden Dichtern seiner Zeit, war ein Mittler zwischen den Nationen, er war *der* Typus eines europäischen Literaten. Seine Bücher wurden in alle bedeutenden Kultursprachen übersetzt; er war einer der meistgelesenen Autoren seiner Zeit, was sicherlich auf seine nuancierte, äußerst kultivierte, gleichwohl leicht lesbare Prosa zurückzuführen ist. Seine Essays über Hölderlin, Kleist, Nietzsche, Balzac, Stendhal, Tolstoi u. a. machten über das psychologische Aufspüren der Gefährdung des Genies hinaus die Kompliziertheit und Weite europäischen Geistes sichtbar; die historischen Biografien *Fouché* (1930), *Marie Antoinette* (1932), *Erasmus von Rotterdam* (1934), *Maria Stuart* (1935) und *Castellio gegen Calvin* (1936) zeugen von einer tiefen humanistischen Lebenshaltung.

Die Gedichte in seinem eher schmalen lyrischen Werk (*Silberne Saiten*, 1901; *Die frühen Kränze*, 1906; *Die gesammelten Gedichte*, 1924) treten wegen ihrer „Süßlichkeit" und „Manieriertheit" hinter seine Übersetzungen der Lyrik Verhaerens, Rimbauds, Baudelaires und Verlaines zurück.

Einem breiten Leserkreis ist Zweig noch heute bekannt durch seine *Sternstunden der Menschheit. Fünf historische Studien* (1927, später auf zwölf *Miniaturen* erweitert), in denen er ausschnitthaft weltbewegende Ereignisse an zum Teil tragischen Einzelschicksalen berühmter Menschen verdichtete.

Zweigs Novellen, die stark geprägt sind von erotischen Themen, verarbeiten – wie die Erzählungen Schnitzlers – meisterhaft die Psychologie des Unbewussten: In *Brennendes Geheimnis* (1911) entdeckt ein Junge die Geschlechtlichkeit von Menschen; *Amok* (Novellen, 1922) zeigt die Folgen kaum gezügelter Leidenschaft auf. In der Novelle *Angst* (1925) kann der Leser – gesteuert durch eine dem inneren Monolog (→ A. Schnitzler, S. 338 ff.) angenäherte, konsequente Figurenperspektive – die Verzweiflung einer jungen Frau mitdurchleiden, die nach einem Ehebruch von einer vermeintlichen Mitwisserin schamlos erpresst wird. Eine Katastrophe deutet sich an, als sie – schwankend zwischen der Angst vor der Entdeckung und freiwilligem schmerzlichen Geständnis – ihrem Leben ein Ende setzen will. Erst jetzt gibt sich der Ehemann als Urheber der Erpressung zu erkennen. Gesellschaftskritik übte Zweig in *Verwirrung der Gefühle* (Novelle, 1927). Ein junger Student ist zunächst fasziniert von seinem Professor, der seine homoerotischen Neigungen vergeblich zu unterdrücken versucht und aus Furcht vor der Entdeckung ein zwiespältiges Verhältnis zu seinen Mitmenschen entwickelt. Bald gibt er sich kühl-distanziert, bald vertraulich-liebenswürdig seinem Schüler gegenüber, der mit diesen „Verwirrungen der Gefühle" überfordert ist. Nach einer gemeinsam verbrachten Nacht mit der Ehefrau des Hochschullehrers – die Unglückliche hilft ihrem Mann, nach außen den Schein der „Normalität" zu wahren – bricht der Student seine Beziehungen zum Professor ab. Zweig problematisiert in dieser Novelle ein Tabuthema und stellt gleichzeitig den damaligen Sittenkodex der Gesellschaft in Frage.

Kurz vor seinem Selbstmord in Brasilien wurde die *Schachnovelle* (1941) veröffentlicht, Zweigs Abrechnung mit dem Nationalsozialismus und dessen Foltermethoden. Auf einer Schiffsreise trotzt ein Unbekannter dem arrogant-ordinären Schachweltmeister Czentovic ein achtbares Remis ab, weigert sich aber dann, eine Revanche-Partie anzunehmen. Der Grund dafür liegt in der

tragischen Biografie des Fremden: Der christlich-konservativen Bildungsschicht Österreichs zugehörig war Dr. B. lange Zeit in Einzelhaft dem Psychoterror der Gestapo ausgesetzt. Gegen diese geistige Zermürbung setzte er sich dadurch zur Wehr, dass er sich zunächst 150 Meisterpartien einprägte und immer wieder blind durchspielte. Als er später weitere Partien ersann und schließlich gegen sich selbst spielte, trat eine „Schachvergiftung“ in Form einer Persönlichkeitsspaltung ein. Ein Nervenfieber machte ihn haftunfähig und verhalf ihm schließlich zur Freiheit. Während der letzten Partie auf dem Schiff gegen den grobschlächtigen Weltmeister, der in der Novelle das Barbarisch-Autoritäre verkörpert, gerät Dr. B. erneut an den Rand eines psychischen Zusammenbruchs. Er beendet das Spiel vorzeitig und unterliegt damit Czentovic, dem Abbild menschlicher Ignoranz.
Im Exil in Brasilien entstand auch die autobiografische Schrift *Die Welt von gestern. Erinnerungen eine Europäers* (→ S. 457).

Das Romanwerk. Zarte, angedeutete Erotik und die Fragwürdigkeit der Standesehre stehen im Mittelpunkt von S. Zweigs einzigem vollständig abgeschlossenen Roman *Ungeduld des Herzens* (1938), der aus der Ich-Perspektive des Helden die Wochen vor Ausbruch des Ersten Weltkriegs erzählt. Aus Mitleid mit einem behinderten Mädchen pflegt der Kavallerie-Offizier Hofmiller immer engere Kontakte zum großbürgerlichen Hause Kekesfalva; schließlich willigt er sogar in eine Verlobung mit der gelähmten Tochter Edith ein. Als die Braut jedoch entdeckt, dass Hofmiller sie aus Furcht vor dem Gespött seiner Kameraden und den möglichen gesellschaftlichen Nachteilen einer Heirat verleugnet, begeht sie Selbstmord. Hofmiller, der sich seiner Schuld am Suizid bewusst ist, sucht an der Front den Tod, kehrt jedoch als Kriegsheld zurück.
Thematisiert werden zwei unterschiedliche Mitleidsbegriffe, die leitmotivisch als Zitat am Anfang stehen und zwischen denen sich Hofmiller im Fortgang der Handlung zu entscheiden hat: „Es gibt eben zweierlei Arten von Mitleid. Das eine, das schwachmütige und sentimentale, das eigentlich nur Ungeduld des Herzens ist, sich möglichst schnell freizumachen von der peinlichen Ergriffenheit vor einem fremden Unglück, jenes Mitleid, das gar nicht Mit-Leiden ist, sondern nur instinktive Abwehr des fremden Leidens von der eigenen Seele. Und das andere, das einzig zählt – das unsentimentale, aber das schöpferische Mitleid, das weiß, was es will, und entschlossen ist, geduldig und mitduldend alles durchzustehen bis zum Letzten seiner Kraft und noch über dies Letzte hinaus.“ Für diese zweite Art von Mitleid ist Hofmiller jedoch zu schwach.

3 Gesellschaftskritik und Sprachkrise – „Die Wiener Moderne“

3.1 Das literarische Wien

„Die Wiener Moderne“ (1890–1910) meint den großen Modernisierungsschub in Wissenschaft und Kunst, der als Antwort auf die Erstarrung von Staat und Gesellschaft das Österreich des ausgehenden 19. Jh. erfasste. In einer Zeit, da in Deutschland der Naturalismus in voller Blüte stand, entwickelte sich in Wien eine breite Kulturbewegung, die einen radikalen Bruch mit allem Alten und Vertrauten propagierte und schließlich auch vollzog. Décadence, Fin de Siècle, Subjektivität, Dilettantismus, Moderne wurden die „Merkworte“ der Epoche, sodass Karl Kraus völlig zutreffend die Donaumetropole als „Probestation Weltuntergang“ bezeichnen konnte.
Entscheidende Impulse gingen von dem Physiker und Philosophen Ernst Mach (1838–1916) aus. In seiner Erkenntnistheorie (*Die Analyse der Empfindungen und das Verhältnis des Physischen zum Psychischen*, 1886), die das Ich als einen „Komplex von Erinnerungen, Stimmungen, Gefühlen“ definiert, leugnet Mach „die Einheit des Bewusstseins“. Mit dieser Negierung des Ichs („Das Ich ist unrettbar“) und der Lehre vom menschlichen Körper als einem Bündel von „Empfindungskomplexen“ („Nicht das Ich ist das Primäre, sondern die Empfindungen“) beeinflusste er maßgeblich die Darstellung der Ich- und Todesthematik bei Schnitzler, Hofmannsthal und Musil. Von nicht geringerer Tragweite waren die Forschungen des Wiener Arztes Sigmund Freud (1856–1939). Auf dem Wege zur Entwicklung einer therapeutischen Behandlungsmethode von psychischen Störungen war Freud auf die verdrängten Konflikte des „Unbewussten“ gestoßen. Er entdeckte, dass die im

Wachzustand wirkende „Zensur" im Schlaf abgeschwächt wird und somit der Traum den Zugang zu den verschlossenen Welten der Psyche öffnen kann. Die Publikation seiner *Traumdeutung* im Jahre 1900 wurde so zur Grundlage der Psychoanalyse. Als Nachforschungsmethode zur Deutung verschlüsselter Bilder und Handlungen sowie als therapeutische Methode zur Verarbeitung verborgener Wünsche sollte sie nun ihren Siegeszug im 20. Jh. antreten.

Für das literarische Leben Wiens dieser Zeit war eine Generation von jungen Schriftstellern, Publizisten und Kritikern prägend, die unter der Bezeichnung „Das Junge Wien" bekannt wurde. Dabei entwickelte die auch als „Junges Österreich" bezeichnete Gruppe – vergleichbar dem „Jungen Deutschland" – weder ein eigenes ästhetisches Programm, noch bildete sie eine feste Schule. Im Jahre 1890 kam es zur Gründung der Zeitschrift *Moderne Dichtung* (später: *Moderne Rundschau*), in der die „Jungwiener" Autoren ihre literarischen und literaturkritischen Arbeiten publizierten.

Die wichtigsten Vertreter des „Jungen Wien" waren Arthur Schnitzler und Hugo von Hofmannsthal. Ins weitere Umfeld gehörten Karl Kraus und Peter Altenberg. Literarisch unbedeutend, aber als programmatischer Denker von Gewicht war HERMANN BAHR (1863–1934), so mit seinem Essay *Décadence* (1891) als Versuch einer Begriffsbestimmung der literarischen Moderne. In Abgrenzung zum Naturalismus bestimmte Bahr hier „die Poetik der Décadence" als „Hang nach dem Künstlichen", wie schon die Romantiker Dichtkunst verstanden.

Namen wie RICHARD BEER-HOFMANN (1866 bis 1945), der Autor der immer noch lesenswerten Novelle *Der Tod Georgs* (1900), oder LEOPOLD ANDRIAN (1875–1951) mit seinem Roman *Der Garten der Erkenntnis* (1895) sind heute vergessen. Andere Vertreter der „Wiener Moderne" wie der Theater- und Filmkritiker ALFRED POLGAR (1873–1955) oder der Kulturkritiker EGON FRIDELL (1878–1938) sind uns nur noch als humorvolle Satiriker (Polgar, *Kleine Zeit*, 1919; *Orchester von oben*, 1926, *An den Rand geschrieben*, 1926) oder als Verfasser von kulturgeschichtlicher Abhandlungen vertraut (Fridell, *Kulturgeschichte der Neuzeit*, 1927–1933; *Kulturgeschichte des Altertums*, 1936; *Kulturgeschichte Griechenlands*, posthum 1946).

*Das Café Griensteidl war der Treffpunkt des **Jungen Wien** (Aquarell von Rudolf Völkel).*

Kaffeehausliteratur. Der eigentliche geistige Mittelpunkt der Jungwiener wurde das Café Griensteidl, spöttisch auch „Café Größenwahn" genannt. Alfred Zohner, ein Zeitgenosse und scharfsichtiger Beobachter der Kaffeehausszene, beschreibt in einer literaturgeschichtlichen Abhandlung die Wechselbeziehung des Ortes und seiner Funktion so:

> Niemals früher und niemals später, weder in Österreich noch in Deutschland, Frankreich oder Italien, hat sich Literatur- und Kulturleben inniger mit dem Kaffeehaus verschwistert als das „Junge Wien" mit dem „Café Griensteidl". Diese Verbundenheit geht so weit, dass man, ohne missverständlich zu werden, einen Namen für den anderen setzen kann. Aber noch mehr, der innere Zerfall der ganzen Bewegung steht mit der allerdings aus anderen Gründen erfolgten Schließung des Lokals in zeitlichem Zusammenhang. Das Kaffeehaus als Hauptstapel- und Umschlagplatz von Zeitideen […] gewinnt seine eigenartigste Erscheinungsform im „Café Griensteidl".

3.2 Hugo von Hofmannsthal – „Die wahre Ernte aller Dinge bleibt"

Das „Junge Wien“ hatte in HUGO VON HOFMANNSTHAL (1874–1929) einen seiner bedeutendsten Vertreter. Von Arthur Schnitzler und Hermann Bahr wurde bereits der frühreife Gymnasiast, der seine ersten Werke unter Pseudonymen wie Loris oder Theophil Morren veröffentlichte, als Wunderkind gefeiert. Lebenslang mit zahlreichen Dichtern und Künstlern seiner Zeit eng verbunden galt der hochgebildete Hofmannsthal stets als Repräsentant der Kultur der Jahrhundertwende und Verfechter eines formstrengen Ästhetizismus. „Sein Leben war Symbol“, bemerkte Hermann Broch, „edles Symbol eines verschwindenden Österreichs, eines verschwindenden Theaters –, Symbol im Vakuum, doch nicht des Vakuums.“

Herkunft. Unter Hofmannsthals Vorfahren fanden sich niederösterreichische Bauern, jüdische Großhändler und lombardische Kaufleute. Auch war für ihn das alte Österreich in seiner historischen und kulturellen Vielfalt lebendig geblieben. Dem bildungshungrigen Sohn eines weltmännischen Bankiers verknüpfte sich so die großbürgerlich-aristokratische Familientradition und die Liebe zur Heimat mit einem über Europa hinausweisenden Kulturerbe: Wien und Venedig, das Madrid Calderóns, das Frankreich Victor Hugos, Griechenland in seinen antiken Mythen und der Orient der Märchen weiteten gleichermaßen seinen Horizont.
Von Anfang an suchte er die von Stefan George verachtete Verbindung zum Alltagsleben, zur Tageszeitung (Essays in der *Neuen freien Presse*), zum Theater (*Alkestis, Elektra, König Ödipus*, Nachdichtungen griechischer Tragödien) und zur Oper (Libretti für Richard Strauss' *Der Rosenkavalier*, 1911, *Ariadne auf Naxos*, 1912, *Arabella*, 1928). In der Zeit des Ersten Weltkriegs und danach wuchs er zusehends hinein in die Rolle eines Bewahrers gefährdeter Traditionen. Auch wenn er in den 20er Jahren noch immer als Dichter der Vornehmen galt, hatte er längst das Ästhetentum der Jahrhundertwende abgelegt. Er rühmte *Wert und Ehre deutscher Sprache* (1927) und betonte schon früh das historisch-gesellschaftliche Eingebundensein des Dichters, etwa in seinem Vortrag *Der Dichter und seine Zeit* (1906) oder in seiner engagierten Münchener Rede *Das Schrifttum als geistiger Raum der Nation* (1927). Bei der Auswahl und Herausgabe von Anthologien und Sammelwerken (*Deutsche Erzähler*, 1912; *Deutsches Lesebuch*, 1922/23; *Deutsche Epigramme*, 1923) bewies er Kennerschaft und Urteilsvermögen.

In seiner Jugendlyrik verschmolz Arabeskes und rhythmisch Beschwingtes, verbanden sich die Einflüsse Verlaines (in *Vorfrühling*, 1892) und die symbolistischen Embleme „Adler“, „Lamm“ und „Pfau“ zum träumerischen Pathos einer anmutigen, lyrisch fließenden Prosa. Schon die Titel seiner frühen Gedichte – *Erlebnis, Leben, Weltgeheimnis, Ein Traum von großer Magie* – suggerierten die „verknüpfenden Gefühle“ des Dichters, „des lautlosen Bruders aller Dinge“. In diesen Gedichten voller „Sprachmagie“ und Sprachzauber spürt er „das Herübergelebte vergangener Tage [...] verschwundener Völker, abgelebter Zeiten“ auf, die Einsamkeit und Verwobenheit alles Seienden.
Das traumhafte Schwelgen in Stimmungen und die Gefährdungen einer nur ästhetischen Lebensform klingen auch in den lyrischen Dramoletten (knappen, dramatischen Bühnenspielen) seiner Frühzeit an *(Der Kaiser und die Hexe, Das kleine Welttheater, Der Abenteurer und die Sängerin).* Im *Tod des Tizian* (1892) heißt es vom Künstler: „Er hat den Wolken, den vorüberschwebenden, / Den wesenlosen, einen Sinn gegeben.“
Doch schon der Schöngeist Claudio in *Der Tor und der Tod* (1893) erfährt die Begrenztheit des Ästhetischen. Nur der Tod erschließt ihm die Dinge der Erde und des Du. *Das Märchen der 672. Nacht* (1895) webt in die kostbare Schönheit den Scheincharakter und die Fragwürdigkeiten einer ausschließlich ästhetischen Existenz.

Sprachkrise. Hofmannsthals Erkenntnis, dass Lyrik keine zeitgemäße Ausdrucksmöglichkeit mehr bietet, reflektierte er in dem 1902 verfassten (fiktiven) *Brief des Philipp Lord Chandos an Francis Bacon* (*Chandos*-Brief). Gleichzeitig vollzog er damit seine Loslösung von Stefan George. Bereits in früheren Werken, etwa den Dramen *Der Kaiser und die Hexe*, (entstanden 1897, veröffentlicht 1900) und *Das Bergwerk zu Falun* (entstanden 1899, veröffentlicht 1933), hatte er die Brüchigkeit der poetisch gebundenen, traumhaft-magischen Einheit von Ich und Welt thematisiert. Noch als jungem Lyriker war ihm „in einer Art von andauernder Trunkenheit das ganze Dasein als eine große Einheit“ erschienen, nun aber musste er gewahren, dass ihm die Worte „wie modrige Pilze“ im Munde zerfallen, dass die Welt zerspalten ist und sich die zufälligen, vereinzelten Dinge der lyrischen Sprache entziehen: „Es zerfiel mir alles in Teile, die Teile wieder in Teile, und nichts mehr ließ sich mit einem Begriff umspannen.“ Nur Unscheinbares, „eine Gießkanne, eine auf dem Felde verlassene Egge, ein Hund in der Sonne, ein ärmlicher Kirchhof, ein Krüppel [...] kann das Gefäß meiner Offenbarung werden“. Hofmannsthal erging es wie dem Titelhelden in Rilkes Roman *Malte Laurids Brigge*: Die Objekte springen ihn an, ohne jeglichen Zusammenhang mit der wahrgenommenen Wirklichkeit.

Der *Chandos*-Brief wird heute häufig als erstes Dokument der modernen Ausdrucks- und Bewusstseinskrise verstanden. In der Tat kennzeichnen die Übermacht der Objekte, die Passivität des Subjekts, die Verunsicherung der Realität und die Unmöglichkeit einer einheitlichen Erzählperspektive einen Großteil moderner Literatur seit Rilke und Kafka. Das Auseinanderfallen der Welt, ihrer Bezugssysteme und der Sprache in funktionale Idiome (Sprechweisen) scheint nicht mehr zurücknehmbar. Hofmannsthal hatte die Grenze des von Goethe und Novalis überkommenen Lyriksprachschatzes erreicht. Dieses einheitsstiftende Vokabular enthüllte sich als ein nur sehr begrenztes Idiom.

Allegorien. Das erneuerte mittelalterliche Mysterienspiel *Jedermann* (1911) in einer an Hans Sachs anklingenden Sprache und nach der Katastrophe des Ersten Weltkriegs das *Salzburger Große Welttheater* (1922) riefen mit zeitlosen Allegorien eine Heilsordnung auf, in der vor Gottes Angesicht Reichtum und Armut, Schönheit und Weisheit gleichermaßen hinfällig sind. Europäischer Kultur- und Kunsttradition verpflichtet, zeigte sich Hofmannsthal als Mitbegründer der Salzburger Festspiele (1917 zusammen mit dem Regisseur Max Reinhart und dem Komponisten Richard Strauss), die erstmals 1920 mit der Aufführung des *Jedermann* begangen wurden.

Hofmannsthals künstlerisches Spektrum war erstaunlich: Er erneuerte nicht nur die Lyrik, schrieb nicht nur Libretti für Opern und Essays über Goethe, Shakespeare, Grillparzer, Napoleon oder die Antike, sondern auch eine der Erzähltradition des 19. Jh. verpflichtete Prosa *(Reitergeschichte, Das Erlebnis des Marschalls Bassompierre).* Außerdem wurde er einer der wenigen Autoren guter deutscher Konversationskomödien.
Die Charakterkomödie *Der Schwierige* (1921) führt in die Zeit nach 1918. Der Glanz Wiens ist nach dem Untergang der Monarchie erloschen, die alten Standesformen werden nur noch mit müdem Charme und leiser Ironie weitergepflegt. Einen schwierigen Charakter hat der aus dem Krieg heimgekehrte Graf Bühl, er bringt es in seiner Diskretion und Scheu nicht über die Lippen, um Comtesse Helenes Hand anzuhalten. Auch die Sprachkomik, die Sprachtäuschungen, Andeutungen und verschwiegenen Wahrheiten der Komödie *Der Unbestechliche* (1922) erweisen das von Nestroy und Grillparzer bis zu Musil und Heimito von Doderer reichende Verständnis österreichischer Dichter für das menschlich Tiefgründige. In *Die Ironie der Dinge* (1921) begründete Hofmannsthal die Notwendigkeit nach geschichtlichen Katastrophen Lustspiele zu schreiben.
Der Turm, ein Trauerspiel in fünf Akten (in zwei Fassungen, 1925 und 1927), ist Hofmannsthals tiefgründigstes Werk. Diese Umdichtung von Calderóns *Das Leben ein Traum* handelt symbolisch und mit deutlichem Zeitbezug vom Gegensatz zwischen dem wahren Königtum des Geistes und der brutalen Weltgewalt. Konnte das utopisch anmutende Ende der ersten Fassung mit der Herrschaft eines gewaltfreien „Kinderkönigs“ noch Hoffnungen wecken, so zeigt der Tragödienschluss in der Überarbeitung von 1927 das Scheitern der angestrebten Synthese von Geist und Macht.

3.3 Arthur Schnitzler – Topograph der Wiener Seelenverfassung

Das Wien der Jahrhundertwende, die lockere, leichtlebige und dekadente Gesellschaft des k. u. k. Österreich hätte keinen anmutigeren und weltmännischeren Schilderer finden können als den an der Erzählweise Maupassants geschulten Arzt ARTHUR SCHNITZLER (1862–1931). In seiner bis ins Jahr 1889 reichenden Autobiografie *Jugend in Wien* (1968 posthum veröffentlicht) beschreibt er seine ersten literarischen Gehversuche und den raschen Aufstieg seiner Familie – besonders aber seines Vaters, der als Mediziner an der Universität Karriere machte – aus ärmlichen Verhältnissen in der ungarischen Provinz zu großbürgerlicher Existenz in Wien. Nach der Reifeprüfung 1897 nahm Schnitzler das Medizinstudium an der Wiener Universität auf und beschäftigte sich dabei besonders intensiv mit Psychoanalyse, Suggestion und Hypnose – sicherlich prägend für seine spätere, an psychischen Phänomen interessierte Dichtung, die auch von Sigmund Freud registriert wurde.

Das dramatische Werk. Als Arzt am Sterbebett einer Gesellschaft, die sich selbst als dekadent, todmüde und überzüchtet empfand und nervös, voller Halbheiten, im Gefühl innerer Leere dahintrieb, stellte Arthur Schnitzler seine milde Diagnose. Leise melancholisch, skeptisch und wie Grillparzer zuletzt zunehmend vereinsamt, hielt er in schwebenden Szenen mit feinsten Nuancen Menschen und Atmosphäre fest. Seine „Patienten“ waren Grafen, Offiziere, Künstler, Nichtstuer und „süße Mädels“ mit ihren flüchtigen Abenteuern und ihrer *Liebelei* (1895), wie sein erstes, mit großem Erfolg am Wiener Burgtheater aufgeführtes Drama hieß.

Der Reigen (1896/1897), eine erotische Komödie in zehn Dialogen, erschien als Privatdruck erstmals im Jahre 1900. Schon vor seiner vollständigen Uraufführung in Berlin (1920) sorgte das Stück für erhebliche Aufregung, da es dem spießerhaft-heuchlerischem Publikum zu gewagt, ja geradezu pornographisch erschien. Den „Reigen“ eröffnen eine Dirne und ein Soldat um dann immer aufs neue abgelöst zu werden von wechselnden Paarbeziehungen durch alle gesellschaftlichen Schichten, bis sich der Kreis mit einem Adligen und der Dirne wieder schließt. Im Mittelpunkt jeder Szene stehen – jeweils vor und nach der nicht dargestellten, sondern nur szenisch angedeuteten geschlechtlichen Vereinigung (Schließen des Vorhangs) – Dialoge und Rituale. So zeigen sie die Figuren in ihrer Determiniertheit, bedingt durch gesellschaftlich sanktionierte Verhaltensnormen (z. B. Prostitution), und decken gleichzeitig ihre Unfähigkeit zu echter Hinwendung auf. Das skandalumwitterte Stück wurde mehrmals verboten; erst in den 80er Jahren des 20. Jh. kam es wieder auf die Bühnen. „Unerfindlich ist nur, wie man dieses Stück als unmoralisch hat denunzieren können. Weit entfernt den Appetit auf amouröse Betätigung zu wecken, ist es vielmehr geeignet ihn gründlich zu verderben. Es ist das Werk eines Moralisten, nicht eines Epikureers, ein Werk der Entlarvung, der Entzauberung, unbarmherzig und todernst, und im Vergleich dazu erscheint die ‚Liebelei‘ immer noch als ein menschenfreundliches und trostreiches Stück“ (R. Alewyn).

In den sieben dialogischen Prosaszenen des *Anatol* (1888/1891) wird ein typischer Wiener seiner Zeit vorgeführt, ein verzärtelter, melancholischer Genießer ohne Illusionen. Der leichtsinnige Anatol, ohne Beruf und finanziell abgesichert, genießt seine Damenbekanntschaften, die sich aus allen gesellschaftlichen Schichten rekrutieren: Vom „süßen Mädel“ aus der Wiener Vorstadt bis zur Lebedame („böse Mondaine“) glaubt er die Frauen zu kennen, kann ihnen gegenüber jedoch keine dauerhafte, tiefe Zuneigung entwickeln. Seinem nüchtern-selbstironischen Freund Max, Gesprächspartner in vielen Dialogen, offenbart er diese Unfähigkeit: „Während ich den warmen Hauch ihres Mundes auf meiner Hand fühlte, erlebte ich das Ganze schon in Erinnerung. [...] Sie war wieder eine von denen gewesen, über die ich hinweg musste.“ Anatol bleibt labil, unentschlossen, oberflächlich, voll „kranker“ Gefühle und ohne wirkliche Lebensperspektive. Zeitbilder entwerfen auch *Der einsame Weg* (1903) und *Das weite Land* (1911).

Mit dem Antisemitismus in Österreich setzt sich Schnitzler in der Komödie *Professor Bernhardi* (UA Berlin, 1912, in Österreich zunächst zensiert) auseinander. In der vom angesehenen jüdischen Professor geleiteten Privatklinik kommt es zum Eklat, als Bernhardi sich weigert einen Priester zu einer Sterbenden vorzulassen, die – dem Tode nahe – eine letzte Euphorie erlebt. „Und aus diesem Traum wollte Bernhardi sie nicht mehr zur furchtbaren Wirklichkeit erwachen lassen.“ Seine Gegner deuten den humanitären Akt jedoch bewusst in eine Missachtung religiöser Gefühle und speziell des Katholizismus um, der Fall wird zum Politikum. Bernhardi wird wegen „Religionstörung“ zu zwei Monaten Haft verurteilt um „der christlichen Gemeinde in Wien Genugtuung" zu verschaffen, wobei Prozessführung und Urteilsbegründung deutlich eine antisemitische Haltung erkennen lassen. Nach seiner Freilassung wird Bernhardi in der Öffentlichkeit jedoch als „Märtyrer" gefeiert – die gewünschte Wirkung des Urteils hat sich in ihr Gegenteil verkehrt.

In seinem umfänglichen Erzählwerk entwarf Arthur Schnitzler mit geradezu beispielhafter Suggestivkraft eine „Topographie der Wiener Seelenverfassung um 1900" (E. Fridell) – etwa in den frühen Erzählungen und Novellen um Liebe und Tod (z. B. *Die drei Elixiere,* 1890; *Sterben,* 1894; *Die Toten schweigen,* 1897; *Frau Berta Garlan,* 1901) oder den großen Charakternovellen der späteren Jahre (*Frau Beate und ihr Sohn,* 1913; *Doktor Gräsler Badearzt,* 1917; *Casanovas Heimfahrt,* 1918; *Traumnovelle,* 1925; *Spiel im Morgengrauen,* 1928; *Flucht in die Finsternis,* 1931).
Vor allem im *Leutnant Gustl* (Novelle, 1900) gelang Schnitzler mit der kundigen Zeichnung eines Offiziers der untergehenden Donaumonarchie die mustergültige Selbstdarstellung einer Leitfigur der Epoche – nur vergleichbar den Offizier-Porträts in *Spiel im Morgengrauen* und in Stefan Zweigs *Ungeduld des Herzens.* Nach einem Konzert kommt es zwischen dem jungen, etwas einfältigen Leutnant und einem Bäckermeister einer Lappalie wegen zu einem kurzen, hitzigen Wortgefecht. In seiner Ehre gekränkt und ohne die Möglichkeit, den nicht „satisfaktionsfähigen" Bäcker zum Duell zu fordern, beschließt Gustl Selbstmord zu begehen. Die Nachricht vom zufälligen Herztod des Bäckers verhindert jedoch den Suizid. Der Leutnant hat „Mordsglück", seine Ehre bleibt für die Gesellschaft unangetastet.
Um die Figur Gustls in ihren persönlichen Nöten und sozialen Abhängigkeiten, in ihrem ausweglosen Beziehungsgeflecht nachzuzeichnen bediente sich Schnitzler – erstmalig in der deutschsprachigen Epik – der Darstellungstechnik des inneren Monologs. Hier werden – im Gegensatz zum traditionellen Erzählstil, der geprägt ist von der Allwissenheit bzw. Überlegenheit des Erzählers – unausgesprochene Gedanken, Sinneseindrücke und Bewusstseinsströme ausschließlich in der Ich-Form wiedergegeben. Die so erreichte größere Identifikation des Lesers mit der die Handlung tragenden und die Perspektive bestimmenden Figur lässt den lenkend eingreifenden Erzähler völlig verschwinden.
In der Novelle *Fräulein Else* (1924), ebenfalls getragen von der Darstellungsform des inneren Monologs, gerät die Tochter eines Rechtsanwalts in einen schweren seelischen Konflikt zwischen Selbstachtung und Prostitution für die Familie. Nach langen inneren Qualen, getrieben von Todesfantasien und erotischen Wachträumen, entschließt sich Else der perversen Forderung eines Kunsthändlers schließlich nachzukommen. Nach einem psychischen Zusammenbruch nimmt sie in ihrem Zimmer eine Überdosis Schlafmittel.
Die Traumnovelle (1926) handelt von der Überwindung einer Ehekrise. Im gegenseitigen Geständnis des „traumhaft" Erlebten finden die Partner jedoch wieder zueinander. Erst durch das Ausleben verborgener Triebhaftigkeit scheint es möglich zu sein wieder eine „normale" Beziehung zwischen Mann und Frau aufzubauen.
Der Weg ins Freie (1908) bleibt wie Schnitzlers zweiter Roman *Therese* (1928) deutlich hinter seiner Novellenkunst zurück. Als Entwicklungsroman konzipiert und im Grundton eher versöhnlich gehalten, thematisiert er einerseits das Problem der jüdischen Minderheit in Österreich, zum anderen ermöglicht das breit angelegte, handlungsarme Werk tiefe Einblicke in die epochenspezifische Realität der spätbürgerlichen Donaumetropole. Umrahmt von Diskussionen über die Aufgaben von Kunst und Literatur, über Zionismus und Antisemitismus, endet die Liebe zwischen dem Dirigenten Georg von Wergenthin, der enge Kontakte zum Judentum in Wien pflegt, und Anna damit, dass der Baron sich von alten Bindungen seiner bisherigen Lebenssphäre lossagt und den „Weg ins Freie" beschreitet.

Schnitzlers Figuren sind in ihrer Schwäche, ihrem Charme, ihrer Suche nach Liebe und Geborgenheit und in ihrer Angst vorm Sterben konsequent angelegte Charakterstudien und noch heute von hoher Aktualität. Schnitzler klagte nicht an, er stellte lediglich „Diagnosen", ohne jedoch zu therapieren: „Für unsere Zeit gibt es keine Lösungen, das steht einmal fest. Keine allgemeine wenigstens. Eher gibt es hunderttausend verschiedene Lösungen […]. Es kommt nur für jeden darauf an, einen inneren Weg zu finden. Dazu ist es natürlich notwendig, möglichst klar in sich zu sehen, in seine verborgensten Winkel hineinzuleuchten!“

3.4 Karl Kraus – sprachbesessen für die Wahrheit

Der verdiente Ruhm einer der bedeutendsten Satiriker, Kultur- und Gesellschaftskritiker deutscher Sprache zu sein, setzte für KARL KRAUS (1874–1936) erst im ausgehenden 20. Jhd ein. Der Sohn eines jüdischen Fabrikanten aus Böhmen, von Kindheit auf ein Wiener, Generationsgefährte von Rilke, Altenberg und Fridell, bissiger Beobachter der Wiener Kaffeehaus-Szene um Hermann Bahr, Hugo von Hofmannsthal und Arthur Schnitzler (*Die demolirte Literatur*, 1897) und erklärter Gegner des modernen Boulevardjournalismus war lebenslang ein unerbittlicher Streiter für die Reinheit der Sprache (*Die Sprache*, posthum 1936). In seinem Hauptwerk, den rotgebundenen Heften der *Fackel* – 922 Nummern in 36 Jahrgängen – kämpfte er von 1899 an den erstaunlichsten Kampf, den je ein Einzelner gegen die Korruption des Zeitgeistes gekämpft hat. Zu seinem Programm erhob er darin die „Trockenlegung des weiten Phrasensumpfes“, denn die Verderbtheit seiner Zeit las er von ihrer Sprache ab.

Die verlorene Sprache. Äußerlich betrachtet kämpfte Kraus gegen Phrasen, Tonfall und Sprachschnitzer des damaligen Journalismus und seine „Pressbuben“: z. B. Hermann Bahr oder Maximilian Harden, den Herausgeber der Zeitschrift *Zukunft*. Aber er war dabei ein Einsamer und Gezeichneter, der sein ganzes Leben darangab die Sprache Goethes und Stifters aus dem neumodischen Wust und Unrat missbrauchter Vokabeln und übertünchenden Geschwätzes auszugraben:

> Ich bin nur einer von den Epigonen,
> die in dem alten Haus der Sprache wohnen.

Seine Polemik gegen den „schwatzhaften“ Journalismus und deren „Skribenten“ ging von einer konservativen Utopie aus: vom Bilde des kreatürlichen Menschen, der unmittelbar in der Verantwortung des Schriftstellers ruht, von einer vorgeschichtlichen Natur, die noch nicht vom „Aussatz“ der Technik überwuchert ist, von einer Harmonie, wie sie Stifter gestalten wollte. Von dem Bilde dieser magischen Einheit her attackierte er den modernen Sprachsumpf. Er war überzeugt, dass es eine Sprache gegeben habe und wieder geben müsse, die eins sei mit den Dingen:

> Und hinter allem der entsühnte Mensch,
> der magisch seine Sprache wiederfindet …

Er glaubte, dass dies die Sprache Goethes und Stifters sei und dass jedes Sprechen nach dieser klassischen Kunstperiode entweder zum feuilletonistischen Impressionismus der Heine-Epigonen (*Heine und die Folgen*, 1910), zu Phrase und Schwulst führen müsse oder nur noch Parodie, Groteske und Satire sein könne. Darum pries er Nestroy (*Nestroy und die Nachwelt*, 1912), weil sich bei ihm die Sprache zum ersten Mal Gedanken über die Dinge gemacht habe und vom Starrkrampf der Redensarten erlöst werde.

Den „Starrkrampf“ des Zeitgeistes packte Kraus da, wo er sich am unmittelbarsten sprachlich äußerte: nämlich in der Zeitung, in Inseraten, Heiratsgesuchen, Theaterkritiken, unterhaltenden Feuilletons, im Bildungsgeschwätz und in den öffentlichen Reden – und konfrontierte ihn mit der klassischen Dichtersprache:

> Komm ich auch nach den alten Meistern, später,
> so räch ich blutig das Geschick der Väter
> Von Rache sprech ich, will die Sprache rächen
> an allen jenen, die die Sprache sprechen.

Organ für seine unerbittlichen Feldzüge war die 1899 von ihm gegründete, seit 1912 allein mit eigenen Beiträgen bestrittene Zeitschrift *Die Fackel*, „eine polemische und satirische Chronique scandaleuse ihrer Zeit von weltliterarischem Rang, ein von der Arbeitsleistung her unfassliches Einmanntheater, auf dem Kraus die Marionetten seiner Zeitgenossen tanzen, Larven und Lemuren in Fleisch und Bein erstehen lässt“ (J. M. Fischer).

Gesellschafts- und Zivilisationskritik übte Kraus an der doppelbödigen, scheinchristlichen Moral, wo in der bürgerlichen Besitzehe die Frau nur noch „beim Warenbestand berücksichtigt" wird (F. Wedekind). Zu Felde zog er gegen die Denkmoden des Psychologisierens, den zum Konsum fabrizierten Zeitungsklatsch und die nationalen und optimistischen Phrasen vom Fortschritt. Ereifern konnte er sich über die Schachtelsätze von Wissenschaftlern, welche Tiefsinn vortäuschen, alle Sprüche und „Gase aus der Welthirnjauche" – und immer wieder über die Presse Wiens, die den großen Markt der Neuigkeiten ausbreitet, die Gehirnwindungen vereinfacht und zur Herstellung einer einzigen Zeitungsausgabe „zehntausend Bäume von zwanzig Meter Höhe" fällen muss. Kurz: Karl Kraus geißelte eine Schein-Zivilisation, die mit ihrer robusten Technik und ihrem Geschwätz die Gesellschaft wie ein Aussatz überwuchert und notwendig in einer Katastrophe endet.

Von Sprache regelrecht besessen, suchte Kraus nach ihrem paradiesischen Ursprung und duldete daher keine noch so geringe Nachlässigkeit im Umgang mit ihr. „Die Säure will den Glanz, aber der Rost sagt, sie sei zersetzend." Kraus' Säure setzte bei den Verwahrlosungen des Jargons an, bei falschen Konjunktiven, Imperfekten und Kommata, bei Tiraden und Täuschungen im Ausdruck. Sie „zersetzte" den Schwulst, die oberflächlichen Ornamente und Floskeln, ähnlich wie die moderne Formgebung an Geräten und Bauten auch erst die dekorativen Schwulstigkeiten beseitigen musste. Kraus fasste die Floskeln beim Wortsinn und entlarvte die Lüge, die falsche Gebärde, die schiefen Vergleiche, Verdrehungen, Schnörkel und das Kauderwelsch. Um „die Dinge zur Sprache zu bringen" schüttelte er unerbittlich das Opfer, z. B. einen schwammigen Ausdruck, der den Sachverhalt verdeckt. Seine Methode einen gedruckten Text oder gesprochenen Satz aufzudecken hatte System: Er zitierte ihn vor sein Tribunal und machte ihm den Prozess. Seine Glossen bestehen daher in der Regel aus einem Zitat und dem polemischen oder parodierenden Kommentar.

Phrase und Verbrechen. Kraus sah voraus, wohin falscher Patriotismus, geistige Schlamperei, Aufstiegsoptimismus, Pseudoliberalismus, verlogenes Christentum, Militarismus und herzensrohe „Gemütlichkeit" führen würden. Sein einzigartiges Monumentaldrama *Die letzten Tage der Menschheit* (1915–1918), dieser „sprachliche Höllenbreughel" (H. Fischer), hält in dokumentarischer Form die „glorreiche Zeit" des Ersten Weltkriegs fest: von der Ermordung des Thronfolgers in Sarajewo bis zur letzten sternenlosen Nacht auf dem Schlachtfeld. Es entblößt den Jargon der Generale, Schieber, Feldprediger, Erzherzöge und Soldaten mit sprachmimischer, authentischer Genauigkeit.

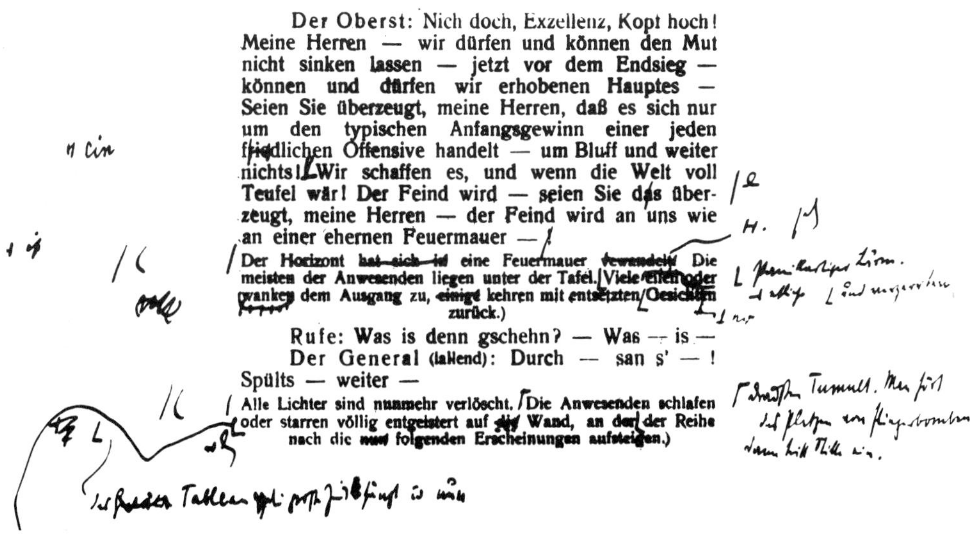
Der Oberst: Nich doch, Exzellenz, Kopt hoch! Meine Herren — wir dürfen und können den Mut nicht sinken lassen — jetzt vor dem Endsieg — können und dürfen wir erhobenen Hauptes — Seien Sie überzeugt, meine Herren, daß es sich nur um den typischen Anfangsgewinn einer jeden friedlichen Offensive handelt — um Bluff und weiter nichts! Wir schaffen es, und wenn die Welt voll Teufel wär! Der Feind wird — seien Sie das überzeugt, meine Herren — der Feind wird an uns wie an einer ehernen Feuermauer —

(Der Horizont hat sich in eine Feuermauer verwandelt. Die meisten der Anwesenden liegen unter der Tafel. Viele [illegible] oder wanken dem Ausgang zu, einige kehren mit entsetzten Gesichtern zurück.)

Rufe: Was is denn gschehn? — Was — is —

Der General (lallend): Durch — san s' — ! Spülts — weiter —

(Alle Lichter sind nunmehr verlöscht. Die Anwesenden schlafen oder starren völlig entgeistert auf die Wand, an der der Reihe nach die nun folgenden Erscheinungen aufsteigen.)

Aus Die letzten Tage der Menschheit von Karl Kraus, mit handschriftlichen Korrekturen des Autors.

Kraus, der nach 1918 die Republik, zuletzt aber das Dollfuß-Regime verteidigte, erkannte früh die Bedrohung durch den heraufziehenden Nationalsozialismus. Doch klingt seine 1934 in der *Fackel* geäußerte Mahnung schon beinahe resignierend: „Das Wort entschlief, als jene Welt erwachte." Weitere umfangreiche, schon für die *Fackel* vorbereitete Glossen zum Jargon der Nazis erschienen erst posthum unter dem Titel *Die dritte Walpurgisnacht* (1952). Den Anschluss Österreichs ans Reich der „Hakenkreuzottern" musste Karl Kraus nicht mehr erleben.

3.5 Peter Altenberg – Kunstzigeuner und „Invalide des Lebens"

Die Wiener Kaffeehausliteratur hatte in PETER ALTENBERG (eig. Richard Engländer, 1859–1919) ihren „Décadent par excellence" (R. Strauss). Aus einer wohlhabenden jüdischen Kaufmannsfamilie stammend fügte sich der an „Überempfindlichkeit des Nervensystems" Leidende in keine bürgerliche Ordnung, sondern lebte ganz der Kunst: „Die Kunst ist die Kunst, das Leben ist das Leben, aber das Leben künstlerisch zu leben ist die Lebenskunst!" Zum Mittelpunkt seiner Existenz machte er das Kaffeehaus, wo er nächtelang lesen, schreiben und diskutieren konnte. Ganz folgerichtig gab er das Café Central als seine Adresse an.

„Invalide des Lebens". Da die Erlöse seiner im S. Fischer Verlag auf Vermittlung von Karl Kraus erschienenen Bücher gering blieben, mussten ihn ständig Familienangehörige und Freunde unterstützen. Im Alter zerrüttete dieser Bohemien und Verfechter diätetischer Lebensweise seine Gesundheit zunehmend selbst durch Alkohol- und Medikamentenmissbrauch. Solch paradoxe Züge eines widersprüchlichen Lebens hat wohl Karl Kraus gemeint, als er in seiner Grabrede auf den Freund treffend sagte: „Treue im Unbestand, rücksichtslose Selbstbewahrung im Wegwurf, Unverkäuflichkeit in der Prostitution". Von außen betrachtet mag das rastlose Leben dieses stadtbekannten Sonderlings und „unbürgerlichsten Menschen" einer gescheiterten Existenz gleichen.

Die Skizze war das Altenberg angemessene literarische Genre. In zahlreichen Bänden sind diese subjektiven Stimmungen, Eindrücke und Sinneswahrnehmungen aus Alltagssituationen wie Fotografien gesammelt und verarbeitet (*Wie ich es sehe*, 1896; *Was der Tag mir zuträgt*, 1901; *Pòdrômôs*, 1906; *Märchen des Lebens*, 1908 und *Bilderbögen des kleinen Lebens*, 1909; *Vita ipsa*, 1918; *Mein Lebensabend*, 1919). Doch nicht als Dichtungen wollte er „seine kleinen Sachen" verstanden wissen, sondern als „Extrakte des Lebens. Das Leben der Seele und des zufälligen Tages, in zwei bis drei Seiten eingedämpft, vom Überflüssigen befreit [...] Dem Leser bleibe es überlassen, diese Extrakte aus eigenen Kräften wieder aufzulösen, in genießbare Bouillon zu verwandeln, aufkochen zu lassen im eigenen Geiste, mit einem Worte, sie dünnflüssig und verdaulich zu machen ..."
Die souverän eingesetzte Stiltechnik einer solchen Ästhetisierung des Alltäglichen war für Altenberg die typisierende und variierende Wiederholung. Ferner gelang ihm mittels seiner „Ausspar-Technik" (A. Polgar) bis hin zur radikalen Vereinfachung („eine Landschaft in einem Worte"), seinem „Telegramm-Stil" und der Überzeichnung der Situationen ins Groteske die Leserlenkung auf das Wesentliche: „Er gibt ein Wort und es ist ein Satz. Er gibt einen Satz und es ist eine Skizze. Er gibt eine kurze, zehn Zeilen lange Skizze und es ist eine ganze, große, leuchtende Welt" (R. Strauss).

4 Das literarische München

4.1 Kunststadt im Aufbruch

Atmosphäre. Zahlreiche Theater und Bibliotheken, Museen und berühmte Kunstsammlungen, z. B. die Alte Pinakothek und die Glyptothek, hatten München schon im 19. Jh. zu einem Anziehungspunkt für Dichter und Künstler aus ganz Deutschland und Europa gemacht. Die *liberalitas bavariae*, diese freigeistig bayerische Lebensart, und die offene Grundhaltung der Münchner Bevölkerung nach dem Motto „leben und leben lassen" kam den Künstlern sehr entgegen und ermöglichte ihnen – anders als im übrigen Deutschland – eine recht freizügige Selbstverwirklichung. Thomas Manns großbürgerlicher Lebensstil wurde von den Münchnern ebenso akzeptiert wie die Eskapaden eines Frank Wedekind in der Schwabinger Boheme, die Schrullen eines Joachim Ringelnatz, die Reserviertheit eines Rainer Maria Rilke oder die erotischen Ausschweifungen einer Franziska zu Reventlow. Im Gegensatz zum „Jungen Wien" stammten jedoch alle namhaften Münchner Künstler nicht aus der Isarstadt; auch Schriftsteller aus Altbayern waren kaum vertreten.

Zeitschriften. Als Sprachrohr des neuen Literatur- und Kunstzentrums diente zunächst die von Michael Georg Conrad seit 1885 herausgegebene Zeitschrift *Die Gesellschaft*, die später in den *Süddeutschen Monatsheften* aufging, die kurzlebige Luxuszeitschrift *Pan* (1895) und nicht zuletzt der richtungsweisende politisch-satirische *Simplicissimus* (1896).
Die von Georg Hirth gegründete Zeitschrift *Jugend – Münchner illustrierte Wochenschrift für Kunst und Leben* (1896), richtete sich – anders als der exklusive *Pan* – an einen breiten Leserkreis und konnte so hohe Auflagezahlen erzielen.
Zwei Wahlmünchner, die Bremer Alfred Heymel und Rudolf Alexander Schröder, gründeten zusammen mit dem verlagserfahrenen Literaten Otto Julius Bierbaum *Die Insel* (1899), in der so bedeutende Schriftsteller wie Hugo von Hofmannsthal, Detlev von Liliencron, Rainer Maria Rilke, Robert Walser und Arno Holz veröffentlichten. Nach internen Querelen wurde die Zeitschrift eingestellt; aus ihr ging 1902 der Insel-Verlag hervor, der mit Autoren wie Hermann Bahr, Paul Ernst und Ricarda Huch ein großes Leserpublikum erreichte und noch heute einer der renommiertesten Verlage Deutschlands ist.

Der *Simplicissimus*, am 4. April 1896 als „Illustrierte Wochenschrift" mit seiner ersten Nummer erschienen, steht in der europäischen Tradition der großen politischen und gesellschaftskritischen Satirezeitschriften des 19. Jh.: angefangen bei *La Caricature* (1830) und *Le Charivari* (1832) in Frankreich, über den *Punch* (1841) in England bis zu den *Fliegenden Blättern* (1844) und dem *Wahren Jakob* (1884) in Deutschland.
Gegenüber dem nur anfänglich politischen, später eher heiter beschaulichen Charakter der *Fliegenden Blätter* und dem zwar engagierten, aber künstlerisch blassen *Wahren Jakob* konnte sich der in Gestaltung und Inhalt niveauvollere *Simpl* nach kurzer Zeit als führendes Satireblatt in Deutschland etablieren.
Doch bald trat dieser ausgesprochen literarisch-künstlerische Anspruch in den Hintergrund und das Blatt fand rasch mit seinen bissigen Karikaturen und zündenden Satirebeiträgen ein unverwechselbares, eigenes Profil im Aufdecken von „gesellschaftlichen Abgründen". Dazu trugen nicht zuletzt die scharfzüngig-witzigen, freilich stets literarisch anspruchsvollen Texte von Franziska zu Reventlow, Frank Wedekind, Ludwig Thoma, Alfred Polgar, Alexander Roda Roda, Dr. Owlglass (Hans Erich Blaich), Julius Otto Bierbaum, Jakob Wassermann oder Gustav Meyrink bei. Das eigentliche Markenzeichen des *Simplicissimus* bleiben jedoch die zu den Texten kongenialen Karikaturen so einzigartiger Zeichner wie Thomas Theodor Heine, Ferdinand von Reznicek, Olaf Gulbransson, Karl Arnold, Eduard Thöny und Bruno Paul.
Bekanntestes Beispiel für die Auseinandersetzung zwischen staatlichen Zensurbehörden und der Redaktion war die so genannte Palästina-Nummer 1898, in der die Nahostreise Kaiser Wilhelms II. in Wort und Bild verhöhnt wurde. Der rote, freche *Simpl*-Hund, das von Th. Th. Heine so treffend eingeführte Signet der Zeitschrift, hatte mit diesem Angriff auf den Kaiser eine Tabu-Grenze der Zeit überschritten. Sofort nach Erscheinen konfiszierte der Staatsanwalt am Druckort Leipzig die gesamte Auflage und erhob Anklage wegen Majestätsbeleidigung gegen Verleger, Zeichner und Autor des Artikels. Albert Langen und Frank Wedekind flüchteten, Th. Th. Heine stellte sich sofort und wurde zu sechs Monaten Gefängnis verurteilt. Die in Festungshaft umgewandelte Strafe konnte er bald mit dem aus dem Pariser Exil zurückgekehrten Wedekind teilen.

4.2 Schreibende Frauen – Lena Christ, Annette Kolb, Franziska zu Reventlow

Lena Christ (1881–1920) wurde im provinziellen Glonn bei München als uneheliche Tochter einer Magd und eines Pferdeknechts geboren. Sie verbrachte ihre Kindheit in ärmlichsten Verhältnissen bei den Großeltern. Ihre Mutter, die das Kind nie akzeptiert hatte und nur als Belastung empfand, übersiedelte 1888 nach München. Lena ließ sie in der Obhut des geliebten Großvaters zurück, in einer bäuerlichen Welt, die sich

noch ganz im Einklang mit ländlichem Brauchtum, frömmelnder Religiosität und derben Sitten befand.
Stationen ihres freudlosen Lebens zeigte sie in der Autobiografie *Erinnerungen einer Überflüssigen* (1912) auf: Von der Mutter verstoßen, schlägt sich das Mädchen zunächst als Köchin und Kellnerin durch, tritt mit 17 Jahren einem Orden bei und wird für kurze Zeit Novizin. In bewegenden Worten erzählt sie ihre Hochzeit mit einem Filou, die Geburt ihrer Kinder und die Qualen einer trostlosen Ehe, aus der sie sich schließlich durch Scheidung befreit.
In München, wohin Lena Christ nach der Entlassung aus dem Krankenhaus mit ihren Kindern gezogen war, entdeckte ihr zweiter Mann, der Schwabinger Bohemien Peter Jerusalem (später Benedix) ihr erzählerisches Talent. Von ihm zum Schreiben ermuntert verfasste sie ihre Jugendgeschichte (s. o.) und veröffentlichte im selben Jahr die eher naiven und als epigonal empfundenen *Lausdirndlgeschichten* – in Anlehnung an Ludwig Thomas *Lausbubengeschichten.* Der autobiografisch gefärbte Roman *Mathias Bichler* (1914) erzählt – zurückverlegt ins 18. Jh. – die Geschichte eines Waisenkindes, das später ein anerkannter Bildschnitzer wird. Das stark folkloristisch gefärbte Werk ist zum Teil mit alter bayerischer „Volkskunst“ überfrachtet, deren allmählichen Niedergang der Protagonist beklagt.
Unerwarteten literarischen und finanziellen Erfolg brachte ihr patriotisch gestimmter Kriegsroman *Unsere Bayern anno 1914* (1914/1915), in dem sie die nationalistisch-kämpferische Stimmung aller gesellschaftlichen Schichten bei Kriegsausbruch darstellte. Mit der *Rumplhanni* (Roman, 1916) griff sie die Thematik der Vereinsamung erneut auf. Ihr letzter Roman *Madam Bäuerin* (1920) war zwar auf Grund des Sujets ein großer Publikumserfolg, blieb jedoch künstlerisch weit hinter *Mathias Bichler* zurück.

ANNETTE KOLB (1870–1967), Halbfranzösin und kultivierte Europäerin, bemühte sich in ihrem literarischen und politischen Wirken zeitlebens um einen Ausgleich zwischen Deutschland und Frankreich. Als Pazifistin, die 1917 in die Schweiz und 1933 über Paris in die USA (1940) fliehen musste, war sie mit vielen bedeutenden europäischen Künstlern ihrer Zeit bekannt: René Schickele und Romain Rolland unterstützten sie in ihrem politischen Engagement; ihre frühen Werke fanden in R. M. Rilke und Jean Giraudoux glühende Verehrer.
In München geboren, wuchs sie als Tochter eines Gartenbauarchitekten und einer Pariser Pianistin in großbürgerlichen Verhältnissen auf. Bekannt wurde Annette Kolb hauptsächlich durch ihre drei Romane *Das Exemplar* (1913), *Daphne Herbst* (1928) und *Die Schaukel* (1934), die stark autobiografisch gefärbt und durch einen lockeren, leicht ironischen Erzählstil gekennzeichnet sind. Ihre musikalische Leidenschaft, die sie von der Mutter geerbt hatte, kam in den späteren Biografien über *Mozart* (1937), *Franz Schubert* (1941), *König Ludwig II. von Bayern und Richard Wagner* (1947) zum Ausdruck.
Auffällig an Annette Kolbs Romanen sind die in einer geheimen innereren Verbindung stehenden Protagonisten, die als Frauen in die schwierige Zeit des Übergangs vom Kaiserreich zur Republik gestellt sind.

FRANZISKA GRÄFIN ZU REVENTLOW – „Königin der Boheme“. Als eine der schillerndsten Persönlichkeiten im Schwabing der Jahrhundertwende galt die „Schleswig-Holsteinische Venus“ (O. Panizza) Franziska zu Reventlow. Die Tochter eines preußischen Landrats – 1871 auf Husum geboren und aufgewachsen in Lübeck und Hamburg – lebte als „tolle Gräfin“ ab 1893 in der Schwabinger Boheme: R. M. Rilke und Oskar Panizza zählten zu ihren Freunden; eng verbunden war sie Ludwig Klages und Karl Wolfskehl und stand zeitweise dem George-Kreis nahe. In diesem Umfeld suchte sie Selbstverwirklichung, Lebensfreude und sexuelle Befreiung ohne eine dauerhafte Bindung einzugehen.
In ihrem schmalen Œuvre von insgesamt fünf veröffentlichten Romanen gelten *Ellen Olestjerne* (1903) und *Herrn Dames Aufzeichnungen* (1913) als die bedeutenderen. Der autobiografisch angelegte Entwicklungsroman *Ellen Olestjerne* zeichnet die Jugend der Titelheldin nach und reflektiert vor dem Hintergrund einer konfliktbelasteten Mutter-Tochter-Beziehung ihre wechselnden Männerbekanntschaften. In ihrem Schlüsselroman *Herrn Dames Aufzeichnungen* verarbeitet die Reventlow – von ihren Freunden

zur „Königin der Boheme“ erhoben – aus weiblicher Sicht die Schwabinger Künstlerszene.
Um ihren Lebensunterhalt leidlich bestreiten zu können nahm sie Verlagsaufträge zur Übersetzung zweitklassiger französischer Romane an und verfasste Beiträge für den *Simplicissimus.* Große finanzielle Schwierigkeiten veranlassten sie 1910 in die Schweiz zu übersiedeln, wo sie 1918 in Locarno starb.

4.3 „Wahnmoching“ – die Literaturszene in München

Schwabing – in Künstlerkreisen in Anlehnung an das nahe gelegene Dorf Feldmoching auch „Wahnmoching“ genannt – wurde um 1900 für Literaten und Intellektuelle zum „Vorort einer neuen Welt“. Das besondere Flair des nördlichen Münchner Stadtteils und seiner extravaganten Bewohnerschaft ist wohl kaum pointierter dargestellt worden als von ERICH MÜHSAM (1872 bis 1934), dem anarchischen Lyriker und Bohemien par excellence. Nach einer mehrjährigen Europatour schließlich ab 1908 in München ansässig, schrieb er über die Menschen des damaligen Vororts von München:

> Das sind die Gestalten, die den Stadtteil Schwabing zum Kulturbegriff Schwabing machten – Maler, Bildhauer, Dichter, Modelle, Nichtstuer, Philosophen, Religionsstifter, Umstürzler, Erneuerer, Sexualethiker, Psychoanalytiker, Musiker, Architekten, Kunstgewerblerinnen, entlaufene höhere Töchter, ewige Studenten, Fleißige und Faule, Lebensgierige und Lebensmüde, Wildgelockte und adrett Gescheitelte –, die bei der denkbar größten Verschiedenheit voneinander [...] nur verbunden

Schwelg ich dann bei Knödelsuppe
Hier im Simplicissimus,
Ist die ganze Welt mir schnuppe
Bis die Polizei ruft: „Schluss!“

Scheid ich einst von diesem Globus*
Sei mein letzter Abschiedsgruß:
„Pfüat di Gott, mein' Kathi Kobus!
Heil dir, Simplicissimus!“

*Der Reim „Globus-Kobus“ ist gesetzl. geschützt.

Joachim Ringelnatz, der Hausdichter der ***Simplicissimus-Kneipe*** *um 1910, beim Vortrag seiner heiter-launigen Gedichte – wie etwa obiger Hymne auf das „Simpl“-Lokal.*

waren durch ihre gleich himmelweite Entfernung von eben diesem juste milieu, vereint waren in einer unsichtbaren Loge des Widerstands gegen die Autorität der herkömmlichen Sitten und des Willens ihr individuelles Gehaben nicht unter die Norm zu beugen.

Das Kaffeehaus entwickelte sich – ähnlich der Künstlerszene Wiens – auch in München zum zentralen Treffpunkt für die Bohemiens. Münchens „Café Größenwahn" (→ S. 336) war das Café Stefanie. Hier lagen stets die neuesten Ausgaben der Zeitschriften *Simplicissimus*, *Jugend* und *Pan* auf, hier trafen sich Autoren und Verleger, spielten Schach, diskutierten über den Kulturbetrieb oder hielten Ausschau nach neuen Talenten. Das Lieblingslokal der *Simpl*-Redakteure und *Jugend*-Mitarbeiter war hingegen das Café Heck am Odeonsplatz, wo 1897 der noch unbekannte Ludwig Thoma Anschluss an die Literaturszene suchte.
Echte Münchner Besonderheiten waren die Literaten-Pension Fürmann, wo zeitweilig die stets von Geldnöten geplagte Franziska zu Reventlow logierte, oder die „Simplicissimus-Künstler-Kneipe" (eigentlich ein Kabarett mit Lokal), in der Marietta di Monaco (eigentlich Maria Kirndörffer) Gedichte von Klabund (Pseudonym von Alfred Henschke) vortrug und Joachim Ringelnatz (mit bürgerlichem Namen Hans Bötticher) allabendlich als *Kuttel Daddeldu* seine launigen Texte zum Besten gab.

Ablehnung und Kritik. Die Literatur der „Münchner Moderne" fand aber nicht nur wohlwollende Zustimmung. Schriftsteller wie Oskar Panizza (1853–1921) oder Heinrich Lautensack (1881–1919), Verehrer und Freund Wedekinds, verstanden sich selbst als Vorkämpfer für die Freiheit der Literatur, wurden aber mit ihren respektlosen und provozierenden Stücken nur zum Bürgerschreck. Das radikale Aufgreifen von Tabuthemen wie „Sexualität und Kirche" (etwa Panizzas *Unbefleckte Empfängnis der Päpste*, 1893, oder Lautensacks *Pfarrhauskomödie*, 1911) war in dieser Konsequenz neu in der deutschen Literatur. Panizza wurde denn auch für sein anstößiges und als gotteslästerlich empfundenes *Liebeskonzil, eine Himmelstragödie in fünf Aufzügen* (1894) vom Münchner Landgericht wegen eines „Vergehens wider die Religion verübt durch die Presse" zu einer einjährigen Gefängnisstrafe verurteilt und löste damit den ersten großen Zensurskandal der Moderne aus.

Christian Morgenstern (1871–1914) war ein weiterer Münchner Bohemien, der literarisch hervortrat. Er wäre mit seinen düster anmutenden Versen *Zeit und Ewigkeit* vielleicht schon vergessen, hätte er nicht seinen „Pegasus" aus der engen Welt grüblerischer Bekenntnisdichtung in die Fantasiewelt seiner literarischen Fabelwesen Gingganz, Mondschaf und Nasobem galoppieren lassen: in ein Gedankenreich kostbar-verrückter Wortgeschöpfe, genialer Skurrilitäten, Wortwitze, Begriffskreuzungen und Nonsens-Einfälle. Der schwermütige Poet brach, lange vor Gomringer und den „konkreten Poeten" (→ S. 537), aus dem „Spiegelkerker des Wortes" aus:

> Ein Stiefel wandern und sein Knecht
> von Knickebühl gen Entenbrecht

Er ließ das Knie selbstständig durch die Welt stolzieren, ersann die Brille, die den längsten Text zusammenzieht, ein Fernklavier, vor Erfindung des Funks über Kontinente zu hören, und die Figur des gravitätischen Palmström mit seinen wohlüberlegten köstlichen Unsinnsgebärden. Er ließ, weil „jede wahre Sprache unbegreiflich ist", wie Antonin Artaud einmal sagte, durch Alphabet-Aufschlitzung mit der Magie bloßer Sprachlaute das *Große Lalula* kauderwelschen:

> Kroklokwafzi ? Semememi !
> Seiokronto – prafiplo:
> Bifzi, bafzi; hulalemi:
> Quasti, basti bo …
> Lalu, lalu, lalu, la!

Die Dadaisten (→ S. 380 ff.) griffen mit ihren Lautgedichten solche Vexierspäße wieder auf und verarbeiteten sie weiter. Von diesem Spiel mit dem Lautmaterial ist es nur ein Schritt zum musikalischen „Lettrismus", der aus Schnarren, Atmen, Seufzen oder Lispeln „konkrete Kompositionen" herstellt, wie denn auch Maler unserer Tage aus dem semantisch unbelasteten Rohmaterial von Asche, Bast, Erde und dergleichen ihre Bilder schaffen.

Dem an *Max und Moritz* und am kleinbürgerlich bitteren Witz des *Struwwelpeter* großgewordenen Deutschen mögen Morgensterns Sprachgrotesken nicht seriös genug erscheinen. Aber das Spiel mit der Sprache und die Nonsens-Dichtung, die schon im 16. Jh. den Scharfsinn der Manieristen entzückte und in England mit Shakespeare als Sprachlehrmeister in Edward Lears *Limericks* (1846) und im Kinderbuch *Through the Looking Glass* von Lewis Carroll herumkoboldеn darf, gehört durchaus mit Recht zur Poesie. Sie ist ebenso „ernsthaft“ wie die Parodie.

4.4 Frank Wedekind – „Agitator, Bekenner und Ankläger“

Eine Ausnahmegestalt unter den Münchner Literaten und Künstlern der Jahrhundertwende war Frank Wedekind (1864–1918). Fast gleichzeitig mit G. Hauptmann aufgetreten, stand er gleichwohl in seinem Literaturverständnis gegen die übersteigerte Darstellungsweise des Naturalismus wie gegen den Ästhetizismus des Fin de siècle. Im Anschluss an die Berliner Uraufführung des *Erdgeist* (1902) schwärmte ein Kritiker zu Recht, Wedekind habe „die naturalistische Bestie erwürgt und das spielerische Element auf die Bühne gebracht“. Auf Grund seiner vielen Talente – er war Rezitator, Schauspieler, Dramaturg, Regisseur und Kabarettist –, fiel es der Kritik schwer ihm ein festes Etikett anzuhängen.

Der leidenschaftliche Moralist. Ein später Nachkomme von Lenz, Grabbe und Büchner, war Wedekind, eigenwillig, bizarr, kühn, labil und verletzlich, eine ganz ungewöhnliche Erscheinung und bis heute umstritten. In seinem Werk begehrten alle Widersprüche und Dissonanzen des Bürgertums der Jahrhundertwende gegeneinander auf: der Zwiespalt von Geist und Sinnen, Moralismus und Skrupellosigkeit, die Jagd nach Luxus und Selbstdarstellung, die Verdrängung von Heuchelei und Prüderie. Wedekind erkannte, dass diese Doppelbödigkeiten die natürlichen Quellen des Lebens vergifteten. Als geradezu fanatischem Künstler ging es ihm um das Ganze des Menschen. So provozierte er den heuchelnden Bürger seiner Zeit, der, wie Wedekind es sah, nur noch getrieben war von Prestigewillen, Geld und Eros, aber diese Instinkte durch eine verlogene Anstandsmoral verdeckte. Es empörte Wedekind, dass dieser Bürger den Dichter zum Außenseiter stempelte, dafür aber Scheinkünstler hätschelte, die ihm Erbauung und Selbstzufriedenheit andienten, und dass der Bürger hochmütig herabsah auf die Halbwelt der Hochstapler, Ganoven, Dirnen, Zirkusleute und Kabarettisten, die doch eigentlich nur das Abfallprodukt der „guten Gesellschaft“ waren. Und nur um zu provozieren überschritt er daher mit seinen von ihm selbst bei den „Scharfrichtern“ mit Lautenbegleitung vorgetragenen Bänkelliedern so oft und so drastisch die Tabu-Grenzen seiner Zeit.

Biografie. Wedekind kam 1864 als amerikanischer Staatsbürger zur Welt, da sein Vater als Revolutionär von 1848 und Bismarck-Gegner in die USA ausgewandert war. Er wuchs in der Schweiz auf, studierte auf Wunsch des Vaters, aber ohne Begeisterung Jura, war Reklamechef bei der Firma Maggi, Sekretär eines Zirkus und fühlte sich heimisch in den großen europäischen Metropolen London, Paris und Berlin. Seine literarische Laufbahn begann er 1896 als Mitarbeiter am *Simplicissimus.* Er lebte fortan in München, sang auf dem Überbrettl *Elf Scharfrichter* seine aufreizenden Chansons und spielte die Hauptrollen seiner bis Kriegsende offiziell verbotenen Stücke häufig selbst. 1918 ist er in München gestorben.

Frühlings Erwachen (1891), eine „Kindertragödie“, war sein erstes Stück. In neunzehn Szenen erklingen die heimlichen Sehnsüchte und Triebregungen zweier Heranwachsender im Pubertätsalter. Eine fast zarte Darstellung jugendlicher Nöte, die jedoch bei der damals herrschenden Prüderie und weil die Erwachsenen, Väter und Lehrer, als unverständige Tyrannen angegriffen werden, als Schmutzwerk gebrandmarkt wurde. Heute liest sich das überwiegend dichterisch-balladeske Stück als erster Vorklang der nach 1900 entstehenden Jugendbewegung.
Erdgeist (1898) und *Die Büchse der Pandora* (1903) bilden zusammen die *Lulu*-Tragödie. Lulu, ein weiblicher Pierrot, ein Findelkind nach dem Vorbild von Goethes Mignon, steht als undefinierbar verwirrende Verkörperung des Sinnlich-Schönen wie ein Kunstobjekt jenseits jeder gesellschaftlichen Moral. Sie fasziniert die gutbürgerliche Männerwelt. Der greise Lebemann will das jugendliche Engelskind heiraten, der

junge Maler will in dem Wunderwesen seine Muse freien; der von sich überzeugte Zeitungsverleger will die Teufelsschönheit seiner Mätresse lenken. Ihr egoistischer Anspruch auf Lulu, Eva, Mignon, welchen Namen die Männer der „Urgestalt des Weibes“ auch immer geben, und ihr Kampf gegeneinander wurzelt im rohen kapitalistischen Individualismus der Gründerzeit, im Wahn jedes Einzelnen als Einzelwille frei zu sein. Sobald sie glauben durch den Besitz Lulus die letzte Schranke aufzuheben, die ihrer Freiheit gezogen ist, ereilt sie der groteske Automatismus ihrer Machtgier. Lulu, die Verworfene und *femme fatale*, steht außerhalb dieser grotesken Welt. Ihre Freiheit als Symbol der Kunst und die Freiheit der ihren Selbstwert behauptenden Liebenden kann nicht verdinglicht werden, selbst wenn Lulu missbraucht und verstoßen in der Gosse endet und erstochen wird.

Der Marquis von Keith (1900) ist eine Hochstapler-Tragikomödie aus den Gründerjahren in München. Der Hochstapler Keith, Karikatur eines kapitalistischen Übermenschen, gründet zur Sanierung seiner Finanzen und um seine Freundin, die Gräfin von Werdenfels, als Star herauszustellen eine Feenpalast-A. G. Das Unternehmen, bei dem er Münchner Honoratioren, welche auch gerne verdienen möchten, fast um ihr Geld gebracht hätte, scheitert jedoch. Ein Großkaufmann namens Casimir heiratet die Gräfin und übernimmt den Feenpalast. Keith, am Ende seiner Karriere, greift zum Revolver, drückt aber nicht ab, sondern spricht das berühmte Schlusswort: „Das Leben ist eine Rutschbahn.“

Der verkannte Künstler. In dem Einakter *Der Kammersänger* spricht der berühmte Tenor und Publikumsliebling Gerardo zu dem vereinsamten Komponisten Dühring, der in der Kunst noch das Höchste auf Erden erblickt, den desillusionierenden Satz: „Wir Künstler sind ein Luxusartikel der Bourgeoisie.“ Das verkannte Genie als der wahre König des Geistes ist auch das Thema der Tragikomödie *König Nicolo*: Ein König wird aus seinem Land verjagt; in Lumpen gehüllt trägt er dem Volk sein Schicksal vor, doch die Leute verlachen ihn nur. Sie vermögen das Tragische lediglich als Parodie aufzunehmen. So beendet Nicolo seine Tage als Clown am Theater und wird zuletzt der Hofnarr eines auf den Königsthron erhobenen Schlächtermeisters. *Karl Hetmann, der Zwergriese* führt dasselbe Thema mit noch größerer Bitterkeit vor: Ein verkrüppelter Schriftsteller schmeichelt dem Publikum und beleidigt es abwechselnd, bis er einen Nervenzusammenbruch erleidet. Schließlich wird ihm eine Stelle als dummer August angeboten. Verbittert und angeekelt erhängt er sich.

Wedekind hielt einerseits noch die spätromantische Vorstellung vom reinen Künstler aufrecht, setzte sich aber andererseits mit seinen rebellischen und provozierenden Texten unmittelbar gesellschaftlicher Kritik aus. Seine Bedeutung für die moderne Bühne ist unbestritten. Als Dramatiker „an der Grenze der Zeiten“ (Th. W. Adorno) zerschlug er bewusst mit seinem antiillusionistischen Stil das traditionelle Theater und wurde so ein Wegbereiter für die Expressionisten, die wie er gegen den gierigen, dummen und vulgären „Bürger“ protestierten.

5 Gegenströmungen zur „modernen“ Literatur

5.1 Konservative Grundhaltung – „Die dritte Romantik“

Kulturpessimismus. Deutschland war nach 1870 viel weniger als andere europäische Staaten auf jene Probleme vorbereitet, die sich aus der rapiden Industrialisierung, den Konjunkturschwankungen und Krisen sowie dem Auftreten der organisierten Arbeiterschaft ergaben. So war das Denken breiter Bevölkerungskreise noch stark feudal-agrarisch, ihr Gesichtskreis handwerklich-dörflich ausgerichtet. Während sich in den Städten kapitalistische Betriebs- und Marktformen herausbildeten und das Problem der Verelendung des Proletariats immer dringlicher nach Lösungen verlangte, stellten sich Bildungseinrichtungen wie Gymnasium und Universität kaum den Herausforderungen der neuen Zeit. Die akademische Elite verharrte vielmehr in einem nur noch aufgesetzten Klassizismus, gefiel sich in einem spießerhaft-provinziellen Biedermeier oder suchte Halt und Bestätigung in einer glorifizierten Vergangenheit. Diese Hinwendung zur deutschen Klassik kam in programmatischen Schriften von Rudolf Huch *(Mehr Goethe)* und Ernst Wachler *(Wie kann Weimar zu einer neuen* *literarischen Blüte kommen?)* zum Ausdruck. Der allgemeine Kunst- und Literaturgeschmack war dagegen weniger elitär. Man liebte Spitzweg, las zweitklassige Literatur wie Webers *Dreizehnlinden* oder Felix Dahns *Kampf um Rom* (→ S. 302).

Der Rückgriff auf die Kunst des 19. Jh. lieferte bäuerlich-handwerklichen und bürgerlich-akademischen Schichten ein festes Identifikationsangebot, fand man doch gerade in Romantik, Biedermeier und Realismus jene nationalen und poetisch verklärenden Ideale, die die moderne experimentelle Dichtung versagte. Gleichzeitig steigerte die Angst des Bürgertums, in den Krisen der 80er-Jahre zwischen der neuen Bourgeoisie und dem Proletariat zerrieben zu werden, deren dumpfes Unbehagen an der „Zivilisation", d. h. ihre Abwehrhaltung gegenüber Liberalismus, Sozialismus und Demokratie. Ihre Fortsetzung fand diese Geisteshaltung in der seit 1900 stetig anwachsenden deutsch-völkischen Bewegung, die sich in ihrem Nationalismus ganz bewusst auf Literatur, Kunst und Philosophie des 19. Jh. stützte. So etwa Hermann Friedmann, der in seinem Artikel *Die Dritte Romantik* (1912 in *März*, Heft 34) das Aufbegehren der Romantiker gegen den Rationalismus mit dem Kampf gegen „Sozialismus, Demokratie und Bestimmungslosigkeit" in seiner Zeit gleichsetzte.

Das Bodenständig-Deutsche wurde zum Ideal einer Gruppe von rückwärts gewandten Kulturkritikern, die sich als Verfechter einer „konservativen Revolution" verstanden. Leitfiguren für diese Kritiker der Moderne wurden Nietzsche und Wagner, ihre Gegner sahen sie in Symbolisten und Neuromantikern, Großstadt- und Décadenceliteraten, für die sie nur Hohn und Spott übrig hatten. Ihre Forderung war „Nichts andres als eine *volkstümliche Poesie*: eine solche, die in der *Art, Eigenheit und Geschichte unsres Landes und Stammes wurzelt, die dem Geist und der Größe der geeinten Nation entspricht*" (E. Wachler). Die Stoßrichtung war damit vorgegeben: gegen die „undeutsche Nachahmung der Ausländer" und für eine „Gesundung unserer Literatur". Denn allein die „Heimatkunst", so schrieb Ludwig Jacobowski 1899, rettet „aus der Großstadtliteratur auf freies Feld [...], aus der Stickluft der Décadence in die gesunde Luft des Landes, aus den Träumen der Neuromantik in die derbe Wirklichkeit der heimatlichen Scholle, aus der Spielerei der Artistenkunst in den Ernst des nüchternen Daseins".

Erste Anstöße erhielt diese Geisteshaltung durch den Germanenschwärmer Paul de Lagarde (1827–1891), der schon 1886 den Niedergang des deutschen Idealismus *(Deutsche Schriften)* beklagte. In seiner Nachfolge beschwor Julius Langbehn (1851–1907) deutsche Seelentiefe, Rückkehr zur Individualität und Bindung an die Scholle, gegen Franzosentum, Demokratie und moderne Kultur. Seine 1890 anonym erschienene Schrift *Rembrandt als Erzieher. Von einem Deutschen* erreichte hohe Auflagen und wurde mit ihren Angriffen gegen Schulwissenschaft und der Forderung nach national-künstlerischem Schöpfertum bald zum Kultbuch.

Ab 1887 rief die Zeitschrift *Der Kunstwart* nach nationaler Kunst à la Dürer und im Jahre 1900 wurde mit der Gründung der Zeitschrift *Heimat. Blätter für Literatur und Volkstum* (noch im Erscheinungsjahr in *Deutsche Heimat* umbenannt) ein wirksames Publikationsorgan geschaffen. Erstmals verwendet hat den Begriff „Heimatkunst" der spätere Naziprofessor Adolf Bartels (1862–1942), ein Erbe Wolfgang Menzels (→ S. 275) und Vorläufer Alfred Rosenbergs. Seine Definition – er spricht von „Kunst der vollsten Hingabe, des innigsten Anschmiegens an die Heimat und ihr eigentümliches Leben, Natur- und Menschenleben" – wurde später angereichert mit völkischem und antisemitischem Gedankengut und weitete sich so zur Rassenlehre. Im Jahre 1902 verfasste Bartels eine „artbewusste" Literaturgeschichte. Gegen den Naturalismus wandte sich der Elsässer Friederich Lienhard (1865–1929), der in seinem programmatischen Aufsatz *Hochland* die Heimatkunst als „Hochlandliteratur" von der naturalistischen Großstadt- und Milieudichtung („Tieflandliteratur") abgrenzte.

Ihre unselige Fortsetzung fand die zeitblinde und provinzialistisch ausgerichtete Heimatkunstbewegung in der alldeutschen Rechtsopposition des Kaiserreichs und der Weimarer Republik. Ungewollt bereitete sie damit auch den Boden für die ideologische Ausrichtung des Nationalsozialismus (→ S. 393, 428 ff.) – etwa in Chamberlains *Rassenlehre* und Grimms *Volk ohne Raum.*

5.2 Heimatkunst und Bauerntum

Das Modell für alle Ressentiments gegen Großstadt, Liberalismus und Sozialismus gab der durchaus lesenswerte Roman *Der Büttnerbauer* (1895) von WILHELM VON POLENZ (1861–1903) ab. Ihm folgten die tendenziösen Romane *Die Dithmarscher* (1898) von Adolf Bartels sowie *Jörn Uhl*, (1901) und *Der Glaube der Nordmark* (1936) des germanengläubigen Pastors GUSTAV FRENSSEN (1863–1945). Damit begann in endloser Reihe die Produktion von Bauernromanen (→ S. 431) der schriftstellernden Volksschullehrer Hermann Eris Busse, Josef Berens-Totenohl, Friedrich Griese, Hans Christoph Kaergel, Jakob Kneip, Johannes Linke, Anton Dörfler und Karl Heinrich Waggerl. Großer Beliebtheit erfreuten sich die Schweizer Gebirgsromane von Jakob Christoph Heer und Ernst Zahn. Holstein war vertreten durch Timm Kröger (*Leute eigener Art*, 1904) und die Lüneburger Heide durch HERMANN LÖNS (1866–1914; *Wehrwolf*, 1910), sodass schließlich jede deutsche Landschaft ihren „bodenstämmigen" Dichter hatte. Zu ihnen gesellten sich nach 1918 auslandsdeutsche Autoren: die Siebenbürger Adolf Meschendörfer und Heinrich Zillich, der Sudetendeutsche Hans Watzlick, die Verfasser geschichtlicher Romane aus der Endphase der Habsburger Monarchie, Robert Hohlbaum und Bruno Brehm; der dem britischen Empire feindlich gesonnene Erzähler vom Deutschtum in Südafrika, Hans Grimm (*Südafrikanische Novellen*, 1913; *Volk ohne Raum*, 1926), und Josef Ponten, der die Wanderungen des Deutschtums in aller Welt (*Im Wolgaland*, 1933 u. a. m.) schilderte. Nicht alle huldigten eindeutig alldeutschen Träumen oder dem Kult von Blut und Boden, aber wegen ihres „volkhaft-realistischen" Erzählens bestimmten sie Orientierung und Geschmack weitester Leserschichten, die kein Verhältnis zur Hochliteratur hatten.

Eine herausragende Rolle nahm der Altbayer LUDWIG GANGHOFER (1855–1920) ein, der Freund Ludwig Thomas und Lieblingsautor Kaiser Wilhelms II. Er begann mit erfolgreichen Bühnenstücken (*Der Herrgottschnitzer von Oberammergau*, 1880; *Der Prozesshansl*, 1881; *Der Geigenmacher von Mittenwald*, 1884) für das Münchner Theater am Gärtnerplatz. Mit seinen die Bergwelt idealisierenden „Hochlandgeschichten" *Der Jäger vom Fall* (1883), *Edelweißkönig* (1886), *Oberland* (1887), *Die Martinsklause* (1894), *Schloss Hubertus* (1895) und *Das Schweigen im Walde* (1899) hat Ganghofer bis heute ein Millionenpublikum erreicht. Der Wunsch nach Verklärung der Vergangenheit und die Suche nach sentimentaler Geborgenheit mag der Grund für die „Heimatfilmwelle" mit Ganghofer-Stoffen in den 50er- und 70er-Jahren gewesen sein.

Nicht nur stilistisch hob sich von diesen Autoren das Werk CLARA VIEBIGS (1860–1952) ab. Sie gab mit ihren Romanen eindringliche Schilderungen vom Lebenskampf in der Eifel (*Das Weiberdorf*, 1900), von den Verhältnissen im deutschpolnischen Grenzgebiet (*Das schlafende Heer*, 1904) und den Zuständen in den proletarischen Vierteln Berlins (*Die mit den tausend Kindern*, 1929).

LUDWIG THOMA (1867–1921), als Sohn eines oberbayerischen Försters auf dem Lande aufgewachsen, blieb lebenslang mit der bäuerlichen Lebenswelt und dem Brauchtum seiner Heimat verbunden. Die Vielfalt seiner schriftstellerischen Talente, das weite Spektrum der gewählten literarischen Formen und die schier unerschöpfliche Produktivität kennzeichnen diesen großen bayerischen Dichter, der „in seinem erzählerischen Werk das wirkliche Bayern der Welt erschlossen hat" (O. M. Graf).

Vom Anwalt zum Schriftsteller. Nach Jurastudium und Rechtsanwaltstätigkeit in Dachau trat Ludwig Thoma 1899 als ständiger Mitarbeiter in die Redaktion des *Simplicissimus* ein, wo er unter dem Pseudonym Peter Schlemihl bis zu seinem Tod mehr als 700 Beiträge verfasste.

Doch das literarische Gewicht Thomas reichte weit über das journalistische Tagesgeschäft hinaus. Schon früh reifte der Verfasser zeitkritischer Gedichte und satirischer Geschichten zum bedeutenden Erzähler und Dramatiker, der seine Stoffe vornehmlich aus der vertrauten bäuerlichen Lebenswelt Altbayerns schöpfte und sich dabei – an Hand von Johann Andreas Schmellers *Bayerischem Wörterbuch* (in 4 Bdn. 1827–1837) – genauestens an die bayerische Mundart hielt.

Mit Ausbruch des Ersten Weltkriegs wandelte sich Thoma, wie viele andere Intellektuelle auch, vom scharfzüngigen Kritiker der wilhelminischen Gesellschaft zum kriegsbegeisterten

Patrioten. Ausdruck dieser politischen Kehrtwende waren der Eintritt in die neu gegründete „Deutsche Vaterlandspartei“ (1917) und seine zahlreichen, oft verhetzenden anonymen Artikel gegen Preußentum, Kapitalismus und Juden, die er in den Jahren 1920/21 im *Miesbacher Anzeiger* veröffentlichte. Seine *Simpl*-Zeit sah er nun in der Rückschau als „unbekümmerte[s] Maulaufreißen“ eines „Bierbankpolitiker[s] mit Tinte“.
Als *Simplicissimus*-Redakteur und erfolgreicher Bühnen- und Buchautor hatte Ludwig Thoma teil am großen literarischen Leben seiner Zeit, gleichzeitig stand er immer der ursprünglichen bayerischen Volkskunst nahe. So pflegte er intensive Kontakte zu dem Volkslieddichter und -sammler Kiem Pauli, zu Michael Dengg, dem Leiter des Bauerntheaters von Egern, und zu Georg Queri, dem heute fast vergessenen Schriftsteller und Erforscher bayerischen Brauchtums.
Agricola. Bauerngeschichten, illustriert von Adolf Hölzel und dem *Simpl*-Zeichner Bruno Paul, lautet der für sein gesamtes Werk programmatische Titel seines 1897 veröffentlichten Erstlings. Wie

Entwurf für die Volksausgabe des ersten Bauernromans von L. Thoma – gestaltet von seinem Freund Ignazius Taschner.

eng sich Thoma dieser Welt verbunden fühlte, belegen denn auch die nun in rascher Folge erschienenen, meist launig-heiteren Werke der nächsten Jahre: der in Ernst von Wolzogens „Buntem Theater“ (genannt „Überbrettl“) uraufgeführte Einakter *Die Medaille* (1901), die Komödie *Die Lokalbahn* (UA 1902 in München) und die *Lausbubengeschichten* (1904). Diesem wohl bekanntesten Werk Thomas, es wurde u. a. auch ins Japanische übersetzt, folgte schon ein Jahr später *Tante Frieda. Neue Lausbubengeschichten.*

Als Erzähler von hohem Rang erweist sich Thoma in seinen drei großen Bauernromanen. Im *Andreas Vöst* (1905), der nach einem wahren Vorbild gestaltet ist, schildert er die hasserfüllten Kämpfe zwischen dem Pfarrer von Webling und dem streitbaren Schullerbauern wegen des Baus eines neuen Kirchturms. Mit dem Roman *Der Wittiber* (1911) gelingt es ihm, die Tragik der Selbstzerstörung eines Bauernhofs ohne Beschönigung darzustellen. Ein kleines Meisterwerk im Umfeld der Heimatliteratur ist sein posthum erschienener Roman *Der Ruepp* (1921). In einer schlichten und doch eindringlichen Sprache werden die Verstrickungen des Titelhelden aus einer sachlich-distanzierten, fast mitleidslosen Perspektive erzählt. Dem wie ein Chronist auftretenden Erzähler gelingt es, den Leser in den Bann der sich unaufhaltsam entwickelnden Katastrophe zu ziehen und ihn so am beinahe tragisch zu nennenden Untergang des Michael Umbricht, Rueppbauer von der Leiten, teilhaben zu lassen. Von den anderen Bauern wegen seiner Raufhändel verachtet, von Frau und Kindern unverstanden, immer wieder in undurchsichtige „Handelsschaften“ verwickelt, bestiehlt der zunehmend einsamer werdende Ruepp sogar seine alte, eben verstorbene Dienstmagd. Doch selbst diese Verzweiflungstat rettet ihn nicht mehr. Immer tiefer verstrickt in einem Netz von persönlicher Schuld und sozialer Ausgrenzung flieht der von allen verlassene Ruepp am Ende des Romans in den Freitod.

Auf der Bühne hatte Thoma seine eigentlichen Erfolge. Das noch während seines Gefängnisaufenthalts in Stadelheim unter dem Arbeitstitel *Papa Beermann* entworfene Stück *Moral* (1908, UA am Kleinen Theater in Berlin) machte ihn weit über Bayern hinaus bekannt. Thoma schrieb auch für das Bauerntheater des Michael Dengg in Egern Stücke, z. B. *Erster Klasse* (1910). Nach Fertigstellung des *Wittiber* begann er 1911 mit dem Volksstück *Magdalena.* Auch dieses bayerische Volksstück wurde 1912 im Kleinen Theater zu Berlin uraufgeführt. Der Kritiker Alfred Kerr schrieb begeistert: „Das Ganze, bisher das Meisterstück Ludwig Thomas auf dem Theater, ist zierlos, männlich … fast antik … Sein größtes Drama …" Es folgt eine Reihe von Lustspielen, Bauernschwänken und Einaktern wie *Die kleinen Verwandten* (1913), *Brautschau* (1914). Während des Krieges schreibt er die Weihnachtslegende *Heilige Nacht* (1916) im Lenggrieser Dialekt.

Derb in der Sprache und doch mit hintergründigem Humor rechnete der Satiriker Thoma in *Jozef Filsers Briefwexel* mit den politischen und gesellschaftlichen Zuständen in Bayern ab. 1908 wurden erste Briefe des Landtagsabgeordneten Jozef Filser im *Simplicissimus* veröffentlicht, bis 1914 erschienen ingesamt 41 Briefe. Über die Arbeit am *Briefwexel* schrieb Thoma an Ganghofer: „… Geradezu erquickend sind für mich die Briefe des Landtagsabgeordneten. Da kann ich mich ausflegeln; ohne Nachdenken lustig sein. Zwischen zwei Zigarren geht es wie geschmiert…"

1919 veröffentlichte Thoma seine *Erinnerungen.* Weniger bekannt sind die Romane des Spätwerks: *Münchnerinnen* (Fragment, 1923 im Nachlass) und *Der Jagerloisl* (1921).

6 Große Erzähler um 1900 – Gesellschaft im Spiegel des Romans

6.1 Der Aufstieg des Romans zur dominierenden Gattung im 20. Jahrhundert

Lange hat der Roman, der nach Schiller „schlechterdings nicht poetisch" sein kann, gegen den Vorwurf der Trivialität ankämpfen müssen. Doch seit die Romantiker (→ S. 245 ff.) in ihrer „progressiven Universalpoesie" den Roman zum „Buch im höchsten Sinne" stilisierten („Der Roman ist Poesie in Verbindung mit Wissenschaft, daher mit Kunst; daher die Prosa und die Poesie der Poesie", F. Schlegel) und Goethe mit seinem *Wilhelm Meister* dieser unter den großen Gattungen disqualifizierten Form subjektiven Erlebens den Adelsbrief ausstellte, steht der Roman gleichberechtigt neben Lyrik und Drama. Ja man kann – blickt man auf die großen europäischen Literaturen – gerade im 19. Jh. vom „Aufstieg des Romans zur allseits anerkannten Kunstform" (W. Müller-Seidel) sprechen.

Diesen Vorsprung in der Beliebtheit des Publikums gegenüber dem Drama verdankte der Roman einerseits seiner großen Verbreitung in Familienzeitschriften und Leihbibliotheken, andererseits seiner thematischen Nähe zu Zeit- und Gesellschaftsfragen (Zeit- und Gesellschaftsroman). Auf diese Tradition – besonders der großen Erzähler aus Frankreich (Stendhal, Balzac, Zola), England (Dickens, Thackeray) und Russland (Tolstoi, Dostojewski) – konnte der deutsche Roman des frühen 20. Jh. aufbauen. Zwar kämpfte er immer noch um die ihm zukommende künstlerische Wertschätzung, wenn er von Kritikern als „Geschreibsel" abgetan wurde. Doch bewegte sich die Gattung mit der Romanproduktion von Thomas Mann, Hermann Broch, Robert Musil, Franz Kafka, Franz Werfel, Heinrich Mann, Alfred Döblin, Hermann Hesse, Joseph Roth, Lion Feuchtwanger und Jakob Wassermann auf einer auch in dieser Dichte und Qualität bis heute unerreichten Höhe. Völlig zu Recht kann daher Thomas Mann 1940 rückblickend den Roman als die „repräsentative Kunstform der Epoche" bezeichnen.

Dabei darf nicht übersehen werden, dass sich die schon bei den späten Realisten wie Raabe und Fontane zu beobachtende Tendenz einer „Krise des Erzählens" weiter verstärkt. Die überlegenen, Personen und Handlung souverän beherrschenden Erzählerfiguren treten zu Gunsten unsicher agierender Erzähler- oder Figurenperspektiven zurück. Auch dies eine Folge von Psychologie und Naturwissenschaft, die den Zugang zum Ich und zur Wirklichkeit mehr verstellt als geöffnet haben. Sprachskepsis und Sprachkritik, neue Formen des Erzählens (Bewusstseinsstrom – *Stream of Consciousness*) prägen vor allem den Roman des 20. Jh.

6.2 Heinrich Mann – ein streitbarer europäischer Humanist

Der politische Moralist. Heinrich Mann (1871–1950), Sohn eines Lübecker Kaufmanns und Senators, verkörperte genau das Gegenteil von dem, was sich das angepasste wilhelminische Durchschnittsbürgertum unter einem Dichter vorstellte. Er kam aus großbürgerlicher, hanseatischer Familie mit europäischem Horizont, bevorzugte das Weltmännisch-Urbane und verachtete hohle Bildungsphrasen, Untertanengeist und Großmannssucht. Dem aufkommenden Imperialismus und Nationalismus begegnete er mit skeptischer Vernunft. In Nietzsche erkannte er einen Befreier aus der Dumpfheit des ausgehenden Jahrhunderts und verurteilte gleichzeitig die grobschlächtigen Herrenmenschen neuzeitlichen Typs, die sich auf den verfälschten Willen zur Macht beriefen. Er schätzte Voltaire und Victor Hugo, der 19 Jahre lang im Exil den Sturz Napoleons III. ersehnt hatte, rühmte Zolas große Leidenschaft für Recht und Wahrheit und Lessings Unbestechlichkeit. Erbittert vermerkte Heinrich Mann, dass sich Goethe „sein hohes, umfassendes, berühmtes Leben lang vor jedem adeligen Leutnant befangen gefühlt" habe und dass Heines Kunstgesinnung und Volkstribunat verkannt und leichtfertig geschmäht worden sei. Als in der Kriegseuphorie von 1914 sogar G. Hauptmann gegenüber Romain Rolland meinte: „Krieg ist Krieg", vertrat Heinrich Mann einen Humanismus alteuropäischer Prägung. Bis 1933 suchte er als Präsident der Deutschen Akademie der Künste seinen Mitbürgern zu verdeutlichen, wie sehr eine noch so unvollkommene Republik, die sich der sozialen Gerechtigkeit widmet, einem neuen Großmachtwahn vorzuziehen sei. Seine Bücher verbrannten am 10. Mai 1933 auf dem Scheiterhaufen.

Der Autor emigrierte zunächst nach Frankreich (Toulon, Nizza), wo er die Romane vom guten König *Henri Quatre* (1935/1938) als Gleichnis toleranten, um das Volkswohl besorgten Herrschertums schrieb (→ S. 454 f.). Nach dem Einmarsch der Deutschen 1940 floh er über die Pyrenäen in die USA und musste sich in Kalifornien als „scriptwriter" für Metro-Goldwyn-Mayer verdingen. In den Jahren des Exils entstand das Memoirenwerk *Ein Zeitalter wird besichtigt* (1945), ein Lebensrückblick und eine Epochenbilanz der politischen und kulturellen Ereignisse. Die späten Romane *Der Atem* (1949) und *Empfang bei der Welt* (posthum 1956) spiegeln die zunehmende Vereinsamung und Isolation des Dichters wider.

Nach dem Zweiten Weltkrieg versuchte die DDR u. a. mit dem Appell „Deutschland ruft Heinrich Mann" den großen europäischen Humanisten und ausgewiesenen Gegner des Nationalsozialismus zu einer Rückkehr nach Ostdeutschland zu bewegen. Doch Heinrich Mann erkrankte schwer und starb am 12. März 1950 in Kalifornien.

Der Künstler. Sein Kampf für Weltoffenheit und gegen die diffuse Weltanschauung deutscher Nationalisten hing eng mit seiner Auffassung von Kunst und Literatur zusammen: Der wahre Schriftsteller erziehe sein Volk zu Klarheit und kritischer Geisteshaltung, zur Freude am geformten Ausdruck und zum Sinn für eine großzügig-souveräne Lebenshaltung. Heinrich Manns Thema war deshalb von Anfang an das Leben in seiner ganzen Breite: Liebe und Kunst, Krieg und Geschäft, Edelmut und Gemeinheit. Demgemäß ist sein Stil bald ausschweifend-trivial (wie in der Trilogie der Leidenschaften *Die Göttinnen*), bald ungeschminkt-realistisch (wie *Im Schlaraffenland*), bald satirisch-grotesk *(Professor Unrat)* oder expressiv, kühl und leidenschaftlich (wie in der Novelle *Flöten und Dolche*). So unterschiedliche Kenner wie Benn, Rilke und Brecht haben seiner stilistischen Meisterschaft höchste Anerkennung gezollt.

Das Werk umfasst Novellen (z. B. *Pippo Spano*, 1904), Essays (*Geist und Tat*, 1911), Kritiken und Satiren (z. B. auf den Unternehmer Stinnes), Dramen (*Madame Legros*, 1913) und vor allem Romane. Als konsequenter Realist kritisiert er in *Im Schlaraffenland* (Roman, 1900) eine Gesellschaft, die immer habgieriger und rücksichtsloser wird. Vor dem Hintergrund skrupelloser Berliner Börsianer, Schnapsfabrikanten und Journalisten wird eine Gesellschaftsordnung deutlich, die geprägt ist von der Hemmungslosigkeit und Machtbesessenheit neureicher Emporkömmlinge, denen jedes soziale Verantwortungsgefühl fehlt. Die *Jagd nach Liebe* (Roman, 1903) – vom Bruder Thomas Mann als „verzerrt, schreiend, übertrieben" kritisiert – spielt im München der Jahrhundertwende und beleuchtet naturalistisch-burlesk den Kunstbetrieb und die Dekadenzstimmung der Epoche.

Die Göttinnen oder die drei Romane der Herzogin von Assy (1903) nannte Gottfried Benn „die entfaltetste deutsche Sprachschöpfung, die wir seit Anfang des Jahrhunderts sahen“. Sie gehören zum Schönheitskult der Jahrhundertwende, ihr Thema sind Leidenschaft, Tod, Erhöhung des Lebens durch Kunst und Befreiung der Sinne.

Professor Unrat oder Das Ende eines Tyrannen (Roman, 1905), 1930 mit Marlene Dietrich als *Blauer Engel* und Emil Jannings als skurrilem Schulmeister Raat verfilmt und weltberühmt geworden, ist ein mit allen Mitteln der Satire und Groteske geführter Angriff auf die hochtrabende, hohle bürgerliche Bildung des Kaiserreichs. Ihre Haltlosigkeit wird an einem bis zum Entsetzen bedauernswerten Gymnasialprofessor demonstriert. Unrat (eigentlich Raat), Vertreter der Autorität, verfällt der Tingel-Tangel-Künstlerin Rosa Fröhlich. Sein entwürdigendes Ende – Unrat heiratet die Chansonnette und wird schließlich durch Kuppelei und Glücksspiel kriminell – lässt keinen Zweifel an dem Sumpf, der sich hinter wohlklingenden Bildungsphrasen verbarg.

Zu einem der größten Filmerfolge der UFA wurde ***Der blaue Engel*** *(1930), in dem unter der Regie von Josef von Sternberg Stars wie Marlene Dietrich und Emil Jannings spielten.*

Anders als die Schülerselbstmord-Romane (Hesse, *Unterm Rad*, Emil Strauß, *Freund Hein*, Friedrich Torberg, *Der Schüler Gerber*) traf der Roman die Scheinbildung mitten ins Herz und entlarvte die Fassadenhaftigkeit des wilhelminischen Bildungsbürgertums.

Die kleine Stadt (Roman, 1909) mit ihrer italienischen Grazie, ihren Garibaldikämpfern, Advokaten, Fortschrittlichen und Klerikalen ist ein Tummelplatz politischer Leidenschaften. Wenn der Roman auch eine dichterische *opera buffa* ist, in seiner formalen Klarheit, Heiterkeit und in seinem ethischen Verantwortungsgefühl zeigt er die Hinwendung des Autors zu einer demokratisch-republikanischen Lebensform. Das Aufkommen des Faschismus bestärkte ihn in seinem Eintreten für eine fortschrittliche soziale Demokratie.

Der bekannteste Erzähltext Heinrich Manns ist der satirische Roman *Der Untertan* (1914, komplett 1918), der zur Kaiserreich-Trilogie *Die Armen* (1917) und *Der Kopf* (1925) gehört und „die Geschichte der öffentlichen Seele unter Wilhelm II.“ erzählt. Diederich Hessling, der typische Untertan, der sich rücksichtslos zum erfolgreichen Papierfabrikanten emporarbeitet, ein forscher Säbelrassler, der den Kaiser, die Macht und das Militär vergöttert, spielt sich als Herrenmensch auf. In Einzelepisoden lernt der Leser zunächst den zarten Knaben Diederich und dessen Träume kennen, dann den national-konservativen korporierten Studenten in Berlin und schließlich den skrupellosen Geschäftsmann, herrischen Familienvorstand und politischen Agitator in seiner Heimatstadt Netzig, wo er sich listig (und zu seinem Vorteil) gegen alles wendet, was nicht in sein deutsch-monarchistisches Weltbild passt: liberales Bürgertum, Sozialdemokratie und Judentum. In seiner Fabrik hält er auf Zucht und Ordnung, drückt die Arbeiter und ist nicht minder brutal gegen Frauen. Am Schluss erkennt Hesslings Gegenspieler, der alte Buck, in ihm gar „den Teufel“.

Der Roman wurde als bösartigste Verzerrung verschrien und hat dem Autor tiefe Verachtung eingetragen, doch in der Figur des Hurra rufenden Hesslings nahm Heinrich Mann nur die Zeichnung einer zahmen Vorform des typischen deutschen Nationalsozialisten vorweg.

6.3 Thomas Mann – Repräsentant der deutschen und europäischen Kultur

Lebensabriss. „Ich wurde geboren im Jahre 1875 in Lübeck als zweiter Sohn des Kaufmanns und Senators der Freien Stadt Johann Heinrich Mann und seiner Frau Julia da Silva-Bruhns. Während mein Vater Enkel und Urenkel Lübecker Bürger war, hatte meine Mutter in Rio de Janeiro [...] das Licht der Welt erblickt [...] Frage ich mich nach der erblichen Herkunft meiner Anlagen, so muss ich an Goethe's berühmtes Verschen denken und feststellen, dass auch ich ‚des Lebens ernstes Führen' vom Vater, die ‚Frohnatur' aber, das ist die künstlerisch-sinnliche Richtung, im weitesten Sinne die ‚Lust zu fabulieren', von der Mutter habe." Diese ersten Sätze aus Thomas Manns *Lebensabriss* (1930) zeigen deutlich, wie sehr der berühmte Autor sich sprachlich und inhaltlich in der Tradition des anderen großen deutschen Dichters sah. Die ‚Lust zu fabulieren' scheint aus heutiger Sicht jedoch stark untertrieben: THOMAS MANN (1875–1955) hat den deutschen bürgerlichen Roman in den *Buddenbrooks* (1901) zur Reife gebracht. In ihm rekapitulierte er mit vollendeter Meisterschaft die realistische Kunst des europäischen Gesellschaftsromans und verwendet die Mittel des Naturalismus zu präzisen, aber distanzierten Schilderungen. Dann aber führte er diesen Romantypus, je mehr die ererbte Kultur zerfiel, seinem Ende zu: vom allegorischen Märchenroman *Königliche Hoheit* (1909) zur allegorisch-essayistischen Darstellung des Großbürgertums am Vorabend des Ersten Weltkriegs im *Zauberberg* (Roman, 1924), zur Deutung der Zivilisation durch den Mythos in der Romantetralogie *Joseph und seine Brüder* (→ S. 453) und zur Gesamtabrechnung über den Niedergang Deutschlands und Europas in seinem Alterswerk *Doktor Faustus* (→ S. 452).

Thomas Mann, der aus einem Lübecker Patriziergeschlecht stammte, besuchte nur widerwillig die Schule bis zur mittleren Reife. Nachdem die väterliche Getreidehandelsfirma mangels geeigneter Nachfolger – auch der ältere Bruder Heinrich fühlte sich nicht zum Kaufmann geboren – 1891 liquidiert worden war, zog die Familie nach München, wo Thomas Mann bei einer Versicherungsgesellschaft ein Volontariat begann. Gleichzeitig entstanden erste Novellen (z. B. *Gefallen*, 1894), später dann während eines gemeinsamen Italienaufenthalts mit seinem Bruder die Konzeption zu den *Buddenbrooks*. Der Erfolg dieses ersten Romans machte den Dichter, der in seinem ganzen Lebensstil den bewussten Nachfahren norddeutscher Großbürger verkörperte, finanziell unabhängig. In der Weimarer Zeit warnte Th. Mann in Reden und Essays vergebens vor dem Nationalsozialismus (*Goethe und Tolstoi*, 1925; *Deutsche Ansprache – Ein Appell an die Vernunft*, 1930). Seine antifaschistische Publizistik brachte ihn in Gegensatz zum rechtskonservativen Bürgertum und so musste er 1933 von München, wo er fast vierzig Jahre in einer privaten Atmosphäre kultivierter Gelehrsamkeit gearbeitet hatte, in die Schweiz fliehen. 1936 wurde er von den Nationalsozialisten ausgebürgert und tschechischer Staatsbürger. Im amerikanischen Princeton (ab 1938) und später in Kalifornien nahm der wohlhabende Th. Mann, der im Gegensatz zu den meisten Emigranten auch im Exil nie materielle Armut kennen lernte, sein Engagement gegen die Nationalsozialisten wieder auf. Als jedoch zu Beginn des Kalten Krieges in den USA die Verfolgung vermeintlicher Kommunisten in Staat und Gesellschaft einsetzte (McCarthy-Ära), wandte sich Th. Mann enttäuscht von seinem Exilland ab. Warum er aber nicht nach Deutschland zurückkehrte, erläuterte er 1945 in einem offenen Brief, in dem er viele Schriftsteller der Inneren Emigration gegen sich aufbrachte (→ S. 471 ff.). Thomas Mann zog 1952 als amerikanischer Staatsbürger (seit 1944) in die Schweiz, wo er 1955 in Kilchberg bei Zürich starb.

Die geistige Spannweite. Der Leser Thomas Manns begibt sich in eine hohe und komplizierte Schule deutscher Bildung. Thomas Manns Essays *(Adel des Geistes, Altes und Neues, Nachlese)*, seine Reden, Novellen und Romane sind sorgfältig ausgewogene Betrachtungen der wichtigsten Inhalte deutscher und europäischer Kultur. Goethe und die Romantik, Wagner und Nietzsche, Freud und Tolstoi, Luthertum und die Bibel, moderne Mythenforscher und Musik, Bewusstsein und Traum, Form und Rausch werden auf ihre lebensrettende humane Substanz geprüft. Seine sprachliche Brillanz, seine ernste Hinwendung an das Werk, seine Ablehnung alles Fanatischen, seine bedächtig-professorale Art, die Ausgewogenheit und Souveränität seines Geistes waren noch echte bürgerliche Tugenden, die er aus Verantwortung gegenüber der besten deutschen Tradition in ein neues Zeitalter retten wollte.

Der umfassend gebildete Thomas Mann war besonders beeinflusst von dem „Dreigestirn" Wagner, Nietzsche und Schopenhauer. Wagners Musik, deren Wirkung auf ihn „zugleich narkotischer und aufpeitschender Art" war, faszinierte den Ästheten – trotz der harten Kritik des späten Nietzsche, der die Musik des Komponisten als „zusammengesetzt, gerechnet, künstlich, ein Artefakt" empfand. Neben Schopenhauers Metaphysik des Willens übernahm er von Nietzsche die Idee der Vergänglichkeit der Werte und als Schriftsteller die Aufgabe neue moralische Werte zu setzen, warnte aber gleichzeitig vor einer plumpen Übertragung des „Übermenschen" ins Politische.

Werke. Die *Buddenbrooks* (1901), ein zweibändiger Roman vom Verfall einer Lübecker Kaufmannsfamilie, war das geniale Erstlingswerk des damals erst 25-jährigen Dichters, der für diese „Seelengeschichte des europäischen Bürgertums" 1929 mit dem Nobelpreis ausgezeichnet wurde. Während sich in Deutschland um die Jahrhundertwende eine robuste, neureiche Bourgeoisie etabliert, erfährt das gebildete alte Patriziertum seinen Niedergang. Die rohe Praxis des Geschäfts höhlt alte Werte und Tugenden aus. Liebe wird zum Handelsobjekt, Bildung zum Amüsement, Religion zur Konvention. An vier Generationen wird dieser Werte- und Realitätszerfall geschildert. Hat Johann Buddenbrook sen. noch tatkräftig und praktisch das Leben und die Geschicke der Firma gemeistert, so zeigt Johann (Jean) Buddenbrook jun. durch seine Frömmigkeit schon Zeichen der Dekadenz, er kann nicht mehr guten Gewissens bei seinen Geschäften sein. Je unverhüllter nämlich die wirtschaftliche Selbstbehauptung den Bürger einspannt, umso müder, verzweifelter und scheinhafter wird seine Moral. Johann Buddenbrook jun. bleibt deshalb als Kaufmann erfolglos. Parallel zum Niedergang des Hauses zeigt sich bei einigen Familienmitgliedern eine gefährliche, weil selbstzerstörerische Verfeinerung der Sinne. Der nackte Erwerbstrieb treibt die Geistigeren in Selbstzweifel oder in die Täuschung des Ästhetizismus, wie z. B. Thomas Buddenbrook in der dritten Generation. Kunst wird zu Lebensflucht und berauschender Droge. Hanno Buddenbrook, der letzte Spross der Familie, ist zum praktischen Leben schon ganz untauglich und berauscht sich am verführerischen Mystizismus der Wagner-Musik. Dass er an Typhus stirbt, ist nur noch das äußere Zeichen für die Schwächung und Loslösung von einem nicht mehr tatkräftigen, wertgesicherten bürgerlichen Leben.

Die Novelle *Tristan* (1903) führt den Leser in das mondäne Sanatorium Einfried, wo die zarte Gattin eines robusten Großhändlers namens Klöterjahn dem Schriftsteller Spinell begegnet. Der skurrile Ästhet Spinell – er kann nur in Räumen von echtem Empire-Stil leben – überredet die kränkliche Schönheit ihm Wagners „Tristan" vorzuspielen. Die dunkle Romantik des „Tristan" erweist sich jedoch als tödliche Droge für die Lungenkranke – sie stirbt. Das unkultivierte Wesen des Großhändlers, das bloße Ästhetentum Spinells und der Todeskult der Tristan-Musik bedingen sich gegenseitig.

Tonio Kröger (Erzählung, 1903), der homoerotisch veranlagte Lübecker Patriziersohn, „der sich in die Kunst verirrte" und in München ein anerkannter Schriftsteller wird, entgeht der Verführung durch die lockende Sinneslust Italiens, indem er der Cesare-Borgia-Welt den Rücken kehrt und wieder nach dem nüchternen Norden fährt. Die Erzählung bedeutet eine Absage an das Exotisch-Extravagante einer Kunst, die über die leer und banal gewordene bürgerliche Erwerbswelt hinwegtäuschen wollte. Mit ihr distanzierte sich der Autor von dem ausschweifenden Ästhetizismus der Jahrhundertwende.

Königliche Hoheit (1909), ein allegorisches Märchen in Romanform, handelt von dem deutschen Duodezfürsten Prinz Klaus Heinrich, der ungeachtet der maroden Staatsfinanzen und der Nöte seines Volkes als „formale Existenz" ein nur „normales, unsachliches, übersachliches, mit einem Wort artistisches Dasein" führt. Um seiner Einsamkeit – auch Tonio Kröger als Künstler leidet darunter – zu entgehen, heiratet er die amerikanische Milliardärstochter Imma Spoelmann, saniert durch die Mitgift sein Fürstentum und studiert erstmals ernsthaft die Probleme der öffentlichen Wohlfahrt – eine Beschäftigung, die den aristokratischen Künstler mit dem Bürger

versöhnt. Woher allerdings das Geld seines Schwiegervaters, das zur Gesundung des Kleinstaates verwendet wird, wirklich stammt, verbrämt der Autor dezent. So kritisierte denn auch Heinrich Mann an dem Roman, dass das demokratische Element in der Figur des geläuterten Herrschers eben doch nur aufgesetzt sei und das Volk sich mit der Statistenrolle begnügen müsse.
Ab 1910 entstanden die *Bekenntnisse des Hochstaplers Felix Krull* (Roman, 1954). Sie demonstrieren im Gewand des Schelmenromans die Pervertierung bürgerlicher Gesittung hin zu bourgeoisen Idolen. Wie Hermes, der antike Götterbote, einerseits Schutzherr der Kaufleute und der Wissenschaft ist, so ist er andererseits auch der Gott der Diebe, Schwindler und Lügner. Krull verkörpert diesen anmutigen, eleganten Gott in seiner zweiten Gestalt. Darum gelingt es ihm, die Idole Ehre, Titelsucht, Nationalstolz und den fassadenhaften Glanz des Kapitalismus zu durchschauen. Der erfolgreiche Hochstapler entlarvt die Hochstapeleien der High Society. Es ist bezeichnend für Thomas Manns gesellschaftskritischen Instinkt, dass er den vor dem Ersten Weltkrieg begonnenen Stoff 1954 wieder für aktuell hielt.
Die Novelle *Der Tod in Venedig* (1912) zeigt, wie Realitätsverbundenheit und ernste Verpflichtung unversehens in Traum, Rausch und Trance abgleiten können, wie humangesittete Begrenzung durch die Faszination des Schönen gesprengt wird. Angeregt durch die seltsame Gestalt eines fremden Reisenden auf dem Münchner Nordfriedhof, begibt sich Gustav von Aschenbach, ein selbstdisziplinierter „Moralist der Leistung" und erfolgreicher Schriftsteller mit gesicherter Existenz, nach Venedig um sich von seiner entbehrungsreichen Arbeit zu erholen. In der heiteren, aber bereits von Cholera durchseuchten Stadt begegnet er dem schönen polnischen Knaben Tadzio, der ihm wie eine Apotheose erscheint. Aschenbach erkennt seine Neigung, ist jedoch nicht fähig und willens sich dagegen zu wehren. Den vergötterten Knaben im Blick stirbt der an Cholera erkrankte Dichter am Strand. Todesboten kündigen allenthalben den tragischen Untergang einer bürgerlichen Existenz an: der unheimliche Reisende in München, der Gondoliere mit der schwarzen Barke, der geschminkte Greis und vor allem der kränklich-schöne Tadzio. Diese von Thomas Mann bewusst eingesetzte „Verweisungstechnik erst öffnet den Blick auf das eigentliche Geschehen der Erzählung. Während auf der Vordergrundebene ein alternder Künstler sich in einen hübschen Knaben vergafft und an der Cholera stirbt, öffnet die Leitmotivik den Blick auf ein ganz anderes Geschehen: den Sieg des Chaos über die Ordnung, der Formlosigkeit über die Würde, der Todesfaszination über die Bürgerlichkeit, des Dionysos über Apoll" (H. Kurzke).

Die besondere Ironie in Thomas Manns Werken ist nicht Ausfluss kalter Distanz oder bloßes Kunstmittel. Sie rührt von der Bedachtsamkeit und der Einsicht des Epikers in die Doppel- und Mehrdeutigkeit menschlicher und geschichtlich-kultureller Erscheinungen. Die Bewahrung der Humanität verlangt Maß, Ausgewogenheit und gütige Vernünftigkeit, ein Geltenlassen von allem, was die vielgestaltig-komplizierte Gesellschaft, das Miteinander verschiedener Traditionen nicht stört. Sie schließt deshalb das Rohe, Ungeschlachte, Starrheit und geistige Verkrampfung aus. Wie der Gott Hermes Mittlerdienste zwischen Menschen und Menschen, Menschen und Göttern leistet, so ist die Ironie ein verbindendes Element.

Die Gebrüder Mann: zwei deutsche Traditionen. Heinrich und sein jüngerer Bruder Thomas Mann wurzelten im aufgeklärten hanseatischen Patriziertum und wussten sich als Erben der Weimar-Kultur. Beide hatten einen entschiedenen Willen zu Kunst, Ausdruck, Geist und Geschmack und litten am Niedergang des deutschen Bürgertums. Während H. Mann schon früh mit einem durch Nietzsche und Flaubert geschärften Blick die konkreten politischen Ursachen des kulturellen Verfalls bei gleichzeitiger Machtentfaltung des Kaiserreichs erkannte, stand dem Naturell des Bruders lange Zeit Goethes geheimrätliches Wesen, Schopenhauers Entsagungslehre und Wagners Tristan-Musik näher.

Die in ihrem literarischen Schaffen rivalisierenden Brüder drückten zwei deutsche Überlieferungen aus: Heinrich Mann den rationalen Geist Lessings, die Kunstgesinnung Heines und Nietzsches. Thomas Mann dagegen kannte die tiefe Empfindung der Romantik und jenes gemüthaft

*Das ungleiche Brüderpaar **Heinrich und Thomas Mann** in einer Aufnahme um 1900.*

Verwinkelte Wilhelm Raabes. So stehen sich z. B. gegenüber die angreifende Satire des *Untertan* (1914) und die sorgsam abwägende Essayistik in Thomas Manns *Zauberberg* (→ S. 409 f.) zehn Jahre danach.

Beide Dichter waren Meister ihres Stils, große Epiker, die in den Erzähltraditionen des 19. Jh. wurzelten. Heinrich Mann schreibt eher kurze, nebeneinandergestellte Hauptsätze (Parataxe), oft feurig expressiv, reich an Adjektiven, er liebt Antithesen und Aphorismen, komponiert Fabeln und Anekdoten, prächtige Bilder und greift zu den Mitteln der Satire, Groteske und derben Burleske. Thomas Manns Sätze sind Muster des Periodenbaus (Hypotaxe), seine Diktion erscheint gewichtiger, komplizierter, gelehrtenhafter, vom Deutsch Luthers und Goethes genährt, doch psychologisch verfeinert und erweitert.

Heinrich Mann breitet das Leben aus, Thomas Mann zeigt die Tiefen und Verschachtelungen der Bildungswelt auf. Doch beiden ging es um die Rettung der Werte von Aufklärung und Klassik, der großen Leistungen des 19. Jh., um den Humanismus und die Bewahrung von Vernunft und Heiterkeit vor dem Versinken in eine Epoche der völkisch-ideologischen Kollektive.

6.4 Robert Walser – „sorgloser Tänzer auf dem Hochseil der Armut"

In seinen „Alltagsvertiefungsversuchen" persiflierte Robert Walser eine immer monumentaler und hektischer werdende Welt und gab dabei wortgewitzt und selbstironisch tiefe Einblicke in seinen eigenen Charakter. So heißt es z. B. im fingierten *Stellengesuch,* in dem er artig um „ein stilles, süßes, kleines Plätzchen" in einer Firma nachfragt:

> Ich bin, um es offen zu sagen, [...] ein Mensch, den alles, was klein und bescheiden ist, schön und lieblich anmutet und dem alles Große und Vielerforderische fürchterlich und entsetzlich ist. Ich kenne nur das Bedürfnis mich wohl zu fühlen, damit ich jeden Tag Gott für das liebe, segensreiche Dasein danken kann. Die Leidenschaft, es weit in der Welt zu bringen, ist mir unbekannt. Afrika mit seinen Wüsten ist mir nicht fremder. So, nun wissen Sie, was für einer ich bin.

Lebensstationen. Robert Walser kam 1878 als siebtes von acht Kindern einer vom wirtschaftlichen und sozialen Abstieg bedrohten Familie im schweizerischen Biel zur Welt. Man hatte für den unter den Geschwistern nicht gerade Bevorzugten einen Brotberuf ausgesucht; er musste deshalb das Progymnasium mit 14 Jahren verlassen und eine Lehre als Bankkaufmann beginnen, die er jedoch nicht abschloss. Stattdessen begab sich der zeit seines Lebens besitzlose Walser ab 1895 auf eine unstete Wanderschaft: München, Stuttgart, Berlin, Biel, Zürich und Bern waren seine Stationen, wo er in den unterschiedlichsten, immer dienenden Beschäftigungsverhältnissen seinen Lebensunterhalt bestritt und sich schriftstellerisch zu verwirklichen versuchte. Mit seinen drei Romanen, die der exzentrische Walser zwischen 1906 und 1908 in Berlin vorlegte, erreichte er nur eine kleine Leserschar; der große literarische Wurf blieb aus und so musste er sich wieder und wieder als unglücklicher „Zeitschriftenlieferant" betätigen. Enttäuscht kehrte er 1919 in die Schweiz zurück, wo ihm seine ebenfalls unverheiratete Schwester anfangs noch Halt gab, 1929 aber – geplagt durch zunehmende Angstzustände und Halluzinationen – die Einweisung in ein Sanatorium unvemeidlich wurde. In der Heilanstalt Herisau verstarb der eigenwillige Dichter 1956 auf einem seiner geliebten Spaziergänge.

„Prosastückli" nannte Robert Walser seine unzähligen Essays, Kritiken und Skizzen, die er besonders in seiner Berliner Zeit (1906–1913) verfasste und in denen er häufig das großspurige Bildungsbürgertum ironisierte. Wider den Zeitgeist bevorzugte der Autor eine neue Bescheidenheit – gelebt als eine defensive Form der Selbstbehauptung und Auflehnung –, wie sie z. B. im *Stellengesuch* (s. o.) zum Ausdruck kommt. Gegen den Materialismus und Perfektionismus setzte er das Kleine, das Unfertige und Nebensächliche, das Fragmentarische, das in seinen Augen das Leben authentischer wiederspiegelt. „Das Sich-Klein-Machen machte er zu seinem Beruf. Kann nicht auf Größe verzichten auch Größe sein? Wahrhaft königlich ist er heruntergekommen. Wahrhaft herrlich ist er in Lumpen gekleidet" (J. Amann).

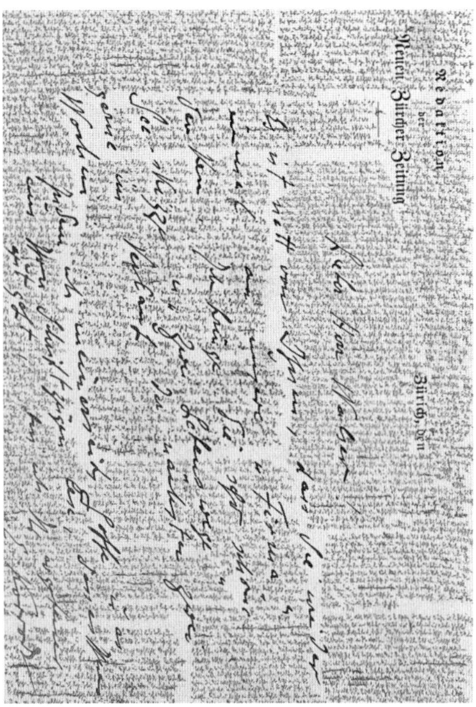

Allmählich wurde das Schriftbild seiner Manuskripte immer kleiner, sodass sie ***Robert Walser*** *später selbst nicht mehr lesen konnte. Erst 1984 gelang es Schweizer Germanisten, diese „Bleistiftmikrogramme", die in einer Art kalligraphischer Minimalschrift verfasst sind, zu entziffern.*

Das Romanschaffen. Walser debütierte in Berlin mit dem autobiografischen Roman *Geschwister Tanner* (1907). Die 20-jährige Hauptfigur Simon Tanner nimmt innerhalb von zwei Jahren eine Reihe bedeutungsloser Stellungen an, die der triebhaft Vagabundierende jedoch nach kurzer Zeit wieder aufgibt. In der Darstellung ausgedehnter Spaziergänge lernt der Leser Freunde und Geschwister des sympathisch gezeichneten Simon kennen, auch seinen pflichtbewussten Bruder Klaus, der die Unbeständigkeit des Jüngeren erkennt und ihn dazu ermahnt, „im Leben einen festen, achtunggebietenden Boden unter die Füße [zu] bekommen". Mit der Schilderung eines dritten Bruders, der unglücklich in der Nervenheilanstalt lebt, nimmt Walser sein eigenes Schicksal vorweg. Die Außenseiterrolle, die Simon im Roman spielt, ist auch kennzeichnend für die Lebenshaltung des Autors: Walser hat durch seine unterschiedlichen Tätigkeiten in Werkshallen und Büros einen Prozess der Entfremdung erlebt, er empfindet die Realität als Provisorium, in der er keine dauerhaften Bindungen eingehen kann.

Der Gehülfe (Roman, 1908) ist entstanden aus Walsers Erinnerungen an seine Tätigkeit bei einem Ingenieur in Wädenswil am Zürichsee. Joseph Marti, der Protagonist der Handlung, sehnt sich nach Geborgenheit und findet als Gehülfe eine Anstellung bei dem skurrilen, exzentrischen Techniker Tobler, der unsinnige und unverkäufliche Dinge wie z. B. eine „Reklame-Uhr" oder einen „Schützenautomaten" erfindet. Als Büroangestellter, dessen Hauptaufgabe immer mehr darin besteht, Gläubiger abzuwehren oder zu vertrösten, muss Marti miterleben, wie die nach außen vornehme und prassende Familie Tobler ihrem Untergang entgegentreibt.

Jakob von Gunten. Ein Tagebuch (Roman 1909) entlarvt die betriebsame Hektik des Schulalltags. Den hintersinnigen Tagebuchaufzeichnungen des älteren Internatsschülers Jakob entnimmt der Leser schon auf der ersten Seite, dass man hier sehr wenig lernt, dass die Knaben vom Institut Benjamenta „es zu nichts bringen", sondern eher „etwas sehr Kleines und Untergeordnetes im späteren Leben sein" werden. So sind denn auch Unterordnung und Anpassung vorrangige Erziehungsziele des herrschsüchtigen Anstaltsleiters und dessen Schwester, die zusammen mit seltsam lethargischen Lehrern den Unterricht bestreiten. In dieser sonderbaren Umgebung breitet der eigenwillige Jakob seine Gefühle, Gedanken und Erfahrungen aus: seine homoerotische Neigung zum Mitschüler Kraus; altkluge Bemerkungen über den zukünftigen Lebensweg; Besuche beim Bruder in der Stadt und Träume vom Innenleben der Schule.

Der literarische Exzentriker und Außenseiter Robert Walser stellte verbittert über seinen Stellenwert im damaligen Literaturbetrieb fest: „In meiner Umgebung hat es immer Komplotte gegeben um Ungeziefer wie mich abzuwehren. Vornehm-hochmütig wurde immer alles abgewehrt, was nicht in die eigene Welt passte. Sich dort hineinzudrängen habe ich mich nie getraut [...] So habe ich mein Leben gelebt, an der Peripherie der bürgerlichen Existenzen, und war es nicht gut so? Hat meine Welt nicht auch das Recht zu existieren, obwohl es scheinbar eine ärmere, machtlose Welt ist?“ Obwohl Robert Walser eine größere Lesergemeinde verdient hätte, ist „seine Welt“ bis heute nur einer kleinen Schar Interessierter vertraut. Sein Landsmann Jürg Amann hat ihm mit dem 1978 erschienen Monologroman *Verirren oder das plötzliche Schweigen des Robert Walser* ein literarisches Denkmal gesetzt.

XII
Die Literatur des Expressionismus 1910–1925

1 Panorama

1.1 Der Expressionismus als literarische Bewegung

„Der Expressionismus ist eine Revolution [...] Im Impressionismus hatten sich Welt und Ich, Innen und Außen, zu einem Gleichklang verbunden. Im Expressionismus überflutet das Ich die Welt. So gibt es kein Außen mehr: Der Expressionist verwirklicht die Kunst auf eine bisher unerwartete Weise." (P. Hatvani, *Versuch über den Expressionismus.* In: *Die Aktion* 7, 1917)

Aufstand der Dichter. Dieser Versuch einer Begriffsbestimmung des literarischen Expressionismus belegt: Der deutsche Expressionismus ist *ein* Wellenbündel in dem geistigen Erdbeben, das alle Formen des Denkens, Erlebens und Gestaltens zu Beginn des 20. Jh. erschütterte.
Als Reaktion avantgardistischer Künstler ganz Europas auf die krisenhaften und zunehmend undurchschaubaren Veränderungen in Politik, Wirtschaft und Massengesellschaft (→ S. 323 f.) und verstärkt durch den Ausbruch des Ersten Weltkriegs wandte sich diese Protesthaltung in ihren zahlreichen neuen Stilrichtungen gegen die elementare Bedrohung geistiger Werte: in Kubismus, Primitivismus, Konstruktivismus, Suprematismus, Expressionismus, Futurismus, Dadaismus, Surrealismus.
Den Vertretern all dieser Richtungen war die Angst gemeinsam, der Mensch könne vom rücksichtslosen technischen Optimismus, von den Maschinen und Apparaten moderner Superbürokratie, den Militärgewalten und der gedankenlosen Schein-Zivilisation erdrückt werden. Dieser Anfechtung setzten sie ein neues Weltbild entgegen, das sie in Form einer visionär geschauten künstlerischen Welt gestalteten.

Während die breite Masse mit den Nöten und Alltagssorgen der Existenzsicherung leben musste, plagte Intellektuelle und Künstler schon im Jahrzehnt vor dem Ersten Weltkrieg die Angst vor einem Totalausverkauf aller Werte. Sie protestierten, forderten die träge Mitwelt heraus und entwarfen Bilder einer erneuerten Menschheit. Der Soziologe und Philosoph Georg Simmel warnte bereits um die Jahrhundertwende angesichts der wirtschaftlichen Entwicklungen und der ungehemmten Verstädterung davor, dass das Individuum „in einem gesellschaftlich-technischen Mechanismus nivelliert und verbraucht" werde.

Während des expressionistischen Jahrzehnts hatte utopisches Denken und die Suche nach dem neuen Menschen Konjunktur: 1918 veröffentlichte der Philosoph Ernst Bloch (1885–1977) seinen Erstling *Geist der Utopie* (1918), aus dem später sein Hauptwerk *Das Prinzip Hoffnung* (1954–1959) entstand; für Karl Otten trägt der Expressionismus den „Keim einer neuen Seele eines neuen Menschen, leuchtet Hoffnung auf bessere Zukunft", und Zeitschriften der Zeit führen programmatische Titel wie *Der Aufbruch, Die Entfaltung, Der Aufschwung, Die Aktion.*

Was Gottfried Benn von der deutschen „Lyrik des expressionistischen Jahrzehnts" sagte, gilt weitgehend für die ganze moderne Kunst. Sie war „ein Aufstand mit Eruptionen, Ekstasen, Hass, neuer Menschheitssehnsucht, mit Zerschleuderung der Sprache zur Zerschleuderung der Welt. [...] Sie [die Dichter] kondensierten, filtrierten, experimentierten, um mit dieser expressiven Methode sich, ihren Geist, die aufgelöste, qualvolle, zerrüttete Existenz ihrer Jahrzehnte bis in jene Sphären der Form zu erheben, in denen über versunkenen Metropolen und zerfallenen Imperien, der

Künstler, er allein, seine Epoche [...] der menschlichen Unsterblichkeit weiht [...] Es war eine belastete Generation: verlacht, verhöhnt, politisch als entartet ausgestoßen – eine Generation jäh, blitzend, stürzend, von Unfällen und Kriegen betroffen, auf kurzes Leben angelegt [...]"

Die Sprache der expressionistischen Dichter wirkte grell, ausdrucksstark, komprimiert, gestaut, explosiv, rauschhaft. Mit ihren Assoziationen, Bildern, Fantasien und Träumen zerstörten sie die gewohnte „realistische" und „impressionistische" Raum-Zeit-Vorstellung. Die Worte, oft in zerrissener Syntax, schleuderten innere Gesichte heraus und lenkten so den Blick auf die verborgensten menschlichen Fantasien. Viele expressionistische Dichter – vor allem in der Lyrik – erscheinen uns heute monoman, wortbesessen, mitunter pathetisch.
Auch die Prosa schwingt subjektiv-lyrisch, sie will nicht beschreiben, sondern muss mit äußerster Sparsamkeit mit dem Wort umgehen. „Nicht Erzählen, sondern Bauen" fordert daher der Dichter Alfred Döblin für die expressionistische Prosa. Gleichwohl ist die Ausdrucksskala ausgesprochen vielstimmig: Sie reicht vom Grotesken, der Karikatur, der krassen Phantasmagorie, von Aufschrei und Anklage bis zum Tänzelnden, zum Scherzo, von rhetorisch-barocken Wortkaskaden, rauschhaft Hymnischem und Entfesseltem bis zur dunklen, verschlossenen Einsamkeit. Wie in Malerei und Musik steht manch anarchischem Aufschrei in der Sprache ein intensiver Konzentrationswille in der Form gegenüber, eine konstruktive Haltung, die jede überflüssige Metapher meidet. Es gibt romantische Wehmütigkeiten und symbolistische Klänge, Heftigkeit und Zartheit.
Die Expressionisten sammelten sich um Zeitschriften. Herwarth Waldens *Sturm* (ab 1910) übernahm Marinettis futuristisches Programm in unpolitischer Form. Linksradikal, auf Demokratisierung drängend war Pfemferts Wochenschrift *Die Aktion.* In Innsbruck erschien ab 1910 *Der Brenner*, in Wien seit 1912 *Der Ruf.* In Zürich gab während des Ersten Weltkriegs Schickele die pazifistischen *Weißen Blätter* heraus. Viele Zeitschriften wurden von der Militärzensur unterdrückt. Heute haben die Blätter, Buchreihen und Anthologien schon allein wegen der Illustrationen durch Künstler wie Meidner, Kokoschka, Kandinsky, Kirchner oder Beckmann einen hohen Wert. In keiner Epoche der Literaturgeschichte war die Zusammenarbeit zwischen Malern, Grafikern und Poeten so eng.

Der preußische Offizierssohn und Schriftsteller ***Fritz von Unruh****, den die Erfahrungen des Ersten Weltkriegs zum Pazifisten machen, nähert sich mit seinem im Jahre 1917 entstandenen Theaterstück „Ein Geschlecht" dem literarischen Expressionismus. Das Werk wurde zunächst in einer geschlossenen Vorstellung gezeigt, bevor es 1918 in Frankfurt am Main uraufgeführt werden konnte.*
August Babbergers kongeniale Zeichnung zur Figur des „Schänders" aus Unruhs Stück verweist auf die Vision vom neuen Menschen, wie sie in vielen expressionistischen Werken zum Ausdruck kommt.

Der Durchbruch der expressionistischen Dichtung vollzog sich in verschiedenen Phasen. Auf die ältere Generation (Mombert, Däubler, Lasker-Schüler) folgte der Haupteinsatz um 1910 (Lichtenstein, Hoddis, Heym, Trakl, Benn). Als der Weltkrieg sich immer deutlicher in seiner widersinnigen Ausweglosigkeit und unmenschlichen Grausamkeit zeigte, traten die ethisch-politischen Dichter (Rubiner, Otten, Toller) in den Vordergrund. Das Aufkommen reaktionärer und totalitärer Bewegungen in Deutschland und Russland in den 30er-Jahren führte zur Verfolgung der als anarchistisch, subjektivistisch und „zersetzend" gebrandmarkten Schriftsteller (→S. 428 ff. u. 443 ff.).

1.2 Der Film als neue künstlerische Ausdrucksform

Film und Expressionismus. Da der Film wie keine andere Kunstform von Anfang an die Befindlichkeit seiner Zeit repräsentierte, fühlten sich viele Expressionisten zu diesem neuen Medium hingezogen. Die flimmernden und bewegten Bilder konnten allein schon deshalb zum treffenden Ausdruck für die Epoche werden, weil nirgends sonst die Unruhe und Bewegung des modernen Lebens – etwa der technische Fortschritt, die wirtschaftliche Prosperität, das Wachsen der Städte – so überzeugend umgesetzt wurde wie im Film. Gerade in der klassischen Stummfilmzeit „konnte man sich in der Darstellung der Bewegtheit nicht genugtun. Was an diesen Filmen am meisten auffällt, ist der Anblick von blitzschnell rasenden Lokomotiven und Automobilen und von Darstellern, die sich unentwegt im Laufschritt bewegten und dabei aufs heftigste gestikulierten" (H. Fraenkel).

Die stetige Ausdifferenzierung filmischer Techniken im ersten Jahrzehnt des 20. Jh. hatte ebenso Rückwirkungen auf die Kunst, wie künstlerische Entwicklungen das Kino beeinflussten. Recht bald bediente sich der Film der Mittel der Groteske (Zerrlinse) und der Simultanmontage, der expressiven Übersteigerung und der Techniken der Zeitraffung, des Perspektivenwechsels und der kontrastierenden, parallelen oder assoziierenden Überblendung. Mit der Fähigkeit zur Wiedergabe von Erinnerungen (Rückblende), Träumen und Phantasmagorien, dem „inneren Monolog" und der optischen Metaphorik standen dem Film weitere Stilmittel zur Verfügung, die angesichts der rasch sich wandelnden Wirklichkeit eine eminente Rolle für die moderne Lyrik und Erzählkunst spielen sollten. So entspricht etwa die „Simultantechnik" des Films der „Reihungstechnik" (→S. 365) expressionistischer Lyrik. Und die vielfältigen Formen diskontinuierlichen Erzählens, wie sie den modernen Roman seit Proust, Joyce und Döblin beherrschen, verweisen auf entsprechende Überblend- und Schnitttechniken im Film.

2 Die Lyrik des Expressionismus

2.1 Auftakt: gedichtetes Weltall

Innerhalb der deutschen Dichtung sind es die beiden „Kosmiker" Alfred Mombert und Theodor Däubler, die als Wegbereiter des literarischen Expressionismus gelten. Sie sahen den Menschen wieder als Urgeschöpf, die Welt nicht mehr als Geschichte, sondern als Schöpfung und im Dichter den Gestalter einer neuen Welt.

Alfred Mombert (1872–1942), geboren in Karlsruhe, Soldat im Ersten Weltkrieg und von 1928 bis 1933 Mitglied der Preußischen Akademie der Künste, dichtete sein Leben lang ein „in seiner Unbeirrtheit und konzentrischen Einheit großartig kreisendes Werk" (R. M. Rilke), das anfangs noch stark vom Jugendstil und der Neuromantik beeinflusst war und wie kosmische Musik klingt:

Es war zur Nacht, da ich ins Meerhorn stieß.
Es war zur Nacht, da ich zum Aufbruch blies.
Es war zur Nacht, da ich den Strand verließ.
Mein Boot lag in der Mondquelle.
Ich stand in vollendeter Helle.
Ich stand schlafähnlich starr auf silbernem Kies.

Theodor Däubler (1876–1934), einer der exzentrischsten deutschsprachigen Lyriker, wurde in Triest als Sohn eines Kaufmanns geboren. In seinem über 30 000 Verse umfassenden Hauptwerk *Das Nordlicht* (3 Bde., erstmals 1910), das aus locker zusammengefügten balladesken, lehr- und liedhaften Teilen besteht, beschwört er unter dem Symbol der *corona borealis*, eben dem Nordlicht, die Vergeistigung und Erhöhung der Erde:

Nordlicht, goldgewordene Glücksverheißung,
Feuerblume, Sonnenüberschwang,
Sichtbar tiefe Sonn- und Erdverheißung,
Wahre unsern heiligen Sonnendrang.

Als europäischer Vagabund war Däubler mit sämtlichen Stilrichtungen der Moderne vertraut: Er pflegte enge Kontakte zu Vertretern des italienischen Futurismus, ein Aufsatz über Picasso weist ihn als Kenner der modernen französischen bzw. spanischen Malerei aus. Zu seinen engsten Freunden zählten Ernst Barlach, Oskar Kokoschka und Marc Chagall. Als Mit-Inspirator des literarischen Expressionismus in Deutschland erlebte und erdichtete Däubler „die Welt als eine Phantasmagorie voller Wunder und Verzückungen, voller Schauer und Ängste; tragisch, grotesk, plakativ, irisierend, ein erhabenes Pandämonium und kasperlhafter Spuk; gerettet allein durch einen bei aller Durchtriebenheit kindlich naiven Ernst" (F. Kemp).

2.2 „Menschheitsdämmerung" – eine neue Generation von Lyrikern

Wider die verbrauchte Lyrik. Den Protest gegen die satte wilhelminische Vorkriegszeit und die epigonale Lyrik von „Waldesgrün und Lerchensang" eröffneten die jungen Studenten und Dichter im Berliner „Neuen Club" (1908–1914), der auch als „Neopathetisches Cabarett" an die Öffentlichkeit trat. Georg Heym (1887–1912) nannte den guten, stillen Mond, das Kernstück der alten Gefühlslyrik, höhnisch einen „Henker, vor der Wolken Block", den nach Blut hungere. Ernst Blass (1880–1939) schrieb provozierend-kabarettistisch: „Es steigt aus den geschärften Häuserspitzen / der Mond, ein pittoresker Kegelkönig." Noch krasser karikierte Albert Ehrenstein (1886–1950): „Lyrisch piepst die Sternenbrut / Flimmerndes Geziefer", und Alfred Lichtenstein (1889–1914) entzauberte die idyllische Landschaftsstimmung: „Zerlumpte Bäume strolchen in der Ferne, betrunkene Wiesen drehen sich im Kreise." Durch diese Methode der „expressiven Deformation" zerschlugen die jungen Expressionisten – nach Rimbauds Vorbild in Frankreich – die täuschenden Harmonien bürgerlichen Gefühlslebens. Allgemeine Zivilisationskritik übten die Dichter, indem sie in ihrer Lyrik die negativen Auswirkungen der Industrialisierung thematisierten, vor allem aber die Ich-Zerrissenheit und die Monotonie des Einzelnen im Moloch Großstadt aufdeckten.

Bahnbrechend für die neue Lyrik war das Erscheinen des visionären Katastrophengedichts *Weltende* von Jakob van Hoddis (eigentlich Hans Davidson, 1887–1942), Mitbegründer des „Neuen Clubs" und Freund G. Heyms, am 11. Januar 1911 in der Berliner Zeitschrift *Der Demokrat.* Das Gedicht steht deshalb auch am Anfang der berühmten Lyrik-Anthologie *Menschheitsdämmerung* (1919, hrsg. v. K. Pinthus), die als Sammlung sowohl die Vernichtungs- und Untergangsstimmung, als auch den Fortschrittsoptimismus der expressionistischen Lyrik beinhaltet:

Dem Bürger fliegt vom spitzen Kopf der Hut,
In allen Lüften hallt es wie Geschrei.
Dachdecker stürzen ab und gehn entzwei,
und an den Küsten – liest man – steigt die Flut.

Der Sturm ist da, die wilden Meere hupfen
An Land, um dicke Dämme zu zerdrücken.
Die meisten Menschen haben einen Schnupfen.
Die Eisenbahnen fallen von den Brücken.

Nicht so sehr die äußere Form, sondern vielmehr der Inhalt und die gedankliche Verbundenheit bzw. Unverbundenheit der einzelnen Verse sind bemerkenswert: Die fest gefügte Bürgerwelt wird hier durch eine Reihung von zusammenhangslosen, bedrohlichen Bildern auf den Kopf gestellt, indem zeitliche Abläufe aufgelöst und gewohnte Vorstellungsmuster ironisch-distanziert verfremdet werden. Das Unzusammenhängende und Ungleichartige („Die meisten Menschen haben Schnupfen. / Die Eisenbahnen fallen von den Brücken."), das in diesem Gedicht aneinandergefügt ist, kennzeichnet denn auch als Reihungsstil (→ S. 364) die früh-expressionistische Lyrik. Entsprechen enthusiastisch über diesen literarischen Ausbruch äußerte sich J. R. Becher: „Diese zwei Strophen, o diese acht Zeilen schienen uns in andere Menschen verwandelt zu haben, uns emporgehoben zu haben aus einer Welt stumpfer Bürgerlichkeit, die wir verachteten und von der wir nicht wussten, wie wir sie verlassen sollten [...]"

Hassliebe Großstadt. Die jungen Dichter lebten nicht mehr wie einst Theodor Storm in einer „kleinen Stadt am Meer", sondern in der neuen, tosenden Großstadt, die zugleich anziehend und abstoßend war. Sie lobten nicht die Idylle der Provinz, sondern besangen und attackierten das neue Ungetüm Großstadt.

Ludwig Meidner, ***Apokalyptische Stadt*** *(1913). In seinen „Anleitungen zum Malen von Großstadtbildern" (1914) spiegelt sich die Befindlichkeit des Künstlers am Vorabend des Ersten Weltkriegs: „Eine Straße besteht nicht aus Tonwerten, sondern ist ein Bombardement von zischenden Fensterreihen, sausenden Lichtkegeln zwischen Fuhrwerken aller Art und tausend hüpfenden Kugeln, Menschenfetzen, Reklameschildern und dröhnenden, gestaltlosen Farbmassen …"*

Georg Heym (1887–1912), aus konservativem schlesischem Elternhaus stammend, war fasziniert von der Hektik und Dynamik der Metropole Berlin, aber auch von ihrer Hässlichkeit, Bedrohlichkeit und Dämonenhaftigkeit, wie sie in seinem berühmten Gedicht *Der Gott der Stadt* zum Ausdruck kommt:

> Auf einem Häuserblocke sitzt er breit.
> Die Winde lagern schwarz um seine Stirn.
> Er schaut voll Wut, wo fern in Einsamkeit
> Die letzten Häuser in das Land verirrn.
> […]

Heym, der neben Georg Trakl (→ S. 368) die Lyrik des Expressionismus am nachhaltigsten beeinflusste, studierte seit 1907 unwillig Jura, zum Schluss in Berlin, wo er im „Neuen Club" des linkskritischen K. Hiller erste Verse vortrug. Seine Gedichtsammlung *Der ewige Tag* (1911), in der er vornehmlich die Großstadt thematisierte, zeugt von einer tiefen Zerrissenheit des jungen Dichters, der seinem Tagebuch anvertraute: „… ich bin von dem grauen Elend zerfressen, als wäre ich ein Tropfstein, in den die Bienen ihre Nester bauen. Ich bin zerblasen wie ein taubes Ei, ich bin wie ein alter Lumpen, den die Maden und die Motten fressen." Schwer unter den verkrusteten Gesellschaftsstrukturen und überkommenen Traditionen leidend wäre er nach eigenen Aussagen „Kürassierleutnant" und dann „am liebsten Terrorist" geworden. So ist denn auch seine Lyrik (*Umbra Vitae,* posthum 1912) einerseits gekennzeichnet durch einen aggressiven Ton, gepaart mit ungewöhnlichen Metaphern und Visionen von künftigen Katastrophen (Gedicht *Der Krieg,* 1911); andererseits durch die konsequente Verwendung von klassischen Gedichtformen wie z. B. Vierzeiler und Sonett. Der frühe Tod Georg Heyms – er ertrank beim Eislaufen auf der Havel in Berlin – festigte seinen Ruf als Protagonist nicht nur der expressionistischen Lyrik, sondern

auch der Prosa (*Der Dieb,* Novellen, posthum 1913; → S. 379).
Noch apokalyptischer als G. Heym beschwor 1911 JOHANNES R. BECHER (1891–1958; → S. 563), der mit dem Doppelband *Verfall und Triumph* (Lyrik und Prosa, 1914) bekannt wurde, das „Spinnenungeheuer" der Großstadt und ihre kapitalistische Mentalität:

Einst wird kommen der Tag! ... Da mit
des Zorns Geschrei
Der Gott wie einst die milbige Kruste sprengt.
Im Scherbenhorizonte treibt ein fetter Hai,
Dem blutiger Leichen Fraß aus zackichtem
Maule hängt.

Der verkümmerte Mensch. Schon die Naturalisten (→ S. 314 ff.) waren von dem Elend und der Armut ergriffen, die sich in den rasch gewachsenen Industriezentren ausbreiteten. Doch für die Expressionisten waren diese gedrückten Verhältnisse nicht nur ein sozialtechnisch lösbares Problem. Im gedemütigten Einzelmenschen erblickten sie die Verkümmerung des Geistes und der Seele des Individuums schlechthin. PAUL ZECH (1881–1946) sah an den Sortiermädchen in der Fabrik – „bleiche Mädchen, schon zu reif für Traum und Träne" – den „trockenen Grind" und „an den Schwielen Wucherung verschollener Pläne". Angesichts der „blassen Krüppel" und der „Geschwächten aus dem Hospital" ruft er nach einer *Neuen Bergpredigt* (1910). Stellvertretend für die egoistische Menschheit bekennt J. R. Becher: „In meiner Finsternis war Gott zugrund gegangen [...] / Ich nasser Docht, der niemals Feuer fängt." In einer fortschrittsgläubigen und hedonistischen Gesellschaft, der jedes Sündenbewusstsein abhanden gekommen war, fühlten sich diese jungen Dichter, obzwar selbst bürgerlicher Herkunft, als Ausgestoßene. Während die prestige- und machtsüchtige Bürgerwelt nach des Kaisers Wort „herrlichen Zeiten" entgegenging, schrieben Dichter wie Albert Ehrenstein:

Und ob die großen Automobile sausen
Aeroplane im Äther sausen
Es fehlt dem Menschen die stete,
welterschütternde Kraft.
Er ist wie Schleim, gespuckt auf eine Schiene.

Das an mühelose Karriere, andauernde Gesundheit und an das schmerzlos Schöne glaubende Publikum war über die „geschmacklosen" jungen Poeten entrüstet. Auch Gottfried Benn, damals noch ein junger Arzt, verbarg seine Betroffenheit über die Diskrepanzen des Lebens hinter Zynismus, wie im Gedicht von der *Kleinen Aster*: „Ein ersoffener Bierfahrer wurde auf den Tisch gestemmt. / Irgendeiner hatte ihm eine dunkel helllila Aster / zwischen die Zähne geklemmt." Die Aster gerät in die blutig geöffnete Brusthöhle des Patienten, wo sie sich im Blut satt trinken darf. Vielleicht war Benns Zynismus ebenso eine Maske wie Heyms mitunter surrealistische Dämonie, die neugeborne Kinder ohne Kopf erblickte – aber „der Teufel Hälse wachsen wie Giraffen": Schreckensvisionen, die auf Bildern von Max Ernst und Salvador Dalí wiederkehren.

Einsamkeit und Leere. Die Dichter sprachen aus, was rosiger Optimismus verdecken wollte. ALFRED WOLFENSTEIN (1888–1945) sah die – später von George Grosz gezeichneten – Gesichter:

Hier Antlitze wie Tiere fremd
Und Augen wie in Eis geklemmt
Und Augen, die nur sich besehn,
Hier Antlitze, von nichts gehemmt.

Wenn wir bei Albert Ehrenstein lesen: „Wie bin ich vorgespannt / den Kohlenwagen meiner Trauer! / [...] / Im Traum schon starb ich / Gras schoss aus meinem Schädel / Aus schwarzer Erde war mein Kopf", vernehmen wir eine Einsamkeit, wie sie Karl Krolow und Günter Eich wieder nach den Erfahrungen des Zweiten Weltkrieges zum Ausdruck brachten. Heym verglich die Unruhe der Lebenden mit der erlösten Einsamkeit der Toten:

So schlaft ihr fort, vom Flötenton gewiegt
Der Einsamkeit, im späten Weltentod,
Da über euch ein großer Vogel fliegt
Mit schwarzem Flug ins gelbe Abendrot.

Und in seinen Tagebüchern beklagte er schmerzlich die „dumpfe Monotonie" und die „grauenhafte Öde" des Lebens: „Mein Gott – ich ersticke noch mit meinem brachliegenden Enthousiasmus in dieser banalen Zeit."

Kaum einer – abgesehen von F. Kafka (→ S. 387 f.) – empfand sich aber so isoliert wie der 1887 in Salzburg geborene GEORG TRAKL (gest. 1914), was nicht verwunderlich ist in Anbetracht seiner ungewöhnlichen Biografie: Er pflegte inzestuöse Beziehungen zu seiner Schwester Margarethe, musste wegen schlechter Leistungen das Gymnasium vorzeitig verlassen und absolvierte ein Apothekerpraktikum, das ihm den Zugang zu verschiedenen Rauschmitteln ermöglichte, von denen er bis zu seinem Tod nicht mehr lassen konnte. Nach dem Abschluss eines Pharmaziestudiums versuchte Trakl vergeblich sich eine bürgerliche Existenz aufzubauen. Den Krieg erlebte er 1914 als Freiwilliger und Militärapotheker in der Schlacht von Grodek, deren Schrecken er in einem seiner bekanntesten Gedichte verarbeitete. Nach einem Nervenzusammenbruch verstarb Trakl in einem Krakauer Krankenhaus 27-jährig an einer Überdosis Kokain.

Während die frühe Lyrik des Dichters noch stark geprägt ist von Stilelementen des Impressionismus, gelang ihm besonders in den Gedichten, die zwischen 1909 und 1914 entstanden sind (*Gedichte*, 1913; *Sebastian im Traum*, posthum 1915), der Durchbruch zu dem in der Literaturwissenschaft gelegentlich so bezeichneten „Trakl-Ton", der durchgängig eine Welt ohne Perspektiven anklingen lässt: „Diese Welt ist von unermesslicher Trauer und Beklemmung ergriffen, gezeichnet von Dunkelheit, Kälte, rätselhafter Angst, den Schatten des Irrsinns und des Todes." (V. Žmegač) Treffend charakterisiert wird dieser unverwechselbare Ton auch durch den Tagebucheintrag „Es ist ein namenloses Unglück, wenn einem die Welt zerbricht", der leitmotivisch über vielen seiner Gedichte stehen könnte.

Trakl zog sich ganz in seine Dichtung zurück, sprach in den Versen fast nie von sich selbst, sondern verhüllte Angst und Schwermut im Gleichnis. Er schützte sich – wie Kafka und bisweilen auch van Hoddis – durch die dunkel verbergende und beschwörende Metapher. In seinen frühen Versen überwogen noch neuromantische Stilelemente, aber bald wurden ihm der nächtliche Garten, der verfallene Friedhof, die winterliche Kälte, die Leichenhalle und schließlich 1914 das Schlachtfeld in Polen zum Zeichen des allgemeinen Verfalls. Wie auf Bildern des Blauen Reiters durchdringen sich in seinen Gedichten befremdende Farben – „kristallene Weiden", „mondene Pfade", „blaue Klage" – und entrücken die sinnliche Vorstellung ins Magische. Der explizite Vergleich weicht der absoluten Metapher, das „Wie" des Vergleichs entfällt. Wenn es heißt:

> Hirten begruben die Sonne im kahlen Wald.
> Ein Fischer zog
> In härenem Netz den Mond aus frierendem Weiher

dann versetzen negative Gefühlswerte – „kahl, hären, frierend" – die positiv empfundenen Worte – „Hirte, Sonne, Fischer" – in eine überreale Spannung. Absolute Metaphern, das Ich verbergende Figuren, Farb- und Gefühlskontraste entziehen das Gedicht der bloßen Mitteilung und machen es zum versiegelnden Gleichnis.

Verfall, Fäulnis, Wahnsinn. „Die Seele schrumpft zu winzigen Komplexen / Tot ist die Kunst. Die Stunden kreisen schneller / O meine Zeit! So namenlos zerrissen / So ohne Stern, so daseinsarm im Wissen", klagte WILHELM KLEMM (1881 bis 1919). Die seelische Schrumpfung hinter den Kulissen des Fortschritts machte die Dichter aufmerksam auf den „süßen Geruch der Verwesung" (Becher), die „pilzbeschuppten Mauern" (Zech), die „blutlosen Bäume" (Lichtenstein) und die Wasserratten an der Leiche Ophelias (Heym, Benn, Brecht). Zum ersten Mal bricht wieder das jüdisch-christliche Bewusstsein von der faulen Kehrseite der Welt durch. Zahlreich sind die Bilder des Stürzens, sogar in Liebesgedichten:

> Als an deinem steinernen Herzen
> Meine Flügel brachen
> Fielen die Amseln wie Trauerrosen
> Hoch vom blauen Gebüsch.
>
> (Else Lasker-Schüler)

Die Unverbundenheit (Diskontinuität) der Metaphern, die dem harten Nebeneinander der Farben expressionistischer Maler und der Instrumente in der Musik entsprach, akzentuierte die versagte Kommunikation. So folgen in einem Herbstgedicht Trakls auf die Intonation: „Sonne, herbstlich dünn und zag […]" plötzlich die Worte „Sterbeklänge von Metall / und ein weißes Tier bricht nieder […]" Lautlos vollzieht sich Ungeheures wie in Anton von Weberns Musik, der, wie Trakl schüchtern und schreckhaft, nach dessen Texten Lieder komponierte. Die schwarz verwesende Welt erzeugte Halluzinationen unerhörter Farbklänge: „Stirne Gottes Farben träumt / Spürt des Wahnsinns sanfte Flügel […]"

Du und Gott. Durch die gesamte expressionistische Dichtung zieht sich ein tiefes Schuldbewusstsein. Der Vereinsamte weiß sich Gott zugleich ferner und näher. In seiner Schwermut gefangen erschrickt er über die Kälte des Alls: „Zuletzt ist Gott nur noch allein / Zuckender Puls im All." Wie verträgt sich die „Weltkaserne" mit der „großen Schöpferfuge", fragte Paul Zech.

Karl Schmidt Rottluff, ***Gekreuzigter*** *(Holzschnitt, 1918). Nach dem Krieg wandten sich viele expressionistische Künstler religiösen Themen zu. „In dieser Besinnung auf biblische Motive suchten sie in diesen Jahren nach einem geistigen Rückhalt angesichts der Katastrophe des Zusammenbruchs der alten Ordnung und der damit verbundenen ganz direkten Bedrohung des eigenen Lebens. Gerade der Leidensweg Christi wurde dabei zum Gleichnis für die eigenen Ängste und Hoffnungen und die aktuellen Leiden ganzer Völker" (D. Elger).*

Überzeugender erklang die Gottessehnsucht ELSE LASKER-SCHÜLERS (1869–1945), der Freundin von F. Marc, G. Benn und G. Trakl, von O. Kokoschka, Th. Däubler und K. Kraus, die völlig verarmt in Jerusalem starb. Ihre *Hebräischen Balladen* (1913) gehören zu den echtesten Zeugnissen religiöser Dichtung und bedeuteten eine Rückbesinnung auf den ererbten jüdischen Glauben.
Die Dichterin vermag aber noch an die Urkraft der Poesie des Herzens und an die Verwandlung der Welt ins Wunderbare zu glauben. Die oft schwärmerisch-elegische Grundstimmung, die biblisch-orientalische Bildersprache ihrer Verse machten sie zu einer der ausdrucksstärksten deutschen Liebeslyrikerin: „Wenn du sprichst / Wacht mein Herz auf. / Alle Vögel üben sich / Auf deinen Lippen." Sie hatte, sagte Peter Hille, „Schwingen und Fesseln, Jauchzen des Kindes, der seligen Braut fromme Inbrunst, das müde Blut verbannter Jahrtausende und greiser Kränkungen […]", sie war der „schwarze Schwan Israels, eine Sappho". Benn nannte sie „die größte Lyrikerin, die Deutschland je hatte".

Auch in IWAN GOLL (1891–1950) brach immer wieder das verschüttete Gotteserbe durch: „Ich trage so schwer an der Schicksalserbschaft / Meiner Bibelmütter / Meiner Prophetinnen / Meiner Königinnen. / Es rauschen so mächtig aus dunklen Jahrhunderten / Die Gottesjahre / Die Tempeljahre / Die Ghettojahre." Goll – „keine Heimat: durch Schicksal Jude, durch Zufall in Frankreich geboren, durch ein Stempelpapier als Deutscher bezeichnet" – zog in den Gestalten des Orpheus und Johann-Ohne-Land durch die Welt, begleitet von seiner treuen Gefährtin und Frau Claire, mit der er in seinen Liebesgedichten Zwiesprache hält. Als Hiob steht der aus dem Paradies Vertriebene auch stets wieder Gott gegenüber:

O Herr, dass du mich ausbrennst
Wie lebenden Kalk brütenden Staub
Dass du mich adelst zur Nessel
Und meinen Schmerz versteinerst im Fels.

Goll hat einen Großteil seiner reichhaltigen Hymnen, Gesänge, Kantaten und Romane in französischer Sprache geschrieben, den Zyklus *Atom Elegy* während des amerikanischen Exils sogar in Englisch. Er gehörte auch zu den Begründern des Surrealismus (→ S. 382 ff.). Sein Groteskspiel *Methusalem* (1922) von den Angstträumen eines Schuhfabrikanten und dem Aberwitz des Alltags stellt sich in die Reihe der absurden Satiren von Jarry, Apollinaire, Lorca und Ionesco. Doch immer wieder blühen im „Traumkraut" seiner alogischen Poesie innige Liebesakkorde auf, spüren wir hinter dem Spielerischen und der lockeren Verknüpfung seiner Bilder das Leiden an der Welt und die Hiob-Frage an Gott.

Radikale Egozentrik. Während Dichter wie Trakl und Kafka ihre Einsamkeit still ertrugen, entwickelte der neumärkische Pastorssohn und Berliner Arzt Gottfried Benn (1886–1956) eine polemisch vorgetragene Lehre radikaler Egozentrik. Mit ihr gewann er, freilich erst nach dem Zweiten Weltkrieg, vorübergehend einen starken Einfluss auf völlig desillusionierte Geister (→ S. 483 f.).
Benn wurde 1886 in Mansfeld/Westprignitz als Sohn eines evangelischen Pfarrers geboren, studierte Philologie und Theologie in Marburg, anschließend Medizin in Berlin und wurde Facharzt für Haut- und Geschlechtskrankheiten. In beiden Weltkriegen wurde er als Militärarzt eingesetzt. 1932 erhielt er einen Sitz in der „Preußischen Dichterakademie". Schon in dieser Zeit wurde er als expressionistischer Lyriker bekannt, galt aber nach 1945 als umstrittener Autor, weil er den Nationalsozialismus als Überwinder von „Rationalismus, Funktionalismus, zivilisatorischer Erstarrung" zunächst begrüßt und seinen Irrtum erst 1936 eingesehen hatte (→ S. 437). Nach dem Zweiten Weltkrieg war er zunächst wieder als Arzt tätig. Der in der frühen Bundesrepublik hoch angesehene Dichter (erster Büchner-Preisträger) starb 1956 in einem Berliner Krankenhaus.
Seine ersten Gedichte (*Morgue*, 1912) und seine frühe Prosa (→ S. 379) erklären sich noch aus der Aufgewühltheit einer primär ästhetisch empfindenden Existenz, der die Hässlichkeit des Menschen in Operationssälen und Krebsbaracken gegenübertritt. Der Krieg verstärkte Benns Ekel vor der animalischen Natur des Menschen. Immer sinnloser erschien ihm die Geschichte mit ihrer ungeheueren Gefühllosigkeit. *Das moderne Ich* (Essay, 1920), konstatierte er, befindet sich in totaler Auflösung:

Totale Auflösung, monströseste Konglomerate,
neurotische Apokalypsen, transhumane Foken,
Jaktation, hybridestes Finale –
Individual–Ich: abgetakelt,
Psychologie: zum Kotzen
Entwicklungsprinzip: der Hund bleibt am Ofen,
Kausalgenese wer will das wissen
Ergebnis: réponse payée!
Teilergebnis: verfaultes Dasein Gift und Gase,
was über die Lippen der Frühe ging,
die Morgenfrüchte, der wirre Wein,
unserer Hirne sterbender Brand ...

Für dieses zwischen Kälte und Rausch, Gehirn und Trunkenheit zerrissene Ich ist Gott – in der Nachfolge Nietzsches – wörtlich tot. Die Zivilisation ist vom Intellekt vereist, ein Trümmerhaufen der Weltgeschichte, ein beziehungsloses Chaos von Wissensdaten, lexikalischen Begriffen und Wortfetzen. Darum kann es auch für den Dichter nur mehr Reste von Mythen, Namen, Zitaten und Sensationen geben. Das Ich als „einsame[r] Gott" entledigt sich aller Kommunikation mit dem Du. Dem „hirnzerfressenen Aas" muss daher klassisch Vollendetes, die formgewordene Kunst der Vergangenheit, die harte, männliche Form (*Pallas*-Aufsatz), ja die caesarische Zucht als Ausweg aus dem Zivilisationschaos erscheinen. Kunst wie Benn sie versteht hat mit Entwicklung, Kausalität, Psychologie nichts zu schaffen; seine Verse sind zumeist „trunkene Flut", Montagen des *Schutts* (Gedichttitel, 1919), worin seltene Worte, Mythenfetzen, persönliche Erinnerungen und Neologismen wie z. B. „Asphodelentrust", „Mänadenklang", „Herzens-Ariel" zu hypnotisch-suggestiver Wirkung zusammengebracht werden.
Das „späte Ich" des Künstlers, von „formstiller Vollendung" träumend, wird sich selbst zum blutenden Gott und zur Schädelstätte Golgatha.

Der Erste Weltkrieg. Das Rüstungsfieber vor 1914 erregte die jungen Dichter und Maler wie Ludwig Meidner zu den apokalyptischsten Visionen. Junge Leute wie die Hauptfigur in Gustav Sacks Roman *Ein verbummelter Student* (1910) sehnten den Krieg als Erlöser aus der Sattheit herbei.
Doch den patriotischen Propagandattribut entrichteten auch damals die traditionelleren Poeten.

Die Paneuropäer und Pazifisten wie Werfel, Brod, Sternheim, Hasenclever, Frank, Zech und Wolfenstein schrieben seit 1915 in den von René Schickele dann in der neutralen Schweiz herausgegebenen *Weißen Blättern.* Ihre Verse und Gedichtbände konnten das Morden nicht aufhalten: Johannes R. Becher *An Europa, Verbrüderung*, 1916; Iwan Goll *Requiem für die Gefallenen von Europa*; Max Herrmann-Neisse *Empörung, Andacht, Ewigkeit*; Wilhelm Klemm *Aufforderung*; Ludwig Rubiner *Das himmlische Licht*, 1917.

Auf den sich in den Materialschlachten offenbarenden technisch-zerstörerischen Charakter der Zivilisation hatte die Kunst schon vorher reagiert. Im *Sturm* veröffentlichte Herwarth Walden Gedichte des 1915 gefallenen sonderbaren Postbeamten August Stramm, welche die Konzentration aufs Äußerste trieben:

Patrouille

Die Steine feinden
Fenster grinst Verrat
Äste würgen
Berge Sträucher blättern raschlig
Gellen
Tod

Stramms Komprimierung entsprach Marinettis futuristischem „Programm" (1909). Ähnliche Verkürzungen finden sich in vielen Versen und im expressionistischen Dialog Sternheims (→ S. 375). Auch Trakl drängte die Symbole des Kriegs aufs Engste zusammen:

Dornige Wildnis umgürtet die Stadt
Von blutenden Stufen jagt der Mond die
erschrockenen Frauen.
Wilde Wölfe brachen durchs Tor.

Ethisch-politischer Expressionismus. „Aufruf und Empörung" und „Liebe den Menschen" heißen die letzten zwei Kapitel der expressionistischen Anthologie *Menschheitsdämmerung.* Die Gedichte, die Kurt Pinthus 1920 darin sammelte, sprengten den Bann lähmender Angst, das vereiste Herz der Nationen, die ästhetische Introversion und den Benn'schen Kult nihilistischer Einsamkeit. Ihre heftige Wortbesessenheit unterscheidet sich in nichts von Benns gleichzeitigen Versen, nur wenden sie sich dem Du, der Versöhnung der Völker zu. „Niemals in der Weltdichtung scholl so laut, zerreißend und aufrüttelnd Schrei, Sturz und Sehnsucht einer Zeit, wie aus dem wilden Zug dieser Vorläufer und Märtyrer (des Friedens), deren Herzen nicht von den romantischen Pfeilen des Amor oder Eros, sondern von den Peinigungen verdammter Jugendjahre, verhasster Gesellschaft, aufgezwungener Mordjahre durchbohrt wurden. Aus irdischer Qual griffen ihre Hände in den Himmel [...]" (K. Pinthus). Dass sich diese Menschheitsträume nicht erfüllten und nach wenigen Jahren erneut sture Machtpolitik triumphierte, tut der Leidenschaft dieser Dichter keinen Abbruch. Ihre Poesie riss die seelischen und geistigen Kerker auf, überstürzte sich in Fluten und Katarakten und gewann das „Rhetorische" der menschlichen Stimme wieder. Sie wurde Aufruf, Wendung des Ichs zum Du und zur brüderlichen Gemeinschaft:

O Mund, der nun spricht, hinschwingend
in durchsichtigen Stößen
über gewölbte Meere.

O Licht im Menschen an allen Orten der Erde,
in den Städten fliegen
Stimmen auf wie silberne Speere

sang Ludwig Rubiner (1881–1920). „Ich habe nicht gezweifelt, dass du lebst, / Dass du dich ängstigst, Bruder, durch die Nacht [...] Dein Gruß hat mich aus den Rädern der Maschine hervorgeklaubt [...]", jubelte Karl Otten (1889–1963). Walter Hasenclever rief: „Zum letzten Male donnern die Rohre. / Zitronen blühen / Am Ufer des Sees / Stürzt hin, Militärs! Beugt euern Scheitel [...]" Iwan Goll pries die zu erneuernde Schöpfung: „Säule irdischen Gesangs, / stand der Mensch. / Aus dem steinernen Leid / Tief im rauschenden Schoß der Liebe / War der Herrliche auferstanden!" Wolfenstein träumte von einer Friedensstadt, Franz Werfel *(Veni Creator Spiritus)* und der Elsässer René Schickele flehten den Heiligen Geist der Versöhnung auf die geschändete Erde herab. Auch J. R. Becher, der zerrissenste, ekstatischste von allen und zum Hass gegen die „Henker und Räuber", die

„Geißeln Gottes", entschlossen, verleugnete nicht die Herkunft seiner Empörung aus qualvollem christlichem Sündenbewusstsein. Was ist der Mensch?, fragt er:

> Grimmer Moloch oder Edens Küste.
> Giftgas-Speier oder Saat des Heils.
> Scheusal der Hyäne oder Palmen Zone.
> Christi Seiten-Wunde oder Essigschwamm.

Man muss schon zur manieristischen und barocken Lyrik des 16./17. Jh. zurückgehen (→S. 97, 102), um ähnlich starke Erregungsgebärden anzutreffen.

3 Das expressionistische Theater

3.1 Die neue Wirklichkeit auf der Bühne

Die innere Wirklichkeit der verzweifelten Individuen, die Traumgesichte und Botschaften der Lyrik auf die Bühne zu übertragen, erwies sich als ein fast unlösbares Problem. Die expressionistische Lyrik war ja äußerst subjektiv, monologisch und wandte sich an einsame gleich gestimmte Leser oder an eine vom Autor erst erhoffte neue Gemeinschaft. Wie aber sollte, was die jungen Dichter erlebt hatten – die Ungestalt des Nichtmenschlichen: der autoritäre Staat, die bürgerliche Fassade, die verbeamtete Kirche, Schulpedanterie, väterlicher Zwang, Familienzwist und die Maschinerie der Schlachten – auf die alte Guckkastenbühne gebracht werden? Dazu reichten die bekannten traditionellen Modelle des bürgerlichen Dramas von Lessing über Schiller und Hauptmann nicht mehr aus.

Abstraktion und Allegorie. Die Sichtbarmachung des Inneren verlangte eine abgeräumte, abstrakte Bühne mit andeutenden Requisiten (z. B. einem Kreuz) und kubistischen Beleuchtungseffekten. Die Gestalten – sie heißen z. B. Er, Sie, Der Vater, Die Mütterliche, Der Bettler, Kain und Abel, Der General, Der Gefangene – sind weder konkret-individuell noch soziale Typen, sondern eher begriffliche und allegorisierende Träger von Ideen, seelischen Kräften oder halbmythische Figuren wie Noah und Kain. So bewegen sich die Stücke – wie die aus allen Bahnen geworfenen Dichter und die unübersichtliche gesellschaftliche Wirklichkeit – in einem oft „weltlosen" Raum.

Die Sprache erinnert an den Sturm und Drang, an das erhaben Gesteigerte des Alten Testaments und an das Hymnisch-Prophetische von Nietzsches *Zarathustra.* Aber auch Wedekinds forcierte Kraftsprache und Grabbes Leidenschaftlichkeit kennzeichnen den Stil der jungen Dramatiker. Ihre unterschiedlichen Ansätze und Versuche sind so als wichtige Station auf dem Weg zu modernen Theaterstilen zu werten: zum kultischen Theater (Weihespiele), zum politischen Thesenstück (→Piscator-Bühne, S. 402), zum →epischen Theater Brechts (S. 405 f.), zum absurden Theater (Ionesco, Beckett) und auch zum poetischen Theater (Lorca, Fry); denn die Abkehr vom Bühnen-Realismus vollzog sich damals gleichzeitig in anderen Ländern. Der junge Zuckmayer (*Kreuzweg*, 1921), der Dichter und Dramatiker F. Bruckner und vor allem B. Brecht *(Baal, Trommeln in der Nacht)* wurzeln im expressionistischen Aufbruch.

Religiöse Motive. Reinhard Sorge (1892 bis 1916) begann 1912 mit dem Stück *Der Bettler:* Ein junger Dichter – der Bettler – verficht darin die Idee einer mystischen Bühne, einer neuen Stätte der Heiligung, zu der Menschen aller Stände und Völker strömen. Folgerichtig versuchte Sorge sich nach seiner Konversion zum Katholizismus an Mysterienspielen (*Metanoeite, König David* u. a.). Das Thema Brudermord wollte Friedrich Koffka (1888–1951) in *Kain* (1917) gestalten. Max Brods *Die Arche Noahs* (1912) und Arno Nadels (1878–1943) Bibelszenen *Der Sündenfall* (1920) gingen aus verinnerlichtem Judentum hervor. Paul Kornfeld (1889–1942) schuf in *Die Verführung* (1913) die typisch expressionistische Gestalt des sehnsüchtigen Bitterlich, der inmitten roher Gesellen an Gott verzweifelt. Später wurde Kornfeld mit Stücken wie der Ehesatire *Der ewige Traum* (1923) Autor ironischer Gesellschaftskomödien.

Götze Krieg. Eine zutiefst sittlich-religiöse Erschütterung wandelte den preußischen Offizier und Generalssohn Fritz von Unruh (1885 bis 1970) zum entschiedensten Gegner des Militarismus. *Vor der Entscheidung*, 1914 an der Front geschrieben, enthält schmerzlich-groteske Szenen vom Totentanz auf dem Schlachtfeld. Triebgier und Krieg häufen in *Ein Geschlecht* alles Leid auf die Symbolgestalt der Leben spendenden Mutter. Die dramatische Trilogie *Ein Geschlecht* (1918), *Platz* (1920) und *Dietrich* (1936) verurteilt Krieg und Gewalt und ruft zur Liebe und Völkerverständigung auf. – Das bekannteste Kriegsdrama wurde die *Seeschlacht* (1918) von REINHARD GOERING (1887–1936): Gespräche, Erinnerungen, Visionen von sieben Matrosen im Panzerturm eines Kreuzers, Fragen nach dem Sinn ihres jungen Lebens.

Väter und Söhne. Typisch für den Sturm und Drang im Expressionismus ist die Auflehnung gegen Obrigkeitsstaat, Familienzwang und harte Vaterautorität. Stücke wie WALTER HASENCLEVERS (1890–1940) *Der Sohn* (1916) oder HANNS JOHSTS (1890–1978) *Der junge Mensch* (1916), worin ein Student sich gegen seinen verhassten Lehrer Sittensauber empört, gehören in die Reihe der für die deutsche Dichtung seit je so charakteristischen Revolten gegen die harte Autorität in Staat, Kirche und Familie: von Lenz' *Soldaten*, Schillers *Räubern* über den *Woyzeck* Büchners zu Rilkes Kadettengeschichte *Die Turnstunde* (1899), Wedekinds *Frühlings Erwachen*, Musils *Zögling Törless* und Leonhard Franks *Die Ursache* (1915). Auch in Kafkas Erzählungen (*Die Truppenaushebung*, *In der Strafkolonie*, 1914) begegnet uns der in Kasernen geübte Sadismus – die „Triebgrundlagen des Dritten Reiches", wie Musil sagte.
Hasenclevers *Sohn*, das erste (1916 in Dresden) öffentlich aufgeführte expressionistische Drama, wurde von der Kritik als Ausdruck jugendlicher Zügellosigkeit abgetan. Doch der sittliche Impuls seiner Auflehnung enthüllte sich in seinen Dramen *Antigone* und *Der Retter*. Der Retter ist ein von den Visionen des Apostels Paulus in seiner Friedensliebe bestärkter Dichter. Er wird dem „Marschall" vom „König" als Landesverräter preisgegeben. Ehe der Jude Hasenclever aus Deutschland floh, hatte er auch eine Reihe guter Komödien geschrieben: *Ein besserer Herr*, 1926, *Ehen werden im Himmel geschlossen*, 1928; die amüsante Komödie gegen Diktatoren wie Mussolini *Napoleon greift ein*, 1930, u. v. a.

Ein Szenenentwurf zu ***W. Hasenclevers*** *Drama „Der Sohn" in der Inszenierung von Otto Reigbert (Kiel 1919).*

3.2 Georg Kaiser – „Ausdruckstechniker" und „Ingenieur" des Dramas

Zwischen G. Hauptmann und B. Brecht war GEORG KAISER (1878–1945), ein geborener Magdeburger, der einfallsreichste und bühnensicherste Dramatiker. Wegen seiner Produktivität – er schrieb, einschließlich der im Schweizer Exil seit 1938 entstandenen Stücke, über 70 Dramen, Tragikomödien, Lustspiele und Grotesken – wurde er von Kritikern verächtlich als „Dramenkaninchen" (A. Kerr) und „Boxer des Geistes" bezeichnet.

Der Künstler als Heilbringer. Kaisers umfangreiches Werk verfolgte keine direkte gesellschaftskritische Absicht. In seinen Stücken stoßen Idee und Realität, soziale Utopie und träger Egoismus, der erneuerte Mensch und der nur vegetierende hart zusammen. Die von Tatmenschen gestaltete Geschichte erschien ihm letztlich brutal und sinnlos. Nur der Künstler, glaubte er, bewahre noch den Gott, weil er an der gemeinen Wirklichkeit leide und von der „entmenschten Menge" durch „hundert Einsamkeiten" getrennt sei. Sein verwundeter Geist schaffe als Auserwählter und Finder neuer Werte „die Gnadenbilder der Menschheit".

Georg Kaiser war ein so einsamer Sucher und Selbstzweifler, dass er sogar den Aufführungen seiner eigenen Dramen fernblieb. Zum Nachteil seiner schwer inszenierbaren Stücke, die darum heute auch kaum mehr auf die Bühne kommen.

Stationendrama: Im berühmten Drama *Die Bürger von Calais* (1913, UA 1917) geht es daher nicht nur – wie in Froissarts Chronik aus dem Hundertjährigen Krieg zwischen England und Frankreich und bei Rodins Gruppenplastik – um ein Bekenntnis zum passiven Heldentum der Waffenlosigkeit, wenn die sechs Bürger das Leben ihrer Stadt vom englischen König durch ihren Opfergang erkaufen. Der Bürger Eustache tritt vielmehr durch seine Bereitschaft zum freiwilligen Läuterungstod schon in den Seinszustand des „neuen Menschen" ein. Das weihespielartige Drama weist symbolisch auf eine tiefere geistige Wirklichkeit hin, von der die triebhaft-egoistische, im traditionellen Patriotismus befangene Menge noch keine Ahnung hat. Die drei Akte sind Stationen der Erneuerung, der Überwindung falscher Ehrsucht, bis sich in der wiederholten Auseinandersetzung zwischen Annahme und Ablehnung des englischen Übergabeangebots der „maskenlose" Mensch herausschält. Die Kompositionsprinzipien der Dehnung der Auswahlzeremonie, des wiederholten Aufschubs und der Variation des Themas, die Reihung, Stufung und Türmung der Sätze, das pantomimische Gebärdenspiel und der imaginäre Bühnenraum machen das Drama zu einem Modell dynamischer Gestaltung.

Das „Stationenstück" *Von morgens bis mitternachts* (Drama, 1916, UA 1917) thematisiert die Sinnkrise eines namenlosen kleinen Bankangestellten. Angeregt durch eine mondäne Italienerin unterschlägt der biedere Kassierer eine größere Geldsumme und versucht damit aus seinem kleinbürgerlichen Leben auszubrechen. Aber sowohl beim Sechstagerennen und im Freudenhaus, als auch im Lokal der Heilsarmee wird er immer wieder desillusioniert, bis er sich – unter Anspielung auf den Leidensweg Christi – schließlich erschießt.

Im Drama *Die Koralle* (1916/17) häuft ein Milliardär aus Lebensangst Reichtümer auf, doch das wesentlichere Glück könnte er nur durch Wandlung in ein anderes Ich, in einen Zustand finden, wie ihn die friedlich auf dem Meeresboden schlummernde Koralle symbolisiert (vgl. die Tierbilder von F. Marc). Sein Sohn dagegen entdeckt den Mitmenschen und heuert auf einem Kohlenfrachter an.

In *Gas I* (1918) und *Gas II* (1920), den nächsten Stücken dieser gewaltigen Trilogie, bedeutet die Weltgasfabrik das optimistische System rastlos aufbauender und wieder zerstörender Produktion. Der Milliardärssohn will die Fabrik sozialisieren, aber sogar die Arbeiter haben sich schon diesem Produktionswahn versklavt und erzeugen als „Gelb- und Blaufiguren" Giftgas. Dem Produktionswahn wird die Vision eines Paradieses schlichter Hirten und die Ankündigung der Geburt eines neuen Menschen gegenübergestellt.

Nach 1933 wurde *Das Floß der Medusa* sein bekanntestes Werk (→ S. 460).

3.3 Ernst Barlach – „Leiden und Kämpfen sind die Organe des Werdens"

Ernst Barlachs (1870–1938) Ringen um Gott ist leichter an seinen der Daseinsschwere widerstrebenden Plastiken zu erfassen als an den allegorisch gemeinten Gestalten seiner Stücke. Der weltberühmte Bildhauer und Grafiker, versponnen in niederdeutsche Gesichte und Alpträume, schrieb als Dichter eine sehr eigenwüchsige, ebenso bildhafte wie spirituelle Sprache, die, oft höchst expressiv, auch das derbe Plattdeutsch nicht

Ernst Barlachs Titelbild zum „Toten Tag" (1912).

scheut und knorrig wie Luthers Sprache ist. Er war ein eigenwilliger Protestant und Mystiker, ein Sehnsüchtiger, den das dumpfe Leid, das Rohe und Niederdrückende quälte.

Im Stück *Der tote Tag* (1912, UA 1919) hat eine im Irdisch-Materiellen befangene Mutter ihren nach dem fernen Geistgott verlangenden Sohn in den Keller gesperrt. – *Der Arme Vetter* (1918) ist jedermanns religiös-beunruhigtes Ich, er schreckt durch seinen Selbstmord die Spießer und selbstgenügsamen Rechner einer niederdeutschen Kleinstadt auf. – *Die echten Sedemunds* (1920) sind mit der Barlach eigenen hintergründigen Satire auf die Heuchler gemünzt, denen, mögen sie auch gute Kirchenchristen sein, jeder Sinn für tiefere seelische Wirklichkeit fehlt: Beim Schützenfest bringt ein mit einem Löwenfell bekleideter Irrer alle Kleinstädter aus dem Häuschen. Nur die echten Sedemunds wissen, dass im gottsucherischen Menschen tatsächlich ein Löwe steckt, der nach dem Grund der Wirklichkeit gräbt. – Barlach waren die passiven, schicksalergebenen Frommen zuwider. In der *Sündflut* (1924) stellt er dar, wie sich der schöpferische Gottgeist von den bequemen Gottesvorstellungen unterscheidet: Noah, fromm und ergeben, wälzt alles Gute und Böse der Welt ohne Unterschied auf Jehova ab. Seine Söhne sind daher faul, träge, sinnlich. Ihm tritt der atheistische Calan als die andere Möglichkeit im Menschen gegenüber; der böse Calan betont das Risiko des Menschen, insofern nämlich jeder auch für Gott verantwortlich ist als sein Mitschöpfer an der werdenden Wirklichkeit. Die immer neue Vergeistigung des Irdisch-Schweren verlangt Leid und Kampf. So heißt es im *Blauen Boll* (1926), dem „Drama des Werdens", vom mecklenburgischen Gutsbesitzer: „Boll muss Boll gebären."

Die besondere Allegorik und die oft schwierige Sprache Barlachs erschweren die Aufführung seiner Dramen und ihr Verständnis durch ein breiteres Publikum. Das transzendente Geschehen vollzieht sich eigentlich außerhalb des Bühnenraums – im mitdenkenden Leser und Zuschauer.

3.4 Carl Sternheim – „Aus dem bürgerlichen Heldenleben"

Carl Sternheim (1878–1942) war als Satiriker des wilhelminischen Deutschlands der unmittelbare Nachfahre Frank Wedekinds und verstand sich in der Tradition Molières. Deshalb unterscheiden sich seine Lustspiele „aus dem bürgerlichen Heldenleben" von denen Lessings, Kleists oder Hauptmanns. Ihm ging es nämlich nicht um Charaktere und Individualitäten, sondern um Figuren, die wie Räder im „Sozialzwang" nach stereotypen gesellschaftlichen Vorstellungen reagierten. Als „Arzt am Leibe der Zeit" stellte Sternheim habsüchtige, streberische, nach oben buckelnde und nach unten tretende Egoisten auf die Bühne, die ihren Materialismus mit einem idealistischen Mäntelchen, Phrasen und Sentimentalitäten umkleideten. Distanziert und genau beobachtete Sternheim das Räderwerk des Erfolgsstrebens geistig unfreier, weil sich selbst nicht mehr im Spiegel der Ironie verstehender Bürger.

Die Possen und Komödien „aus dem bürgerlichen Heldenleben" beginnen mit der *Hose* (UA 1911): Die Frau eines kleinen Beamten mit dem bezeichnenden Namen Theobald Maske verliert auf der Straße, als gerade die kaiserliche Majestät vorbeifährt, dieses notwendige Requisit. Ruf und Karriere des kleinbürgerlichen Gatten scheinen bedroht. Aber Maske, der Egoist und Realist, weiß die Konsequenzen dieses Falles geschickt zu seinem Vorteil auszunutzen. Das nächste Stück hieß *Die Kassette* (UA 1911): In einer Kassette sind nämlich die Staatsobligationen aufbewahrt, die Oberlehrer Krull und sein Schwiegersohn von der Tante zu erben hoffen. Die Besitzgier der beiden verwandelt die dumpfe kleinbürgerliche Idylle in ein regelrechtes Höllennest. Krull schläft sogar mit der Kassette ohne zu ahnen, dass seine Tante das Geld bereits der Kirche vermacht hat. *Bürger Schippel* (UA 1913) ist zwar nur ein „dreckiger Prolet", der aber wegen seiner guten Tenorstimme zum Quartett der kleinstädtischen Honoratioren gebraucht wird. Er schafft es schließlich, ein „kompletter Bürger" mit Frack und Zylinder zu werden. *Der Snob* (UA 1914) zeigt Theobald Maskes Sohn als Generaldirektor. Er heiratet eine Gräfin, lügt snobistisch die Hosen-Geschichte in ein galantes Abenteuer seiner charmanten Mutter mit einem Vicomte um und verleugnet somit seine kleinbürgerliche Herkunft. In *Tabula rasa* (UA 1919) thematisiert der Autor die Polarität innerhalb des Proletariats zwischen revolutionärem Klassenbewusstsein und bürgerlichem Lebensstil am Beispiel des Kunstglasbläsers Ständer.

Sternheim nimmt nicht direkt Partei für eine bestimmte Schicht, sondern sieht sich eher als politischer Aufklärer, der sich als überaus wohlhabender Bürger der aufstrebenden wilhelminischen Gesellschaft überlegen fühlte und sie aus nüchterner Distanz betrachtete. *1913*, ein Drama in drei Aufzügen (1914), ist Sternheims genialste Satire; denn unmittelbar vor dem Sturz in den Ersten Weltkrieg demaskierte er darin die dritte Maske-Generation, den Industriemagnaten, Exzellenz Freiherrn Maske von Buchow, Herr über 12 Fabriken mit 15 000 Arbeitern, und dessen Tochter, als Mitglieder der machthungrigen alldeutschen Herrenklasse. Daneben schwärmt ein junger Mann von einer nationalen und sozialen Revolution, während die Tochter Ottilie am Piano Eichendorffs „Mondnacht" in Schumanns Vertonung spielt.

Die Diktion. Für seine Komödien hatte sich Sternheim eine eigene Sprache konstruiert. Schon Wedekind ließ seine Figuren in einem merkwürdigen Papierdeutsch reden, das ihrer Seelenlosigkeit entsprach. Sternheim legte seinen Bürgern ihre eigenen Zitate in den Mund und ließ sie geschwollen oder gefühlvoll sprechen. Von Wedekind übernahm er das Gehetzte und Verkürzte und „schärfte hieraus einen Dialekt der abgehackten Schneidigkeiten, der depeschenartigen Präzision, wie er in der Gesellschaft des wilhelminischen Deutschland annähernd vorhanden war, wenn auch nicht in solcher Reinheit: eine Kreuzung aus der hochmütigen Schnoddrigkeit des junkerlichen Offiziersdeutsch und der gehetzten Saloppheit und kalten Geschäftssachlichkeit des Börsenmannes. Indem die Sprache alle Bindeglieder, alle sinnlich malenden Adjektive, jedes auf das Gefühl wirkende rhythmische Gefüge aufgibt und bloß knapper Orientierung dient, bekommt sie einen negativen Gefühlswert, verkörpert gewissermaßen die seelenlose Gier, die rohe Kraftmeierei dieser fallreifen Gesellschaft" (J. Bab).

3.5 Ernst Toller – ein „deutscher Danton"

Wohl in keiner Gestalt spiegelte sich so sehr das ganze Elend idealistischer deutscher Jugend wie in Ernst Toller. 1893 in Samotschin/Posen geboren, meldete er sich 1914 als Kriegsfreiwilliger um den Makel seiner jüdischen Herkunft in der nationalen Gemeinschaft zu kaschieren. Unter dem schrecklichen Eindruck des Stellungskriegs und der Fronterlebnisse vollzog sich jedoch ein radikaler Gesinnungswechsel: „Plötzlich, als teile sich die Finsternis vom Licht [...] Nicht: ein toter Franzose. Nicht: ein toter Deutscher. Ein toter Mensch." Toller findet keine Ruhe mehr. Krank geworden, kriegsuntauglich entlassen, sucht er Antwort: bei Rilke, Thomas Mann, Max Weber, G. Hauptmann und Richard Dehmel. Viele, die reden sollten, schweigen. Da schreibt Toller sein frühexpressionistisches Bekehrungsstück *Die Wandlung. Das Ringen eines Menschen* (1917): aufrüttelnde Szenen von Transportzügen, Granattrichtern, von Tod und Auferstehung. Friedrich, der Protagonist der Handlung, nimmt die ganze Sinnlosigkeit des Krieges wahr und ruft die Menschen zu Humanität und Gewaltlosigkeit auf.

Toller schließt sich einem Streik an, kommt dafür ins Militärgefängnis und wird kurzerhand ins Irrenhaus gesteckt. Im April 1919 wählt ihn nach der Ermordung Kurt Eisners der revolutionäre Zentralrat der bayerischen Räterepublik zum Vorsitzenden. Toller vermeidet als „roter General", so gut es geht, jedes unnötige Blutvergießen, doch ein Standgericht verurteilt ihn später als „Hochverräter" zu fünf Jahren Festungshaft in

Sonderblatt.

№ 53. München, 15. Mai 1919.

Bayerisches Polizeiblatt.

Herausgegeben von der Polizeidirektion München.

3040.

10000 Mark Belohnung.

Wegen Hochverrats

nach § 81 Ziff. 2 des RStGB. ist Haftbefehl erlassen gegen den hier abgebildeten Studenten der Rechte und der Philosophie

Ernst Toller.

Er ist geboren am 1. Dezember 1893 in Samotschin in Posen, Reg.-Bez. Bromberg, Kreis Kolmar, Amtsger. Margonin, als Sohn der Kaufmannseheleute Max u. Ida Toller, geb. Kohn.

Toller ist von schmächtiger Statur und lungenkrank; er ist etwa 1,65—1,68 m groß, hat mageres, blasses Gesicht, trägt keinen Bart, hat große braune Augen, scharfen Blick, schließt beim Nachdenken die Augen, hat dunkle, beinahe schwarze wellige Haare, spricht schriftdeutsch.

Für seine Ergreifung und für Mitteilungen, die zu seiner Ergreifung führen, ist eine Belohnung von

zehntausend Mark

ausgesetzt. Wenden!

Steckbrief Ernst Toller

Niederschönfeld. Hier schreibt Toller *Masse – Mensch* (1921): sieben Bilder aus der sozialen Revolution des 20. Jh. An der Figur einer „Frau" und eines „Namenlosen" veranschaulicht der Autor „das zentrale Problem der Revolution (wie er sie auch selbst erlebt hat) in der tragischen Kluft zwischen der moralischen Verantwortung des Einzelnen, des Führers, der ethische Grundsätze wahren muss, und dem revolutionären Zwang, der Gewaltanwendung verlangt. Diesen Widerspruch hat Toller sein Leben lang als quälendes, unlösbares Problem erfahren" (V. Žmegač). Das Stück *Die Maschinenstürmer* (1922) enthält einprägsame, fast realistische Szenen von der frühkapitalistischen Ausbeutung in England.

Mit der Tragödie *Der deutsche Hinkemann* (1923) löste sich Toller zum Vorteil seiner Dichtung vom jugendlichen Pathos; das Drama zählt mit Wolfgang Borcherts *Draußen vor der Tür* (→ S. 475) zu den wahrhaftigsten deutschen Heimkehrerstücken: Dem entmannten Kriegskrüppel Hinkemann kann keine gesellschaftliche Ordnung mehr zu menschlicher Würde verhelfen. Er wird von einer Schaubude engagiert, wo er, ein „deutscher Bärenmensch", zum Gaudium der stets blutdürstigen Menge Ratten und Mäusen die Kehle durchbeißen muss. Das Kriegsgreuel-Panoptikum, meint der Budenbesitzer, müsse nunmehr vom Panoptikum der Boxer, Revancheagitatoren, Shimmytänzer und Sektfabrikanten abgelöst werden.
Erstaunlich hellsichtig stellt auch die Groteskkomödie *Der entfesselte Wotan* (1923) das größenwahnsinnige Spießertum und die Geldgeber der ersten Nationalsozialisten an einem betrügerischen Friseur namens Wotan dar.
1939 tötete sich der Autor, verzweifelt über Europa und wohl auch durch Krankheit gebrochen, in New York. Seine Autobiografie *Eine Jugend in Deutschland* (1933) gehört zu den lesenswertesten Dokumenten der Epoche.

4 Die Prosa: Ahnung und Aufbruch

4.1 Formen und Wirkung expressionistischer Erzählkunst

Die expressionistische Prosa stand anfangs noch ganz im Schatten von Lyrik und Drama. Die Anliegen des expressionistischen Aufbruchs, in Sprache und Form gegen die etablierte Kunst zu revoltieren und gleichzeitig eine geistig-metaphysische Neubesinnung zu vollziehen – „Der Expressionismus ist eine Revolution" (P. Hatvani) – waren vorzüglich mit einer ins Ekstatische gesteigerten Sprachgewalt des Lyrischen und der emphatischen Symbolkraft des Dramatischen realisierbar. Der auf objektivierende Darstellung eines Erzählkosmos angelegte Roman schien dagegen kaum geeignet, die „Vision" des expressionistischen Künstlers vom neuen „Weltgefühl" (K. Edschmid) zu erfüllen. Allenfalls Kurzformen der Prosa wie Erzählung, Märchen, Parabel oder Essay wollten die Expressionisten gelten lassen. „Schriftsteller, die zeitraubende Romane schreiben" – meint fast schon ironisch Joseph Adler 1913 in einer Besprechung von Döblins Erzählung *Die Ermordung einer Butterblume* – „sollte man unter Kuratel stellen." Und ratgebend fährt er fort: „Man möchte den Verschwendern zurufen: Seid kurz wie Döblin." Erst zum Ende des expressionistischen Jahrzehnts vollzog sich eine deutliche Hinwendung zu epischen Großformen wie Roman und Novelle. Bereits 1914/15 hatte Georg Lukács den Roman als „Ausdruck einer transzendentalen Obdachlosigkeit" beschrieben und damit dessen Modellcharakter für die Entpersonalisierung des Einzelnen in der modernen Gesellschaft sinnfällig gemacht.

Stil und Sprache expressionistischer Prosa sind gekennzeichnet von Assoziationstechnik, Wucht und Prägnanz im Ausdruck, parataktischem Satzbau, elliptischen Konstruktionen sowie syntaktischen Brüchen. In Anlehnung an die ausschnitthafte Darstellung im Film prägte Döblin daher den Begriff „Kinostil". Mit solch sprachlicher Konzentration auf das Wesentliche – „Nie bisher wurde so knapp, konzentriert geschrieben, nie ein Begriff bis ins Letzte gesättigt mit der Fülle der Möglichkeiten" (M. Krell 1921) – ging die Hinwendung zu grotesken und parabolischen Sujets einher.

Erzählformen und -techniken expressionistischer Prosa sind erst vor dem Hintergrund der Entfremdung zwischen dem Einzelnen und der Gesellschaft, zwischen Ich und Welt zu verstehen. Das Ende der großen Erzählentwürfe, in denen noch im 18. und 19. Jh. eine allwissende auktoriale Erzählinstanz oder ein souveräner Ich-Erzähler mit seiner Textdominanz auch das Beherrschen der Realität suggerierte, deutete sich schon bei Raabe und Fontane an. Die Erzähler des 20. Jh. verlieren zunehmend die Verfügungsgewalt über ihren Stoff. Nicht von ungefähr kennzeichnet daher die expressionistische Prosa das Einschwenken auf die Figurenperspektive und das Bevorzugen des inneren Monologs. Im Sinne personalen Erzählens steuern solche Erzählformen ein ausschnitthaftes und subjektives Wahrnehmen von Wirklichkeit – am konsequentesten realisiert bei Kafka (→ S. 387 ff.) – und lösen zugleich die Vorstellung von den äußerlich stimmigen Handlungsräumen auf. Das Auseinanderfallen der Wirklichkeit spiegelt sich überzeugend in der Entfremdung und Verunsicherung des Helden wider.

Rezeption. Die literarische Öffentlichkeit hat sich mehr über die kühnen expressionistischen Manifeste (z. B. von Kasimir Edschmid) und über das Hervortreten der politisch revolutionären Dichter erregt als über deren avantgardistische Werke. Sie sah auch die Ausbeute des neuen Stils in den grotesk-schaurigen, gruselig-hypnotischen Filmen nach 1918 (z. B. *Das Cabinet des Dr. Caligari*, 1920), blieb aber im Übrigen beim beruhigenden Vorkriegsgeschmack. Auch in den 30er-Jahren stand man dem Expressionismus kritisch gegenüber (→ S. 448 ff.). So kam es, dass die Prosa von Barlach, Jahnn, Musil und auch Kafka in der Bundesrepublik erst nach 1945 in ihrer vollen Bedeutung gewürdigt wurde. In der DDR erhielten sich reservierte Einstellungen gegenüber diesen Autoren bis in die 80er Jahre. Erst relativ spät wurde den schon Totgesagten mit Werkausgaben bzw. historisch-kritischen Gesamtausgaben (Kafka, Barlach, Jahnn, van Hoddis, Alfred Lichtenstein, Iwan Goll usw.) und mit Anthologien auch der jüdischen und pazifistisch gesinnten Dichter verspätete Gerechtigkeit zuteil – gewiss auch eine Folge des breiten Interesses am gesamteuropäischen Expressionismus, an seiner Malerei, Grafik, Musik, Bühnentechnik, an den Tanzformen und der von ihm angeregten Architektur. Wir beginnen erst allmählich das Ausmaß dieser Bewegung und die verschiedenen Stilelemente in ihr zu unterscheiden, den Anteil der Satire, des Grotesken, des Absurden und Hymnisch-Visionären zu sondern und der individuellen Vielfalt gewahr zu werden.

4.2 Wichtige Vertreter expressionistischer Prosa

Die Anfänge expressionistischer Prosa markierten Else Lasker-Schülers *Peter Hille Buch* (1906) und ihre Traumgeschichte *Die Nächte Tino von Bagdads* (1907), die fast gleichzeitig mit den Erzählungen *Feuerwerk* (1905) von Frank Wedekind und *Die Ermordung einer Butterblume* (1905, aber erst 1913 erschienen) von Alfred Döblin entstanden. In der allegorischen Verfremdung einer Traumreise ließ Alfred Kubins (→ S. 385) fantastischer Roman *Die andere Seite* (1909) das Dämonisch-Hintergründige vor Ausbruch der Weltkatastrophe erahnen. Im selben Jahr hielt der Dramatiker und Bildhauer Ernst Barlach (→ S. 374) auf seiner Russlandreise mit ungeheurer Witterung für das Unsichtbare die Urgebärden der russischen Landschaft fest und schrieb in sein *Russisches Tagebuch*: „Die unerhörte Erkenntnis ging mir auf, die lautete: Du darfst alles Deinige, das Äußerste, Innerste, Gebärde der Frömmigkeit und Ungebärde der Wut, ohne Scheu wagen."

Ein faszinierender Kontrast zu Barlachs norddeutsch-mystischem Gottsuchertum ist – 1906/09 geschrieben und André Gide gewidmet – der tief melancholische kleine Roman *Bebuquin oder die Dilettanten des Wunders* von Carl Einstein (1885–1940). Einstein war in Deutschland der erste exquisite Kenner der modernen Kunst (*Über Negerplastik*, 1915). Der Dichter Bebuquin endet nach flehentlichem Gebet zu Gott, wie Th. Manns Faustus „unfähig zu reden", im Wahnsinn; die künstlichen Paradiese, Traum, Rausch und Selbstbespiegelung können das Wunder der Existenzverwandlung nicht erzwingen. Sie können Tod und steinerne Leere nicht aufheben. Mit einer schockierenden Brillanz, wie sie Benn in seinen stets polemischen Essays nie erreichte, meditiert Einsteins surreale Burleske über Nichts und Gott, Form und Alogik, reine Schönheit und Irrwitz der Kunst. Ein hochartistischer Text voll grotesker Verwandlungen, zynisch und traurig. Er nimmt die Kunstverzweiflung Hugo Balls vorweg und operiert mit absoluten, die Perspektive durchkreuzenden Assoziationen, wie sie sich erst später im Sirenen-Kapitel des *Ulysses* von Joyce finden. Einstein kämpfte 1937 gegen die Franco-Faschisten und nahm sich 1940 bei der Besetzung Frankreichs das Leben.

In die Hochzeit expressionistischer Erzählkunst gehört die sichtlich von Rimbaud inspirierte, rebellische Prosa Georg Heyms: die Amok laufenden Irren, pestbefallenen Matrosen und revolutionären Massen seiner Novellen *Der Dieb* (1913). Trakl, der der Finsternis seiner Existenz die Schönheit der Poesie entgegensetzte, hinterließ uns mit *Traum und Umnachtung* (1914 im *Brenner*) eine wertvolle Ergänzung zu seiner Lyrik.

Auf der Suche nach Orientierung in einer Welt ohne feste Bezugsgrößen flüchtet Dr. Rönne, die Hauptfigur in Gottfried Benns Novellenzyklus *Gehirne*, in die anatomische Wissenschaft: „2 Jahre lang [war er] an einem pathologischen Institut angestellt gewesen, das bedeutete, es waren ungefähr 2000 Leichen ohne Besinnen durch seine Hände gegangen." Sein Scheitern stürzt ihn in eine tiefe Identitätskrise. Die 1916 in Kurt Wolffs Reihe *Der Jüngste Tag* erschienene Sammlung von fünf Prosatexten *(Gehirne, Die Eroberung, Die Reise, Die Insel, Der Geburtstag)* markiert so mit der Auflösung des Ichs und dem Auseinanderfallen von Sprache und Welt die Krise des modernen Bewusstseins:

Dr. Gottfried Benn (1916)

> Es schwächt mich etwas von oben. Ich habe keinen Halt mehr hinter den Augen. Der Raum wogt endlos; einst floss er doch auf eine Stelle. Zerfallen ist die Rinde, die mich trug.

So kalt sich Benn später gab, in seinen Essays *Ausdruckswelt* (1940–1945) und im Prosaband *Der Ptolemäer* (1949), der weitgehend autobiografische Werff Rönne hat noch das uralte romantische Herz, das vor dem „nackten Vakuum" der modernen Sachverhalte versagen muss.

> Eine Art innerer Konzentration setzte sich [bei Dr. Rönne] in Gang, ein Anregen geheimer Sphären, und das Individuelle versank, und eine Urschicht stieg herauf, berauscht, an Bildern reich und panisch [...] Rönne, der Arzt, der Flagellant der Einzeldinge, das nackte Vakuum der Sachverhalte, der keine Wirklichkeit ertragen konnte, aber auch keine mehr erfassen, der [...] vor das Erleben von der tiefen, schrankenlosen mythenalten Fremdheit zwischen den Menschen und der Welt gestellt, unbedingt der Mythe und ihren Bildern glaubte.

Benns Doppelleben, seine immer härtere Entgegensetzung von Kunst und Leben, Geist und Wirklichkeit, wurzelt in diesem Dualismus (→ S. 370).

Die expressionistische Prosa ist von Kritikern oft vorschnell als „O Mensch-Pathos" und Selbstzerfleischung missdeutet worden. So sind heute die Erzählungen Paul Adlers (*Nämlich*, 1915; *Die Zauberflöte*, 1916) und Paul Kornfelds (*Die Begegnung*, 1917; *Die Legende*, 1917), die von Efraim Frisch geschilderte Narrenwelt *Zenobts* und Albert Ehrensteins *Selbstmord eines Katers* (1912), worin zarte Entrückung und Aggression, Schwermut und Ironie auf die Spitze getrieben werden, zu Unrecht fast vollständig vergessen. Als Reaktion auf den bedrückenden Wahnwitz ihrer Zeit machten sie die Realität intensiver sichtbar als die vordergründigen Wirklichkeitsschilderungen mancher ihrer Nachfolger. Ernst Weiss (1884–1940, Freitod in Paris angesichts der anrückenden deutschen Truppen), tiefgläubiger Jude, wie Schnitzler, Benn und Döblin Arzt und

Schriftsteller (Romane wie *Die Galeere*, 1912; *Tiere in Ketten*, 1915; *Feuerprobe*, 1923; Erzählungen wie *Der Arzt*, 1919; *Daniel*, 1924), hat in seinem 1922 veröffentlichten Essay *Juden in der deutschen Literatur* diese Leistung treffend am Beispiel Albert Ehrensteins gerühmt:

> Ehrenstein spielt mit den Worten, aber seine Seele spielt nicht. Seine Seele verliert nie den furchtbaren und doch freudevollen Ernst des Zeugens; wer zeugt, der spottet nicht.
> Wer zeugt, verzweifelt nicht. Mitten in den furchtbarsten Gräueln, die ein Menschenauge zu sehen je gezwungen war, verzweifelt er nicht, er versagt nicht, er verstummt nicht, er steht da, und was er sagt, steht da, sein Schrei steht vor dem Höllenfahrtzug der Jahre 1914–18 wie eine einzige, Tag und Nacht flammende Fackel.

Ähnliches gilt für Fritz von Unruh, aus dessen vom Kriegsschmerz gehämmerter Sprache im *Opfergang* (1916) noch heute Verzweiflung wie Hoffnung spürbar werden.

5 Dada und Surrealismus

5.1 Dada 1916–1924

1913 stellte der französische Maler Marcel Duchamp in der Armory Show in New York sein erstes Readymade, ein „Velorad", aus. 1914 „bezeichnete" er einen gewöhnlichen Flaschentrockner als Bildwerk. Das *readymade* (= Fabrikware, Konfektionsanzug im Gegensatz zur maßgeschneiderten Garderobenpersönlichkeit) demonstrierte als antikünstlerischer Gegenstand das Missverhältnis von Kunst und Massenproduktion. Solche Entlarvungsgesten nannte man später Dada. Duchamp und sein Malerfreund Francis Picabia verließen 1915 das Kriegseuropa und rückten mit Fotos und Maschinenbildern dem technischen Zivilisationstraum auf den Leib (Zeitschriften: *291*, *391*, *New York-Dada*). Gleichzeitig gründeten am 5. 2. 1916 im neutralen Zürich die Deutschen Hugo Ball, Richard Huelsenbeck, der Elsässer Hans Arp, der Rumäne Tristan Tzara u. a., angewidert vom Kriegsgräuel in Europa, der „Verramschung" aller Werte, Worte und Menschen, das literarische *Cabarett* und die Experimentierbühne *Voltaire:* in der Absicht jene gutgläubigen Bürger zu provozieren, die mitten im Aufgebot aller Zerstörungskünste noch immer an „Kultur" glaubten. Überkommene ästhetische Konventionen sollten gesprengt, die „konventionelle Schönheitslüge" entlarvt werden. Die neue Bewegung mit ihrer anarchischen Tendenz wider die traditionelle Kunstauffassung des Bildungsbürgertums wurde von H. Arp so definiert:

> Der Dadaismus hat die schönen Künste überfallen. Er hat die Kunst für einen magischen Stuhlgang erklärt, die Venus von Milo klistiert und „Laokoon & Söhnen" nach tausendjährigem Ringkampf mit der Klapperschlange ermöglicht endlich auszutreten. Der Dadaismus hat das Bejahen und Verneinen bis zum Nonsens geführt. Um die Indifferenz zu erreichen, war er destruktiv.

So war Dada – ein „zufällig in einem deutsch-französischen Diktionär" gefundenes Kinderwort, das etwa soviel wie „Hoppe- oder Holzpferdchen" bedeutet – einerseits Protest, Verspottung und hintersinniger Ulk, andererseits eine „Sehnsucht nach Glauben" (H. Arp), eine „Widerlegung der Weltordnungen", „ein Narrenspiel aus dem Nichts" (H. Ball) und ein „Ekel vor der Obszönität aller Schlagworte" (W. Mehring).

Die Gründer trugen Verse von Morgenstern (→ S. 347), Lichtenstein und van Hoddis vor. Sie rezitierten simultan Gedichte und machten Geräuschmusik wider den Weltlärm. Sie erfanden reine Lautgedichte zur Bloßstellung der ausgezehrten Vokabeln, trugen Lyrik aus Afrika vor, tanzten abstrakte Tänze, veranstalteten moderne Bilderausstellungen und gewannen Künstler wie Apollinaire, Kandinsky, Strawinsky, Cocteau und Breton zu Mitarbeitern. Sogleich stellte sich heraus, dass Dada in der Luft lag: Arp machte Holzschnitte „nach dem Gesetz des Zufalls", der Kölner Max Ernst zerschnitt spießige Illustrationsgrafik aus der Gründerzeit und klebte sie zu grotesken Collagen zusammen.

Die Wurzeln des Dadaismus reichen zurück in die vielfältigen Strömungen des europäischen Manierismus, wie er sich bereits 1530 bis 1630 (→ S. 102) und wieder in der Romantik als Kunst der Revolte und Krise manifestiert hatte (→ S. 227 ff.). Als früheste modern-literarische

Bekundungen gelten Alfred Jarrys 1896 in Paris aufgeführtes Stück *Ubu Roi*, manche Dichtungen von Max Jakob und Blaise Cendrars, Apollinaires lyrische Kalligramme, Carl Einsteins *Bebuquin*, van Hoddis' Grotesken *Visionarr*, *Tohub*, *Andante*, Alfred Lichtensteins *Kuno-Kohn*-Grotesken, Erik Saties musikalische Kompositionen mit Titeln wie *Drei Stücke in Form einer Birne* und Oskar Kokoschkas Groteske *Sphinx und Strohmann* (1908).

Wichtige Impulse für die sprachliche Entwicklung des Dadaismus gingen auch vom italienischen Futurismus aus. Um die Sprache von ihren überkommenen Strukturen zu befreien forderte Marinetti schon 1912 in seinem *Technischen Manifest der futuristischen Literatur* z. B. die Zerstörung der Syntax durch zufällige Anordnung der Substantive, den Gebrauch des Verbs im Infinitiv, den Verzicht auf Adjektiv und Adverb und die Abschaffung der Zeichensetzung. Stattdessen sollte die Dichtung getragen sein von Gedankenassoziationen und „Bildnetzen", die schließlich in einer „DRAHTLOSEN PHANTASIE" aufgehen und so eine essenziellere Kunst ermöglichen: „Nach dem freien Vers nun endlich die BEFREITEN WORTE!"

Die Auswirkung Dadas zeigte sich in Fotomontagen (seit 1918), phonetischen Plakaten (= Schriftbildern), Collagen, abstrakten Filmen wie Hans Richters *Rhythmus 21* (1921), in Ballettaufführungen, Gedichten ohne Syntax mit Zufallsassoziationen und an der Gleichzeitigkeit mehrerer Bildaspekte in Prosa und Vers. Bedeutende Romane wie *Ulysses* von Joyce (1922) oder *Berlin, Alexanderplatz* von Döblin, auch T. S. Eliots frühe Dichtungen (*Sweeney Erect*, *The Hippopotamus*, 1920) tragen dadaistische Züge. – Die Pop-Art der 60er-Jahre mit ihren Stillleben aus Konservendosen, Autoreifen, ihren Décollagen (zerfetzten Plakatbildern) und kunstvollen Anhäufungen von Verpackungsmüll ist eine Art Neo-Dada. Auch die „Konkrete Poesie" der Gegenwart (→ S. 537 ff.) ist vom Dadaismus angeregt.

Das Dada-Tagebuch HUGO BALLS (1886–1927), der wie ein Heiliger im Tessin lebte und starb, enthält Notizen über Blendwerk und Magie, Selbstbetrug und Geheimnis der Kunst, die den Fragmenten des Novalis und Einsteins *Bebuquin* gleichkommen. In ihm stehen zwischen den Kabarett-Darbietungen notierte Sätze, die bestürzen: Die Welt ist „am Nullpunkt angelangt", „ein universaler Karfreitag" ist angebrochen. „Christus ist Bild und Wort. Das Wort und das Bild sind gekreuzigt." Die modernen Künstler sind „Gnostiker" und praktizieren Dinge, „die die Priester längst vergessen wähnen". Ball zitiert Léon Bloy, Franz Baader, Novalis und Jakob Böhme wider den wachsenden „Schindanger", den „Bankrott der Ideen", der „das Menschenbild bis in die innersten Schichten zerblättert hat".

KARAWANE

jolifanto bambla ô falli bambla
grossiga m'pfa habla horem
égiga goramen
higo bloiko russula huju
hollaka hollala
anlogo bung
blago bung
blago bung
bosso fataka
ü üü ü
schampa wulla wussa ólobo
hej tatta gôrem
eschige zunbada
wulubu ssubudu uluw ssubudu
tumba ba- umf
kusagauma
ba - umf

Hugo Ball, Die Karawane, 1917

Welche Erschütterung sich 1916 hinter Dada verbarg, zeigt auch das Werk des Elsässers HANS ARP (1887–1966). Von allen Dada-Gründern hat er sowohl als Lyriker wie als Bildhauer seine Fantasie am reichsten entwickelt. Er schrieb französisch und deutsch. Schon als Junge füllte er Seiten um Seiten mit ungewöhnlichen Wortverbindungen, war entzückt von Volksliedern, Gassenhauern und Kinderreimen und machte sich einen Spaß aus zufälligen Zeitungssätzen Schabernackgedichte zu formen, denn „der Zufall befreit uns aus dem Netze der Sinnlosigkeit". Kinder basteln so mit Worten um die bedrohliche Umwelt auf den Kopf zu stellen. In der *wolkenpumpe* (1917) schrieb er ohne Überlegung, dem bloßen Einfall gehorchend, Gedichte nieder, die schon wie surrealistische Gebilde aussahen, aber nur als reizvolles Spiel mit fantasieentbindenden Wortketten gemeint waren: „[…] dann der bogenschütze trifft das herz der kuckucksuhr dann der reife löwe springt mit rosen im maul auf den tisch […]" Dada liebt das Feuerwerk von Geist und Selbstironie und unterscheidet sich damit von den surrealistischen Eingebungen aus dem Unterbewussten. Wer sich etwas kindlichen Übermut in einer verzweifelten Welt bewahrt hat, wird auch an Arps Versen aus *der vogel selbdritt* (1920) Spaß haben:

> weh unser guter kaspar ist tot.
> wer verbirgt nun die brennende Fahne im
> wolkenzopf und schlägt täglich ein schwarzes
> schnippchen.
> wer dreht nun die kaffemühle im urfass […]

Die Dada-Zentren in Europa entwickelten jedoch später eigenständige künstlerische und literarische Profile, die rasch zu Spannungen innerhalb der Bewegung und schließlich zu deren Auflösung führten: Während in der Schweiz der Dadaismus weiterhin als „künstlerisches Spiel" praktiziert wurde, entwickelte sich in der Berliner Gruppe eine eher politisch-aggressive Variante. Einen anderen Verlauf nahm der Dadaismus in Frankreich, dessen Hauptvertreter A. Breton sich 1922 – angeblich wegen mangelnder Seriosität und anarchisch-destruktiver Tendenz – von der Bewegung trennte und Mitbegründer des Surrealismus wurde.

5.2 Surrealismus – Inspiration aus dem Unbewussten

Der Surrealismus mit seinen Halluzinationen und Schreckerlebnissen, seinem Blick in die Abgründe und Schaurigkeiten menschlichen Lebens wurde zuerst in Paris von GUILLAUME APOLLINAIRE (1880–1918) getauft und von ANDRÉ BRETON (*Manifest de Surréalisme*, 1924) zum Programm einer neuen Inspirationsquelle der Dichtung aus dem Unbewussten erhoben, die stark von der Traumtheorie Sigmund Freuds (→ S. 335) beeinflusst war. Die neue revolutionäre Kunst- und Literaturbewegung, deren führende Köpfe sämtlich aus Frankreich stammten, zeigte eine tiefe Abneigung gegen die bürgerliche Gesellschaft mit ihren verkrusteten Strukturen und ästhetischen Traditionen. So wandte sie sich bei ihrer Kritik an den Zivilisationserscheinungen gegen den Zwangscharakter einer realistischen Darstellungsweise, die den Menschen in seiner Vorstellungswelt zu sehr einenge. Folgerichtig propagierte sie alternative Möglichkeiten der Lebens- und Welterfahrung, die sie in der Fantasie und im Traum sahen. Methodisch kennzeichnend für viele Surrealisten war die *écriture automatique*, die sog. automatische Schreibweise, die den literarischen Schaffensprozess dem Unbewussten des Einzelnen (z. B. Traum, Vision, Halluzination) überlässt um so durch eine bildreichere Sprache in eine Überwirklichkeit (= Surrealismus) vorzudringen.

Den dunklen Seiten des Daseins hatte sich die deutsche Romantik – Chamisso, Tieck, E. T. A. Hoffmann – geöffnet. Von ihr gingen Impulse aus, die über E. A. Poe, die französischen Romantiker, Baudelaire und Lautréamont zum modernen Surrealismus führten. LAUTRÉAMONT (1847–1870) zählte in seinen *Gesängen des Maldoror* alle europäischen Dichter des Grauens, der Verzweiflung, der Phantasmagorien und der Finsternis auf: Mickiewitz, Byron, Poe, Milton, Baudelaire, Maturin. Von Lautréamont – dem „schwarzen, zerschmetterten Erzengel von unschlagbarer Schönheit, blendende Blitze violett und grün […] phosphoreszierende Metaphern in der flammenden Nacht des Unbewussten" (M. Maeterlinck) – stammt der berühmte Vergleich von der Schönheit der „unvermuteten Begegnung einer Nähmaschine und eines Regenschirms auf einem Seziertisch".
Was die deutsche Dichtung des 19. Jh. (vor allem im Biedermeier und im Realismus) zu verdrängen suchte: die Faszination des Hässlichen, Grausigen, Verblüffung, Extreme, Ängste und Trostlosigkeiten – drängte vor und im Ersten Weltkrieg ans Licht. Es zeigte sich spielerisch in Arps *wolkenpumpe* und Zerreißbildern, keck in Schwitters' absurd-hintersinnigen Versen und Kompositionen. Heyms Traumskizzen in Prosa, manche

Kafka-Texte, die schauerlichen Groteskszenen in Carl Hauptmanns Drama *Krieg* (1913) und viele andere visionär-apokalyptische Züge im gesamten „Expressionismus" sind Beispiele „surrealistischen" Sehens, wenn auch nicht streng automatischer Inspiration. Auf der Leinwand optisch vergegenwärtigt würden wir sie ohne Zögern für Zeichnungen von Alfred Kubin, für Bilder von Max Ernst oder des frühen Salvador Dalí halten. Ohne Schwierigkeit finden wir in der vereinfachend mit dem Etikett „Expressionismus" abgestempelten Dichtung zahlreiche absurde, groteske, surreale Elemente (→ S. 387 ff.), die zum Gesamtbereich des modernen „Manierismus" gehören. Der „Mensch in der Revolte" (A. Camus) und im Labyrinth des modernen Lebens hat in der expressionistischen Dichtung ebensoviele Gesichter und Gebärden wie in der Malerei dieses Zeitraums.

Auswirkungen auf den Film zeigte der Surrealismus besonders in den 20er-Jahren, als der sozialkritische spanische Regisseur Luis Buñuel erstmals die revolutionären Ausdrucksformen der avantgardistischen Bewegung nutzte, indem er zusammen mit Salvador Dalí die Montagetechnik verfeinerte um durch Assoziationen, die extreme Bildsequenzen herstellten, Unbewusstes aufzudecken (*Un chien andalou*, 1928). Auch die in den 90er-Jahren so beliebten Videoclips tragen in ihren oft sprunghaft-willkürlichen und ins Fantasisch-Übersinnliche abgleitenden Szenen noch deutlich Spuren des Surrealismus.

6 Wege ins Fantastische und Labyrinthische

6.1 Fantastisches Österreich – Meyrink, Perutz, Kubin

Das Genre des Fantastischen wird in der deutschsprachigen Literatur der ersten Jahrhunderthälfte maßgeblich durch die österreichischen Autoren Gustav Meyrink, Leo Perutz und Alfred Kubin vertreten. Im Gegensatz zu Märchen, Sciencefiction, Fabeln, Sagen oder Schauerromanen, wo sich der Leser mühelos auf eine fremde, unbekannte Welt einlässt, trägt die fantastische Literatur allzuoft die Maske des Alltäglichen um dann unvermittelt Grauen und Schrecken zu verbreiten. Vor dem Hintergrund eines rationalen, von der modernen Naturwissenschaft dominierten Weltbildes wirkt die Darstellung eines unerhörten, den Naturgesetzen widersprechenden Ereignisses, das in die reale und als beherrschbar geglaubte Alltagswelt einbricht, für den Leser noch beängstigender.

Die Wurzeln der deutschsprachigen fantastischen Literatur reichen zurück bis in die Romantik. Schon E. T. A. Hoffmann (→ S. 252 ff.), von Zeitgenossen als „Gespenster-Hoffmann" verspottet, führte Elemente des Unheimlichen in seine Erzählungen ein, indem er dem Leser neue Horizonte entdeckte, Persönlichkeitsspaltungen thematisierte und viele seiner Figuren mit quälenden Wahnvorstellungen zeichnete. In seiner Tradition des Unheimlichen standen in Frankreich vor allem Théophile Gautier und Gérard de Nerval, der sich der „Nachtseiten der Romantik" annahm; in Amerika waren besonders Ambrose Bierce und E. A. Poe Meister der Schauergeschichte.
Im Österreich der Jahrhundertwende trug zum einen die Décadence-Stimmung des Fin de Siècle, die die Menschen empfänglich machte für Übersinnliches, zu einer Wiederbelebung der fantastischen Literatur bei; zum anderen veranlasste der Untergang der Habsburgermonarchie 1918 und die deprimierende Realität der Nachkriegszeit viele zu einer Flucht in den Mystizismus: Lehren von außersinnlichen Wahrnehmungen (Okkultismus), Geisterbeschwörung (Spiritismus) und Geheimnissen über Gott und die Welt (Theosophie) wurden zu ersatzreligiösen Strömungen und fanden in ihrer Ablehnung einer desillusionierenden Gegenwart zahlreiche Anhänger.

Gustav Meyrink (1868–1932), ein Prager Wechselstubenbesitzer und esoterischer Sonderling, kam über Wien, wo er als Redakteur der Zeitschrift *Der liebe Augustin* im Literaturbetrieb festen Fuß zu fassen versuchte, nach München. Erste literarische Meriten verdiente sich der Autor und spätere *Simpl*-Mitarbeiter durch die Veröffentlichung zahlreicher grotesk-fantastischer Kurzgeschichten, die in satirischer Form Kritik an der damaligen Gesellschaft übten und 1913 unter dem Titel *Des deutschen Spießers Wunderhorn* in drei Bänden zusammengefasst wurden. Sie

handeln vom *Heißen Soldaten*, von *Orchideen* und vom *Wachsfigurenkabinett*, von mysteriösen Experimenten, Präparaten und Retortenkunststücken, die an das Treiben der manieristischen Künstler am Hofe Rudolfs II. erinnern, als Prag um 1600 zum Sammelplatz kurioser Lebensformen wurde.
Als Meister der fantastischen Literatur konnte sich Meyrink jedoch erst mit seinem später erfolgreich verfilmten Roman *Der Golem* (1915) etablieren. Stark beeinflusst von der schwarzen Romantik und den Werken E. T. A. Hoffmanns arbeitete der Dichter die alte jüdische Golemsage auf, indem er sie – unter Verwendung expressionistischer Stilmittel – mit den Erlebnissen eines Bürgers der Neuzeit verquickte. Durch die Vermengung von Realem und Irrealem gelang Meyrink ein schauerlich-faszinierender Roman, der in seiner beklemmenden Darstellung des Prager Gettos die Bedrohung des Menschen durch anonyme Mächte, die auch im Werk F. Kafkas zu finden sind, aufzeigt.
Meyrinks spätere Werke waren ähnlich erfolgreich wie *Der Golem* und zählen heute zu den Klassikern der fantastischen Literatur. *Das grüne Gesicht* (Roman, 1916) greift das Motiv des ewigen Juden Ahasver auf und führt den Leser in das Getto Amsterdams. Seine beiden letzten Romane, *Der weiße Dominikaner* (1921) und *Der Engel vom westlichen Fenster* (1927), sind jedoch schon mit kabbalistischen Weisheiten überfrachtet und deuten durch die Ausführungen über die geheimbündlerischen Rosenkreuzer die Abkehr des Dichters von der Wirklichkeit in den 20er-Jahren an.

Leo Perutz (1884–1957), ein gelernter Versicherungsmathematiker aus Prag, war als Autor fantastischer Romane lange zu Unrecht vergessen. Seine Werke, die besonders in der Weimarer Zeit auf ein begeistertes Lesepublikum trafen und in hohen Auflagen erschienen, erlebten erst in den frühen 90er-Jahren des 20. Jh. eine Renaissance. Perutz war während seiner Prager Zeit befreundet mit G. Meyrink, F. Werfel und M. Brod; in Wien machte der schwer verwundete Kriegsteilnehmer und Kriegsberichterstatter Bekanntschaft mit den Größen des damaligen Literaturbetriebs: mit A. Polgar, A. Schnitzler und A. Roda Roda. Als Jude musste Perutz während der Nazizeit emigrieren. Er ließ sich in Israel nieder, kehrte aber nach dem Krieg öfter kurzzeitig in seine Heimat Österreich zurück, wo er während eines Besuchs 1957 in Bad Ischl verstarb. Sein letztes Manuskript wurde von seinem Schüler A. Lernet-Holenia überarbeitet und erschien 1959 posthum als Roman unter dem Titel *Der Judas des Leonardo*.
Als „Magier der Geschichte" thematisierte Perutz immer wieder historische Stoffe der Neuzeit. Schon sein Erstling *Die dritte Kugel* (Roman, 1915) zeigt eine für sein Werk typische Vorgehensweise, die geschickt jongliert zwischen Gegenwart und Vergangenheit, Realität und Fiktion: In der Rahmenhandlung macht der Leser Bekanntschaft mit einem Hauptmann Glasäpflein, der in Diensten des katholischen Spanien zur Zeit Karls V. steht und sein Gedächtnis verloren hat. Eine Wunderdroge zeigt ihm rauschhaft seine wahre Identität: Als adeliger Rebell Grumbach und Anführer einer Schar evangelischer Landleute, die dem Bauernkrieg von 1524/1525 nach Amerika entkommen war, nahm er aktiv auf Seiten der Azteken am Aufstand gegen den verhassten spanischen Konquistador Cortez teil. Grumbach erkennt das Groteske seiner Situation – er kämpft ja nun für die Gegenseite –, versinkt jedoch wieder in die alte Identitätslosigkeit und bleibt loyaler Soldat im Heere Karls V.
Vor historischem Hintergrund spielen auch die fantastischen Romane *Der Marquis de Bolibar* (1920), *Turlupin* (1924), *Der schwedische Reiter* (1936), *Nachts unter der steinernen Brücke* (1953) und *Der Judas des Leonardo* (1959).
In dem Erfolgsroman *Wohin rollst du, Äpfelchen …* (1928), der allerdings kaum Elemente des Fantastischen aufweist, setzt ein aus russischer Kriegsgefangenschaft entlassener Wiener alles daran, sich an seinem ehemaligen Peiniger zu rächen. Wieder ganz in seinem Element ist Perutz bei seinen fantastischen Kriminalromanen *Der Meister des Jüngsten Tages* (1923) und *St. Petri Schnee* (1933), in denen eine unheimliche Droge die Menschen zur Verzweiflung bzw. in den Tod treibt.
Auf die Tatsache, dass Leo Perutz fesselnde Romane geschrieben hat, die zugleich von hohem inhaltlichen und sprachlichen Niveau sind, hatte C. von Ossietzky schon 1925 hingewiesen.

Alfred Kubin (1877–1959). Seine Doppelbegabung als Maler-Dichter spielte der aus Nordböhmen stammende Kubin, der eigentlich „nicht

als Schriftsteller auftreten" wollte, zeitlebens als kongenialer Zeichner und Grafiker von Werken der Weltliteratur aus, die seinen Ruhm als Meister der Illustration der fantastischen Literatur begründeten. Mit oft wirrem Pinsel und nervöser Feder visualisierte er eindrucksvoll das Unheimliche und Übersinnliche in den Werken E. T. A. Hoffmanns, A. von Arnims, F. M. Dostojewskis, E. A. Poes, A. Bierce', H. de Balzacs, A. Strindbergs und vieler anderer. In eigenen Mappen (*Am Rande des Lebens*, 1921; *Ein Totentanz*, 1925) zeichnete er, was den psychisch labilen Künstler am tiefsten bewegte: die Bedrohung des Menschen durch dämonische Mächte.
Nicht minder erfolgreich war Kubin als Schriftsteller. Nach einer Italienreise entstand innerhalb von nur zwölf Wochen der „fantastische Roman" (so der Untertitel) *Die andere Seite* (1909), der in der Zeichnung einer utopistischen Gegenwelt surreale und abstrakte Elemente enthält. Von der abenteuerlichen Reise in das mittelasiatische „Traumreich" mit seiner Hauptstadt Perle zurückgekehrt berichtet der Ich-Erzähler von einer (Traum-)Welt, die durch ihre undurchsichtige Organisation der menschlichen Vernunft letztlich verschlossen bleibt. Das Eindringen eines Amerikaners, der das Rationale verkörpert, leitet in der Darstellung apokalyptischer Szenen schließlich den Untergang des anarchischen Traumreichs ein. In diesem Roman, der mit seiner abgründigen Symbolik als Wegbereiter der Moderne gilt und in seinen visionären Zügen besonders das dichterische Werk F. Kafkas und die Surrealisten beeinflusste, „wird der gescheiterte Versuch einer Utopie dargestellt, was seine Faszination auf die Lesergeneration nach 1968 erklären mag, die Kubins Roman zeitweilig den Status eines Kultbuchs verlieh" (R. A. Zondergeld).

6.2 Das literarische Prag

Prag, die „Goldene Stadt" an der Moldau, die ihre erste kulturelle Blüte schon im 14. Jh. unter Karl IV. erlebte, war um 1900 und im ersten Drittel des 20. Jh. neben Wien, Berlin und München eines *der* Zentren deutschsprachiger Literatur. In Prag konnten bis zum Einmarsch der Nationalsozialisten im Jahre 1939 jüdische, tschechische und deutsche Intellektuelle in der weltoffenen Tradition des Habsburger Reiches fruchtbar zusammenwirken und nach der Jahrhundertwende bei der Suche nach neuen literarischen Ausdrucksformen die gerade entstehenden symbolistischen und expressionistischen Stilrichtungen entscheidend mitprägen.
Das Geheimnisvolle und Groteske, das die geistige Lebensform „Prag" auszeichnete, machte diese Stadt zu einem Ort der Widersprüche und Paradoxien und ermöglichte so erst das spannungsreiche Miteinander von deutscher, jüdischer und tschechischer Literatur. Auch verwundert es nicht, dass gerade in einer Stadt mit solch widersprüchlicher Atmosphäre Grenzerfahrungen der Moderne wie Entfremdung und Vereinsamung erfahrbar wurden. Zu Recht spricht man vom „magischen Prag", in dem sich das Physische mit dem Metaphysischen mischt, „was zu Mystizismus, Angst, oder zu beidem führen kann, einem geheimnisvollen Mystizismus des Schreckens" (J. Adler). Kein anderer Schriftsteller hat die Ambivalenz von Gefangensein und Flüchtenwollen, von Hass und Liebe zu dieser Stadt so intensiv durchlitten wie Franz Kafka, der an einen Freund schrieb: „Prag lässt nicht los. Dieses Mütterchen hat Krallen. Da muss man sich fügen oder – An zwei Stellen müssten wir es anzünden, […] dann wäre es möglich, dass wir loskommen."

Künstlervereinigungen. Die national-konservative deutschbürgerliche *Concordia*, die ein frühes Zentrum des Prager Literaturbetriebs war und zahlreiche Schriftsteller vereinigte, wurde seit 1899 angeführt von dem Übersetzer Friedrich Adler und dem Dichter Hugo Salus, der sich schon bald vom Epigonentum der Klassik abwandte und sich als elegisch-satirischer Lyriker und geistreicher Novellist profilierte. Beide schätzten damals schon den jungen Rilke, der in seiner frühen Prager Zeit der *Concordia* nahestand.
Ein erster Durchbruch zur literarischen Moderne gelang der Gruppe *Jung-Prag*. Die Schriftsteller dieser neuromantischen Bewegung thematisierten in ihrer unbedingten Ablehnung der etablierten Traditionalisten häufig das alte Prag mit seinen nostalgischen Türmen und labyrinthischen Gassen, griffen Tabuthemen wie z. B. die Sexualität auf und beschritten Wege ins Labyrinthische und Fantastische, wie sie etwa in den Werken G. Meyrinks und L. Perutz' zum Ausdruck kommen. Wortführer dieser Bewegung war neben Oskar Wiener, der vor allem wegen seines Sammelban-

des *Prager Deutsche Dichter* (1919) bekannt wurde, der in Künstlerkreisen hoch verehrte Paul Leppin, ein eigenwilliger Bohemien und „Troubadour des alten Prag“, der mit seinen lasziven Romanen damals für Aufregung sorgte.

Der Prager Kreis – von seinen Initiatoren so genannt – löste schließlich die dekadente neuromantische Bewegung ab und entwickelte sich innerhalb einer Dichtergeneration für die gesamte deutschsprachige Literatur zu einer einmaligen Erscheinung. Um den geistigen Mentor und „Literaturmanager“ dieses Kreises, MAX BROD (1884–1968), der als renommierter Schriftsteller und Kritiker vielfältige Kontakte zu Redaktionen und Verlagen pflegte und junge Talente förderte, scharten sich in freundschaftlicher Zuneigung der im Kindesalter erblindete Oskar Baum, der als Musikkritiker tätig war und auch als Erzähler reüssierte, der Philosoph F. Weltsch und F. Kafka, dessen Werke M. Brod später herausgab und interpretierte. Diesem engeren Kreis locker verbunden waren u. a. der begabte Lyriker Franz Janowitz und dessen Bruder Hans, der Theaterkritiker Willy Haas, der Frühexpressionist Paul Kornfeld, der sozialrevolutionäre Lyriker Rudolf Fuchs, der heute vergessene Otto Pick, dessen Anthologie *Deutsche Erzähler aus der Tschechoslowakei* (1922) berühmt wurde, und besonders Franz Werfel, der im Literaten-Café „Arco“, wo sich die jungen Dichter austauschten, jahrelang der unumstrittene Mittelpunkt war. Als Sprachrohr für die Prager Avantgarde dienten die *Herder-Blätter* und das Jahrbuch *Arkadia*, das von M. Brod betreut wurde. Der Erste Weltkrieg löste unter den Dichtern des Kreises starke Differenzierungstendenzen und Auflösungserscheinungen aus: Vor dem Hintergrund schrecklicher Kriegserfahrungen und nationaler Wirren der Nachkriegszeit fühlten sich viele Autoren, z. B. F. C. Weiskopf, E. E. Kisch und R. Fuchs, revolutionären Ideen verpflichtet, F. Werfel und M. Brod wandten sich der Religion zu, wieder andere engagierten sich für die Etablierung der Demokratie im neuen Staat Tschechoslowakei. Nachteilig auf den Prager Literaturbetrieb wirkten sich auch die antideutschen Unruhen aus, die 1920 in der Hauptstadt ausgebrochen waren und viele Dichter zur Abwanderung veranlassten: E. Weiß, H. Ungar, E. E. Kisch und schließlich F. Kafka verließen die Stadt um Zuflucht in der Prager Kolonie in Berlin zu finden, wo Emil Faktor als Chefredakteur des *Berliner Börsen-Couriers* und Willy Haas als Herausgeber der *Literarischen Welt* dafür sorgten, dass die Werke ihrer Landsleute einem großen Lesepublikum zugänglich wurden.

Zwischen den Kriegen dominierten das Literaturgeschehen in der tschechischen Metropole besonders sudetendeutsche Dichter, die in ihrer „Neigung zum Exakten, zur Sachlichkeit, zur prägnanten Objektivität“ (O. Pick) und in ihrer psychologisierenden Rückschau auf die zunehmende Entfremdung des Individuums hinwiesen. Ernst Weiß, Herman Ungar und Ludwig Winder zählen zu den bedeutenderen Vertretern der „mährischen“ Dichter, die engen Kontakt zum Prager Kreis unterhielten.
Von 1933 bis 1939 rückte Prag als Zufluchtsort für die aus Deutschland geflohenen Autoren erneut in den Mittelpunkt der literarischen Öffentlichkeit (→ S. 443).

FRANZ WERFEL (1890–1945) war neben Kafka der bedeutendste deutschsprachige Prager Erzähler unseres Jahrhunderts. Der Sohn jüdischer Eltern wuchs in großbürgerlichen Verhältnissen auf, studierte Jura, Philosophie und Psychologie ohne einen akademischen Abschluss zu erreichen. Den Aufbruch des Expressionismus erlebte und förderte Werfel als Lektor in dem für avantgardistische Literatur aufgeschlossenen Verlag Kurt Wolff in Leipzig. Dort war er auch Initiator und Mitherausgeber der Buchreihe *Der Jüngste Tag*, in der er neben eigenen Texten u. a. Werke von Hasenclever, Kafka und Trakl publizierte. Der Kriegsteilnehmer lebte in den 20er-Jahren in Wien, wo er seine spätere Frau Alma Mahler-Gropius kennen lernte. 1938 flohen beide vor den Nationalsozialisten erst nach Frankreich, dann in die USA, wo der Schriftsteller 1945 in Beverly Hills starb.
Die Dichtung Werfels, vor allem sein umfängliches Romanwerk, ist geprägt von dem spannungsreichen Verhältnis zwischen jüdischer Tradition und christlicher Frömmigkeit. Verwurzelt in jüdischem Glauben und Volkstum (*Der Tod des Mose*, 1920; *Paulus unter den Juden*, Drama 1926; *Jermias – Höret die Stimme*, 1938) suchte er gleichwohl im Christentum Zeugnisse der gött-

lichen Heilsgeschichte (*Der veruntreute Himmel*, 1939; *Das Lied von Bernadette*, 1941; *Cella*-Fragment, 1942). Kerngedanke seines Werkes blieb – trotz schlimmer persönlicher Erfahrungen – sein lebenslang gehegtes Vertrauen auf die Erlösbarkeit des Menschen.

Einen Namen in der literarischen Öffentlichkeit machte sich Werfel mit seinem Gedichtband *Weltfreund* (1911), der von Kafka mit „Begeisterung" aufgenommen wurde. Werfel selbst distanzierte sich später vom „naturalistischen Nihilismus" seiner expressionistischen Formkunst, zu der auch die weiteren Lyrikbände *Wir sind* (1913), *Einander* (1915) und *Der Gerichtstag* (1919) zu zählen sind.

Nach einer kurzen Phase als Dramatiker (*Spiegelmensch*, 1920; *Bocksgesang*, 1922; *Juarez und Maximilian*, 1924) fand Werfel in der Prosa die ihm gemäße Ausdrucksform. In rascher Folge erschienen nun bis zu seinem Tode mehr als zwanzig meist umfängliche Romane, Erzählungen und Novellen, an denen z.T. formale und stilistische Schwächen kritisiert wurden.

Die vierzig Tage des Musah Dagh (1933) gilt jedoch als eine der authentischsten Geschichtsdarstellungen des 20. Jh. Der Roman erzählt vom historisch verbürgten Widerstand von ca. 5000 armenischen Bauern und Handwerkern, die sich 1915/16 im Kampf gegen die Übermacht des türkischen Militärs auf den nordsyrischen Musah-Dagh-Berg (= Berg Moses) zurückziehen. Erwähnenswert bleiben der Roman *Stern der Ungeborenen* (→S. 455), eine Bilanz der Menschheitsgeschichte, der Künstlerroman *Verdi* (1924), die Novellen *Der Tod eines Kleinbürgers* (1927) und *Eine blassblaue Frauenschrift* (1941) sowie seine Romane *Barbara oder die Frömmigkeit* (1929) und *Die Geschwister von Neapel* (1931). Das Schuld-Thema der frühen Vatermordnovelle *Nicht der Mörder, sondern der Ermordete ist schuld* (1920) greift Werfel in *Der Abiturientenag* (1927) wieder auf. Zugleich steht er mit diesem Adoleszensroman in der Tradition von Hesses *Unterm Rad* (1906) sowie Musils *Törless* (1906) und weist voraus auf Friedrich Torbergs *Der Schüler Gerber* (1930).

6.3 Franz Kafka – Schreiben als Existenzform

Chiffre der Moderne. Kein anderer Dichter des 20. Jh. hat so treffend die von Einsamkeit, Entfremdung und Suche nach Erlösung geprägte moderne Lebenswelt in seinem Werk beschrieben und verarbeitet wie Franz Kafka. Wie selbstverständlich seine verschlüsselten, parabolisch erzählten Texte bereits zur Chiffre für alles Unergründliche und Geheimnisvolle geworden sind, belegt die Wortschöpfung „kafkaesk" als Metapher für eine von Bürokratie, Inhumanität und Absurdität geprägte Welt. Kaum ein anderer moderner Dichter hat dabei eine solche Flut an Deutungen herausgefordert wie eben Kafka und sich gleichzeitig mit seinen von unentwirrbarer Rätselhaftigkeit getragenen Texten einem eindeutigen, rationalen Zugang entzogen. Dennoch fußt „die suggestive Macht [...] auf dem Eindruck, dass die Gesamtheit des Werkes durch ihre Form etwas über die menschliche Wirklichkeit aussagt. Es drängt sich der Vergleich mit der Welt als einer riesigen Falle auf, einem Schauplatz vergeblicher Anstrengungen. Ohne Rücksicht auf Kafkas mögliche metaphysische Intention kann sein Werk in unserem historischen Kontext als Chiffre für entfremdete, bis zur Sinnlosigkeit getriebene reale Verhältnisse begriffen werden" (V. Žmegač).

Lebensabriss. Franz Kafka (1883–1924) kam als Sohn einer jüdischen Kaufmannsfamilie in Prag zur Welt. Die Atmosphäre des ehemaligen Gettos mit seinen dunklen Winkeln, geheimnisvollen Gängen, Dachkammern und Hinterhöfen findet sich auch in seinen Romanen, während andere Erzählungen (z. B. *Eine kaiserliche Botschaft*) den Staatsaufbau Österreichs oder *In der Strafkolonie* den militärischen Sadismus im Ersten Weltkrieg widerspiegeln.

Nach dem Abitur studierte Kafka auf Wunsch der Eltern Jura und wurde 1906 von der Deutschen Prager Universität promoviert. Von 1908 an führte Dr. jur. Franz Kafka als Angestellter eine „Kanzleiexistenz" in der Prager „Arbeiter-Unfall-Versicherungs-Anstalt", weshalb ihm die moderne Bürokratie mit ihren Aktenvorgängen und Fehlentscheidungen in ihrer Bezugslosigkeit zum konkreten Menschen gespenstisch vertraut war und häufig als Vorlage zu seinem literarischen Schaffen diente.

Bald schon stellte sich bei Kafka eine Unlust am Brotberuf und eine verzehrende Sehnsucht nach der Literatur ein, was zu Konflikten im Elternhaus führte und die Entfremdung des introvertierten, schwächlichen Sohnes beschleunigte, der besonders unter der Autorität des Vaters litt. Dass Schreiben für Kafka schließlich zu der einzig möglichen Existenzform wurde, erläuterte er später in einem Brief an den Freund Max Brod: „Damit meine ich natürlich nicht, dass mein Leben besser ist, wenn ich nicht schreibe. Vielmehr ist es dann viel schlimmer und gänzlich unerträglich und muss mit dem Irrsinn enden." Und seinen Tagebüchern vertraute er an: „Da ich nichts anderes bin als Literatur und nichts anderes sein kann und will, so kann mich mein Posten niemals zu sich reißen, wohl aber kann er mich gänzlich zerrütten."

Kafkas Beziehungen zu Frauen waren kompliziert und endeten tragisch: Mit seiner zweimaligen Verlobten (1914 und 1917) Felice Bauer *(Briefe an Felice)* pflegte er einen intensiven Briefwechsel. Wohl aus Furcht vor einer Vereinnahmung durch die energische und praktisch veranlagte Felice entschied er sich jedoch für seine literarische Arbeit und gegen eine dauerhafte Lebensgemeinschaft: „Ich brauche zu meinem Schreiben Abgeschiedenheit, nicht ‚wie ein Einsiedler', das wäre nicht genug, sondern wie ein Toter." Die Trennung löste in dem bereits von der Krankheit gezeichneten Kafka heftige Schuldgefühle aus, seine seelische Verfassung schwankte zwischen dem Wunsch nach familiärer Wärme und intimer Partnerschaft einerseits und einem tief verwurzelten Bedürfnis nach Abgeschiedenheit andererseits, die das Fundament für seine schriftstellerische Arbeit war. Von Ängsten und Schuldgefühlen geplagt sah er nur im Schreiben einen Ausweg.

Auch die Verlobung mit der aus ärmlichen Verhältnissen stammenden Prager Schusterstochter Julie Whoryzek, die er 1919 während einer Kur kennen gelernt hatte, wurde 1920 aufgelöst. Im selben Jahr lernte Kafka die tschechische Journalistin Milena Jesenská kennen. Ausdruck dieser von tiefer gegenseitiger Zuneigung getragenen Beziehung wurde ein Briefwechsel von hohem literarischen Wert (*Briefe an Milena*). Mit der Persönlichkeit des Dichters intim vertraut schrieb Milena im Nekrolog auf Franz Kafka 1924: „Er war ein schüchterner, ängstlich besorgter, sanfter und guter Mensch, aber die Bücher, die er schrieb, waren grausam und schmerzhaft. [...] Er kannte die Menschen, wie das nur Leute mit äußerster Feinnervigkeit können, die einsam sind und denen eine Nuance des Mienenspiels genügt, um einen Menschen geradezu seherisch zu erschauen."

Franz Kafka starb 1924 an Kehlkopftuberkulose im Sanatorium Kierling bei Klosterneuburg – treu umsorgt von der aufopferungsvollen Dora Diamant, deren Bekanntschaft er im Sommer 1923 gemacht hatte.

Überlieferungsgeschichte der Texte. Leidenschaftlichster Kritiker der Kafka'schen Manuskripte war der Autor selbst. Deshalb veröffentlichte der gewissenhafte und von Selbstzweifeln geplagte Dichter nur solche Texte, die er für ausgereift hielt. Dazu gehörten: *Betrachtung* (1913), *Das Urteil* (1913), *Der Heizer. Ein Fragment* (1913, identisch mit dem ersten Kapitel aus seinem Roman *Der Verschollene*), *Die Verwandlung* (1915), *In der Strafkolonie* (1919), *Ein Landarzt. Kleine Erzählungen* (1919) und *Ein Hungerkünstler. Vier Geschichten* (1924).

Auf Kafkas Wunsch sollte sein gesamter Nachlass, d.h. der größte Teil des Werkes, vernichtet werden. Sein lebenslanger treuer Freund und Testamentsvollstrecker, Max Brod, hielt sich jedoch nicht an diesen Auftrag, sondern veröffentlichte – mit redaktionellen Überarbeitungen – bedeutende Manuskripte aus dem Nachlass: die drei berühmten Romane *Der Prozess* (1925), *Das Schloss* (1926), *Der Verschollene* (1927, von Brod *Amerika* betitelt), die Kurzgeschichten *Beim Bau der chinesischen Mauer* (1931) und *Vor dem Gesetz* (1931), die *Tagebuchaufzeichnungen 1910–1923* (1951), *Briefe an Milena* (1952) und *Briefe an Felice* (1958). Die gesammelten Schriften (Bd. 1–6) wurden erstmals zwischen 1935 und 1937 von Max Brod im Berliner Schocken Verlag und im Prager Heinrich Mercy Verlag herausgegeben. Seit den 80er-Jahren gibt ein internationales Forscherteam Kafkas *Schriften, Tagebücher, Briefe* in einer historisch-kritischen Gesamtausgabe heraus.

Die „Kafka'sche Welt". Am 5. Juni 1924, zwei Tage nach dem Tod des Dichters, urteilte die *Prager Presse*: „Kafkas Phantasmagorien mit ihren völlig neuen Werten einer gespenstischen Dämonie sind in einer klaren, einfachen, fast pedantisch auf das Gesetzmäßige bedachten Sprache geschrieben, die jeder auffälligen Wendung, jedem billigen Effekt in geradezu ängstlicher Keuschheit ausweicht." In seinen Erzählungen, Parabeln und Romanen versuchte er – wie er selbst an Milena schrieb – „immerfort etwas Nicht-Mitteilbares mitzuteilen, etwas Unerklärbares zu erklären, von etwas zu erzählen, was ich in den Knochen habe und was nur in diesen Knochen erlebt werden kann". So begegnet der Leser in Kafkas Werk Motiven, die auch die übrige expressionistische Dichtung bewegten: dem Vater-Sohn-Konflikt, der Einsamkeit und Verlassenheit, der gnadenlosen Natur, der ungeheuren Gleichgültigkeit des Schicksals, der zerstörten Realität, der Abwesenheit Gottes und der Hilflosigkeit des Menschen in undurchschaubaren Situationen. Seine Protagonisten führen in einer verlassenen und feindlichen Welt stets einen aussichtslosen Kampf gegen unüberwindlich scheinende Mächte und Systeme, die sich in ihrer zwingenden Dämonie schließlich des Menschen bemächtigen. Welchen konkreten Mächten die Figuren ausgeliefert sind, erfährt der Leser nicht. Indem der Dichter sein persönliches Drama von Angst und Verzweiflung in ein Drama allgemeiner menschlicher Schwäche und Sinnlosigkeit erhöht, wird seine Absicht allerdings deutlich: die Bewusstmachung der Absurdität des Einzelnen in einer perspektivlosen Welt. Schon nach wenigen Sätzen spürt der Leser, dass es sich bei der Kafka'schen Epik um etwas anderes als um kalte, makabre Grotesken von der Art Meyrinks, um andere Gleichnisse und Parabeln handeln muss als die herkömmlichen. Bereits ihre Form verweist auf den Mechanismus der Entfremdung, die in den Romanen so weit geht, dass vom Namen des Helden nur mehr der Anfangsbuchstabe bleibt. Obwohl sich Kafkas erzählerische Welt stark an die zeitgenössische Realität anlehnt, bleibt sie in der ihr eigentümlichen inneren Konsequenz dennoch von der Außenwelt abgeschlossen. Die Faszination der Texte beruht u.a. darauf, dass die Figuren zwar in absurde Situationen geraten, die sprachlich präzise dargestellt und logisch nachvollziehbar sind, jedoch durch ihre unheimliche Rätselhaftigkeit den Leser verstören bzw. verwirren – eine bleibende Herausforderung an die Interpreten, die sich dazu der Psychoanalyse, der Religionspsychologie, der Mythologie, soziologischer, marxistischer wie strukturaler Analysemethoden bedienen.

Kafkas Kurzprosa und Erzählungen. Kafkas frühe Betrachtungen zeigen konkrete Aufbruchssituationen: Ein Mann erhebt sich plötzlich vom Familientisch und geht hinaus in die Nacht (*Der plötzliche Spaziergang*, 1912). Ein anderer versucht sich aus einem elenden Zustand zu erheben (*Entschlüsse*, 1912). Ein Kaufmann schließt am Abend sein Geschäft. Kaum ist er allein und kommt zu sich selbst, nahen die Verfolger (*Der Kaufmann*, 1907). Vom *Fahrgast* heißt es, er sei „vollständig unsicher in Rücksicht seiner Stellung" in dieser Welt. Baumstämme, die im Schnee liegen, scheinen „fest mit dem Boden verbunden. Aber sieh, sogar das ist nur scheinbar" (*Die Bäume*, 1904/1905). Die unheimliche Geschichte von dem Geschäftsreisenden Gregor Samsa (*Die Verwandlung*, 1912), der sich morgens im Bett als großer Käfer wiederfindet, ist der Alptraum eines von der Familie Ausgestoßenen, der sich von den gefühlsrohen Angehörigen zu

Die Bedrohung des Ich, ein zentrales Motiv im Werk ***Kafkas****, wird auch in den Zeichnungen des Dichters erkennbar, die er „eine alte, tief verankerte Leidenschaft" nannte.*

befreien sucht. *Das Urteil* (1913), von Kafka „in der Nacht vom 22. bis 23. [September 1912] von zehn Uhr abends bis sechs Uhr früh in einem Zuge niedergeschrieben“ unter dem Eindruck der ersten Begegnung mit Felice Bauer, reflektiert die eigene Befindlichkeit gegenüber dem dominanten Vater. Dessen „Urteil“ über den jungen Helden lautet: „Ich verurteile dich jetzt zum Tode des Ertrinkens!“ – was der Sohn durch Selbsttötung sofort vollzieht. Die bittere Geschichte *In der Strafkolonie* (1914) erzählt von einem Staatswesen, das gefesselten Delinquenten ihre Schuld in labyrinthischer Spiegelschrift blutig auf den Leib schreibt. Sie starben, heißt es, „mit einem Ausdruck der Verklärung“, weil sie noch glaubten, dass das Gesetz des Staates unfehlbar sei. An dem brutalen Offizier dagegen, der diese Reuemaschine bedient, ist kein Zeichen der Erlösung zu entdecken.

Wenn am Käfer Samsa die Entfremdung familiärer Bindungen, am Offizier der Strafkolonie die Entfremdung durch den Sadismus einer Autorität sichtbar wird, die sich überirdische Gerechtigkeit anmaßt, so zeigt *Ein Landarzt* (1916/1917) die Entfremdung des Selbst durch unbewusste Antriebe. Der Arzt kann seinen Patienten nicht helfen, er ist „auch nur irgendwo abgeschüttelt“ und kommt „nicht auf eigenen Füßen“, sondern folgt dem animalischen Antrieb in Gestalt mächtiger, dynamischer Pferde, die ihn in Nacht und Winterkälte hinaustreiben. Der Zirkusbesucher *Auf der Galerie* ist versucht dem Geschehen in der Manege – dargestellt an einer erbarmungswürdigen lungenkranken Kunstreiterin – Einhalt zu gebieten, doch er unterlässt es: Die Verführung des schönen Scheins, die ästhetische Entfremdung ist zu betörend. *Vor dem Gesetz* (1914) ist die Parabel des Menschen, der sein ureigenstes Selbst, den nur ihm vorbehaltenen Eingang zum „Gesetz“ verfehlt. Auf die Frage des Namenlosen, weshalb außer ihm noch niemand Zutritt begehrt habe, antwortet der Türhüter: „Hier konnte niemand sonst Einlass erhalten, denn dieser Eingang war nur für dich bestimmt. Ich gehe jetzt und schließe ihn.“ Umgekehrt verhindern in *Eine kaiserliche Botschaft* (1917) die unendlichen Zwischeninstanzen der Welt, dass die Botschaft des Kaisers – des fernen Gottes – „zu Dir, dem Einzelnen“ jemals gelangen kann. In der ungereimten Groteskwelt, wo sich der Einzelne und das Allgemeine, Ding und Name, Sache und Funktion nicht mehr decken, wird eine sternartige Zwirnspule zum Zeichen der Absurdität (*Die Sorgen des Hausvaters*). Weil das Publikum das Verlangen nach Wahrheit nicht mehr versteht, sondern nur noch vitale Kraft schätzt, wird der *Hungerkünstler* (1921/1922), der „die Speise nicht finden konnte, die ihm schmeckte“, aus dem Käfig gekehrt. Die 1917 geschriebene Parabel *Beim Bau der chinesischen Mauer* liest sich wie eine Satire auf die mittels Technik, Wissenschaft und Organisation Sicherheit suchende Menschheit, doch keine Berechnung und raffinierte Vorkehrung kann die letzte Unsicherheit der Existenz aufheben (*Der Bau*, Tierparabel, 1923). Und woraus die Menschheit ihre Kraft zu leben zieht – aus Nahrung, Ritus, Gebet, Kunst oder Wissenschaft –, darüber meditieren die *Forschungen eines Hundes* (1921/1922). Kafkas Grundthema, das auch seine Tagebücher und Briefe beherrscht – die Rolle des Dichters in der Gesellschaft –, reflektiert noch einmal seine letzte Erzählung *Josephine, die Sängerin oder das Volk der Mäuse* (1924).

Die Romane. In dem unvollendeten Roman *Der Verschollene* (von M. Brod *Amerika* betitelt, entstanden 1912), den Kafka für sein „lichtestes“ Werk hielt, muss der von seinen Eltern nach Amerika verbannte jugendliche Karl Rossmann die bittere Erfahrung machen, dass das Paradies zunehmend verschlossener wird. So verstrickt sich der junge Europäer auf der Suche nach Geborgenheit immer tiefer in die ihm fremde, durchrationalisierte Medien- und Maschinenwelt. Als Liftboy im Hotel Continental lernt er undurchschaubare Hierarchien und die Unberechenbarkeit der modernen Technik kennen. Karl gelingt es nicht in diesem System Fuß zu fassen; schließlich nimmt den Einsamen das Naturtheater von Oklahoma auf, das jedem eine individuelle Rolle verspricht, freilich auch nur in grotesk-verzerrter Form.

Die Fragen nach Schuld und Verantwortung prägen Kafkas zweiten Roman, *Der Prozess* (entstanden 1914), der gleichfalls fragmentarisch blieb. Der Bankprokurist Josef K., der plötzlich aus dem Bett heraus verhaftet wird, irrt auf der Suche nach den zuständigen Gerichtsinstanzen durch eine unsichere, brüchige, labyrinthische Welt, deren launenhafte Beamtenhierarchie eine mehr als fragwürdige Autorität verkörpert. Er kommt immer nur mit den untersten Instanzen des in Hinterhäusern tagenden Gerichts in Berührung. Seine Lebensschuld besteht – wie sich herausstellt – darin, dass er sich für unschuldig hält, dass er sich immer nur in einem Knäuel von Rechtfertigungen, Ausflüchten, Illusionen und Beschuldigungen anderer, in einer halbwahren, den verkommenen Dachkammern entsprechenden Scheinexistenz bewegt. Am Ende ahnt er, dass er den Schuldzusammenhang des Daseins spiegelverkehrt gesehen hat: Auf der Suche nach Wahrheit und Gerechtigkeit hätte er bei sich selbst beginnen müssen.

In eine noch abgeschlossener wirkende Welt zieht Kafka den Leser in seinem letzten Roman *Das Schloss* (Romanfragment, entstanden 1922). In dem Text, der viele autobiografische Züge aufweist, geht es um die Entfremdungserfahrung des modernen Menschen: Der Landvermesser K. möchte in eine kleine Dorfgemeinschaft aufgenommen werden, aber die Beamten auf dem Schloss mit ihren Aktenbergen und wechselnden Entscheidungen machen es K. unmöglich, eine würdige Stellung in der Gemeinschaft und einen Arbeitsplatz im Schloss zu finden. K. knüpft zwar mit den einfachen Dorfbewohnern Kontakte – die Schankkellnerin Frieda wird kurzzeitig seine Geliebte –, die Entscheidungsträger auf dem Schloss zu sehen oder gar zu beeinflussen bleibt ihm jedoch verwehrt.

Wertung. Kafkas Prophezeiung „Niemand wird lesen, was ich hier schreibe“ ging nicht in Erfüllung. Zwar sind die Texte des Dichters zu seinen Lebzeiten kaum beachtet und nur von einer kleinen Schar Eingeweihter rezipiert worden, aber besonders während und nach dem Zweiten Weltkrieg fanden seine Werke weltweit größte Verbreitung. Das Einmalige, worin sich sein Œuvre von der Literatur anderer zeitgenössischer Surrealisten unterscheidet, ist die beklemmende Darstellung von der Ohnmacht des Menschen in einer ihm prinzipiell feindlich gesinnten Welt. Sprachlich-stilistische Unterschiede wie die disziplinierte Reduktion auf das Wesentliche, Nüchternheit, Klarheit und Eindeutigkeit heben ihn ab von den damaligen Modeliteraten und machen ihn zugleich zum Mitbegründer der literarischen Moderne.

XIII Die Literatur der Weimarer Republik 1918–1933

1 Panorama

1.1 Das politisch-literarische Klima

Die Hoffnungen politisch engagierter Autoren, die die Diskrepanz zwischen der Intelligenz und dem Staat, wie sie sich im wilhelminischen Obrigkeitsstaat manifestiert hatte, überwinden und gar die Trennung von Literatur und Politik aufheben wollten, wurden früh zunichte gemacht: Kurt Eisner fiel im Januar 1919 einem Fememord zum Opfer; seine Weggefährten Ernst Toller und Erich Mühsam wurden wegen Hochverrats bzw. Teilnahme an der Novemberrevolution zu langjährigen Haftstrafen verurteilt. Insgesamt stand die junge „expressionistische" Generation der Dichter dem neuen Staat eher skeptisch gegenüber. Resignierend musste sie mit ansehen, wie die Revolution durch Regierungstruppen blutig niedergeschlagen wurde: der Spartakusaufstand in Berlin, die Protest- und Streikbewegungen in den industriellen Ballungszentren, die Beseitigung der Münchner Räterepublik und der sozialistischen Koalitionsregierungen in Sachsen und Thüringen. Erst in der Stabilisierungsphase der Weimarer Republik (1924–1928) traten die bis dahin in Isolation verharrenden bürgerlich-linksliberalen Schriftsteller, zu denen u. a. Brecht, Haas, Hasenclever und Becher gehörten, als gesellschaftskritische „Gruppe 1925" mit ihrer engagierten Wochenschrift *Die literarische Welt* an die Öffentlichkeit.

„Die Not der geistigen Arbeiter" wurde hervorgerufen durch die Inflation von 1923 und die Weltwirtschaftskrise ab 1929. Die dem Mittelstand angehörenden literarischen Intellektuellen verloren durch die Geldentwertung nicht nur ihre wirtschaftliche Basis, sondern auch die geistige Unabhängigkeit des Schriftstellerberufs. Neben dem Macht- und Autoritätsverlust war für viele Autoren die soziale und wirtschaftliche Deklassierung besonders schmerzvoll. Die materielle Not und Verarmung vieler Schriftsteller wurde der breiten Öffentlichkeit erst durch den Prozess gegen den erfolgreichen expressionistischen Dramatiker Georg Kaiser bekannt, der zur Sicherung seiner schriftstellerischen Existenz einen Diebstahl beging und deshalb in einer spektakulären Gerichtsverhandlung zu einem Jahr Haft verurteilt wurde. Ein Zeuge versicherte glaubhaft, dass Kaiser und die Seinen „wochenlang von Wasser und Brot gelebt" hätten. Um die Existenzbedrohung der Schriftsteller zu beseitigen oder wenigstens abzuschwächen wurden die Sozialisierung des Buchgewerbes, die Beteiligung der Autoren am Gewinn und – zur Verbilligung der Bücher – die Ausschaltung des Zwischenhandels diskutiert. Die Vorschläge scheiterten jedoch am Widerstand des Buchhandels.

Gesetzgebung und Justiz trugen zu einem nicht unerheblichen Teil dazu bei, das Klima zwischen Literaten und Staat zu vergiften. Das „Gesetz zum Schutz der Republik", 1922 vom Parlament nach der Ermordung Rathenaus erlassen um energisch gegen die extreme Rechte vorgehen zu können, wurde in der Folgezeit hauptsächlich gegen linke Literaten angewandt, ebenso die „Pressenotverordnung" von 1931. J. R. Becher, 1927 des Hochverrats wegen seines Lyrikbandes *Der Leichnam auf dem Thron* und anderer Schriften angeklagt, bekam den Druck der Zensur ebenso zu spüren wie 1931 Carl von Ossietzky, Herausgeber der *Weltbühne*, der illegale Machenschaften im Reichswehrministerium aufdeckte und deshalb zu eineinhalb Jahren Gefängnis verurteilt worden war. Gegen diese Praktiken war – nicht zuletzt wegen interner Querelen – selbst der *Schutzverband deutscher Schriftsteller* (*SDS*, s. u.) machtlos.

Organisationen der Dichter. Die überwiegende Mehrheit der bedeutenden Autoren war Mitglied in dem 1909 gegründeten *Schutzverband deutscher Schriftsteller (SDS)*, der sich besonders deren wirtschaftlicher und rechtlicher Interessen annahm. In der 20er-Jahren arbeiteten in diesem Verband besonders A. Döblin, Th. Mann, K. Tucholsky und A. Zweig aktiv mit. Der internationale *P. E. N.-Club (poets, essayists, novelists)*, der seit 1921 existiert, ist auch heute noch das Forum für das gesellschaftspolitische Engagement der Dichter und setzte sich schon damals für die ungehinderte Verbreitung von Literatur, für Meinungsfreiheit und gegen Rassenhass und Völkerdiskriminierung ein. Innerhalb des *SDS* war der 1928 gegründete *Bund proletarisch-revolutionärer Schriftsteller (BPRS)* die Plattform der kommunistischen Dichter, die eine reine „Arbeiterliteratur" propagierten und darin eine „Waffe des Proletariats innerhalb der Gesamtliteratur" sahen. Die reaktionären Autoren schlossen sich in ihrem Kampf gegen die verhasste „Asphaltliteratur" und den „Kulturbolschewismus" im nationalsozialistisch geprägten *Kampfbund für Deutsche Kultur (KfDK)* zusammen, der 1927 von dem Antisemiten Alfred Rosenberg, Leiter des *Völkischen Beobachters* und Verfasser des *Mythus des 20. Jahrhunderts* (1930), gegründet worden war und sich als „Vortrupp einer völkischen Kulturoffensive" verstand. Zahlreiche Schriftsteller, Professoren, Studentenbünde, Vereine und Sängergemeinschaften gehörten dieser Organisation an, die das „lebendig wertvolle Alte" gegen die „Sumpfkultur" der Expressionisten, Surrealisten und Abstrakten glaubte verteidigen zu müssen.

Aus den Zeitschriften hob sich Carl von Ossietzkys und Kurt Tucholskys *Weltbühne* hervor. Sie verfocht entschieden demokratische Vorstellungen. An ihr arbeiteten so glänzende Gesellschaftskritiker wie Alfred Polgar, Erich Kästner, Hermann Kesten und Walter Mehring mit. Dagegen sammelten sich die kommunistischen Autoren um die 1928 gegründete *Linkskurve*. J. R. Becher, der Dramatiker F. C. Weiskopf und Ludwig Renn, Verfasser des erfolgreichen Romans *Krieg* (1928), zählten zu den bekannteren Mitarbeitern. Außerdem gab es die Organe der Konfessionen, eine sich neu formierende christliche Literatur, und einige führende liberale Blätter, die Schriftsteller ihrer Wertschätzung vorstellten.
Trotz oder wegen dieser stürmischen Kämpfe war das kulturelle Leben der Weimarer Republik äußerts bewegt, vor allem in Berlin. Die Leistungen in der Architektur (Bauhaus), auf den Bühnen und im neuen Medium des Films, die rührigen Kabarette und glanzvollen Revuen der *roaring twenties* sind unvergessen.

1.2 Neue Sachlichkeit

Nach 1923, d. h. nach der Niederwerfung der politisch revolutionären Aktionen, brachte das Ende der Inflation eine vorübergehende Konsolidierung. Der Expressionismus schien abgeklungen, die „Neue Sachlichkeit" einzusetzen: Nüchternheit im Geschäftsleben, Rationalisierung in der Industrie, Konzernbildungen, Amerikanismus und Massenkultur prägten das Bild einer Gesellschaft, die – nach dem verlorenen Krieg – desillusioniert eine „Erschlaffung von grandiosem Umfang" verspürte und nichts mehr wissen wollte von „Krieg und Revolution und Welterlösung! Lasst uns bescheiden sein und uns anderen, kleineren Dingen zuwenden" (P. Kornfeld).

Die „Neue Sachlichkeit" als literarische Gegenbewegung zur ästhetisch-utopistischen Programmatik des Expressionismus zeichnete sich vor allem dadurch aus, dass sie die Alltagswelt möglichst realistisch und objektiv wiedergeben wollte, wie hässlich und abstoßend diese auch immer sei. Der klassisch-elitäre Dichtungsbegriff wurde in Frage gestellt und eine „Demokratisierung" der Literatur („einfacher, verständlicher und darum lebensvoller") gefordert, damit auch die Masse der Bürger aktiv an der Kultur teilhaben könne. Der Publizist Siegfried Kracauer ermunterte die Dichter dazu, ihre subjektiv-bewertende Position bzw. ihren Autonomiestatus aufzugeben und stattdessen „Rechenschaft abzulegen über unsere aktuelle Situation". So trat denn auch die „Gebrauchsliteratur" in ihrer journalistisch-dokumentarischen Funktion stärker in den Vordergrund, z. B. als Tatsachenberichte, wissenschaftlich fundierte Biografien, Sachbücher zur neuen Technik, Reiseberichte und vor allem als sozialkritische Reportagen, die der Schriftsteller und Publizist EGON ERWIN KISCH (1885–1948) als literarische Gattung zur Kunstform erhob.

Im Vorwort zu seinem berühmten Sammelband *Der rasende Reporter* (1925) legt er seine Sicht der neuen Wirklichkeit dar: „Nichts ist verblüffender als die einfache Wahrheit, nichts ist exotischer als unsere Umwelt, nichts ist fantasievoller als die Sachlichkeit. Und nichts Sensationelleres gibt es in der Welt als die Zeit, in der man lebt!"

Neue Impulse für den Roman gab Lion Feuchtwanger, als er in einem programmatischen Artikel 1927 erklärte: „Was Schreibende und Leser suchen, ist nicht Übertragung subjektiven Gefühls, sondern Anschauung des Objekts: anschaulich gemachtes Leben, dargeboten in einleuchtender Form. Erotisches rückt an die Peripherie, Soziologisches, Wirtschaftliches, Politisches in die Mitte. Don Juan hat abgewirtschaftet, an seine Stelle tritt der kämpfende Mensch, Politiker, Sportler, Geschäftsmann. Den Schreiber und den Leser fesselt Gestaltung des unmittelbar Greifbaren: Sitten und Gebräuche des heraufkommenden Proletariats, die Institutionen Amerikas, Fabriken, Konzerne, Autos, Sport, Petroleum, Sowjetrussland."

„Gebrauchslyrik" statt Stimmungs- und Erlebnislyrik produzierten Dichter wie E. Kästner, W. Mehring, J. Ringelnatz, K. Tucholsky und E. Weinert, die in den damals beliebten politischen Kabaretts und Revuen auch zum Vortrag kam und polemisch Kritik übte an den politischen und sozialen Zuständen der Nachkriegszeit. B. Brecht hob in seiner Gedichtsammlung *Hauspostille* (1927) besonders den „Gebrauchswert" der Lyrik hervor; Bänkelsang, Moritat, Ballade und Song als volksnahe literarische Gattungen wurden zu den dominierenden lyrischen Zweckformen, die einen unmittelbaren Zugang zum Publikum herstellen sollten. Und Iwan Goll forderte 1926: „Weg mit allem Pathos, aller Rhetorik, allem Singsang und Liralei: dafür ein direkter Uppercut auf die linke Schläfe des Lesers oder ein blitzschneller Schlag in die Herzgegend."

Auf der Bühne revolutionierte neben B. Brecht der Regisseur Erwin Piscator als Vertreter einer politisch-dokumentarischen Dramaturgie das Geschehen. Nicht mehr der leidende Mensch stand im Mittelpunkt der Auseinandersetzung, sondern die ihn determinierenden gesellschaftlichen Kräfte: Revolution, Krieg, Wirtschaft und Technik. Um den „Lehrwert der Bühne zu erhöhen" (B. Brecht), gesellschaftliche Zusammenhänge aufzudecken und eine größere Authentizität des Geschehens zu erreichen bediente sich Piscator der neuen Medien: Zum Einsatz kamen Filmszenen, Fotographien, Dokumentarmaterialien und Musikstücke (→ S. 402).

2 Im Wirbel der *Roaring Twenties*

2.1 Schreiben für eine bessere Welt – René Schickele, Leonhard Frank, Anna Seghers

René Schickele, 1883 im Elsass geboren, „Grenzvogel" zwischen Deutschland und Frankreich, ein brillanter Essayist und Romancier, war zeitlebens erfüllt von der Sehnsucht nach Frieden und geistiger Bruderschaft der Nationen. Seine Gedichte (*Sommernächte*, 1902; *Der Ritt ins Leben*, 1906; *Weiß und Rot*, 1911), seine Essays (*Schreie auf dem Boulevard*, 1913), das ausdrucksstarke pazifistische Schauspiel *Hans im Schnakenloch* (1915) – der Protagonist aus dem Elsass muss sich bei Ausbruch des Krieges für Deutschland oder Frankreich entscheiden –, zahlreiche Erzählungen und Romane sind Zeugnisse seines Europäertums. Er hielt es für eine größere Realität „als die gepanzerten, pulvergeladenen, geschliffenen und schaumlügenden Äußerungen der deutschen Öffentlichkeit". In der Schweiz, wo er als Emigrant während des Ersten Weltkriegs die pazifistischen *Weißen Blätter* herausgab, hoffte er auf eine Auferstehung Europas (*Der neunte November*, Essay 1919). Die Nachkriegszeit, die dann so wenig Gesinnungswandel erkennen ließ, enttäuschte ihn, was auch an dem mit spielerischer Leichtigkeit in wirbelnden Szenen geschriebenen Roman *Symphonie für Jazz* (1929) zu spüren ist. 1933 ging er, unermüdlich für eine freiere Welt tätig, in die Emigration. Vor seinem Tode 1940 in Vence (Südfrankreich) erschienen noch der Roman *Flaschenpost* (1937) in einem Amsterdamer Exilverlag und *Das Vermächtnis*, eine Anthologie deutscher Gedichte, deren erste Ausgabe von den Nationalsozialisten vernichtet wurde.

Leonhard Frank wurde 1882 als viertes Kind eines Würzburger Schreinergesellen geboren und musste sich nach dem Besuch der Volksschule als Klinikdiener, Fabrikarbeiter, Chauffeur und Malergehilfe sein Brot verdienen. Er war im Ersten Weltkrieg ein Gesinnungsgefährte Schickeles. Als Frank 1915 in der Schweiz den Roman *Die Ursache* gegen die Todesstrafe und 1917 den Novellenzyklus *Der Mensch ist gut* wider den Krieg veröffentlichte, war er schon bekannt und auch verrufen wegen seiner Würzburger Jungengeschichte *Die Räuberbande* (1914). Diese legt in spannender Handlung die moralische Brüchigkeit der Autoritäten einer Stadt aus der Perspektive aufbegehrender Jugendlicher offen. In den Erzählungen *Der Mensch ist gut* – ein Titel, der angesichts des Völkermordes provozierend seinen Glauben an die Menschheit zum Ausdruck brachte – beginnt die Novelle *Die Kriegerwitwe* mit dem Satz: „Ihr Mann war Versicherungsagent gewesen, war gefallen, gestorben, Kopfschuss." Franks Erzählstil ist eher realistisch-zupackend, nur sein Temperament und seine ethisch-politische Einstellung verbindet ihn mit der expressionistischen Generation. Neben dem Roman *Bruder und Schwester* (1929) hatte vor allem seine Heimkehrer-Erzählung *Karl und Anna* (1926, auch in Bühnenfassung) Erfolg: Ein Kriegsveteran findet seine Frau an einen Kameraden gebunden. Der Roman *Der Bürger* (1924) galt dem Ideal einer klassenlosen Gesellschaft, was sich erzähltechnisch durch ein In- und Nebeneinander der Szenen darstellt. Mit *Von drei Millionen Drei* (1931) griff der sozialistische Autor das Elend der Arbeitslosigkeit auf. Die Emigration führte den Dichter 1933 nach New York (*Traumgefährten*, 1934; *Der Außenseiter*, 1937). Nach dem Kriege kehrte er nach Deutschland zurück und lebte in München. Wieder wandte er sich nun seiner zerstörten Heimatstadt Würzburg zu mit dem Roman *Die Jünger Jesu* (1950). Auch die *Deutsche Novelle* (1951), die zu Anfang des Jahrhunderts im alten Rothenburg spielt, zeigt, dass den Dichter das Problem, warum sich seine Nation ihren Vergewaltigern unterwarf, nicht losließ. Seine Autobiografie *Links, wo das Herz ist* (1952) ist das lebendige Zeitbild eines charaktervollen deutschen Schriftstellers. Er starb 1961 in München.

Anna Seghers (1900–1983), eigentlich Dr. Netty Reiling, eine Mainzerin aus gutbürgerlichen Verhältnissen, studierte Geschichte, Philosophie und Sinologie an der Universität Heidelberg, wo sie im studentischen Freundeskreis auch mit Emigranten aus Osteuropa zusammentraf. Hier lernte sie die weltbewegende Bedeutung der russischen Oktoberrevolution kennen und schätzen: „In dieser Zeit", sagte sie, „wurde ich erst politisch bewusst." Unter dem Eindruck des verlustreichen Krieges und des Massenelends in Deutschland vollzog sich ihre Hinwendung zum Kommunismus: Sie wurde Gründungsmitglied des *Bundes proletarisch-revolutionärer Schriftsteller* (BPRS) und trat 1928 der Kommunistischen Partei Deutschlands (KPD) bei. Als Schriftstellerin, die stets auf der Seite der Entrechteten und Unterdrückten stand, machte sie sich erstmals einen Namen mit der Erzählung *Aufstand der Fischer von St. Barbara* (1928), einer stilistisch und kompositorisch gelungenen Ballade von verzweifelten Fischern an der bretonischen Küste, die vergeblich gegen eine ausbeuterische Reederei kämpfen. Für die Interessen des kleinen Mannes setzte sie sich nicht nur in der Titelgeschichte ihrer Erzählungen *Auf dem Wege zur amerikanischen Botschaft* (1930) ein, in der sie die in der Weltöffentlichkeit äußerst umstrittene Hinrichtung zweier italo-amerikanischer Anarchisten, nämlich des Schuhmachers Sacco und des Fischhändlers Vanzetti, in den USA thematisierte. *Die Gefährten* (Roman, 1932) sind internationale Revolutionäre aus Italien, Bulgarien, Polen, Ungarn und China, deren mühevolle Lebenswege in Simultantechnik episch breit dargestellt werden. Mit den Romanen *Der Kopflohn*, *Das siebte Kreuz* (→ S. 452) und *Transit* (→ S. 456) gehörte Anna Seghers zu den profiliertesten Autoren des Exils. Nach ihrer Rückkehr aus Mexiko zählte die Dichterin bald zu den führenden Repräsentanten der DDR-Literatur (→ S. 558 ff.).

2.2 Kurt Tucholsky und weitere bedeutende Zeitkritiker der 20er-Jahre

Als scharfsinniger Essayist, Kritiker und Satiriker der Weimarer Zeit wird der Berliner Kurt Tucholsky (1890–1935), Mitarbeiter der *Schaubühne* und späteren *Weltbühne*, für immer seinen hohen literarischen Rang behalten. In unzähligen Zeitungen und Zeitschriften veröffentlichte er an die 3000 Kritiken, Satiren, Glossen, Reportagen, Aphorismen, Couplets und Gedichte, die später in Sammelbänden erschienen:

Mit 5 PS (1928), *Das Lächeln der Mona Lisa* (1929) und *Lerne Lachen ohne zu weinen* (1931). Als unermüdlicher Aufklärer warnte der entschiedene Demokrat, der sich in der Tradition von G. Büchner und H. Heine sah, vor den zerstörerisch-reaktionären Kräften der Zeit, bis er aus Verzweiflung über die politische Entwicklung in Deutschland 1935 in Schweden aus dem Leben schied. Sein heller, scharfer Witz machte ihn zu einem „Meister der kleinen Form" kämpferischer Publizistik, versetzt mit einem kräftigen Schuss Humor.

Unter verschiedenen Pseudonymen, die der Vielseitigkeit seines Talents entsprachen, stellte Tucholsky Unzulänglichkeiten und Missstände in Gesellschaft, Kultur und Politik an den Pranger. Als glänzender Satiriker Ignaz Wrobel, als Lyriker und Couplet-Schreiber Theobald Tiger, als Feuilletonist und Kritiker Peter Panter und später als Kaspar Hauser, der die Welt nicht mehr verstand, nahm er das Militär, die Justiz, die Bürokratie und die bürgerliche Geschäftswelt aufs Korn.

Der gelernte Jurist Tucholsky war geradezu prädestiniert, die obrigkeitshörige und antidemokratische Justiz der Zwischenkriegszeit zu kritisieren, die auf dem rechten Auge blind war. In der bissigen Satire *Justitia schwoft!* (1920) lernen wir die Göttin der Gerechtigkeit als eine zwielichtige Lebedame kennen, die sich abends mit dem Staatsanwalt vergnügt und ihm im Dialog mit praktischen Ratschlägen zur Seite steht.
Gegen vorschnelle Aburteilungen, offensichtliche Rechtsbrüche, unmenschliche Behandlungen im Strafvollzug und für das Recht des kleinen Mannes setzte sich Tucholsky in zahlreichen Schriften ein (*Wiedersehen mit der Justiz*, 1927; *Merkblatt für Geschworene*, 1929; *Acht Uhr abends – Licht aus!*, 1929). Und warum er von den Staatsdienern wenig hielt, erläuterte er satirisch-heiter in der Artikelreihe *Die Beamtenpest* (1928).

Deutschland, Deutschland über alles (1929), ein polemisch-aggressiver Text- und Bildband – von John Heartfield mit Fotomontagen verfremdend durchsetzt –, zeigt das ganze Spektrum seiner literarischen Qualitäten: In Prosaschriften, Gedichten und provozierenden Bilderläuterungen lässt der Autor hier bedeutende Stationen und Ereignisse der jüngsten Geschichte Revue passieren; Bilder und Texte sollten „einen Querschnitt durch Deutschland" ergeben. Das Erscheinen des Bandes löste in der Öffentlichkeit wegen angeblicher Verunglimpfung des Staates kontroverse Diskussionen aus, was den Absatz des Werkes jedoch nur förderte.

*Titelbild der Erstausgabe von **Kurt Tucholskys** „Deutschland, Deutschland über alles" (1929).*

Rheinsberg. Ein Bilderbuch für Verliebte (1912) und *Schloss Gripsholm* (1931), zwei heiter-ironische Liebesromane, rahmen das überwiegend journalistisch geprägte Lebenswerk Tucholskys ein. In *Rheinsberg* verbringen die Großstädter Wolfgang und Claire in ihrer Verliebtheit ein heiteres Wochenende und genießen die ländliche Idylle. Vordergründig erlebt der Leser einen Rückzug in die Vergangenheit, tatsächlich aber klingt immer wieder die aktuelle Frage nach dem Verhältnis zwischen Mann und Frau an. Auch auf *Schloss Gripsholm* erleben zwei junge Liebende mit zeitweilig anwesenden Freunden zunächst einen unbeschwerten Sommerurlaub, bevor sie ein kleines Mädchen aus einem herrisch geführten Mädchenpensionat befreien. Den Anstoß zu diesem Unterhaltungsroman gab übrigens der

Verleger Ernst Rowohlt, der Tucholsky dazu aufforderte, auch einmal ein Buch zu schreiben, das „die Leute ihrer Freundin schenken können".

Dem Vermächtnis Heinrich Heines im Kampf um ein menschlich gelösteres Deutschland blieb in den tumulthaften 20er-Jahren auch ERICH KÄSTNER (1899–1974) treu, ein geistvoller Ironiker und rationaler Humorist, der nicht müde wurde gegen Militarismus und Untertanengeist aufklärerisch zu Felde zu ziehen. Bekannt wurde der Autor zunächst durch sein lyrisches Schaffen (*Herz auf Taille*, 1928; *Lärm im Spiegel*, 1928; *Ein Mann gibt Auskunft*, 1930; *Gesang zwischen den Stühlen*, 1932), in dem er in einfacher, volksnaher Sprache wortgewitzt die Alltagswelt kritisch betrachtete und häufig das behäbige Bürgertum ironisierte. Sein satirisch-zeitkritischer Großstadtroman *Fabian* (1931) – der gleichnamige Protagonist kommt als junger Intellektueller mit der neuen Wirklichkeit nicht zurecht und scheitert in den Wirren der 20er-Jahre – lässt allerdings die Sprachvirtuosität des Lyrikers vermissen.

Weltweiten Erfolg dagegen hatte der Dichter mit den Kinderromanen *Emil und die Detektive* (1929), *Das fliegende Klassenzimmer* (1933) und *Pünktchen und Anton* (1939), in denen der Autor sein zutiefst humanistisches Gedankengut auf die „kleinen Helden" übertrug, sich mit den Ängsten und Nöten der Jüngsten auseinandersetzte und ihnen einen angemessenen Platz in der Gesellschaft zubilligte.
Kästner, der ab 1942 mit Schreib- und Publikationsverbot belegt war, ging schon 1933 in die innere Emigration und wandte sich der Unterhaltungsliteratur zu. Unvergessen sind vor allem seine *Drei Männer im Schnee* (1934), einer humorvollen Komödie um den „armen Millionär" Schlüter, die 1955 mit Paul Dahlke und Nicole Heesters erfolgreich verfilmt wurde.

HERMANN KESTEN (1900–1996) begann Ende der 20er-Jahre auch als Autor satirisch-ironischer Gesellschaftsromane im Stil der „Neuen Sachlichkeit" seine literarische Karriere (*Josef sucht die Freiheit*, 1929; *Ein ausschweifender Mensch*, 1929; *Glückliche Menschen*, 1931). Später erwarb sich der Dichter vor allem als Verlagsleiter, Mittler deutscher Dichtung im Exil und als Präsident des P.E.N.-Zentrums in der Bundesrepublik (1972–1976) große Verdienste. Noch heute bekannt sind die im Exil entstandenen Romane *Ferdinand und Isabella* (1936) und *König Philip II.* (1938), die im historischen Gewande die Entwicklung hin zum autoritären Staat aufzeigen, und für die Nachkriegszeit seine Schriftstellerporträts (*Meine Freunde, die Poeten*, 1953; *Dichter im Café*, 1959).

Mit Kesten musste auch BRUNO FRANK (1887–1945), der sich wie Annette Kolb leidenschaftlich für die Aussöhnung zwischen Deutschland und Frankreich einsetzte, das Exil teilen. In seinem erzählerischen Werk widmete er sich besonders Exoten und Sonderlingen, die von der Gesellschaft benachteiligt waren; seine Komödie *Sturm im Wasserglas* (1930) wird noch heute aufgeführt.

Im amerikanischen Exil starb auch der heute in Vergessenheit geratene Österreicher FRANZ BLEI (1871–1942), ein amüsanter Essayist, geistreicher Erzähler und Satiriker, der vor allem mit seinem *Bestiarium literaricum* (1920), einer subjektiv-karikierenden Darstellung überwiegend zeitgenössischer Autoren, erfolgreich war.

2.3 Außenseiter – Hans Fallada, Oskar Maria Graf, Erich Maria Remarque, B(runo) Traven

HANS FALLADA (eigentlich Rudolf Ditzen, 1893–1947). Zahlreiche Rauschgiftexzesse und Entziehungskuren erschwerten es dem Morphinisten, dessen erster autobiografisch gefärbter Roman *Der junge Goedeschal* (1920) auf Wunsch des Vaters unter einem Pseudonym (eben: Hans Fallada) veröffentlicht wurde und erfolglos blieb, in der bürgerlichen Gesellschaft Fuß zu fassen. Nach der Verbüßung einer zweieinhalbjährigen Haftstrafe wegen Unterschlagung fand er 1930 als Rezensent im Rowohlt-Verlag kurzzeitig Anstellung; später kaufte er vom Erlös seiner beiden erfolgreichen realistischen Romane *Bauern, Bonzen und Bomben* (1931) und *Kleiner Mann – was nun?* (1932) ein idyllisches Anwesen im mecklenburgischen Carwitz, wo er sich als Schriftsteller niederließ.
Durch die Nazizeit lavierte er sich mit dem Schreiben von Kinderbüchern (*Geschichten aus*

der Murkelei, 1938) und Filmskripten (*Der Eiserne Gustav*, 1938). Nach dem Kriege von den Sowjets als Bürgermeister eingesetzt und von J. R. Becher zur Mitarbeit im Kulturschaffen der DDR aufgefordert resignierte Fallada zusehends und verabschiedete sich 1946 mit dem dokumentarisch-kritischen Roman über den kleinbürgerlichen Widerstand im Dritten Reich *Jeder stirbt für sich allein.*
Bauern, Bonzen und Bomben, ein von der Kritik vielgeachteter und gelobter Roman, zeichnet – ähnlich wie *Anton Sittinger* von Oskar Maria Graf (→ S. 450) – die wirren Verhältnisse der Weimarer Zeit in einer provinziellen Umgebung nach. Am Beispiel eines sozialdemokratischen Polizeipräsidenten und Zweiten Bürgermeisters, der kompromissbereit zwischen den politischen Fronten steht und deshalb schließlich untergeht, wird demonstriert, wie das Bürgertum und vor allem die unzufriedenen Bauern von rechten und linken Kräften aufgewiegelt und verführt werden.

Die Zeit der großen Wirtschaftskrise in den ausgehenden 20er-Jahren ist Falladas Thema in *Kleiner Mann – was nun?*, einem Roman, der wegen seiner kenntnisreichen Darstellung des kleinbürgerlichen Milieus und wegen des feinen Humors weltweit übersetzt und mehrfach verfilmt wurde. Erzählt wird die Geschichte des kaufmännischen Angestellten Johannes Pinneberg und „Lämmchens", seiner liebenswürdigheiteren Ehefrau. Als sie schwanger und Johannes arbeitslos wird, scheint die Lage aussichtslos; nur in gegenseitiger Zuneigung und im privaten Glück finden die beiden Lebensmut und Zuversicht. Die Frage, die im Titel formuliert ist, wird allerdings vom Dichter nicht beantwortet.
Ein deutsches Panoptikum während der Inflationszeit 1923 zeichnet auch der sozialkritische Roman *Wolf unter Wölfen* (1937).

Selbsterfahrungen aus seiner Gefängnis- und Anstaltszeit wurden in *Wer einmal aus dem Blechnapf frisst* (Roman, 1934) verarbeitet. Psychologisch einfühlsam dargestellt, lernt der Leser den entlassenen Sträfling Willi Kufalt kennen, dem sehr wohl bewusst ist, dass seine Kriminalität durch eigenes Fehlverhalten und nicht durch gesellschaftliche Bestimmung bedingt ist. Den zunächst erfolgreich beschrittenen Weg zur Resozialisierung verlässt der mit dem Makel der Vorstrafe Stigmatisierte jedoch wieder, als er mit dem Verdacht auf eine neuerliche Straftat konfrontiert wird. Sein Zuhause wird schließlich das Gefängnis, in dem er sich wohl fühlt und das ihm innerlich den Halt gibt, den er in der Außenwelt vergeblich zu erlangen trachtete.

Oskar Maria Graf (1894–1967), „katholischer Sozialist", „Provinzschriftsteller" und „Volksdichter", gilt als Inbegriff des literarischen Rebellen aus Bayern.

„Verbrennt mich!" Mit diesem Ausruf protestierte der Dichter 1933 in der Wiener Arbeiterzeitung gegen die Vereinnahmung seiner Werke durch die Nationalsozialisten und fragte sich empört: „Womit habe ich diese Schmach verdient?" Als überzeugter Pazifist und Sozialist verlangte er, dass seine „Bücher der reinen Flamme des Scheiterhaufens überantwortet werden und nicht in die blutigen Hände und die verdorbenen Hirne der braunen Mordbanden gelangen." Die Folge dieses Aufrufs, der durch die internationale Presse ging, war, dass O. M. Grafs Werk von Münchener Studenten in der Aula verbrannt und der Dichter im selben Jahr „aus dem Deutschen Reiche ausgebürgert" wurde. 25 Jahre lebte er als Emigrant und Staatenloser im Exil, bis er 1958 Bürger der Vereinigten Staaten von Amerika wurde.
Oskar Maria Graf wurde in Berg am Starnberger See als neuntes Kind eines Bäckermeisters und einer Bauerntochter geboren. Nach dem Tode des Vaters verließ der junge Graf früh seine provinzielle Heimat um sich dem Einfluss des despotischen Bruders Max zu entziehen. In München suchte Graf, der sich mit Gelegenheitsarbeiten durchbrachte, Kontakte zur Boheme, schloss sich den literarischen Anarchisten an, debutierte mit expressionistischen Gedichten und wurde schließlich das, was er immer schon werden wollte, nämlich Schriftsteller. 1914 wurde er zum Kriegsdienst einberufen, worauf der eigenwillige Soldat in seiner antimilitaristischen Haltung mit einer Kommunikationsblockade gegenüber seiner Umwelt reagierte. Nach Aufenthalten in verschiedenen Heilanstalten wurde er 1916 als kriegsuntauglich entlassen.
Als Sozialist nahm Graf 1919 an der Münchener Oktoberrevolution und der Gründung der

Bayerischen Räterepublik teil. 1933 emigrierte er nach Wien und ein Jahr später nach Brünn; schließlich gelang ihm die Flucht in die USA, wo er 1967 in New York verstarb.

„Spezialität: ländliche Sachen", gab der junge Graf, der gelegentlich in der Tradition J. P. Hebels und L. Thomas gesehen wird, ironisch auf seiner Visitenkarte an, die ihn auch noch als „Provinzschriftsteller" auswies. Tatsächlich sind seine ersten epischen Werke Dorfromane und stehen der Heimat- und Bauernkunst nahe, etwa die Geschichten aus dem *Bayerischen Lesebücherl* (1924), die *Chronik von Flechting* (1925) oder *Die Heimsuchung* (1925).

Graf wäre sicherlich Provinzschriftsteller geblieben, hätte ihn nicht seine Autobiografie *Wir sind Gefangene. Ein Bekenntnis aus diesem Jahrzehnt* (1927) international bekannt gemacht, in der vor dem Hintergrund der politischen Wirren in Bayern nach dem Ersten Weltkrieg die Entwicklung des Dichters zum radikalen Gegner der Nationalsozialisten aufgezeigt wird. „Mit diesem Buch hat er sich freigeschrieben vom dumpfen Druck des Landlebens, vom Nachahmen eines ihm fremden expressionistischen Pathos und von der Gefahr, ein bloß drolliger Unterhaltungsautor zu werden" (R. Stollmann).

Wohltuend vom zotigen *Bayerischen Decameron* (1928), das den Autor aber einem breiten Publikum zugänglich machte, heben sich auch Grafs *Kalendergeschichten* (1929) ab, die in der genauen Darstellung ländlicher und städtisch-proletarischer Bevölkerungsgruppen ein realistisches Zeitbild der Weimarer Jahre entstehen lassen.

Dem Roman *Bolwieser* (1931) liegt ein wahrer Kriminalfall zu Grunde, der Graf von einem Freund so zugetragen wurde: „Er war ein ehemaliger Bahnhofsdirektor in Wasserburg, seine Alte, in die er sehr vernarrt war, hat ihn betrogen und ihn nachher, als sie ins Gerede gekommen ist, dazu gebracht, dass er ihre Unschuld vor Gericht beeidigt. – Wie er wegen Meineid ins Zuchthaus gekommen ist, hat sie den anderen geheiratet." Graf änderte das Geschehen nur unwesentlich ab und verlegte die Handlung ins spießig-provinzielle Werburg. Exemplarisch dargestellt wird das Scheitern einer Ehe und der Untergang des anfangs lebensfrohen, jedoch seiner attraktiven Ehefrau Hanni sexuell hörigen „Pantoffelhelden" Xaver Bolwieser, der „ohne Willen und Selbstständigkeit" Mitschuld am Unglück trägt. Gleichzeitig wird die fassadenhafte Moral einer Kleinstadt enthüllt: Hinter der vordergründigen Anständigkeit ihrer Bewohner werden „erotische Lockung, Libertinage, ausschweifende Besitzgier" sichtbar. Nach dem Zweiten Weltkrieg fanden besonders seine autobiografisch geprägten Werke *Das Leben meiner Mutter* (1946), *Unruhe um einen Friedfertigen* (Roman, 1947) und *Gelächter von außen* (1966) Beachtung.

Erich Maria Remarque (eigentlich Erich Paul Remark, 1898–1970). In seiner Jugendzeit ein Hansdampf in allen Gassen – er betätigte sich als Organist, Lehrer, Buchhalter und Sportjournalist – gab er sich im Alter dandyhaft-mondän. Er lebte ab 1931 vornehmlich in seiner Schweizer Villa, später, nach Aberkennung der deutschen Staatsbürgerschaft 1938, in den USA, deren Staatsbürgerschaft er 1947 annahm. Seinen aufwendigen Lebensstil konnte sich Remarque aber erst durch den Erfolg seines Antikriegsromans *Im Westen nichts Neues* (1929) leisten.

Der Weltbestseller, der in mehr als 50 Sprachen übersetzt wurde und dessen Auflage schon nach anderthalb Jahren die Millionengrenze überschritt, schildert betont nüchtern und berichthaft den Ersten Weltkrieg aus der Perspektive eines einfachen Frontsoldaten. „Dies Buch soll weder eine Anklage noch ein Bekenntnis sein. Es soll nur den Versuch machen, über eine Generation zu berichten, die vom Krieg zerstört wurde – auch wenn sie seinen Granaten entkam", schrieb der Dichter im Vorwort. Mit dem Ich-Erzähler Paul Bäumer und dessen Schulkameraden erlebt der Leser die verschiedensten Stationen eines mörderischen Krieges: zunächst in der Retrospektive die unmenschliche Rekrutenausbildung durch den Unteroffizier Himmelstoß, der später im Einsatz kläglich versagt; dann furchtbare Gasangriffe auf einem Friedhof an der Front, sinnlosen Stellungskrieg und Grabenkämpfe; Heimaturlaub mit phrasendreschenden Stammtisch-Nationalisten und einen Lazarettaufenthalt, der erst richtig „zeigt, was Krieg ist". Nach dem Tod seiner Mitschüler, ohne deren gelebte Kameradschaft das bestialische Kriegsgeschehen nicht auszuhalten gewesen wäre, fällt schließlich auch

Paul Bäumer an einem ruhigen Tag im Oktober 1918, an dem „der Heeresbericht sich nur auf den Satz beschränkte, im Westen sei nichts Neues zu melden".

Der Roman wurde sofort nach seinem Erscheinen mehr oder weniger heftig kritisiert: E. E. Kisch bemerkte eine „remarquable Verwässerung des Krieges", und die Linken bemängelten, dass der Dichter zu den Ursachen des Ersten Weltkrieges geschwiegen habe. Der spätere Friedensnobelpreisträger Carl von Ossietzky nahm zwar den Schriftsteller Remarque in Schutz („dem nicht verziehen wird, dass er einen Frontroman in den unerfreulichen Farben der Wahrheit geschrieben hat."), wertete das Buch jedoch nur als „Zufallstreffer" und „interessante isolierte Leistung". Die Rechten dagegen sahen in dem Werk eine Schmähung der Weltkriegssoldaten: 1930 ließ Goebbels durch Schlägertrupps die Vorführung der amerikanischen Filmversion *(All Quiet on the Western Front)* in Berlin massiv stören; schließlich wurde der Film auf Druck der Nationalsozialisten verboten.

Remarques späteren Romane, vor allem *Der Weg zurück* (1931), der die Schicksale von Kriegsheimkehrern schildert und als Fortsetzung seines Bestsellers konzipiert war, konnten – nicht zuletzt wegen ihrer kolportagehaften Elemente – an den ungeheueren Erfolg seines gelungenen Erstlings niemals anschließen. Auch seine Werke landeten 1933 in den Flammen der nationalsozialistischen Bücherverbrennung.

B(runo) Traven (gestorben 1969 in Mexico City), der sich im Privatleben unter anderem Traven Torsvan nannte, ist eine der mysteriösesten Persönlichkeiten in der deutschen Literaturgeschichte, da es ihm erfolgreich gelang seine wahre Identität zu verschleiern. Immer noch sind über seine Herkunft und sein Leben verwegene Vermutungen in Umlauf.

Heute darf man davon ausgehen, dass B. Traven mit einem Mann, der unter dem Pseudonym Ret Marut 1908 am Essener Stadttheater zum ersten Mal an die Öffentlichkeit trat, identisch ist. Später begegnen wir Marut in München, wo der engagierte Sozialist mit O. M. Graf und E. Mühsam zusammenarbeitete und sich in der linksradikalen Zeitschrift *Der Ziegelbrenner*, deren Herausgeber er wurde, mit der Veröffentlichung von Kurzprosa erste literarische Meriten verdiente. Das Scheitern der Münchner Räterepublik veranlasste ihn zur Flucht in den Untergrund; er tauchte in Mexiko wieder auf und begann seine Romane vornehmlich in der 1924 gegründeten Büchergilde Gutenberg zu publizieren.

Sein literarisches Debüt gab er 1926 mit dem Abenteuerroman *Das Totenschiff*, der 1959 auch erfolgreich verfilmt wurde. Die Handlung, in die der Erzähler immer wieder kommentierend eingreift und auf gesellschaftliche Missstände hinweist, zeigt den durch Zufall staatenlos gewordenen amerikanischen Matrosen Gale zunächst im Dschungel der europäischen Bürokratie, dann als missbrauchten Arbeitssklaven auf einem Kohlenpott und schließlich als Entführten auf einem „Totenschiff", dessen bewusst herbeigeführten Untergang – der Eigner will die hohe Versicherungsprämie einstreichen – er als Einziger überlebt.

Generalthema seines erfolgreichen epischen Werkes, das in Millionenauflage erschien und gerade in den 20er-Jahren ein begeistertes Lesepublikum fand, ist jedoch die bedrückende soziale und politische Lage der südamerikanischen Landbevölkerung. Auf die Romane *Der Schatz der Sierra Madre* (1927), *Die Brücke im Dschungel* (1929) und *Die Baumwollpflücker* (1931) folgte in den Jahren 1931 bis 1941 die sog. Mahagonny- bzw. Caoba-Serie, ein Romanzyklus von sechs Bänden (*Der Karren, Regierung, Caoba, Die Troza, Die Rebellion der Gehenkten, Ein General kommt aus dem Dschungel*), in dem der Autor seine Sympathien für die Indios nicht verhehlt und leidenschaftlich Partei ergreift für die Interessen der kleinen Leute, die diktatorisch unterdrückt, ausgebeutet und als Tagelöhner mit erbärmlichem Einkommen ihr Leben fristen müssen.

3 Das Theater der Zwischenkriegszeit

3.1 Filmkunst und Komödien

Der Film (→ S. 364), der in den ersten Nachkriegsjahren aus dem primitiven Vorstadt-Kintopp in riesige Paläste mit Orchester umsiedelte, wurde das größte Abenteuer der Zeit und durch seine neuen Mittel Konkurrent der Bühnen. Bedeutende Regisseure wie F. W. Murnau, Fritz Lang und Ludwig Berger sicherten dem deutschen „Kammerspielfilm" jahrelang künstlerischen Welterfolg. Und während die jungen Expressionisten Kaiser, Toller, Zuckmayer und Brecht auf die Bühne vordrangen, faszinierte die Leinwand mit äußerst suggestiven, dämonischen Schauerfilmen (z. B. *Das Kabinett des Doktor Caligari*, 1920), in denen das unheimliche, grausame „gotische" Wesen in neuer Form erwachte. Diese raffinierte expressionistische Gotik, die fantastischen Utopien der Regisseure Paul Wegener und Fritz Lang machten den deutschen Film zum drittwichtigsten Exportartikel, bis Alfred Hugenberg die Idee General Ludendorffs realisierte und die UFA in Neu-Babelsberg in ein nationalistisches Propagandainstrument verwandelte.

Die heiter-satirische Seite des Mediums Film zeigte vor allem der Münchner „Linksdenker" (K. Tucholsky) Karl Valentin (eigentlich Valentin Ludwig Fey, 1882–1948) in ca. 37 Filmen bzw. verfilmten Sketschen, die in der Zeit von 1912 bis 1941 entstanden sind. So wird z. B. in *Der Firmling* exemplarisch vorgestellt, wie unter Verwendung von Situationskomik und verdrehtem Wortwitz der Gasthausbesuch von Vater und Sohn in einem Fiasko endet. Aber auch auf den Münchner Volksbühnen und in Berlin feierte Valentin, der im kleinbürgerlichen Milieu verwurzelt war, zusammen mit seiner kongenialen Partnerin Liesl Karlstadt große Erfolge.

Als Zeitanalytiker und „Sprachphilosoph" thematisierte er immer wieder Alltagssituationen (u. a. *Buchbinder Wanninger*, *Semmelnknödeln*, *Der Radfahrer*, *Im Photoatelier*, *Der Theaterbesuch*, *Im Schallplattenladen*, *Das Brillantfeuerwerk*), die er von verschiedenen Perspektiven aus betrachtete und beharrlich-kritisch hinterfragte. Valentins bohrende Texte, seine spindeldünne, grotesk anmutende Figur, das maskenhaft weiß geschminkte Gesicht und seine verhaltene Gestik und Mimik verweisen auf eine anti-illusionistische Darstellungskunst, die der junge Brecht begeistert aufnahm und in seinem eigenen Werk verarbeitete.

3.2 Volks- und Zeitstücke

Sozialkritische und komödiantische Elemente verbindet Ödön von Horváth (1901–1938) in seinem dramatischen Werk. Erst nach dem Zweiten Weltkrieg kamen die ironischen „Volksstücke" Horváths wieder auf die Bühnen (*Sladek der schwarze Reichswehrmann*, 1929; *Italienische Nacht*, 1930; *Geschichten aus dem Wiener Wald*, 1931; *Kasimir und Karoline*, 1932; *Glaube, Liebe, Hoffnung*, 1936). Sie alle zeigen, was seit Nestroy aus dem „schlichten Volk" und dem „braven Kleinbürger" geworden war: Triebhafter Terror, brutaler Interessenkampf verbirgt sich hinter bierseligen Phrasen, Schlagerkitsch und Mief. An Wirtshaustischen, auf Rummelplätzen, in Bürostuben und bei rührenden Familienfeiern ist die Luft vom Terror der Rechtsradikalen erfüllt. In schönen Redensarten lauern Handgranaten, in walzerseliger Gemütlichkeit der rohe Faustschlag.

***Karl Valentin** als Vater und **Liesl Karlstadt** als Sohn im „Firmling".*
VATER: […] Inhalier nur fest, dassd a guate Farb kriagst. Du musst dir denken: Heut ist der schönste Tag in deinem Leben – die Jugendzeit kommt nur einmal, des derfst mir glaubn.

Verglichen mit Horváths besten Stücken war der Erfolg, den Marieluise Fleisser (1901–1974) 1929 mit den von Brecht angeregten und überarbeiteten *Pionieren in Ingolstadt* erzielte, eher stofflich bedingt. Die Komödie, in der Soldaten für militärische Übungen eine Brücke errichten müssen und dabei untereinander und mit den Bürgern in Konflikte geraten, setzte dem Militär und der verlogenen Kleinstadtidyllik so zu, dass der Text 1933 öffentlich verbrannt und die Autorin in ihrem gleichnamigen Geburtsort als „Nestbeschmutzerin" gebrandmarkt wurde (Erzählungen *Meine Zwillingsschwester Olga*, 1923; *Avantgarde*, 1963; *Abenteuer aus dem Englischen Garten*, 1968). Mit ihren kritischen Volksstücken wurden Horváth und Fleißer zu Vorläufern der Neuen Sachlichkeit der 70er-Jahre (→ S. 393).

Carl Zuckmayer (1896–1977) ist trotz seiner ernsten Dramen *Gesang im Feuerofen* und *Des Teufels General* (→ S. 458), die ihm die Auseinandersetzung mit Hitler abnötigte, und trotz des *Kalten Lichts* (1955) wesentlich ein Lustspielautor mit kraftvoller Fabulierlust, Gestaltenfülle, Wirklichkeitsnähe und ursprünglichster Lebensbejahung. Engagiert setzte er sich für die politische Freiheit ein, weshalb er auch 1933 emigrierte. Die rheinische Erfolgskomödie *Der fröhliche Weinberg* (1925) drückt vor allem sinnlichen Lebensgenuss aus; das Schauspiel *Schinderhannes* (1927) brachte den volkstümlichen Räuberhauptmann aus der Napoleonzeit, der bislang im Lied und in den Moritaten fortgelebt hatte, auf die Bühne. Im Inflationsjahr 1923 spielt das Seiltänzerstück *Katharina Knie* (1928), eine Romanze aus der fast ausgestorbenen Welt der fahrenden Künstler. Zum „deutschen Märchen" im negativen Sinne ist die ergreifende Tragikomödie vom *Hauptmann von Köpenick* (UA 1931 in Berlin) geworden, die die Geschichte des Schusters Voigt erzählt, der den wilhelminischen Mythos von der allmächtigen Uniform entlarvt. Carl Zuckmayer konnte mit keinem seiner späteren Stücke (*Das kalte Licht*, 1955; *Der trunkene Herkules*, 1957; *Die Uhr schlägt eins*, 1961) wieder künstlerische und gesellschaftskritische Bedeutung erreichen. Dafür wird er mit seinem frühen dramatischen Werk und den Erzählungen seinen Platz in der volksnahen Dichtung behalten.

Zeitstücke. Die politischen Kämpfe der Weimarer Zeit brachten manch heiß umstrittene Stücke hervor, so z. B. die Hohenzollern-Dramen von Hans Rehberg, die Stücke der NS-Autoren Hanns Johst (*Schlageter*, 1932) und Erwin Guido Kolbenheyer (*Jagt ihn, ein Mensch*, 1930). Peter Martin Lampel entlarvte die dunklen Machenschaften der Reichswehr in *Giftgas über Berlin* (1929) und Walter Mehring schrieb eine revueartige Satire auf die Inflationsgewinnler (*Der Kaufmann von Berlin*, 1927). Ferdinand Bruckner griff mit den Schauspielen *Krankheit der Jugend* (1929) und *Die Verbrecher* (1929) die Thematik der perspektivlosen jungen Generation der Nachkriegszeit bzw. die Ungerechtigkeit der Justiz auf. Friedrich Wolf behandelte in *Cyankali – § 218* (1929) die Abtreibungsproblematik aus proletarischer Sicht und der Kommunist Gustav von Wangenheim versuchte sein Publikum mit Agitprop-Stücken im Stile der russischen Revolutionsdramatik zu beeinflussen.

3.3 Die Piscator-Bühne

Mitte der 20er-Jahre unternahm der Regisseur Erwin Piscator (1893–1966) – wie Meyerhold als Leiter des Bühnenwesens in der Sowjetunion – den für die Theatergeschichte folgenreichen Versuch die Bühnentechnik durch die Benutzung aller modernen Möglichkeiten zu revolutionieren. Sprechchöre, instruktive Spruchbänder, Dokumentarfilme, Fotografien, Projektionen von Zeichnungen, Revuen, Ansprachen und neuartige Einrichtungen wie Laufbühnen, Segment- und Globusbühnen sollten es ermöglichen, die überindividuelle Determiniertheit der Epoche zum Ausdruck zu bringen.

An Stelle des Hoftheaters mit seiner Tiefenbühne und feudalen Einteilung in Parkett, Ränge, Logen und Galerien und an Stelle des bürgerlichen Guckkastentheaters, wo der Vorhang das Publikum von der Welt des Scheins trennt, schuf er ein „Totaltheater" um den Zuschauer ins Spielgeschehen einzubeziehen. Zwar konnte ein eigener architektonischer Entwurf von Walter Gropius, dem Leiter des Bauhauses Dessau, aus finanziellen Gründen nicht zur Ausführung kommen und es fehlte an jungen Autoren, doch vermochte Piscator immerhin an die 40 zur Aufführung geeignete Stücke zusammenzustellen, die an seinen Bühnen in Berlin (Piscator-Bühnen) zur

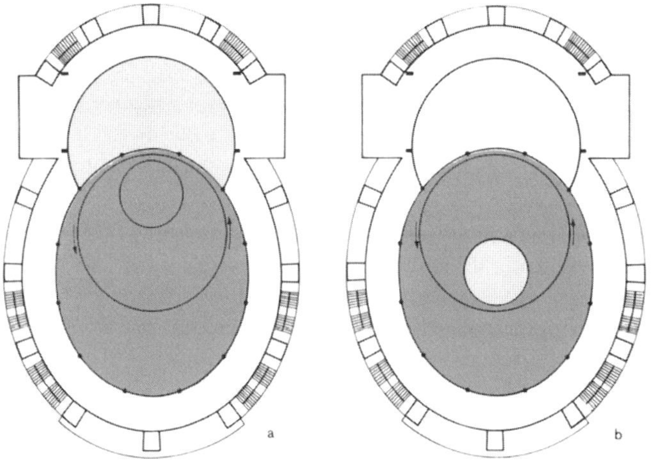

W. Gropius: Totaltheater a Normalbühne, b Zentralbühne

*Das von **Walter Gropius** entworfene Totaltheater. Die linke Skizze zeigt eine beinahe klassische Theaterperspektive (sichelförmige Tiefenbühne oben), während die Darstellung auf der rechten Seite verdeutlicht, wie sich durch Drehung der inneren Parkettscheibe, auf der sich, exzentrisch angeordnet, eine zusätzliche Darstellungsfläche befindet, der Zuschauer noch stärker ins Bühnengeschehen einbezogen werden kann (Zentralbühne). Filme, Skizzen und Fotos sollten auf die Innenseite der Wände projiziert werden, die die Bühne amphitheatralisch umschließen.*

Aufführung kamen: von Shakespeare, Lessing und Schiller bis zu Karl Kraus, Brecht, Csokor, F. Wolf und Walter Mehrings *Kaufmann von Berlin.*

Mit seinen kühnen Experimenten zog Piscator die Konsequenzen aus den Versuchen expressionistischer Autoren wie Toller, Unruh oder Hasenclever die Bühne zu einer moralischen Anstalt zu machen. Wie Schiller einst die Technik der Barockoper nutzte, wollte er die neuen Stoffkomplexe – Krieg, Revolution, Technik, Wirtschaft – mit den neuen szenischen Mitteln der Montage- und Simultantechnik bewältigen. Das Theater sollte aufhören Luxus zu sein, es sollte aufrütteln, die Menschen umformen und bewusst politisch sein.

Obwohl der hessische Pastorensohn erklärtermaßen revolutionärer Marxist war, fand er doch weder von der KPD noch von den sozialistischen Volksbühnen eine für seine Experimente ausreichende Unterstützung. Als er 1938 schließlich in die USA emigrierte, nutzten bereits alle besseren amerikanischen Bühnen seine Erfindungen.

3.4 Bertolt Brecht – Stückeschreiber

Ich bin aufgewachsen als Sohn
Wohlhabender Leute. Meine Eltern haben mir
einen Kragen umgebunden und mich erzogen
In den Gewohnheiten des Bedientwerdens
Und unterrichteten mich in der Kunst des
Befehlens. Aber
Als ich erwachsen war und um mich sah
Gefielen mir die Leute meiner Klasse nicht,
Nicht das Befehlen und nicht das Bedientwerden.
Und ich verließ meine Klasse und gesellte mich
Zu den geringeren Leuten.

Bertolt Brecht (1898–1956), aus gutbürgerlichem Hause in Augsburg stammend, war nicht erst als Erwachsener kritisch gegenüber seiner standesgemäßen Umgebung und gesellschaftlichen Konventionen. Schon als Unterprimaner wäre Brecht 1915 beinahe vom Gymnasium verwiesen worden, weil er in einem Aufsatz das Horazwort „Dulce et decorum est pro patria mori" (süß und ehrenvoll ist es, fürs Vaterland zu sterben) hohlköpfige Zweckpropaganda nannte: „Der Abschied vom Leben fällt immer schwer, am meisten gewiss jungen Menschen in der Blüte ihrer Jahre." In seinen Stücken verwendet er später „die Sprache der Schlächter" nur noch ironisch. Parodistisch ist darum auch die schauerlich-höhnische Ballade *Legende vom toten Soldaten,* die er als junger Medizinstudent angesichts der Kriegskrüppel in einem Augsburger Lazarett schrieb. Der Missbrauch, der mit der Sprache und den Menschen getrieben wird, war fortan das Thema des unbedingten Kriegsgegners Brecht (*Von der Willfährigkeit der Natur, Von der Billigung der Welt*). Diesem Missbrauch suchte er einen menschlicheren Brauch und Gebrauch entgegenzusetzen (*Lob des Zweifels, Vom Sprengen des Gartens, Von allen Werken* u. a.). Um den Missbrauch darstellen zu können studierte er das Verhalten der Menschen: „Ich bin ein Stückeschreiber. / Ich zeige, was ich gesehen habe. / Auf den Menschenmärkten / habe ich gesehen, wie der Mensch / gehandelt wird. Das / Zeige ich, ich, der Stückeschreiber."

Von allen jungen Dramatikern seiner Generation hat Brecht sein Talent nach dem Ersten Weltkrieg am erstaunlichsten entfaltet. Indem er die Formen des Theaters zum Anti-Theater veränderte, d. h. die Bühne aus einer Angelegenheit des täuschenden Genusses zu einer Stätte der Erkenntnis umzuwandeln suchte, wollte er die Gesellschaft, die Moral verändern, durch Provokation, Desillusionierung und Anklage die Fassadenhaftigkeit aufdecken und schließlich Gleichnisse einer freundlicheren Welt schaffen.

Die Dramen bis 1933. Brechts erstes Stück *Baal* (1919, UA 1923) war indessen noch kein Lehrstück, sondern Ausdruck seiner Revolte gegen das gutbürgerliche Elternhaus und die konventionelle Lebensform überhaupt, deren Heuchelei er für den Krieg verantwortlich machte.

Nach dem Vorbild der Dichter-Vagabunden Villon und Rimbaud konzipiert, ist Baal, der Wüstling, Säufer und Moritatensänger, der sich in Kneipen herumtreibt und schließlich „verreckt", die Verkörperung des unersättlichen Hungers nach sinnlichem Glück, ein wild-anarchischer Hymnus auf das Leben, der aus locker zusammengefügten, balladesken Szenen besteht.

Trommeln in der Nacht (UA 1922), unter der Intendanz von O. Falckenberg inszeniert, gehörte in der Weimarer Zeit zu den erfolgreichsten Stücken des jungen Autors, der dafür den Kleist-Preis erhielt. Der Kritiker und Brecht-„Entdecker" H. Ihering würdigte die Bedeutung des Stückes für den damaligen Theaterbetrieb begeistert: „Der vierundzwanzigjährige Dichter Bert Brecht hat über Nacht das dichterische Antlitz Deutschlands geändert. Mit Bert Brecht ist ein neuer Ton, eine neue Melodie, eine neue Vision in der Zeit". Das fünfaktige Drama, das 1919 unter dem Eindruck des Spartakus-Aufstandes entstand und vom Autor später als Komödie bezeichnet wurde, zeigt den lange vermissten und schon tot geglaubten Kriegsheimkehrer Kragler, der, statt sich als Sozialist den Aufständischen im Zeitungsviertel in Berlin anzuschließen, mit seiner von einem anderen geschwängerten Braut Anna sein persönliches Glück lieber im Kleinbürgerlichen sucht – er vergisst die Revolution. Schonungslos dargestellt wird jedoch die Familie seiner Verlobten, die sich als Kriegsgewinnler rücksichtslos bereichern konnte und für die deshalb „der Krieg ein Glück" war.

Schon in *Trommeln in der Nacht* arbeitete Brecht, der sehr viel der volkstümlichen Moritat, dem Jahrmarktspanoptikum und dem Komiker Karl Valentin verdankte, mit dem Mittel der „Verfremdung" (→ S. 405). Seine Absicht war das Gleichnishafte der Vorgänge sichtbar und den Zuschauern bewusst zu machen, dass es ihre Sache sei, die auf der Bühne verhandelt wird: „Es ist gewöhnliches Theater. Es sind Bretter und ein Papiermond ... Glotzt nicht so romantisch!"

Im Dickicht der Städte (UA 1923) kämpfen in elf Szenen jeweils von neuem zwei Männer, die in ihrem Handeln vom Moloch Großstadt wie Marionetten geführt werden, einen sinnlosen Kampf. „Zerbrechen Sie sich nicht den Kopf über die Motive dieses Kampfes, sondern beteiligen Sie sich an den menschlichen Einsätzen, beurteilen Sie unparteiisch die Kampfform der Gegner und lenken Sie Ihr Interesse auf das Finish", forderte Brecht im Vorspruch die Zuschauer auf.

1926 begann Brecht als junger Dramaturg an den Münchner Kammerspielen mit dem Studium der Werke von Karl Marx, der gelehrt hatte, dass der Mensch im System des Kapitalismus zur Ware, d. h. seinem Wesen „entfremdet" worden sei. Darum – so folgerte Brecht – diene auch die bürgerlich-kapitalistische Kunst, besonders Oper und Operette, nur dem unsittlichen, verführerischen Luxus. Diese zum bloßen Genussmittel missbrauchte Kunst müsse durch „Verfremdung", d. h. durch satirische, parodistische oder absurde Mittel entlarvt werden.

Nachdem Brecht in dem 1926 im Darmstädter Landestheater uraufgeführten modernen Parabelstück *Mann ist Mann* die Verwandlung des armen Packers Galy Gay zu einem imperialistischen Soldaten und blutrünstigen Krieger demonstrierte, schrieb er zusammen mit dem Komponisten Kurt Weill *Die Dreigroschenoper* (1928). Ihre mitreißenden Songeinlagen und ihre salopp-distanzierte Brillanz, die allerdings das sozialkritische Engagement des Autors überdecken, wurden

***Mann ist Mann**, Berliner Staatstheater 1931. In diesem Szenenausschnitt wird beispielhaft die theatralische Verfremdungstechnik demonstriert: Weiß geschminkte, maskenhafte Gesichter, grotesk überzeichnete Uniformen und auf Stelzen agierende Darsteller sollen dem Zuschauer eine Identifikation mit den Protagonisten erschweren.*

vom Publikum begeistert aufgenommen und brachten das desillusionierte Lebensgefühl der *Roaring Twenties* so kräftig zum Ausdruck, dass sie Brechts Weltruf begründeten. Von der englischen *Beggar's Opera* (1728) übernahm Brecht die parodistische Gleichsetzung der High Society mit der Verbrecherwelt, die Entlarvung des Bürgers als Räuber. „Erst kommt das Fressen, dann die Moral" wurde inzwischen zu einem geflügelten Wort. Doch das bürgerliche Publikum ergötzte sich damals eher am amüsanten Einblick in die Welt des Verbrechens und nahm diese Parodie einer „kulinarischen" Oper, wie sie der Autor intendiert hatte, kaum wahr. Die Songs, die im Gegensatz zur herkömmlichen und harmonisch eingängigen Musik zu „Misuk" aus Bänkelsang und Jazzrhythmik „umfunktioniert" waren, wurden gegen den Willen Brechts zu Welterfolgen.

Aufstieg und Fall der Stadt Mahagonny, wieder mit Weills Musik, 1930 unter einem Skandal in Leipzig uraufgeführt, zeigt die negative Utopie einer Gesellschaft, in der alles – Leben, Freude, Liebe, Freiheit – für Geld feil ist. Wer Geld besitzt, darf alles, kein Geld zu haben ist verwerflich und führt auf den elektrischen Stuhl: „Darum wirst du zum Tode verurteilt, Paule Ackermann. / Wegen Mangel an Geld / Was das größte Verbrechen ist / Das auf dem Erdenrund vorkommt."

Nach diesen Anti-Opern schrieb Brecht sein erstes Anti-Drama. Überzeugt davon, dass das klassische bürgerlich-liberale Trauerspiel und der Liberalismus überhaupt zum Schein geworden sei, der nur mehr die Interessen einer geldgierigen Gesellschaft verhülle, ließ er in dem Stück *Die heilige Johanna der Schlachthöfe* (1930, UA 1959), das vor dem Hintergrund von Wirtschaftskrise und Massenarbeitslosigkeit im Chicago der ausgehenden 20er-Jahre spielt, den Fleischfabrikanten und kapitalistischen Ausbeuter Mauler parodistisch in Jamben sprechen. Das Mädchen Johanna, Leutnant der Heilsarmee, kämpft anfangs noch mit Süppchen gegen Hunger und Not der Arbeitslosen. Ein Streik, den sie mitorganisiert und unwissend sabotiert, wird jedoch durch Truppen niedergeschlagen. Verzweifelt sieht sie am Ende ein: „Es hilft nur Gewalt, wo Gewalt herrscht, und / Es helfen nur Menschen, wo Menschen sind."

Das epische Theater. Im Bemühen, die Bühnenkunst vom „Kulinarischen", d. h. vom Augen- und Ohrenschmaus zu befreien und sie zu einer Sache der Erkenntnis von der Rolle und Aufgabe des Menschen zu machen, entwickelte Brecht die Theorie und dramaturgische Praxis des Lehrtheaters. Indem der Stückeschreiber zeigt, wie die Menschen „zueinander ins Zimmer treten mit Plänen / Oder mit Gummiknüppeln oder mit Geld / Wie sie auf der Straße stehen und warten / Wie sie einander Fallen bereiten / Voller Hoffnung / Wie sie Verabredungen treffen / Wie sie einander aufhängen / Wie sie die Beute verteidigen / Wie sie essen …", macht Brecht in der Darstellung exemplarischer Szenenfolgen („Nummern") die Zuschauer zu Betrachtern, weckt ihre Kritik und erzwingt ihre Entscheidung. Um zu verhindern, dass sich das Publikum mit den Bühnenfiguren identifiziert, bedient sich Brecht der

Mittel der Verfremdung („V-Effekt"), die gewährleisten sollen, dass der Zuschauer aus der Distanz das Beispielhafte des Vorgestellten begreift und erkennt, was veränderlich ist und geändert werden soll. Dramaturgisch bedeutet das: Der Schauspieler identifiziert sich nicht mit einer Figur, sondern demonstriert sie; die Sprache wird nicht bloß gesprochen, sondern in ihrem Brauch und Missbrauch aufgezeigt. Zwischengesänge (Songs), Spruchbänder, Selbsterklärungen der Figuren zur Spielhandlung oder dialektische Kämpfe zwischen Anklage und Verteidigung als Elemente des Epischen fordern den Zuschauer zur Urteilsbildung auf. Die Szene wird zum Tribunal, das Geschehen zum Gleichnis und Exempel, das Spiel zu einer experimentellen Demonstration des richtigen und falschen Verhaltens.

Folgendes Schema in den *Anmerkungen zur Oper „Aufstieg und Fall der Stadt Mahagonny"* zeigt die von Brecht intendierte Gewichtsverschiebung vom dramatischen zum epischen Theater:

Dramatische Form des Theaters	*Epische Form des Theaters*
– handelnd	– erzählend
– verwickelt den Zuschauer in eine Bühnenaktion	– macht den Zuschauer zum Betrachter, aber
– verbraucht seine Aktivität	– weckt seine Aktivität
– ermöglicht ihm Gefühle	– erzwingt von ihm Entscheidungen
– Erlebnis	– Weltbild
– Der Zuschauer wird in etwas hineinversetzt	– er wird gegenübergesetzt
– Suggestion	– Argument
– Die Empfindungen werden konserviert	– bis zur Erkenntnis getrieben
– Der Zuschauer steht mittendrin, miterlebt	– Der Zuschauer steht gegenüber, studiert
– Der Mensch als bekannt vorausgesetzt	– Der Mensch ist Gegenstand der Untersuchung
– Der veränderliche Mensch	– Der veränderliche und verändernde Mensch
– Spannung auf den Ausgang	– Spannung auf den Gang
– Eine Szene für die andere	– Jede Szene für sich
– Wachstum	– Montage
– Geschehen linear	– in Kurven
– evolutionäre Zwangsläufigkeit	– Sprünge
– Der Mensch als Fixum	– Der Mensch als Prozess
– Das Denken bestimmt das Sein	– Das gesellschaftliche Sein bestimmt das Denken
– Gefühl	– Ratio

Im Grunde wollte Brecht damit dem Theater wieder die Bedeutung zurückgewinnen, die es vor dem Abfall ins „Kulinarische" in den großen Zeiten Athens, des Elisabethanischen Englands und auch in der Klassik gehabt hatte. Es sollte eine Stätte bedeutender Einsicht sein, ein Ort, wo der Zuschauer erkennt: *Tua res agitur* („Es geht um deine Sache").

Brechts frühe Lyrik ist einzigartig durch ihre Formsicherheit und ihren Reichtum an Gattungen. In der *Hauspostille* (1927), so benannt nach Luthers Hausandachtsbuch, verlieh der Dichter der Schauerballade und dem Moritatenlied einen unverwechselbaren Ton, erneuerte altes Volksgut und setzte, Anregungen von Rimbaud, Villon und Wedekind verarbeitend, Choräle und Stimmungslyrik parodierend um. Brecht wollte seine Lyrik als „Gelegenheitsdichtung" verstanden wissen, die ihre Aussagekraft nicht aus trügerischem Schein, sondern aus der konkreten Lebensrealität schöpft. Unnachahmlich ist deshalb auch das Provozierende, die aggressive Melancholie und bewusste Saloppheit seiner Songs; vielfältig auch seine szenische Lyrik, ein wichtiges Element seiner Stücke. Von der Bühne her denkend entwickelte er eine Meisterschaft im Sprechton, im Gebrauch der Synkopen und im rhythmischen Ritardando. Aber er modernisierte auch die Ballade und schuf eine neue Art der „Legende" und belehrenden Epistel. Als Brecht erkannte, dass der Dichter Lehrmeister, Unterweiser und, wenn nötig, Kämpfer sein müsse, knüpfte er bewusst an die didaktisch-moralistische Poesie früherer Zeiten an. In den späten 20er-Jahren und in der Emigration erreichte seine Lyrik im Spruchgedicht und in der Kampflyrik gegen den Nationalsozialismus die unerhörte Knappheit, die das Gedicht zur Waffe macht:

> Auf der Mauer stand mit Kreide:
> Sie wollen den Krieg.
> Der es geschrieben hat
> ist schon gefallen.

Bertolt Brecht verließ einen Tag nach dem Reichstagsbrand Deutschland. Prag, Wien, Zürich und Paris waren die vorübergehenden Stationen. In Svendborg an der dänischen Küste fand er in einer alten Bauernhütte eine Zufluchtstätte. In diesen Jahren entstand ein breites Dramenwerk (→ S. 460 f.) und zahlreiche bedeutende Gedichte (→ S. 461 ff.). 1940 floh Brecht über Finnland und die Sowjetunion in die USA (1941–1947). 1949 kehrte er nach Ostberlin zurück, wo er sich für die praktische Theaterarbeit im Berliner Ensemble engagierte, das er mit seiner Frau Helene Weigel im selben Jahr gegründet hatte. Brecht starb am 14. 8. 1956 und wurde auf eigenen Wunsch in einem Stahlsarg auf dem Dorotheenstädtischen Friedhof in Berlin beerdigt (→ S. 561 ff.).

4 Große Romanciers und Erzähler

4.1 Jakob Wassermann – besessen von Wahrheit und Gerechtigkeit

JAKOB WASSERMANN (1873–1934), aus jüdischem Elternhaus in Fürth bei Nürnberg stammend, war ein in den 20er-Jahren äußerst erfolgreicher Autor, dessen stark neuromantisch gefärbten Werke in hohen Auflagen erschienen. Schon in früher Jugend empfand er den scharfen Gegensatz zwischen seiner tiefen Verwurzelung in der deutschen Kultur und seiner jüdischen Abstammung, den er später in seiner Autobiografie *Mein Weg als Deutscher und Jude* (1921) beschrieb. Als Kämpfer gegen antisemitische Vorurteile thematisierte Wassermann, der schon 1898 nach Wien übersiedelt war und dort die Bekanntschaft von H. von Hofmannsthal und A. Schnitzler machte, in vielfältiger Weise immer wieder das Judentum.

Ersten literarischen Erfolg erntete Wassermann, der sich als Redakteur des Münchener *Simplizissimus* verdient gemacht hatte und schon früh mit Erzählungen und schlichten Gedichten an die Öffentlichkeit getreten war, mit dem Roman *Die Juden von Zirndorf* (1897), dessen erster Teil das Getto im 17. Jh. zur Zeit des falschen Messias Sabbatai Zewi schildert, der durch seinen Übertritt zum Islam die enttäuschten Juden in der Umgebung Nürnbergs zur Gründung von Zionsdorf – von den Christen Zirndorf genannt – veranlasste.
Es folgte die *Geschichte der jungen Renate Fuchs* (Roman, 1900), in der Wassermann die Frauenfrage aktualisierte; 1905 erschien der Roman *Moloch*, in dem ein Bauer für Recht und Gerechtigkeit in der Großstadt kämpft und dabei untergeht.

Historische Stoffe. In *Alexander in Babylon* (Roman, 1905) kommt Wassermanns Suche nach einem neuen, besseren Menschen zum Ausdruck. Die Darstellung gipfelt in der beeindruckenden Schilderung eines Zuges durch die Wüste. In *Caspar Hauser oder Die Trägheit des Herzens* (Roman, 1908) wird die Problematik des Außenseitertums neu interpretiert: Der Titelheld, dessen Herkunft ungewiss bleibt, wird von einer herzensrohen Gesellschaft, die allem Ungewöhnlichen und Fremden äußerst reserviert gegenübersteht, abgelehnt; der lautere Caspar ist schon daran zerbrochen, bevor ein Mörder seinem Leben ein Ende bereitet.

Sein größter Publikumserfolg war *Das Gänsemännchen* (1915), ein zeitkritischer Roman, der dem Kunstschaffenden in Gestalt des Musikers Daniel Nothafft besondere Freiräume zubilligt. Nothafft ist besessen von seiner Profession, er gibt sein Letztes, „er streckt die Hand aus und es wird ihm hineingespuckt. Er gibt und gibt und gibt und sie nehmen, nehmen, nehmen, ohne Dank, ja mit Hohn. Sie achten nur die Vetternschaft, sie verkuppeln das Mikroskop mit dem Katechismus und die Philosophie mit der Polizei. Ohne jeden Anstand, ohne jede humane Übereinkunft…"
Verwirrend dagegen ist der Handlungsablauf im Roman *Christian Wahnschaffe* (1919), in dem der gleichnamige Protagonist und Fabrikantensohn sich um das Wohl der Armen sorgt. Wegen mangelnder Realitätsnähe und theatralischer Über-

höhung seiner Figuren gab das Werk jedoch Anlass zu Kritik: Der österreichische Schriftsteller R. von Schaukal glaubte schon damals „die Schwäche eines gewaltsam gereckten Talents" zu erkennen.

Der Fall Maurizius (1928). Diesem bekanntesten Roman Wassermanns, der zusammen mit den später erschienenen Romanen *Etzel Andergast* (1930) und *Joseph Kerkhovens dritte Existenz* (1934) eine Trilogie bildet, lag ein wahrer Mordprozess zu Grunde, der dem Dichter dazu diente, die Idee der Gerechtigkeit exemplarisch darzustellen. Der 16-jährige Etzel ist besessen von der Vorstellung den wegen Mordes an seiner älteren Ehefrau zu lebenslanger Haft verurteilten Leonhart Maurizius zu rehabilitieren. Etzels Vater Andergast hat damals als Oberstaatsanwalt die Anklage vertreten und durch die belastenden Aussagen des meineidigen Kronzeugen Gregor Waremme den Fall erfolgreich abschließen können.
In der Darstellung der vier Hauptfiguren entwickelte Wassermann einen äußert differenzierten Gerechtigkeitsbegriff, nämlich „die mehr vom Intellekt als vom Gefühl getragene Gerechtigkeitsbesessenheit Etzels, die langsame Erkenntnis des Oberstaatsanwalts Andergast von der Widerruflichkeit seines Gerechtigkeitsbegriffes, Leonharts resignatives Verständnis für den Unterschied von Recht und Gerechtigkeit und endlich Warschauer-Waremme, vom Autor als Erkenntnisfigur konzipiert, in einer Zeit, in der die Katharsis seines persönlichen ‚Doppelseins' – Deutscher und Jude – bereits vollzogen war" (M. Pazi). Wassermanns Romanfiguren sind sämtlich Moralisten und idealistische Einzelgänger, die die Hoffnung des Dichters auf eine geistige Läuterung der Menschheit bezeugen. Seine Prosa mischt symbolistische, neuromantische, zeitkritische, realistische und psychoanalytische Elemente. Für betont sachliche Leser hat sie daher etwas Schillerndes.

4.2 Hermann Hesse – auf dem Weg zum Ich

Hermann Hesse (1877–1962) selbst gab einen kurzen, spröden Abriss seiner Jugendzeit, die im Großen und Ganzen recht unglücklich verlaufen war: „Geboren am 2. 7. 1877 in Calw. Kinderjahre teils in Calw, teils in Basel. Lateinschule Calw und Göppingen, Landexamen 1891. Frühjahr 1892 Flucht aus dem Seminar Maulbronn, dann bis 1894 Gymnasium Cannstatt. Damit war meine Schulbildung zu Ende. Ich war nun eine Weile zu Hause, las viel und wusste nicht was werden. Dann wurde ich Mechaniker mit der Absicht, später Ingenieur zu werden. Ich arbeitete gegen anderthalb Jahre in einer mechanischen Werkstatt in Calw. Das Praktische gefiel mir, zum technischen Studium aber hatte ich weder Lust noch Talent. So wurde ich Herbst 1895 Buchhändlerlehrling bei Heckenhauer in Tübingen […]. In dieser Zeit war ich auf drei Gebieten zugleich fleißig: im Geschäft, in privater Lektüre und in abendlich, nächtlichem Verkehr mit einigen Kameraden, meist ausgesprungen oder sonst verbindungslose Studenten, mit großen Saufereien."

Frühe Prosa. Schon sein erfolgreicher Erstling *Peter Camenzind* (Roman, 1904) zeigt das Weltbild des Dichters, das durchgängig in allen späteren Werken zum Ausdruck kommt: Sehnsüchtig nach Einklang mit der Natur lehnt Hesse die kalte, technisierte Zivilisationswelt ab und baut sich auf seinem Weg zur Selbstfindung Traumwelten auf. So begibt sich Peter Camenzind, ein Schweizer Naturbursche, auf eine romantische Wanderung und begegnet dabei der europäischen Kultur. In sein Dorf zurückgekehrt plant er ein bedeutendes literarisches Werk um „in einer größeren Dichtung den heutigen Menschen das großzügige stumme Leben der Natur nahe zu bringen und lieb zu machen."
Schülererfahrungen verarbeitete Hesse in seiner autobiografischen Novelle mit dem beziehungsreichen Titel *Unterm Rad* (1906), die die Leidensgeschichte des jungen Hans Giebenrath zeigt, dem „die Lateinschule zur Tragödie" wird und der unter dem Erwartungsdruck von Vater und Lehrern zerbricht – eine typische Schülergeschichte jener Zeit.
In den Romanen *Gertrud* (1910) und *Rosshalde* (1914) spiegelt sich ein neuer Lebensabschnitt Hesses: Vor dem Hintergrund seiner Heirat, seines Umzugs an den Bodensee und seiner enttäuschenden Indienreise griff der Dichter die Thematik der Künstlerexistenz und der bürgerlichen Familie auf.
Mit der Darstellung ungebundenen Vagabundentums, wie es *Knulp* im gleichnamigen Roman

(1915) erlebt, schrieb sich Hesse endgültig in die Herzen der Leser.

Nach dem Ersten Weltkrieg war der Autor tief erschüttert. Der sterbende Soldat *Demian* (Roman, 1919) forderte die Jugend zur Besinnung auf. Das Buch machte Hesse in Europa bekannt. *Siddhartha*, die geschlossenste Erzählung, empfahl 1922 den buddhistischen Läuterungsweg. Aber in Hesses schönstem Buch, in *Narziss und Goldmund* (1930), rät der asketische junge Mönch seinem Schüler Goldmund Künstler zu werden und Mond und Sternen, Träumen und Frauen ein Lebensrecht einzuräumen. Harry Haller, der *Steppenwolf* (Roman,1927), verkörpert das zwischen Heiligkeit und Bestialität zerrissene Ich, den Einzelgänger, der in der modernen Großstadt sein Ich sucht. Die völlig kompositionslose *Morgenlandfahrt* (Roman, 1932) führt eine in franziskanischer Bruderschaft vereinte Elite aus dem herzlosen Europa hinaus nach Indien, der „Heimat des Lichts".
In allen diesen Büchern hatte Hesse subjektiv-psychologisierend und „seelenbiografisch" Lebensläufe erzählt, seine Konflikte mit Elternhaus, Schule, Bürgerwelt, Künstlerberuf und der ganzen Gesellschaft in die Figuren verlegt. Aber erst mit dem Roman *Glasperlenspiel* (→ S. 455) gelang ihm die Transposition seiner persönlichen Konflikte ins Objektive, er wurde des Dichters „Symbol der absolvierten Lebensschule" (E. R. Curtius).
Herrmann Hesse wurde 1946 mit dem Goethe-Preis der Stadt Frankfurt a. M. geehrt, im selben Jahr wurde ihm der Nobel-Preis für Literatur zugesprochen.

Weltweite Begeisterung für Hesse setzte unmittelbar nach dem Ersten Weltkrieg ein; eine ungeahnte Renaissance seiner Werke ist für die 70er- und 80er-Jahre des 20. Jh. zu verzeichnen. Als Kult-Autor wurde Hesse besonders von der amerikanischen Protestbewegung verehrt, die sich durch die Lektüre des *Demian* in ihrer Anti-Haltung zum Vietnam-Krieg bestätigt fühlte, im *Steppenwolf* die eigene Zerrissenheit und Hilflosigkeit in einer zunehmend technisierten und lieblosen Welt erkannte, und *Siddhartha* wies vielen Aussteigern im Westen scheinbar den Weg zu neuem Lebensglück und Sinnerfüllung, die sie in der Versenkung in fernöstliche Lebensphilosophie in Indien zu finden glaubten.

4.3 Thomas Mann – vom konservativen Monarchisten zum überzeugten Republikaner

Der Ausbruch des Ersten Weltkriegs wurde von vielen deutschen Dichtern zunächst leidenschaftlich begrüßt – u. a. von so namhaften Schriftstellern wie G. Hauptmann, R. Musil, F. Wedekind, J. Wassermann und sogar H. Hesse. Thomas Mann feierte dieses Ereignis in einem Aufsatz von 1914 gar als einen „großen, grundanständigen, ja feierlichen Volkskrieg". Um sich noch deutlicher gegen seinen Bruder Heinrich abzugrenzen, der in den Essays *Geist und Tat* und *Zola und Goethe* den internationalen Pazifismus propagierte, schrieb Thomas Mann die 1918 erschienenen *Betrachtungen eines Unpolitischen*, in denen er die deutsche Sache verteidigte, sich selbst als anti-demokratisch-konservativ und die Demokratie als „Fortschrittsradikalismus" bezeichnete. Unpolitisch in der Tradition des romantischen Konservatismus sind nach seinen Worten „Kultur, Seele, Freiheit, Kunst", politisch dagegen „Zivilisation, Gesellschaft, Stimmrecht, Literatur".
Unter dem Eindruck des verlorenen Krieges und der Ausrufung der Demokratie vollzog sich Thomas Manns Wandlung zum Republikaner: Als konservativer Deutscher sprach er in der Rede *Von deutscher Republik* (1922) besonders die Jungen an und bekannte sich ausdrücklich zu dem, „was Demokratie genannt wird und was ich Humanität nenne". „Mann über Bord" war dann auch der polemisch-ausgrenzende Kommentar der nationalistischen Presse zu seinem Ausruf „Es lebe die Republik!"

Der Zauberberg. Im Jahre 1919 nahm Th. Mann die Arbeiten am *Zauberberg* wieder auf, dessen Entstehungszeit von 1913 bis 1924 parallel zur Wandlung des Dichters vom Monarchisten zum Republikaner verläuft. Zum Schreiben motiviert wurde er durch einen Sanatoriumsaufenthalt seiner Frau Katia.
Der Zauberberg (1924), in dem sich Th. Mann erneut kritisch mit der deutschen und der europäischen Seelenverfassung vor dem Ersten Weltkrieg befasste, ist einer der inhaltsreichsten und bestdurchkomponierten deutschen Romane. Der Roman hat keine eigentliche Handlung: Hans Castorp, ein junger Hamburger Ingenieur, begibt sich zum Besuch eines Vetters aus dem „Flach-

Zauberberg-Schauplatz ist das Hotel „Valbella" in Davos, gelegen „auf niedrig vorspringendem Wiesenplateau, die Front südwestlich gewandt, ein langgestrecktes Gebäude mit Kuppelturm, das vor lauter Balkonlogen von weitem löcherig und porös wirkte wie ein Schwamm" (Th. Mann).

land" in ein Lungensanatorium im Schweizer Hochgebirge. Dort wird er, wie jeder, der auf den „Zauberberg" kommt, krank, verbringt sieben Jahre in der morbiden Gesellschaft innerlich ausgehöhlter Menschen, bis der Erste Weltkrieg ausbricht. Dann steigt er 1914 wieder hinab ins Flachland und geht in den Krieg.

Auf dem Zauberberg – seine Bewohner stehen in leicht karikaturistischer Verzerrung für den wirklichkeitsfremden Geisteszustand Vorkriegseuropas – steht die Zeit still. In dieser gespenstisch handlungsarmen, von zahlreichen Gästen und ihren Ideen bevölkerten Umwelt erfährt der junge Castorp – ein moderner Parzival oder Simplizissimus – seine Einweihung in Europas Religion, Politik, Wissenschaft, Kunst, Aberglauben und Fadenscheinigkeiten. Diese zeitgeistigen Strömungen und Disziplinen werden vornehmlich verkörpert durch den italienischen Humanisten Settembrini, einen Aufklärer und „Zivilisationsliterat[en]", und den Ex-Jesuiten und Todesfanatiker Naphta, den alten genusssüchtigen Holländer Mynheer Peeperkorn, schließlich durch den Chefarzt Behrens, ein „alter Angesteller des Todes", und dessen Psychoanalyse treibenden Assistenten Dr. Krokowski.

Am Schluss erkennt Castorp, dass Bildungsfortschritt und Daseinssteigerung aus der Berührung mit Krankheit, Irrtum, Verführung und Tod hervorgehen. Nur wer durch dieses Wissen hindurchgegangen ist, findet den Weg zu einer neuen Humanität, zur „Ehrfurcht vor dem Geheimnis des Menschen". So ist es ein Roman geistiger Abenteuer, die viele Gefahren bergen: das Verlangen nach gewaltsamen totalitären Lösungen aller Probleme (wie sie Naphta empfiehlt), die Gefahr, dass die humanitären Ideale zur schönen Rhetorik verblassen (ein Vorwurf, gegen den sich der fortschrittliche Settembrini verteidigt), das Absinken ins Mondän-Leere, in geistige Konturlosigkeit, in Gereiztheit, Chauvinismus und romantische Todesverzückung. Güte, Liebe und Vernunft werden in diesem – für die Diagnose deutscher und europäischer Befindlichkeiten aufschlussreichen – Roman als gangbarer Weg zur Besserung aufgezeigt. Die öffentlichen Reden des Dichters zum Schutz der Republik suchten diese Forderungen in die Tat umzusetzen.

4.4 Lion Feuchtwanger – Erzählen im Bann der Geschichte

Lion Feuchtwanger (1884–1958), aus einer traditionsreichen, großbürgerlich-jüdischen Familie stammend, avancierte in den 30er und 40er Jahren zu einem der erfolgreichsten Romanciers unseres Jahrhunderts. Lange wegen seiner oft kolportagehaft anmutenden Historiengemälde als der „kleine Meister" (Th. Mann) verkannt, sieht man ihn heute als scharfsichtigen Beobachter des Zeitgeschehens, der auch dem historischen Roman (→ S. 453) in Deutschland zu neuer Blüte verholfen hat. So nachrangig demgegenüber Feuchtwangers dramatisches Werk ist, so einflussreich war er als früher Förderer des jungen Brecht, der ihn als einen „meiner wenigen Lehrmeister" rühmte.

Die Distanz zum streng jüdisch geprägten Elternhaus ließ den hochbegabten Feuchtwanger nach dem Abitur (1903) Anschluss an Münchner Künstlerkreise suchen. Das unbürgerliche Bohemeleben, das er während seiner Studentenzeit (1907 Promotion über Heines *Rabbi von Bacherach*) in München und Berlin und später auf Auslandsreisen mit seiner Frau Marta führte, wurde durch den Ausbruch des Ersten Weltkriegs jäh beendet. Feuchtwanger gehörte zu den wenigen Intellektuellen, die sich schon früh der allgemeinen Kriegsbegeisterung versagten und zur Völkerverständigung aufriefen. In den 20er-Jahren stieg er zum geschätzten und vor allem im Ausland gefragten Autor auf. Feuchtwanger, der ab 1933 im Exil in Frankreich lebte, wurde 1940 von der Vichy-Regierung ins Konzentrationslager Les Milles in Südfrankreich gesperrt. Im gleichen Jahr gelang ihm die Flucht über Spanien und Portugal in die USA, wo er in Kalifornien seinen Aufenthalt bis zu seinem Tod im Jahre 1958 nahm.

Das Leitthema seiner Romane war das Anschreiben „gegen Dummheit und Gewalt, gegen das Versinken in die Geschichtslosigkeit". An die literarische Öffentlichkeit trat der zunächst als Dramatiker und Kritiker (Mitarbeiter der *Schaubühne*) arbeitende Autor mit seinem historischen Roman *Die hässliche Herzogin Margarete Maultasch* (1923), der Anfang der 30er-Jahre bereits in 19 Übersetzungen vorlag. Den Erfolg des Buches – besonders in angelsächsischen Ländern – erklärte der Dichter damit, dass hier der „Kampf eines Menschen gegen die ungünstigen Bedingungen der physischen Konstitution" in einer alle Leser ansprechenden und zugleich mitreißend-spannenden Form behandelt werde.

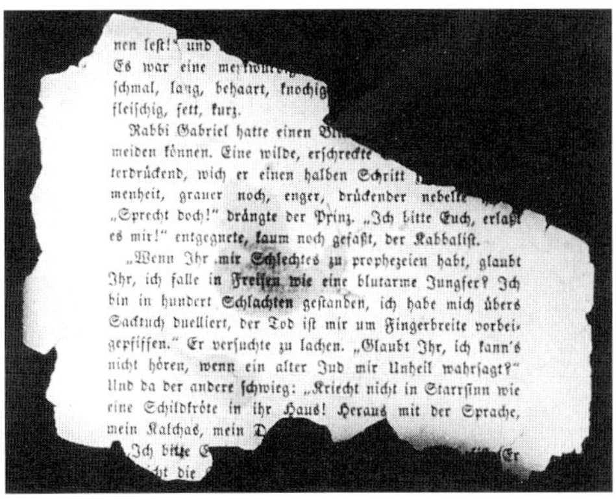
nen lest!" und
Es war eine me
schmal, lang, behaart, knochig
fleischig, fett, kurz.
Rabbi Gabriel hatte einen
meiden können. Eine wilde, erschreckte
terdrückend, wich er einen halben Schritt
menheit, grauer noch, enger, drückender nebelte
„Sprecht doch!" drängte der Prinz. „Ich bitte Euch, erlaßt
es mir!" entgegnete, kaum noch gefaßt, der Kabbalist.
„Wenn Ihr mir Schlechtes zu prophezeien habt, glaubt
Ihr, ich falle in Freisen wie eine blutarme Jungfer? Ich
bin in hundert Schlachten gestanden, ich habe mich übers
Sacktuch duelliert, der Tod ist mir um Fingerbreite vorbeigepfiffen." Er versuchte zu lachen. „Glaubt Ihr, ich kann's
nicht hören, wenn ein alter Jud mir Unheil wahrsagt?"
Und da der andere schwieg: „Kriecht nicht in Starrsinn wie
eine Schildkröte in ihr Haus! Heraus mit der Sprache,
mein Kalchas, mein
Ich bitte

*Spuren der **Bücherverbrennung** 1933: Blatt aus einem verbrannten Exemplar des „Jud Süß".*

In dem Geschichtsroman *Jud Süß* (1925) – ein Stoff, der 1940 von Goebbels und Veit Harlan für den schlimmen, gleichnamigen Propagandafilm missbraucht wurde – wollte er gleichnishaft die Gestalt des erfolgreichen Industriellen und Außenministers Walter Rathenau erfassen: Der Halbjude Joseph Süß-Oppenheimer (1692–1738) steigt in der ausgehenden Feudalzeit zum leitenden Finanzrat des württembergischen Herzogs auf. Als aber der Unwille des Volks gegen ihn aufgepeitscht wird, kämpft er nicht um sein Leben. Ein zuinnerst religiöser Mensch, der die Eitelkeit des Lebens durchschaut hat, nimmt er den Märtyrertod, das uralte Schicksal seines Volks, auf sich. Weltweite Anerkennung erlangte Feuchtwanger mit *Erfolg. Drei Jahre Geschichte einer Provinz* (1930), einem Zeitroman, der aus der historischen Perspektive „des Jahres 2000" erzählt wird und Elemente des Autobiografischen wie des Schlüsselromans verbindet. Mit modernen erzähltechnischen Mitteln wie Wechsel der Erzähler- und Figurenperspektiven, montagehaftem Verarbeiten von Zeitdokumenten wird das Milieu „kleinbürgerlicher Schändlichkeiten" in München geschildert, aus dem Hitler hervorgehen sollte. Man hat *Erfolg* zu Recht als den ersten deutschen Roman bezeichnet, der mit ahnungsvollem Grauen das Phänomen des nationalsozialistischen Aufstiegs satirisch zu beschreiben und dabei die Rahmenbedingungen wie Klassenjustiz, Antisemitismus und reaktionärer Politik zu entlarven wusste. Im Zentrum der vielschichtig verzweigten Handlung steht die Frage nach der Stellung der Kunst in der Gesellschaft. Feuchtwanger hat sich dabei in der Gestalt des Schriftstellers Jacques Tüverlin nicht nur selbst porträtiert, sondern auch den Wandel vom unverbindlichen Ästheten zum gesellschaftlich engagierten Dichter beschrieben. Zusammen mit den in der Exilzeit entstandenen Romanen *Die Geschwister Oppermann* (1933) und *Exil* (1940) bildet *Erfolg* die sog. *Wartesaal-trilogie* (→ S. 456).

Geistiges Judentum und Geschichtsroman. Dass Feuchtwangers literarisches Werk ohne seine persönliche Verwurzelung im Judentum und in der Geschichte nicht denkbar ist, zeigt nach dem Erfolgsroman *Jud Süß* auch die *Josephus*-Trilogie (→ S. 453). Der Geschichtsroman bei Feuchtwanger erhellt und deutet die Gegenwart und übernimmt so eine humane Funktion. In der posthum erschienenen Abhandlung *Desdemona oder Größe und Grenzen des historischen Romans* (1961) hat er diesem von ihm besonders gepflegten Genre seine Reverenz erwiesen.

Zum umfangreichen Œuvre Feuchtwangers zählen auch zahlreiche essayistische Werke (*Der Teufel in Frankreich*, 1942), zeitkritische Dramen (*Der Fetisch*, 1906; *Jud Süß*, 1918; *Die Kriegsgefangenen*, 1918) und satirische Komödien (*Der holländische Kaufmann*, 1923; *Die Petroleuminsel*, 1927; *Kalkutta, 4. Mai* zusammen mit B. Brecht, 1927; *Der Wahn in Boston*, 1948). Aus den nach dem Zweiten Weltkrieg entstandenen Werken ragen *Waffen für Amerika* (1947/48), der Roman vom Vorabend der Französischen Revolution, sein leidenschaftlicher Künstlerroman *Goya oder Der arge Weg der Erkenntnis* (1951) und die fesselnde Geschichte von der *Jüdin von Toledo* (1955) heraus. Sie alle verdanken ihren Welterfolg der farbigen Darstellung ganzer historischer Epochen und Feuchtwangers Fähigkeit überzeitliche Ideen in lebendigen Bilder zu erzählen.

4.5 Alfred Döblin – idealistischer Utopist und sprachgewaltiger Erzähler

Als herausragende Persönlichkeit unter den Erzählern der Zeit kann ALFRED DÖBLIN (1878–1957) gelten.

Nicht nur als einer der sprachmächtigsten Erzähler seiner Generation, sondern auch als Literaturtheoretiker gehörte Döblin zu den Wegbereitern moderner Literatur. Wurzelnd in der objektivierenden Realitätsauffassung des Naturalismus verweisen seine programmatischen Aussagen (am berühmtesten sein sog. Berliner Programm: *An Romanautoren und ihre Kritiker*, 1913) auf Expressionismus und Futurismus, den er – in Abgrenzung zur Maschinen- und Kriegsbegeisterung Marinettis – zu einem „Döblinismus" umformte. Kerngedanke des „Berliner Programms" ist die Ablehnung der Psychologie im Roman, die – als „dilletantisches Vermuten, scholastisches Gerede, spintisierender Bombast" – nur „Schaumschlägerei, ästhetisches Gequerle, Geschwafel eines doktrinären, gelangweilten Autors" ist. Um dem „Erzählerschlendrian" zu begegnen wird nicht nach dem „Warum" oder „Wie" gefragt, sondern werden schlicht „Abläufe und Bewegungen" im „Kinostil" vorgeführt.

Biografie. Der junge Döblin (geb. 1878) wurde schon früh mit den Widrigkeiten des Lebens konfrontiert. Nachdem sein Vater, ein jüdischer Zuschneider in Stettin, die Familie verlassen hatte, musste die Mutter in Berlin für den Lebensunterhalt der Kinder kämpfen. In der tosenden Großstadt immer hart am Rande des Proletariertums, lernte der Gymnasiast sich zu behaupten.

Döblin studierte Medizin, praktizierte als Irrenarzt und begann zu schreiben (*Der schwarze Vorhang*, Roman, 1901). Er war Mitarbeiter des *Sturm* (*Die Ermordung einer Butterblume und andere Erzählungen*), wurde 1914 als Sanitätsarzt eingezogen und arbeitete in dieser Zeit am Roman *Wallenstein*. Von der Revolution 1918 erhoffte er ein geistig gewandeltes Deutschland. Er engagierte sich für die junge Demokratie (USPD-Mitglied bis 1921, Aufsätze *Deutscher Maskenball*, bis 1928 SPD-Mitglied und Mitglied der Preußischen Akademie bis 1933), war ein pflichtbewusster Arzt der Armen in Ostberlin (*Berlin Alexanderplatz*, 1928) und emigrierte nach Frankreich (*Flucht und Sammlung des Judenvolks*, 1935), dann auf Intervention von Präsident Roosevelt in die USA. Nach dem Kriege kehrte er zurück, um beim geistigen Neuaufbau mitzuhelfen. Er wurde Herausgeber der Monatsschrift für Literatur und Kunst *Das goldete Tor* und gehörte zu den Mitbegründern der Mainzer Akademie der Wissenschaften und der Literatur 1949. Döblin, der in der Literaturszene im Nachkriegsdeutschland keinen Anschluss fand, kehrte wegen der zunehmend restaurativen Tendenzen in seinem Heimatland im Jahre 1951 nach Frankreich zurück, wo sein ältester Sohn, der in der französischen Armee gegen die Deutschen gekämpft hatte, seine letzte Ruhestätte fand. Der 1957 in Emmendingen verstorbene Dichter verlangte in Frankreich beerdigt zu werden. Sein Grab liegt in Housseras (Ostvogesen).

Döblins Romanschaffen setzt mit *Die drei Sprünge des Wang-Lun* (1912/13) ein. In diesem ersten großen Epos vollzieht Döblin die künstlerische Umsetzung seiner expressionistischen Poetologie und greift zugleich futuristisches Gedankengut auf. Döblin, der intensive kulturgeschichtliche Studien für diesen Roman betrieben hat, entwirft in großartigen Massenszenen ein getreues Bild Chinas im 18. Jh. Erzählt wird die Wandlung (drei Sprünge!) des historisch bezeugten Fischersohns Wang-Lun, eines Räubers und Gauklers, der angesichts himmelschreienden Unrechts zum Empörer wird, sich dann aber zur taoistischen Lehre vom Nichthandeln und Erdulden bekehrt. Doch der Elendszug der Bettler der „Wahrhaft Schwachen" reißt ihn wieder mit zur Erstürmung Pekings, bis er schließlich erkennt, dass „die Welt von geistiger Art ist". Der von Bildern strotzende Roman klingt aus mit der Frage: „Stille sein, nicht widerstreben, kann ich es denn?"

In seinem *Wallenstein*-Roman – während des Ersten Weltkriegs entstanden und 1920 erschienen – suchte Döblin in der Gestalt des von den Habsburgern ermordeten Feldherren, Großspekulanten und Inflationsgewinnlers die imperialistische Macht zu entlarven. Bei aller spürbaren Aktualität ist das Buch der erste bedeutende historische Roman des 20. Jh.

Berge, Meere und Giganten (1921/23) gestaltet die negative Utopie einer hoch technisierten Welt, die im Stande ist Vulkane zu sprengen und Grönland zu enteisen, während gleichzeitig wieder die Saurier erwachen und eine Riesenrasse hirnloser Menschen entsteht. Über die technischen Großmachtträume siegt am Ende die uralte mütterliche Natur.

Berlin Alexanderplatz (1929), ein Jahr nach Brechts *Dreigroschenoper* veröffentlicht, ist mehr als Deutschlands erster und bedeutendster Großstadtroman, mehr auch als die Geschichte des Transportarbeiters Franz Biberkopf, eines gutmütigen deutschen Michels, den die primitive Gewalt fasziniert und dem das Leben seine Schläge erteilt, ehe er „helle" wird. Von der Literaturwissenschaft stets in eine Reihe mit John Dos Passos' New York-Roman *Manhattan Transfer* (1925) und James Joyce' Dublin-Epos *Ulysses* (1922) gestellt zu werden markiert den literarischen Rang von Döblins *Alexanderplatz*.

Aus Montagen und Collagen entsteht Berlin: ein vielschichtiges, doch genau rhythmisiertes Sprachorchester von Börsenberichten, Zeitungsannoncen, Statistiken, Behördenformularen, Schlagern, Gassenhauern und Straßenjargon. Die brausende, lebensmörderische Hauptstadt der 20er-Jahre, in der sich die Lebenssphären komisch und grotesk, dadaistisch und absurd überschneiden. Ein futuristisches Panorama, das sich zum religiösen Welttheater ausweitet: In den Großstadtlärm dringt zu Franz Biberkopf nicht nur die Stimme des Erzählers, sondern auch die der Propheten des Alten Testaments. Mitten in der Schilderung der Berliner Schlachthäuser steht das Gespräch mit Hiob, und wenn Biberkopf seine guten Absichten vergisst und wieder zum Verbrecher wird, schiebt sich das apokalyptische Bild von der Hure Babylon ein. Wie das Heilige sich ins Profane mischt und diesem kontrastiert, zur Bekehrung mahnend, so durchdringen und reflektieren sich auch wechselseitig die Stile: brutaler Jargon, kitschige Sentimentalität des Großstadtmenschen, wissenschaftliche Analyse, rohes Tatsachenmaterial und trunkene Rhythmen, aufgehoben in einer großartig vorwärtsjagenden Komposition.

Diese außerordentliche Leistung alle Sprachebenen miteinander in Beziehung zu setzen zusammen mit der schäumenden Fabulierlust des Autors – ein solches Totalbild des Lebens konnte Döblin begreiflicherweise in keinem seiner weiteren Romane mehr geben. „Mit Berlin Alexanderplatz ist die deutsche Sprache der ersten Jahrhunderthälfte jenseits aller Stilisierung, in der Totalität ihrer dialektalen, sozialen, individuellen Besonderungen, von der Bibelsprache bis zum Straßenjargon, von der Fachsprache bis zum Gefängnisidiom, vom Glamour der Werbung bis zum Behördenchinesisch, literarisches Ereignis geworden" (H.-P. Bayerdörfer).

Der Roman wurde früh verfilmt (mit Heinrich George als Franz Biberkopf) und von Döblin selbst für das junge Medium Rundfunk ins Hörspiel übertragen. Doch erst in Rainer Werner Fassbinders (→ S. 533) groß angelegtem Filmepos „Berlin Alexanderplatz" (1980, 14-teilige Fernsehreihe) begegnen wir der geglückten visuellen Adaption der expressionistischen Sprache Döblins.

Zu Unrecht haben seine späteren Werke nur geringe Beachtung gefunden: das dreiteilige zeitgeschichtliche Montage-Erzählwerk von der verkommenen deutschen Revolution *November 1918 (Verratenes Volk, Heimkehr der Fronttruppen, Karl und Rosa)*, die „Amazonas-Trilogie" (→ S. 454), in der Döblin Geschichte und Vision des Jesuitenstaates von Paraguay erzählt, und der düstere, schwierige Altersroman *Hamlet oder die lange Nacht nimmt ein Ende* (1946 beendet), der in der Bundesrepublik keinen Verleger fand und erst 1956 in Ostberlin erscheinen konnte.

4.6 Joseph Roth – trauriger Chronist der untergegangenen Donaumonarchie

Joseph Roth, 1894 in einem „winzigen Nest in Wolhynien" am Rande der Donaumonarchie von einer jüdischen Mutter geboren, in Lemberg und Wien aufgewachsen, Kriegsfreiwilliger der österreichischen Armee, nach 1918 in Deutschland Mitarbeiter bedeutender Blätter *(Der Neue Tag, Börsen-Courier, Vorwärts, Frankfurter Zeitung)*, 1933 zur Emigration gezwungen, zählt zu den großen österreichischen Epikern. Seinem nomadisierenden Lebensstil in den Kaffeehäusern und Hotels der großen Städte Europas (Wien, Berlin, Paris, Amsterdam, Marseille) entsprach seine innere Unruhe und Suche nach Identität. So vertrat der engagierte Kämpfer gegen den Nationalsozialismus zeitweilig sozialistische Ideen, bevor er an ein Wiedererstehen der Habsburger Monarchie glaubte. Er starb 1939 nach schwerer Krankheit in einem Pariser Armenhospital und hinterließ 14 Romane und Erzählungen, bedeutende Essays (z. B. über Grillparzer), zahlreiche Feuilletons und Reisebilder.

Flucht ohne Ende (1927) hieß einer seiner Romane, *Juden auf Wanderschaft* (1927) einer seiner bedeutendsten Aufsätze. Seinem 1934 erschienenen Roman *Tarabas* gab er den autobiografischen Untertitel *Gast auf dieser Erde.* Ein Fliehender und Suchender war er seit dem Ersten Weltkrieg selbst. „In einer einzigen Minute, die uns vom Tode trennte", sagte er vom Krieg, „brachen wir mit der ganzen Tradition, mit der Sprache, der Wissenschaft, der Literatur, der Kunst; mit dem ganzen Kulturbewusstsein. In einer einzigen Minute wussten wir mehr von der Wahrheit als alle Wahrheitssucher der Welt. Wir sind die auferstandenen Toten. Wir kommen mit der ganzen Wahrheit des Jenseits beladen wieder herab zu den ahnungslosen Irdischen [...] Wie wenig weiß diese Welt von den Lawinen, die langsam heranrollen!" Immer auf Reisen, immer unterwegs im Zwischenkriegseuropa war er auf der Suche nach Glück und Frieden wie die verlorenen Figuren, die er beschrieb: die Kriegskrüppel (*Die Rebellion*, 1924), das Strandgut der Zeit (*Die Legende vom heiligen Trinker*, 1939). Wo er hinblickte, sah er wehmütig und heiter die Poesie des Leids, die Verzweifelten und Gläubigen.

Die Erzählkunst Joseph Roths entwickelte sich vor dem Hintergrund seiner lebenslangen journalistischen Arbeit, die ihn in der präzisen Wahrnehmung des Zeitgeschehens schulte. Wie seinen großen Vorbildern Kisch und Polgar gelangen ihm nach dem Ersten Weltkrieg scharfe Analysen der heillosen Lebensumstände der „kleinen Leute", die stets von einem humanen Mitgefühl getragen wurden. Solch leidenschaftliche Teilnahme zeichnet immer auch den bis zur dokumentarisch genauen Beobachtung agierenden Erzähler Joseph Roth aus, der so mit den Zeitromanen der 20er-Jahre (*Das Spinnennetz*, 1923; *Hotel Savoy*, 1924; *Rechts und Links*, 1929) zum Anwalt der „Verlorenen Generation" wurde. Als führender Vertreter der „Neuen Sachlichkeit" vermittelte er seine analytisch-scharfen Figurenporträts aus der Perspektive distanziert-abwägender Erzählerfiguren.

Exemplarisch dafür ist die Geschichte von der biblischen Prüfung des Hiob, die Roth als „Roman eines einfachen Mannes" gestaltete. Der Roman *Hiob* (1930) erzählt in einprägsamen Bildern, wie der fromme russische Jude Mendel Singer, der Frau und Kinder verliert und am Ende doch in Amerika an seinem verkrüppelten Sohn, einem großen Musiker, wieder die Kraft des Glaubens zurückgewinnt. „Und er ruhte aus von der Schwere des Glücks und der Größe der Wunder", heißt es versöhnlich am Schluss von Roths erfolgreichstem Roman. Auch das visionäre Buch vom *Antichrist* (1934), der sich des Stuhles Petri bemächtigt, kreist um Schuld, Sühne und Erlösung. Der Dichter Roth, der „das Wort Gottes und die Menschenrechte wörtlich nahm" (H. Kesten) und sich stolz einen „Sohn des humanen Jahrhunderts" nannte, „das aus dem Schoße der Aufklärung entsprungen ist", hoffte in seinen letzten Exiljahren, die weltweite katholische Kirche möge sich als eines der letzten Bollwerke alteuropäischer Gesittung erweisen. Vereinsamung, Schuld und Verführung sind die Themen des späten Meisterwerks *Das falsche Gewicht* (1937), in dem der Untergang des alten Österreichs in der Figur eines subalternen Münzmeisters gespiegelt wird.

Als Roths bedeutendstes Werk gilt der Roman *Radetzkymarsch* (1932), ein Generationenepos, in dem der wechselvolle Aufstieg und Niedergang der Familie (von) Trotta von der Mitte des 19. Jh. bis zum Tode Kaiser Franz Josephs (1916) im Spiegel der österreichischen Geschichte erzählt wird. Im Mittelpunkt der Handlung steht der von inneren Zweifeln, persönlichen Affären und Schuldgefühlen geplagte Leutnant Carl Joseph von Trotta – dem Enkel des Helden von Solferino (sein Großvater hatte mit der Rettung des Kaisers in der Schlacht die Rangerhöhung der Familie erst ermöglicht). Getragen vom allgemeinen Kulturpessimismus der Zeit (etwa Oswald Spenglers vielgelesenem Werk *Der Untergang des Abendlandes*, 1918–1922), gestaltete Roth in der Figur des Carl Joseph von Trotta beispielhaft den Abgesang auf die Habsburgermonarchie. In seinem Roman *Die Kapuzinergruft* (1938), mit dem Roth die Geschichte Österreichs bis zum Anschluss an Hitler-Deutschland verarbeitete, setzt sich der Niedergang der Familie von Trotta in der Figur des lebensuntüchtigen Franz-Ferdinand fort.

4.7 Hermann Broch – Wertezerfall und Erlösung

Der Zerfall der Gesittung war das zentrale Thema Hermann Brochs (1886–1951). Kaum ein Zeitgenosse besaß seinen umfassenden Blick für die Gefahren, in die sich eine verunsicherte, angsterfüllte und dazu durch die hoch spezialisierte Arbeitsteilung noch geistig zerklüftete Menschheit begab. Als Sohn eines Textilindustriellen zum Kaufmann geschult und zeitweise Vorsitzender des österreichischen Industriellenverbandes war er mit der modernen Arbeitswelt vertraut. Mit 42 Jahren studierte er in Wien noch Mathematik, Philosophie und Geschichte und wurde zu einem „Dichter wider Willen".

Den Wertezerfall verstand Broch als Ursache und Folge des Umstandes, dass jeder Beruf, jede Klasse, Nation oder Religion nur mehr in ihrem Gesichtskreis, in ihrer partiellen Wertwelt zu denken und handeln vermag. Innerhalb ihres Scheuklappen-Horizonts kann jede Gruppe glauben korrekt zu handeln. Gerade darum peinigen und morden die Gruppen sich gegenseitig. Sie haben keine gemeinsame Sprache mitmenschlicher Verständigung mehr. Der Sinn für eine übergreifende Wahrheit ist ihnen verloren gegangen. So geraten sie „schlafwandelnd" in die furchtbarste Barbarei, denn die Zerstückelung in Halb- und Teilwahrheiten legt die im Unterbewusstsein noch immer lauernden, von der Gesittung nicht gezähmten Zerstörungsinstinkte, Bluträusche und kollektiven Wahnbilder frei. Gaukler und Verführer lenken diese Triebe auf inhumane Ziele und zerstören die hoch differenzierte Zivilisation. Darum müssen zuerst die Ursachen des Wertzerfalls durchsichtig gemacht werden.

Die Schlafwandler (1931–1932), ein dreibändiges Romanwerk, stellen mit dem Interesse des Heilung suchenden Seelenarztes der Gesellschaft die Diagnose. Als Schauplatz wählte Broch nicht wie Musil Österreich, sondern Preußen-Deutschland, wo ihm der Wertezerfall am deutlichsten fortgeschritten schien. Der erste Roman spielt 1888 (Bismarck auf dem Höhepunkt seiner Macht), der zweite 1903 (Höhepunkt der wilhelminischen Ära) und der dritte im Revolutionsjahr 1918; drei Stufen auf dem Weg der wertblinden Gesellschaft ins Verderben.

Pasenow oder die Romantik zeigt eine preußische Junkerfamilie, die krampfhaft an der veralteten „Romantik" ihrer Standes- und Ehrbegriffe festhält. Ein Sohn des alten Pasenow fällt in sinnlosem Duell, der andere heiratet aus Standesgründen nicht die geliebte, ihn aus seiner Starrheit erlösende Tschechin.

Esch oder die Anarchie handelt von dem neuen Typus des entwurzelten Kleinbürgers Esch, einem Buchhalter mit zähem Aufstiegswillen innerhalb der neuen großkapitalistischen Wirtschaftshierarchie. Wie die Offiziere von 1888 im Korsett ihrer Kaste befangen und menschlich unausgefüllt waren, so ist auch Esch auf der subalternen Stufe der Wirtschaftsbürokratie unausgefüllt. Daher verstrickt er sich in Liebeshändel, verliert sich haltsuchend im Geschlechtlichen, führt indirekt den Selbstmord eines Generaldirektors herbei, der im ersten Roman noch ein leichtsinniger Kasinoheld war, und wird zu einem Anarchisten, der auf eine erneuerte Gesellschaft hofft.

Huguenau oder die Sachlichkeit zeigt uns Esch nun als sozialistischen Redakteur. Leutnant Pasenow ist inzwischen Stadtkommandant geworden. Die Hauptfigur dieses Romans aber ist Huguenau, der neue Typus des rücksichtslosen Kriegsgewinnlers, der kaltsachlich in der von Geld, Begierde, Erlösungssehnsucht und Chauvinismus hin- und

hergerissenen Nachkriegswelt seinen rohen Geschäften nachgeht.
Anschließend schrieb Broch den Bergroman *Der Versucher* (1934–1936, 1953 posthum erschienen), in dem er hellsichtig vor der Barbarei des Nationalsozialismus warnte. (Zum *Tod des Vergil* →S. 454).

4.8 Robert Musil – „Die Menschen leben noch nicht in ihrer Wirklichkeit"

ROBERT MUSIL (Edler von), 1880 in Klagenfurt geboren, 1942 als Emigrant in Genf gestorben, ist einer der bedeutendsten deutschen Schriftsteller. Zunächst k. u. k. Offizier, wechselte er 1901 zum Ingenieurberuf über, studierte von 1903 bis 1908 Philosophie, Logik und Psychologie in Berlin und erlangte 1906 mit der Geschichte von sexuellen Peinigungen in einer Kadettenanstalt, *Die Verwirrungen des Zöglings Törless*, ersten Ruhm. Der Roman, der stark autobiografische Züge trägt, machte den Dichter in seiner Zeit berühmt. Der heimwehgeplagte pubertierende Internatsschüler Törless erlebt auf der Suche nach Erkenntnis die ihm noch unbekannte Erfahrung der Sexualität. Auf dem Dachboden der Kadettenanstalt wird er teilnahmslos Zeuge, wie der dominierende Beineberg zusammen mit Reiting sadistische Grausamkeiten am gemeinsamen Mitschüler Basini begeht.

Robert Musil, Aufnahme um 1940

Im Ersten Weltkrieg war Musil österreichischer Offizier (Erzählung *Die Amsel*). 1921 verfasste er sein Schauspiel *Die Schwärmer*, 1924 die Erzählungen *Drei Frauen*. Er schrieb dann bis zu seinem Lebensende, ausgerüstet mit dichterischen, psychologischen und philosophischen Erkenntnissen, eine Darstellung „nicht verfälschenden, nicht stilisierenden Sehens" anstrebend, an seinem berühmten Roman *Der Mann ohne Eigenschaften*, wovon die ersten Teile 1931 und 1933, die übrigen Entwürfe erst nach seinem Tode herausgegeben wurden.

Der Roman besteht aus drei Handlungskreisen: 1. die satirisch behandelte sog. Parallelaktion, 2. die utopische Ulrich-Agathe-Geschichte, 3. die Clarisse-Abenteuer. Betrachtungen, Handlungen und Gespräche verzahnen sich. Die Zeit des Geschehens ist 1914, also das Jahr, das in den Weltkrieg mündet. Sein Schauplatz ist im Wesentlichen Wien. Die Hauptfigur Ulrich darf als teilweises Spiegelbild des Autors gelten. Ulrichs Liebe zu seiner Zwillingsschwester Agathe ist ein dichterisches Sinnbild für den Versuch des Übergangs in einen neuen Weltzustand. Alle Romanfiguren stehen 1914 vor der Frage, wie eigentlich die Welt weitergehen soll. Anlass dazu gibt die sog. Parallelaktion: In Deutschland ist für das Jahr 1918 eine Feier zum Regierungsjubiläum Wilhelms II. geplant. Sie soll der Welt die Größe und Macht des Reiches vorführen. Österreich fürchtet dabei in den Schatten gestellt zu werden, weshalb man in Wien auf die Idee einer parallelen Aktion kommt. Das ganze Jahr 1918 soll dem habsburgischen „Friedenskaiser" gewidmet werden. Ein zur Vorbereitung gegründetes Komitee ernennt Ulrich zum Sekretär. Die Leute machen die erhabensten und absurdesten Vorschläge zum Ruhme Österreichs. So schwärmt Ulrichs Kusine, eine klassisch-schöne Diotima, von der Erlösung der wissensüberlasteten Zivilisation durch die „Seele". Clarisse möchte die Menschheit durch eine große Tat aufrütteln. Ihr Mann dagegen empfiehlt Erdnähe und Gesundheit. Meingast (= Ludwig Klages, Autor des Buches *Der Geist als Widersacher der Seele*, 1929/32) verordnet der Welt einen „kräftigen Wahn". Andere reden von der „Kraft des Blutes". Die Militärs versprechen sich eine Lösung aller Probleme von der Stärkung der Armee. Oder bedarf es eines Geistes von der

Art des Großindustriellen Dr. Arnheim (= Walter Rathenau), der über Konzerne, Kunst, Wissenschaft und Mystik gleich anziehend zu plaudern vermag? Fehlt vielleicht eine neue Erziehung? Welches ist überhaupt die ranghöchste Idee der Kultur? Von Ganghofer bis Buddha nennen die Beteiligten alle nur möglichen Leitbilder. Ulrich hingegen durchschaut ihre Ungenauigkeit und Verworrenheit. Jedermann nämlich erwartet Erlösung durch fixe Ideen und endgültige Wahrheiten, statt skeptisch und mutig die Zukunft zu erkunden. Darum treibt das k. u. k. Österreich und mit ihm Europa in den sinnlosen Krieg. Sein Symbol ist der verrückte Mörder Moosbrugger. In ihrer Sucht nach Absolutem verfehlen die Menschen das Mögliche.

Musils Darstellungskunst verzichtet auf auffallende stilistische Effekte. Er schreibt einen „ungewöhnlich feinen, schlichten persönlichen Stil" (W. Herzog), hat „eine ungeheuer prägnante Skurrilität des Ausdrucks" (W. Bergengruen) und besitzt „Anschaulichkeit noch in der unsinnlichsten Reflektion" (W. E. Süskind). Ihm gelingt es, seine Figuren so zu porträtieren, dass wir gleichzeitig ihre dunkelsten Seelenregungen, ihre Gedanken, ihre Körperlichkeit, ihr Inneres und Äußeres wahrnehmen. Unübertrefflich sind Musils Bilder und Vergleiche, seine Fähigkeit, die verschiedenen Bewusstseinsebenen und mittels der Sprache auch die bodenlose Wirklichkeit der Epoche sichtbar zu machen. Nicht in einer neuen Weltanschauungsformel liegt daher die Bedeutung des Romans, sondern darin, wie der Autor elegant auf dem schmalen Grat zwischen modernem Gefühlschaos und dogmatisch-verfestigten Begriffen einer präziseren Erfassung der Wirklichkeit zustrebt.
Ulrichs Postulat einer „taghellen Mystik" jenseits von Ingenieurverstand oder Triebdunkelheit ist in Musils Darstellungskunst bereits realisiert. Der Ertrag des Romans liegt im Exerzitium des Geistes, denn das „Kakanien" (= k. u. k. Österreich) von 1914 ist auch noch die gegenwärtige Welt, wie sie durch sture Ideologien, Technokraten, Schwärmer, Dummköpfe und Rauschsüchtige ständig bedroht ist. Das Wissen um diese durch keine Formel zu behebenden Gefahren fesselte Musil jahrzehntelang an den Schreibtisch.

5 Neue Naturlyrik

Natur – das bedeutete in der Stimmungslyrik des 19. Jh. Mondnacht und Sternenhimmel, Wald und Flur, die man liedhaft besang. Stefan George (→ S. 328 ff.) nahm die gepflegte Kulturlandschaft, Garten, Park und Teich, zum Anlass für seine jugendstilhafte Ornamentik und sein symbolistisches Wortgepränge. Detlev von Liliencron (1844–1909) und Richard Dehmel (1863–1920) drückten in unbekümmerten Lied- und Strophenformen ihr vitales Lebensgefühl, weltseliges Vagantentum und impressionistischen Lebenselan aus.
Die provokanten Expressionisten (→ S. 364 ff.) ließen ab 1910 die sentimentale „Goldschnittlyrik" in den Hintergrund treten und eroberten die Großstadt. Benn schrieb Montage-Gedichte von den Fragmenten und Seelenlandschaften, dem „Blutgerinnsel des zwanzigsten Jahrhunderts". Brecht und Walter Mehring überraschten die Zeitgenossen mit Gebrauchslyrik, Bänkelsang, Song und amerikanisiertem Schlager. Die Natur schien ihren angestammten Platz in der Lyrik verloren zu haben. In den 20er-Jahren war man skeptischer, wortkarger geworden als die Lyriker von einst, nur bruchstückhaft ließ sich etwas vom Kosmos erfahren.

Oskar Loerke (1884–1941), Westpreuße und Lektor des S. Fischer Verlags, publizierte weitgehend unbeachtet vom Literaturbetrieb seiner Zeit eine Vielzahl von Gedichtbänden (*Die heimliche Stadt*, 1921; *Pansmusik*, 1929; *Atem der Erde*, 1930; *Der Silberdistelwald*, 1934). Er „verwandelte, den Besitz an Dichtung überhaupt vermehrend, die Metropole Berlin mit ihren Bahnhöfen, Brandmauern, Kontoren, Lichtreklamen [...] in eine heimliche Stadt" – so sein Freund und Schüler Wilhelm Lehmann.
Loerke, der auf seinen Reisen die Natur entdeckte und sich darin vertiefte um „die Hamstertaschen der Seele" zu füllen, stellte in seiner streng komponierten Naturlyrik immer wieder die Frage nach dem „Weltsinn": „Es kommt darauf an, dass das Rätsel, das wir Schicksal nennen, immer wieder gesehen werde." Seine Verse von Mondwolken, Wintermorgen und Meteoriten malen jedoch nicht bukolische Bilder und Idyllen, sondern notieren die verlorene Geheimschrift der

Welt. Das „entdeckende Wort" des Dichters sucht eine geistige Erfahrung. Der Dichter, Essayist (*Zeitgenossen aus vielen Zeiten*, 1925), Musikkenner (*Anton Bruckner*, 1938) und Herausgeber des Lesebuchs *Deutscher Geist*, starb 1941 buchstäblich aus Gram über die Zustände in Deutschland (→ S. 440).

Wilhelm Lehmann (1882–1968), Loerkes Freund und zunächst Erzähler, wurde der Nestor eines Großteils jüngerer Lyriker (*Antwort des Schweigens*, 1935). Ihm war das Gedicht ein „Stück geordneter Sinnlichkeit", genauer, „der Zusammenhang des Seins, wie ihn die Imagination der Natur trägt, im Geiste wieder erzeugt". Um der Schönheit einer Wasserprimel, eines Schmetterlings oder winterlicher Schwäne (Aufsätze *Bewegliche Ordnung*) überhaupt erst zu begegnen muss sich der Dichter von abstrakten Begriffen und gängigen Schablonen befreien. Dann erst werden ihm in intensivem Umgang Flora und Fauna zum Substrat der Imagination, zu neu erfahrenen Märchen und Mythen.
Obschon Loerke und Lehmann einer breiteren literarischen Öffentlichkeit wenig bekannt waren, regte ihr Beispiel zu einer neuen Poetologie und „naturmagischen Schule" an. Elisabeth Langgässer, Peter Huchel, Horst Lange, Oda Schäfer, die sich von 1929 bis 1932 um die Zeitschrift *Die Kolonne* sammelten, Günter Eich, Karl Krolow und später auch Heinz Piontek sind von ihnen beeinflusst.

Konkrete Naturlyrik. Gedichte von Lehmann, Huchel, Lange, Fritz Usinger und Konrad Weiss waren gleichsam eine Bilderschrift auf mythisch erfahrenem Lebensgrund. Gerade in den 30er und 40er Jahren entstand aber auch eine von Landschaft, Dorf und Brauchtum geprägte Naturlyrik, die auf Chiffren, Symbolik und Reflexion verzichtete, dem Stimmungsbild entsagte und mitunter betont volkstümlich war (Richard Billinger, Friedrich Schnack, Friedrich Bischof, Josef Mühlberger). Bodenständig, derb-humorig und gelegentlich von einer überrealistischen Gegenständlichkeit waren die Bauern, Jäger, Hirten und ländlichen Szenen des aus Altbayern stammenden Georg Britting (1891–1964). Vom Expressionismus beeinflusst bemühte er sich besonders in seinen letzten Jahren um klassische Formen der Lyrik (*Der irdische Tag*, 1935; *Rabe, Ross und Hahn*, 1939; *Lob des Weines*, 1944).

6 Anfechtung und Glaube

6.1 Evangelische Erzähler

Die Prägekraft des Protestantismus, wie sie noch für Mörike, Storm, Freytag, Raabe bedeutsam war, löste sich als Kontrast- wie Orierentierungsmarke im frühen 20. Jh. zunehmend auf. Das veräußerlichte Staatschristentum hatte die Religiosität in private Weltfrömmigkeit, pantheistische Naturgefühle, vorsichtige Skepsis oder heimlichen Atheismus verdrängt. Wenn auch der Schweizer Theologe Karl Barth schon 1918 die Abkehr vom kulturfrommen, obrigkeitsloyalen Protestantismus forderte, so hat doch eigentlich erst die böse Erfahrung mit dem Nazismus die Rückbesinnung auf eine widerstandsfähigere

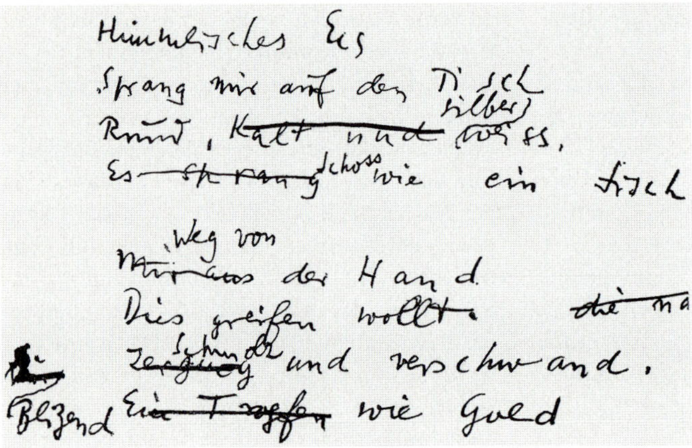

Georg Brittings Entwurf seines Gedichts „Am offenen Fenster bei Hagelwetter".

Frömmigkeit gebracht – etwa in der Bekennenden Kirche eines Pastor Niemöller oder eines Dietrich Bonhoeffer.

Ina Seidel (1885–1974), die väterlicher- und mütterlicherseits von alten norddeutschen Pastorenfamilien abstammte, neigte zur feierlichen Phrase und erlag – anders als Ricarda Huch – allzu leichtgläubig dem nationalen Pathos.
Ihr beliebter Roman aus der Napoleonzeit, *Das Wunschkind*, redete 1930 dem Preußentum, der Zurückdrängung des (westlichen) Demokratiemodells das Wort und schwärmte von patriarchalischem Volkstum, romantischem Reichsgedanken und gemütvoller Heimatverbundenheit. Der Roman *Lennacker*, die ausführlich und brav erzählte Geschichte eines Pastorengeschlechts von Luther bis zur Gegenwart, erschien 1938 durchaus als Distanzierung vom völkischen „Deutschen Christen", wie ihn vor allem der Heimatdichter und Pastor Gustav Frenssen verkörperte. Ihr Kriegsgedicht von 1940 aber und ihr Vorwort zu den *Kriegsbriefen von Nachrichtenhelferinnen des Heeres* (1942) gefällt sich in einer patriotischen Naivität und entfernt sich damit immer weiter von ihren christlichen Wurzeln.

Während Ina Seidel über die Vorstellungswelt einer romantisch-idealistischen Bürgerlichkeit nicht hinauskam, war der Konflikt, in den sich Jochen Klepper (1903–1942) gestellt sah, von spezifisch preußischer Tragik. Der Pfarrerssohn Klepper, der mit seinem Vater gebrochen und eine Jüdin geheiratet hatte, musste mit zwei Belastungen zugleich ringen: einerseits mit dem ererbten lutherischen Gehorsam, der die unbedingte Unterwerfung unter die Staatsautorität verlangte, und andererseits mit seiner wachsenden Einsicht in den unmenschlichen Charakter des NS-Regimes. Wie Klepper an diesem ausweglosen Konflikt zerbrochen ist – er suchte 1942 zusammen mit Frau und Stieftochter den Freitod – bezeugen seine erschütternden Selbstzeugnisse (*Tagebücher 1932–1942*) und sein historischer Roman *Der Vater* (→ S. 438).

Ernst Wiechert (1887–1950) ist ein Autor, der sich in einem langen Selbstfindungsprozess zum humanistischen Dichter aus christlicher Verantwortung wandelte. Der nach dem Zweiten Weltkrieg langsam wiederentdeckte Autor, der nach wirren antichristlichen und antidemokratischen Anfängen (*Totenwolf*, 1924) in seinen Büchern zumeist die Flucht aus der Zeit, die Abkehr von der verdorbenen Stadtzivilisation predigte und sehr oft in sentimentale Waldfrömmigkeit abglitt (besonders in *Das einfache Leben*, → S. 439), war in den 30er-Jahren ein vielgelesener Dichter in Deutschland. Für seine Ablehnung des Nazismus wurde er 1938 für Monate im KZ Buchenwald interniert.
Die symbolbefrachtete Sprache dieses „Gottsuchers" und die oft grüblerische Anlage seiner Figuren muten uns heute eher fremd an. Seine Märchen, Erzählungen und Romane, die einer gefühlsmäßigen Religiosität entspringen, können auch als Abkehr von der politischen Wirklichkeit und als Hinwendung an eine als intakt geglaubte Naturwelt gedeutet werden (*Die Jerominkinder*, 1947; *Missa sine nomine*, 1950; Autobiografie *Jahre und Zeiten*, 1949). Nach 1945, enttäuscht über die Entwicklungen in Deutschland, ging Wiechert in die Schweiz.

Edzard Schaper (1908–1983), seit 1947 in der Schweiz ansässig, konnte auf ein bewegtes Leben von Flucht und Unbehaustheit zurückblicken, das den Hintergrund von zahlreichen seiner engagierten Romane bildete.
Nach einem Versuch über Barlach und einem Bildhauerroman (*Der letzte Gast*, 1927) wurden mit dem Roman *Die sterbende Kirche* (1935) der totalitäre Terror und die innere Freiheit, welche Glaube und Abendmahlsgemeinschaft den Ohnmächtigen und Gefangenen verleihen können, zum Zentralthema seiner zahlreichen Erzählungen und Aufsätze. Sein Stil ist an russischen Epikern wie Ljeskow und an der deutschen Novelle des 19. Jh. geformt. So „erfindet" er Situationen der Bedrängnis, die im russisch-baltischen Grenzraum oder auch – wie *Die Freiheit des Gefangenen* (1950), *Macht der Ohnmächtigen* (1951) – in der napoleonischen Zeit spielen, wobei die Ausstattung mit zeitgeschichtlichen Details nur der Staffage einer aufs Äußerste zugespitzten menschlichen Konfliktlage dient.
Nicht immer erreicht die Erzähltechnik die Geschlossenheit der Novelle vom Untergang eines Zirkus in der Ostsee (*Die Arche, die Schiffbruch erlitt*, 1937). In der im Kleiststil eröffneten Erzäh-

lung *Der große, offenbare Tag* (1950) z. B. greift das Pfingstzeichen des Himmels allzu künstlich in die Bedrängnisse der kleinen russischen Kirchengemeinde ein. Einen versöhnlichen Ausgang gab der Dichter dem Roman *Der Henker* (1940), worin sich ein baltendeutscher Graf 1905 zwischen die zaristische Staatsmacht, die Ansprüche baltendeutscher Grundbesitzervorrechte und die Freiheitsforderungen der Esten und Letten gestellt sieht. In *Die Freiheit des Gefangenen* (1950) deutet ein junger Kaplan einem unschuldig eingekerkerten napoleonischen Leutnant den christlichen Sinn seiner Leiden. Wer seine Heimat im Jenseits weiß, dem ist, wie dem Pfarrer in *Die Macht der Ohnmächtigen* (1950/1951), die totalitäre Gewalt nur mehr ein religiöses Problem.

6.2 Katholische Erzähler

Im 19. Jh. hatte sich der deutsche und österreichische Katholizismus, wenn wir von dem Wirken des engagierten Publizisten Joseph Görres, dem rheinischen Aufbegehren gegen Preußen und dem Kulturkampf unter Bismarck absehen, weitgehend auf die Position einer zeitfremden, allenfalls noch karitativ tätigen Glaubenslehre zurückgezogen. Seine Stützen waren vorwiegend der Adel und das Bauerntum.

Gertrud von Le Fort (1876–1971), als Tochter eines preußischen Offiziers geboren, Schülerin des Historikers Ernst Troeltsch, trat 1926 in Rom zum Katholizismus über. Lebenslang war sie sich der Fragwürdigkeit aller richterlichen Moral und des „Paradox des Christentums" in der modernen Machtwelt bewusst. Nach ersten Erzählungen um die Jahrhundertwende besang sie 1924 in spätexpressionistischen Langzeilen hymnisch die Kirche, die „Mutter aller Kinder dieser Erde".

Der neuzeitlich verwalteten Herrschaftskirche stellte sie das Mysterium der mütterlichen Kirche von den reinen Jungfrauen und Kindern sowie die Idee des *Sacrum Imperium* gegenüber (*Hymnen an Deutschland*, 1932). Die Entwicklungskrise einer zur Kirche findenden Halbwaise erzählte 1928 auf dem Hintergrund des heidnischen und modernen Rom *Das Schweißtuch der Veronika*. Die Fortsetzung von 1946 stellt Veronikas Ringen um die Seele eines hitlerdeutschen Neuheiden dar: Veronikas unkirchliche Trauung mit dem Jugendfreund und ihren Konflikt mit der Kirche.

Im Roman *Die Magdeburgische Hochzeit* (1938) ist die blutig erzwungene Vereinigung der protestantischen Magdeburger mit Kaiser und Reich im Dreißigjährigen Krieg unvereinbar mit der leidenden Liebe Christi. Viele andere mit starkem Stilwillen geschriebene Erzählungen bezeugen ihren am Kreuz des Duldens gewonnenen Kirchenbegriff. Wer in Angst vor und mit Gott ausharrt, wird erwählt (*Die Letzte am Schafott*, Novelle, 1932). Die Krone der Gläubigen kann nur die Dornenkrone sein.

Das wahrhaft apokalyptische Buch *Am Tor des Himmels*, 1954 angesichts der aufwühlenden Frage geschrieben, wie sich ein Christ zur Atombombe, dem Produkt einer gottfernen Wissenschaft im Dienste irdischer Zwecke, zu stellen habe, bewies erneut die unkonventionelle Tapferkeit dieser Frau. In dieser überzeugenden christlichen Humanität ist sie auch eine würdige Nachfolgerin der großen Liberalen Ricarda Huch, mit der die deutsche Frauendichtung dieses Jahrhunderts begann.

Reinhold Schneider (1903–1958), in Baden-Baden geboren, zählte wie Le Fort zu den kämpferischen Geistern, die die Brüche der Geschichte nicht verleugneten und auch Widersprüchen nicht aus dem Weg gingen. Am Ursprung seiner Schriftstellerlaufbahn stand der Zusammenbruch der bewunderten Hohenzollernmacht im Jahre 1918. Der im Denken des deutschen idealistischen Staatsbegriffes Aufgewachsene fragte sich zeitlebens: Wie verhält sich politische Größe, machtvolle Repräsentanz und ästhetischer Glanz zum sittlich-ideellen Gehalt eines Reiches?

So wie die einst eroberungssüchtige Weltmacht Portugal erst untergehen musste um sich geistig-künstlerisch in der Dichtung des Camoes (portugiesischer Nationaldichter) zu vollenden (*Das Leiden des Camoes*, 1930), so schien für Schneider auch der innere Weg der *deutschen* Nation 1933 (Machtergreifung Hitlers) an einen schrecklichen Wendepunkt gelangt zu sein. Dies kommt zum Ausdruck im Roman *Das Inselreich England* (1934) und in der Erzählung *Las Casas vor Karl V.* (→ S. 438).

Deutschlands grauenvoller Abstieg in die Barbarei verzehrte Schneider auch körperlich. Er wünschte, Deutschlands Geist möchte „heimkehren" zum Kreuz in der *Nacht des Heils* (1947,

Aufsätze). Aber auch in der Nachkriegszeit schienen ihm durch den Kalten Krieg und die atomare Rüstung die christlichen und humanistischen Ideale des Friedens gefährdet – auch in seiner Kirche (Dramen *Der große Verzicht*, 1950; *Innozenz und Franziskus*, 1952; Abhandlung *Der Friede in der Welt*). Immer hat Schneider den „leidenschaftlichen Streit mit der Zeit" gekämpft, die „unentwegte Herausforderung" angenommen und „die Existenz als Todeskampf" erfahren, wenn er sich auch zuletzt – zur Enttäuschung mancher Leser – in seiner Krankheit und angesichts der verschlimmerten Weltlage nicht mehr im Stande sah Hoffnung oder gar Trost zu spenden. Seine ganz persönlichen Bücher *Verhüllter Tag* (1954) und *Winter in Wien* (1958) sind von erschütternder Aufrichtigkeit.

Werner Bergengruen, 1892 in Riga geboren, Weltkriegsteilnehmer und Baltikumkämpfer, später Journalist und freier Schriftsteller, steht mit seiner Fabulierfreude noch ganz in der Tradition der großen Erzähler des 19. Jh. Geschickt weiß der konservative Autor, der 1936 zum Katholizismus konvertierte, das Spielfeld der Ereignisse, Zufälle und menschlichen Eigenschaften abzustecken, ehe die Handlung in der „unerhörten Begebenheit" gipfelt. Solche Pointen machen sichtbar, dass hinter dem Geschehen etwas Unerklärbares waltet. Bergengruens fruchtbares Talent entfaltete sich daher – die Erzähltechnik der Novellenkunst seit Boccaccio fortsetzend – mit Vorliebe an merkwürdigen Ereignissen, Abenteuern und Augenblicken, wo sich ein Lebensweg entscheidet, ein Dasein erfüllt oder im Irdisch-Endlichen eine höhere Fügung erkennbar wird.

***Werner Bergengruen** zählte sich „wohl in manchem Betracht zu den Letzten – den Letzten einer verfallenden Zeit, den Cidevants, den bywschie ljudi (gewesenen Leuten), den letzten Balten, den letzten Kaiserlichen oder Königlichen, den letzten Parteigängern der Freiheit".*

Die Erzählkunst Bergengruens kennt noch eher die Darstellung des Wunderlichen, Absonderlichen und Gespenstischen (*Das Buch Rodenstein*, 1927; *Der Tod von Reval*, 1939) als das Aufleuchten der Gnade und Erkenntnis seiner in Schwäche und Schuld verstrickten Menschen (Novellen *Die Feuerprobe*, 1933; *Die drei Falken*, 1937; *Der spanische Rosenstock*, 1941; *Die Sultansrose*, 1946 u. a.). Bewusst schließt dieser einfach und dabei gepflegt erzählende „letzte Rittmeister", wohl auch seiner Erzählökonomie zuliebe, aus seinem epischen Gesichtskreis die Unruhe des „Zeitalters der Angst" und jene Dynamik der Kollektive aus, die das Individuum zerstört und die auch die Struktur des modernen Romans so völlig verwandelt hat. Von einem gleichsam außergeschichtlichen Erzählstandpunkt aus, der nur Einzelmenschen, deren Schwäche und die Vergebung ihrer Schuld kennt, führt er Regie, verknüpft die Fäden und strafft die Handlung. Dieser Erzählstandpunkt bildet denn auch den ruhenden Pol in einer von vielen Lesern als metaphysisch empfundenen Seinsordnung.

In der Zeit des Nationalsozialismus entstehen mit dem in der italienischen Renaissance spielenden Roman *Der Großtyrann und das Gericht* (→ S. 438) sowie dem historischen Roman *Am Himmel wie auf Erden* (1940), in dem ebenfalls der Zeitbezug unschwer zu erkennen war, seine bedeutendsten Werke.

Nach dem Zweiten Weltkrieg setzte sich Bergengruen in z. T. noch unveröffentlichten Essays und autobiografischen Schriften (*Schreibtischerinnerungen*, 1961; *Dichtergehäuse*, posthum 1966) mit den Gründen für die Entstehung des Nationalsozialismus in Deutschland und mit der Situation der Dichter im „Dritten Reich" auseinander. Das

Werk dieses Suchers nach „ewigen Ordnungen" erlebt seit den 80er- und 90er-Jahren eine gewisse Renaissance.

STEFAN ANDRES (1906–1970) wirkte, verglichen mit Bergengruen, wie der Vertreter einer temperamentvollen neuen Generation. Ihm war es nicht mehr möglich, so unterschiedliche Themen wie Kunst und Religion, heidnisches Lebensgefühl und aktuelle christliche Not in ausgewogener Erzählweise zu versöhnen. Stefan Andres vermochte zwar von seiner Jugend im Moselland (*Der Knabe im Brunnen*, 1953), von seinen Klosterschulerfahrungen (*Bruder Luzifer*, 1932) und seiner Heimat (*Moselländische Novellen*, 1937) recht sinnenhaft-anschaulich und volkstümlich-poetisch zu erzählen, er hat sich auch in der spezifisch deutschen Gattung der Novelle versucht, aber schon die Wahl seiner Stoffe während der Nazizeit, wo er sich nach Italien zurückzog (1937–1949), und die Bücher nach dem Krieg zeigten, dass es sein zentrales Anliegen war, die Ideale des Christentums an der harten Zeitwirklichkeit zu messen.
Der Konflikt zwischen dem Einzelgewissen und der autoritären Kirche war das Thema der Novelle *El Greco malt den Großinquisitor* (→ S. 438). Der kritische Bezug zum Faschismus ist unverkennbar. In der Novelle *Wir sind Utopia* (1943) hat sich im spanischen Bürgerkrieg ein ehemaliger Priester im Gefängnis zwischen der Todsünde des Mordes an seinem Bewacher und dem gottergebenen Sich-Fügen in sein Schicksal zu entscheiden. Er verzichtet auf den Ausbruch und wird erschossen, womit er seinerseits die Utopie der Gewissensreinheit verwirklicht. Der Überwindung des Hasses zwischen Deutschen und Franzosen diente der Roman *Die Hochzeit der Feinde* (1947).
Als ein Schriftsteller, dem die Botschaft Christi über formal-handwerkliche Kunstübung geht, scheute Andres auch nicht das Grelle und jäh Erregende eines effektvollen Stils. Realistisch in Szenen und Situationen, doch gleichzeitig auf eine symbolisch-überzeitliche Aussage angelegt, ist seine Romantrilogie *Die Sintflut*: Im *Tier aus der Tiefe* (1949) steigt ein ehemaliger Priester zum Führer einer pseudoreligiösen Diktatur auf. Die Inhumanität beginnt im Einzelleben, die Sintflut überschwemmt das Gewissen, sodass nur noch von entschiedenen Einzelnen Rettung kommen kann (*Die Arche*, 1951). In die Nachkriegszeit führt der dritte Band *Der graue Regenbogen* (1959) mit seiner Darstellung bürokratisch gelenkter Kollektive und des materialistischen Ungeistes, der das Wirtschaftswunder begleitet. Der verantwortungsbewusste Romancier, dessen Kurzgeschichte *Das Trockendock* von dem zur Nummer gewordenen Sträfling Schullektüre geworden ist, gab die Zeitschrift *atomzeitalter* heraus.

Zwischen Gott und Satan. Am entschiedensten brach die rheinhessische Katholikin ELISABETH LANGGÄSSER – 1899 geboren, seit 1929 in Berlin, 1936 Schreibverbot, 1944 zu Zwangsarbeit verurteilt, 1950 gestorben – mit der herkömmlichen Erzählform, an die sich andere christliche Erzähler in Deutschland mit Vorliebe hielten. Damit zog sie auch äußerlich den Trennungsstrich zu bürgerlichen und konventionell-christlichen Kompromissen, darüber hinaus zu einem an die Erzählweise des 19. Jh. gewöhnten Publikum. Auf Handlung und raum-zeitlichen Zusammenhang verzichtend stellte sich ihr das *theatrum mundi* als ein ständiges Drama zwischen dem dumpf-triebhaften, nur auf das Irdische ausgerichtete Leben und der göttlichen Heilsbotschaft dar, als Konflikt zwischen Satan und Gott.

Im Gedichtzyklus *Der Wendekreis des Lammes* (1924) steht das Lamm Gottes in der Mitte des liturgischen Jahres. In den *Tierkreisgedichten* (1935) und besonders in *Der Laubmann und die Rose* (1947) erfährt die heidnische Natur, intensiv in den Verkörperungen griechischer Mythologie geschaut, eine Metamorphose zum Licht. Die wild wuchernde Natur tritt in die Helle des Mysteriums und in die Freudestrahlen der Gnade ein. Damit heben sich ihre mythologischen Bilder, Allegorien, Symbole und Metaphern von der „volkhaften" und neuheidnischen Blut- und Bodendichtung ab, die sich bereits Ende der 20er-Jahre anschickte, zur deutschen Ersatzreligion zu werden.
In *Proserpina – Welt eines Kindes* (1932) erzählt sie, wie sich eine Kinderseele dem quellenden und sprießenden Reich der Proserpina entringt und im *Triptychon des Teufels* (1932), ohne dem Tierhaft-Grässlichen prüde auszuweichen, welche Gewalt der Krieger Mars, der Händler Merkur

und die Dirne Venus über die Menschen haben. Im *Gang durch das Ried* (1936) wandert ein Soldat, der das Gedächtnis verloren hat, eine Glasharmonika spielend, durch die rheinhessische Riedlandschaft.
Erstaunlich, dass sie bereits ein Jahr nach dem Kriege den Roman *Das unauslöschliche Siegel* vorlegen konnte: Die jüngste Weltgeschichte ist da ein Kampfplatz zwischen Gott und Satan. In diesen Kampf ist der verfeinerte, intellektuelle Belfontaine gestellt, dem mit der Taufe das „unauslöschliche Siegel" eingeprägt worden war. Er kehrt, nachdem er dem Satan in allerlei Masken begegnet ist, arm und heiligmäßig, ein Bettler, aus dem Krieg zurück. Sieben Menschen, die Erlösung von nihilistischer Verzweiflung suchen, sind die Personen ihres letzten, 1945 im zerstörten Berlin und seiner Umgebung spielenden Romans *Märkische Argonautenfahrt* (1950, Nachlass).

7 Konservative Gegenströmungen

7.1 Traditionalistische Erneuerung in der Literatur

Traditionalismus als Zufluchtsort. In eben jenen Jahren sammelten sich andererseits, gestützt auf die große Mehrheit der Kulturkonsumenten, die traditionalistischen Beharrungskräfte. Angesichts der gewaltigen Stil- und Denkumbrüche war der Ruf nach „konservativer Erneuerung" nur zu verständlich. Ihm lagen folgende Auffassungen zu Grunde: die nationalromantische Anschauung, die von der Kunst „Volksverbundenheit" fordert, die bürgerlich-idealistische, die von der Kunst die Darstellung repräsentativer Ideale erwartet, und die pseudodemokratische, die meint, auch in unserer hocharbeitsteiligen und differenzierten Gesellschaft müsse Kunst – im Unterschied etwa zur Mathematik und Physik – jedermann verständlich sein. Zu diesen weit verbreiteten Anschauungen kam in Deutschland, zumal nach der Niederlage von 1918, auch noch die kulturelle Dolchstoßlegende. Kein Wunder, dass der Ruf nach „konservativer Erneuerung", sofern man diese nicht in den Werken etwa von Hofmannsthal und Th. Mann erblickt, häufig in plattem Traditionalismus oder in nationalistisch-reaktionärem „Schrifttum" endete.

Heute ist der Großteil dieses Schrifttums dem legitimen Vergessen anheim gefallen. Es ist nahezu unmöglich, die verschiedenen epigonalen, konservativ-erneuernden und reaktionären Strömungen reinlich nach Stilen, Motiven, Themen und dem jeweiligen Publikum zu sondern. Doch kann man etwa folgende Tendenzen feststellen:

1. Das **Schrifttum des Regionalismus** setzte die schon im 19. Jh. verbreitete Heimatdichtung fort, aber die Abneigung gegen großstädtische, technische und pluralistisch-demokratische Lebensformen vermischte sich mehr und mehr mit dem Kult völkischer Urwüchsigkeit, neuheidnisch-germanischer „Weltanschauung" und den Überbleibseln pantheistischer Naturreligiosität, etwa in Büchern wie Peter Roseggers *Gottsucher* (1883), in *Hilligenlei* (1905) des Pastors Gustav Frenssen oder in Hermann Stehrs letzten Romanen vom *Geschlecht der Mächler* (1929–1944).

2. Das von **Reichs- und Volksmythen** und der Glorifizierung des Kriegs beherrschte „nationale" Schrifttum. Die Anzahl dieser Romane zur deutschen Geschichte, Kriegsbücher und nationalistisch verfälschenden Darstellungen deutscher Kultur ist Legion. Die Helden der Völkerwanderung, die Gotik, die Kunst Dürers, die deutsche Mystik, das Preußen Friedrichs des Großen, Goethe und die Maler der Romantik, Spitzweg und Bismarck, die Jugend von Langemarck und die Freikorpskämpfer nach 1918 wurden unter dem Zeichen der völkischen oder nationalen Renaissance gedeutet. Diese „Erneuerung" reicht etwa von den Erzählungen und Lebensbeschreibungen des hessisch-rheinischen Volksschullehrers WILHELM SCHÄFER (1868–1952), der Winckelmann, Hölderlin, Pestalozzi und den Ostgotenkönig Theoderich „volkspädagogisch" aus- und umdeutete, zu Paul Ernsts Versepos *Das Kaiserbuch* (1922–1928). Dazu gehören beliebte Erzählungen wie z. B. *Konradin reitet* des Studienrats OTTO GMELIN (1886–1940), die Landsknechtsballaden des Gutsbesitzers BÖRRIES FREIHERR VON MÜNCHHAUSEN (1874–1945), aber auch die archaisierenden Romane E. G. KOLBENHEYERS (1878–1962), dessen Trilogie *Paracelsus* (1917–1925) großen Erfolg hatte.

3. Konservativ im Hinblick auf Erzählformen und Lyrik waren auch die meisten **konfessionsbewussten Schriftsteller.** Aber Autoren wie z. B. Reinhold Schneider, Gertrud von Le Fort, Werner Bergengruen oder Edzard Schaper erneuerten christliches Denken, indem sie völkisch-rassische, neuheidnische und nationalistische Mythen aus ihren Werken verbannten.

4. Schwerer zu umgrenzen ist eine Gruppe von Autoren, die sich an **idealistisch-klassizistische Kunstvorstellungen** oder an **vornehm-aristokratische Schreibweisen** im Rahmen einer bestimmten national-bürgerlichen Tradition hielten. Man könnte sie nach dem von Paul Ernst 1906 ausgegebenen Stichwort „Neoklassizisten" nennen, wenn nicht für die jüngere Generation auch George und das von George vermittelte Hölderlin-Bild Muster geliefert hätten.

7.2 Neoklassizistische Tendenzen

1906 trug Paul Ernst (1866–1933), einst mit Arno Holz und Friedrich Engels befreundet, nach scharfem Bruch mit dem Naturalismus und Sozialismus seine Gedanken zu einer neoklassizistischen und betont idealistischen Tragödie vor (*Der Weg zur Form*). Die Stücke selbst (*Demetrios*, 1905; *Brunhild*, 1909) und während des Krieges die Dramen *Preußengeist* und *York* gerieten zu blass und abstrakt, sodass sich Paul Ernst zuletzt als Erzähler seiner Harzheimat zuwandte (*Das Glück von Lauenthal*, 1933). Fast gleichzeitig mit Ernst verfocht Wilhelm von Scholz (1874 bis 1969) neuklassizistische Ansichten (*Gedanken zum Drama*, 1905).

Nicht vom deutsch-konservativen Idealismus, sondern von d'Annunzio und George her kam Rudolf G. Binding (1867–1938), als er 1912 durch seine Novelle *Opfergang* berühmt wurde. 1914 besang er in antikischer Manier den Gott des Krieges: „Dreimal heilig sprang der Krieg aus dem Herzen der Völker." 1933 verteidigte er gegenüber Romain Rolland die Bücherverbrennung. In seinen Novellen (*Die Waffenbrüder*, *Unsterblichkeit*) kultivierte er die kühle Vornehmheit des stoischen Dandy.

Nur mit der lange als Muster der Formschönheit gepriesenen Novelle *Der Schleier* (1920), einem Stoff von Goethe, ist Emil Strauss (1866–1960) Binding verwandt. Strauss' schönstes Buch war die neuromantische Schülerselbstmord-Geschichte *Freund Hein* (1902); sonst erzählte er humorvoll-idyllisch von seiner vergeblichen Auswanderung nach Brasilien (*Der Engelwirt*, 1901) oder vom Versuch einer Siedlergemeinde (*Das Riesenspielzeug*, 1934).

Kann man den Schwaben Emil Strauss stilistisch als Keller-Epigonen bezeichnen, so galt der niederbayerische Arzt Hans Carossa (1878–1956) vielen als würdiger Nachfolger Goethes, Stifters und Mörikes. Er hatte seit 1907 von Dehmel inspirierte Naturlyrik veröffentlicht, empfindsam, innerlich, pantheistisch beunruhigt. Das Reifende und Wachsende, die stille Alltäglichkeit, die Sorgen des Arztes (*Doktor Bürgers Ende*, 1913) und das träumerische Verlangen nach kosmischer Harmonie bestimmten den Fluss seines Erzählens. Seine Erinnerungen an die ruhigere Vorkriegszeit (*Eine Kindheit*, 1920; *Verwandlungen einer Jugend*, 1928) und ihre autobiografischen Fortsetzungen (*Führung und Geleit*, 1933; *Das Jahr der schönen Täuschungen*, 1941) spendeten in den wirren 20er-Jahren und im Tumult des „Dritten Reiches" vielen Lesern Trost, freilich auch täuschende Erbaulichkeit. Seine liebenswürdige, im Grunde aber wirklichkeitsfremde Menschlichkeit versagte, als er auf dem Höhepunkt des „Dritten Reiches" ohne Ironie die „großen Heer- und Volksführer" in die „schöpferische Gefolgschaft" Goethes stellte und sich 1941 zum Präsidenten des „Europäischen Schriftstellerverbandes" wählen ließ, ein Verhalten, wofür er sich 1951 in den *Ungleichen Welten* rechtfertigte.

Während die Dichtung dieser „konservativen Erneuerung" keine der Epoche angemessenen Werke aufzuweisen hatte und sich zwischen Kalligrafik und heimatlicher Idyllik, zwischen kultivierter Noblesse und verklärender Vergangenheitsschau bewegte, gewann von den antimodernistischen Tendenzen teilweise der gelehrte Essay.

Rudolf Borchardt (1877–1945), Sohn eines jüdischen Bankiers aus Königsberg, bewusst deutsch und national fühlend, ein Verehrer Hofmannsthals und zunächst auch Georges, hatte von allen Konservativen den weitesten literarischen Horizont. Leidenschaftlich griff er den Naturalismus an, beklagte als Kritiker die Verwischung klarer Formen und Gattungen (*Gespräch über Formen*, 1905) und rühmte als Essayist die große Literatur Alteuropas. Er war ein kongenialer Übersetzer aus vielen Literaturen (ionische Hymnen, Tacitus, die Troubadours, Dante, Swinburne) und besaß ein umfassendes philologisches Wissen, sodass er selbst in Lutherdeutsch, in der Sprache des Mittelalters erzählen und dichten konnte. Von seinen Erzählungen sind *Das hoffnungslose Geschlecht* (1929) und die *Vereinigung durch den Feind hindurch* (Roman, 1937) bemerkenswert. Herb und streng wirken seine Oden, beeindruckend seine anspruchsvollen Essays. Der in der Toskana geschriebene Essay *Villa* leitete die Vergil-Renaissance in Deutschland ein. Der gelehrte Dichter, der seit 1903 überwiegend in Italien wohnte, starb 1945 in Tirol, nachdem er aus einem KZ-Transportzug befreit worden war.

Rudolf Alexander Schröder (1878–1962) war mit Borchardt befreundet. Er begleitete seit der Jahrhundertwende (Gründung der *Insel*) die deutsche Dichtung als bibliophiler, humoriger Gelegenheitsdichter, geselliger Reimer und eifriger Übersetzer von Homer, Vergil, Horaz, Shakespeare und Moliere. Seine Gedichte vor 1914 halten sich an schulhumanistische Antikevorstellungen. Nach dem Muster von Horaz und Hölderlin besang er 1914 die kriegsbereite Nation (*Deutsche Oden, Heilig Vaterland*), doch seit 1930 (*Mitte des Lebens*) öffnet sich sein liberalnational getönter Humanismus der Besinnung auf das lutherisch-kirchliche Erbe. Nach Art Paul Gerhardts dichtete er Kirchenlieder und schrieb geistliche Lyrik in den traditionellen Formen der Ode und Ballade. Sein Wirken als Vorsitzender gelehrter Gesellschaften und Lektor der Evangelischen Kirche Bayerns trug über die Literatur hinaus Früchte. Vor allem nach 1945 verkörperte der Bremer Patrizier einen weltgewandten, lebensfrohen und christlichen Humanismus.

Die älteren „Konservativen“, Hofmannsthal, Borchardt, Schröder und andere Beiträger der neoklassizistischen *Corona*, wurzelten tief in der alteuropäischen Dichtung. Der im Ersten Weltkrieg und danach herangewachsenen Generation fehlte häufig dieses weite Bildungserbe. Ihre Vorbilder waren Hölderlin und George.

Josef Weinheber (1892–1945), ein Autodidakt, der sich aus schwerer Jugend emporringen musste (*Der einsame Mensch*, Gedichte, 1920), nimmt sich neben diesen gelehrten Dichtern merkwürdig aus. Ein kleiner Wiener Postangestellter, wurde er plötzlich 1934 mit dem Gedichtband *Adel und Untergang* berühmt. Hölderlin'sche Anklänge und die Thematik von Ruhm, Pflicht und Trauer ließen ihn in der von der NS-Kulturpolitik bereits verödeten literarischen Öffentlichkeit als den neuen Nationaldichter erscheinen, dem volkstümliche Verse (*Wien wörtlich*, 1935) auch noch die Bescheinigung der Echtheit gaben. Weinheber klammerte sich an den 1933 offiziell gewordenen heroisierenden Neoklassizismus, an die „zuchtvollen“ Formen und Metren der Antike und Renaissance (*Späte Krone*, 1938; *Zwischen Göttern und Dämonen*, 1938; *Kammermusik*, 1939). Manche Oden hatten in ihrer starren Wucht eine Ähnlichkeit mit der Gebärdensprache des NS-Bildhauers Thorak. Die *ars poetica* seines *Hier ist das Wort* war von der modernen Lyrik schon lange überholt. Die ihm aufgedrängte Rolle eines Dichters der Nation endete 1945 tragisch. Als die Russen nach Wien marschierten, beging er Selbstmord.

Ernst Jünger (1895–1998), der ältere Bruder Friedrich Georg Jüngers (→S. 427), gehört zu den großen, wenn auch umstrittenen Dichtergestalten des 20. Jh. Der verträumte, musisch hochbegabte Schüler schloss sich als 18-Jähriger der Fremdenlegion an, wurde jedoch nach wenigen Wochen von seinem Vater aus Afrika wieder zurückgeholt (*Afrikanische Spiele*, Erzählung 1936).

Heroische Erlebnisse aus dem Ersten Weltkrieg verarbeitete der mehrfach verwundete und hochdekorierte Stoßtruppführer Jünger in dem als kriegsverherrlichend bezeichneten Tagebuch *In Stahlgewittern* (1920) und in den Kriegsbüchern *Der Kampf als inneres Erlebnis* (1922), *Das Wäldchen 125* und *Feuer und Blut* (beide 1925), die besonders in konservativen Kreisen großen Anklang fanden. Das Denken des aristokratischen Individualisten Ernst Jünger (*Das abenteuerliche*

Herz, 1929) – ein Ästhetizist gegenüber Tod und Abenteuer, der seine Prosa gerne zu einer kühlen, artifiziellen Diktion stilisierte – umkreiste fortan die Dynamik der *Totalen Mobilmachung* (1931) und die Heraufkunft technokratisch-kollektivistischer Diktaturen (*Der Arbeiter*, 1932). Der Oberförster im Roman *Auf den Marmorklippen* (→ S. 439) und der Landvogt in *Heliopolis* (1949) sind Vertreter des vulgären, brutalen Machtprinzips, das Jünger angesichts der „Herrschaft des Pöbels" aus seinem elitären Selbstverständnis heraus ablehnte. Dennoch wurde der Dichter, besonders mit seinen Kriegsbüchern, zu einem Sprachrohr des „Neuen Nationalismus" in der Weimarer Zeit und zum Vordenker derer, die den totalitären Staat rechtfertigten.

Wandlungen. 1944 wurde Jünger, der den Zweiten Weltkrieg teilweise beim Stab des Militärbefehlshabers in Paris verbrachte, wegen Wehrunwürdigkeit aus der Wehrmacht entlassen. Seine Schrift *Der Friede* (1945) zeigt einen Weg aus dem Nachkriegschaos auf und die stilisierten Tagebücher *Gärten und Straßen* (1942), *Strahlungen* (→ S. 440) und *Jahre der Okkupation* (1958) erzählen von den Kriegs- und Nachkriegsjahren und deuten einen Rückzug in die Innerlichkeit an. Der Zivilisation überdrüssig suchte Jünger die Zeichen der Zeit, das Ungeheuer Staat und Technik in mythischen Bildern zu deuten: *Der gordische Knoten* (1953); *An der Zeitmauer* und *Gläserne Bienen* (1957). Seine Loslösung vom Nihilismus und der Versuch, ein neues metaphysisches Weltbild zu entwerfen, zeigt sich in den Schriften *Über die Linie* (1960) und *Das Sanduhrbuch* (1954). Im Essay *Der Waldgang* (1951), in dem ein Gegenbild zu modernen „Massenmenschen" entworfen wird, lernt der Leser einen eher resignativen Autor kennen, der von der Hingabe an Korpsgeist, Disziplin und Heldentum zum einsamen Anarchismus gelangte und gar empfahl sich der politischen Wahl zu enthalten.
In den 60er-Jahren nahm der eigenwillige Dichter an Drogenexperimenten u. a. mit LSD teil (*Annäherungen. Drogen und Rausch*, 1970); und in *Subtile Jagden* (1967) weist sich Jünger, der in Leipzig und Neapel Zoologie studiert hat, als renommierter Entomologe (Insektenforscher) aus. Auf den autobiografischen Roman *Die Zwille* (1973) folgte 1980 und 1981 die Veröffentlichung der Tagebücher in zwei Bänden unter dem Titel *Siebzig verweht*, in denen der Dichter vornehmlich das 20. Jh. deutet; sein individuelles Selbstverständnis als Schriftsteller kommt in der Aphorismensammlung *Autor und Autorschaft* (1984) zum Ausdruck. Das Spätwerk umfasst die Kriminalgeschichte *Eine gefährliche Begegnung* (1985), Reminiszenzen (*Zwei Mal Halley*, 1987), die fantastische Erzählung *Aladins Problem* (1988), Essays (*Schere*, 1992) und Tagebuchaufzeichnungen (*Siebzig verweht III*, 1993).

Ernst Jünger trat nicht nur als bedeutender Schriftsteller an die Öffentlichkeit, er machte sich auch als international anerkannter Insektenforscher einen Namen. Die Abbildung zeigt den Dichter mit einer „Mantis phyllocrania".

Wertung. In seinen historisch interessanten Tagebüchern, Essays, Erzählungen und Romanen ist es immer der Zeitdiagnostiker Ernst Jünger, der meditierend verschiedene Lebensformen erprobt und ein beobachtetes Phänomen aphoristisch einkreist. Der „magische Realismus" seiner Sehweise (*Blätter und Steine*, 1934), seine akribische Beobachtung und die gewählte Strenge und Erhabenheit seines Wortes ließen ein stilistisch pointiertes, aber auch umstrittenes Erzählwerk entstehen, das von manchen Kritikern als geistesaristokratischer Konservatismus etikettiert oder kurz als „Herrenreiterprosa" (F. J. Raddatz) abgetan wurde – besonders in Anbetracht seiner frühen nationalistisch geprägten Schriften. In Schutz genommen wurde der schillernde Autor und ehemalige Reichswehroffizier jedoch schon von Bertolt Brecht („Lasst mir den Jünger in Ruhe!") und später besonders von Alfred Andersch, der ihn 1975 anlässlich der Verleihung des Schiller-Preises verteidigte: „Ein nationaler Mann ist er nicht, sondern er war einmal ein fürchterlicher Nationalist, heute ist er ein milder Patriot und Anhänger eines Weltstaates."

Friedrich Georg Jünger (1898–1977), der Bruder Ernst Jüngers (→S. 425), bekämpfte als Reichswehroffizier und Jurist die Weimarer Republik (*Aufmarsch des Nationalismus*, 1926). Seine Gedichte (ab 1934) besangen den Krieg und verherrlichten im „Schwerttanz" das Vaterland. Er verachtete den SA-Pöbel („Histrionengeschmeiß spreizt sich auf hohem Kothurn") und pflegte den Kult „hoher Schönheit": „Schön ist die Vernichtung, wo das Niedre / Übermächtig herrscht". Sein „apollinischer" Ordnungsbegriff schloss eine Dichtung der Ironie und Satire aus (*Über das Komische*, 1938).
Sein Denken kreiste – auch nach 1945 – um die großen Individuen, um vornehme Haltung und Nietzsches vorchristlichen Mythos von der ewigen Wiederkehr. Dem zivilisatorischen Optimismus stellt er ein archaisch-magisches Weltbild gegenüber (*Die Perfektion der Technik*, 1946). Wo er sich anmutiger Gelöstheit überlässt, gelingen ihm seine schönsten Gedichte, die mitunter einen feinen Sinn für das bukolisch Heitere verraten.

XIV
Die Literatur im „Dritten Reich" 1933–1945

1 Panorama

Gescheiterte Illusionen. Wie die meisten Kritiker des Nationalsozialismus unterschätzte auch die literarische Intelligenz die Machtübernahme Hitlers am 30. Januar 1933. Fast ausnahmslos wurde ein baldiges Ende seines Präsidialkabinetts erwartet. Erst die in der Nacht des Reichstagsbrandes (27./28. Februar) einsetzenden, von langer Hand vorbereiteten Terror- und Verfolgungsakte offenbarten den meisten Autoren das wahre Gesicht der neuen Machthaber. Mehr als 10000 Kommunisten oder solche, die man dafür halten wollte, wurden verhaftet, darunter zahlreiche kritische Schriftsteller und Publizisten. In den Folterstätten der SA und den ersten, noch provisorischen Konzentrationslagern kam es zu grauenvollen Misshandlungen. Zu den bekanntesten Opfern des Nazi-Terrors zählten der Anarchist und Bohèmeliterat Erich Mühsam (ermordet 1934 im KZ Oranienburg) sowie der Herausgeber der *Weltbühne* und Friedensnobelpreisträger für 1935 Carl von Ossietzky, der 1938 den Folgen seiner mehrjährigen KZ-Haft erlag.

Exodus des Geistes. Folge der unmittelbaren Existenzbedrohung war eine Massenflucht von Schriftstellern und Publizisten, die in der deutschen Geschichte ihresgleichen sucht. Wer sich im Frühjahr 1933 im Ausland befand, kehrte nicht mehr in seine Heimat zurück. Bis zum Herbst des Jahres hatte die deutsche Literatur fast alle Autoren von Rang verloren. Lediglich Gottfried Benn, Ernst Jünger und Gerhart Hauptmann waren geblieben. Nach der zweiten Emigrationswelle 1938/39, die durch die Rassenpogrome der sog. „Reichskristallnacht" ausgelöst wurde, betrug der Gesamtumfang der Kulturemigration ungefähr 5500 Personen. Für die deutsche Literatur bedeutete diese Vertreibung die Aufspaltung in zwei Hauptliteraturen, die inner- und außerdeutsche (→ S. 443 ff.), die seither ein Eigenleben führten.

Die Bücherverbrennungen vom 10. Mai 1933 bildeten das weithin sichtbare Fanal für die von den Nationalsozialisten erstrebte Gleichschaltung des Geisteslebens: In fast allen Universitätsstädten wurden unter dem Beifall der Anwesenden Werke missliebiger Autoren auf den Scheiterhaufen geworfen, darunter Schriften von Karl Marx, Sigmund Freud, Heinrich Mann, Erich Kästner, Erich Maria Remarque, Kurt Tucholsky und Carl von Ossietzky. Namhafte Hochschullehrer und Politiker billigten in ihren Reden diese Vorgänge. Als historisches Vorbild der von der *Deutschen Studentenschaft* bis ins Detail vorbereiteten Aktion dienten Luther und die Schriftenverbrennung anlässlich des Wartburgfestes 1817.

Die Gleichschaltung der Schriftstellerorganisationen durch den Nationalsozialismus hatte zum Zeitpunkt der Bücherverbrennung bereits begonnen. An ihrem Anfang stand die „Säuberung" der *Sektion für Dichtkunst* der *Preußischen Akademie der Künste.* Nach Unterzeichnung eines Aufrufs zur Bildung einer Einheitsfront gegen den Nationalsozialismus musste Heinrich Mann von seinem Amt als Vorsitzender zurücktreten und die Akademie verlassen. Da sie eine von Gottfried Benn verfasste Loyalitätserklärung gegenüber dem NS-Staat nicht annehmen wollten, erklärten in der Folge Thomas Mann, Alfred Döblin, Ricarda Huch, Jacob Wassermann und Rudolf Pannwitz ihren Austritt. Anfang Mai wurden ausgeschlossen: Ludwig Fulda, Franz Werfel, Bernhard Kellermann, Georg Kaiser, Alfred Mombert, Fritz von Unruh, Leonhard Frank und

Nationalsozialistische Studenten bei der ***Bücherverbrennung 1933****. Die inhaltliche Stoßrichtung dieses barbarischen Spektakels, das im Ausland mit großem Abscheu aufgenommen wurde, dokumentieren die „Feuersprüche" der Aktion: „Gegen Klassenkampf und Materialismus, für Volksgemeinschaft und idealistische Lebenshaltung! Gegen Dekadenz und moralischen Verfall! Für Zucht und Sitte in Familie und Staat! Gegen Gesinnungslumperei und politischen Verrat, für Hingabe an Volk und Staat…"*

René Schickele. An ihre Stelle traten nationale oder nationalsozialistische Schriftsteller. Den Vorstand bildeten fortan die Neumitglieder Hanns Johst, Friedrich Blunck und Werner Beumelburg.

Die Vorgänge in der *Preußischen Akademie* waren kein Einzelfall: Bereits nach dem Reichstagsbrand erfolgte das Verbot des *Bundes proletarisch-revolutionärer Schriftsteller*. Parallel dazu begann die Auflösung des *Schutzverbands deutscher Schriftsteller*, der im Sommer 1933 in den nationalsozialistischen *Reichsverband Deutscher Schriftsteller* überführt wurde. Des Weiteren trennte sich die deutsche Sektion des *Internationalen PEN-Clubs* von unerwünschten Mitgliedern. Nach der Anerkennung eines deutschen *Exil-PEN* verließ sie den internationalen *PEN* und rief zu einer Gegengründung auf. Der *Union nationaler Schriftsteller* war allerdings nur wenig Erfolg beschieden.

Kontrollorgane. Zur Durchsetzung ihres kulturellen Machtanspruchs richteten die Nationalsozialisten im März 1933 das *Reichsministerium für Volksaufklärung und Propaganda* (RMVP) ein, das sich unter Joseph Goebbels zur mächtigsten Überwachungsinstanz des literarischen Lebens entwickelte. Abteilung VIII dieses Ministeriums beschäftigte sich mit dem Buchwesen und beaufsichtigte gegen Ende der 30er-Jahre rund 2500 Verleger, 23 000 Buchhandlungen sowie 3000 Autoren.

Um die Gleichschaltung der Literatur noch wirkungsvoller organisieren zu können gründeten die Nationalsozialisten Anfang November 1933 die *Reichsschrifttumskammer* (RSK). Sie bildete eine Unterorganisation der bereits im September 1933 eingerichteten *Reichskulturkammer*, die dem RMVP unterstand und wie dieses von Joseph Goebbels geleitet wurde. Alle an der Herstellung und Vertreibung von Literatur beteiligten Berufs-

gruppen mussten fortan Mitglied der RSK sein. Ein Ausschluss bedeutete Berufsverbot. Voraussetzung für die Aufnahme waren der „Ariernachweis“ und die Unterwerfung unter das Diktat der nationalsozialistischen Ideologie und Kunstanschauung. Anfang der 40er-Jahre umfasste die RSK ca. 35 000 Mitglieder.
Charakteristisch für die NS-Literaturpoltik war, dass sich neben staatlichen Instanzen auch Organe der NSDAP an ihr beteiligten. Dies erzeugte ein System wechselseitiger Kontrolle und verstärkte die Überwachung. Richtungsstreitigkeiten, wie sie vor allem zwischen Goebbels und Rosenberg zu beobachten waren, entschied das Machtwort Hitlers.

Die Indizierungspraxis des NS-Regimes fußte auf der von 1935–1942 jährlich erscheinenden *Liste des schädlichen und unerwünschten Schrifttums* der RSK. Sie ersetzte die bis dahin kursierenden *Schwarzen Listen* unterschiedlicher NS-Organisationen und sollte die seit dem Frühjahr 1933 andauernden „Säuberungen“ von Leihbüchereien, Buchhandlungen und Bibliotheken systematisch und nach einheitlichen Kriterien vorantreiben. Der Gestapo war sie eine große Hilfe. Zu Beginn der 40er-Jahre standen über 4000 Einzeltitel und mehr als 550 Autoren auf dem Index, der ab 1940 sämtliche Schriften voll- oder halbjüdischer Autoren umfasste.
Die spezifische Herrschaftstechnik der Nationalsozialisten bestand darin, dass die Verbotslisten nicht zum öffentlichen Gebrauch bestimmt waren. In Zweifelsfällen hatten sich Verleger und Buchhändler persönlich an die RSK oder Gestapo zu wenden. Dies sollte ihre Einschüchterung und somit die Selbstzensur bewirken. Dasselbe Ziel verfolgte die Unterlassung einer allgemeinen Vorzensur, was angesichts der Menge der Neuerscheinungen ohnehin illusorisch war. Überdehnte ein Autor die ihm eingeräumten „Freiheiten“, so drohten Schreibverbot, Druckverbot, Vortragsverbot, Ausschluss aus der RSK oder gar KZ-Haft.

Folgen der NS-Literaturpolitik. Die Vertreibung demokratischer und jüdischer Autoren sowie die schrittweise „Arisierung“ ihrer Verlage führten zu einer spürbaren Verarmung des deutschen Buchmarktes. Hinfort dominierte eine mit zahlreichen Literaturpreisen, Preisausschreiben, Autorenlesungen sowie offiziellen Empfehlungslisten geförderte Literatur, die den ideologischen Vorgaben des NS-Regimes entsprach. An die Seite der „Höhenkamm“-Literatur trat eine schier unüberschaubare Produktion broschierter Massen- und Gebrauchsliteratur antisozialistischen, antisemitischen und militaristisch-imperialistischen Inhalts. Desgleichen ist eine Flut politischer Jugendschriften zu verzeichnen. Die Ideologisierung der Literatur erstreckte sich schließlich bis hin zum romanesken Sachbuch und den Lexika. Daneben existierte aber auch eine scheinbar tendenzfreie Unterhaltungsliteratur, die Goebbels als „staatspolitisch wichtig“ galt, weil sie der Ablenkung diente und möglichen politischen Widerspruch zurückhielt. Sie war Teil einer staatlich tolerierten Zerstreuungssphäre, der inmitten eines politisierten Alltags eine bedeutende Ventilfunktion zukam. Ähnliches leistete größtenteils auch die Literatur der sog. Inneren Emigration (→ S. 434 ff.). Ihre Tolerierung ermöglichte dem NS-Staat, den Schein der Liberalität zu wahren und die Lesebedürfnisse bürgerlich-christlicher Schichten zu befriedigen.

2 Literatur im Dienst der Diktatur

Die vom NS-Regime geförderten Schriftsteller entstammten größtenteils dem völkisch-nationalen Lager. Sie vertraten eine irrationale Weltsicht und pflegten einen volkstümelnden Realismus, der bereits im Kaiserreich (→ S. 290 ff.) und während der Weimarer Republik (→ S. 349 ff., 423 ff.) ein großes Publikum gefunden hatte. Nach 1933 wurden ihre Schreibweisen zum Maßstab einer staatlich gelenkten Literaturproduktion, die sich an überlieferten Vorbildern orientierte und deshalb epigonal erscheint. Als Gegenstand der Ideologiekritik verdient sie jedoch noch heute unser Interesse.

2.1 Der Roman

Der Gegenwartsroman, der in der Literatur der Weimarer Republik eine zentrale Stellung einnahm, verlor während des „Dritten Reiches“ seine Bedeutung. Seine Absichten – die psychologische Analyse und kritische Milieu- und Zeitdarstellung – standen im Gegensatz zur NS-Ideologie. „Kampfzeit“-Romane wie WALDEMAR

Glasers *Ein Trupp SA* (1933), die zum Teil ein realistisches Bild des Alltags vermittelten, dabei jedoch die SA glorifizierten, wurden nach dem so genannten „Röhm-Putsch" (Juni/Juli 1934) verboten. Seither bildeten Romane wie Alfred Karraschs *Parteigenosse Schmiedecke* (1934), Robert Leys *Durchbruch der sozialen Ehre* (1935) oder Helmuth M. Böttchers Industrieroman *Um die Atlantikwerft* (1941) eine eher seltene Ausnahme. Gemeinsamer Nenner dieser Literatur war die Aufwertung des „Werkmannes", der nach der Zerschlagung von KPD und SPD sowie der Gewerkschaften mit der neuen Ordnung versöhnt werden sollte.

Der historische Roman lud zur Begegnung mit vermeintlich heroischen Etappen der deutschen Vergangenheit ein. Zum Nachweis der Überlegenheit der germanischen Rasse wurde dabei die Frühgeschichte ebenso strapaziert wie das mittelalterliche Kaiserreich. Ostkolonisation und der deutsche Ordensstaat (Hans Friedrich Blunck: *Wolter von Plettenberg*, 1938), Bauernkrieg (Heinrich Bauer: *Florian Geyer*, 1936) sowie die preußische Geschichte (Hans Heyk: *Der große König*, 1940) und die Befreiungskriege gegen das napoleonische Frankreich (Robert Hohlbaum: *Stein*, 1934) stellten weitere beliebte Themen dar, mit denen große Einzelne und charismatische Führer in den Mittelpunkt gestellt werden konnten. Die zentrale Gestalt des Heros, der kämpft, leidet, sich bewährt und für sein Volk in göttlichem Auftrag handelt, modellierte das Menschenbild des Nationalsozialismus und bemühte sich um den Nachweis der Legitimität des „Führerstaats". Um historische Ereignisse ideologisch ausschlachten zu können schreckten die Autoren vor Geschichtsklitterungen nicht zurück.
Nach der Wende des Krieges war es die Aufgabe des historischen Romans, durch den Hinweis auf geschichtliche Beispiele die Einsatz- und Durchhaltebereitschaft von Bevölkerung und Truppe zu stärken. „Nur kleine Geister fürchteten sich ausgelöscht zu sein", heißt es dazu in H. F. Anders' (i. e. Hildegunde Fritzi Hechtel) Epos über den Stauferkaiser Friedrich II. *Der Verwandler der Welt* (1942).

Bauernromane (→ S. 351) machten über die Hälfte der jährlich vom NS-Regime empfohlenen Romantitel aus. Mit der verklärten Schilderung stadtferner Lebensformen schufen sie ein idealistisch verbrämtes Gegenbild zu den Realitäten des Industrialisierungsprozesses. Die Darstellung konfliktfreier Dorfgemeinschaften sollte die Existenz einer intakten Volksgemeinschaft vorgaukeln und im Sinne der NS-Ideologie die Bedeutung des „Reichsnährstandes" unterstreichen. So in Felix Nabors *Shylock unter Bauern* (1934), wo die Rettung vor den Machenschaften eines jüdischen Maklers durch die Hilfe von Nationalsozialisten erfolgt, die auch in vielen anderen Werken der Bauernliteratur nach 1933 als Förderer der ländlichen Bevölkerung auftreten. Als Höhepunkt des NS-Bauernromans galten jene Werke, die wie Joseph Georg Oberkoflers *Der Bannwald* (1939) soziale Konflikte durch mythische Konstruktionen ersetzten.

Die Siedlerromane stellten ein beliebtes Nebengenre der Bauernromane dar. Sie spiegeln den Anspruch der Nationalsozialisten wider den Lebensraum der Nation zu vergrößern. Die Opposition zur bürgerlichen Erwerbsgesellschaft und ihren urbanen Lebensformen ist durchgehend spürbar. Naturkult und bäuerliche Existenzweise mischen sich mit militärischen Formen der Selbstorganisation der durchweg männlichen Hauptfiguren, die mit hohem körperlichen Einsatz Wälder roden, Moore trockenlegen oder Ödland kultivieren und so zu Stützen des NS-Regimes werden. Beispiele dieses Genres sind *Kompost* (1934) von Martin Sanders oder die Romane Emil Strauss' (*Das Riesenspielzeug*, 1934; *Lebenstanz*, 1940).
Neben die Romane der „inneren Kolonisation" traten schon bald auch solche, die unter Hinweis auf die Kulturleistungen deutscher Bauernfamilien im Ausland die Expansionsbestrebungen des NS-Regimes nach Osteuropa legitimieren sollten: Josef Ponten schilderte in seinem sechsbändigen Romanzyklus *Volk auf dem Wege* (1930 bis 1942) das Leben der deutschen Minderheiten an der Wolga. Die Siebenbürger Sachsen meldeten sich durch Adolf Meschendörfer (*Der Büffelbrunnen*, 1935) und Heinrich Zillich (*Zwischen Grenzen und Zeiten*, 1937) zu Wort. Zu fragwürdiger Berühmtheit brachte es der Sudetendeutsche Wilhelm Pleyer, der in den Hauptfiguren seines Romans *Die Brüder Tommahans*

(1937) männliche Vorbilder entwirft, die sich für das Vaterland, den Bauernstand und den Nationalsozialismus aufopfern. *Der Puchner* (1934), sein Roman über den Lebensweg eines faschistischen Agitators, wurde zu einem Katechismus der Auslandsdeutschen.

Der Kriegsroman fand eine besondere Beachtung seitens der NS-Literaturinstanzen. Romane der literarischen Rechten der 20er-Jahre, die das Fronterlebnis verherrlichten und den Kämpfer zum männlichen Idealbild formten, hatten auch hier das Feld vorbereitet. Nun wurde es von Autoren wie OTTO PAUST (*Volk im Feuer*, 1934; *Nation in Not*, 1936), ERHARD WITTEK (*Durchbruch anno achtzehn*, 1933) oder RICHARD EURINGER (*Vortrupp ‚Pascha'. Roman der ersten Expedition deutscher Flieger in die Wüste*, 1937) mit nicht nachlassender Begeisterung für alles Militärische bestellt. Bereits die Titel ihrer Werke verraten die Absichten dieser Autoren, die sich 1936 bei einem „Kriegsdichtertreffen" in Berlin zur *Mannschaft Kriegsdichter* zusammenschlossen. Als „Dichtersoldaten" wollten sie eine neue „volkhafte Dichtung" schaffen. Während des Zweiten Weltkriegs bevorzugten sie die Form des ideologischen Berichts, der durch klischeehafte Hasstiraden auf den äußeren Feind und eine immer wieder beteuerte Siegesgewissheit geprägt war. Abschreckendes Beispiel dieser Art von Propagandaliteratur ist EDWIN ERWIN DWINGERS *Panzerführer. Tagebuchblätter vom Frankreichfeldzug* (1941).

Die Frauenromane des „Dritten Reiches" weisen dem weiblichen Geschlecht im Sinne der NS-Ideologie die traditionellen Rollen der Hausfrau, Mutter und Erzieherin zu. Der Unterschied zu den zeitgenössischen Frauenromanen emanzipierter Autorinnen wie Irmgard Keun (→ S. 451) könnte nicht größer sein. In KUNI TREMEL-EGGERTS Bestseller *Barb. Roman einer deutschen Frau* (1933) zum Beispiel kommt die Möglichkeit einer Berufsausübung zu keinem Zeitpunkt ins Bewusstsein der jugendlichen Protagonistin. Im Gegensatz zu ihren durchgehend abgewerteten Freundinnen, die den Typ der mondänen Gesellschaftsdame und der sinnlich-lasziven Frau verkörpern, findet sie in der bedingungslosen Unterordnung in der Ehe Erfüllung und Mutterglück. In *Anna Brand* (1939) von WILHELM SCHMIDTBONN scheitert die akademische Titelfigur an der unterstellten Unvereinbarkeit ihrer Berufs- und Mutterrolle. An die Stelle der Selbstverwirklichung tritt die Pflichterfüllung im Dienst der Nation. So auch die Botschaft der vielgelesenen historischen Bauernromane von JOSEFA BERENS-TOTENOHL (*Der Femhof*, 1934; *Frau Magdalene*, 1935), die das Bild einer heroischen Mutter zeichnen, deren Lebenssinn ausschließlich in der Geburt und Erziehung ihres Sohnes gründet.

2.2 Das Drama

Propaganda von der Bühne. Angesichts seiner suggestiven Wirkungsmöglichkeiten sahen die Nationalsozialisten im Theater von Beginn an ein ideales Medium der Massenbeeinflussung. „Heroisch, sachlich, stählern romantisch, national, gemeinsam und verpflichtend" wünschte sich Goebbels das neue deutsche Drama, das als Gegenentwurf zur experimentell-sozialkritischen Theaterpraxis der Weimarer Republik (→ S. 400 ff.) konzipiert war und an das überlieferte Handlungs- und Spannungsdrama anschloss. Staatliche Besucherorganisationen und Theaterfestwochen sorgten für volle Häuser. Üppige Subventionen ermöglichten einen florierenden Betrieb. Kehrseite dieser Kulturpolitik war die totale Kontrolle des Theaterwesens, in dem nach 1933 Parteigenossen alle Schlüsselpositionen einnahmen und auch die Privattheater der Aufsicht des Propagandaministeriums unterstellt wurden. Die *Reichsdramaturgie* überwachte sämtliche Spielpläne.

Die Themen der NS-Dramatik glichen denen des NS-Romans: Märtyrerdramen wie *Schlageter* (1933) von HANNS JOHST stellten antiintellektuelle Kampfnaturen und Willensmenschen vor, die für den Nationalsozialismus extreme Opfer auf sich nahmen und bedingungslos dem Befehl von außen gehorchten, verschwanden jedoch nach der Entmachtung der SA aus dem Repertoire. Weltkriegsdramen wie HEINRICH ZERKAULENS *Jugend von Langemark* (1933) oder FRIEDRICH BETHGES *Marsch der Veteranen* (1935) schlossen an die national-konservative Dramatik vor 1933 an und feierten die Frontgemeinschaft und den Kampfesmut deutscher Soldaten. Geschichtsdramen wie der groß angelegte *Preußen-Zyklus* (1934–1937) von Hans Rehberg legitimierten die Pflichtethik des NS-Staates aus historischer Sicht und ließen Friedrich den Großen als Vorläufer Hitlers erscheinen. Erwin Guido Kolbenheyer diente in *Gregor und Heinrich* (1934) der Investiturstreit zur Darstellung der Überlegenheit der „nordisch-germanischen Lebenswelt".

Mit Beginn des Weltkriegs lässt sich eine Hinwendung zur klassischen Tragödie im Gefolge der Dramaturgie Paul Ernsts (→ S. 424) beobachten. Der Schuldbegriff indes wurde geflissentlich ausgeklammert. „Hochstildramen" wie *Das Schwert* (1940) von Curt Langenbeck appellierten an den Einsatz- und Opferwillen ihres Publikums und rechtfertigten den deutschen Angriffskrieg als notwendigen Präventivschlag. Sie forderten die kritiklose Hingabe an das Schicksal und leisteten dadurch einen Beitrag zur Erhöhung der Kriegsanstrengungen. Ab 1942/43 schließlich wurden alle dramatischen Genres in den Dienst der Durchhaltepropaganda gestellt. Tragödien über japanische Samurai- und Kamikaze-Kämpfer von Mirko Jelusich (*Samurai*, 1943) und Langenbeck (*Treue*, 1944) zeigen dies ebenso wie Rehbergs Zeitstück *Wölfe* (1944) oder Werner Deubels Geschichtsdrama *Die letzte Festung* (1942), das Veit Harlan als Grundlage für seinen Propagandafilm *Kolberg* (1945) diente.

Das Thingspiel, das von den Nationalsozialisten zunächst mit großem Interesse begleitet wurde, stellte trotz seines Rückgriffs auf überlieferte dramatische Mittel eine vergleichsweise neue Spielform dar. Es verwischte die Grenze zwischen Wirklichkeit und Fiktion und sollte durch seine Massensprechchöre das Erlebnis der NS-„Volksgemeinschaft" vermitteln. Die überaus emotionalen Aufführungen waren als kultische Veranstaltungen und Staatsakte gedacht. Wegen der monumentalen Aufmärsche und der beabsichtigten Aufhebung der Trennung von Darstellern und Publikum spielte man in Hallen und Stadien sowie auf zum Teil eigens errichteten Freilichtbühnen, die mit modernster Licht- und Tontechnik ausgestattet waren. Meist behandelten diese faschistischen Gesamtkunstwerke Ereignisse aus der deutschen Geschichte. Ähnlich der altgermanischen Gerichtsversammlung, dem Thing,

Szenenbild aus der Heidelberger Aufführung (1933) von Richard Euringers Thingspiel ***Deutsche Passion 1933****. Das Stück beschwört den Unbekannten Soldaten des Ersten Weltkriegs und feiert seinen Sieg über den „jüdischen Geist" im Nationalsozialismus. Der Hörfunkfassung wurde der erste Nationale Buchpreis des NS-Regimes verliehen.*

sprach dabei das Volk den Richterspruch über die politisch Verantwortlichen. Oft endeten die Spiele weihevoll mit einer visionär-appellativen Formel.
Den Anfang des Thingspiels, das wegen der antikapitalistischen Stoßrichtung vieler Werke vor allem bei den Anhängern der SA und in der Hitlerjugend großen Anklang fand, markiert RICHARD EURINGERS *Deutsche Passion 1933* (1933). Den Höhe- und Schlusspunkt der Gattung bildet EBERHARD WOLFGANG MÖLLERS *Frankenburger Würfelspiel* (1936), das während der Berliner Olympiade unter großem Applaus uraufgeführt wurde. In der Folgezeit verlor das Thingspiel seine staatliche Förderung. Nach Etablierung des NS-Staates schien die politische Tendenz vieler Stücke nicht mehr erwünscht. Mit Blick auf die angestrebte Expansion des Reiches verloren ihre Themen an Bedeutung. Hinzu kamen ein sinkendes Publikumsinteresse sowie die Einsicht in die Begrenztheit der darstellerischen Möglichkeiten. Die Furcht vor einer unkontrollierten Emotionalisierung des Publikums tat ein Übriges, den Bau weiterer Thingbühnen zu verhindern.

2.3 Die Lyrik

Agitation mit den Mitteln der Tradition. Die völkisch-nationalen und nationalsozialistischen Lyriker setzten sich aus erklärten Gegnern der avantgardistischen Lyrik zusammen – mit Ausnahme der Gedichte des geschätzten, von der NS-Kulturpolitik allerdings vergeblich umworbenen Stefan George (→S. 328). Stattdessen ist der Rückgriff auf die klassisch-romantische Überlieferung zu beobachten, die nunmehr in den Dienst der Propaganda gestellt wurde. Das Ergebnis war ein in weiten Teilen überaus platter Traditionalismus, welcher mitunter zur unfreiwilligen Komik geriet. Symbolik und Motivik verweisen auf die patriotische Dichtung des 19. Jh. und des Ersten Weltkriegs. Das Vokabular (Erde, Scholle, Rasse, Art usw.) war das der Blut- und Bodenideologie, aufgeladen mit Begrifflichkeiten aus dem religiösen Bereich. Schwulst und Pathos dieser Dichtung fanden gleichwohl den Beifall eines kleinbürgerlichen Massenpublikums.

Das Gemeinschaftslied stellte ein besonders beliebtes Medium dar. Kaum ein Schriftsteller, der sich nicht in der Abfassung von Feier- und Bekenntnisliedern, von Marsch- und Kampfgesängen versucht hätte, die oft auf ältere Soldaten- und Volkslieder zurückgriffen und auch das Liedgut der Jugend- und Arbeiterbewegung beerbten. In zahlreichen auflagenstarken Anthologien (z. B. *Im Marschtritt der SA*, 1933; *Des Blutes Gesänge*, 1934; *Die Lieder vom Reich*, 1935; *Gedichte der Kameradschaft*, 1936; *Wir dürfen dienen*, 1937) verbreitet, fanden diese literarischen Zweckformen bei den mit Kalkül inszenierten Feiern und Aufmärschen des „Dritten Reiches" ihre Verwendung. Ihr einfacher Satzbau, ihre Wiederholungsstrukturen, Imperative und eingängige Rhythmik garantierten eine leichte Einprägsamkeit. Die gemeinsame Rezitation vermittelte das erwünschte Kollektiverlebnis. Die emotionale Verstärkung von Feindbildern, die Verklärung des Regimes und die pseudoreligiöse Verehrung des „Führers" machten den leicht durchschaubaren Sinn dieses Plans aus, zu dem vor allem Heinrich Anacker, Herbert Böhme, Herybert Menzel, Baldur von Schirach oder Gerhard Schumann beitrugen, die sich in der *Jungen Mannschaft* zusammenschlossen.

3 Die Literatur der Inneren Emigration

Der Begriff der „Inneren Emigration", der bis heute kontrovers diskutiert wird, meint jene bürgerlich-konservativen Schriftstellerinnen und Schriftsteller, die nach 1933 in Deutschland blieben und gegenüber dem Nationalsozialismus eine gleichgültige bis feindselige Haltung einnahmen. Besonders letztere sahen sich deshalb materiellen und intellektuellen, zum Teil sogar existentiellen Bedrohungen ausgesetzt. Handelt es sich bei den aus dem „Dritten Reich" geflüchteten Autoren größtenteils um erklärte Regimegegner, so ist hinsichtlich der Inneren Emigration eine überaus verschiedenartige Zusammensetzung zu verzeichnen. „Anti-nationalsozialistischen" Autoren könnte man „nicht-nationalsozialistische" gegenüberstellen, wie es Werner Bergengruen aus der Perspektive des Zeitgenossen vorgeschlagen hat. Ob sie zum Widerstand gegen das NS-Regime gerechnet werden können, wie in einer erregten Debatte der Nachkriegsjahre behauptet wurde (→S. 470), muss der Prüfung der Einzelbiografie und des Einzelwerks überlassen bleiben.

Das Selbstverständnis der Inneren Emigration war das einer „geistigen Opposition" gegen den herrschenden „Ungeist". Ihre Autoren propagierten überwiegend ein christlich-humanistisches Ethos, das sich dem europäischen Erbe verpflichtet fühlte. Daneben sind neustoische und klassizistische Einstellungen zu beobachten, der Rückgriff auf den antiken Mythos sowie Anleihen bei der noch jungen Existenzphilosophie. Gemeinsam war der Verzicht auf direkte politische Appelle an den Leser. „Trost bieten, Verhaltensweisen mitteilen, auf die innere Person sammeln, die Gegenwärtigkeit von Vergangenem lebendig zeigen, den wirklichen Verhältnissen die überzeitliche Wirklichkeit entgegenstellen" – so Peter Suhrkamp 1949 – lautete das Programm, das an die Traditionen der deutschen Innerlichkeit anschloss. Die meisten Schriftsteller waren deshalb nur bedingt in der Lage ein rationales Verständnis des Nationalsozialismus zu fördern, den sie als „Verhängnis", „Tragödie" oder Herrschaft von „Dämonen" begriffen.

Schreibweisen der Inneren Emigration. Angesichts der umfassenden Zensur des NS-Staates wurde die **Camouflage**, die seit der Antike bekannte „Sklavensprache", zum bevorzugten literarischen Ausdrucksmittel. Nur die indirekt-doppeldeutige Rede erlaubte den Widerspruch in Anwesenheit der Unterdrücker. Eine legale Oberflächenstruktur tarnte dabei den systemkritischen Charakter der Tiefenstruktur der Texte, die auf die Herstellung einer geheimen Gegenöffentlichkeit zielten. Die verdeckten Schreibweisen setzten freilich einen gleichgesinnten Leser voraus, der fähig war, zwischen den Zeilen zu lesen, um dadurch die beabsichtigte Aussage zu entschlüsseln. Angesichts der prinzipiellen „Verschiedenverstehbarkeit" mehr oder minder chiffrierter Mitteilungen waren Vereinnahmungen durch die NS-Literaturkritik nicht auszuschließen.
Ein weiteres Merkmal stellt der Hang zur Kalligraphie dar. In bewusstem Kontrast zum Phrasendeutsch des „Dritten Reiches" befleißigten sich viele Autoren eines mit Absicht gehobenen Stils um dadurch die Sprache aus dem „Sumpfbereich des Amts-, Zeitungs- und Rednerdeutsch der Diktatur" emporzuheben. „Die ästhetisierende Prosa", so der Essayist Gustav René Hocke, „entstand aus der Behutsamkeit zu schreiben ohne sich politisch zu kompromittieren oder um der wölfischen Zensur auszuweichen."

Die publizistischen Organe der Inneren Emigration waren Zeitungen und Zeitschriften, die sich der Gleichschaltungspolitik der Nationalsozialisten mit Mut und List lange Zeit entziehen konnten: die *Deutsche Rundschau* Rudolf Pechels, der 1942 verhaftet wurde, was das Verbot seines Organs nach sich zog; die *Neue Rundschau* Peter Suhrkamps (Verbot und Verhaftung des Herausgebers 1944), der nach der Emigration Samuel Fischers dessen Verlag verwaltete; die *Frankfurter Zeitung* (Verbot 1943) mit ihrem couragierten Feuilleton und Literaturblatt (Mitarbeiter u. a.: Stefan Andres, Elisabeth Langgässer, Werner Bergengruen und Marie-Luise Kaschnitz) sowie die Blätter der politischen und kirchlichen Opposition: der *Widerstand* des Nationalbolschewisten Ernst Niekisch (Verbot und Verhaftung des Herausgebers 1937), Karl Muths katholisches *Hochland* (Verbot und Verhaftung des Herausgebers 1941) und die jesuitischen *Stimmen der Zeit* (Verbot 1941).

3.1 Das Drama

Das Drama spielte bei den Autoren der Inneren Emigration eine relativ geringe Rolle, da auf diesem Feld die Kontrolle der Zensurorgane am schwierigsten zu umgehen war. Einen Ausweg bot die Verarbeitung historischer Stoffe, wie die Geschichtsdramen Albrecht Haushofers (→ S. 442) und Günter Weisenborns (→ S. 441) belegen. Eine weitere Möglichkeit der indirekten Zeitkritik war die Hinwendung zum Mythos, die bei Gerhart Hauptmann (→ S. 318 ff.) zu beobachten ist. In seiner von 1940–1945 geschriebenen *Atriden*-Tetralogie (*Iphigenie in Delphi, Iphigenie in Aulis, Agamemnons Tod, Elektra*) wird der Seher Kalchas zu einem herrschsüchtigen Demagogen umgedeutet, der an Goebbels erinnern mochte. Die Entheroisierung des sendungsbewussten Schlachtenhelden Agamemnon zielte auf die Demontage Hitlers. Durch die Betonung der archaisch-triebhaften Dimension seines Stoffes verurteilte der Autor eine Gegenwart, aus der jegliche Humanität entschwunden war. So opfert denn auch Iphigenie ihre eigenen Landsleute und geht am Ende durch Selbstmord ins Totenreich ein.

Der Unterschied zur *Iphigenie* des Vorbilds Goethe könnte nicht größer sein.

3.2 Die Lyrik

Die religiöse Lyrik nahm im literarischen Schaffen der Inneren Emigration einen hohen Stellenwert ein. Rudolf Alexander Schröder (→ S. 425) dichtete eine große Zahl geistlicher Lieder, die auf die Existenznot seiner selbst und seines Publikums reagierten. Der Protestant Jochen Klepper (→ S. 419) schrieb bibelexegetische Lieder (*Kyrie*, 1939), die in den Kreisen der *Bekennenden Kirche* Pastor Niemöllers gesungen wurden. Sie vermieden jeglichen Zeitbezug und machten ihn zum bedeutendsten Kirchenlieddichter des 20. Jh. Seine *Olympischen Sonette* (ersch. 1947) und Königsgedichte hingegen sind politischer gefärbt und stellen Hitler das Idealbild eines christlichen Herrschers entgegen. Dieselbe Absicht verfolgte Werner Bergengruen (→ S. 421) in seinem anonym erschienenen Gedichtband *Der ewige Kaiser* (1937), der vergleichsweise aggressive Töne anschlägt. Gleichwohl wird auch hier die stoische Haltung des geduldigen Überdauerns der widrigen Zeitläufe nahe gelegt. Ähnliche Einstellungen kennzeichnen das umfangreiche Sonettenwerk des Monarchisten und Befürworters eines christlichen Ständestaats Reinhold Schneider (→ S. 420), der nachweislich auf die Münchener Widerstandsgruppe *Die weiße Rose* gewirkt hat. Schneiders Gedichte, die zum Teil auch illegal verbreitet wurden, fanden bei Rezitationen im Rahmen kirchlicher und privater Veranstaltungen ein überaus dankbares Publikum. Tausende von Antwortbriefen belegen die Beliebtheit dieses Autors, der an der Gründung des *Kreisauer Kreises* beteiligt war und in den Kriegsjahren zu einem weithin verehrten Tröster in Todes- und Gewissensnot wurde. Seine Sonette *Der Meteorenschwarm* und *Der Antichrist* galten der Gestapo als „hochverräterische Wehrkraftzersetzung".

Die Naturlyriker der Inneren Emigration gehörten zumeist der „naturmagischen Schule" (→ S. 417 ff.) an. Sie teilten die Weltabgewandtheit der religiösen Lyrik und stellten den konkreten historischen Verhältnissen im NS-Staat Bilder einer überzeitlichen Natur entgegen, die in kosmischen Zusammenhängen gesehen wurde. Um die Widerspiegelung der Ordnung hinter den Dingen ging es dabei zuvorderst, wie den Gedichtbänden Oskar Loerkes (*Der Silberdistelwald*, 1934) und Wilhelm Lehmanns (*Antwort des Schweigens*, 1935) zu entnehmen ist. Nur an wenigen Stellen ist der Schrecken der „Höllenjahre" (O. Loerke) zu spüren. Trost und Heilung wurden in der Betrachtung des jahreszeitlichen Kreislaufs der Natur gesucht. Vergleichbares lässt sich in dem beim Jüdischen Buchverlag erschienenen Band *Die Frau und die Tiere* (1938) von Gertrud Kolmar (geb. 1894) feststellen, die 1943 nach Auschwitz deportiert und dort ermordet wurde. Elisabeth Langgässer (*Die Tierkreisgedichte*, 1935) transformierte unter dem Eindruck des Krieges die magische Naturlyrik in das Mysteriengedicht. Ihre Anthologie *Der Laubmann und die Rose* (1947) steht im Zeichen der Erlösungsbedürftigkeit der gefallenen Natur. Tröstliches sucht man hier vergebens.

Die Traditionalisten unter den Lyrikern der Inneren Emigration wollten durch ein hohes Formbewusstsein und ihre Hinwendung zu den Inhalten des deutschen und europäischen Kulturerbes ein geistiges Bollwerk gegen den Nationalsozialismus errichten. Die Sonette von Rudolf Hagelstange (1912–1984) verraten eine deutliche Nähe zum Denken Schillers. Georg Britting (→ S. 418) griff in seinen 1943/44 entstandenen Todes-Sonetten (*Die Begegnung*, 1947) auf die mittelalterliche Totentanzdichtung zurück. In seinen *Gedichten* (1934) erneuerte Friedrich Georg Jünger (→ S. 427) die Distichen-Elegie um dadurch zu einer Abwertung des NS-Staates beizutragen. In *Taurus* (1937) stellte er sich in die Überlieferung der Klopstock'schen Ode (→ S. 151 f.). Frühestes Beispiel für seine literarische Opposition ist die Elegie *Der Mohn*, die typische Verfahrensweisen der verdeckten Schreibweise dieser Autorengruppe enthält. Sie tarnt die kritische Absicht mit mythologischen Namen, rhetorischem Ornat und antikisierendem Versmaß.

Einen überaus beliebten Seitenzweig der traditionalistischen Lyrik bildeten die nach 1933 vielerorts zu beobachtenden Bemühungen um eine Wiederbelebung der Anakreontik. In ihrer Rückschau *Schriftsteller unter der Hitler-Diktatur* (1947) befand Elisabeth Langgässer (→ S. 422), dass diese Naturpoesie ein „Tändeln mit Blumen und Blümchen über den scheußlichen, weit geöffneten, aber mit diesen Blümchen überdeckten Abgrund der Massengräber" war. Ihr Urteil übersieht jedoch, dass zumal bei den jungen Anakreontikern der Zeit (Hermann Lenz, Horst Lange, Günter Eich, Peter Huchel oder Paul Celan) auch existentielle Züge wahrgenommen werden können, die insbesondere während der Kriegsjahre die Themen Angst und Tod nicht aussparten.

Gottfried Benn (→ S. 370; 379) hatte sich zunächst in den Dienst des NS-Staates gestellt (*Der neue Staat und die Intellektuellen*; *Antwort an die literarischen Emigranten*, beide 1933; *Kunst und Macht*, 1934) und war nach dem erzwungenen Abtritt Heinrich Manns zum kommissarischen Leiter der Sektion für Dichtkunst der *Preußischen Akademie der Künste* avanciert. Wenige Monate später jedoch wurde er durch Hanns Johst ersetzt, eine Rundfunklesung Benns untersagt. Desillusioniert durch die politische und kulturelle Entwicklung des „Dritten Reiches", zog sich der Dichter daraufhin aus der literarischen Öffentlichkeit zurück. Nicht zuletzt die gezielte Verbreitung der diffamierenden Unterstellung, er sei jüdischer Abstammung, beförderten diesen Schritt Benns, der sich wegen seiner anhaltenden Verteidigung der modernen Kunst (*Bekenntnis zum Expressionismus*, 1933; *Rede auf Marinetti*, 1934) massiver Angriffe seitens der reaktionären Anhängerschaft Alfred Rosenbergs erwehren musste. Benn löste seine Berliner Praxis auf und arbeitete seither als Stabsarzt in der Armee. Gleichwohl musste er erleben, dass die zu seinem 50. Geburtstag (1936) erschienenen *Ausgewählten Gedichte* in der SS-Zeitung *Das schwarze Korps* als „Ferkelei" und „widerliche Schweinerei" denunziert wurden. Seine zunehmende Isolation und das 1938 über ihn verhängte Schreib- und Publikationsverbot verarbeitete Benn in einem umfänglichen Briefverkehr mit seinem Bremer Freund Friedrich Wilhelm Oelze, in dem inneren Monolog eines fiktiven Erzählers *Weinhaus Wolf* (1949) und bei der Abfassung seiner aufschlussreichen Autobiografie *Doppelleben* (1950). Hinzu traten zahlreiche Gedichte, die er als Privatdruck einem kleinen Kreis zugänglich machte (*Zweiundzwanzig Gedichte*, 1943). Sie bilden die Basis für die Anthologie *Statische Gedichte* (1948), die ihren Autor zu einem Mentor der modernen Lyrik werden ließ (→ S. 483).

3.3 Die Prosa

Die Prosa der Inneren Emigration, die bei den meisten Autoren den Mittelpunkt ihres literarischen Schaffens bildete, weist ein umfängliches Gattungsspektrum auf: Ästhetizistische Positionen gegen ihre Zeit dokumentieren die Erzählungen ERNST PENZOLDTS (*Idolino*, 1935; *Korporal Mombour*, 1941), die Romane FRIEDO LAMPES (*Am Rande der Nacht*, 1934; *Septembergewitter*, 1937) sowie die Essays EUGEN GOTTLOB WINKLERS, der aus Furcht vor Verhaftung Selbstmord beging. Der Rückgriff auf die Mythologie kennzeichnet den Roman *Elissa* (1937) von Marie Luise Kaschnitz (→ S. 484) und die gegen die moderne Welt gewendeten Essays (*Griechische Götter. Apollon. Pan. Dionysos*, 1943) Friedrich Georg Jüngers (→ S. 427). Auf humoristische Weise distanzierten sich vom Nationalsozialismus die Geschichten und Anekdoten des bayerischen Komikers WEISS FERDL (*„Es wird besser", sagt Weiß Ferdl*, 1939), die ironischen Feuilletons PETER BAMMS (*Die kleine Weltlaterne*, 1935; *Der i-Punkt*, 1937), die grotesken Erzählungen KURT KUSENBERGS (*La botella und andere seltsame Geschichten*, 1940) sowie die alsbald verbotenen Glossen (*Das Kautschbrevier*, 1938) des Kabarettisten WERNER FINCK.
Den bedeutsamsten Beitrag zur Erzählprosa der Inneren Emigration indes leisteten die zahlreichen Bearbeitungen historischer Stoffe, die eine Domäne der christlichen Autoren darstellten, sowie die von neustoischem Geist geprägten Romane Ernst Wiecherts und Ernst Jüngers. Zeitromane hingegen wurden nur selten geschrieben. Bezeichnenderweise verzichtet denn auch Stefan Andres' Novelle aus dem Spanienkrieg *Wir sind Utopia* (→ S. 422) auf jegliche Thematisierung der Realhistorie.

Die historische Erzählprosa der Inneren Emigration darf nicht mit den entsprechenden Werken der NS-Autoren (→ S. 431) verwechselt werden. Während jene ein verklärendes Bild der Vergangenheit schufen um dadurch das „Dritte Reich" zu legitimieren, entwarfen die nicht-nationalsozialistischen Dichter kritische Parallelen zur Gegenwart, die auf aktuelle Fehlentwicklungen hinweisen sollten. Bevorzugte Mittel hierzu waren: Motti und Präambeln, die auf die Doppelbödigkeit des Mitgeteilten hinweisen und dessen Gegenwartsbezug hervorheben; die Abwendung des Erzählers von den geschilderten Ereignissen und seine kommentierend-wertende Hinwendung an ein imaginäres Publikum; Vorausdeutungen und Rückwendungen, die den chronologischen Fortgang der Darstellung unterbrechen und wie der Einbau kritischer Zitate für die kritische Reflexion des erzählten Stoffes sorgen.

Die politische Ambivalenz dieser Historiendichtung, die sich angesichts ihrer christlich-konservativen Grundeinstellung fast ausschließlich auf die Kritik von Teilaspekten des NS-Systems beschränkt, zeigt der fünfteilige Roman *Der Großtyrann und das Gericht* (1935) von Werner Bergengruen (→S. 421 f.), dem das biblische Motto „Führe uns nicht in Versuchung" vorangestellt ist. Er konfrontiert den Leser mit einem skrupellosen Machtpolitiker des 15. Jh., der am Ende eines von ihm selbst angesetzten Prozesses seinen Mord an einem Mönch bereut und dadurch als ein zur Umkehr fähiger Regent dargestellt wird. Das abschließende Schuldbekenntnis von Monarch und Volk bewirkt gegenseitiges Verzeihen und ermöglicht die Neuordnung des italienischen Stadtstaates. Von seinem Verfasser als kritische Parabel auf die NS-Diktatur angelegt, wurde der Roman jedoch vom *Völkischen Beobachter* als „Führerroman der Renaissance" gepriesen.

Illusionär und halbherzig hinsichtlich seiner Einschätzung des NS-Regimes erweist sich auch *Der Vater. Der Roman des Soldatenkönigs* (1937) von Jochen Klepper (→S. 419), der ebenfalls in der Tradition der Fürstenspiegelliteratur steht. Er erzählt das Leben Friedrich Wilhelms I. von Preußen und unterstreicht dabei die Toleranz und das Pflichtethos dieses vom Pietismus beeinflussten Monarchen, der zum Inbegriff eines gerechten Königtums stilisiert wird. Klepper kann sich dabei jedoch seiner Bewunderung für den autoritären Preußenstaat und dessen Militarismus nicht erwehren. Die NS-Zensoren konnten darum in dem Roman eine Verherrlichung des Führerprinzips und des deutschen Soldatentums sehen.

Deutlicher als bei Bergengruen und Klepper fällt die Zeitkritik in der Künstlernovelle *El Greco malt den Großinquisitor* (1936) von Andres (→S. 422) aus. Ihr Zentrum bilden die Reflexionen des spanischen Meistermalers bei der Porträtierung des Hauptes der verhassten Inquisition: soll er sich listig an die Verhältnisse anpassen, flüchten, aktiven Widerstand leisten, sich nach innen wenden? El Greco bleibt, da er sich als Künstler dazu verpflichtet fühlt. Sein Porträt wird nicht schönen und damit der Macht schmeicheln, sondern „kraft Wahrhaftigkeit" einen Beitrag zu ihrem erwünschten Sturz leisten. Andres' zum Widerstand aufrufendes Plädoyer für eine kritische Kunst wird allerdings am Ende der Geschichte durch die mitfühlende Zeichnung des Großinquisitors abgeschwächt, dessen barbarisches Tun als heilsgeschichtliche Notwendigkeit begriffen wird.

Eine Zuspitzung der politischen Absicht ist in der Erzählung *Las Casas vor Karl V.* (1938) von Reinhold Schneider (→S. 420) anzutreffen, deren Niederschrift mit der Rückkehr des Autors zum Christentum zusammenfiel und – so Schneider rückblickend – als „Wort gegen die Judenverfolgung und gegen die radikale Herabsetzung des Menschenwertes" verstanden werden sollte. Die Erzählung wendet sich zu diesem Zweck den spanischen Eroberungskriegen des 16. Jh. zu, die durch den Dominikanermönch Bartolomé de Las Casas einer unmissverständlichen Kritik unterzogen werden. In einem Streitgespräch vermag er Karl V. von der gottgewollten Gleichberechtigung aller Menschen zu überzeugen und wird am Ende zur Verbreitung der „Neuen Gesetze" nach Mexiko zurückgeschickt. Dieser Schluss – die freiwillige, aus Reflexion entstandene Umkehr des Herrschers – ist eine wohlgemeinte Utopie. Mit den Realitäten im „Dritten Reich" hatte sie allerdings genausowenig zu tun wie das theologische Geschichtsverständnis Gertrud von Le Forts (→S. 420), deren Roman aus dem Dreißigjährigen Krieg *Die Magdeburgische Hochzeit* (1938) in einer heilsgeschichtlichen Apotheose endet: Das zerstörte Magdeburg wird zum „himmlischen Jerusalem", in dem sich die Konfessionen friedlich vereinigen.

Weit näher an der Wirklichkeit orientiert sich dagegen der ironisch gefärbte Roman *Bockelson. Geschichte eines Massenwahns* (1937) des Monarchisten FRIEDRICH PERCYVAL RECK-MALLECZEWEN (1884–1945), der den Aufstieg Hitlers in München aus nächster Nähe miterlebte und von der

Kulturphilosophie des spanischen Gelehrten Ortega y Gasset (*Der Aufstand der Massen*, dt. 1931) beeinflusst war. Der Roman beschäftigt sich mit dem Münsteraner Wiedertäuferreich des 1536 hingerichteten Johann Bockelson und entdeckt dabei vielfältige Parallelen zu seiner Gegenwart. Der Autor überwindet dabei die innerliche Haltung weiter Teile der Inneren Emigration und entwirft statt dessen eine beeindruckende Analyse der Diktatur, ihrer Manipulationsmechanismen und sozialen Voraussetzungen.

Ernst Wiechert (→S. 419) war den Nationalsozialisten zunächst ein durchaus willkommener Autor. Zum einen sahen sie in dem Verfasser des völkischen Romans *Totenwolf* (1924) einen Gleichgesinnten, der angesichts seiner engen Kontakte zu nationalistischen Kreisen über jeden Zweifel erhaben schien. Zum anderen wollten sie seine zahlreichen Leser nicht vor den Kopf stoßen, sondern für das NS-Regime gewinnen. Überdies ließen sich die ersten Arbeiten Wiecherts nach 1933 (*Die Majorin*, 1933/34; *Hirtennovelle*, 1935) durchaus im Sinne der NS-Ideologie lesen, auch wenn sie deren pathetischem Heroismus keineswegs entsprachen. Die positive Einschätzung Wiecherts durch die NS-Kritik übersah jedoch geflissentlich, dass dieser Prediger einer religiösen Naturverbundenheit dem Nationalsozialismus ablehnend gegenüberstand. Dies zeigte sich deutlich in seiner Münchener Universitätsrede *Der Dichter und die Zeit* (1935), in der Wiechert die Kultur- und Erziehungspolitik des NS-Staates einer unmissverständlichen Kritik unterzog. In einem Laib Brot eingebacken, wurde sie nach Moskau geschmuggelt und erschien in der kommunistischen Emigrantenzeitschrift *Das Wort*. Von da ab kam es zu heftigen Angriffen auf den Dichter, der 1936 den autobiografischen Rückblick *Wälder und Menschen. Eine Jugend* vorlegte. Als sein Verlag den Druck der indischen Legendenerzählung *Der weiße Büffel oder Von der großen Gerechtigkeit* (1946) ablehnte, die in der Gestalt eines buddhistischen Antihelden das Ideal der Bedürfnis- und Gewaltlosigkeit vertritt und von der Umkehr eines Despoten handelt, unternahm Wiechert öffentliche Lesungen, denen die Gestapo ein Ende setzte. Wiecherts Protest gegen die Inhaftierung des Haupts der *Bekennenden Kirche*, Pastor Martin Niemöller, brachte ihn im Sommer 1938 für einige Wochen ins Konzentrationslager Buchenwald. Unter dem Eindruck des dort Erlebten schrieb er den Bericht *Totenwald*, den er aus Angst vor Entdeckung im Garten vergrub und erst 1946 veröffentlichte.
Seit seiner Haft ging Wiechert der direkten Konfrontation mit dem NS-Regime aus dem Weg, hatte ihm doch Goebbels andernfalls mit seiner „physischen Vernichtung" gedroht, wie er in *Totenwald* mitteilt. Sein letztes im „Dritten Reich" erschienenes Werk ist der Roman *Das einfache Leben* (1939), der es trotz seiner antiquierten Sprache in kurzer Zeit zu einer hohen Auflage brachte. In seinem Mittelpunkt steht der Korvettenkapitän a. D. Thomas von Orla, der als Gegenfigur zum soldatischen Männlichkeitswahn der NS-Ideologie konzipiert ist.

Ernst Jünger (→S. 425 f.) lehnte 1933 ein Reichstagsmandat der NSDAP ab und verweigerte die ihm angebotene Aufnahme in die *Preußische Akademie der Künste*. Der Ästhet widerstand den Werbungen des Nationalsozialismus, dessen plebejischen Züge ihn abstießen. Er löste seine Verbindungen zu den Zeitschriften des rechtsextremen Lagers und „emigrierte" von Berlin in die Provinz. In der Folgezeit setzte er die Arbeit an seinen kulturtheoretischen Essays fort (*Die Geheimnisse der Sprache, Blätter und Steine*, beide 1934) und schrieb den autobiografischen Roman *Afrikanische Spiele* (1936), der von seinen Jugenderlebnissen in der französischen Fremdenlegion handelt. 1939 erschien der bis heute umstrittene Roman *Auf den Marmorklippen*, der als Beleg für Jüngers Abkehr von seiner nationalrevolutionären Vergangenheit gedeutet werden kann und zu den bekanntesten Werken der Inneren Emigration zählt. Vielen Interpreten gilt er als Dokument des literarischen Widerstands, auch wenn sich sein Verfasser in Verachtung für das Widerstandsgerede nach 1945 gegen einen „rein allegorischen Charakter" seines Buches aussprach und dessen Charakter als Kunstwerk hervorhob. Die parabolische Handlung, die deutliche Anspielungen auf den Nationalsozialismus enthält und die Bedingungen seines Aufstiegs modellhaft herausarbeitet, spielt in einer imaginären südlichen Landschaft und weist zahlreiche mythische Motive sowie chiffrierte Namensgebungen auf. Dies tarnt die politische Botschaft ebenso wie

Jüngers Neigung zum ästhetischen Raffinement und die Unbestimmtheit der erzählten Zeit, die an das Mittelalter oder die frühe Neuzeit erinnert. Durchgehend herrscht ein hoher Stilwille. „Das Duell verfeinert die Sitten wie die Zensur den Stil", heißt es hierzu in *Blätter und Steine.*

3.4 Tagebücher

Wer sich dem Diktat der indirekten Aussage nicht beugen wollte, wem durch Schreib- und Redeverbot oder die amtlich verfügte Einstellung seiner Publikationsorgane der Weg zu seinen Lesern abgeschnitten war, dem blieb als letzte, freilich monologische Möglichkeit des Schreibens lediglich das Tagebuch. An die Aufzeichnungen Oskar Loerkes (→ S. 417) ist in diesem Zusammenhang zu denken, die aufschlussreiche Einblicke in die literaturpolitischen Vorgänge nach der Machtübernahme der Nationalsozialisten überliefern und die Verzweiflung ihres Autors während der „Jahre des Unheils" widerspiegeln; an die in ihrer registrierenden Strenge bemerkenswerten Beobachtungen Felix Hartlaubs (1913–1945) aus der Zeit seines Studiums, Arbeits- und Kriegsdienstes, der ihn als historischen Sachbearbeiter beim Kriegstagebuch bis ins Führerhauptquartier führte (*Von unten gesehen,* 1950); an die gottgläubigen Meditationen der *Tag- und Nachtbücher* des katholischen Kulturkritikers Theodor Haecker (1879–1945), der in München im Mittelpunkt oppositioneller Kreise stand und nur durch Zufall seiner Verhaftung entging; an die Tagebücher Jochen Kleppers (*Unter dem Schatten deiner Flügel,* 1956), die zu den großen christlichen Konfessionen der deutschen Literatur gerechnet werden und die Staatsgläubigkeit dieses Protestanten (→ S. 419) aus nächster Nähe miterleben lassen.
Späte Aufmerksamkeit erntete der Dresdner Romanist Viktor Klemperer (1881–1960), dem wir neben einer viel zitierten Analyse der Sprache des „Dritten Reiches" (*LTI – Notizbuch eines Philologen,* 1947) auch ein umfängliches Tagebuch über die deutschen Verhältnisse von 1933–1945 verdanken (*Ich will Zeugnis ablegen bis zum Letzten,* 1995), geschrieben aus der Sicht eines jüdischen Hochschullehrers, der durch die Nazis seinen Lehrstuhl verlor und nur durch die Ehe mit einer Nichtjüdin der Vernichtung entging.
Ein gänzlich anderer Geist prägt hingegen die unter dem Titel *Strahlungen* (1949) zusammengefassten Kriegstagebücher Ernst Jüngers, die den distanziert-snobistischen Blick eines Geistesaristokraten verraten. Mit der Ästhetisierung des Krieges geht eine moralische Empfindungslosigkeit einher, die für reale Leiden kein Interesse zeigt. Wichtiger sind dem Autor Bücher und die Beschäftigung mit Fauna und Flora sowie kosmologische Reflexionen über das Zeitgeschehen.
Das erstaunlichste Dokument dieses wichtigen Teils der Literatur ist das *Tagebuch eines Verzweifelten* (1947) Reck-Malleczewens. Die von ohnmächtiger Wut gekennzeichneten Aufzeichnungen gehen über die bloße Beschreibung der Diktatur oder eine elegische Selbstbeschau weit hinaus. Mit Blick auf die Zukunftsvision eines vereinten christlichen Europa analysieren sie die historischen und sozialpsychologischen Hintergründe des Erfolgs des „stigmatisierten Oberkellners" und „allergnädigsten Zigeunerprimas" Hitler: die lange zurückreichende militärische Erziehung der Deutschen zum Kadavergehorsam, das seit Bismarck „industriell überzüchtete Großpreußen" und die hieraus entstandene Machtkonzentration in Hochfinanz und Industrie.

4 Die Literatur des politischen Widerstands

Neben den Schriftstellern der Inneren Emigration, die in aller Regel kein unmittelbar politisches Engagement zeigten, gab es eine Reihe von Autoren, die sich dem aktiven Widerstand gegen das NS-Regime anschlossen und deshalb in der Illegalität arbeiten mussten. Sie wollten das In- und Ausland über die wahren Verhältnisse in Nazi-Deutschland aufklären um dadurch einen möglichst breiten Widerstand gegen die neuen Machthaber zu bewirken. Angesichts der hierbei drohenden Gefahren sprach Günter Weisenborn von einer „Schafottfront". Ihr gehörten überwiegend Kommunisten und Sozialisten an.

Das Wort als Waffe. Die traditionellen Formen der schönen Literatur waren für die Arbeit im Untergrund weitgehend unbrauchbar, bei der die agitatorische Funktion des Wortes an erster Stelle stand. Die Mitteilungsformen mussten leicht verständlich, aufklärend und appellativ in ihrer Wirkung sein. Ihre Herstellung sollte schnell, ohne

Aufwand und möglichst ungefährlich vonstatten gehen. Diese Anforderungen erfüllten Flugblätter und Flugblattgedichte, die an öffentlichen Orten oder in Großbetrieben verteilt, Plakate und Gedichte auf Klebezettel, die an Hauswänden oder Litfasssäulen angebracht wurden, oder einfache Mauerparolen („Die Margarine wird teurer./ Die Butter noch mehr:/ Volk ans Gewehr!"). Hinzu traten Beiträge für antifaschistische Zeitungen und Zeitschriften – 1936 zählte die Gestapo noch über eineinhalb Millionen „kommunistischer und marxistischer Hetzschriften", 1937 waren es noch über 900 000 – und die Herstellung „verkleideter Literatur". Hierbei handelte es sich um illegale Werke, die einen unverfänglichen Umschlagtitel trugen. Zu einem großen Teil wurden sie im Ausland hergestellt und nach Deutschland geschmuggelt.

Die Berliner Ortsgruppe des *Bundes proletarisch-revolutionärer Schriftsteller* (→ S. 393) war bis zu ihrer Zerschlagung 1935 die aktivste der illegalen Schriftstellergruppen und wurde von Anfang an mit großer Härte verfolgt, wie dem Kollektivbericht *Hirne hinter Stacheldraht* (Schweiz 1934) zu entnehmen ist. Ihre Untergrundzeitung *Stich und Hieb* hielt enge Kontakte zu den aus Deutschland geflohenen Autoren und versorgte Exilzeitschriften mit Informationen. Der bedeutendste Autor der Gruppe war dessen Leiter JAN PETERSEN (1906–1969), der unter Pseudonym an der Prager Exilzeitschrift *Neue deutsche Blätter* (→ S. 443) mitarbeitete und zum Prototyp des Untergrundschriftstellers wurde. In seinem autobiografischen Roman *Unsere Straße* (Bern 1936), die vom Januar 1933 bis zum Sommer 1934 reicht, beschrieb er das Eindringen des Nationalsozialismus in den Alltag eines Berliner Arbeiterviertels und die Aktionen des kommunistischen Widerstands. Die realistische Chronik – das einzige im „Dritten Reich" entstandene Buch, das auf jegliche Tarnung verzichtete – erregte großes internationales Aufsehen.

Die Gruppe Schulze-Boysen/Harnack, von der Gestapo „Rote Kapelle" genannt, war die größte Spionage- und Widerstandsorganisation während des Zweiten Weltkriegs. Sie scharte sich um den liberalen Journalisten HARRO SCHULZE-BOYSEN (1909–1942), der in der Nachrichtenabteilung des Reichsluftfahrtministeriums diente, und den Nationalökonomen und Mitarbeiter des Wirtschaftsministeriums ARVID HARNACK (1901 bis 1942). Ihre Mitglieder – Linksintellektuelle, Künstler, Journalisten, Schriftsteller zumeist – rekrutierten sich weitgehend aus dem Lager der bürgerlichen Opposition. Gemäß den Vorstellungen einer parteiübergreifenden „Volksfront" wurde aber auch mit Kommunisten zusammengearbeitet. 1942 enttarnte die Gestapo die „Rote Kapelle". Von den über hundert Verhafteten, von denen viele bestialische Foltern zu ertragen hatten, wurden 49 Personen hingerichtet. Die Grausamkeit dieser Morde ist im dritten Band der *Ästhetik des Widerstands* von Peter Weiss nachzulesen (→ S. 511), der bei der Abfassung seines Werkes die Schulze-Boysen/Harnack-Gruppe vor Augen hatte.

Zu den Schriftstellern der „Roten Kapelle" gehörte GÜNTER WEISENBORN (1902–1969), dessen kritische Arbeiten aus der Weimarer Republik (u. a. das Antikriegsstück *U-Boot S 4*, 1928; das Zeitstück *S.O.S.*, 1931; *Barbaren. Roman einer studentischen Tafelrunde*, 1931) nach 1933 verboten wurden. Seinem unter Pseudonym verfassten und 1937 verfilmten Schauspiel über die aufklärerischen Theaterreformen der Caroline Neuber (*Die Neuberin*, 1934) indes war ein großer Erfolg beschieden. 1935–1939 lebte Weisenborn als Lokalreporter in New York, danach als Dramaturg in Berlin. 1941–1942 arbeitete er für den Großdeutschen Rundfunk und benutzte diese Stellung für seine konspirative Tätigkeit. 1942 wurde Weisenborn verhaftet und zu einer langjährigen Zuchthausstrafe verurteilt. In seinem vieldiskutierten Drama *Die Illegalen* (1946), dem autobiografischen Erinnerungsbuch *Memorial* (1947) sowie dem Rückblick *Der lautlose Aufstand* (1957) hat er dem Widerstand gegen den Nationalsozialismus ein Denkmal gesetzt.

Neben Weisenborn ist der Literaturwissenschaftler WERNER KRAUSS (1900–1976) zu nennen, der 1942 zunächst zum Tode verurteilt, später zu Zuchthaus begnadigt wurde. Der bekannte Marburger Romanist hat nur ein literarisches Werk hinterlassen, das allerdings zu den auffallendsten literarischen Stellungnahmen gegen das NS-Regime gehört – *PLN. Die Passionen der halykonischen Seele* (1946). Krauss' Satire, die in der Tradition Rabelais', Cervantes' und Grimmels-

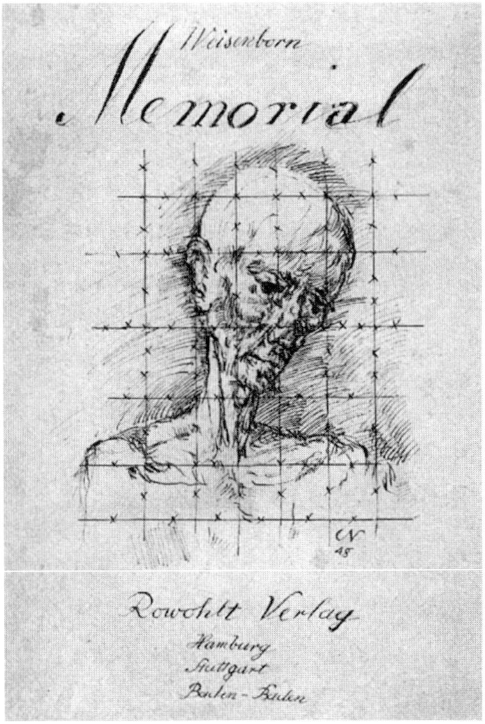

Umschlagentwurf von Caspar Neher zu ***G. Weisenborns*** *Roman* ***Memorial****. Im Nachwort schrieb Wolfgang Weyrauch: „Das ‚Memorial' erzählt von einem Mann – er ist identisch mit dem, der es aufschrieb –, welcher in die Hand der Bestialität fiel, weil er versucht hatte der Bestie den Kopf abzuschlagen: er war im Zuchthaus, er litt im Zuchthaus, er befand sich Angesicht in Angesicht mit dem Todesurteil, schließlich war es mit der Bestie, nicht mit dem Mann aus, die Russen kamen und befreiten ihn, der Mann wurde wieder, was er legitim und von Anfang war: Dichter."*

hausens (→S. 112 ff.) steht und eine Nähe zur Bürokratiekritik Franz Kafkas (→S. 387 ff.) aufweist, wurde im Gefängnis Plötzensee begonnen, bisweilen mit gefesselten Händen und in Erwartung der Hinrichtung; ein Mitgefangener schmuggelte das Manuskript in die Freiheit. Aktives Mitglied der „Roten Kapelle" war des weiteren der avantgardistische Dramaturg, Filmtheoretiker und Schriftsteller Adam Kuckhoff (geb. 1887), der 1943 in Plötzensee ermordet wurde und in dem in Frankreich spielenden Roman *Der Deutsche von Bayencourt* (1937) ein Mahnmal gegen Nationalismus und Krieg errichtete.

Zu den Verschwörern des 20. Juli 1944 gehörte Albrecht Haushofer (1903–1945), dessen Geschichtstrilogie *Scipio* (1934), *Sulla* (1938) und *Augustus* (1939) in der Form eines dramatischen Fürstenspiegels (→S. 139) das Thema der verantwortungsvollen Staatsführung behandelt. Ihr Verfasser war ein Sohn des Vordenkers der NS-Lebensraumtheorie Karl Haushofer und als Berater des Hitler-Stellvertreters Rudolf Heß sowie des Auswärtigen Amtes um einen mäßigenden Einfluss auf die NS-Politik bemüht. Der Berliner Professor für Geographie und Geopolitik, der wegen seiner zunehmenden Distanz zum Nationalsozialismus enge Verbindungen zum christlichen Widerstand und zum *Kreisauer Kreis* hielt, wurde nach dem spektakulären England-Flug Heß' (1941) verhaftet, seines Amtes enthoben und unter Gestapo-Aufsicht gestellt. Nach dem gescheiterten Attentat auf Hitler von Graf Schenk von Stauffenberg erneut festgenommen, wurde Haushofer in dem bereits umkämpften Berlin zu einem der letzten Opfer des Naziterrors. Kurz vor dem Einmarsch der Roten Armee ermordete ihn ein Rollkommando der SS durch Genickschuss. In seinen Händen fand wenig später der Bruder die während der Haft entstandenen *Moabiter Sonette* (1946): 79 mit hohem Formbewusstsein verfasste Gedichte, die zu den eindrucksvollsten Dokumenten des literarischen Kampfes gegen den Nationalsozialismus zählen.

XV
Die Literatur des Exils

1 Panorama

1.1 Schriftsteller im Exil

Die Tschechoslowakei stellte für die aus Deutschland vertriebenen Schriftsteller (→S. 428) bis 1939 das attraktivste Exilland dar. Einreise und Aufenthalt waren genehmigungsfrei. Das gespannte Verhältnis zum NS-Regime sorgte dafür, dass Auslieferungsgesuche durchweg unbeachtet blieben. Die liberale Haltung der Regierung ermöglichte es, weitgehend unzensiert zu arbeiten. Unterstützungskomitees kümmerten sich um die obdach- und mittellosen Autoren, die v. a. in Prag mit einem relativ großen deutschsprachigen Publikum, aufgeschlossenen Verlegern und Theatern rechnen konnten. Bereits ab März 1933 begannen dort die Zeitungen von SPD und KPD erneut zu erscheinen: die *Arbeiter-Illustrierte-Zeitung*, *Der Gegen-Angriff*, *Neuer Vorwärts*, *Rote Fahne* u.a. In den *Neuen Deutschen Blättern* kamen Autoren ganz unterschiedlicher Weltanschauung zu Wort. Die wohl wichtigste literarische Monatsschrift des Exils wurde im Malik-Verlag Wieland Herzfeldes gedruckt, der bis zu seiner Übersiedlung nach England rund 40 Titel von Exilschriftstellern herausbrachte. Literarische Vereinigungen wie der *Bund proletarisch-revolutionärer Schriftsteller* fanden in Prag eine neue Heimat. Andere wurden neu gegründet wie der *Bert-Brecht-Club*, der, getarnt als Sportverein, Lesungen, Diskussionen, Feiern und Theateraufführungen veranstaltete. Belastend für die antifaschistische Kulturarbeit in der Tschechoslowakei war indes die Agitation der hitlerfreundlichen Henlein-Partei der Sudetendeutschen, die nach Kräften das Engagement der Exilautoren zu stören versuchte.

Frankreich besaß wegen seiner geographischen und kulturellen Nähe besonders für die westdeutschen Autoren eine große Anziehungskraft. Neben Sanary-sur-Mer an der Riviera entwickelte sich Paris zu einem Sammelpunkt deutscher Autoren. Trotz Visapflicht und befristeter Aufenthaltsgenehmigungen gestaltete sich das Leben im französischen Exil zumeist erträglich. Eine liberale Innenpolitik begünstigte die Entwicklung einer lebhaften deutschsprachigen Exilkultur. Tageszeitungen wie das 1933 gegründete *Pariser Tageblatt* (ab 1936 *Pariser Tageszeitung*) und Wochenschriften wie *Das Neue Tage-Buch* Leopold Schwarzschilds erschienen regelmäßig und versorgten Exilanten wie interessierte französische Leser mit kritischen Informationen. Die von den Linksparteien finanzierten *Editions Prométhée* und *Editions Nouvelles Internationales* druckten zahlreiche Bücher deutscher Autoren. Die *Editions du Carrefour* des kommunistischen Verlegers Willi Münzenberg machte sich mit antifaschistischen Dokumentationen einen Namen, darunter das *Braunbuch über Reichstagsbrand und Hitlerterror* (1933), das mit einer Gesamtauflage von rund 600000 und Übersetzungen in 33 Sprachen zu einem der erfolgreichsten Werke der Exilliteratur wurde. Wegen seiner mannigfachen kulturellen Aktivitäten nahm der umgehend neugebildete *Schutzverband deutscher Schriftsteller* (SDS) eine führende Rolle unter den Exilorganisationen ein.

Bei Beginn des Weltkriegs griffen die französischen Behörden hart durch. Auf Druck mit Nazi-Deutschland sympathisierender Kreise internierten sie alle Deutschen ohne Unterschied als „feindliche Ausländer“ in primitiven Massenlagern, von denen Le Vernet und Les Milles sowie das am Fuße der Pyrenäen gelegene Frauenlager Gurs traurige Berühmtheit erlangten. Der Einmarsch der Deutschen in Paris im Juni 1940 und die Besetzung Nordfrankreichs verschlimmerten die Situation, denn nach dem Waffenstillstand wurden die Internierten „auf Verlangen“ an die Besatzungsbehörden ausgeliefert. Offen blieb lediglich das Schlupfloch Marseille, wo Varian Fry im Auftrag des 1940 in New York eingerichteten *Emergency Rescue Committee* vielen Flüchtlingen das Leben rettete, indem er ihnen Visa, falsche Papiere oder Schiffspassagen besorgte. In *Auslieferung auf Verlangen* (1945, dt. 1986) hat der „Engel von Marseille“ über seine Tätigkeit berichtet, der u. a. Heinrich und Golo Mann, Döblin, Feuchtwanger, Werfel und der Maler Max Ernst ihre Flucht verdankten.

Die Schweiz war für die deutschen Exilanten ein problematisches Gastland. Eine strenge Asylpolitik sollte aus wirtschaftlichen und politischen Rücksichten dem Deutschen Reich gegenüber die Zahl der Asylsuchenden möglichst klein halten. Hinzu traten Ressentiments gegen Juden und Linksintellektuelle. Für die meisten Flüchtlinge bildete das Land deshalb nur eine Durchgangsstation. Trotz dieser Schwierigkeiten gelang es vor allem in Zürich, eine lebendige Exilkultur aufzubauen: Erika Mann führte ihr Kabarett *Die Pfeffermühle* fort; Dramen von Bertolt Brecht, Georg Kaiser und Friedrich Wolf erlebten am Schauspielhaus Uraufführungen. Im Spiegel-Verlag erschien Wolfgang Langhoffs KZ-Bericht *Die Moorsoldaten* (1936). Der Humanitas-Verlag veröffentlichte den Nachlass zu Lebzeiten von Robert Musil, die im Mai 1933 selbstständig gewordene Schweizer Niederlassung der gewerkschaftseigenen Büchergilde Gutenberg Schriften von Alfred Döblin und Heinrich Mann. In Zürich lebte auch der sozialdemokratische Verleger Emil Oprecht (Oprecht & Helbling, Europa-Verlag), der bis Kriegsende über 100 Titel von Exilautoren auflegte, darunter viele Tarnschriften. Ein Lieblingsobjekt Oprechts war die von Thomas Mann und Konrad Falke herausgegebene Zeitschrift *Maß und Wert* (1937–1940), die ein ausgeprägt konservatives Profil kennzeichnete.

Die Benelux-Staaten hatten für das literarische Exil im Allgemeinen keinen großen Stellenwert. Eine wichtige Ausnahme bildeten jedoch die Amsterdamer Verlage der Sozialdemokraten Emanuel Querido und Allert de Lange, denen die Betreuung der deutschen Exilliteratur eine „Herzenssache“ (Klaus Mann) war. Ihre deutschsprachigen Abteilungen wurden mit Fritz Landshoff (*Amsterdam, Keizersgracht 333. Querido Verlag. Erinnerungen eines Verlegers*, 1991) sowie Walter Landauer und Hermann Kesten von ehemaligen Lektoren des Kiepenheuer-Verlages geleitet und verlegten 1933 bis 1940 mit fast 200 Titeln von über 100 Autoren rund ein Viertel der gesamten Exilliteratur. Die großzügigen Vorauszahlungen der beiden Verlage sicherten vielen Autoren die Existenz- und Arbeitsgrundlage. Beim Einmarsch der deutschen Truppen in den Niederlanden versiegte jedoch auch diese Einkommensquelle. Querido und Landauer wurden zu Opfern des Nationalsozialismus. Wichtigstes Exilperiodikum aus Holland war Klaus Manns literarische Monatsschrift *Die Sammlung* (1933–1935), die unter dem Patronat von André Gide, Aldous Huxley und Heinrich Mann erschien und sich als Sammelpunkt des „anderen“ Deutschland verstand. Im Gegensatz zu *Maß und Wert* enthielt sie neben belletristischen Beiträgen auch politische Aufsätze.

Spanien war zunächst nur in Ausnahmefällen als Exilland in Betracht gezogen worden. Nach dem von Mussolini und Hitler unterstützten Putsch Francos gegen die gewählte Volksfrontregierung im Juli 1936 änderte sich jedoch die Situation. Im Spanienkrieg (1936–1939) war zum ersten Mal die Möglichkeit gegeben mit der Waffe gegen den internationalen Faschismus zu kämpfen. Wie zahlreiche Kollegen aus Europa und den USA schlossen sich daraufhin 23 deutsche Schriftsteller den Internationalen Brigaden an. So Willi Bredel, Bodo Uhse, Ludwig Renn, Alfred Kantorowicz und Gustav Regler. Als Propagandisten und Berichterstatter kamen Egon Erwin Kisch, Arthur Koestler, Rudolf Leonhard und Erich Weinert. Seine von Paul Dessau und Hanns Eisler vertonten und von Ernst Busch gesungenen Kampflieder gehörten fortan zum Liedgut der sozialistischen Internationale. Die genannten Autoren haben den Spanienkrieg in zahlreichen Arbeiten literarisch verarbeitet; dazu kamen die nicht an den Kämpfen beteiligten Karl Otten (*Torquemadas Schatten*, 1938), Hermann Kesten (*Die Kinder von Gernika*, 1939) und Bertolt Brecht (*Die Gewehre der Frau Carrar*, 1937). Zu den bekanntesten Werken der Spanienliteratur des Exils zählen Bredels *Begegnung am Ebro*

(1939), Eduard Claudius' *Grüne Oliven und nackte Berge* (1945), Kantorowicz' *Spanisches Tagebuch* (1948), Koestlers *Ein spanisches Testament* (1938), Reglers *Das große Bündnis* (engl. 1940), Renns *Der spanische Krieg* (1956) sowie Uhses *Leutnant Bertram* (1943).

Die Sowjetunion betrieb eine höchst selektive Asylpolitik, die nahezu ausschließlich Mitglieder der KPD oder ausgewiesene Sympathisanten ins Land ließ. Das literarische Exil in Moskau beschränkte sich deshalb auf ca. 35 Personen, die in der Weimarer Republik Repräsentanten der proletarisch-revolutionären Literatur waren. In den Verlagen, Medien und Kulturinstituten ihres Gastlandes fanden die Exilschriftsteller vergleichsweise günstige Arbeitsbedingungen: Die Zeitschriften *Internationale Literatur. Deutsche Blätter* (1933–1945) und *Das Wort* (1936–1939) entwickelten sich durch ihre hohen Auflagen zu einflussreichen Organen des literarischen Exils. Friedrich Wolf und die Agitpropgruppe um Gustav von Wangenheim erzielten beachtliche Erfolge. In Engels, der Hauptstadt der Wolgadeutschen Republik, betrieben Bernhard Reich und Maxim Vallentin von 1934 bis 1937 ein von Erwin Piscator initiiertes Theaterprojekt. Beeindruckend gestalteten sich die Publikationsmöglichkeiten in den sowjetischen Verlagen, die auch Exilautoren außerhalb der SU offen standen. Zwischen 1933 und 1945 erschienen nahezu 300 Werke des deutschsprachigen Exils. Willi Bredels Roman *Maschinenfabrik N&K* (1930) brachte es in russischer Übersetzung auf 200 000 Exemplare. Johannes R. Becher wurde mit 33 Titeln der meistverlegte Autor.

Kehrseite des Asyllands Sowjetunion war das Damoklesschwert des Stalinismus, dessen „Säuberungen" im Gefolge der berüchtigten Moskauer Schauprozesse (1936–1938) auch die deutschen Emigranten existentiell bedrohten. Verhöre, Inhaftierungen und Verschleppungen in Straflager waren an der Tagesordnung, wie man in den Erinnerungen von Margarete Buber-Neumann (*Als Gefangene bei Stalin und Hitler*, 1947) und Wolfgang Leonhard (*Die Revolution entlässt ihre Kinder*, 1955) oder in dem Roman Arthur Koestlers *Darkness at Noon* (1940; dt. *Sonnenfinsternis*, 1948) nachlesen kann. Nicht wenige Exilierte fielen dem Terror der Staatssicherheit zum Opfer. So Ernst Ottwalt und der einstige *Sturm*-Herausgeber Herwarth Walden, die in abgelegenen Straflagern umkamen. Die Abhängigkeit der Exilanten vom jeweiligen Kurs der KPdSU zeigt nicht zuletzt der grotesk anmutende Richtungswechsel der sowjetischen Kulturpolitik nach dem überraschenden Abschluss des Hitler-Stalin-Pakts 1939. Kritisches zum NS-Staat war nunmehr unerwünscht und wurde erst wieder nach dem deutschen Überfall auf die Sowjetunion zugelassen.

Großbritannien kam bis 1938 nur für wenige Autoren als Asylland in Frage. Die meisten bevorzugten kontinentaleuropäische Staaten, zu denen es historisch gewachsene Beziehungen gab. Darüber hinaus trugen die harten Einschränkungen einer von wirtschaftlichen, innen- und außenpolitischen Rücksichten bestimmten Asylpolitik dazu bei, die Einwanderungszahlen in engen Grenzen zu halten. Erst nach dem Beginn der Expansion des Deutschen Reiches sowie den mit Abscheu aufgenommenen Judenpogromen der „Reichskristallnacht" kam es zur Aufgabe der britischen Appeasement-Politik. In der Folge ermöglichte dies die Einwanderung von ca. 70 000 deutschsprachigen Asylsuchenden, darunter rund 400 Schriftsteller und Künstler, die sich überwiegend in London niederließen. Wichtigster Treffpunkt des Londoner Exils wurden die Veranstaltungen des *Freien Deutschen Kulturbunds* (FDKB), der Ende 1938 von Alfred Kerr, Oskar Kokoschka, Berthold Viertel und Stefan Zweig ins Leben gerufen wurde. Angesichts eines zunehmend kommunistischen Einflusses in der Leitung des FDKB erwuchsen diesem im *Club 1943* und im *Luncheon Club* Konkurrenzorganisationen. Zur Überwindung der politischen Gegensätze wurde 1941/42 das Wochenblatt *Die Zeitung* gegründet, die auch Dünndruckausgaben zum Abwurf über Deutschland produzierte.

Der Beginn des Zweiten Weltkriegs veränderte die Lage der in Großbritannien lebenden Flüchtlinge von Grund auf. Ab Mai 1940 kam es auf Grund von Hetzkampagnen der Rechtspresse zur Internierung fast aller *enemy aliens*. Auch führende Personen des Widerstands blieben von dieser Maßnahme nicht verschont, die jedoch durch einen Stimmungsumschwung in der Öffentlichkeit nach wenigen Monaten wieder rückgängig gemacht wurde.

Die USA. Die Ausbreitung des Nationalsozialismus auf dem europäischen Kontinent und die drohende Invasion Englands zwangen 1939/40 die deutschen Flüchtlinge nach überseeischen Asylländern Ausschau zu halten. Durch die Hilfe amerikanischer Unterstützungsorganisationen und Privatpersonen, die das für die Einreise benötigte *Affidavit* (Bürgschaft eines Einheimischen) besorgten, wurden nunmehr die USA das wichtigste Exilland. Zuletzt waren es an die 280 000 aus Europa Vertriebene, die hier Zuflucht fanden. Unter ihnen befanden sich mehrere Tausend Wissenschaftler und Künstler sowie nahezu alle führenden Schriftsteller der deutschen Literatur. Zentren des deutschsprachigen Exils entstanden in New York, San Francisco und Los Angeles. Die hohe Zahl der dort gegründeten Exilorganisationen belegt indes erneut die weltanschauliche Verschiedenartigkeit des deutschsprachigen Exils, das sich zu keinem Zeitpunkt auf eine gemeinsame Linie einigen konnte.
Trotz relativ günstiger materieller Lebensbedingungen hat das Exilland USA in der Rückschau harsche Kritik hervorgerufen. Nur wenigen Autoren gelang es im ausschließlich marktorientierten Kulturbetrieb der USA Fuß zu fassen. Der 1939 von Manfred George ins Leben gerufene *Aufbau* blieb das einzige Exil-Periodikum mit nennenswerter Ausstrahlung.

Mexiko kam für das literarische Exil ab 1939 eine besondere Bedeutung zu. Unter relativ liberalen Rahmenbedingungen entwickelte sich dort eine zweite kommunistische Kolonie, die straff organisiert war und sich durch eine einheitliche Ideologie verbunden fühlte. Die Gruppe *Freies Deutschland* mit Anna Seghers, Ludwig Renn, Egon Erwin Kisch u. a. gab eine gleichnamige Zeitschrift heraus und organisierte mehrere Unterorganisationen. Die bekannteste war der *Heinrich-Heine-Club*, der rund 70 Lesungen, Feiern und Gedenktage veranstaltete. Der deutschsprachige Verlag *El libro libre* (Das freie Buch) veröffentlichte ab 1942 26 Titel deutscher Exilautoren.

1.2 Erfahrung Exil

Die materiellen Verhältnisse der Exilschriftsteller gestalteten sich höchst unterschiedlich. Während Thomas Mann, Lion Feuchtwanger, Stefan Zweig oder Franz Werfel ihren großbürgerlichen Lebensstil ungeschmälert weiterführen konnten, hatte die Mehrzahl der Exilanten größte Probleme die nackte Existenz zu sichern. Nicht selten ernährten die Ehefrauen ihre schreibenden Männer, deren Einkünfte aus literarischer Tätigkeit kaum je dazu ausreichten, den Lebensunterhalt zu sichern. Zuwendungen wohlhabender Kollegen und Unterstützungszahlungen von Hilfskomitees konnten nur die größte Not lindern. Nur wenigen gelang es, in der Sprache des jeweiligen Gastlandes heimisch zu werden und zu veröffentlichen.
Zur materiellen Deklassierung traten Probleme mit den Bürokratien des Gastlandes. Viele Autoren waren mit gefälschten oder bald abgelaufenen Pässen über die Grenze gekommen und mussten deshalb zunächst einmal ihre Duldung durch die Einwanderungsbehörden erreichen. Neben der ständigen Furcht vor Abschiebung und der Bedrohung durch NS-Agenten machte den Exil-Schriftstellern vor allem die Erfahrung der Ablehnung durch die Bevölkerung des jeweiligen Exillandes zu schaffen. „Die meisten Leute schauten uns schief an, nicht weil wir Deutsche waren, sondern weil wir Deutschland verlassen hatten. So etwas tut man nicht, nach Ansicht der meisten Leute. Ein anständiger Mensch hält zu seinem Vaterland, gleichgültig, wer dort regiert. Wer sich gegen die legitime Macht stellt, wird suspekt, ein Querulant“ (Klaus Mann).
Kein Exilant, der nicht seelische Verletzungen davontrug. Die meisten starrten gebannt und verzweifelt auf die Entwicklung in Deutschland und litten unter dem Verlust ihres kulturellen Bezugsfeldes. Es gab kein Publikum mehr, für das zu schreiben sich lohnte. Zudem machte sich der fehlende Gebrauch der Muttersprache bemerkbar. Der Entzug ihrer schriftstellerischen Existenzgrundlage ließ viele Autoren in Einsamkeit und Verzweiflung verstummen. So mancher konnte den materiellen und geistigen Problemen nicht mehr standhalten und setzte seinem Leben ein vorzeitiges Ende: Kurt Tucholsky suchte 1935 in Schweden den Freitod; Ernst Toller erhängte sich im Mai 1939 in einem New Yorker Hotelzimmer; Walter Hasenclever, Walter Benjamin, Carl Einstein und Ernst Weiss nahmen sich 1940 nach der Besetzung Frankreichs das Leben, Stefan Zweig und seine Frau 1942 im brasilianischen Petropolis.

1.3 Politik und Exil

Das politische Selbstverständnis des literarischen Exils war höchst unterschiedlich ausgeprägt. Gemeinsamer Nenner war das Bewusstsein, das „andere“ Deutschland zu repräsentieren. Ansonsten handelte es sich bei den Exilautoren um extrem verschiedenartige Flüchtlinge, die unter sich zum Teil heftige Streitigkeiten austrugen. So kam zur geographischen die ideologische Zersplitterung. Das politische Spektrum reichte vom Anarchisten (Plivier, Scharrer) und stalinistischen Parteigänger (Becher) über Sozialisten und Linksliberale (Feuchtwanger, H. Mann, Graf) bis hin zum bürgerlichen Lager (Thomas Mann). Daneben standen unpolitische Schriftsteller bzw. solche, die sich wie Döblin und Werfel zum Christentum bekannten.

*Wichtige **Köpfe der geistigen Emigration Deutschlands** (Triptychon von Arthur Kaufmann, 1939–64):*
1. Regisseur Berthold Viertel; 2. Regisseur Fritz Lang; 3. Schriftsteller Günther Anders; 4. Komponist Ernst Toch; 5. Philosoph Ernst Bloch; 6. der Maler des Tryptichons Arthur Kaufmann; 7. dessen Frau Elisabeth Musset-Kaufmann; 8. Psychologe Max Wertheimer; 9. Geiger Emanuel Feuermann; 10. Komponist Arnold Schönberg; 11. Maler George Grosz; 12. Maler Joseph Floch; 13. Schriftsteller Heinrich Mann; 14. Lektor Paul Zucker; 15. Schauspielerin Luise Rainer; 16. Chefarzt Ulrich Friedemann; 17. Dirigent Otto Klemperer; 18. Theologe Paul Tillich; 19. Schriftsteller Arnold Zweig; 20. Psychologe William Stern; 21. Dramatiker Ferdinand Bruckner; 22. Physiker Albert Einstein; 23. Schriftsteller Klaus Mann; 24. Schriftsteller Thomas Mann; 25. Schriftstellerin Erika Mann; 26. Schriftsteller Ludwig Renn; 27. Kunsthändler Curt Valentin; 28. Komponist Hanns Jelinek; 29. Schriftsteller Bruno Frank; 30. Regisseur Erwin Piscator; 31. Journalistin Lotte Goslar; 32. Schriftsteller Oskar Maria Graf; 33. Zeichner B. F. Dolbin; 34. Philosoph Kurt Goldstein; 35. Komponist Kurt Weill; 36. Regisseur Max Reinhardt; 37. Schauspielerin Helene Thimig; 38. Schriftsteller Ernst Toller

Die Exilanten waren nicht in der Lage oder willens, eine gemeinsame Dachorganisation ins Leben zu rufen. Der von Heinrich Manns Pariser *Lutetia-Kreis* betriebene Versuch, eine parteiübergreifende „Volksfront" gegen den Nationalsozialismus aufzubauen, schlug fehl. Die während der Weimarer Republik errichteten Fronten wirkten fort und wurden durch die Entwicklung in der Sowjetunion nach dem Beginn der Moskauer Prozesse noch verhärtet. Viele Emigranten wandten sich daraufhin von der KPD ab und galten seither als „Renegaten". Wie es zu diesem Bruch kam, darüber geben die autobiografischen Schriften Arthur Koestlers und Gustav Reglers (*Das Ohr des Malchus*, 1958) oder die Tagebücher Alfred Kantorowicz' (1959/61) beredte Auskunft.

1.4 Die Expressionismusdebatte

Die ästhetischen Anschauungen der Exilautoren erwiesen sich als ebenso vielfältig wie ihre politischen. Die bedeutendste Auseinandersetzung neben dem Streit um den historischen Roman (→ S. 453 ff.) stellte die sog. Expressionismusdebatte dar. Sie wurde von 1936 bis 1939 überwiegend in der Moskauer Exilzeitschrift *Das Wort* geführt und stieß zumal im linken Lager auf große Resonanz. Ziel der Diskussionen war die Konzeption einer wirkungsvollen antifaschistischen Literatur, die im Zeichen der angestrebten Volksfront möglichst viele Schriftsteller ansprechen sollte.

Vorwürfe. Auslöser dieser literaturpolitischen Auseinandersetzung war ein Aufsatz Bernhard Zieglers alias Alfred Kurellas (*Nun ist dies Erbe zuende...*), den die Parteinahme Gottfried Benns für den Nationalsozialismus (→ S. 437) dazu verleitete, den Expressionismus als präfaschistische Geistesrichtung zu denunzieren. Diese provozierende These war nicht neu. Bereits 1934 hatte der führende kommunistische Literaturtheoretiker Georg Lukács (→ S. 561) in ‚*Größe und Verfall' des Expressionismus* die zu hohe Abstraktheit der antibürgerlichen Haltung der Expressionisten, ihre extreme Subjektivität, Irrationalität und Bohemehaftigkeit kritisiert. Der Expressionismus und mit ihm die anderen Stränge der künstlerischen Moderne vom Naturalismus bis zum Surrealismus seien zutiefst „bürgerlich", „dekadent" und „formalistisch", ihre Stilmittel wie Montage oder innerer Monolog für eine antifaschistische Literatur der Gegenwart und Zukunft demnach nicht zu gebrauchen. 1938 verdeutlichte Lukács seine Position in dem Aufsatz *Es geht um den Realismus*, sprach sich erneut für eine volkstümlich-realistische Literatur aus und betonte dabei das Vorbild Cervantes' und Shakespeares, Goethes, Tolstois, Balzacs und Stendhals, Kellers oder der Gebrüder Mann.

Hintergrund dieser Argumentation war die offizielle sowjetische Kunst- und Literaturpolitik, die ab 1928 der avantgardistischen Sowjetkunst ein frühes Ende bereitete. Unter dem persönlichen Einfluss Stalins und des KP-Sekretärs Shdanow wurde stattdessen die Ästhetik eines traditions- und volksverbundenen „sozialistischen Realismus" dekretiert, die auf dem *Ersten Unionsweiten Schriftstellerkongress* (1934) eine verbindliche Ausformulierung erfuhr und nun auf das literarische Schaffen der Exilschriftsteller übertragen werden sollte.

Verteidigung. Prominentester Gegner dieses Standpunkts wurde der einstige Philosoph des Expressionismus Ernst Bloch (→ S. 362), der bereits in *Erbschaft dieser Zeit* (1935) gegen eine rückwärtsgewandte Ästhetik zu Felde gezogen war und in dem Aufsatz *Diskussionen über Expressionismus* (1938) eine flexible Aneignung des von Lukács verfemten Erbes der Moderne befürwortete. In seinem Kampf gegen einen auf „Volkstümlichkeit" und „Volksnähe" beschränkten Realismusbegriff konnte er sich auf die Unterstützung des Philosophen Walter Benjamin, des Avantgardekomponisten Hanns Eisler und der Schriftstellerin Anna Seghers verlassen. Nicht zuletzt Bertolt Brecht („die realismusdebatte blockiert die produktion, wenn sie so weitergeht") lehnte die Traditionslastigkeit und den Formalismus-Vorwurf Lukács' ab.

1.5 Allgemeine Merkmale der Exilliteratur – Rezeption nach 1945

Die Expressionismusdebatte, die grundlegende ästhetische Fragen der Literatur des 20. Jh. behandelte und nicht zuletzt im Hinblick auf die Kulturentwicklung in der SBZ und DDR von Interesse ist (→ S. 558 ff.), hat die schriftstellerische Praxis des Exils nur wenig beeinflusst. Die stilkonservative Haltung der meisten Autoren hatte eher andere Gründe. Primär ist dieses Phänomen

mit Blick auf die Literaturentwicklung der Weimarer Republik zu betrachten, wo seit dem Aufkommen der Neuen Sachlichkeit (→ S. 393) ein deutliches Abklingen der Lust am formalen Experiment beobachtet werden kann, einhergehend mit der Hinwendung zu gesellschaftlichen Problemlagen. Es fällt auf, dass die meisten Exilschriftsteller ihren vor 1933 eingeschlagenen Weg fortsetzten. Einen gemeinsamen und spezifischen Exilstil wird man vergeblich suchen.
Gemeinsam indes waren in den meisten Fällen die Schwierigkeiten des literarischen Neubeginns in den Nachkriegsjahren. Während im Osten Deutschlands ideologisch genehme Schriftsteller mit offenen Armen aufgenommen und entsprechend gefördert wurden, sahen sich nach Westdeutschland zurückgekehrte Autoren oftmals tief sitzenden Ressentiments gegenüber (→ S. 469 ff.; 556). So mancher zog es deshalb vor nicht in die Heimat zurückzukehren und sich im nahe gelegenen Ausland niederzulassen. Wieder andere verließen aus Enttäuschung über die gesellschaftliche und politische Entwicklung die Bundesrepublik nach wenigen Jahren. Erst der politische Klimawechsel der 60er-Jahre (→ S. 509 ff.) führte dort zu einer gebührenden Beachtung der im Exil entstandenen Literatur.

2 Die Prosa des Exils

Die bevorzugte Gattung des Exils war der Roman. Im Gegensatz zur dramatischen Literatur bedurfte er keines anderen Mediums als des Buches. Im Vergleich mit lyrischen Texten kam er den Lesebedürfnissen eines internationalen Publikums weit eher entgegen und hatte dadurch wesentlich höhere Veröffentlichungschancen. Der Roman war aber auch diejenige Gattung, die den antifaschistischen Absichten der meisten Exilautoren am nächsten lag.

2.1 Der Deutschlandroman

Nach ihrer Vertreibung aus Deutschland war es das vorrangige Ziel vieler Schriftsteller, der Weltöffentlichkeit das wahre Gesicht des NS-Regimes zu zeigen. Sie wollten damit zur Überwindung unkritischer, zum Teil sogar wohlwollender Einstellungen gegenüber dem Nationalsozialismus beitragen, die zumal im westeuropäischen Ausland weit verbreitet waren. Darüber hinaus sollte der innerdeutsche Widerstand gestärkt und der NS-Propaganda entgegengearbeitet werden. Die Aufklärung über die tatsächlichen Verhältnisse im „Dritten Reich“ wurde zu einem der frühesten und wichtigsten Arbeitsfelder der Exilautoren. Zumal in den ersten Jahren des Exils bildete deshalb der sog. Deutschlandroman eines der beliebtesten literarischen Genres, das einen vergleichsweise hohen Einfluss auf seine Leser versprach. Anders als die Erlebnisberichte ehemaliger KZ-Häftlinge (Hans Beimler: *Im Mörderlager Dachau*, 1933; Gerhard Seger: *Oranienburg*, 1934; Wolfgang Langhoff: *Die Moorsoldaten*, 1935) konnte er die Totalität der NS-Herrschaft ins Auge fassen. Im Gegensatz zu den zahlreichen dokumentarischen, publizistischen und wissenschaftlichen Arbeiten des Exils über das „Dritte Reich“ bot er Raum für Selbstreflexion und Selbstkritik. Des Weiteren ermöglichte er es, auf die Voraussetzungen und Ziele des Nationalsozialismus einzugehen.

Die frühen Deutschlandromane weisen eine große thematische Bandbreite auf. Die Gewaltakte der Nazis gegen Juden und Mitglieder der verbotenen Arbeiterparteien stehen im Mittelpunkt von HEINZ LIEPMANNS „Pamphlet“ *Das Vaterland* (1933), das am Beispiel einer nach langer Fahrt zurückgekehrten Schiffscrew die Faschisierung des deutschen Alltags anklagt und den authentischen Charakter des Berichteten durch die Einfügung von Dokumenten unterstreicht. Die Inhumanität der Konzentrationslager beschreibt WILLI BREDELS Buch *Die Prüfung* (1935), das während der Haft seines Autors im KZ Fuhlsbüttel entstand. Es wurde zum Vorläufer des antifaschistischen Widerstandsromans, der die Aktivitäten und Schwierigkeiten der innerdeutschen Nazi-Gegner darstellte und in Jan Petersens *Unsere Straße* (→ S. 441) seine eindringlichste Gestaltung fand.
Anna Seghers (→ S. 395) war jede schönfärberische Haltung fremd. In *Kopflohn. Roman aus einem deutschen Dorf im Spätsommer 1932* (1933) werden realistisch die wirtschaftlichen und sozialpsychologischen Hintergründe für die Hinwendung der ländlichen Bevölkerung zum Nationalsozialismus analysiert. Ein steckbrieflich gesuchter Kommunist wird von Bauern, die

infolge der Wirtschaftskrise in ihrer Existenz bedroht sind, den Nazis ausgeliefert. Seghers' Dorfroman stellt einen Gegenentwurf zum völkischen Blut- und Bodenroman dar. Wie den entsprechenden Arbeiten (*Der harte Handel*, 1935; *Das Leben meiner Mutter*, 1940) von Oskar Maria Graf (→S. 398) oder dem Bauernroman *Maulwürfe* (1933) des Franken ADAM SCHARRER (1889–1948) kommt ihm das Verdienst zu einen ansonsten von der Exilliteratur vernachlässigten Bereich erschlossen zu haben.

Den bedeutendsten Deutschlandroman der ersten Stunde legte Lion Feuchtwanger (→S. 410) mit dem Buch *Die Geschwister Oppermann* (urspr. *Geschwister Oppenheim*) vor, das bereits im November 1933 erschien. Es erzählt die Geschichte einer jüdischen Familie aus dem Berliner Großbürgertum, die durch den Nationalsozialismus in den Tod oder ins Exil getrieben wird. Der Roman hatte einen sensationellen Erfolg und wurde zum Grundmuster des Genres. Bereits fünf Monate nach seinem Erscheinen betrug die internationale Auflage 257 000, in Deutschland immerhin 20 000 Exemplare.

Die Deutschlandromane ab Mitte der 30er-Jahre hatten mit den frühen Werken des Genres nur mehr wenig gemeinsam und reflektierten einen veränderten historischen Moment, der insbesondere den nichtkommunistischen Autoren zu schaffen machte. Die Erfolglosigkeit des innerdeutschen Widerstands, die Querelen um die Bildung einer antifaschistischen Volksfront sowie das Ergebnis der Saarabstimmung 1935 führten zu einer allgemeinen Ernüchterung.

Auffälligstes Merkmal dieser Entwicklung ist die Hinwendung vieler Autoren zur Vorgeschichte des NS-Staates und somit zur Beantwortung der Frage, wie es zu ihm kommen konnte. In Anschluss an Feuchtwangers *Geschwister Oppermann* wurde dabei die Form des Familienromans bevorzugt. In *Pardon wird nicht gegeben* (1935) beschreibt Alfred Döblin (→S. 412) den tragischen Lebenslauf eines erfolgreichen Industriellen und militanten Reaktionärs, der unter dem Einfluss seiner ehrgeizigen Mutter die sozialrevolutionären Ideale seiner Jugend verrät. Von einer gelungenen Ablösung vom Elternhaus erzählt Johannes R. Becher (→S. 367) in dem autobiografischen Roman *Abschied. Einer deutschen Tragödie erster Teil 1900–1914* (entst. Moskau 1935), der im München der Jahrhundertwende spielt. Er bildet den Abschluss der dichterischen Entwicklung dieses Autors, die ihn vom Expressionismus zum Sozialistischen Realismus führte. Am Ende des Buches rebelliert der Sohn eines nationalistisch-autoritären Staatsanwalts gegen seinen Vater. Unter dem Einfluss der sozialistischen Ideen seines proletarisch-jüdischen Freundes verweigert er die von ihm erwartete Teilnahme am Ersten Weltkrieg, an dessen Schrecken der Antikriegsroman von Arnold Zweig *Erziehung vor Verdun* (1935) erinnert.

Greifen die genannten Romane auf das wilhelminische Zeitalter zurück um die historischen Bedingungen des Aufstiegs des Nationalsozialismus auszuloten, so fixiert eine zweite Werkgruppe die Weimarer Republik, die bezeichnenderweise von keinem Exilautor verteidigt wird. Entsprechend einseitig fällt die Kritik an der SPD aus, der mehrheitlich die Schuld am Untergang der ersten deutschen Republik angelastet wird. Neben diesem Vorwurf werden die sozialpsychologischen und ökonomischen Folgen von Wirtschaftskrise und Massenarbeitslosigkeit in den Vordergrund gestellt. So im ersten Teil des Romans *Abgrund* (1936) von Oskar Maria Graf, der den Zerfall einer sozialdemokratischen Familie und ihren Weg ins Exil beschreibt, in Anna Seghers' Bergarbeiterroman *Die Rettung* (1937) oder in FRANZ CARL WEISKOPFS *Die Versuchung* (1937) vom Aufstieg eines Angestellten zum SA-Führer. Weniger abstoßend wirkt dagegen das Verhalten des ebenfalls kleinbürgerlichen Titelhelden in Oskar Maria Grafs *Anton Sittinger* (1937). Wie rasch die neue Bewegung unter kleinstädtischen Verhältnissen Anklang fand, demonstriert *Der letzte Zivilist* (1935) von ERNST GLAESER (1902–1963), der wegen der pazifistischen Tendenz seiner frühen Romane (*Jahrgang 1902*, 1928; *Frieden*, 1930) zu den Opfern der nationalsozialistischen Bücherverbrennungen gehörte. Jedoch kehrte Glaeser 1939 nach Deutschland zurück und arbeitete während des Krieges für eine Wehrmachtzeitung. Diese Entscheidung zählte zu den seltenen Ausnahmen der literarischen Emigration.

Eine Sonderstellung innerhalb der vor 1933 situierten Werke nehmen die von der Exilkritik überaus positiv aufgenommenen Romane von Ödön von Horváth (→S. 401) ein. Sie ver-

Die Titelzeichnung zur Erstausgabe von ***O. M. Grafs*** *Roman* ***Anton Sittinger*** *im Malik Verlag (1937) stammt vom Autor selbst. „Menschen wie Sittinger", so Graf, „gibt es in allen Ländern Abertausende. Ihre Zahl ist Legion. Alle Gescheitheit und List, aller Unglaube und alle Erbärmlichkeit einer untergehenden Schicht ist in ihnen vereinigt. [...] Sie sind die plumpsten und verheerendsten Nihilisten unter der Sonne. Man hat politisch mit ihnen zu rechnen, wenn man die Welt verändern will, nur darf man sich nie dem Wahn hingeben, als seien sie für das Erringen einer besseren Zukunft brauchbar."*

arbeiten den historischen Hintergrund eher allgemein und weisen dabei einen deutlichen Hang zur Symbolisierung auf. Die religiöse Grundhaltung ihres Autors, der das Schuldproblem in einer erkalteten Welt – für Horváth das „Zeitalter der Fische" – umkreist, ist dabei ebensowenig zu übersehen wie das Bemühen um eine neue Schreibweise: „die Form des lyrisch abgekürzten, dramatisch gespannten, indirekt zeitkritischen Romans" (Klaus Mann). In der Geschichte um die Aufklärung eines Mordes *Jugend ohne Gott* (1937), die am Vorabend der Machtübernahme der Nationalsozialisten spielt, wird aus der Sicht eines jungen Deutschlehrers die Anfälligkeit seiner Klasse für die NS-Ideologie beschrieben. Am Ende ist er im gleichen Maße desillusioniert wie der Ich-Erzähler in Horváths *Ein Kind unserer Zeit* (1938), der in einem unpathetischen, mitunter tragikomischen Rückblick auf sein verpfuschtes Leben das Thema der Herzenskälte seiner Zeit noch einmal aufgreift.

Der Gegenwartsroman Mitte der 30er-Jahre lässt ein Zurücktreten der Darstellung des innerdeutschen Widerstands erkennen. Seine Erfolgsaussichten werden nunmehr weitgehend negativ beurteilt. Der appellative Ton und die Schwarzweißmalerei früherer Werke schwächen sich ab. Fortan dominieren Versuche einer differenzierteren Beschreibung der Verhältnisse im „Dritten Reich". Abzulesen ist dieser Wandel in *Nach Mitternacht* (1936) von Irmgard Keun (1905 bis 1982). Die Autorin knüpfte darin an ihre Erfolgsromane aus den frühen 30er-Jahren (*Gilgi, eine von uns*, 1931; *Das kunstseidene Mädchen*, 1932) an, die vor dem Hintergrund des pulsierenden Berlin die Emanzipationsversuche zweier junger Frauen beschrieben – in einem atemlosen Erzählfluss sowie mit Hilfe einer filmischen Blendtechnik, die zum Markenzeichen der Schriftstellerin wurden. Da Keun Deutschland erst 1935 verließ, konnte sie in *Nach Mitternacht* im Gegensatz zu den Emigranten der ersten Stunde authentische Eindrücke verarbeiten. Die Autorin wählte hierzu die Perspektive einer 19-jährigen Ich-Erzählerin, die dem Leser als unpolitische und ratlose Beobachterin des alltäglichen Faschismus entgegentritt.

Eingeleitet wurde der Gegenwartsroman neuen Typs durch Klaus Manns *Mephisto. Roman einer Karriere* (1936), der am Beispiel des ehrgeizig-skrupellosen Schauspielers Hendrik Höfgen das Verhältnis von Kunst und Macht überdenkt. Manns Parabel über das Versagen der deutschen Intelligenz, die auf den in Nazi-Deutschland gefeierten Gustav Gründgens anspielte, erregte großes Aufsehen. Nach 1945 in der Bundesrepublik verboten, kam es erst 1980 zu einer westdeutschen Neuauflage des Romans, der seither zu den meistgelesenen Werken der Exilliteratur zählt.

Spätere Deutschlandromane. Gegen Ende der 30er-Jahre erlebte das Genre einen spürbaren Rückgang. Seine Autoren sahen sich vor das Problem gestellt Menschen und Umstände zu schildern, zu denen die eigene Anschauung fehlte. Die Gefahr der klischeehaften Darstellung lag nahe. Ungeachtet dieser Probleme gelang es voran Anna Seghers, den Deutschlandroman auf eine neues Niveau zu heben und seine bisherige Beschränkung auf Einzelaspekte zu überwinden. Das Ergebnis war eine überaus anschauliche Vergegenwärtigung der Lebensverhältnisse unter dem Nationalsozialismus: der Roman *Das siebte Kreuz* (1942; verfilmt 1943/44 unter der Regie von Fred Zinnemann), der auf authentischen Berichten beruht und mit einer an John Dos Passos' *Manhattan Transfers* (1925) geschulten Erzähltechnik von der Flucht des KZ-Häftlings Georg Heisler erzählt. Die ihn unterstützen, erweisen sich als Zeugen eines gelebten Humanismus.

Ähnlich differenziert wie bei Seghers mutet das Deutschlandbild in ARNOLD ZWEIGS Roman *Das Beil von Wandsbeck* (hebr. 1943; dt. 1947) an, der von einer Zeitungsmeldung angeregt wurde. In seinem Mittelpunkt steht der vom finanziellen Ruin bedrohte Hamburger Schlachtermeister Albert Teetjen, der sich für 2000 Reichsmark dazu überreden lässt für den erkrankten Henker einzuspringen und vier Widerstandskämpfer hinzurichten. Seine Kundschaft meidet fortan den Laden. Der Metzger erschießt daraufhin seine Frau und begeht Selbstmord. Verknüpft mit dieser Tragödie ist die Geschichte des bürgerlich-militärischen Widerstands. Sie wird dargestellt an der Person des Zuchthausdirektors Heinrich Koldewey, der durch die Lektüre Sigmund Freuds und von Hitlers *Mein Kampf* die Wahnhaftigkeit des Nationalsozialismus erkennt. Zusammen mit Wehrmachtsoffizieren plant er ein Attentat auf Hitler, das jedoch scheitert.

Eine Epochenbilanz stellt die fiktive Autobiografie *Ich – Der Augenzeuge* (entst. 1939) des erst in den 80er-Jahren wiederentdeckten Kafka-Freundes, Nervenarztes und Schriftstellers ERNST WEISS (1882–1940) dar, der beim Einmarsch der deutschen Truppen in Paris Selbstmord beging und als Schriftsteller Weidel in den Roman *Transit* von Anna Seghers eingegangen ist (→ S. 456). Der Ich-Erzähler des Romans, ein mit klinischer Sachlichkeit bilanzierender Arzt, der während des Ersten Weltkriegs die Blindheit des Gefreiten Adolf Hitler heilt, fühlt sich dadurch mitschuldig am Aufstieg des Nationalsozialismus. Seine Analyse des hysterischen Charakters seines ehemaligen Patienten lässt ihn zu einem Verfolgten des Nazi-Regimes werden, den die KZ-Haft dem Leben entfremdet. Am Ende jedoch überwindet der aus dem KZ nach Paris Geflüchtete seine Selbstmordgedanken. Nach dem Ausbruch des Spanienkrieges stellt er seine ärztlichen Fähigkeiten den republikanischen Truppen zur Verfügung.

Den Höhe- und Schlusspunkt des Deutschlandromans bildet Thomas Manns *Doktor Faustus. Das Leben des deutschen Tonsetzers Adrian Leverkühn, erzählt von einem Freunde.* Das Buch entstand 1943 bis 1947 in Kalifornien und verarbeitet die Erfahrungen seiner Epoche in Form einer fiktiven Biografie über einen Komponisten, der sich zur Steigerung seiner Kreativität in die Krankheit flüchtet und einen Pakt mit dem Teufel schließt. Die Musik erscheint dabei als „Mittel die Situation der Kunst überhaupt, der Kultur, ja des Menschen, des Geistes selbst in unserer durch und durch kritischen Epoche auszudrücken" (Mann). Ähnlich seinem oftmaligen Gesprächspartner im Exil, dem Kultur- und Musiktheoretiker Theodor W. Adorno (*Philosophie der neuen Musik*, entst. 1943; *Dialektik der Aufklärung. Philosophische Fragmente*, 1944), geht es Mann um eine Antwort auf die Frage, wie es zum Rückfall in die Barbarei des Nationalsozialismus kommen konnte.

Leverkühns Lebensgeschichte, zu der das *Volksbuch vom Doktor Faust* (→ S. 87) und die Biografie Friedrich Nietzsches (→ S. 288 f.) Pate standen, wird in der rückschauenden Perspektive des Erzählers Serenus Zeitblom mit der politischen Entwicklung Deutschlands verknüpft. Dem kulturbürgerlichen und in der Inneren Emigration lebenden Altphilologen erscheint der Hang seines Freundes zum Irrationalen als eine typische Eigenschaft der deutschen Kultureliten, die der Roman in zahlreichen Episoden vorstellt und karikiert. Die Neigung zur Innerlichkeit wird dabei für die Katastrophe des Nationalsozialismus ebenso verantwortlich gemacht wie ein von Ethik und Moral losgelöstes Künstlertum. Zeitblom, der seine Erinnerungen während der letzten

Kriegsjahre niederschreibt und mit den „Schrecknissen der Zeit“ verschränkt, parallelisiert somit das Schicksal Leverkühns mit dem Deutschlands. Beide fliehen zur Überwindung ihrer Krise in eine Welt des Rausches. Angesichts der Greuel des NS-Regimes gibt es im Gegensatz zum *Faust* Goethes (→ S. 209) keine Rettung mehr.

2.2 Der historische Roman

Historische Romane erfreuten sich bei den aus Deutschland vertriebenen Schriftstellern einer großen Beliebtheit. Sie wurden von den Exilverlagen bevorzugt angenommen, da ihre Leserschaft über die Reihen der Exilanten hinausging, wie zahlreiche Übersetzungen belegen. Besonders die ersten Jahre des Exils verzeichnen eine wahre Flut von Geschichtsromanen, die alsbald zum Gegenstand einer erregten Debatte wurden. Die Gegner des Genres, die sich vor allem in den Reihen der linksorientierten Autoren fanden, sahen in ihm eine sträfliche Flucht vor den Problemen der Gegenwart und somit eine Kapitulation vor dem politischen Feind. Befürworter wie Lion Feuchtwanger (*Vom Sinn und Unsinn des historischen Romans*, 1935) oder Alfred Döblin (*Wir und der historische Roman*, 1936) hoben dagegen die kritischen Absichten hervor, die die meisten Autoren verfolgten.

Lion Feuchtwanger (→ S. 410) machte sich nach seiner Flucht die zeitkritischen Möglichkeiten des Geschichtsromans erstmals in *Der Falsche Nero* (1936) zu Nutze. Die der römischen Geschichte entlehnte Fabel enthält zahlreiche satirische Anspielungen auf führende NS-Politiker und deckt über den Umweg der Geschichte die Hintergründe der Erfolge der NSDAP auf: die Unterstützung durch das großbürgerlich-konservative Lager sowie die suggestive Theatralik ihrer Machtinszenierungen. Ebenso auf die Gegenwart zu übertragen war Feuchtwangers Trilogie über den jüdischen Geschichtsschreiber Flavius Josephus (*Der jüdische Krieg*, 1932; *Die Söhne*, 1935; *Der Tag wird kommen*, 1945). Sie handelt gleichnishaft von der Zerstörung des jüdischen Staates 70 n. Chr. durch die Römer und beschreibt die Wandlung Josephus' von einem illusionistischen Linksintellektuellen zu einem entschlossenen Kämpfer für die Freiheit Galiläas. Anlass hierzu ist die Terrorherrschaft des antisemitischen Kaisers Domitian.

Thomas Mann (→ S. 356) veröffentlichte 1933 mit *Die Geschichten Jaakobs* den ersten Band eines am Ende über 2000 Seiten umfassenden Romanprojekts, das ihn seit 1926 beschäftigte: die dichterische Ausgestaltung und Vergegenwärtigung der biblischen Josephslegende (1. Mose, 27-50). 1934 folgte *Der junge Joseph*, 1936 *Joseph in Ägypten*, 1943 *Joseph der Ernährer*. Die erste Gesamtausgabe der Tetralogie erschien 1948 unter dem Titel *Joseph und seine Brüder*. Manns Opus zeugt von einem intensiven Studium religions- und mythengeschichtlicher sowie orientalistischer und psychoanalytischer Fachliteratur. Es ist das Werk eines Republikaners, das mit Blick auf Hitler-Deutschland die jüdisch-christlich-humanistische Tradition beschwört und dem demagogischen Irrationalismus der Nationalsozialisten einen vernunftgesteuerten Umgang mit dem Mythos entgegensetzt. Demzufolge gelingt es Joseph, den Gegensatz von Natur und Geist zu überwinden, der das Frühwerk Manns prägte. Er erscheint am Ende als eine „Gestalt des Widerstands gegen den Faschismus aus der Kraft des apollinischen Mythos“ (H. Kurzke). Dem entspricht die ruhige und detailverliebte Erzählweise der *Joseph*-Romane, die als Gegenpol einer maß- und formlosen Zeit zu verstehen ist. Mann bedient sich dabei eines auktorialen Erzählers Wielandscher Prägung (→ S. 138), der seine Geschichte überlegen kommentiert und beizeiten auch ironisch behandelt.

Manns Beschäftigung mit der Josephslegende wurde ab 1936 durch die Arbeiten an dem Roman *Lotte in Weimar* (1939) unterbrochen, der am Beispiel Goethe erneut das Spannungsverhältnis von Kunst und Leben umkreist. Die Geschichte spielt im Jahr 1816 und erzählt mit ironischen Mitteln von einem Weimarbesuch der 63-jährigen Charlotte Kestner, geb. Buff, der Lotte aus dem *Werther* (→ S. 169). Mann entwirft ein differenziertes Bild Goethes um das dichterische Vorbild vor falscher Vereinnahmung zu schützen. Die Anerkennung seines herausragenden Künstlertums wird relativiert durch Hinweise auf ethische und soziale Defizite, wodurch die humanen Qualitäten des Ästhetizismus auf den Prüfstand gestellt werden. *Lotte in Weimar* enthält daneben eine unmittelbar zeithistorische Ebene, die am deutlichsten in der Klage Goethes über den deutschen Nationalcharakter in Erscheinung tritt: „Dass […] sie sich jedem verzückten Schurken gläubig hingeben, der ihr Niedrigstes aufruft, [...] und sie lehrt Nationalität als Isolierung und Rohheit zu begreifen [...] ist miserabel." Mann knüpft hier an seine Reden zum Goethe-Jahr 1932 an, die gegenüber einem völkisch verzerrten Goethe-Bild den Humanisten und Weltbürger herausstellten.

Heinrich Mann (→ S. 354) setzte in *Die Jugend des Königs Henri Quatre* (1935) und *Die Vollendung des Königs Henri Quatre* (1938) Heinrich IV. von Frankreich (1589–1610) ein literarisches Denkmal, das weithin Beachtung fand. Die Titelfigur, die von ihrem Autor als Gegenbild zu Hitler konzipiert ist, vereinigt in sich alle humanistischen Tugenden wie Vernunft, Toleranz, die Liebe zur Freiheit und Gerechtigkeit sowie eine von Montaigne übernommene Skepsis. Ihr Königtum legitimiert sich aus dem Anspruch der Wohlfahrt des Volkes zu nützen. Analogien und Parallelen zur Zeitgeschichte finden sich zuhauf in beiden Büchern, deren Moral in kommentierenden Passagen und Kapitelschlüssen sowie am Schluss des zweiten Bandes zusammengefasst wird. Anspielungen auf die politischen Verhältnisse im „Dritten Reich" sind nicht zu übersehen. Ungeachtet seiner Friedensliebe verkörpert Heinrich IV. das, was sein Autor den „aktiven Humanismus" nannte: „Es ist geboten, dass Humanisten streitbar sind und zuschlagen, sooft feindliche Gewalten die Bestimmung des Menschen aufhalten wollen."

Bertolt Brecht (→ S. 403) vertritt in seinem Romanfragment *Die Geschäfte des Herrn Julius Caesar* (1937/38) eine betont marxistische Geschichtsauffassung, die ihn von den meist bürgerlichen Autoren des Geschichtsromans grundlegend unterscheidet. Er will den weit verbreiteten Irrglauben, „große" Männer gestalteten die Geschichte, zerstören und unterstreicht stattdessen die Dominanz wirtschaftlicher Bedingungen. Der Autor persifliert die traditionellen historischen Romane, indem er die Entstehung einer politischen Biografie zum eigentlichen Thema macht, und verzichtet auf jegliche ästhetische Konzessionen zu Gunsten des politischen Tageskampfes. Der Vorschlag Walter Benjamins „doch mehr menschliches interesse hineinzubringen, mehr von altem roman", wurde nicht aufgegriffen. Gleichwohl ging es auch Brecht um eine Schärfung des Blicks auf die Gegenwart. Caesars Aufstieg zum Konsul verweist auf die Erfolge Hitlers vor 1933, seine Unterstützung durch die wohlhabenden Schichten lässt ihn als Handlanger des Kapitals erscheinen. Die Plebejer erinnern an die kleinbürgerliche Massenbasis der Nationalsozialisten.

Alfred Döblin (→ S. 413) legte mit dem Südamerikaroman *Das Land ohne Tod* eines der auffälligsten Geschichtswerke vor. Es verarbeitet eine Fülle ethnographischen, historischen sowie biografischen Materials und beabsichtigt eine „Art epischer Generalabrechnung mit unserer Civilisation". Der erste Teil (*Die Fahrt ins Land ohne Tod*, 1937) bietet eine hymnische Schilderung der Amazonaswelt und ihrer friedvollen Urbevölkerung, deren naturverbundene Lebensweise durch den Einbruch der europäischen Eroberer ein grausames Ende findet. Im zweiten Teil (*Der blaue Tiger*, 1938) wird der Versuch der Jesuiten beschrieben in Paraguay einen urchristlich-kommunistischen Gottesstaat zu errichten. Die hierfür nötige Hinwendung zur Macht- und Wirtschaftspolitik endet jedoch in Chaos und Zerstörung. Eine auf die Gegenwart zielende Sinndeutung des Erzählten unternimmt der Autor im sechsten und siebten Buch des zweiten Teils, die in der Ausgabe von 1947/48 unter dem Titel *Der neue Urwald* als selbstständiger Teil erschienen.

Hermann Broch (→ S. 416) markierte mit *Der Tod des Vergil* (1945) das Ende des Geschichtsromans des Exils, der nicht zuletzt in Stefan Zweig (→ S. 334 f.) und Gustav Regler (*Die Saat*, 1936) überzeugende Repräsentanten fand. Das vierteilige Werk, das angesichts seiner Monolog-Technik mit James Joyce' *Ulysses* verglichen wird, zeigt durch den Rückgriff auf den Dichter der *Aeneis*, der seit dem Mittelalter als Vorbote christlichen Denkens galt, Parallelen zwischen dem ersten vorchristlichen Jahrhundert und der Gegenwart. Bürgerkrieg, Diktatur und das Verschwinden religiöser Überzeugungen sind die gemeinsamen Kennzeichen, denen humane Werte entgegensetzt werden. Dem Pragmatismus Kaiser Augustus', der die Freiheit des Volkes verneint und seine Manipulation zum Nutzen des Staates rechtfertigt, stellt Vergil die demokratische Utopie des alten Rom gegenüber. Grundthema des Romans, der den Leser an den körperlichen und geistigen Qualen eines Sterbenden teilhaben lässt, ist die Frage nach Funktion und Legitimation der

Poesie in einer Zeit des „Unheils". Am Ende des Buches, das mit Nachdruck auf die religiöse Dimension des Menschseins verweist und in die mystische Entgrenzung Vergils mündet, steht die Vision eines neuen, christlichen Zeitalters.

2.3 Der utopische Roman

Entwarfen die historischen Romane des Exils Handlungsmodelle aus der Vergangenheit für die Gegenwart, so orientierte sich der utopische Roman mit gleicher Absicht an einer imaginären Zukunft. Im Unterschied zur optimistischen Grundhaltung eines Heinrich Mann oder Ernst Bloch (*Das Prinzip Hoffnung*, entst. 1938–1947) trat dabei ein deutlicher Kulturpessimismus zu Tage.

Das Glasperlenspiel (1943) von Hermann Hesse (→S. 409) entstand zwischen 1931 und 1942 im schweizerischen Montagnola und wurde von seinem Autor als Summe seines Werkes angesehen, das bis dahin fast ausschließlich autobiografischer Natur war. Der Roman führt den Leser zunächst durch einen anonymen Chronisten in die Geschichte, Zielsetzung und Praktiken des imaginären Kastalien ein, das an die pädagogische Provinz in Goethes *Wilhelm Meister* (→S. 209) erinnert und von seinen Gründern als Gegenentwurf zum „kriegerischen Zeitalter" konzipiert wurde. In dem weltabgewandten, dabei streng hierarchisch aufgebauten Gemeinwesen werden begabte Knaben durch Meditation und Musik zum asketischen Dienst am Geist verpflichtet. Höhepunkt des Unterrichts ist die Unterweisung im gleichsam heiligen Glasperlenspiel, dem Symbol für die Idee der geistigen Einheit aller Wissenschaften und Künste. Magister Ludi, also Meister dieses Spiels, ist Josef Knecht, dessen Name bereits den Gegensatz zum (Wilhelm) Meister Goethes andeutet und den Bruch Hesses mit dem Idealismus des deutschen Bildungsromans (→S. 138) signalisiert. Auf dem Höhepunkt seiner Karriere erkennt Knecht jedoch immer deutlicher die Gefahren der elitären Selbstgenügsamkeit und verlässt die ihm zu eng gewordene Sphäre des zweckfreien Gedankenspiels. Die angestrebte Einheit von Geist und Leben, von Individuum und sozialer Welt gelingt ihm nicht. Er ertrinkt bei einem Wettschwimmen mit einem neuen Schüler, der fortan das geistige Vermächtnis des Verunglückten verwirklichen will, das der letzte Teil des Romans überliefert: Jugendgedichte und drei Lebensläufe, die an exemplarischen Beispielen aus unterschiedlichen Zeiten und Kulturkreisen die weltverantwortliche Existenz eines geistigen Menschen veranschaulichen sollen.

Stern der Ungeborenen (1946) von Franz Werfel (→S. 387) bezieht sich im Titel auf ein Zitat des antiken Historikers Diodor, der die Aufgabe des Dichters darin sah, „die Fabelwesen auf den Inseln zu besuchen, die Toten im Hades und die Ungeborenen auf ihrem Stern". Der 1943 in den USA begonnene, zum Teil grotesk-dämonische, bisweilen auch ironische Roman geht in seiner Ablehnung der innerweltlichen Utopie über Hesses *Glasperlenspiel* noch hinaus und konfrontiert den Leser mit der Fantasie- und Traumwelt eines galaktischen Reiches des Jahres 101 945. Die drei Teile des Buches entsprechen den drei Tagen, die der Ich-Erzähler F. W. in der „astromentalen" Gesellschaft verbringt, zu der er während einer spiritistischen Sitzung abberufen wurde. Seine Zukunftsvision, die zugleich einen kritischen Rückblick auf das eigene Zeitalter darstellt, schlägt jedoch nach anfänglicher Begeisterung ins Gegenteil um. F. W. bemerkt eine „Verarmung des Lebens an Buntheit und Fülle". Für einen moralischen Fortschritt der Menschheit gibt es keinen Hinweis. So kehrt denn auch der längst überwunden geglaubte Krieg zu den Astromentalen zurück, der am Ende ihre Kultur zerstört. Die Welt jedoch wird durch das selbstlose Opfer eines Knaben erlöst – ein Romanschluss, der auf das metaphysische Denken Werfels verweist, das vom Judentum und Katholizismus geprägt war.

2.4 Romane über das Exil

Ab Mitte der 30er-Jahre begannen zahlreiche Schriftsteller ihre Exilsituation literarisch zu verarbeiten. Ausschlaggebend für diese Entwicklung waren eine wachsende Existenznot sowie die Schwierigkeiten nach Jahren der Abwesenheit ein zutreffendes Bild der innerdeutschen Wirklichkeit gestalten zu können. Darüber hinaus eröffnete das Thema „Exil" mannigfache Möglichkeiten mehr noch als bisher die Künstler- und Intellektuellenproblematik in den Vordergrund zu stellen. Hieraus resultierte ein zunehmend autobiografischer Charakter vieler Romane, der durch die abermalige Vertreibung und zum Teil auch Inhaftierung vieler Autoren bei Kriegsausbruch noch verstärkt wurde. Lediglich Brechts *Flüchtlingsgespräche* (entst. 1940/41) beabsichtigten in erster Linie eine analytische Deutung des Exils.

Der Vulkan von KLAUS MANN (1906–1949) stellt einen der ersten bedeutenden Beiträge zur Literatur über das Exil dar, das bis dahin nur gelegentlich oder ausschnitthaft aufgegriffen worden war. Der 1937 in einem New Yorker Hotelzimmer begonnene und zwei Jahre später erschienene *Roman unter Emigranten*, so der Untertitel, zeichnet chronologisch die Stationen des Exils einer Gruppe deutscher Intellektueller nach und berichtet von ihren Diskussionen in den Hotels und Cafés von Paris und an anderen europäischen sowie amerikanischen Orten. Die weit gespannte Handlung entwirft ein repräsentatives Panorama der politischen und menschlichen Haltungen im Exil, zu dem sich der Roman in seinem Brief-Epilog nachdrücklich bekennt. Nicht die Figur des in die Drogen- und Todessehnsucht flüchtenden und letztlich darin umkommenden Dichters Martin Korella weist den Weg zur verantwortlichen Selbstbehauptung, sondern der kämpferische Standpunkt des schillernden Außenseiters Kikjou, in dem sich der Verfasser selbst porträtierte. Manns Absicht war es, eine „genaue Chronik unserer Verwirrungen, Leiden, auch der Hoffnungen" zu erstellen. Daneben sollte die Sache der Volksfront befördert werden, worauf die Neigung des Buches, die politischen Konflikte des Exils einzuebnen, hindeutet.

Klaus Mann *als Soldat einer Propagandaeinheit der US Army 1944/45. Der älteste Sohn Thomas Manns versuchte bereits früh aus dem Schatten seines Vaters und seines Onkels zu treten. Nach dem vorzeitigen Abbruch seiner Schullaufbahn führte er ein unstetes Leben als Bohemien, Schauspieler und Literat. Seine „Kindernovelle" (1926) und die Romane „Kind dieser Zeit" und „Treffpunkt im Unendlichen" (beide 1932) machten ihn zu einem Sprachrohr der krisengeschüttelten Jugend der 20er-Jahre, bevor er zu einer der bedeutendsten Persönlichkeiten der Exilliteratur wurde.*

Exil von Lion Feuchtwanger (→S. 410) lässt die politische Absicht noch deutlicher spüren als Klaus Manns *Vulkan*. Die ab 1935 entstandene Zeitchronik erschien 1940 und beschloss nach *Erfolg* (→S. 411) und *Die Geschwister Oppermann* den Zyklus *Der Wartesaal*. Der Roman sollte erklären, „warum wir so lange zuwarteten, ehe wir die einzige vernünftige Schlussfolgerung zogen, die nämlich, der Herrschaft der Gewalt und des Widersinns unsererseits mittels Gewalt ein Ende zu setzen und an ihrer Statt eine vernünftige Ordnung herzustellen" – so das Nachwort des Werkes, das den einst unpolitischen Avantgardekomponist Sepp Trautwein in die Reihen des Widerstands führt. Zentrales Anliegen der Darstellung ist die nüchterne und detaillierte Beschreibung des materiellen und psychischen Elends des Exils, das Trautweins Ehefrau in den Selbstmord, den kommunistischen Sohn Hans nach Moskau treibt. Feuchtwanger will aber auch menschlich-politische Entwicklungspotentiale sichtbar machen, wie sie die Figur Trautmanns verkörpert. Demgegenüber stehen die zu Bösewichtern reduzierten Pariser Repräsentanten des „Dritten Reichs", deren selbstgefälliges Auftreten Abscheu erwecken soll.

Transit von Anna Seghers wurde 1939/41 in den Cafés, Kneipen und in den Vorzimmern der Konsulate von Marseille geschrieben, als die Autorin wie viele andere deutsche Flüchtlinge auf ein Ausreisevisum nach Übersee wartete. Viele Situationen des Buches entspringen demnach ihrem eigenen Erleben und spiegeln den nach der Okkupation Frankreichs lebensgefährlich gewordenen Alltag im französischen Exil wider. Der Roman, dessen bürokratiekritische Passagen an die Prosa Franz Kafkas erinnern (→ S. 387 f.), erschien 1944 in Mexiko in spanischer Übersetzung. Erst 1948 konnte er in deutscher Sprache veröffentlicht werden. Im Gegensatz zu *Vulkan* oder *Exil*, die das Schicksal eines größeren Figurenensembles thematisieren, konzentriert sich Seghers auf lediglich einen Protagonisten. Die Darstellung des antifaschistischen Engagements des Exils tritt zu Gunsten existentieller Fragestellungen in den Hintergrund. Hierauf verweist auch die Namensproblematik des Ich-Erzählers, eines jungen Monteurs und ehemaligen KZ-Häftlings mit dem Tarnnamen Seidler, dessen rückblickender Monolog sich an ein imaginäres Gegenüber wendet. Am Ende seiner Flucht vor den Nazis und den mit ihnen kollaborierenden Schergen des Vichy-Regimes, in Marseille, verzichtet er auf eine Schiffspassage, die ihm ein Visum des Schriftstellers Weidel ermöglicht, der sich beim Einmarsch der deutschen Truppen in Paris das Leben nahm. Seidler-Weidel schließt sich dem Widerstand seiner französischen Freunde an. Seine Geliebte indes, die Witwe Weidels, erlebt das Ende der Überfahrt nicht. Ihr Schiff geht unter.

Die Wenigen und die Vielen von Hans Sahl (1902–1993) kann als entschiedener Kontrapunkt zu den Exil-Romanen der Volksfront-Autoren Mann, Feuchtwanger und Seghers gelesen werden. Das bereits 1933 begonnene, jedoch erst dreizehn Jahre später abgeschlossene Werk über die Entwicklung des Schriftstellers Georg Kobbe lässt jeglichen kämpferischen Impuls vermissen. Desillusioniert von den Moskauer Prozessen und dem Hitler-Stalin-Pakt (→ S. 445) verliert Kobbe jegliche Sympathie für den Kommunismus. Angesichts der Diskreditierung seiner Utopien wendet er sich von der sozialistischen Emigration ab und plädiert für die Wiedereinsetzung einer kritischen Intelligenz ohne Bindung an eine Partei und Ideologie. Kobbes Entschluss gleicht dem seines Autors und zahlreicher anderer linksbürgerlicher Schriftsteller der Zeit, wie in Sahls autobiografischen Schriften (*Memoiren eines Moralisten*, 1983; *Das Exil im Exil*, 1990) nachzulesen ist.

2.5 Autobiografische Epochenbilanzen

Neben den Romanen über das Exil und Fluchtberichten wie Lion Feuchtwangers *Unholdes Frankreich* (1942) entstehen während der Kriegsjahre umfangreiche Autobiografien. Sie verraten das Bedürfnis ihrer Autoren den eigenen Lebensweg literarisch aufzuarbeiten und dokumentieren das weit verbreitete Bewusstsein an einer Zeitenwende zu stehen: Carl Zuckmayer veröffentlichte 1938 seine essayistische Lebensbilanz *Pro Domo*, zwei Jahre später die Autobiografie *Second Wind*, auf der sein späterer Bestseller *Als wär's ein Stück von mir* (1966) aufbauen konnte. 1942 erschien Klaus Manns Rückblick *The Turning Point* (erw. dt. Ausgabe: *Der Wendepunkt*, 1952), der die Wandlung eines Ästhetizisten zu einer Schlüsselfigur der antifaschistischen Publizistik beschreibt bis hin zum Eintritt Manns in die US-Armee. Angesichts der Schrecken seiner Zeit beschwört Stefan Zweig in *Die Welt von gestern. Erinnerungen eines Europäers* (1942) noch einmal die „Welt der Sicherheit" vor 1914 und entwirft das Selbstbild eines pazifistisch engagierten Kosmopoliten. Mit dem Beginn des Zweiten Weltkriegs enden die Aufzeichnungen, denn „jener September 1939 zieht den endgültigen Schlussstrich unter die Epoche", von dem auch Zweigs berühmte *Schachnovelle* (1942) handelt. Heinrich Manns umfängliche Darstellung *Ein Zeitalter wird besichtigt* (1946) reflektiert das bürgerliche Zeitalter seit der Aufklärung und spricht sich für eine Verschmelzung von Kommunismus und Kapitalismus aus. Sie dokumentiert die Verehrung ihres Verfassers für Bismarck und die Politiker der Alliierten (Churchill, Roosevelt und Stalin), gelangt jedoch zu einer fatalen Fehleinschätzung der Sowjetunion, in der Mann die „bis jetzt höchste Stufe der Moral" verwirklicht sieht. Konkreter und persönlicher als die Arbeiten Zweigs und Heinrich Manns präsentiert sich die Autobiografie *Schicksalsreise* (1949) von Alfred Döblin, die in drei Büchern von den Erfahrungen des Autors seit seiner Flucht aus Paris (1940) berichtet bis hin zur Rückkehr nach Deutschland als französischer Besatzungsoffizier.

3 Die Dramatik des Exils

Weit mehr noch als die aus Deutschland geflohenen Romanschriftsteller hatten die Dramatiker unter den Bedingungen des Exils zu leiden. Die Bühnen ihrer Asylländer blieben ihnen weitgehend verschlossen. Zwar standen bis 1938 noch die Theater in Österreich und die deutschsprachigen Häuser der Tschechoslowakei zur Verfügung, doch gerieten auch diese schon bald unter den Druck profaschistischer Gruppen und der NS-Diplomatie. Selbst in der neutralen Schweiz mussten politische Rücksichten genommen werden. Hinzu traten formale Vorgaben, die der im Ausland vorherrschende realistische Bühnenstil mit sich brachte, der in kommerzieller Absicht dem Massengeschmack Rechnung trug. An die Fortsetzung der experimentellen Bühnenpraxis der Weimarer Republik (→S. 402) war unter diesen Bedingungen nicht mehr zu denken. Emigrantenensembles, Lager- und Klubtheater stellten demnach oft die einzige Möglichkeit dar ein Stück zur Aufführung zu bringen. Eine rühmliche Ausnahme bildete lediglich das Zürcher Schauspielhaus. Nach 1933 wurde es zur wichtigsten Spielstätte des Exiltheaters und vermittelte dadurch wichtige Impulse für die Dramenproduktion der Nachkriegszeit, insbesondere für Friedrich Dürrenmatt (→S. 492 f.) und Max Frisch (→S. 490).

Allen Widerständen zum Trotz hat die Exildramatik in mehr als vierzig Ländern ihre Spuren hinterlassen. Rund 420 Dramatiker lassen sich nachweisen. Die Zahl ihrer Stücke wird auf 500–700 geschätzt, zuzüglich ca. 100 Hörspiele und fast 400 Drehbücher, die das gesteigerte Interesse der Autoren an den neuen Medien Rundfunk und Film belegen. Mehr als 800 deutschsprachige Inszenierungen sind dokumentiert. Das nach 1945 von westdeutschen Dramaturgen und Regisseuren oft gehörte Argument, das Exil hätte ihnen keine geeigneten Dramen zur Verfügung gestellt, belegt somit erneut das restaurative Klima der Nachkriegszeit, in der weitgehend der Kalte Krieg die Spielpläne bestimmte.

3.1 Das Zeitstück

Das Zeitstück galt zunächst als das wichtigste dramatische Genre des Exils und wurde Ende November 1933 durch die Zürcher Uraufführung des Schauspiels *Die Rassen* von Ferdinand Bruckner (1891–1958) eröffnet, das in neun Szenen die Anfälligkeit der jungen Intellektuellengeneration für den Nationalsozialismus beschreibt. Bruckners Stück, das den Rassenwahn des NS-Regimes analog einem bürgerlichen Trauerspiel (→S. 130) am Beispiel eines Liebespaares bloßstellt, fand großen Anklang. Die Wandlung des Studenten Karlanner von einem Anhänger zum Gegner der Nazis verweist auf die Möglichkeit des Einzelnen sich aus den Fängen einer kollektiven Verblendung zu befreien.

Während Bruckner im Vergleich mit seinen vorangegangenen Dramen formal ein mittleres Niveau der Modernität hält, zog der kommunistische Agitpropautor Friedrich Wolf (1888–1953) eine radikale Konsequenz aus dem Scheitern seiner früheren Aufklärungsversuche. In dem vieraktigen, der konventionellen Handlungs- und Spannungsdramaturgie verpflichteten Stück *Professor Mamlock* (jidd. UA Warschau 1934; dt. EA Zürich 1934) ist die Hinwendung zum Traditionalismus unübersehbar. Eine ausgeprägte Hauptrolle soll die Identifikation mit dem Titelhelden ermöglichen, einem jüdischen Chefarzt, der durch die antisemitischen Maßnahmen des NS-Regimes nach und nach entrechtet und in den Selbstmord getrieben wird. Angesichts ihrer Nähe zum sozialistischen Realismus (→S. 560) erlebte diese *Tragödie der westlichen Demokratie* – so der Titel der Buchfassung von 1935 – im Moskauer Gewerkschaftshaus über 400 Aufführungen. Sie wurde zum meistgespielten Drama des Exils und 1938 in der Sowjetunion verfilmt.

Die Zeitstücke Wolfs und Bruckners fanden in der Folgezeit zahlreiche Nachahmer (u. a. Gustav von Wangenheim: *Die Friedensstörer*, 1938; Ernst Toller: *Pastor Hall*, 1938; Johannes R. Becher: *Schlacht um Moskau*, 1942; Peter Martin Lampel: *Nazi-Dämmerung!*), denen jedoch nach 1945 im westlichen Deutschland auch deshalb kein Nachruhm beschieden war, da es sich bei diesen Autoren um Sozialisten oder Kommunisten handelte. Zu einer fragwürdigen Popularität brachte es hingegen *Des Teufels General* (entst. 1943–45; UA Zürich 1946) von Carl Zuckmayer (→S. 402). In seinem Zentrum steht der draufgängerische General Harras, eine Nachbildung des legendären Kampffliegers Ernst Udet, der sich trotz seiner Geringschätzung der Nationalsozialisten in deren Dienste stellt. Zuckmayers kolportagehaftes Heldendrama, das den politischen Hintergrund zur bloßen Staffage verkommen lässt und im Bereich der Personendarstellung zahlreiche Klischees aufweist, wurde neben Weisenborns *Die Illegalen* (→ S. 441) und Borcherts *Draußen vor der Tür* (→ S. 475) zu einem der meistgespielten und -diskutierten Stücke der Nachkriegszeit. Einem nach psychischer Entlastung suchenden Publikum bot die vitale, politisch allerdings ahnungslose Titelfigur eine willkommene Identifikationsmöglichkeit, die eine rationale Auseinandersetzung mit dem Nationalsozialismus nicht eben förderte. Die Charakterisierung des Saboteurs Oderbruch hingegen bleibt blass bis hin zur Neufassung des Stückes 1966, die den Vorwurf der Rechtfertigung des militärischen Mitläufertums entkräften wollte.

3.2 Geschichtsdramen, Komödien und Parabeln

Das Geschichtsdrama des Exils macht einen Großteil der dramatischen Produktion jener Jahre aus. Seine Autoren wollten sich dadurch einen Zugang zu ausländischen Bühnen verschaffen, der ihnen mit antifaschistischen Zeitstücken in aller Regel unmöglich war. Ähnlich den Exilautoren des historischen Romans (→ S. 453 ff.) wandten sich die meisten Dramatiker geschichtlichen Stoffen zu um durch Analogien aufklären und dabei gleichzeitig ihr Engagement für die Gegenwart tarnen zu können. Eben dies beabsichtigten die Napoleondramen von Ferdinand Bruckner (*Napoleon der Erste*, 1936) oder Arnold Zweig (*Bonaparte in Jaffa*, 1934) sowie die Stücke aus der Zeit der Französischen Revolution (Fritz von Unruh: *Charlotte Corday*, 1933; Friedrich Wolf: *Beaumarchais oder die Geburt des „Figaro"*, 1940). Auf den deutschen Bauernaufstand von 1525 griff Johannes Wüsten in *Weinsberg* (1936) zurück um dadurch die Hintergründe des Aufstiegs des Nationalsozialismus nach der Niederschlagung der Revolution von 1918/19 zeigen zu können. Dass das Geschichtsdrama auch Rechtfertigungszwecken diente, ist an Carl Zuckmayer zu belegen. Sein Schauspiel *Der Schelm von Bergen* (UA: Wien 1934), das auf einer mittelalterlichen Sage beruht, verhält sich durchaus positiv gegenüber dem austrofaschistischen Ständestaat.

Die Komödien des Exils spiegeln am deutlichsten den Zwang ihrer Verfasser wider sich den Verhältnissen ihrer Gastländer anzupassen. Die rein kommerzielle Ausrichtung der meisten ausländischen Bühnen, die sich am Boulevard- und Broadway-Theater orientierten, förderte die Tendenz zum unpolitischen Unterhaltungstheater. Trotz dieser Rahmenbedingungen gelang es zahlreichen Autoren, auch die Mittel der Komödie für die Auseinandersetzung mit dem Nationalsozialismus zu nutzen: Walter Hasenclever zum Beispiel, der die gesellschaftskritische Salonkomödie der 20er-Jahre mitgeprägt hatte (→ S. 373), verhöhnte in *Konflikt in Assyrien* (1937/8) den Antisemitismus. Den Militarismus persiflierte Ernst Toller in *Nie wieder Frieden!* (1936). Die wahnhaften Züchtungsideen der Nazis nahm Gustav von Wangenheim in der Burleske *Stürmisches Wiegenlied* (1937) aufs Korn. Das Doppelstück *NSDAP* (*Klawitter*, 1939; *Der englische Sender*, 1942) von Georg Kaiser reduzierte seine faschistischen Personen zu Karikaturen ihrer selbst und gab sie dadurch der Lächerlichkeit preis. Weit weniger überzeugend präsentierte sich dagegen Walter Hasenclevers Komödie über den Lügenbaron Münchhausen von 1934 sowie Ödön von Horváths Rückgriff auf Beaumarchais, *Figaro lässt sich scheiden* (1936), der keine Nähe zu den kritischen Volksstücken des Autors aus den späten 20er-Jahren (→ S. 401) verrät.

Zu einem der erfolgreichsten Dramen des Exils wurde die Flüchtlingskomödie *Jacobowsky und der Oberst* (UA: New York 1944; dt. EA: Basel 1944), mit der Franz Werfel (→ S. 386) auch als Dramatiker der internationale Durchbruch gelang. Die *Komödie einer Tragödie*, so der Untertitel, die zur Kritik rassistischer Denkformen beitragen möchte, spielt vor dem Hintergrund der deutschen Invasion in Frankreich und führt zwei höchst gegensätzliche Charaktere zueinander: den polnischen Oberst Stjerbinski und den jüdischen Kaufmann Jacobowsky, der die antisemitischen Vorurteile seines starrköpfigen Begleiters erst am Ende der spannenden Handlung überwinden kann.

Die Parabelstücke des Exils dokumentieren am nachhaltigsten die Neigung vieler Autoren, die Probleme der Gegenwart lediglich indirekt anzusprechen. Sie führen historische Modellfälle vor Augen und ziehen sich dabei auf das allgemein Menschliche zurück. So auch Nelly Sachs, die in *Eli* (1943; UA: Dortmund 1962) eine chassidische Legende und die Form des Mysterienspiels aufgriff um an die Leiden der Juden in den deutschen Konzentrationslagern zu erinnern. Zum bedeutendsten Vertreter des Genres wurde der ehemalige Expressionist Georg Kaiser (→ S. 374 ff.), der in seinen letzten Lebensjahren in der Schweiz bevorzugt Stoffe aus der griechischen Mythologie behandelte (*Zweimal Amphitryon*, 1943; *Pygmalion*, 1943/44; *Bellerophon*, 1944). Das bekannteste Exilstück Kaisers ist *Das Floß der Medusa* (1940–1943; UA Zürich 1945), das mit einer Vorbemerkung auf seinen zeitgeschichtlichen Hintergrund verweist: die Versenkung der *City of Benares* (1940), die Hunderte von Kindern aus dem umkämpften England nach Kanada evakuieren sollte. Thema der Parabel ist die Inhumanität des Zeitalters, die Kaiser an Hand des Verhaltens einer Gruppe von Kindern und Jugendlichen deutlich macht.

3.3 Die Exildramatik Bertolt Brechts

Der produktivste und zugleich folgenreichste Dramatiker der Emigration war Bertolt Brecht (→ S. 403 ff.). Die in Dänemark, Schweden und den USA in Zusammenarbeit mit Ruth Berlau, Margarete Steffin oder seiner Ehefrau Helene Weigel entstandenen Dramen umfassen das gesamte Gattungsspektrum der Exildramatik und haben die Entwicklung des deutschen Dramas nach 1945 maßgeblich bestimmt. Wie kein zweiter Autor hat Brecht nach Möglichkeiten eines zeitgemäßen Theaters gesucht. Es sollte in den antifaschistischen Kampf eingreifen bei gleichzeitiger Wahrung eines hohen künstlerischen Anspruchs. Brecht entwickelte hierzu seine Theorie des antiaristotelischen bzw. epischen Theaters weiter (*Der Messingkauf*, 1938/39) und setzte sich intensiv mit dem Nationalsozialismus auseinander (*Aufsätze über den Faschismus*, 1933–1939), den er als Spätphase der kapitalistischen Gesellschaft begriff. Auf der Grundlage seiner marxistischen Weltanschauung schuf er hierzu ein Lehrtheater von hohen Graden. Es sollte den Zuschauer aufklären und zum verändernden Handeln motivieren.

Parabolische Zeitkritik. Die frühen Exilwerke Brechts belegen das Bemühen des Autors an seine Weimarer Theaterpraxis anzuschließen. Das Ballett *Die sieben Todsünden der Kleinbürger* (1933, Musik: Kurt Weill) führt die satirische Gesellschaftskritik der *Dreigroschenoper* fort und zeigt am Beispiel der Persönlichkeitsspaltung einer Tänzerin die Deformierung des bürgerlichen Individuums. Die Parabel *Die Horatier und die Kuratier* (1934/35), die für den Kampf gegen den Nationalsozialismus das dialektische Denken Lenins propagiert, bildet den Abschluss der frühen Lehrstücke. Die gleichzeitig entstandene Parabel *Die Rundköpfe und die Spitzköpfe* (UA Kopenhagen 1936) indes kündigt eine Weiterentwicklung des Brecht'schen Theaters an. Der Autor unternimmt hierin erstmals den Versuch einer komplexen Auseinandersetzung mit dem NS-Regime. Am Beispiel des Fantasiestaats Jahoo werden die wirtschaftlichen, sozialen und politischen Hintergründe der NS-Diktatur aufgedeckt und der Zusammenhang von Rassismus und Kapitalismus herausgearbeitet. Brechts Stück ging weit über die dramatischen Zeitanalysen Bruckners oder Friedrich Wolfs (→ S. 458) hinaus. Es rief jedoch auch Widerspruch hervor, der u. a. auf die kritiklose Übernahme der kommunistischen Faschismusinterpretation zielte.

In der satirischen Polit-Parabel *Der aufhaltsame Aufstieg des Arturo Ui* (1941) hingegen, die einem amerikanischen Publikum die Karriere Hitlers erklären sollte, hat der Autor eine relative Unabhängigkeit des Nationalsozialismus vom Monopolkapital anerkannt. Das Schlüsseldrama, in dem in „einer großen Gangsterschau“ (Prolog) und mit den Mitteln der Verfremdungstechnik die Hauptpersonen der deutschen Politik von 1929 bis 1938 vorgeführt und die Hintergründe der Erfolge der NSDAP beschrieben werden, spielt in der Unterwelt Chicagos. Es unterstreicht die terroristischen Methoden der Nazis und setzt sie mit denen des organisierten Verbrechens gleich. Am Schluss übernimmt der Gangsterchef Arturo Ui das Regiment – im Gegensatz zu dem ebenfalls von führenden Wirtschaftskreisen angeheuerten Diktator Iberim aus *Die Rundköpfe und die Spitzköpfe*, der nach der Niederschlagung des Pächteraufstands von der alten Elite entmachtet wird.

Realistische Zeitkritik. Ab Mitte der 30er-Jahre experimentierte Brecht auch mit den Mitteln der herkömmlichen Theaterdramaturgie um dadurch wirksamer als bisher den Kampf gegen den Nationalsozialismus unterstützen zu können. Als Dialektiker ging er von der jeweils konkreten historischen Situation aus, die für ihn die ästhetischen Mittel bestimmte. Er sah durchaus die Schwächen der Parabelform, deren extreme Distanzierung vom Stoff den beabsichtigten Effekt aufzuheben drohte. Die Hinwendung zum Realismus führte in der Folge zu erheblichen ästhetischen Kompromissen mit seiner zeitgleich formulierten Theorie des epischen Theaters. Der didaktische Charakter seiner Stücke blieb allerdings durchgehend erhalten.

Furcht und Elend des Dritten Reiches entstand 1935 bis 1938 unter dem auf Heines *Wintermärchen* (→S. 278) anspielenden Arbeitstitel *Deutschland – ein Greuelmärchen.* Die 27 Szenen, von denen ein kleiner Teil 1938 in Paris uraufgeführt wurde, basieren auf Augenzeugenberichten und Zeitungsnotizen. Sie vermitteln ein abschreckendes Bild von den Lebensverhältnissen im NS-Regime bis hin zum „Anschluss" Österreichs. Das Stück weist keine übergreifende Fabel auf, sondern reiht charakteristische Zeitsituationen aneinander, die der Autor durch sarkastische Zwischentitel und Stropheneingänge miteinander verknüpft. Die mitunter anekdotisch verkürzten Einzelszenen sind auf enthüllende Verhaltensweisen der Beteiligten zugespitzt, die Handlungsorte geographisch breit gestreut. Das Personal stellt einen repräsentativen Querschnitt durch die Gesellschaft dar. Die großen NS-Verbrecher bleiben allerdings ausgespart, da Brecht eine kritische Sozialpsychologie des nationalsozialistischen Alltags beabsichtigte und die Selbstaufgabe und Erniedrigung des Volkes vor Augen führen wollte.

Brechts zeitweises Abrücken von seiner Theorie des epischen Theaters ist am deutlichsten in dem Einakter *Die Gewehre der Frau Carrar* (UA Paris 1937) zu sehen, der vor dem Hintergrund des Spanienkriegs dem Fatalismus gegenüber dem internationalen Faschismus entgegenwirken sollte: Zunächst will die Titelheldin ihre beiden Söhne vom Bürgerkrieg fernhalten und versucht dies durch Anpassung zu erreichen. Als jedoch Sohn Juan beim Fischen hinterrücks von Franco-Faschisten erschossen wird, gibt sie ihre friedfertige Haltung auf und schließt sich mit ihrem zweiten Sohn den republikanischen Truppen an. Die zeitbedingte Verwendung konventioneller Darstellungstechniken lässt sich auch in einigen während des Weltkriegs entstandenen Stücken feststellen: Das Drama *Die Gesichte der Simone Machard* (1940–1943; UA 1957 Frankfurt/M.) wollte mit Blick auf Frankreich den Widerstand gegen die deutschen Besatzungsarmeen stärken. Das tragikomische Volksstück *Schweyk im zweiten Weltkrieg* (1941–1944; UA Warschau 1957), das auf dem berühmten *Schweyk*-Roman Jaroslav Hašeks beruht, führte in der Figur des listighumorvollen Titelhelden die Überlebenskraft des Volkes vor Augen.

Brechts Weltgeltung als Dramatiker, die er nach 1945 erlangte, beruht auf Stücken, die auf mehr abzielen als die Kritik des Faschismus. Entstanden seit dem Ende der 30er-Jahre, als Brecht in Anbetracht seiner Exilsituation dramatischen Modellen „lang dauernder Bauart" den Vorzug gab, reflektieren sie grundsätzliche Fragen: die ethische Verantwortung der Naturwissenschaften (*Leben des Galilei*, Erstfassung: 1938/39; weitere Fassungen, die dem amerikanischen Atombombenabwurf über Hiroshima und Nagasaki Rechnung trugen, entstanden 1945–1947 und 1957); das Verhalten der kleinen Leute gegenüber dem Krieg (*Mutter Courage und ihre Kinder*, 1939); die Entfremdungsmechanismen der kapitalistischen Gesellschaft (*Herr Puntila und sein Knecht Matti*, 1940) sowie Fragen der sozialen Vernunft (*Der kaukasische Kreidekreis*, 1944/45). In formaler Hinsicht spiegeln diese Stücke den Versuch Brechts wider seine Theorie des epischen Theaters in die Praxis umzusetzen – ohne Rücksicht auf ein konkret vorhandenes Publikum, das es zu diesem Zeitpunkt für ihn ohnehin nicht mehr gab. So gesehen hatte das Exil auch eine befreiende Dimension. Sie ermöglichte Brecht in längeren Zeiträumen zu denken und seine Werke einer späteren Rezeption anheim zu stellen. Als gelungenstes Beispiel dieser Schaffensphase gilt die im vorrevolutionären China spielende Parabel *Der gute Mensch von Sezuan* (1941, UA Zürich 1943), die die idealistische Auffassung vom Menschen kritisiert und zur revolutionären Gesellschaftsveränderung aufruft.

4 Die Lyrik des Exils

4.1 „Schlechte Zeit für Lyrik"

So bilanziert Bertolt Brecht 1939 in einem gleichnamigen Gedicht und hat damit in mehrfacher Weise Recht: Der bereits während der Weimarer Republik gesunkene Marktwert für Lyrik reduzierte sich während des Exils mehr oder minder auf Null. In den Exilverlagen blieb die lyrische Sparte weitgehend unbesetzt. Allenfalls Exilzeitschriften boten gelegentliche Publikationsmöglichkeiten. Annähernd 60% der im Exil entstandenen Lyrikbände konnten folglich erst nach 1945 verlegt werden. Bedeutende Ausnahmen bilden dabei das Spätwerk Else Lasker-Schülers (*Mein blaues Klavier*, 1943), Brechts *Lieder. Gedichte. Chöre* (1934) sowie seine *Svendborger Gedichte* (1939), die neben dem umfänglichen Œuvre Max Herrmann-Neisses (1886–1941) zum bleibenden Erbe der Exilliteratur zählen.
„Schlechte Zeit für Lyrik" meint daneben den Umstand, dass angesichts der Nazi-Barbarei der Rückgriff auf herkömmliche lyrische Themen (z. B. Liebe und Natur) und Verfahren (z. B. Reim und Rhythmus) Gefahr lief die politische Wirklichkeit jener Jahre auszublenden oder zu beschönigen. „Wirklich, ich lebe in finsteren Zeiten!", klagt Brecht in dem Gedicht *An die Nachgeborenen* (1939):

> Das arglose Wort ist töricht. Eine glatte Stirn
> Deutet auf Unempfindlichkeit hin. Der Lachende
> Hat die furchtbare Nachricht
> Nur noch nicht empfangen.
>
> Was sind das für Zeiten, wo
> Ein Gespräch über Bäume fast ein Verbrechen ist
> Weil es ein Schweigen über so viele Untaten
> einschließt!

Brechts poetologische Antwort auf diese Situation ist in dem Aufsatz *Über reimlose Lyrik mit unregelmäßigen Rhythmen* (entst. 1938; ersch. 1953) nachzulesen, in dem er die „einlullende, einschläfernde Wirkung" herkömmlicher Gedichte missbilligt und seinen Bruch mit der Tradition theoretisch untermauert. Gleichzeitig erläutert er dabei die Techniken seiner eigenen Lyrik, die jegliche Nähe zum Erbauungs- oder Stimmungsgedicht mied und stattdessen in einem fortgesetzten Akt der „Sprachwaschung" die Demaskierung ihrer Zeit betrieb. Ernst Bloch (*Der Nazi und das Unsägliche*, 1938) empfahl im selben Zusammenhang das „Kräutlein Faktum" oder die Satire und Groteske zu benutzen um dem Nationalsozialismus einen kritischen Spiegel vorhalten zu können.

4.2 Themen und Formen

Die frühe Lyrik des Exils wurde von den Vertretern der Agitations- und Gebrauchslyrik der Weimarer Republik bestimmt, von denen – Erich Kästner ausgenommen – nahezu alle zur ersten Welle der Emigration gehörten. Ungeachtet der Veränderung der politischen und literarischen Gegebenheiten setzten sie ihre operativen Techniken und Strategien zunächst fort. Zentrales Thema wurde der Nationalsozialismus an der Macht, seine terroristischen Praktiken und der antifaschistische Widerstand.
Die Satire spielte dabei eine große Rolle. Mit Hilfe von Übertreibungen wurden die Widersprüche der NS-Ideologie und ihrer Parolen vor Augen geführt. Das Schmähgedicht zeigte die Erbärmlichkeit der NS-Führer (Brecht, *Das Lied vom Anstreicher Hitler*). Um ein breiteres Publikum zu erreichen wurden bekannte Nazilieder (Brecht, *Kälbermarsch*) oder protestantische Kirchenlieder (Brecht, *Hitlerchoräle*) parodiert. Vor dem Gebrauch der Fäkalsprache schreckte man nicht zurück, galt es doch einen Gegner zu treffen, dessen Inhumanität und Niedertracht außer Frage standen. Die überlieferten Mittel der schönen Literatur verboten sich dadurch von selbst.
Gegenüber den Verfolgten und Opfern des NS-Regimes allerdings wurde ein anderer Ton angeschlagen. Die ihnen gewidmeten Balladen, Lieder und Chroniken sprechen von Trauer, Hochachtung und Mitgefühl. Sie wurden darin zu Vertretern des wahren Deutschlands stilisiert – ein Topos, der zahlreiche Variationen nach sich zog. Heroischen Gedichten (Alfred Kerr, *Die illegalen Kämpfer in Deutschland*) standen dabei einfühlsame, auf das Leid des Individuums hinweisende Gedenkgedichte gegenüber (Jesse Thoor, *Sonett von der endgültigen Frage*).

Stimmungswandel. Mit zunehmender Dauer des Exils machte sich das Fehlen der gewohnten

literarischen Öffentlichkeit deutlich bemerkbar. Kabaretts oder Revuen waren auf kleine Emigrantenzirkel beschränkt. Der gattungsstiftende Kontakt mit einem größeren Publikum und somit die erhoffte Agitationswirkung blieben aus. Der bis Mitte der 30er-Jahre überwiegend satirisch-kämpferische Charakter der Exillyrik wich resignativen Schreibhaltungen. Die Traditionslinien der politischen Lyrik wurden dadurch erneut für Jahrzehnte unterbrochen.
Diese Entwicklung führte dazu, dass zahlreiche Autoren verstummten oder – wie Kurt Tucholsky (→ S. 395 f.) – in den Selbstmord getrieben wurden. Lyriker wie Max Herrmann-Neisse (*Um uns die Fremde*, 1936), der sich allerdings von Anfang an jeglicher Satire enthielt, stimmten Elegien an und nahmen jenen Klageton vorweg, der die

***Max Herrmann-Neisse**, porträtiert von George Grosz (1925). Der 1941 in London verstorbene Dichter, der im Zeichen des Expressionismus sein literarisches Debüt gab, gehört zu den beeindruckendsten Lyrikern des Exils: „Doch hier wird niemand meine Verse lesen,/ ist nichts, was meiner Seele Sprache spricht;/ ein deutscher Dichter bin ich einst gewesen,/ jetzt ist mein Leben Spuk wie mein Gedicht.“*

spätere Exillyrik beherrschen sollte. Wieder andere begriffen sich als Zeitzeugen und Chronisten, deren Werke auf ihr Publikum durchaus warten konnten. Exemplarisch tritt diese Haltung in Bertolt Brechts Gedicht *Frühling 1938* auf, das in einem sachlichen Ton Naturerlebnis, Selbstreflexion und politische Situation gegenüberstellt. Von Resignation und Verdrängung keine Spur.

Die Selbstthematisierung des Exils. Je länger das Exil dauerte, desto mehr beschäftigten sich auch die Lyriker mit ihren eigenen Lebens- und Arbeitsbedingungen. Meistens wird dabei eine schwere Identitätskrise sichtbar, die der Verlust von Heimat und Muttersprache nach sich zog. Bilder der Existenznot werden dadurch hervorgerufen. Viele dieser Gedichte, die an die Tradition der *Tristia* des römischen Dichters Ovid anschließen, sind autobiografisch-subjektiv gehalten. Überindividuelle Verweisfunktion erhalten sie dann, wenn das private Schicksal auf eine allgemeine Ebene gehoben wird. Dies gilt vor allem für die Lyrik von Hans Arp, Rose Ausländer, Else Lasker-Schüler, Hilde Domin und Nelly Sachs. Wieder ist es Brecht (*Über die Bezeichnung Emigranten*), der diese Ebene zwischen subjektiv Erlebtem, objektiven Erfahrungen und politischen Zusammenhängen in besonders überzeugender Weise ausbalanciert und reflektiert.

Der Spanische Bürgerkrieg ermöglichte zumal den sozialistischen und kommunistischen Autoren für kurze Zeit eine Aufhebung ihrer isolierten Situation und hat deutliche Spuren in der Exillyrik hinterlassen. Zahlreiche Gedichte von Paul Celan, Johannes R. Becher, Louis Fürnberg, Rudolf Leonhard, Erich Weinert u. a. betrieben literarische Agitation gegen den internationalen Faschismus. Ihr Kennzeichen ist ein kämpferisches Pathos. Besonders Erich Arendt hat aus diesen Jahren eine wortmächtige und bildreiche Lyrik hinterlassen, die von seiner Sympathie für das vom Faschismus geschändete Volk Zeugnis ablegt.

Die Fremde als Spiegel der Seele. Realistische Eindrücke der Gastländer finden sich in der Exillyrik nur in wenigen Beispielen. Das Gefühl der Heimatlosigkeit, das Festhalten am Verlorenen und an der Vergangenheit verwehrte eine Öffnung zum Gastland und seiner Kultur. Vielmehr sind immer neue Versuche zu beobachten die alte Heimat zu vergegenwärtigen (Johannes R. Becher: *Oberbayerische Hochebene*, *Tübingen oder die*

Harmonie). Eine Ausnahme bildete dabei Erich Arendt, der im Exil zum kongenialen Übersetzer spanischer Literatur wurde und lateinamerikanische Rhythmen und Metren in seine Gedichte einbezog. Auch Brecht ist in diesem Zusammenhang zu nennen, dessen *Hollywood-Elegien* (1942) entgegen der Gattungstradition auf ein lyrisches Ich verzichten und einen kühl-distanzierten Blick auf die neue Umgebung werfen.

Das Thema „Vaterland" verweist auf einen Bereich, den die meisten Exillyriker erstmals nach ihrer Flucht aufgriffen, war er doch bisher von den Autoren der nationalen Rechten besetzt. Es verwundert deshalb, wenn nunmehr glühende Hymnen auf Deutschland verfasst wurden (Paul Mayer: *Es gibt ein Wort...*) oder wie bei Johannes R. Becher (*Tränen des Vaterlandes Anno 1937*) eine nachgerade religiöse Verbundenheit zu Tage tritt, die mit Blick auf das „andere" Deutschland und mit priesterlichem Pathos gar von einer „Deutschen Sendung" und „Wiedergeburt" spricht. Derlei Gedichte riefen den Vorwurf des „linken Nationalismus" hervor, der auch Brechts Kritik an Becher zu Grunde liegt (*An einen befreundeten Dichter*). Brechts *Studien*-Gedichte (1936–1939) fragen hingegen nach den geschichtlichen Gründen, die den Aufstieg des Nationalsozialismus ermöglichten. Die Schuld des Volkes wird nicht ausgespart im Gegensatz zu Becher, der die Deutschen gemäß der Volksfront-Programmatik mit einem unschuldigen „Lamm" vergleicht, das vom „Wolf" des Nationalsozialismus zerfleischt wurde. Gemeinsamer Nenner aller Deutschlandgedichte des Exils war indes der Hinweis auf das vom Faschismus geschändete Vaterland, die „Hure" Deutschland, wie es Georg Kaiser in seinem Gedicht *Vaterland, dich verfluch' ich mit stammelnden Lauten* nennt.

Die Hinwendung zur festgefügten Form, zu Metrum, Reim, Strophe und Gedichttypen der Tradition, war ein Merkmal der Exillyrik, das sie mit den Autoren der „Inneren Emigration" (→ S. 434 ff.) und des innerdeutschen Widerstands (→ S. 440 ff.) verband. Besonders das Sonett erfreute sich großer Aufmerksamkeit. An der Spitze der „Sonettenwut" stand mit über 350 Titeln Johannes R. Becher, dem diese Gedichtform als „Sinnbild einer Ordnungsmacht", als „Rettung vor dem Chaos" (*Sonett*) erschien. Ernst Waldinger (*Warum ich Sonette schreibe*) half sie wie vielen anderen den „Abgrund" einer bedrückenden Existenz zu überwinden. Ähnlich äußerten sich Friedrich Torberg (*Die Rettung*) und Franz Werfel (*Der Reim*). Dass der Hinwendung zu den überlieferten poetischen Ausdrucksmitteln nicht notwendig eine Ästhetik der Biederkeit folgen musste, wie vielfach und nicht zuletzt bei Becher feststellbar, zeigen die Sonette Erich Arendts, die der Dramatik ihrer Entstehungszeit durch abrupte Gedichtschlüsse, syntaktische Stauungen und rhythmische Synkopen Rechnung tragen. Brecht bediente sich des Sonetts um sich die Spannung zwischen alter Form und neuem Inhalt zu Nutze zu machen.

Gedenken und Erinnern haben in den Exilgedichten einen zentralen Ort, der vielfach auf mythische Figuren wie Ahasver, Hiob, Odysseus oder die an ihrer Zeit verzweifelnde Seherin Kassandra verweist. Daneben steht die konkrete Erinnerung an politische Gefährten, Freunde und geliebte Menschen, die dem Faschismus zum Opfer fielen. Die Totenklage soll sie dem Vergessen entreißen und entgegen der Absicht der Mörder ihr Gedächtnis bewahren. Das gleiche Ziel verfolgen Gedichte, die eine Chronik der Kriegsereignisse darstellen und die Ergebnisse des nationalsozialistischen Größenwahns festhalten: zerstörte Städte, verbranntes Land, getötete Menschen. Lakonisch vermerkt hierzu Rudolf Leonhard: „Hitler hat Wort gehalten: das Land/ ist nicht wiederzuerkennen" (*In zwölf Jahren*). Ausgelöst durch den Holocaust, entsteht auch eine Lyrik, die der Massenmorde an den Juden gedenkt. Die *Todesfuge* von Paul Celan (→ S. 477) wurde hierfür zum bekanntesten Beispiel.

Der Zweifel am lyrischen Wort angesichts der Inhumanität des Nationalsozialismus findet sich bereits 1933 in Karl Kraus' Gedicht *Man frage nicht, was all die Zeit ich machte*. Der streitbare Herausgeber der *Fackel* (→ S. 341 ff.) zog darin ein negatives Fazit („Kein Wort, das traf;/ [...] Das Wort entschlief, als jene Welt erwachte") und musste sich daraufhin heftiger Polemiken erwehren. Sie zeugen von einem weithin ungebrochenen Glauben an die Macht der Poesie, dem die Mehrzahl seiner Dichterkollegen bis zum Ende des Exils anhing. Daneben finden sich aber auch Lyriker, die von den Ereignissen des Weltkriegs und Holocausts in eine tiefe Ausdruckskrise gestürzt wurden. Vor dem Hintergrund der Zerstörung aller Lebensbereiche und dabei nicht zuletzt der Sprache forderten Günther Anders, Hermann Broch, Rose Ausländer oder Paul Celan eine grundsätzlich neue Lyrik. Stephan Hermlin steht für viele, wenn er 1945 in seiner Ballade von den alten und neuen Worten schreibt:

Dass an meinen Worten ich leide!
Und die Worte waren schön [...]
Ich will eine neue Sprache,
Wie einer, der sein Werkzeug wählt.
Eine neue Sprache für meine Sache,
Die euch tröstet und euch quält.
Ich will eine neue Sprache.

XVI Die Literatur der ersten Nachkriegsjahre

1 Panorama

1.1 Schock, Entsetzen und Neuanfang

Das Pathos Hitlers und seiner Bewunderer erledigte sich in den brennenden Städten der letzten Kriegsmonate. Obwohl viele geschundene Menschen die bedingungslose Kapitulation als Erlösung empfanden, sah sich das deutsche Volk am „Nullpunkt". Millionen Flüchtlinge suchten eine neue Heimat. Die Nachrichten vom Völkermord in den Konzentrationslagern lösten weltweites Entsetzen aus. Das Volk der Dichter und Denker, so schien es, hatte sich nach dem Wort von Karl Kraus in ein Volk der Richter und Henker verwandelt.

Der 8. Mai 1945, der Tag der bedingungslosen Kapitulation, war für viele Deutsche nicht gleichbedeutend mit einem Auftakt zu einer Phase des Friedens. Den Soldaten der Besatzungsmächte war klar gemacht worden, dass sie sich nicht in einem befreiten, sondern in einem besiegten Land befanden. Und allmählich wurde auch erkennbar, dass der von Hitler entfesselte Krieg ein unvorstellbares Ausmaß an Opfern gefordert hatte. Die entsetzlichen Bilanzen wiesen nach, dass 55 Millionen Soldaten und Zivilisten durch Kriegseinwirkungen getötet worden waren. Ein unüberschaubares Heer von Verwundeten und Verfolgten, von Vertriebenen und Evakuierten flutete durch Städte und Provinzen.

Der Schock, ausgelöst durch dieses bisher unbekannte Ausmaß an Zerstörung und durch ständig neue Aufdeckungen menschlicher Pervertierung in den von einem allgemeinen Werteverfall gekennzeichneten Kriegsjahren, führte zu unterschiedlichen Reaktionen. Neben den Einsichtigen, die fassungslos das ganze Ausmaß nationalsozialistischen Terrors zu überblicken versuchten, konzentrierten die „Organisationstalente" ihre Aufmerksamkeit auf die Chance, trotz Hungers und allgemeiner Mangelwirtschaft zu überleben. Und erstaunlich häufig zeigte sich die Tendenz der Frage nach den Ursachen allen Jammers auszuweichen.

1.2 Faszination der westlichen Literatur

Unterschiedlich waren auch die Motive, die zu einer fast übergangslosen Akzeptanz westlicher Lebensformen und westlicher, vor allem amerikanischer Wertvorstellungen führten. In der Bereitschaft großer Teile der deutschen Bevölkerung alle unter dem NS-Regime geschürten Aversionen gegen die westlichen Besatzungsmächte abzubauen drückte sich nicht nur Opportunismus aus. Trotz vielfältiger Bedrückungen erkannten viele Deutsche schon früh, dass sich mit dem Einfluss der Alliierten Wege in eine freiere Zukunft anbahnten.

Nach 12-jähriger Indoktrination wurde die Möglichkeit sich endlich wieder über die kulturellen Entwicklungen außerhalb Deutschlands zu informieren als ein ganz wesentlicher Teil der Befreiung empfunden. Der Blick auf literarische Horizonte, bisher verstellt von völkischem und nationalem Schrifttum, wurde mit dem Einmarsch der Siegermächte geöffnet. Vor allem in den Amerikahäusern der US-Zone gelangten viele kulturell interessierte Leser mit Hilfe der Werke von André Gide, Jean Paul Sartre, James Joyce, Federico García Lorca, William Faulkner und Ernest Hemingway zur Erkenntnis, dass Deutschlands Literatur von den weltweiten Entwicklungen abgeschnitten war.

Von größter Bedeutung war in diesem Zusammenhang die Idee des Verlegers Ernst Rowohlt, die bedeutendsten Werke der Weltliteratur in Drucken zu niedrigstem Preis zugänglich zu machen. Schon Ende 1946 verwirklichte Rowohlt

1947 – im Antiquariat Rosen am Kurfürstendamm in Berlin liegen Bücher aus…

seine Absicht mit Hilfe des Projekts Rowohlts Rotations Romane „möglichst viele Buchstaben auf möglichst wenig Papier für möglichst wenig Geld" unterzubringen. Diese Druckerzeugnisse übernahmen das großformatige, dreispaltige Layout von Zeitungsseiten und setzten sich das Ziel das lesehungrige Publikum dieser Zeit mit großer Literatur zu versorgen. Auch so erklärt sich die weite Verbreitung von Werken ausländischer Autoren wie beispielsweise von Ernest Hemingway, Antoine de Saint-Exupéry, André Gide, Henri Alain-Fournier, Joseph Conrad, Thyde Monnier, Ignazio Silone und Sinclair Lewis. 1950 wurden die Rotationsromane durch die rororo-Taschenbuchbände zum Preis von je DM 1,50 ersetzt. Der gewaltige geschäftliche Erfolg war ein überzeugender Ausdruck für das Informationsbedürfnis deutscher Leser und für die besondere, existentielle Bedeutung der Literatur in dieser Phase der deutschen Nachkriegsgeschichte.

1.3 Orientierung an Traditionen

Die verratene Generation, die aus Krieg und Gefangenschaft in die Heimat zurückkehrte, interpretierte begreiflicherweise das „Dritte Reich" zumeist als ein System, das nicht nur den Tod von Millionen, sondern auch den totalen Bruch mit der deutschen Kulturtradition zu verantworten hatte. Für sie war der Begriff von der „Stunde Null" ein Ausdruck des Bestrebens einen neuen Anfang zu setzen, zugleich aber auch an Vorbilder anzuknüpfen, die mit den Kulturvorstellungen des NS-Propagandaministers Goebbels nicht in Verbindung zu bringen waren. Darstellungs- und Sprachmuster des Expressionismus, des Poetischen Realismus und sogar der Weimarer Klassik erschienen schon deshalb als besonders geeignete Impulse, weil sich mit ihnen die Erinnerung an ein „besseres Deutschland" verknüpfen ließ. Hans Carossa (1878–1956) beispielsweise, der schon 1938 einen Essay zum Thema *Wirkungen Goethes in der Gegenwart* publiziert hatte, fand mit seinem Gedichtband *Stern über der Lichtung* (1946) und mit seiner Autobiografie *Der Tag des jungen Arztes* (1955) starke Beachtung, weil er in den Augen vieler Leser die abendländische Tradition des Maßes repräsentierte und weil er die „Verdeutlichung göttlicher Spuren in den Wirrnissen des Lebens" als die vornehmste Aufgabe der Dichtung ansah. Carossa, Arzt in Passau, schien zu beweisen, dass der humanistisch gebildete Mensch seine Erlebnisse selbst in chaotischen Zeiten als

symbolhafte Fingerzeige des Weltgeschehens verstehen und mit dem Filter einer formsicheren Sprache zu Paradigmen aufstufen kann.
Andererseits wurde schon früh die Forderung laut, dass Literatur mit der realistischen Analyse von Ereignissen der Kriegs- und Nachkriegszeit die jüngste Vergangenheit zu „bewältigen“ und Einblick in die tieferen Ursachen der Katastrophe zu vermitteln habe. Autoren, die sich dieser Auffassung anschlossen, suchten nach Wegen, vor einer Wiederholung der Barbareien zu warnen, indem sie die Mechanismen der Gewalttätigkeit aufdeckten.

1.4 Der Kahlschlag

Angesichts der ideologisierten Plattheit fast aller Publikationen aus der NS-Zeit wandte sich das literarische Interesse der Nachkriegsjahre mit besonderer Aufmerksamkeit den Werken der emigrierten Schriftsteller zu. Dass diese Autoren trotz oftmals bedrückender Lebensumstände in Ländern außerhalb des deutschen Sprachraums Werke von Weltgeltung geschrieben hatten, wirkte tröstlich. Thomas Mann (→ S. 356 ff.) und Heinrich Mann (→ S. 353 ff.), Hermann Broch (→ S. 415), Walter Mehring, Stefan Zweig (→ S. 334 f.) und Arnold Zweig, Anna Seghers (→ S. 395), Bertolt Brecht (→ S. 403 ff.), Alfred Neumann, Lion Feuchtwanger (→ S. 410 ff.), Max Brod (→ S. 386), Leonhard Frank (→ S. 394 f.), Robert Neumann widerlegten einerseits die deprimierende Vorstellung, dass die deutsche Literatur insgesamt „am Nullpunkt“ angelangt, also durch Hitler-Deutschland zerstört worden war. Diese Schriftsteller repräsentierten mit vielen Werken nicht nur das „bessere Deutschland“, sondern bauten auch eine Brücke zum Verständnis internationaler Literatur. Darüber hinaus bot die Lektüre ihrer Werke manchem „Mitläufer“ in Deutschland Gelegenheit sich mit den humanistischen Positionen zu identifizieren und wenigstens nachträglich den Zusammenhang von Totalitarismus und Menschenverachtung zu begreifen. Die kritiklose Begeisterung für die westliche Lebensweise und Kultur musste allerdings dann peinlich berühren, wenn sie nicht das Ergebnis eines Lernprozesses, sondern Ausdruck opportunistischer Anpassungsbereitschaft war. Heinrich Böll (→ S. 479 f.; 503 ff.) hat in seinem Roman *Ansichten eines Clowns* dieses Thema aufgegriffen.
Nicht wenige Autoren hatten in der unmittelbaren Nachkriegszeit größte Probleme, wenn es darum ging, den Sinn literarischer Produktion zu begründen. „Es war so unglaublich schwer, kurz nach 1945 auch nur eine halbe Seite Prosa zu schreiben“, sagte Heinrich Böll. Die ständige Konfrontation mit dem allgemeinen Elend ließ Schriftsteller ebenso verstummen wie die zerstörerische Kraft selbsterlittener Not. Der Literat geriet leicht in Verdacht mit kühler oder esoterischer Distanziertheit die Leiden der Zeit zu ignorieren. Die Auffassung, dass nach Auschwitz jeder ästhetisierende Text deplaziert und geschmacklos sei, fand weite Verbreitung. Solche Positionen spiegeln sich auch in den Bezeichnungen für die neue deutsche Literatur. Unter der neorealistischen, der Heimkehrer-, Kahlschlag- und Trümmerliteratur verstanden Kritiker und Autoren jene Werke, deren Inhalte sich auf die Kriegs- und Nachkriegsgegenwart bezogen und deren Stil sich fernhielt von den schönheitsbezogenen, romantisierenden Sprachmustern einer literarischen Tradition, die in den Reden nationalsozialistischer Funktionäre pervertiert und damit diskreditiert worden war. Wer solche Standpunkte vertrat, interpretierte den Begriff Kahlschlag als einen Ausdruck für das Bestreben, die Poesiedefinitionen der Vergangenheit zu überwinden und eine gänzlich neue Literatur zu schaffen. „Die Kahlschläger fangen in Sprache, Substanz und Konzeption von vorn an ...“, formulierte Wolfgang Weyrauch und zugleich setzte er sich dafür ein, dass sich der neue Schriftsteller nicht mehr der Poesie, sondern der „Methode der Bestandsaufnahme“ und „der Intention der Wahrheit“ verpflichtet fühlen müsse.

1.5 Schreiben nach Auschwitz

Viele Vertreter der neuen Erzählergeneration wurden nach dem Krieg rasch bekannt und viele von ihnen haben das literarische Leben in Deutschland jahrzehntelang entscheidend mitgestaltet. Sie hatten ihre Jugend auf den Schlachtfeldern geopfert, kehrten illusionslos aus der Kriegsgefangenschaft in die zerstörte Heimat zurück und sahen ihre Hauptaufgabe darin, die neu entstehende Literatur von jeder Ideologisierung freizuhalten. Diese zumeist nicht mehr ganz jungen Autoren hatten das Grauen kennen gelernt. Soweit sie mit der Arbeit des Schriftstellers überhaupt eine Hoffnung verbanden, war es die Hoffnung, dass die Literatur ihren Beitrag leisten müsse um eine Wiederholung des Grauens auszuschließen. Zorn und Trauer verbanden sich in den Werken dieser Autoren mit aufrüttelnden Appellen.

2 Die Bedeutung der Literatur in den ersten Nachkriegsjahren

2.1 Das Profil einer neuen Erzählergeneration

Augenzeugen, die den Versuch unternahmen die Mentalität der überlebenden Bevölkerung in den ersten Nachkriegsjahren zu charakterisieren, gelangten zu sehr widersprüchlichen Darstellungen. Einig sind sie sich aber darin, dass nicht nur der Hunger nach Nahrung, sondern auch ein „geistiger Hunger" alle Schichten kennzeichnete. Diese Art von Hunger mag in vielen Fällen nichts anderes gewesen sein als ein verstärktes Bedürfnis nach Information. Nach zwölf Jahren strengster Zensur, wahrheitsverfälschender Propaganda und erfolgreicher „Sprachregelung" sehnten sich die Menschen nach einer glaubwürdigen Berichterstattung. Vielen Deutschen eröffnete sich nach langer Zeit erstmals wieder die Möglichkeit sich mit philosophischen und künstlerischen Fragestellungen auseinanderzusetzen. Zwar konnten wegen des Papiermangels kaum Bücher gedruckt werden, aber die mit Erlaubnis der Militärbehörden publizierten Zeitungen, Zeitschriften und Broschüren übten eine heute kaum mehr begreifbare Faszination aus. Ohne Angst vor Repression und Verfolgung konnte man sich plötzlich mit den kühnsten Gedankengebäuden auseinandersetzen. Und viele Menschen im Nachkriegsdeutschland begriffen, dass vor allem die Literatur einen wesentlichen Beitrag zur „Bewältigung der Vergangenheit" leisten konnte.

Deshalb war es nicht verwunderlich, dass Schriftsteller, die sich mit Glück oder Können den Zugang zu den Rundfunkanstalten, Zeitungen und Zeitschriften ebneten, zumeist sehr schnell einen außerordentlichen Bekanntheitsgrad erreichten. Ebenso begreiflich war es, dass ein wesentlicher Teil der aus dem Krieg zurückkehrenden Autoren seine Aufgabe darin sah, die Verlogenheit der nationalsozialistischen Propaganda zu entlarven, die Hölle des Krieges zu schildern und Wege in eine friedliche Zukunft aufzuzeigen.

2.2 Rückkehr und Einfluss der Emigranten

Unterstützt wurden sie in diesen Anliegen von den aus dem Exil und der Emigration zurückkehrenden Autoren. Fast alle Schriftsteller, die der deutschen Literatur des 20. Jh. Geltung verschafft hatten, hatten Deutschland vor oder nach der „Machtübernahme" Hitlers verlassen. Viele hatten sich dem Zugriff des nationalsozialistischen Terrors im letzten Augenblick entzogen. Und nicht wenige Autoren hatten Bedenken sich nach dem Zusammenbruch der Diktatur wieder als Repräsentanten eines Volkes zu fühlen, dessen Verhalten in den Jahren nach 1933 Beobachtern vor allem in den demokratischen Ländern des Westens unbegreiflich erscheinen musste.

Aber bei allem berechtigten Bedürfnis sich als Vertreter eines anderen, besseren Deutschland zu fühlen hatte die überwiegende Mehrheit der emigrierten Schriftsteller die Bindung an Deutschland nicht aufgegeben. Die Frage nach den Gründen und Ursachen, mit deren Hilfe die blinde „Gefolgstreue" deutscher Menschen gegenüber Hitler zwar nicht entschuldigt, aber wenigstens erklärt werden konnte, beschäftigte Thomas Mann (→ S. 471), Hermann Broch (→ S. 415), Walter Mehring, Arnold Zweig, Bertolt Brecht (→ S. 403 f.), Robert Neumann, Anna Seghers (→ S. 456), Alfred Neumann, Leonhard Frank, Lion Feuchtwanger (→ S. 410) und viele andere Autoren.

Die Bindung an Deutschland und die Muttersprache veranlasste viele emigrierte Autoren unmittelbar nach Kriegsende oder in den ersten Nachkriegsjahren in die zerbombte Heimat zurückzukehren. Die Wahl des neuen Wohnplatzes signalisierte die beginnende Spaltung Deutschlands in einen westlichen und einen östlichen Teil. Autoren, die im Sozialismus den eigentlichen Gegner des nationalsozialistischen Regimes sahen, ließen sich zumeist in der Sowjetischen Besatzungszone nieder. Wer die Hoffnung hatte, dass sich die politische Entwicklung Deutschlands am Modell der westlichen Demokratien orientieren werde, sah in den Westzonen und der späteren Bundesrepublik die Voraussetzung für eine bessere Zukunft.

2.3 Der Streit um die Innere Emigration

Nicht alle Schriftsteller, die in der Zeit der Hitlerherrschaft in Deutschland geblieben waren, begrüßten die Rückkehrer mit uneingeschränkter Freude. Sichtbar wurde eine Tendenz, die Innere Emigration (→ S. 434), also das Ausharren in der Diktatur, als eine verdienstvolle, wenn nicht gar heroische Haltung zu interpretieren.

Versuch die Hitlerzeit zu relativieren. Auffallend viele Autoren, die sich auf eine „Emigration nach innen" beriefen, vertraten eine von christlichen Positionen ausgehende Poetik. Werner Bergengruen (→ S. 422 f.), Reinhold Schneider (→ S. 420), Gertrud von Le Fort (→ S. 420), Erhart Kästner und Frank Thieß verwiesen auf die Fähigkeit des Dichters sich aus dem Streit der Zeit herauszuhalten und dennoch Gültiges zu schreiben. Autoren, die solche Haltungen vertraten, fanden in den ersten Nachkriegsjahren ein breites Lesepublikum. Elisabeth Langgässers Mysterienroman *Das unauslöschliche Siegel* (1946) galt vielen literarisch interessierten Deutschen der Nachkriegszeit als ein Beleg für die Ehrenhaftigkeit einer „Emigration nach innen". Dieses während der NS-Zeit geschriebene Hauptwerk der Autorin, das den Helden Lazarus Belfontaine als Objekt teuflischer Versuchungen charakterisiert, handelt in einem geschichtslosen Raum und spiegelt die Auffassung Elisabeth Langgässers wider, dass seit dem Sündenfall nur die Geburt Christi ein Ereignis von historischem Rang gewesen sei.

Ernst Kreuders (1903–1972) Roman *Die Gesellschaft vom Dachboden* (1946) erzählt von den Abenteuern einer Gruppe von Menschen, die als „Gesellschaft vom Dachboden" auf einem Kaufhausspeicher zusammenkommen und im Widerspruch zum Zeitgeist philanthropische Programme erarbeiten. Das Werk plädiert zwar nicht für eine Flucht aus der Realität, sympathisiert aber mit den Träumern und skurrilen Gegnern rationalistischer Weltbetrachtungen. Schließlich beschwor der Roman *Die Stadt hinter dem Strom* (1947) von Hermann Kasack (1896–1966), geschrieben in den Jahren 1942–1944 und 1949 mit dem Theodor-Fontane-Preis ausgezeichnet, eine reale Vision von einer Stadt im Zwischenraum von Tod und Leben. Dem Leser, der dem Archäologen Dr. Lindhoff in das Schattenreich folgt, soll gezeigt werden, welche Verheerungen Propaganda und geistzerstörende Machtapparate angerichtet hatten. Bei aller Kritik an der sinnlosen Zerstörungswut des Krieges bekräftigt das Werk aber auch die Auffassung von der Nichtigkeit der individuellen Existenz.

Umstrittene „Realitätsflucht". Gerade der Erfolg dieser drei Nachkriegsromane spielte in der Kontroverse um Sinn und Möglichkeit einer „inneren Emigration" eine ausschlaggebende Rolle. Nicht nur Schriftsteller, die Deutschland während der Hitler-Zeit hatten verlassen müssen, äußerten den Verdacht, dass Elisabeth Langgässer, Ernst Kreuder und Hermann Kasack dem opportunistischen Bildungsbürgertum aus der Seele sprachen, wenn sie Realitätsflucht als angemessene Haltung des geistigen Menschen definierten. So ist es zu erklären, dass der Begriff „Innere Emigration" in der Kontroverse der Nachkriegsjahre auch eine ethische Komponente erlangte.

Der Streit um den Wert und die Bewertung der Inneren Emigration wurde durch Walter von Molo ausgelöst, der unter dem Titel *Offener Brief an Thomas Mann* am 13. August 1945 in der *Münchener Zeitung* eine Stellungnahme zu diesem Thema veröffentlichte.

Walter von Molo bittet Thomas Mann „mit aller, aber wahrhaft aller Zurückhaltung, die uns nach den furchtbaren zwölf Jahren auferlegt ist", um Rückkehr nach Deutschland. Eine Kernstelle des Briefs umreißt den wesentlichen Grund, der den berühmten Thomas Mann bewegen soll, seinen Wohnsitz wieder in Deutschland zu nehmen: „... Ihr Volk, das nunmehr seit einem Dritteljahrhundert hungert und leidet, hat im innersten Kern nichts gemein mit den Missetaten und Verbrechen, den schmachvollen Gräueln und Lügen..." Jede pauschale Verurteilung der Deutschen sei unhaltbar. Thomas Mann leiste mit seiner Rückkehr einen wertvollen Beitrag für die „Gesundung" des Volkes, das keineswegs von einer „unheilbaren Krankheit" gekennzeichnet sei. „Suchen wir wieder gemeinsam – wie vor 1933 – die Wahrheit, indem wir uns alle auf den Weg begeben und helfen, helfen, helfen."

Der Brief erwähnte nicht die erstaunlich lang anhaltende, in vielen Filmdokumentationen nachweisbare Begeisterung breiter Volksschichten für Hitler und seine Herrschaftsform, nicht das Problem des „Mitläufers", nicht das Phänomen des aktiven Helfershelfers bei der Realisierung barbarischer „Endlösungs"-Konzepte. Walter von Molos Stellungnahme konnte vielmehr in der Weise gedeutet werden, dass er das Leben der Deutschen unter der Hitlerherrschaft verallgemeinernd als Opfergang und Martyrium zu werten versuchte. Zu einfach erschien vielen Kritikern auch die Auffassung, dass die „bösen" Deutschen der NS-Herrschaftsclique den „guten" Deutschen ihren Willen aufgezwungen hätten.

Verteidigung des „inneren Raums". Die Publikation in der *Münchener Zeitung* löste ein lebhaftes Echo aus. Schon in der Ausgabe vom 18. August 1945 wurde ein Leserbrief veröffentlicht, mit dem FRANK THIESS (1890–1977) den Begriff der „Inneren Emigration" prägte.

Thieß, von der Redaktion der *Münchener Zeitung* als „bedeutender deutscher Dichter" vorgestellt, rechtfertigte das Verbleiben deutscher Autoren in Deutschland als eine Form der „inneren Emigration". Der deutsche Schriftsteller bedürfe, wenn er seine Produktivität nicht völlig einstellen wolle, „des deutschen Raums, der deutschen Erde und des Widerhalls deutscher Menschen, Mächte, die letztlich kein Terror angreifen könne. Hitler sei es verwehrt gewesen, den „inneren Raum" zu erobern, den die „innerdeutschen Emigranten" verteidigt hätten. Besonderen Anlass zur Entrüstung sahen die exilierten Schriftsteller aber in einer weiteren Passage des Briefes von Frank Thieß: „Auch ich bin oft gefragt worden, warum ich nicht emigriert sei, und konnte immer nur dasselbe antworten: Falls es mir gelänge, diese schauerliche Epoche (über deren Dauer wir uns freilich alle getäuscht hatten) lebendig zu überstehen, würde ich dadurch derart viel für meine geistige und menschliche Entwicklung gewonnen haben, dass ich reicher an Wissen und Erleben daraus hervorginge, als wenn ich aus den Logen und Parterreplätzen des Auslands der deutschen Tragödie zuschaute."

Thomas Manns Antwort erschien erst am 7. September 1945. Obwohl er den Brief von Frank Thieß nicht kannte, sah Mann, dass schon die Position Walter von Molos das Exildasein deutscher Autoren in Misskredit bringen konnte. Thomas Mann stellt klar, dass die emigrierten Schriftsteller größte Mühen und Gefahren auf sich genommen hatten. Er erinnert an den Verlust von Haus und Land, von Büchern und Vermögen, an die „analphabetische und mörderische Radio- und Pressehetze" gegen ihn und sein Werk, an das „Wanderleben von Land zu Land", an den Kampf um die Ausstellung gültiger Pässe, „während die Ohren klangen von den Schandgeschichten, die täglich aus dem verlorenen, verwildernden, wildfremd gewordenen Lande herüberdrangen [...] Es mag Aberglaube sein, aber in meinen Augen sind Bücher, die von 1933 bis 1945 in Deutschland überhaupt gedruckt werden konnten, weniger als wertlos und nicht gut in die Hand zu nehmen. Ein Geruch von Blut und Schande haftet ihnen an; sie sollten alle eingestampft werden."

Nicht weniger scharf wendet sich Thomas Mann gegen die These vom „guten" und vom „bösen" Deutschland. „Das böse Deutschland", so formuliert er, „ist das fehlgegangene gute..."

Solche Positionen lösten nicht nur Zustimmung, sondern auch Irritation aus. Thomas Manns Stellungnahme öffnete den Blick für die Schwierigkeit die Autoren zu benennen, die sich mit Recht als unverdächtige Vertreter einer Inneren Emigration bezeichnen durften. Aber mancher Deutsche,

Thomas Mann wurde zum bekanntesten Repräsentanten der Schriftsteller, die während des „Dritten Reiches" vertrieben wurden oder freiwillig ins Exil gingen. Das Porträtfoto stammt aus dem Jahre 1950.

der die differenzierte Stellungnahme Thomas Manns nur vom Hörensagen kannte, beharrte auf der Meinung, dass das eigentliche Leiden deutscher Autoren in Deutschland, nicht in der Emigration stattgefunden habe. Dass die Wirkungen der NS-Propaganda noch nicht überwunden waren, zeigte sich in der Wortwahl der Angriffe gegen die emigrierten Schriftsteller. In diesen Äußerungen wurde der Vorwurf erhoben, dass das Exil mit einer „Flucht vor der Verantwortung" gleichzusetzen sei oder dass die Schriftsteller das Ausland „gegen Deutschland aufgehetzt" hätten.

2.4 Literaturimpulse durch Medien

Zeitschriften, Zeitungen und der Rundfunk hatten in den Jahren nach dem Krieg eine viel größere Bedeutung für die Literatur als heute. Die Papierknappheit erhöhte den Wert jeder Zeitungsseite, sodass sich Redakteure zu einem besonderen Qualitätsstandard verpflichtet fühlten. Da Schriftsteller zu Fragen Stellung nahmen, die existentielle Probleme der Zeit berührten, fand das Feuilleton offensichtlich auch mehr Leser als in der Gegenwart.

Mitbestimmung literarischer Trends. So ist es zu erklären, dass Zeitschriften und Zeitungen die Trends der literarischen Moden mitbestimmten. Zu den üblichen Gepflogenheiten gehörte die Publikation von Gedichten auf den Kulturseiten von Tageszeitungen. Nicht selten übernahmen kompetente Autoren leitende Aufgaben in den Redaktionen der Blätter, deren Erscheinen von einer Lizenz der Besatzungsmächte abhängig war. Beispielhafte Impulse setzte ERICH KÄSTNER (1899–1974) als Feuilletonredakteur der *Neuen Zeitung* in München. Er öffnete die Kulturseiten nicht nur den Stellungnahmen berühmter Emigranten, sondern ermutigte auch damals noch unbekannte Schriftsteller zur Publikation ihrer Prosatexte und Gedichte. Das noch überschaubare Angebot an Tageszeitungen sicherte manchem jungen Autor frühes Ansehen.

Zeitung und *short story*. Im Wesentlichen ist es dem Einfluss der Zeitungen zuzuschreiben, dass die Kurzgeschichte nach dem Vorbild der amerikanischen *short story* zur beherrschenden epischen Kurzform der Nachkriegszeit wurde. Die Quantität des Textes war zumeist leicht auf dem verfügbaren Platz der Feuilletonseiten unterzubringen und die Erzählweise der Kurzgeschichte wurde von vielen Lesern als Spiegelung absoluter Modernität empfunden. Die Novelle, die ihre Wirkung nur in einer Welt verbindlicher Wertmaßstäbe entfalten kann, musste – so schien es – durch eine „offene", manchmal auch vieldeutige und prinzipiell knappere Form erzählender Prosa ersetzt werden. Fast alle bis heute bekannten Autoren haben in den Nachkriegsjahren Kurzgeschichten verfasst. Schriftsteller wie Wolfgang Borchert, Heinrich Böll, Ilse Aichinger, Herbert Eisenreich, Hans Bender, Hans Erich Nossack, Ernst Schnabel, Wolfdietrich Schnurre und Martin Walser wurden nicht selten ihren Lesern zuerst mit Kurzgeschichten zu einem Begriff. Allerdings erinnern die Gestaltungselemente solcher Kurzprosa der ersten Nachkriegsjahre manchmal überdeutlich an das große Vorbild ERNEST HEMINGWAY (1899–1961). Der segmentierte Handlungsausschnitt, der den Inhalt unter Verzicht auf Einleitung und Schluss zu besonderer, manchmal parabolischer Bedeutung verhilft, und das angelsächsische Understatement als Mittel der scheinbar kühlen Distanzierung wurden in manchen Fällen wohl auch deshalb unkritisch übernommen, weil sich die Autoren bereitwillig den Einflüssen der internationalen Literaturentwicklung öffneten.

Rundfunk und Hörspiel. Noch größere Bedeutung gewann der Rundfunk für die allmählich sich etablierende „Literaturszene". Da der „Volksempfänger" in den zwölf Jahren des „Dritten Reiches" fast ausschließlich als Instrument der Propaganda eingesetzt worden war, hatte das Hörspiel nach 1945 schon deshalb eine hervorragende Chance, weil es nicht an die Bereitschaft zu Geschrei und Hysterie, sondern an die Fähigkeit zu Introvertiertheit, Sensibilität und subjektiver Fantasie appellierte.

Nach dem Zweiten Weltkrieg gelangte das Hörspiel auch deshalb zu besonderer Bedeutung, weil es den Mangel an bespielbaren Bühnen in den zerbombten Städten auszugleichen versuchte. Bezeichnenderweise wurden klassische Dramen häufig in Rundfunkdialoge umgeschrieben und ausgestrahlt. Sehr schnell erkannte eine stattliche Anzahl von Autoren, dass die Bedingungen des Hörfunks dem Hörspiel ihre Gesetze aufzwingen.

Es entstanden faszinierende Werke, die sich auf die imaginative Kraft des Wortes stützten, die Bühne in die Vorstellungskraft des Zuhörers verlagerten, verschiedene Zeitebenen mühelos verbanden und die Handlung nicht selten ins Traumhafte und Fantastische verlagerten. Günter Eich und später Ingeborg Bachmann gelten als markante Repräsentanten des Hörspiels, das Anspruch auf Eigenständigkeit innerhalb der literarischen Gattungen geltend machen kann. Auch Wolfgang Borcherts Hörspielfassung des Stücks *Draußen vor der Tür* erzielte enorme Wirkung.

2.5 Die Gruppe 47

Ein loser Zusammenschluss von Autoren, 1947 eher zufällig entstanden, bestimmte über drei Jahrzehnte hinweg das literarische Leben in Deutschland. Wer in der Belletristik Rang und Namen hatte, fühlte sich der Gruppe 47 verbunden. Schriftsteller, die keinen Kontakt mit diesem elitären Kreis finden konnten oder wollten, hatten es schwer, sich auf dem literarischen Markt durchzusetzen.

Am 10. September 1947 rief Hans Werner Richter, Mitherausgeber der soeben von den Amerikanern verbotenen Zeitschrift *Der Ruf*, eine Anzahl von Autoren zu einem Treffen an den Bannwaldsee bei Füssen zusammen, um „die junge Literatur ... zu sammeln und zu fördern". Zu der Gruppierung gehörten die weiteren *Ruf*-Mitherausgeber Alfred Andersch, Heinz Friedrich, Walter Kolbenhoff, Wolfdietrich Schnurre, Wolfgang Bächler, Walter Maria Guggenheimer und Nicolaus Sombart. Unter dem Titel *Der Skorpion* konzipierten sie die Herausgabe einer neuen Zeitschrift, die – nach einer späteren Darstellung Helmut Heißenbüttels – „antifaschistisch, antimilitaristisch, antirassistisch, antiautoritär" sein sollte.

Die ab 1948 einberufenen jährlichen Treffen der schnell wachsenden Zahl von Mitgliedern ohne Mitgliederstatus wurden schon früh zu einem literarischen Forum in der Bundesrepublik Deutschland. Verleger, Kritiker und Lektoren schlossen sich der Gruppierung an. Die Lesung von unveröffentlichten Texten vor dem Plenum der Gruppe 47 eröffnete eingeladenen Autoren eine ungewöhnliche Chance, andererseits führte die offene Kritik der anwesenden Schriftstellerkollegen in manchen Fällen zu schweren Verstimmungen.

Die Bedeutung Hans Werner Richters. In vielen Erinnerungen an die Blütezeit der Gruppe 47 erscheint HANS WERNER RICHTER (1908–1993) als der kluge, väterliche und vermittelnde Moderator. Richter stammte aus Swinemünde, trat 1930 in Berlin in die KPD ein, wurde aus der Partei wegen „Trotzkismus" ausgeschlossen, emigrierte 1933 nach Paris und kehrte 1934 nach Berlin zurück ohne seinen Widerstand gegen das Regime aufzugeben. 1940 wurde er verhaftet, weil er in Verdacht geraten war Führer der deutschen pazifistischen Jugend zu sein. Als Soldat geriet er 1943 in amerikanische Kriegsgefangenschaft, aus der er 1946 heimkehrte. Seine Erlebnisse spiegeln sich im Roman *Die Geschlagenen* wider.

Richter hatte im Juni 1947 mit Unbehagen einen Vortrag von Rudolf Alexander Schröder (→ S. 425) zum Thema *Vom Beruf des Dichters in der Zeit* gehört. Schröder hatte die Auffassung geäußert, dass das Ziel aller Kunst die „Erhebung aus dem Vergänglichen" und die „Rettung des Vergänglichen ins Unvergängliche, ins Bleibende" sein müsse. Als sich die Gruppe 47 etablierte, war Hans Werner Richter davon überzeugt, dass eine neue Literatur möglich ist, die sich diskreditierten idealistischen Positionen der geistesgeschichtlichen Tradition widersetzt und sich nicht der Aufgabe verpflichtet fühlt eine Gegenwelt zur Wirklichkeit zu schaffen. „Nein", so schrieb er später, als er die Gründungsstunde der Gruppe 47 schilderte, „es bestand kein Verständnis für Dichterlesungen bei weihevoller Stille und bei Kerzenschein. Man wünschte sich etwas anderes: Kritik, Auseinandersetzung, Unruhe. Und die Sprache, diese gebeutelte und verdorbene Sprache, es war keine ‚Dichtersprache' mehr."

Wie kein anderer verstand es Richter, die Gruppe 47 zusammenzuhalten und auf literarische Qualität einzuschwören. Er erstrebte sogar die „Regeneration des gesamten deutschen gesellschaftlichen Lebens". Jedenfalls galten die Lesungen bei den Tagungen der Gruppe lange Zeit als Indizes der neuesten literarischen Trends.

Die Preisträger der Gruppe 47 (z. B. Günter Eich, Heinrich Böll, Ilse Aichinger, Ingeborg Bachmann, Martin Walser, Günter Grass, Johannes Bobrowski, Peter Bichsel und Jürgen Becker) belegen mit dem Bekanntheitsgrad ihrer Namen bis

*Die **Gruppe 47** bestimmte über Jahrzehnte hinweg das literarische Leben im Westen Deutschlands. Die Tagungen wurden zum Treffpunkt der bekanntesten Schriftsteller, Kritiker und Verleger. Das Bild entstand 1965 in Berlin und zeigt (1. Reihe von links:) Jürgen von Hollander, Erich Fried, (2. Reihe:) Gunilla Palmstierna-Weiss, Siegfried Unseld, Peter Weiss, Fritz J. Raddatz, (3. Reihe:) Joachim Kaiser, Reinhard Baumgart, Peter Szondi, Fritz Arnold, Ivan Nagel, (dahinter) Hellmuth Karasek, Hubert Fichte, Uwe Johnson, Peter Rühmkorf, Dieter Wellershoff.*

heute die Bedeutung der Vereinigung. Auch von den rund 200 Autoren, die mit der Einladung zu einer Lesung gleichsam den Status der Mitgliedschaft erlangten, sind bis heute viele bekannt geblieben: Zu ihnen zählen Reinhard Baumgart, Hans Bender, Horst Bienek, Elisabeth Borchers, Heinz von Cramer, Gisela Elsner, Hans Magnus Enzensberger, Wolfgang Hildesheimer, Walter Höllerer, Walter Jens, Uwe Johnson, Alexander Kluge, Wolfgang Koeppen, Siegfried Lenz, Reinhard Lettau, Ruth Rehmann, Peter Rühmkorf, Ernst Schnabel, Peter Weiss, Wolfgang Weyrauch und Gabriele Wohmann. Mit Rudolf W. Leonhardt, Hans Mayer, Walter Jens und Marcel Reich-Ranicki nahmen auch die damals bekanntesten Literaturkritiker der Bundesrepublik Deutschland an Tagungen der Gruppe 47 teil.

Es gibt keinen Zweifel, dass die Gruppe 47 die deutsche Literatur der ersten Jahrzehnte nach dem Zweiten Weltkrieg entscheidend beeinflusste. Allerdings gab es durchaus bedeutende Schriftsteller, die dem Zusammenschluss aus den verschiedensten Gründen fernblieben, so z.B. Gottfried Benn, Ernst Jünger, Hans Egon Holthusen, Gerd Gaiser, Rudolf Krämer-Badoni, Hans Henny Jahnn, Rudolf Hagelstange, Arno Schmidt und Hans Erich Nossack.

Die Zusammenkunft in Princeton 1966 sollte die internationale Bedeutung der Gruppe 47 unterstreichen. Aber Peter Handke löste dort einen Skandal aus, indem er den anwesenden Vertretern der Gruppe 47 „Beschreibungsimpotenz" vorwarf. Damit wurde Handke nicht nur schlagartig bekannt, sondern profilierte sich auch als Sprecher einer jungen Autorengeneration, die die belletristischen Prinzipien der von Hans Werner Richter geführten Gruppierung ablehnte oder sich von der „Clique" ausgeschlossen fühlte. Zur Zeit des Vietnamkrieges und der Studentenunruhen erschien eine Belletristik, wie sie von den Autoren der Gruppe 47 repräsentiert wurde, vielen Beobachtern als ein anachronistisches Phänomen. Zwar kam die Gruppe 1967 noch einmal zusammen und 1972 lud Hans Werner Richter Freunde der Gruppierung und jüngere Autoren nach Berlin zu einer Lesung ein. Aber dieser Versuch führte nicht zur erhofften Revitalisierung. Die letzte Tagung der Gruppe 47 fand im September 1977 in Saulgau statt.

3 Neue Leitgestalten der Literatur

3.1 Wolfgang Borchert

Wolfgang Borchert (1921–1947) wurde zu einem der erfolgreichsten und berühmtesten Vertreter dieser vom Krieg gezeichneten Schriftstellergeneration. Er stammte aus Hamburg, hatte Erfahrungen als Buchhändler und Schauspieler gesammelt, war an der Ostfront wegen angeblicher „Selbstverstümmelung" und „Wehrkraftzersetzung" zum Tode verurteilt, schließlich begnadigt und einer Strafkompanie zugewiesen worden. Schwer leberkrank kam er aus dem Krieg zurück. Zorn und Verzweiflung wurden zu Impulsen für seine radikal pazifistische Haltung. Die Ahnung, wenig Zeit zu haben, trieb ihn zur literarischen Produktion an. In Borcherts Werken spiegelt sich nicht nur die Schrecklichkeit des Krieges, sondern auch die Sorge, dass das Prinzip der militärischen Gewaltanwendung weiterhin die Geschichte der Menschheit bestimmt.

Beispielhaftes Heimkehrerdrama. Vielen Heimkehrern schrieb Wolfgang Borchert aus dem Herzen, als er mit dem Drama *Draußen vor der Tür* das Schicksal des Unteroffiziers Beckmann auf die Bühnen brachte.
In schlaglichtartigen Szenen zeigt das Stück die Misere der Kriegsteilnehmer, die aus dem Krieg in eine Heimat zurückkehren, die keine Heimat mehr ist. Mit seinem steifen Knie und seiner grotesken Gasmaskenbrille ist der ehemalige Unteroffizier Beckmann ein Störenfried in einer Gesellschaft, die schon wieder dabei ist, die Katastrophen zu vergessen und sich häuslich einzurichten.
Der Heimkehrer Beckmann steht buchstäblich vor der Tür. Seine Frau hat sich mit einem anderen Mann getröstet, seine Eltern haben sich das Leben genommen, ein Kabarettdirektor hat keine Arbeit für eine so traurige Gestalt. Beckmann resigniert, weil er zu erkennen glaubt, dass die Menschheit unverbesserlich und die geschichtliche Realität nicht beeinflussbar sind. Aber sogar sein Selbstmordversuch schlägt fehl. Die Elbe gibt ihn wieder frei.

Ein „Kahlschlag"-Autor. Borchert fühlte sich als Repräsentant der „Kahlschlag"-Autoren: „Wir brauchen keine Dichter mit guter Grammatik. Zu guter Grammatik fehlt uns Geduld." Symptomatisch für die Literatur der unmittelbaren Nachkriegszeit sind aber die Einflüsse von Vorbildern aus dem Expressionismus und dem Surrealismus. Das Stakkato der Beckmann-Monologe, die Symbolhaftigkeit der Schauplätze und Personen, die unverbundene Folge der Szenen belegen die Beobachtung von Kritikern, dass *Draußen vor der Tür* zwar in vielerlei Hinsicht eine ganz neue Form des Dramas vorbereitet, zugleich aber Anleihen bei literarischen Vorbildern aufnimmt. Selbst für einen sprachbegabten, ideenreichen Autor wie Borchert war es schwer, sich von dichterischen Traditionen völlig zu lösen. Die Schwierigkeiten, die sich den Autoren der Nachkriegsjahre bei ihrem Bemühen um einen unbelasteten Neuanfang entgegenstellten, sind in dem Stück *Draußen vor der Tür* gut abzulesen.
Dass Borchert bei expressionistischen, ja im Grunde sogar klassizistischen Vorbildern anknüpfte, belegt auch seine Lyrik. In manchen Erzählungen (beispielsweise in *Schischyphus*) bewies Borchert seine Fähigkeit groteske Erscheinungsformen der Realität humoristisch zu behandeln. Berühmt wurden jedoch vor allem seine Kurzgeschichten, die das Lebensgefühl der Menschen im Kriegs- und Nachkriegsalltag darstellten. Sie wurden schon deshalb in viele Anthologien aufgenommen, weil sie – in dieser Hinsicht mit Hemingways Stil vergleichbar – existenzielle Nöte im Banalen sichtbar machten. *Die Küchenuhr*, *Nachts schlafen die Ratten doch*, *Das Brot* und *An diesem Dienstag* setzten Maßstäbe, an denen die Werke anderer Dichter lange Zeit gemessen wurden.

3.2 Wolfdietrich Schnurre

Wolfdietrich Schnurre (1920–1989) wurde später zwar vor allem durch seine heiter-hintergründigen Kurzgeschichten bekannt, nach dem Zweiten Weltkrieg profilierte er sich aber ebenfalls als Dichter der „Kahlschlag"-Literatur. Seine Erzählung *Das Begräbnis* enthält den charakteristischen Satz: „Von keinem geliebt, von keinem

gehasst, starb heute nach langem, mit himmlischer Geduld ertragenem Leiden: Gott ..." Die Schwierigkeit für die Augenzeugen und Betroffenen der Kriegsereignisse und der Nachkriegsnöte religiöse Glaubensvorstellungen zu bewahren wird in dieser Erzählung auf allegorische Weise verständlich gemacht. Die Darstellung vom Begräbnis Gottes ist für Schnurre Anlass auch sprachlich den Abschied von einer Zeit anzuzeigen, die das Pathos und die Feierlichkeit des Stils als Mittel der Propaganda und der Verführung einsetzte. Der damals trotz naturalistischer Vorbilder immer noch umstrittene Versuch die Umgangssprache konsequent an die Stelle der traditionellen Literatursprache zu setzen machte Schnurre in den Nachkriegsjahren zu einem Repräsentanten literarischer Neuerung.
Schnurre wurde in Frankfurt am Main geboren, verbrachte aber seine Jugend in Berlin, ehe er als Soldat – zuletzt als Mitglied einer Strafkompanie – an verschiedenen Frontabschnitten des Zweiten Weltkrieges eingesetzt wurde. 1946 wurde er Redaktionsvolontär im Ullstein-Verlag und in den folgenden Jahren verdiente er einen Teil seines Lebensunterhaltes als Theater- und Literaturkritiker. Das geschah zunächst von Ostberlin aus. Als ihm der zuständige sowjetische Kulturoffizier weitere Publikationen in den von den Westmächten lizenzierten Zeitungen untersagte, verlegte Schnurre seinen Wohnsitz nach Westberlin. Seine Rezensionen veröffentlichte er in der *Deutschen Rundschau*. Seit 1950 bezeichnete sich der Autor als „freier Schriftsteller". Eine große Zahl von Büchern machte ihn bald weithin bekannt. Zu den literarischen Auszeichnungen, mit denen Schnurres Werk und Persönlichkeit geehrt wurden, gehörte der Fontane-Preis (1958) und der Georg-Büchner-Preis (1983).

Erfolg der Kurzgeschichten. Seine frühen Kurzgeschichten, gesammelt in den Bänden *Die Rohrdommel ruft jeden Tag* (1950), *Eine Rechnung, die nicht aufgeht* (1958) und *Man sollte dagegen sein*, wurden von der Literaturkritik als beispielhafte Texte der Epoche gefeiert. Schnurres Art zu schreiben war allerdings so einfach nicht auf einen Nenner zu bringen. Die Erzählungen, die 1958 unter dem Titel *Als Vaters Bart noch rot war* als romanhafte Sammlung erschienen, finden sich bis heute in vielen Schullesebüchern. Sie stützen sich auf Erinnerungen des Autors an Erlebnisse im krisengeschüttelten Berlin der 20er- und frühen 30er-Jahre. Die Mischung von satirischer Pointiertheit und melancholischem Grundton verleiht dem Humanitätsappell, der alle Erzählungen des Bandes durchzieht, eine besondere Wirkung. Das sympathische Vaterbild in diesen Geschichten wurde auch deshalb als „pädagogisch wertvoll" angesehen, weil es sich von der allmählich sichtbaren Rebellion der Jugend gegen die Wertvorstellungen der Vätergeneration deutlich abhob. Der ganz ungewöhnliche Erfolg des Buches basiert aber gewiss auch auf Schnurres Lehre, dass menschliches Glück nicht mit den Annehmlichkeiten des Wohlstands verwechselt werden sollte. Mit dem Roman *Das Los unserer Stadt* (1959) hat sich Schnurre am weitesten von seinen realitätsnahen Darstellungen entfernt. In diesem Buch verwischen sich die Grenzen des Realen und des Fantastischen auf eine außerordentlich originäre Weise. Der Inhalt mischt die verschiedensten Zeiten und Stilformen zu einer apokalyptischen Bilderflut, in der Tiere menschliche Eigenarten und Handlungsweisen, nicht jedoch den Anspruch traditioneller Fabeldichter auf Lehrhaftigkeit verkörpern. Die riesige Stadt, gefährdet durch „Säbelreiterbrigaden" und „Sühnearmeen", aber auch durch den Mangel einer zweckorientierten Koordination, symbolisiert einen Alptraum, wie er in Kafkas Werk erstmals erscheint und wie er sich in einem pluralistischen Zeitalter mit seinen verschwimmenden Wertvorstellungen einstellen kann.

„Reißbrettkonstruktionen". Schnurre, der auch zahlreiche Hör- und Fernsehspiele verfasste, erinnerte 1978 ein weiteres Mal mit dem Roman *Der Schattenfotograf. Aufzeichnungen* (1978) an seine variablen epischen Fähigkeiten, mit denen er Bestandsaufnahmen der Zeit liefert. Schnurre fühlte sich – wie viele andere Schriftsteller seiner Generation – durch die Erwartungen der Literaturkritik geradezu gedrängt sich auch als Romanschriftsteller durchzusetzen. Es ist Ausdruck einer spezifisch deutschen Rezensionstradition, dass die kleine epische Form auch dann, wenn sie meisterhaft gehandhabt wird, nicht zu jener breiten Anerkennung und Beachtung führt, die dem Roman zuteil wird. Die „Aufzeichnungen", die unter dem Titel *Der Schattenfotograf* zusammengefasst wurden, sind allerdings Belege für Schnurres Auffassung, dass die Erzähleinheit des Romans nur „Reißbrettkonstruktionen“ und „schnieke Stimmungen“ biete. Die Mikrogeschichten dieses Buches sind zugleich Erinnerungsskizzen, Entwürfe, Zitate und Reflexionen. Im Sinne Lichtenbergs mischt sich die Authentizität der Tagebuchaufzeichnungen mit der freien Fabulierlust eines Sudelbuches. Schnurre wollte zeigen, was er unter „fabelndem Denken“ versteht.

3.3 Paul Celan

Paul Celan (eigtl. Paul Ancel, die Schreibweise entspricht der rumänischen Version des deutsch-jüdischen Namens Antschel;1920–1970) unternahm mit seinen ersten Gedichtbänden *Der Sand aus den Urnen* (1948) sowie *Mohn und Gedächtnis* (1952) den Versuch die Erinnerung an die in Auschwitz und in anderen Vernichtungslagern ermordeten Menschen wachzuhalten. Damit profilierte sich Celan als Lyriker in einer schwierigen Situation und in der Wahl einer Thematik, die jede sprachliche Bewältigung auszuschließen schien. Die These Theodor W. Adornos, dass es barbarisch sei nach Auschwitz noch ein Gedicht zu schreiben, war zu einem Verdikt für alle Absichten geworden, die schreckliche Realität der Judenvernichtung literarisch zu bewältigen. Unübersehbar war die Gefahr, dass die ästhetischen Gesetze dichterischen Ausdrucks die unfassbare Wirklichkeit verklären.

Aber Celan stellte sich der Schwierigkeit, die sich immer dann ergibt, wenn ein Autor ein Thema aufgreift, das sich der Sprache entzieht. Welchen Weg musste man gehen, wenn konkrete Vorgänge in den Vernichtungslagern des SS-Staates verbalisiert werden sollen, deren Grässlichkeit jeden sensibleren Menschen sprachlos macht?

Rückgriff auf literarische Traditionen. Celan konnte auf literarische Traditionen zurückgreifen, die sich in seiner Sprache auf ungewöhnliche Weise ergänzten und in ihrer gegenseitigen Durchdringung zu originären Resultaten führten. Geboren wurde Paul Celan in Tschernowitz/Bukowina, „in einer Landschaft, in der ein nicht unbeträchtlicher Teil jener chassidischen Geschichten zu Hause war, die Martin Buber wiedererzählt hat“. Seine deutschsprachigen Eltern verschafften ihm schon früh Zugang zu den Werken Rainer Maria Rilkes, Georg Trakls und französischer Lyriker. In seinen Gedichten mischen sich Einflüsse dieser Autoren mit chassidischen Traditionen.

Celan studierte in Paris und Tours Medizin, ging mit Ausbruch des Zweiten Weltkrieges in seine Heimatstadt zurück, wurde 1940 in ein rumänisches Arbeitslager verbracht, kehrte 1943 abermals nach Tschernowitz zurück, wo er romanistische Studien betrieb. Nach Kriegsende wurde er in Bukarest Lektor für russische Literatur, nach der Veröffentlichung erster Gedichte flüchtete er 1947 über Wien nach Paris, studierte dort Germanistik und Sprachwissenschaft, wurde Dozent für deutsche Sprache und Literatur an der École Normale Supérieure und war Mitherausgeber der Zeitschrift *L'Ephémère*. In dieser Zeit lieferte er meisterhafte Übersetzungen von Werken französischer Autoren ins Deutsche. So hatte Celan einen wesentlichen Anteil daran, dass Jean Cocteau, Arthur Rimbaud, René Char, Jean Cayrol, Paul Valéry und Henri Michaux auch im deutschen Sprachraum bekannt wurden. 1970 beging er, wahrscheinlich am 20. April, Selbstmord.

Seinen ersten Gedichtband *Der Sand aus den Urnen* hatte er wegen sinnentstellender Druckfehler bald nach Erscheinen wieder einstampfen lassen. Die Gedichte dieser Ausgabe wurden, oftmals in überarbeiteter Fassung, in die erste Hälfte des Bandes *Mohn und Gedächtnis* übernommen, der aus vier Teilen besteht: *Der Sand aus den Urnen, Todesfuge, Gegenlicht* und *Halme der Nacht.*

In Celans Gedichten verbinden sich Einflüsse des französischen Symbolismus und Surrealismus mit der magischen Sprachgebung der Kabbala, der mystischen, im 13. Jh. in Spanien begründeten Tradition europäischer Juden. Die Kritik rühmte die assoziative Kraft der Sprachbilder, den suggestiven Klang der Wortmusik im Sinne einer *poésie pure*, die visonären Metaphern und die Fähigkeit den Leser mit der Verrätselung der Sprache das eigentlich nicht Ausdrückbare ahnen zu lassen. Mit weiteren Gedichtbänden (*Von Schwelle zu Schwelle*, 1955; *Sprachgitter*, 1959; *Die Niemandsrose*, 1963; *Atemwende*, 1967; *Fadensonnen*, 1968; *Lichtzwang*, 1970; und *Schneepart*, 1970) wurde Celan einer der angesehensten Lyriker deutscher Sprache.

„Todesfuge“. Am berühmtesten wurde das Zeitgedicht *Todesfuge*, ein lyrisches Requiem auf den

Holocaust, auf die Vernichtung der Juden in den Konzentrationslagern. Aber Celan kontrastiert die Todeserfahrung von Millionen mit dem Auferstehungsglauben, mit der Messias-Erwartung des Volkes Israel.

Gerade dieses 1945 entstandene Gedicht führte zu jener heftigen Diskussion der Frage, ob barbarische Perversionen der geschichtlichen Realität ihren Ausdruck in der ästhetisierenden Form lyrischer Metaphern finden können. Übersehen wurde in diesem Streit, dass Celan die Leidensgeschichte des jüdischen Volkes als Charisma, also als einen Ausdruck der Besonderheit und Auszeichnung, interpretierte. Immerhin wurde Theodor W. Adorno durch Gedichte Celans nicht nur in seiner Auffassung bestärkt, dass die Verknüpfung von realem Grauen und ästhetischer Poesie peinlich und unzulässig sei. Adorno wurde auch zu einem späteren Kompromiss angeregt: In der *Negativen Dialektik* (1966) vertrat er die Auffassung, Gedichte zu schreiben sei auch weiterhin legitim, wenn dies aus der Perspektive eines historischen Bewusstseins geschehe: „Das perennierende Leiden hat soviel Recht auf Ausdruck wie der Gemarterte zu brüllen; darum mag falsch gewesen sein, nach Auschwitz ließe kein Gedicht mehr sich schreiben."

3.4 Günter Eich

Günter Eich (1907–1972) galt bei der Kritik vor allem mit seinen Hörspielen „als Dichter unserer Träume" (Karl Korn). Eich war schon vor dem Zweiten Weltkrieg als Verfasser von Hörfunktexten bekannt geworden (*Die Weizenkantate*, 1936; *Der Tod an den Händen*, 1939). Aber nach 1945 fand vor allem dieser Autor eine Sprache, die das Hörspiel als eigene literarische Kunstform auswies. Die Kritik definierte den charakteristischen Tonfall der Hörspieltexte Günter Eichs als Kombination von pessimistischer Schwermut und Elementen liedhafter Naturlyrik. Die Fähigkeit des Schriftstellers, die geahnten, kaum ausdrückbaren Hoffnungen und Ängste der Menschen seiner Zeit in neue, überraschende Chiffren zu kleiden, wurde ebenso gerühmt wie seine Kunst des Weglassens. Die verschiedenen Ebenen seiner Hörspiele entlarven die Wirklichkeit als eine Szenerie der Täuschung und des Selbstbetrugs. Die Methode, reale Fakten und Traumbilder zu verbinden, schuf die Voraussetzung für die Einbindung des Magischen und Unterbewussten in Texte, die für ein technisches Medium konzipiert waren. Darin liegt die außergewöhnliche literarische Bedeutung der Hörspiele Günter Eichs. In ihnen spiegelte sich nicht nur ein Bild der Zeit, sondern das Weltbild einer Generation, deren Trauer durch Krieg und Nachkriegszeit genährt wurde. „Wir richten uns immer wieder auf das Glück ein, / aber es sitzt nicht gern auf unsern Sesseln."

Günter Eich stammt aus Lebus an der Oder, studierte Rechtswissenschaften und Sinologie in Berlin, Leipzig und Paris. Seit 1932 lebte er als freier Schriftsteller in Berlin und Dresden, ab 1933 übernahm er Auftragsarbeiten für den Rundfunk. Eich, der die Idee von der Autonomie des Schriftstellers vertrat und schon aus diesem Grund jede Form politischer Ideologisierung ablehnte, war während des gesamten Zweiten Weltkrieges Soldat, geriet 1945 in amerikanische Gefangenschaft und lebte ab 1946 in Geisenhausen bei Landshut, später in Lenggries. 1953 heiratete er Ilse Aichinger, die nach Günter Eichs Tod im Jahre 1972 dessen *Gesammelte Werke* herausgab.

Eichs lyrische Sprache tendierte in den späteren Gedichtbänden *Botschaften des Regens* (1955), *Zu den Akten* (1964), *Anlässe und Steingärten* (1966) zu immer stärkerer Verkürzung. „Ich schreibe Gedichte um mich in der Wirklichkeit zu orientieren. Ich betrachte sie als trigonometrische Punkte oder Bojen, die in einer unbekannten Fläche den Kurs markieren."

Eichs hoher Bekanntheitsgrad als Lyriker ging vor allem auf seine Gedichte zurück, die in den ersten Jahren nach dem Zweiten Weltkrieg erschienen. Texte des Sammelbandes *Abgelegene Gehöfte* (1948) wurden sofort in Anthologien und in viele Schullesebücher aufgenommen.

Abends am Zaun

Am Abend duftet holder die Kamille
vom Feldrain her. Der Posten bläst ein Lied
auf seiner Okarina. Gottes Wille
im Glanz des Abendsternes sich vollzieht.
Wie viele doch sind nun für immer stille,
die gerne sich erfreut an Stern und Lied!
Nun sind sie selbst darin und Gottes Wille
in Glanz und Duft und solcher Abendstille
geschieht.

In seinen Hörspielen ist Günter Eichs Grundton pessimistischer. *Träume*, im Jahre 1951 erstmals gesendet, wurde als „Geburtsstunde des Hörspiels" gefeiert. In den 50er-Jahren war Eich der erfolgreichste Rundfunkautor, obwohl seine eigenwilligen und eindringlichen Sprachbilder auch zu vehementen Hörerprotesten führten. Zu seinen bekanntesten Hörspielen zählen neben *Träume* (1953) *Geh nicht nach El Kuwehd* (1953), *Der Tiger Jussuf* (1953), *Die Mädchen aus Viterbo* (1953), *Das Jahr Lazertis* (1954), *Zinngeschrei* (1955), *Die Brandung vor Setúbal* (1957) und *Allah hat hundert Namen* (1958).
Für das Hörspiel *Der Andere und Ich* erhielt Eich 1952 den „Hörspielpreis der Kriegsblinden", die angesehenste Auszeichnung für literarische Hörspiele. Schon 1950 wurde der Schriftsteller mit dem „Preis der Gruppe 47" geehrt, 1951 folgte der Literaturpreis der Bayerischen Akademie der Schönen Künste, 1959 der Büchner-Preis.

„Seid unbequem, seid Sand, nicht das Öl im Getriebe der Welt". Mit diesem Appell aus dem Hörspiel *Träume* war ein Motto gefunden, das die Bedeutung der Literatur für den weiteren Ablauf der politisch-gesellschaftlichen Geschichte der Bundesrepublik Deutschland belegen könnte.
Axel Vieregg hat die These vertreten, dass Günter Eich zu einem bedeutenden Dichter und Moralisten wurde „nicht obwohl, sondern gerade weil er seiner eigenen Fehlbarkeit begegnet war [...] Erst aus der Einsicht, dass er sich mit seinen mehr als 160 Rundfunkarbeiten im Dritten Reich zum Öl im Getriebe gemacht hatte, gewann Eichs Forderung ‚Seid Sand, nicht Öl im Getriebe der Welt!' ihre beschwörende Kraft." Eichs Grundsituation kennzeichne sich durch die Bereitschaft über sich selbst zu Gericht zu sitzen. Der Schriftsteller hatte während der Hitlerherrschaft intensiv mit dem NS-Rundfunk zusammengearbeitet und sich auf diese Weise einen besonderen Lebensstandard gesichert. Wie die Reihe *Königswusterhäuser Landbote*, geschrieben zusammen mit Martin Raschke, beweist, hat Eich in dieser Zeit die Vorgaben der NSDAP oftmals exakt, wenn auch mit innerem Widerwillen berücksichtigt.

3.5 Heinrich Böll

Heinrich Böll (1917–1985) ist auch deshalb einer der bedeutendsten Autoren der Nachkriegsliteratur, weil seine Werke schon früh internationale Bedeutung und Anerkennung fanden. Nur Günter Grass hatte in dieser Hinsicht ähnlichen Erfolg. Darüber hinaus wurde Böll zum bekanntesten Repräsentanten einer „engagierten Literatur". Die Autoren der „engagierten Literatur" lenken den Blick auf Menschen am Rande der Gesellschaft, auf Unterdrückte und Verstoßene, auf Ausgegrenzte und Verachtete. Heinrich Böll formulierte ein entsprechendes Bekenntnis in den *Frankfurter Vorlesungen* von 1964: „Die Literatur kann offenbar nur zum Gegenstand wählen, was von der Gesellschaft zum Abfall, als abfällig erklärt wird."
Geboren wurde Böll als Sohn eines Kölner Bildhauers und Schreinermeisters. Nach dem Abitur absolvierte er eine Buchhandelslehre, kam 1938 zum damaligen Reichsarbeitsdienst und machte den Zweiten Weltkrieg von Anfang an als Soldat mit.

Die „blutige Langeweile", die Böll als Infanterist des Zweiten Weltkrieges vor allem an der Ostfront erlebte, war ein weiterer prägender Impuls bei der Wahl seiner Themen. Daneben gab das rheinisch-katholische Milieu seiner Heimat selbst den Spätwerken dieses Autors ein unverwechselbares Kolorit. Schließlich waren es die zerstörten Städte in Deutschland, die Heinrich Böll zu einem Verfasser von „Trümmerliteratur" werden ließen. Er hatte erlebt, wie der Krieg den Menschen pervertiert, sodass er sich selbst entfremdet wird. Aber nach Bölls Auffassung nutzten nicht alle Menschen in Deutschland die Chance nach dem Zusammenbruch des Hitler-Staates alle Ideologisierung abzustreifen. Der Schriftsteller warnte schon früh und mit oftmals satirischem Engagement vor restaurativen Tendenzen, die er in der sich etablierenden Wohlstandsgesellschaft zu entdecken glaubte.
Als Böll 1945 aus amerikanischer Kriegsgefangenschaft nach Köln zurückkehrte, nahm er das Studium der Germanistik auf, schlug sich aber auch als Hilfsschreiner und Behördenangestellter durch. Erfolg hatte er zunächst mit seinen Kurzgeschichten, bald auch mit Romanen. Schon 1951 bezeichnete er sich als „freien Schriftsteller". Er erhielt alle angesehenen Literaturpreise in Deutschland. 1972 wurde seine Leistung als Schriftsteller mit dem Literaturnobelpreis gewürdigt.

Bloße Heimkehrerliteratur? Böll begann 1947 mit der Publikation von Erzählungen, Kurzgeschichten, Satiren und Hörspielen. Gelegentlich wurden die frühen Veröffentlichungen mit dem Begriff „Heimkehrerliteratur" abgewertet.
Die Erzählung *Der Zug war pünktlich* (1949) und Die Kurzgeschichtensammlung *Wanderer, kommst du nach Spa...* (1950) begründeten zusammen mit dem Kriegsroman *Wo warst du, Adam?* (1951) Bölls Ruhm. Die Geschichte, in historischen Darstellungen oftmals auf ein paar Daten und Fakten reduziert, ist für Heinrich Böll der Schauplatz grenzenlosen Leidens. Einzelschicksale stehen im Gegensatz zum Pathos der Ideologen, die Hilflosigkeit des Individuums kontrastiert mit den markigen Parolen der Funktionäre, der Überlebenswille des einfachen Soldaten entlarvt die Brutalität des anonymen Machtapparats. Das Detail bestimmt die wahre Realität der „großen" Geschichte. Böll stützt sich dabei auf ein treues, punktuelles Gedächtnis. Mit Hilfe der Erinnerung interpretiert er die Wirklichkeit des Krieges, deren Schrecklichkeit auch nach dem Ende des „Dritten Reiches" nicht immer wahrgenommen wird. „... Die Wirklichkeit ist wie ein Brief, der an uns gerichtet ist, den wir aber ungeöffnet liegen lassen, weil die Mühe, ihn zu öffnen, uns lästig ist." (→ S. 503)

3.6 Max Frisch

Max Frisch (1911–1991) vertrat als Schriftsteller ebenfalls den Standpunkt, dass die Literatur aufgerufen sei jene Ursachen analysierend zu ergründen, die den Totalitarismus des NS-Staates und die Schrecklichkeiten des Zweiten Weltkrieges ermöglicht hatten. Mit den Werken, die Frisch nach 1945 veröffentlichte, wandte er sich gegen die Tendenz, die Barbareien des 20. Jh. als peinliche Zwischenfälle zu behandeln, über die man schnell hinwegkommen müsse.
Sein Stück *Nun singen sie wieder – Versuch eines Requiems* entstand im Januar 1945, als der von Hitler angeordnete, gegen die vorrückenden Armeen der Kriegsgegner gerichtete „Widerstand bis zum letzten Blutstropfen" Tausende von Soldaten und Zivilisten in einen sinnlosen Tod trieb. Im Gegensatz zu der gemäß christlicher Tradition üblichen Gebetsformel, die „ewige Ruhe" für die Toten erfleht, stellen sich in diesem „Requiem" allein die Toten jenen Problemen, denen die Lebenden auszuweichen versuchen.
Eine Geiselerschießung durch deutsche Soldaten leitet die Handlung des Stücks *Nun singen sie wieder* ein. Die Gefangenen singen bei der Hinrichtung und dieser Gesang wird im ganzen Stück zur hörbaren Mahnung an die Überlebenden. Mit einer Szene, in der alliierte Flieger ihre Erinnerungen und Erwartungen äußern, zeigt Max Frisch, dass Fronten nicht nur ein geographisch-strategisches, sondern auch ein mentales Phänomen waren: Auch die Flieger sehen in ihren Gegnern die Schuldigen, die „Satane". Der zweite Teil des Stücks vereinigt alle Toten im Schattenreich. Sie sind da um zu begreifen, welches Leben sie „zusammen hätten führen können". Damit wird das Stück zu einem Appell Reue zu empfinden und die persönliche Schuld zu erkennen. Es enthält aber auch die Klage über den Zusammenbruch aller Kultur im Krieg. Die klassische Lehre von der „Kalokagathia", vom Schönen, Wahren und Guten in der Kunst, erweist sich in den Formulierungen eines Oberlehrers als Phrase. 1946 notierte Frisch in seinem Tagebuch: „Ich denke an Heydrich, der Mozart spielte; als Beispiel einer entscheidenden Erfahrung. Gerade das deutsche Volk, dem es nie an Talenten fehlte und an Geistern, die sich den Forderungen des gemeinen Tages enthoben fühlten, lieferte die meisten oder mindestens die ersten Barbaren unseres Jahrhunderts. Müssen wir davon nicht lernen?"
Geboren wurde Frisch 1911 als Sohn eines Zürcher Architekten. Er besuchte von 1924 bis 1930 das kantonale Realgymnasium seiner Heimatstadt, studierte anschließend Germanistik an der Universität Zürich, musste aber nach dem Tod des Vaters 1933 das Studium abbrechen. Er arbeitete als Journalist für die *Neue Zürcher Zeitung*, die *Frankfurter Zeitung* und die *Kölnische Zeitung*, unternahm Reisen nach Osteuropa und Griechenland. Das Ergebnis dieser Jahre war der erste Roman *Jürgen Reinhart – eine sommerliche Schicksalsfahrt* (1934). Aber wenige Jahre später verbrannte Frisch alle seine literarischen Texte. Von 1936 bis 1940 studierte er an der Eidgenössischen Technischen Hochschule Zürich Architektur. 1940 gewann für seine Entwürfe zum Neubau des Zürcher Freibads „Letzigraben" den Ersten Preis eines städtischen Wettbewerbs. 1944 begründet Max Frisch ein eigenes Architekturbüro in Zürich.

Sein Stück *Nun singen sie wieder* wurde am 29. März 1945 am Zürcher Schauspielhaus uraufgeführt. Mit zahlreichen Werken wurde Frisch schon in den 50er-Jahren zu einem der weltweit bekanntesten Schriftsteller deutscher Sprache. Er wurde mit zahlreichen Literaturpreisen, auch mit dem Georg-Büchner-Preis (1958) und dem Friedenspreis des Deutschen Buchhandels (1976) ausgezeichnet.

Max Frisch (rechts) und Bertolt Brecht 1948 in Zürich.

Stücke gegen die Vergesslichkeit. Die Farce *Die chinesische Mauer* (1946) verwendet in ihrem Vorspiel und ihren 24 Szenen Elemente des epischen Theaters, dessen Dramaturgie Frisch in Gesprächen mit dem befreundeten Bertolt Brecht 1948 in Zürich ausführlich erörterte. Der Kaiser Hwang Ti baut die chinesische Mauer um die Tyrannei zu stärken und „die Zukunft zu verhindern". Das Stück steht unter dem Eindruck, den der erste militärische Einsatz von Atombomben auf Hiroshima und Nagasaki auf den Autor hinterlassen hat. Die Fabel gibt ihm die Möglichkeit, Grundstrukturen der aktuellen Nachkriegssituation zu spiegeln und die Frage aufzuwerfen, wie die atomare Kriegführung eines wahnsinnigen Diktators verhindert werden könne. Frisch sieht die Lösung des Problems in der Freiheit der Subjektivität, die sich auch aus der Faszination alter Leitbilder löst. Diese Leitbilder werden im Hintergrund der Bühne als Masken sichtbar und verkörpern beispielsweise persönliches Liebesglück (Romeo und Julia), berechnenden Sexappeal (Cleopatra), die Eroberungssucht (Napoleon) und die religiöse Intoleranz (Philipp II. von Spanien).

Obwohl dem Stück *Als der Krieg zu Ende war* (1949) eine tatsächliche Begebenheit zu Grunde liegt, ist es kein Beispiel für das Dokumentartheater, sondern ein Beleg für die Absicht des Autors, den Hang vieler Zeitgenossen zu bekämpfen, sich von der Erinnerung an die Kriegswirren abzuwenden und in bequeme Vergesslichkeit zu flüchten.

Das Schauspiel behandelt an einem Einzelfall die Schuld eines deutschen Offiziers und dessen Rolle bei der Judenvernichtung im Warschauer Getto. Agnes, die Frau des Offiziers, hat ihr Haus einem russischen Oberst überlassen müssen. Sie versteckt ihren Mann und nimmt um keinen Verdacht zu erregen Kontakt mit dem russischen Oberst auf. Der Ehemann will seine „verletzte Ehre" retten, verlässt sein Versteck und wird von einem jüdischen Soldaten der Roten Armee als Schuldiger am Warschauer Gemetzel identifiziert. Statt den Offizier der Militärpolizei zu übergeben verlässt der Oberst wortlos die Wohnung, weil er Agnes schonen will. Diese begeht Selbstmord.

Die Zerstörung der Individualität als Thema. In dem Stück deutet sich bereits ein Generalthema an, das Max Frisch immer wieder beschäftigt hat und das ihn später zum Stück *Andorra* inspiriert hat. Der Autor vertritt die These, dass das Unglück unserer Zeit seine Ursache auch in den Klischees hat, mit denen wir die Individualität des Nächsten verwischen. Auf die Frage, wie denn der russische Oberst aussehe, antwortet Agnes ihrem Mann mit bitterer Ironie: „... wie Russen aussehen, das weiß doch jedes Kind. Wozu gibt es die Bilder. Jedes Volk hat eine Fahne und ein Gesicht. [...]" (→ S. 490 ff.)

XVII
Die Literatur in der Zeit des Wiederaufbaus

1 Panorama

1.1 Die Rahmenbedingungen

Gegensätze unter den Siegermächten. Die Solidarität der Siegermächte zeigte bald nach Ende des Zweiten Weltkriegs deutliche Risse. Die Absicht mit der Aufteilung Deutschlands in vier Besatzungszonen nicht nur die wirtschaftliche, sondern auch die politische Entwicklung in den Ländern des ehemaligen Kriegsgegners einer strengen Kontrolle zu unterwerfen erwies sich wegen der unterschiedlichen Interessen und der divergierenden politischen Zielsetzungen als Quelle wachsender Konflikte. Der Gegensatz, der sich zwischen der Sowjetunion auf der einen Seite und den drei Westmächten auf der anderen Seite aufbaute, war schon 1946 Grundlage einer veränderten Haltung der amerikanischen Politik in ihrem Verhältnis zu Deutschland. US-Außenminister James F. Byrnes erklärte am 6. September in Stuttgart, dass die Zonenschranken „vollständig fallen müssen". Die Zonen markierten lediglich Gebiete, „die aus Sicherheitsgründen von den Streitkräften der Besatzungsmächte besetzt gehalten werden". Sie seien jedoch nicht als „abgeschlossene wirtschaftliche oder politische Einheiten" zu verstehen.

Bizone und Trizone. Diese Position der Regierung in Washington war ein wesentlicher Impuls für den Zusammenschluss der amerikanischen und britischen Zone zur „Bizone" und schließlich – unter Einbeziehung der französischen Zone – zur „Trizone", aus der schließlich 1949 die Bundesrepublik Deutschland hervorging. Diese Entwicklung vollzog sich vor dem Hintergrund der zunehmenden Konflikte, die sich aus unterschiedlichen Positionen und Zielsetzungen der UdSSR und der westlichen Siegermächte ergaben. Spätestens mit der Berliner Blockade (1948/49) war offensichtlich geworden, dass eine neue, weltweite Konfrontation die politischen Entscheidungen in und für Europa beeinflussten. Der „Kalte Krieg" förderte die Einbeziehung Deutschlands in die feindlichen Lager: Mit der Gründung der Deutschen Demokratischen Republik und mit der zunehmenden Integration der beiden geographisch-politischen Gebilde in die Machtblöcke des Ostens und des Westens war 1949 die Teilung Deutschlands vollzogen.

Wirtschaftlicher Aufschwung im Westen. Die Währungsreformen im westlichen und östlichen Teil Deutschlands schufen schon 1948 die Voraussetzungen für die Stabilisierung der wirtschaftlichen Verhältnisse. Vor allem im Westen waren schon früh Anzeichen einer überraschend schnellen Konsolidierung in der Versorgung der Bevölkerung und in der industriellen Produktion zu registrieren. Das „Wirtschaftswunder", das auch eine Folge des Marshall-Plans war, färbte stark die Mentalität breiter Bevölkerungsschichten. Besitz, Konsum, Statussymbole wurden zu Ausweisen der Tüchtigkeit.
Der wirtschaftliche Aufschwung war ohne Zweifel auch eine direkte Folge der weltpolitischen Spannungen. In Washington und London wuchs die Überzeugung, dass die Integration der Bundesrepublik Deutschland in ein westliches Verteidigungssystem angesichts der Konfrontation mit Moskau ein Gebot der Stunde sei.

1.2 Schriftsteller als Mahner und Kritiker

Damit gerieten viele Schriftsteller in eine schwierige Situation. Einerseits hatten nicht wenige von ihnen unter der NS-Diktatur gelitten, waren – oftmals unter hohem persönlichen Einsatz – für die Idee der Freiheit eingetreten und begrüßten deshalb die demokratische Entwicklung im westlichen Teil Deutschlands. Andererseits hatten Analytiker der verschiedenen Lager die Machtvollkommenheit Hitlers als Folge des politischen Desinteresses erklärt, das wesentliche Teile des deutschen Volkes und insbesondere der intellektuellen Schichten schon in den letzten Jahren der Weimarer Republik veranlasst habe eine opportunistische Grundhaltung einzunehmen. Wenn aus der Katastrophe, zu der Hitlers Herrschaft geführt hatte, überhaupt irgendetwas zu lernen war, dann, so schien es, die Bereitschaft rechtzeitig gegen bedenkliche Entwicklungen mutig und kritisch Stellung zu nehmen. In solchen Überlegungen liegt ein wesentlicher Grund, der viele Autoren mit ihrem Selbstverständnis in Gegensatz zu Entscheidungen und Leitlinien der Bonner Politik brachte. Sie wollten unbequeme Warner und kritische Beobachter der Entwicklungen, nicht ein weiteres Mal verfügbare Jasager und Steigbügelhalter der Mächtigen sein.

2 Die Lyrik

2.1 Fortführung literarischer Traditionen

Das neue Selbstverständnis vieler Dichter führte allerdings nicht zu einer konformen Literatur und auch nicht zu einer Absage an alle Traditionen. Hans Egon Holthusen (1913–1997) sammelte in seiner berühmt gewordenen Anthologie *Ergriffenes Dasein* (1953) in erster Linie Gedichte von Autoren, die neuen Entwicklungen wie beispielsweise der „Konkreten Poesie" (→ S. 537 ff.) mit Vorbehalten begegneten und eher naturlyrische Positionen vertraten oder den Einfluss Gottfried Benns auf ihr Werk nicht verleugneten.

Gottfried Benn (→ S. 370 f., 379, 437) war einer der markantesten Lyriker in der literarischen Szene der Nachkriegszeit; auch wenn er nach dem Zusammenbruch des Hitlerregimes bitter feststellte: „Wenn man wie ich die letzten fünfzehn Jahre lang von den Nazis als Schwein, von den Kommunisten als Trottel, von den Demokraten als geistig Prostituierter, von den Emigranten als Überläufer, von den Religiösen als pathologischer Nihilist öffentlich bezeichnet wird, ist man nicht so scharf darauf, wieder in die Öffentlichkeit einzudringen …"

Ab 1948 erzielte Benn starke Wirkungen mit neuen Publikationen, die stilistische Elemente seiner Lyrik und Prosa aus den 30er-Jahren übernahmen, ohne den früheren Zynismus zu thematisieren. Seine Haltung ist als „schöpferischer Nihilismus" definiert worden: Benns Sprachartistik unternimmt den Versuch Motive der klassisch-romantischen Tradition mit dem expressionistischen Staccato-Stil und mit der Anwendung von medizinisch-wissenschaftlichen Termini zu verknüpfen. Dem früher beschworenen Chaos, das als Folge einer gottleeren Welt gesehen wurde, wird – oftmals in einem an Goethe erinnernden Sinn – die Ordnung von Wort und Sprache gegenübergestellt.

Besondere Beachtung hatte Gottfried Benn 1951 mit seinem Marburger Vortrag *Probleme der Lyrik* gefunden. Er appellierte an die junge Generation von Dichtern, sich bewusst zu werden, dass Lyrik Artistik, Gehirnkunst, Montage, Evokation und Laborarbeit einschließe.

Benns lyrische Prinzipien, die er mit diesem Vortrag vertrat, knüpften an Sprachmustern und Denkweisen Stéphane Mallarmés, Guillaume Apollinaires, der Surrealisten, Futuristen und Dadaisten an. Er definierte Artistik als den „Versuch der Kunst, innerhalb des allgemeinen Verfalls der Inhalte sich selber als Inhalt zu erleben". Das moderne Gedicht nannte er monologisch, nicht vortragsfähig.

Die Wirkung, die Benn mit seinem Vortrag erzielte, fand ihren lyrischen Niederschlag in vielen Beiträgen, die Hans Bender in seine Anthologie *Mein Gedicht ist mein Messer* (1955) aufnahm. Noch stärker wurde Benns Einfluss in den Texten sichtbar, die in Walter Höllerers Sammlung *Transit* (1956) standen und anonym präsentiert wurden. Dort zeigte sich, wie energisch die deutsche Lyrik darum bemüht war, durch Vorstöße zu neuen Formen, durch Beschreibung einer als disharmonisch empfundenen Welt, durch gewagte Bilder, durch surreale Metaphorik und durch Einbeziehung psychoanalytischer Sehweisen den Anschluss an die internationale Entwicklung der Literatur herzustellen.

Die Lyrikveröffentlichungen *Statische Gedichte* (1948), *Trunkene Flut* (1949), *Fragmente* (1951), *Destillationen* (1953), *Aprèslude* (1955) und *Gesammelte Gedichte* (1956) vermittelten zusammen mit zahlreichen Essays einen faszinierenden

Einblick in die geistige Welt Gottfried Benns. Entstanden waren sie zum Teil schon während des „Dritten Reichs“ und kurz nach Kriegsende. In der Sammlung *Statische Gedichte* findet sich das berühmt gewordene Gedicht

Verlorenes Ich

Verlorenes Ich, zersprengt von Stratosphären,
Opfer des Ion -: Gamma-Strahlen-Lamm -
Teilchen und Feld -: Unendlichkeitschimären
auf deinem grauen Stein von Notre-Dame.
[…]

2.2 Re-Simplifizierung der Bilder?

MARIE LUISE KASCHNITZ (1901–1974) war ebenfalls schon vor 1945 bekannt geworden. Die 1901 in Karlsruhe geborene Dichterin galt vielen Autoren als Repräsentantin einer an klassischen Formen orientierten Lyrik. Ihre Fähigkeit traditionelle Versformen noch einmal in den Dienst der christlich-antiken Humanitätsideale zu stellen, sich aber zugleich modernen Fragestellungen zu öffnen, brachte ihr breite Anerkennung, aber auch die Vorbehalte ein, die einer „konservativen“ Schriftstellerin in dieser Zeit entgegengebracht wurden. Walter Jens sah in *Genazzano* bezeichnenderweise „ein für die moderne deutsche Lyrik in seiner sprachlichen Einfachheit sehr typisches Gedicht“. Und er fügte hinzu: „Keine Fremdwortreime, keine kühnen Wortneuschöpfungen, statt dessen eine schlichte Syntax, knappe Sätze, behutsame Bilder. Ob Eich oder Bachmann, Huchel oder Krolow, ob Busta, Bächler, Gerhard Neumann oder Piontek: „… (wir finden) eine Re-Simplifizierung der Bilder, Metaphern und Reime.“
Die Haltung, die Marie Luise Freifrau von Kaschnitz zu Zeit und Dichtung einnahm, ist auch als Auswirkung ihrer Biografie zu erklären. Die Offizierstochter, einem elsässischem Adelsgeschlecht entstammend, wurde 1924, nachdem sie in Weimar und München eine Buchhandelslehre absolviert hatte, Buchhändlerin in Rom, heiratete 1925 den Wiener Archäologieprofessor Guido Freiherr von Kaschnitz-Weinberg, dem sie in der Zeit des „Dritten Reiches“ an seine Wirkungsstätten in Königsberg, Marburg und Frankfurt folgte. Ihr Ehemann war später Direktor des Deutschen Archäologischen Instituts in Rom. Marie Luise Kaschnitz erhielt 1955 den Georg-Büchner-Preis. Sie starb 1974 in Rom.

Die frühen Essays und Romane der Dichterin waren von der Faszination künstlerischer Zeitlosigkeit durchdrungen. „Kühn und voll Tröstung erklang inmitten des Krieges die reine Stimme ihrer Dichtung“, konstatiert die Urkunde zur Verleihung des Büchner-Preises an Marie Luise Kaschnitz. Und mit der Veröffentlichung *Gedichte*, einer Sammlung lyrischer Werke aus zwei Jahrzehnten, machte die Autorin 1947 deutlich, dass sie durch die Kriegsereignisse zu beschwörenden Mahnungen angeregt worden war, die dazu aufriefen, den Mächten des Untergangs Widerstand zu leisten. *Neue Gedichte*, 1957 erschienen, lieferten den Beweis, dass diese Autorin traditionsorientierte Formen durchaus mit Empfindungen der Existenzangst zu verknüpfen wusste. Mit dem Band *Lange Schatten*, der 1960 erschien, charakterisierte sich Marie Luise Kaschnitz auch als eine moderne Erzählerin, die mit scheinbar realistischem Stil das Spannungsfeld zwischen Alltäglichem und Dämonischem nach den Gesetzen der *short story* thematisiert und trotz kühlen Erzähltons die romantisch-mystische Dimension der Wirklichkeit plausibel macht.

NELLY SACHS (1891–1970) verriet in ihrer Lyrik ebenfalls die Bereitschaft, Leiden und Sterben im 20. Jh. als Indiz einer mystisch-religiösen Weltstruktur zu interpretieren. Ihre Gedichte basieren auf literarischen Traditionen jüdischer Kultur und beweisen mit ihrer Thematik die enge Verbundenheit der Autorin mit dem Schicksal des jüdischen Volkes.
Nelly Sachs wurde in Berlin geboren. Als Jüdin war sie im „Dritten Reich“ aufs äußerste gefährdet. Sie verdankte es Selma Lagerlöf, mit der sie seit 1907 korrespondierte und von der sie zum Schreiben ermutigt worden war, dass sie 1940 im letzten Augenblick nach Stockholm emigrieren konnte. Nelly Sachs' Verwandte starben in Konzentrationslagern. 1966 erhielt sie – zusammen mit Samuel Josef Agnon – den Nobel-Preis für Literatur. Nelly Sachs starb 1970 in Stockholm.
Mit dem weltweit angesehensten Literaturpreis wurde Nelly Sachs für ihr lyrisches Werk geehrt. Sie hatte zwar 1921 schon Legenden und Erzählungen veröffentlicht, berühmt wurde sie aber erst mit der Veröffentlichung von Gedichten in den 60er-Jahren. Die Lyrikbände *In den Wohnungen des Todes* (1947), *Sternverdunkelung*

(1949), *Und niemand weiß weiter* (1957) und *Flucht und Verwandlung* (1959) spiegeln die Leiden der Autorin unter dem Eindruck des Holocaust und der Exilerlebnisse wider. Dabei greift Nelly Sachs auf die Bildersprache des Alten Testaments zurück. So war es nicht verwunderlich, dass auch sie zunächst als eine konventionelle Schriftstellerin galt und weitab von den literarischen Zielsetzungen stand, die von den meisten Autoren der Gruppe 47 vertreten wurden.

Die Gedichtsammlungen *Flucht ins Staublose* (1961), *Glühende Rätsel. Teil 1 und 2* (1964), *Späte Gedichte* (1965), *Die Suchenden* (1966) und der nach dem Tod der Autorin publizierte Band *Teile der Nacht* (1970) überraschten durch eine völlig neue, eigenwillige Sprache. Deutlich bemüht sich Nelly Sachs um eine Verkürzung der Bildersprache, die Ellipse dominiert als Stilfigur, und die Absicht in den Bild- und Motivverknüpfungen das Unsagbare auszudrücken galt Kritikern schon früh als „Höhepunkt metaphorischer Schreibweise" (H. Geißner). Allerdings führte diese Lösung von Traditionen und Vorbildern auch zu Irritationen: Das Weltbild im Alterswerk der Dichterin ließ sich vom Einzelgedicht her kaum mehr entschlüsseln.

WOHIN o wohin

WOHIN o wohin
du Weltall der Sehnsucht
das in der Raupe schon dunkel verzaubert
die Flügel spannt,
mit den Flossen der Fische
immer den Anfang beschreibt
in Wassertiefen, die
ein einziges Herz
ausmessen kann mit dem Senkblei
der Trauer.
Wohin o wohin
du Weltall der Sehnsucht
mit der Träume verlorenen Erdreichen
und der gesprengten Blutbahn des Leibes;
während die Seele zusammengefaltet wartet
auf ihre Neugeburt
unter dem Eis der Todesmaske.

2.3 Faszination dichterischer Sensibilität

Bedeutung der Lyrikerinnen. Es ist bezeichnend, dass Frauen im ersten Jahrzehnt der bundesrepublikanischen Geschichte die Entwicklung der Lyrik entscheidend bestimmten. Das hing gewiss mit der reichlich verspäteten Infragestellung „männlicher Tugenden" zusammen, die in der Zeit des Krieges gefordert und auf Werte wie Tapferkeit, Todesmut und Härte reduziert worden waren. Viele Deutsche, die in Todesnot und Verzweiflung an die Grenzen ihrer Existenz geführt worden waren, empfanden Sehnsucht nach jener Sensibilität, die beispielsweise in den melancholisch-zarten Sprachbildern der damals bekannt werdenden Lyrikerinnen anklang. Nicht zu übersehen ist aus heutiger Sicht aber auch die Alibi-Funktion manchen „feinsinnigen" Textes dieser Epoche. Das gesamte deutsche Volk stand in diesen Jahren, in denen es sich noch immer vehement gegen den Vorwurf der „Kollektivschuld" zu wehren hatte, im Verdacht, mehr zu kriegsbedingter Entsagung, militärischer Durchschlagskraft und rassistischer Arroganz zu neigen als zu Gefühlsintensität und ästhetischer Sensibilität. Deshalb darf vermutet werden, dass die Aufgeschlossenheit gegenüber schöngeistiger Literatur für manchen Leser dieser Zeit auch wie eine Entlastung von pauschalen Vorwürfen empfunden wurde.

Sprache der Dichter – Sprache der Verfolger. Hilde Domin, 1912 in Köln geboren, betrat die Bühne des literarischen Betriebs in der Bundesrepublik erst im Alter von rund vierzig Jahren.

Als Tochter eines jüdischen Rechtsanwalts war Hilde Domin noch als Studentin 1932 veranlasst worden zu emigrieren. Das in Heidelberg begonnene Studium der Rechte, Nationalökonomie, Soziologie und Philosophie setzte sie in Rom und Florenz fort. 1936 heiratete sie den Kunsthistoriker Erwin Walter Palm, war Sprachlehrerin in Rom, 1939/40 Collegelehrerin in England und lebte von 1940 bis 1954 in der Dominikanischen Republik, wo sie von 1947 bis 1953 die Aufgaben einer Dozentin für Deutsch an der Universität Santo Domingo wahrnahm. Erst 1954 kehrte sie nach Deutschland zurück und ließ sich in Heidelberg nieder.

Ihre Gedichtsammlungen erschienen in rascher Folge: *Nur eine Rose als Stütze* 1959, *Rückkehr der Schiffe* 1962, *Hier* 1964, *Höhlenbilder* 1968 und *Ich will dich* 1970.

Als problematisch empfand die Dichterin die Tatsache, dass sie die Sprache ihrer Verfolger

anwenden musste. In einem *Offenen Brief* an Nelly Sachs schrieb sie: „Da wird einer verstoßen und verfolgt, ausgeschlossen von einer Gemeinschaft, und in der Verzweiflung ergreift er das Wort und erneuert es, macht das Wort lebendig, das Wort, das zugleich das Seine ist und das der Verfolger ..."
Diese Erfahrung schärfte Hilde Domins Bewusstsein für die Bedeutung des Worts in einer Zeit der Verfolgung.

Rückkehr der Schiffe

[...]
Lieber ein Messer als ein Wort.
Ein Messer kann stumpf sein.
Ein Messer trifft oft
am Herzen vorbei.
Nicht das Wort.

Wandel der Metapher. Auch die Lyriker, die eine grundsätzliche Absage an literarische Traditionen ablehnten, waren sich im Klaren darüber, dass die stürmischen Veränderungen in der Mitte des 20. Jh. einen unreflektierten Rückgriff auf dichterische Formen des Expressionismus oder gar des 19. Jh. nicht zulassen. Bei fast allen Autoren, die in den frühen Jahren der bundesrepublikanischen Geschichte bekannt wurden, ist das Bestreben erkennbar, traditionelle Formmuster und Sprachbilder zwar aufzugreifen, aber so umzuwandeln, dass deren Sensitivität den Themen der Gegenwart gerecht wurde. Unterschiedliche Auffassungen wurden aber deutlich, wenn es um die Definition des Begriffs „engagierte Literatur" ging.

Karl Krolows naturlyrische Impulse. KARL KROLOW suchte einen Weg, der zwischen den „steten Rückgriffen auf das neunzehnte Jahrhundert" und dem „exzessiven Ästhetizismus" Benns lag. Er bestritt allerdings nicht, dass er Rainer Maria Rilke, Georg Trakl und Annette von Droste-Hülshoff entscheidende Anregungen verdankt. Während seiner Studienzeit lernte Krolow die Lyrik Wilhelm Lehmanns, Oskar Loerkes, Elisabeth Langgässers und Peter Huchels kennen. Die dort empfangenen „naturlyrischen" Impulse verband er mit Einsichten in Darstellungsformen großer europäischer Autoren. Als Übersetzer und Nachdichter französischer, spanischer und englischer Lyrik machte er sich mit dem Werk Federico García Lorcas, Wystan Hugh Audens, Guillaume Apollinaires, Jules Supervielles und Paul Éluards vertraut. So fand Karl Krolow zu eigenen Gedichten, die sich durch Schwerelosigkeit der Form, betonte Musikalität der Sprache, tänzerische Rhythmik und herbe Bildlichkeit auszeichneten. In den späteren Gedichten mischt sich Trauer mit Ironie, und immer stärker wandte sich Krolow experimentellen, reimlosen Gedichten zu. Der Georg-Büchner-Preis wurde ihm 1956 verliehen und mit dem Hinweis begründet, dass Krolows Werk „poetische Überlieferung und moderne Ausdruckskraft durch Kühnheit der Bilder und Metaphern" vereine. „Durch die lautere Prägung und durchscheinende Klarheit des Wortes haben seine Gedichte den Bestand unserer Lyrik auf beglückende Weise erweitert und bereichert."
Geboren wurde Karl Krolow 1915 in Hannover als Sohn eines Verwaltungsbeamten. In Göttingen und Breslau studierte er Germanistik, Romanistik, Kunstgeschichte und Philosophie. Schon seit 1942 lebte er als freier Schriftsteller. Sein erster Gedichtband erschien 1943 unter dem Titel *Hochgelobtes, gutes Leben*. Nach Ende des Zweiten Weltkriegs wurde er bald als „neuer Klassiker der Lyrik" gefeiert. Krolow bekannte sich zwar zur „Zeitlyrik", aber in einem „nicht engagierten, unpolitischen, unaktuellen Sinne".

Zunehmender Lakonismus. Krolows Weg als Lyriker führte von seinen großen Oden und Elegien im Band *Die Zeichen der Welt* zur lakonischen Sprachform, wie sie zum Beispiel in *Landschaften für mich* sichtbar wird. Aber auch in den späten Gedichten, die gelegentlich den Charakter von scheinbar beiläufigen Aufzeichnungen annehmen, spiegelt sich das poetologische Konzept dieses Autors wider: „Für mich hat ein Gedicht luft- und lichtdurchlässig zu sein. Es muss in der Lage sein unaufhörlich an die Außenwelt abzugeben und von ihr aufzunehmen."

Der Augenblick des Fensters (1962)

Jemand schüttet Licht
aus dem Fenster.
Die Rosen der Luft
blühen auf,
und in der Straße

heben die Kinder beim Spiel
die Augen.
Tauben naschen
von seiner Süße.
Die Mädchen werden schön
und die Männer sanft
von diesem Licht.
Aber ehe es ihnen die anderen sagen,
ist das Fenster von jemandem
wieder geschlossen worden.

2.4 Das Schöne nicht fürchten

Schon das erste Jahrzehnt in der Geschichte der Bundesrepublik Deutschland kennzeichnete sich durch widersprüchliche Entwicklungen, wie sie in einer pluralistischen Gesellschaft selbstverständlich sind. Während Autoren wie Heinrich Böll und Günter Grass vor allem „restaurative Tendenzen“ registrierten, war andererseits die Bewunderung für Modernität nicht zu übersehen. Der technische Fortschritt, der als entscheidende Kraft zur Überwindung der Mangelwirtschaft gefeiert wurde, bestimmte nicht nur die Wohnungseinrichtung, sondern auch die Mentalität des Bundesbürgers. Ästhetisch war, was rational, logisch und vernünftig war. Mancher Lyriker mag der Versuchung nachgegeben haben, durch radikale Zerstörung von Reim, Vers und Metapher dem Bedürfnis nach literarischer „Modernität“ entgegenzukommen. Autoren, die sich zu einer traditionelleren Definition von Schönheit in der Literatur bekannten, gerieten zunehmend unter Verdacht den Anschluss an zeitgenössische Entwicklungen verpasst zu haben.

Heinz Piontek machte nie ein Hehl daraus, dass er ein gleichsam konservatives Poetikverständnis vertritt. Lyrik war für ihn nie ein Instrument des politischen Tagesgeschäfts, nie ein Mittel der bloßen Effekthascherei. Er lehnte es ab, die Zerstörung aller sprachlichen Ordnung als Modernität auszugeben. Reim und Metrum zeigten sich vor allem in seinen frühen Gedichten als selbstverständliche, an große Traditionen anknüpfende Elemente. Dabei scheute sich Piontek nicht, auch scheinbar verbrauchte Wörter aufzugreifen und sie in einem neuen, überraschenden Zusammenhang aufzuwerten. Ähnlich wie bei Krolow fand sich auch bei Piontek das totgesagte Landschaftsgedicht in veränderter Form wieder.

*An große Lyriktraditionen knüpft **Heinz Piontek** an, der mit seinen Gedichtbänden „Die Furt“ und „Die Rauchfahne“ schon früh bekannt wurde. Das Foto entstand 1977, als Piontek bei einer Lesung seinen Roman „Dichterleben“ signierte.*

Heinz Piontek wurde 1925 in Kreuzburg/Oberschlesien geboren, kam 1945 auf abenteuerlichen Wegen nach Bayern, schlug sich als Gelegenheitsarbeiter durch und holte in Dillingen a. d. Donau das Abitur nach. Anschließend studierte er an der Philosophisch-Theologischen Hochschule Dillingen Germanistik, später an der Universität München auch Kunstgeschichte. Seit 1961 lebt er in München. Nur wenige Autoren der Gegenwartsliteratur wurden mit so vielen Auszeichnungen bedacht wie Heinz Piontek. Er erhielt unter anderem ein Stipendium in der Villa Massimo Rom (1960), den Eichendorff-Literaturpreis (1971), den Georg-Büchner-Preis (1976) und den Oberschlesischen Kulturpreis (1983). Seit 1960 ist Piontek Mitglied der Bayerischen Akademie der Schönen Künste.
Mit den Gedichtbänden *Die Furt* (1952) und *Die Rauchfahne* (1953) erregte Piontek schon in jungen Jahren Aufsehen. In fast regelmäßiger Folge erschienen weitere Gedichtsammlungen: *Wasser-*

marken, 1957, *Mit einer Kranichfeder,* 1962, *Klartext,* 1966, *Tot oder lebendig?,* 1971, *Was mich nicht loslässt,* 1981, *Helldunkel,* 1987, *Indianersommer,* 1990 und *Morgenwache,* 1991. – Neben zahlreichen Essays und Erzählungen veröffentlichte Heinz Piontek die Romane *Die mittleren Jahre,* 1967, *Dichterleben,* 1976, *Juttas Neffe,* 1979, *Zeit meines Lebens,* 1989, *Stunde der Überlebenden,* 1989, und *Goethe unterwegs in Schlesien,* 1993.
Von den Strömungen, die in den 60er- und 70er-Jahren in radikalem Gegensatz zu seiner Auffassung von Lyrik standen, ließ sich Piontek nicht irritieren. Eine Passage aus *Version von Sprachtabus* (1975) beweist es:

Ich räume dir Platz ein, Seele,
den Wasserträumen und Vogelfahrten,
auch dir, deutsche Ferne.

Dennoch war erkennbar geworden, dass sich Pionteks Stellung im deutschen Literaturbetrieb während der unruhigen Phase gegen Ende der 60er-Jahre zu verändern begann. Die natur-, erinnerungs- und ästhetikbezogene Lyrik wurde damals von der Kritik und von den Medien immer stärker problematisiert, gelegentlich sogar als lächerliches Rudiment einer unkritischen Vergangenheit dargestellt. Viel stärker gefragt war die „engagierte", entlarvende, dokumentierende und sozialkritische Literatur. Piontek, der auch in diesen Jahren seinen Prinzipien treu blieb, hatte es zunehmend schwerer, sich Gehör zu verschaffen. In *Wohin die Reise* geht formulierte er:

Aber was heißt: Immer der Nase nach?
frag ich die haken-
schlagende Zeit

„Gegen die Kritik", sagte er einmal, „kann man sich weder schützen noch wehren. Man muss ihr zum Trotz handeln und das lässt sie sich nach und nach gefallen."
Obwohl Heinz Piontek frei von jeder opportunistischen Anpassungsbereitschaft war, gingen bestimmte Trends auch an seinem Werk nicht spurlos vorüber:

Täglich verliert jemand seine Unschuld
unter Schlagstöcken.

Aber der Grundton geht nie verloren:

Wie im täglichen Metapherngestöber
zu den Eingängen gelangen
in unser Inwendiges voller Wüste?

Piontek ist es gelungen, trotz gegenläufiger Trends die Erinnerung als Quelle der Poesie zu verteidigen. Ihm ist es zu verdanken, dass die lyrische Kongruenz von Form und Gehalt selbst in den reformverliebten Jahren der bundesrepublikanischen Geschichte nicht völlig in Vergessenheit geriet.

2.5 Lyriker in der Gruppe 47

Die Gruppe 47 erwies sich auch für Lyriker als entscheidendes Forum.

Wolfgang Bächler, das jüngste Gründungsmitglied, fand mit Gedichtveröffentlichungen in Tageszeitungen und mit einem ersten Gedichtband *Die Zisterne* (1950), von dem sich der Autor später wegen „nicht streng genug" getroffener Auswahl distanzierte, den Beifall der Kritik. Gottfried Benn urteilte: „Er gehört zu den ganz wenigen neuen Lyrikern, die mich interessieren, an deren Weg ich glaube." Der 1925 in Augsburg geborene Autor, der nach dem Studium der Literaturwissenschaft seinen Lebensunterhalt jahrelang als Journalist und Buchkritiker verdiente, ist Verfasser des Romans *Der nächtliche Gast* (1950) und des Sammelbands *Stadtbesetzung* (1979). Mit dem psychoanalytischen Prosaband *Traumprotokolle* (1972) bekräftigte er den Vorwurf, dass die Vergangenheitsbewältigung in der Bundesrepublik Deutschland nicht gelungen sei. Seine Lyrik, vorgelegt in den weiteren Bänden *Lichtwechsel* (1955), *Lichtwechsel II* (1960), *Türklingel* (1962), *Türen aus Rauch* (1963) und *Ausbrechen* (1976), galt vor allem in den 50er-Jahren als „große Hoffnung" der jungen Literatur. Die Melancholie dieses Dichters, der sich „im Sogwind der Leere" sieht, wurde auch durch die ständige Schwierigkeit genährt als anerkannter Lyriker sein materielles Auskommen zu finden.

Ingeborg Bachmann (1926–1973), die „Grande Dame" der Gruppe 47, hatte mit solchen Problemen nicht zu kämpfen. Kometenhaft wirkte der plötzliche Aufstieg der Dichterin, als sie im

Jahre 1953 den Preis der Gruppe 47 erhielt und über die Medien weithin bekannt wurde.
Ingeborg Bachmann stammt aus Klagenfurt, promovierte 1950 mit der Dissertation *Die kritische Aufnahme der Existentialphilosophie Martin Heideggers* und war von 1951 bis 1953 Redakteurin der österreichischen Sendergruppe Rot-Weiß-Rot. Nach dem Erfolg ihrer ersten Gedichtbände *Die gestundete Zeit* (1953) und *Anrufung des großen Bären* (1956) lebte sie als freie Schriftstellerin in Rom, München und Zürich. Gestorben ist sie 1973 in Rom.

*Rom war für **Ingeborg Bachmann** die „schönste Stadt der Welt". Das Foto entstand 1969 in der „ewigen Stadt", wo die Dichterin 1973 das Opfer eines Brandunfalls wurde.*

Die Begeisterung, mit der Ingeborg Bachmanns Gedichte aufgenommen wurden, beruhte auch auf Irrtümern. Die unkritische Rezeption der 50er-Jahre sah in erster Linie die Schönheit der Sprache, die Faszination der poetischen Bilder und die Traditionsbezüge, die auf Rainer Maria Rilke, Paul Celan, Günter Eich und Nelly Sachs verwiesen. Übersehen wurde die dunkle, manchmal sogar apokalyptische Stimmung der Gedichte, in der Verlorenheit und Irritation, Verzagtheit und Trauer ihren Ausdruck fanden. Die Besorgnis immer wieder als „im Kern unbeirrbare Natur" fehlinterpretiert zu werden hat Ingeborg Bachmann in den 60er-Jahren zum Entschluss geführt, der Öffentlichkeit poetische „Delikatessen" vorzuenthalten.
Von großer literarischer Bedeutung ist Ingeborg Bachmanns Hörspiel *Der gute Gott von Manhattan* (1958), in dem sie das Tristan-Thema von der Absolutheit der Liebe aufgreift, aber zu einer eigenwilligen Interpretation gelangt: Der gemeinsame Liebestod bleibt Jan und Jennifer versagt, weil nur Jennifer, nicht aber Jan alle Bindungen an Alltäglichkeit und Realität zu überwinden vermag. Dieses Hörspiel, einige Texte aus dem Erzählband *Das dreißigste Jahr* und vor allem der Roman *Malina* waren Anlässe Ingeborg Bachmann als Protagonistin der späteren Frauenbewegung in der Bundesrepublik Deutschland zu interpretieren. (→ S. 550)

3 Das Drama

3.1 Theater und Verinnerlichung

Neue Blüte nach der „Zerstörung der deutschen Literatur". Nach den Erfolgen, die Wolfgang Borchert mit *Draußen vor der Tür* und Max Frisch mit *Nun singen sie wieder* erzielten, schien das deutschsprachige Theater der unmittelbaren Nachkriegszeit thematische und szenische Möglichkeiten entdeckt zu haben, die nach der „Zerstörung der deutschen Literatur" (W. Muschg) eine neue Blüte der dramatischen Kunst versprachen. In den Jahren nach Gründung der Bundesrepublik und der DDR offenbarten sich aber gerade in dieser Literaturgattung besondere Schwierigkeiten, wenn es für die Autoren darum ging, sich von Traditionen und fremdsprachigen Vorbildern zu lösen oder sich gegen ausländische Autoren durchzusetzen. Die psychologische Situation und das Bedürfnis eine künstlerische Gegenwelt zur materialistischen Faszination des wirtschaftlichen Wiederaufstiegs zu schaffen begünstigte jene Dramatiker der westlichen Welt, die sich einer Dramaturgie der Verinnerlichung verschrieben hatten. Die Erwartung, dass sich die Bühnensprache auch lyrischer Sensibilität öffnet, verband sich mit einer auffälligen Aufgeschlossenheit gegenüber Dramen, in denen die Thematik des Untergangs und der Endzeitempfindungen behandelt wurden. Die Theater, die allmählich aus dem Schutt der zerstörten Städte wiedererstanden, bevorzugten bei der Zusammenstellung ihrer Spielpläne Werke französischer, britischer und amerikanischer Autoren.

Erfolg der Stücke Anouilhs, Eliots, Cocteaus, Frys und Wilders. So mag es zu erklären sein, dass es kein wesentliches Anliegen dieser Zeit war, den Theaterbetrieb vor allem mit den Stücken deutscher Bühnenautoren zu sichern. Die neu sich bildende Gesellschaft der frühen Wirtschaftswunderjahre applaudierte eher den Stücken Jean Anouilhs, T. S. Eliots, Jean Cocteaus und Christopher Frys. Thornton Wilders Drama *Wir sind noch einmal davongekommen*, zwar schon 1942 geschrieben, in Zürich 1944 erstmals in deutscher Übersetzung und 1946 innerhalb der deutschen Grenzen in Darmstadt erstaufgeführt, inspirierte Regisseure zu immer neuen Inszenierungen. Die Fabel dieses Bühnenwerks beschwört am Beispiel der Eiszeit, der Sintflut und eines modernen Krieges die auch künftig bestehende Bedrohung der Menschheit. Obwohl Wilder mit einer Reihe von distanzierenden Hinweisen die Überzeitlichkeit seines Anliegens betont hatte, wurde das Endzeit-Drama in Deutschland als Anspielung auf den aktuellen Beinahe-Untergang empfunden und entsprechend akzentuiert. Das Werk erlangte die Bedeutung eines Schlüsselstücks. Da der kalte Krieg zu einer Ablehnung „kommunistischer Autoren" führte und da aus diesem Grunde das „epische Theater" Brechts in der jungen Bundesrepublik kaum bekannt war, erlebten viele Zuschauer, Schauspieler und Regisseure erstmals am Beispiel von Wilders Drama die neuen Möglichkeiten einer Dramaturgie, die auf Handlungsdurchbrechungen in der Art der Brecht'schen Verfremdungseffekte aufbaute.

3.2 Existenzialistische und surrealistische Stücke

Die spätere Entwicklung der dramatischen Literatur in Deutschland hatte den populären ausländischen Autoren dieser geschichtlichen Phase viel zu verdanken. Denn Stücke von Jean-Paul Sartre und Albert Camus transportierten das philosophische Gedankengut des Existenzialismus nach Deutschland, Samuel Beckett und Eugène Ionesco wurden als Vertreter eines neuen surrealistischen Bühnenstils, des „absurden Theaters", weithin bekannt. Wenn man von der verspäteten Entdeckung Bertolt Brechts absieht, spiegelten sich die pluralen Entwicklungen des westlichen Dramas in den Spielplänen bundesdeutscher Bühnen durchaus überzeugend wider.

Max Frisch – „Dem Biedermann ins Gewissen reden". Max Frisch (→ S. 480) konnte den hohen Bekanntheitsgrad, den er sich als Dramatiker mit seinen Nachkriegsstücken gesichert hatte, zu Beginn der 50er-Jahre kontinuierlich ausbauen. Dabei hatte der Autor aber durchaus mit Schwierigkeiten zu kämpfen. Die Uraufführungen der Stücke *Graf Öderland* und *Don Juan oder Die Liebe zur Geometrie* fanden zunächst beim Publikum und bei der Kritik ebenso wenig Anklang wie der Roman *Stiller* (1954).
Auch Frisch ließ sich von Überlegungen der französischen Existenzialisten inspirieren, als er 1951 mit der „Moritat" *Graf Öderland* die Inhumanität von sich verselbstständigenden Ordnungsprinzipien veranschaulichte: Zugleich zeigt das Stück Einflüsse Brechts, mit dem Frisch seit 1948 Kontakte pflegte, indem es die Szenen der „zwölf Bilder" nach Art der Lehrstücke Brechts lose aneinanderreiht. Die Darstellung des Inhalts orientiert sich an archetypischen Problem- und Figurenkonstellationen, wie sie in alten Sagen und antiken Mythen personifiziert werden: Die Fabel erzählt die Geschichte eines Staatsanwalts, der aus dem verachteten bürgerlichen Dasein ausbricht und als Anführer einer Bewegung von Unzufriedenen eine Ordnung errichtet, die schrecklicher ist als die überwundene. *Graf Öderland* gilt als ein Lehrstück zum Thema der Unvereinbarkeit von Macht und Freiheit. Obwohl das Werk auch Fragen berührt, die mit der „Machtübernahme" der Nationalsozialisten zusammenhängen, fühlte sich Frisch durch zu stark aktualisierende Inszenierungen bis hin zur Hitler-Parodie missverstanden. Für Jahre sperrte er den Text für alle Aufführungen, erarbeitete mehrere Fassungen und betonte immer wieder das parabolische Element der „Moritat".

Don Juan oder Die Liebe zur Geometrie (1953) ist nur scheinbar ein historisches Stück. Schon früh hat Hellmuth Karasek die Komödie als „das Drama einer aufbegehrenden Jugend" bezeichnet. In einem souveränen Spiel mit vielen Mitteln des Theaters zeigt Max Frisch einen Don Juan, der als Mathematiker und Offizier „ganz andere Ziele kennt als die Frau und die Frau von vorneherein als Episode einsetzt". Während die Hauptfigur in Mozarts Oper *Don Giovanni* im Zuschauer den Glauben an die ausgleichende Gerechtigkeit in dieser und der jenseitigen Welt bekräftigen soll, zweifelt Frischs Don Juan an solchen augustinischen Weltdeutungen. Seine Frevel, so stellt er fest, seien nur die ausschlaggebenden Gründe für seine wachsende Berühmtheit. Er beschließt die Legende von Don Juans „Höllenfahrt" zu nutzen und sich im Kloster nur noch der geliebten Geometrie zu widmen. Aber er endet als Ehemann und Vater. „Indem er Vater wird – indem er es annimmt, Vater zu sein –, ist er nicht mehr Don Juan", kommentiert Max Frisch. „Das ist seine Kapitulation, seine erste Bewegung zur Reife." Reife definiert sich in diesem Zusammenhang als Einsicht in die unabänderliche Notwendigkeit.

Einen Welterfolg erzielte Max Frisch mit dem Parabelstück *Biedermann und die Brandstifter*. Das Stück, das sich 1957/58 aus dem Hörspiel *Herr Biedermann und die Brandstifter* (1953) entwickelt hatte, wurde nicht nur wegen der zielstrebigen, alles Zufällige ausschließenden Handlungsführung, sondern auch wegen seines politischen Gehalts zu einem Welterfolg. 1958 in Zürich uraufgeführt, gelangte das Stück innerhalb weniger Jahre auf fast alle deutschen und auf rund fünfzig ausländische Bühnen. Publikum und Kritiker sahen in der Handlung eine bühnengerechte Deutung der Ursachen, mit denen sich die reibungslose „Machtergreifung" radikaler Gewalttäter erklären lässt. Obwohl die Hörspielfassung mit dem Brand des schweizerischen Seldwyla endet, ließ sich das „Lehrstück ohne Lehre" problemlos als Anklage gegen das Ruhebedürfnis des deutschen „Biedermanns" in den Jahren vor 1933 verstehen. Zweifellos war aber die Geschichte vom opportunistischen Fabrikanten Biedermann, der aus Feigheit die Brandstifter in seinem Haus bis zum endlichen Großbrand schalten und walten lässt, auch eine Warnung vor der sich zuspitzenden Weltsituation im Kalten Krieg. „Biedermann und Frau unterliegen gegen die Brandstifter, weil, was sie sagen, nicht gemeint ist; und weil, was sie meinen, nicht gesagt ist. Ihre Sprache dient nicht der Darstellung, sondern der Verstellung" (W. Weber). Die Brandstifter hingegen wissen, dass im bürgerlichen Milieu die Wahrheit die beste Tarnung ist. Niemand nämlich ist bereit die wahrheitsgemäße Ankündigung der Katastrophe zu glauben. Diese Haltung unterstellt Frisch aber auch dem Zuschauer, wenn er den Chor der Feuerwehrleute am Schluss des Stücks deklamieren lässt:

> Sinnlos ist viel, und nichts
> Sinnloser als diese Geschichte:
> Die nämlich, einmal entfacht,
> Tötete viele, ach, aber nicht alle
> Und änderte gar nichts.

***Biedermann und die Brandstifter** von Max Frisch galt vielen Kritikern als eine theaterwirksame Analyse bürgerlicher Schuld am Aufkommen des Nationalsozialismus. Das Szenenfoto entstand bei der Aufführung des „Lehrstücks ohne Lehre" an der Freien Volksbühne Berlin unter der Regie von Leonard Steckel im Jahre 1959.*

„Du sollst dir kein Bildnis machen ...". Mit *Andorra*, dem 1961 in Zürich uraufgeführten „Stück in zwölf Bildern", löste Max Frisch heftige Diskussionen aus. Das parabolische Drama zeigt am Beispiel von Einwohnern eines fiktiven Kleinstaats Andorra, wie leicht jede Humanität durch ideologisch bedingte Feindbilder unterhöhlt werden kann. Die Forderung der Bibel „Du sollst dir kein Bildnis machen von Gott“ wird von Max Frisch aufgegriffen und schon in einer Tagebucheintragung von 1946 mit einer Schlussfolgerung verknüpft: „Es dürfte auch in diesem Sinne gelten: Gott als das Lebendige in jedem Menschen, das, was nicht erfassbar ist. Es ist eine Versündigung, die wir, so wie sie an uns begangen wird, fast ohne Unterlass wieder begehen[...]“ Die Andorraner im Stück *Andorra* aber machen sich ein „Bildnis“ von Andri. Obwohl er in Wirklichkeit einer von ihnen ist, gilt er als Judenjunge. Die Vorurteile seiner Mitmenschen, verschärft durch die Bereitschaft zu opportunistischer Anpassung an die Ideologie der „Schwarzen“, die das Land besetzt haben, pervertieren die Persönlichkeit Andris so nachhaltig, dass er an sich allmählich alle Wesensmerkmale zu entdecken glaubt, die das „Bildnis“ der Andorraner ihm zugeordnet hat. Er akzeptiert die aufgezwungenen Charakterzüge: „Ich will anders sein.“ Mit Hilfe einer spektakulären „Judenschau“ wird er endgültig aus der Lebensgemeinschaft ausgesondert und schließlich „liquidiert“.

Das Stück basiert auf der Überlegung, dass rassistischer Massenwahn und die schwierige Suche nach der eigenen Identität zu den existenziellen Problemen des 20. Jh. gehören. Es entzündete allerdings auch die Diskussion darüber, ob der Holocaust in den Konzentrationslagern auf ein Spiel reduziert werden kann, das die Auswirkungen kleinbürgerlicher Ressentiments auf einen einzelnen Menschen behandelt. Aber die scharfen feuilletonistischen Auseinandersetzungen um die Frage, inwieweit Max Frisch das Phänomen des von Spießern repräsentierten Willens zur Vernichtung des wirklich oder scheinbar von der Norm abweichenden Andersartigen glaubhaft machen konnte, hatten zur Folge, dass der Autor mit den *Andorra*-Aufführungen in vielen Ländern zum „Klassiker“ des modernen Dramas wurde.

Gegen die Parabel. Auch mit dem dramatischen Werk *Biografie – Ein Spiel* (1967) wusste die Kritik zunächst wenig anzufangen. Das Stück distanziert sich von den Grundpositionen der traditionellen Dramaturgie, die entweder Peripetiestrukturen oder parabelhafte Inhalte betonte. Das moderne Theater, so argumentierte Max Frisch, benötige aber ein Spiel, das den Zufall, den Zweifel, das Unglaubliche und Überraschende darstellt. Wie dem Leben der „Hang zum Sinn“ fehle, so könne auf der Bühne nicht das parabolische Prinzip weitergeführt werden, da es die unhaltbare Auffassung derjenigen Zuschauer bestärke, die hinter der Zufälligkeit biografischer und historischer Abläufe eine Art Gesetzlichkeit vermuten. Mit solchen Thesen stellte sich Max Frisch gegen die politischen Weltbilder in den ausgehenden 60er-Jahren. Damals war ein wesentlicher Teil insbesondere der studentischen Jugend davon überzeugt, dass Geschichte, gesellschaftliche Entwicklung und persönlicher Lebenslauf durch kritisches und aktives Handeln entscheidend gesteuert werden können.

Biografie erzählt die Geschichte des „Verhaltensforschers und Teilzeitkommunisten“ Kürmann, der nach einem verpfuschten Leben die Möglichkeit erhält die ausschlaggebenden Entscheidungen seiner Biografie noch einmal zu treffen. Das Ergebnis allerdings veranlasste Theaterbesucher und auch Rezensenten zu der falschen, aber scheinbar konsequenten Schlussfolgerung, dass Max Frisch habe zeigen wollen, wie wenig sich das Leben selbst im Wiederholungsfalle ändern lasse (→ S. 505 ff.).

3.3 Dürrenmatt – „Die Handlung zur schlimmstmöglichen Wendung führen“

Friedrich Dürrenmatt (1921–1990), in Konolfingen, Kanton Bern, als Sohn eines protestantischen Pfarrers geboren, bestimmte zusammen mit seinem Schweizer Landsmann Max Frisch ganz entscheidend die Theaterlandschaft im deutschsprachigen Raum während mehrerer Jahrzehnte.

Dürrenmatt studierte nach Erlangung der „Maturität“ in Zürich und Bern Literatur, Philosophie und Naturwissenschaften. Er entschied sich für den Beruf des Schriftstellers, obwohl er immer auch malte und zeichnete. Dem Theater wandte er sich auch deshalb zu, weil er in ihm eine „Verbindung zwischen Malerei und Schreiben“ sah. Vor allem seine Stücke machten ihn rasch international bekannt, sodass er alle wesentlichen Literaturpreise erhielt, beispielsweise den Schiller-Preis der Stadt Mannheim (1959), den Preis der Kritiker von New York (1959) und den Georg-Büchner-Preis (1986). Dürrenmatt starb am 14. 12. 1990.

Tragödien, von Weltmetzgern inszeniert. In seiner Schrift *Theaterprobleme* (1955), die nicht nur sein dramaturgisches Credo, sondern auch die schwierige Situation des modernen Theaters exemplarisch beschreibt, formuliert er: „Die heutige Welt, wie sie uns erscheint, lässt sich ... schwerlich in der Form des geschichtlichen Dramas Schillers bewältigen, allein aus dem Grunde, weil wir keine tragischen Helden, sondern nur Tragödien vorfinden, die von Weltmetzgern inszeniert und von Hackmaschinen ausgeführt werden. Aus Hitler und Stalin lassen sich keine Wallensteine mehr machen."
Mit der Überzeugung, dass die Welttragödien unserer Zeit durch anonyme Antreiber des geschichtlichen Räderwerks ausgelöst werden, behandelt Dürrenmatt den Zeitbezug seiner Stoffe auf eigenwillige Weise. „Die Kunst dringt nur noch bis zu den Opfern vor ..., die Mächtigen erreicht sie nicht mehr. Kreons Sekretäre erledigen den Fall Antigone." Und da der Autor die Auffassung vertrat, dass eine Geschichte erst dann zu Ende gedacht sei, „wenn sie ihre schlimmstmögliche Wendung genommen hat", ist es nicht verwunderlich, dass Dürrenmatt viele seiner Stücke immer wieder neu bearbeitete und vor allem mit verschiedenen Schlussvarianten ausstattete.

Theaterskandal und Bekanntheitsgrad. Wie viele andere Autoren in der Geschichte der Literatur wurde Dürrenmatt zunächst durch einen Skandal bekannt. Bei der Uraufführung des Stücks *Es steht geschrieben* gerieten 1947 im Zürcher Schauspielhaus die Gegner und Anhänger der offensichtlich neuen Dramaturgie und Stoffbehandlung aneinander.
Das Werk erzählt die Geschichte des Wiedertäuferstaates, den der Schneidergeselle Johann Bockelson aus Leyden 1533 bis 1536 im westfälischen Münster zu errichten versuchte, ehe er als Ketzer zum Tod auf dem Rad verurteilt wurde (→ S. 440). Gezeigt wird, wie die Stadt unter dem Einfluss der Wiedertäufer die konsequente und kompromisslose Umsetzung des Evangeliums anstrebt, aber unter Bockelsons Führung schließlich nicht das Reich Gottes auf Erden, sondern eine Gesellschaft der Maßlosigkeit, der Unmoral und der Gesetzlosigkeit verwirklicht. Das bühnenwirksame Gleichnis, das den Widerspruch zwischen christlicher Utopie und menschlichen Sehnsüchten aufdeckt, ist – nach einer Charakterisierung Dürrenmatts – eine zweifelhafte und in historischer Sicht geradezu freche Parodie des Täufertums, geschrieben von einem Autor, der nichts anderes sei, „als ein im weitesten Sinne entwurzelter Protestant, behaftet mit der Beule des Zweifels, misstrauisch gegen den Glauben, den er bewundert, weil er ihn verloren ..."
1948 belegte Dürrenmatt mit dem Stück *Der Blinde* seine Absicht sich nicht auf eine bestimmte Form dramatischer Darstellung und stofflicher Gestaltung festlegen zu lassen. Anleihen beim Mysterienspiel, verquickt mit einer im Dreißigjährigen Krieg spielenden Handlung, ließen ahnen, über welche Spannweite von parodistischen Einfällen dieser 27-jährige Autor verfügte.
Schon ein Jahr später verblüffte Dürrenmatt Kritiker und Publikum mit der „ungeschichtlichen historischen Komödie" *Romulus der Große*, deren Untertitel in einer überarbeiteten Fassung von 1957 in „komische Tragödie" umformuliert wird. Zum ersten Mal erscheint, übrigens nach einer Begegnung des Autors mit Brecht, in diesem „geistreichen und tiefsinnigen Weltuntergangs-Schwank" (Urs Jenny) die für Dürrenmatt bezeichnende Figur des „ironischen Helden", der sich von seinen scheinbaren oder tatsächlichen Verpflichtungen löst, weil er den Anachronismus traditioneller moralischer Maßstäbe erkannt hat."
Romulus Augustulus, letzter Kaiser des römischen Imperiums, fasst solche Erkenntnisse in den programmatischen Satz: „Wir sind Provinzler, denen eine Welt über den Kopf wächst, die sie nicht begreifen können." Dürrenmatts Romulus weiß, dass sein Reich nicht zu retten ist. Für ihn, der sich ohnehin als ein Todgeweihter versteht, ist das Erscheinen der siegreichen Germanenfürsten Odoaker und Theoderich kein Anlass zur Panik. Die drei ungleichen Herrscher, in Geschichtsbüchern Todfeinde, finden durch das gemeinsame Interesse an der Hühnerzucht zu einer grotesken Harmonie. So wird das Stück zu einer Verspottung falschen Heldentums und zu einer Verteidigung des unpathetischen Menschen, der sich eigenverantwortlich gegen ausgehöhlte Konventionen stellt um „furchtlos das Richtige" zu tun.

Mischung dramatischer Stile. In der Komödie *Die Ehe des Herrn Mississippi* (1952 in Basel uraufgeführt) „geht es um das nicht unbedenkliche Schicksal dreier Männer, die sich, aus verschiedenen Gründen, nichts mehr und nichts weniger in den Kopf gesetzt hatten, als die Welt teils zu ändern, teils zu retten, und denen nun das freilich grausame Pech zustieß, mit einer Frau zusammenzukommen, die weder zu ändern noch zu retten war, weil sie nichts als den Augenblick liebte". Das Stück, das auch als ein „Totentanz der Ideologien" gedeutet worden ist, mischt die verschiedensten dramatischen Stile. Die Elemente der Moritat, der Parodie, des scherzhaft moralisierenden Kabaretts und des ironischen Appells sorgen zusammen mit Verfremdungseffekten, die sich am Vorbild des epischen Theaters Bertolt Brechts und an den von Thornton Wilder angewandten Handlungsunterbrechungen orientieren, für die Distanzierung des Zuschauers. Der Generalstaatsanwalt Florestan Mississippi, der seine untreue Frau Madeleine aus fanatischem Gerechtigkeitssinn vergiftet hat, der schwärmerische Berufskommunist Frédéric Saint-Claude und der radikal fromme Tropenarzt Graf Bodo von Übelohe-Zabernsee, eine durch „soziale Liebeswerke" ruinierte Don-Quijote-Gestalt, gehen in dieser Komödie ebenso zu Grunde wie Anastasia, die den Typus der *femme fatale* bis in die groteske Dimension der „Hure Babylons" steigert. Überleben kann in dieser Szenerie, die die totalitaristischen Tendenzen jedes doktrinären Absolutheitswahns verspottet, nur der brutale und opportunistische Machtmensch Diego, weil sich in ihm die Dialektik von Ideal und Wirklichkeit aufhebt: „Die Welt ist schlecht, aber nicht hoffnungslos, dies wird sie nur, wenn ein absoluter Maßstab an sie gerichtet wird."

Die „tragische Komödie" *Ein Engel kommt nach Babylon* (1953, Neufassung 1957) beschäftigt sich unter Verwendung biblischer Bildhaftigkeit mit der Frage nach der Gnade Gottes in unserer Welt. Im Ergebnis entlarvt das Stück, dessen Wirkung auf der für Dürrenmatt typischen Mischung von Groteske und Satire beruht, aber die Gottferne der modernen Welt.

Spiel von der Bestechlichkeit des Menschen. Internationale Anerkennung errang Dürrenmatt mit dem Stück *Der Besuch der alten Dame* (1956), das er wiederum als „tragische Komödie" bezeichnet. Das Spiel von der Bestechlichkeit des Menschen, vom Werteverlust in der Konsumgesellschaft und von den gefälligen Erscheinungsformen moderner Inhumanität wurde vom Autor nicht mehr verändert. Trotz des schweizerischen Schauplatzes gilt es bis heute als überzeugende Kritik an der veränderten Mentalität der Menschen in der Phase des deutschen Wirtschaftswunders. Die Amerikanerin Claire Zachanassian, die „reichste Frau der Welt", kehrt in ihr Heimatstädtchen Güllen zurück, das sie vor 45 Jahren als Kläri Wäscher bettelarm verließ. Sie ist bereit „fünfhundert Millionen der Stadt und fünfhundert Millionen verteilt auf jede Familie" zu spenden, wenn Alfred Ill getötet wird. Von ihm wurde Claire einst verführt und, nachdem sie ein Kind geboren hatte, sich selbst überlassen. Auf bühnenwirksame Weise wird im weiteren Handlungsablauf gezeigt, wie die braven Bürger Güllens ihren Konsumwünschen nachgeben, als verwendeten sie einen Vorschuss auf die sichere Geldeinnahme nach dem fälligen Mord. Tatsäch-

Die Interpretation der Welt als Groteske spiegelt sich nicht nur in Friedrich Dürrenmatts Dramen, sondern auch in seinen Zeichnungen und Gemälden wider: ***Kreuzigung*** *entstand 1939.*

lich wird Alfred Ill schließlich vom Stadtturner erwürgt. Der herbeigerufene Arzt konstatiert Tod durch Herzversagen und die Reporter verkünden – getreu dem fragwürdigen, aber weithin akzeptierten Grundsatz, dass die Wirklichkeit die besten Geschichten schreibe – einen „Tod aus Freude".

„Oper einer Privatbank". Dürrenmatt hat sich nicht gescheut, zur Sicherung der Bühnenwirksamkeit seine Stücke mit szenischen Gags und mit Elementen der Situationskomik anzureichern. Vor allem nach der Uraufführung von *Frank der Fünfte* (1959, Neubearbeitung 1964) sah sich der Autor dem Vorwurf ausgesetzt, dass seine Lust an der Satire, am Ulk und am Klamauk dem Modellcharakter der Fabel nicht diene, sondern zur Verselbstständigung der angewandten dramatischen Mittel führe. Diese „Oper einer Privatbank", die von allen Bühnenwerken Dürrenmatts wohl den geringsten Erfolg erzielte, demonstriert in der Art eines Nummernkabaretts den Machtkampf innerhalb einer Bankierfamilie. Frank der Fünfte, krimineller Inhaber einer Privatbank, macht Gangster zu seinen Direktoren und ein Callgirl zur Kommunikationsperson, die den Kontakt zu den Konzernen sichert. Franks Erfolgsrezepte sind Betrug, Erpressung und Mord.

Schlimmstmögliche Wendung durch Zufall. Durchschlagende Wirkung erzielte hingegen Dürrenmatts Stück *Die Physiker* schon mit der Zürcher Uraufführung von 1962. Die Komödie in zwei Akten (Neufassung 1980) versteht sich als großes Weltspektakel und stellt die Frage nach der Verantwortlichkeit des Wissenschaftlers, insbesondere des zeitgenössischen Physikers gegenüber der Menschheit. In einer Nervenklinik werden mit dem Physiker Möbius zwei Patienten behandelt, die sich für Einstein und Newton halten. Der Zuschauer erfährt, dass dieser Möbius tatsächlich eine physikalische Weltformel gefunden hat, bei deren Anwendung die Gravitationsgesetze auf dem Planeten Erde außer Kraft gesetzt werden könnten. Der Wissenschaftler hat sich ins Irrenhaus geflüchtet um der Welt den Zugriff auf seine Entdeckung zu verwehren. Die Flucht in die Heilanstalt erweist sich aber deshalb als vergeblich, weil Einstein und Newton Agenten der Sowjetunion und der USA sind. Sie haben den Auftrag die Formel zu erbeuten. Dürrenmatt führt auch hier die Handlung zu ihrer schlimmstmöglichen Wendung, die nach seiner Auffassung nicht voraussehbar ist, sondern „durch Zufall" eintritt: Die behandelnde Chefärztin, Dr. Mathilde von Zahnd, entpuppt sich schließlich als die eigentliche Irre. Sie hat Möbius' Erkenntnisse längst ausspioniert um sie mit einem eigens gegründeten Trust auszubeuten und anzuwenden. Der Untergang der Welt durch die Forschungsergebnisse der Wissenschaft ist nicht aufzuhalten.

Triumph anonymer Apparate und der Gangster. Das Stück, dessen aktuelle Brisanz angesichts der atomaren Bedrohung durch das Wettrüsten im kalten Krieg jedem Zuschauer einleuchtete, gehört zu den Werken Dürrenmatts, die das deutschsprachige Theater der 50er- und 60er-Jahre entscheidend prägten. Da aber im Verlauf der weiteren literaturhistorischen Entwicklung dokumentarische Formen und sozialkritische, oftmals ideologiegebundene Themen die Bühnen eroberten, erschien Dürrenmatts grotesker Witz manchem Vertreter der jungen Dramatiker- und Kritikergeneration als unzeitgemäß. So mag es zu erklären sein, dass die späteren Dramen des Schweizer Autors wie z. B. *Herkules und der Stall des Augias* (1963), *Der Meteor* (1966), die Bearbeitung von August Strindbergs *Totentanz* unter dem Titel *Play Strindberg* (1969), *Porträt eines Planeten* (1970), *Der Mitmacher* (1973); *Die Frist* (1977) und *Achterloo* (1983) nicht mehr die lebhaften Diskussionen auslösten wie seine früheren Stücke. Dürrenmatts überragende Bedeutung für das moderne Theater ergibt sich aus seiner Fähigkeit sein Weltbild auf der Bühne äußerst variantenreich plausibel zu machen. Es wird sichtbar in der Korruption als Lebens- und Herrschaftsprinzip, in der Eroberung aller gesellschaftlichen Bereiche durch ein neues Gangstertum, in der Ersetzung des verantwortlichen tragischen Helden durch anonyme Apparate und in den apokalyptischen Visionen dieses Autors.

Ähnliche Themen beherrschen auch Dürrenmatts epische Werke. Schon in den 50er-Jahren veröffentlichte er mit *Der Richter und sein Henker* (1952), *Der Verdacht* (1953) und *Das Versprechen* (1958) Kriminalromane von literarischem Rang. Die „Prosakomödie" *Grieche sucht Griechin* erschien 1955, die Erzählung *Der Tunnel* 1964. Häufig erprobte der Schriftsteller seine Stoffe in der Form der Erzählung oder des Hörspiels, ehe er eine Bühnenfassung vorlegte. Besonders bekannt wurde die Erzählung *Die Panne* (1956). Auch sie diente Dürrenmatt als Vorlage für ein Hörspiel, für ein Fernsehspiel und für ein Bühnenwerk. Der Handlungsreisende Alfredo Traps findet auf einer Geschäftsreise eine Übernachtungsmöglichkeit in einer Villa, in der sich bejahrte Juristen zu einem merkwürdigen Gerichtsspiel zusammengefunden haben. Traps erklärt sich bereit die Rolle des Angeklagten zu übernehmen. Bei aller Skurrilität des „Prozess"-Verlaufs wird dem Vertreter bewusst, dass er im realen Leben schuldig geworden ist.

Dürrenmatt gehört zu jenen Autoren, die schon früh das Ansehen einer moralischen Instanz erlangten. Das führte zu Stellungnahmen, Reden und Diskussionsbeiträgen, die den Autor als großen Essayisten ausweisen. Die Titel *Theaterprobleme* (1955), *Friedrich Schiller. Eine Rede* (1960); *Theater – Schriften und Reden* (1966/1972), *Über Toleranz, Monstervortrag über Gerechtigkeit und Recht nebst einem helvetischen Zwischenspiel* (1969), *Zusammenhänge. Essay über Israel* und die wie ein Vermächtnis wirkende Schrift *Abschied vom Theater* (1991) spiegeln die Breite dieses Schaffens wider.

3.4 Rolf Hochhuths Dramaturgie

Die Trends, die in den Spielplänen deutscher Theater zunehmend sichtbar wurden, kamen den Bühnenautoren entgegen, die in manchmal undifferenzierter Weise zu Vertretern des „Dokumentartheaters" deklariert wurden. Rolf Hochhuth gewann mit der Uraufführung seines Stücks *Der Stellvertreter* in der Freien Volksbühne Berlin im Jahre 1963 besonderes Profil.

Geboren wurde Hochhuth 1931 im nordhessischen Eschwege. An einem Realgymnasium erlangte er die mittlere Reife. Nach einer Buchhandelslehre arbeitete er als Gehilfe in Buchgeschäften und Antiquariaten Marburgs, Kassels und Münchens, ehe er 1955 Lektor beim Bertelsmann-Lesering in Gütersloh wurde. Seit Ende 1963 lebt er als freiberuflicher Autor in Riehen bei Basel. Er ist Mitglied des PEN-Zentrums der Bundesrepublik Deutschland; war „poet in residence" 1985/86 an der Gesamthochschule Essen; seit 1986 Mitglied der Akademie der Künste in Berlin und seit 1989 auch der Bayerischen Akademie der Schönen Künste, München. Zu den Preisen, die Hochhuth entgegennehmen konnte, gehören der Berliner Kunstpreis – Preis „junge Generation" (1963); der Kunstpreis der Stadt Basel (1976); der Geschwister-Scholl-Preis (1980); der Lessing-Preis der Freien Hansestadt Hamburg (1981), der Jacob-Burckhardt-Preis der Basler Goethe-Stiftung (1990) und der Elisabeth-Langgässer-Preis (1991).

Ein „christliches Trauerspiel". Erwin Piscator übernahm 1963 in der Freien Volksbühne Berlin die Regie bei der Uraufführung des Stücks *Der Stellvertreter.* Begeisterte Rezensionen und wütende Verrisse, Demonstrationen und Polemiken,

Die Frage nach der möglichen Mitschuld Pius' XII. und der Kirche am Holocaust warf Hochhuths Stück ***Der Stellvertreter*** *auf. Die Aufführungen lösten in verschiedenen Städten – wie hier in Basel – vehemente Demonstrationen gegen den Autor und sein Drama aus.*

öffentliche Diskussionen und akademische Abhandlungen machten den Autor mit einem Schlag über Deutschlands Grenzen hinaus bekannt. Das „christliche Trauerspiel", dessen Sprachfluss auf Versen und freien Rhythmen beruht, stellt die Frage nach einer möglichen Mitschuld des Papstes Pius XII. und der katholischen Kirche an der Ermordung der Juden.

Die Bedenken, die in den Feuilletons sofort nach der Aufführung geäußert wurden, richteten sich vor allem gegen Hochhuths Interpretation der Geschichte. Auch seine späteren Dramen belegen die Auffassung des Autors, dass historische Gestalten durch ihre individuelle Haltung und Entscheidung geschichtliche Entwicklungen lenken oder verhindern. Aufgeführt wurden Hochhuths Stücke aber in einer Zeit, die Geschichte fast ausschließlich als notwendige Folge sozialer und wirtschaftlicher Voraussetzungen verstanden wissen wollte. Dass Hochhuth das Modell des Schiller'schen Geschichtsdramas in das 20. Jh. transferieren und seine Hauptfiguren als Repräsentanten von Ideen aufgefasst wissen wollte, wurde als Ausdruck eines unzeitgemäßen Literaturverständnisses heftig bekämpft.

Dass Hochhuth die Bühne als Chance zur politischen Provokation nutzte, zeigte auch sein 1967 uraufgeführtes Stück *Soldaten*, das Churchill für den verbrecherischen Luftkrieg gegen die zivilen Viertel deutscher Städte verantwortlich macht. Das Drama entstand während der amerikanischen Bombenangriffe auf Ziele in Vietnam. Die zentrale Handlung des komplexen Inhalts vertritt die These, dass Winston Churchill den Tod des polnischen Premierminister Sikorski zu verantworten habe, weil Sikorskis antisowjetische Haltung die wirkungsvolle Allianz Großbritanniens mit der Sowjetunion hätte gefährden können. Trotz ungesicherter oder strittiger historischer Belege erlangt die von Hochhuth entworfene Gestalt Churchills im Konflikt zwischen Moral und politischen Zwängen ein hohes Maß an Differenziertheit. Der britische Premier in *Soldaten* macht Geschichte, obwohl er die Absurdität historischer Entwicklungen durchaus erkennt.

Spezielle Form der Vergangenheitsbewältigung. *Guerillas*, 1970 von Peter Palitzsch in Stuttgart uraufgeführt, verzichtet auf historische Fakten. Die fiktive Geschichte vom amerikanischen Senator Nicolson, der mit einem Staatsstreich die Oligarchie der finanzkräftigen USA-Clans beseitigen will, wurde von Rezensenten nicht selten als reine Kolportage gedeutet, die ihre Mittel aus der Requisitenkammer des Agenten- und Abenteuerfilms bezieht. Die Komödie *Die Hebamme* (Uraufführung 1972) erzählt mit komischen und satirischen Akzentuierungen die Geschichte der Hebamme Sophie, die Ausgestoßenen mit illegalen Mitteln zu ihrem Recht auf menschenwürdige Wohnungen verhelfen will. Schon 1974 folgte die Uraufführung der vieraktigen Komödie *Lysistrate und die Nato*, die – kurz vor dem Militärputsch von 1967 in Griechenland – auf einer griechischen Insel, also im Befehlsbereich der Nato, spielt. Wie in der bekannten Aristophanes-Komödie verweigern sich die Frauen ihren Männern. Aber es geht nicht um die Verhinderung eines Krieges. Vielmehr soll verhindert werden, dass der Athener Regierung Land für den Bau eines Nato-Stützpunktes zur Verfügung gestellt wird. In *Tod eines Jägers* (Buchausgabe 1976, Uraufführung 1977) nimmt Hochhuth einen fiktiven Monolog Hemingways zum Anlass seine Geschichtsphilosophie zu erläutern. In Rückblicken und Statements bekennt sich Hemingway kurz vor seinem Selbstmord zur Verpflichtung des Künstlers dem sozialen Unrecht, dem Krieg und der Gewalt, also der Geschichte, auch dann entgegenzutreten, wenn dieser Kampf aussichtslos ist.

Die spezielle Form der Vergangenheitsbewältigung, zu der sich Hochhuth bekennt, führte zum Stück *Juristen*, das schon vor der Uraufführung (1980) hitzige Debatten auslöste, weil der Vorabdruck einer Szene in der Wochenzeitung *Die Zeit* schwere Vorwürfe gegen Hans Filbinger, den Ministerpräsidenten von Baden-Württemberg, erhob. Ein von Filbinger initiiertes Gerichtsverfahren gegen Hochhuth machte die Affäre zusätzlich bekannt. Filbinger musste im August 1978 zurücktreten. Juristen stellt mit der Hauptfigur, dem Militärrichter Heilmayer, einen ganzen Berufsstand in Frage, der nach Auffassung des Autors nie zur Rechenschaft gezogen worden sei, obwohl er die Verantwortung dafür zu tragen habe, dass Tausende von deutschen Soldaten bis Mai 1945 nach Nazi-Recht wegen „Feigheit vor dem Feinde" zum Tode verurteilt wurden. *Ärztinnen* entstand als Auftragsarbeit für das Mannheimer Nationaltheater und stellt die Frage nach den Zusammenhängen zwischen pharmazeutischen Konzernen und jenen Ärzten, die Medikamente ohne Rücksicht auf das Wohlergehen der Patienten klinisch erproben. *Judith* (1984) zeigt unter Bezugnahme auf das gleichnamige Hebbeldrama dem Zuschauer, was möglich ist, wenn Menschen aus moralisch begründeter Radikalität handeln. Im Stück ermordet die schöne Pazifistin Judith den amerikanischen Präsidenten, weil sie in der Hochrüstung, insbesondere in der Giftgasproduktion, eine Gefährdung der ganzen Menschheit sieht. Das Drama hat wiederum eine dokumentierende Dimension, wie der Prolog zeigt: Dort wird an die weißrussische Partisanin Jelena erinnert, die 1943 den deutschen Generalkommissar in Minsk tötete. Das Hochhuth-Stück *Unbefleckte Empfängnis. Ein Kreidekreis* (1988) plädiert für die Legalisierung der Leihmutterschaft.

3.5 Tankred Dorst

Satirische und parabolische Elemente. Allzu voreilig wurde der 1925 in Sonneberg/Thüringen geborene Tankred Dorst als Befürworter des Dokumentartheaters angesehen. Die unterschiedlichen Stile und Themen seiner Stücke gaben den Beobachtern der bundesrepublikanischen Theaterszene keine geringen Rätsel auf. *Gesellschaft im Herbst* (1960) kennzeichnete sich durch satirische und parabolische Elemente. Gezeigt wird, wie ein kapitalkräftiger Käufer mit Tricks den Besitz einer bankrotten gräflichen Familie an sich bringt. Das Antikriegsstück *Große Schmährede an der Stadtmauer* (1962) orientiert sich an Strukturprinzipien des von Brecht geschaffenen epischen Theaters. *Toller* (1968) ist ein Versuch die Zeit zwischen der Ausrufung und dem Ende der Münchener Räterepublik von 1919 mit simultan gespielten Szenen zu beleuchten. Das Drama belegt die Auffassung des Autors, dass von der literarisch konzipierten Revolution des Dichters Ernst Toller (→ S. 376 f.) nichts übrig blieb als Literatur. 1972 bearbeitete Dorst als Hausautor des Bochumer Theaters zusammen mit dessen Intendanten Peter Zadek Hans Falladas 1932 erschienenen Roman *Kleiner Mann – was nun?* (→ S. 397) als „Revue" für die Bühne. Mit wirksamen Mitteln der Unterhaltung wird im Stück der Show-Betrieb der 20er- und beginnenden 30er-Jahre als gezielte Ablenkung von den Problemen der Zeit wie Arbeitslosigkeit und Massenarmut interpretiert.

Appelle zur Veränderung der Gesellschaft. Dorsts Dramen wurden zunehmend als Aufforderungen zur Veränderung der bestehenden politischen und sozialen Verhältnisse verstanden. Zur Steigerung der Plausibilität seiner Appelle stellt der Autor historische Gestalten in das Zentrum der dramatischen Handlung. In *Eiszeit* (1973), einem wegen seiner politischen Disposition besonders umstrittenen Stück, greift Dorst einen Abschnitt aus der Biografie des norwegischen Dichters Knut Hamsun auf, der nach Ende des Zweiten Weltkrieges wegen Kollaboration mit der deutschen Besatzungsmacht angeklagt worden war. Vergeblich versucht im Stück ein junger Partisan, Gegenspieler Hamsuns, den berühmten Dichter Norwegens zu einer Änderung seiner politischen Haltung zu bewegen. Offenbar wollte Dorst mit dieser Parabel eine Parallele zu politischen Entwicklungen ziehen, die sich während der Entstehungszeit des Stücks abzeichneten: Nach dem Scheitern der Studentenrevolte kri-

*Zu den kreativsten Bühnenautoren in der literarischen Geschichte der Bundesrepublik Deutschland gehört **Tankred Dorst.** In seinen Stücken finden sich Elemente des Dokumentartheaters, aber auch der Farce und des Mythos.*

tisierte der Autor den Triumph der bürgerlichen Prinzipien über den jugendlichen, als idealistisch empfundenen Schwung der revolutionären Jugend. Auch *Auf dem Chimborazo* (1974) behandelt ein deutsches Thema dieser Jahre. Die Witwe Dorothea Merz besteigt mit ihren beiden Söhnen und zwei Begleiterinnen einen Berg an der DDR-Grenze. Mit einem Feuer auf dem Gipfel will sie ihren Freunden in der ehemaligen Heimat Thüringen ihre Verbundenheit signalisieren. Das Vorhaben unterbleibt, weil sich verdrängte Konflikte plötzlich nicht mehr kontrollieren lassen, sodass schließlich das idyllische Gehabe der Ausflugsgesellschaft zerstört wird und die Lebenslügen nicht nur dieser Familie, sondern auch der bürgerlichen Gesellschaft sichtbar werden.

Merlin oder Das wüste Land (1981) ist ein monumentales Stück, das eine Spieldauer von acht Stunden in Anspruch nimmt, ein Ritterspektakel in 97 Szenen, das die Sagen von Merlin und König Artus, von Parzival und Lancelot aufgreift. Nach einem Kommentar Dorsts sei Merlin eine Geschichte vom Scheitern der Utopien. Der Autor montiert Darstellungs- und Erzählelemente des Märchens, der Comics, des Mythos und der Farce. Merlin, Sohn des Teufels und keltischer Zauberer, verknüpft und lenkt die vielschichtige Handlung.
Herr Paul, uraufgeführt 1994 in Hamburg, belegte schon mit den ersten Inszenierungen eine spezielle Form pluraler Vieldeutigkeit Dorst'scher Dramen. Die Hauptfigur, die einem dynamischen Jungunternehmer bei Innovationsvorhaben im Wege steht, wurde in Hamburg als Melancholiker, in Berlin als genügsamer „Ossi", in München als lebensfroher Privatmann angelegt. Auf die Frage, wer dieser Herr Paul denn nun wirklich sei, antwortete Dorst: „In jedem Stück ein anderer." Dieser beabsichtigten Vieldeutigkeit entspricht die Absicht Dorsts, sich nicht auf ein bestimmtes Weltbild festlegen zu lassen. „Ich brauche keine sterilen Bekenntnisdramen […] Die Menschen definieren sich nicht im Weltformat. Was ja besonders in Deutschland vielen Schriftstellern so leid tut. Ich frage mich manchmal, ob das nicht Spätfolgen sind der Gruppe 47."

4 Die epische Literatur

Ähnlich wie die Lyrik ist die epische Literatur in den frühen Jahren der Bundesrepublik Deutschland entscheidend von den Maßstäben geprägt worden, die von der Gruppe 47 erarbeitet und angewandt wurden. Fast alle Autoren, die in den 50er-Jahren Ruhm erlangten oder noch heute bekannt sind, wurden von der Gruppe 47 akzeptiert und gefördert. Umso erstaunlicher ist es, dass sich auch Einzelgänger wie Elias Canetti und Wolfgang Koeppen Gehör und Aufmerksamkeit verschaffen konnten.

4.1 Elias Canetti

Elias Canetti (1905–1994) hat schon vor dem Zweiten Weltkrieg bedeutende Werke veröffentlicht. Sein Roman *Die Blendung*, erstmals 1935/36 publiziert, wurde aber nach der Neuauflage 1948 mit neuem Verständnis gelesen. *Die Blendung* erzählt die Geschichte des Privatgelehrten Dr. Peter Kien, der sich als Sinologe in die Welt seiner Bücher zurückzieht. Seine Haushälterin Therese gelingt es, die Bücherfestung gleichsam zu erobern und Kien zu vertreiben. In der ihm unbekannten Außenwelt wird der Protagonist der Geschichte völlig ruiniert. Wahnsinnig geworden, verbrennt er sich schließlich auf seinen Büchern wie auf einem Scheiterhaufen.
Trotz der scheinbar privaten Fabel erschien der Roman Lesern und Kritikern wie eine prophetische Vorwegnahme der Menschenverachtung im NS-Staat. Die Figur des Hausbesorgers und früheren Polizisten Pfaff, der als Komplize der Haushälterin auftritt, ist mit einer Mentalität ausgestattet, wie sie KZ-Aufseher des „Dritten Reiches" an den Tag legten. Dass Peter Kien auch als der Typus jenes Gelehrten gesehen werden kann, der die Blindheit vieler Intellektueller gegenüber der politischen Wirklichkeit verkörpert, wurde nur allmählich wahrgenommen. Erst in den 60er-Jahren wurde Canetti auch als ein Autor verstanden, der zu Fragen der Zeit Stellung nimmt.
Geboren wurde Elias Canetti 1905 im bulgarischen Rustschuk. Die jüdische Familie ging 1911 nach Manchester. 1913, nach dem Tod des Vaters, übersiedelte Elias Canetti mit der Mutter nach Wien, 1916 nach Zürich. 1924 legte er am Realgymnasium Frankfurt am Main das Abitur ab, anschließend studierte er Naturwissenschaf-

ten in Wien. Nach dem Abschluss des Studiums und erfolgreicher Promotion lebte Canetti als Übersetzer und freier Schriftsteller. 1938 emigrierte er nach London. Nach 1945 lebte er abwechselnd in Zürich und London, wo er 1994 starb.

Canettis Werk umfasst alle literarischen Gattungen. Seine Dramen *Die Befristeten, Komödie der Eitelkeit* und *Hochzeit* wurden 1956 und 1965 uraufgeführt, erfolgreich waren die Übersetzungen von Büchern Upton Sinclairs. Mit Essays und tagebuchartigen Bemerkungen wie *Aufzeichnungen 1942–1948* (1965), *Alle vergeudete Verehrung 1949–1960* (1970), *Die gespaltene Zukunft* (1972), *Die Provinz des Menschen 1942–1972* (1973) und *Das Gewissen der Worte* (1978) kommentierte er Fragestellungen der Zeit. Auch seine romanhafte Epik orientiert sich stark an autobiografischen Erfahrungen. *Der Ohrenzeuge. Fünfzig Charaktere* (1974), *Die gerettete Zunge. Geschichte einer Jugend* (1977) und *Die Fackel im Ohr. Lebensgeschichte 1921–1931* (1980) hatten einen wesentlichen Anteil am Ruhm dieses Autors, dessen Werk 1981 mit dem Nobel-Preis für Literatur ausgezeichnet wurde.

4.2 Schicksale in einer restaurativen Gesellschaft

Analysen der Gesellschaft. Seit seinem Roman *Tauben im Gras* (1951) gilt Wolfgang Koeppen (1906–1996) als einer der frühesten Kritiker einer Nachkriegsgesellschaft, die sich den Möglichkeiten echter Erneuerung verschließt und restaurative Tendenzen akzeptiert. Koeppen wurde 1906 in Greifswald geboren, verbrachte einen Teil seiner Jugend in Ostpreußen, studierte Theaterwissenschaften, Literatur und Philosophie in Hamburg, Greifswald, Berlin und Würzburg, arbeitete als Journalist, Dramaturg, Schauspieler und Filmautor, war Redakteur beim *Berliner Börsen-Courier*, unternahm ausgedehnte Reisen nach Italien, Frankreich, Spanien, in die USA und in die Sowjetunion, lebte nach dem „Röhm-Putsch" (1934) mehrere Jahre unter schwierigsten Bedingungen in den Niederlanden, bis er sich schließlich in München niederließ. Der ungewöhnlichen Biografie entsprechen die ungewöhnlichen Mittel seines Stils. Der „schwierige Autor", von der Kritik zunächst verkannt und später hoch gelobt, entwickelte als Grundlage seiner analysierenden Erzählform einen avantgardistischen Stil, der nie das breite Publikum, wohl aber eine treue Lesergemeinde erreichte.

Auch in anderer Hinsicht unterscheidet sich dieser Einzelgänger von bekannten Autoren der bundesrepublikanischen Literaturgeschichte: Wolfgang Koeppens breiter Bekanntheitsgrad basiert auf einem verhältnismäßig schmalen Werk. Lange weigerte sich dieser Schriftsteller konsequent den Literaturbetrieb seiner Zeit durch Interviews, Teilnahme an Streitgesprächen und revolutionären Äußerungen zu beleben. Und Jahrzehnte lang ließ Koeppen seine Verehrer vergeblich auf einen neuen großen Roman warten. Denn nach seinen Nachkriegswerken veröffentlichte er neben den Reiseberichten *Nach Russland und anderswohin* (1958), *Amerikafahrt* (1959), *Reisen nach Frankreich* (1961) im Wesentlichen nur noch den autobiografischen Text *Jugend* (1976).

Debütiert hatte Koeppen schon 1934 mit dem Roman *Eine unglückliche Liebe.* 1935 folgte der Roman *Die Mauer schwankt,* der ohne Zustimmung des Autors 1939 unter dem Titel *Die Pflicht* neu aufgelegt wurde. Bedeutung für die Gegenwartsliteratur erlangte Koeppen aber vor allem mit seinen Nachkriegsromanen, die in rascher Folge erschienen und in einer an James Joyce, John Dos Passos und Alfred Döblin geschulten Sprache die verdeckten Gefahren der unbewältigten Vergangenheit beschworen.

Tauben im Gras (1951) thematisiert, beeinflusst von der Montagetechnik in *Ulysses* von James Joyce, die Ereignisse eines einzigen Tages in der von Amerikanern besetzten Stadt München. Die Stimmung einer frühlingshaften Szenerie kontrastiert mit den Momentaufnahmen, die aus unterschiedlichen Perspektiven fast dreißig Personen wie einen Schwarm wirr flatternder Tauben festhalten. Genussgier und Erlösungssehnsucht, Flucht vor jeder Verantwortung und Orientierungslosigkeit sind die Merkmale dieser Menschen, deren Lebensäußerungen in unverknüpfter, filmisch anmutender Bündelung eine unkommentierte, dennoch interpretierte geschichtliche Wirklichkeit in der Zeit des kalten Krieges darstellen.

Bonn als Schauplatz der Heuchelei. Koeppens „Roman eines Scheiterns" *Das Treibhaus* (1953) galt als ein skandalöses Werk, weil es Bonn, die

neue Hauptstadt eines demokratischen Deutschlands, als Tummelplatz von unverbesserlichen Nationalsozialisten und grotesken Konservativen, als einen Schauplatz der Heuchelei und der Intrigen, als ein Treibhaus der Lüge und der Scheinmoral diskreditierte. Der oppositionelle Abgeordnete Keetenheuven will, aus dem Exil zurückgekehrt, seinen Beitrag zum Aufbau der Demokratie leisten. Der redliche Politiker kapituliert vor dem Dschungel der Macht und begeht Selbstmord.
Der Tod in Rom (1954) führt aber die Thematik von der seelischen Beschädigung einer vom NS-Staat beeinflussten Generation weiter. Der ehemalige SS-General Gottlieb Judejahn ist militärischer Berater eines Scheichtums geworden und wickelt in Rom illegale Waffengeschäfte ab. Sein wesentlicheres Ziel besteht darin, die vertraute Ordnung des NS-Staates wiederherzustellen.

Gerd Gaisers Roman *Schlussball* (1958) fand eine freundlichere Akzeptanz, obwohl der Autor durch regimekonforme Lyrik im „Dritten Reich" bekannt geworden war. Der Pfarrersohn aus dem württembergischen Oberriexingen hatte nach „Lehr- und Wanderjahren" durch viele europäische Länder in Dresden und Tübingen Kunstgeschichte studiert, war zum Dr. phil. promoviert worden, wurde im Zweiten Weltkrieg als Jagdflieger eingesetzt und wurde 1949 Kunsterzieher, 1962 Dozent der Pädagogischen Hochschule in Reutlingen.
Gaiser versuchte sich von den stilistischen Trends zu befreien, denen auch er vor 1945 erlegen war (*Reiter am Himmel*, 1941) und die sich durch irrational-mystische Metaphern kennzeichneten. Dennoch bleiben in Gaisers „magischem Realismus" Denkweisen und Sprachelemente erhalten, die eine Brücke zwischen der Literatur der NS-Epoche und der Nachkriegszeit zu schlagen scheinen. Der Roman *Die sterbende Jagd* (1953) schildert beispielsweise den schicksalhaften Untergang eines kameradschaftlichen Männerbundes, in dem nur Ritterlichkeit und Tapferkeit, nicht aber der militärische Rang ausschlaggebend sind. Der Krieg erscheint als Verhängnis, das mit der Kraft einer Naturkatastrophe Menschen und Werte vernichtet.
Der Verdacht, dass restaurative Bedürfnisse auch mit der Lektüre von Gerd Gaisers Hauptwerk *Schlussball* befriedigt wurden, liegt aus heutiger Sicht nahe. In dreißig Monologen schildern die Romanfiguren aus rückblickenden Perspektiven die Ereignisse während eines Schlussballs, der sich über zwölf Stunden hingezogen hat. Die Kritik an der materialistischen Haltung der bürgerlichen Einwohner von Neu-Spuhl verbindet sich mit der Abwertung aller modernen Lebensformen. Ein Lebenssinn in einer Welt der Technik und der Zivilisation wird ebenso in Frage gestellt wie die problemlösende Fähigkeit des Intellekts und des Rationalismus. Die edlen Seelen flüchten in die Verinnerlichung. Der Roman wird aus der zeitlichen Distanz von heute häufig als verkapptes Erbauungsbuch für kleinbürgerliche Geister empfunden. Es ist aber nicht zu bezweifeln, dass viele Leser in Gaisers Werk die Formulierung jenes Unbehagens sahen, das sie angesichts der sich abzeichnenden Werteverluste in einer zunehmend konsumorientierten Gesellschaft selbst empfanden.

4.3 Österreichische Erzähler zwischen Tradition und geschichtlichen Schatten

Der Zwang und die Herausforderung sich mit den Ursachen von Massenmord und Barbarei auseinanderzusetzen wurden von österreichischen Erzählern nicht immer in der gleichen bedrückenden Weise empfunden wie von Autoren, die in der Bundesrepublik Deutschland lebten. Österreich, 1938 von Hitler dem Deutschen Reich „angeschlossen", war für die Siegermächte ein Opfer des nationalsozialistischen Imperialismus, wurde deshalb nicht als besiegter, sondern als befreiter Staat behandelt und erlangte mit dem Staatsvertrag von 1955 relativ schnell nicht nur seine volle Souveränität, sondern auch den Abzug aller ehemaligen Besatzungsmächte.
So mag es zu erklären sein, dass in Österreich erst Kabarettisten wie Helmut Qualtinger (*Der Herr Karl*, 1962) darauf verweisen mussten, wie leicht sich mit der demonstrativen Distanz zur jüngsten Geschichte eigene Verantwortung verdecken lässt. Das Leid, das Hitlers Staat auch über dieses Land gebracht hatte, wurde dagegen in verschiedenen Werken österreichischer Autoren deutlich.

Schreiben als Form des Schweigens – Ilse Aichingers verschlüsselte Erzählkunst. 1952 erhielt Ilse Aichinger den Preis der Gruppe 47.

Der in Wien geborenen „Halbjüdin" war es während der NS-Herrschaft verwehrt, Medizin zu studieren. Nach Ende des Zweiten Weltkrieges nahm sie in ihrer Heimatstadt das Studium zwar auf, brach es aber nach fünf Semestern ab, arbeitete als Lektorin im Frankfurter S.-Fischer-Verlag, in dem ihr Roman *Die größere Hoffnung* erschienen war, später als Mitarbeiterin an der Hochschule für Gestaltung in Ulm, ehe sie sich, seit 1953 verheiratet mit Günter Eich, 1963 in Groß Gmain an der bayerisch-österreichischen Grenze niederließ. 1984 übersiedelte Ilse Aichinger nach Frankfurt, 1989 nach Wien.

Walter Jens nannte Ilse Aichingers 1948 erschienenen Roman *Die größere Hoffnung* „die einzige Antwort von Rang, die unsere Literatur der jüngsten Vergangenheit gegeben hat". Ihre Sprache ist durchsetzt von Lyrismen, sodass die Inhalte aus der zeitgeschichtlichen Realität mit Hilfe von Bildern und Metaphern aus der Umgangssprache in eine Kunstsprache übertragen werden.

Der Roman, dessen autobiografische Züge nicht zu übersehen sind, erzählt die Geschichte jüdischer Kinder, die während des Zweiten Weltkrieges verfolgt werden. Kraft schöpfen sie aus ihrer großen Hoffnung, eines Tages nach Amerika auswandern zu können. Diese Sehnsucht erfüllt sich nicht. Die Hauptfigur, das Mädchen Ellen, wird von einer Granate getötet, aber Ellen stirbt erfüllt von der „größeren Hoffnung", dass Menschlichkeit und Liebe wie das beschworene Symbol des hellen Sterns eines Tages die Welt erleuchten werden.

Schon in den frühen Erzählungen vermittelt Ilse Aichinger dem Leser eine Vorstellung von ihren Zweifeln am Sinn konkreter Benennungen. In späteren Veröffentlichungen verstärkt sich diese Skepsis. „Namen und Adresse, das kann doch nicht alles sein", heißt es in *Der Querbalken* im Sammelband *Eliza Eliza* (1965).

Solche Überlegungen führen die Schriftstellerin zu Darstellungsformen, die den sprachlichen Prinzipien der konkreten Poesie verwandt sind. Verstärkt wird die Verschlüsselung des Erzählten durch Ilse Aichingers Respekt vor dem Werk Franz Kafkas. Allerdings unterscheiden sich die Erzählungen, Hörspiele (*Knöpfe*, 1953; *Zu keiner Stunde*, 1957; *Weiße Chrysanthemen*, 1961; *Besuch im Pfarrhaus*, 1961; *Nachmittag in Ostende*, 1968; *Auckland*, 1970) und Gedichte (*Verschenkter Rat*, 1978) – im Gegensatz zur Erzählweise Kafkas – durch den Verzicht auf Handlungslinien und klar bestimmbare Inhalte. „Niemand kann von mir verlangen, dass ich Zusammenhänge herstelle, solange sie vermeidbar sind", formuliert Ilse Aichinger in der Geschichte *Schlechte Wörter.*

Niedergang der Kultur und Massenwahn – das Werk Heimito von Doderers. Bekannt wurde Heimito von Doderer (1896–1966) durch die Romane *Ein Mord, den jeder begeht* (1938), *Die erleuchteten Fenster* (1950) und *Die Strudlhofstiege* (1951). Dieser Roman in vier Teilen, dem Doderer den Untertitel *Melzer und die Tiefe der Jahre* gab, galt dem Autor als „Rampe" für das umfangreiche epische Werk *Die Dämonen.* Dennoch ist *Die Strudlhofstiege* ein geschlossener Roman, der den österreichischen Kanzleistil imitiert und parodiert, der aber vor allem mit der breit angelegten Charakterisierung zahlreicher Wiener Figuren die Auffassung Doderers sichtbar macht, dass der Zusammenbruch der Donaumonarchie im Jahre 1918 das übernationale österreichische Bewusstsein nicht habe zerstören können.

Der 1300 Seiten umfassende Roman *Die Dämonen* (1956) zeigt am Beispiel von Entwicklungen in der Stadt Wien die divergierenden Kräfte der Geschichte. Die schicksalhaften Lebenswege von dreißig Repräsentanten aller gesellschaftlichen Schichten erweisen sich auf geheimnisvolle Weise miteinander verwoben. Die Summe der Inhalte vermittelt ein faszinierendes Bild von Verfall und Niedergang. In barocker Ausführlichkeit und Vielfalt werden Geschehnisse zwischen dem Herbst 1926 und dem durch den Brand des Wiener Justizpalastes markierten „Kannä der österreichischen Freiheit", dem 15. Juli 1927, erzählt. Die „Comédie Humaine" beschäftigt sich mit den Anzeichen eines anbrechenden Massenzeitalters, das Katastrophen von bisher unvorstellbarem Ausmaß den Weg ebnet.

Als eine monströse Kuriositätenschau mit zeitkritischem Hintergrund lässt sich Doderers Roman *Die Merowinger* (1962) lesen. Unter dem Motto „Die Wut des Zeitalters ist tief" werden Vertreter eines dekadenten, aber prügelsüchtigen Adelsgeschlechts vorgeführt, das in einer technisierten, von Freuds Erkenntnissen geprägten Gegenwart die brachiale Gewaltanwendung zum einzigen Argument und Lebensprinzip erhebt. Die Mischung von gleichsam wissenschaftlicher, mit Fußnoten bestückter Darstellungsform und inhaltlichem „Mordsblödsinn" voll tieferer Bedeutung macht diesen Roman zu einer amüsanten Farce, die auf österreichischer, einst von Albert Paris von Gütersloh, Herzmanovsky-Orlando und Karl Kraus vertretenen Erzähllinie beruht.

4.4 Alfred Anderschs Ruf nach Freiheit – die eigene Lebensgeschichte als Impuls

Die abenteuerliche, ständig von Gefahren und Gefährdungen gekennzeichnete Biografie veranlasste ALFRED ANDERSCH (1914–1980) Freiheit als Flucht aus unerträglichen Verhältnissen zu definieren. Der in München geborene Schriftsteller übernahm als 18-jähriger die Aufgaben eines Jugendfunktionärs in der Kommunistischen Partei. Schon die erste große Verhaftungswelle nach der „Machtergreifung" der Nationalsozialisten brachte ihn im März 1933 ins Konzentrationslager Dachau. Nach seiner Entlassung verließ er die KPD, weil sie nicht zum konsequenten, bewaffneten Kampf gegen den Nationalsozialismus aufrief. Als Soldat an der italienischen Front desertierte er, wie er in seiner Autobiografie *Die Kirschen der Freiheit* berichtet, 1944 zu den Amerikanern. Nach dem Zweiten Weltkrieg begründete Andersch die Zeitschrift *Der Ruf* (→ S. 473), verließ aber 1958 die Gruppe 47 aus Protest, weil er der Auffassung war, dass die Vereinigung die Aufgabe der Gesellschaftskritik vernachlässige und zu einer Börse des Literaturbetriebs geworden sei. Schließlich verließ Alfred Andersch auch die Bundesrepublik und ließ sich in der Südschweiz nieder.

Als das Hauptwerk des Schriftstellers Alfred Andersch gilt der Roman *Sansibar oder Der letzte Grund* (1957) – trotz zahlreicher Essays (*Deutsche Literatur in der Entscheidung*, 1948), Hörspiele (*Fahrerflucht*, 1965; *Der Tod des James Dean*, 1960; *Von Ratten und Evangelisten*, 1960; *In der Nacht der Giraffe*, 1960), Reiseberichte (*Wanderungen im Norden*, 1962; *Aus einem römischen Winter*, 1966; *Hohe Breitengrade*, 1969) und weiterer Romane (*Die Rote*, 1960; *Efraim*, 1967; *Winterspelt*, 1974; *Der Vater eines Mörders*, 1980). *Sansibar oder Der letzte Grund* ist ein Plädoyer für das Recht auf individuelle Abgrenzung gegenüber Machtapparaten und Organisationen. Im Roman, der im Jahr 1937 spielt, wendet sich Gregor, die

Zum Mittelpunkt einer Gruppe von Menschen, die durch den Nationalsozialismus bedroht ist, wird in A. Anderschs Roman „Sansibar oder Der letzte Grund" die Figur eines ***Lesenden Klosterschülers****. Die Plastik soll nach Schweden gebracht werden um nicht als „entartete Kunst" vernichtet zu werden. Alfred Andersch orientierte sich bei seiner Beschreibung an einer Holzskulptur von Ernst Barlach aus dem Jahre 1930.*

Hauptgestalt, von der kommunistischen Partei ab, weil er ihren Terror kennen gelernt hat und weil er aktiven Widerstand gegen das „Dritte Reich" leisten will. Eine Gruppe von Menschen, die sich um Gregor im Ostseestädtchen Rerik schart, hat völlig unterschiedliche Vorstellungen von Freiheit. Zusammengefasst werden ihre Fluchtpläne und -träume in Abschnitten, die in der Art des inneren Monologs zwischen die Kapitel eingeschoben sind. Ein Jahr nach dem Erscheinen des Romans verarbeitete Alfred Andersch den Stoff in dem Hörspiel *Aktion ohne Fahne*.

4.5 Heinrich Böll als „Gewissen der Nation"

Frage nach der Gültigkeit moralischer Positionen. Gelegentlich handelte sich Böll (→ S. 479 f.; 518 f.) den Vorwurf ein, er habe die Anliegen der „Trümmerliteratur" nie überwunden und sich verpflichtet gefühlt die Appelle Wolfgang Borcherts auch in der Zeit des Wirtschaftswunders zu verkünden. Tatsächlich ignorierte Böll verschiedene Entwicklungen literarischer Stile der 60er-Jahre, sodass seine Veröffentlichungen von Gegnern als „hausbackene“ Texte belächelt werden konnten. Aber aus späterer Perspektive wirkt das Werk dieses Autors wie eine begleitende Kommentierung des Zeitgeschehens. Zwar prägten die erlebten Schrecklichkeiten des Zweiten Weltkrieges die Ansichten Bölls über Jahrzehnte, aber schon in den frühen Romanen lassen sich zahlreiche Aspekte und Themen erkennen, die sich nicht mehr mit einem Hinweis auf die Anliegen der „Trümmerliteratur“ etikettieren lassen. Gestellt wird die Frage nach dem persönlichen Glück in einer desolaten Welt, nach der Belastbarkeit der Ehe, nach der Gültigkeit moralischer und kirchlicher Positionen in der von materieller Not und sozialen Zwängen geprägten Gesellschaft, nach den signifikanten Mentalitätskennzeichen der Menschen in der Zeit der Adenauer-Ära, aber auch nach der Kuriosität alltäglichen Verhaltens und nach den Möglichkeiten idyllnaher Distanzierung von einer als kalt empfundenen Welt.

Der Typ des „umstrittenen Schriftstellers“. Die Urteile über die Bedeutung und die Größe Bölls als Schriftsteller waren schon deshalb starken Schwankungen unterworfen, weil er selbst immer wieder differierende Standpunkte einnahm. Schematische oder gar ideologisierende Argumentationen waren ihm verhasst – und doch vertrat er zeitweise Auffassungen zu den Notwendigkeiten staatlich-gesellschaftlicher Entwicklung, die von Parteiprogrammen nicht weit entfernt waren. Böll betonte mit öffentlichen Bekenntnissen wie z. B. mit dem Satz „Ich brauche die Sakramente“ seine Katholizität – und doch entwickelte er sich zum heftigsten Kritiker amtskirchlicher Arroganz und Rechthaberei.

Bölls Anliegen sich konsequent und hartnäckig für den Schutz der Individualität in einer zunehmend unpersönlichen, verwalteten Welt einzusetzen hatte schon zu seinen Lebzeiten zur Folge, dass er zumindest von einem Teil der bundesrepublikanischen Gesellschaft als moralische Instanz, als eine Art „Gewissen der Nation“ angesehen wurde. Die Medien, insbesondere das seit Anfang der 50er-Jahre zunehmend bedeutende Fernsehen, verbreiteten Bölls Meinungen und Appelle in vielen entscheidenden Situationen der deutschen Geschichte. Deshalb ist sein Werk nicht zu trennen von den Essays und Reden, mit denen dieser Autor die Diskussion um die Frage verschärfte, inwieweit sich die Literatur in Tagesfragen engagieren dürfe. Zu den Aufsehen erre-

Als „engagierter Schriftsteller“ nahm ***Heinrich Böll*** *immer wieder an Demonstrationen und Protestmärschen teil. Dadurch galt er seinen Anhängern als „Gewissen der Nation“; seine Gegner warfen ihm vor die Grenzen literarischer Einspruchsmöglichkeiten gegen politische und soziale Entwicklungen zu verkennen. Im Bild: Heinrich Böll als Teilnehmer an der so genannten Prominenten-Blockade vor der US-Kaserne in Mutlangen im Jahre 1983.*

gendsten Stellungnahmen Bölls in diesen thematischen Bereichen gehörten *Bekenntnisse zur Trümmerliteratur*, 1952; *Brief an einen jungen Katholiken*, 1958; *Zur Verteidung der Waschküchen*, 1959; *Die Freiheit der Kunst*, 1960; *Georg Büchners Gegenwärtigkeit*, 1967; *Leben im Zustand des Frevels*, 1969; *Das Ende der Bescheidenheit*, 1969.

Internationale Anerkennung. Als Autor und als Repräsentant eines selbstkritischen Deutschlands fand Böll schon früh über Deutschland hinaus Anerkennung. Auf Reisen nach Irland (1954), in die Sowjetunion (1962), in die USA (1971) und nach Israel (1972) knüpfte er Verbindungen zu Politikern und Autoren der Gastländer. Befreundet war er mit den russischen Schriftstellern Alexander Solschenizyn und Lew Kopelew, denen er nach ihrer Ausbürgerung die Wege in die Emigration ebnete.

Auch die Kurzgeschichte blieb für Böll immer eine wichtige Form literarischer Äußerung. Für *Die schwarzen Schafe* erhielt er 1951 den Preis der Gruppe 47. Die Erzählung *Das Brot der frühen Jahre* erschien 1955. Die sozialkritische Komponente Bölls wurde – in einer oftmals amüsant-satirischen Variante – in dem Band *Doktor Murkes gesammeltes Schweigen* 1958 sichtbar, fortgesetzt in *Unberechenbare Gäste* (1956) und *Der Bahnhof von Zimpren* (1959).

Bölls moralisches Engagement berührte von Anfang an viele Leser. In *Und sagte kein einziges Wort* stellte er 1953 die Belastungen dar, denen, bedingt durch die Lebensverhältnisse der Nachkriegszeit, junge Ehen ausgesetzt waren. Weil der Roman die Überwindung der Krise durch Rückbesinnung auf fundamental christliche, wenn auch außerkirchliche Wertvorstellungen darstellte, galt Böll von nun an jahrelang als katholischer Schriftsteller. An die Traditionen christlicher Ethik und christlicher Symbolik gebunden war auch der Roman *Haus ohne Hüter* (1954).

4.6 Max Frisch

Die Suche nach der Identität. Obwohl die ersten Romane Max Frischs (→ S. 480 ff.) zunächst nur geringe Verkaufserfolge erzielten, erlangten *Stiller* (1954) und *Homo faber* (1957) große Bedeutung für die weitere Entwicklung der deutschen Literatur. Die beiden Werke entkräfteten die damals verbreitete These von der Unmöglichkeit einen wirklichen modernen Roman zu schreiben. Auf sie stützte sich die Feststellung, dass der deutschsprachige Roman wieder Anschluss an die Weltliteratur gefunden habe.

Die Leichenreden, mit denen Kritiker den Roman allzu voreilig beerdigten, wirkten sich allerdings auch auf Max Frischs *Stiller* (1954) aus. In dieser Geschichte von der Suche eines Menschen nach seiner subjektiven und seiner objektiven Identität zeigt sich durchaus ein Erzählproblem des Autors, das in dem Satz „Ich habe keine Sprache für die Wirklichkeit" zusammengefasst wird. Die Identitätsproblematik, die Sehnsucht der Hauptfigur nach Selbstverwirklichung, erhält durch die ständige Mischung der Zeitebenen Vergangenheit und Gegenwart eine virtuose Einkleidung. An der Schweizer Grenze wird Jim Larkin White, angeblich Amerikaner, festgenommen und verdächtigt der seit Jahren verschollene, in eine Agentenaffäre verwickelte Maler und Bildhauer Anatol Stiller zu sein. Während der Untersuchungshaft entstehen tagebuchartige Aufzeichnungen, die den Verschollenen als einen Menschen charakterisieren, der aus einem verfehlten Leben auszubrechen versuchte um als Gewandelter zurückzukehren. Ein Wort von Kierkegaard wird zum Motto des Romans: „Sieh, darum ist es so schwer sich selbst zu wählen, weil in dieser Wahl die absolute Isolation mit der tiefsten Kontinuität identisch ist, weil durch sie jede Möglichkeit etwas anderes zu werden, vielmehr sich in etwas anderes umzudichten unbedingt ausgeschlossen ist."

Homo faber. Ein Bericht (1957) führt das Spiel mit dem Stil von Tagebucheintragungen fort. Walter Faber, die Hauptfigur des Romans, ist Techniker und als solcher gewohnt nicht an Schicksal und Wunder, sondern an Mathematik und Wahrscheinlichkeitsrechnung zu glauben. Sein rationales Weltbild scheint sich zunächst zu bewähren. Bei der Notlandung eines Flugzeugs gerät der Passagier Faber nicht in Panik, sondern bewahrt sich selbst in dieser Situation das Überlegenheitsgefühl eines Menschen, der nichts fürchtet, weil er mit allem rechnet. Als er sich aber in ein junges Mädchen verliebt und sich lange nicht eingestehen will, dass Sabeth seine Tochter sein könnte, erkennt Walter Faber zunehmend den Irrtum seines Lebens: „Ich rechnete im Stillen pausenlos, bis die Rechnung aufging, wie ich sie wollte [...] Wie ich's rechnete, weiß ich nicht; ich legte mir die Daten zurecht, bis die Rechnung wirklich stimmte, die Rechnung als solche." Faber stirbt an Magenkrebs, gepeinigt von der Vorstellung mitschuldig am Tod Sabeths zu sein und zu spät durchdrungen von der Erkenntnis, dass eine rein technologische Weltinterpretation nicht ausreicht um das Leben zu begreifen und dem Schicksal zu entgehen.

Frischs Roman *Mein Name sei Gantenbein* (1964) basiert ebenfalls auf der Frage nach der Identität. Gantenbein sagt: „Ich probiere Geschichten an wie Kleider." Der Satz: „Ein Mann hat eine Erfahrung gemacht, jetzt sucht er die Geschichte dazu." umschreibt die Ausgangsposition dieses Werks. Der spielerische Rollenwechsel wird durch eine Sprache unterstützt, die scheinbar sichere Aussagen durch Ironie in Frage stellt.

Autobiografische Elemente kennzeichnen die Erzählung *Montauk* (1979). Max, ein Schriftsteller, empfindet das Leben als langweilig, weil er Erfahrungen nur noch macht, wenn er schreibt. Die Geschichte von der Liebe dieses Schriftstellers zu einer jungen Amerikanerin versteht sich als ein Abschied von Leben und Liebe, zugleich aber auch als eine Absage an die Illusion, dass Realität mit Hilfe dokumentierender Genauigkeit literarisch erfasst werden könne. Die Erzählung formuliert wiederum die Angst vor Rolle und Bildnis, nimmt aber auch viel zurück, was Max Frisch in früheren Werken vertreten hat. Geschildert werden die Unsicherheit und die Angst vor dem Unvermögen des Schriftstellers Max, sein Misstrauen gegenüber griffigen Parolen und seine vergebliche Suche einen Ausgleich zwischen Bindungslosigkeit und Geborgenheit zu finden.

Die Erzählung *Der Mensch erscheint im Holozän* (1979) setzt in den Mittelpunkt den 73-jährigen Rentner Geiser, der die kleinen Anzeichen einer denkbaren Katstrophe sorgfältig registriert. Das Tal, in dem er lebt, ist durch Unwetter von der Umwelt abgeschnitten. Geiser rechnet damit, dass eines Tages das ganze Dorf durch einen Erdrutsch verschüttet wird. In diesem Endzeitgefühl liest er im Lexikon, in Geschichtsbüchern, in der Bibel. Seine Notizen wollen festhalten, was nicht vergessen werden sollte, ehe eine gleichgültige Natur den Tod des Individuums zu einem völlig unbedeutenden Vorgang in der langen geologischen Geschichte der Alpen macht.

4.7 Günter Grass

Der Schriftsteller als Warner und kritischer Beobachter. Das Aufsehen, das sein erster Roman *Die Blechtrommel* erregte, verschaffte GÜNTER GRASS eine Mittelpunktstellung im Literaturbetrieb der 60er- und 70er-Jahre. Die Auffassung, dass die kritische Beobachtung der Politik und die rechtzeitige Warnung vor gesellschaftlichen Fehlentwicklungen zu den Aufgaben des Schriftsteller gehört, veranlassten Grass, sich in vielen Feldern des öffentlichen Lebens zu engagieren. Im Wahlkampf 1961 trat er erstmals persönlich für Willy Brandt ein. Bei den Bundestagswahlkämpfen bestritt er bis 1972 als Redner zahlreiche Wahlveranstaltungen für die SPD.

Geboren wurde Günter Grass 1927 in Danzig, wo seine Eltern im Vorort Langfuhr ein Lebensmittelgeschäft besaßen. Nach dem Besuch des Danziger Gymnasiums Conradinum wurde er Flakhelfer, Mitglied des „Reichsarbeitsdienstes", und das Kriegsende erlebte er als Soldat und Panzerschütze. 1945 gelangte er in amerikanische Kriegsgefangenschaft. Nach der Entlassung arbeitete Grass 1946/47 in einem Bergwerk, absolvierte ein Steinmetzpraktikum und studierte in Düsseldorf und Berlin Bildhauerei und Grafik. 1955 trat er der Gruppe 47 bei. Während eines Aufenthalts in Paris 1956 bis 1959 entstand sein Roman *Die Blechtrommel*, dessen Erscheinen ungeheures Aufsehen erregte. Plötzlich stand Grass im Mittelpunkt öffentlicher Streitgespräche, bei denen es um ästhetische Kategorien der modernen Literatur und um die Frage ging, ob die Provokation zu den Anliegen des modernen Autors zählen dürfe. Die unterschiedlichen Urteile über die Bedeutung und das Werk zeigten sich 1960 beispielhaft bei der Verleihung des Literaturpreises der Freien Hansestadt Bremen, der nicht überreicht wurde, weil der Senat der Jury-Entscheidung die formal erforderliche Zustimmung versagte.

Grass, der in Berlin und später in Schleswig-Holstein wohnte, wurde auch im Ausland mit Ehrungen überhäuft. 1965 erhielt er beispielsweise den Ehrendoktor des Kenyon College und 1976 der Harvard University, nahm die Auszeichnungen Premio Internazionale Mondello (1977) und Premio Letterario Viareggio (1978) entgegen und für den Film *Die Blechtrommel* von V. Schlöndorff, an dessen Drehbuch Grass mitgearbeitet

Nicht nur Günter Grass, sondern auch viele andere Autoren und Künstler demonstrierten in den 60er-Jahren ihre Sympathie mit dem Kanzlerkandidaten der SPD, Willy Brandt, der schließlich von 1969 bis 1974 Regierungschef war. Im Bild (vorne, von links): Agnes Fink, Ingeborg Bachmann, Ruth Brandt; dahinter: Bernhard Wicki, Fritz Kortner, Hans Werner Henze, Günter Grass, Willy Brandt, Karl Schiller.

hat, erhielt er u. a. die „Goldene Palme" der Filmfestspiele Cannes (1979) und den Academy Award („Oscar") für den besten fremdsprachigen Film (1980). Zu den vielen deutschen Literaturpreisen, die dem Schriftsteller verliehen wurden, gehört der Georg-Büchner-Preis (1965). 1983 bis 1986 war Günter Grass Präsident der Berliner Akademie der Künste.
Die späteren Romane von Günter Grass wurden von Teilen der Literaturkritik im Vergleich mit der *Blechtrommel* und *Hundejahre* als schwächer, allenfalls als nur virtuos gewertet. Der Schriftsteller reagierte mit einer zweijährigen Schreibpause und mit einem Indienaufenthalt in den Jahren 1986/87.

Figur des öffentlichen Lebens. Seit 1955 publizierte Grass Kurzprosa, Ballett-Libretti, Gedichte, Romane, eine Novelle, Erzählungen, Grafikfolgen, absurde Theaterstücke, „ein deutsches Trauerspiel", ein Zeitstück, Essays, offene Briefe und Wahlreden. Er begann mit Kurzprosa, Gedichten und Theaterstücken, schwankte zunächst aber noch zwischen der Bildhauerei und dem Schreiben. Mit der *Danziger Trilogie* etablierte sich Grass 1959 bis 1963 als einer der markantesten Erzähler seiner Generation und seiner Zeit. Zu einer Figur des öffentlichen Lebens wurde er durch die wörtliche Umsetzung der empfundenen Verpflichtung „Partei zu ergreifen". Seine Werke aus dieser Zeit, *Die Plebejer proben den Aufstand*, das Zeitstück *Davor* und der Roman *Örtlich betäubt* sind deutlich von diesem politischen Engagement geprägt. Mit dem Werk *Aus dem Tagebuch einer Schnecke* (1972) erprobte Grass eine neue Erzähltechnik, die schon den Roman *Der Butt* (1977) vorbereitete. 1980 erschien *Kopfgeburten oder Die Deutschen sterben aus.* Seine indischen Impressionen fasste Grass mit *Zunge zeigen*, einem „Tagebuch in Zeichnungen, Prosa und einem Gedicht" (1988) zusammen.

Die Danziger Trilogie. Den spektakulären Durchbruch erzielte Grass 1959 mit dem Roman *Die Blechtrommel.* In 46 Kapiteln erzählt Oskar Matzerath, der aus Protest gegen das Spießertum

der Erwachsenenwelt im dritten Lebensjahr das Wachstum einstellt, eine Lebensgeschichte, die deutsche Schicksale aus der Zeit von 1930 bis 1950 aus eigenwilliger Perspektive umfasst. Grass griff mit diesem erstaunlichen Roman, der die enorme Stofffülle durch unbändige Erzähllust, durch ständige Veränderung der sprachlichen Ausdrucksform, durch groteske Genauigkeit zu einem Panorama des Lebens ausweitete, auf Modelle des Schelmenromans zurück, wandte sich aber zugleich gegen die aufkommende These der Literaturkritik, dass die moderne Epik in einer soziologisch interpretierten Welt den über allen Dingen stehenden Erzähler nicht mehr zulasse.
Die Novelle *Katz und Maus*, erschienen 1961, gilt als zweiter Teil der *Danziger Trilogie.* Grass hält sich exakt an die traditionelle Definition der Novelle, indem er von einer „sich ereigneten unerhörten Begebenheit" (Goethe) ausgeht. Der Erzähler Pilenz registriert während des Zweiten Weltkriegs in Danzig erstmals den überdimensionalen Adamsapfel seines Schulkameraden Joachim Mahlke. Die Lebendigkeit des heftig bewegten „Knorpels" veranlasst Pilenz zum Vergleich mit einer Maus. Spontan setzt er eine umherstreunende Katze an Mahlkes Hals. So wird der Adamsapfel zu einer abstoßenden Besonderheit, die Mahlke, weil er sich aus allen Gemeinschaften ausgegrenzt fühlt, zu immer neuen Heldentaten und zum Verbergen des Stigmas veranlasst. Obwohl er das Ritterkreuz erwirbt, findet er in seiner alten Schule nicht die begehrte Anerkennung, weil bekannt geworden ist, dass er den gleichen Orden schon einmal unrechtmäßig getragen hat. Verzweifelt kommt er ums Leben.
Mit *Hundejahre*, einem „Roman in drei Büchern", schließt Grass 1963 die *Danziger Trilogie* ab. In den Teilen *Frühschichten*, *Liebesbriefe* und *Materiaden* berichten die drei Erzähler Eduard Amsel, Harry Liebenau und Walter Matern wiederum eine komplexe Geschichte aus der Zeit zwischen 1925 und den 50er-Jahren. Ein Motiv, das die Fülle der Einfälle und Details zusammenhalten soll, findet sich im Schäferhund Pluto, der ein Abkömmling jenes Harras ist, der Hitler 1935 von Gauleiter Forster geschenkt wurde. Selbst dieser Hund kündigt Hitler die Treue auf, setzt sich aus Berlin in Richtung Westen ab und lebt als Begleiter Materns weiter.
In den folgenden Jahren wurde Günter Grass immer deutlicher zum Kritiker der „restaurativen Gesellschaft", die, gefördert von den „konservativen" Kräften in der Bundesrepublik, nach Meinung des Schriftstellers den Neuaufbau einer Demokratie ohne Duckmäusertum und Phrasendrescherei versäumt habe (→ S. 519 ff.).

XVIII Experiment und Unbehagen Literatur als Reaktion auf Wirtschaftswunder und Konsumgesellschaft

1 Panorama

1.1 Abschied von der Mentalität des Wiederaufbaus

Vor allem im Rückblick erschienen die ersten eineinhalb Jahrzehnte in der Geschichte der Bundesrepublik immer mehr Schriftstellern als eine Phase der Restauration. Viele Kritiker der 60er-Jahre zeigten sich davon überzeugt, dass der wirtschaftliche Aufschwung mit geistiger Verkrustung und mit „konformistischen Denkstrukturen" bezahlt worden war. KONRAD ADENAUERS Weltbild und Regierungsstil, so wurde argumentiert, seien mitverantwortlich dafür, dass an Stelle des erforderlichen Neubaus nur ein Wiederaufbau erreicht worden sei.

Dieses Unbehagen wurde verstärkt durch die politische und wirtschaftliche Entwicklung. Als 1961 die Berliner Mauer errichtet und die Grenze zwischen der DDR und der Bundesrepublik zu einem unüberwindlichen, alle Verbindungen trennenden Hindernis ausgebaut wurde, gewannen alle jene Argumente an Überzeugungskraft, die vor einer bedingungslosen Einbindung der Bundesrepublik in die westliche Allianz gewarnt hatten. Die unkalkulierbaren Risiken des kalten Krieges waren seit der Berliner Blockade in den Jahren 1948/49 nie mehr so verdeutlicht worden wie durch den Mauerbau. Friedfertigkeit definierte sich in dieser Zeit auch als Bereitschaft, alle Anstrengungen zu unterstützen, die dem Abbau der Konfrontation zwischen Ost und West dienen konnten.

Die Empfindung, dass die Zeitspanne des dynamischen und oftmals hemmungslosen Wiederaufbaus abgeschlossen sei, ergab sich 1966/67 auch durch erste dramatische Rezessionserscheinungen in der Konjunkturentwicklung der Bundesrepublik Deutschland. Die Zuwachsraten des Bruttosozialprodukts hatten sich im Laufe der 60er-Jahre erstmals reduziert. Stagnationssymptome, bedingt durch die rückläufige Nachfrage nach Konsumgütern auf dem Binnenmarkt, veranlassten Unternehmerverbände schon 1963 bei Tarifverhandlungen eine „Nullrunde" zu fordern. Im Zusammenhang mit ausgedehnten Streiks offenbarte sich ein aggressives, militantes Potential, das die einen Beobachter erschreckte, die anderen in der Hoffnung bestärkte, dass ausreichende Kräfte zur Veränderung der gesellschaftlichen Verhältnisse mobilisiert werden können.

1.2 Wirkungen des Vietnamkrieges

Der Krieg, den die USA in Südostasien führten, hatte starke Wirkungen auf die innenpolitische Szene in der Bundesrepublik Deutschland, weil das massive Vorgehen Amerikas in Vietnam die demokratischen Systeme des Westens und speziell der NATO-Staaten insgesamt in eine Legitimationskrise stürzte. Wohlstand und Stabilität wurden plötzlich diskriminierte Leitbegriffe, da sie allein dem Establishment zu nützen schienen. Es entstand der Verdacht, dass die Konsumorientierung der Bevölkerung als eine Voraussetzung und zugleich als ein Ergebnis politischer Kritiklosigkeit verstanden werden müsse.

1.3 Die Bedeutung der APO

Die Kritikfähigkeit jedes Einzelnen zu sichern wurde zu einem Ziel vieler gesellschaftlicher Gruppierungen. Da nach solchem Verständnis jede wahre Kritikbereitschaft nur außerhalb der etablierten, Macht ausübenden Kreise gedeihen kann, bildete sich eine starke „Außerparlamentarische Opposition" (APO), deren Parolen und Argumente sich zumeist von sozialistisch-marxistischen Denkschemata ableiteten. Zulauf und Popularität erlangte die APO aber vor allem

*Der **Vietnamkrieg**, vor allem von der jungen Generation im Westen als imperialistische und neokolonialistische Maßnahme verstanden, beeinflusste die innenpolitische Entwicklung auch in Deutschland. Immer wieder kam es - wie hier auf dem Berliner Kurfürstendamm im Oktober 1967 - zu gewaltigen Demonstrationen.*

durch ihre Forderung nach bedingungsloser Beendigung des Vietnamkrieges. An den Universitäten fand die Bewegung Anklang, weil nach Auffassung vieler Studenten eine wirkliche Opposition mit politischen Alternativkonzepten in den Parlamenten nicht mehr zu erkennen war.
Ein Grund für diese Interpretation der parlamentarischen Strukturen ergab sich nicht nur aus dem Autoritätsverfall der demokratischen Macht, sondern auch aus der Veränderung der Positionen, die die Entwicklung der SPD kennzeichneten. Die stärkste Oppositionspartei der Ära Adenauer hatte 1959 das Godesberger Programm verabschiedet und sich damit von der Klassenkampfpartei zur Volkspartei gewandelt. 1961 wurde mit dem „Unvereinbarkeitsbeschluss" festgelegt, dass die gleichzeitige Mitgliedschaft in der SPD und im „Sozialistischen Deutschen Studentenbund" (SDS) aus der Perspektive der etablierten Partei nicht akzeptabel ist. Dieser Ausschluss der marxistischen Linken aus der Partei sicherte der APO starken Zulauf, zumal 1966 Christ- und Sozialdemokraten die Große Koalition eingingen und die heftig umstrittenen „Notstandsgesetze" verabschiedet wurden.

1.4 „Brauchen wir eine neue Regierung?"

Die Literaturszene blieb von der allgemeinen Politisierung des öffentlichen Lebens schon deshalb nicht verschont, weil viele Autoren seit Gründung der Bundesrepublik ihre Rolle als Mahner, Kritiker und Warner verstanden. Prominente Schriftsteller griffen in die immer heftiger werdenden Auseinandersetzungen ein. *Die Alternative oder Brauchen wir eine neue Regierung?* lautete der Titel eines Bandes, den Martin Walser 1961, kurz vor der Bundestagswahl dieses Jahres, herausgab. Horst Krüger eröffnete mit der Publikation *Was ist heute noch links* im Jahre 1963 oppositionellen, linksorientierten Autoren und anderen Intellektuellen die Möglichkeit ihren politisch-gesellschaftlichen Standort zu definieren.
Trotz aller Trends, die in der Literaturszene linke Standpunkte förderten, vertraten führende Autoren sehr unterschiedliche Auffassungen, wenn es um die Frage ging, welchen sinnvollen Beitrag der Schriftsteller zur Veränderung und Verbesserung der Gesellschaft leisten könne. Peter Weiss definierte 1965 seine Position mit dem Satz: „Die Richtlinien des Sozialismus enthalten für mich die gültige Wahrheit." Günter Grass, der 1966 in Princeton mit der Rede *Vom mangelnden*

Selbstvertrauen schreibender Hofnarren zu diesem Problem Stellung nahm, verwies auf die unaufhebbaren Widersprüche von politischen und schriftstellerischen Intentionen. Hans Magnus Enzensberger entzog sich der undifferenzierten Parteinahme für eine Ideologie mit dem Bekenntnis (aus *Kursbuch* 6/1966): „Die moralische Aufrüstung von links kann mir gestohlen bleiben. Ich bin kein Idealist. Bekenntnissen ziehe ich Argumente vor. Zweifel sind mir lieber als Sentiments. Revolutionäres Geschwätz ist mir verhasst. Widerspruchsfreie Weltbilder brauche ich nicht. Im Zweifelsfall entscheidet die Wirklichkeit."

Die Aufbruchsstimmung, die vor allem gegen Ende der 60er-Jahre von der Überzeugung genährt war, dass grundsätzliche Veränderungen in den Strukturen der deutschen Demokratie nicht mehr zu verhindern und überdies dringend erforderlich seien, führte aber nicht nur zu einer verstärkten Politisierung der Literatur. Das Unbehagen an den Auswirkungen des Wirtschaftswunders und die innovative Lust am Experiment bestimmten die Thematik und die stilistischen Formen vieler Veröffentlichungen im Bereich der epischen, dramatischen und lyrischen Neuerscheinungen. Unbehagen und Experimentierlust erwiesen sich als bedeutend stärkere Impulse als die kritischen Stellungnahmen zu den neuen Entwicklungen, wie sie etwa der angesehene Literaturhistoriker Emil Staiger in seiner *Zürcher Rede* von 1966 formulierte. Staiger warnte vor der Verabschiedung der Literatur von den „sittlichen Grundbegriffen …, die da heißen: Gerechtigkeit, Wahrheit, Maß". Wo sich die Literatur „engagiert" gebe, diene sie „vorgegebenen humanitären, sozialen, politischen Ideen". Damit verliere sie ihre Freiheit. Dagegen umriss Karl Markus Michel im berühmt gewordenen *Kursbuch 15* die Aufgabe der Literatur mit dem Satz: „Die literarische Intelligenz findet ihren Nenner in ihrem Selbstverständnis als Gewissen der Gesellschaft, der Nation […] Und ‚schlecht' muss es sein, wenn die Literatur ‚gut' sein soll."

2 Die Politisierung der Literatur

2.1 Peter Weiss

Spiegel des Politisierungsprozesses. Das Werk von Peter Weiss (1916–1982) spiegelt den Politisierungsprozess der deutschen Literatur in den 60er- und 70er-Jahren besonders deutlich wider. Weiss hatte zunächst als Maler und Experimentalfilmer gearbeitet, ehe er sich ab 1960 ausschließlich der literarischen Produktion widmete, mit seinen Bühnenstücken für Aufsehen sorgte und von vielen Kritikern als konsequentester Vertreter des Dokumentartheaters eingestuft wurde. Die Arrangements dokumentarischen Materials verband Weiss häufig mit agitatorischen Elementen. Zu schreiben begann Peter Weiss schon in den Nachkriegsjahren, als er im schwedischen Exil lebte. Nach Veröffentlichungen in schwedischer Sprache erschienen die Dramen *Der Turm* (1948) und *Die Versicherung* (1952). Sie blieben aber weitgehend unbeachtet. Mehr Erfolg hatte der Schriftsteller mit den Erzählungen *Der Schatten des Körpers des Kutschers* (1960) und *Abschied von den Eltern* (1961) sowie mit dem Roman *Fluchtpunkt* (1962). 1963 veröffentlichte Weiss auch die Dramen *Das Gespräch der drei Gebenden* und *Nacht mit Gästen.* Einen Platz im Zentrum des literarischen Betriebs eroberte er sich erst 1964 mit dem Drama *Die Verfolgung und Ermordung des Jean Paul Marat, dargestellt durch die Schauspielgruppe des Hospizes zu Charenton unter Anleitung des Herrn de Sade.*

Geboren wurde Peter Weiss 1916 in Nowawes bei Berlin. 1934 emigrierte er über England in die Tschechoslowakei, wo er an der Prager Kunstakademie studierte. 1939 entkam er über die Schweiz. In Schweden arbeitete er als Filmregisseur und Maler, erwarb die schwedische Staatsbürgerschaft und lebte seit 1960 als freier Schriftsteller in Stockholm. Dort ist er 1982 gestorben.

Peter Weiss hat in seinen Werken Schritte der literarischen Politisierung verdeutlicht, die viele Autoren seiner Zeit mitvollzogen. Der Roman *Die Ästhetik des Widerstands*, erschienen 1975, 1978 und 1981 in drei Bänden, umreißt grundlegende Überlegungen zum Sinn und zur Notwendigkeit politischer Literatur. Am Beispiel eines Widerstandskämpfers, der in der Zeit des „Dritten Reiches" nach Schweden gelangt und dort Brecht begegnet, werden Möglichkeiten einer neuen Ästhetik erörtert, die auf dem politischen Engagement des Schriftstellers basiert (→ S. 441). Das Werk, als fortschrittliche Zusammenfassung literarischer Kriterien und Positionen interpretiert, beeinflusst eine große Zahl von jungen Autoren.

„Quälende Trauerarbeit“. Das Entsetzen angesichts der NS-Verbrechen führte Peter Weiss zunächst zu der Überzeugung, dass der Schriftsteller dieser Epoche sich der Verpflichtung stellen müsse, in quälender „Trauerarbeit“ die Schrecklichkeiten der Hitlerzeit „aufzuarbeiten“. Die Überzeugung, dass ein Neuanfang in Deutschland und Westeuropa versäumt worden sei, führte Weiss zur grundsätzlichen Kritik am Kapitalismus. Aus dieser Haltung erwuchs der geistige Kampf gegen „neokolonialistische“ und „imperialistische“ Tendenzen, wie sie nach seiner Meinung im Vietnam-Krieg zu Tage traten. Der Kunstanspruch verbindet sich bei Peter Weiss auf immer radikalere Weise mit der Forderung, dass die Literatur politische Analysen zu liefern und politische Prozesse zu fördern habe.

Das *Marat*-Stück wurde im Berliner Schillertheater 1964 mit außergewöhnlichem Erfolg uraufgeführt. Peter Weiss hatte es zunächst als Hörspiel konzipiert, dann in fünf Versionen ausgearbeitet. Dass der Autor in dieser Phase seines Schaffens sozialistisch-marxistische Positionen vertrat, zeigt sich in der Polarisierung der Auffassungen, die von den Titelhelden de Sade und Marat vertreten werden. Der historische Marquis de Sade (1740–1814), der in seinen Werken das Recht des Menschen auf absoluten Egoismus vertrat und die Darstellung auch des Schauderhaften in der Literatur forderte, repräsentiert im Stück von Peter Weiss Standpunkte des Relativismus und des Agnostizismus. Ihm widerspricht sein Gegenspieler Marat, der in der Französischen Revolution als Konventsmitglied und Herausgeber des „Ami de Peuple“, aber auch als Befürworter der „Septembermorde“ eine führende Rolle spielte, ehe er schließlich von der somnambulen Charlotte Corday erstochen wurde. Von Weiss als Vorläufer kommunistischer Ideen angelegt, tritt dieser Marat im Stück zielorientiert und überzeugt für die Auffassung ein, dass die Geschichte der Menschheit durch aktives Handeln bestimmt werde. Nur mit revolutionärem Elan seien Unterdrückung und Ausbeutung zu beseitigen.

Aber das *Marat-Sade*-Stück erregte nicht nur wegen der Thematik, die damals starken politischen Trends entsprach, internationales Aufsehen. Die Ungewöhnlichkeit der dramatischen und dramaturgischen Strukturen inspirierte Kritiker zu der Prognose, dass sich hier ein ganz neues Theater

*Mit seinem **Marat-Stück** schien Peter Weiss dem deutschen Drama ganz neue Möglichkeiten zu eröffnen. Das Szenenbild entstand 1964 bei der Uraufführung am Berliner Schillertheater.*

ankündige. Das „Spiel im Spiel" greift mit der Wahrung der Einheit von Ort, Zeit und Handlung auf die Antike, mit dem Knittelvers auf die Barockzeit, mit unterschiedlichen Bühnenebenen auf Shakespeare und mit Verfremdungstechniken auf Brecht zurück. Selbst die Grundidee des Stücks wird verfremdend in Frage gestellt: Marat ist in diesem Spiel nicht mehr der Repräsentant eines Terrorregimes, sondern durch seine Krankheit an die Badewanne gefesselt. De Sade charakterisiert sich durch Resignation, sodass der Zuschauer in ein fantasievolles, von zahlreichen Nebenfiguren getragenes Spiel einbezogen wird und ohne „Botschaft", ohne griffiges Resümee entlassen wird.

Konzentrat von Materialien – „Die Ermittlung". Nicht weniger erfolgreich war das „Oratorium in elf Gesängen", das unter dem Titel *Die Ermittlung* im Oktober 1965 gleichzeitig in Ost und West uraufgeführt wurde. – *Die Ermittlung* will, wie eine Anmerkung des Autors bekräftigt, nichts anderes als ein „Konzentrat der Materialien und Aussagen" jenes Prozesses sein, der vom Dezember 1963 bis zum August 1965 in Frankfurt gegen achtzehn Angehörige des Aufsichts-, Sanitäts- und Wachmannschaftspersonals des ehemaligen Konzentrationslagers Auschwitz geführt wurde. Entstanden ist das Stück aus Notizen des Autors zum Frankfurter Auschwitz-Prozess. Zur Ergänzung und Überprüfung seiner Aufzeichnungen benutzte Peter Weiss Artikel aus zahlreichen Zeitungen und Zeitschriften, vor allem die von Bernd Naumann in der *Frankfurter Allgemeinen Zeitung* veröffentlichten Berichte über den Prozess. In *Kursbuch 1* (Juni 1965) erschienen die *Frankfurter Auszüge* von Peter Weiss, in denen die rhythmische Sprache der *Ermittlung* bereits geformt war. Der Autor stützte sich bei der Niederschrift seines Textes nur auf die Aussagen der Angeklagten und auf die Protokolle der Beweisaufnahme. Gutachten, Plädoyers, Schlussworte und Urteilsbegründung ließ er unberücksichtigt. Neun Zeugen tragen im „Oratorium" Aussagen vor, die im Prozess von mehr als dreihundert Personen gemacht wurden. Achtzehn Angeklagte stehen ihnen gegenüber, im Gerichtssaal waren es zweiundzwanzig. Die große Zahl von Verteidigern im Frankfurter Prozess wird in der *Ermittlung* von einer einzigen Figur repräsentiert. Ein Ankläger spricht für alle Staatsanwälte und Nebenkläger.
Das Stück entstand als „Inferno"-Teil eines geplanten Dramakonzepts, das Dantes *La Divina Commedia* in das 20. Jh. übertragen sollte. Ein Textauszug aus *Gesang vom Bunkerblock II* belegt, wie Peter Weiss das dokumentarische Material in die Sprache eines „Oratoriums" übertrug:

ZEUGE 3
[...]
Ich fragte den Bunkerjakob
der überall die Aufsicht führte
Wie kannst du das ertragen
Da sagte er
Gelobt sei
was hart macht
Mir geht es gut
ich esse die Rationen
von denen da drinnen
Ihr Tod rührt mich nicht
[...]

Die Ermittlung reiht sich ein in die große Zahl literarischer Texte, die eine Antwort auf die Frage suchen, wie der Nationalsozialismus und seine Schrecken erklärbar sind. Peter Weiss begnügt sich aber nicht mit Schuldzuweisungen an einzelne Repräsentanten der Barbarei. Er sieht in der Bereitschaft des Bürgertums einen rigorosen Kapitalismus zu akzeptieren den Ausgangspunkt der Verquickung von wirtschaftlichem Profitstreben und politischer Macht. Weiss zeigte sich davon überzeugt, dass in einem solchen System, in dem sich jeder Einzelne als korrupt erweist, alle Wertvorstellungen aufgehoben oder so weitgehend relativiert werden können, dass die Errichtung und der Betrieb von Vernichtungslagern in Auschwitz-Dimensionen ermöglicht wird.

Hölderlin als Polit-Autor. Der Politisierungsprozess, dem Peter Weiss unterworfen war, äußerte sich weiterhin im Antikolonialstück *Gesang vom Lusitanischen Popanz* (1967), dem sozialistischen Lehrstück *Wie dem Herrn Mockinpott das Leiden ausgetrieben wurde* (1968), im Antikriegsstück *VietNam-Diskurs* (1968) sowie in den eher traditionell strukturierten Stücken *Trotzki im Exil* (1970) und *Hölderlin* (1971). In diesem Drama, das 1972 vom Autor überarbeitet wurde, wird

Hölderlin zum jakobinisch-revolutionären Polit-Autor „umfunktioniert“. Gezeigt werden soll nach Weiss' Worten die Geschichte von Hölderlins „zermürbendem Weg durch die bürgerliche Gesellschafts-Maschinerie, die ihm [...] nur noch die Institution des Irrenhauses und schließlich die Verbannung im Turm zu bieten hat [...]“

2.2 Heinar Kipphardt oder Der Triumph des Dokumentartheaters

Als 1964 Heinar Kipphardts (1922–1982) Dokumentarstück *In der Sache J. Robert Oppenheimer* aufgeführt und durch eine Fernsehinszenierung in ganz Deutschland bekannt wurde, waren die äußeren Bedingungen für die zustimmende Akzeptanz gegenüber dieser Dramenform äußerst günstig. Der Ruf nach einer strikten „Realitätspolitik“, also einer Anerkennung der „Realitäten in Europa“, setzte die Bonner Regierungen Erhards und später Kiesingers zunehmend unter Druck. Das Fernsehen suggerierte mit Nachrichtensendungen, Reportagen und „authentischen“ Kriminalserien, dass die Wirklichkeit die spannendsten Dramen schreibe. Die These, dass der Mensch vor allem als ein Produkt und bisweilen als ein Opfer der gesellschaftlichen Verhältnisse zu verstehen sei, wurde nicht nur in den Lehrsälen der Universitäten, sondern auch auf den Bühnen mit oftmals ideologischer Schärfe vertreten.

Protokoll als literarische Grundlage. Kipphardts *Szenischer Bericht* mit dem Titel *In der Sache J. Robert Oppenheimer* kam also den Forderungen und Erwartungen der Zeit in fast optimaler Weise entgegen. Das Stück beruht auf einem tatsächlichen Ereignis, nämlich der Untersuchung gegen J. Robert Oppenheimer, die nachprüfen sollte, ob sich der bedeutende Physiker und langjährige Leiter der amerikanischen Atomforschung gegenüber seiner Regierung immer loyal verhalten hatte. Das Verhör vor dem Sicherheitsausschuss in Washington begann am 12. April 1954 und dauerte mehr als drei Wochen. Oppenheimer wurde vorgeworfen, vor und noch nach dem Zweiten Weltkrieg mit kommunistischen Ideen sympathisiert, sich für eine internationale Verständigung in Fragen der Atomwaffenproduktion eingesetzt und damit die Herstellung der ersten amerikanischen Wasserstoffbombe absichtlich verzögert zu haben. Kipphardts Quelle ist in erster Linie das 3000 Maschinenseiten umfassende Protokoll des Untersuchungsverfahrens, das von der Atomenergiekommission der USA im Mai 1954 veröffentlicht wurde.

Von entscheidender Bedeutung für das Dokumentartheater wurde Heinar Kipphardts Stück ***In der Sache J. Robert Oppenheimer****. Noch aufsehenerregender als die hier im Bild festgehaltene Aufführung im Deutschen Schauspielhaus Hamburg (1965) war die Fernsehinszenierung mit Charles Regnier in der Hauptrolle.*

„Die Wahrheit nicht beschädigen". In einer Nachbemerkung zum Stück schreibt Kipphardt, seine Absicht sei es gewesen, „ein abgekürztes Bild des Verfahrens zu liefern, das szenisch darstellbar ist und das die Wahrheit nicht beschädigt". Der *Szenische Bericht* sei ein literarischer Text, kein Dokument. Der Stoff wird bühnenwirksam gestaltet. Übernommen wird beispielsweise Brechts Methode, die epische Dimension der Szenen auch durch die Bekanntgabe des jeweiligen Inhalts vor Beginn eines Spielabschnitts zu sichern. Zu Beginn jeder Szene kündigt ein Sprecher die Fragen an, die im folgenden Teil des Verhörs untersucht werden sollen – z. B.: Darf ein Mensch seiner Ansichten wegen verfolgt werden? Was ist überhaupt Loyalität gegenüber einer Regierung und gegenüber der Menschheit?

Die Kürzungen, zu denen sich der Autor in Verfolgung seines dramaturgischen Plans genötigt sah, führten allerdings dazu, dass Kritiker schon bald nach der erfolgreichen Uraufführung Einwände erhoben, die gegen das Dokumentarstück grundsätzlich vorgetragen werden können: Geht es bei der Auswahl des Materials nicht doch mehr um Wirkung als um Wahrheit? Führt nicht schon die Methode den Wortsinn an die Stelle des Wortlauts zu setzen zu beabsichtigten und unbeabsichtigten Verfälschungen der zumeist weniger dramatischen Realität? Ergibt sich aus der Notwendigkeit das 3000 Maschinenseiten umfassende Protokoll für die Konstruktion dramatischer Szenen zu nutzen nicht zwangsläufig eine antithetische, realitätsferne Figurenkonstellation?

Heinar Kipphardt wurde am 8. März 1922 in Heidersdorf/Schlesien geboren, studierte Medizin mit Fachrichtung Psychiatrie, wurde Assistenzarzt und arbeitete an mehreren Kliniken, zuletzt an der Charité in Berlin. 1950 übernahm Kipphardt die Aufgaben des Chefdramaturgen am Deutschen Theater Berlin. 1959 reichte er die Kündigung mit der Begründung ein, dass er nach den Auseinandersetzungen um den Spielplan keine Bedingungen für eine sinnvolle Arbeit sehe. Daraufhin übersiedelte er in die Bundesrepublik, wurde Dramaturg am Düsseldorfer Schauspielhaus und ging 1960 als freier Schriftsteller nach München. 1969 bis 1971 war er Chefdramaturg an den Münchener Kammerspielen. Zu einer Kontroverse kam es wegen der Gestaltung eines Programmheftes zu Wolf Biermanns *Der Dra-Dra*. 1972 ließ sich Kipphardt in Angelsbruck bei München nieder. Er war Mitherausgeber der *Autoren Edition* (seit 1977), Mitglied des PEN-Zentrums der Bundesrepublik Deutschland und der Deutschen Akademie der Darstellenden Künste. Kipphardt ist Autor der weiteren Stücke *Entscheidungen* (1952), *Shakespeare dringend gesucht* (1953), *Der Aufstieg des Alois Piontek* (1956), *Die Stühle des Herrn Szmil* (1961), *Der Hund des Generals* (1962), *Joel Brand. Die Geschichte eines Geschäfts* (1965), *Die Nacht, in der der Chef geschlachtet wurde* (1967), *Die Soldaten* (1968), *Sedanfeier* (1970) *März, ein Künstlerleben* (1980) und *Bruder Eichmann* (1983). Er wurde mit zahlreichen Literaturpreisen ausgezeichnet, so z. B. mit dem Nationalpreis der DDR (1953), mit dem Gerhart-Hauptmann-Preis (1964), mit dem Fernsehpreis der Deutschen Akademie der Darstellenden Künste (1964) und mit dem Adolf-Grimme-Preis (1965). 1982 ist Kipphardt in München gestorben.

Das Dokumentarstück als Toleranzappell. Keines seiner Stücke spiegelt jedoch so deutlich jene neuen Sensibilitäten wider, die in den 60er-Jahren durch weltweite und bundesrepublikanische Entwicklungen entstanden waren. Die Ohnmacht des Westens angesichts der Ereignisse in Polen und vor allem 1956 in Ungarn widerlegten – wie schon 1953 beim Volksaufstand in Mitteldeutschland – die „Rollback"-Strategie Amerikas. Damals schien endgültig klar zu sein, dass der bis nach Mitteleuropa vorgedrungene kommunistische Machtbereich mit militärischen Mitteln nicht zurückgedrängt werden konnte, wenn man nicht einen dritten Weltkrieg riskieren wollte. Solche Überlegungen führten zu einem verstärkten Toleranzappell gegenüber östlichen Machthabern und gegenüber marxistischen Ideologien, wie er auch aus dem Kipphardt-Stück herausgelesen werden konnte. Die Kuba-Krise hatte die Welt an den Rand eines dritten Weltkriegs geführt. Die Härte John F. Kennedys wurde einerseits bejubelt, andererseits verstärkte sich in den Völkern des Westens die Bereitschaft alles daranzusetzen um eine Wiederholung der brisanten Situation zu vermeiden. So kam es, dass von Teilen der Bevölkerung und von einigen Parteien eine grundsätzlich antikommunistische Einstellung als eine riskante Haltung interpretiert werden konnte. Die Versuche Kennedys mit Chruschtschow eine neue Phase der „Gesprächsdiplomatie“ einzuleiten erschienen vielen Beobachtern als einzig vernünftiger Ausweg aus der gefährlichen Konfrontation. Die Absurdität der McCarthy-Haltung wurde in dieser Phase der weltpolitischen Entwicklung zu einem wichtigen Argument der Entspannungspolitiker. „Die Epoche von Kanzlerdemokratie, Wirtschaftswunder und kaltem Krieg begann zu verdämmern. Eine neue Zeit brach an, ein Jahrzehnt des Umbruchs mit Studentenunruhen, APO und Terrorismus, Vietnamkrieg, Machtwechsel in Bonn und neuer Ostpolitik“, schrieb Claus Jacobi rückblickend.

Das Thema, das den Hintergrund zu Kipphardts Oppenheimer-Stück bildet, war der Einsatz der beiden amerikanischen Atombomben „Little Boy“ und „Fat Man“ im August 1945 auf Ziele in Japan. Diese Maßnahme, die mindestens 160 000 Menschen den sofortigen Tod brachte, wurde 1964 nicht als historischer, sondern als ein bedrohlich aktueller Vorgang empfunden.

Nachdem sich die Oppenheimer-Kommission aus moralischen Gründen gegen die Entwicklung der H-Bombe ausgesprochen hatte und Oppenheimer im Oktober 1945 die Leitung der Los-Alamos-Projekte aufgegeben hatte, wurde Ende 1953 ein Untersuchungsverfahren gegen Oppenheimer wegen angeblicher kommunistischer Gesinnung eingeleitet. Präsident Dwight D. Eisenhower entzog Oppenheimer 1954 nach Abschluss der Ermittlungen die Erlaubnis weiterhin an geheimen Projekten mitzuarbeiten oder Einsicht in neue Entwicklungen zu nehmen. Oppenheimer, so die Begründung, erfülle die Sicherheitsbedingungen nicht. Erst 1963 wurde Oppenheimer von Präsident John F. Kennedy rehabilitiert. Der Physiker starb 1967.

Dokumentartheater und Wirklichkeit. Kipphardt hatte zwar vorsorglich darauf hingewiesen, dass sein Stück nicht einfach Abklatsch der Wirklichkeit, sondern ein Theaterstück sei. Dennoch war die Reaktion Oppenheimers gegen die Aufwertung seiner Person als „Held einer Tragödie“ auch für den Autor dieses Dokumentarstücks überraschend. Oppenheimer protestierte bei verschiedenen Regisseuren gegen geplante Aufführungen des Kipphardt-Stücks. „Das ganze verdammte Ding war eine Farce“, urteilte der Physiker in einem Interview der *Washington Post*. „Und diese Leute (Kipphardt und die Produzenten) versuchen eine Tragödie daraus zu machen.“ „Ich sagte auch nie, ich hätte meine Beteiligung am Bau der Atombombe bedauert“, erklärte Oppenheimer weiter.

Kipphardt rechtfertigte in seiner Entgegnung die Dramaturgie des Dokumentarstücks: „Ich kann das Unbehagen, in das eine historische Persönlichkeit gerät, wenn sie sich auf dem Theater dargestellt sieht, sehr wohl nachfühlen. Es ist für den historisch Beteiligten besonders schwer, aus dem Gestrüpp der tausend miteinander verfilzten Details der Wirklichkeit die objektive Distanz zu gewinnen, die gebraucht wird um den innersten Kern und Sinn einer historischen Begebenheit von den umherspielenden Zufälligkeiten zu befreien, um sie der Zeitgenossenschaft als ein bedeutendes Exempel darzustellen. Indem der Bühnenschriftsteller den Boden der Zeitgeschichte betritt, ist sein Geschäft diese Umwandlung, auch wenn er sich, wie ich, an alle wesentlichen historischen Tatsachen gebunden sieht. Wenn wir ihm dieses Recht bestreiten würden, dann würden wir der Bühne das Recht auf die Behandlung der Zeitgeschichte bestreiten.“

Am 16. Dezember 1965 nahm Oppenheimer in versöhnlicherem Tonfall noch einmal zu der Kontroverse Stellung: „Ich wünschte, ich wäre in diese Sache nie einbezogen worden. Wie sehr ich es war, brauche ich Ihnen nicht zu sagen; aber vor allem wünschte ich, ich hätte mit größerer Zurückhaltung und Freundlichkeit geschrieben.“

Dieses Einlenken konnte aber nicht verhindern, dass Kritiker des dokumentierenden Literaturprinzips im Protest des „Vaters der Atombombe“ eine Bestätigung ihrer Vermutung sahen, dass die Wirklichkeit nicht einmal dann auf die Bühne zu bringen ist, wenn ausschließlich authentisches Material verwendet wird. Andere Beobachter sahen im „zerrissenen Säulenheiligen Oppenheimer“ (B. W. Kubigg) die Ursache für die merkwürdige Auseinandersetzung, die verdeutlicht, dass viele im Rüstungsbereich tätigen Wissenschaftler nach den Worten Oppenheimers zwar „die Sünde“ erkennen, aber dennoch das herstellen, was „technologisch süß“ ist.

Das Schauspiel *Bruder Eichmann* beschäftigte Kipphardt von 1965 bis 1982. Auch dieses Stück belegt die Problematik des dokumentarischen Prinzips auf der Bühne. Im Mittelpunkt des Geschehens steht Eichmann, der in der Zeit des „Dritten Reiches" für die Judendeportationen in die Vernichtungslager verantwortlich war und zu Beginn der 60er-Jahre von einem Gericht in Jerusalem zum Tode verurteilt wurde. Eichmanns Selbstdarstellung während des Verhörs vermittelt eine Vorstellung von der Mentalität eines Schreibtischtäters, der seine todbringenden Maßnahmen ohne alle Skrupel als Ausdruck des Gehorsams, als Muster vorbildlicher Pflichterfüllung und als Beitrag zur Sicherung staatlicher Ordnung interpretiert. Das Stück versteht sich als Beleg der These von der „Banalität des Bösen", die Hannah Arendt vertrat, nachdem sie den Eichmann-Prozess beobachtet hatte.

2.3 Erich Frieds politische Lyrik – Aufforderung zur Unruhe

Mit Stellungnahmen zum Vietnamkrieg, zur Lage der Palästinenser und zur Terrorismusbekämpfung in der Bundesrepublik repräsentiert ERICH FRIED (1921–1988) den Typus des Autors, der Literatur als politisches Instrument versteht. Seine Veröffentlichungen lösten schon deshalb heftige Kontroversen aus, weil sie in die leidenschaftlichen Debatten zu aktuellen Fragestellungen eingriffen und parteipolitische Akzentuierungen nicht scheuten. Während der Studentenrevolte in den ausgehenden 60er- und beginnenden 70er-Jahren wurden Zitate aus Werken Erich Frieds mit Hilfe von Flugblättern und Zeitschriften wie Losungen verbreitet.
Erich Fried teilte das Emigrationsschicksal vieler Autoren seiner Generation. 1921 wurde er in Wien geboren. 1938, nach dem „Anschluss" Österreichs an das Deutsche Reich, entkam er nach London. Dort schlug sich Fried als Arbeiter, Chemiker und Bibliothekar durch. Seine ersten Lyrikbände erschienen während der letzten Kriegsjahre. Von 1952 bis 1968 war er Kommentator des deutschen BBC-Programms. Er veröffentlichte Gedichte, den Roman *Ein Soldat und ein Mädchen* (1960), das Opernlibretto *Arden muss sterben* (1967), Hörspiele, Essays und Übersetzungen von Werken englischer Dichter. 1987 wurde er mit dem Georg-Büchner-Preis ausgezeichnet. Fried erlag 1988 in Baden-Baden einem Krebsleiden.

Lebensgefühl der Bedrohung und Einengung. In vielen frühen Gedichten Erich Frieds spiegelt sich ein Weltbild wider, das auf Gefühlen der Verunsicherung, der Bedrohung und lebensgefährdender Einengung beruht. 1944 ermöglichte der Österreichische PEN-Club London die Herausgabe des Bandes *Deutschland. Gedichte*, ein Jahr später folgte *Österreich. Gedichte*, 1958 publizierte Fried unter dem Titel *Gedichte* eine weitere Lyriksammlung. Es folgten *Reich der Steine. Zyklische Gedichte* (1963), *Warngedichte* (1964) und *Überlegungen. Gedichtzyklus* (1965). Besonderes Aufsehen erregte das Wagenbach-Quartheft *und Vietnam und* (1966). Zu Frieds zahlreichen politisch akzentuierten Lyrikbänden späterer Jahre gehören *Die Beine der größeren Lügen* (1969), *Aufforderung zur Unruhe* (1972), *Höre, Israel!* (1974), *So kam ich unter die Deutschen* (1977) und *Beunruhigungen* (1984).
Fried beherrscht in seinen Gedichten das souveräne Spiel mit lyrischen Ausdrucksformen der Vergangenheit. Sentenz und sprichwortartige Wendungen, Bibelzitate und Kinderreim, Metaphern in der Art von Rilkes Bildern und parodistische Elemente verbinden sich bei diesem „Sprachdenken in Wortspielen" zu einem unverwechselbaren Stil. Fried verwendet sehr unterschiedliche Reim- und Assoziationstechniken, er nutzt Stropheneinteilungen ebenso wie den Verzicht auf jede formale Ordnung. Vielen Kennern gilt Erich Fried als ein Meister des modernen Liebesgedichts. Gelegentlich schrieb dieser „Dichter ohne Vaterland" (*100 Gedichte ohne Vaterland*, 1978) auch Verse oder freie Rhythmen, die sich als freundliche Adressen an das Vaterland interpretieren lassen.

Entlarvende Wortspiele. Zeitgeschichtliche Analysen und angriffslustige Deutungen der politischen Realität verbinden sich in Frieds Gedichten häufig mit entlarvenden Wortspielen wie in *Verstandsaufnahme* (aus *Die bunten Getüme*, 1977):

Aber seht die Behafteten
und ihre verwaffneten Verwacher
und was die Gerichte bezapfen
vor die man sie stellt
Seht euch diese Verweisbefahren an
die Haftverfehle
und Bestöße gegen das Grundrecht

die Bedrehungen und ausweichenden Verscheide
dann die Hauptbehandlungen
und die begnügten Verrichterstatter
und zuletzt die Beurteilten
und die vergnadigten Kronzeugen.

2.4 Heinrich Bölls verschärfte Gesellschaftskritik

Wie stark auch als besonnen geltende Autoren bereit waren, sich in den 60er- und 70er-Jahren an die Spitze reformwilliger Kräfte zu stellen, zeigt das Beispiel Heinrich Bölls (→S. 479 f.; 503 f.). Ausgangspunkt für die immer schärfere Kritik an gesellschaftlichen Entwicklungen war Bölls Überzeugung, dass die Schrecken des Zweiten Weltkriegs nicht zu der konsequenten Neubesinnung und erhofften Katharsis in Deutschland geführt hatten und dass die Chance auf einen Neuanfang vertan worden war.

Die Absurdität der Geschichte. Schon in seinem Roman *Billard um halb zehn* (1959) hatte er ein Bild für die Absurdität und Sinnlosigkeit deutscher Geschichte im Verlauf eines halben Jahrhunderts gefunden. Erzählt wird die Familiensaga der Kölner Architektenfamilie Fähmel, die eng mit der Geschichte der Abtei St. Anton zusammenhängt. Diese kirchliche Anlage wird von der ersten Generation der Fähmels erbaut, von der zweiten gegen Ende des Zweiten Weltkrieges zerstört, von der dritten in der Zeit des Wirtschaftswunders wiedererrichtet. Sichtbar werden im Roman auch die Denkweisen und Lebensstile in den Epochen des Kaiserreichs, der Weimarer Republik, des „Dritten Reichs" und der Bundesrepublik.

Die gefährdete Individualität. In *Ansichten eines Clowns* (1963) spiegelt sich Bölls Furcht vor der Auslöschung aller Individualität in einer ideologisierten, verwalteten Welt besonders deutlich wider. Hans Schnier, Sohn eines reichen Industriellen, wird zum „Aussteiger", indem er auf eine gesicherte Zukunft als „Braunkohlen-Schnier" verzichtet, seinen Lebensunterhalt als Pantomime zu sichern versucht und schließlich scheitert, weil die institutionalisierten Mächte der Adenauer-Zeit jedes Verständnis für den Abtrünnigen vermissen lassen. Das Werk setzt sich zum Ziel die moralische Heuchelei in Ehe, Familie, Kirche, Staat und Gesellschaft aufzudecken.
Aggressivere Züge erhält die satirische Gesellschaftskritik in den nachfolgenden Werken Bölls. *Entfernung von der Truppe* (1964) propagiert mi-

Die weit über Deutschland hinausreichende Bedeutung ***Heinrich Bölls*** *wurde auch dadurch belegt, dass es ihm gelang in Bedrängnis geratenen Schriftstellern vor allem in der Sowjetunion zu Hilfe zu kommen. Auch für* ***Alexander Solschenizyn*** *war Böll der erste Gesprächspartner im Westen. Das Bild zeigt Böll (rechts) und Solschenizyn 1974 vor Bölls Haus in Langenbroich in der Eifel.*

litärische Fahnenflucht als Ausdruck von Tapferkeit, *Fürsorgliche Belagerung* (1979) unternimmt den Versuch das Terrorismusproblem literarisch und kritisch zu bewältigen und *Ende einer Dienstfahrt* (1966) stellt die Zerstörung eines unsinnig eingesetzten Bundeswehr-Jeeps als einen Akt des Widerstands gegen staatliche Arroganz dar.

Der Roman *Gruppenbild mit Dame* (1971) ist als Hauptwerk Bölls interpretiert worden. Im Mittelpunkt des Geschehens steht Leni Pfeiffer, die ihre Altbauwohnung verlassen soll, weil sich der Hausbesitzer von der Räumung spekulativen Gewinn verspricht. Die „Heldin" repräsentiert eine Form der Verweigerung, die auf jede Art von Kampf verzichtet. Gerade dadurch wird die Figur zu einer Gefahr für ihre Gegenspieler. Bölls Utopie von der wünschenswerten Schaffung unerschrockenen, individuellen Beharrungsvermögens verknüpft sich – wie schon in *Ansichten eines Clowns* – mit Einschüben, die Bruchstücke der Lebensgeschichte Leni Pfeiffers enthalten.

Die verlorene Ehre der Katharina Blum führte 1974, bedingt auch durch die ein Jahr später von Volker Schlöndorff besorgte Verfilmung, zu den heftigsten Diskussionen und Angriffen. Katharina Blum, die Hauptfigur der Erzählung, wird als unbedeutende Hausangestellte vom Boulevard-Blatt DIE ZEITUNG mit Hilfe von Halbwahrheiten und Lügen zu einer Sympathisantin des Terrorismus hochstilisiert, nur weil sie sich in einen Mann verliebt, der sich dem Zugriff der Polizei zu entziehen versucht. Der Blick auf die grundsätzlichen und literarischen Anliegen, die Böll mit diesem Werk verfolgte, war kaum mehr möglich, weil der Autor unter Hinweis auf den Inhalt der Erzählung vereinfachend zum Sympathisanten des Terrorismus in der Bundesrepublik deklariert wurde. Er reagierte 1984 mit dem Buch *Bild-Bonn-Bönisch*. Im Roman *Frauen vor Flusslandschaft*, der 1985, im Todesjahr des Dichters, veröffentlicht wurde, erwies sich Böll noch einmal als Verfechter der Auffassung, dass sich in allen, auch in den Bonner Machtapparaten, Inhumanität und Korruption verbergen.

Bölls „herzhafte Streitlust". Heinrich Böll blieb umstritten bis zuletzt. Nicht einmal über die Qualität seines Stils herrscht Einigkeit unter seinen Kritikern. Mathias Schreiber gab mit seinem Nachruf auf Böll in der *Frankfurter Allgemeinen Zeitung* einen Hinweis auf die Bedeutung dieses Autors für die Geschichte der Bundesrepublik: Ohne Bölls „herzhafte Streitlust" habe diese Gesellschaft „einen Grund weniger von ihrer politischen Kultur zu reden. Sie bestand zu einem großen Teil aus Böll-Debatten."

2.5 Günter Grass – den Aufstand proben

Neben Heinrich Böll wurde Günter Grass (→ S. 506 ff.) immer mehr zum weltweit gehörten Kritiker an bundesdeutschen Verhältnissen. Die innenpolitische Entwicklung bis zur Übernahme der Kanzlerschaft durch Willy Brandt im Jahre 1969 und die Probleme, die sich mit der Wiedervereinigung Deutschlands nach dem Zusammenbruch der sozialistischen Staaten Ostmittel- und Osteuropas ergaben, waren bevorzugte Ziele der Angriffe, die der unbequeme Schriftsteller Grass zeitweise mit persönlichem Engagement für die SPD verknüpfte. Charakter zu haben bedeutete für Grass politische, also auch parteipolitische Flagge zu zeigen. Bekannt hatte er sich zu dieser Haltung unter anderem auch 1965 mit *Die Plebejer proben den Aufstand*, das im bisherigen Gesamtwerk des Autors als bedeutendstes Drama gilt. Es führt die Wirklichkeitsferne von Ideologien bühnengerecht vor. Am Beispiel des ästhetisierenden Marxisten Bertolt Brecht wird gezeigt, wie ein großer Dramatiker 1953 vor der konkreten Wirklichkeit des Arbeiteraufstandes in Ostberlin und anderen Städten der damaligen DDR versagt. Weil ihn die szenisch ungeordneten Aktionen der Arbeiter bei den Probearbeiten zu seiner *Coriolan*-Bearbeitung im Ostberliner Theater am Schiffbauerdamm stören, verweigert Brecht die Solidarisierung mit den Aufständischen.

Das Bühnenstück *Davor*, das dem Mittelteil des Romans *Örtlich betäubt* entspricht, behandelt 1969 die Frage nach den angemessenen Aktionsmöglichkeiten gegen eine als verbrecherisch empfundene Politik. Der Plan eines 17-jährigen, aus Protest gegen den Einsatz von Napalmbomben in Vietnam öffentlich seinen Dackel zu verbrennen wird zum Ausgangspunkt der Überlegung, in welcher Weise radikale Verweigerung, ritualisierter Protest, fanatische Ideologiegläubigkeit und eine aufklärerisch-evolutionäre Realisierung der kleinen Schritte Einfluss auf die Politik nehmen können.

Parteipolitisches Engagement. Grass' politisches und parteipolitisches Engagement führte zu Veröffentlichungen, die schon deshalb nicht nur zustimmende Reaktionen auslösten, weil sie zu aktuellen, stark umstrittenen Fragen Stellung bezogen. Der Roman *Örtlich betäubt* (1969) fasst Reflexionen und Erinnerungen zusammen, die den Studienrat Starusch überkommen, während er auf dem Behandlungsstuhl eines Zahnarztes sitzt, und plädiert im Sinne Willy Brandts für eine realitätsorientierte Politik der kleinen Schritte. Die Wertung zäher Beharrlichkeit als politische Tugend inspirierten den Autor zum Titel *Aus dem Tagebuch einer Schnecke* (1972). Das Buch fasst Erfahrungen des „SPD-Trommlers" Grass aus dem Wahlkampf des Erscheinungsjahrs zusammen, der schließlich im Wahlerfolg Willy Brandts mündete.

Kopfgeburten oder Die Deutschen sterben aus, erschienen 1980, greift Eindrücke auf, die Grass während einer Reise mit Bundeskanzler Helmut Schmidt nach China gesammelt hat. Das Lehrerehepaar Harms, so wird erzählt, hat angesichts der Bevölkerungsexplosion und der Umweltverschmutzung zunehmende Schwierigkeiten bei der Beantwortung der Frage, ob der Wunsch nach einem Kind noch vertretbar ist. Sichtbar wird in dem Buch wiederum Grass' parteipolitisches Engagement im bundesdeutschen Wahlkampf.

Roman einer Weltkatastrophe. Ein Resultat eines jahrelangen Rückzugs aus der Öffentlichkeit war der Roman *Der Butt* (1977), der mit seinem weltweiten Erfolg das Ansehen Günter Grass' als bedeutender deutscher Epiker unterstrich. In dieser Geschichte, die historische Ereignisse vom Sommer 1973 bis zum Frühjahr 1975 einbezieht, bleibt der Autor selbst der Erzähler eines Gegenstücks zum Märchen *Von dem Fischer und siner Fru.* Ein Butt hat sich von Feministinnen fangen lassen und sieht seinem Prozess entgegen. Angesichts der Weltkatastrophe, die durch die Umweltvernichtung auf die Menschheit zukommt, ist der Sinn der vom Butt und den Männern gemachten Geschichte widerlegt. Als Roman des Scheiterns ergänzt *Der Butt* die *Danziger Trilogie* (→ S. 507 f.). Aber diese Geschichte voll Blut, Krieg, Tod und Wahnsinn ist gleichzeitig eine Geschichte der Geschlechterbeziehungen und eine Leidensgeschichte der Frauen seit dem Ende des Matriarchats. Der Lobpreis des Essens und der Liebe als einfacher sinnlicher Genussmöglichkeiten ist eine Kritik an der männlichen Tatenwelt. „Sicher, die Emser Depesche hat viel bewegt, aber die Zuckerrübe wohl mehr."

Dichter als Repräsentanten deutscher Einheit. *Das Treffen in Telgte* (1979) setzt der Gruppe 47 (→ S. 473 ff.) und ihrem Begründer Hans Werner Richter ein literarisches Denkmal. Zugleich belegt Grass seine Auffassung, dass die Dichter im 20. wie im 17. Jh. am überzeugendsten deutsche Einheit repräsentieren. Die fiktive Geschichte schildert ein Treffen von mehr als zwanzig Barockdichtern, Kritikern und Verlegern, die sich 1647 in der Wirtsdiele des Brückenhofs an der Ems, im Gasthaus der von Grimmelshausen geschaffenen Gestalt der Landstörtzerin Courasche (→ S. 114), zusammenfinden. Unter der Leitung von Simon Dach konstituieren sie diskutierend „das Vaterland", während es von den Politikern in den Unterzeichnungsstädten des Westfälischen Friedens gleichzeitig zerrissen wird.

Günter Grass gehört zu jenen Autoren, die sich auch als Maler und Grafiker betätigen: ***Die Rättin vor Danzig II*** *entstand 1985.*

Rückblick auf die „falschen Fuffziger". Fast ein Jahrzehnt verging, ehe Günter Grass 1986 mit *Die Rättin* wieder einen großen Roman vorlegte. Ausschlaggebend für die Verzögerung war, wie der Autor in verschiedenen Interviews bekräftigte, der Verlust des Glaubens an die Überlebenschance der Literatur in einer Welt der atomaren Bedrohung und der zunehmenden Umweltvergiftung. Grass greift auf Motive aus *Hundejahre* zurück und lässt den Oskar Matzerath der Blechtrommel eine Polenreise zum 107. Geburtstag sei-

ner Großmutter unternehmen. Ein wesentlicher Handlungsstrang wird der Gestalt des Bilderfälschers Malskat zugeordnet, der wie eine Art „Falscher Fuffziger“ die von Grass als restaurativ und geschichtsverfälschend empfundenen 50er-Jahre versinnbildlicht. Im thematischen Mittelpunkt aber steht die Rättin, die in einer Raumkapsel die Erde umkreist. Mit diesem Kunstgriff gelingen Grass eindringliche Visionen von der nach einer atomaren Katastrophe verwüsteten Erde.
Mit der Erzählung *Unkenrufe* (1992), aber auch mit Reden, Essays und Kommentaren (*Totes Holz, ein Nachruf*, 1990; *Deutscher Lastenausgleich. Wider das dumpfe Einheitsgebot*, 1990; *Ein Schnäppchen namens DDR. Letzte Reden vorm Glockengeläut*, 1990; *Gegen die verstreichende Zeit. Reden, Aufsätze und Gespräche*, 1991 und *Rede vom Verlust. Über den Niedergang der politischen Kultur im geeinten Deutschland*, 1992) hat Günter Grass seine skeptische Haltung zur Zeit und zur Entwicklung der deutschen Politik beschwörend formuliert.

2.6 Enzensbergers Kommentare zur Zeit – „Was habe ich hier verloren?"

„Randalierer“ und „Bürgerschreck“. Nach seinen ersten Veröffentlichungen wurde HANS MAGNUS ENZENSBERGER als „Randalierer“ und „Bürgerschreck“ abgestempelt. Seine Gedichte, Essays, Dramen und Übersetzungen verleugneten nie ihren Zeitbezug. Sie lesen sich wie literarische Analysen und Bestandsaufnahmen zu den Entwicklungen der bundesrepublikanischen Geschichte. Die Vielfalt und Originalität des Gesamtwerks machte auch Enzensbergers Kritikern bald deutlich, dass sich dieser aufbegehrend-sarkastische, gelegentlich auch elegisch-resignative Geist nicht auf das Image des „zornigen jungen Mannes“ reduzieren lässt. Der Autor sicherte sich mit der Vielseitigkeit und der Originalität seiner Veröffentlichungen einen besonderen Rang in der Geschichte der neuen deutschen Literatur.
Hans Magnus Enzensberger wurde 1929 in Kaufbeuren geboren, verbrachte seine frühen Jahre in Nürnberg, kam nach dem Besuch der Oberschule in Gunzenhausen und Oettingen noch zum „Volkssturm“ und legte nach Ende des Zweiten Weltkrieges in Nördlingen das Abitur ab. In Erlangen, Freiburg i. Br., Hamburg und Paris studierte er Literaturwissenschaft, Sprachen und Philosophie. Seine Dissertation schrieb er zum Thema *Über das dichterische Verfahren in Clemens Brentanos lyrischem Werk*. Enzensberger wurde Mitglied der Gruppe 47. In den Jahren zwischen 1955 und 1957 war er als Redakteur im Ressort „Radio-Essay“ des Süddeutschen Rundfunks tätig, dessen Leitung in den Händen von Alfred Andersch (→ S. 503 f.) lag. Nach Aufenthalten in den USA, Mexiko, Norwegen und Italien wurde Enzensberger Lektor des Frankfurter Suhrkamp-Verlags. Reisen in die Sowjetunion und in Länder des Nahen Ostens schlossen sich an. 1965 gründete Enzensberger die Zeitschrift *Kursbuch*, die er als Herausgeber bis 1975 zu großer Bedeutung für das literarische Leben in Deutschland führte. Ab 1985 betreute er *Die andere Bibliothek*, mit der er bis 1989 im Greno-Verlag Nördlingen wenig beachtete literarische Werke der Vergangenheit und der Gegenwart zugänglich machte. Seit 1979 lebt Enzensberger in München.
Enzensberger verdankte seinen früh errungenen hohen Bekanntheitsgrad – schon 1960 wurde er mit dem Georg-Büchner-Preis ausgezeichnet – vor allem seinen Gedichtbänden. 1957 erschien *Verteidigung der Wölfe*, 1960 folgte *Landessprache*, 1961 erschienen unter dem Titel *Allerleirauh* „schöne Kinderreime“. *Blindenschrift* (1964), *Beschreibung eines Dickichts* (1979) und die Sammlung *Die Gedichte* (1980) vermitteln einen Überblick über die Vielfalt dieses lyrischen Werks.

> Was habe ich hier verloren,
> in diesem land,
> dahin mich gebracht haben meine älteren
> durch arglosigkeit?
> eingeboren, doch ungetrost,
> abwesend bin ich hier,
> ansässig im gemütlichen elend,
> in der netten, zufriedenen grube.

Dieser *poeta doctus* versteht es, mit Hilfe unterschiedlichster rhetorischer und stilistischer Mittel die Verunsicherung auszudrücken, die zu einem Merkmal der aufrührerischen Generation in den 60er- und 70er-Jahren wurde. Das Spiel mit der Sprache erlangt in den Anklagen gegen eine Gesellschaft, „in der es aufwärts geht, aber nicht vorwärts“, den Charakter von Losungen und von bezeichnenden Collagen, die ihr Material aus dem

Wortschutt eines kaum noch reflektierenden, nur noch konsumierenden Volkes beziehen.
Obwohl die späteren „Dinggedichte" die aggressive Haltung gedämpfter und ästhetischer zum Ausdruck bringen, blieb Enzensberger immer der Typ des „engagierten Dichters".
Die Titel der kommentierenden und wertenden Publikationen belegen die Rolle Enzensbergers als kritischer Zeitbeobachter. *Politik und Verbrechen* (1969), *Deutschland, Deutschland unter anderem* (1967), *Staatsgefährdende Umtriebe – Offener Brief an Bundesjustizminister Heinemann* (1968), *Freisprüche. Revolutionäre vor Gericht* (1970), *Palaver. Politische Überlegungen* (1974), *Ach Europa! Wahrnehmungen aus sieben Ländern* (1987), *Mittelmaß und Wahn. Gesammelte Zerstreuungen* (1988) und *Eingriffe. Jahrbuch für gesellschaftliche Umtriebe* (1988).

2.7 Walsers Romane und Dramen – Leiden in der Leistungsgesellschaft

Auch die Biografie und die literarischen Zielsetzungen Martin Walsers wurden von der politischen Entwicklung in der Bundesrepublik Deutschland deutlich beeinflusst.
Martin Walser, 1927 in Wasserburg am Bodensee geboren, wurde im Zweiten Weltkrieg noch als Flakhelfer eingesetzt und war bis 1957 Mitarbeiter des Süddeutschen Rundfunks. Nach dem Erfolg seiner frühen Romane übernahm er Gastdozenturen an verschiedenen deutschen und amerikanischen Universitäten. Martin Walser profilierte sich als einer der produktivsten Autoren der modernen Literatur. Er gilt vor allem als Romancier, schrieb aber auch zahlreiche Essays, Hörspiele, Dramen und Gedichte. In seinen Theaterstücken vertritt der Autor, der eine Zeitlang mit der DKP sympathisierte und während der Studentenunruhen – ähnlich wie Hans Magnus Enzensberger – für aktives politisches Handeln plädierte, besonders deutlich seine politischen Vorstellungen von der Lösung sozialer Probleme. Das Stück *Eiche und Angorah* (1962) verspottet die bürgerliche Anpassungsbereitschaft, *Der Schwarze Schwan* (1964) beklagt die ungesühnte Schuld jener Verantwortlichen, die sich aus der NS-Zeit ohne Probleme in die Epoche des Wohlstands herübergerettet hatten, *Überlebensgroß Herr Krott. Requiem für einen Unsterblichen* (1964) behandelt die von Kapitalisten gesteuerten Deformationen in der Wirtschaftswundergesellschaft. *Die Zimmerschlacht – Übungsstück für ein Ehepaar* (1967) beschäftigt sich mit der Wirkung von Bindungen und Konflikten auf die psychologische Situation, und *Das Sauspiel, Szenen aus dem 16. Jahrhundert* (1975) zieht Parallelen zwischen der Wiederherstellung der politischen Macht nach den Bauernkriegen und den gesellschaftlichen Entwicklungen der 70er-Jahre. *In Goethes Hand, Szenen aus dem 19. Jahrhundert* (1982) charakterisiert am Beispiel von Johann Peter Eckermann, der ohne Gehalt und Anstellung jahrelang für Goethe arbeitete, exemplarisch das Rollenverhalten von Abhängigen.

Versager in einer erfolgsorientierten Gesellschaft. Walser debütierte 1955 mit dem Band *Ein Flugzeug über dem Haus und andere Geschichten.* 1957 erschien der Roman *Ehen in Philippsburg,* in dem Walsers Generalthema erstmals sichtbar wird. Die vier Geschichten dieses Romans entwerfen Lebensbilder und Situationsbeschreibungen von Figuren, die in einer erfolgsorientierten Gesellschaft vergeblich den Versuch unterneh-

Als Romancier, Dramatiker und Essayist gehört ***Martin Walser*** *spätestens seit seinem Erfolg mit dem Roman „Halbzeit" (1960) zu den bekanntesten, auch international erfolgreichen Autoren Deutschlands. Das Porträtfoto entstand 1968.*

men sich an die Normen und Werte ihrer bürgerlichen Schicht anzupassen. Der Daseinskampf wird aus der engen Perspektive der Romangestalten dargestellt. Er spiegelt die psychischen Deformationen wider, die sich nach Auffassung des Autors durch die Einflüsse der Wohlstands- und Leistungshierarchie ergeben. Die soziale Konditionierung der Figuren verhindert jede Selbstverwirklichung.

Hauptfigur der Walser-Romane *Halbzeit* (1960), *Das Einhorn* (1966) und *Der Sturz* (1973) ist Anselm Kristlein, der auf exemplarische Weise das Scheitern aller Anpassungsbemühungen verkörpert. Obwohl der Held in den drei Romanen verschiedene Berufe ausübt, bleibt er der Typus des selbstentfremdeten Menschen, der allen Anforderungen der beruflich-gesellschaftlichen und der privaten Sphäre gerecht werden will. Ein letzter Widerstand gegen die Fremdbestimmung ist Anselm Kristlein nur deshalb möglich, weil er schon in *Halbzeit* mit einem kritischen Sprachbewusstsein ausgestattet ist, obwohl dieses Werk – z. B. von Friedrich Sieburg – auch als „Quasselroman" und als sprachliche Bestandsaufnahme des Vertretermilieus, verstanden wurde. Die sprachkritischen Fähigkeiten des „Helden" werden im Roman *Das Einhorn* gleichsam legitimiert: Dort ist Anselm Kristlein Schriftsteller.

Stärker noch als in den drei Kristlein-Romanen wird die Ursache persönlichen Scheiterns in den Romanen *Fiction* (1970) und *Die Gallistl'sche Krankheit* (1972) als notwendige Folge der Leistungsgesellschaft dargestellt. Die Thematik der persönlichen Vereinsamung beherrscht die Romane *Jenseits der Liebe* (1976), *Ohne einander* (1993) und die Novelle *Ein fliehendes Pferd* (1978). Die Geschichte vom sozialen Abstieg des Cheffahrers Xaver Zürn erzählt der Roman *Seelenarbeit* (1979). Ein autobiografisches Kolorit kennzeichnet den Roman *Brandung* (1985). Die Novelle *Dorle und Wolf* (1987) und der Roman *Verteidigung der Kindheit* (1991) greifen das Thema von der deutschen Teilung auf.

2.8 Adolf Muschg – „Im Zustand des totalen Krieges"

Literarische Reaktion auf die Studentenbewegung. In den Jahren der Studentenrevolte erregte der Schweizer ADOLF MUSCHG literarisches Aufsehen. Schon sein erster Roman *Im Sommer des Hasen* (1965) wurde von der Kritik wegen seiner sprachlichen Meisterschaft gelobt. Als frühe dichterische Reaktion auf die Studentenbewegung lässt sich der Roman *Gegenzauber* (1967) interpretieren. 1981 veröffentlichte Muschg in Anlehnung an seine Ausführungen bei den Frankfurter Poetik-Vorlesungen den Essay *Literatur als Therapie? Ein Exkurs über das Heilsame und das Unheilbare.* Dort wird – wie auch in der Sammlung von Reden und Essays *Die Schweiz am Ende. Am Ende der Schweiz* (1990) ein Bild von der Lebensunfähigkeit westlicher Zivilisation entworfen, die Opposition erzwingt: „Ich erkläre mich im Zustand des totalen Krieges."

Adolf Muschg wurde 1934 als Sohn eines Lehrers in Zollikon geboren, studierte in Zürich, promovierte 1959 mit einer Untersuchung über Ernst Barlach, war Dozent für Literaturwissenschaft in Japan, den USA und der Bundesrepublik Deutschland. Muschg trat der Sozialdemokratischen Partei der Schweiz bei. Er wurde mit bedeutenden Preisen ausgezeichnet, so 1974 mit dem Hermann-Hesse-Preis und 1994 mit dem Georg-Büchner-Preis.

Muschgs Roman *Mitgespielt* (1969) erzählt in einer bewusst skurrilen Sprache die Geschichte des homosexuellen Gymnasiallehrers Dr. Hämmerli. Nach Erzählungen (*Fremdkörper*, 1968; *Liebesgeschichten*, 1972; *Entfernte Bekannte*, 1976) folgte 1974 der Roman *Albissers Grund.* Der Gymnasiallehrer Albisser schießt auf einen Emigranten, der ihn psychiatrisch behandelte. Die psychologische Analyse der Hauptfigur deckt schließlich deren Motive auf. Albisser kennzeichnet sich durch ein schizophrenes Verhältnis zur Gesellschaft. Seine Tat ist Ausdruck einer ratlosen Opposition, die in Resignation endet, weil ein erfolgversprechender Weg zu revolutionären Veränderungen nicht zu entdecken ist. 1987 erschienen die Erzählungen *Der Turmhahn*, 1991 veröffentlichte Muschg unter dem Titel *Ein ungetreuer Prokurist* einen weiteren Band mit Erzählungen. 1993 kam der Roman *Der rote Ritter* heraus.

Literaturwissenschaftliche Veröffentlichungen. Muschgs Forschungen und Vorlesungen als Literaturwissenschaftler blieben nicht ohne Einfluss auf das literarische Werk. 1970 erschien das Schauspiel *Die Aufgeregten von Goethe*, 1975 das Stück *Kellers Abend. Ein Stück aus dem neunzehn-*

ten Jahrhundert, 1977 die Studie *Gottfried Keller*, 1982 der Aufsatz *Goethe der Einzige, Goethe als Beispiel*, 1986 *Goethe als Emigrant. Auf der Suche nach dem Grünen bei einem alten Dichter*. Muschgs Ostasien-Erfahrungen spiegeln sich im Roman *Baiyun oder die Freundschaftsgesellschaft* (1980) wider.

2.9 Walraffs Reportagen – Aktionsjournalismus als Kampfmittel

Für seine Kritik an Entwicklungen in der Bundesrepublik Deutschland fand GÜNTER WALLRAFF ganz andere Äußerungsformen. 1942 in Burscheid bei Köln als Sohn eines Ford-Arbeiters geboren, absolvierte er nach der mittleren Reife eine Buchhandelslehre. Als er 1963 den Einberufungsbescheid zur Bundeswehr erhielt, versuchte er vergeblich den „Kriegsdienst" zu verweigern. Nach Ende der Dienstzeit veröffentlichte er seinen Protest unter dem Titel *Tagebuch aus der Bundeswehr*.

„Unerwünschte Reportagen". Damit hatte Wallraff den „engagierten Aktionsjournalismus" entdeckt, mit dem sich „Öffentlichkeit herstellen" ließ. Zu puristischer Radikalität führten seine Aufsehen erregenden Bücher das Dokumentarprinzip, das von den Naturalisten entwickelt worden war und in weiterentwickelter Form auf der Bühne der 60er-Jahre Triumphe feierte. Die kommentarlose, aber detaillierte Schilderung von Fakten beruht immer auf den eigenen Erfahrungen Wallraffs. Er ließ sich als Fließband- und Werftarbeiter in einem Stahlkonzern anstellen, schlich sich als „Hausbote" in eine große Versicherung ein, wurde als angeblicher Alkoholiker in eine Nervenheilanstalt eingewiesen, kettete sich 1974 zum Protest gegen das griechische Militärregime in Athen an einen Laternenpfahl und erkundete, getarnt als Journalist Hans Esser, die Arbeitsmethoden in der Redaktion Hannover der *Bild-Zeitung*. In *Ganz unten* (1985) schlüpfte Wallraff in die Rolle des türkischen Arbeiters Ali Levent Sigirlioglu, der unenttarnt als Hilfsarbeiter und als ein Objekt der Willkür an verschiedenen Einsatzstellen Erfahrungen sammelt. In eineinhalb Monaten wurden eine Million Exemplare dieses Buches verkauft.
Wallraffs *Unerwünschte Reportagen* (1969) sind weniger dem Sensationsjournalismus eines Egon Erwin Kisch, sondern vielmehr einem sozialen Engagement im Sinne Brechts verpflichtet. Die eher theoretisierenden Beschreibungen von der Selbstentfremdung des proletarischen Menschen in ideologischen Darstellungen wurden von Wallraff mit Hilfe von Einzelbeispielen veranschaulicht, wenn er das sinnentleerte Leben von Fließbandarbeitern darstellte.
Wallraffs Bedeutung liegt darin, dass er eine dokumentarische Darstellungsform fortsetzte, die schon vom *Bund proletarisch-revolutionärer Schriftsteller* (BPRS, → S. 395) zu Beginn der 30er-Jahre angestrebt worden war. „Nicht Literatur als Kunst, sondern Wirklichkeit! Die Wirklichkeit hat noch immer die größere und durchschlagendere Aussagekraft und Wirkungsmöglichkeit, ist für die Mehrheit der Bevölkerung erkennbar, nachvollziehbar und führt eher zu Konsequenzen als die Fantasie des Dichters." In einer Zeit, in der es schick geworden war, den „Tod der Literatur" zu konstatieren, repräsentierte Wallraff eine Alternative zum verpönten Ästhetizismus der Dichtung. „Für literarische Kunstwerke", so schrieb Hans Magnus Enzensberger im *Kursbuch 15*, „lässt sich eine wesentliche Funktion in unserer Gesellschaft nicht angeben."

2.10 Max von der Grün – die Arbeitswelt in der Literatur

Ähnliche Schwierigkeiten wie Wallraff handelte sich MAX VON DER GRÜN mit seinem Roman *Irrlicht und Feuer* (1963) ein. Der 1926 in Bayreuth geborene Autor, der eine Maurerlehre absolviert hatte und nach dem Zweiten Weltkrieg als Hauer und Lokführer im Ruhrbergbau arbeitete, beschrieb in diesem realitätsorientierten Roman ein Grubenunglück. Daraufhin wurde er von der Leitung einer Maschinenfabrik wegen „Schädigung des öffentlichen Ansehens" angeklagt und, obwohl er freigesprochen wurde, fristlos entlassen. In einem Illustriertenabdruck wurden alle industriekritischen Passagen getilgt, weil die Redaktion Anzeigenverluste vermeiden wollte. Selbst die Gewerkschaft Bergbau und Energie brach die Kontakte zu Max von der Grün jahrelang ab.

Literatur auf der Grundlage eigenen Erlebens. Schon in seinem ersten Roman *Männer in zweifacher Nacht* (1962) hatte von der Grün authentisch die verzweifelte Lage von verschütteten

Bergleuten geschildert. *Menschen in Deutschland* (1973) enthält exemplarische Porträts, die sich mit der Wirklichkeit hinter der Tünche des wirtschaftlichen Aufschwungs beschäftigen. Und *Wie war das eigentlich? Kindheit und Jugend im Dritten Reich* (1979) versteht sich als analysierender Beitrag zur Konkretisierung einer Vergangenheit, die von allzu vielen Betroffenen umgewertet, verfälscht oder vergessen wurde.

Dennoch gilt Max von der Grün als bekanntester Vertreter der neuen deutschen Arbeiterdichtung. Seine Milieustudien und Situationsschilderungen gelten als kritische Analysen der industriellen Arbeitswelt und als Kampfansagen gegen die kapitalistischen Strukturen der Gesellschaft in der Bundesrepublik Deutschland.

Die Gruppe 61. Vergleichbare Positionen und Zielsetzungen vertrat die Gruppe 61, die Max von der Grün mitbegründete. Diesem Zusammenschluss von Schriftstellern gehörten auch Erwin Sylvanus (1917–1985), durch sein Stück *Korczak und die Kinder* weithin bekannt, Josef Reding (*1929), Angelika Mechtel (*1943), Günter Wallraff (*1942) u. a. an.

Die Gruppe 61 propagierte, anknüpfend an naturalistische Intentionen, die „Arbeiterliteratur", ohne deren Funktionen exakt zu definieren. In einer Zeit, die sich durch die Politisierung aller Auseinandersetzung um Sinn und Zweck der Literatur kennzeichnete, sah sich die Gruppierung aber immer stärker dem Vorwurf ausgesetzt, dass sie sich mit der wertneutralen Bestandsaufnahme von Zuständen und Vorgängen aus der Arbeitswelt zufriedengebe und den „Proletarier" nur als Objekt der Beschreibung behandle anstatt ihn anzuregen, dass er – als wirklicher Arbeiterdichter seine Welt selbst beschreibend – einen aktiven Beitrag zur Veränderung der Gesellschaft leistet.

2.11 Siegfried Lenz

Masurische Geschichten, unter dem Titel *So zärtlich war Suleyken* 1955 veröffentlicht, erzielten unter allen Werken des Ostpreußen Siegfried Lenz den größten Verkaufserfolg. Die Erzählungen, die mit liebenswürdigem Humor an kuriose Situationen und skurrile Gestalten aus der Heimat des Autors erinnern, sind Belege einer sympathischen Fabulierlust und einer Weltinterpretation, die sich zwischen der Verklärung der Vergangenheit und der dokumentierenden Beschwörung liebenswerter Lebensformen bewegt. Diese literarische Retrospektive auf ein ausgelöschtes Kapitel deutscher Siedlungsgeschichte hat allerdings manchem Leser den Blick auf das Generalthema verstellt, das Siegfried Lenz in seinen großen Romanen und im Theaterstück *Zeit der Schuldlosen* (1962) immer wieder aufgegriffen hat: Die Frage der Schuldlosigkeit in einer politischen und moralischen Ausnahmesituation.

Geboren wurde Siegfried Lenz 1926 im ostpreußischen Lyck. Der Beamtensohn kam gegen Ende des Zweiten Weltkriegs zur Marine, desertierte und studierte nach kurzer Kriegsgefangenschaft in Hamburg Philosophie und Anglistik. Er brach das Studium ohne Abschluss ab, wurde Volontär und anschließend Feuilletonredakteur bei der Tageszeitung *Die Welt* und seit 1951 lebt er als freier Schriftsteller in Hamburg. In den 60er-Jahren engagierte er sich wie viele andere deutsche Autoren für die SPD.

Gestalter ostdeutscher Themen. Siegfried Lenz, Mitglied der Gruppe 47, galt lange als ein Autor, der das Schicksal von Menschen aus den verlorenen deutschen Ostgebieten aufgreift.

Die exemplarischen Einflüsse politisch-moralischer Grenzsituationen auf die Biografie und das Denken des Menschen zeigte Lenz schon in den Romanen *Es waren Habichte in der Luft* (1951) und *Duell mit dem Schatten* (1953). Vor allem der Roman *Deutschstunde* (1968) fand bei Kritik und Germanistik große Beachtung. *Deutschstunde* zeigt in der Rahmenhandlung, wie Siggi Jepsen 1954 in einer Jugendstrafanstalt einen Aufsatz zum Thema „Freuden der Pflicht" schreiben soll. Der Inhalt des Aufsatzes wird zum zentralen Thema des Romans und erzählt die Geschichte von Siggis Vater, der, 1943 in Rugbüll als „nördlichster Polizeiposten Deutschlands" tätig, in dieser Eigenschaft dem Maler Max Nansen (Emil Nolde) den von NS-Behörden verhängten Malverbotbescheid zustellt und in Erfüllung seiner „Pflicht" die Einhaltung des Verbots zu überwachen hat. Siggi entwickelt freundschaftliche Empfindungen für Nansen und verbirgt dessen Bilder. Nach Kriegsende führen Siggi und sein Vater ihr eingeübtes Rollenverhalten weiter,

Die Frage von Schuld und Schuldlosigkeit in Ausnahmesituationen behandeln die großen Romane von ***Siegfried Lenz****.*

obwohl Schutz und Verfolgung des Malers inzwischen absurd geworden sind.
Der Roman *Das Vorbild* (1973) führt das Thema weiter, indem es die Problematik des Deutschunterrichts gegen Ende der 60er-Jahre behandelt. Drei Hamburger Pädagogen wählen Texte für ein neues Schullesebuch aus. Bei der Zusammenstellung der Kapitel „Arbeit und Feste" sowie „Heimat und Fremde" ergeben sich keine Probleme. Die Suche nach geeigneten Beiträgen für den Abschnitt „Lebensbilder – Vorbilder" führt hingegen zu größten Schwierigkeiten, die auch durch die unterschiedlichen Lebenserfahrungen und Lebensstile der drei Schulbuchautoren bedingt sind.

„Authentische Geschichtserzählung". In *Heimatmuseum* (1978) erläutert der Teppichwirker Zygmunt Rogalla seine Motive zur Zerstörung eines Heimatmuseums in Egenlund bei Schleswig. Einbezogen in die Geschichte sind Erinnerungen an Masuren. Als „authentische Geschichtserzählung" ist der Roman *Exerzierplatz* (1985) angelegt. Erzählt wird die Geschichte des naiven Bruno, die zugleich die Geschichte einer Landnahme ist. Bruno bewundert Konrad Zeller, der ihm bei der Flucht aus Ostpreußen das Leben rettete. Er hilft Zeller einen Exerzierplatz wieder in eine Baumschule umzuwandeln. Zeller wird von seinen Erben für unmündig erklärt, weil er seinem Mitarbeiter Bruno ein Drittel seines Besitzes verschreiben will. Die heranwachsende Generation, vom Gewinn- und Spekulationsdenken geprägt, möchte das Gelände durch Verkauf in Kapital verwandeln. Der Exerzierplatz wird zum Konzentrationspunkt des Streits um Grundbesitz.
Siegfried Lenz hat sich häufig gegen den Vorwurf wehren müssen, dass er unterhaltsam und gefällig schreibe anstatt mit aller Deutlichkeit auf soziale und ideologisch bedingte Fehlentwicklungen hinzuweisen. Tatsächlich ist nicht zu übersehen, dass sich Lenz trotz seiner parteipolitischen Sympathien während der 60er-Jahre in seinen Romanen von allen Formen einseitiger Parteinahme fernhielt, obwohl sich seine Solidarität mit den Sprachlosen und Geschlagenen durchaus auch als politisches Programm verstehen lässt. Wie geschickt dieser Autor die literarische Analyse sozialer Probleme mit einer fantasieorientierten Erzählkunst zu verknüpfen versteht, zeigen die Geschichten im Band *Einstein überquert die Elbe bei Hamburg* (1975).

2.12 Walter Kempowski – Lebensläufe als Produkt politischer Umstände

Die Biografie Walter Kempowskis verdeutlicht die Schwierigkeiten, die sich in der literarischen Politisierung der 60er- und 70er-Jahre immer dann ergaben, wenn ein Schriftsteller gegenüber der Tagespolitik eine differenzierte Auffassung zu vertreten versuchte, während gleichzeitig das öffentliche Leben zunehmend politisiert wurde. Kempowski wurde eine Zeitlang von der politischen Linken umworben. Es zeigte sich allerdings schnell, dass dieser Autor weder einem programmatischen noch dem „real existierenden" Sozialismus Sympathien entgegenbrachte.
Diese Haltung war ein Ergebnis persönlicher Lebenserfahrungen. Als Sohn eines Reeders 1929 in Rostock geboren, wurde Kempowski nach dem Besuch der Oberschule Flakhelfer, nach dem Zweiten Weltkrieg Druckerlehrling und anschließend Mitglied einer Arbeitskompanie der Amerikaner. Nachdem er in seine Heimatstadt zurückgekehrt war, wurde er von einem sowjetischen Gericht mit den üblichen fadenscheinigen Be-

gründungen zu 25 Jahren Zuchthaus verurteilt und saß ab 1948 einen Teil der „Strafe“ im berüchtigten Zuchthaus Bautzen ab, ehe er 1956 amnestiert wurde. 1957 holte er das Abitur nach und studierte in Göttingen Pädagogik. Bis 1979 war Kempowski Lehrer einer Zwergschule im norddeutschen Nartum. Heute lebt er als freier Schriftsteller in Norddeutschland.

Quellensammlung als Grundlage literarischer Produktivität. Dass Kempowski 1980 ein Archiv für Biografien und für deutsche Familiengeschichte gründete, spiegelt seine Absicht wider auch in der Literatur das dokumentarische Faktum sprechen zu lassen. Die gewaltige „Quellensammlung“ *Das Echolot* (1993) zeigt allerdings auch, dass Kempowski das dokumentarische Literaturprinzip in veränderter Form aufgreift. Die Registrierung von Geschichte in der Zeit der Stalingrad-Schlacht besteht nicht nur aus historischen Tatsachen, sondern auch aus den subjektiven Äußerungen von Menschen zu diesen geschichtlichen Ereignissen und aus Zeitungszitaten. Diese originäre Form Mentalität und Kolorit einer Epoche einzufangen wurde von einem Teil der Kritik enthusiastisch gefeiert. Manche Rezensenten stellten allerdings die Frage, ob eine derartige Methode der Bestandsaufnahme vergangener Handlungs- und Denkweisen überhaupt noch als „Literatur“ anzusehen sei.

Bekannt wurde Kempowski 1971 durch den Roman *Tadellöser & Wolff* (1971). Das Werk setzt den Auftakt zu einer umfassenden Chronik, für die Schicksale der Familie Kempowski das Material lieferten. In dem Roman schildert der Autor seine Jugend vom Ende der 30er-Jahre bis zum Ende des Zweiten Weltkriegs. Mit *Uns geht's ja noch gold* folgte 1972 die Darstellung von Nachkriegserlebnissen bis zur Verhaftung Walters, der Hauptfigur. *Ein Kapitel für sich* (1975) erzählt die Leiden der Inhaftierung. Das chronologische Konzept der Romane wird in *Aus großer Zeit* (1978) unterbrochen. In diesem Werk berichtet Kempowski über das Schicksal seiner Großeltern und Eltern nach der Jahrhundertwende. Mit *Schöne Aussicht* (1981) und *Herzlich willkommen* (1985) führt der Autor den Report seiner Biografie bis zu seinem Wechsel in die Bundesrepublik weiter.

Analyse bürgerlichen Milieus. Kempowskis politisch geprägte, sozialkritische Haltung stellt sich nicht in den Dienst einer Partei oder gar einer Ideologie, sondern zeigt sich in der authentischen, detailverliebten Analyse bürgerlichen Milieus. In den eingefügten Redensarten und Floskeln offenbaren sich die Wertmaßstäbe einer Gesellschaft, mit denen sich historische Ereignisse und viele schreckliche Entwicklungen des 20. Jh. erklären lassen. Der Verkaufserfolg vor allem von *Tadellöser & Wolff* ist mit der „Repetitionsstruktur bürgerlicher Lebensmuster“ erklärt worden. Viele Leser genossen offenbar bei der Lektüre der deutschen und deutschbürgerlichen Milieuschilderungen die „Freude des Wiedererkennens“. Kempowskis Verdienst liegt aber darin, mit einer psychologisierenden Darstellungsform auch an weit verbreitete Kindheitszwänge und schulische Unterdrückungsmechanismen erinnert zu haben.

3 Die neue Lust an der Satire

3.1 „Tod der Literatur" – aber das Kabarett blüht

Die Literatur des 20. Jh. ist dem Geist der Ironie und der Satire auf besondere Weise verpflichtet. Eine Epoche, die den Konsens in der Beurteilung von Werten verloren hat und in der politische Sonntagsreden wie Rückzugsbiotope für ethische Postulate wirken, fördert den literarischen Spott.

Geschichte des „Cabarets“. Das „Cabaret“ wurde als Kleinkunstbühne in Paris entwickelt. Ernst von Wolzogen eröffnete in Berlin 1901 das *Überbrettl*, im selben Jahr gründete Max Reinhardt unter dem Namen *Schall und Rauch* ein ähnliches Unternehmen. Frank Wedekind und Otto Falckenberg machten das Kabarett *Elf Scharfrichter* berühmt (→ S. 348), und die Dadaisten Hugo Ball, Hans Arp, Richard Huelsenbeck und Tristan Tzara wandten sich 1916 im *Cabaret Voltaire* in Zürich gegen die Kriegshysterie Europas (→ S. 380). Werner Finck gründete 1929 die *Katakombe*. Helmut Käutner gehörte zu den Initiatoren der Kleinkunstbühne *Die vier Nachrichter* (1931). Mit absurdem Sinn für den im oberbayerischem Dialekt verborgenen Witz wurden Karl Valentin und Liesl Karlstadt in München bekannt (→ S. 401).

Als Autoren für Kabarettnummern profilierten sich Kurt Tucholsky, Joachim Ringelnatz und Erich Kästner. Felix Hollaender, M. Spoliansky und Paul Hindemith schufen Musik für kabarettistische Auftritte.
Erich Kästner gründete 1945 in München zusammen mit Ursula Herking die *Schaubude*. Das Düsseldorfer *Kom(m)ödchen* erlangte vor allem durch spätere Fernsehübertragungen bundesweite Popularität. Triumphe feierten das Berliner Rundfunk-Kabarett *Die Insulaner*, das 1949 in Berlin gegründete Kabarett *Die Stachelschweine*, das Münchener Unternehmen *Die kleine Freiheit* und vor allem die *Münchner Lach- und Schießgesellschaft*, die 1955 von Sammy Drechsel und Dieter Hildebrandt gegründet wurde.

Gegengewicht zur etablierten Politik. Die Anhänger der satirischen Kleinkunstbühnen sahen im „Brettl" dieser Epoche ein Gegengewicht zur etablierten Politik. Möglicherweise erklärt sich die Beliebtheit des Kabaretts auch als die Reaktion eines Teils des Publikums auf die Politisierung der Literatur. Während in der literarischen Szene „der Tod der Literatur" propagiert wurde, entfaltete die literarische Kleinkunst in den Kabarettkellern eine erstaunliche Vitalität. Nicht selten erwiesen sich Kabarett-Premieren als Anziehungspunkte für die Schickeria, aber auch für Freunde eines Literaturbegriffs, der frei war von ideologisierter Langeweile.

3.2 Franz Josef Degenhardt – politisch Lied – ein garstig Lied?

Kabarettistische Einflüsse lassen sich auch bei den Vertretern der außerparlamentarischen Oppositionsbewegung nachweisen. Franz Josef Degenhardt, 1931 in Schwelm/Westfalen geboren, hatte nach dem Jurastudium und einer Assistententätigkeit an der Universität Saarbrücken eine Anwaltskanzlei in Hamburg eröffnet, ehe er als „Liedermacher" auftrat und – auch wegen seiner Mitgliedschaft in der DKP – beträchtliche Unruhe auslöste. Seine Chansons und Balladen nutzten Traditionen des Bänkellieds und der Moritat, seine Texte fühlten sich aber politischen Zielsetzungen und der Protestbewegung dieser Zeit verpflichtet. Die vor allem von Studenten getragene Protestbewegung bezog ihre Dynamik aus der Analyse faschistischer Strukturen, aus dem Glauben an Problemlösungen im Geiste des Marxismus, aus der demonstrativen Solidarisierung mit der Dritten Welt und aus der Empörung angesichts tatsächlicher oder vermuteter Restaurationstendenzen im „Establishment" der Bundesrepublik. Genährt wurde die Revolte von den theoretischen Entwürfen der „Frankfurter Schule", deren bekannteste Vertreter Theodor W. Adorno, Max Horkheimer, Herbert Marcuse und Jürgen Habermas waren.

Lieder für die Protestbewegung. Franz Josef Degenhardt sah die politische Auseinandersetzung als ein Aktionsfeld an, das der Sinnlichkeit seiner Lieder weite Möglichkeiten erschloss. Er engagierte sich für die verschiedensten Formen von Protestbewegungen, nahm als Liedermacher an „Ostermärschen" teil und trat bei Kundgebungen auf, die sich gegen Notstandsgesetze und Vietnamkrieg, gegen „Neoimperialismus" und „Neofaschismus", gegen „Berufsverbot" und Antimarxismus wandten. Degenhardts Image wurde auch durch seine Erfolge in der DDR bestimmt. Während sein erster Roman *Zündschnüre* (1973) im bundesdeutschen Fernsehen gezeigt wurde, erlangte der Roman *Brandstellen* (1975) seinen hohen Bekanntheitsgrad in erster Linie durch eine Verfilmung des DDR-Fernsehens. Auch Degenhardts dritter Roman, der 1979 unter dem Titel *Die Misshandlung oder Der freihändige Gang über das Geländer der S-Bahn-Brücke* erschien, wurde zwar wegen seiner originären Sprache gelobt, aber von der Kritik wegen seiner ideologisierten Erzählperspektiven abgelehnt.

Volkslied- und Bänkelsängertraditionen. Auch die politischen Lieder und Gedichte Wolf Biermanns und Dieter Süverkrüps fanden lebhafte Resonanz, weil sie weitgehend überdeckte Volkslied- und Bänkelsängertraditionen erneuerten. Mancher Anhänger der politischen Liederszene empfand die satirische Lyrik als eine zeitgemäße Form der Wiederentdeckung von Alltagsrealität. Dies hing auch damit zusammen, dass sich in diesen Jahren eine große Zahl von Lyrikern wie Hugo Dittberger, Rainer Malkowski, Jürgen Theobaldy, Karin Kiwus, Thomas Brasch und Wolf Wondratschek von den traditionellen Formen der Lyrik abwandte und bezweifelte, dass mit den Mitteln Erich Frieds, Hans Magnus Enzensbergers, Günter Kunerts oder Sarah Kirschs die Lust an der sozialkritischen und nicht selten militanten Auseinandersetzung mit der bundesdeutschen Wirklichkeit ihren Ausdruck finden könne.

3.3 Die Demaskierung des Biedermanns – *Der Herr Karl*

*Glänzend gelang dem Kabarettisten **Helmut Qualtinger** mit seinem Monolog „Der Herr Karl" (1962) die Demaskierung des abgefeimten Biedermanns österreichischer Provenienz. Dass Qualtinger dabei die Legende vom „goldenen Wiener Herzen" in Frage stellte, brachte ihm massive Kritik auch von Seiten des Staates ein.*

Eine spezielle Form österreichischer Sozialkritik mit kabarettistischen Mitteln hatte HELMUT QUALTINGER (1928–1986) schon 1962 mit *Der Herr Karl* geschaffen. Der Monolog, geschrieben zusammen mit Carl Merz, charakterisiert die Figur des schlecht gelaunten Opportunisten, der mit einer Mischung von österreichischem Charme und allgemeinmenschlicher Rücksichtslosigkeit jede Wende der Geschichte und der Biografie übersteht. Die Demaskierung des abgefeimten Biedermanns stand in krassem Gegensatz zu jenem Lob österreichischer Mentalität, das wie ein selbstverständlicher Bestandteil die Inhalte der Wiener Operetten oder die Texte der „Heurigen"-Musik bestimmt und dort den Topos vom „goldenen Wiener Herz" geschaffen hat. Als Qualtinger das Stück zuerst auf dem Theater und dann im Fernsehen präsentierte, war er massiven Angriffen ausgesetzt, weil er mit seiner Herr-Karl-Figur auch die anpassungsbereite Haltung vieler Österreicher gegenüber dem Nationalsozialismus anprangerte.

3.4 Herbert Rosendorfers Zeitkritik – die Wirklichkeit als Groteske

Skurrile Zeitkritik. Seit seinem ersten Roman *Der Ruinenbaumeister* (1969) hat HERBERT ROSENDORFER viele Leser für seine Form der skurrilen Zeitkritik gewinnen können. Nicht so rasch setzte sich die Erkenntnis durch, dass dieser Autor mit Erzählungen und Romanen, mit Theaterstücken und Hörspielen, mit Film- und Fernsehdrehbüchern (auch für die Kriminalfilmreihen „Tatort" und „Der Alte") Bestandsaufnahmen der bundesdeutschen und allgemeinmenschlichen Wirklichkeit liefert. Die fantastisch-versponnene Art seines Erzählens hat wohl den Ausschlag dafür gegeben, dass der melancholisch- tragische Hintergrund in vielen heiteren Geschichten übersehen wurde.
Herbert Rosendorfer wurde 1934 in Bozen/Südtirol geboren, kam 1939 mit den Eltern nach München, lebte nach dem Tod des Vaters von 1943 bis 1948 in Kitzbühel und legte 1953 in München das Abitur ab. Er studierte zunächst Bühnenbildnerei an der Münchener Akademie der Bildenden Künste, wechselte aber nach einem Jahr zum Jurastudium. Als Gerichtsassessor kam er 1965 nach Bayreuth, 1966 wurde er Amtsrichter in München. Heute leitet er ein Gericht in Naumburg an der Saale.

Die Grotesken des Alltags. Mit Einfallsreichtum und Spott hat Herbert Rosendorfer immer wieder Grotesken aufgedeckt, die – weitgehend unerkannt – die alltägliche Gegenwart und den Kunstbetrieb unserer Zeit bestimmen. Attacken gegen den Wagner-Kult in *Bayreuth für Anfänger* (1969), gegen das Phänomen Beuys und das selbsternannte Genie in *Retrospektive* (1987), gegen das falsche Pathos der Geschichtsbetrachtung in *Deutsche Suite* (1972) oder gegen den Selbstbetrug des einfachen Menschen in *Die Kellnerin Anni* (1984) belegen die Bandbreite von Rosendorfers Satire.

In *Ballmanns Leiden oder Lehrbuch für Konkursrecht* (1981) greift Rosendorfer auf seine Berufserfahrungen im Münchener Justizpalast zurück. Dr. Ballmann, Vorsitzender Richter am Landgericht und Verfasser eines unvollendeten Lehrbuchs für Konkursrecht, fasst nach seinem fünfzigsten Geburtstag den Entschluss, sich aus Beruf, Familie und Welt zurückzuziehen. Er ist nämlich zur Überzeugung gelangt, dass ihm die Realität nur vorgespielt wird. Denn, so lautet der erste Satz des Romans, „auch in einem Vorsitzenden Richter am Landgericht kann ein Dämon wohnen".
Nicht weit entfernt von den Menschenbeobachtungen, wie sie für Martin Sperr und Franz Xaver Kroetz typisch sind, bewegen sich Rosendorfers Analysen von Charakteren, die auf eine gleichsam gemütliche Art zu den unglaublichsten Untaten fähig sind. Im Mittelpunkt der *Steinbichler Geschichten* (1983) steht eine Fabel, wie sie sich hundertfach ereignet haben mag. Die angebliche US-Historikerin Miller stößt im Fremdenverkehrsort Steinbichl auf Spuren des verschollenen Gauleiters Ganser, dessen Bruder im Dorf ein Hotel besitzt. Die Recherchen zur Vergangenheit der Dorfgemeinschaft bringen die einflussreichen Bürger gegen die Amerikanerin auf. Schließlich erklärt sich die Fremde bereit auf weitere Nachforschungen zu verzichten, wenn sie mit ansehnlichen Summen entschädigt wird. Mit dem Geld und dem Friseur Alfred verschwindet Frau Miller. Die Dorfhonoratioren sind erleichtert.

4 Der Autor als Enfant terrible

4.1 Thomas Bernhards Misanthropie

Literatur mit tagespolitischer Brisanz. Welchen außergewöhnlichen Einfluss Literatur in dieser unruhigen Zeit auf die Tagespolitik ausüben konnte, lässt sich auch an Werken THOMAS BERNHARDS (1931–1989) nachweisen. Bernhards „Komödie" *Vor dem Ruhestand* wurde bis zur Uraufführung, die 1979 im Württembergischen Staatstheater stattfand, vor der Öffentlichkeit geheim gehalten. Dadurch erhielt der Text eine hohe tagespolitische Brisanz. Denn Hans Filbinger, Ministerpräsident Baden-Württembergs, hatte den Vertrag mit Schauspieldirektor Claus Peymann, der Bernhards Werk inszeniert hatte, gekündigt. Beziehungsreich feiert in Bernhards Stück ein ehemaliger Nazi-Richter vor Übertritt in den Ruhestand Himmlers Geburtstag.
Thomas Bernhard wurde 1931 in Kloster Heerlen bei Maastricht/Niederlande geboren. Sein Großvater mütterlicherseits war der österreichische Schriftsteller Johannes Freumbichler, bei dem Bernhard in Wien und Seekirchen am Wallersee aufwuchs. Von 1943 an war Thomas Bernhard Zögling Salzburger Internate, unter anderem des „Johanneums". Allerdings verließ er die Schule und wurde Lehrling in einem Lebensmittelgeschäft. Nach schwerer Rippenfellentzündung und einer Lungenkrankheit musste er bis 1951 ein Sanatorium aufsuchen, wo er zu schreiben begann. Ein Jahr später nahm er in Salzburg ein Musik- und Schauspielstudium auf, das er mit einer Untersuchung über Bertolt Brecht und Antonin Artaud abschloss. 1965 ließ er sich als freier Schriftsteller auf einem Bauernhof bei Ohlsdorf in Oberösterreich nieder. Vor seinem Selbstmord 1989 erließ er testamentarisch strikte Einschränkungen und Verbote für die Aufführung und die Verbreitung seiner Werke.

„Negativer Gottesbeweis". Thomas Bernhard scheint mit seinen Gedichten, Romanen und Dramen den Thesen widersprechen zu wollen, die Gottfried Wilhelm Leibniz „zur Rechtfertigung Gottes" formuliert hatte und die unsere Welt als die beste aller denkbaren Welten definierten. Bernhards „negativer Gottesbeweis" basiert auf grundsätzlichen Betrachtungen, so beispielsweise wenn er die Natur als „lebenslänglich unbegreiflich und unverständlich" bezeichnet, weil sie „Menschen zusammenstößt mit Gewalt, mit allen Mitteln, damit diese Menschen sich zerstören und vernichten, umbringen, zu Grunde richten, auslöschen", bezieht in seine skeptischen Betrachtungen aber auch seine österreichische Heimat ein, die er als ein „kartographisches Nichts, ein politisches Nichts" definiert. Kein Wunder also, wenn die Aufführung seiner Bühnenwerke auch in Wien, beispielsweise 1988 im Zusammenhang mit der Aufführung des Stücks *Heldenplatz*, Debatten und Angriffe auslöste.
Als Lyriker knüpfte Thomas Bernhard bei Georg Trakls Sprachbildern an, aber Figurenkonstellationen und Stimmungslage seiner Dramen erinnern an Endspielsituationen in Samuel Becketts Bühnenwerken.

In Bernhards erstem Stück *Ein Fest für Boris* (1968) wird die Entlarvung scheinbarer Tugenden deutlich. Eine „gute", reiche, aber beinlose Witwe rächt sich für ihre Verkrüppelung, indem sie nicht nur die Dienerin Johanna demütigt, sondern den aus einem Asyl „befreiten", ebenfalls beinlosen Boris heiratet und ihr Bedürfnis nach sadistischem Triumph durch die ständige Erteilung von Befehlen und durch andere entmündigende Schikanen befriedigt.

Antwort auf die Veräußerlichung des Lebens. Viele Stücke Bernhards wurden als Ausdruck einer neuen Dramaturgie und als Antwort auf die Veräußerlichung des Lebens in einer geistlos konsumierenden Gesellschaft gefeiert. Sie gelangten in rascher Folge auf die bedeutendsten Bühnen des deutschsprachigen Raums. *Der Ignorant und der Wahnsinnige* (1972), *Die Jagdgesellschaft* (1973), *Der Präsident* (1973), *Minetti* (1976), *Immanuel Kant* (1978), *Der Weltverbesserer* (1980), *Über allen Gipfeln ist Ruh* (1981), *Am Ziel* (1981), *Der Schein trügt* (1983), *Alte Meister* (1985), *Elisabeth II.* (1987) und *Heldenplatz* (1988) verstärkten das Ansehen, das sich der Autor durch Gedichtbände wie *Auf der Erde und in der Hölle* (1957), *In hora mortis* (1958) und *Unter dem Eisen des Mondes* (1958) schon früh erworben hatte.
Bernhards Melancholie, die von einer manchmal aggressiv-verächtlichen Haltung gegenüber den Ereignissen der Wirklichkeit und auch von verzweifelter Misanthropie getragen wird, spiegelt sich besonders deutlich in seinen Romanen wider. *Frost* (1963), *Verstörung* (1967), *Das Kalkwerk* (1970), *Korrektur* (1975) und *Auslöschung* (1986) gehören zu den bekanntesten Prosawerken des außerordentlich produktiven Autors.

4.2 Franz Xaver Kroetz – „talentierter Dramatiker" und Bürgerschreck

Wenn man bereit ist den Begriff der Dokumentarliteratur (→ S. 511 ff.) auf jene Werke auszuweiten, die sich der Authentizität des Faktischen verpflichtet fühlen, dann gehören die Dramen von Franz Xaver Kroetz zu diesem Genre.

Der Einfluss Marieluise Fleißers. Marieluise Fleisser (→ S. 402), die mit *Pioniere in Ingolstadt* (1926) unter dem Einfluss Brechts und nach dem Zweiten Weltkrieg mit *Der starke Stamm* (1946) die Brutalitäten in der scheinbar natürlich-urwüchsigen Dialektsprache des oberbayerischen Kleinbürgertums entlarvt hatte, wurde neben Ödön von Horváth gegen Ende der 60er-Jahre zur literarischen Leitfigur einer Gruppe von jungen Autoren. Mit der Schrift *Alle meine Söhne* bekannte sich Marieluise Fleißer 1972 zu dieser künstlerischen Mutterschaft.
Der 1944 in Steinberg/Niederbayern geborene Martin Sperr verdeutlichte mit den Dramen *Jagdszenen in Niederbayern* (1966), *Landshuter Erzählungen* (1967) und *Koralle Meier* (1970) sowie mit den Fernsehspielen *Der Räuber Matthias Kneissl* (1971) und *Adele Spitzeder* (1972) seine Absicht das Theater als sozialkritisches und provokatives Element zu nutzen. Auch Rainer Werner Fassbinder (→ S. 533) bekannte sich wiederholt zu seiner Abhängigkeit von Marieluise Fleißer, wenn er danach gefragt wurde, welchem Vorbild er die Milieu- und Typenstudien seiner Filme verdankte.
Franz Xaver Kroetz übernahm von der Autorin der *Pioniere in Ingolstadt* die Beobachtung, dass die Menschen der unteren Schichten nur scheinbar über eine eigene Sprache verfügen. Kroetz zeigt an seinen Figuren die von Marx konstatierte und prognostizierte „Entfremdung" des „Proletariers": In der Übernahme von Sprachmustern aus der Werbung und aus dem Jargon der Konsumgesellschaft dokumentiert sich die Fremdbestimmung des Menschen in den unteren Schichten einer nur scheinbar „nivellierten Mittelstandsgesellschaft". Indem Kroetz diese Analyse mit Angriffen auf jene Schichten verknüpfte, die nach seiner Meinung die Sprache als Mittel der Unterdrückung anwenden, schuf er die Voraussetzungen dafür, dass die Aufführungen seiner Stücke fast immer ein leidenschaftliches Pro und Kontra auslösten. Seine Anhänger sahen in dem Autor den Erneuerer des Volksstücks, der diese Form der Bühnenunterhaltung von schablonenhaften Handlungsführungen und von der simplen Gegenüberstellung des „gemütlich-groben, aber natürlichen Bergmenschen" und des „dekadenten Städters" befreit habe.

Uraufführungen als Impulse für erhitzte Debatten. Franz Xaver Kroetz, geboren 1948, stammt aus München, besuchte in seiner Heimatstadt die

Bis zu seinem Erfolg als Fernsehdarsteller in „Kir Royal" 1986 galt ***Franz Xaver Kroetz*** *als ein „Enfant terrible" der deutschen Literatur. In der mehrteiligen TV-Produktion spielte Kroetz (rechts neben Dieter Hildebrandt) den Reporter Baby Schimmerlos.*

Schauspielschule und wurde später in das Wiener Max-Reinhardt-Seminar aufgenommen. Er arbeitete aber auch als Hilfs- und Gelegenheitsarbeiter. An vielen Bühnen bewarb er sich durch „Vorsprechen" erfolglos um ein Engagement, wirkte unter anderem an Fassbinders Münchener „antitheater" und am Bauerntheater Rottach-Egern mit, schrieb für diese Volksbühne den Schwank *Hilfe, ich werde geheiratet* (1969), wurde 1971 Regieassistent am Theater in Darmstadt und 1972 Hausautor der Städtischen Bühne Heidelberg.
Bekannt wurde Kroetz 1971 durch die Inszenierung seiner Stücke *Heimarbeit* und *Hartnäckig* im Werkraum der Münchener Kammerspiele, aber nicht weniger dadurch, dass Demonstranten die Aufführungen störten. Das rasche Erscheinen weiterer Stücke und die erhitzte Debatte um den Autor, der von 1971 bis 1980 Mitglied der DKP war, machten Kroetz zum meistgespielten Dramatiker dieser Zeit.

Als „Chronist der Leidenden, der Weinenden, der Untergehenden, der Vergessenen" unternahm Franz Xaver Kroetz in seinen Stücken *Wildwechsel* (1971), *Michis Blut* (1971), *Männersache* (1972), *Stallerhof* (1972), *Oberösterreich* (1972) und *Geisterbahn* (1972) den Versuch das soziale Elend seiner Figuren als Folge der Sprachlosigkeit und des Sprachverlustes zu erklären. Seine Figuren sind nicht in der Lage mit ihrem reduzierten Sprachschatz die Ursachen ihres Scheiterns sich selbst und anderen zu erklären.

Oberösterreich stellt ein durchschnittliches Ehepaar in den Mittelpunkt der Handlung. Der Mann ist Ausfahrer, die Frau Verkäuferin. Die Ärgerlichkeiten und Frustrationen des Berufsalltags veranlassen Anni und Heinz vor der Wirklichkeit in die scheinbare Freiheit der Fernsehwelt zu flüchten. Als Anni schwanger wird, ergibt sich die Notwendigkeit in die Wirklichkeit und zu der Frage zurückzukehren, ob die einzige Lösung des rein materiellen Problems nicht in einer Abtreibung liege.
In seinen frühen Dramen ging es Kroetz darum, die „Fallhöhe zwischen Sprachgewalt und Dumpfheit" auszuloten. Einen Wendepunkt in seinem Schaffen stellt nach den Worten des Autors sein Stück *Das Nest* (1972) dar, weil hier erstmals gezeigt wird, wie das Leiden die unterprivilegierten Bühnenfiguren zum Handeln antreiben kann. Die sozialistische Akzentuierung dieses und der nachfolgenden Dramen *Globales Interesse* (1972), *Münchner Kindl* (1973), *Agnes Bernauer* (1977), *Mensch Meier* (1978), *Der stramme Max* (1980), *Nicht Fisch nicht Fleisch* (1981) und *Furcht und Hoffnung der BRD – Szenen aus dem deutschen Alltag von 1984* versetzte die Literaturkritik in eine schwierige Lage und führte häufig dazu, dass das Talent dieses Autors anerkannt wurde, seine Dramaturgie und Stoffbehandlung aber als Belege einer ideologiehörigen Literatur empfunden wurden.

4.3 Herbert Achternbusch – anarchistische Notate

Vor allem mit seinen Filmen provozierte Herbert Achternbusch die Kontrollinstanzen der Filmwirtschaft. 1981 unterband der Rundfunkrat des Bayerischen Rundfunks die Ausstrahlung des Achternbusch-Produkts *Servus Bayern.* 1983 verweigerte das Bundesinnenministerium die Auszahlung einer Förderungsrate für *Das Gespenst* mit der Begründung, dass dieser Film das religiöse Empfinden großer Teile der Bevölkerung verletze. Andererseits wurde der Drehbuchautor, Regisseur und Produzent Achternbusch für den Film *Das letzte Loch* 1982 mit dem Spezialpreis des Filmfestivals Locarno, mit dem Preis der Arbeitsgemeinschaft der Filmjournalisten und mit dem Bundesfilmpreis ausgezeichnet.
Achternbusch, 1938 in München geboren, verlebte seine Kindheit bei der Großmutter im Bayerischen Wald. Nach dem Abitur ging er an die Kunstakademie Nürnberg um Malerei zu studieren. Nebenbei übte er die verschiedensten Tätigkeiten aus. So war er beispielsweise Zigarettenverkäufer auf dem Münchener Oktoberfest. Er lebt in Ambach am Starnberger See.

Der Autor als demonstrativer Einzelgänger. Der Einzelgänger Achternbusch schloss sich keiner politischen Gruppierung an. Seit seinen Anfängen als Schriftsteller galt er auch wegen seiner Auftritte als umstritten. Als ihm 1977 der Petrarca-Preis zugesprochen wurde, fuhr er zwar nach Tusculum, entschloss sich aber in publikumswirksamer Weise zur öffentlichen Verbrennung des 20 000-DM-Schecks. Während seine ersten Publikationen (*Hülle,* 1969; *Das Kamel,* 1970; *Die Alexanderschlacht,* 1971) nur kleine Auflagen erreichten, stand der Roman *Die Stunde des Todes* (1975) für einige Zeit auf Platz 1 der Bestenliste des SWF-Literaturmagazins.
Am Beginn des exakt und streng strukturierten Romans *Die Stunde des Todes* steht ein Essay, der die Bedeutung des Films im Leben des Erzählers unterstreicht. Auf einen biografisch-erzählenden Textteil folgt jeweils ein Drehbucheinschub. Das letzte, das fünfte Kapitel mündet selbst in einem Drehbuch. Die Mittelpunktfigur, mit der Niederschrift der Erinnerungen und Reflexionen befasst, hat das Drehbuch *Das Andechser Gefühl* entwickelt. Die Einengung ihres Lebenskreises durch Familie und bürgerliche Institutionen veranlasst sie aber sich wie ein neuzeitlicher Moses auf den Berg Falkenstein zurückzuziehen und den Kampf gegen die Repräsentanten sinnentleerter Ordnungen zu planen.

Collagen und Montagen. Auch Achternbuschs Dramen sind zumeist Collagen von epischen Textabschnitten, deren Montage sich gegen das Prinzip naturalistischer Bühnenwirklichkeit wenden. *Susn* (1979) zeigt Stationen aus der Lebensgeschichte einer Frau. Im zeitlichen Abstand von jeweils zehn Jahren führen die fünf Bilder das junge Mädchen, die Studentin, die Ehefrau und schließlich die vereinsamte Trinkerin vor.
Eine Funktion seiner Autorentätigkeit fasst Achternbusch in dem Satz zusammen: „Schreiben ist wie Fallenstellen: bis man sich erwischt!“ Achternbuschs Werk ist nach einem Wort von Peter Handke zwar immer wieder als „Auftrumpfliteratur“ bezeichnet worden. Dass der Autor aber nicht nur sozialkritische, sondern auch selbstkritische Überlegungen anstellt, zeigt sich im autobiografischen Buch *Wind* (1984). Die Analyse einer persönlichen Krise und der Bericht von ihrer Überwindung spiegeln sich in fünf langen Briefen an einen Freund. Sie sind in den Wind geschrieben, weil sie nach einer alles zerstörenden Umweltkatastrophe keinen Adressaten erreichen werden.

4.4 Rainer Werner Fassbinder – Subkultur und deutscher Film

Rainer Werner Fassbinder (1945–1982) stammt aus Bad Wörishofen. Er besuchte neben der Rudolf-Steiner-Schule auch Gymnasien in München und Augsburg. Nachdem er eine Zeitlang in Köln gelebt hatte, ging er 1964 an die Schauspielschule in München.

Einflüsse der „Ingolstädter Schule“. Schon mit seinem ersten Bühnenwerk *Katzelmacher* (1969) offenbarte sich ein Generalthema dieses Autors, der auf Grund nachweisbarer Einflüsse der Schreib- und Beobachtungsweise Marieluise Fleißers von Literaturkritikern der „Ingolstädter Schule“ zugerechnet wurde. Die Handlung im Stück *Katzelmacher* spielt in einer bayerischen Kleinstadt und beschäftigt sich mit dem „alltäglichen Faschismus“ einer Gruppe Jugendlicher gegenüber einem griechischen Gastarbeiter. Zeigt

Fassbinder hier die stereotypen Wendungen auf, mit der sich ideologisierte Kleinbürger die Überschaubarkeit der Welt sichern („Ein Kommunist ist das und gehört verboten" oder „Traut sich daher und ist ein so einer. Verboten gehört es und da wird gearbeitet dafür"), so bringt er in *Blut am Hals der Katze* (1971) die Leerformeln des „Small talk" bei den damals üblichen Partygesellschaften realitätsnah auf die Bühne. Die Geschichte einer Giftmörderin aus dem 19. Jh. greift Fassbinder in *Bremer Freiheit* auf. Nach dem Muster traditioneller Moritaten werden die Motive für die Ermordung des Ehemanns, des Liebhabers, der Kinder, der Eltern und eines Nachbarn in sozialen Bedingtheiten gesehen. Die Frau begeht die Verbrechen, weil sie unzeitgemäß emanzipatorische Ziele verfolgt und jede Form von Unterwerfung ablehnt.

Der Müll, die Stadt und der Tod. Nachdem Fassbinder als Filmregisseur weltweit bekannt wurde, schrieb er nur noch wenige Arbeiten für die Bühne. Zu einem Skandal kam es, als das Stück *Der Müll, die Stadt und der Tod* 1985 posthum aufgeführt werden sollte. Schon bei der Erstveröffentlichung des Textes im Jahre 1975 sah sich der Autor dem Angriff ausgesetzt mit der Konturierung der Gestalt eines „Reichen Juden", der als Kapitalist und Spekulant profitable Geschäfte macht, dem Antisemitismus in Deutschland Vorschub geleistet zu haben. Damals hatte Fassbinder, verärgert über die Fehldeutung seiner Absichten, die Leitung des Frankfurter „Theaters am Turm" niedergelegt und in einem Offenen Brief bekräftigt, dass *Der Müll, die Stadt und der Tod* nicht die Meinungen des Autors wiedergebe, sondern Diskurse zitiere, zu denen eben auch faschistische, antisemitische und kapitalistische Äußerungen gehören. Zehn Jahre später scheiterte die geplante Uraufführung am Protest der Jüdischen Gemeinde Frankfurts, aber auch an den Bedenken eines Teils der intellektuellen Öffentlichkeit.

5 Literatur als Experimentierfeld

5.1 Arno Schmidts experimentelle Romane

Barrieren gegen den flüchtigen Leser. Arno Schmidt (1914–1979) hatte sich schon nach Ende des Zweiten Weltkriegs als ein Schriftsteller profiliert, der völlig eigene Wege zu gehen beabsichtigt.
In der Erzählung *Leviathan* befindet sich ein deutscher Soldat gegen Ende des Krieges in einem Zug auf der Flucht aus Schlesien. Der Waggon hält schließlich auf einer einstürzenden Brücke. Eine für Arno Schmidts Erzählweise typische Situation entsteht. Keine Aussicht auf Weiterfahrt, keine Verbindung mit der Vergangenheit, unter dem Antihelden droht der Abgrund. Die Montage verschiedener Zeitebenen, die ständige Einflechtung von genauen Zeit- und Ortsangaben, der Erzählbeginn in Englisch, der Wechsel von Ereignis und innerem Monolog erwiesen sich in dieser Erzählung als Elemente, die das spätere Werk des Autors kennzeichnen sollten.
Arno Schmidt, geboren 1914, stammt aus Hamburg, hörte Vorlesungen in Mathematik und Astronomie in Breslau, trat als „Zahlengedächtniskünstler" auf, brach das Studium 1934 aus politischen Gründen ab, wurde Angestellter einer Textilfirma in Greifenberg und erlebte den Krieg als Soldat. Nach Entlassung aus der Gefangenschaft ließ er sich in Cordingen/Lüneburger Heide nieder und verdiente sich etwas Geld als Dolmetscher an der Polizeischule Benefeld, ehe er ab 1947 das Risiko einer Existenz als freier Schriftsteller auf sich nahm. Als Avantgardist unter den Autoren verkörperte Arno Schmidt die Hoffnung, dass sich die deutsche Literatur sowohl von ausländischen Vorbildern als auch von Traditionen lösen und zu neuen Stilformen vordringen könne, die Fantasie, geistreichen Witz und Exaktheit im Detail verbinden. Schon früh bemerkte die Literaturkritik, dass dieser Autor psychologisierende Erzählmuster entwickelt hatte, indem er die assoziativen Bewusstseinsvorgänge im Fühlen und Denken des Menschen in die vielfach gebrochenen Zeitebenen seiner Erzählungen und Romane übersetzte. Nicht minder deutlich wurde aber der Vorwurf laut, dass Arno Schmidt seine neue Sprache alsbald selbst kopiere, dass er mit seiner eigenwilligen Orthographie auch gutwillige Leser vor den Kopf stoße und dass er die egozentrische Betrachtung der Welt ins Maßlose gesteigert habe.

Kriegs- und Nachkriegsmotive. In den frühen Texten wie *Brand's Haide* (1951), *die umsiedler* (1953), *Aus dem Leben eines Fauns* (1953) und

Seelandschaft mit Pocahontas (1955) greift der Autor die typischen Kriegs- und Nachkriegsmotive auf. Er empfand sich als der Steuermann einer Arche Noah, die vergessene oder wertvolle, aber falsch eingeschätzte Bücher vor den Sintfluten der trendbestimmten Moderne zu retten habe.

Gelehrtenrepublik (1957) beruht auf dem Traum von einem utopischen Staat, der sich als zeitlose Welt der Gelehrten, Dichter und Bücher darstellt. Der Roman überträgt aber auch die Überzeugung, dass die Menschheit unbelehrbar sei, in eine Science-Fiction-Welt, die nach der Vernichtung ganzer Kontinente Wirklichkeit wird und noch immer vom stupiden Blockdenken nach dem Muster der Argumentationsschablonen während des kalten Krieges beherrscht wird. Auch *Schwarze Spiegel* (1951) und *Kaff oder Mare Crisium* (1960) persiflieren das Zeitalter der atomaren Bedrohung aus der Perspektive einer atomar zerstörten Zukunftswelt.

Hauptwerk *Zettels Traum*. Dass *Zettels Traum* (1970) als Hauptwerk Arno Schmidts gilt, lässt sich auch mit der Quantität des 1330 Seiten umfassenden Typoskripts erklären. Der Titel versteht sich als Anspielung auf die Zettelkästen des Autors und auf Shakespeares *Sommernachtstraum.* Der Monster-Roman, viel bewundert, wenig gelesen und gelegentlich mokant belächelt, unterscheidet sich schon durch das DIN-A3-Format, durch den originalgetreu faksimilierten Druck und durch den Drei-Spalten-Satz von jedem anderen epischen Werk. Die Einflüsse des Joyce-Romans *Finnegan's Wake* sind unverkennbar. Roman- und Essayelemente überlagern sich, Zitate und literaturhistorische Anspielungen, genährt von den Reichtümern in Schmidts Zettelkästen, werden scheinbar unverbunden und allenfalls nach assoziativen Gesichtspunkten eingefügt. Die Seiteneinteilung plaziert den Haupterzählstrang des Romans in der Mitte, eine linke Textspalte enthält Kommentare und Zitate, die rechte Spalte ist im Wesentlichen den Reflexionen und thematischen Exkursen Daniel Pagenstechers, des Erzählers, vorbehalten.

Das Verständnis für sein Werk hat der Autor durch spezielle Kommentare und Erläuterungen zu fördern versucht. Arno Schmidts Sprach- und

:'Anna Muh=Muh !' -	xxxxxxxxxxxxxxxxxxxxxxxxxxxxxxxxxxxxxxxxxxxxxxxxxxxxxxx :" - :king !"- xxxxxxxxxxxxxxxxxxxxxxxxxxxxxxxxxxxxxxxxxxxxxxxxxxxxxxx	(? :NOAH POKE ? (oder fu=?))
:'Ana moo=moo !'	Nebel schelmenzünftich. 1 erster DianenSchlag;(LerchenPrikkel). Gestier von JungStieren. Und Dizzyköpfigstes schüttelt den Morgen aus./ :"Sie diesen Galathau, Wilma. Und wie Herr Teat'on mit Auroren dahlt : jetzt ist die Zeit, voll itzt zu seyn !"./(Aber Sie, noch vom vor=4 benomm'm,shudderDe mit den (echtn !) Bakk'n):" Dän - Ich bin doch wirklich a woman, for whom the outside world exists. Aber verwichne Nacht...";(brach ab;und musterDe Mich,/Den Ihr gefälligst den Draht aus'nander Haltndän :-? -/:"Singularly wild place -";(hatte P indessn	(Als Kind hab'Ich 'Euter' essn müssn : Meine Mutter usw.-(tz,Wahnsinn;&=Brrr...) (:we'cher Hals ! We'che Stimme ! (Der eine voll,die andre rauh : kein Zug mehr wie früher,aber noch gans dasselbe Gesicht...)
:MUUHH ! -(immer näher ad Zaun : immer(B)Rahma=bullijer	gemurmlt. Er ragte, obm wie untn, aus seiner WanderHose;Er, lang=dünn & haarich)./ :"HasDu überhaupt zugehört ? Was Ich gesagt hab' ?"/(Vollkomm' Wilma. Aber a):" hatt'Ich eine (sündije) Vision zu bekämpfn..." /(:"?! -")/(Galant):" So im Stiel von 'Achab + Zedecias durch 2' :Dich; in einem Zuber voll Thau ! -";(dann hattn Wir Se,endlich, cnorpulend, hindurch. Und b):"Hab'Ich den D=Zug, von Eschede, rumpln hör'n. -(?)-	(Goloka=Goloka;The World of Cows;(+ Galaxy).(:'La vaca,la cabra y la oveja nos dan su leche';sagde gleich Eins auf;(aus'm DERNEHL=LAUDAN... (?-:$\frac{b}{cn}$uffDe's nich ? Bescheid ntl ich;von hintn ?.../('Die Gopis (=KuhHirtinnen) waren rasend vor Liebe zu Krisch-$\frac{na}{an}$:als er seine Flöte spielde, kamen sie=Alle,mit ihm zutanzn...')./(:'did diuide her daintie paps';SPENSER...
?-:"Lama=Lama !" -(:werdt' ihr früh.(Sie schüttltn auch die Ohren so=oft...))	: Nu 'Eintrübunc'.";(Vorkeime v Wolckn; Windwebm.):" Was willsDú nehm' Fränzel ? : 's DopplGlas ? Oder die YASHIKA ?"./(Sie griff stumm. Und der LederRiem'm teilde. ('Das ließ Ihr schön zu den dunkelblauen Augen'. (Und dem Pleas'see=Rock;waid genoug für Zweie.)))/(?-):" Ganz=winzij'n Moment nur...(:dreh langsam, 1 Mal, den Kopf in die Wunder einer anderen AtmoSfäre...(?)-:nu, ne Sonne von GoldPapier,mit roth'n	(da W Uns,anschein'd n Ausputzer gebm wollte.(:heut regier'Ich : morgn fahrt Ihr wieder
('watered by a beautiful stream,which bears the name of ISIS,the divinity of the Nile & the Ceres of the Egyptians'.(RECh. WALSH))	Bakkn et=caetera ?)) -: verfolg ma das WasserlinsnBlättchin, Franziska=ja ? -(?)-:Ganz=recht;(Ch kuck auf die Uhr). -";(und knien;am WegeGrabm,zu Anfang des Schauerfeld's):" Ch wollt die StrömungsGeschwindich keit ma wissn : Wir habm Zeit, individuell zu sein, gelt Fränzi?" (Und erneut zu W,/(Die,irgndwie=gereizt, Paul just ein'n 'Altn Dämian' hieß :!-)/:"Lieb=sein Wilmi. Villeicht sind Wa, an Unserm 1 Tag Fee'rij'n, ooch noch grawitätisch ! - :Iss'oweit Friendsel ?" -;/-;-/ :" Jetz ! -"(versetzDe der GlocknRock nebm Mir:-(präziser die Bluse	(Sie nickde,schweignd...

Eine äußerst eigenwillige Seiteneinteilung charakterisiert das in dieser Form auch gedruckte Manuskript des Arno-Schmidt-Werks ***Zettels Traum****.*

Literaturtheorie wurde in *Berechnungen I/II* (1955/56) ausgebreitet. Seit Erscheinen von *Zettels Traum* galt der Schriftsteller als eine Art „Gran' Old Ma" der experimentellen Literatur in Deutschland.

5.2 Helmut Heißenbüttel – Reduzierung der Emotion in der Sprache

Phrasenparodie und spielerische Provokation. Intellektuelle Disziplin, sprachliche Askese und der Zweifel an der Echtheit der Gefühle in einer Zeit der Attitüden kennzeichnen Helmut Heissenbüttels lyrische, essayistische und epische Werke. Zum Vorkämpfer der experimentellen Literatur wurde er mit einem klaren Stilprogramm: Wörter sollen von ihren emotionalen und semantischen Einbindungen so weitgehend befreit werden, dass eine abstrakte, sinnfreie Sprache entstehen kann. Darüber hinaus profilierte sich Heißenbüttel aber auch durch seine Fähigkeit eingeübte Sprachgewohnheiten durch Phrasenparodie und spielerische Provokation als leere oder bedenkliche Floskeln zu entlarven. Manche seiner Gedichte verlagern ihren Witz in die Übergangsgebiete zwischen Wirklichkeit und Nonsens. Heißenbüttels Gedicht *Kombination IV* präzisiert Ansichten des „Ptolemäers" Gottfried Benn:

Gefangen in der Falle der Verbindlichkeiten.
Die Vernunft ist ein Tier im Käfig.
Das Wort Zufall hat keinen Inhalt.
Und die Grundfigur der Handlungsabläufe
ist immer dieselbe.
[…]

Heißenbüttel kritisiert mit solchen Texten die Ideologie eines unverbindlichen Panstrukturalismus, die Veränderung und geschichtliche Erinnerung für nutzlos hält.
Helmut Heißenbüttel wurde 1921 in Rüstringen bei Wilhelmshaven geboren. Im Krieg erlitt er eine schwere Verwundung, studierte von 1942 bis 1945 Architektur, Germanistik und Kunstgeschichte in Dresden, wurde Verlagslektor und Werbeleiter und leitete ab 1959 die Abteilung „Radio Essay" beim Süddeutschen Rundfunk Stuttgart. Heißenbüttel lebte in Borsfleth/Schleswig-Holstein und starb 1996.

Sprache als Gegenstand der Literatur. Schon früh zeigte sich Heißenbüttel davon überzeugt, dass die literarische Sprache nicht die Aufgabe haben muss Inhalte zu transportieren. Sprache soll selbst der Gegenstand der Literatur sein. In der Alltagssprache sieht Heißenbüttel ein Instrument höchst problematischer Weltinterpretation. Wie die Subjekt-Objekt-Beziehung in einem grammatikalisch korrekten Satz auf Gegenüberstellung basiert, so konstruiert der Mensch mit seinen Sätzen ständig Deutungsmodelle, die der Realität nicht entsprechen müssen. Darum neigt Heißenbüttel dazu, Wörter und Begriffe aus ihrem inhaltbestimmenden Zusammenhang zu lösen und ihnen die Würde ihrer eigenen Bedeutung zurückzugeben.

Einfache Sätze
während ich stehe, fällt der Schatten hin
Morgensonne entwirft die erste Zeichnung
Blühn ist ein tödliches Geschäft
ich habe mich einverstanden erklärt
ich lebe

Gegen den Missbrauch der Sprache. Heißenbüttel setzt entscheidende Impulse überall dort, wo das Bemühen um die Erneuerung der Literatur gefragt ist. Seine Gedichtsammlungen *Kombinationen* (1954), *Topographien* (1956), *Textbuch 1–6* (Gedichte und Prosa 1960–1967), *Gelegenheitsgedichte und Klappentexte* (Gedichte und Prosa 1973) und *Das Durchhauen des Kohlhaupts* (1974) belegten immer wieder das Bestreben dieses experimentierenden Lyrikers den zusammenhängenden, fragwürdigen Sinn gebenden Satz zu vermeiden und statt dessen die Wörter nach Klangassoziationen oder nach den von ihrer eigentlichen Bedeutung bestimmten Prinzipien aneinanderzureihen. Dass sich der Autor auch mit der Wirklichkeit sprachlichen Missbrauchs auseinandersetzte, beweist sein Projekt Nr. 1 *D'Alemberts Ende* (1970), das den Jargon bundesdeutscher Intellektueller um 1968 dokumentiert.
Heißenbüttel hat als Essayist und Literaturkritiker seine Theorien verfochten und in schriftlichem Meinungsaustausch überprüft. Das geschah in *Über Literatur* (1966), vor allem aber im *Briefwechsel über Literatur* (1969) mit dem Literaturkritiker Heinrich Vormweg.

6 Konkrete Poesie und Neues Hörspiel

6.1 Formelketten und Wortreihen

Der Begriff der „Konkreten Poesie“ erlangte in der literarischen Auseinandersetzung der 60er und 70er-Jahre besondere Bedeutung. Die radikalisierte Kritik an den bestehenden Zuständen führte zu einer immer deutlicheren Abkehr von allen herkömmlichen Lebens- und Äußerungsformen. Die Bezeichnung fand der Schweizer EUGEN GOMRINGER in Analogie zu den Plastiken Max Bills. Danach werden die Zeichen der Schrift und der Sprache „konkret“ wahrgenommen und wie Steine auf einem Spielbrett verschoben. „Um die Strukturmerkmale unserer Zeit aufzudecken“, erklärte Gomringer, reduziere er die Sprache „auf möglichst unreflektierte Wörter, auf Wortreihen oder einfache Formelketten, so wie sie einfache Wortbeziehungen darstellen wie Addition, Negation, Umkehrung oder Frage“.

Eugen Gomringer wurde 1925 in Cachuela Esparanze/Bolivien geboren und wuchs in der Schweiz auf. Er studierte Kunstgeschichte, war Sekretär von Max Bill an der Ulmer Hochschule für Gestaltung und Mitbegründer der Kunstzeitschrift *Spirale* sowie der Schriftenreihe *Konkrete Poesie*. Nachdem er als Werbechef in Industrieunternehmen gearbeitet hatte, übernahm er 1967 die Aufgaben eines „Kulturbeauftragten“ der Firma Rosenthal im oberfränkischen Selb. Eine spezielle Form der Konkreten Poesie entwickelte Gomringer mit den *konstellationen*. Eines der berühmtesten Beispiele findet sich in seinem Buch *worte sind schatten* (1969):

schweigen schweigen schweigen
schweigen schweigen schweigen
schweigen   schweigen
schweigen schweigen schweigen
schweigen schweigen schweigen

Theorie der Konkreten Poesie. Nachdem Gomringer mit *konstellationen* (1953) und die Autoren Ferdinand Kriwet, Friedrich Achleitner, Gerhard Rühm, Franz Mon, Helmut Heißenbüttel, Ernst Jandl, Friederike Mayröcker, Wolf Wondratschek, H. C. Artmann mit weiteren Veröffentlichungen die Spannweite der neuen Möglichkeiten ausgelotet hatten, wurde eine Theorie der Konkreten Poesie entwickelt, die der Experimentierlust der „konkreten“ Autoren eine gemeinsame Grundlage zu verschaffen versuchte.
Dem Verständnis der „neuen Poetik“ dient die Überlegung, dass wir die Wirklichkeit gleichsam durch das interpretierende Gerät der Sprache wahrzunehmen gewohnt sind. Wenn man bereit ist die deutende Funktion der Sprache zurückzustellen offenbaren sich bei der Betrachtung einer bestimmten „Textsorte“ deren „Parameter“: Laute, Wörter, Satzmuster und Rhythmen, bei gedruckt vorliegenden Texten auch Buchstaben, Schriftbilder oder der Kontrast von Papier- und Druckfarbe, erscheinen als selbstständige Elemente. Die „neue Poesie“ setzt sich das Ziel, die „Oberflächenstruktur“ der syntaktisch verklammerten Sprache zu „destruieren“ und damit die Funktionen des geläufigen Sprachgebrauchs samt der grammatikalischen Zwänge aufzuheben. Im Grunde wurde dieses Verfahren schon immer von Zauberern, Kabbalisten und Sprachspielern angewandt. Auch wurden „phonetische Gedichte“, die nur aus Lauten und Silben bestehen, schon von Else Lasker-Schüler, Christian Morgenstern, Hugo Ball, Hans Arp und Kurt Schwitters geschrieben. Auch das grafisch autonome „visuelle Gedicht“ hat eine Vorgeschichte. Varianten dieser Form von Poesie finden sich in der Barocklyrik, in Guillaume Apollinaires *Calligrammes*, bei den Futuristen und den Schriftbildern von Francis Picabia und Tristan Tzara oder im *i-Gedicht* von Kurt Schwitters.

6.2 Franz Mon

FRANZ MON, 1926 in Frankfurt geboren, wurde zu einem der bedeutendsten Vertreter der Konkreten Poesie. Mon studierte Germanistik, Philosophie und Geschichte in Frankfurt. Anschließend arbeitete er in einem Schulbuchverlag.

Anknüpfung an Kandinskys Thesen. Sein Studium hatte Franz Mon mit einer Dissertation zum Thema „Wirklichkeitserlebnis und Gottesvorstellung in Barthold Heinrich Brockes ‚Irdisches Vergnügen in Gott‘“ abgeschlossen. Die Beschäftigung mit barocker Dichtung liegt für einen Vertreter der Konkreten Poesie nur scheinbar fern. Mon hat sein poetologisches Konzept, das er 1970 in einer Sammlung von Aufsätzen unter dem Titel *Texte über Texte* darlegte, immer mit Ausdrucksformen der Barockepoche, mit Symmetriegedichten von Arno Holz, mit Versuchen Kurt Schwitters' und mit den Überlegungen in Verbindung gebracht, die Wassily Kandinsky in der Abhandlung *Über das Geistige in der Kunst* und in anderen Kommentaren zu seinem eigenen Werk formuliert hatte. Dort sind Auffassungen wiedergegeben, die auch Franz Mon vertrat. Seine Gedichtsammlungen erschienen in rascher Folge: *artikulationen* (1959), *protokoll an der kette* (1960), *verläufe* (1962), *sehgänge* (1964), *weiß wie weiß* (1964), *rückblick auf isaac newton* (1965), *ainmal nur das alphabet gebrauchen* (1967).

Herzzero, 1968 publiziert, verdeutlicht schon mit dem Titel (Herz-zero), dass der totale Verzicht auf Emotionalität zum Programm der Konkreten Poesie Franz Mons erhoben wurde. Der Text dieses Buches setzt an die Stelle des authentischen Subjekts das un- und halbbewusste „Man", das „Es" der Umgangssprache. Die Elemente „der vielfach abgespielten Schallplatte Sprache" werden zu autonomen Subjekten. In *herzzero* dagegen ist ein Konnex von Fabel und Wort nicht mehr erkennbar. Dafür aber erhält der Text eine überraschend neuartige Wirkung, weil er mit der Aufnahme vorgeprägter Redensarten die semantischen Schichten der historisch belasteten deutschen Sprache aufdeckt.

Slogans und Patterns als Hörspieltexte. Alle diese Texte Franz Mons sind nicht weit entfernt von Hörspielen. Die Wiederholung und absurde Reihung von Slogans und Patterns wirkt besonders eindringlich, wenn sie, technisch perfekt, über das Ohr aufgenommen werden können. Mit *Das gras wies wächst* lieferte der Autor 1969 ein Werk, das auf exemplarische Weise die Forderungen der Konkreten Poesie umsetzte und für das „Neue Hörspiel" von ausschlaggebender Bedeutung wurde. Im Vorspann erklärt Franz Mon:

„der hörer des folgenden hörspiels erfährt keine geschichte. es gibt zwar dialoge, aber keine zusammenhängende handlung. es handeln die sprachelemente. subjekte sind wörter, die wörteragglomerationen, die gestanzten redensarten, fragepartikel, überhaupt fragen aller art, wie sie quick und twen in populären tests, in interviews, in briefkastenecken bereithalten."

6.3 „Handlung" durch Sprache und Geräusch

Immer mehr Autoren empfanden in den 60er-Jahren den Hörspielbegriff der Nachkriegszeit als zu eng. Ausgelöst wurde die Bereitschaft zur Erneuerung des Hörspiels nicht nur durch den allgemeinen Reformeifer dieser Epoche, sondern auch durch die Furcht vieler Autoren, dass dem Hörspiel durch die Ausbreitung des unterhaltenden Prinzips in der Programmgestaltung, durch die immer größere Bedeutung des Fernsehens und durch die damit rückläufige Zahl von Rundfunkhörern jede Bedeutung genommen werden könnte. Starke Impulse für das „Neue Hörspiel" kamen aber auch aus Frankreich, wo der *nouveau roman* immer deutlicher akzeptiert wurde. Als französische Schriftsteller wie Michel Butor, Nathalie Sarraute, Jean Thibaudeau, Robert Pingelt, Claude Ollier und Monique Wittig ihre experimentellen Hörspiele deutschen Sendern zur Ursendung überließen, zeichnete sich ein Weg zu revolutionären Hörspielformen ab. Allerdings hatten die deutschen Autoren zunächst nicht geringe Mühe, die Rundfunkredakteure und das Publikum davon zu überzeugen, dass das Hörspiel auf das Mittel einer gleichsam verinnerlichten Sprache verzichten könne. Als die Stereo- und schließlich die Quadrophonie die Aufnahmetechnik und die Hörgewohnheiten zu beherrschen begann, setzte sich die Auffassung durch, dass Sprache, Ton und Geräusch zu „Handlungsträgern" werden können. Die neuen Hörspielformen konzentrierten sich auf die Erzeugung von „Schallereignissen" und von Sprechhaltungen. Nicht inhaltliche Mitteilungen, sondern Signale wurden ausgestrahlt. Der vom Autor vorgelegte Text wurde zur Grundlage akustischer Experimente, gelegentlich diente er dem Regisseur nur als Anregung.

Wolf Wondratscheks Hörspiele. Merkwürdigerweise wurden diese Hörspiele in den Studios der deutschen Sender unter einem Kunst-Etikett produziert, obwohl die meisten Autoren mit der Absicht angetreten waren Anti-Kunst zu schaffen. Die Hörspiele von Wolf Wondratschek beispielsweise ketteten lakonisch kurze Sätze zusammen, sodass – allerdings erst durch die aktive Mitarbeit des Hörers – assoziative Effekte möglich wurden.

Wolf Wondratschek, geboren 1943 im thüringischen Rudolstadt, studierte Literaturwissenschaft und Soziologie an den Universitäten Heidelberg, Göttingen und Frankfurt am Main. 1970/71 übernahm er eine Gastdozentur an der Universität Warwick in England. Den Leonce-und-Lena-Preis erhielt er 1969 für ein einziges Gedicht, das unter dem Titel *Als Alfred Jarry bemerkte, dass seine Mutter noch Jungfrau war, bestieg er ein Fahrrad* in zahlreichen Abdrucken bekannt wurde. Das Hörspiel *Paul oder Die Zerstörung eines Hörbeispiels* brachte Wondratschek 1970 den Hörspielpreis der Kriegsblinden ein. Mit seinen Gedichten erreichte der Autor Bevölkerungskreise, die sich vorher jeder Form von Lyrik verschlossen hatten. Zu erklären ist Wondratscheks Erfolg mit der sozialkritischen Grundhaltung, die den Trends dieser Zeit entsprach, mit der Übernahme von sprachlichen Elementen aus der Pop- und Rockkultur, die das Material auch für manches seiner Liebesgedichte liefern, und mit der Fähigkeit des Autors, die Zeit epigrammatisch und sentenzhaft zu kommentieren.

Die Wondratschek-Hörspiele *Freiheit oder Ça ne fait rien* (1967), *Zufälle* (1968), *Zustände und Zusammenhänge* (1970), *Einsame Leichen* (1979), *Akustische Beschreibungen* (1971), *Maschine Nr. 9* (1973) gelten vielen Befürwortern des neuen Hörspiels als gelungene Belege dafür, dass die neuen Hörspielformen auf die „innere Bühne" verzichten können und sich dennoch nicht in rein technischer Perfektion erschöpfen müssen.

6.4 Ernst Jandl

Noch nachhaltigere Bedeutung hat in diesem Bereich Ernst Jandl erlangt. Seine Hörspiele stützen sich auf die mechanischen Wiederholungen in der Sprache. Seine Collagen, Demontagen und Variationen benutzen die Phoneme, Morpheme und syntaktischen Elemente der slogandurchsetzten Gegenwartssprache wie Fertigteile. In diesen – oftmals pointiert zusammengefügten – Versatzstücken spiegelt sich Jandls Kritik an einer Zivilisation, die sich durch Lärm und Gerede, durch Small talk und Werbespots charakterisiert.

Ernst Jandl stammt aus Wien (geboren 1925), studierte dort nach der Rückkehr aus dem Krieg Germanistik und Anglistik, erwarb mit einer Arbeit über die Novellen Arthur Schnitzlers den Doktortitel und wurde Gymnasiallehrer in seiner Heimatstadt. Lehraufträge führten ihn nach England und in die USA. 1973 gründete er die „Grazer Autorenversammlung". Nachdem er als Repräsentant der „Konkreten Poesie" bekannt geworden war, unternahm er ausgedehnte Vortragsreisen. Seine eigenen Texte rezitiert er mit Temperament und Witz.

Jandls erster Gedichtband *Andere Augen* (1956) fühlte sich noch lyrischen Traditionen verpflichtet. Schon mit manchen Titelformulierungen der vielen weiteren Sammlungen signalisierte der Autor den Willen zur Eigenständigkeit auch auf dem Tummelplatz der Konkreten Poesie: Die Texte in den Bänden *klare gerührt* (1964), *mai hart lieb zapfen eibe hold* (1965), *Laut und Luise* (1966), *Sprechblasen* (1968), *der künstliche baum* (1970), *flöda und der schwan* (1971), *Dingfest* (1973), *serienfuß* (1974) und *der versteckte hirte* (1975) festigten seinen Ruf die kritisch-auflehnende Grundhaltung der Konkreten Poesie um eine spaßig-amüsante, wortspielverliebte Dimension erweitert zu haben. Denn obwohl auch Jandl „Objekte aus einem bestimmten Material" erzeugen und die Sprache von den Gegenständen trennen will, erweist er sich im Vergleich mit anderen Autoren, die um 1968 Reformtendenzen mittrugen, als weniger ideologisierbar, sodass seine Lyrik eine Vielfalt von möglichen Varianten der Konkreten Poesie offenbart. Eine österreichische Form der „Blödelei" und des überraschenden Spiels mit Wörtern ist dabei ausdrücklich mit inbegriffen.

Jandls Sprache will keine Funktion zum Transport von Inhalten erfüllen, sondern ihren Eigenwert bewahren. Damit verlangt sie eine besondere Form der akustischen Realisierung. Die „Sprechoper" *Aus der Fremde* (1980) setzt diese Form der Poesie konsequent für ein Bühnenspiel ein. Ein Mann und eine Frau erörtern in sieben Szenen ihre Beziehung. Isolation und die Schwierigkeit sich wirklich zu verstehen werden in der Anwendung der konjunktivistischen Satzkonstruktion sichtbar.

Diese spezielle Form von „Leichtigkeit" erreichte Ernst Jandl auch mit seinen Hörspielen, z. B. *Der Gigant* (1969, zusammen mit Friederike Mayröcker), *Die Auswanderer* (1970) und *Das Röcheln der Mona Lisa* (1970).

Für *Fünf Mann Menschen*, das Jandl 1968 zusammen mit Friederike Mayröcker schrieb, erhielten die beiden Autoren ein Jahr später den Hörspielpreis der Kriegsblinden. *Fünf Mann Menschen* will, wie Friederike Mayröcker sagte, nicht nur Forderungen der Konkreten Poesie erfüllen, sondern darüber hinaus „akustisch befriedigen, faszinieren, reizen, d. h., der akustische Vorgang muss beim Hörer eine ganz bestimmte Reaktion hervorrufen, etwas, das in der Nähe des musikalischen Genusses liegt, aber statt von Tönen von Worten und Geräuschen ausgelöst wird“.

FRIEDERIKE MAYRÖCKER, 1924 ebenfalls in Wien geboren und ursprünglich Englischlehrerin, arbeitet seit 1954 mit Jandl zusammen. Mit *Larifari. Ein konfuses Buch* (1956) und den seitdem erschienenen Prosa- und Gedichtsbänden (*Lection,* 1994) nimmt sie eine eigene Position innerhalb der experimentellen Literatur ein.

Orientierung am Beat. Deshalb war es nahe liegend, dass Kritiker in diesem Hörspiel sprachliche Parallelerscheinungen zur rhythmisch-musikalischen Leichtigkeit des Beat zu erkennen glaubten. Schon in den Szenenüberschriften, die jeweils nach Art eines Mottos Schauplatz oder Vorgang ankündigen, finden sich bitter-amüsante Pointen, die durch eine geringfügige Veränderung von sprichwortartigen Sprachklischees erzielt werden: „Wer nicht wehren will, muss fühlen“, „Wer die Qual hat, hat Spital“ oder „Wer die Rechte nicht ehrt, ist die Linke nicht wert“.
Auch hier wurden schon bei der Textgestaltung stereophone Aufnahme- und Sendetechniken eingeplant. Von links nach rechts werden fünf Positionen fixiert, von denen aus die Sprecher Stationen, Bewegungsrichtungen und Szenenziele signalisieren. Ein analoges Muster sorgt für die Struktur aller vierzehn Szenen. Nach Helmut Heißenbüttel lässt dieses Hörspiel „sozusagen ein Gesamtmodell menschlicher Lebensmöglichkeiten ablaufen, das in der letzten Szene bereits wieder in den Anfang zurückmündet.“ Der paradigmatische Charakter des Vierzehnminutenspiels, das im Gegensatz zu den meisten Texten der Konkreten Poesie eine klar erkennbare inhaltliche Komponente aufweist, ergibt sich aus der Komprimierung von typisierenden Merkmalen menschlicher Lebensstationen. Schon die Ortsangaben zu Anfang jeder Szene beweisen, dass es den Autoren um die knappe Darstellung eines biografischen Schemas geht: Gebärklinik – Im Elternhaus – Kino – Berufsberatung – Militär – Zugabteil – Wirtshaus – Spital – Gericht – Kerker – Erschießung – Wirtshaus – Gebärklinik. Der Kreislauf der Lebensschablone führt wieder zum Ausgangspunkt zurück, denn „Solange es Kinder gibt, / wird es Kinder geben“.
Trotz der Kürze des Textes wollen die Szenen eine kritische Haltung des Hörers gegenüber dem normierten menschlichen Lebensverlauf aufbauen. Die fünf Stimmen der „Knaben“, der „jungen Männer“ und der „Männer“ erscheinen dem Zuhörer auswechselbar, weil sie nach der Vorstellung der Autoren zwar differenziert, aber nicht charakterisiert sein sollen.
Die Jury begründete die Verleihung des Hörspielpreises auch damit, dass in *Fünf Mann Menschen* ein Lebensablauf „nicht abgebildet, sondern evoziert“ werde. Die generalisierende Auswahl der Stationen lässt dem Hörer weitgehend Freiheit die Partitur des Textes mit eigenen Erfahrungen zu füllen. Die Modellszenen ermöglichen durch den Verzicht auf individuelle Einzelheiten ein individuelles Hörerlebnis.

6.5 Die „Wiener Gruppe“

Ähnlich fantasievoll ging H. C. ARTMANN mit den Forderungen der Konkreten Poesie um. Er rief die „Wiener Gruppe“ ins Leben, die auf der Grundlage einer schon 1953 publizierten *achtpunkte-proclamation des poetischen actes* neue lyrische Formen propagierte. Ihr gehörten neben Artmann die Autoren Friedrich Achleitner, Konrad Bayer, Oswald Wiener und Gerhard Rühm, später auch Ernst Jandl und Friederike Mayröcker an.

Wiener Mundart und barocke Sprachfülle. Hans Carl Artmann, geboren 1921 in Wien-Breitensee, betrieb nach Hauptschulabschluss und Schuhmacherlehre eigenwillige Sprachstudien in Schwedisch, Walisisch und Malayisch und lebte nach Kriegsdienst und amerikanischer Gefangenschaft ab 1945 in Wien als Gelegenheitsarbeiter. Der ruhelose Bohemien bereiste zahlreiche Länder, ehe er sich in den 70er-Jahren zur Sesshaftigkeit entschloss und sich in der Nähe von Salzburg niederließ. Schon sein erster, 1958 erschienener

Gedichtband *Med ana schwoazzn dintn* machte ihn schlagartig bekannt und zeigte bereits die Konturen dieses eigenwilligen Poeten, der an Texten des Surrealismus anknüpft, Wiener Mundarten karikiert und parodiert, barocke Sprachfülle liebt und souverän die Stile der verschiedensten Epochen mit dem Großstadtjargon des 20. Jh. kombiniert.

Artmann, der der Welt genormter Fernsehshows immer wieder Aufsehen erregende Selbstinszenierungen entgegensetzte, hatte mit einigen seiner zahlreichen Bücher auch geschäftlichen Erfolg. Der Erzählband *Von denen Husaren und anderen Seiltänzern* erschien 1959, die Stücke *Das Donauweibchen* (1961), *Kein Pfeffer für Cermak* (1961), *Die Moritat vom Räuberhauptmann Grasel* (1967) belegten Artmanns dramatische Fantasie und Gedichtbände wie *verbarium* (1966), *auf den leib geschrieben* (1967), *das prahlen des urwaldes im dschungel* (1983), *nachtwindsucher* (1984), *Gedichte von der Wollust des Dichtens in Orte gefasst* (1988) und *allerleirausch* (1967), eine Sammlung von „Kinderreimen", verhalfen dem Autor zu dem Ruf, der kreativste, aber auch der unberechenbarste Dichter der „Wiener Gruppe" zu sein. Die zustimmenden Rezensionen der Literaturkritik veranlassten den Autor, der sich auch als Übersetzer einen Namen gemacht hat, 1970 zur Herausgabe des Auswahlbandes *The Best of H. C. Artmann.*

7 Erneuerungsversuche auf dem Theater

7.1 Happening und Straßentheater

Kontrolle der Spielpläne durch Subventionen? Die manchmal verspielten, manchmal grimmigen und nicht selten gewalttätigen Aktionen der studentischen Revolte in den Jahren um 1968 wandten sich auch gegen den Kulturbetrieb. Das Theater der Bundesrepublik galt zwar auch damals schon als weltweit beispielhaft, wenn nach Modellen gesucht wurde, die einer Vielzahl von Bühnen die sichere Existenz ermöglichten. Aber die aufwendigsten Restaurierungen und Neubauten deutscher Theaterpaläste, fast ausschließlich mit staatlichen und kommunalen Mitteln durchgeführt, verstärkten jetzt den Verdacht, dass die „herrschende Klasse" mit den Subventionierungen die Kontrolle der Spielpläne zu erreichen versuchte oder schon erreicht hatte. Vielen Schauspielern erschienen auch die Befugnisse des Intendanten als feudales Relikt und die Gepflogenheit, dass der Regisseur zumeist selbstherrlich über die Konzeption und Ästhetik einer Inszenierung entschied, war nicht nur für die „Neue Linke" ein Anachronismus. Peter Iden schrieb: „Die Intendanten behaupten nicht nur die Macht am Theater, sondern sie vertreten die Berechtigung der Herrschaft schlechthin."

Kunstbehinderung durch saturiertes Publikum. Analytiker der Theaterlandschaft in Deutschland gelangten in diesen Jahren häufig zu dem Schluss, dass auch das saturierte Publikum jede Weiterentwicklung der Bühnenkunst behindere. In der Sprache dieser Jahre bescheinigten die „progressiven" Kräfte des Theaters dem bürgerlichen Publikum eine „repressive Toleranz", die Neuerungen im Inszenierungsstil und in der Konzeption der Stücke zum geschäftlichen Risiko machte.

Schon das Dokumentartheater (→ S. 514 ff.) hatte seine Anliegen als Ausdruck des Versuchs gewertet das Publikum aus einer Lethargie zu wecken, die aus festlicher Gestimmtheit und nicht selten auch aus literarischem Unverständnis resultierte. Das amerikanische *Living Theatre* vermittelte weitere Impulse, die „verkrustete Bühnenlandschaft" aufzubrechen oder ganz zu verlassen um abseits der „Musentempel" neue szenische Formen zu entwickeln. Gefördert wurde die Bereitschaft Spielart und Spielort zu verändern auch durch Schwierigkeiten „revolutionäre" Methoden auf den subventionierten Theatern durchzusetzen. Das Bremer Projekt die *Frauenvolksversammlung* nach Aristophanes kollektiv zu inszenieren und im Anschluss an die Aufführung Diskussionen mit dem Publikum anzuberaumen wurde – allerdings auch wegen der Planlosigkeit des Vorhabens – abgesetzt. Dem Ensemble der Münchener Kammerspiele wurde das Vorhaben untersagt im Zusammenhang mit der Inszenierung des Peter-Weiss-Stücks *VietNam-Diskurs* (→ S. 513) durch Peter Stein eine Spendensammlung für den Vietcong durchzuführen.

Happenings und Straßentheater. Happenings und politisches Straßentheater eröffneten nur vorübergehend die Aussicht auf Alternativen zum

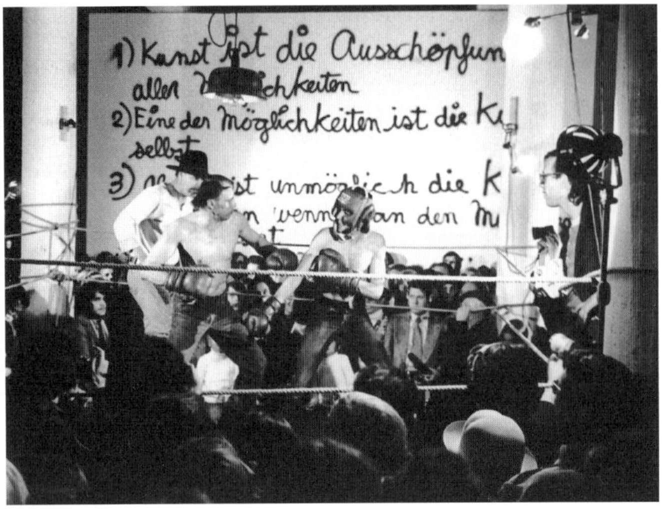

Das ***Happening*** *galt in den unruhigen Jahren der Bundesrepublik als kreativer Ausweg nicht nur aus der Verbürgerlichung des staatlichen und kommunalen Theaterbetriebs. Das Bild zeigt Joseph Beuys 1972 beim „Boxkampf für direkte Demokratie" auf der „documenta 5" in Kassel.*

herkömmlichen Bühnenbetrieb. Happenings, die erstmals gegen Ende der 50er-Jahre in den USA veranstaltet wurden, verstanden sich als Versuch der rationalen Welt groteske Programme entgegenzusetzen. Propagiert wurde eine avantgardistisch-provokative Kunstform, die an dadaistische und surrealistische Vorbilder anknüpfte und bald auch zu einem Forum der politischen Protestbewegung wurde. Die *18 Happenings in 6 parts* von Allan Kaprow erregten im Oktober 1959 in New York Aufsehen. Wolf Vostell sah im Happening eine Chance Unvereinbares und Unzumutbares überlagernd zu mischen und damit Widerspruch zu erregen. Wenn eine Menschengruppe in einer Fleischfabrik beim Anblick von Schweinehälften ein Eichendorff-Lied anstimmte, schien in dieser experimentverliebten Phase der deutschen Geschichte ein Ausdruck für die Absurdität des Lebens gefunden. Als doppeldeutigen, intellektuellen Scherz setzte Bazon Brock das Happening ein und Joseph Beuys sah im Happening ein „heilsames Chaos", mit dessen Hilfe sich erstarrte Denk- und Lebensformen aufbrechen lassen.

Da das Straßentheater, an dem sich oftmals einfallsreiche „Actionskünstler" beteiligten, häufig in politischen Demonstrationsmärschen endete und da sich selbst die originellen Happenings in pseudokultischen, nicht immer geschmackvollen Riten erschöpften oder als bloße Nachahmung des absurden Theaters Ionescos empfunden wurden, fand Peter Handke mit seinen Stücken begeisterten Beifall. Seine Bühnenwerke waren, so schien es, ein Ausweg aus der Sackgasse, in die der Theaterbetrieb und das Drama in Deutschland geraten waren.

7.2 Peter Handkes Eintritt in die literarische Szene

Aufsehen in Princeton. Peter Handke wurde 1942 in Griffen/Kärnten geboren, verbrachte die ersten Lebensjahre in Berlin, der Heimatstadt seines Vaters, und kehrte 1948 nach Griffen zurück. Als Zögling eines katholischen Internats absolvierte er das Gymnasium. Das Jura-Studium an der Universität Graz brach er ab, als er 1966 seinen ersten Roman *Die Hornissen* veröffentlichte. Im selben Jahr wurde Handke schlagartig bekannt, nachdem er mit seinem Auftritt bei der Tagung der Gruppe 47 in Princeton einen medienwirksamen Skandal ausgelöst hatte (→ S. 474). Ausgedehnte Reisen führten ihn unter anderem in die USA. Zwischen 1975 und 1978 lebte er mit seiner Tochter in Paris, seit 1979 wohnt er in Salzburg. Schon in den 67 Abschnitten des Romans *Hornissen* verzichtete Handke auf jede Fabel und auf jede Form von Kontinuität. Diese Methode wandte er auch bei der Abfassung seiner „Sprechstücke" *Weissagung* (1964), *Selbstbezichtigung* (1965), *Publikumsbeschimpfung* (1966) und *Hilferufe* (1968) an.

Das Sprechstück *Publikumsbeschimpfung* konfrontiert den Theaterbesucher mit einem Hagel von verbalen Provokationen, die litaneiartig, als rhythmisierte Klangelemente aneinandergereiht, das Illusionstheater endgültig überwinden sollten. Handke setzt die in dieser Zeit oftmals wiederholte Feststellung, dass jede Bühnenillusion den Zuschauer deaktiviere, in eine rabiate Kanonade von Schmähungen um. Interpretierbar ist sein Text auch als Kritik an den verbalen Stereotypen einer Gesellschaft, die mit bürgerlichen Tabus den Ausbruch berechtigter Aggressivität zu verhindern versucht. Vor allem aber wollte er Strukturelemente der Beat-Rhythmen in die Sprache übertragen. Und sehr kennzeichnend für seine frühen Intentionen ist die Bemerkung: „Wenn ich schreibe, interessiere ich mich nur für die Sprache [...] Beim Schreiben lenkt mich die Wirklichkeit nur ab und macht alles unrein."

Kaspar. Mit dem Stück *Kaspar* (1968) erzielte Peter Handke einen durchschlagenden Bühnenerfolg. Es zeigt, wie der Mensch mit Hilfe der Sprache manipuliert werden kann. Vor der Veröffentlichung wurde das Werk als Spiel über das im Jahre 1828 in Nürnberg aufgefundene rätselhafte Findelkind Kaspar Hauser angekündigt. In 65 Szenen wird die allmähliche Manipulation Kaspars vorgeführt. Er klammert sich an seinen einzigen Satz, mit dem er seine ganze Welt beherrscht. „Du bist der glückliche Besitzer eines Satzes, der dir jede unmögliche Ordnung möglich und jede mögliche und wirkliche Ordnung unmöglich machen wird ..." Ab der 17. Szene wird Kaspar der Satz von „Einsagern" ausgetrieben. Schließlich bemüht sich Kaspar vergeblich um einen einzigen Laut. Jetzt können die Souffleure die Prozedur der Anpassung einleiten. Sie liefern modellartige Formulierungen, Verallgemeinerungen, Schlussfolgerungen, Vergleiche und Definitionen. Die von den Einsagern vermittelte Ordnung im Satzbau und in den Satzinhalten drückt sich darin aus, dass Kaspar das auf der Bühne vorhandene Mobiliar zu einem Arrangement wohnlicher Harmonie ordnet. Verschiedene weitere Kaspars, die plötzlich erscheinen, veranschaulichen den Verlust der Identität. Dieses Theater-Theater, das nach Handke auch „Sprechfolterung" heißen könnte, demonstriert die Macht und Ohnmacht der Sprache.

Schreiben als Versuch die Welt zu erobern. Später hat sich Peter Handke weit von seinen Anfängen als Verfasser von Sprechstücken entfernt. Für seine Prosawerke *Der Hausierer* (1967), *Die Angst des Tormanns vorm Elfmeter* (1970), *Der kurze Brief zum langen Abschied* (1972), *Wunschloses Unglück* (1972), *Die Stunde der wahren Empfindung* (1975), *Falsche Bewegung* (1975), *Langsame Heimkehr* (1979), *Die Geschichte des Bleistifts* (1982), *Der Chinese des Schmerzes* (1983) und *Langsam im Schatten* (1992) gilt, bei aller Verschiedenartigkeit der Schreibanlässe und der stilistischen Umsetzung, ein anderes Credo des Autors: „Schreiben kann ein Versuch sein die Welt zu erobern. Das Existierende festhalten, dessen Dasein durch den alltäglichen Umgang selbstverständlich geworden ist, sich gleichsam seiner annehmen, indem man schreibend und beobachtend die vertrauten, abgestumpften, tagtäglich sich wiederholenden Vorgänge in eine die Aufmerksamkeit schärfende Sprache fasst, bedeutet, der Welt, die halb schon vergessen ist, wieder habhaft zu werden und mit den Sinnen sie neu zu beleben." (→ S. 595)

7.3 Botho Strauß' Dramaturgie

Naturalistische und alogische Elemente. Ähnlich wie Peter Handke ließ sich BOTHO STRAUSS nicht auf ein rein politisches Theater festlegen, obwohl er als Kritiker der Zeitschrift *Theater heute* in der Zeit der Studentenrevolte bekannt wurde und obwohl er damals Sympathien für die gesellschaftlichen Ziele der Protestbewegung erkennen ließ. Für ihn, der sich im Aufsatz *Versuch, ästhetische und politische Ereignisse zusammenzudenken* (1970) mit der konträren Dynamik von Kunst und Politik beschäftigt hat, ist „... das Theater ... der Ort, wo die Gegenwart am durchlässigsten wird, wo Fremdzeit einschlägt ...".

Botho Strauß, 1944 in Naumburg an der Saale geboren, besuchte Gymnasien in Remscheid und Bad Ems. Anschließend studierte er in Köln und München Theatergeschichte und Soziologie. Von 1967 bis 1970 war er Redakteur und Kritiker der Zeitschrift *Theater heute*, 1970 bis 1975 Dramaturg unter Peter Stein an der Berliner Schaubühne am Halleschen Ufer. Strauß lebt in Berlin.

Schon das erste Bühnenstück *Die Hypochonder* (1972) mischt eine Liebesgeschichte mit einem

Kriminalfall, einer romantisierenden Schauerstory und mit melodramatisch akzentuierten Familienereignissen. Die Geschichte spielt in einem mysteriösen Amsterdam um 1900. Eine Frau, die eine Mörderin ist oder sich die Tat einredet, wird schließlich von einem Mann, der vielleicht ihr Geliebter ist, getötet.
Stärker an der Gegenwart orientiert sich das zweite Stück *Bekannte Gesichter, gemischte Gefühle* (1975). Sieben verstörte, müde wirkende Hotelgäste wohnen in einem „Hotel bei Königswinter". Im „Museum der Leidenschaften" werden Erinnerungsfragmente an frühere Zeiten beschworen.

Panorama der gesellschaftlichen Situation. Erfolg hatte Botho Strauß mit der *Trilogie des Wiedersehens* (1976). Siebzehn Figuren werden in den drei Teilen des Stücks (*Kleine Gesellschaft, Niemand Bestimmtes* und *Gute Beziehungen*) in einem Kunstsalon mit Hilfe einer Schickeria-Sprache zueinander in Beziehung gesetzt. Die Unfähigkeit zu einer wirklichen „Kommunikation" ergibt sich aus der seelischen Deformiertheit der Personen, die auch ihre politische Dimension hat. Mit *Groß und klein. Szenen* (1978) erzielte Strauss einen Publikumserfolg, der als Panorama der gesellschaftlichen Situation in der Bundesrepublik der 70er-Jahre gedeutet wurde. Das Stück setzt sich aus zehn Szenen zusammen, die durch den Auftritt einer „Lotte aus Remscheid" zusammengehalten werden. Der Versuch dieser Figur menschlichen Kontakt, Unterhaltung oder eine Bleibe zu finden ist zum Scheitern verurteilt. Das deprimierende Thema, das auf Theodor W. Adornos Satz „Es gibt kein richtiges Leben im falschen" aufgebaut zu sein scheint, wird vom Autor jedoch nicht ohne Komik behandelt.
Mit weiteren Stücken wie *Der Park* (1983), *Die Fremdenführerin* (1986) und *Angelas Kleider – Nachtstück in zwei Teilen* (1991) wurde Botho Strauß in den Augen mancher Kritiker immer stärker zum Repräsentanten eines „reproduktiven Dramas", das alte Stoffe erneuert, bekannte Motive variiert, traditionelle Sprachmuster zitiert, parodiert oder ironisch verfremdet.

Vor allem in seinen späteren nichtdramatischen Schriften hat sich Botho Strauß weit von seinen Anfängen entfernt. Der Roman *Rumor* (1980) beschäftigt sich mit der wechselseitigen Abhängigkeit zwischen einem Vater und seiner erwachsenen Tochter. *Paare, Passanten* (1981) enthält skizzierte Beobachtungen zu der Merkwürdigkeit, dass Menschen ihren Alltag inszenieren. Das elegische Gedicht *Diese Erinnerung an einen, der nur einen Tag zu Gast war* (1985) demonstriert mit einer Sprache, die vor traditionellen Metaphern nicht zurückschreckt, die Wandlung dieses Autors: „Lasst es nicht zu, dass in eure Küsse hineinredet / das Gemaule der Befindlichkeit. Die Sprache der Aus- / sprache. Liebe ist kein Befreiungskampf [...]"

„Kultautor bundesdeutscher Akademiker". Die Verrisse, mit denen Strauß' Essay *Anschwellender Bocksgesang* (1993) und der Prosaband *Wohnen Dämmern Lügen* (1994) bedacht wurden, sind als Beweis für den Generationenwechsel in der literarischen Landschaft Deutschlands interpretiert worden (→ S. 599). Botho Strauß galt lange Zeit in vereinfachender Weise als Repräsentant jener Schriftstellergeneration, die 1968 wichtige Positionen im literarischen Leben eroberte. Mit dem Vordringen einer dritten Nachkriegsgeneration von Autoren entsteht in den 90er-Jahren ein Konflikt, in dem junge Schriftsteller einstmals so „progressive" Autoren wie Strauß als „Chronisten der alten Bundesrepublik" zu etikettieren versuchen. Botho Strauß, so argumentieren junge Kritiker in den Feuilletons überregionaler Zeitungen, sei für ein oder zwei Generationen der Kultautor bundesdeutscher Akademiker geworden. Er transportiere seine Träume aus den Jahren der Studentenrevolte in eine völlig veränderte Zeit. Offenbar sind für die jungen Schriftsteller, die sich nach dem Ende der alten Bundesrepublik und nach dem Zusammenbruch der sozialistischen Staaten zu profilieren begannen, die von Botho Strauß bezogenen literarischen und sozialkritischen Positionen nur noch von historischem Interesse.

XIX
Die „neue Subjektivität"der Siebzigerjahre

1 Panorama

Ich-Entdeckung nach radikaler Politisierung. Die Politisierung des gesellschaftlichen und kulturellen Lebens, die 1968 mit den Studentenunruhen in Deutschland und Frankreich ihren sichtbaren Höhepunkt erreichte, wurde in der Mitte der 70er-Jahre erstaunlich rasch von einer „Tendenzwende" abgelöst. Die Lust am Protest, die sich in politischen Aktionen, aber auch in Demonstrationen gegen Fahrpreiserhöhungen, in Hausbesetzungen, in der „Sprengung" von Veranstaltungen, in der „Umfunktionierung" von Vorlesungen an Universitäten und in Massenstreiks geäußert hatte, verlor – vielleicht als Folge übersteigerter Erwartungen der „Aktivisten" – ihren Schwung. Der von der „Außerparlamentarischen Opposition (APO)" und insbesondere von Rudi Dutschke propagierte „Lange Marsch durch die Institutionen" als Mittel zur revolutionären Veränderung der Gesellschaft hatte zumindest unmittelbar zu keinen greifbaren Ergebnissen geführt. Eine satirische Bestandsanalyse im Literaturjahrbuch *Tintenfisch* stellte fest: „Ein Gespenst geht um in Deutschland: die Langeweile. Die ehemals radikalen Schüler sitzen schwitzend über Bonus- und Malus-Werten und denken über die Höhe ihrer Pensionen nach; die ehemals radikalen Studenten sitzen frischrasiert und gerade an ihren sauberen Schreibtischen und entdecken die alte oder die neue Ordnung, auf jeden Fall eine Ordnung; die ehemals radikalen Schriftsteller liegen in den warmen Armen der Gewerkschaft, seitdem sind sie ruhig [...]"

Keine grundsätzliche Gegenrichtung. Aus der Perspektive der Gegenwart lässt sich diese plötzliche Veränderung jedoch nur schwer als ein Pendelausschlag in Gegenrichtung erklären. Der Begriff „Tendenzwende" suggeriert die Vorstellung, dass sich die neue Mentalität in völliger Abkehr von den Idealen der unruhigen 60er-Jahre ausbildete. Aber die Entpolitisierung in der Mitte der 70er-Jahre wäre ohne die – oftmals frustrierenden – Erfahrungen in den Zeiten der Revolte nicht denkbar gewesen. Bürgerinitiativen, Subkulturen, alternative Verlage und Buchhandlungen gehörten seit den Jahren des „Aufbruchs" zu selbstverständlichen Erscheinungen des öffentlichen Lebens. Die „neue Subjektivität" und die „neue Innerlichkeit" in der Literatur der Bundesrepublik lässt sich auch als Ergebnis des verbreiteten Misstrauens gegen Machtapparate und Parteien, gegen fragwürdig gewordene Normen und gegen die schematisierte Beurteilung menschlicher Widersprüchlichkeit – also durchaus auch als Folge der Protestbewegung – interpretieren.

2 „Neue Subjektivität" im Roman

2.1 Nicolas Born

Der Roman *Die erdabgewandte Seite der Geschichte* (1976) von NICOLAS BORN (1937–1979) wurde von Peter Handke (→ S. 542 f.) als „radikalstes Beispiel" der „neuen Subjektivität" und „neuen Innerlichkeit" bezeichnet. Die Zustimmung war schon deshalb verständlich, weil auch Handke die neue Richtung mit dem Roman *Die Stunde der wahren Empfindung* (1975) mit gefördert hatte. Veröffentlichungen dieser Art wurden von vielen Autoren wie programmatische Schriften gelesen. Der nachlassende Schwung der Studentenrevolte, die 1968 ihren Höhepunkt erreicht hatte, drückte sich wenige Jahre später in Äußerungen der Ernüchterung aus.

Faszination der subjektiven Wahrheit. Entdeckt wird nun die Faszination der subjektiven Wahrheit. „Kehre dich ab von der Welt zu dir selber und zu nichts sonst", heißt es in Borns Roman *Das Auge des Entdeckers* (1972). Die literarische Konsequenz zeigt sich in der minutiösen Beobachtung der eigenen Fähigkeit sensibel auf die Ereignisse der Außenwelt zu reagieren. Borns Werke spiegeln das eigene Empfinden häufig in detaillierten Naturschilderungen und in exakten Schilderungen seelischer Gestimmtheit. Die epische Wiedergabe persönlicher Empfindungen überschreitet oft die Grenzen zur Lyrik.

Nicolas Born wurde 1937 in Duisburg geboren. Nach Kindheitsjahren im deutsch-holländischen Grenzgebiet und in Essen erlernte er den Beruf des Chemigraphen. 1957 und 1958 unternahm er Reisen in Balkanländer, nach Griechenland und in die Türkei. Er arbeitete an dem von Walter Höllerer angeregten Gemeinschaftsroman *Das Gästehaus* mit.

Ausschnitte aus der Weltgeschichte. Die Gestalt des Reporters Laschen im Roman *Die Fälschung* verkörpert die Distanz Borns zu den dramatischen Ereignissen, die als Teile der Weltgeschichte gelten. Georg Laschen resigniert angesichts der Unmöglichkeit die wahren Hintergründe des Libanon-Konflikts und die Wirklichkeit des Krieges in einem Illustriertenbericht zu benennen. Michael Krüger sah in diesem Georg Laschen den Repräsentanten einer Generation, „die ausführlich über das Ziel, das Wahre (und das ist in letzter Instanz die Revolution) nachgedacht und sich selber darüber aus den Augen verloren hat".

2.2 Bernward Vespers *Reise* – Nachlass einer ganzen Generation

Sofort nach seinem Erscheinen im Jahre 1977 wurde Bernward Vespers biografischer Roman-Essay *Die Reise* als wichtige literarische Neuerscheinung gefeiert. Ausschlaggebend für das Aufsehen war auch der Umstand, dass das Werk posthum herauskam.

Bernward Vesper, geboren 1938 in Frankfurt, war Sohn des nationalsozialistischen Autors Will Vesper. Er studierte Germanistik, Geschichte und Soziologie in Tübingen. Zusammen mit Gudrun Ensslin engagierte er sich in der Anti-Atomtod-Bewegung. Im Februar 1971 kam er in psychiatrische Kliniken Münchens und Hamburgs. Im Mai 1971 beging er Selbstmord.

Kultbuch linksorientierter Jugendlicher. *Die Reise* wurde in kürzester Zeit zu einem Kultbuch. Drei Ebenen spiegeln die Hinwendung des Autors nach innen: Eine „Reise" erfolgt in die biografische Vergangenheit, die von Erinnerungen an den gehassten Vater bestimmt wird. Eine zweite Linie reflektiert die subjektiven Erfahrungen bei Drogen-Trips. Die dritte Dimension beleuchtet die Reaktion des Verfassers auf Ereignisse während der Niederschrift des Manuskripts in den Jahren 1969 bis 1971, in einer Zeit also, in der die Ideale der APO und der Studentenrevolte fragwürdig geworden waren. Die Protestbewegung wird von Vesper als Sturm der Entrüstung angesichts der Sünden der Vätergeneration gewertet.

Die „neue Innerlichkeit" bei Vesper löst sich nicht völlig von Idealvorstellungen politisch-gesellschaftlicher Befreiungsversuche. Aber das Werk belegt doch die Abwendung von der ideologisierten Argumentation, wie sie die Auseinandersetzungen an den Universitäten in den ausgehenden 60er-Jahren bestimmt hatte.

3 „Neue Subjektivität" in der Lyrik

3.1 Lyrik im Handgemenge

Nicht wenige Gedichte der 70er-Jahre lesen sich heute wie Rückzugsgefechte nach den Straßenschlachten der Studentenrevolte. Jürgen Theobaldy meinte: „Die Lyrik muss Mut machen, Kraft geben, wenn wir lädiert vom Handgemenge nach Hause kommen oder gar nicht erst nach Haus gehen können."

Keine Rückkehr zur „hermetischen" Poesie. Die neue Innerlichkeit der Lyrik bedeutet in der Zeit nach 1970 keineswegs eine Rückkehr zu den verklausulierten Metaphern der Symbolisten oder zur „hermetischen" Poesie, wie sie der 1970 gestorbene Paul Celan gepflegt hatte. Viele jüngere Lyriker akzeptierten die Forderung nach Volksnähe, die vor allem in politischen Manifesten immer wieder erhoben wurde. Abgelehnt wurde jede Art von „elitärer" Sprache, die sich der gesellschaftspolitischen Realität verschloss. Günter

Herburger plädierte für eine Abkehr von der Naturlyrik und von jeder Exklusivität des poetischen Worts. „Wer Metaphern anfasst, verbrennt sich die Finger." Gefragt war das kommunikative Gedicht, das dem Leser das Mitreden und Mitlesen erlaubt. Dieses Einverständnis zwischen dem Autor und dem Adressaten sollte auf der Grundlage von gemeinsamen, „kollektiven" Erfahrungen herbeigeführt werden. Subjektivität im Gedicht sollte die Wahrheit sichern, die jedermann in sich entdecken kann, wenn er sensibel genug ist.

Thesen zum langen Gedicht. Schon 1965 hatte Walter Höllerer mit diesem Aufsatz einen „neuen Realismus" in der Lyrik gefordert. Als er 1977 unter dem Titel *Was alles hat Platz in einem Gedicht?* erneut publiziert und stark beachtet wurde, hatte die neue Lyrik ihr Programm. Das von Höllerer propagierte „lange Gedicht" wendet sich gegen den lyrischen Lakonismus, der den Ausdrucksformen des wirklichen Lebens eine Absage erteile. Das „lange Gedicht" hingegen eröffne sich Möglichkeiten auf neue Weise Wirklichkeit zu spiegeln. Die Realität sei dann thematische Grundlage des Gedichts, wenn die Rückverwandlung des Beobachteten und dessen Einbindung in einen lyrischen Kontext gelinge. So könne der Anspielung auf aktuelle Begebenheiten und auf gesellschaftliche Wirklichkeiten Dauer verliehen werden. Verlieren müsse das Gedicht die Feiertäglichkeit, die es einst als Instrument der affirmativen Literatur nötig gehabt habe.

3.2 Das Gedicht als prosaische Sache

Jürgen Theobaldy fasste das neue Lyrikverständnis in dem Satz zusammen, dass Poesie nun eine „prosaische Sache" geworden sei.

JÜRGEN THEOBALDY wurde 1944 in Straßburg geboren. Er wuchs in Mannheim auf. Nach einer kaufmännischen Lehre ging er an die Pädagogische Hochschule in Freiburg und Heidelberg, anschließend studierte er Literaturwissenschaft an den Universitäten Heidelberg und Köln. Er lebt in der Schweiz.
Mit seinen frühen Gedichtbänden *Sperrsitz* (1973), *Blaue Flecken* (1974) und *Zweiter Klasse* (1976) wurde Theobaldy zum Repräsentanten der „Alltagslyrik". Spontane und reflexive Texte wechseln sich ab und typischerweise wird auch in die subjektivsten Gedichte ein gesellschaftspolitischer Hintergrund integriert.
Es konnte nicht überraschen, dass die neuen Trends zu Subjektivität und Innerlichkeit von Lyrikerinnen stark mitbestimmt wurden. Ursula Krechel und Karin Kiwus gaben der Entwicklung besondere Akzente, die auch die Rolle der Frau in der gesellschaftlichen Situation dieser unruhigen Jahre berücksichtigten.

URSULA KRECHEL, 1947 in Trier geboren, schloss das Studium der Germanistik, Theaterwissenschaft und Kunstgeschichte an der Universität Köln 1972 mit einer Dissertation über Herbert Ihering, den berühmten Theaterkritiker der Weimarer Republik, ab. Später war sie als Dramaturgin an den Städtischen Bühnen Dortmund tätig. Seit 1972 lebt sie als freie Schriftstellerin in Köln, Berlin, Darmstadt und Frankfurt am Main.
Ursula Krechels Hauptthema wird von der Frage nach dem Zustand „des Bei-sich-Seins" bestimmt. Ihre Text geben Einblicke in ihre persönlichen Entwicklungsphasen und in die schwierigen Prozesse der Selbstfindung. In dieser biografischen Selbstbefragung, ebenfalls ausgelöst durch die Rolle der Autorin während der Studentenbewegung, bleibt der gesellschaftliche und politische Hintergrund sichtbar. Auch für Ursula Krechel ist Subjektivität nicht Flucht, sondern subjektive Auseinandersetzung mit der Realität. Sie veröffentlichte die Lyrikbände *Nach Mainz* (1977), *Verwundbar wie in den besten Zeiten* (1979), *Gedichte* (1983) und *Rohschnitt* (1983).
Ihre Gedichte mischen häufig eine Ebene der sachlich-konkreten Beobachtung mit einer zweiten Ebene der Deutung.

Nach einem Ausflug ganz oben in der Schweiz
wo die Luft zu dünn zum Schneiden
die Bauern zu arm zum Leben
und zum Sterben zu blauäugig
wo die vielen Ziegen freundlicher aussehen
als die wenigen Kinder, weiß ich:
auch kleine Bäche graben sich
beharrlich unter Gletschern hindurch.
Auch am Ende der Welt gibt es
Farbfernsehen und Fußball.

Meistens verdeckt Nebel die Villen im Tal.
Bis jetzt nehmen die Bergbewohner
es nur mit dem Gebirge auf.

Karin Kiwus wurde 1942 in Berlin geboren. Sie studierte Publizistik, Germanistik und Politologie in Berlin. Von 1973 bis 1975 war sie Verlagslektorin, 1978 übernahm sie eine Gastdozentur an der University of Texas in Austin.
In den Gedichten Karin Kiwus' dominiert eine Stimmung der Resignation. Nicht Wahrheiten sollen formuliert, sondern Abbilder einer Wirklichkeit geschaffen werden, die Geborgenheit spenden. Ihr erster, außergewöhnlich erfolgreicher Gedichtband *Von beiden Seiten der Gegenwart* (1976) – eine zweite Lyriksammlung folgte 1979 unter dem Titel *Angenommen später* – beschäftigt sich auch mit den Lebensbedingungen der Frau in der Gesellschaft.

Rainer Malkowski bevorzugt in seinen Gedichten einen ironischen Tonfall. Geboren 1939 in Berlin, arbeitete Malkowski von 1959 bis 1971 in Zeitungsverlagen und bei Werbeagenturen in Berlin und Frankfurt. Ab 1972 widmete er sich ganz der schriftstellerischen Arbeit.
Malkowskis Gedichtband *Was für ein Morgen* (1975) wurde als Beleg für die Lyrik der neuen Subjektivität gewertet. Die Vermutung von Kritikern, dass die Gedichte den resignierenden Rückzug in die Vereinzelung erkennen lassen, ist schwer zu begründen, wenn man die Gesamtstimmung der Gedichte im Band *Einladung ins Freie* (1977) oder auch der Auswahl *Gedichte* (1989) beachtet.

Erleichtert,
mit triumphierend geschlossenen Augen
nehmen wir Abschied von allen Plänen.
Jeder für sich:
auf glückliche Weise
verschollen in seinem Stuhl.

Nicht nur die Erkenntnis, dass die Zeiten der Gemeinsamkeit vorüber sind, beherrscht die Gedichte Malkowskis, sondern auch die Aussicht, dass das Zurückgeworfensein auf eine subjektiv erfahrene Welt neue Möglichkeiten eröffnet.

4 „Neue Subjektivität“ in der Frauenliteratur

4.1 „Aktionsrat zur Befreiung der Frau“

Die Protestbewegung um 1968 schien, oberflächlich betrachtet, auch ein Forum für die Anliegen der Frauen zu sein. Das vertiefte Bewusstsein für Unterdrückungs- und Ausbeutungsmechanismen stärkte die neue Frauenbewegung. Die Argumente grundsätzlicher Systemkritik vermischten sich mit Emanzipationsforderungen, wie beispielsweise die Bildung eines „Aktionsrats zur Befreiung der Frau“ im *Sozialistischen Deutschen Studentenbund* (SDS) beweist. Die Zeitschrift *Kursbuch*, das damals die Themen der kulturpolitischen Diskussion entscheidend mitbestimmte, widmete eine Ausgabe des Jahres 1969 dem heißen Eisen „Frauen – Familie – Gesellschaft“. Anfang der 70er-Jahre kam es zu vehementen, auch von den Medien mitgetragenen Kampagnen von Frauen gegen den Abtreibungsparagraphen 218 des Strafgesetzbuches. 1971 bekannten sich prominente Frauen im *Stern*-Report *Ich habe abgetrieben* persönlich und öffentlich zum Schwangerschaftsabbruch. Alice Schwarzer, eine der prominentesten Vorkämpferinnen der modernen Frauenbewegung, formulierte die Losungen der kämpferischen Emanzipationsbestrebungen in der Textsammlung *Der kleine Unterschied und seine großen Folgen. Frauen über sich. Beginn einer Befreiung.*

4.2 Anstöße aus dem westlichen Ausland

Das *Women's Liberation Movement* als Impuls. Argumentationsmodelle zu dieser Auseinandersetzung kamen aus dem westlichen Ausland. Das *Women's Liberation Movement* in den USA, die Publikationen Susan Sontags und Simone de Beauvoirs übten starke Einflüsse auf die deutsche Szene aus. Der Vietnamkrieg mit seinen Schrecken bestärkte nicht nur Frauen in der Überzeugung, dass Krieg eine Folge der weltweiten Männerherrschaft sei. Eine Vielzahl von Publikationen dieser Zeit warf den Männern Liebesunfähigkeit und Gefühlskälte vor. In solchen Schriften erscheint der Mann als der typisierte Repräsentant mörderischer Systeme. Sexualität wurde aus der Perspektive schreibender Autorinnen häufig als ein von Männern verübter Gewaltakt empfunden. Frauen erscheinen als Objekt männlicher Begierde. Das Bild vom versagenden Vater war eine logische Variante dieser Abrechnungs- und Befreiungsliteratur, die in der ersten Hälfte der 70er-Jahre schon deshalb günstige Marktbedingungen vorfand, weil eine große Zahl von neugegründeten Frauenzeitschriften dieses stereotype Bild ständig aktualisierte und weiten Kreisen der Bevölkerung bewusst machte. Der überraschende Verkaufserfolg der Romane *Häutungen* von Verena Stefan und *Klassenliebe* von Karin Struck veranlasste viele Verlage ihr Gesamtprogramm auszuweiten und Abteilungen für „Frauenliteratur" einzurichten.

Ich- und Körper-Erfahrung. Das neue Selbstverständnis von Schriftstellerinnen offenbarte sich in einer Schreibweise, die auf Spiegelungen des Ichs und auf Körpererfahrung basierte. Der weibliche Körper wurde gleichsam zum Impuls einer „wahren" Sprache in einer verlogenen Welt männlicher Brutalität. Ich-Erfahrung und Körper-Erfahrung waren, wie es schien, eine untrennbare Einheit. „Die Frau muss ihren Körper beschreiben, ihre uneinnehmbare Sprache erfinden, die die trennenden Wände, Klassen, Rhetoriken, Verordnungen und Gesetze zerbricht" (Kathrin Mosler in *Hundert Blumen*, 1976). Strittig blieb, ob die „Frauenliteratur" eine neue Form literarischer Ästhetik kreierte und durchsetzte. In der Beurteilung der Frage, ob sich die Literatur der Frauen von der Literatur der Männer in Stil, Realitätswahrnehmung, Metaphorik und Rhythmisierung unterscheide, nehmen Literaturwissenschaft und Literaturkritik bis heute keinen einheitlichen Standpunkt ein.

4.3 Die Absage an ideologisches Kauderwelsch

Benachteiligung der Frauen auch in antiautoritären Gruppierungen. Obwohl Herbert Marcuse (1898–1979) 1974 die Frauenbewegung als die „vielleicht wichtigste und potentiell radikalste Bewegung" nach 1968 einstufte, fühlten sich viele Frauen auch in den antiautoritär orientierten Gruppierungen ausgenutzt. Sie sahen sich plötzlich als nützliche Hilfskräfte in einem Kampf, der auf politische, nicht auf frauenemanzipatorische Veränderungen ausgerichtet war.
Die sexuelle Freizügigkeit der Jahre um 1968, zunächst als eine Art Vorstufe der Frauenbefreiung und als Methode zur Zerschlagung bürgerlicher Ethik deklariert, hatte im Grunde die Stellung der Frau in der Gesellschaft nicht verändert, wenn man davon absieht, dass das Odium und damit auch die literarisierte, zweifellos problematische Faszination der *Femme fatale* überwunden werden konnte. Es war bezeichnend, dass Ursula Krechel heftigen Widerspruch einlegte, als Herbert Marcuse einen „feministischen Sozialismus" propagierte, der sich durch die weiblichen Eigenschaften der „Rezeptivität, Sensitivität, Gewaltlosigkeit, Zärtlichkeit usw." auszeichnen sollte.

Enttäuschung über das Scheitern der Protestbewegung. Diese Enttäuschungen und das zumindest äußerliche Scheitern der Protestbewegungen von 1968 und der folgenden Jahre waren dafür verantwortlich, dass sich auffallend viele Schriftstellerinnen von den oftmals fragwürdig gewordenen Zielen der Revolte ab- und der Welle der „neuen Subjektivität", einer „neuen Sensibilität", zuwandten. Ingeborg Bachmann hatte sich schon 1971 („Die Gesellschaft ist der allergrößte Mordschauplatz") von der politisch infiltrierten Emanzipationsbewegung und von den Literaturdebatten im Soziologen-Kauderwelsch abgegrenzt. Erhalten blieb aber die feministische Infragestellung der traditionellen Hierarchien, die allerdings in den folgenden Jahren häufiger als Folge geschlechtsspezifischen Rollenverhaltens und nicht mehr so sehr als Ergebnis einer Klassengesellschaft interpretiert wurden.

Rasche Erschöpfung der Schreibimpulse. Ein wesentliches Problem der bundesdeutschen Frauenliteratur ergab sich aus ihrem subjektiven Ansatz. Da eine Vielzahl von Büchern dieses Genres auf autobiografischen Erfahrungen aufbaute, erschöpften sich die Schreibimpulse mancher Autorinnen sehr rasch. Wenn ein erstes Buch besonderes Aufsehen erregte oder ein Bestseller wurde, lag die Versuchung nahe, weitere Werke dem bewährten Schema des Erstlings anzupassen. Die ausschließliche Hinwendung auf das eigene Erlebnis und Gefühl wurde nicht selten als Variante narzisstischer Egozentrik kritisiert. Tatsächlich ist nicht zu übersehen, dass literarische Äußerungen der Frauenbewegung die oftmals wichtige und überzeugende Darstellung von den

Leiden der Frau in einer Männergesellschaft mit einem Verzicht auf die exemplarische Übertragbarkeit der Inhalte und gelegentlich sogar mit einer naiv wirkenden Begrenzung des Horizonts erkauften. In den USA und auch in der DDR konnten sich Autorinnen, die in ihren Büchern Probleme der Frau in der modernen Gesellschaft behandelten, besser davor bewahren, die Ursache für das Unglück von Frauen allein in den patriarchalischen Strukturen zu sehen.

Dass der Versuch die Frau aus ihrer Objektrolle zu befreien ein Thema für Autorinnen in Ost und West war, zeigt sich in Christa Wolfs *Kassandra* (1983). Die DDR-Schriftstellerin stellte die Hauptfigur ihres Werks als eine Frauengestalt vor, deren Schicksal verformt wurde, „was dann, dreitausend Jahre lang, den Frauen geschehen soll: dass sie zum Objekt gemacht werden." Am Beispiel Kassandras, der Seherin Trojas, werde gezeigt, dass die „innere Geschichte" der Frauen das Ringen um Autonomie sei (→ S. 573 f.).

Wie unabhängig von der literarischen Qualität und wie breit gestreut in den 70er- und 80er-Jahren das Interesse an Büchern war, die mit autobiografischer Glaubwürdigkeit das Opferleben der Frau schilderten, beweist der Erfolg der *Lebenserinnerungen einer Bäuerin*, die Anna Wimschneider (1919–1993) unter dem Titel *Herbstmilch* 1984 veröffentlichte. Das Verkaufsergebnis, durch eine Verfilmung erheblich gefördert, übertraf selbst die Erwartungen des Verlags.

*Die Psychologisierung von Mädchen- und Frauengestalten in **Luise Rinsers** Romanen aus den 60er-Jahren erinnert stark an die Grundsätze, die ein Jahrzehnt später die „neue Subjektivität" bestimmten. Insofern wird Luise Rinser als eine Wegbereiterin der Frauenliteratur gesehen.*

4.4 Luise Rinser – Wegbereiterin der Frauenliteratur?

Viele Positionen, die für die Frauenliteratur der 70er-Jahre als unverzichtbar galten, finden sich bereits im Werk Luise Rinsers. Die 1911 im oberbayerischen Pitzling geborene Schriftstellerin fand allerdings erst spät Anerkennung durch die Literaturkritik, sodass ihre vielen Veröffentlichungen den Repräsentantinnen der „neuen Subjektivität" wohl nicht vollständig bekannt waren. Luise Rinser hat schon früh das autobiografische Erzählprinzip angewandt und die Zerreißproben beschrieben, die sich aus patriarchalischem Ordnungsanspruch und weiblichem Bedürfnis nach Gefühlsentfaltung ergeben können. Subjektivität ist in Luise Rinsers Büchern insofern bereits ein Prinzip, als die Autorin immer wieder die Frage nach den individuellen Grundlagen ihrer eigenen Entwicklung stellt. Da die Schriftstellerin jedoch auch von einer mystischen Form religiöser Weltinterpretation ausgeht, gelangt sie nicht zu jenen Ergebnissen, die für die Emanzipationsschriften der 70er-Jahre charakteristisch waren. Luise Rinser will vielmehr zeigen, „wie sich ein Mensch nach und nach aus den lebensbedrohenden Verstrickungen äußerer und innerer Gegebenheiten löst und die geistige Freiheit gewinnt". Dieser an klassische Traditionen anknüpfende Freiheitsbegriff hat der Schriftstellerin den Ruf eingetragen, der „Erbauung" ihrer Leser dienen zu wollen.

Luise Rinser war Lehrerin, ehe sie sich mit ihrem ersten Buch *Die gläsernen Ringe* 1940 als Schriftstellerin profilierte. Nach dem Zweiten Weltkrieg arbeitete sie in München als Journalistin. Von 1953 bis 1959 war sie mit dem Komponisten Carl Orff verheiratet. Sie lebt abwechselnd in Rom und in München. 1984 wurde Luise Rinser von den Grünen als Kandidatin für die Bundespräsidentenwahl nominiert.

Die Autobiografie *Den Wolf umarmen* (1981) beschreibt Luise Rinsers Lebensweg, wobei dessen

Fakten allerdings nicht immer exakt übernommen werden. Auch viele andere Werke spiegeln die Entwicklung der Schriftstellerin wider und beleuchten die frühe Auflehnung gegen die Ansprüche der katholischen Kirche, Luise Rinsers Ablösung von einer rein kirchlichen Glaubensauffassung und die Wiederentdeckung metaphysischer Normen bei der Bewertung von Schuld und Sühne. Zumindest in der psychologisierenden Deutung von Mädchen- und Frauengestalten (*Daniela*, 1953) hat Luise Rinser Grundlagen der „neuen Subjektivität" vorweggenommen. *Nina* (1961), ursprünglich zweiteilig unter den Titel *Mitte des Lebens* (1950) und *Abenteuer der Tugend* (1957) erschienen, erzählt die Geschichte einer emanzipierten Frau, die schließlich, belehrt durch die Leere ihres bisher selbstständigen Lebens, in der Bereitschaft zur Einfügung in religiös-metaphysische Ordnungen den eigentlichen Sinn des Daseins erkennt.

4.5 Ingeborg Bachmanns neue Sensibilität – Abschied von der Welt der Männer

Undines Anklage. In Ingeborg Bachmanns Erzählband *Das dreißigste Jahr* (→ S. 489), erschienen 1961, fand sich unter dem Titel *Undine geht* bereits eine symptomatische Neuinterpretation des romantischen Kunstmärchens *Undine* von Friedrich de La Motte Fouqué. Die Geschichte von der unerfüllbaren Liebe der Meerjungfrau Undine zu einem Ritter wird bei Ingeborg Bachmann umgedeutet zu einer Anklage: „Ihr Ungeheuer! Ihr Ungeheuer mit dem Namen Hans!" Das Naturwesen Undine lernt die Welt des zur Liebe unfähigen Menschenwesens Mann kennen. Aber Undines Abschied ist eine Mischung aus Enttäuschung und Sehnsucht.

Das gespaltene Ich. Noch deutlicher greift der Roman *Malina* (1971) das Thema vom Spannungsverhältnis zwischen den Geschlechtern auf. Konzipiert als Teil einer nicht fertiggestellten Trilogie *Todesarten* erzählt das Werk die Todesart einer weiblichen Ich-Figur. Die seelische Situation des namenlos bleibenden Ichs drückt sich aus in fragmentarischen Telefongesprächen, in Briefen und Briefauszügen, in Märchenmotiven und Interview-Ausschnitten. Malina bleibt schließlich zurück, die Erzählerin verschwindet durch einen Riss in der Wand. Das gespaltene Ich wird zerrissen zwischen dem Anspruch polarer Prinzipien: Männliche und weibliche Weltbetrachtung erweist sich als unvereinbar. „...und es sollten die Frauen und Männer am besten Abstand halten, nichts zu tun haben miteinander", schrieb Ingeborg Bachmann 1972 in der Erzählung *Drei Wege zum See*.

Die moderaten Töne, die diese Darstellung von vielen um 1970 veröffentlichten Emanzipationspamphleten unterschieden, wurden nicht immer beachtet, wenn Ingeborg Bachmann als Vorkämpferin der Frauenbewegung angesehen wurde. Kurz vor ihrem Tod im Jahre 1973 erklärte sie: „Dennoch ist selbst in der Kapitulation noch Hoffnung und diese Hoffnung des Menschen hört nicht auf, wird nie aufhören."

4.6 *Häutungen* von Verena Stefan – „Koran der Frauenbewegung"

Für eine Frauenliteratur mit neuem Vokabular. Das Nachrichtenmagazin *Der Spiegel* sah in den autobiografischen Aufzeichnungen *Häutungen* von Verena Stefan den „Koran der Frauenbewegung". Das Buch, 1975 erschienen und innerhalb von zwei Jahren 100 000-mal verkauft, propagiert die Befreiung der Frau durch Ablösung vom Frauen verachtenden Sexualwortschatz und durch das Bekenntnis zur weiblichen Identität. Der Autorin ist bestätigt worden, dass sie an die Stelle verbrauchter Erotikschilderungen ein neues Vokabular gesetzt habe, das mit naturhaften Vergleichen und mit der Einbeziehung einer eigenwilligen Pflanzenmetaphorik Wege zu einer literarischen „Frauensprache" eröffnet habe.

Verena Stefan, geboren 1947 in Bern, engagierte sich ab 1968 in Berlin für die Frauengruppe Brot ♀ Rosen und ist Mitherausgeberin des *Frauenhandbuchs Nr. 1.*

Für ein „ehrliches Frauenbild". *Häutungen* drückt mit dem Untertitel „Autobiografische Aufzeichnungen Gedichte Träume Analysen" die Absicht der Verfasserin aus sich auch von den üblichen literarischen Gattungsbezeichnungen zu lösen. Verena Stefans feministische Zielsetzung geht aber weit über literarische Erneuerungen hinaus. Ihr Anliegen ist die Durchsetzung eines ehrlicheren Frauenbildes in allen Bereichen der Gesellschaft. Sie betont: „Wenn wir Bestehendes aufbrechen wollen – Sprache als einen Teil davon –, so müssen wir auf allen Gebieten, der Kultur, der Politik, der Wissenschaften, aus der Sicht der Frau eingreifen."

4.7 Karin Strucks *Klassenliebe* – zwischen Klage und Triumph

Zu einem heftig diskutierten Ereignis wurde 1973 das Erscheinen des ersten Romans *Klassenliebe* von Karin Struck. Die Autorin, geboren 1947, stammt aus Schlagtow in Mecklenburg und verließ 1953 die DDR. In Bochum, Bonn und Düsseldorf studierte sie Germanistik und Psychologie. Sie arbeitete in Fabriken und Büros, als Au-pair-Mädchen war sie in Frankreich. Karin Struck lebt als freie Schriftstellerin im nordrhein-westfälischen Billerbeck.

Entdeckung der eigenen Identität. Der Roman *Klassenliebe* ist ein Dokument zwanghafter Selbstanalyse und schonungsloser Selbstoffenbarung. Die Entdeckung der eigenen Identität wird nicht als verklärender, sondern als entlarvender Vorgang empfunden: „Das bist du also, dieser kleinliche Mensch?" Die Wiedergabe der Erlebnisse einer Arbeiterin, die allmählich zur Intellektuellen aufsteigt, dabei schmerzliche Prozesse durchläuft und nach der Politisierungsphase um 1968 ihre Identität findet, wurde in den Feuilletons zum Diskussionsthema, weil Karin Struck ein neues, von den ideologisierten Schemata befreites und deutlich klassenspezifisches Selbstwertgefühl propagierte. Ohne jede Distanzierung verarbeitet die Autorin ihre eigenen Erfahrungen, sodass ein authentischer, durchaus auch widersprüchlicher Erlebnisbericht entsteht. „Sich selber zensieren heißt sich selber kastrieren", kommentierte Karin Struck.

Mystische Dimension mütterlichen Glücks. Erstaunlicherweise hat aber gerade der hemmungslose Subjektivismus Karin Strucks den Beweis geliefert, dass mit dieser Art der bekennenden Äußerung nicht nur detaillierte Psychogramme, sondern auch Mythisierungen erreicht werden können. Karin Strucks Roman *Die Mutter* (1975), der die Gegensätzlichkeit von Mutterrolle und Emanzipationsbestrebung behandelt, verdeutlicht die mystische Dimension mütterlichen Glücks, sodass Gabriele Wohmann sich veranlasst sah Karin Struck eine „naturkulthafte Mütterlichkeitsneurose" zu attestieren. *Lieben* (1977) ist ein Bekenntnis zur Sehnsucht nach einer alle Grenzen überwindenden sinnlichen Liebe.

Diese beiden Romane brachten Karin Struck den Vorwurf ein, dass ihre radikal subjektivierte Darstellung einer Innenwelt der Empfindungen die sozioökonomische Außenwelt ignoriere. Die Erzählung *Trennung* (1978) versucht diesen Vorhaltungen zu begegnen, indem eine Frau in den Mittelpunkt der Handlung gestellt wird, die bei der Planung eines neuen Lebensabschnitts ihren Traum von der mythischen Kraft der Liebe an den sozialen Bedingungen ihres Lebensumfeldes misst.

4.8 Gabriele Wohmann – sich der eigenen Identität vergewissern

Bekenntnisliteratur und „Wohmannisieren". Schon lange vor den 70er-Jahren hatte Gabriele Wohmann die „neue Subjektivität" in ihren Romanen und Erzählungen zum Darstellungsprinzip erhoben. Allerdings greift sie zumeist zu dem bewährten Mittel eigene Erfahrungen, Erlebnisse und Empfindungen einer fiktiven Figur zuzuordnen. Diese Art der Distanzierung wirkt zwar kühler, verdeckt jedoch nicht die fast manische Selbstbespiegelung, die als „Wohmannisieren" zu einem Begriff der Literaturkritik wurde. In einer Zeit, in der selbst die persönlichste Empfindung als Produkt der sozialen und wirtschaftlichen Verhältnisse erklärt wurde, konnte scharfe Kritik an der Bekenntnisliteratur Gabriele Wohmanns nicht ausbleiben. Ihr Blick nach innen galt vielen Kritikern als müßige „Nabelschau" ohne gesellschaftliche Bedeutung.

Übersehen wurde, dass Gabiele Wohmann mit ihren Erzählungen, Romanen und Hörspielen den Versuch unternahm sich der eigenen Identität zu versichern. In solchen Analysen ließ sich durchaus auch eine exemplarische, auf die Welt des Lesers übertragbare Methode der Selbsterkundung und Selbstfindung sehen.

Gabriele Wohmann, geboren 1932 in Darmstadt, studierte neuere Sprachen und Musik. Mehrere Jahre lang arbeitete sie als Lehrerin auf Langeoog und in Darmstadt.

Debütiert hatte Gabriele Wohmann 1958 mit Erzählungen unter dem Titel *Mit einem Messer* und mit dem Roman *Jetzt oder nie.* Unter der großen Zahl ihrer weiteren Publikationen erlangte der

Roman *Ernste Absicht* (1970) Bedeutung. Erzählt wird von der Einsamkeit einer jungen Frau, die während eines Klinikaufenthalts die Elemente, die ihren Lebenskreis bestimmen, als Zerstückelung und Trümmerwerk erlebt. Erst der Tod eines Kindes führt zu einem Deutungsansatz, mit dessen Hilfe die Undurchdringlichkeit subjektiv registrierter Welten überwunden werden könnte.
Mit dem Thema Einsamkeit beschäftigen sich auch viele andere Erzählungen Gabriele Wohmanns (*Einsamkeit*, 1982). Oft zeigt sie am Beispiel von Kindern, wie die Einflüsse der Umwelt die Schwächsten der Wohlstandsgesellschaft in Tragödien stürzen (*Glücklicher Vorgang*, Erzählungen 1986; *Der Flötenton*, Roman 1987; *Alles an seinem Ort*, Erzählungen 1992; *Das Salz bitte*, Erzählungen 1992).

4.9 Brigitte Schwaiger – zwischen Ironie und Sanftmut

Distanz durch Ironie. Sehr geschickt entzog sich BRIGITTE SCHWAIGER der Gefahr Frauenliteratur nach einem vorgegebenen Schema zu produzieren. Ihr erster Roman *Wie kommt das Salz ins Meer* (1977) befreite sich von solchen Zwängen durch wohltuende Ironie. Diese Ironie verhilft dem Buch zu differenzierten Perspektiven, wenn etwa die Frage gestellt wird, ob die Frau wirklich nur als leidendes Opfer zu sehen ist.
Brigitte Schwaiger wurde 1949 im oberösterreichischen Freistadt geboren. Nach dem Abitur studierte sie zwei Semester lang Psychologie, Germanistik und Romanistik, heiratete und ließ sich mit ihrem Mann in dessen Heimat Spanien nieder. Während Brigitte Schwaiger in Madrid und auf Mallorca Deutsch und Englisch unterrichtete, versuchte sie sich als Malerin. Nach der Scheidung 1973 kehrte sie nach Österreich zurück um an der Pädagogischen Akademie in Linz zu studieren. Sie trat als Schauspielerin in einem Kellertheater auf, übernahm eine Stelle als Regieassistentin beim ORF und war Sekretärin in einem Wiener Theaterverlag. Seit dem überwältigenden Erfolg ihres ersten Buches lebt sie in Wien als freie Schriftstellerin.

Paradigmatische Darstellungsweise. *Wie kommt das Salz ins Meer* fand die Beachtung der Literaturkritik. Das autobiografisch-dokumentierende Verfahren entsprach den wesentlichen Forderungen, die in den 70er-Jahren an die Literatur gestellt wurden. Aber im Gegensatz zu anderen Verfasserinnen von persönlichen Bekenntnissen dieser Zeit versteht es Brigitte Schwaiger, die Geschichte einer scheiternden Ehe so paradigmatisch zu erzählen, dass sich viele Leserinnen zur Identifikation mit der Hauptfigur eingeladen fühlten. Der spöttische und trockene Ton dient außerdem dazu, jede Larmoyanz zu unterbinden. Und dass der Roman nicht nur bei Frauen Anklang fand, hatte ebenfalls seinen guten Grund: Brigitte Schwaigers Buch deckt nicht nur die Probleme auf, die sich für die wenig handlungsbereite, betrogene Frau ergeben, sondern schildert auch die Komplikationen, die den männlichen Betrüger erwarten.
Noch stärker psychologisierend verfuhr die Autorin, als sie nach recht freizügigen Veröffentlichungen (*Mein spanisches Dorf*, 1978, und *Malstunde*, 1980) die Erzählung *Lange Abwesenheit* (1980) schrieb. Mit der Analyse einer Tochter-Vater-Beziehung wählte Brigitte Schwaiger ein besonders bedeutsames Thema der Frauenliteratur.

4.10 Elfriede Jelineks literarische Aggressionen

Erster deutschsprachiger Pop-Roman – so feierte die Kritik 1970 ELFRIEDE JELINEKS Buch *wir sind lockvögel baby*. Das Werk weitete die Darstellungsformen der Frauenliteratur entscheidend aus. Die Österreicherin Elfriede Jelinek, die bis zu diesem Zeitpunkt nur die Gedichtsammlung *Lisas Schatten* (1967) vorgelegt hatte, fand mit dem Roman nicht nur einen neuen Tonfall, sondern auch eine Möglichkeit, den Leser zur aktiven Mitarbeit, zu einem *action reading*, anzuhalten. Auf einem Vorsatzblatt waren sechs Alternativtitel vorgeschlagen, die je nach Wahl verschiedene Lesarten eröffneten. Solche Bekenntnisse zur Veränderung der Literatur entsprachen den Trends der Zeit. Schon 1964 hatte Walter Höllerer eine *Akzente*-Ausgabe allein diesem Thema gewidmet. In ihrem ersten Roman bewies Elfriede Jelinek ihre besondere Gabe mit dem vorgeformten Sprachmaterial aus Comics und Horrorclips, aus Beatles- und Heintje-Texten groteske Mixturen entstehen zu lassen, indem sie die heterogenen Elemente zusammenfügt und sie nicht nur als Banalitäten entlarvt, sondern mit ihrer Hilfe zugleich satirische Effekte erreicht.

*Mit provozierender Themenbehandlung und eigenwilliger Sprache lösen **Elfriede Jelineks** Werke bei ihrem Erscheinen häufig einen Eklat aus.*

Elfriede Jelinek, 1946 in Mürzzuschlag/Steiermark geboren, studierte Theaterwissenschaften und Kunstgeschichte an der Universität Wien. Am Konservatorium ließ sie sich in den Fächern Orgel, Klavier, Violine sowie Kompositionslehre ausbilden. Längere Zeit lebte sie in Berlin und Rom, ehe sie sich in Wien niederließ. Ihre Romane, die sie zu einer umstrittenen, aber weithin bekannten Schriftstellerin machten (Heinrich-Böll-Preis der Stadt Köln 1986), erschienen in rascher Folge. Vor allem *Die Liebhaberinnen* (1975), die *Klavierspielerin* (1983) und *Lust* (1989) gelten als stilistisch einfallsreich, aber auch als problematische psychoanalytische Bestandsaufnahmen abweichenden Verhaltens.

Der Roman *Die Klavierspielerin* erzählt die Geschichte der Klavierlehrerin Erika Kohut. Erikas Mutter hat sich in den Kopf gesetzt das Mädchen zu einer großen Pianistin ausbilden zu lassen. Der ständige Leistungsdruck ist schuld an Erikas seelischer Verkümmerung und an ihrer Unfähigkeit das Leben aktiv mitzugestalten. Sie wird zur Voyeurin. Als einer ihrer Schüler ein Liebesverhältnis mit ihr anzuknüpfen versucht, erkennt sie ihre pervertierte Einstellung. Sie kann nur noch im Leiden Lust empfinden.

Kalauer und Elemente der Amtssprache. Elfriede Jelinek beschreibt ein unerfülltes, fehlentwickeltes Frauenleben. Aber an Erika Kohuts Unglück ist nicht einfach eine patriarchalische Gesellschaft schuld. Diese grundlegende Position der Frauenliteratur wird von der Autorin erst im Roman *Lust* und in dem 1994 uraufgeführten Theaterstück *Raststätte oder Sie machens alle* stärker in den Vordergrund gerückt. Eigenwillig ist aber die Sprache Elfriede Jelineks: Elemente der Amtssprache und des Kalauers, der religiösen Formelsprache und regional gefärbter Lakonismen werden zu einer unnachahmlichen Einheit gemischt. So erreicht der Stil dieser Autorin eine denunziatorische Eigenschaft: In vielen übernommenen Sprachmustern zeigen sich die verborgenen Absichten der Personen, die diese Sprachformeln einsetzen um ihre egoistischen Ziele zu verdecken.

4.11 Barbara Frischmuth – Befreiung aus Bindungszwängen

Partnerschaft und Selbstfindung. Ein Generalthema der Frauenliteratur beherrscht die Romane und Erzählungen der österreichischen Autorin BARBARA FRISCHMUTH. Ihr geht es um die Frage, inwieweit sich ersehnte Partnerschaft und nicht weniger ersehnte Selbstfindung ausschließen oder vereinbaren lassen. In immer neuen Varianten wird einerseits die Einsamkeit geschildert, die vor allem Frauen in harmonisch geltenden Ehe- und Liebesbeziehungen quält, andererseits lastet auf den Hauptfiguren ständig die unerfüllbare Sehnsucht nach einem verständnisvollen Partner.

Barbara Frischmuth, geboren 1941 in Altaussee/Steiermark, wurde im Alter von zehn bis vierzehn Jahren in der steirischen Klosterschule Gmunden erzogen, nachdem ihr Vater in Russland gefallen war und die Mutter einen Hotelbetrieb führte. Barbara Frischmuth besuchte später mehrere Gymnasien, legte 1958 das Abitur ab und erlernte Türkisch und Ungarisch am Dolmetsch-Institut der Grazer Universität. Stipendiatsaufenthalte führten sie nach Erzurum in der Türkei und nach Debrezen in Ungarn. Ab 1962 war sie Mitglied des Grazer „Forum Stadtpark“, von 1964 an immatrikulierte sie sich für Orientalistik an der Unversität Wien, schloss aber das Studium nicht ab. Sie lebt als freie Schriftstellerin und Übersetzerin in Wien und Altaussee.

Kritik an sinnentleerten Ordnungsprinzipien. Erstes Aufsehen erregte Barbara Frischmuth 1968 mit ihrer Erzählung *Die Klosterschule*, die in vierzehn Prosaskizzen eigene Erlebnisse der klösterlichen Erziehung aufgreift und die oftmals verhüllten Unterdrückungsmethoden konservativer Internate thematisiert. Wie in Peter Handkes *Kaspar* werden die sinnentleerten Ordnungsprinzipien in eingeübten „Ordnungssätzen“ verbalisiert. Der Mechanismus der Indoktrination basiert, wie Barbara Frischmuth zeigt, auf der Bereitstellung eines Wortschatzes, mit dessen Hilfe die individuelle Selbstverwirklichung behindert und sogar zerstört werden kann. Die frömmelnde Sprache wird zum Transportmittel der Scheinheiligkeit.
Auch in ihren Jugendbüchern (*Amoralische Kinderklapper*, 1969; *Der Pluderich*, 1969; *Polsterer*, 1970; *Ida – und Ob*, 1972) beschäftigt sich die Autorin mit der Überlegung, wie die verbal genormte Regelwelt der Erwachsenen in der Kinder- und Jugendsprache ersetzt werden könnte.
Ihr erster Roman *Das Verschwinden des Schattens in der Sonne* (1973) lässt sich der Frauenliteratur insofern zuordnen, als die Verfasserin auf eigene Erfahrungen zurückgreift, die sie während ihres Studienaufenthalts in der Türkei sammeln konnte. Aber die Darstellung in diesem Roman überwindet zugleich die Grenze der Autobiografie, weil Barbara Frischmuth im Scheitern der mit einer fremden Kulturwelt konfrontierten Hauptfigur Wege zur weiblichen Selbstbefreiung aufzeigt: Emanzipation ist nur erreichbar, wenn die individuellen Anlagen und Sehnsüchte erkannt werden.

Impuls zur Entwicklung neuer Lebensformen. Diese Hinwendung zu einer realistischen Analyse komplizierter psychischer Situationen zeigt sich auch in der Roman-Trilogie *Die Mystifikationen der Sophie Silber* (1979), *Amy oder die Metamorphose* (1978) und *Kai und die Liebe zu den Modellen* (1979). Allerdings führt dieser Wirklichkeitsbezug die Autorin nicht zu einem dokumentierenden Stil. In *Die Mystifikationen der Sophie Silber* beispielsweise vermischt Barbara Frischmuth die Realität unter Rückgriff auf romantische Literaturtraditionen mit einer gleichwertigen Geisterwelt. Die menschgewordene Fee Amaryllis Sternwieser setzt sich in *Amy oder die Metamorphose* das Ziel den ihr zugewiesenen Platz sinnvoll auszufüllen, gelangt aber zu der Erkenntnis, dass Selbstverwirklichung nur möglich ist, wenn man sich mutig gegen sinnentleerte Konventionen stellt. In *Kai und die Liebe zu den Modellen* schließlich wird dargelegt, wie Amy Stern trotz aller Kollisionen im Rollenverhalten Mutter und zugleich Schriftstellerin sein kann. Der Roman will die Bereitschaft stärken für die Zukunft neue „Modelle“ von Lebensformen zu entwickeln, weil sich die alten überlebt haben.

4.12 Angelika Mechtel – Aufforderung zum Widerstand

Kampf gegen Depression und Kapitulationsbereitschaft. Die literarischen Publikationen Angelika Mechtels fühlen sich dem Appell verpflichtet Mut zu machen und den Widerstand gegen scheinbar schicksalhafte Verstrickungen zu stärken. Als Präsidiumsmitglied des PEN und als ehemalige Beauftragte des Komitees „Writers in Prison“ hat die Autorin zu dieser Thematik auch viel beachtete und als beispielhaft gewürdigte Dokumentationen vorgelegt. Starke Wirkungen hatten die Publikationen *Alte Schriftsteller in der Bundesrepublik* (1972) und *Ein Plädoyer für uns – Frauen und Mütter von Strafgefangenen berichten* (1975). Der Appell den Mut nicht sinken zu lassen kennzeichnet auch die Aufzeichnungen *Jeden Tag will ich leben. Ein Krebstagebuch*, der – stark autobiografisch gefärbt – den Kampf gegen Depressionen und Kapitulationsbereitschaft darstellt und die Ich-Figur trotz aller Krankheit zu den Schlusssätzen veranlasst: „Ich bin einfach glücklich. Ganz tief innen, ganz glücklich.“
Angelika Mechtel schrieb schon Frauenliteratur, als der Begriff noch unbekannt war. Geboren 1943 in Dresden, wuchs Angelika Mechtel im Rheinland auf und besuchte eine Klosterschule in Würzburg. Schon 1959 begann sie zu veröffentlichen, schloss sich 1965 auf Vermittlung Max von der Grüns der Gruppe 61 (→ S. 525) an, engagierte sich im *Verband Deutscher Schriftsteller* (VS), verließ die Vereinigung aber im Jahre 1991, weil sie deren Haltung in der Rushdie-Affäre nicht akzeptierte. Angelika Mechtel lebt als freie Schriftstellerin in Köln.

Schreiben als intellektueller Prozess. Die frühen Bücher der Autorin waren der Vorstellung verpflichtet, dass Schreiben ein vor allem intellektueller Prozess sei. Daraus ergaben sich für Angelika Mechtel Probleme, wie sie 1974 bekundete: „Ich hatte Erfolg mit meinen literarischen Arbeiten, aber kaum Leser gefunden. Vom Inhalt meiner Bücher wurde viel geredet, aber ein Ausbruch aus dem Kreis der Eingeweihten hatte nicht stattgefunden. Der Weg vom Autor über den Buchhändler zum Leser wurde von der Intellektualität meines Stils blockiert. Gelesen wurde ich von denen, die ohnehin meiner Meinung waren, die sich, sozusagen, am selben Ufer befanden. Und deshalb das Experiment: Wenn ich die Intellektualität des Stils reduzierte, die Inhalte jedoch beibehielt, musste ein Durchbruch zum Normalleser, für den diese Inhalte als veränderndes Moment gedacht waren, doch möglich sein.“ Das Ergebnis dieser Umstellung ist deutlich, aber die Methode bleibt, wenn man von der Reaktion der Literaturkritik ausgeht, sehr strittig.
In die Phase „intellektuellen“ Schreibens fiel die Veröffentlichung von Angelika Mechtels *Die feinen Totengräber* (1968). Die Autorin, damals 25 Jahre alt, wurde mit diesen Erzählungen rasch bekannt, handelte sich aber durch die Absage an alle „wohlfeilen Ästhetisierungen“ den Ruf ein, eine „linke Courths-Mahler“ zu sein. Auch dieses Buch erwartet vom Leser aktive Mitarbeit. Die Erzählperspektiven werden scheinbar unmotiviert gewechselt, erklärende Kommentare fehlen, die Mosaiksteinchen der Geschichten ergeben aber ein sehr realistisches, allerdings aggressiv gesellschaftskritisches Gesamtbild von der geschäftemachenden Wohlstandsgesellschaft.

Handlungsunfähigkeit der „Ausgeflippten“. Frauenthemen rücken im Roman *Kaputte Spiele* (1971) stärker in den Vordergrund. Jolly Boy, ein frustrierter Radikaler aus der Zeit der 68er Revolte, spielt nur noch seine „kaputten Spiele“. Mit seiner Freundin Ilsemann und dem Mädchen Ulla, das er von der Straße mitgenommen hat, verschanzt er sich in einem halbfertigen Hochhausneubau. Die Polizei umstellt das Haus, Jolly Boy stürzt über den Balkon zu Tode. Ilsemann schlägt sich als Packerin durch, aber alle Versuche mit anderen Arbeiterinnen freundschaftliche Kontakte aufzunehmen scheitern. Sie treibt sich herum und verwahrlost im bürgerlichen Sinne. Sie lebt mit Ulla zusammen, wird nach einem Sturz aus dem Zug in eine Klinik eingewiesen und kapituliert. „Wir haben keine Möglichkeit zu überleben.“ Der Roman wurde als Anklage gegen eine Welt verstanden, die bürgerliche Enge wieder zum Lebensprinzip erhebt und der ausgeflippten Generation der 60er-Jahre keine Integrationsmöglichkeit gewährt.
Der Schlüsselroman *Friss Vogel* (1972) führte nicht zu dem Skandal, den der Stoff hätte provozieren können. Angelika Mechtel berichtet in diesem Buch die Geschichte ihres Vaters, der als Journalist in Aden erschossen wurde. Gezeichnet wird in dem Roman ein vernichtendes Bild von den Gepflogenheiten und der Arbeitsatmosphäre in deutschen Sendern. Eingeweihte Leser hatten keine Mühe in den Personen lebende Mitarbeiter der ARD-Anstalten wiederzuerkennen. Dass das Buch wenig Empörung auslöste, lag vielleicht am Fehlen eines inneren Spannungsbogens und an der schematisierten Typisierung der Figuren. Der Entschluss einem intellektuellen Stil zu entsagen, hat Angelika Mechtel auch kritische Stimmen eingebracht. Damit mag es zu erklären sein, dass die Autorin in der zweiten Hälfte der 70er-Jahre wieder stärker zu ihren Ausgangspositionen zurückkehrte. *Wir sind arm, wir sind reich* (1977) ist ein autobiografisch orientierter Roman, der Erinnerungen an die 50er-Jahre verarbeitet und die Erlebnisse eines heranwachsenden Mädchens, dessen Träume und erwachende Sinnlichkeit schildert.

4.13 Maria Erlenberger – Literarische Selbstentblößung

Irresein in einer verrückt gewordenen Welt. Wie eng Dokumente der Frauenliteratur mit tragischen Lebensläufen verknüpft sind, beweist MARIA ERLENBERGERS Bericht *Der Hunger nach Wahnsinn* aus dem Jahre 1977. Dieser Report stellt aus autobiografischer Sicht Geisteskrankheiten als ein Irresein an einer verrückt gewordenen Welt dar. Verrückt ist die Welt deshalb geworden, weil sie dem Menschen die Erfüllung seiner Träume von Glück, seiner Bedürfnisse nach Geliebtsein und seiner Sehnsucht nach Selbstentfaltung verwehrt.
Details zum Leben und zur Arbeit Maria Erlenbergers sind nicht bekannt geworden. Sicher ist,

dass die Autorin selbst Patientin einer Nervenklinik war, nachdem sie, auf ein Gewicht von 32 Kilogramm abgemagert, einen Kreislaufkollaps erlitten hatte. Die Magersucht, vielleicht ein Ergebnis strikter Verweigerung, stempelte sie nach den Kriterien der Gesellschaft und der Medizin zur Irren. Aber der Hunger, den sie als ständige Herausforderung in ihren Alltag einbaute, war nichts anderes als „der Hunger ... nach dem Leben und nach dem Tod". 1978 wurde Maria Erlenberger mit dem Literaturförderpreis der Stadt Bremen ausgezeichet.

Krankheit als Haltegriff. In *Der Hunger nach Wahnsinn* berichtet die Autorin mit äußerster Genauigkeit von den Behandlungsmethoden und den Lebensformen in einem „Irrenhaus". Jeder Insasse aber, jeder „Irre", erfüllt nach Meinung der Verfasserin „seine Krankheit, die er sich ausgesucht hat, um einen Haltegriff im Leben zu haben".

Im Roman *Das Erlernen der Totgeburt* (1979) schildert Maria Erlenberger ihre Versuche sich auf elementare Empfindungen zurückzubesinnen, die durch sozial angelernte Verhaltensmuster überdeckt wurden. Die Ich-Erzählerin will deshalb auch ihren Sohn Sebastian vor der „Beschneidungsanstalt Schule" bewahren. Erzählt wird aber auch von den Konflikten, die durch die radikale Bejahung von Mutterschaft und durch den Willen einen individuellen Lebensstil zu entwickeln zwangsläufig entstehen. Weggewischt werden soll die harmonisierende Oberfläche, die eine verlogene Gesellschaft über existenzielle Erfahrungen wie Schwangerschaft, Geburt und Tod gelegt hat. Das Kind, das die Erzählerin ständig um sich haben will, wird ihr so plötzlich zum Hemmnis der Selbstbefreiung: „Du bist in meinem Weg, du gehst mir im Wege, du atmest meine Luft, Kind du erstickst mich!"

XX
Die Literatur in der DDR

1 Panorama

1.1 Trennendes und Einigendes

Bis heute ist der Streit darüber, ob die literarischen Entwicklungen in der Bundesrepublik und in der DDR mehr Gemeinsamkeiten oder mehr Gegensätze aufweisen, nicht verstummt. Die einheitliche Sprache, der selbst am Höhepunkt des kalten Krieges bestehende Kontakt zwischen Autoren im Westen und im Osten, der Seitenwechsel zahlreicher Schriftstellerinnen und Schriftsteller, aber auch die in vielerlei Hinsicht ähnlichen Grundthemen bedeutender literarischer Werke werden als Belege angeführt, wenn die Zusammengehörigkeit der west- und ostdeutschen Literatur betont werden soll. Andererseits ist nicht zu übersehen, dass die unterschiedliche gesellschaftliche Entwicklung, die Einbindung der beiden deutschen Staaten in die politisch-militärischen Lager der NATO und des Warschauer Pakts, die innere Entfremdung der Deutschen in Ost und West, vor allem aber die konträren Auffassungen von Ziel und Funktion poetischer Produktion diesseits und jenseits der innerdeutschen Grenze die Gegensätze immer deutlicher verstärkten.
In der Sowjetischen Besatzungszone waren die Vorstellungen über die Positionen, die Literaten nach dem Zusammenbruch des NS-Regimes zu empfehlen waren, präziser als in den westlichen Besatzungsgebieten Deutschlands. In dem von der Roten Armeee besetzten Gebiet und in den zusätzlichen Regionen, die zwar von amerikanischen und britischen Truppen besetzt, aber bis zum Sommer 1945 der Sowjetischen Besatzungszone (SBZ) eingegliedert wurden, zeigte sich immer deutlicher die Absicht an sozialistische Traditionen anzuknüpfen. So umstritten und schwierig dieser Weg auf politisch-wirtschaftlichem Gebiet von Anfang an war, so förderlich schien er sich zunächst auf die Kulturszene auszuwirken. Eine große Zahl prominenter Emigranten, die ihre Heimat als Verfolgte oder als Gegner des Nationalsozialismus hatten verlassen müssen, sahen in der Sowjetischen Besatzungszone und ab 1949 in der DDR zumindest zeitweise jenen Teil Deutschlands, der mit seiner antifaschistischen Grundhaltung jedes Aufleben nationalsozialistischer Denkweisen verhindert. Da viele exilierte Autoren auf Grund der Empörung über die Gewalttaten des „Dritten Reiches" während des Zweiten Weltkrieges auch dann Sympathien für marxistisch-sozialistische Ideen entwickelt hatten, wenn sie vor 1933 liberale oder westlich-demokratische Positionen vertreten hatten, war der Zustrom von berühmten Künstlern, Wissenschaftlern und Publizisten nach 1945 beträchtlich. Beispielsweise drückten Bertolt Brecht, Hanns Eisler, Friedrich Wolf, Arnold Zweig, Anna Seghers, Johannes R. Becher, Wolfgang Langhoff und Ernst Bloch mit ihrer Rückkehr die Hoffnung aus am Aufbau eines neuen Deutschlands mitwirken zu können, das an die großen Kulturleistungen der Zeit vor 1933 anknüpft.

1.2 Literatur als Mittel der Machtpolitik

Die DDR-Regierung förderte diese Art von Traditionalismus bis in die Mitte der 50er-Jahre. Die Kultur und speziell die Literatur der DDR wurden als Fortführung und Vollstreckung der klassischen deutschen Philosophie ausgegeben. Nachdem das Bürgertum, so wurde argumentiert, die idealistischen Ziele des 19. Jh. nicht erreicht, sondern mit der Pervertierung klassischer Prinzipien zum Wegbereiter der beiden Weltkriege geworden sei, verwirkliche die Arbeiterklasse das große Vorhaben. Erstaunlich lange war eine Abgrenzung gegenüber der westdeutschen Kultur nicht vollzogen worden. Noch 1947 vertrat Johannes R.

Becher auf dem ersten und zugleich letzten gesamtdeutschen Schriftstellerkongress die Auffassung, dass Deutschland kulturell und literarisch eine untrennbare Einheit darstelle.

Literatur als Mittel zur Absicherung der Macht. Nicht nur für die zurückgekehrten Exilautoren war es enttäuschend, als sich herausstellte, dass von der DDR-Regierung nicht nur die These von der Einheit der deutschen Literatur aufgegeben, sondern auch die antifaschistische Ausrichtung der Kulturpolitik in den Hintergrund gedrängt wurde. Wichtiger war den staatlichen Instanzen der DDR die Absicht auch mit Hilfe der literarischen Produktion die politische und wirtschaftliche Macht auszubauen und abzusichern. Kritikern des Systems erschienen die antifaschistischen Standortbestimmungen immer mehr als Mittel zur Verdeckung der totalitären Strukturen im „ersten Arbeiter-und-Bauern-Staat auf deutschem Boden" und als propagandistischer Trick, mit dessen Hilfe sich die Bundesrepublik Deutschland, der juristische Nachfolgestaat des „Reiches", als Unterschlupf des Neofaschismus darstellen ließ. In unverhüllter Deutlichkeit wurde die politische Aufgabe des Künstlers festgelegt, wenn – wie im „Kulturpolitischen Wörterbuch" der DDR von 1974 – der Sinn und Zweck aller Kunst definiert wurde. Demnach besteht der „gesellschaftliche Auftrag" der DDR in der „Methode zur Förderung des Entstehens neuer Kunstwerke, die von Kollektiven der Werktätigen, gesellschaftlichen Organisationen, staatlichen Leitungen, von Kultureinrichtungen oder von Betrieben angewandt wird. Die kollektiven Auftraggeber vertreten die gesellschaftlichen Interessen an der Entwicklung einer sozialistisch-realistischen Kunst." Aus solchen Deklarationen geht hervor, dass der Künstler in der DDR zumeist nur dann Erfolg hatte, wenn er sich der Zustimmung dieser „Kollektive" zu seinen Werken sicher sein konnte. So ergab sich ein im Westen unbekannter Zwang zu scheinbarer oder tatsächlicher Anpassung an die Richtlinien, mit denen die Sozialistische Einheitspartei Deutschlands (SED) Wesen, Ziel und Ausdrucksformen der Kunst festschrieb.

Staatliche Kontrollinstanzen. Der DDR-Staat hatte frühzeitig dafür gesorgt, dass Kontrollorgane auch die künstlerische Produktion im Lande überwachten. Im Ministerium für Kultur wurde eine „Hauptverwaltung Verlage und Buchhandel" eingerichtet, bei der die Genehmigung zur Drucklegung und zum Vertrieb eines Buches einzuholen war. Unter Androhung hoher Strafen für „Devisenvergehen" versuchte ein „Büro für Urheberrechte" zu verhindern, dass nicht genehmigte Bücher von DDR-Autoren außerhalb der DDR-Grenzen erschienen. Die „Abteilung Kultur des Zentralkomitees der SED" sowie der staatlich kontrollierte Schriftstellerverband deklarierten die Grundsätze für das künstlerische Schaffen und überwachten deren Einhaltung.
So unerträglich die Vielfalt der Kontrollen und Überwachungen für Schriftsteller war, so deutlich zeigten sich Vorteile des Systems für jene Autoren, die sich an die „Linie" der Partei hielten oder die Aufsichtsorgane über „abweichlerische" Absichten hinwegtäuschen konnten. Schriftsteller, die als Mitgestalter des „real existierenden Sozialismus" anerkannt waren, hatten Aussicht, mit Stipendien und Lektoratstätigkeiten, staatlichen Förderungen und Geldpreisen, gut dotierten Auftragserteilungen und mediengestützten Präsentationen nicht nur bekannt zu werden, sondern auch ein materiell abgesichertes Leben führen zu können. Denn das ausgeprägte Lesebedürfnis der DDR-Bevölkerung sorgte für zumeist hohe Auflagen der Bücher jener Autoren, die nach Meinung der SED-Funktionäre die Literaturpolitik mittrugen.

1.3 Phasen der Kulturpolitik in der DDR

„Formalismus" als Fehlentwicklung. Die Grundlagen für die Literaturpolitik der DDR wurden schon in der Sowjetischen Besatzungszone gelegt, als 1947 den deutschen Autoren auf dem I. Schriftstellerkongress die Sowjetliteratur als nachahmenswertes Beispiel vorgestellt wurde und als A. Dymschiz, der Kulturoffizier der sowjetischen Besatzungsbehörden, den „Formalismus" in der deutschen Kunst als Fehlentwicklung darstellte.
Auf dem II. Schriftstellerkongress 1950 erklärte Ministerpräsident Otto Grotewohl die Schriftsteller zu „Kampfgenossen der Regierung". Damit war klargestellt, dass sich die Kunst den politischen Zielsetzungen unterzuordnen hatte. Der Kampf gegen den „Formalismus" führte ab 1951 zu Veröffentlichungsverboten und rigorosen Disziplinierungsmaßnahmen, so dass Wolfgang

Harich 1953 in der *Berliner Zeitung* die „Schaffenskrisen psychotischen Charakters selbst bei Menschen, die als hervorragende Künstler politisch ohne Schwankung auf dem Boden unserer Republik stehen", beklagte. Ein „Neuer Kurs", der etwa ab 1953 die Eingriffe der Administration in den Kulturbereich zu Gunsten einer stärkeren Eigenverantwortlichkeit der Schriftsteller reduzieren sollte, konnte sich schon deshalb kaum durchsetzen, weil der IV. Schriftstellerkongress – auch wegen des Volksaufstands vom 17. Juni 1953 – auf das Jahr 1956 verschoben wurde. Die Hoffnung, dass der 20. Parteitag der KPdSU (1956) mit seiner antistalinistischen Kritik auch der Literatur in der DDR mehr Freiraum eröffnen werde, erfüllte sich nicht. Die Ereignisse in Polen und der antisowjetische Aufstand in Ungarn (1956) führten in der DDR zum so genannten Bitterfelder Weg. Auf der Kulturkonferenz (1957) übten Autoren, die der „politischen Abweichung" bezichtigt worden waren, Selbstkritik nach sowjetischem Muster. Walter Ulbricht verkündete auf der Bitterfelder Konferenz 1959 ein Programm, das die „Einschmelzung" des Künstlers in den gesamtgesellschaftlichen Schaffensprozess propagierte. Einerseits sollte der Schriftsteller stärker als bisher in die Planwirtschaft integriert werden, andererseits sollte der unter dem Motto „Greif zur Feder, Kumpel" zum Schreiben animierte Arbeiter den gesellschaftlich „zurückbleibenden" Berufsautoren die Möglichkeiten sozialistischer Darstellungsformen weisen.

Misserfolg der „Dichterbrigaden". Die Idee von den „Dichterbrigaden" musste bald revidiert werden. Erwin Strittmatter urteilte auf dem V. Schriftstellerkongress, dass man die von den schreibenden Arbeitern produzierte Literatur dem lesenden Arbeiter nicht zumuten könne. Der Kongress einigte sich auf die Formel „Ideologische Klarheit und künstlerische Meisterschaft". Vorübergehend wurde Kritik an dogmatischen und administrativen Fehlern der Parteiorganisationen zugelassen. Aber diese Entwicklung, die auch den Druck gegen die Regierung nach dem Mauerbau von 1961 dämpfen sollte, musste zurückgenommen werden, als beispielsweise ein Lyrikabend mit Wolf Biermann 1962 das angestaute Kritikbedürfnis nicht nur bei den Autoren, sondern auch in der Bevölkerung sichtbar machte.

Erst 1971 wurde eine gewisse Liberalisierung erkennbar, als Erich Honecker die Formel von der Verpflichtung der Künstler zu einem konsequenten „sozialistischen Realismus" durch die unverbindlichere Wendung von der „sozialistischen Literatur und Kunst" in der DDR ersetzte. Die inzwischen gefestigte Position des Sozialismus könne auf alle Tabus verzichten.

1.4 Schwierigkeiten der Autoren in der DDR

Verteidigung des klassischen Erbes. Die ständigen Schwankungen in der Literaturpolitik der DDR, die bis zum Zusammenbruch der sozialistischen Staaten in Ost- und Ostmitteleuropa anhielten, brachten zwar gelegentliche Lockerungen, waren aber für viele Autoren deshalb besonders irritierend, weil oftmals verboten wurde, was ein Jahr zuvor noch erlaubt war. Ungemein schwierig war es für die meisten Schriftsteller, eine eigene Position zwischen den wechselnden, zugleich in unberechenbaren Abständen wiederkehrenden Prinzipien sozialistischer Literaturdefinition zu bewahren.

Schon die Verteidigung des „klassischen Erbes" war für einen modernen Autor nicht immer leicht, weil dieses kulturelle Erbe unter den „neuen Bedingungen", nämlich als Kampfmittel zur Durchsetzung sozialistischer Gesellschaftsstrukturen, gehütet werden sollte und weil dabei eine „organische Verbundenheit mit dem Volk" hergestellt werden musste. Auch dem Vorwurf „formalistisch" zu schreiben waren Autoren in der DDR immer wieder ausgesetzt. Das Zentralkomitee der SED definierte die Grenzen der künstlerischen Freiheit: „Überall, wo die Frage der Form selbstständige Bedeutung gewinnt, verliert die Kunst ihren humanistischen und demokratischen Charakter. Eine Formgebung in der Kunst, die nicht vom Inhalt des Kunstwerkes bestimmt wird, kann die Erkenntnis der objektiven Wirklichkeit nicht vermitteln." Belastend war die immer wieder erhobene Forderung nach einer realistischen Kunst im „real existierenden Sozialismus". Der sowjetische Ideologe Andrej Shdanow hatte 1934 für die sowjetische Kunst den Realismusbegriff festgelegt, als er forderte, dass „die wahrheitsgemäße und historisch konkrete künstlerische Darstellung" mit der Aufgabe verbunden werden müsse „die werktätigen Menschen im Geiste des Sozialismus ideologisch umzuformen und zu erziehen".

Enttäuschungen als Motiv für die Abwanderungen. Mit zunehmender Enttäuschung verfolgten die Entwicklungen vor allem jene Autoren, die in der Sowjetischen Besatzungszone und dann in der DDR einen Ort gesucht hatten, der sie vor staatlichen Eingriffen in ihre höchst subjektiven Literaturauffassungen bewahrte und ihnen jene Freiheit gab, die ihnen in der NS-Zeit verwehrt worden war. Diese Enttäuschung griff auf die jüngeren Schriftsteller auch deshalb über, weil der Vergleich mit der Freiheit westlicher Kunst zu diesem Zeitpunkt durchaus möglich war. So war es zu erklären, dass eine große Zahl deutscher Schriftsteller ein zweites Mal den Wohnort wechselte und sich – wenn immer sich eine Chance zum Verlassen der DDR ergab – in westlichen Ländern, vor allem aber in der Bundesrepublik niederließ. Zu den älteren Autorinnen und Autoren, die der DDR den Rücken kehrten, gehörten z. B. Ricarda Huch, Theodor Plivier, Hermann Kasack, Alfred Kantorowicz. Bekannte Namen finden sich auch unter der nächsten Generation von Schriftstellern, die in den Westen gingen: Horst Bienek, Gerhard Zwerenz, Uwe Johnson, Heinar Kipphardt, Christa Reinig und Manfred Bieler. Und schließlich verließen die DDR auch junge Autoren, denen die besondere Hoffnung der DDR-Führung zugewandt worden war, weil man auf den langfristigen Erfolg des sozialistischen Erziehungs- und Umerziehungsprozesses vertraut hatte. Unter ihnen waren z. B. Günter Kunert, Reiner Kunze und Wolf Biermann.

2 Neue Fundamente setzen

2.1 Georg Lukács und die marxistische Literaturtheorie

Darstellung der „Gesetzmäßigkeit historischer Abläufe“. Die Idee, dass sich Literatur und Kunst in Form des „sozialistischen Realismus“ gegen westliche Dekadenz und die Verselbstständigung der Form („Formalismus“) wenden und dabei am „klassischen Erbe“ anknüpfen könnten, geht auf theoretische Grundlagen zurück, die der ungarische Philosoph Georg Lukács (1885–1971) erarbeitete. Sie bestimmten viele Auseinandersetzungen um die marxistischen Merkmale sozialistischer Kunst in der DDR. Lukács hatte während seines Moskauer Exils in den 30er-Jahren ein entsprechendes Konzept im Auftrag der KPdSU entwickelt. Er vertrat die Ansicht, dass alle Kunst „Widerspiegelung“ der „Totalität des Lebens“ zu sein habe. Da alle sozialen Prozesse sich zwangsläufig und, wie Lukács lehrte, nach der wissenschaftlichen Erkenntnis Karl Marx' auf das determinierte Ziel der sozialistischen und schließlich der kommunistischen Gesellschaft hinentwickelten, müsse sich auch die Literatur der Aufgabe verpflichten die Gesetzmäßigkeit historischer Abläufe wiederzugeben. Dabei könne die Lebensrealität in eine Kunstrealität umgesetzt werden. Bei der Gestaltung dieser zeitgemäßen Aufgabe könne an die Kunst der Klassiker und der großen Erzähler des 19. Jh. angeknüpft werden.

Gegen künstlerische Experimentierlust. Damit hatte Lukács eine Position beschrieben, die enormen Einfluss auf die Entwicklung der Kunst in den so genannten sozialistischen Staaten hatte und die auch im Westen zahlreiche Verfechter fand. Die Anhänger des ungarischen Philosophen sahen dessen Verdienst vor allem darin, dass er literaturgeschichtliche Entwicklungen erstmals umfassend unter marxistischen Perspektiven erklärt hatte. Die problematische Wirkung seiner Theorien ergab sich aus der ablehnend-feindseligen Haltung, die Lukács jeder Form von Avantgardismus, künstlerischer Experimentierlust und formalem Ästhetizismus entgegenbrachte. Diese Verteufelung aller nichtrealistischen, nicht auf marxistischen Erkenntnissen beruhenden Kunst und Literatur offenbarte sich schon in der „Expressionismusdebatte“ der 30er-Jahre (→ S. 448), die Lukács Gelegenheit gab, der expressionistischen Lyrik eine Wegbereiterfunktion für die Etablierung der NS-Herrschaft zu unterstellen.

2.2 Bertolt Brecht in Ostberlin

Bertolt Brecht (→ S. 403 ff., S. 460 ff.) gehörte zu den international bekanntesten Schriftstellern, die Bürger der DDR wurden.
Bertolt Brecht, der bis 1947 im kalifornischen Santa Monica lebte, verließ die USA mit deutlichen Anzeichen der Enttäuschung. Seine Hoffnung im „Land der unbegrenzten Möglichkeiten“ als Verfasser von Filmdrehbüchern Anerkennung und materielle Sicherheit zu erlangen erfüllte sich nur in bescheidenem Umfang. Er erlebte während seines USA-Aufenthalts nur weni-

ge Inszenierungen seiner Stücke. Als die antikommunistische Hysterie der McCarthy-Ära auch ihn erfasste, sodass er am 30. Oktober 1947 vor dem „Committee of Un-American Activities" einem Verhör unterzogen wurde, reiste Brecht tags darauf nach Paris. Die Premiere seines Stücks *Mutter Courage und ihre Kinder* im Ostberliner Deutschen Theater gab für Brecht den entscheidenden Ausschlag sich im sowjetisch besetzten Sektor Berlins niederzulassen. Im Theater am Schiffbauerdamm fand Brecht eine hervorragende Plattform für die Inszenierung auch seiner eigenen Stücke. Seine Arbeit führte ihn zu Gastspielen in den Westen und zugleich zur Kooperation mit den berühmtesten Regisseuren und Bühnenbildnern seiner Zeit.

„Modellaufführungen" in Ost-Berlin. Damit hatte die junge DDR einen Autor gewonnen, der nicht nur internationales Ansehen genoss, sondern auch wichtige Impulse setzte. Die „Modellaufführungen" seiner Stücke machten Ostberlin zu einem Zentrum modernen Theaters. Brecht hatte seine Produktivität sofort bei seiner Rückkehr nach Europa mit der Uraufführung neuer oder bearbeiteter Stücke unter Beweis gestellt. In Chur wurde *Die Antigone des Sophokles* (1948) unter Brechts Regie erstmals inszeniert, in Zürich folgte 1948 die Uraufführung von *Herr Puntila und sein Knecht Matti*, Brecht übernahm die Ostberliner Regie für seine Bearbeitung des Stücks *Der Hofmeister von Jakob Michael Reinhold Lenz* (1950), in der Deutschen Staatsoper Berlin wurde 1951 *Das Verhör des Lukullus* gespielt. Es folgten, ausnahmslos auf Bühnen der DDR, die Uraufführungen der Brecht-Stücke *Herrnburger Bericht* (1951), *Don Juan nach Molière* (1952), *Der Prozess der Jeanne d'Arc zu Rouen 1431* (1952), *Pauken und Trompeten* (1955) und *Die Tage der Commune* (1956). Die deutschsprachige Erstaufführung des Brecht-Stücks *Der kaukasische Kreidekreis* fand 1954 im Theater am Schiffbauerdamm statt. Nach Brechts Tod im Jahre 1956 brachten die Städtischen Bühnen Erfurt *Schweyk im Zweiten Weltkrieg* (1958) heraus, das Stück *Die Horatier und die Kuratier* wurde in Halle 1958 erstmals gespielt.
In der Bundesrepublik war die Brecht-Rezeption in den 50er-Jahren durch die antikommunistischen Abwehrhaltungen des Kalten Krieges stark blockiert. Dennoch wurden bedeutende Brecht-Stücke auch auf Bühnen der Bundesrepublik uraufgeführt: In Frankfurt *Die Gesichte der Simone Marchard* (1957), *Der aufhaltsame*

Bertolt Brechts „Modellaufführungen" erwiesen sich insofern als problematisch, als sie eine fantasievolle Interpretation durch andere Regisseure lange Zeit verhinderten. Viele Brecht-Inszenierungen erreichten aber legendäre Berühmtheit. Im Bild eine Szene aus ***Mutter Courage und ihre Kinder*** *mit Helene Weigel in der Hauptrolle (1949).*

Aufstieg des Arturo Ui in Stuttgart (1958), *Die heilige Johanna der Schlachthöfe* in Hamburg (1959), *Flüchtlingsgespräche* in München (1962), *Coriolan von Shakespeare* in Frankfurt (1962).

„Stratege im Kulturkampf". Trotz der Bedeutung Brechts für die Kulturszene der DDR war die Staatsführung in Ostberlin nicht immer eines Sinns mit ihrem prominentesten Dichter. Die Funktionäre hatten wohl erkannt, dass es dem Kommunisten Brecht weniger darum ging, das SED-Regime mit dem Erfolg seiner Werke aufzuwerten, als vielmehr darum, seine eigenen Dramen und die Theorie des epischen Theaters durchzusetzen. Dabei hat Brecht den Anschein oder die Notwendigkeit opportunistischer Anpassung in Kauf genommen. Der Streit, wie Brechts literarische Bedeutung und wie seine politische Haltung gegenüber der DDR-Regierung zu beurteilen seien, hält bis heute an. An der marxistischen Orientierung des „Stückeschreibers" wird dagegen kaum gezweifelt, weil Brecht schon in der Zeit der Weimarer Republik ein Konzept entwickelte, wie mit Hilfe der Literatur eine gesellschaftliche Umwälzung im Sinne einer marxistisch-proletarischen Revolution gefördert werden könne.

Lyrische Reflexionen. Einen neuen Höhepunkt seiner lyrischen Produktivität erreichte Bertolt Brecht mit den *Buckower Elegien.* Der Zyklus von 24 Gedichten entstand nach dem Volksaufstand vom 17. Juni 1953 am Schermützelsee in der Märkischen Schweiz, wo Helene Weigel und Brecht „unter alten großen bäumen ein altes, nicht unedel gebautes häuschen" bezogen hatten. Der Aufenthalt außerhalb Berlins gab dem Dichter die Möglichkeit die neue Gesellschaft der DDR und sein eigenes Verhältnis zu ihr in einer eigenwilligen Verbindung von Lyrismen und politischer Argumentation reflektierend zu analysieren.

Tannen

In der Frühe
Sind die Tannen kupfern.
So sah ich sie
Vor einem halben Jahrhundert
Vor zwei Weltkriegen
Mit jungen Augen.

2.3 Johannes R. Bechers Engagement

Mitglied des „Exil Zentralkomitees" der KPD. Stärker und deutlicher als Brecht hat sich Johannes R. Becher (1891–1958) für den Aufbau des DDR-Staats engagiert. Becher wurde als Emigrant in der UdSSR Mitglied des „Exil Zentralkomitees" der KPD. 1945 gründete er den „Kulturbund zur demokratischen Erneuerung Deutschlands" und übernahm in diesem Gremium die Aufgaben des Präsidenten. Er war Mitbegründer des Ostberliner Aufbau-Verlages, 1953 wurde er Präsident der Deutschen Akademie der Künste in Ostberlin, und von 1954–1958 war er Minister für Kultur der DDR.
Becher, der als Expressionist begonnen hatte, formulierte später einen Teil der Forderungen, an die sich seine Schriftstellerkollegen zu halten hatten. Auch mit seinen eigenen Werken propagierte er den sozialistischen Realismus. So geriet er in Verdacht, politisch-sozialistische Zweckdichtung zu produzieren. Er war einer jener Dichter, die davon überzeugt waren, dass der Aufbau einer sozialistischen Kultur mit der Wahrung des geistigen Erbes verbunden werden könne. In seiner Publikation *Literarischer Sansculottismus* (1957) verweist er auf Goethe als sein eigenes Vorbild.

Moderne Inhalte in traditioneller Form. So ist es zu erklären, dass Becher als Herausgeber von Anthologien auch deutsche Dichtung der Vergangenheit bekannt zu machen versuchte (*Tränen des Vaterlandes – Deutsche Dichtungen aus dem 16. und 17. Jahrhundert*, 1954), in Essays an die Bedeutung der Klassiker erinnerte (*Denn er ist unser: Friedrich Schiller, der Dichter der Freiheit*, 1955), in Reden einen Zusammenhang zwischen älterer Literatur und Literatur in der DDR herstellte (*Von der Größe unserer Literatur*, 1956) und mit der Veröffentlichung eigener Sonette die Möglichkeit aufzeigte moderne Inhalte in traditionelle poetische Formen zu gießen (*Sonett-Werk* 1913–1955, 1956).

2.4 Erich Arendt – Geschichtsschreibung von der Leidseite

Zu den bedeutenden Lyrikern, die ihre Hoffnung auf den Sozialismus setzten, gehört Erich Arendt (1903–1984). Geboren wurde er in Neuruppin. In seiner Heimatstadt besuchte er das Lehrerseminar, arbeitete dann aber als Bankangestellter, Kulissenmaler und Journalist, ehe er durch Deutschland, Frankreich, Italien und die Schweiz wanderte. Mit 23 Jahren wurde er Lehrer an einer sozialistischen Versuchsschule. 1926 trat er der KPD, 1928 dem *Bund proletarisch-revolutionärer Schriftsteller* bei. Seine ersten Veröffentlichungen erschienen im *Sturm* und vorübergehend war er Mitherausgeber der Zeitschrift *Neukölln hungert.* 1933 verließ er Deutschland, ging zuerst in die Schweiz, und im Spanischen Bürgerkrieg solidarisierte er sich mit der republikanisch-kommunistischen Seite. Später gelangte Arendt nach Frankreich und Kolumbien. 1950 kehrte er nach Ostberlin zurück.

Poetische Elemente aus verschiedenen Kulturkreisen. Die vielen Lebensstationen gewannen auf Erich Arendts Werk großen Einfluss, weil dieser Schriftsteller immer bereit war sich mit fremden Menschen und unbekannten Lebensformen auseinanderzusetzen. Deshalb mischen sich in seinen lyrischen Texten die Einflüsse aus verschiedenen Kulturkreisen mit poetischen Traditionen, die bis auf Hölderlin zurückreichen. In seinen frühen Veröffentlichungen ist das Vorbild der expressionistischen Sprache unverkennbar, später werden melancholische Stimmungen vorherrschend. Sein Werk verstand Arendt als „Geschichtsschreibung von der Leidseite, von der Erleidensseite" her. Seine Gedichte, zum Teil schon in Spanien entstanden, wurden 1951 unter dem Titel *Trug doch die Nacht den Albatros* publiziert, 1952 folgte die Sammlung *Bergwindballade.* Für diese Publikationen erhielt der Lyriker den DDR-Nationalpreis III. Klasse. Arendt starb 1984.

Düsteres Kolorit der Naturgedichte. Der weltoffene Dichter, der das „poetische Erbe" gemäß den Forderungen der DDR-Literaturpolitik mit einer sehr eigenständigen Lyrik zu wahren wusste, passte in das Konzept vom Aufbau einer sozialistischen Kultur. Mit vielen Gedichtbänden besang Arendt die Schönheit der Welt: *Gesang der sieben Inseln* (1957), *Über Asche und Zeit* (1957), *Flug-Oden* (1959), *Ägäis* (1967) und die Sammlung *Aus fünf Jahrzehnten* (1968) sind einerseits als lyrische Früchte seiner Reisen, andererseits von vielen DDR-Lesern auch als Auflehnung gegen die wachsende Unüberwindlichkeit der DDR-Grenzen empfunden worden. Schon nach 1950 scheint sich Arendt von der politisch-sozialen Wirklichkeit in der DDR enttäuscht abgewandt zu haben. Er geriet in eine krisenhafte Situation, die ihn als Autor vorübergehend verstummen ließ. Erst im Band *Gesang der sieben Inseln* (1957) fand Arendt mit dem düsteren Kolorit dieser Naturgedichte seine Sprache wieder. Er nutzte aber die Jahre zwischen 1950 und 1957 für Übersetzungsarbeiten und übertrug Werke der Autoren Pablo Neruda, Rafael Alberti, Vicente Aleixandre und Miguel Hernández ins Deutsche. Dafür wurde er 1956 mit dem Übersetzerpreis der DDR ausgezeichnet.

Die Bildkraft und Naturnähe der Gedichte Erich Arendts sind nicht weniger gerühmt worden wie die Fähigkeiten des Autors zu „vokabulärer Schwärze". Der Autor fand immer wieder neue Varianten von Wörtern, die bedrückend-düstere Assoziationen hervorrufen.

2.5 Anna Seghers – Menschlichkeit und sozialistischer Realismus

Internationaler Ruhm durch *Das siebte Kreuz.* Schon mit ihrem ersten Werk *Grubetsch* hatte sich Anna Seghers (→S. 395), die eigentlich Netty Reiling hieß, als Verfechterin der Anliegen kleiner Leute profiliert. Der Roman *Das siebte Kreuz,* der die Flucht von sieben Häftlingen aus einem KZ und zugleich die politisch-soziale Situation im Deutschland der NS-Zeit schildert, begründete den internationalen Ruhm der Autorin. Bei ihrer Rückkehr nach Ostberlin (1947) war sie über Deutschlands Grenzen hinaus nicht nur als Schriftstellerin, sondern auch als engagierte Kommunistin bekannt. Die vielen Auszeichnungen, die ihr von DDR-Institutionen verliehen wurden, erschwerten in der härtesten Phase des kalten Krieges die Rezeption ihrer Werke im Westen. So erhielt sie beispielsweise dreimal den Nationalpreis I. Klasse, den Stalin-Friedenspreis, den Vaterländischen Verdienstorden in Silber, die Clara-Zetkin-Medaille, den Stern der Völkerfreundschaft in Gold und noch 1981, zwei Jahre vor ihrem Tod im Jahre 1983, den sowjetischen „Orden der Oktoberrevolution". Immerhin wurde Anna Seghers auch im Westen geehrt: 1947 erhielt sie den Büchner-Preis und 1981 die Ehrenbürgerschaft der Stadt Mainz.

Unsentimentale, an Kafka geschulte Sprache. Die entscheidende Überlegung Anna Seghers bei ihrer Rückkehr aus dem Exil galt der Frage, wie mit den Mitteln der Literatur eine Wiederholung der Entsetzlichkeiten von NS-Regime und Krieg verhindert werden könne. Der Sozialismus schien ihr, der Kommunistin, dafür eine Garantie zu bieten, obwohl sie durchaus wusste, dass Änderungen nur zu erreichen sind, wenn sich der einzelne Mensch ändert. Mit dem Roman *Transit*, der 1944 in spanischer Version erschien und 1948 in Deutschland herauskam, ließ Anna Seghers erkennen, dass sie ihre unsentimentale Sprache am Vorbild Kafkas geschult hatte. Aber noch wichtiger war ihr die Verdeutlichung von Voraussetzung und notwendiger Folge: Sie notiert sozusagen Geschehnisse um zu zeigen, welche Zusammenhänge sich zwischen Ursache und Wirkung ergeben. Unter ihren Spätwerken nimmt die Romantrilogie *Die Toten bleiben jung* (Moskau 1949, Berlin 1951), *Die Entscheidung* (1959) und *Das Vertrauen* (1968) eine besondere Stellung ein. Der erste Teil greift geschichtliche Ereignisse auf. Am Beispiel der Gestalten von Klemm, Lieven und Wenzlow wird die „reaktionäre" Haltung von Industrie, Großgrundbesitz und Militär in der Zeit zwischen 1918 und 1945 dargestellt. Der Arbeiter Erwin und sein Sohn Hans werden von diesen Kräften erschossen. Aber der Vertreter der nächsten Generation wird das vollenden, was Erwin bereits vorausgesagt hat: Den Untergang der alten Hierarchien. Der Titel will zeigen, dass es sich lohnt, ein Ziel über Generationen zu verfolgen.

2.6 Peter Huchel – Dichtung aus der Sprache des Volkes

Das lyrische Werk PETER HUCHELS diente gelegentlich als Beleg dafür, dass Schriftsteller auch in der DDR sich von jeder Ideologie freihalten konnten. Tatsächlich hat Huchel sich weder einem politischen noch einem poetelogischen Programm verpflichtet gefühlt. Aber schon sein Bekenntnis zur Unabhängigkeit des Künstlers hat ihm größte Schwierigkeiten eingebracht. Obwohl seine Gedichte auch in den staatlich kontrollierten Medien der DDR hohe Anerkennung gefunden hatten, wurde er 1962, ein Jahr nach der Errichtung der „Mauer" und damit in einer Epoche der verhärteten Konfrontation zwischen Ost und West, dazu gezwungen, als Chefredakteur der Zeitschrift *Sinn und Form* zurückzutreten. Bis 1971, als er in den Westen übersiedeln durfte, lebte er in Wilhelmshorst bei Potsdam unter striktem Reise- und Besuchsverbot.

Eindrücke aus ländlichem Milieu. Entscheidend für das Werk Peter Huchels waren die Kindheitsjahre auf dem Hof seines Großvaters in Alt-Langerwisch. Die Eindrücke aus dem dörflichen Milieu prägten den 1903 in Berlin-Lichterfelde geborenen Lyriker so nachhaltig, dass selbst die Altersgedichte noch die einfachen, aber einprägsamen und kraftvollen Erinnerungsbilder aus der Naturlandschaft in der Mark Brandenburg enthalten. In Berlin, Freiburg im Breisgau und Wien studierte Huchel Philosophie und Literaturwissenschaft. Anschließend unternahm er Reisen nach Frankreich, in die Balkanländer und in die Türkei. Nach Deutschland zurückgekehrt, lebte Huchel wieder in Alt-Langerwisch. Er schrieb für die Zeitschriften *Die literarische Welt*, *Das innere Reich* und vor allem für die Publikation *Die Kolonne*, zu deren Mitarbeitern auch Günter Eich und Elisabeth Langgässer zählten. Nach Krieg und Gefangenschaft war Huchel „ein Mann der ersten Stunde" in Ostberlin. Er übernahm von 1945 bis 1948 die Aufgaben eines künstlerischen Direktors am Ostberliner Rundfunk, der von der sowjetischen Besatzungsmacht linzenziert war. Als Herausgeber der Zeitschrift *Sinn und Form*, die von Johannes R. Becher mitbegründet worden war, wurde Huchel ab 1949 zu einem entscheidenden Förderer literarischer Begabungen und zu einem anerkannten Mittler des Kulturaustausches zwischen Ost und West. Da er sich mit den Zielen der SED aber nie in der gewünschten Klarheit solidarisiert hatte, wurde er 1962 zum Rücktritt gezwungen. Nachdem er 1971 in den Westen gelangt war, wurde er mit zahlreichen Literaturpreisen ausgezeichnet. Nach dem Tod des Dichters im Jahre 1981 stifteten der Südwestfunk Baden-Baden und das Land Baden-Württemberg den Peter-Huchel-Preis für Lyrik.

Sprachgewalt und Naturbilder. Peter Huchels Hörspiele wie *Dr. Faustens Teufelspakt und Höllenfahrt* (1933), *Die Magd und das Kind* (1935) und *Der Bernsteinwald* (1935), vor allem aber seine Gedichtbände *Der Knabenteich* (1932), *Gedichte* (1948), *Chausseen Chausseen* (1963),

Die Sternenreuse (1967), *Gezählte Tage* (1972), *Die neunte Stunde* (1979) und *Ausgewählte Gedichte* (hg. von Peter Wapnewski, 1973) belegen Huchels Sprachgewalt, die ihn weit über einen bloßen Naturlyriker und Idylliker erhebt.

Unter der Wurzel der Distel

Unter der Wurzel der Distel
wohnt nun die Sprache,
nicht abgewandt,
im steinigen Grund.
Ein Riegel fürs Feuer
war sie immer.

Leg deine Hand
auf diesen Felsen.
Es zittert das starre
Geäst der Metalle.
Ausgeräumt ist aber
der Sommer,
verstrichen die Frist.

Es stellen
die Schatten im Unterholz
ihr Fangnetz auf.

2.7 Erwin Strittmatter – bäuerliche Menschen aus naiver Perspektive

„Klassenkampf auf dem Dorf“. Bertolt Brecht übernahm 1953 die Regie bei der Uraufführung des Stücks *Katzgraben* von ERWIN STRITTMATTER. Damit brachte Brecht seinen Respekt vor einem Autor zum Ausdruck, der – wie Brecht formulierte – „nicht aus dem Proletariat, sondern mit dem Proletariat“ – aufgestiegen sei. *Katzgraben* war im Auftrag der Freien Deutschen Jugend (FDJ) als Auftragsarbeit für die Weltjugendfestspiele von 1951 in Berlin geschrieben, aber abgelehnt worden. Brecht überarbeitete die Szenenfolge und führte sie mit dem Berliner Ensemble erfolgreich im Theater am Schiffbauerdamm auf. Es ist, meint er, „das erste Stück, das den modernen Klassenkampf auf dem Dorf auf die deutsche Bühne bringt“.

Dieser moderne Klassenkampf entzündet sich im Stück deshalb, weil feudalistische und sozialistische Denkweisen aufeinanderprallen. Den Fortschritt symbolisiert eine Straße, die durch das Dorf Katzgraben gebaut werden soll. Der Großbauer, der mit dem Einzug der Technik das Ende seiner Macht kommen fühlt, wehrt sich gegen die Trasse, der Neubauer kämpft für die Zeichen der neuen Zeit. Am Schluss darf der Zuschauer sicher sein, dass die Straße kommen wird. Schon verdrängt der Traktor den Ochsen, das überholte Produktionsmittel der Vergangenheit. Brecht hielt Strittmatter dazu an, die Sprache der „historischen Bauernkomödie“ in den klassischen Blankvers zu übertragen, und begründete die Forderung nach dieser speziellen Form eines „V-Effekts“ mit dem Hinweis: „Ich halte es für eine bedeutende Errungenschaft, dass wir unsere Arbeiter und Bauern auf der Bühne sprechen hören wie die Helden Shakespeares und Schillers.“

Das zweite Strittmatter-Stück *Die Holländerbraut* versteht sich ebenfalls als soziales und sozialistisches Drama mit ländlichem Hintergrund. Thematisch knüpft es an *Rose Bernd* von Gerhart Hauptmann an. Die Tagelöhnerin Hanna Tainz hat ein Verhältnis mit dem Sohn des Erbhofbauern Erdmann, der sie, als sie schwanger ist, verleumdet. Mit Kriegsende wird Hanna aus dem KZ befreit. Als Bürgermeisterin lässt sie sich abermals mit Erdmann ein, verliert ihre Position, erkennt aber endlich, dass dieser „Reaktionär“ ihre Gefühle nur missbraucht. Dadurch erlangt sie die Kraft sich gegen ihren Feind zu wehren.

Impulse für Grundsatzdebatten. Strittmatters Werk erlangte auch deshalb Bedeutung, weil es Grundsatzdebatten über den von der Literatur einzuschlagenden Weg auslöste. Die Diskussionen, die oftmals über Monate hinweg geführt wurden, hatten eine ähnliche Wirkung wie die Auseinandersetzungen im Literaturbetrieb westlicher Staaten: Vor allem Strittmatters Prosaschriften erreichten eine riesige Zahl von Lesern. Am bekanntesten wurde der Roman *Ole Bienkopp* (1963), in dem eine Geschichte aus dem fiktiven DDR-Ort Blumenau erzählt wird. Ole Hansen, genannt Ole Bienkopp, gründet nach der Bodenreform von 1945 die Bauerngenossenschaft „Blühendes Feld“. Diese Organisation, Vorläuferin der späteren Landwirtschaftlichen Produktionsgenossenschaften (LPG), spaltet die Bevölkerung des Dorfes in reaktionäre Gegner und progressive Anhänger. Bemerkenswerterweise werden aber die Funktionäre im Stück Bien-

kopps zu Feinden, als 1960 die Kollektivierung der Landwirtschaft ansteht.
Mit diesem Roman schrieb Strittmatter einerseits ein Plädoyer für die Reformen des SED-Staats, andererseits trat er mit der „Wegsucher"- und „Schrittmacher"-Figur Ole Bienkopp für einen Sozialismus des Augenmaßes und der Vernunft ein.
Das Buch, dessen Erstauflage innerhalb eines Monats verkauft war, festigte das Ansehen des Autors in der DDR. Geboren 1912 in Spremberg/Niederlausitz, verbrachte Strittmatter seine Kindheit auf dem Dorf, verließ das Gymnasium mit sechzehn Jahren, wurde Lehrling in der Bäckerei seines Vaters, übernahm Tätigkeiten als Aushilfskellner, Tierwärter, Chauffeur, Pferdeknecht und Hilfsarbeiter, desertierte aus dem Militärdienst kurz vor Kriegsende, war nach dem Zusammenbruch des NS-Regimes wiederum Bäcker und nach der Bodenreform versuchte er sich als Kleinbauer. Seit 1947 gehörte er der SED an, wurde Amtsvorsteher von sieben Dörfern und arbeitete nebenbei als „Volkskorrespondent". 1954 ließ er sich als freier Schriftsteller auf dem Schulzenhof in Dollgow, Kreis Gransee, nieder. Er starb 1994.

Panorama kleinbürgerlichen Lebens. Bis zur „Wende" von 1989 führt Strittmatters literarische Autobiografie *Der Laden*, die 1983, 1987 und 1992 in drei Bänden erschien. Erinnerungen an den Niederlausitzer Bäckerladen bilden den Auftakt zu einem Panorama kleinbürgerlichen und bäuerlichen Lebens in einer Region, in der Anpassungsbereitschaft und Egoismus eine Vielzahl von Personen kennzeichneten. Im letzten Teil vertritt Strittmatter den Standpunkt, dass die „Wende" in dieser Hinsicht keine Veränderung gebracht habe: „Glaubt es oder glaubt es nicht. Das Neue ist das Alte, das nur seine Form ein wenig veränderte, damit man es nicht gleich erkennt."
Der mit dem Nationalpreis der DDR ausgezeichnete Autor bekleidete bedeutende Ämter. 1959 wurde er Erster Sekretär des Deutschen Schriftstellerverbandes. Er ließ keinen Zweifel daran, dass er sich dem sozialistischen Staat verpflichtet fühlte: „Ohne die Deutsche Demokratische Republik wäre ich nicht, was ich bin, wüsste ich nicht, was ich weiß, könnte ich meine künftigen Bücher nicht schreiben." Andererseits beurteilte er seine Verbindung mit dem DDR-Staatsapparat auch mit deutlicher Distanz, wenn er sagte, dass er mit dem Eintritt in die Partei „den unparteiischen Kerl", der er einst gewesen sei, „für einige Zeit verkaufte". Die oftmals wiederholte Frage von SED-Funktionären, wo Strittmatter denn nun wirklich stehe, entzündete sich vor allem an den kuriosen, skurrilen Gestalten, die der Autor in den Mittelpunkt seiner Romane *Ole Bienkopp* und *Der Wundertäter* (Romantrilogie 1957, 1973, 1980) stellte und die nur mit Mühe als sozialistische Helden interpretierbar waren.

2.8 Hermann Kant – die Verbohrtheit des Menschen

Meister des literarischen Kunstgriffs. In seinem ersten Roman *Die Aula* (1965) profiliert sich HERMANN KANT als ein Meister des literarischen Kunstgriffs. Er setzt die Richtigkeit und Durchsetzungskraft des Sozialismus als eine Selbstverständlichkeit voraus und eröffnet sich damit die Möglichkeit die Torheit und Lächerlichkeit vieler Figuren in bestimmten Situationen mit gezielter Ironie darzustellen. Das Werk stieß im Osten wie im Westen auf große Aufmerksamkeit. Auch Kritiker, die sich mit den Prämissen des im Roman skizzierten Weltbildes nicht einverstanden erklären konnten, bestaunten die Fähigkeit des Autors brisante Themen in einer Weise anzufassen, die einerseits die ideologischen Forderungen der SED erfüllte und andererseits die Leserschaft amüsierte. Ein Kunststück sei es gewesen, so urteilt Manfred Jäger, „ein so kritisches wie parteiliches, ein so lesbares wie pädagogisches, ein so unterhaltendes wie ernsthaftes Buch zu verfassen".
Erzählt wird im Roman *Die Aula* die Geschichte des ehemaligen Elektrikers Iswall, der – inzwischen als Journalist tätig – den Auftrag erhält eine Festrede zu halten. In der vorbereitenden Rückschau resümiert Iswall einen Teil der DDR-Geschichte; Gestalten der DDR-Wirklichkeit werden typisiert. Hermann Kant montiert Abschnitte aneinander, die von unterschiedlichsten Erzählhaltungen geprägt sind. Dialogisierungen, scharf beobachtete Begebenheiten im Stil von Anekdoten, episodenhafte Einschübe und reportagenartige Dramatisierungen mischen sich zu einem sehr eigenwilligen Ganzen.

Von Anfang an geriet die DDR-Literatur in starke Abhängigkeit von der staatlichen Forderung, dass der Schriftsteller mit seinem Werk dem Aufbau des Sozialismus zu dienen habe. Die Opposition gegen die künstlerische Gängelung gehörte aber ebenso zur Kulturgeschichte der DDR. Beim ***Zehnten Schriftstellerkongress*** *der DDR, der im November 1987 in Ostberlin stattfand, plädierten vor allem junge Autoren für eine offenere Diskussion über die gesellschaftlichen Widersprüche und über die Funktion der Literatur. Am Rednerpult H. Kant.*

Autobiografisches Erzählprinzip. Allerdings hat Hermann Kant den Erfolg der *Aula* mit seinen weiteren Werken nicht wieder erreichen können. Zwar greift er das Montageprinzip seines ersten Romans in *Das Impressum* (1972) noch einmal auf und mit dem Roman *Der Aufenthalt* (1977) verstärkt der Autor das auch in der *Aula* erkennbare autobiografische Erzählprinzip, handelte sich aber gelegentlich den Vorwurf ein, dass die Lust am Detail zu wenig kontrolliert und nicht weit entfernt von Geschwätzigkeit sei.

Dass Hermann Kant nicht nur begeisterte Leser, sondern immer wieder auch Kritiker fand, ist gewiss auch auf seine schwer zu beurteilende Tätigkeit im Schriftstellerverband der DDR zurückzuführen. Einerseits kämpfte er für die Aufhebung des Publikationsverbots gegen Stephan Hermlin, Erwin Strittmatter und Erich Loest, andererseits befürwortete er eine harte Haltung gegenüber DDR-Autoren, die im Westen veröffentlichten.

Präsident des Schriftstellerverbandes der DDR. Schon während seines Studiums an der Arbeiter-und-Bauern-Fakultät der Ernst-Moritz-Arndt-Universität Greifswald und als Redakteur der Studentenzeitung *Tua res* verfasste Kant satirische Texte, später publizierte er Beiträge mit ebenfalls satirischem Akzent vor allem im SED-Zentralorgan *Neues Deutschland.* Der 1926 in Hamburg als Sohn eines Gärtners geborene Schriftsteller hatte zunächst den Beruf eines Elektrikers erlernt, wurde gegen Kriegsende noch zum Militär eingezogen, war in polnischer Kriegsgefangenschaft Mitbegründer des „Antifa-Komitees“ im Arbeitslager Warschau und studierte Germanistik an der Humboldt-Universität Berlin. 1969 wurde er in die Akademie der Künste der DDR aufgenommen. Ab 1969 war Hermann Kant einer der fünf Vizepräsidenten des DDR-Schriftstellerverbandes, ehe er 1978 zum Verbandspräsidenten gewählt wurde. Der Schriftsteller erhielt eine Vielzahl von Auszeichnungen, unter anderem 1986 auch den „Orden der Völkerfreundschaft“, verliehen vom Präsidium des Obersten Sowjets der UdSSR.

2.9 Aufbauliteratur und Bewusstseinsbildung

Bruno Apitz (1900–1979) erzielte einen durchschlagenden Erfolg mit seinem Roman *Nackt unter Wölfen* (1958). Der Autor, Sohn eines Arbeiters und seit 1927 Mitglied der KPD, wurde 1937 verhaftet und verbrachte acht Jahre im Konzentrationslager Buchenwald, ehe er 1945 von der Roten Armee befreit wurde. *Nackt unter Wölfen* erzählt authentisch Ereignisse, die sich in Buchenwald kurz vor der Befreiung der Häftlinge zutrugen. Das vor allem aus Kommunisten bestehende Internationale Lagerkomitee (ILK) plant angesichts der Annäherung der Sowjetarmee die Selbstbefreiung der KZ-Insassen. Ein dreijähriges Kind, das von einem Juden in das Lager geschmuggelt wurde und von einem ILK-Mitglied versteckt gehalten wird, gefährdet aber alle Bemühungen. Die Lager-SS erhält Nachricht von dem verborgenen Kind. Vergeblich versucht sie mit Folterungen Häftlinge zu zwingen das Versteck zu verraten. Schließlich flüchten die SS-Offiziere vor der Roten Armee. Nachdem die Häftlinge die restlichen Wachen überwältigt haben, wird das gerettete Kind im Triumph aus dem Lager getragen.

Georg Maurer (1907–1971), gebürtig aus Siebenbürgen, ist mit den traditionell geformten Gedichten der Bände *Gesänge der Zeit* (1948), *42 Sonette* (1953), *Dreistrophenkalender* (1961) und *Erfahrene Welt* (1973) zu einem Repräsentanten sozialistischer „Gedankenlyrik“ geworden.

Hans Marchwitza (1890–1965) hatte schon 1934 unter dem Einfluss von Maxim Gorki den Roman *Die Kumiaks* geschrieben, der die Wandlung Peter Kumiaks vom naiven zum kampfbewussten Proletarier schildert. Die Fortsetzungen *Die Heimkehr der Kumiaks* (1952), *Die Kumiaks und ihre Kinder* (1959) und *Roheisen* (1955) zeichnen den Aufbau des Sozialismus in der DDR ganz im Sinne der damaligen Propaganda.

Alfred Kurella erwarb sich Verdienste mit der Übersetzung von Werken der französischen Literatur und entwickelte in seinen Büchern die Reportage zur Kunstform: *Ich lebe in Moskau* (1947), *Der schöne Kaukasus* (1956), *Dimitroff gegen Göring* (1964).

Willi Bredel (1901–1964) war Mitglied des SED-Zentralkomitees und schrieb die Romantrilogie *Verwandte und Bekannte*, *Die Söhne* und *Die Enkel* (1949–1953). Im Roman *Fünzig Tage* (1950) behandelte er den Aufbau des Sozialismus am Beispiel der Wiederherstellung des Dorfes Burchstedt in Thüringen.

Bodo Uhse (1904–1963) ging 1948 nach Ostberlin, wurde Redakteur der Zeitschrift *Aufbau* und Peter Huchels Nachfolger als Redaktionsleiter der Zeitschrift *Sinn und Form*. Er veröffentlichte die *Mexikanischen Erzählungen* (1957), die Reportagenbände *Chinesisches Reisetagebuch* (1956), *Im Rhythmus der Conga* (1962) sowie Essays unter dem Titel *Gestalten und Probleme*.

Eduard Claudius (1911–1976) siedelte 1947 von München, wo er Presseschef im Ministerium für Entnazifizierung war, in die Sowjetische Besatzungszone über, war vorübergehend Sekretär des Schriftstellerverbandes der DDR und später diplomatischer Vertreter Ostberlins in Syrien und in Nordvietnam. Als Autor trat er mit dem Industrieroman *Menschen an unserer Seite* (1951) an die Öffentlichkeit. In seiner Biografie *Ruhelose Jahre* (1968) lässt Claudius erkennen, dass es ihm mehr um die Erziehung seiner Mitbürger zu sozialistischen Menschen als um literarische Qualität ging.

Zu einem bekannten Vertreter des Bitterfelder Weges wurde Erik Neutsch (geboren 1931). In den *Bitterfelder Geschichten* (1961) fasste er authentische Berichte über Arbeiterschicksale zusammen. Der Roman *Spur der Steine* (1964) versteht sich als Industriechronik der Jahre 1959 bis 1961. Hauptfiguren der Handlung, die auf der Großbaustelle Leuna II spielt, sind der Baubrigadier Balla, der Parteisekretär Horrath und neben und zwischen beiden die Ingenieurin Katrin Klee. Balla wandelt sich vom Egoisten zum verantwortungsbewussten Sozialisten und Horrath und Klee lernen die Komplexität des Lebens durch persönliche Konflikte kennen.

3 Große Namen der DDR-Literatur

Während in der ersten Phase des kalten Krieges der Westen auf die literarische Produktion in der DDR und anderen Staaten des Warschauer Pakts eher mit verächtlicher Herablassung reagierte, veränderte sich die Marktsituation für DDR-Schriftsteller in den ausgehenden 60er- und 70er-Jahren. Mit den Studentenunruhen und den gesamtgesellschaftlichen Erneuerungstendenzen wuchs nicht nur die Bereitschaft mit politischen Maßnahmen die Konfrontation zwischen Ost und West abzubauen, sondern auch die Neigung sich mit den Themen und literarischen Darstellungsformen auseinanderzusetzen, die aus dem anderen Teil Deutschlands kamen. „Wandel durch Annäherung" war eine Parole, die vielen Autoren aus dem östlichen Teil Deutschlands den Büchermarkt der Bundesrepublik öffnete, auch wenn ihre Werke unverkennbar sozialistischen Anliegen dienen wollten. Das war neben der Qualität vieler Werke ein entscheidender Grund für den hohen Bekanntheitsgrad zahlreicher DDR-Autoren in der Bundesrepublik noch weit vor der Wiedervereinigung der beiden Teile Deutschlands.

3.1 Stefan Heym – engagierter Publizist und sozialistischer Autor

„Verstoß gegen das Devisengesetz". Wie kompliziert das Leben in der DDR selbst für einen Autor war, der nie einen Zweifel an seiner Anhängerschaft für den Sozialismus gelassen hatte, offenbaren die Schwierigkeiten, mit denen STEFAN HEYM zu kämpfen hatte. Heym, der eigentlich Helmut Flieg hieß, wurde 1913 in Chemnitz geboren, musste das staatliche Gymnasium wegen eines antimilitaristischen Gedichts verlassen, emigrierte 1933 nach Prag und anschließend in die USA, studierte an der Universität Chicago Germanistik und war von 1937 bis 1939 Chefredakteur der antifaschistischen New Yorker Wochenzeitung *Deutsches Volksecho*. Heym nahm 1944 als Sergeant für psychologische Kriegsführung an der Invasion der Alliierten in der Normandie teil. Nach Kriegsende wurde er Mitbegründer der amerikanisch finanzierten *Neuen Zeitung* in München, ging wegen politischer Differenzen mit den Besatzungsbehörden in die USA zurück und ließ sich 1952 in der DDR nieder. 1956 geriet er erstmals in Konflikte mit der Ostberliner Regierung, die sich 1965 auf dem 11. Plenum des Zentralkomitees der SED verschärften. Nachdem er 1969 *Lassalle* in der Bundesrepublik veröffentlicht hatte, wurde Heym zu einer Geldstrafe verurteilt. 1976 war er Mitunterzeichner der Protestpetition gegen die Ausbürgerung Wolf Biermanns. Da Heym seine Werke nur noch westlichen Verlagen überließ, wurde er 1979 erneut wegen „Verstoßes gegen das Devisengesetz" verurteilt und aus dem Schriftstellerverband der DDR ausgestoßen.

PDS-Abgeordneter im Deutschen Bundestag. Heym ist Journalist und seit seinen Jugendjahren kämpfender Sozialist. Unter dem Eindruck der Vorgänge vom 17. Juni 1953, als sich Massen von Arbeitern gegen den so genannten Arbeiter-und-Bauern-Staat stellten, fasste der Autor den Entschluss mit Hilfe seiner Publikationen sozialistische Bewusstseinsbildung zu betreiben. Aber gerade weil er sich auch als Literat von aktuellen Entwicklungen inspirieren ließ, geriet er häufig in Widerspruch zur offiziellen Fakteninterpretation der SED und der Staatsführung. Die Popularität, die Stefan Heym durch diese Konflikte vor 1989 im Westen erlangte, schürte auch nach der Wiedervereinigung die öffentliche Auseinandersetzung um Person und Werk dieses Schriftstellers, zumal Stefan Heym die Fehler des DDR-Staates nicht gleichsetzen wollte mit grundsätzlichen Irrtümern der sozialistischen Lehre, 1994 als direkt gewählter PDS-Abgeordneter in den Deutschen Bundestag einzog und die Legislaturperiode als Alterspräsident mit einer Rede eröffnete.
In Heyms Werk haben drei Bücher besondere Bedeutung erlangt. *Der Fall Glasenapp* (englisch unter dem Titel *Hostages* 1942, erste Veröffentlichung in Deutsch 1958) greift eine Geschichte aus der Zeit des „Dritten Reiches" auf. Geschildert wird am Beispiel eines Geiseldramas in Prag der Kampf einer tschechischen Widerstandsgruppe gegen die deutsche Besatzung im so genannten „Reichsprotektorat Böhmen und Mähren". Der Roman, der auch als Polit-Krimi bezeichnet wurde, will die Brutalität nationalsozialistischer Gewaltherrschaft beschreiben und damit den kriegerischen Einsatz von US-Truppen in Europa rechtfertigen.

Der Roman *Collin* (1979) verletzte die damals gültigen Richtlinien der DDR-Kulturpolitik. Das Werk wurde auch sogleich als trotzige Herausforderung zur Machtprobe empfunden. Bei der Figur Collins handelt es sich nach Meinung von Wolf Biermann zwar um eine „raffinierte Legierung aus sehr verschiedenen Schriftstellern", aber die Nebenfiguren stattet Heym mit deutlichen Merkmalen realer Gestalten des DDR-Staatsapparats aus. Zentraler Ort der Handlung ist eine Prominentenklinik, in der sich das Leben der Mächtigen immer mehr von der Wirklichkeit entfernt.

Angst vor dem Atomtod. Mit dem Roman *Ahasver* (1981) schrieb Stefan Heym ein Plädoyer für die unbedingt erforderliche Veränderung der Welt. Die „große Angst vor dem Atomtod" ist das Leitmotiv des Autors, das mit Mythen und Legenden, mit Vergangenem und Gegenwärtigem zu einem Menschheitspanorama verknüpft wird.

3.2 Stephan Hermlin – Traditionen in der Moderne

Schwierigkeiten mit der „Parteilinie". Dass ein Dichter in der DDR mit zahlreichen Preisen ausgezeichnet werden und von einem Tag auf den anderen in Ungnade fallen kann, zeigt sich am Beispiel STEPHAN HERMLINS. Der 1915 in Chemnitz geborene Autor entstammt einer jüdischen Familie. Er wuchs in Berlin auf, schloss sich 1931 als Gymnasiast dem Kommunistischen Jugendverband Deutschlands an, emigrierte 1936, beteiligte sich am Spanischen Bürgerkrieg, trat 1940 in die französische Armee ein und wurde von 1944 bis 1945 in der Schweiz interniert. Nach seiner Rückkehr arbeitete er zusammen mit Hans Mayer am Literaturprogramm des Senders Frankfurt am Main, ging aber 1947 nach Berlin, wo er als freischaffender Schriftsteller der SED beitrat. Er wurde Sekretär der Sektion Dichtkunst der Akademie der Künste Ostberlin und Vizepräsident des Deutschen Schriftstellerverbandes. Für sein Werk erhielt Hermlin dreimal, nämlich 1950, 1954 und 1975, den Nationalpreis der DDR, 1956 wurde er mit dem Übersetzerpreis des Ministeriums für Kultur der DDR geehrt, 1972 nahm er den Heinrich-Heine-Preis der DDR und 1980 den Vaterländischen Verdienstorden in Gold entgegen.

Dennoch hatte auch Stephan Hermlin seine Schwierigkeiten mit der „Parteilinie". Seine Erzählung *Die neue Kommandeuse* von 1954 unternimmt den Versuch, führende Gestalten des Volksaufstandes vom 17. Juni 1953 als Faschisten und Kriminelle zu zeichnen. Obwohl ein solches Verfahren den Absichten der DDR-Propaganda diente, musste Hermlin die Kritik offizieller Stellen hinnehmen. Er habe, so wurde ihm vorgeworfen, eine negative Heldin in den Mittelpunkt seiner Erzählung gestellt. Hermlin reagierte spöttisch und stellte klar, dass er nicht bereit sei sich dem Diktat der staatlich verordneten Literaturtheorien zu unterwerfen. Als ihn 1963 der VI. Parteitag der SED abermals scharf kritisierte, trat Hermlin von allen Ämtern zurück und erst nach Jahren wurde er wieder Vorstandsmitglied des Schriftstellerverbandes der DDR. 1981 organisierte er das Treffen „Schriftsteller für den Frieden". Stephan Hermlin starb 1997 in Berlin.

Stimmungslyrik und Thema Widerstand. Stephan Hermlin hatte beträchtliche Probleme die Forderung nach einem sozialistischen Realismus in der Literatur zu akzeptieren. Viel leichter fällt es ihm, an Traditionen anzuknüpfen. Seine Sprache ist, wie vor allem die Prosaarbeiten beweisen, stark vom Stil Kleists, Kafkas und Camus' beeinflusst. Der Schriftsteller begann mit Stimmungslyrik (*Zwölf Balladen von den großen Städten*, 1945; *Wir verstummen nicht: Gedichte in der Fremde*, 1945; *Die Straßen der Furcht*, 1946), erprobte eine realistischere Sprache (*Der Flug der Taube*, 1952) und kehrte zu seinem metaphernreichen, von den Symbolisten inspirierten Stil zurück (*Die Städte*, 1956). In mehreren Prosaarbeiten griff Hermlin das Thema vom Widerstandskampf gegen den Nationalsozialismus auf. Hermlins Bedeutung für die DDR-Literaturgeschichte liegt auch in seinen zahlreichen essayartigen Stellungnahmen zu Fragen der Zeit (*Äußerungen. 1944–1982*).

3.3 Johannes Bobrowski – Vertrauen in die Wirksamkeit des Gedichts

Gedichte als Zaubersprüche. „Ich habe ein ungebrochenes Vertrauen zur Wirksamkeit der Gedichte – vielleicht nicht des Gedichts, sondern des Verses, der wahrscheinlich wieder mehr Zauberspruch, Beschwörungsformel wird werden müssen." Mit diesem Bekenntnis zeigte JOHANNES BOBROWSKI (1917–1985), dass er trotz der Melancholie seines Grundtons an die Kraft humanistisch orientierter Literatur glaubte. Von seinen frühen Gedichten, die Erinnerungen an seine Kinder- und Jugendjahre beschworen, hat sich der Lyriker und Erzähler später distanziert. Aber immer blieb in seinen Texten das Kolorit der Heimatlandschaft spürbar. „Zu schreiben habe ich begonnen am Ilmensee 1941, über russische Landschaft, aber als Fremder, als Deutscher. Daraus ist ein Thema geworden, ungefähr: die Deutschen und der europäische Osten. Weil ich um

die Memel herum aufgewachsen bin, wo Polen, Litauer, Russen, Deutsche miteinander lebten, unter ihnen allen die Judenheit."
Diese Äußerung zeigt, dass dieser Autor viel zu differenziert war, als dass er sich die Ideologie des SED-Systems hätte zu eigen machen können. Geboren wurde Johannes Bobrowski 1917 in Tilsit, später lebte die Familie in der Nähe von Rastenburg. Bobrowski besuchte das Gymnasium in Königsberg und studierte Kunstgeschichte. Als Soldat war er in Frankreich und am Ilmensee stationiert, wo er zu schreiben begann. 1949 kehrte er aus sowjetischer Kriegsgefangenschaft zurück. Erst 1955 erschien sein erstes Gedicht *(Pruzzische Elegie)* nach dem Krieg, die erste Buchveröffentlichung *(Sarmatische Zeit)* erfolgte sogar erst 1961. Bobrowski hat auch bedeutende Prosaschriften verfasst, darunter die Romane *Levins Mühle – 34 Sätze über meinen Großvater* (1964) und *Litauische Klaviere* (1966). Der Schriftsteller starb 1965.

Landschaft als Wirkungsfeld des Menschen. Die Natur allein sei nicht der Gegenstand seiner Gedichte, hat er einmal gesagt. Erst als Wirkungsfeld des Menschen erlange die Landschaft für ihn Bedeutung.

Der Wanderer

Abends,
der Strom ertönt,
der schwere Atem der Wälder,
Himmel, beflogen
von schreienden Vögeln, Küsten
der Finsternis, alt,
darüber die Feuer der Sterne.

Menschlich hab ich gelebt,
zu zählen vergessen die Tore,
die offenen. An die verschlossnen
hab ich gepocht.

Jedes Tor ist offen,
Der Rufer steht mit gebreiteten
Armen. So tritt an den Tisch.
Rede: Die Wälder tönen,
den eratmenden Strom
durchfliegen die Fische, der Himmel
zittert von Feuern.

3.4 Christa Wolf – Nachdenkliches zur Situation

Tadel wegen eines „Hangs zur Innerlichkeit". Immer wieder ins Kreuzfeuer der Kritik geriet Christa Wolf, die während der Teilung Deutschlands im Westen nicht weniger bekannt wurde als im Osten. Ihr vielleicht wichtigster Roman *Nachdenken über Christa T.* erschien 1968 in Ostberlin und 1969 in der Bundesrepublik, zu einem Zeitpunkt also, da der Kalte Krieg auf Grund der Besetzung der damaligen Tschechoslowakei (1968) durch die Truppen des Warschauer Pakts einen neuen Höhepunkt erreicht hatte. Im Osten wurde das Werk wegen eines Hangs zur „Innerlichkeit" getadelt, im Westen glaubte man den Roman als Beweis für die Abwendung Christa Wolfs vom Sozialismus interpretieren zu können.
Die Schriftstellerin wurde auf beiden Seiten der Mauer zu einer der prominentesten Vertreterinnen unbeirrbaren Schreibens, das sich weder an westlichen Positionen noch an östlichen Forderungen orientierte. Umso größer war die Irritation, als Christa Wolf nach der Wiederverei-

*In ihren Werken griff **Christa Wolf**, die während der Teilung Deutschlands im Osten wie im Westen gleichermaßen geschätzt wurde, immer wieder deutsche Schicksale auf. Der Typus des freiheitsliebenden, unangepassten Menschen stand in deutlichem Gegensatz zur Ideologisierung der Politik im Kalten Krieg.*

nigung mehrfach Äußerungen zur Vergangenheit der DDR formulierte, die ihr als Verklärung eines totalitären Systems und als Ignoranz gegenüber der historischen Wirklichkeit ausgelegt wurden. *Auf dem Weg nach Tabou* erschien 1994 als Sammlung von Reden, Briefen, Skizzen, Vorworten und Tagebuchaufzeichnungen.
Mehr als andere Schriftsteller der DDR hatte sich Christa Wolf trotz ihres Engagement für die SED dafür eingesetzt, die deutsche Teilung zumindest literarisch zu überwinden. Geboren 1929 in Landsberg an der Warthe, kam sie 1945 in die damalige SBZ, studierte Germanistik in Jena und Leipzig, trat der SED bei, wurde Redakteurin der Zeitschrift *Neue Deutsche Literatur*, Cheflektorin des Verlags *Neues Leben* und schließlich auch noch Lektorin des *Mitteldeutschen Verlags* in Halle. Sie wurde Vorstandsmitglied des Schriftstellerverbandes der DDR (1955–1977), 1963 Kandidatin des ZK der SED und Mitglied des PEN-Zentrums der DDR.

Erfolg im Westen. Während Christa Wolfs erste literarische Arbeit, die *Moskauer Novelle* (1961) in der Bundesrepublik nie verlegt wurde, wurde die Erzählung *Der geteilte Himmel* (1963) auch im Westen ein großer Erfolg. Obwohl die Autorin den Forderungen des Bitterfelder Weges entsprach und ihr Thema der Arbeitswelt entlehnte, zeigten sich in den Urteilen Ostberlins zunächst sehr große Vorbehalte. Geholfen hat der Autorin eine Stellungnahme der „Patenbrigade" des „Zirkels schreibender Arbeiter des VEB Waggonbau Ammendorf 2": „Wir meinen vor allem, der Vorwurf ‚dekadente' Lebensauffassung geht über das Ziel einer helfenden Kritik hinaus. Dein Buch regt zum Nachdenken an. Wir sind stolz auf Dich."
Der geteilte Himmel greift aktuelle politische Fragen auf. Erzählt wird die Liebesgeschichte der Pädagogik-Studentin Rita Seidel und des Doktors der Chemie, Manfred Herrfurth. Beide arbeiten im VEB Waggonbau. Nachdem es Manfred nicht gelingt, eine sinnvolle technische Neuerung gegenüber den Planungsbehörden durchzusetzen, geht er enttäuscht in den Westen, während sich Rita für den weiteren Aufbau des Sozialismus engagiert.
Nachdenken über Christa T. (1968), in der DDR ähnlich umstritten, konturiert eine Freundin der Erzählerin. So entsteht eine Biografie, die exemplarisch ein deutsches Schicksal aufgreift. Die nationalsozialistische Szenerie in der Jugend und die Erlebnisse der Hauptfigur als Studentin, Ehefrau und Mutter führen dazu, dass diese Christa T. eine Einstellung zum Leben entwickelt, die sich mit sozialistischen Auffassungen nicht deckt. Dieses Bild eines freiheitsliebenden, unangepassten Menschen entsprach in dieser Zeit durchaus den Idealen in Ost und West.
Kindheitsmuster (1976) beruht auf der Überlegung, dass menschliche Verhaltensweisen sehr stark von der prägenden Kraft politisch-gesellschaftlicher Verhältnisse in der Kindheit gesteuert werden. Ein Familienschicksal mit deutlichen autobiografischen Bezügen liefert die thematische Vorlage zur Darstellung der Spannungen, die sich aus einer Kindheit im NS-Staat und der Gegenwart im Sozialismus ergeben.

Analyse der Voraussetzungen für das Scheitern. Das Gefühl als Autorin mit sozialistischem Selbstverständnis in einer Gesellschaft, die sich als „sozialistisch" bezeichnet, nicht gebraucht und verstanden zu werden hat die Thematik mehrerer Werke Christa Wolfs mitbestimmt. *Kein Ort. Nirgends*, 1979 veröffentlicht, ist in einer Lebensphase entstanden, in der die Autorin sich veranlasst sah, die „Voraussetzungen von Scheitern" zu untersuchen. Im Mittelpunkt der Handlung steht ein erfundenes Zusammentreffen Heinrich von Kleists mit Karoline von Günderode (→ S. 237) in Winkel am Rhein. Kleist befindet sich, von einer schweren Depression geheilt, auf der Heimreise von Paris nach Berlin. Die beiden Gesprächspartner bauen in ihrem Dialog vorsichtige Brücken, die Abfahrt der Postkutsche führt aber zum abrupten Abbruch des Meinungsaustausches. Das Infragestellen der gefundenen Positionen und die Suche nach neuen Wirklichkeiten beherrschen den Text, der die Unmöglichkeit einer vertretbaren Orientierung darstellt und deshalb als „ortlose Dichtung" verstanden worden ist.
Als Höhepunkt im Schaffen Christa Wolfs ist die Erzählung *Kassandra* (1983) eingestuft worden. Kassandra, die Tochter des trojanischen Königs Priamos, erhielt von Apollon die Sehergabe. Aber ihren Prophezeiungen wie etwa der Ankündigung vom Untergang Trojas wird kein Glaube ge-

schenkt. Nach der Zerstörung der Stadt wird sie vom Sieger Agamemnon nach Mykene gebracht und von Agamemnons Frau Klytemnästra ermordet. Gezeigt wird sie in ihren letzten Lebensstunden und ohne Gesprächspartner. Während sie den Tod erwartet, ordnet sie, die Vergeblichkeit aller ihrer Bemühungen erkennend, ihre Erinnerungen.

Kassandra ist häufig als charakteristisches Werk der Frauenliteratur interpretiert worden. Damit ließ sich die Erzählung auch als Beleg für die Gemeinsamkeiten literarischer Entwicklungen in der Bundesrepublik und in der DDR verstehen. Christa Wolf selbst hat diese Deutung initiiert. Kassandra, so sagte sie, repräsentiere eine der ersten Frauengestalten, „deren Schicksal vorformt, was dann, dreitausend Jahre lang, den Frauen geschehen soll: dass sie zum Objekt gemacht werden …"

Störfall. Nachrichten eines Tages (1987): Die Katastrophe von Tschernobyl als literarischer Text – das war für die DDR-Literaturkritik eine kaum zu bewältigende Herausforderung. Zumeist behalfen sich die Rezensenten damit, auf die Gefahren zu verweisen, die aus dem Atomstaat USA drohen, und jene Passagen zu würdigen, in denen unter dem Begriff *Star War* strategische Planungen des Pentagons kritisiert wurden. Im Westen überwog das Lob. Gelegentlich wurde allerdings die Frage gestellt, weshalb es Christa Wolf versäumt habe, auf die gesellschaftspolitischen Ursachen des Störfalls einzugehen.

3.5 Franz Fühmann – Ernst und Würde

Wahrheit und Wahrhaftigkeit. Unterschiedlich beurteilt wurde das Werk Franz Fühmanns (1922–1984). Während die „Geschichte der deutschen Literatur. Literatur der DDR" dem Autor bestätigt, dass er den sozialistischen Aufbau in den 50er- und 60er-Jahren mit seinen Büchern „unmittelbar mitgestaltet" habe, sieht Christa Wolf in Fühmanns Schriften überzeitliche Werte wie „Wandlung. Wahrheit. Wahrhaftigkeit. Ernst. Würde." Der Autor begann als Lyriker. Auch seine Erzählungen, Romane und Essays beschäftigen sich mit den Themen Nationalsozialismus und Krieg.

Franz Fühmann stammt aus Rochlitz, Kreis Hohenelbe. Der Ort liegt im böhmischen Teil des Riesengebirges. Schon als Gymnasiast war Fühmann begeisterter Anhänger der nationalsozialistischen Ideologie, meldete sich 1939 freiwillig zum Reichsarbeitsdienst, war als Soldat an mehreren Fronten eingesetzt und erlebte das Kriegsende in Schlesien. Die sowjetische Kriegsgefangenschaft führte ihn 1947 in eine lettische Antifaschistenschule, wo er sich zum überzeugten Marxisten wandelte. 1949 kam er nach Ostberlin, wo er bis zu seinem Tod lebte. Fühmann unterschrieb, obwohl er zu den bekanntesten Schriftstellern der DDR gehörte, 1976 den Protest gegen die Ausbürgerung Wolf Biermanns.

Sozialist und Epochenkritiker. Die Schriften Fühmanns sind auf politische Wirkung ausgerichtet. Seine unverschnörkelte, von komplizierten Stilfiguren freie Sprache sicherte ihm eine erhebliche Breitenwirkung. Mit seinen Themen wollte Fühmann eine optimistische Aufbruchsstimmung verbreiten, wie sie die SED-Führung zu propagieren versuchte. Und doch gilt Fühmann nicht nur als Sozialist, sondern auch als Epochenkritiker. Er wurde Vorbild für viele junge Talente in der DDR.

Als Lyriker und als Prosaist hat Fühmann ein riesiges Werk hinterlassen. Seine Gedichte versuchten auf die Märchensprache zurückzugreifen, aber die von diesem Stil gelieferten Bilder und Metaphern reichten offenbar nicht aus um den thematischen Anliegen gerecht zu werden. Sein letztes Gedicht *Der neue Stern* pries den Sputnik-Start von 1957. Mit der Novelle *Kameraden* (1955) fand Fühmann einen neuen Ton: Zwei deutsche Soldaten, die versehentlich die Tochter ihres Majors töten, beschuldigen „russische Untermenschen" der Tat. Der Major lässt daraufhin zwei Russinnen hängen. Unter dem Einfluss des Bitterfelder Wegs steht die Reportage *Kabelkran und Blauer Peter* (1961), die auf Beobachtungen des Autors auf der Warnow-Werft bei Warnemünde beruht. Auch der Erzählband *Das Judenauto. 14 Tage aus 2 Jahrzehnten* (1962) verarbeitet autobiografische Erfahrungen. Eine thematische Ausnahme in Fühmanns Werk ist *Saiäns Fiktschen* (1981). Eine künftige Welt erweist sich als aufgeteilt in zwei Hemisphären, Uniterr und Libroterr. Sozialistische und kapitalistische Strukturen werden in einer Weise gegenübergestellt, die es dem Leser ermöglicht, die Unzulänglichkeit beider System zu erkennen.

3.6 Ulrich Plenzdorf – Schreiben für die junge Generation

Artikulation eines gemeinsamen Bewusstseins. ULRICH PLENZDORF, 1934 in Berlin-Kreuzberg geboren, erreichte mit seinen epischen Werken, mit Filmdrehbüchern und Bühnenstücken wie kaum ein zweiter Autor jugendliche Leserschichten in der DDR und in der Bundesrepublik. Vor allem die Erzählung *Die neuen Leiden des jungen W.* wurde in Ost und West zu einem großen Erfolg. Die Geschichte von den Alltagsproblemen des 17-jährigen Edgar Wibeau eröffnete eine Vielzahl von Interpretationsperspektiven. Lesen ließ sich die Erzählung als Widerspruch zur These der DDR-Staatsführung, dass die Lösung aller Klassenprobleme im „ersten Arbeiter-und-Bauern-Staat auf deutschem Boden" auch zur Überwindung aller individuellen Schwierigkeiten geführt habe. Rezensenten, die in der Bundesrepublik lebten, entdeckten in der sprachlichen Gestaltung des Werks den schnoddrig-kreativen Jugendjargon, den damals die heranwachsende Generation auch im Westen anwandte. So galt Plenzdorfs Erzählung manchem Leser als ein Beleg für die Wirkungslosigkeit der staatlichen Trennung Deutschlands. Und viele Theaterbesucher fühlten, wie Ivan Nagel einmal festgestellt hat, bei Aufführungen der Bühnenfassung in der DDR, „dass sie mit ihren Wünschen und Verletzungen nicht allein sind".

Geschichte vom gesellschaftlichen Außenseiter. *Die neuen Leiden des jungen W.* (1972) erzählt wesentliche Teile der Lebensgeschichte, die den Unfalltod des 17-jährigen Edgar Wibeau erklären können. Zunächst gelangweilt, dann amüsiert und schließlich interessiert liest Edgar, ein in einem Gartenhaus lebender Außenseiter, Goethes Briefroman *Die Leiden des jungen Werthers* (→ S. 169). Er erkennt die Parallelen zwischen seinem eigenen Dasein und den Schwierigkeiten, die Goethes Helden scheitern lassen. Wibeau, der sich von jeder ideologischen Beeinflussung freihält, Beat-Musik liebt und in Konflikte mit Vertretern der geordneten Welt gerät, verliebt sich in die Verlobte eines formal korrekten Zeitgenossen. Der Test einer selbsterfundenen Farbspritzpistole kostet ihn am Weihnachtstag das Leben. Es bleibt offen, ob Edgar Opfer eines Unfalls ist oder Selbstmord begangen hat.

Plenzdorf hatte den Stoff schon 1969 als Szenarium für einen Film geschrieben. Aber die literarischen Grundsätze der Ulbricht-Ära verhinderten die Produktion. Als die Erzählung erschien und fast zugleich eine Theaterfassung in Halle 1972 uraufgeführt wurde, kam es – bedingt auch durch die Entwicklungen nach dem VIII. Parteitag der SED von 1971 – zu einer scharfen Diskussion um die Zielsetzungen der DDR-Literatur. Während Stephan Hermlin den dokumentierenden Charakter der *Werther*-Version erkannte, stellte Erich Honecker 1973 warnend klar, dass der Autor nicht versuchen dürfe, „eigene Leiden der Gesellschaft zu oktroyieren".

Ulrich Plenzdorf entstammt einer Arbeiterfamilie, legte 1954 das Abitur ab, studierte Marxismus-Leninismus am Franz-Mehring-Institut Leipzig, war von 1955 bis 1958 Bühnenarbeiter und wurde 1958 Soldat der Nationalen Volksarmee. 1959 bis 1963 studierte er an der Filmhochschule Babelsberg und arbeitete als Szenarist und Filmdramaturg. Für die Erzählung *Kein runter, kein fern* (Theaterfassung 1990) erhielt Plenzdorf 1978 den Klagenfurter Ingeborg-Bachmann-Preis. Erfolgreich waren auch seine Filmerzählung *Die Legende von Paul & Paula* (1974), der Roman *Legende vom Glück ohne Ende* (1979, Bühnenfassung 1983) und das Drama *Zeit der Wölfe* (1989).

4 Impulse für das Theater aus der DDR

Von den Bühnen vor allem in den großen Städten der DDR gingen wesentliche Impulse auch für den westlichen Kultur- und Literaturbetrieb aus. Ausschlaggebend dafür waren die unterschiedlichsten Gründe.

Mit Bertolt Brecht und seinen Modellaufführungen (→ S. 562) hatte die DDR einen Maßstab für modernes Theater gefunden, an dem in den 50er- und 60er-Jahren die Qualität auch anderer dramatischer Arbeiten gemessen wurde. Die internationale Anerkennung, die dem von Brecht geleiteten Theater am Schiffbauerdamm zuteil wurde, war für jüngere Stückeschreiber oft eine anregende Herausforderung. Eine Rolle spielte gewiss auch die staatliche Förderung der Theaterlandschaft. Einerseits maßten sich Staats- und Parteistellen das Recht an neu geschriebene Dramen zu beurteilen und deren Aufführung zu genehmigen oder zu verweigern, andererseits galt das Theater den DDR-Behörden im Sinne Brechts als ein wichtiges Medium zur Meinungs- und Bewusstseinsbildung. Von lebendigen, finanziell abgesicherten und streng kontrollierten Bühnenbetrieben erhoffte man sich einen starken sozialistischen Erziehungseffekt, aber auch eine Devisen einbringende Ausstrahlung über die Grenzen der DDR hinaus.

Typisch für den Theaterbetrieb der DDR waren die ausverkauften Aufführungen. Ganz offensichtlich war das Theater in DDR-Zeiten nicht nur ein Ort literarischer Entwicklungen, sondern auch ein Schauplatz der Auseinandersetzung von Parteidoktrin und schriftstellerischem Mut. Vor allem den jüngeren Autoren, die sich an die von der SED geforderte Disziplin nicht mehr halten wollten, gelang es immer wieder, in die Szenen ihrer Stücke trotz Zensur und Repression Botschaften einzustreuen, die vom sensibilisierten Publikum als Versuche zur Wahrung geistiger Freiheit, manchmal sogar als offene Auflehnung empfunden wurden. Von westlichen Theaterbesuchern, die an die kühnen und kuriosen Experimente bundesdeutscher Bühnen gewohnt waren, wurden solche Keckheiten kaum registriert. Das DDR-Publikum entwickelte hingegen ein gleichsam seismographisches Empfinden für die leichtesten Erschütterungen der scheinbar ruhigen Parteilandschaft. Ein exotisches Szenenbild, eine experimentelle Stückstruktur, ein in die Dialoge eingestreutes Bibelzitat, eine apolitische Sentenz konnten außergewöhnliche Wirkung haben, weil mit derlei Mitteln subtil an Dinge erinnert wurde, die den Staatsorganen nicht genehm waren. Es ist bezeichnend, dass viele Schriftsteller der DDR nach der Zusammenführung der beiden deutschen Staaten im Jahre 1990 den Verlust ihrer bisher bewährten Sprache konstatierten. Der plötzliche Wechsel in eine Literaturszene, in der sprachlich und thematisch fast alles erlaubt ist, machte die Doppelbödigkeit und die mühsam erkämpfte Freiheit der ehemaligen DDR-typischen Diktion schlagartig zu einem Anachronismus.

4.1 Peter Hacks – Streben nach „sozialistischer Klassik"

„Sozialistische Klassik" als Ziel. Über die Grenzen Deutschlands hinaus wurde der Dramatiker Peter Hacks bekannt. In den 60er-Jahren erlebten die bundesdeutschen Bühnen geradezu eine „Hacks-Welle". Erklärtes Ziel des Dramatikers war es, den „sozialistischen Realismus" zu Gunsten einer „sozialistischen Klassik" zu überwinden.

Peter Hacks, geboren 1928 in Breslau, legte das Abitur 1946 in Wuppertal ab. Anschließend studierte er Soziologie, Philosophie und Theaterwissenschaften in München. Seine Dissertation behandelte „Das Theaterstück des Biedermeier". Schon 1953 apostrophierte er die DDR als „Heimat aller deutschen Schriftsteller". 1955 verlegte Hacks, angeregt auch durch die Freundschaft mit Brecht, seinen Wohnsitz nach Berlin, wo er mit dem Brecht-Ensemble eng zusammenarbeitete. 1960 wurde Hacks Dramaturg und Theaterdichter am Deutschen Theater Berlin.

Auch Hacks hatte mit der DDR-Führung seine Probleme. Schon sein Stück *Die Sorgen und die Macht* (1958), dessen Titel ironisch auf ein Ulbricht-Zitat anspielte und die Alltagsrealität in der DDR kritisch analysierte, führte zu Diskussionen. 1961 empörte das Zeitstück *Moritz Tassow* die DDR-Funktionäre. 1963 musste Hacks seinen Aufgabenbereich am Deutschen Theater unter dem Druck der Partei aufgeben. Auch Wolfgang Langhoff, der Intendant dieser Bühne, trat zurück und gestand ein, dass seine „blinde Verliebtheit in ein Talent" ein schwerer Fehler gewesen sei.

Vielfach aufgeführt wurde die Hacks-Komödie *Die Schlacht von Lobositz* (1956). Das Stück war noch in der Bundesrepublik entstanden. Der Autor hatte es bei seinem Wohnortwechsel in die DDR mitgenommen. Die Uraufführung fand 1956 im Deutschen Theater Berlin statt. Der Inhalt, obwohl in den Siebenjährigen Krieg verlegt, ist eine deutliche Stellungnahme gegen die Wiederbewaffnung und ein Plädoyer für Pazifismus und Desertion. Der preußische Leutnant Markoni geht mit seinem Vorgesetzten eine Wette ein, dass er seine Soldaten mit Freundlichkeit und scheinbarer Kameradschaftlichkeit von der Fahnenflucht abhalten könne. Soldat Ulrich Bräker (→ S. 149) aber durchschaut die Methode als bloße Taktik. Durch die Desertion entzieht er sich dem Krieg, den er als Fortsetzung des Klassenkampfes mit anderen Mitteln empfindet.

Die Sorgen und die Macht behandelt gemäß den Forderungen des „Bitterfelder Weges" ein Thema aus der Arbeitswelt der DDR. Anregungen zur Gestaltung des Stoffs empfing Peter Hacks durch einen Brief Brandenburger Stahlwerker, die sich im SED-Zentralorgan „Neues Deutschland" darüber beklagt hatten, dass ihr Produktionsplan nur deshalb nicht habe erfüllt werden können, weil ein Zulieferwerk sie mit minderwertiger Ware versorgt habe. Das Stück deckt Missstände auf, endet aber in einem durchaus linientreuen Appell.

Der Müller von Sanssouci (1958) greift die bekannte Legende vom Streit eines Müllers mit Friedrich dem Großen auf, will aber die Gegenwart mit Hilfe eines historischen Beispiels erhellen. Schon Brecht hatte sich diese Geschichte notiert, weil er sie im Sinne des epischen Theaters verfremden und umdeuten wollte. Friedrich der Große soll sich über das Klappern einer Mühle geärgert und dem Müller deren weiteren Betrieb verboten haben. Daraufhin soll der Müller unerschrocken den Satz ausgesprochen haben: „Es gibt noch Richter in Berlin." Und Friedrich II., beeindruckt von der aufrechten Art seines Untertans, soll sich dem Recht gebeugt haben. Die Geschichte, häufig als Beweis für die angebliche Rechtssicherheit im aufgeklärten Absolutismus verwendet, wird von Hacks psychologisiert und ins Gegenteil verkehrt. Der König will eine Art „Public-Relations"-Wirkung erzielen und lässt den Müller auffordern den stolzen Satz auszusprechen. Der Untertan kommt dem Befehl nach, fällt aber, erschrocken über seine eigene Anmaßung, dem König zu Füßen. Friedrich wendet einen Trick an um das Staunen der Welt über seinen Gerechtigkeitssinn zu sichern und zugleich das Klappern der Mühle abzustellen. Er unterwirft sich scheinbar dem Recht, lässt aber den Knecht des kriegsversehrten Müllers zum Militär einziehen. In Hacks' Version ist der Müller nicht der moralische Sieger. Er ist vielmehr ruiniert und beugt sich der überlegenen Macht des königlichen Unterdrückers.

„Postrevolutionäre Dramaturgie". 1972 entwickelte Hacks eine „postrevolutionäre Dramaturgie". Nicht weiter sollte das Publikum aktiviert werden sich seiner Bereitschaft zu revolutionärem Handeln bewusst zu werden, weil „der Mensch bereits im gegenwärtigen Zustand des Sozialismus in so hinlänglichem Maße Herr der Geschichte" ist, dass der Dramatiker anfangen könne, „seinem Stoff als Herr gegenüberzutreten". Nach den Gesetzen der Poesie könne der Stoff in Form gegossen werden. Damit hatte Hacks das Vorbild Brecht überwunden. Schon vorher hatte er sich bei der Bearbeitung bekannter Stoffe mit klassischen Dramen auseinandergesetzt.

Die Beschäftigung mit Goethe, die ihren Niederschlag zunächst in dem Stück *Das Jahrmarktsfest zu Plundersweilern nach J. W. v. Goethe* (1973) fand, führte zu einem der international erfolgreichsten Werke Peter Hacks', das zugleich eine ungewöhnliche Stellung in der modernen dramatischen Literatur einnimmt: Gemeint ist das Stück *Ein Gespräch im Hause Stein über den abwesenden Herrn von Goethe* (1974). Das „Monodrama" stellt Charlotte von Stein, die „Seelenfreundin" Goethes, in den Mittelpunkt.

4.2 Heiner Müller – „Produktion von Menschlichkeit"

Konventionen als Tarnung von Unmenschlichkeit. Auch HEINER MÜLLER (1929–1995) geht bei der Konzipierung seiner Dramen von einer sozialistischen Grundposition aus. Der überzeugte Marxist vertritt die Auffassung, dass Bühnenliteratur die Aufgabe haben müsse in die reale Situation direkt einzugreifen, indem beispielsweise Konventionen menschlichen Verhaltens als Tarnungen der Unmenschlichkeit entlarvt werden. Die Vermittlung neuer Sehweisen soll die Voraussetzungen für einen veränderten Gang der Geschichte schaffen. Das ist für Müller ein radikal humanistisches Unterfangen. Ähnlich wie Brecht will er den Zuschauer durch Provokation dazu herausfordern, gedankliche Aktivität und geistige Selbstständigkeit zu entfalten.

Heiner Müller stammt aus Eppendorf in Sachsen. Als Kind musste er miterleben, wie 1933 sein Vater als SPD-Funktionär verhaftet und in ein Konzentrationslager verbracht wurde. 1945 war Heiner Müller Mitglied des „Volkssturms", legte nach der Entlassung aus der Kriegsgefangenschaft das Abitur ab und arbeitete ab 1950 in Ostberlin als Journalist. Ab 1955 verfasste er „Produktionsstücke", fand aber in dieser Zeit auch schon die Linien, die zu seinen späteren Dramen führen. Trotz seiner unzweifelhaft marxistischen Orientierung hatte auch Heiner Müller Schwierigkeiten mit den Vertretern der DDR-Kulturpolitik. 1961 wurde die Komödie *Die Umsiedlerin oder Das Leben auf dem Lande* nach der Uraufführung aus dem Spielplan genommen. Auch *Der Bau* wurde vom 11. Plenum des Zentralkomitees der SED kritisiert, eine bereits geplante Aufführung abgesetzt und erst 1980 konnte die Uraufführung stattfinden. 1976 war Heiner Müller Mitunterzeichner der Biermann-Petition.

Plädoyer für die subjektive Perspektive. Der mit zahlreichen Literaturpreisen ausgezeichnete Autor hat die These vertreten, dass Stücke aus einer subjektiven Perspektive geschrieben werden müssen. Das ist freilich nicht als Bekenntnis zum Individualismus nach westlichem Muster zu verstehen. Heiner Müller sieht aber, dass Wirklichkeit immer ein Ergebnis subjektiven Bewusstseins ist. So ist es nur konsequent, wenn der Dramatiker der modellhaften Einkleidung der Wirklichkeit, wie sie Brecht mit seinen Lehrstücken propagierte, skeptisch gegenübersteht: „... ich denke, dass wir uns vom LEHRSTÜCK bis zum nächsten Erdbeben verabschieden müssen."
Ursprünglich hatte Heiner Müller die Absicht im Sinne des „Bitterfelder Wegs" die Probleme und Fortschritte beim Aufbau von „volkseigenen Betrieben" und „landwirtschaftlichen Produktionsgenossenschaften" auf die Bühne zu bringen (z. B. *Die Korrektur* – Ein Bericht vom Aufbau des Kombinats ‚Schwarze Pumpe', 1958; *Der Lohndrücker*, 1958; *Traktor*, Neufassung 1961). *Der Lohndrücker* gilt als erstes großes Stück Heiner Müllers. Obwohl die Behandlung des Stoffs an Brechts Vorbild anknüpft und obwohl der Inhalt nicht zum ersten Mal literarisch behandelt wurde (vgl. E. Claudius' *Menschen an unserer Seite*, → S. 569), zeigt sich hier schon die spezielle Handschrift des Dramatikers Heiner Müller. Im Mittelpunkt des Stücks steht der „Held der Arbeit" Hans Garbe, der 1949 mit einer Gruppe von Maurern im Werk VEB Siemens-Plania einen schadhaften Ringofen zu reparieren hatte. Das Stück, so schrieb Müller in der Vorbemerkung, wolle nicht einfach den Sieg des Neuen darstellen. Aber der Kampf zwischen dem Alten und Neuen, „den ein Stückeschreiber nicht entscheiden kann", soll „in das neue Publikum" getragen werden.

Stoffe der Weltliteratur. Immer weiter entfernte sich Heiner Müller von den Ausgangspunkten der dramatischen DDR-Literatur, die von Brecht markiert worden waren. *Philoktet* (1985/1964) greift auf Sophokles, *Der Horatier* (1968) auf Livius zurück, die Fabel für *Mauser* (1970) findet sich in Scholochows Roman *Der stille Don.* Im Westen besonders erfolgreich wurden neben mehreren anderen Bühnenwerken Müllers das Stück *Hamletmaschine* (1977) und die „Trias deutscher Misere": *Die Schlacht* (1951/1974), *Germanias Tod in Berlin* (1956/71) und *Leben Gundlings Friedrich von Preußen Lessings Schlaf Traum Schrei* (1976). Gerade wegen des Erfolgs auf westlichen Bühnen geriet Heiner Müller in Verdacht den Sozialismus verraten zu haben. Er wurde als „Defaitist" und „Geschichtspessimist" bezeichnet, Aufführungsmöglichkeiten in der DDR wurden ihm mit der Begründung entzogen, dass er die Wirklichkeit nicht propagandistisch, sondern fragmentarisch gestalte.

4.3 Volker Braun – Die Konfrontation mit unbequemen Helden

Umsetzung des „Bitterfelder Weges". Ausgiebige Erfahrungen mit der Arbeitswelt in der DDR ließen VOLKER BRAUN als einen Lyriker und Dramatiker erscheinen, der die Forderungen des „Bitterfelder Weges" optimal umsetzen konnte. Vor allem seine frühen Dramen beschäftigen sich mit den Konflikten, die sich durch Arbeitsbedingungen und Planzielvorgaben, durch Forderungen nach Solidarität und Kollektivprobleme, durch gesellschaftliche Rahmenbedingungen und private Träume ergeben. Als Lyriker knüpft Braun an das große Vorbild Brecht an. Seine politischen Gedichte rufen den Leser zu aktiver Hilfe bei der Verbesserung der sozialistischen Wirklichkeit auf, wobei sie reale Schwierigkeiten nicht verschweigen. Seine ersten Gedichtbände *Provokation für mich*, 1965, und *Vorläufiges*, 1966, sind von einem ungestümen „Sturm-und-Drang"-Gefühl geprägt, spätere Gedichtbände wie *Wir und nicht sie*, 1970, *Gedichte*, 1972, *Training des aufrechten Ganges*, 1979 und *Archaische Landschaft mit Losungen* (in *Neue Deutsche Literatur*, 1983) kennzeichnen sich durch stärkeres Formbewusstsein, appellieren aber weiter an die Bereitschaft des Adressaten sich von Haltungen der Verantwortungslosigkeit freizumachen und die Chance zu geschichtlichem Handeln zu nützen.
Volker Braun wurde 1939 in Dresden geboren. Als er nach dem Abitur keinen Studienplatz er-

hielt, kam er als Druckereiarbeiter in Dresden, als Tiefbauarbeiter im Kombinat Schwarze Pumpe und als Maschinist für Tagebaugroßgeräte im Tagebau Burghammer unter. Ab 1960 studierte er Philosophie in Leipzig. Seit 1965 lebt Braun in Berlin. 1965/66 war er Dramaturg beim Berliner Ensemble, seit 1972 Mitarbeiter des Deutschen Theaters Berlin. Ausgezeichnet wurde er u. a. mit dem Heinrich-Heine-Preis (1971) und dem Lessing-Preis (1981) des Ministeriums für Kultur der DDR sowie mit dem Literaturpreis der Freien Hansestadt Bremen (1986).

Unbequeme Helden stehen im Mittelpunkt der Dramen Brauns. Sie spiegeln die Auffassung des Autors wider, dass der Sozialismus auf der Grundlage der realen, nicht der wünschenswerten Bedingungen aufgebaut werden müsse. Volker Brauns Feststellung, dass „die Stadt Bitterfeld, wo das Programm zur Vereinigung von Künstlern und Arbeitern beschlossen wurde, … noch immer grau und unansehnlich geblieben“ sei, ist bezeichnend für die Forderung dieses Dramatikers, dass sich Literatur den Problemen stellen müsse, die den Werktätigen bedrücken.
Das erste veröffentlichte Drama Volker Brauns *Freunde* (1971) hatte bereits Kritik an überzogenen Forderungen geübt. Im Schauspiel *Die Kipper* (1972) gelangt der Kipper Paul Bauch nach einem von ihm verschuldeten Arbeitsunfall zur Überzeugung, dass sich der Arbeitsprozess nicht an quantitativen Normforderungen zu orientieren habe, sondern höhere Qualität gewährleisten müsse.
Ähnlichen Schwierigkeiten sieht sich der Arbeiter Hinze im Schauspiel *Hinze und Kunze* (1976) ausgesetzt. Auf Kosten seiner Frau steigt er zum Betriebsleiter auf. Aber mit seiner eigenen Veränderung unterschätzt er die Veränderungsbereitschaft seiner Arbeiter. Hinze entschließt sich am Ende zu einem neuen Anfang.

Würdeverlust der Frauen im Produktionsprozess. Auch das Drama *Schmitten* (1982) handelt in der Arbeitswelt der DDR. „Die dumpfe, brutale Geschichte“ (Braun) wendet sich gegen entwürdigende Tätigkeiten, zu denen Frauen im Produktionsprozess gezwungen sind. Das Stück, schon 1969 entworfen, wurde erst 1978 abgeschlossen. Es enthält die thematische Grundlage für *Tinka* (1977). Die Hauptfigur, die von der Hochschule an ihren früheren Arbeitsplatz zurückkehrt, revoltiert gegen einen Beschluss des zuständigen Ministeriums die geplante Automatisierung des Arbeitsablaufs nicht durchzuführen. Tinka gerät in schwere Konflikte mit ihrem Geliebten, dem technischen Werksleiter Brenner, und mit der Partei. Im Verlauf einer Auseinandersetzung erschlägt Tinka den unentschlossenen Brenner.
Stationen aus dem Leben Che Guevaras stellt Volker Brauns Stück *Guevara* dar. In *Großer Frieden* (1979) greift Braun bei der Verkündung aktueller Botschaften deutlich auf Brechts Verfremdungsmethoden zurück. In eine altchinesische Szenerie wird die Lehre verpackt, dass Transformationsperioden – also auch die sozialistische Umgestaltung – lange Zeit in Anspruch nehmen können. „Auch am Ende des Stückes kein Ende der Kämpfe“, kommentiert Volker Braun.

4.4 Christoph Hein – die Frage nach den treibenden Kräften der Geschichte

Christoph Hein, geboren 1944 in Heinzendorf/Schlesien, verlebte seine Kindheit in Leipzig. Da er als Sohn eines Pfarrers ein Gymnasium nicht besuchen durfte, ging er 1958 nach Westberlin, kehrte aber 1960 in die DDR zurück, arbeitet als Montagearbeiter, Buchhändler, Kellner und Journalist, übernahm Nebenrollen in Schauspielaufführungen und sammelte Erfahrungen als Regieassistent. Nach dem Studium der Philosophie und Logik wurde er Dramaturg. 1974 erhielt er einen Vertrag als Autor bei der von Benno Besson geleiteten Volksbühne Berlin. Hein wurde mit mehreren Preisen, so mit dem Heinrich-Mann-Preis der Akademie der Künste der DDR (1982) und mit dem Lessingpreis der DDR (1989), ausgezeichnet.

Schlachten von gestern – Kämpfe von heute. Die Ehrungen galten gleichermaßen dem Dramatiker und Erzähler Hein. Im Zentrum seiner Theaterarbeit steht die Frage nach den treibenden Kräften der Geschichte. 1974 wurde seine Komödie *Schlötel* an der Volksbühne Berlin uraufgeführt. In der ersten Fassung des Stücks war die Hauptfigur ein von der Studentenbewegung beeinflusster Intellektueller, der die Bundesrepublik verlässt und in die DDR geht, dort aber wegen seiner missionarischen Haltung wenig Anklang findet. Für die Druckfassung, die 1981 erschien, wird die Charakterisierung Schlötels verändert. Jetzt repräsentiert die Figur einen DDR-Intellektuellen, der ein Studium an der Universität Leipzig abgeschlossen hat, wegen seiner Einwilligkeit in die Produktionspraxis geschickt wird und dort gegen den Schlendrian ankämpft. Er verzichtet auf sein Privatleben um seine gesellschaftlichen Träume zu realisieren, scheitert aber an realen Gegebenheiten.

Das Schauspiel *Cromwell* (1974) greift auf das Muster elisabethanischer Geschichtsdramen zurück und zeigt, wie Cromwell, der Anführer einer antimonarchischen Bewegung, schließlich selbst monarchische Herrschaftsmethoden entwickelt. Mit gezielten Anachronismen wird gezeigt, wie Anhänger Cromwells mit „Maschinengewehrgarben" niedergestreckt werden, nachdem sie ihre Rolle ausgespielt haben. Hein kommentiert sein thematisches Anliegen mit dem Hinweis, dass jedes Geschichtsbewusstsein „egozentrisch" sei: „Man will seine Väter kennen um sich zu erfahren [...] Hier werden die Schlachten von gestern ... als Kämpfe von heute begriffen."

Lassalle fragt Herbert nach Sonja wurde 1980 in Düsseldorf und erst 1987 in der DDR aufgeführt. Lassalle wird in einer Phase gesellschaftlicher Stagnation gezeigt. Umgeben ist er von seinem Diener Herbert, der schon bei Bismarck angestellt war, und dem Sekretär Vahlteich, der heimlich mit Marx korrespondiert. Die Hauptfigur fühlt sich in den Schatten Bismarcks gestellt und unternimmt deshalb den Versuch wenigstens in Liebesaffären ein Stück Identität zu wahren. Lassalle wird zur Karikatur, weil ihn sein Privatleben zerstört. Sein lächerlicher Duelltod ist Ausdruck des Scheiterns.

Auch das Kammerspiel *Passage* (1987) weist über die historische Situation hinaus und stellt wie *Lassalle* die Frage nach dem Verhalten Intellektueller in der Geschichte. Das Stück zeigt, wie im Vichy-Frankreich des Jahres 1941 in einem Dorfcafé unmittelbar an der spanischen Grenze sechs Flüchtlinge ihre Hoffnungen und Ängste, Irrtümer und Visionen äußern. Als die Gestapo näher kommt, werden die Personen zu Einsichten und Entscheidungen gezwungen. Der Sinologe Frankfurther begeht Selbstmord, die meisten aber schätzen die Gefahr falsch ein, indem sie sich entschließen „noch einen Moment zu warten".

Der Epiker. In seinen Prosatexten schildert Christoph Hein alltägliche Konflikte, wobei die Leiden und Nöte von Durchschnittsfiguren einfühlsam verdeutlicht werden. Die Novelle *Der fremde Freund*, die in der Bundesrepublik unter dem Titel *Drachenblut* erschien, erzielte 1982 einen Aufsehen erregenden Erfolg.

Horns Ende (1985) ist Heins erster Roman. Vier Erzähler, Bewohner der fiktiven DDR-Kleinstadt Guldenburg, rufen sich Ereignisse aus dem Jahr 1957 in Erinnerung. Im Mittelpunkt der Geschehnisse steht der Historiker Horn, der 1953 in die Provinz verbannt wurde und nun, vier Jahre später, abermals in Verdacht gerät ein parteifeindliches Geschichtsbild zu propagieren und Westkontakte zu pflegen. Er will nicht noch einmal wie schon 1953 ein Parteiverfahren über sich ergehen lassen und begeht Selbstmord. Die Erzähler sind keineswegs bereit die Ursachen dieses Todes objektiv zu analysieren. Sie nutzen ihre Erinnerungen zur eigenen Rechtfertigung.

Heins Roman *Der Tangospieler* (1989) behandelt die Geschichte des ehemaligen Hochschulassistenten Dallow. In einem Studentenkabarett hatte Dallow einen Tango begleitet, dessen Text als ironischer Affront gegen „führende Persönlichkeiten des Staates" interpretiert wurde. Nach fast zweijähriger Haft versucht Dallow ein neues Leben aufzubauen. Aber Stasi-Mitarbeiter bieten ihm eine Dozentur an, wenn er sich bereit erklärt, selbst Informant des Staatssicherheitsdienstes zu werden. Als er sich verweigert, stößt er auf immer größere Schwierigkeiten. An die Universität kann er erst zurückkehren, als dort ein Kollege im August 1968 noch vor dem Erscheinen des *Neuen Deutschland* die Nachricht von der Beteiligung der Nationalen Volksarmee am Einmarsch in die Tschechoslowakei als westliche Propaganda erklärt. Dallow zieht die Konsequenz mit dem Vorsatz Morgenvorlesungen nie vor dem Erscheinen der Parteizeitungen zu halten.

XXI Die Literatur zwischen Ost und West

1 Panorama

1.1 Politischer Druck im Osten – Marktchancen im Westen

Die Maßnahmen von Staat und Partei zur Förderung, Lenkung und propagandistischen Auswertung der Literatur führten in der DDR nur zu Teilerfolgen. Trotz der erheblichen Zahl von Autoren, die nicht nur in den Jahren nach dem Zweiten Weltkrieg einem „sozialistischen Weg in die Zukunft" aufgeschlossen gegenüberstanden, verließen Schriftstellerinnen und Schriftsteller den „ersten Arbeiter-und-Bauern-Staat auf deutschem Boden" aus den verschiedensten Gründen. Die Mangelwirtschaft der DDR, die in deutlichem Gegensatz zur Konsumgesellschaft der Bundesrepublik stand, war nicht der einzige Grund, der zur Abwanderung von Künstlern und Intellektuellen führte. Eine erheblich größere Bedeutung erlangten die Auseinandersetzungen mit dem Staatsapparat, in die Autoren nicht nur aus ideologischen Gründen, sondern auch wegen der Borniertheit von Kulturwächtern gerieten. Menschen, die im westlichen Teil Deutschlands lebten, hatten nicht immer die Fähigkeit sich zutreffend vorzustellen, in welchen kräftezehrenden Kampf DDR-Schriftsteller gerieten, wenn sie in Detailfragen oder gar in Grundsätzen von der Parteilinie abwichen.

Mancher in der DDR beheimatete Künstler, dessen Name auch im Westen bekannt geworden war, mag dem Ulbricht- und Honecker-Staat auch deshalb den Rücken gekehrt haben, weil er in der Bundesrepublik mit guten Marktchancen rechnen konnte. Publikationslisten und Verkaufsstatistiken belegen, dass zahlreiche prominente DDR-Autoren vor allem während der 60er- und 70er-Jahre von westlichen Verlagen unter Vertrag genommen wurden und manchmal durchschlagende Erfolge auch beim Lesepublikum erzielten. Gefragt waren in dieser Zeit, bedingt durch die Reform- und Aufbruchsstimmung in der Bundesrepublik, nicht nur Veröffentlichungen, die mit dem DDR-Regime abrechneten, sondern auch Darstellungen, die bei aller Einbeziehung trüber DDR-Erfahrungen die grundsätzliche Gültigkeit marxistischer Prinzipien vertraten. Die politische These, dass nur ein „Wandel durch Annäherung" die Konfrontation zwischen Ost und West überwinden könne, veranlasste manchen Leser zu der Auffassung, dass die Bereitschaft zu politischer Konvergenz ein Gebot der Stunde sei. DDR-Autoren, die sich nicht oder nur zögernd vom „wissenschaftlichen Marxismus" lösten, gingen nicht selten mit dem Empfinden in den Westen, ihre Überzeugung nicht zu verraten, sondern sich und ihrer Sache auch auf der anderen Seite des „Eisernen Vorhangs" dienen zu können.

1.2 Mit den Gefühlen zwischen Ost und West

Noch vor der Errichtung der Berliner Mauer am 13. August 1961 und dem damit verbundenen Ausbau nahezu unüberwindlicher Sperranlagen an der DDR-Grenze zur Bundesrepublik Deutschland hatten schon viele Schriftstellerinnen und Schriftsteller ihren Wohnort in die Bundesrepublik verlegt. Zu ihnen gehören Horst Bienek, Walter Kempowski, Gerhard Zwerenz, Uwe Johnson, Heinar Kipphardt und Jochen Ziem. Eine neue Qualität erreichte der Exodus von DDR-Autoren nach 1961 und vor allem nach der Ausbürgerung Wolf Biermanns 1976. Viele dieser Schriftstellerinnen und Schriftsteller standen nicht nur mit ihrer Biografie, sondern auch mit ihren Gefühlen buchstäblich zwischen Ost und West. Das Bestreben, die innere Zerrissenheit zu überwinden, förderte bei diesen Autoren nicht selten das Bewusstsein, im Gegensatz zur Bonner und Ost-Berliner Politik das ganze Deutschland zu repräsentieren.

2 Dichter der beiden Deutschland

2.1 Uwe Johnson

Dichter der deutschen Teilung. Mit seinem Roman *Mutmaßungen über Jakob* (1959) wurde der zunächst völlig unbekannte, bis dahin in der DDR lebende Uwe Johnson (1934–1984) als „Dichter der deutschen Teilung" berühmt. Das Werk, vom Verlag Suhrkamp, Frankfurt am Main, auf den Markt gebracht, erschien im selben Jahr wie *Die Blechtrommel* von Günter Grass und *Billard um halbzehn* von Heinrich Böll, sicherte sich aber dennoch die Beachtung und das zumeist enthusiastische Lob der Kritik. Als bekannt wurde, dass sich der Verfasser im Juli 1959 zur „Rückgabe seiner Staatsangehörigkeit an die DDR" entschlossen hatte, weil er „als nicht geeignet für Beschäftigung in staatlichen Institutionen" eingestuft worden war, wetteiferten die Feuilletonisten in der Bundesrepublik darin, Uwe Johnson als den Dichter deutscher Konfrontation zu deklarieren. Obwohl biografische Umstände und die Thematik des Romans dieses Etikett zu rechtfertigen schienen, widersprach Johnson 1973 mit *Vorschlägen zur Prüfung eines Romans*, indem er die autonome Stellung eines literarischen Kunstwerks verteidigte: „Ein Roman ist keine revolutionäre Waffe. Er bringt nicht unmittelbare politische Wirkung hervor. Die taktischen Aussichten sind ärmlich, strategische kaum nachweisbar. [...] Wozu also taugt ein Roman? Er ist ein Angebot. [...] Es ist nicht eine Gesellschaft in der Miniatur und es ist kein maßstäbliches Modell. Es ist auch nicht ein Spiegel der Welt und weiterhin nicht ihre Widerspiegelung; es ist eine Welt, gegen die Welt zu halten."

Als „Dichter der deutschen Teilung" wurde ***Uwe Johnson*** *apostrophiert. Mit dem Roman „Mutmaßungen über Jakob" (1959) wurde er über Deutschland hinaus berühmt.*

Keine „Flucht", sondern „Umzug". Auch seinen Wechsel in die Bundesrepublik (1959) wollte Johnson, wie er in einem Werkstattgespräch mit Horst Bienek ausführte, nicht als „Flucht", sondern als „Umzug" betrachtet wissen.
Uwe Johnson wurde 1934 in Kammin/Pommern geboren, verbrachte das erste Lebensjahrzehnt in Anklam, besuchte ab 1946 die Oberschule in Güstrow und studierte nach dem Abitur Germanistik in Rostock und Leipzig. Als *Mutmaßungen über Jakob* 1959 in Frankfurt am Main erschien und größtes Aufsehen erregte, verlegte Uwe Johnson seinen Wohnsitz nach Westberlin. 1961 unternahm er eine erste Reise in die USA, wurde Stipendiat der Villa Massimo und der Rockefeller Foundation. 1974 ließ er sich in England nieder. Eine schwere persönliche Krise führte zu starker gesundheitlicher Schädigung und zu einer mehrjährigen „Schreibhemmung". 1984 wird Uwe Johnson tot in seinem Haus in Sheerness aufgefunden.

Wirklichkeitsbildende Kraft der Sprache. Johnson hat die einengende Bezeichnung als „Dichter der deutschen Teilung" nie völlig abstreifen können. Aber es konnte andererseits auch nicht übersehen werden, dass dieser Autor nicht Wirklichkeit dokumentiert, sondern die Reflexion über Sprache und über deren wirklichkeitsbildende Kraft zum Thema gemacht hat.
Der Roman *Mutmaßungen über Jakob* rekonstruiert die Geschichte des 28-jährigen Jakob Abs, der als Beschäftigter der DDR-Reichsbahn zu Tode kommt. 1945 gelangt Abs, 17 Jahre alt, mit seiner Mutter auf der Flucht aus Pommern in die kleine Ostseestadt Jerichow. Cresspahl, ein verwitweter Kunstschreiner, nimmt die Flüchtlinge auf. Jakob wird bei der Reichsbahn „Streckendispatcher". Weil seine Mutter und Gesine,

Cresspahls Tochter, nach Westdeutschland geflohen sind, wo Gesine als NATO-Sekretärin arbeitet, wird er von Hauptmann Rohlfs, einem Mitarbeiter der Militärischen Spionageabwehr der DDR, beschattet. Jakob weigert sich für den Staatssicherheitsdienst tätig zu werden. Als Reichsbahnangestellter muss er auch Zügen freie Fahrt geben, die sowjetische Soldaten zur Niederschlagung des Aufstands nach Ungarn transportieren. Auf dem Weg zur Arbeit wird er Opfer eines ungeklärten Unfalls.

Authentische Biografie. Uwe Johnson hatte auch mit weiteren Büchern Erfolg. Der Roman *Das dritte Buch über Achim* (1961) zeigt die Schwierigkeit eine authentische Biografie über eine Person zu schreiben, deren Lebensspuren sich verwischen. Der Hamburger Journalist Karsch lernt bei einem Besuch in der DDR den Radrennfahrer Achim kennen. Zwei Bücher stellen bereits das Leben dieses Sportlers dar, der von den Massen und von der Staatsführung hoch geschätzt wird. Aber die Beschreibung sämtlicher Radrennen und die Anekdoten aus der Kindheit beleuchten nur einen Teil der Person. Selbst Achim meint: „… nun ja, … die Bücher erfüllen ihren Zweck.“ Karsch nimmt den Auftrag an, eine dritte Biografie zu schreiben. Durch Beobachtungen, Gespräche und dokumentarisches Material – ein Foto vom 17. Juni 1953 zeigt den gelernten Maurer Achim unter den Aufständischen – gelangt Karsch zu detaillierten Kenntnissen. Achim, der im „Dritten Reich“ aufgewachsen ist, verlor Mutter und Schwester bei einem Bombenangriff. Der Vater, vor 1933 Mitglied einer sozialistischen Partei, verlor nach der „Machtergreifung“ den Kontakt mit den Genossen. Den Einmarsch der Roten Armee erlebte Achim bei den Eltern seiner Mutter in Thüringen. Der begeisterte Radfahrer wird bei einem Rennen von Sportfunktionären entdeckt und vom staatlichen Radfahrerverband gefördert. Obwohl er zum erfolgreichsten Radrennfahrer der DDR aufsteigt, muss er sich den Forderungen staatlicher Stellen beugen. Nach jedem Sieg äußert er sich politisch linientreu. Da seine Beteiligung am Aufstand von 1953 den entscheidenden Instanzen bekannt ist, fühlt er sich den Herrschenden ausgeliefert.

Zwei Ansichten (1965) orientiert sich an einer chronologischen, traditionellen Erzählweise. Erzählt wird die Liebesgeschichte der Ostberlinerin D. und des Westdeutschen B., die nicht nur durch die Mauer, sondern auch durch die mentalen, gesellschaftsbedingten Unterschiede im Denken und Fühlen zur Leidensgeschichte wird.

Panorama eines Lebens in New York. *Jahrestage* zeigt in vier Bänden (erschienen 1970, 1971, 1973 und 1983), wie Gesine Cresspahl, die Figur aus *Mutmaßungen über Jakob*, inzwischen 35-jährig, zusammen mit ihrer Tochter in New York lebt und in der Zeit vom 20. August 1967 bis zum 20. August 1968 zeitgeschichtliche Ereignisse zum Anlass nimmt Reminiszenzen und historische Tatbestände assoziativ zu einem Bild der Welt zusammenzufügen. Erinnerungen, Tagebuchnotizen, Auszüge aus der New York Times, Liederverse und viele andere Textelemente ergeben die Chronik einer mecklenburgischen Kleinstadt und darüber hinaus Ausschnitte aus dem Panorama eines Daseins in New York. Rolf Michaelis hat mit seinem *Adressbuch für Jerichow und New York* den Versuch unternommen dem Leser dieser Tetralogie Orientierungshilfen zu geben. Die „Unübersichtlichkeit“ dieses Werks erklärt sich aus der Absicht Uwe Johnsons zu zeigen, „mit welch belanglosem und belastendem Schutt eine Person des 20. Jh. sich abzugeben habe Tag für Tag“.

2.2 Wolf Biermann

Parteiausschluss nach spektakulärem Auftritt. Kein anderes Ereignis erlangte eine ähnliche Bedeutung für die Literaturszene und die Literaturpolitik in der ehemaligen DDR wie die Ausweisung Wolf Biermanns im Jahre 1976. Biermann, geboren 1936 in Hamburg, hatte 1962 bei der berühmt gewordenen Veranstaltung „Junge Lyrik – unbekannt und unveröffentlicht“ mit seinen Gedichten und Liedern erstmals großes Aufsehen erregt. Biermanns Vater, ein jüdischer Arbeiter und Gegner des NS-Regimes, war 1943 in Auschwitz ermordet worden. Wolf Biermann sah nach dem Zweiten Weltkrieg in der sich bildenden DDR einen Staat, der eine klare antifaschistische Politik garantierte. Er trat der SED-Jugendorganisation „Junge Pioniere“ bei, nahm 1950 am „Weltjugendtreffen“ in Ost-Berlin teil und ließ sich 1953 in der DDR nieder. An der Ostberliner Humboldt-Universität studierte er Politische

*Kein anderes Ereignis hat die Literaturszene der DDR so stark erschüttert wie die Ausbürgerung **Wolf Biermanns** im Jahre 1976. Sein Porträt zeichnete Klaus Ensikat (1994).*

Ökonomie, von 1957 bis 1959 war er Regieassistent am Berliner Ensemble. Seit 1960 schrieb und komponierte er Lieder.

Biermanns Aufsehen erregender Auftritt von 1962 veranlasste Parteistellen den Liedermacher aus der SED auszuschließen und ihm bis 1963 jede aktive Mitwirkung an öffentlichen Veranstaltungen zu untersagen. Als Biermann im Ostberliner Kabarett *Die Distel*, in dem von Wolfgang Neuß geleiteten Westberliner *Asyl*, in Städten der DDR und in der Bundesrepublik mitwirkte und größten Publikumserfolg verbuchen konnte, verschärfte sich der Konflikt zwischen der Staatsführung und dem Liedermacher. Nach der 11. Plenarsitzung des SED-Zentralkomitees 1965 wurde Biermann mit einem generellen Auftritts-, Veröffentlichungs- und Ausreiseverbot belegt.

Stufenplan für die Ausbürgerung. Aber nicht einmal durch Honeckers Drohungen ließ sich Biermann einschüchtern. Daraufhin entschloss sich das Ministerium für Staatssicherheit die Ausbürgerung Biermanns über eine Art Stufenplan vorzubereiten. Nach dem Zusammenbruch des DDR-Regimes fand Biermann in der so genannten Gauck-Behörde mehr als hundert Aktenordner vor, die Notizen über seine Äußerungen und über seine Lebensführung auf mehr als 40000 Blättern enthielten. Rund 70 Informanten, unter denen sich auch Freunde und gute Bekannte Biermanns befanden, waren aufgeboten worden um der Stasi das gewünschte Material gegen den Dichter an die Hand zu geben. „Was für ein Wiedersehen!", stellte Biermann 1992 nach Durchsicht dieser „Unterlagen" fest. „Unter den Aktendeckeln fanden sich alle, alle wieder: Die halben Helden und die ganzen Schweinehunde, die fast Guten, die fast Schlechten, die stillstarken Charaktere und die großmäuligen Schwächlinge, kleine Zuträger und Großkopferte aus dem Politbüro der SED. Es wimmelte von Freunden und Feinden, Tätern und Opfern."

1976 war Biermann von der IG Metall zu einer Tournee durch die Bundesrepublik eingeladen worden. Während dieser Konzertreise realisierte die SED ihren Plan und erkannte am 17. November dem Dichter die DDR-Staatsbürgerschaft mit der Begründung ab, er habe mit seinem „feindseligen Auftreten" seine staatsbürgerlichen Pflichten grob verletzt. Damit wurde Biermann die Rückreisemöglichkeit in die DDR verwehrt.

Die „Biermann-Petition". Eine „Biermann-Petition", noch am 17. November in der Form eines „Offenen Briefes" einer westlichen Presseagentur überreicht, belehrte die DDR-Staatsführung darüber, dass sie die Solidarität der in der DDR lebenden Autorinnen und Autoren mit Biermann unterschätzt hatte. Berühmte Namen fanden sich unter dem Dokument. Unterzeichnet hatten zum Beispiel Erich Arendt, Jurek Becker, Volker Braun, Franz Fühmann, Stephan Hermlin, Stefan Heym, Sarah Kirsch, Günter Kunert, Heiner Müller, Rolf Schneider und Christa Wolf.

Wolf Biermann, der sich in Hamburg niederließ, wandte sich immer wieder energisch gegen die Tendenz westlicher Medien, die aus der DDR kommenden Autoren für eigene politische Zielsetzungen zu vereinnahmen. Er selbst wollte auch als „Gast in der BRD" seinen kritischen Sozialismus nicht verraten. Er unterstützte – vorübergehend sogar als Mitglied – die kommunistische Partei Spaniens. Anfang der 80er-Jahre setzte er sich für „Die Grünen" ein. Seine kritisch-aggressiven Töne gegen Verhältnisse im Westen führten dazu, dass Biermanns Popularität schon deshalb rasch abflaute, weil seine Auftritte immer seltener über das Fernsehen bekannt gemacht wurden. Dass er seine Ausbürgerung und seinen Neuanfang in der Bundesrepublik im Lied *Deutsche Misere* in die Verse „ach! kommen bin ich / vom Regen in die Jauche" fasste, irritierte nicht nur Biermann-Gegner. Später hat sich Biermann von dieser Formulierung distanziert.

Traditionslinie Villon – Heine – Brecht. Biermann sah sich als Lyriker zunächst in der Tradition von Brecht, Heine und Villon. In seinen Texten verbinden sich satirische Inhalte mit einer kalkulierten Naivität, wie sie der Volksliedton bereitstellt, und die Balladenform bildet die Grundlage für groteske Überspitzungen, die häufig an Stilelemente der Moritat erinnern. Von Hanns Eisler hat Biermann die Methode übernommen, Text und Melodie in einen Gegensatz zu stellen, der die ironische Interpretation erzwingt.
Keine einzige Liedersammlung Biermanns konnte in einem DDR-Verlag erscheinen. *Die Drahtharfe* (1965), *Mit Marx- und Engelszungen* (1968), *Für meine Genossen* (1972), *Preußischer Ikarus* (1978), *Verdrehte Welt – das seh' ich gerne* (1982), *Affenfels und Barrikade* (1986) markieren Biermanns Weg vom Literaten zum politischen Kämpfer, in dessen Verse sich schließlich auch resignative Züge einschleichen. Durch zahlreiche Schallplatten wie *Warte nicht auf bessre Zeiten* (1973), *Liebeslieder* (1975), *Es gibt ein Leben vor dem Tod* (1976), *Es geht sein' sozialistischen Gang* (1976), *Der Friedensclown* (1977), *Eins in die Fresse, mein Herzblatt* (1980), *Seelengeld* (1986) und *VEB Biermann* (1988) wurde sein Ruf als höchst kreativer, aber schwieriger Liedermacher gefestigt.
1970 erregte Biermanns Stück *Der Dra-Dra* Aufsehen. Die parabolische Handlung spielt in einem Land, das von Untertanenseelen bewohnt und von einem Drachen beherrscht ist. Als der drachengetötete Held des Stücks auf wundersame Weise das Leben zurückerhält, gelangt er zur Einsicht, dass das gesamte System und alle seine Befürworter überwunden werden müssen, wenn der Friede im Staat gewahrt bleiben soll.

2.3 Günter Kunert

Für GÜNTER KUNERT ist jede Gegenwart von Vergangenheit überschattet, weil er sich einer Generation zugehörig fühlt, die eine „staatlich verpfuschte Kindheit" zu beklagen hat. Der 1929 in Berlin geborene Autor, dessen Mutter Jüdin war, wurde noch Zeuge des organisierten und mechanisierten Massenmords im „Dritten Reich" und etwa seit 1965 sah sich Kunert, obwohl er 1948 in die SED eingetreten war und von Johannes R. Becher gefördert worden war, der Kritik des Ostberliner Regimes ausgesetzt. 1976 unterzeichnete er den Protest gegen die Ausbürgerung Biermanns, ein Jahr später trat er aus der SED aus. 1979 ließ er sich in Schleswig-Holstein nieder.
Kunert gehörte bis in die Mitte der 60er-Jahre zu den meistgelesenen Autoren der DDR. Auch nach seinem Wechsel in die Bundesrepublik erwies sich seine Fähigkeit mit den verschiedensten Medien zusammenzuarbeiten. Er schrieb für Funk und Fernsehen, verfasste Essays und Parabeln, Erzählungen und Satiren, Hör- und Fernsehspiele, Libretti und Filmdrehbücher, Reiseberichte und Kinderbücher. Seine an Brechts Stil geschulten Gedichte erschienen in vielen Zeitungen und wurden in zahlreiche Anthologien aufgenommen. Kunerts Bereitschaft die Möglichkeiten moderner Kommunikationsmittel zu nutzen ist keineswegs Ausdruck einer unkritischen Haltung gegenüber dem Fortschritt. Die unter dem Titel *Der andere Planet* gesammelten Reisebilder aus den USA spiegeln Kunerts Unbehagen gegenüber einer monströs gewordenen Technik deutlich wider. Wiederholt hat er seine Überzeugung formuliert, dass die Menschlichkeit hinter dem technologischen Fortschritt weit zurückbleibe. Die aufklärerische Vorstellung, dass die historische Entwicklung auf das Ziel immer perfekterer Zustände zusteuere, lehnt Kunert ab. So erklärt sich auch sein Widerspruch zum Optimismus der marxistischen Geschichtsphilosophie.
Der Roman *Im Namen der Hüte* (1967) beschreibt die Geschichte des jugendlichen Volkssturmmanns Henry, der im Frühjahr 1945 plötzlich die Fähigkeit entdeckt, die Vorstellungswelt von Personen zu entschlüsseln, deren Kopfbedeckungen er trägt. Aber mit dem

wirtschaftlichen Aufschwung büßt Henry seine Gabe ein. Er wird ein angepasster Durchschnittsbürger.

Schreiben als Mittel gegen den „Untergang“. „Solange man schreibt, ist der Untergang gebannt, findet Vergängliches nicht statt, und darum schreibe ich: um die Welt, die pausenlos in Nichts zerfällt, zu ertragen.“ So umschreibt Günter Kunert die Motive für die außergewöhnliche Produktivität seiner schriftstellerischen Arbeit. „Jeder Versuch“, so sagte er in einem Interview, „... Lyrik auf eine Funktion zu verpflichten, bringt sie zum Absterben.“ Das war auch eine Absage an die Forderungen der DDR-Kulturpolitik. Schon seit seinem ersten Gedichtband *Wegschilder und Mauerinschriften* (1950) hat Kunert einen eigenen Stil gefunden, der sich in lapidarer Kürze, im dialektischen Aufbau, in der grotesken Übersteigerung, manchmal im sentenzhaften Schluss, im Einsatz von Verfremdungen, in der Distanz zur reinen Stimmungslyrik und in der Aufstufung des dichterischen Bildes zum „Reflexionsmodell“ offenbart. Zahlreiche weitere Gedichtbände wie zum Beispiel *Unter diesem Himmel* (1955), *Tagwerke* (1961), *Das kreuzbrave Liederbuch* (1961), *Der ungebetene Gast* (1965), *Verkündigung des Wetters* (1966), *Unschuld der Natur* (1966), *Warnung vor Spiegeln* (1970), *Abtötungsverfahren* (1980), *Berlin beizeiten* (1987), *Fremd daheim* (1990) und *Mondlichtlandschaft* (1991) haben den Ruf Günter Kunerts als bedeutenden, Widersprüche aufdeckenden Lyriker gefestigt.

Auch die Würmer
Haben ein Reich: das Erdreich.
Wer
Sonst dort leben will, muss
Tot sein.

2.4 Sarah Kirsch

Spröde Sprache und eigenwillige Bilder. Nur wenige Lyriker, die in der DDR aufgewachsen waren und dort zu schreiben begonnen hatten, wurden in der Bundesrepublik so bekannt wie Sarah Kirsch. Die Gedichte der 1935 in Limlingerode/Südharz geborenen Autorin durchzieht jene Traurigkeit, die sich angesichts der Unerfüllbarkeit menschlicher Träume von einer friedfertigen, idyllischen Welt einstellen kann.

Sarah Kirsch studierte Biologie in Halle. Am Institut für Literatur „Johannes R. Becher“ in Leipzig bereitete sie sich von 1963 bis 1965 auf das Leben als freie Schriftstellerin mit Wohnsitz in Ostberlin vor. 1977 kam Sarah Kirsch in die Bundesrepublik. Zunächst wurde sie in der DDR, später im westlichen Teil Deutschlands mit zahlreichen Literaturpreisen ausgezeichnet.
Ihre Gedichte zeichnen sich durch eine spröde Sprache aus, die nur selten in gleichmäßig fließende Verse gegossen wird. Die eigenwilligen Bilder sind nicht immer leicht zu entschlüsseln, andererseits erkennt der Leser und Hörer der Gedichte im Ausdruck höchst persönlicher Empfindungen allgemeinmenschliche Erfahrungen. Besonders deutlich wird die Sehnsucht nach einem idyllischen Leben in Landschaftsgedichten, die freilich zugleich immer auch die Gefährdung allen Glücks zum Ausdruck bringen.

Im Sommer

Dünnbesiedelt das Land.
Trotz riesigen Feldern und Maschinen
Liegen die Dörfer schläfrig
In Buchsbaumgärten; die Katzen
Trifft selten ein Steinwurf.

Im August fallen Sterne.
Im September bläst man die Jagd an.
Noch fliegt die Graugans, spaziert der Storch
Durch unvergiftete Wiesen. Ach, die Wolken
Wie Berge fliegen sie über die Wälder.

Wenn man hier keine Zeitung hält
Ist die Welt in Ordnung.
In Pflaumenmuskesseln
Spiegelt sich schön das eigne Gesicht und
Feuerrot leuchten die Felder.

Erste Gedichte publizierte Sarah Kirsch zusammen mit Rainer Kirsch in dem Band *Gespräch mit dem Saurier* (1965). Von diesem Zeitpunkt an erschienen ihre Gedichtsammlungen in kurzen Zeitabständen, beispielsweise *Landaufenthalt* 1967, *Zaubersprüche* 1974, *Rückenwind* 1976 und *Musik auf dem Wasser* 1977. Nach dem Wechsel in die Bundesrepublik veröffentlichte Sarah Kirsch die Gedichtbände *Sommergedichte*

(1978), *Drachensteigen* (1979), *Erdreich* (1982), *Katzenleben* (1984), *Luft und Wasser* (1988) und *Schneewärme* (1989).

„Amalgam aus Gesellschaft und Natur“. Sarah Kirsch schrieb auch Prosa und mit *Vietnam in dieser Stunde. Dokumentation* profilierte sie sich – zusammen mit anderen Autoren – 1969 sogar als „engagierte Autorin“. Aber ihre Fähigkeit Innerstes und Verschwiegenstes in poetische Bilder zu fassen hat ihr vor allem als Lyrikerin Anerkennung eingetragen. Ihre Gedichte, schreibt Fritz J. Raddatz, „sind hervorstechende Beispiele für den Versuch ein Amalgam aus Gesellschaft und Natur zu schaffen, auch gesellschaftliche Probleme in eine nur scheinbar idyllische Naturlyrik einzubetten“.

2.5 Erich Loest

„Konterrevolutionäre Gruppenbildung“. Im östlichen und bald auch im westlichen Deutschland wurde ERICH LOEST schon deshalb bekannt, weil sein Schicksal die Schwierigkeiten verdeutlichte, in die ein DDR-Autor geriet, der rasch, engagiert und wertend auf Zeitereignisse reagierte. Loest wurde 1926 in Mittweida geboren, erlebte nach dem Besuch der Oberschule das Ende des Zweiten Weltkrieges als Soldat, schlug sich eine Zeitlang mit Gelegenheitsarbeiten durch, ehe er 1974 Volontär und anschließend Redakteur bei der *Leipziger Volkszeitung* wurde. Schon als 20-jähriger trat er mit Erzählungen hervor. Ab 1950 lebte er als freier Schriftsteller. Nachdem er 1955 zum Studium am Literaturinstitut „Johannes R. Becher“ in Leipzig zugelassen wurde, schienen sich Loest alle Türen zu den Schaltstellen des DDR-Literaturbetriebs zu öffnen. Aber 1957 wurde ihm „konterrevolutionäre Gruppenbildung“ vorgeworfen. Loest wurde verhaftet und zu siebeneinhalb Jahren Zuchthaus verurteilt. Er hätte die Haftzeit vermutlich verkürzen können, wenn er sich zur „Selbstkritik“ bereitgefunden hätte. Nach seiner Entlassung wurden ihm ab 1966 neue Publikationen gestattet. 1981 erhielt er, nachdem er zwei Jahre zuvor gegen die Zensur in der DDR protestiert hatte, ein auf drei Jahre befristetes Visum für Reisen in das „kapitalistische Ausland“. Der Schriftsteller ließ sich in Osnabrück nieder und kehrte erst nach der Wiedervereinigung in seine Heimat zurück. Seit 1990 hat er seinen Wohnsitz auch wieder in Leipzig.

*In seinen Romanen zeigt **Erich Loest** die menschlichen Auswirkungen der jüngeren und jüngsten deutschen Geschichte auf. Seine Biografie ist ein charakteristisches Beispiel für die Schwierigkeiten, die Autoren zu meistern hatten, wenn sie zwischen Ost und West gestellt wurden.*

Mühen in unserer Ebene. In Erich Loests Romanen sind die menschlichen Auswirkungen der jüngsten Geschichte und somit auch der Teilung Deutschlands stoffbestimmende Fakten. *Jungen, die übrig bleiben* (1950) ist ein Spiegel von Kriegserlebnissen des Autors. Der Roman lässt sich als dokumentarischer Schlüssel für die Grundhaltung Erich Loests interpretieren, weil gezeigt wird, wie der Missbrauch von Idealen die Hauptfigur Walter Uhlig zu einer desillusionierten, skeptisch-distanzierten Einstellung gegenüber allen großen Worten führt.

Die Westmark fällt weiter (1952) war ein besonderer Verkaufserfolg: Ein DDR-Kellner überwindet seine Abhängigkeit von trivialen Träumen und wird überzeugter Aktivist der FDJ. Ein Westberliner Jugendlicher hingegen entwickelt sich, angesteckt vom fauligen Milieu der Stadt, zum Bandenführer. Als Lob sozialistischer Kollektive lässt sich auch der Roman *Das Jahr der Prüfung* (1954) lesen.

Von den Erwartungen des Literaturinstituts „Johannes R. Becher“ befreit sich Erich Loest endgültig mit *Es geht seinen Gang oder Mühen in unserer Ebene.* Am Beispiel des 26-jährigen Leipzigers Wolfgang Wülff zeigt der Autor, dass die großen Hoffnungen aus den frühen Jahren der DDR-Geschichte zerronnen und in provinzieller Mittelmäßigkeit erstickt sind.

Völkerschlachtdenkmal (1984), dessen Niederschrift Loest noch in Leipzig begann, dann aber in der Bundesrepublik veröffentlichte, umfasst einen Rückblick auf 150 Jahre sächsische Vergangenheit. Die Erzählperspektive, die Günter Grass in der *Blechtrommel* wählte, wird auch von Loest übernommen: Carl Friedrich Fürchtegott Vojech Felix Alfred Linden, Insasse einer Heilanstalt, erzählt seine eigene Biografie und Erlebnisse seiner Ahnen. Dabei wird das Leipziger Völkerschlachtdenkmal zum Symbol für die fehlentwickelte, preußisch dominierte Geschichte Sachsens. Das Buch, als „großer Heimatroman" eingestuft, ist auch eine Abrechnung mit den geschichtlichen Versäumnissen in der NS- und in der DDR-Zeit. Der Schock, der sich – wie auch für viele andere ehemalige DDR-Autoren – mit der Einsicht in die Stasi-Akten für Erich Loest ergab, fand seinen Niederschlag in der Dokumentation *Die Stasi war mein Eckermann. Oder: mein Leben mit der Wanze* (1991). Der nächste Roman Loests erschien unter dem Titel *Katerfrühstück* (1992) bereits wieder in Leipzig.

2.6 Reiner Kunze

Skizzen aus dem DDR-Alltag. Konflikte mit der offiziellen Kulturpolitik veranlassten REINER KUNZE schon früh zu einer klaren und kritischen Distanz gegenüber dem DDR-Staat. Mit seinen skizzenhaften Ausschnitten aus dem DDR-Alltag, in einer lakonischen Sprache abgefasst und unter dem Titel *Die wunderbaren Jahre* 1976 in Frankfurt am Main veröffentlicht, wurde Kunze für viele Leser zum politischen Dichter, der die Absurditäten in einem autoritär strukturierten Staat aufzeigt.

Reiner Kunze, geboren 1933 in Oelsnitz/Erzgebirge, entstammt einer Bergarbeiterfamilie. Er studierte von 1951 bis 1955 in Leipzig Philosophie und Journalistik. Längere Aufenthalte in der Tschechoslowakei veranlassten ihn sich mit der Landesliteratur auseinanderzusetzen. Kunze veröffentlichte Nachdichtungen und Übersetzungen aus dem Tschechischen.

1962 unternahm Reiner Kunze den Versuch sich in Greiz als freier Schriftsteller niederzulassen. Als er sich bei seinen Publikationsabsichten ständigen Schwierigkeiten ausgesetzt sah und schließlich sogar mit Schreibverbot belegt wurde, reichte er einen Ausreiseantrag ein. Daraufhin wurde er aus dem Schriftstellerverband der DDR ausgeschlossen – ein Akt, der erst 1989 aufgehoben wurde. 1977 durfte der Autor in die Bundesrepublik übersiedeln. Er ließ sich in der Nähe von Passau nieder.

Auf Grund seiner Erfahrungen hat Reiner Kunze alle Kompromisse mit dem DDR-Regime abgelehnt. Er verließ 1982 den Verband deutscher Schriftsteller (VS), weil er in der Art, wie der damalige Vorsitzende BERNT ENGELMANN Kontakte mit Ostberlin knüpfte, einen Ausdruck von Anbiederung sah. Typisch für den Literaturbetrieb der 70er- und 80er-Jahre in der Bundesrepublik war die unterschiedliche Einschätzung dieses kämpferischen DDR-Kritikers durch Medien und Öffentlichkeit. Einerseits wurde Kunze mit Preisen ausgezeichnet (z. B. 1973 mit dem Literaturpreis der Bayerischen Akademie der Schönen Künste und 1977 mit dem Andreas-Gryphius-Preis der Künstlergilde Esslingen), andererseits kritisierten auch angesehene Feuilletonisten seine politische Kompromisslosigkeit als Ausdruck eines verengten Weltbildes.

Verzicht auf laute Töne. Schon die frühen Gedichtbände Reiner Kunzes *Die Zukunft sitzt am Tisch* (1955), *Vögel über dem Tau* (1959) sowie *Aber die Nachtigall jubelt* (1962) erweckten das Misstrauen staatlicher Stellen. Viele dieser Texte bezeichnete Kunze später als „Produkte eines poetologisch, philosophisch und ideologisch Irregeführten". Nachdem Truppen der Warschauer-Pakt-Staaten 1968 den politischen „Prager Frühling" niedergeschlagen hatten, gewann Kunze endgültig sein Profil. In der Bundesrepublik veröffentlichte er 1969 den Gedichtband *Sensible Wege*, mit dem er seine Solidarität mit dem tschechischen und slowakischen Volk zum Ausdruck bringen wollte. Der Titel des Lyrikbandes *Zimmerlautstärke* (1972) erinnert an einen Begriff, der in der NS-Zeit und in der DDR wegen des gegenüber „Feindsendern" verhängten Hörverbots eine doppelte Bedeutung erlangte, signalisiert aber darüber hinaus Kunzes Auffassung, dass Dichtung auf die lauten Töne verzichten könne, weil sie sich inmitten des allgemeinen Lärms durchaus Gehör verschaffe.

Der Gedichtzyklus *Monologe mit der Tochter*, an den Anfang dieses Gedichtbandes gestellt, erweist sich als Vorübung für die Prosatexte in Kunzes erfolgreichstem Werk *Die wunderbaren Jahre* (1976). Zumeist fand der dokumentierende Charakter der geschilderten Situationen mehr Beifall als der Verzicht auf eine poetisierende Kunstsprache. Aber gerade der lakonische Stil weist Kunze als einen Meister des Weglassens aus. Der Titel, Truman Capotes *Glasharfe* entlehnt, steht ironisch über diesen Texten, die sich von jeder verbalen Anklage freihalten, dadurch aber umso mehr zu einer Klage werden. Menschen, die ein wenig Macht erhalten haben oder begehren, erweisen sich in diesen Skizzen als Handlanger eines Systems, das ständig vor allem jene Jugendliche erziehen will, die wegen der Nachahmung westlicher Trends oder wegen ihrer nonkonformistischen Lebensführung auffällig geworden sind. Einschüchterung und Bestrafung sind selbstverständliche Mittel des staatlichen Erziehungsprogramms.

Ähnlich wie Erich Loest hat auch Reiner Kunze die Spitzelmethoden des Staatssicherheitsdienstes in der DDR gegen seine Person in einer Dokumentation verdeutlicht. Unter dem Titel *Deckname ‚Lyrik'* veröffentlichte er 1990 zu diesem Thema ein Taschenbuch.

2.7 Jurek Becker

Fiktive Geschichten. Jurek Becker gehörte zu den Autoren, die in der Mitte der 70er-Jahre ihren Protest gegen die Ausbürgerung Wolf Biermanns, gegen die Kulturpolitik der DDR und des Schriftstellerverbandes offen kundtaten. Becker wurde 1937 in Lodz geboren, lernte als Kind die Schrecken des Getto- und KZ-Schicksals kennen und kam 1945 nach Berlin. 1955 legte er das Abitur ab und studierte anschließend Philosophie. Von 1960 bis 1977 lebte er als freier Schriftsteller in Ostberlin. 1976 wurde Becker aus der SED, deren Mitglied er seit 1957 war, ausgeschlossen, ein Jahr später trat er aus dem Schriftstellerverband der DDR aus und noch im selben Jahr genehmigten ihm die Ostberliner Behörden die Ausreise in die Bundesrepublik. Er nahm Gastprofessuren in den USA, an der Gesamthochschule Essen sowie an den Universitäten Augsburg und Frankfurt wahr. Becker verfasste nicht nur Romane und Erzählungen, sondern auch eine große Zahl von Film- und Fernsehdrehbüchern (z. B. zu der Serie *Liebling Kreuzberg*). Der Autor starb am 14. 3. 1997.

Schon mit seinem ersten Roman *Jakob der Lügner* (1969) profilierte sich Jurek Becker als ein fantasievoller Erzähler, der – im Gegensatz zum dokumentierenden Prinzip in der modernen Literatur – die Erzählabläufe seiner Geschichten als Fiktion deklariert und so die Fragwürdigkeit des Faktischen unterstreicht. Im Roman *Jakob der Lügner* greift Jakob Heym, ein Eisverkäufer und Kartoffelpufferbäcker, zur Lüge um mit fiktiven Radionachrichten von der bevorstehenden Befreiung durch die Rote Armee die Überlebenskraft von Getto-Bewohnern in einer polnischen Kleinstadt zu steigern. So gelingt es ihm, Schicksalsgefährten vom Selbstmord abzuhalten, ehe er in ein Todeslager abtransportiert wird.

Becker ist gelegentlich vorgeworfen worden, dass dem Leser die Identifikation erschwert werde, wenn zu erkennen ist, dass die dargestellten Geschehnisse bloße Erfindungen der Romanfiguren sind. Heinrich Vormweg vermutete, dass Jurek Becker mit dieser Methode einen „traditionellen Erzählerstandpunkt modern abzusichern und interessanter zu machen" versuche. Zu bedenken ist aber, dass zur selben Zeit, als Becker *Jakob der Lügner* veröffentlichte, der Trend zum Dokumentarischen alle Lust am Fiktiv-Erzählerischen zu ersticken drohte.

Komplexe Erzählstrukturen. Auch im Roman *Irreführung der Behörden* (1973) zeigt der Autor an der Figur des Gregor Bienek, wie ein erfolgloser Jurastudent sein Glück in der Erfindung von Geschichten sucht, als Scheinstudent die Behörden narrt und gesellschaftlich aufsteigt. Aber der äußere Erfolg steht im Gegensatz zu den wachsenden Schwierigkeiten seiner seelischen Situation.

Im Zentrum des Romans *Der Boxer* (1976) steht die Gestalt des KZ-Überlebenden Aron Blank – seine Frau wurde ermordet, die Kinder bleiben unauffindbar –, der nach der Befreiung ein neues Leben aufzubauen versucht. Aber es gelingt ihm nicht, die psychischen Schäden zu überwinden, die ihm die barbarischen Erlebnisse während seiner Häftlingszeit zugefügt haben. Der Roman, den Becker als Interviewfolge konzipierte, greift Erinnerungen des Autors auf. Das Werk erschien in Rostock und fast gleichzeitig in Frankfurt am Main. Die komplizierte Erzählstruktur fand in der Bundesrepublik nicht nur Zustimmung.

Die Komplikationen im Leben von DDR-Bürgern behandelt Jurek Becker im Roman *Schlaflose Tage* (1978) und im Erzählband *Nach der ersten Zukunft* (1980). Der Roman *Aller Welt Freund* (1982) zeigt am Beispiel des Journalisten Kilian die Schwierigkeit in einem der damals nebeneinander existierenden deutschen Staaten über die Funktionalität menschlicher Existenz hinaus einen Lebenssinn zu entdecken.
Mit dem Roman *Bronsteins Kinder* (1986) kehrt Jurek Becker zu seinem autobiografisch gefärbten Generalthema zurück: Für Menschen, die Auschwitz kennen gelernt haben, gibt es keine Normalität mehr.
Amanda herzlos (1992) ist als Abgesang auf die DDR bezeichnet worden.
Die Resignation, die Beckers Werke zunehmend kennzeichnet, mischt sich aber mit schwarzem Humor, der die Lektüre zum Vergnügen machen kann, wenn man den existenziellen Ernst der geschilderten Situationen zu vergessen bereit ist.

2.8 Hans Joachim Schädlich

Hans Joachim Schädlichs Erzählform kennzeichnet sich durch fantasievolle Verarbeitung realistischer Fakten, die über das rein Dokumentarische hinaus häufig symptomatische Bedeutung gewinnen. Das „Amt" der Schriftsteller liegt nach Auffassung Schädlichs darin, „dass sie das Üble mit Bitterkeit verfolgen". *Versuchte Nähe*, der Titel der bekanntesten Prosasammlung dieses Autors, ist zugleich ein Programm. Der Verfasser tastet sich an die Wirklichkeit heran, hält dabei aber jene notwendige Distanz, die für die Wahrung interpretierender und kritischer Fähigkeit erforderlich ist.
Versuchte Nähe, 1977 in der Bundesrepublik veröffentlicht, hat den Lebensweg Hans Joachim Schädlichs entscheidend mitbestimmt. Von der Literaturkritik der Bundesrepublik wurde der Textband mit Aufmerksamkeit und Respekt registriert. Als dem Schriftsteller im Dezember 1977 von den DDR-Behörden endlich die Ausreise in die Bundesrepublik genehmigt wurde, war Schädlich im westlichen Literaturbetrieb kein Unbekannter mehr. Gelobt wurde sein Stil auch wegen der Übernahme und Verarbeitung von Ausdrucksformen, die Sprachmustern Luthers, Kafkas und Uwe Johnsons verpflichtet waren.

Eine karge und dennoch poetische Sprache kennzeichnet die Werke ***Hans Joachim Schädlichs****. Zu den vornehmsten Aufgaben des modernen Schriftstellers gehört nach seiner Auffassung die Fähigkeit, „das Üble mit Bitterkeit zu verfolgen".*

Hans Joachim Schädlich, geboren 1935, stammt aus Reichenbach im Vogtland, studierte Germanistik in Berlin und Leipzig und arbeitete von 1959 bis 1976 an der Ostberliner Akademie der Wissenschaften. Die zunehmenden Schwierigkeiten mit den Ostberliner Dienststellen drückten sich darin aus, dass auf dem Gebiet der DDR Schädlichs Erzähltexte nach 1969 nicht mehr veröffentlicht wurden. Der Autor unterzeichnete im November 1976 die Biermann-Petition.

Karge, gedichtete Sprache. Auch Schädlichs Biografie dokumentiert die Leiden, denen die nicht anpassungsbereiten Landsleute im „ersten Arbeiter-und-Bauern-Staat auf deutschem Boden" ausgesetzt waren. Mit Mut und Klarheit hat sich Schädlich schon früh von jenen Schriftstellern distanziert, die sich vom versunkenen DDR-System hätscheln ließen: Diese Autoren seien mit dem Bauplan zur Errichtung der DDR völlig einverstanden gewesen, auch wenn sie an der Bauausführung gelegentlich herumgemäkelt hätten. Nur um „kosmetische Korrekturen" an einem insgesamt akzeptierten System sei es ihnen gegangen. Ihre Weinerlichkeit, die sie seit dem Zusam-

menbruch ihres Staates an den Tag legten, sei durchaus verständlich. Denn diese Schriftsteller hätten ja wirklich etwas verloren.
Hans Joachim Schädlichs Sprache wirkt buchstäblich „gedichtet“ und erreicht durch ihre Kargheit eine Aufwertung jedes einzelnen Worts. Die scharfen Beobachtungen verzichten auf schildernde Ausführlichkeit, sodass Exemplarisches und Essenzielles verdeutlicht wird.

Analytiker der Zeit und Satiriker. Hans Joachim Schädlich ist nicht nur ein ernsthafter Analytiker unserer Zeit, er ist auch Satiriker. Die ironische Grundhaltung, die offensichtlich mit einer melancholischen Komponente verknüpft ist, gehört zu seinen Überlebensstrategien. Seine Veröffentlichungen belegen die Fähigkeit Stile unserer Epoche unter Vermeidung billiger Parodien entlarvend zu verwerten. Das für den Hessischen Rundfunk geschriebene *Interview des Tages* fädelt die Floskeln der Mediendialoge auf eine Perlenschnur des Spotts. *Reisejournal* nutzt die Sprache der Informationsbroschüren für Flugpassagiere um die Absurdität eines technisch gescheiterten Flugs von Berlin nach Budapest dem Gelächter preiszugeben.
Tallhover, ein 1986 veröffentlichtes Erzählwerk, charakterisiert in der Form eines fiktiven Berichts Gestalt und Leben der Titelfigur Tallhover, einer Verkörperung des Spitzels, der sich als Staatsschützer aufspielt. Seine Anpassungsfähigkeit sichert ihm ein zähes Leben, sodass er sich im Alter von 136 Jahren und aus dem „Dienst“ entlassen mit Hilfe einer Variante der Guillotine selbst abzuschaffen entschließt. Aus dem Blickwinkel des Schnüfflers entsteht ein verzerrtes Bild der deutschen Geschichte vom Vormärz bis zu den Vorgängen um den 17. Juni 1953. Die Hauptfigur des Werks repräsentiert ein Opportunismus-Kontinuum in der Geschichte des 19. und 20. Jh.; Tallhover ist nichts anderes als ein korrupter Handlanger der jeweiligen Macht.
Schott, 1992 veröffentlicht, ist das erste Werk Schädlichs, das ausdrücklich als „Roman“ bezeichnet wird und das sich mit den „Realitäten der Möglichkeit“ beschäftigt. Der Verfasser kämpft gegen die allgemeine Verkümmerung der Fantasie an, wenn er zeigt, wie Schott auf der Suche nach Liu, der Frau seiner Träume, zum Guerillakämpfer, zum Meeresbewohner und Wüstenwanderer wird. Stereotype Modelle des Künstler-, Liebes- und Abenteuerromans werden zu erzählerischen, zugleich aber in Frage gestellten Grundlagen dieses Romans.

2.9 Thomas Brasch

Distanz zur Wiedervereinigungseuphorie. „Die Woyzecks interessieren mich und nicht die Honeckers.“ Mit dieser reservierten Bemerkung reagierte THOMAS BRASCH auf die Wiedervereinigungseuphorie im Jahre 1989. Der Autor hat seine Stellung zwischen dem System der DDR und der Bundesrepublik immer wieder bekräftigt. Die DDR sei sein Land, er sei kein „Anhänger der Geldgesellschaft“. Obwohl ihm seine Veröffentlichungen, die als anarchistisch und zynisch interpretiert wurden, Schwierigkeiten mit den Behörden in Ostberlin eintrugen, hat Brasch die DDR-Staatsbürgerschaft nicht aufgegeben.
Thomas Brasch wurde 1945 im englischen Westow/Yorkshire geboren. Sein Vater wurde später hoher SED-Funktionär und stellvertretender DDR-Minister für Kultur. In Leipzig studierte Thomas Brasch Journalistik, wurde aber 1965 aus politischen Gründen exmatrikuliert. Auch vom Dramaturgie-Studium an der Filmhochschule in Potsdam-Babelsberg wurde er ausgeschlossen, als er mit Flugblättern gegen die Besetzung der Tschechoslowakei durch militärische Einheiten von fünf Warschauer-Pakt-Staaten protestierte. Brasch wurde verhaftet und zu einer Gefängnisstrafe verurteilt. 1976 wurde ihm die Erlaubnis zur „einmaligen Ausreise“ aus der DDR erteilt. Er lebt in Berlin.
Thomas Brasch debütierte auf der Literaturszene der DDR 1975 mit der Gedichtsammlung *Poesiealbum*. „Ein gewisser Hang zur Maßlosigkeit ist nicht zu übersehen“, urteilte ein Kritiker. „Hier wird Brot nicht mit dem Messer geschnitten, sondern mit dem Beil abgehauen.“
Braschs nächstes Buch *Vor den Vätern sterben die Söhne* erschien 1977 in einem Westberliner Verlag. Daraufhin machten die Ostberliner Kulturbehörden dem Autor klar, dass er in absehbarer Zeit mit keiner weiteren Veröffentlichungschance rechnen könne.

Dramatiker und „Individualanarchist“. Nach der Übersiedlung in die Bundesrepublik wurde Brasch über die Medien rasch bekannt. Oft verwahrte er sich vergeblich gegen das Bild vom Dissidenten, das mit seiner Person verknüpft wurde. Mit *Lovely Rita* (1977), *Kargo – 32. Versuch auf einem untergehenden Schiff aus der eigenen Haut zu kommen* (1977), *Lucie, geh oder Das Unglück aus dem Theater. Ein Entwurf* und *Lieber Georg* (1979) profilierte sich Brasch als ein Dramatiker, der als „Individualanarchist" gegen bestehende Ordnungen anstürmt, weil er in ihnen die Ursache für die Deformierung des Menschen sieht. Die Stücke, so lautete ein Vorwurf, ließen den Zuschauer ratlos zurück, weil der Verfasser selbst ratlos sei. Brasch räumt ein, dass die Grundlage seiner Werke „die eigene Deformation als Opposition zur festgemauerten Ordnung" zu sehen sei. Zum „Stück des Jahres" erklärte 1978 die Zeitschrift *Theater heute* das Drama *Rotter Und weiter. Ein Tagebuch, ein Stück, eine Aufführung*, dessen Niederschrift Brasch schon in der DDR begonnen hatte. Rotter fühlt sich als „Rädchen" im Getriebe der Geschichte. Opportunistisch versucht er sich an die „Stromquelle Geschichte" anzuschließen, ist SA-Mann und Gruppenführer im „Dritten Reich", in der DDR wird er Brigadeleiter. Zum Schluss wird er „abgeschaltet".

XXII Die Literatur in den Achtziger- und Neunzigerjahren

1 Die „Postmoderne" der Achtzigerjahre

1.1 Zu Sinn und Form einer „postmodernen" Literatur

Der Begriff „Postmoderne" wurde ursprünglich in der Architektur unter anderem für Gebäudefassaden angewandt, die Stilzitate ohne klare Funktionsbestimmung verknüpften. Als die Literaturwissenschaft daranging, die deutsche Literatur der 80er-Jahre zu bewerten, erschien der Begriff immer häufiger als eine hilfreiche Formel zur Etikettierung der disparaten Literaturtendenzen in dieser Zeit, der JÜRGEN HABERMAS mit dem Titel seiner 1985 erschienen Aufsatzsammlung *Die neue Unübersichtlichkeit* ein treffendes Charakterisierungsmerkmal verliehen hat.

Die „Postmoderne" will sich von der gesellschaftlichen „Moderne" abgrenzen. Distanz zeigt sich gegenüber den gesellschaftlichen Modernisierungsprozessen, die in Technisierung, Rationalisierung, Industrialisierung und Bürokratisierung ihren Ausdruck finden. Abschied genommen wird aber ebenso von der ästhetischen „Moderne", die von den Werken Kafkas, Joyce', Becketts und Celans repräsentiert wird, darüber hinaus

1984 wurde in Stuttgart die ***Neue Staatsgalerie*** *des britischen Architekten James Stirling der Öffentlichkeit übergeben. Sie gilt als ein wichtiges Beispiel „postmodernen" Bauens.*

aber auch die Literatur des Fin de Siècle, des Expressionismus, Dadaismus und Surrealismus umschließt.

Vernunftkritik. Die 1978 begründete Zeitschrift *Konkursbuch* propagierte mit ihrem Untertitel *Zeitschrift für Vernunftkritik* die Distanzierung zur zivilisatorischen Moderne. In den folgenden Jahren spiegelten wesentliche Werke der deutschen Literatur immer öfter die Absicht ihrer Verfasser wider die auf der Aufklärung basierenden rationalistischen Lebenshaltungen abzulösen und sie durch romantisierende, surrealistische, religiöse oder parareligiöse, oftmals auch fernöstlich-mystische Grundeinstellungen zu ersetzen. Der Vernunft- und Zivilisationskritik der in den 70er-Jahren begonnenen und im nächsten Jahrzehnt fortgesetzten Bestrebungen entsprechen die autobiografischen Krankengeschichten (→ Maria Erlenberger, S. 556), die Darstellungen zur Psychopathologie des modernen Subjekts (z. B. Peter Sloterdijk: *Der Zauberbaum*, 1985), die Betonungen des Gegensatzes von Kopf und Körper (z. B. im Roman *Irre* von Rainald Goetz, 1983) und die apokalyptischen Visionen (z. B. in der *Rättin* von Günter Grass → S. 520 oder in der *Letzten Welt* von Christoph Ransmayr → S. 596). Endzeitwarnungen charakterisierten auch wesentliche Erscheinungen im Bereich der Frauenliteratur. Christa Wolfs *Kassandra* (→ S. 573) wurde zu einem Klassiker dieses Genres.

Ästhetikkritik. Die Distanzierung von der ästhetischen Moderne als Merkmal der „Postmoderne" erscheint deutlich erst in den 80er-Jahren. Während die „Neue Subjektivität" (→ S. 545 ff.) der 70er-Jahre auf der These beruhte, dass ehrliche und direkte Authentizität keine ästhetischen Fesseln vertrüge, zeigte sich in den 80er-Jahren bei verschiedenen Autoren zwar wieder ein gesteigertes Formbewusstsein (Peter Handke → S. 542 f. bezeichnete die Klassiker als seine „Brüder"), aber das bedeutete keineswegs ein Anknüpfen an avantgardistische Formexperimente. Die Abwendung von der ästhetischen Moderne spiegelt sich in UMBERTO ECOS Erfolgsroman *Der Name der Rose* besonders deutlich wider. Eco interpretierte das Werk nachträglich als „postmodern" und berief sich dabei auf den amerikanischen Literaturkritiker LESLIE FIEDLER. Fiedler hatte schon 1968 den Vortrag *Ein Plädoyer für die Postmoderne* gehalten. Dort erhob er die Forderung nach einer Literatur, die „die Kluft zwischen der Bildungselite und der Kultur der Massen" schließt. Auch Wolfgang Welsch gab mit seinem Buch *Unsere postmoderne Moderne* 1987 der Diskussion entscheidende Impulse. So wurde der Begriff „Postmoderne" auf literarischem Gebiet zur Bezeichnung für Werke, die die Grenzen zwischen Literatur, Wissenschaft und Subkultur aufzuheben versuchen.

Impulse durch ausländische Autoren. Entscheidende Impulse empfing die Auseinandersetzung um die „Postmoderne" durch Erfolge ausländischer Autoren. Umberto Ecos Roman *Der Name der Rose* (1980, deutsche Übersetzung 1982), der mit seinem Rückgriff auf das Mittelalter gleichsam die „Energiequellen der postmodernen Kultur" offen legte, wurde als Beleg für die Überwindung der bisher als „modern" geltenden Identitätssuche interpretiert: Im „postmodernen" Roman werde der Identitätsbegriff aufgelöst, und das „postmoderne" Sprachspiel dürfe dem Leser durchaus Unterhaltung und Vergnügen bereiten. Italo Calvino, der 1979 mit seinem Roman *Wenn ein Reisender in einer Winternacht* Aufsehen erregte, zeigt aber auch, dass Lesen in der „Postmoderne" nicht als reines Vergnügen zu verstehen ist: Die Aktivität des Lesens sei mit der Errichtung eines Baus zu vergleichen, der durch das Zusammenfügen einer Unzahl von Variablen Form gewinnt und der kein zweites Mal nach demselben Bauplan erstellt werden könne. Im Grunde gehe es gar nicht um das Lesen eines Buches, sondern um das Lesen der Welt. „Es ist mein Ziel", so heißt es im Roman Italo Calvinos, „im Buch die unlesbare Welt einzufangen: Die Welt ohne Mittelpunkt, ohne Ich." Der „postmoderne" Roman wird als „großes Vernetzungswerk" gesehen.

Solche Positionen schließen das gesellschaftliche Engagement als den entscheidenden Impuls zur Produktion von Literatur aus. „Ich habe einen Roman geschrieben, weil ich Lust dazu hatte", sagte Umberto Eco nach dem Welterfolg seines Buchs *Der Name der Rose*. „Ich halte das für einen hinreichenden Grund sich ans Erzählen zu machen. Der Mensch ist von Natur aus ein animal fabulator." Der Text produziere seine eigenen Sinnverbindungen. Alle Bücher seien „Echos der Intertextualität“. Denn sie alle sprächen von anderen Büchern und jede Geschichte erzähle eine längst schon erzählte Geschichte.

Der ideale postmoderne Roman müsste nach einem Wort von John Barth „den Streit zwischen Realismus und Irrealismus, Formalismus und ‚Inhaltismus‘, reiner und engagierter Literatur, Eliten- und Massenprosa überwinden“.

1.2 „Postmodernes" Schreiben in Deutschland

Auch in Deutschland ist das Empfinden für die Notwendigkeit neue Formen des Erzählens zu entwickeln seit dem Ende der 70er-Jahre deutlich nachweisbar. Nicht alle Autorinnen und Autoren, die im Rückblick der 90er-Jahre als repräsentativ für die von Eco geforderten Schreibweisen erscheinen, empfanden sich dabei von Anfang an als Vertreter der „Postmoderne“.

Sprache als Messer. Sehr klar hat Brigitte Kronauer 1987 in ihren *Aufsätzen zur Literatur* literarische Zielsetzungen formuliert, die sich mit den Theorien des *nouveau roman* und dem Geist der „Postmoderne“ verbinden. Ihre Absicht sei es, einen Text zu schaffen, der an keiner Stelle das Einverständnis des Lesers suche: „Der Text ... stellt sich absurd, übertrieben, Grimassen schneidend, ist immer etwas anderes als die uns mögliche Einsicht, ist immer die Konsequenz einer Einsicht.“ Nicht der Inhalt interessiere, sondern die Sprachgeste.

Brigitte Kronauer, geboren 1940 in Essen, wurde nach dem Studium in Köln und Aachen Lehrerin. Seit 1974 lebt sie als freie Schriftstellerin in Hamburg.

Im 1983 erschienenen Roman *Rita Münster* ist der Ich-Zerfall in einer Welt verlorener Sicherheit die Voraussetzung für die Suche nach der eigenen Identität im Alltag einer Frau. Dabei bestimmt weder die Forderung nach Authentizität und milieubetontem Realismus noch die Suche nach Verinnerlichung die Konturen des entstehenden Psychogramms.

In ihren Erzählbänden (Vom *Umgang mit der Natur*, 1977; *Die gemusterte Nacht*, 1981; *Schnurrer*, 1992) und in ihren weiteren Romanen (*Frau Mühlenbeck im Gehäus*, 1980; *Berittener Bogenschütze*, 1986) wendet Brigitte Kronauer eine Darstellungsform an, die von der Leserschaft ein hohes Maß an Mitkonstruktion und Miterfindung erwartet. Diese Autorin, so hat die Kritik festgestellt, benutze die Sprache wie ein Messer. Wie der Chirurg dringe sie mit ihm unter die Oberfläche dessen vor, was man Leben nennt. Schreiben sei für sie Spiegelung von Erfahrung, vor allem aber Ich-Erweiterung und Ich-Erkundung.

Im Elfenbeinturm. Wie weit für viele Autoren die unruhigen 60er -Jahre zurückliegen, lässt sich am Beispiel Peter Handkes (→ S. 542 f.) beweisen, der mit seinen jüngsten Veröffentlichungen zu einer Schreibhaltung vorgedrungen ist, die sich durchaus mit dem Begriff „Postmoderne“ erfassen lässt. Der tagtäglich sich wiederholende Vorgang des Schreibens selbst steht im Mittelpunkt des umfassenden Romans, den Peter Handke 1994 unter dem Titel *Mein Jahr in der Niemandsbucht – Ein Märchen aus den neuen Zeiten* veröffentlichte. Der Ich-Erzähler, ein Schriftsteller namens Gregor Keuschnig, berichtet von den Mühen, die er bei der Niederschrift eines Romans zu überwinden hofft, von seiner eigenen Verwandlung und vom schließlichen Scheitern. Eingeflochten werden Lebensgeschichten von sieben Freunden, die den Zugang öffnen zum angestrebten Niemandsort, einem konkretisierten Utopia. Handke spielt in diesem streng komponierten Buch von über 1000 Seiten mit vielen Stilen. Sein Bekenntnis „Ich bin ein Bewohner des Elfenbeinturms“ verrät die Absicht eine an romantische Traditionen anknüpfende Darstellungsform zu finden, die nicht dokumentiert und nicht kommentiert, sondern Welt und Leben neu erschafft.

Vorliebe für das Periphere. Auch der Roman *Die Entdeckung der Langsamkeit* (1983) von Sten Nadolny wurde als Abgesang auf eine Epoche der Entindividualisierung und als Studie über den Vorgang des Schreibens interpretiert. Obwohl in dem Roman durchaus Anknüpfungen an Erzähltraditionen zu erkennen sind, zeigen sich in der Vorliebe für das Periphere und in der von Humor und Traurigkeit getragenen Distanz kennzeichnende Merkmale der jüngsten deutschen Gegenwartsliteratur.

Erzählt wird die Geschichte des britischen Seeoffiziers und Entdeckers John Franklin, dessen Erfolge auf der Gründlichkeit und Bedächtigkeit beruhen, mit denen er sich der „fatalen Beschleunigung des Zeitalters" entgegenstellt.
Sten Nadolny wurde 1942 in Zehdenick an der Havel geboren, wuchs in Oberbayern auf und studierte in Göttingen, Tübingen und Berlin. Nach der Promotion wurde er Geschichtslehrer und erhielt 1990 eine Gastdozentur für Poetik der Gegenwartsliteratur an der Universität München. 1980 wurde er mit dem Ingeborg-Bachmann-Preis der Stadt Klagenfurt ausgezeichnet. Seine Romane *Netzkarte* (1981) und *Selim oder Die Gabe der Rede* (1990) wurden von der Kritik nicht mit dem gleichen Lob bedacht wie *Die Entdeckung der Langsamkeit*.

Literarische Anleihen als Kompositionsprinzip. Auch PATRICK SÜSKINDS Erfolgsroman *Das Parfüm – Die Geschichte eines Mörders* (1985) weist Merkmale der „Postmoderne" auf. Kennzeichnend dafür sind nicht nur die Distanzierungen von der oftmals larmoyanten Selbstbeobachtungsliteratur der 70er- und beginnenden 80er-Jahre, sondern auch die gleichsam ironisch zitierende Imitation traditioneller Erzählhaltungen und die Einfügung literarischer Motive aus vergangenen Epochen: *Das Parfüm* greift zurück auf das Kleist'sche Kohlhaas-Motiv, auf das romantische La-Belle-et-la-Bête-Thema, auf Erzählungen E. T. A. Hoffmanns, das Musical *Phantom der Oper* von A. L. Webber, auf die besonderen Fähigkeiten Oskar Matzeraths im Grass-Roman *Die Blechtrommel*, den Film *Rosemary's Baby* von Roman Polanski, auf Überlegungen von Friedrich Nietzsche, George Bataille, Albert Camus, Elias Canetti und Michel Foucault, dessen analytische Untersuchungen zur Zivilisationsgeschichte dem Postmodernismus zugeordnet worden sind.
Im Zentrum des Romans steht das Paris des 18. Jh. und die Gestalt des Jean-Baptiste Grenouille, eines hässlichen Gnoms, der die Fähigkeit besitzt Tausende von Düften zu identifizieren und der menschenmordend den „absoluten Duft" erfindet. Grenouille wird zum Tod auf dem Schafott verurteilt, versetzt mit dem geheimnisvollen Parfüm die zu seiner Hinrichtung herbeiströmenden Schaulustigen in einen ekstatischen Taumel und wird so Opfer seiner eigenen Erfindung.
Patrick Süskind wurde 1949 in Ambach am Starnberger See geboren, studierte nach dem Abitur Geschichte in München und schlug sich anschließend als Gelegenheitsarbeiter durch. Mit der Uraufführung des Einpersonenstücks *Kontrabass* wurde er schlagartig bekannt. Süskind arbeitete auch an den Drehbüchern für die TV-Serien *Monaco Franze* (1984) und *Kir Royal* (1986) mit. Die Erzählungen *Die Taube* (1987) und *Die Geschichte von Herrn Sommer* (1991) erreichten bei weitem nicht die Verkaufsziffern des Weltbestsellers *Das Parfüm*.

Verrätselte Vorgänge und verflochtene Zeiten. CHRISTOPH RANSMAYR mischt in seinem Roman *Die letzte Welt* 1988 mythische Geschichten aus der Vergangenheit mit dem Wissen der Gegenwart, sodass die Verflechtungen der Zeiten und die damit verbundenen Anachronismen eine neue Art von Lesevergnügen sichern sollen. Obwohl – ähnlich wie in Umberto Ecos *Der Name der Rose* – historische Geschichten (hier um Ovid) erzählt werden, entspricht dieses Buch nicht dem Typus des Geschichtsromans. Es produziert vielmehr eine neue, mit historischen Elementen durchsetzte Wirklichkeit.
Erzählt wird, wie der Römer Cotta sein Interesse auf Ovids *Metamorphosen* lenkt, die vernichtet sind und rekonstruiert werden müssen. Gestalten aus Ovids Dichtung treten auf. Sie werden aus mythischer Vorzeit in die Epoche Cottas und in die Zeit des Autors Ransmayr versetzt. Ovids Verfehlung besteht darin, „das zum Staat verblasste Rom an archaische, unbändige Leidenschaften erinnert" zu haben.
Christoph Ransmayr galt schon mit seiner ersten größeren Veröffentlichung *Strahlender Untergang* (1982) und mit dem Roman *Die Schrecken des Eises und der Finsternis* (1984) als Hoffnungsträger jener Kritiker und Leser, die sich von „postmodernen" Perspektiven eine Erneuerung der Erzählkultur versprachen. Er wurde 1954 in Wels/Oberösterreich geboren, wuchs in Roitham bei Gmunden/Traunsee auf, studierte bis 1978 Philosophie und Ethnologie in Wien und war anschließend vier Jahre lang Kulturredakteur der Wiener Monatsschrift *Extrablatt*. Er lebt als freier Schriftsteller in Wien.

2 Die dritte Nachkriegsgeneration

2.1 Das Ende der Nachkriegszeit

Wandlung der literarischen Szene. Einerseits wird trotz aller „postmodernen" Entwicklungen die literarische Diskussion auch in den 90er-Jahren noch stark von jenen prominenten Autoren mitbestimmt, die seit Jahrzehnten bekannt und berühmt sind: Die Bücher von Günter Grass, Siegfried Lenz und Martin Walser erreichen stattliche Auflagen, und die Aufmerksamkeit der Literaturkritik ist ihnen gewiss. Andererseits hat sich die literarische Szene entscheidend gewandelt: Kein Schriftsteller nimmt heute die Position ein, die einst Heinrich Böll erreicht hatte, als er wie eine Art „Gewissen der Nation" respektiert und gehört wurde. Dass Autoren als moralische Instanz größte Bedeutung über den rein literarischen Bereich hinaus erlangen, ist zumindest selten geworden. Die Organisatoren und Beobachter der Frankfurter Buchmesse klagen Jahr für Jahr über den Mangel an Bestsellern mit literarischem Niveau. Manche junge Autoren, die nach einem ersten Buch gefeiert wurden, werden im schnelllebigen Geschäft des Büchermarkts oftmals schon nach Ablauf der Saison vergessen. Die Debatten, die, von den Medien ausgelöst oder aufgegriffen, die Aufmerksamkeit einer breiten Öffentlichkeit wecken, kreisen nur noch in Ausnahmefällen um literarische Themen.

Zu einem Teil mag die Entwicklung durch die neuen Strukturen der beherrschenden Medien mitverursacht sein. Der Kampf um Einschaltquoten, den die öffentlich-rechtlichen Rundfunkanstalten mit der Vielzahl privater Fernsehsender täglich auszutragen haben, führt offenbar zu einer Reduzierung von kulturellen Themen, weil mit ihnen nur Minderheiten zu erreichen wären.

Generationenwechsel. Wesentlicher gesteuert werden die Veränderungen im literarischen Betrieb aber zweifellos durch den Generationenwechsel, der sich zu Beginn der 90er-Jahre ankündigte. Jahrzehntelang hatte die Produktion deutscher Literatur in irgendeiner Weise mit der Frage zu tun, wie die Schrecken der deutschen Geschichte im 20. Jh. zu erklären seien. Die erste Nachkriegsgeneration, die noch die Zeit des „Dritten Reiches" erlebt und Vorgänge dieser Epoche in bedrückenden Erinnerungsbildern gespeichert hatte, sah es als ihre Pflicht an, durch Bestandsaufnahmen, durch analysierende „Trauerarbeit" und auch durch Schuldzuweisungen das Geschehene zu erklären und dessen Wiederholung zu verhindern.

Die zweite Nachkriegsgeneration, deren literarische Publikationen häufig mit der studentischen Unruhe in den späten 60er-Jahren sympathisierten, erhob sich gegen die bürgerlichen Ordnungsvorstellungen der Eltern. Für die Deutschen, die den Zweiten Weltkrieg überlebten, bedurfte es keiner Rechtfertigung, wenn aus den Trümmern neue Wohnungen, Geschäfte und schließlich gigantische Stahlbetonbauten entstanden. Wer in der „Stunde Null" nicht resignierte, sondern zu aufbauender Aktivität bereit war, konnte sich in dieser Situation als Repräsentant sozialer und ethischer Prinzipien fühlen. In der Zeit der Studentenrevolte hingegen waren solche Antriebe, die zur sprichwörtlichen deutschen Tüchtigkeit geführt hatten, nicht mehr zu begreifen. Tatsächlich war der Heroismus des Wiederaufbaus in eine Wirtschaftswunder-Mentalität übergeleitet worden, die Gewinn und Einkommen, Luxus und Bequemlichkeit als höchste Werte propagierte oder zu propagieren schien. Bernward Vesper beispielsweise beschreibt in seinem Roman-Essay *Die Reise* (→ S. 546) seine Kindheit als einen Dressurakt aus väterlicher Willkür und bürgerlichem Ordnungsterror.

Dennoch waren diese Abrechnungen mit der Vätergeneration immer auch eine Abrechnung mit der deutschen Geschichte. Im Fehlverhalten der Eltern, so lehrten viele Werke dieser Zeit, liegen die Wurzeln für die deutsche Katastrophe. Der Vorwurf war klar: Im Grunde, so behauptete die neue Generation von Autoren, hatte sich die deutsche Mentalität nicht geändert. Die Adenauer-, Erhard- und Kiesinger-Ära wurde als eine Zeit der Restauration auch in diesem Sinne interpretiert.

„Die dritte Nachkriegsgeneration klappt das Große Buch der Geschichte jetzt einfach zu" (Iris Radisch). Die neue Literatengeneration der 90er -Jahre will offenbar nicht fabulieren, nichts verbessern, nichts entlarven. Sie sieht ihre begrenzte Welt aus ideologiefreier Nähe, sodass das milieubezeichnende Detail dominiert. Auf solche Weise wird die einst von Naturalisten geforderte

Genauigkeit in die Literatur zurückgebracht, ohne dass sie einem Programm oder gar einem Welterlösungsplan dient. Die moralische Grundlage und die Zentralperspektive Geschichte, die der Literatur der Kriegs- und Nachkriegszeit Macht und Einfluss sicherten, haben ihre Bedeutung verloren.

Aber auch die Absicht der zweiten Nachkriegsgeneration von Autoren mit gezielter Demontage die konsumorientierte, von Werteverlusten bedrohte und im Grunde wenig erneuerte Gesellschaft zu entzaubern oder zu schockieren ist inzwischen historisch. Die Geschichte der Hauptfiguren in den Werken dieser Schriftsteller verstand sich als Spiegel der deutschen Geschichte. Die rein private Story interessierte nur, wenn sie als Kommentar und Interpretation der Zeit gelesen werden konnte. Die meisten Dramatiker und Romanciers dieser Epoche waren davon überzeugt, dass sie das Buch der Geschichte mitgestalteten.

Die jüngste Generation von Autoren nimmt Abschied vom bisher gültigen Selbstverständnis des Dichters, dass er aufgerufen sei auf unterschiedliche Weise, aber in herausgehobener Posititon am Buch der Geschichte mitzuschreiben. Eine Mädchengestalt in ULRICH WOELKS Roman *Rückspiel* (1993) sagt: „Wenn man etwas sagt, das muss ja irgendwie in einem verankert sein, aber in mir ist nichts verankert, nicht einmal eine Nationalität."

Die literarische Lust an der Entlarvung alltäglicher Schäbigkeit und an der Erforschung der Ursachen historischen Fehlverhaltens bestimmt in der Mitte der 90er-Jahre nicht mehr die literarischen Neuerscheinungen. HANNS-JOSEF ORTHEIL erklärt in seinem Roman *Das Element des Elephanten* (1994), weshalb die dritte Nachkriegsgeneration das Buch der Geschichte schließt. All sein Schreiben sei bisher „Nachkrieg" gewesen, weil die übermächtige Bedeutung der Kriegsvergangenheit die Dichter gesteuert und das Existenzrecht der Gegenwart in Frage gestellt habe. Aber jetzt sei der Krieg endlich ausgeschrieben. „Jetzt ist die Nachkriegszeit vorbei. Jetzt könnte die Gegenwart beginnen."

Mangel an Repräsentanten. Auffallend an den neuen Autoren, die Geschichten, aber keine Geschichte erzählen, ist deren übereinstimmende Auskunft, dass sie „literaturuntauglich" seien und sich auch nicht dazu berufen fühlten, die Literatur oder gar die deutsche Kultur zu repräsentieren. Der Verzicht auf alles Bedeutende zeigt sich nicht nur darin, dass die Vergangenheit als selbstverständlicher Bezugspunkt der literarischen Äußerung verloren gegangen ist. Dieser Verzicht zeigt sich auch im Fehlen aller Merkmale, die etwa die Romane Thomas Manns einst als groß und überzeitlich bedeutsam erscheinen ließen. Die geordnete Konzeption vielschichtiger Romanhandlungen, die Übertragbarkeit der Fabel, die mythische Dimension, die ästhetische Sprachgewalt werden als Fesseln vergangener Epochen abgeworfen. Geschrieben wird in einer Sprache, die sich bewusst provisorisch gibt. Die Schreibweise der dritten Nachkriegsgeneration will sich keine Funktion aufzwingen lassen. Das mag in den Augen älterer Kritiker ein Niveauverlust sein. Es ist aber auch ein Ausdruck neu gewonnener Freiheit.

2.2 Der neudeutsche Literaturstreit

Was bleibt? Das Bedürfnis, das Literaturverständnis nach der Wiedervereinigung Deutschlands neu zu definieren, spiegelte sich auch im Literaturstreit wider, der im Sommer 1990 in den Feuilletons der großen Tageszeitungen ausgetragen wurde. Im Mittelpunkt der hitzigen Auseinandersetzungen stand CHRISTA WOLFS Erzählung *Was bleibt* (1990). Die beispielhafte Schilderung der Stasi-Überwachung, der die Autorin gegen Ende der 70er-Jahre ausgesetzt war, war kurz nach der Wende kaum emotionsfrei zu lesen. Ganz offensichtlich ging es manchem Kritiker nicht um ein Qualitätsurteil dieses knapp hundert Seiten umfassenden Prosatextes, sondern um eine Beurteilung politischer Haltungen. Christa Wolf wurde plötzlich, stellvertretend auch für Autoren wie HEINER MÜLLER und VOLKER BRAUN, als eine opportunistisch taktierende Gestalt gesehen, die in der DDR einerseits die Rolle der Dissidentin, andererseits die Nähe der SED-Regierung gesucht habe. Nach dem Zusammenbruch der sozialistischen Staaten schienen viele Wortführer in den Feuilletons die schwierige Lage der DDR-Autoren in einem ehedem fast perfekt kontrollierten System nicht mehr verstehen zu wollen.

Diese Haltung war umso befremdlicher, als die westdeutsche Kritik bis 1989 keine Scheu hatte

literarische Werke aus der DDR auch dann mit Lob zu überschütten, wenn die Autoren aus ihrem Glauben an eine sozialistische Zukunft kein Hehl machten. Der Verdacht, dass die vehementen Angriffe auf Christa Wolf und ihre Erzählung *Was bleibt* im Sommer 1990 als der Versuch einer problematischen Selbstreinigung der westdeutschen Literaturkritik gedeutet werden kann, ist nicht von der Hand zu weisen. „Die westdeutsche Kritik, statt ihre jahrzehntelange Verblendung verantwortlich an sich selbst durchzureflektieren, versuchte einen raschen Befreiungsschlag. Der Aufmerksamkeits- und Schonungsbonus für alles Östliche, an dem sich nur ein Schimmer von Dissidenz erkennen ließ, diese Augentäuschung oder Sehschwäche, sollte an ihren Objekten gerächt werden, statt am Auge selbst geheilt zu werden" (Reinhard Baumgart).
Darüber hinaus zeigte sich im Literaturstreit des Jahres 1990 aber auch das Abrücken von der jahrzehntelang gültigen Vorstellung, dass Literatur in erster Linie eine Reflexion gesellschaftlicher Verhältnisse sei und dass große Werke Spiegelungen der Zeit seien, in denen sich Ästhetik mit Moral verbinde. Das Ende der deutschen Spaltung fiel zusammen mit der Tendenz sich nicht nur von den Grundsätzen der DDR-Literatur, sondern auch von den Maßstäben der Literatur in der bisherigen Bundesrepublik zu verabschieden. In Frage gestellt wurde im Grunde jede Form der „engagierten" Literatur.

Kritik an den Symbolfiguren. Der Generationenkonflikt, von dem die Auseinandersetzungen im Literaturbetrieb der 90er-Jahre gekennzeichnet sind, zeigt sich auch in den Attacken junger Kritiker gegen die Autoren, die um 1968 Bedeutung erlangt hatten, sich als Erfolgsgaranten angesehener Verlage etablierten und die Themen der Feuilletons bestimmten. Ein Indiz für diese Entwicklung könnten die scharfen Verrisse sein, mit denen sich BOTHO STRAUSS (→ S. 543 f.) nach Erscheinen seines Essays *Anschwellender Bockgesang* (1993) und seines Prosabandes *Wohnen Dämmern Lügen* (1994) plötzlich konfrontiert sah. Auch HANS MAGNUS ENZENSBERGER, PETER HANDKE und MARTIN WALSER werden angegriffen. Man unterstellt ihnen, dass sie mit der Revision bestimmter Positionen ihre Deutungsvorherrschaft zu behaupten versuchen. Nicht die auf linken Standpunkten verharrenden Linken sind also die Gegner der „Neunundachtziger"; ins Schussfeld geraten vielmehr jene Autoren, die sich – aus der Perspektive der jungen Schriftstellergeneration – konservativen Denkweisen annähern. Die Instrumente der Ideologiekritik, in den ausgehenden 60er-Jahren erfolgreich eingesetzt, richten sich gegen ihre früheren Anwender.

Neubewertung der Literatur nach 1945. Die Revolte der jungen Schriftstellergeneration gegen die Positionen von Autoren und Kritikern in den

Der Siegeszug der elektronischen Medien veranlasst nicht nur Kulturskeptiker das Ende des „Gutenberg-Zeitalters" zu prophezeien. Vielleicht aber wird der Zugriff auf traditionelle Bildungsgüter nur durch neue Methoden ersetzt. Abgebildet ist eine CD-ROM, die dem lesewilligen Computerbenutzer „Meisterwerke der deutschen Literatur von Grimmelshausen bis Morgenstern in ungekürzter Fassung" auf den Bildschirm liefert.

abgelaufenen Jahrzehnten der bundesrepublikanischen Geschichte stützt sich im Wesentlichen auf folgende Argumente: Die Notwendigkeit eines radikalen Neuanfangs wird mit der Behauptung begründet, dass die bisherige deutsche Literatur von Erstarrung und Provinzialismus geprägt sei. Insbesondere die in der Gruppe 47 zusammengeschlossenen Schriftsteller hätten die ersten Jahrzehnte der Bundesrepublik mit einem Gründungsmythos verklärt und damit der Legitimation der Gesellschaft gedient. Dieser Vorwurf basiert ganz offensichtlich auf der neuen Vorstellung, dass Literatur keine Funktion übernehmen dürfe. Ignoriert wird damit beispielsweise auch die Klage, die HANS MAGNUS ENZENSBERGER 1968 im berühmten *Kursbuch 15* über die Erfolgs- und Wirkungslosigkeit der Literatur geführt hatte. Dieser Versuch einer Umwertung bisheriger Literaturkategorien verbindet sich mit der Behauptung, dass sich die deutsche Literatur wegen des Selbstverständnisses einen gesellschaftlichen Auftrag wahrnehmen und erfüllen zu müssen von den internationalen Entwicklungen abgekoppelt habe. Die Literatur der jüngsten Gegenwart sei eine Literatur der autonomen Ästhetik, nicht eine Literatur des gesellschaftspolitischen Engagements.

Keine Prognosen. Vorhersagen über künftige literarische Entwicklungen waren schon immer problematisch. Heute sind sie fast unmöglich, weil sich einerseits die Sehnsucht nach einer neuen Stunde Null artikuliert, andererseits kaum Werte zu finden sind, mit denen sich die Forderung nach einer funktionslosen Ästhetik im Sinne des „L'art-pour-l'art"-Prinzips als berechtigt begründen ließe. „Selten war unsere Einsicht in die Vergangenheit, so auch in die Stationen und Verlaufslogik der literarischen Entwicklung, der Uneinsichtigkeit der Zukunft so überlegen wie heute. Nichts ist deutlicher und schärfer als der Einschnitt, den die Jahre 1989 und 1990 auch in die literarische Geschichte der Bundesrepublik gesetzt haben, und nichts verwirrender als die Ungreifbarkeit eines deutlichen Anfangs nach diesem deutlichen Ende" (Reinhard Baumgart).

Literaturverzeichnis

1 Nachschlagewerke, Handbücher

Arnold, Heinz Ludwig (Hg.): Kritisches Lexikon der deutschsprachigen Gegenwartsliteratur. München [2]1978 ff.

Barck, Simone, u. a. (Hgg.): Lexikon sozialistischer Literatur. Ihre Geschichte in Deutschland bis 1945. Stuttgart, Weimar 1994

Besch, Werner / **Reichmann**, Oskar / **Sonderegger**, Stefan: Sprachgeschichte. Ein Handbuch zur Geschichte der deutschen Sprache und ihrer Erforschung. Berlin, New York 1985

Borchmeyer, Dieter / **Žmegač**, Viktor (Hgg.): Moderne Literatur in Grundbegriffen. Frankfurt a. M. 1987

Brauneck, Manfred (Hg.): Autorenlexikon deutschsprachiger Literatur des 20. Jahrhunderts. Reinbek [4]1991

Daemmrich, Horst S. u. Ingrid: Themen und Motive in der Literatur. Ein Handbuch. Tübingen 1987

Frenzel, Elisabeth u. Herbert: Daten deutscher Dichtung. Chronologischer Abriss der deutschen Literaturgeschichte. 2 Bde. München [28]1994

Gregor, Josef: Der Schauspielführer. 15 Bde. Stuttgart 1953–1989

Harenbergs Lexikon der Weltliteratur. Autoren – Werke – Begriffe. 5 Bde. Dortmund [2]1989

Jens, Walter (Hg.): Kindlers Neues Literaturlexikon. 20 Bde. München 1988 ff.

Killy, Walther (Hg.): Literaturlexikon. Autoren und Werke deutscher Sprache. 15 Bde. München 1988 ff.

König, Werner: dtv-Atlas zur deutschen Sprache. Tafeln und Texte. München 1978

Lutz, Bernd: Metzler-Autoren-Lexikon deutschsprachiger Dichter und Schriftsteller vom Mittelalter bis zur Gegenwart. Stuttgart 1986

Meid, Volker: Metzler-Literatur-Chronik. Werke deutschsprachiger Autoren. Stuttgart, Weimar 1993

Merker, Paul / **Stammler**, Wolfgang: Reallexikon der deutschen Literaturgeschichte. Berlin [2]1968 ff.

Moser, Dietz-Rüdiger (Hg.): Neues Handbuch der deutschen Gegenwartsliteratur seit 1945. Aktualisierte Ausgabe 1993

Olbrich, Wilhelm: Der Romanführer. 27 Bde. Stuttgart 1960–1993

Ricklefs, Ulfert (Hg.): Fischer Lexikon Literatur. 3 Bde. Frankfurt a.M. 1996

Schlosser, Horst Dieter: dtv-Atlas zur deutschen Literatur. Tafeln und Texte. München 1983

Schweikle, Günther u. Irmgard (Hgg.): Metzler-Literatur-Lexikon. Stichwörter zur Weltliteratur. Stuttgart [2]1990

Stammler, Wolfgang: Deutsche Philologie im Aufriss. 3 Bde. Berlin [2]1962

Träger, Claus (Hg.): Wörterbuch der Literaturwissenschaft. Leipzig [2]1989

Weimar, Klaus (Hg.): Reallexikon der deutschen Literaturwissenschaft. Bd. 1. Berlin 1997

Wilpert, Gero von: Deutsches Dichterlexikon. Biographisch-bibliographisches Handwörterbuch zur deutschen Literaturgeschichte. Stuttgart [3]1988

Wilpert, Gero von: Sachwörterbuch der Literatur. Stuttgart [7]1989

Zirbs, Wieland (Hg.): Literaturlexikon. Daten, Fakten und Zusammenhänge. Berlin 1998

2 Textsammlungen

Best, Otto F. / **Schmitt**, Hans-Jürgen (Hgg.): Die deutsche Literatur. Ein Abriss in Text und Darstellung. 16 Bde. Stuttgart 1974 ff.

Killy, Walther, u. a. (Hgg.): Die deutsche Literatur vom Mittelalter bis zum 20. Jahrhundert. Texte und Zeugnisse. 7 Bde. 1965 ff.

Manifeste und Dokumente zur deutschen Literatur 1848–1933. 6 Bde. Stuttgart 1981 ff.

3 Epochenübergreifende Literaturgeschichten

Autorenkollektiv (Hg.): Geschichte der deutschen Literatur. 12 Bde. Berlin (DDR) 1961 ff.

Brinker-Gabler, Gisela (Hg.): Deutsche Literatur von Frauen. Geschichte der Frauenliteratur vom Mittelalter bis zur Gegenwart. 2 Bde. München 1988

de Boor, Helmut / **Newald**, Richard (Begr.): Geschichte der deutschen Literatur von den Anfängen bis zur Gegenwart. 12 Bde. München 1949 ff.

Glaser, Horst Albert (Hg.): Deutsche Literatur. Eine Sozialgeschichte. Von den Anfängen bis zur Gegenwart. 10 Bde. Reinbek 1980 ff.

Grimminger, Rolf, u. a. (Hgg.): Literarische Moderne. Europäische Literatur im 19. und 20. Jahrhundert. Reinbek 1995

Grimminger, Rolf (Hg.): Hansers Sozialgeschichte der deutschen Literatur vom 16. Jahrhundert bis zur Gegenwart. München, Wien 1980 ff.

See, Klaus von (Hg.): Neues Handbuch der Literaturwissenschaft. 25 Bde. Wiesbaden 1972 ff.

Sørensen, Bengt Allgot (Hg.): Geschichte der deutschen Literatur. 2 Bde. München 1997

Vietta, Silvio: Die literarische Moderne. Eine problemgeschichtliche Darstellung der deutschsprachigen Literatur von Hölderlin bis Thomas Bernhard. Stuttgart 1992

Žmegač, Viktor (Hg.): Geschichte der deutschen Literatur. Königstein / Ts. 1985

4 Mittelalter

Bertau, Karl: Deutsche Literatur im europäischen Mittelalter. 2 Bde. München 1972

Bumke, Joachim: Geschichte der deutschen Literatur im hohen Mittelalter. München 1990

Bumke, Joachim: Höfische Kultur. Literatur und Gesellschaft im hohen Mittelalter. 2 Bde. München [7]1994

Cramer, Thomas: Geschichte der deutschen Literatur im späten Mittelalter. München 1990

Heinzle, Joachim (Hg.): Geschichte der deutschen Literatur von den Anfängen bis zum Beginn der Neuzeit. 2 Bde. Frankfurt a. M. 1984 ff.

Kartschoke, Dieter: Geschichte der deutschen Literatur im frühen Mittelalter. München 1990

Nagel, Bernd: Staufische Klassik. Deutsche Dichtung um 1200. Heidelberg 1977

Nusser, Peter: Geschichte der deutschen Literatur im Mittelalter. Lebensformen, Wertvorstellungen und literarische Entwicklungen. Stuttgart 1992

Schweikle, Günther: Minnesang. Stuttgart 1989

Weddige, Hilkert: Einführung in die germanistische Mediävistik. München ²1990

Wehrli, Max: Geschichte der deutschen Literatur vom frühen Mittelalter bis zum Ende des 16. Jahrhundert. Stuttgart 1980

5 Reformation

Spriewald, Ingeborg, u.a.: Grundpositionen der deutschen Literatur im 16. Jahrhundert. Berlin, Weimar ²1976

Walz, Herbert: Deutsche Literatur der Reformationszeit. Eine Einführung. Darmstadt 1988

Wolf, Herbert: Martin Luther. Eine Einführung in germanistische Luther-Studien. Stuttgart 1980

6 Barock

Alewyn, Richard: Deutsche Barockforschung. Dokumentation einer Epoche. Köln, Berlin 1965

Emrich, Wilhelm: Deutsche Literatur der Barockzeit. Königstein / Ts. 1981

Meid, Volker: Barocklyrik. Stuttgart 1986

Rötzer, Hans Gerd: Der Roman des Barock. 1600–1700. Kommentar zu einer Epoche. München 1972

Schöne, Albrecht: Emblematik und Drama im Zeitalter des Barock. München ³1993

Steinhagen, H. / **Wiese**, Benno von: Deutsche Dichter des 17. Jahrhunderts. Ihr Leben und Werk. Berlin 1984

Szyrocki, Marian: Die deutsche Literatur des Barock. Eine Einführung. Stuttgart 1987

7 Zeitalter der Vernunft

Barner, Wilfried: Lessing. Epoche, Werk, Wirkung. München ⁵1987

Blackall, E. A.: Die Entwicklung des Deutschen zur Literatursprache. Stuttgart 1966

Hinck, Walter (Hg.): Sturm und Drang: ein literaturwissenschaftliches Studienbuch. Kronberg 1978

Hof, Ulrich im: Das Europa der Aufklärung. München 1993

Jörgensen, Sven Aage, u. a.: Wieland. Epoche, Werk, Wirkung. München 1994

Kiesel, H. / **Münch**, P.: Gesellschaft und Literatur im 18. Jahrhundert. Voraussetzungen und Entstehung des literarischen Marktes in Deutschland. München 1977

Mayer, Gerhart: Der deutsche Bildungsroman. Von der Aufklärung bis zur Gegenwart. Stuttgart 1992

Pascal, Roy: Der Sturm und Drang. Stuttgart 1963

Schmidt, Jochen: Die Geschichte des Genie-Gedankens in der deutschen Literatur, Philosophie und Politik 1770–1945. Bd. 1. Darmstadt 1985

Schneiders, Werner: Lexikon der Aufklärung. Deutschland und Europa. München 1995

Wiese, Benno von: Deutsche Dichter des 18. Jahrhunderts. Ihr Leben und Werk. Berlin 1977

8 Klassik

Borchmeyer, Dieter: Weimarer Klassik. Portrait einer Epoche. Weinheim 1994

Boyle, Nicholas: Goethe – der Dichter in seiner Zeit. Bd. 1. München 1995

Bruford, Walter: Kultur und Gesellschaft im klassischen Weimar 1775–1806. Göttingen 1966

Conrady, Karl Otto: Goethe. Leben und Werk. Frankfurt a. M. 1987

Conrady, Karl Otto (Hg.): Deutsche Literatur zur Zeit der Klassik. Stuttgart 1977

Lange, Victor: Das klassische Zeitalter der deutschen Literatur 1740–1815. München 1983

Schulz, Gerhard: Die deutsche Literatur zwischen Französischer Revolution und Restauration. 2 Bde. München 1983, 1989

Wiese, Benno von: Friedrich Schiller. Stuttgart 1959

9 Zwischen Klassik und Romantik

Arnold, H. L.(Hg.): Jean Paul. München 1983

Bertaux, Pierre: Friedrich Hölderlin. Frankfurt a. M. 1978

Grathoff, D. (Hg.): Heinrich von Kleist. Studien zu Werk und Wirkung. Opladen 1988

Müller-Seidel, Walter (Hg.): Heinrich von Kleist. Aufsätze und Essays. Darmstadt [3]1980

Riedel, Ingrid (Hg.): Hölderlin ohne Mythos. Göttingen 1973

Ueding, Gert: Jean Paul. München 1993

Wackwitz, Stephan: Friedrich Hölderlin. Stuttgart 1985

10 Romantik

Brinkmann, Richard (Hg.): Romantik in Deutschland. Ein interdisziplinäres Symposium. Stuttgart 1978

Busse, Günther: Romantik. Personen – Motive – Werke. Freiburg, Basel, Wien 1982

Günzel, Klaus: Romantikerschicksale. Gestalten einer Epoche. München 1988

Schanze, Helmut (Hg.): Romantik-Handbuch. Stuttgart 1994

Wiese, Benno von (Hg.): Deutsche Dichter der Romantik. Ihr Leben und Werk. Berlin 1971

11 Biedermeier und Vormärz

Hermand, Jost / **Windfuhr**, Manfred (Hgg.): Zur Literatur der Restaurationsepoche 1815–1848. Stuttgart 1970

Koopmann, Helmut: Das Junge Deutschland. Eine Einführung. Darmstadt 1993

Mattenklott, Gert / **Scherpe**, Klaus R.: Demokratisch-revolutionäre Literatur in Deutschland: Vormärz. Kronberg 1975

Sengle, Friedrich: Biedermeierzeit. Deutsche Literatur im Spannungsfeld zwischen Restauration und Revolution, 1815–1845. 3 Bde. Stuttgart 1971/1980

Wülfing, Wulf: Junges Deutschland. Texte – Kontexte, Abbildungen, Kommentar. München 1978

12 Realismus und Naturalismus

Augst, Hugo: Literatur des Realismus. Stuttgart 1977
Brinckmann, Richard (Hg.): Begriffsbestimmung des literarischen Realismus. Darmstadt 1969
Cowen, Roy C.: Der Poetische Realismus. Kommentar zu einer Epoche. München 1985
Cowen, Roy C.: Der Naturalismus, Kommentar zu einer Epoche. München 1973
Hamann,Richard / **Hermand**, Jost: Epochen deutscher Kultur von 1870 bis zur Gegenwart. Bd. 2. München [2]1972
Mahal, Günther: Naturalismus. München [2]1982
Manifeste und Dokumente zur deutschen Literatur 1848–1933. 6 Bde. Stuttgart 1981 ff.
Martini, Fritz: Deutsche Literatur im bürgerlichen Realismus 1848–1898. Stuttgart [4]1981
Preisendanz, Wolfgang: Wege des Realismus. München 1977
Stern, Joseph Peter: Über literarischen Realismus. München 1983

13 Die Literatur der Jahrhundertwende

Fischer, Jens Malte: Fin de siècle. Kommentar zu einer Epoche. München 1978
Hoffmann, Paul: Symbolismus. München 1987
Manifeste und Dokumente zur deutschen Literatur 1848–1933. 6 Bde. Stuttgart 1981 ff.
Rasch, Wolfdietrich: Die literarische Décadence um 1900. München 1986
Rossbach, Karlheinz: Heimatkunstbewegung und Heimatroman. Stuttgart 1975
Žmegač, Viktor (Hg.): Deutsche Literatur der Jahrhundertwende. Königstein / Ts. 1981

14 Expressionismus

Knapp, Gerhard P.: Die Literatur des deutschen Expressionismus. München 1979
Manifeste und Dokumente zur deutschen Literatur 1848–1933. 6 Bde. Stuttgart 1981 ff.
Philipp, Eckhard: Dadaismus. München 1980
Rothe, Wolfgang (Hg.): Expressionismus als Literatur. Gesammelte Studien. Bern, München 1969
Vietta, Silvio / **Kemper**, Hans Georg: Expressionismus. München [4]1990

15 Weimarer Republik

Buck, Theo / **Steinbach**, Dietrich (Hgg.): Tendenzen der deutschen Literatur zwischen 1918 und 1945. Stuttgart 1985
Fähnders, Walter: Proletarisch-revolutionäre Literatur der Weimarer Republik. Stuttgart 1977
Lethen, Helmut: Neue Sachlichkeit 1924–1932. Studien zur Literatur des „Weißen Sozialismus". Stuttgart [2]1975
Manifeste und Dokumente zur deutschen Literatur 1848–1933. 6 Bde. Stuttgart 1981 ff.
Petersen, Klaus: Literatur und Justiz in der Weimarer Republik. Stuttgart 1988
Rothe, Wolfgang (Hg.): Die deutsche Literatur in der Weimarer Republik. Stuttgart 1974
Schütz, Erhard: Romane der Weimarer Republik. München 1986
Weyergraf, Bernhard (Hg.): Literatur der Weimarer Republik. München 1995

16 „Drittes Reich“

Barbian, Jan-Pieter: Literaturpolitik im „Dritten Reich“. Institutionen, Kompetenzen, Betätigungsfelder. München 1995

Brekle, Wolfgang: Schriftsteller im antifaschistischen Widerstand 1933–1945 in Deutschland. Berlin,Weimar 1990

Denkler, Horst / **Prümm**, Karl (Hgg.): Die deutsche Literatur im Dritten Reich. Stuttgart 1976

Ketelsen, Uwe-K.: Literatur und Drittes Reich. Schernfeld 1992

Schnell, Ralf: Literarische Innere Emigration 1933–1945. Stuttgart 1976

17 Exilliteratur

Akademie der Wissenschaften der DDR / Akademie der Künste (Hgg.): Kunst und Literatur im antifaschistischen Exil 1933–1945. 7 Bde. Leipzig 1978–1981

Feilchenfeldt, Konrad: Deutsche Exilliteratur 1933–1945. Kommentar zu einer Epoche. München 1986

Koepke, Wulf / **Winkler**, Michael (Hgg.): Exilliteratur 1933-1945. Darmstadt 1989

Mertz, Peter: Und das wurde nicht ihr Staat. Erfahrungen emigrierter Schriftsteller in Westdeutschland. München 1985

Möller, Horst: Exodus der Kultur. Schriftsteller, Wissenschaftler und Künstler in der Emigration nach 1933. München 1984

Serke, Jürgen: Die verbrannten Dichter. Berichte. Texte. Bilder einer Zeit. Weinheim, Basel 1977

Stephan, Alexander: Die deutsche Exilliteratur 1933–1945. Eine Einführung. München 1979

Walter, Hans Albert: Deutsche Exilliteratur 1933–1950. Bisher 6 Bde. Darmstadt, Stuttgart 1972 ff.

18 Literatur nach 1945

Barner, Wilfried (Hg.): Geschichte der deutschen Literatur von 1945 bis zur Gegenwart. München 1994

Baumgart, Reinhard: Deutsche Literatur der Gegenwart. München 1994

Briegleb, Klaus / **Weigel**, Siegrid (Hgg.): Gegenwartsliteratur seit 1968. München 1992

Emmerich, Wolfgang: Kleine Literaturgeschichte der DDR. Leipzig 1996

Fischer, Ludwig (Hg.): Literatur in der Bundesrepublik bis 1967. München, Wien 1986

Glaier, Horst Albert (Hg.): Deutsche Literatur zwischen 1945 und 1995. Eine Sozialgeschichte. 1997

Schnell, Ralf: Geschichte der deutschsprachigen Literatur seit 1945. Stuttgart, Weimar 1993

Register

Das Register enthält Namen, *Titel* und Fachbegriffe. Aus Platzgründen nicht aufgenommene Titel suche man über den Autorennamen im Text.

K

Q

R

Bildquellenverzeichnis

Umschlag: Grafische Sammlung der Staatsgalerie Stuttgart. © Nachlass Erich Heckel, Hemmenhofen; S. 12 Staats- und Universitätsbibliothek, Bremen; S. 15 aus: dtv-Atlas zur deutschen Sprache von Werner König. Illustrationen von Hans-Joachim Paul. © 1978 Deutscher Taschenbuch Verlag, München; S. 16 Stiftsbibliothek, St. Gallen; S. 23 Skip Langkafel, Berlin; S. 29, 43, 105, 121, 451 Bayerische Staatsbibliothek, München; S. 31, 142, 173, 199, 215, 231, 262, 331, 376, 379, 396 Deutsches Literaturarchiv / Schiller-Nationalmuseum, Marbach; S. 37, 49, 60, 61, 66, 73, 81, 107, 113, 125, 141, 183, 203, 234, 258, 271, 281, 289, 317, 346, 467, 471, 498, 510, 522, 562 Bildarchiv Preußischer Kulturbesitz, Berlin; S. 40 Universitätsbibliothek, Heidelberg; S. 70 Öffentliche Kunstsammlung / Kunstmuseum, Basel. Foto: Martin Bühler; S. 77 Kunstsammlungen der Veste Coburg; S. 80, 152, 302, 306 Zentralbibliothek, Zürich; S. 87, 158, 222, 238, 244, 253, 272, 292, 295, 309, 321, 355, 366, 369 Archiv für Kunst und Geschichte GmbH, Berlin; S. 89 aus: Gargantua und Pantagruel. Francois Rabelais (Hanser Verlag) München 1964; S. 104, 162, 336 Österreichische Nationalbibliothek, Wien; S. 129, 213, 416, 429, 496, 504, 507, 518, 529, 532, 554, 587, 590, Ullstein Bilderdienst, Berlin; S. 132, 188, Deutsches Archäologisches Institut, Rom; S. 143 Interfoto, München; S. 165 Niedersächsische Staats- und Landesbibliothek, Göttingen; S. 174 Prof. Dr. Hannelore Schlaffer, Stuttgart; S. 193 Städelsches Kunstinstitut, Frankfurt / M. Foto: Ursula Edelmann, Frankfurt / M.; S. 207 Städtisches Museum, Braunschweig, Museumsfoto; S. 210 Nationale Forschungs- und Gedenkstätte der klassischen deutschen Literatur, Weimar; S. 219 Freies Deutsches Hochstift / Frankfurter Goethe-Museum, Frankfurt / M.; S. 250 Adolf Schrödter. Aus: Joseph Freiherr von Eichendorff, Aus dem Leben eines Taugenichts. Insel-Verlag, Frankfurt a. M. 1976 (it 202); S. 256 Berlin, Stiftung Stadtmuseum, Berlin. Fotografie: Stadtmuseum, Berlin; S. 266 Adalbert-Stifter-Institut des Landes Oberösterreich, Linz. Foto: Franz Gangl, Linz o.J.; S. 276, 279 Heinrich-Heine-Institut, Düsseldorf; S. 313 aus: Karl Hoppe, Wilhelm Raabe als Zeichner, Göttingen 1960; S. 315, 333, Universität zu Köln. Institut für Theater-, Film- und Fernsehwissenschaft. Theaterwissenschaftliche Sammlung; S. 326 Artothek, Peissenberg; S. 328 Württembergische Landesbibliothek / Stefan-George-Archiv, Stuttgart. Foto: J. Hilsdorf, Bingen; S. 342 Wiener Stadt- und Landesbibliothek, H.I.N. Ja 163.813. Abdruck mit Genehmigung des Suhrkamp Verlags / Rechtsinhaber von Karl Kraus, Frankfurt / M.; S. 352 Museumsverein, Dachau; S. 359 Süddeutscher Verlag / Bilderdienst, München; S. 360 © VG Bild-Kunst, Bonn 1996. Foto: © Carl Seelig-Stiftung, Zürich; S. 363, 405 Theaterwissenschaftliche Sammlung der Universität zu Köln; S. 373, 491, 494 Deutsches Theatermuseum, München; S. 374, 503 © Ernst und Hans Barlach Lizenzverwaltung, Ratzeburg; S. 381 Stadtbücherei, Pirmasens; S. 389 Klaus Wagenbach Verlag, Berlin; S. 401 Stadtarchiv, München. © Rechtsanwalt Gunter Fette, München; S. 403 aus: dtv-Atlas zur Baukunst, Band 2, von Werner Müller und Gunther Vogel. Illustrationen von Inge und István Szasz. © 1981 Deutscher Taschenbuch Verlag, München; S. 410 Thomas-Mann-Archiv der Eidgenössischen Technischen Hochschule (ETH), Zürich; S. 418 Ingeborg Schuldt-Britting, Höhenmoos / Abergerhof; S. 421 Bergengrün Archiv, Ebenhausen; S. 426 Ernst Jünger. Leben und Werk in Bildern und Texten, hrsg. v. H. Schwilk. © Ernst Klett Verlage GmbH u. Co. KG, Stuttgart 1988; S. 442 Friedrich Pfäfflin (Bearbeiter): Kurt Wolff – Ernst Rowohlt. Marbacher Magazin 43 / 1987, S. 140; S. 447 Städtisches Museum, Mülheim an der Ruhr; S. 456 Stadtmuseum, München; S. 463 Kunsthalle Mannheim; S. 474, 489, 526, 550, 572, 582 Renate von Mangoldt / Literarisches Colloquium, Berlin; S. 481 Max-Frisch-Archiv, Zürich; S. 487 Erich Pawlu, Dillingen; S. 512, 514 Zentrum für Theaterforschung / Hamburger Theatersammlung. Foto: Rosemarie Clausen; S. 520 aus: Günter Grass, In Kupfer, auf Stein. © Copyright Steidl, Göttingen 1994; S. 535 Arno Schmidt, „Zettel 4"; aus: ders., Zettels Traum. © 1970 Goverts Krüger Stahlberg Verlag GmbH, Frankfurt am Main; S. 542, 568 dpa, Bildarchiv Frankfurt; S. 584 Klaus Ensikat, Berlin; S. 593 Staatsgalerie Stuttgart; S. 599 © 1995 X-libris GmbH. Alle Rechte vorbehalten; Windows-Version

Diese grundlegende Neubearbeitung basiert auf der erstmals 1966 erschienenen,
mehrmals überarbeiteten und erweiterten Ausgabe von Friedrich G. Hoffmann und Herbert Rösch.

Neu bearbeitet hat

Herbert Rösch: Seite 11–213
Wieland Zirbs: Seite 213–322
Bernd Nusser, Wieland Zirbs: Seite 323–427
Hermann Ruch: Seite 428–465
Erich Pawlu: Seite 466–600

Der Umschlag zeigt
Erich Heckel: *Lesende Frau*
(1923, Aquarell, Staatsgalerie Stuttgart)

Redaktion: Otmar Käge
Gesamtgestaltung: Jutta Debo
Technische Umsetzung: City Repro, Berlin

Dieses Werk berücksichtigt die Regeln der reformierten Rechtschreibung und Zeichensetzung.

1. Auflage ✔ Druck 5 4 3 2 Jahr 01 2000 99 98

Alle Drucke dieser Auflage
können im Unterricht nebeneinander verwendet werden.

Druck: Cornelsen Druck, Berlin

ISBN 3-464-63801-4

Bestellnummer 638014

gedruckt auf säurefreiem Papier,
umweltschonend hergestellt aus chlorfrei gebleichten Faserstoffen

G. Büchner *Der Hessische Landbote*
H. Heine *Romantische Schule*
G. Freytag *Die Technik des Dramas*
H. u. J. Hart *Kritische Waffengänge*

F. Grillparzer *Sappho, Weh dem der lügt*
F. Raimund *Das Mädchen aus der Feenwelt*
D. Grabbe *Don Juan und Faust, Napoleon*
J. Nestroy *Lumpazivagabundus*
G. Büchner *Dantons Tod, Woyzeck*
F. Hebbel *Judith, M. Magdalena, A. Bernauer*
G. Hauptmann *Die Weber, Der Biberpelz*

J. Gotthelf *Die schwarze Spinne, Uli der Knecht*
A. Stifter *Bunte Steine, Studien, Nachsommer*
G. Freytag *Soll und Haben*
G. Keller *Der grüne Heinrich, Seldwyla*
C. F. Meyer *Jürg Jenatsch, Hochzeit des Mönchs*
T. Storm *H. und H. Kirch, Schimmelreiter*
W. Raabe *Stopfkuchen, Akten des Vogelsangs*
T. Fontane *Wanderungen, E. Briest, Stechlin*

F. Rückert *Östliche Rosen*
H. Heine *Buch der Lieder*
A. v. Droste-Hülshoff *Zeitbilder, Heidebilder*
E. Mörike *Auf eine Lampe, Der Feuerreiter*
G. Keller *Neuere Gedichte*
F. Hebbel *Sommerbild, Liebesprobe, Heideknabe*
T. Storm *Tiefe Schatten*
C. F. Meyer *Der römische Brunnen*
T. Fontane *Balladen*
A. Holz *Phantasus*

A. Schopenhauer *Die Welt als Wille u. Vorstellung*
D. Strauß *Das Leben Jesu*
L. Feuerbach *Das Wesen des Christentums*
S. Kierkegaard *Entweder-Oder*
K. Marx / F. Engels *Das Kapital*

Naturalismus 1890–1900

Realismus 1848–1890

Vormärz 1830–1848

Junges Deutschland

Biedermeier 1815–1830

P. de Lagarde *Deutsche Schriften*
H. v. Hofmannsthal *Chandos-Brief*
E. Piscator *Das politische Theater*
B. Brecht *Anmerkungen zu „Mahagonny"*

F. Wedekind *Frühlings Erwachen*
A. Schnitzler *Der Reigen, Liebelei*
Hofmannsthal *Jedermann, Der Schwierige*
G. Kaiser *Die Bürger von Calais*
E. Toller *Masse – Mensch*
B. Brecht *Baal, Die Dreigroschenoper*

T. Mann *Buddenbrooks, Der Zauberberg*
H. Mann *Der Untertan, Professor Unrat*
F. Kafka *Der Prozess, Das Schloss*
H. Hesse *Siddhartha, Der Steppenwolf*
L. Feuchtwanger *Jud Süß, Erfolg*
A. Döblin *Berlin Alexanderplatz*
R. Musil *Der Mann ohne Eigenschaften*

S. George *Algabal, Das neue Reich*
R. M. Rilke *Das Stundenbuch*
G. Benn *Morgue, Neue Gedichte*
G. Trakl *Gedichte*
B. Brecht *Die Hauspostille*

Weimarer Republik 1918–1933

Expressionismus 1910–1920

Literatur der Jahrhundertwende 1890–1918

F. Nietzsche *Die Geburt der Tragödie*
E. Mach *Die Analyse der Empfindungen*
F. Mauthner *Kritik der Sprache*
S. Freud *Die Traumdeutung*
M. Heidegger *Sein und Zeit*
L. Wittgenstein *Tractatus*

Wartburg-Fest	Hambacher Fest	März-Revolution	Deutsch-Französischer Krieg	Erster Weltkrieg	Weltwirtschaftskrise
1817	1832	1848/1849	1870/1871	1914/18	1929